Kohlhammer

Kohlhammer
Standards Psychologie

Herausgegeben von
Theo W. Herrmann
Werner H. Tack
Franz E. Weinert

Manfred Amelang
Dieter Bartussek

Differentielle Psychologie und Persönlichkeitsforschung

5., aktualisierte und erweiterte Auflage

Verlag W. Kohlhammer

Die Deutsche Bibliothek – CIP-Einheitsaufnahme

Amelang, Manfred:
Differentielle Psychologie und Persönlichkeitsforschung / Manfred Amelang ; Dieter Bartussek. – 5., aktualisierte und erw. Aufl.. – Stuttgart ; Berlin ; Köln : Kohlhammer, 2001
(Kohlhammer-Standards Psychologie)
ISBN 3-17-016641-7

5., aktualisierte und erweiterte Auflage 2001

Stuttgart Berlin Köln
Verlagsort: Stuttgart
Umschlag: Gestaltungskonzept Peter Horlacher
Gesamtherstellung:
W. Kohlhammer Druckerei GmbH + Co. Stuttgart
Printed in Germany

Inhalt

Vorwort zur ersten Auflage

Das vorliegende »Basisbuch« aus der Reihe »Standards Psychologie« soll entsprechend den Richtlinien der Herausgeber in die Differentielle Psychologie und die Persönlichkeitspsychologie einführen und dabei dem »derzeitigen Bestand an Grundlagen und Forschungsmethoden« dieses Bereiches gerecht werden. Angesichts des schnellen Fortganges der Forschung und der Theorienbildung sowie vieler noch nicht ausdiskutierter Kontroversen und unabgeschlossener Neuentwicklungen in diesem sehr heterogenen Gebiet können die Entscheidungen über Berücksichtigung oder Vernachlässigung von Forschungsinhalten, -ansätzen und -ergebnissen der Differentiellen und Persönlichkeitspsychologie nicht nach objektiven Kriterien getroffen werden. Alleine die im Titel des Buches genannten Begriffe werden heute keineswegs einheitlich gebraucht: Der Terminus Differentielle Psychologie bezeichnet zwar recht eindeutig jenes Teilgebiet der Psychologie, das sich mit den Unterschieden im Verhalten und Erleben zwischen den Menschen beschäftigt, doch scheint dieser Begriff immer mehr durch den Ausdruck »Persönlichkeitspsychologie« ersetzt zu werden, der dann synonym zu Differentieller Psychologie zu verstehen wäre. Sehr oft aber wird unter Persönlichkeitspsychologie ein Teilgebiet der Differentiellen Psychologie verstanden, jenes Gebiet nämlich, das sich nicht mit Unterschieden im Leistungsbereich, sondern mit Unterschieden im Temperamentsbereich beschäftigt. Wir haben uns entschieden, Differentielle Psychologie als Oberbegriff aufzufassen und innerhalb dieses Gebietes den Leistungs- und den Persönlichkeitsbereich zu unterscheiden.
Bezüglich der Auswahl und Strukturierung des Stoffes für dieses Buch lief unsere Entscheidung darauf hinaus, den Schwerpunkt eindeutig auf die empirische Forschung zu legen, was im Titel durch den Begriff »Persönlichkeitsforschung« zum Ausdruck gebracht werden sollte.
Damit unterscheidet sich das vorliegende Buch von sehr vielen, hauptsächlich angloamerikanischen Lehrbüchern der Persönlichkeitspsychologie, in denen oft vorwiegend verschiedene theoretische Ansätze der Persönlichkeitspsychologie dargestellt werden.
Das vorliegende Buch ist jedoch genauso wenig atheoretisch, wie dies die empirische Forschung selbst sein kann. In ihren forschungsrelevanten Grundannahmen kommen daher die wichtigsten Theorien der Differentiellen Psychologie kurz zur Sprache. Sie bilden auch an entsprechender Stelle den vorrangigen Gliederungsgesichtspunkt für den ausgewählten Stoff.
Da dieses Buch aber nicht nur Ergebnisse empirischer Forschung vermitteln soll, sondern an eine kritische Auseinandersetzung mit diesen Ergebnissen und ihren methodischen und theoretischen Voraussetzungen heranführen soll, war unser allgemeines Ziel nicht so sehr die Breite der Stoffvermittlung, sondern die exemplarische Vertiefung durch die Auseinandersetzung mit ausgewählten Detailfragen, die mit ähnlicher Grundstruktur in den verschiedensten Forschungsgebieten immer wiederkehren. Dabei bemühten wir uns, dem Leser nach Möglichkeit den aktuellen Stand der Forschung aufzuzeigen. Wie weit wir dabei der

Gefahr erlagen, noch Unausgereiftes, möglicherweise bald wieder Überwundenes zu diskutieren, kann nur die Zukunft erweisen.
Um die oben genannten Zielsetzungen zu erreichen, haben wir uns entschlossen, nach dem in die *Grundlagen der Differentiellen Psychologie* einführenden ersten Teil, in dem vor allem die Grundbegriffe und -konzepte der Differentiellen Psychologie diskutiert werden, im zweiten Teil des Buches eine relativ ausführliche Einweisung in die wichtigsten *Forschungsmethoden der Differentiellen Psychologie* zu geben. Der Leser mit Grundkenntnissen der Forschungsstatistik, der empirischen Forschungsmethoden und der Testtheorie kann die Abschnitte Kapitel 7 und Kapitel 8 dieses Teiles überspringen, um sich gleich dem Kapitel 9 zuzuwenden, das sich mit den Methoden der Gewinnung differentialpsychologischer Daten beschäftigt.
Im Teil 3 werden die *inhaltlichen Forschungsbereiche der Differentiellen Psychologie* in zwei großen Unterabschnitten, dem Leistungsbereich (3.1) und dem Persönlichkeitsbereich (3.2), vorgestellt. Bei der Auswahl von Forschungsgebieten zum Persönlichkeitsbereich mussten aus Raumgründen vor allem motivationspsychologische Konzepte der Persönlichkeitsforschung unberücksichtigt bleiben (Ausnahmen: »Ängstlichkeit« 3.2.3.3 und »Agressivität« 3.2.3.4), was aber angesichts eines in derselben Reihe erscheinenden Buches über Motivationspsychologie vertretbar erschien. In den Teilen 4 und 5 schließlich werden Modelle und Foschungsergebnisse zu ausgewählten Fragen nach den *Determinanten und Auswirkungen interindividueller Unterschiede* dargestellt.
Der mit den »Standards Psychologie« vertraute Leser wird die am Ende einzelner Abschnitte üblichen Zusammenfassungen vermissen. Wir haben uns entschlossen, auf diese zu verzichten, da solche zusammenfassenden Aussagen als Versuch, eine meist sehr differenzierte Befund- und Problemlage in aller Kürze wiederzugeben, die Gefahr in sich bergen, in unzulässiger Weise zu vereinfachen. Die am Ende der verschiedenen Abschnitte zusammengestellten Fragen zum Stoff und die auf sie gegebenen Antworten sollten aus diesem Grunde auch nicht als Ersatz für Zusammenfassungen verstanden werden, sondern zur eigenen Strukturierung nach erstmaligem Durchlesen anregen.
Die Absicht, das nun vorliegende Buch zu schreiben, ist ein Vielfaches älter als die Arbeit am Manuskript selbst: Erste Absprachen mit den Herausgebern und dem Verlag reichen zurück in das Jahr 1975. Auf einer Klettertour in den Dolomiten im Sommer 1976 fassten wir den Entschluss, das Projekt gemeinsam in Angriff zu nehmen. Doch erst nach der Experimentalpsychologischen Frühjahrstagung 1979 in Heidelberg konnte die Arbeit in Angriff genommen werden. Es dauerte ein Jahr, das Rohmanuskript zu erstellen – ein Jahr, in dem für uns die Voraussetzungen, das Vorhaben voranzutreiben, höchst unterschiedlich waren: Stand für einen von uns (M.A.) während eines Teils dieser Zeit ein Forschungssemester zur Verfügung, musste der andere (D.B.) zusätzlich zu den regulären Dienstpflichten die Geschäftsführung seines Institutes übernehmen, sodass zu guter Letzt und um das Erscheinen des Buches nicht weiter zu verzögern das jeweils beigesteuerte Quantum nicht gleich sein konnte.
Vielfache Hilfe hat es uns ermöglicht, die Arbeiten am Manuskript zügig zum Abschluss zu bringen: Inhaltliche Diskussionen, Anregung und auch Kritik verdanken wir unseren Wissenschaftlichen Mitarbeitern und Hilfskräften Peter Borkenau, Christian Frey (Heidelberg), Lothar Eder (Trier), Andreas Gold (Heidelberg), Wilma Keller (Trier), Anette Müller (Trier), Doris Naumann (Trier), Gabriele Stephan (Trier) und Herbert Weingärtner (Trier). Sie haben, so wie auch Gisela Montada (Trier), einen Großteil der verarbeiteten Originalliteratur ausgehoben, dokumentiert und teilweise vorbereitend verarbeitet. Herr Dr. Walter Nährer (Heidelberg) half bei der Abfassung des Abschnittes über Probabilistische Messmodelle. Die Gestaltung der Abbildungen nach einem einheitlichen Muster besorgte Herbert Weingärtner

(Trier). Von Margret und Gerhard stammen die mit großem Schülereifer gezeichneten Beispiele für Projektive- und Leistungstests im Kapitel 9. Ihnen allen sei an dieser Stelle unser herzlicher Dank ausgesprochen.
Besonderen und nachdrücklichen Dank schulden wir unserern Mitarbeiterinnen Ilse Schleich (Heidelberg), Eva-Ilona Herold (Trier) und Sieglinde Kordel (Trier): In ihren Händen lag die Erstellung der Roh- und Reinschriften des Manuskriptes sowie die Anlage des Literaturverzeichnisses.
Für die Herausgeber hatte Professor Dr. Th. Herrmann die Betreuung dieses Buches übernommen. Ihm danken wir für die positive Aufnahme unseres Manuskriptes, für seine hilfreichen Hinweise und Bemerkungen zur Verbesserung und dafür, dass er sich trotz der Überschreitung des vorgegebenen Manuskriptumfanges um mehr als hundert Prozent beim Verlag für ein ungekürztes Erscheinen des Buches einsetzte.
Herr Dipl.-Psych. Peter Mann und viele der oben genannten Wissenschaftlichen Hilfskräfte halfen bei den mühsamen Arbeiten des Korrekturlesens und des Erstellens eines Sachkataloges. Auch dafür sei herzlichst gedankt.
Dem Verlag danken wir für die gute Zusammenarbeit und für das schnelle Erscheinen des Buches.
Nicht zuletzt haben auch das Verständnis, die Geduld und zahlreiche Entsagungen unserer Frauen Eia A. und Conny B. sowie unserer Kinder Margret und Gerhard bzw. Sonja und Birgit zum Entstehen dieses Buches beigetragen. Auch ihnen danken wir.

Heidelberg und Trier, im Februar 1981

Manfred Amelang
Dieter Bartussek

Vorwort zur zweiten Auflage

Im Frühjahr 1984 bat uns der Verlag um die Entscheidung, ob die in Aussicht genommene zweite Auflage dieses Buches als korrigierter Nachdruck oder in ergänzter und erweiterter Form erscheinen solle. Wir waren uns einig, dass das Buch seine Aufgabe, in den derzeitigen Stand der Differentiellen Psychologie einzuführen, weiterhin nur dann erfüllen könne, wenn in der Neuauflage auch die wesentlichsten neueren Entwicklungen ihren Niederschlag finden könnten. Wir sind dem Verlag zu Dank verpflichtet, dass er uns den dafür nötigen Raum zur Verfügung gestellt hat.

Die Gliederung der ersten Auflage, einschließlich der Feingliederung, konnte vollständig beibehalten werden. Lediglich zwei neue Unterabschnitte wurden eingefügt: »Die Analyse von Handlungshäufigkeiten« (6.3.4) und »Intelligenz und Problemlösen« (3.1.5.2), womit besonders interessanten und teilweisen kontrovers diskutierten Forschungsbereichen Rechnung getragen werden kann. Alle weiteren Ergänzungen konnten nahtlos und ohne Streichungen oder Abänderungen in den früheren Text eingefügt werden. Mit 130 solchen Einfügungen unterschiedlichen Umfangs haben wir versucht, vor allem in den Abschnitten 3.1 (Leistungsbereich), 3.2 (Persönlichkeitsbereich), 4 (Determinanten interindividueller Unterschiede) und 5 (Auswirkungen interindividueller Unterschiede) die wichtigsten der neueren empirischen Forschungsergebnisse zu erwähnen und zu dokumentieren. Aber auch im Abschnitt 2 (Forschungsmethoden der Differentiellen Psychologie) wurden neuere quantitative Methoden, testtheoretische Entwicklungen und diagnostische Problembereiche angesprochen. Generell bestand eines der Ziele darin, dem Leser durch eine möglichst umfangreiche Dokumentation den Zugang zur jüngsten Literatur zu erleichtern: Insgesamt wurden mehr als 300 neue Literaturhinweise aufgenommen. Auf diese Weise haben wir versucht, die Voraussetzungen dafür zu schaffen, dass das vorliegende Buch auch weiterhin Studenten wie Fachleuten eine nützliche Arbeitsgrundlage sein kann.

Die Neuauflage wäre in der vorliegenden Form nicht ohne die Hilfe einer Reihe von Kollegen, Mitarbeitern und Freunden zustande gekommen. So waren uns Hinweise auf Druckfehler und andere kleine Mängel sehr wertvoll, wofür wir den Kollegen Prof. Dr. Merz, Marburg, Prof. Dr. Moosbrugger, Frankfurt und Prof. Dr. Schulter, Graz, sowie Frau Susanne Kramer, Hamburg, sehr danken. Dank schulden wir auch Frau Dipl.-Psych. Claudia Kobelt und vor allem Herrn cand. psych. Erhard Bauer, M. A., Heidelberg, für die langwierige und mühsame Korrekturarbeit an den Druckfahnen, dem letztgenannten darüber hinaus auch für die Erstellung des Autoren-, Literatur- und Sachwortverzeichnisses. Frau Christel Michels, Trier, besorgte die Überarbeitung und Neuerstellung der Grafiken, Frau Helga Dunker, Heidelberg, und Frau Eva-Ilona Herold, Trier, leisteten alle Schreibarbeiten, wofür wir auch ihnen herzlich danken.

Heidelberg und Trier, im Februar 1985

Manfred Amelang
Dieter Bartussek

Vorwort zur dritten Auflage

Wir freuen uns, eine erweiterte dritte Auflage unseres Lehrbuchs vorlegen zu können. Auch für diese Auflage haben wir die Gliederung der bisherigen Auflagen beibehalten, diese jedoch um einige aktuelle Themenbereiche ergänzt. Hinzu kamen die Kapitel 3.1.1.3.8 (Prozess-Analyse der Intelligenz), 3.1.1.6 (Praktische Intelligenz), 3.2.2.3.4 (Dem Extraversionskonstrukt ähnliche Persönlichkeitsmerkmale) mit den Unterkapiteln Sensation Seeking, Temperamentsmerkmale nach Pawlow und seinen Schülern, Temperamentsmerkmale nach Strelau sowie einem Unterkapitel über deren Zusammenhänge, ferner 3.2.2.3.5 (Das Fünf-Faktoren-Modell von Costa und McCrae) sowie das Kapitel 4.2.2.3 (Persönlichkeitsmerkmale in Familienuntersuchungen). Im übrigen Text wurden Aktualisierungen vorgenommen und ungefähr 250 neue Literaturverweise eingearbeitet. Eine stärkere Umarbeitung erfuhr der Abschnitt 5 (Auswirkungen interindividueller Differenzen), weil auf diesem Gebiet die Forschungsaktivitäten besonders intensiv sind. In einigen Bereichen haben wir im Text, vor allem aber bezüglich nicht mehr aktueller Literaturverweise auch Streichungen vorgenommen, um den Zuwachs an Umfang in Grenzen zu halten.

So hoffen wir, dass das Buch seine Aufgabe, in das Gebiet der Differentiellen Psychologie und Persönlichkeitsforschung einzuführen und einen Zugang zur einschlägigen Originalliteratur zu eröffnen, weiter erfüllen wird.

Bedanken möchten wir uns bei den akribischen Lesern der zweiten Auflage, die uns auf Fehler aufmerksam machten, vor allem bei Heiner Rindermann, Rudolf Forsthofer und Piers Uso Walter, wobei Letztgenannter besonders eifrig war. Dank schulden wir auch Frau Eva-Ilona Herold und Frau Silke Kröning für Schreibarbeiten und das Korrekturlesen der Manuskripte. Der wissenschaftlichen Hilfskraft cand. psych. Oliver Diedrich danken wir für die Mitarbeit an den neuen Kapiteln zum Sensation Seeking und zu den anderen, der Extraversion verwandten Merkmalen sowie zum Fünf-Faktoren-Modell. Frau Christine Kronibus hat wieder alle neu hinzugekommenen Grafiken erstellt, wofür wir ihr hier danken. Frau Katja van den Brink erledigte in mühsamer Kleinarbeit die Korrekturen im Umbruch und aktualisierte das Stichwort- und Autorenregister. Ihr danken wir ebenso herzlich wie Herrn Dr. Beyer vom Kohlhammer-Verlag, der in außerordentlich konstruktiver Weise alle Arbeiten an der vorliegenden Auflage begleitete.

Heidelberg und Trier, im Herbst 1989

Manfred Amelang
Dieter Bartussek

Vorwort zur vierten Auflage

Dreimal musste wegen der großen Nachfrage die dritte Auflage nachgedruckt werden. Nun können wir die erweiterte und überarbeitete vierte Auflage vorlegen. Sie wurde in allen Teilen des Buches ergänzt und aktualisiert, wobei die inhaltliche und methodische Ausrichtung der bisherigen Auflagen beibehalten wurde.

Auch die Strukturierung des Stoffes bedurfte unserer Meinung nach keiner grundsätzlichen Änderung: Nach wie vor besteht das Buch aus den bisherigen fünf Teilen. Wir haben jedoch die formale Gliederung völlig überarbeitet und den Stoff in 25 Kapitel untergliedert, die den alten fünf Teilen des Buches zugeordnet sind, wobei der Teil »Bereiche interindividueller Differenzen« nunmehr in die zwei Teile »Interindividuelle Differenzen im Leistungsbereich« und »Interindividuelle Differenzen im Persönlichkeitsbereich« unterteilt wurde, sodass das Buch nun aus insgesamt sechs Teilen besteht. Durch die fortlaufende Kapitelnummerierung konnte die dezimale Untergliederung innerhalb der einzelnen Kapitel auf drei Stellen reduziert werden. Wir hoffen, dass dies dem Leser die Orientierung über den Stoff des Buches erleichtert.

Neben der Ergänzung und Aktualisierung des bisherigen Stoffes haben wir folgende Themenbereiche neu aufgenommen oder völlig neu überarbeitet:

7.3.9 Konfirmatorische Faktorenanalyse und Strukturgleichungsmodelle
8.2.3 Item-Response-Theorie: Das logistische Modell von Rasch
8.3 Situationsabhängigkeit empirischer Forschungsdaten
12.4 Physiologische Korrelate der Intelligenz
13.5 Zur Theorie der Kreativität
15.4 Das Fünf-Faktoren-Modell der Persönlichkeit
16.1 Sensation Seeking
16.2 Temperamentsmerkmale nach Pawlow und seinen Schülern
16.3 Temperamentsmerkmale nach Strelau
16.4 Zusammenhänge zwischen den Persönlichkeitsmerkmalen von Strelau und von Zuckerman mit denen von Eysenck
17.3 Ängstlichkeit sowie
19.7 Denkstile.

Ohne vielfältige Hilfe hätten wir auch diese vierte Auflage nicht zum Abschluss bringen können. So verdanken wir dem Kohlhammer-Verlag, dass er uns großzügig die technische Voraussetzung schuf, dem Buch eine neue formale Gliederung zu geben, indem er dafür sorgte, dass der gesamte Text der dritten Auflage auf elektronische Datenträger übertragen wurde. Erst so wurde es möglich, Kapitel-, Tabellen- und Abbildungsnummerierungen zu ändern und gleichzeitig alle Verweise im Text an die geänderten Nummerierungen EDV-gestützt anzupassen.

Diese Anpassung besorgte mit unermüdlichem Fleiß Christoph Schneider (Trier), der sich im Laufe der Arbeit an der vierten Auflage geradezu zum »Manager« dieses Projektes ent-

wickelte und darüber hinaus auch inhaltlich vor allem und unter anderem zu den Themenbereichen »Konfirmatorische Faktorenanalyse und Strukturgleichungsmodelle« sowie »Kontrollüberzeugungen« beitrug und das Autorenregister erstellte. Sabine Esch und Petra Houben (beide Trier) halfen bei der Überarbeitung vor allem der Kapitel über Ängstlichkeit und über Repression-Sensitization mit. Herr Dr. Michael Eid (Trier) kam unserer Bitte nach und verfasste die Abschnitte über das Rasch-Modell und über die Situationsabhängigkeit von Forschungsdaten neu.
Beim Korrekturlesen des ersten Umbruchs und der Druckfahnen halfen Dipl.-Psych. Dirk Hagemann und Frau Eva-Ilona Herold (beide Trier) sowie Daniela Rentsch, Sabine Thumfart und Hanna Wallis (alle Heidelberg). Die drei Letztgenannten halfen darüber hinaus auch bei der Erstellung des Stichwortverzeichnisses. Schon vor Jahren und als ersten Schritt zur vierten Auflage überarbeitete Dirk Vogelbacher (Trier) alle Literaturverweise im Text und das Literaturverzeichnis, um sie an die Richtlinien der Deutschen Gesellschaft für Psychologie anzupassen.
Allen Genannten schulden wir großen Dank dafür, dass sie sich mit unserem Projekt identifizierten und so die Fertigstellung der vierten Auflage mit großem Einsatz ermöglichten.
Folgende Leser haben uns Rückmeldungen über Fehler in der dritten Auflage oder über Verbesserungsmöglichkeiten gegeben: Herr Prof. Dr. G. Stemmler (Marburg), Frau Ute Fritz (Freiburg), Herr Markus Rottwinkel (Starnberg) sowie Frau Johanna Trosbach und Frau Gabi Tsigos von der Fachschaft Psychologie an der Universität Trier. Auch diesen Lesern danken wir sehr herzlich: Wir haben alle ihre Hinweise für die Neuauflage berücksichtigt.
Nicht zuletzt sei besonders herzlich Dank gesagt den beiden Mitarbeitern des Kohlhammer-Verlages, Frau Stefanie Reutter und Herrn Dr. Heinz Beyer, die mit viel Verständnis und Geduld das Erscheinen dieser Auflage förderten. Herr Dr. Beyer verstand es wieder einmal, zur rechten Zeit mit der richtigen Dosierung vor allem nach Trier Druck zu machen, um so das rechtzeitige Erscheinen des Buches zu sichern.

Heidelberg und Trier, im August 1997

Manfred Amelang
Dieter Bartussek

Vorwort zur fünften Auflage

Für die nunmehr vorliegende 5. Auflage wurden im Wesentlichen Kürzungen in jenen inhaltlichen Teilbereichen vorgenommen, die sich als Ergebnis des fortschreitenden Forschungsprozesses mehr und mehr als randständig erwiesen haben.
Aktualisierungen und Ergänzungen haben wir vorgenommen, indem wir insbesondere ein Kapitel über gesundheitspsychologische Konstrukte eingefügt haben (Kapitel 18). Darüber hinaus wurden Weiterentwicklungen von Theorien im Bereich der Ängstlichkeit berücksichtigt (Abschnitt 17.3.2) und Auswirkungen vorgeburtlicher Mangelernährung auf die spätere Entwicklung dargestellt (Abschnitt 22.3.1).
Wie auch bei den früheren Auflagen wäre es für uns sehr schwer gewesen, die Fertigstellung in der dafür vorgesehenen Zeit zu erreichen, hätte es nicht wieder tatkräftige Hilfe gegeben: So haben Frau Dr. Claudia Schmidt-Rathjens (Heidelberg) bei der Erstellung der Texteinfügungen des Kapitels 18 und im Kapitel 22.3.1, Frau Katja Tröger (Trier) beim Abschnitt 17.3.2 sehr geholfen.
Schwierig erwies sich diesmal das Korrekturlesen der Druckfahnen, da wir in dieser Auflage erstmals die neue deutsche Rechtschreibung benutzen. Hier danken wir vor allem der Lektorin des Kohlhammer-Verlages, Frau Stefanie Reutter (Stuttgart), die Seite für Seite entsprechende Übersetzungsfehler zu finden verstand. Nicht nur Druck- und Rechtschreibfehler, sondern auch inhaltliche Unstimmigkeiten haben beim mühsamen und erfolgreichen Korrekturlesen vor allem Aneka Flamm und Birgit Koopmann (beide Heidelberg), aber auch Katja Tröger (Trier) gesucht und gefunden.
Aufwendig und schwierig war auch die Aktualisierung und Korrektur des Literaturverzeichnisses. Hier hat Aneka Flamm mit gründlicher Arbeit sehr geholfen. Noch aufwendiger und schwieriger gestaltet sich schließlich immer die Aktualisierung des Sachwort- und des Namenregisters, für die nicht nur die Richtigkeit und Vollständigkeit zu prüfen waren, sondern für die ja auch alle Seitenverschiebungen entsprechend den neuen Seitenumbrüchen richtig erfasst werden mussten. Dies ist trotz der dafür zur Verfügung stehenden EDV-Unterstützung ein mühsames Unternehmen, das Aneka Flamm und Katja Tröger auf sich genommen haben.
Für all diese Hilfen sind wir den Genannten zu großem Dank verpflichtet.
Sehr herzlich bedanken wir uns auch beim Verlag dafür, dass, entsprechend einem Vorschlag von uns, die Seitengestaltung der fünften Auflage durch das Aufnehmen von Kopfzeilen verbessert wurde: Der Leser kann sich nun sehr viel besser auch mitten in einem Kapitel an der Gesamtgliederung des Buches orientieren.

Heidelberg und Trier, im Herbst 2000

Manfred Amelang
Dieter Bartussek

Teil I Grundlagen der Differentiellen Psychologie

1 Einführung

Wie jede Alltagserfahrung lehrt, ist die Einzigartigkeit von Individuen eine der Grundtatsachen des Lebens überhaupt. Von eineiigen Zwillingen abgesehen, die in einer Art Programmierfehler der Natur aus der Verdoppelung einer befruchteten Eizelle hervorgehen und aus diesem Grunde identischen Genbestand mit allen daraus resultierenden Konsequenzen für die Entwicklung aufweisen, sind die individuellen Besonderheiten bereits unmittelbar nach der Geburt offenkundig und verstärken sich eindrucksmäßig mit zunehmender Reifung: Keiner ist dem anderen gleich in Aussehen, Gestik, Mimik und allgemeinem Auftreten, in Denkweise, Meinungen und Einstellungen, in Sprache und Verhalten. Jeder reagiert in einer nur ihm eigenen Weise auf seine Umwelt und Mitmenschen.

Selbst wenn zwischen mehreren Personen vermeintlich Übereinstimmungen bestehen, gelten diese allenfalls für eng umschriebene Charakteristika, ohne dass Entsprechungen auch in der jeweils spezifischen Kombination der Merkmale aufträten, wodurch die Vielfalt potenziert und die Einmaligkeit noch zusätzlich akzentuiert wird. Selbst wenn man nur ein Merkmal betrachtet, gilt einem alten Sprichwort zufolge, dass Gleiches, von Verschiedenen getan, doch nicht dasselbe sein muss. Damit wird auf die spezifischen Beweggründe oder die nicht wiederholbare situative Einbindung abgehoben und die Einheit und Unverwechselbarkeit der Personen behauptet.

Seit altersher sind die besagten Besonderheiten beobachtet und registriert worden, faszinierten sie die Menschheit und lieferten das Material für einzigartige Leistungen in Literatur, Schauspiel oder bildender Kunst, wo unzählige Male das charakteristische Einzelne akribisch herauszuarbeiten versucht wurde.

Erhebliche Bedeutung haben die individuellen Eigenarten für das soziale Gefüge: Die differenzierte Leistungsgesellschaft etwa ist eine Folge der Auffassung, dass nicht alle Mitglieder einer Gesellschaft alle anfallenden Aufgaben gleich gut bewältigen können, weshalb eine gezielte Platzierung der Betreffenden unter Angleichung von Anforderungsaspekten auf der einen, Qualifikationsmerkmalen auf der anderen Seite für das Gemeinwohl eine Optimierungslösung darstellt.

Konstitutiver Bestandteil eines derartigen Systems ist ein Bildungsapparat, der eine unterschiedliche Lernfähigkeit und Schulbarkeit seiner Bürger unterstellt und für diese von Sonderschulen bis zu Universitäten zahlreiche Bildungseinrichtungen bereithält, die darüber hinaus noch beträchtliche Binnengliederungen vorsehen.

Auf weite Strecken lebt zudem die Wirtschaft von den unterschiedlichen Ansprüchen »des« Käufers (wobei gerade der Singular einen absurden Fehler darstellt), indem sie nicht nur für Bekleidung, sondern auch für Ernährung, Wohnung, Transportmittel etc. unterschiedlichste Angebote macht. Um wie vieles billiger könnten etwa Lampen, Fahrräder oder Radios hergestellt werden, wenn dafür nur ein funktionales Modell, aber das in vielhunderttausendfacher Auflage, produziert werden müsste. Dennoch kann uns die Aussicht auf diesen Preisvorteil nicht locken, denn die damit unausweichlich verbundene Normierung, die höchstens in Teilbereichen wie der Hosenmode akzeptiert oder gar als Ziel deklariert wird, wäre geradezu unerträglich und unvorstellbar. Allenfalls zögernd ist unter dem Eindruck schwindender Energiereserven diesbezüglich ein gewisser Wandel des Bewusstseins zu registrieren.

Nur auf den ersten Blick mag es demgegenüber paradox anmuten, wenn in der Geschichte immer wieder der Ruf nach Gleichheit erschallte, wie er in der Unabhängigkeitserklärung der USA (»All men are created equal«), dem Ideal der französischen Revolution (»Liberté, Egalité, Fraternité«) oder gewerkschaftlichen Forderungen (»gleicher Lohn für gleiche Arbeit«) seinen Niederschlag gefunden hat. Damit sollte zumindest den ärgsten Auswüchsen einer auf der Ungleichheit der Menschen basierenden Politik von Knechtschaft und Ausbeutung entgegengetreten, zum Teil auch die behauptete (»Natur-«)Notwendigkeit der Ungleichheiten selbst bestritten werden.

Nur schwer ist zurzeit die Frage eindeutig zu beantworten, ob die beobachtbaren interindividuellen Differenzen in Begabung, Temperament und Motivation kleiner würden, wenn man die Anregungs- und Schulungsbedingungen für alle gleich gestaltete. Die Wahrscheinlichkeit dafür ist selbst dann gering, wenn nicht alle identisch und maximal, sondern jeder Einzelne entsprechend seinen Voraussetzungen individuell und optimal gefördert würde.

Dies wird durch Untersuchungen über die Wirkung kompensatorischer Erziehungsprogramme nahe gelegt. Das größte und bekannteste, das methodisch am besten überprüft wurde, dürfte die so genannte »Operation Headstart« sein, die 1964 in den USA begonnen wurde. Sie hatte zum Ziel, durch individuelle Förderung und Schulung mit einer Fülle neuer pädagogischer Maßnahmen Kindern aus benachteiligten sozialen und ethnischen Gruppen zu besseren Schulleistungen zu verhelfen. Trotz des immensen Aufwandes – über 25 000 Schüler sollten teilnehmen, über 6 Millionen Dollar standen zur Verfügung – und des persönlichen Engagements der eingesetzten Trainer wurde die »Operation« ein Fehlschlag: Geförderte Kinder aus benachteiligten Gruppen schnitten nicht besser ab als die nicht geförderten Vergleichskinder (Page, 1972; siehe auch Eysenck, 1975, S. 153 ff.).

Auch außerhalb des pädagogischen Bereiches muss man feststellen, dass Ungleichheiten bestehen und fortbestehen: Vom »Gesetz«, vor dem alle gleich sein sollen, erhalten diejenigen höhere Strafen, die aus weniger günstigem sozioökonomischen Milieu stammen, die anders auftreten und sich anders ausdrücken als Angehörige höheren sozialen Status. Im Produktionsprozess werden Arbeiter männlichen gegenüber solchen weiblichen Geschlechts in der Regel auch bei vergleichbaren Anforderungen besser entlohnt, Ältere erhalten mehr Lohn als Jüngere. Gut aussehende Personen sind gegenüber weniger attraktiven im Ausbildungsprozess, bei psychotherapeutischer Behandlung oder bei der Wahl des Partners im Vorteil.

Die Reihe derartiger Beispiele wäre beliebig fortsetzbar, Wesentliches lässt sich aber bereits an diesem Punkt festhalten: Interindividuelle Unterschiede und Besonderheiten bestehen in vielerlei Hinsicht, wobei diese teils für den Einzelnen nahezu ohne Belang (z. B. Unterschiedsschwelle für die Simultan-Reizung des Rückens mit Zirkelspitzen, Konzentration der Natrium-Ionen im Blut), teils relevant in einzelnen Situationen sind (z. B. Linienführung der Fingerbeere »Fingerabdruck«, Schwindelneigung oder Seekrankheit). Einige der Charakteristika wie Geschlecht, Hautfarbe, Intelligenz und dergleichen sind von genereller Bedeutung, weil darauf die Umwelt konsistent in bestimmter Weise reagiert und dadurch wiederum spezifische Merkmalsausprägungen bei den Betreffenden schafft, wie etwa hinsichtlich des Selbstwertgefühls und verschiedener Einstellungen, Vorlieben und Gewohnheiten.

Die Beschreibung und Analyse derartiger interindividueller Differenzen, sofern sie verhaltensrelevant sind, bilden den Gegenstand der Differentiellen Psychologie.

Im Unterschied zur Allgemeinen Psychologie, die sich mit den Gesetzmäßigkeiten des Verhaltens und Erlebens befasst, die mehr oder weniger allen Individuen gemeinsam sind und verallgemeinert werden können, gleichsam auf ein durchschnittliches, abstraktes Indivi-

duum zutreffen, befasst sich die Differentielle Psychologie mit den Unterschieden zwischen Individuen oder Gruppen und mit individuellen Abweichungen von den Gesetzmäßigkeiten der Allgemeinen Psychologie (Sixtl, 1972).
Die differentialpsychologische Betrachtung von Unterschieden bezieht sich nicht nur auf Unterschiede *zwischen* Personen zu einem gegebenen Zeitpunkt (Querschnittsbetrachtung interindividueller Unterschiede), obgleich dies ihr Hauptgegenstand ist. Auch Unterschiede *innerhalb* je einer Person in Abhängigkeit von bestimmten Situationen oder Zeitpunkten (Längsschnittbetrachtung intraindividueller Unterschiede) können Gegenstand der Differentiellen Psychologie sein, allerdings nur dann, wenn diese Abhängigkeit bestimmter Verhaltensweisen von situativen oder zeitlichen Gegebenheiten selbst wieder zwischen Individuen variiert (speziell wird auf diesen Aspekt im Kapitel 6.4 States eingegangen). Gibt es keine solche interindividuelle Variation der Situations- oder Zeiteinflüsse auf das Verhalten, oder sollen diese nicht betrachtet werden, sind die Situationseinflüsse Gegenstand der Allgemeinen Psychologie, wenn es sich um kürzere Zeitstrecken im Sekundenbereich bis zu mehreren Tagen oder Wochen handelt, oder der Entwicklungspsychologie, wenn es um längere Zeitabschnitte bis hin zu vielen Jahren geht.
Differentialpsychologische Fragestellungen beschäftigten sich mit

- der Beschaffenheit von Merkmalen, in denen es interindividuelle Differenzen gibt
- dem Ausmaß dieser Differenzen
- der wechselseitigen Abhängigkeit solcher Merkmale
- den Ursachen der Differenzen sowie
- ihrer Beeinflussbarkeit durch Training, Umweltveränderungen, Medikamente etc. (Anastasi, 1966, s. auch Ahrens, 1988).

Um die eingangs angesprochene Universalität von Differenzen zu belegen, sollen dazu zunächst einige empirische Befunde vermittelt werden.

2 Zur Universalität interindividueller Differenzen

2.1 Interindividuelle Differenzen beim Menschen

Das Wissen um Unterschiede zwischen Individuen im Humanbereich stellt seit jeher eine Selbstverständlichkeit dar: Zu allen Zeiten hat es Personen gegeben, die sich in Bezug auf einzelne Merkmale oder deren Kombination von ihren Mitmenschen deutlich abhoben, sei es durch ihr Wirken im politischen und militärischen Bereich, sei es durch Leistungen auf dem technischen, wissenschaftlichen oder auch zwischenmenschlichen Sektor. Ihre Taten als Staatenlenker oder Stammeshäuptlinge, Kriegshelden oder KZ-Aufseher, Medizinmänner, Schamanen oder Scharlatane, Erfinder und Entdecker, Erfolgreiche und Gescheiterte, Wagemutige und Zauderer sind detailliert beschrieben und überliefert worden.

Aber auch abgesehen von derartigen Extremfällen stellt Variabilität ein allgemeines Phänomen dar, auf das wir, soweit es notwendig ist, angemessen reagieren: So weisen Größe, Gewicht und Konstitution des Körpers deutliche Verschiedenheiten auf. Im Hinblick darauf hält denn auch die Bekleidungsbranche ein differenziertes Angebot parat; dennoch fällt es Interessenten mit der Schuhgröße 34 oder 46, der Kragenweite 36 oder 54, dem Brustumfang 60 oder 120 mitunter schwer, ein passendes Modell zu finden, da Produzent und Handel von der Beobachtung ausgehen, dass solch ausgefallene Maße nur selten benötigt werden und sie diese deshalb nur in geringer Stückzahl auf Lager nehmen. In der Tat haben eingehende Untersuchungen an zahlreichen Personen etwa das folgende Bild ergeben (Abb. 2.1).

Die Mehrzahl der in der Stichprobe erfassten Personen zeigte mithin eine Körpergröße zwischen etwa 165 und 175 cm. Der mittlere Wert von ca. 170 cm wurde am häufigsten beobachtet. Extremere Werte in beiden Richtungen kamen immer seltener vor, bis schließlich in den Ausprägungskategorien unterhalb 144 und oberhalb 195 cm überhaupt keine Personen mehr vorzufinden waren.

Analoge Unterschiede treten auch in den Einzelorganen des Körpers auf. Williams (1956) hat umfangreiches Material zusammengestellt, dem zufolge etwa die Größe und Form von Magen und Herz deutliche Variabilität zeigen. Unterschiede gibt es auch in der chemischen Zusammensetzung der verschiedenen Körperflüssigkeiten. In eigenen Untersuchungen variierte beispielsweise die Menge von Harnstoff im Blut bei 33 Personen zwischen 14 und 58 mg/100 ml, die Konzentration von Natriumionen zwischen 105 und 145 Millivalenzen/l, diejenige von Eisen zwischen 20 und 195 mg/100 ml usw. (Amelang, 1977). Im Zusammenhang mit anderen Befunden ist deshalb die Feststellung berechtigt, dass jede Person eine für sie einzigartige Kombination der einzelnen Bestandteile des Sekretsystems aufweist.

Die annähernd glockenförmige Häufigkeitsverteilung von Messwerten ist nicht nur für Merkmale wie das der Körpergröße, sondern auch für einige physiologische Maße zu beob-

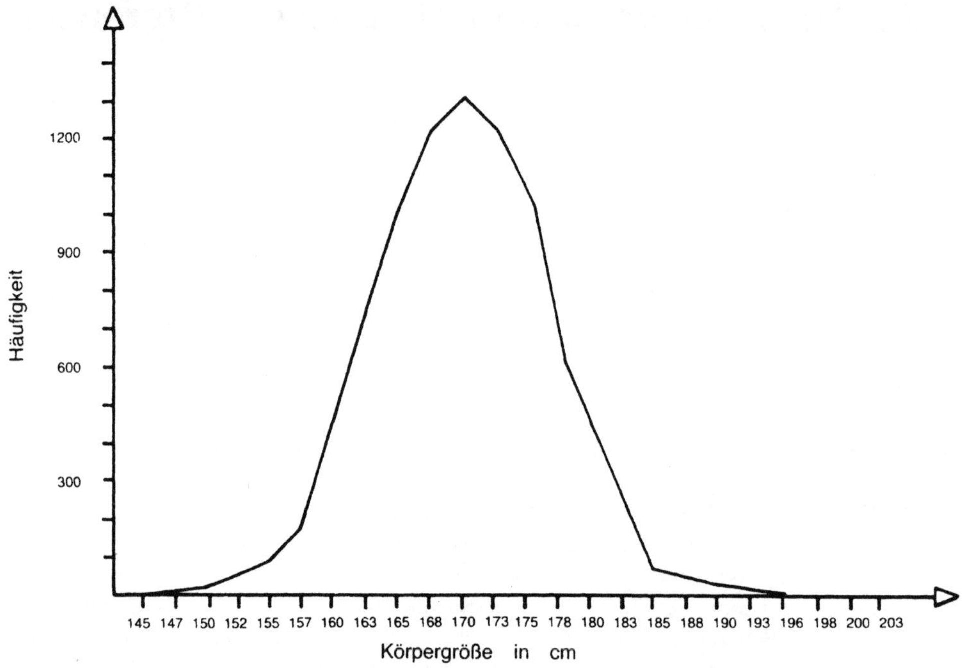

Abb. 2.1: Verteilung der Körpergröße von 8585 Personen englischer Herkunft. Die cm-Angaben stellen gerundete Werte der in Inches erhobenen Größen dar (nach Yule & Kendall, 1949, S. 95).

achten. An 1491 ungefähr gleich großen Soldaten (Körpergröße zwischen 169 und 171 cm) ermittelte zum Beispiel Gould (nach Wechsler, 1952) folgende Werte für die Vitalkapazität, d. h. die Differenz des Luftvolumens zwischen maximalem Ein- und Ausatmen (Tab. 2.1):

Tab. 2.1: Häufigkeitsverteilung der Vitalkapazität bei einer Stichprobe von 1491 Soldaten mit einer Körpergröße um 170 cm. Die Liter-Angaben stellen gerundete Werte der in Kubik-Inches erhobenen Größen dar.

Liter	Zahl der Personen
unter 1,5	19
1,5–1,9	52
1,9–2,2	81
2,2–2,5	136
2,5–2,9	271
2,9–3,2	319
3,2–3,5	330
3,5–3,9	160
3,9–4,2	85
4,2–4,5	22
über 4,5	16
	Gesamtzahl: 1491

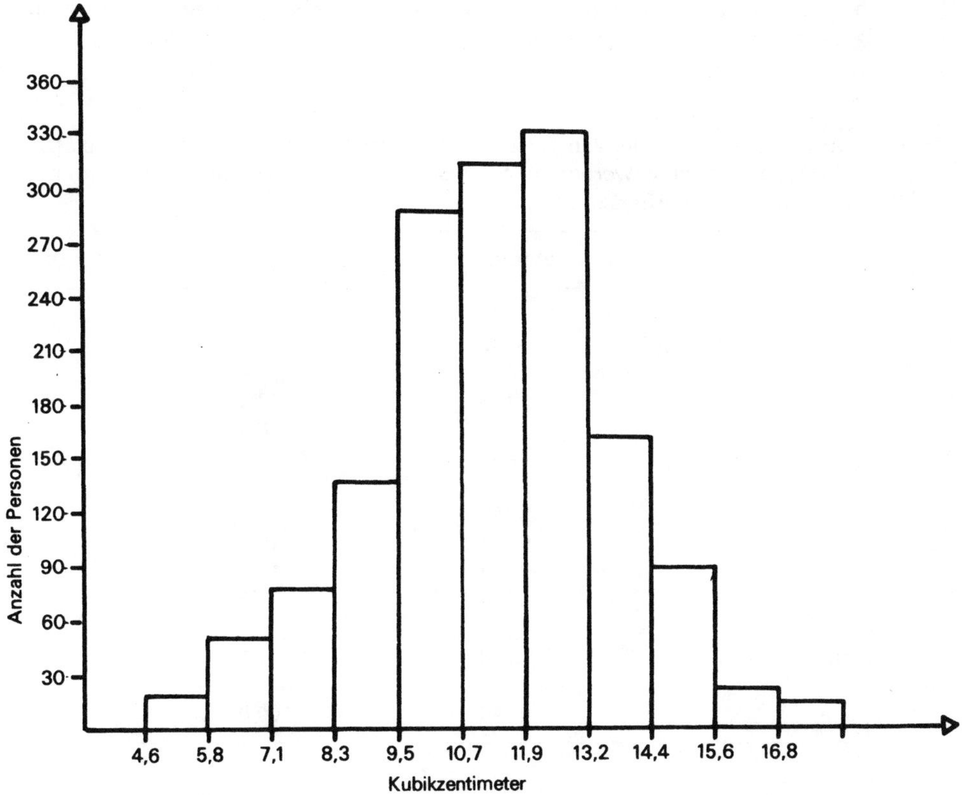

Abb. 2.2: Histogramm für die Häufigkeitsverteilung der Vitalkapazitäten aus Tab. 2.1 in Liter (gerundete Werte der in Kubik-Inches erhobenen Größen).

Die grafische Veranschaulichung dieser Häufigkeitsverteilung in Abb. 2.2 lässt wieder, wie auch Abb. 2.1, die Ähnlichkeit zur Glockenform erkennen, wie sie für die so genannte Normalverteilung gegeben ist. Die Normalverteilung stellt eine mathematisch-wahrscheinlichkeitstheoretische Zufallsverteilung dar. Sie wird wegen ihrer Bedeutung für die Differentielle Psychologie in Kapitel 2 näher besprochen.

Die erkennbare Asymmetrie in Abb. 2.2 geht vor allem auf eine Überbesetzung der Maßzahlklasse 3.2–3.51 zurück. Solche und ähnliche Abweichungen von der symmetrischen Normalverteilungsform scheinen bei komplexeren Merkmalen geringer zu werden. So fanden Wenger und Ellington (1943) eine recht gute Annäherung an die Normalverteilung bei einem an 87 Kindern erhobenen Maß für das »autonome Gleichgewicht«, das aus mehreren Indikatoren für die Tätigkeit des sympathischen und parasympathischen Nervensystems definiert wurde.

Wie bei anatomischen und physiologischen Merkmalen kann man auch für viele psychologische Maße wenigstens annähernd glockenförmige Verteilungen der individuell unterschiedlichen Ausprägungsgrade feststellen. Beispiele aus dem Leistungs-, Persönlichkeits- und Einstellungsbereich mögen das belegen:

Die durchschnittlichen Schulleistungen der N = 34 444 Bewerber mit deutscher Hochschulzugangsberechtigung, ausgedrückt durch die über alle Fächer gemittelten Abiturnoten, zeigen die folgende Verteilung (Tab. 2.2):

Tab. 2.2: Durchschnittsnoten der von der Zentralstelle für die Vergabe von Studienplätzen (ZVS) registrierten Bewerber um einen Studienplatz im Sommersemester 1974 (nach ZVS 1973–1974, Seite 1.1).

	absolut	%
unter 1,2	72	0,2
1,2–1,4	137	0,4
1,3–1,7	469	1,4
1,8–2,0	1 185	3,4
2,1–2,3	2 931	8,5
2,4–2,6	4 458	12,9
2,7–2,9	5 057	14,7
3,0–3,2	8 256	24,0
3,3–3,5	6 274	18,2
3,6–3,8	4 404	12,8
3,9–4,1	794	2,3
4,2–4,4	27	0,1
4,5 und mehr	378	1,1
	34 444	100,0

Wie jedermann weiß, stellen die Schulnoten jedoch kein absolut objektives Kriterium für die gezeigten Leistungen dar, weshalb eingewandt werden könnte, die beobachteten Unterschiede und die Verteilung der Messwerte seien weniger eine Folge des Leistungsverhaltens der Schüler, sondern entsprächen überwiegend den konzeptuellen Vorstellungen der Lehrer. Untersuchungen mit Hilfe objektiverer Verfahren, deren Ergebnisse weniger von persönlichen Urteilen abhängen, zeigen jedoch regelmäßig ähnliche Resultate.
Das gilt auch für psychologische Merkmale mit geringerem Komplexitätsgrad wie etwa für Gedächtnisleistungen. Eine in Heidelberg durchgeführte Untersuchung (Amelang, 1975) kann dafür als Beispiel dienen: In ihr mussten 1 161 Studenten verschiedener Fachrichtungen zunächst eine Minute lang einen sinnvollen Text lesen. Nach einem Intervall von 10 Minuten wurde sodann nach spezifischen Passagen des Inhalts gefragt und die Anzahl richtig erinnerter Details als Gedächtnismaß verwendet. Die Häufigkeitsverteilung dieses Maßes ist in Abb. 2.3 wiedergegeben.
Eine ganz ähnliche Verteilung ergab sich auch für die Zahl von Antworten, die die teilnehmenden Versuchspersonen (Vpn) auf die Frage lieferten, welche Verwendungsmöglichkeiten sie sich für einen Backstein vorstellen könnten, was als ein Indiz für Kreativität angesehen wurde.
Nicht viel anders sieht es aus, wenn eine größere Zahl von Personen hinsichtlich eines oder mehrerer Persönlichkeitsmerkmale im engeren Sinne von Freunden oder Bekannten eingeschätzt wird oder die Betreffenden in entsprechenden, gut konstruierten Persönlichkeitsfragebogen sich selbst beurteilen, indem sie Fragen nach ihren Erlebnis- und Verhaltensweisen mit »ja« oder »nein« beantworten und diese Einzelaussagen zu einem Gesamt-Punktwert addiert werden. Im Zuge der Entwicklung eines solchen Verfahrens zur Erfassung von »Ex-

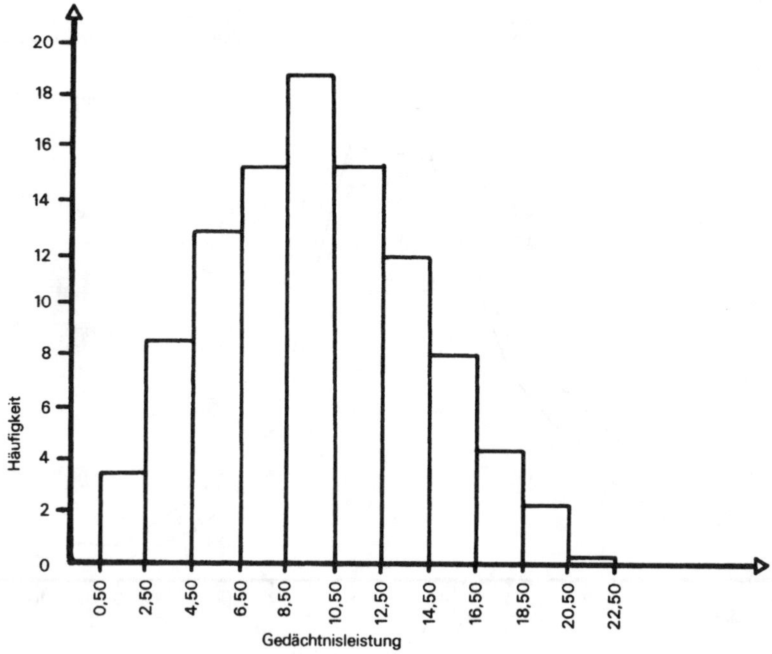

Abb. 2.3: Histogramm für die Häufigkeitsverteilung eines Gedächtnismaßes in einer Stichprobe von 1 161 Studenten.

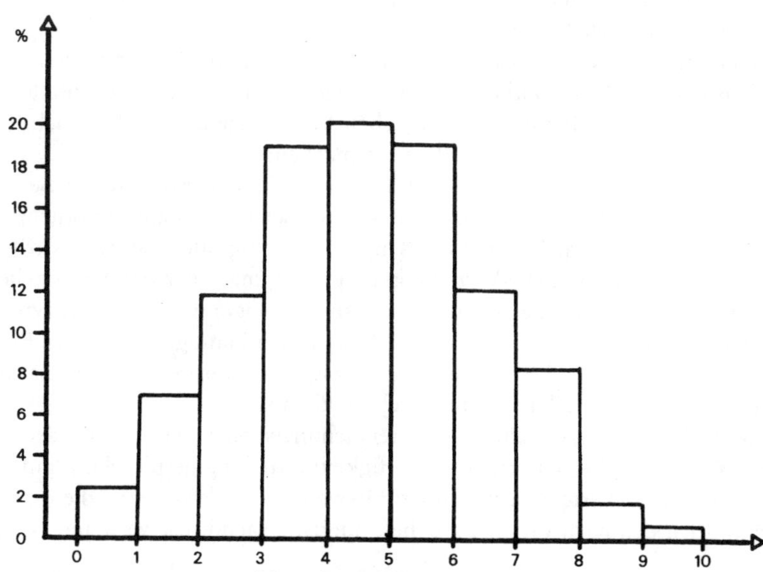

Abb. 2.4: Verteilung der Extraversions-Introversionspunktwerte (hohe Punktwerte bedeuten Extraversion) in einer Stichprobe von 1 000 Soldaten (nach Eysenck, 1947).

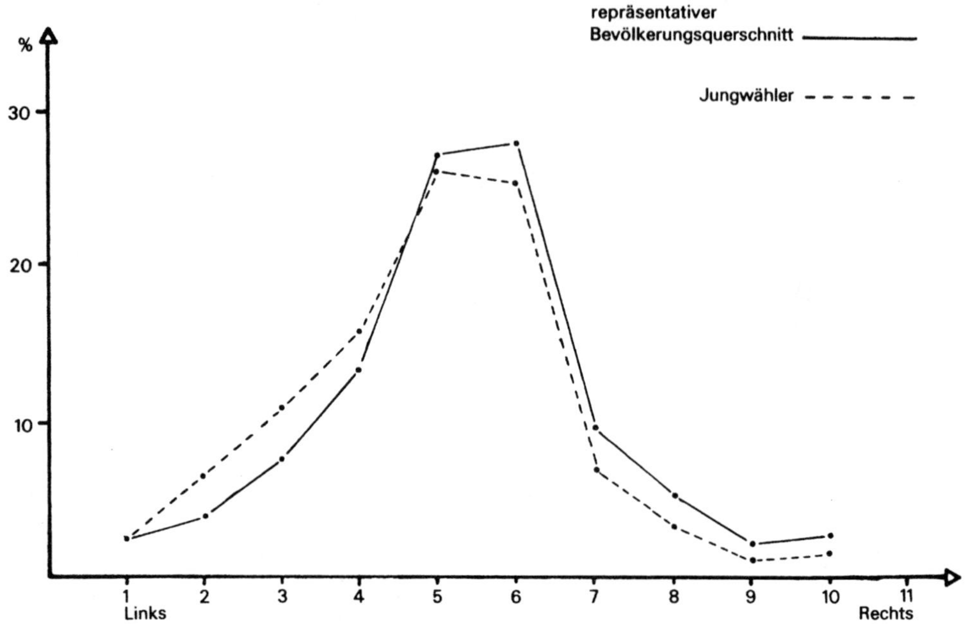

Abb. 2.5: Die Links-Rechts-Selbsteinstufung der Wahlberechtigten in Hessen (nach Klingemann & Pappi, 1972, S. 42).

traversion«, d. h. der Tendenz, mehr auf die Außenwelt als auf die eigene Person gerichtet, lieber in Gesellschaft als alleine zu sein, abwechslungsreiche Lebensbedingungen gleichförmigen vorzuziehen und anderes mehr, stellte Eysenck (1947) an 1000 Soldaten die in Abb. 2.4 dargestellte Verteilung fest.

Andere Merkmale wie Neurotizismus oder Ängstlichkeit, Maskulinität versus Feminität, Dogmatismus und Gefühlsbetontheit, um nur einige zu nennen, zeigen ebenfalls solche eingipfeligen, wenigstens annähernd symmetrischen Verteilungen. Dass dies auch für Einstellungen zutrifft, soll ein letztes Beispiel deutlich machen:

Klingemann und Pappi (1972) ließen 962 Personen eines repräsentativen Bevölkerungsquerschnitts auf einer 10-stufigen Skala eine Selbsteinschätzung danach vornehmen, ob sie politisch mehr rechts oder mehr links stünden, wobei völlig offen gelassen wurde, was darunter genau zu verstehen sei. Die Verteilung der Einstellungen entsprach weitgehend derjenigen einer kleineren Stichprobe von Jungwählern und zeigte wiederum das typische Häufigkeitsmaximum im Mittelbereich mit einer Abnahme der Häufigkeiten zu den Endpunkten des Kontinuums hin (s. Abb. 2.5) – woraus im Übrigen die Autoren den Schluss zogen, dass das Wählerpotenzial für radikale Parteien relativ klein sei.

Nur am Rande sei bemerkt, dass in Einzeluntersuchungen nach dem Beispiel der eben zitierten häufig eine zu der glockenförmigen Häufigkeitsverteilung gespiegelte (»auf dem Kopf stehende«, U-förmige) Verteilung der Intensitätswerte gefunden wurde; die extremen Einstellungen werden demnach oftmals mit besonderem Nachdruck vertreten (s. Hofstätter, 1973).

Die angeführten Beispiele mögen genügen, um die Feststellung zu rechtfertigen, dass in körperlichen, physiologischen und psychologischen Merkmalen Unterschiede bestehen; mit Hilfe von Messoperationen sind diese quantifizierbar, wobei die resultierenden Werte für die

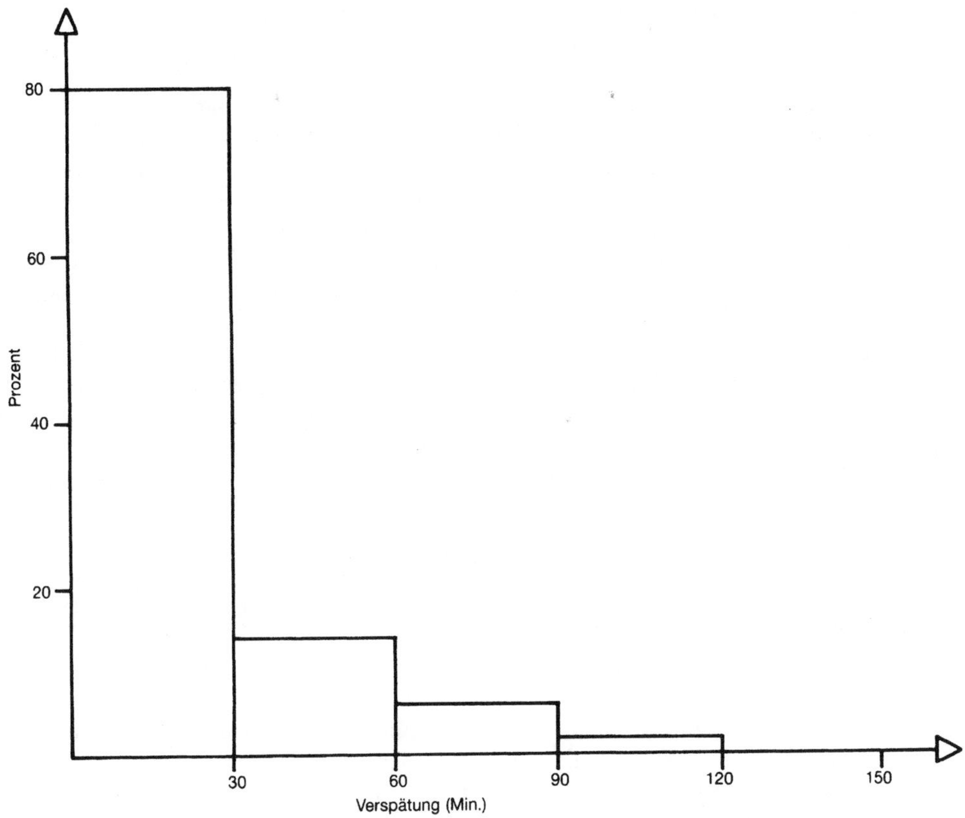

Abb. 2.6: Verteilung von Verspätungen am Arbeitsplatz (nach Hofstätter, 1973, S. 67).

individuellen Ausprägungsgrade oft eine Häufigkeitsverteilung zeigen, die weitgehend mit der Gauß'schen Normalverteilung übereinstimmt. Wie später zu zeigen sein wird, werden die psychologischen Messverfahren aufgrund der Beobachtungen an anatomischen und physiologischen Maßen wie Körpergröße und -umfang, Vitalkapazität, Kraft und Schnelligkeit häufig erst so konzipiert, dass sich in Reihenuntersuchungen die besagten glockenkurvigen Häufigkeitsverteilungen ergeben.

Die grundlegende Annahme dabei ist, dass solche Verteilungen immer dann entstehen, wenn eine Vielzahl von Faktoren in zufälliger Kombination zusammenwirkt. Sofern die Zufälligkeit der Kombination nicht gewährleistet ist, kommt es zu mehr oder weniger gravierenden Abweichungen von der Normalverteilung. Bei Hofstätter (1973, S. 67) finden sich die in Abb. 2.6 wiedergegebenen Resultate aus einer Untersuchung zur Pünktlichkeit am Arbeitsplatz. Wie aus dieser sog. J- oder L-Verteilung der Werte ersichtlich ist, erschienen den N = 2.545 Messungen zufolge die allermeisten Arbeitnehmer rechtzeitig, und immer weniger Personen wiesen eine zunehmend längere Verspätung auf. Ganz ähnliche Verhältnisse wurden beim Zuspätkommen in der Kirche beobachtet und beim Verhalten von Autofahrern bei Rotlicht an Kreuzungen. Das gemeinsame Element hinter diesen Beobachtungen sind Konformitätsdruck und Normierungsvorschriften, die eine freie (zufällige) Kombination der Faktoren nicht gewährleisten (s. dazu auch Brandt & Köhler, 1972).

2.2 Interindividuelle Differenzen bei Tieren

Was für den Menschen bezüglich der jeweiligen Einzigartigkeit des Individuums gilt, trifft auch für Pflanzen und Tiere zu. Auch bei ihnen gibt es – zumindest im Makrobiotischen – keine zwei Artvertreter, die einander völlig gleichen. So entwickeln sich etwa bei Pflanzen aus Samenkörnern vermeintlicher Gleichförmigkeit Gewächse mit deutlich verschiedenem Wuchs und Blattbestand, mit unterschiedlicher Form und Farbe der Blüten. Während sich die Psychologie als Wissenschaft vom Verhalten für individuelle Unterschiede im Pflanzenreich nicht interessiert – von einigen erfolglosen Versuchen, lichtabhängige Reaktionen bestimmter Topfpflanzen auf andere Auslöser zu konditionieren (z. B. Holmes & Yost, 1966), abgesehen –, haben experimentelle Untersuchungen an Tieren für verschiedene Teilgebiete der Psychologie eine große Bedeutung erlangt. Eine besonders wichtige Rolle spielen dabei Affen auf der einen, Ratten auf der anderen Seite; die Ersteren, weil sie dem Menschen und dessen Verhalten besonders ähnlich, die Letzteren, weil sie leicht zu beschaffen und zu halten sind, eine rasche Generationenfolge und ein akzeptables Niveau von Basisfertigkeiten aufweisen.

Berühmt geworden ist vor allem jener Affe mit dem Namen »Sultan«, der es im Rahmen der Versuche von Köhler (1921) als Erster aus einer größeren Schar seiner Artgenossen verstand, durch die teleskopartige Verbindung zweier Stäbe eine ansonsten unerreichbare Banane an den Käfig heranzuholen.

Systematische Untersuchungen etwa von Hebb (1949) und Nissen (1956) haben darüber hinaus ergeben, dass beträchtliche Unterschiede zwischen Schimpansen, die unter vergleichbaren Zuchtbedingungen aufwachsen, hinsichtlich der verschiedensten Merkmale bestehen, die von den Autoren als soziale Interaktion, Gebrauch von Werkzeugen, emotionaler Ausdruck, Nahrungspräferenz und Essgewohnheiten beschrieben bzw. als Freundlichkeit und Aggressivität interpretiert wurden.

Auch Ratten unterscheiden sich unter experimentellen Bedingungen in Verhaltensweisen, die als Ausdruck von Neugier, Furchtsamkeit, Aggressivität oder anderer Merkmale gedeutet werden können. Grundlage solcher Interpretationen sind Anordnungen, in denen die Tiere ein für sie neues Labyrinth von Laufgängen explorieren können und darauf verschieden viel Zeit oder Laufarbeit verwenden, sich an den Begrenzungswänden einer von oben mit grellem Licht bestrahlten Fläche aufhalten bzw. sich auch zur Mitte des ihnen verfügbaren Feldes »wagen«, Artgenossen in unterschiedlicher Häufung und Intensität angreifen usw. (Hall, 1951; Geier, Levin & Tolman, 1941).

Besondere Beachtung verdient dabei die Beobachtung, dass das jeweilige Verhalten konsistent über verschiedene Situationen auftrat, d. h. diejenigen Tiere, die Angriffsverhalten gegenüber dem einen Artgenossen zeigten, attackierten zu einem späteren Zeitpunkt auch einen anderen, diejenigen, die keine Aggression oder nur milde Formen bei der ersten Gelegenheit erkennen ließen, reagierten später ebenfalls eher friedlich. Analoges war für andere »Eigenschaften« wie Sexualität, Furchtsamkeit usw. zu beobachten (zum Eigenschaftsbegriff s. 6.1).

Große Beachtung haben auch die Züchtungs-Experimente von Tryon (1929) gefunden, in denen Ratten, die im Labyrinth bis zum Auffinden des Futters viele bzw. wenige Fehler machten, jeweils mit Artgenossen gleichen Fertigkeitsniveaus gepaart wurden. Im Zuge einer derartigen Züchtung von »dummen« und »klugen« Tierstämmen über mehrere Generationen gelang es, die Fehlerraten so zu beeinflussen, dass sich die Häufigkeitsverteilungen des Fehlermaßes für die beiden Tierstämme kaum noch überlappten. Spätere Versuche Tryons (1940) und besonders jene von Searle (1949) ließen jedoch erkennen, dass die aufgetretenen

Unterschiede zwischen den Stämmen in der Fertigkeit, das Labyrinth zu überwinden, nicht im Sinne einer Art von »Intelligenz« oder allgemeiner Lernfähigkeit zu interpretieren waren, da bei Variation der Problemstellung die Überlegenheit der einen Gruppe verschwand oder sich gar ins Gegenteil verkehrte. Von daher und aufgrund detaillierter Analysen, die sich auf das Vermeiden von Wasser, die Furcht vor dem »Open Field«, das Interesse an Nahrung und Ähnliches bezogen, mussten die gezüchteten Unterschiede mehr als Resultate emotionaler und motivationaler Faktoren angesehen werden denn als Fähigkeitsunterschiede.

Wie Ratten so wurden auch Hunde in erster Linie herangezogen, um allgemeine Lernprozesse zu erforschen. Vor allem Pawlow (1953 a, b) bediente sich dieser Tiere bei seinen bekannten Experimenten zur Erforschung bedingter Reaktionen, wie vor allem der Speichelreaktionen und verschiedener Vermeidungsreaktionen. Bereits in den ersten Versuchsreihen traten deutliche Unterschiede zwischen den Tieren in Bezug auf die Geschwindigkeit auf, mit der bedingte Reaktionen erworben wurden bzw. diese wieder gelöscht werden konnten. Als Grundlage dieser Differenzen nahm man Unterschiede in der Tätigkeit der Großhirnrinde an, in der »Erregungs-« und »Hemmungsprozesse« das Geschehen beeinflussen. Je nach dem Überwiegen eines dieser beiden Prozesse unterschied man den Typ mit einem »schwachen Nervensystem« vom Typ mit einem »starken Nervensystem«. Beim Ersteren sollen die »Hemmungsprozesse« überwiegen, er ist schlechter konditionierbar, beim Typ mit dem »starken Nervensystem« sollen die überwiegenden »Erregungsprozesse« für die bessere Konditionierbarkeit verantwortlich sein. Eine weitere Differenzierung dieser Typologie wurde von Pawlow auf der Grundlage der beobachteten Unterschiede im Konditionierungsverhalten der Tiere vorgenommen. Nur am Rande sei hier angemerkt, dass das Konzept des Erregungs-Hemmungs-Verhältnisses von Eysenck (1967) wieder aufgegriffen und auf das Merkmal Extraversion/Introversion bezogen worden ist.

Auch bei Katzen sind deutliche Unterschiede zu registrieren, die für jeden Freund dieser Vierbeiner immer neuen Gesprächsstoff liefern. Unter den kontrollierten Bedingungen des Experimentes, wo Katzen namentlich von Thorndike (1898) in Versuchen zum Erwerb instrumentellen Verhaltens eingesetzt wurden, bestätigten sich anekdotische Eindrücke und Erfahrungen. In einer Studie zur »Begriffsbildung«, bei der die Versuchstiere zwischen verschiedenen Hinweisreizen für die Lösung der Aufgabe diskriminieren sollten und diese angemessen zu verarbeiten hatten (Größe, Aussehen und Position geometrischer Figuren), benötigte das leistungsfähigste Tier aus einer Stichprobe von 21 Katzen 54 Durchgänge bis zum Erreichen des Lernkriteriums, das schlechteste hingegen 760.

Eine frühe Untersuchung, in der nicht nur die Unterschiede innerhalb, sondern auch diejenigen zwischen den Arten beschrieben wurden, und die deshalb häufig zitiert wird, ist diejenige von Fjeld (1934). Dort konnten Tiere in einem Lauftrakt durch Betätigung von Drucktasten das Öffnen einer Tür und damit Zugang zum Futter erreichen. Dieses Futter hatte für die hungrigen Versuchstiere die Folge, dass ihr Tastendrücken, das zunächst nur zufällig und ungerichtet als Bestandteil unspezifischen Explorationsverhaltens auftrat, bekräftigt wurde und seine Auftretenshäufigkeit zunahm. Die Schwierigkeit der Lernaufgabe konnte dadurch gesteigert werden, dass nicht nur ein, sondern zwei oder drei Drucktasten, diese zudem in spezifischer Abfolge, berührt werden mussten. Als Versuchstiere standen Meerschweinchen, Ratten, Katzen und zwei Spezies von Affen zur Verfügung. Ein Teil der Resultate ist in Tabelle 2.3 zusammengestellt.

Wie aus Tab. 2.3 ersichtlich, bestehen zwischen den Arten erhebliche Differenzen in der Fähigkeit, den gestellten Anforderungen zu entsprechen. Von den Meerschweinchen kam keines über die einfachste Aufgabe hinaus, während einige der Rhesus-Affen bis zur 22. Schwierigkeitsstufe vordrangen. Ein vielleicht anschaulicheres Maß für die Lernleistung jeder Spezies stellt der Mittelwert der erforderlichen *Anzahl von Durchgängen* dar, die not-

Tab. 2.3: Individuelle und Gruppendifferenzen bei verschiedenen Spezies im Erlernen der Anforderungen einer Problem-Box.

	1.	2.	3.	4.	5.
Spezies	Zahl der Fälle	Zahl der Tiere, die die leichteste Aufgabe schafften	Zahl der Durchgänge, die erforderlich waren zum Erlernen der leichtesten Aufgabe		Spannbreite in den erreichten Schwierigkeitsstufen
			Mittelwert	Spannbreite	
Meerschweinchen	30	16	185,50	53–407	0–1
Albinoratten	35	24	221,04	30–453	0–2
Katzen	62	62	46,69*	9–136	3–7
Affen (Rhesus)	17	17	162,47	19–310	2–22
Affen (Cebus)	6	6	137,17	42–327	5–15

* siehe Erläuterung dieses Wertes im Text.

wendig waren, um die leichteste Aufgabe zu bewältigen, weil dieses Kriterium wenigstens von einigen Vertretern jeder Art erfüllt wurde. Hierbei ergibt sich folgende Reihenfolge: Katzen (deren Werte allerdings mit denjenigen der anderen Tiere nicht direkt vergleichbar sind, weil es genügte, nur irgendeine der drei Tasten, nicht aber notwendigerweise eine vorbezeichnete zu betätigen), Cebus-Affen, Rhesus-Affen, Meerschweinchen und Albinoratten. Auch innerhalb der Arten treten erhebliche Unterschiede auf, wie ein Blick in die 4. Spalte der Tabelle zeigt. Diese Differenzen erreichen solche Ausmaße, dass es zu starken Überlappungen verschiedener Häufigkeitsverteilungen der Lernpunktwerte einzelner Tierarten kommt; so etwa benötigt die beste Ratte zum Erlernen der Leistungsaufgabe nur 30 Durchgänge im Unterschied zu nicht weniger als 310 Durchgängen des langsamsten Rhesus-Affen. Ganz allgemein sind solche Befunde typisch für weitere Resultate der vergleichenden Psychologie.

Von Belang für die behandelte Problematik ist weiterhin, dass interindividuelle Differenzen auch bei noch niedrigeren Arten beobachtbar sind: Bekannt ist die Hackordnung bei Hühnern (Schjelderup-Ebbe, 1922). Damit wird die Beobachtung bezeichnet, dass das wohl kräftigste und »intelligenteste« (Katz & Toll, 1923) Tier alle anderen der Schar picken darf, ein zweites alle anderen mit Ausnahme des einen ihm überlegenen usw. Redewendungen in unserer Sprache wie der Ausdruck »Leithammel« oder »schwarzes Schaf« resultieren aus Beobachtungen entsprechend ähnlicher Unterschiede im Verhalten von Tieren.

In anderem Kontext konnte Hirsch (1959, 1962) Verhaltensunterschiede an der Drosophila melanogaster (Taufliege) feststellen, die wegen der Größe ihrer Chromosomen und der raschen Generationenfolge unter Erbbiologen sehr geschätzt ist: Er beobachtete die Tiere in einem Labyrinth, in dem sie sich an den Entscheidungspunkten für ein Ausweichen nach oben (gegen die Gravitation) oder nach unten (im Sinne der Gravitation) entscheiden mussten. Ausgewertet wurde für jedes Tier die Anzahl seiner Entscheidungen, nach oben, gegen die Gravitation, auszuweichen. Die so erhaltenen »geotaktischen Reaktionswerte« von vielen Tieren zeigten die folgende Häufigkeitsverteilung (Abb. 2.7).

Die Ähnlichkeit der Verteilung mit den Verteilungen von Merkmalsausprägungen im Humanbereich ist augenfällig.

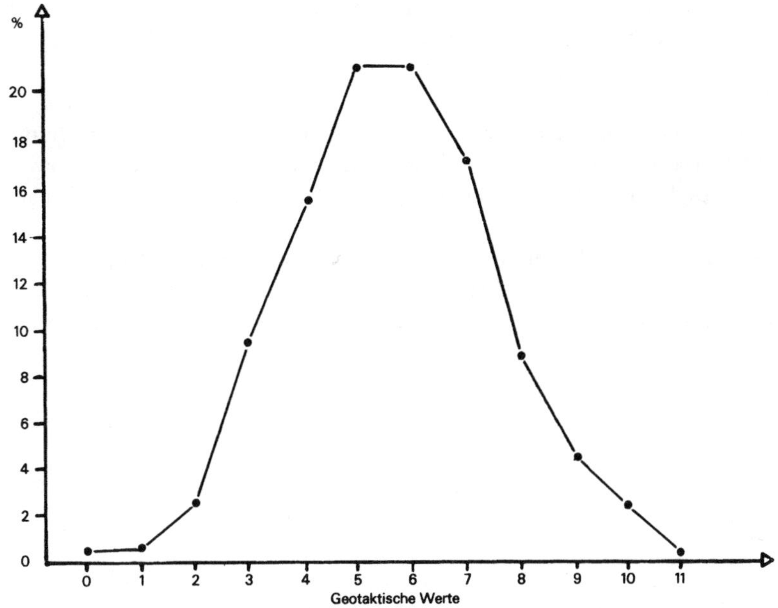

Abb. 2.7: Verteilung der geotaktischen Reaktionswerte für männliche Taufliegen eines bestimmten Stammes (nach Hirsch, 1959).

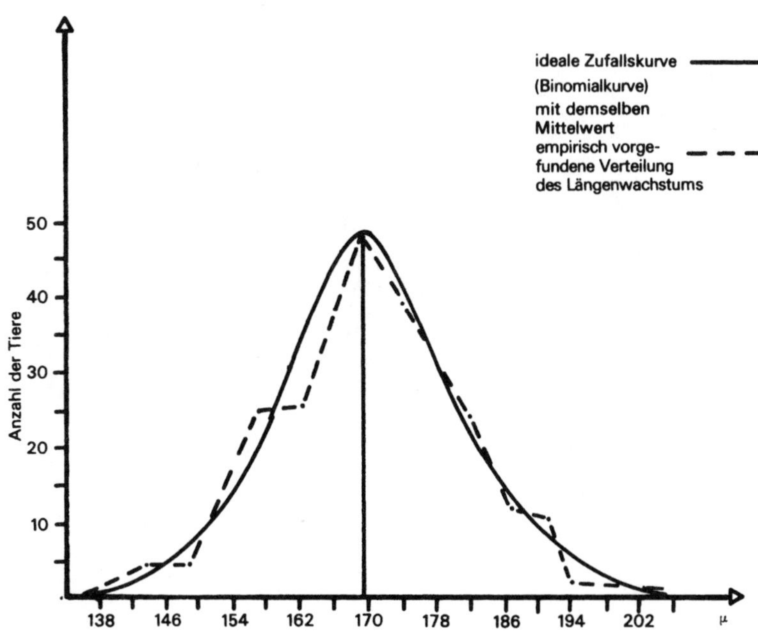

Abb. 2.8: Verteilung der Längen von 300 Paramaecien aus einer Zucht (Nachkommen eines einzigen Tieres) (nach Kühn, 1961, S. 24).

Selbst auf dem Organisationsniveau von Einzellern lassen sich charakteristische Unterschiede finden. Diese beziehen sich zum Beispiel bei Paramaecien (Pantoffeltierchen) nicht nur auf deren Längenwachstum (Abb. 2.8), sondern auch auf »Verhaltensweisen»: French (1940) konnte auf relativ einfache Weise Gruppen von »free swimmers« und »groupers« identifizieren; damit wurden Tiere bezeichnet, die die überdauernde Tendenz hatten, sich allein oder in Körperkontakt mit ihresgleichen durch Nährflüssigkeiten zu bewegen, auch dann, wenn jedes der betreffenden Tierchen für eine Zeit lang zunächst für sich allein gehalten worden war.
Die Liste derartiger Beispiele könnte nahezu beliebig fortgesetzt werden; das referierte Material reicht jedoch völlig aus, um die generelle Gestalt- und Verhaltensdifferenzierung auch im Bereich tierischen Lebens zu illustrieren und damit die eingangs formulierte These zu belegen, dass Verschiedenheit und Individualität eine der grundlegenden Fakten allen Lebens überhaupt ist.

3 Interindividuelle Differenzen in Vergangenheit und Gegenwart

3.1 Antike und Judentum

In alten Texten finden sich nur sporadische Hinweise auf die Bedeutung, die zwischenmenschlichen Unterschieden beigemessen wird. Dubois (1966) hat die Anfänge psychologischen Testens, das einer objektiven Bestimmung der persönlichen Besonderheiten dient, bis in die Zeiten des alten China (um 1100 v. Chr.) zurückverfolgt. Damals wurden Leistungsprüfungen vorgenommen, um aus den Bewerbern für gehobene Posten im Staatsdienst die geeignetsten ausfindig zu machen. Die Aufgaben bestanden aus Verhaltensstichproben, die zu den fünf Künsten Musizieren, Bogenschießen, Reiten, Schreiben und Rechnen gehörten. Später wird zu zeigen sein, wie aktuell ein solches Mittel der Diagnostik heute erscheint. Teilweise Ähnliches propagiert Plato in seinem »Staat« (II): Ausgehend von der Überzeugung, dass keine zwei Menschen von Geburt her gleich seien, sich aber jeder infolge seiner spezifischen Begabung für eine bestimmte, jeweils andere Beschäftigung besonders eigne, schlägt er das nach heutigen Maßstäben durchaus moderne Konzept einer selektiven Platzierung von Personen in verschiedene Funktionen vor. Als Elemente der in diesem Prozess notwendigen Eignungsdiagnostik sollten zum Beispiel zur Auslese von Wächtern Situationen realisiert werden, die Selbstdisziplin, Mut und Unbestechlichkeit prüfen.
Ebenfalls der Auslese für das Militär gelten zwei Vorläufer von Tests, über die im Buch der Richter des Alten Testaments zu lesen ist. Dort sollte auf Gottes Geheiß Gideon, der Feldherr, seine Rekruten zunächst grob vorselegieren durch den öffentlichen Aufruf: »Wer blöde und verzagt ist, der kehre um!« und in einem zweiten Durchgang die Verbliebenen (nur 10 000 von ursprünglich 32 000!) zum Wasser führen, um sie dort beim Trinken zu beobachten: »Jeden, der mit der Zunge von dem Wasser leckt, wie der Hund leckt, den stelle beiseite; desgleichen jeden, der zum Trinken niederkniet« (Richter 7,5).
Im Sinne neuerer Konzepte bildete hier eine Kombination von subjektiven und objektiven Reaktionen der Getesteten den Inhalt des diagnostischen Geschehens, wobei hinsichtlich der Selbsteinschätzung eine unmittelbare Aussagekraft für das eigentlich interessierende Merkmal der Tapferkeit im Kampf unterstellt wurde, das Trinkverhalten hingegen über andere Merkmale wie Selbstbeherrschung, Disziplin und Bildung Aufschluss liefern sollte, die ihrerseits vermutetermaßen mit der Tauglichkeit in Beziehung stehen. Jedenfalls blieben nach Anwendung dieser sequentiellen Strategie ganze 300 Mann übrig, tüchtige im Übrigen, denn die Schlacht wurde gewonnen, was eher für als gegen die Angemessenheit der eingesetzten Tests spricht. Am Rande bemerkt dürfte die Reduktion der Bewerber auf 1% der Gesamtbevölkerung nach Hofstätter (1977, S. 86) »auch angesichts der Millionenheere des 20. Jahrhunderts einen recht brauchbaren Maßstab darstellen«.
Bezeichnenderweise müssen die ersten Anfänge einer Bestimmung komplexer interindividueller Differenzen mit Hilfe von Tests als Konsequenz der Notwendigkeit verstanden wer-

den, das Verhalten in bedeutungsvollen Bewährungssituationen vorhersagen zu müssen, für die aber die im Alltag anfallenden Beobachtungsgelegenheiten nicht ausreichen. Ganz in diesem Sinne hat sehr viel später, nämlich in den beiden Weltkriegen, die Verwendung von Tests durch die Untersuchung riesiger Personenzahlen einen völlig neuartigen Stellenwert erhalten.

3.2 Mittelalter und Neuzeit

Die genannten Ansätze aus der Früh- und Vorgeschichte scheinen später nicht weiterentwickelt worden zu sein; vielmehr ist während der Scholastik im Mittelalter, für die mehr philosophische Spekulationen, nicht aber empirische Studien typisch sind, ein ausgesprochenes Desinteresse an individuellen Differenzen zu vermerken. Allenfalls finden Besonderheiten der religiösen und moralischen Haltung eine gewisse Aufmerksamkeit. Möglicherweise ist für diesen Trend der Umstand maßgeblich, dass während jenes Zeitabschnittes Untersuchungen von Williams (1961) zufolge das Wort »individual« gleichbedeutend mit »inseparable« war und ein Individuum in den Begriffen der Gruppe, zu der es gehörte, beschrieben und gekennzeichnet wurde. Die Kirche akzentuierte die Untrennbarkeit von Gruppe und Individuum mit Auffassungen des folgenden Inhalts:

> »Selbst der schlimmste Sünder stand niemals außerhalb des Kreises der (kirchlichen, Anm. der Übersetzer) Gemeinde, außer wenn er die bitterste Strafe der Kirche auf sich gezogen hatte, die Exkommunikation: Ein lebendiger Tod« (Mumford, 1961, S. 150; Übersetzung von den Verfassern).

Immerhin erfolgten gegen Ende des 18. Jahrhunderts noch einige Denkanstöße vonseiten der Anhänger der Vermögenspsychologie, die sich auf den hl. Augustinus und auf Thomas von Aquin zurückführen lässt. Damals wurden, etwa von dem schottischen Philosophen Reid (in zwei Schriften von 1785 und 1788) Elemente der »intellektuellen« und »aktiven Menschenkraft« wie »Gedächtnis«, »Wahrnehmung« und »Vorstellung« bzw. »Selbstbehauptung«, »Hunger und Machtstreben« beschrieben. Diese Begriffe haben allerdings nur sehr oberflächlich Ähnlichkeit mit den entsprechenden Begriffen der modernen Psychologie.

Erwähnung verdient noch die von Franz Josef Gall (1758–1828) begründete *Phrenologie*, die eine Beziehung zwischen der Form des Schädels und der Ausprägung verschiedener, in bestimmten Arealen des Gehirns vermuteter Sinne (für Farben, Zerstörung, Frohsinn usw.) unterstellte – eine Auffassung, für die später durchgeführte Messungen keinerlei Bestätigung lieferten.

Dessen ungeachtet stellen diese Untersuchungen gleichsam die frühen Vorläufer für die in der jüngsten Vergangenheit eingesetzten Bemühungen dar, aus Längen- und Umfangsmaßen des Kopfes auf die Größe des Hirns zu schließen und mit dessen Volumen in Verbindung zu bringen. Den bisher vorliegenden Anhaltspunkten zufolge weisen Männer im Mittel ein größeres Gehirn auf als Frauen; zudem besteht eine systematische Rangordnung zwischen ethnischen Gruppen im Sinne von Mongoloide > Weiße > Negroide (Rushton, 1993). Des Weiteren scheint innerhalb der Gruppe der Weißen eine Wechselbeziehung zwischen Gehirngewicht und allgemeiner Intelligenz zu bestehen – Beobachtungen, die fraglos von erheblicher Brisanz in theoretischer und methodischer Hinsicht sind.

Nur am Rande sei vermerkt, dass hierher auch die völlig aus dem Rahmen des Üblichen fallenden und deshalb originellen Untersuchungen von Heuer (1991) gehören, in denen die

»Dickköpfigkeit« (u. a. erfasst über die Breite des Kopfes) mit Weitblick in Verbindung gebracht wird. Wenngleich ein derartiger Zusammenhang unter evolutionstheoretischer Perspektive äußerst plausibel wäre, konnte er in den besagten Studien aus dem Marburger Institut (noch?) nicht in ausreichender Höhe nachgewiesen werden. Verantwortlich dafür kann der Umstand sein, dass sich in dem nach ingeniösen Vorversuchen gewählten Maß auch die Größe und Stellung der Ohren niederschlugen. Wegen aller weiter gehenden Details ist das Studium der zitierten Arbeit selbst unerlässlich, das erst eine adäquate Einordnung des besagten Beitrages gewährleisten kann.

Aus der Retrospektive kann mit Gewissheit festgestellt werden, dass die entscheidenden Impulse und grundlegenden Ideen für die wissenschaftliche Beschäftigung mit individuellen Differenzen aus der Biologie kamen. Charles Darwin (1809–1882), Sir Francis Galton (1822–1911) sowie Gregor Mendel (1822–1881) sind die bedeutendsten Namen in diesem Zusammenhang.

Mit der Veröffentlichung seines Buches »On the origin of species by the means of natural selection« (1859) und der darin formulierten Evolutionstheorie widersprach Darwin dem bis dahin verbreiteten, auf Aristoteles zurückgehenden Artbegriff, dem zufolge die wesentlichen Merkmale des Individuums durch Artmerkmale bestimmt und Abweichungen des Einzelnen davon nur zufällig seien. Darwin bestritt die Unveränderlichkeit der Art und postulierte die Entwicklung der Arten durch natürliche Auswahl der im Kampf ums Überleben Bestangepassten. Durch diese Überlegungen, die heute in ihren Grundsätzen allgemein anerkannt sind, wurden individuelle Differenzen zu grundlegenden Bestandteilen eines theoretischen Systems. Die Abweichungen vom Durchschnitt erklärten sich nunmehr aus dem Zusammenwirken zahlreicher Bedingungen (zur Nützlichkeit evolutionstheoretischer Gedanken bei der Frage nach der Funktion individueller Differenzen s. den stimulierenden Beitrag von Merz, 1984 sowie Ahrens und Amelang, 1989).

Auch Mendel, jener Augustinermönch, der im Garten seines Klosters in Brünn folgerichtig Kreuzungsversuche mit Pflanzen durchführte und darüber 1866 in einer Veröffentlichung berichtete, überwand, auf seine Versuchsergebnisse gestützt, teleologische Erklärungsprinzipien und die Vorstellung von einer gottgewollten Entwicklung zu bestimmten Arten als Entwicklungsziel. Stattdessen erklärte Mendel die angeborene Eigenart des Individuums kausal durch die zufällige Kombination von Erbanlagen. Damit war zumindest ein Teil der von Darwin noch offen gelassenen Wirkungsfaktoren auf empirische Weise spezifiziert worden.

Bekanntlich blieben die Gesetze Mendels lange Zeit unbeachtet. Mit deren Wiederentdeckung durch Correll, Tschermak und deVries um die Jahrhundertwende setzte jedoch eine intensive Erforschung der Erblichkeit von körperlichen und später auch psychologischen Merkmalen ein, wurden Konzepte und Modelle entwickelt, die auch heute noch Gegenstand aktueller Untersuchungen sind.

Wesentliche Impulse in dieser Richtung waren bereits zuvor von Galton ausgegangen, einem Vetter Darwins, von dem er auch in seiner Arbeit angeregt und beeinflusst wurde. Als Biologe, Geograph, Statistiker, Meteorologe und Weltreisender war Galton einer der vielseitigsten und brillantesten Wissenschaftler des 19. Jahrhunderts und einer der Begründer der wissenschaftlichen Untersuchung individueller Differenzen.

Von ihm stammen wesentliche Beiträge zur Individualität des Fingerabdrucks, die Methode, durch Übereinanderprojektion mehrerer Fotos das Aussehen des »typischen« Engländers, des »typischen« Kriminellen oder das »wahre« Gesicht der Kleopatra (aus Münz-Vorlagen) zu bestimmen, darüber hinaus eine ganze Reihe von Erfindungen, die man in seinem Vermächtnis fand, von denen aber mangels Instruktionen unklar blieb wofür sie gedacht waren, und schließlich die Erkenntnis, dass die Zwillingsmethode die via regia zur Entflechtung von Erb- und Umweltfaktoren der Entwicklung darstellt.

Hauptsächlich an der Vererbung interessiert, übertrug er die Gedanken der Erblichkeit physischer Merkmale auf den psychischen Bereich, vor allem den der Intelligenz und publizierte 1869 sein Buch »Hereditary Genius«, in dem unter Anwendung der Stammbaummethode die Ballung spezifischer Begabungen in verschiedenen Familien aufgezeigt wurde.
Um differenzierte Daten über Begabungsunterschiede zu erhalten, war es, wie Galton bald erkannte, unbedingt erforderlich, an zahlreichen Personen objektive Messungen zu erheben. Dafür mussten spezielle Tests konstruiert und eingesetzt werden. Bei der Auswahl zu testender Merkmalsbereiche wurde er hauptsächlich durch das Gedankengut von John Locke beeinflusst, dem zufolge jedes neugeborene Kind zunächst einer »Tabula rasa«, einem »unbeschriebenen Blatt« gleicht. Erst die Sinneseindrücke im Laufe der Entwicklung liefern die Grundlage für komplexere psychische Prozesse wie Denken und Urteilen. Wie sehr er dieser Auffassung anhing, mag aus dem folgenden Zitat seines Buches »Inquiries into human faculty« hervorgehen:

> »Die einzige Information über äußere Ereignisse, die uns erreicht, scheint den Weg über unsere Sinne zu nehmen; je empfänglicher die Sinne für Unterschiede sind, desto größer ist die Grundlage, auf der unser Urteilsvermögen und unsere Intelligenz agieren können« (Galton, 1883, S. 27; Übersetzung von den Verfassern).

Empirische Anhaltspunkte für die Stimmigkeit dieses Konzeptes bezog er aus der bei geistig Behinderten verminderten Leistungsfähigkeit der Sinnesorgane.
Entsprechend versuchte er das Auflösungsvermögen und die Abbildungsschärfe der Sinne zu prüfen. So entwickelte er Testverfahren für das Farbensehen, für das Unterscheidungsvermögen im visuellen, akustischen und kinästhetischen Bereich. Die berühmte Galton-Pfeife zur Prüfung der Hörschwelle für hohe Töne ist ein Beispiel dafür. Aber auch Gedächtnisprüfungen, Assoziationsversuche und erste Fragebogenerhebungen führte er durch.
Um Messwerte von möglichst vielen Individuen zu erhalten, richtete Galton 1844 auf der »International Health Exhibition« in London ein anthropometrisches Laboratorium ein, in dem jeder Besucher gegen Entrichtung von threepence »get himself and his children weighed, measured and rightly photographed, and have their bodyly faculties tested by the methods known to modern science« (Galton, 1882). Über die Resultate bekam man ein Messblatt ausgehändigt. Auf diese Weise ist Galton vielleicht der einzige Psychologe, der von seinen Versuchspersonen ein Honorar erhielt, anstatt diesen ein solches zu entrichten (Kirby & Radford, 1976, S. 26).
Galton beschäftigte sich in diesem Zusammenhang auch mit der Analyse der Verteilungsform von psychischen Variablen. Grundlage dafür war die von Gauß (1809) mathematisch hergeleitete Normalverteilung, deren wahrscheinlichkeitstheoretische Grundlage Galton mit Hilfe des nach ihm benannten Galton-Brettes veranschaulichen konnte.
Schon der belgische Mathematiker Quetelet (1835) hatte zeigen können, dass sich physische Maße wie die Körpergröße nach dem Normalverteilungsmodell verteilen. Geleitet von der Überzeugung, dass psychische Merkmale wie die Intelligenz eine physische Basis haben, nahm Galton auch für psychische Variablen entsprechende Verteilungsformen an. Später wird zu zeigen sein, dass es plausible Gründe gibt, von der Normalverteilungsannahme für psychische Merkmale auszugehen, ohne dass diese letztlich definitiv beweisbar wäre. Einen wesentlichen Beitrag zur quantitativen Analyse von Merkmalszusammenhängen leistete Galton mit seiner Formulierung eines »Index of Correlation«, der später von seinem Schüler Karl Pearson (1857–1936) zum heute gebräuchlichen Korrelationskoeffizienten weiterentwickelt wurde.
Bevor die Bedeutung der Galton'schen Arbeit für die Differentielle Psychologie weiterverfolgt wird, soll ein kurzer Blick auf einen anderen Ausgangspunkt für die Beschäftigung mit

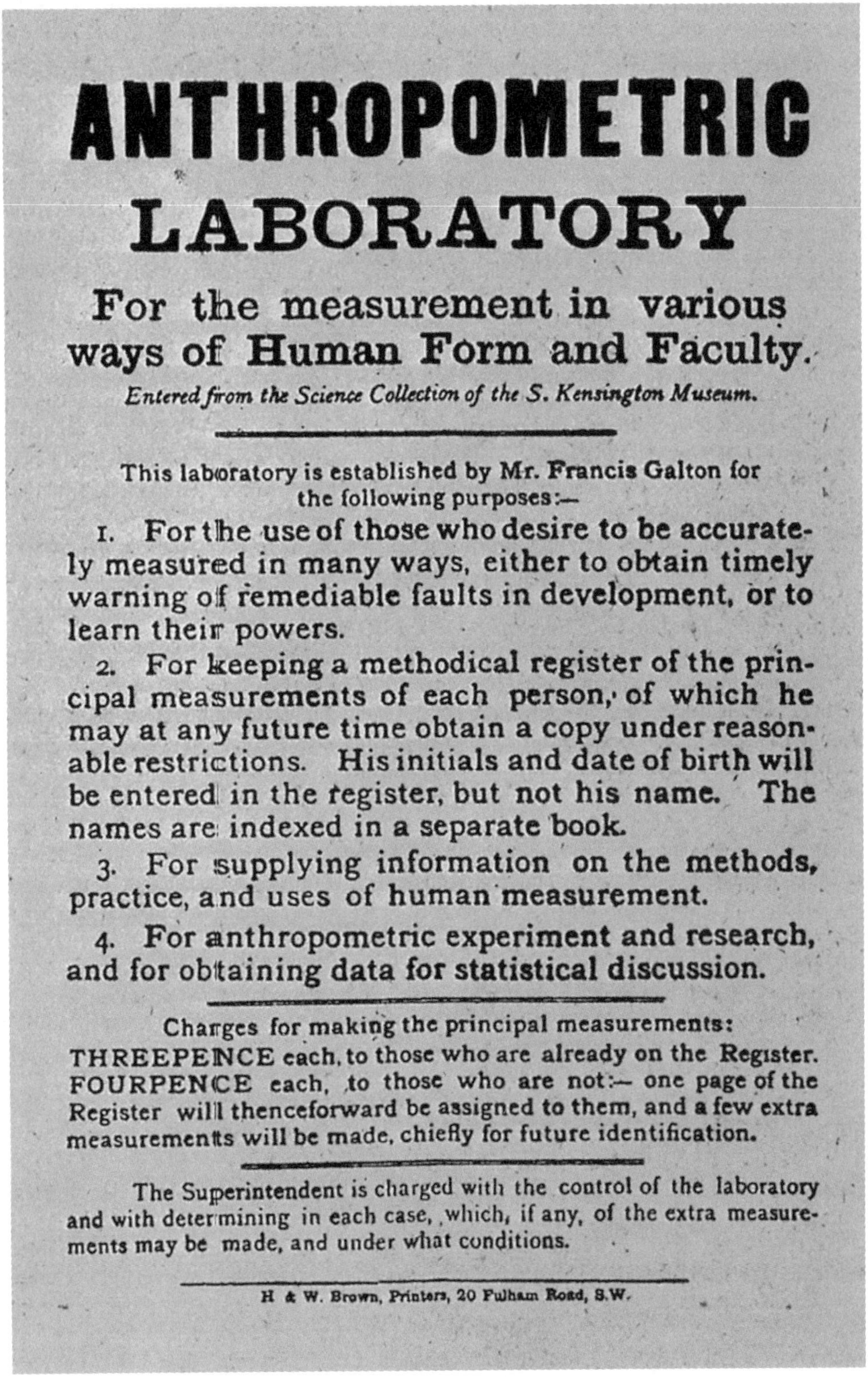

ANTHROPOMETRIC LABORATORY

For the measurement in various ways of Human Form and Faculty.

Entered from the Science Collection of the S. Kensington Museum.

This laboratory is established by Mr. Francis Galton for the following purposes:—

1. For the use of those who desire to be accurately measured in many ways, either to obtain timely warning of remediable faults in development, or to learn their powers.

2. For keeping a methodical register of the principal measurements of each person, of which he may at any future time obtain a copy under reasonable restrictions. His initials and date of birth will be entered in the register, but not his name. The names are indexed in a separate book.

3. For supplying information on the methods, practice, and uses of human measurement.

4. For anthropometric experiment and research, and for obtaining data for statistical discussion.

Charges for making the principal measurements:
THREEPENCE each, to those who are already on the Register.
FOURPENCE each, to those who are not:— one page of the Register will thenceforward be assigned to them, and a few extra measurements will be made, chiefly for future identification.

The Superintendent is charged with the control of the laboratory and with determining in each case, which, if any, of the extra measurements may be made, and under what conditions.

H & W. Brown, Printers, 20 Fulham Road, S.W.

individuellen Differenzen geworfen werden, nämlich auf eine Begebenheit in der Astronomie.

In der Sternwarte von Greenwich hatte im Jahre 1796 der dortige Chef seinen Assistenten entlassen, weil dieser die Durchgänge der Sterne durch das Fadenkreuz im Teleskop nach der komplizierten »Augen- und Ohren-Methode« jeweils nur mit einer Verzögerung von 0,8 Sek. gegenüber seinem Vorgesetzten zu registrieren vermochte. 20 Jahre später stieß der Königsberger Astronom Bessel beim Blättern in der Geschichte des Greenwich Astronomical Observatory auf eine Notiz über den besagten Vorfall, was ihn unter Verwendung künstlicher Sterne zu Vergleichsuntersuchungen der Reaktionszeit an seinen Kollegen und sich selbst veranlasste – wohl den ersten systematischen Messungen individueller Differenzen überhaupt.

Die Variabilität der Reaktionszeiten zwischen verschiedenen Personen, die ihren Niederschlag in der sog. »Persönlichen Gleichung« (s. Boring, 1950) fand, war beträchtlich und lag zum Teil noch über jenen Werten, die seinerzeit Kündigungsgrund gewesen waren – hätte es damals bereits einen zügigeren Informationsaustausch und Arbeitsgerichte gegeben, wären die Chancen einer Wiedereinstellung sicher nicht schlecht gewesen. Bessel fand über die interindividuellen Differenzen hinaus noch Schwankungen der Persönlichen Gleichung über der Zeit. Auch dies dürfte der erste Beitrag zur systematischen Untersuchung intraindividueller Unterschiede sein.

Mit der späteren Einführung von Chronographen war es nicht nur möglich, eine höhere Präzision, sondern – weit wichtiger – die Unabhängigkeit ermittelter Werte von denjenigen eines anderen Beurteilers herzustellen. Intensive Studien dieser Art wurden vor allem im ersten psychologischen Laboratorium durchgeführt, das Wilhelm Wundt nach seinen Lehrtätigkeiten in Heidelberg und Zürich 1879 (das Datum ist freilich unter Wundt-Forschern heftig umstritten, s. Bringman, 1979, Metraux, 1980) in Leipzig einrichtete.

Auch der Heidelberger Physiologe Helmholtz, des Weiteren Fechner und Exner, noch später Woodworth untersuchten eingehend die Schnelligkeit des Reagierens auf bestimmte Signale, verglichen dabei akustische und optische Reize, eine mehr motorische gegenüber einer sensorischen Einstellung der Versuchspersonen und anderes. So wertvoll diese Arbeiten für die Allgemeine Psychologie auch waren, leisteten sie dennoch keinen Beitrag zum Fortschritt der Differentiellen Psychologie. Deren Entwicklung standen sie eher hemmend gegenüber, da die besagten Forscher bestrebt waren, möglichst allgemeine Gesetzmäßigkeiten über den Ablauf psychischer Prozesse ausfindig zu machen. Mit dem Ziel, umfassende und weitestgehend generalisierbare Aussagen zu machen, Orientierungspunkt jedes wissenschaftlichen Arbeitens und Anliegen der Allgemeinen Psychologie, waren die individuellen Unterschiede inkompatibel. Sie wurden deshalb als zufällige, fehlerhafte Abweichungen aufgefasst.

3.3 »Mental Tests« und ihre Folgen

Etwas anders stellten sich die Abweichungen der Einzelnen vom Mittelwert der Gruppe, damals noch als »wahrscheinlicher Fehler« apostrophiert, für James McKeen-Cattell (1860–1944) dar, der über die individuellen Reaktionszeit-Differenzen bei Wundt promovierte und vor seiner Rückkehr in die USA während einer Lektoratszeit in England Kontakte mit Galton pflegte.

Wie Galton ging es auch McKeen-Cattell um die Erfassung von Intelligenz; wie dieser war auch er der Auffassung, intellektuelle Funktionen über die Leistungsfähigkeit der Sinnesor-

gane bestimmen bzw. damit gleichsetzen zu können, und wie Galton glaubte er, mit ausreichender Präzision ließen sich nur sehr spezifische, nicht aber komplexere oder »höhere« Prozesse erfassen.
Dementsprechend bestanden seine Verfahren, die routinemäßig zur Erfassung der akademischen Befähigung von Studenten eingesetzt wurden, aus Reaktionszeitmessungen, Prüfungen auf Unterscheidung von visuellen, auditiven, taktilen und kinästhetischen Eindrücken der Schmerzempfindlichkeit usw. In seinem viel zitierten Aufsatz aus dem Jahre 1890 prägte er den Ausdruck »mental tests« für diese Verfahren.
McKeen-Cattell beeinflusste nachhaltig analoge Entwicklungen in Deutschland, die von Rieger (1888), Oehrn (1889, 1895) und Kraepelin (1895) ausgingen. Als neue Elemente führte Münsterberg (1891) die Untersuchung verbaler Assoziationen, des Rechnens, Lesens und Gedächtnisses ein. Ebbinghaus (1897), der im Auftrag der Schulbehörden von Breslau arbeitete, ergänzte die Prüfungen durch das Verfahren der Satzergänzung bei sinnvollen Texten.
Der größte Teil dieser früheren Arbeiten, zu denen noch eine Reihe amerikanischer zu zählen sind (z. B. Cattell & Farrand, 1896; Jastrow, 1891/92), führte jedoch in eine Sackgasse, erwies sich für das angestrebte Ziel, Intelligenz zu messen, als unzulänglich. Denn mehrere Reihenuntersuchungen um die Jahrhundertwende zeigten, dass die Resultate von einem Test zum anderen bei ein- und denselben Personen starke Divergenzen aufwiesen und kaum miteinander korrelierten: Jemand, der einen hohen Punktwert in dem einen Test zeigte, hatte irgendeinen anderen, ebenfalls hohen, mittleren oder auch niedrigeren Punktwert in einem anderen Test, der vorgab, Ähnliches zu erfassen. So berichtete Wissler (1901) Korrelationen, die bei einem mittleren Wert von $r = .09$ zwischen $r = -.28$ und $r = +.39$ variierten (s. auch Sharp 1898/99). Darüber hinaus bestanden keine substantiellen Beziehungen der Testwerte zu Intelligenzschätzungen durch Lehrer (Bolton, 1891/92) oder dem Erfolg im Studium (Wissler, 1901).

3.4 Die Beiträge von Binet und Stern

Umorientierung und Neubeginn markierte der französische Pädagoge Alfred Binet (1857–1911), der als Direktor des Psychophysiologischen Institutes an der Sorbonne zunächst mit Victor Henri (1872–1940), später mit dem Arzt Theophile Simon (1873–1961) zusammenarbeitete und bereits 1895 die Spezifität und sensorische Ausrichtung der neuen Tests kritisierte. Er schlug an deren Stelle Verfahren zur Erfassung von Gedächtnis, Vorstellungskraft, Aufmerksamkeit, Verständnis, Suggestibilität, Willensstärke, motorischen Fertigkeiten und moralischen Haltungen vor. Einbußen an Präzision bei der Messung dieser Merkmale aufgrund ihres höheren Komplexitätsniveaus würden wettgemacht durch die größeren Unterschiede in derartigen Variablen.
Als das Pariser Unterrichtsministerium verfügte, Einweisungen von Kindern in Sonderschulen dürften nur gestützt auf medizinisch-pädagogische Gutachten vorgenommen werden, bot sich Binet die Gelegenheit, seine Verfahren auf breiter Basis einzusetzen und zu prüfen, inwieweit mit ihrer Hilfe die Kinder herauszufinden wären, die dem herkömmlichen Unterricht infolge ihrer intellektuellen Grenzen nicht zu folgen vermochten.
Bereits ein Jahr nach der Berufung in eine Arbeitskommission waren Binet und Simon (1905) in der Lage, eine Serie von 30 Aufgaben vorzustellen, mit deren Hilfe in einem Probelauf 30 minderbegabte von 50 normalen Kindern differenziert werden konnten. Bei der Entwick-

lung dieser Aufgaben hatte sich zudem ergeben, »dass es bei der Suche nach Beziehungen zwischen der Intelligenz und anderen Funktionen richtiger ist, sich nach dem Alter und der Schulklasse der Kinder zu richten als nach der durch die Lehrer vorgenommenen Intelligenzrangordnung« (Groffmann, 1964).
Eine noch stärkere Berücksichtigung des altersbedingten Leistungsfortschritts fand in den Revisionen der ursprünglichen Serie von 1908 und 1911 statt. Gesondert für jede Altersstufe von 3–10 Jahren waren inhaltlich heterogene und unterschiedlich schwere Aufgaben so zusammengestellt, dass sie von 50 bis 75% der Kinder der betreffenden Altersstufe gelöst werden konnten (Abb. 3.1).

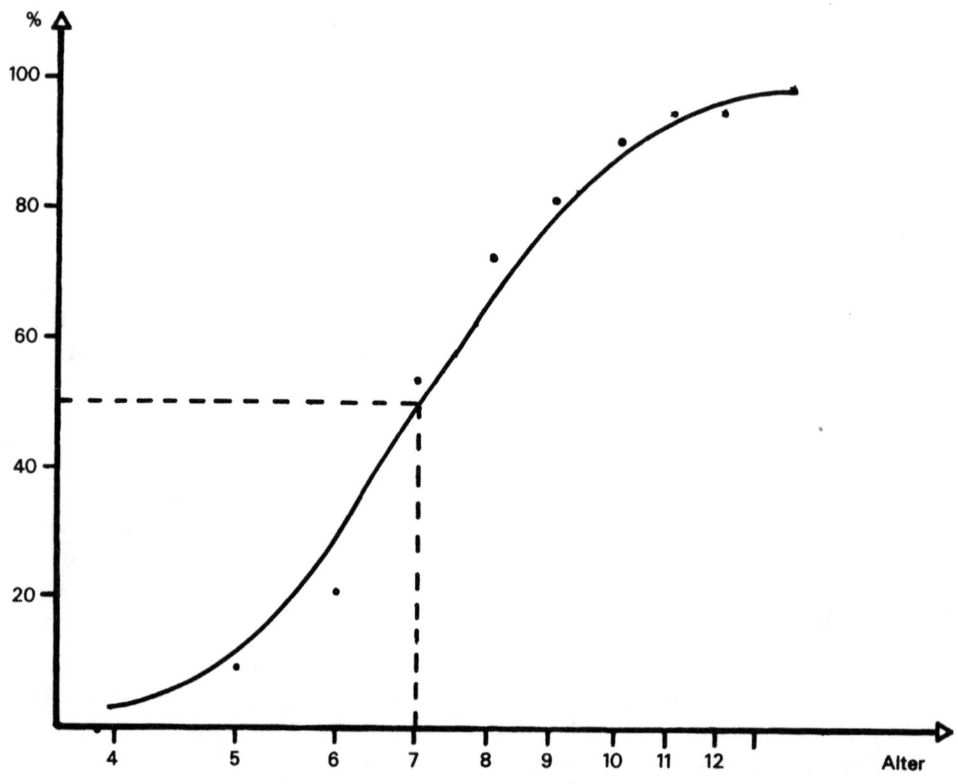

Abb. 3.1: Die Lösungswahrscheinlichkeit einer Binet-Aufgabe in Abhängigkeit vom Lebensalter (logarithmischer Maßstab auf der Abszisse).

Im Prinzip war eine Aufgabe dann besonders geeignet, wenn sie von möglichst vielen Angehörigen einer Altersgruppe, nicht mehr aber von jüngeren Kindern gelöst werden konnte. Als Maß für die Intelligenz wurde das sog. *Intelligenz-Alter* (IA) definiert, das dem Lebensalter (LA) nicht im Einzelfall, wohl aber über alle Probanden hinweg entsprechen musste und zu berechnen war: Da die Leistungen der Kinder meist über die Aufgaben verschiedener Altersgruppen streuten, ein Proband etwa eine Aufgabe seiner Altersgruppe nicht löste, dafür eine Frage aus einer höheren Altersgruppe richtig beantworten konnte, ging man von dem Jahr aus, bis zu dem ein Proband alle Aufgaben löste. Dieses bezeichnete man als »*Grundalter*« für die Intelligenzbestimmung. Zum »Grundalter« wurde nun für jede weitere gelöste Aufgabe ein Fünftel eines Jahres in Monatsäquivalenten hinzugezählt. Ein Fünftel

Tab. 3.1: Hypothetisches Beispiel für die Lösungen eines Probanden im Binet-Test; einige Aufgaben der Ausgabe von 1908 sind im Kasten auf S. 26 wiedergegeben.

	Alter					
Aufgaben	6	7	8	9	10	11
1	+	+	–	+	–	–
2	+	+	+	–	–	–
3	+	+	+	+	+	–
4	+	+	+	+	–	–
5	+	+	–	–	–	–

\+ = Aufgabe gelöst
– = Aufgabe nicht gelöst

deshalb, weil jede Altersserie fünf Aufgaben enthielt (einige Altersstufen umfassten auch mehr, einige weniger Aufgaben). Löste beispielsweise ein siebenjähriges Kind alle Aufgaben seiner Altersgruppe, dazu je drei der für die Acht- und Neunjährigen sowie eine Aufgabe der für die zehnjährigen Kinder vorgesehenen, resultiert daraus ein IA von 7 x 12 = 84 Monaten (»Grundalter«) + 7 x 12/5 = 17 Monate, zusammen 101 Monate (s. Tab. 3.1). Dazu wurden üblicherweise noch einmal 5/2 Aufgaben in Monatseinheiten hinzugezählt, um von der Mitte des Grundalters auszugehen.

Nach der letzten Revision von 1911 lagen Aufgabenserien für alle Altersstufen von drei bis fünfzehn Jahren vor. Die Entwicklung von Aufgabenserien für höhere Altersstufen scheiterte an der Schwierigkeit, altersspezifische Aufgaben aufzufinden, also solche, die über dem entsprechenden Lebensaltersabschnitt einen besonders steilen Anstieg der Lösungswahrscheinlichkeiten entsprechend Abb. 3.1 zeigen. Binet hielt deshalb die Entwicklung der Intelligenz mit 15 Jahren für abgeschlossen und nahm an, dass danach nur eine weitere Ausdifferenzierung in qualitative Komponenten stattfände (eine Auffassung, die später wieder aktuell werden sollte – s. unten Kapitel 12).

Die Kritik an der Methode dieser »Staffeltests« (nach altersbezogenen Schwierigkeitsstufen geordnete Aufgabenserien), deren Prinzip (was wenig bekannt ist) auf einen Beitrag von J. E. Chaille (1887) im New Orleans Medical and Surgical Journal zurückgeht, entzündete sich u. a. an der Gleichbehandlung der Aufgaben, nach der es gleichgültig war, ob ein neunjähriges Kind eine Aufgabe für Siebenjährige nicht, dafür aber eine für Elfjährige lösen konnte. Auch die hohe Sättigung der Aufgaben mit verbalen Inhalten und die dadurch, relativ zu sprachfreien Materialien, zunächst vermutete verstärkte Abhängigkeit von Bildungseinflüssen und sozioökonomischem Status wurden moniert.

Von besonderem Nachteil war jedoch der Umstand, dass eine bestimmte Differenz zwischen IA und LA auf verschiedenen Altersstufen etwas völlig anderes bedeutete: Ein Rückstand von zwei IA-Einheiten mochte bei einem Zehnjährigen unauffällig sein; im Alter von vier Jahren wies er dagegen auf hochgradigen Schwachsinn hin.

Um diese Verzerrungen zu vermeiden, schlug der Hamburger Psychologe William Stern (1911) vor, das IA zum LA in Beziehung zu setzen und einen Quotienten, den Intelligenz-Quotienten (IQ)

$$IQ = \frac{IA}{LA} \cdot 100$$

zu bilden, der eine gewisse Konstanz der Interpretierbarkeit von Leistungsvorsprüngen bzw. -rückständen auf verschiedenen Altersstufen gewährleisten sollte (was allerdings an be-

Einige Aufgaben aus dem Binet-Test für die Altersgruppe 6:

(1) Kennt rechts und links, was durch Anfassen der Ohren erkennbar ist.
(2) Wiederholt einen Satz von 16 Silben.
(3) Wählt das hübschere Gesicht aus jedem von 3 Paaren.
(4) Kennt Morgen und Nachmittag.

Einige Aufgaben für die Altersgruppe 7:

(1) Erzählt, was in einem unvollständigen Bild fehlt.
(2) Kennt die Zahl der Finger an jeder Hand und an beiden Händen, ohne sie zusammenzuzählen.
(3) Wiederholt 5 Ziffern.
(4) Beschreibt Bilder als Szenen.
(5) Kennt die Namen von vier häufiger gebrauchten Münzen.
(6) Malt einen Diamanten ab unter Gebrauch von Federhalter und Tinte.

Einige Aufgaben für die Altersgruppe 8:

(1) Liest eine Textpassage und erinnert sich an zwei Details.
(2) Benennt vier Farben – rot, gelb, blau, grün.
(3) Zählt rückwärts von 20 auf null.
(4) Schreibt einen kurzen Satz nach dem Diktat unter Verwendung von Federhalter und Tinte.
(5) Kennt die Unterschiede zwischen zwei Gegenständen aus dem Gedächtnis.

Einige Aufgaben für die Altersgruppe 9:

(1) Kennt das Datum (Wochentag, Monat und Jahr).
(2) Kennt alle Wochentage.
(3) Liest eine Textpassage und erinnert sich an 6 Details.
(4) Arrangiert 5 Blöcke nach ihrem Gewicht.

Einige Aufgaben für die Altersgruppe 10:

(1) Kennt die Monate des Jahres in der richtigen Reihenfolge.
(2) Erinnert sich an alle (9) Geldstücke.
(3) Konstruiert einen Satz nach 3 vorgegebenen Wörtern (Paris, Glück, Rinnstein).
(4) Beantwortet leichte Verständnisfragen.
(5) Beantwortet schwere Verständnisfragen.

Einige Aufgaben für die Altersgruppe 11:

(1) Findet Absurditäten in kontradiktorischen Feststellungen.
(2) Nennt 60 Wörter in drei Minuten.
(3) Definiert abstrakte Begriffe (Nächstenliebe, Gerechtigkeit, Freundlichkeit).
(4) Bringt zufällig angeordnete Wörter in einen sinnvollen Satz.

stimmte Voraussetzungen gebunden ist, s. McNemar, 1942). Streng genommen wäre die Bildung eines solchen Quotienten nur legitim bei einer absolut linearen Leistungszunahme mit dem Alter; tatsächlich ist regelmäßig jedoch ein negativ beschleunigter Entwicklungsverlauf festzustellen (s. etwa Bayley, 1970; Reinert, Baltes & Schmidt, 1966, zitieren demgegenüber auch Ausnahmen). Dessen ungeachtet wurde der Begriff des IQ außerordentlich rasch populär, und auch heute hat jedermann davon eine Vorstellung – ob die richtige, sei dahingestellt.

Desgleichen fanden die Binet-Tests eine ungeahnte Verbreitung; in vielen Ländern war Intelligenzmessung bei Jugendlichen während eines halben Jahrhunderts faktisch gleich bedeutend mit der Vorgabe von Binet-Tests. Standardisierungen in den USA wurden 1916, 1937 und 1960 an der Stanford-University von Terman und Merrill vorgenommen (»Stanford-Binet«). Eine zusammenfassende Darstellung der deutschsprachigen Bearbeitungen findet sich bei Hiltmann (1966).

3.5 Neuere Entwicklungen

Bei allen bisher erwähnten Verfahren handelt es sich um sog. Individual-Tests, mit denen jeweils nur ein Proband auf einmal untersucht werden kann; zudem ist in der Regel die Handhabung durch einen erfahrenen Testleiter notwendig.

Der Eintritt der USA in den Ersten Weltkrieg im Jahre 1917 führte zu der Notwendigkeit, viele hunderttausend Rekruten binnen kurzem hinsichtlich ihrer intellektuellen Leistungsfähigkeit zumindest grob vorzuselegieren, um den unterschiedlichen Anforderungen der verschiedenen Waffengattungen und Dienstgrade zu entsprechen. Dies verlangte neue Testverfahren: Gruppen-Tests waren das Resultat, zunächst der sog. Army-Alpha-Test, kurz danach auch der sprachfreie Army-Beta-Test zur Untersuchung von Analphabeten oder von Wehrpflichtigen, die des Englischen nicht ausreichend mächtig waren. Diese Verfahren konnten simultan einer großen Zahl von Probanden vorgegeben werden und waren darüber hinaus ökonomisch in der Herstellung und Auswertung.

Später wurden diese Prinzipien auf andere Tests übertragen, die spezielle Funktionen und Fertigkeiten erfassen sollten, wie etwa räumliches Vorstellen und mechanisch-technisches Verständnis.

Schließlich tauchten neben den Fragen nach der Leistungsfähigkeit solche nach der Leistungsbereitschaft auf. Es interessierten neben den Möglichkeiten zur Feststellung intellektueller Grenzen immer mehr die Probleme der Erfassung des Leistungsstrebens sowie anderer motivationaler und emotionaler Faktoren. Dafür mussten teils völlig neuartige Verfahren entwickelt werden wie Persönlichkeitsfragebögen und so genannte »Projektive Tests«. Einzelheiten über deren Beschaffenheit sowie die damit zu erhaltenden Resultate werden später dargestellt (s. Punkt 10.1). Hier genügt die Feststellung, dass dem erheblichen und rasch angestiegenen Bedarf an psychologischen Informationen über einzelne oder Gruppen von Individuen erst durch die Entwicklung von Verfahren entsprochen werden konnte, die in Anwendung und Auswertung ökonomisch waren. Auch die empirische Basis, die für eine wissenschaftliche Erforschung individueller Differenzen unabdingbar notwendig ist, konnte in der erforderlichen Breite erst durch neue Testentwicklungen geschaffen werden.

Zu den neueren Entwicklungen der jüngsten Vergangenheit zählt kurioserweise eine Art Wiederbelebung der vor ca. 200 Jahren (erfolglos) betriebenen *Phrenologie* (s. oben: 3.2) insofern, als verschiedene Autoren aus Längen- und Umfangsmaßen des Kopfes auf die Größe des Gehirns zu schließen versuchen und dessen Volumen in Verbindung mit Intelligenz bringen. Den bislang vorliegenden Anhaltspunkten zufolge bestehen positive Korrelationen zwischen Kopf- bzw. Gehirngröße und IQ, und zwar gleichermaßen bei Männern und

Frauen sowie Schwarzen und Weißen (Willerman, Schultz, Rutledge & Bigler, 1991; Jensen & Johnson, 1994). Diese Korrelationen liegen allerdings nur in einer Größenordnung von r ~ .20, scheinen aber fast doppelte Höhe zu erreichen, wenn die Gehirngröße mit Hilfe modernerer magnetischer Resonanztechniken bestimmt wird (s. Wickett, Vernon & Lee, 1994). In noch genaueren Analysen bestehen solche Zusammenhänge nur mit dem Volumen von grauem, nicht jedoch weißem Gewebe (Zell- vs. Leitungsmaterial; Andreasen et al., 1993).

Darüber hinaus weisen Männer im Durchschnitt ein um 100 g schwereres Gehirn auf als Frauen, und zwar auch dann, wenn die geringere Körpergröße der Frauen herauspartialisiert wird (Ankney, 1992). Da Frauen in allgemeinen IQ-Tests, wie noch zu zeigen sein wird, dieselben Werte erreichen wie Männer, kann dieses – sofern eine kausale Beeinflussung der intellektuellen Leistungsfähigkeit durch die Masse des Gehirns unterstellt wird – darauf hinweisen, dass das Gehirn von Frauen effizienter arbeitet, denn Männer benötigen mehr an Gehirngewebe, um Gleiches zu leisten. Vielleicht sind aber nicht die Größe und das Gewicht oder die Körperoberfläche die entscheidenden Partialvariablen, sondern Faktoren wie Muskularität oder Metabolismus-Rate. Denkbar ist auch eine gewisse Bevorzugung der Frauen relativ zu den Männern durch die spezifische Form der jeweiligen Testitems (mehr dazu unter 12.2.2 b). Oder aber die kognitiven Funktionen, in denen das männliche Geschlecht dem weiblichen überlegen ist, also räumliches Vorstellen und mathematisches Schlussfolgern, erfordern vergleichsweise viel Gehirnmasse.

Solche Untersuchungen und die daran ansetzenden Interpretationen erfahren eine zusätzliche Brisanz in theoretischer, methodischer und mehr noch politischer Hinsicht durch den Umstand, dass eine systematische Rangordnung zwischen verschiedenen ethnischen Gruppen im Sinne von Mongoloide > Weiße > Negroide zu bestehen scheint (Rushton, 1993; 1994) und eine hohe Erblichkeit für die Cranial-Kapazität wahrscheinlich ist (Rushton & Osborne, 1995; s. dazu auch 15.3.7).

Weiterführende Literatur: Anastasi, 1965; Boring, 1950; Edwards, 1971; Groffmann, 1964; Jenkins & Paterson, 1961; Strube, 1977, S. 7–9; Amelang, 1985; Bartussek & Amelang, 1988.

Frage zu Kapitel 3:

1. Welche wichtigen Beiträge zur Begründung bzw. Entwicklung der Differentiellen Psychologie leisteten Darwin, Mendel, Galton, McKeen-Cattell, Binet und Simon, Stern?

4 Abgrenzung der Differentiellen Psychologie

4.1 Entwicklung und Aufgaben der Differentiellen Psychologie

Buss (1976) hat auf die Bedeutung von Protestantismus und Kapitalismus für das erwachende Interesse an interindividuellen Differenzen hingewiesen. Zum einen lehre der protestantische Glaube, dass der Einzelne Gott ohne jene Unterstützung, wie sie die mittelalterliche Kirche gewährt habe, alleine gegenübertreten müsse. In der kapitalistischen Wirtschaftsform andererseits spiele die quantifizierende Betrachtung von Kosten und Profiten, von Löhnen, Verlusten und Marktchancen eine wichtige Rolle. In dem Maße, in dem menschliche Produkte nach Nutzen und Wert gemessen wurden, habe sich auch eine entsprechende Bewertung des Produzenten ergeben. Die Orientierung an Messung und Quantifizierung, Wissenschaft und Technologie, die mit dem Aufschwung des Kapitalismus im 19. Jahrhundert unentflechtbar verknüpft sei, sowie die mit der Differenzierung der Sozialstrukturen verbundene zunehmende Spezialisierung der Menschen im beruflichen Bereich habe England zum »Natural Birth Place« der wissenschaftlichen Untersuchung individueller Differenzen gemacht (s. auch Buss & Poley, 1976, S. 5).
Die erste systematische Analyse von Zielen und Methoden der neuen Disziplin und damit ihre Grundsteinlegung erfolgte dann allerdings in Frankreich durch Binet und Henri (1895). In ihrem Aufsatz »La psychologie individuelle« fixierten sie als die beiden Hauptanliegen der Differentiellen Psychologie die Untersuchung

(a) von Art und Ausmaß der Unterschiede in psychischen Prozessen sowie
(b) der Wechselbeziehungen zwischen psychischen Vorgängen innerhalb des Individuums.

Kurz darauf publizierte Stern (1900) sein Buch »Über Psychologie der individuellen Differenzen – Ideen zu einer Differentiellen Psychologie«, wo er die zusätzlichen Fragestellungen aufwarf,

(c) welche Faktoren die individuellen Differenzen bedingen oder beeinflussen (z. B. erbliche, soziale, kulturelle, klimatische Größen),
(d) auf welche Weise sich die individuellen Differenzen manifestieren und über welche Indikatoren (z. B. Gesichtsausdruck, Handschrift) Zugang zu bzw. Aufschluss über diese Besonderheiten erhalten werden könnte.

Das Buch, das 1911 in einer wesentlich erweiterten zweiten und 1921 in dritter Auflage erschien, stellte in jeder Hinsicht einen Meilenstein dar, da alle Probleme, die während der darauf folgenden Zeit die Forschung beschäftigen sollten, bereits im Grundsatz thematisiert waren.
Auch die methodischen Zugänge zur Differentiellen Psychologie werden von Stern (1921, S. 15/16) genau dargestellt. Er unterscheidet Variations- und Korrelationsforschung, Psy-

chographie und Komparationsforschung, von denen je zwei enger zusammengehören. Was darunter im Einzelnen zu verstehen ist, geht aus folgender Übersicht hervor (Tab. 4.1):

Tab. 4.1: Methodische Zugänge zur Differentiellen Psychologie (nach Stern, 1921, S. 15–16).

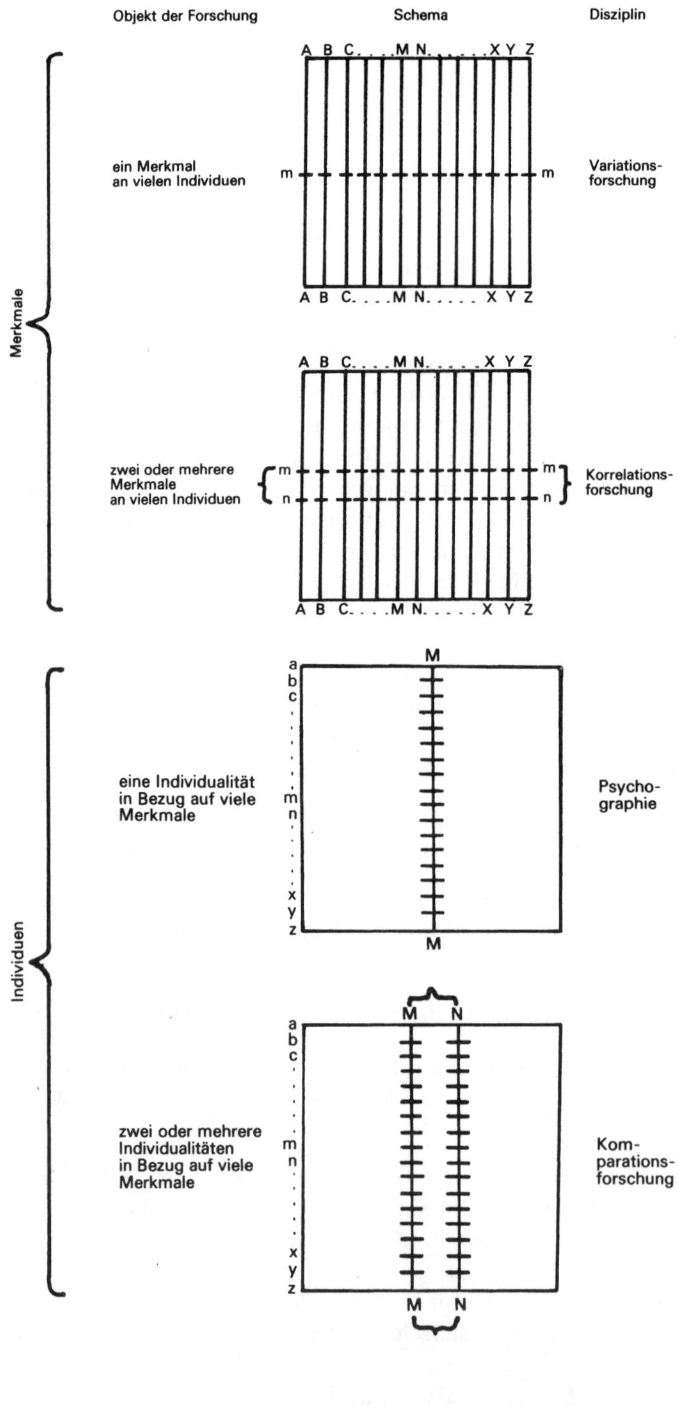

Die über den Spalten sich befindenden Großbuchstaben stehen, wie ersichtlich, für Individuen; hingegen bezeichnen die kleinen Buchstaben vor den Zeilen einzelne Merkmale wie Intelligenz, Gedächtnis oder Aufmerksamkeit. An den jeweiligen Schnittpunkten zweier Linien sind die Beobachtungsdaten vorzustellen, etwa der Punktwert, den eine Person in einem Intelligenztest erzielt, oder der Schätzwert, den sie durch Beurteiler aufgrund einer Verhaltensstichprobe zugeschrieben erhält.

Die Psychographie, die eine Person in mehreren Merkmalen betrachtet, stellt gewiss den ältesten Zugang zu Fragen der Differentiellen Psychologie dar. Alle vorwissenschaftlichen und literarischen Beschreibungen der Individualität einzelner Personen gehören hierher. Dennoch hat Stern (1921) bei der Sichtung des damaligen Materials nur ca. ein Drittel der Seitenzahl, die er der Variations- und Korrelationsforschung widmete, auf die Psychographie verwandt. Die Gründe dafür sind verschiedener Art. Hauptgrund war der Mangel entsprechender mathematisch-statistischer Verfahren zur Behandlung psychographischer und komparativer Informationen. An dem Umstand allerdings, dass der Korrelationsforschung, der Frage »Was geht womit einher?«, die mit Abstand meisten Beiträge galten, hat sich bis heute nichts geändert.

Hingegen ist aus moderner Sicht eine Ergänzung des Schemas deshalb notwendig, weil die Individuen bei Stern (1921) gleichsam als zeitlos galten, absolute Unveränderlichkeit der Beobachtungsdaten in den Schnittpunkten der Matrix über die Zeit oder über verschiedene Situationen hinweg unterstellt wurde.

Schon aus alltäglicher Erfahrung ist freilich jedermann geläufig, dass es Schwankungen des Empfindens und Erlebens gibt, man gestern »sauer« war, heute aber »gut aufgelegt« ist, dass Verhalten unterschiedlich ausfällt in verschiedenem Kontext, die Erledigung einer Tätigkeit am Vormittag oder in Gesellschaft flott von der Hand geht, nicht aber abends oder allein, der Kollege am Arbeitsplatz seinem Chef gegenüber devot, in seiner Familie dagegen ein Tyrann ist, die eigene Mannschaft im Match gegen das eine Team glänzend aufgelegt war, gegen die nächste Mannschaft dagegen katastrophal gespielt hat usw.

Um diesem Gesichtspunkt Rechnung zu tragen, muss neben Individuen und Merkmalen eine dritte Dimension der zeitlichen und/oder situativen Bedingungen eingeführt werden; der dadurch entstehende Datenquader ist nachfolgend wiedergegeben (Abb. 4.1) zusammen mit

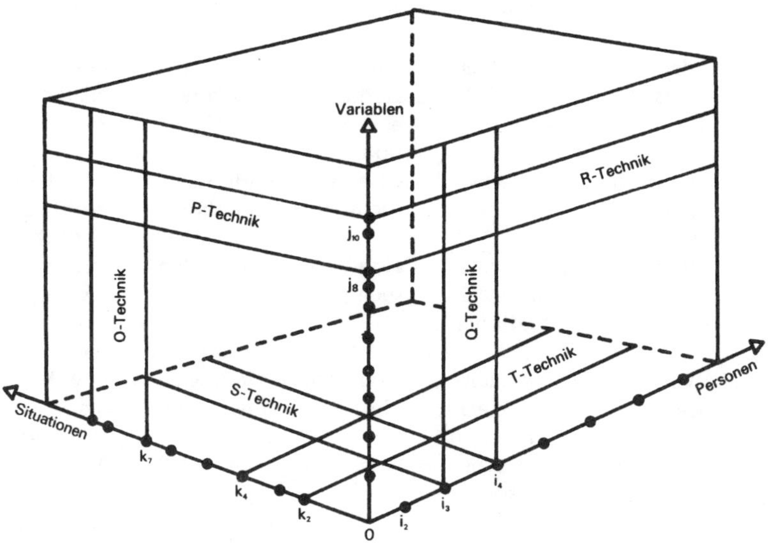

Abb. 4.1: Datenquader und Korrelationstechniken (nach Cattell, 1957).

den Buchstaben, die dem Vorschlag von Cattell (1957) entsprechend für die Kennzeichnung der einzelnen Betrachtungsweisen innerhalb der Differentiellen Psychologie üblicherweise benutzt werden.

Nachfolgend werden stichwortartig die methodischen Ansatzpunkte im Einzelnen mit kurzen Beispielen erläutert; wenn dabei von »Vergleichen« gesprochen wird, ist stets die Ermittlung korrelativer Ähnlichkeiten zwischen den betrachteten Dimensionen gemeint, mithin das Ausmaß, in dem eine höhere Ausprägung auf der einen Variable mit einer solchen auf der anderen einhergeht und umgekehrt (s. Tab. 4.2).

Im Folgenden werden typische Untersuchungsbeispiele für die verschiedenen Korrelationstechniken gegeben:

(1) *R-Technik:* Vergleich verschiedener Merkmale über mehrere Personen, z. B. Untersuchung des Zusammenhanges zwischen Lügen und Stehlen, Schulleistungen in Latein und Mathematik, Beliebtheit und Tüchtigkeit, Erziehungsstil der Eltern und Deliquenzneigung der Kinder usw.

(2) *Q-Technik:* Vergleich von Personen über mehrere Merkmale, z. B. Untersuchung der Ähnlichkeit zwischen je zwei Schülern aus einer Klasse hinsichtlich des Abschneidens in einer größeren Zahl von Tests, z. B. um Typen von Personen mit ähnlichen Begabungs- oder Interessenschwerpunkten zu finden.

(3) *O-Technik:* Vergleich von Situationen über Merkmale, z. B. Untersuchung an einem Studenten, inwieweit typische Situationen im Studium wie Vorbereitung auf eine Prüfung, die Prüfung selbst, Warten im Hörsaal, Kommunikation mit Kommilitonen und

Tab. 4.2: Korrelationstechniken.

Korrelations-technik	korreliert werden	korreliert wird über	konstant gehalten wird	die Korrelation beschreibt die Ähnlichkeit von	hinsichtlich
R	Variablen	Versuchs-personen	ein Mess-zeitpunkt/eine Situation	Variablen	ihrer Variation zwischen den Versuchspersonen zum Messzeitpunkt
Q	Versuchs-personen	Variablen	ein Mess-zeitpunkt/eine Situation	Versuchs-personen	ihrer Variablen-profile zum Mess-zeitpunkt
O	Messzeit-punkte/Situation	Variablen	eine Ver-suchsperson	Messzeit-punkten/Situationen	ihrer Variablen-profile bei der Versuchsperson
P	Variablen	Messzeit-punkte/Situationen	eine Ver-suchsperson	Variablen	ihrer Variation über die Messzeitpunkte bei der Versuchs-person
S	Versuchs-personen	Messzeit-punkte/Situationen	eine Varia-ble	Versuchs-personen	ihrer Variation über die Messzeitpunkte in der Variable
T	Messzeit-punkte/Situationen	Versuchs-personen	eine Varia-ble	Messzeit-punkten/Situationen	ihrer Variationen zwischen den Versuchspersonen in der Variable

dergl. hinsichtlich bestimmter Merkmale wie Angstauslösung, Anregungsbedingung, Sozialbezug usw. ähnlich sind.

(4) *P-Technik:* Vergleich von Merkmalen einer Person über eine Reihe von Situationen, z. B. Registrierung von Puls und Atemfrequenz bei der Vorgabe verschieden stark sexuell stimulierender Bilder.

(5) *S-Technik:* Vergleich von Personen in einem Merkmal über verschiedene Situationen, z. B. Untersuchung der Ähnlichkeit von Personen hinsichtlich physischer Attraktivität während früher Kindheit, Jugend, Pubertät, Erwachsenenalter usw., Ähnlichkeit von Schülern hinsichtlich ihrer Schulleistungen zu verschiedenen Zeitpunkten oder ihrer Höflichkeit gegenüber Verwandten, Freunden, Bekannten, Fremden usw.

(6) *T-Technik:* Vergleich von Situationen hinsichtlich eines Merkmals über verschiedene Personen, z. B. Untersuchung bestimmter Situationen wie Zahnarztbesuch und Prüfungssituation hinsichtlich ihrer Angsterzeugung bei den verschiedenen Personen.

Durch die Entwicklung moderner Auswertungsverfahren wie der dreimodalen Faktorenanalyse (Tucker, 1964, 1966; Bartussek, 1973, 1980) wurde zwischenzeitlich auch die Voraussetzung geschaffen für eine simultane Betrachtung aller drei Dimensionen eines Datenquaders. Im Unterschied zu den oben geschilderten Korrelationstechniken wird in der dreimodalen Faktorenanalyse die Ähnlichkeit, z. B. zwischen zwei Variablen, nicht nur durch Korrelation über Versuchspersonen (R-Technik) oder über Situationen (S-Technik), sondern über Versuchspersonen und Situationen bestimmt. Analoges gilt für die Korrelation von Versuchspersonen, die über Variablen und Situationen erfolgt, und für die Korrelation von Situationen, die über Versuchspersonen und Variablen bestimmt wird.
Die Untersuchung von Bartussek, Pawlik und Rhenius (1972; dargestellt in Bartussek 1980) ist ein Beispiel dafür. Dort wurden verschiedene Maße der elektrischen Gehirntätigkeit (= Merkmale) bei mehreren Personen zu verschiedenen Zeitpunkten abgenommen, die sich hinsichtlich der psychischen Beanspruchung an die Versuchspersonen voneinander unterschieden (s. auch Rösler, 1975). In einer anderen Studie (Amelang & Bartussek, 1971) schätzte eine größere Stichprobe von Personen ihr momentanes Befinden in vorgestellten Situationen (z. B. Wiedersehen eines Freundes, Ableben eines nahen Verwandten usw.) anhand verschiedener Adjektive (= Merkmale) ein; auf diese Weise konnte die Vielzahl der vorgegebenen Situationen und Merkmale auf wenige typische reduziert werden, wobei Situationen und Merkmale, die einander ähnlich waren, zu solchen typischen Situationen und typischen Merkmalen zusammengefasst wurden (zur Methode der Faktorenanalyse siehe Kapitel 7).
Nachzutragen bleibt, dass die differentialpsychologische Perspektive nicht nur Unterschiede zwischen einzelnen Personen, sondern auch solche zwischen Gruppen von Individuen beinhaltet. Der Terminus »Gruppe« wird hierbei nicht im sozialpsychologischen Sinne mit den Implikationen von gemeinsamem Handeln und Interagieren gebraucht, sondern allein in der Bedeutung, dass Personen mit einem oder mehreren gemeinsamen Merkmalen zusammengefasst werden, um diese Personen mit solchen zu vergleichen, die dieses oder diese Merkmale in anderer Ausprägung aufweisen. Gebräuchlich in diesem Sinne sind Klassifikationen nach dem Geschlecht, dem Alter, der Rasse, dem sozioökonomischen Status oder der Konfession u. dgl. Auch Unterteilungen nach dem Ausprägungsgrad in bestimmten Variablen wie Intelligenz, Leistungsmotiviertheit oder der emotionalen Stabilität, etwa in den Kategorien »hoch«, »mittel« und »niedrig«, können für eine entsprechende gruppenweise Zusammenfassung von Personen herangezogen werden.
Derartige Zusammenfassungen nach Ausprägungsgraden eines Merkmals ermöglichen es, den Zusammenhang dieses Gruppierungsmerkmales mit einem anderen Merkmal oder mit bestimmten Verhaltensweisen zu untersuchen. Der Vergleich von nur zwei Personen, die sich

in einem solchen Gruppierungsmerkmal unterscheiden, kann dafür nicht genügen. Ein Beispiel möge dies verdeutlichen: Um die allgemeine Hypothese zu prüfen, dass sich Weiße von Schwarzen (Gruppierungsmerkmal) in der Fähigkeit, bestimmte Rechenaufgaben zu lösen, unterscheiden, ist es unerlässlich, nicht nur einen Weißen und einen Schwarzen zu untersuchen. Denn mit der Aussage, der Weiße habe etwa 20 Aufgaben gerechnet gegenüber nur 19 des Farbigen, ist dem Anspruch der Wissenschaft nach allgemeinen Gesetzen nicht Genüge getan, da die eine weiße Person sich von der einen farbigen in vielerlei anderer Hinsicht zusätzlich zur Hautfarbe unterscheiden kann. Erst eine größere Zahl von Personen hilft, bei Konstanthaltung des Klassifikationsmerkmales innerhalb einer Gruppe (hier: Hautfarbe), andere Faktoren, die die Rechenleistung ebenfalls beeinflussen könnten (wie Rateglück, Vorerfahrung mit der Aufgabe usw.), auszuschalten dadurch, dass diese sich in den beiden Stichproben etwa gleich verteilen und dadurch einander beim Vergleich zwischen den Gruppen neutralisieren.
Insofern trägt die Untersuchung von Gruppen unmittelbar zur Analyse individueller Besonderheiten bei.
Im Weiteren verhelfen Gruppenvergleiche mitunter zu einem besseren Verständnis des untersuchten Phänomens selbst (Anastasi, 1965, S. 2). Besonders aufschlussreich sind hier Vergleiche zwischen Gruppen, die in einem Merkmal möglichst stark voneinander abweichen. Solche Vergleiche können die begrenzte Geltung allgemeiner Gesetze, z. B. zur Wahrnehmung oder zum Lernen, aufzeigen und zu einer Modifikation derselben Anstoß geben.

4.2 Zum Antagonismus zwischen Differentieller und Allgemeiner Psychologie

Aus den zuvor umrissenen Aufgabenstellungen und Methoden der Differentiellen Psychologie ist ersichtlich, dass all jene Fälle, die über eine Deskription von Variabilität im Sinne von Variationsforschung oder Psychographie hinausgehen, auf eine Analyse von Ähnlichkeiten oder Wechselbeziehungen hinauslaufen. Es soll die Frage beantwortet werden, ob ein Mehr in der einen Variable mit einem Mehr in der anderen einhergeht und umgekehrt. Für die Quantifizierung solcher Zusammenhänge sind, wie bereits kurz angedeutet wurde und später ausführlicher dargelegt wird, verschiedene Maße (Korrelationskoeffizienten) entwickelt worden.
Der damit gegebene korrelative Ansatz steht in einem gewissen Gegensatz zu einer anderen Methode des Erkenntnisgewinns, dem Experiment. Dieses wird üblicherweise als via regia wissenschaftlichen Arbeitens angesehen, weil nur damit Aussagen über kausale Abhängigkeiten zwischen zwei oder mehreren Variablen möglich sind. Nur über die im wissenschaftlichen Experiment mögliche isolierte Variation potentieller Einflussgrößen kann deren Wirkung eindeutig nachgewiesen werden. Aus diesem Grunde wird nach wie vor das Experiment gesucht, wenn die Gesetze und Abhängigkeiten aufgespürt werden sollen, denen psychische Funktionen wie Wahrnehmung und Vorstellen, Denken, Lernen und Motivation unterliegen.
Unter Anwendung der üblichen Prinzipien experimentalpsychologischer Forschung (z. B. Standardisierung der Bedingungen, Variation, Wiederholung usw.) hat beispielsweise Müller-Lyer (1896) zeigen können, dass bei der Vorlage der später nach ihm benannten Linienkonfiguration von den Vpn die Strecke mit den nach auswärts gekehrten Pfeilen (b in

Abb. 4.2) regelmäßig größer als die mit den einwärts gekehrten Pfeilen wahrgenommen wird, obwohl die beiden Streckenabschnitte a und b objektiv gleich lang sind.

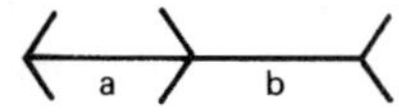

Abb. 4.2: Täuschungsfigur nach Müller-Lyer.

Aufgrund des Ergebnisses, dass alle Vpn oder doch die weitaus meisten in ihrer Längenwahrnehmung der Strecken a und b durch die Stellung der Pfeile getäuscht werden, lässt sich eine allgemeine Regel, ein Gesetz formulieren, das die *Gleichheit* oder doch Ähnlichkeit des Verhaltens in einem bestimmten Aspekt beinhaltet (»Alle Personen sehen die Strecken verschieden lang«). Solche Aussagen strebt die Allgemeine Psychologie an.

Ein allgemeinpsychologisches Gesetz folgt auch aus dem Nachweis, dass bei Variation der Winkel zwischen den Pfeilen das Ausmaß der Täuschung unterschiedlich ist (Tausch, 1962) oder die Täuschung auch dann auftritt, wenn anstelle einer optischen eine taktile Vorlage aus Leisten bei verbundenen Augen verwendet wird (zusammenfassend s. Witte, 1966, S. 498–517) oder an die Versuchsperson die Instruktion gegeben wird, sich nicht von den Winkeln täuschen zu lassen (zusammenfassend s. Kristof, 1961; Rausch, 1966). Der Akzent innerhalb dieses experimentellen Vorgehens liegt somit auf der Variation der *Bedingungen*, denen die Vpn ausgesetzt werden: Ihre Wirksamkeit wird in einer Regel ausgedrückt, die das dem Verhalten der Vpn Gemeinsame umfasst.

Nun mag eine detailliertere Auswertung der von den einzelnen Vpn gemachten Angaben, an welchem Punkt die rechts angeordneten Pfeile die Strecke (b) schneiden müssen, damit Identität der Längen besteht, erkennen lassen, dass die Vpn in unterschiedlich starkem Maße der Täuschung unterliegen. Dabei wird die Verteilung der Täuschungsbeträge vermutlich ein etwa glockenförmiges Aussehen haben. Die nähere Beschreibung und Analyse dieser Wahrnehmungsunterschiede ist aber ein *differentialpsychologisches* Problem.

Aus diesem Beispiel ist im Übrigen ersichtlich, dass erst exakte Messoperationen Unterschiede überhaupt abbilden und man in dem Maße, in dem die Präzision der Messungen ansteigt, aus allgemeinpsychologischen Fragestellungen differentialpsychologische ableiten kann. Differentialpsychologisch wäre auch die Frage, ob die individuellen Täuschungsbeträge der einen Vorlage mit denjenigen bei einer völlig anders strukturierten (Kristof, 1964; Closs & Amelang, 1972) oder mit Variablen wie Intelligenz (Gaudreau, Lavaoie & Delmore, 1963) oder Extraversion (Eysenck & Slater, 1958) in Beziehung stehen (= Korrelationsforschung). Nicht anders verhält es sich mit Untersuchungen, in denen Gruppen von Personen aus verschiedenen Kulturen (Segall, Campbell & Herskovits, 1966), mit verschiedenem Körperbau (Wachter, 1939) oder unterschiedlichem Alter miteinander verglichen werden. Die Variation, die ggf. zwischen den Gruppen auftritt, geht hier nicht auf eine Manipulation des Versuchsleiters zurück; die unabhängigen Variablen innerhalb eines solchen Planes wären nicht systematisch variierte Reize oder Bedingungen, sondern Merkmale, die bereits präexperimentell aufseiten der Vpn bestanden (z. B. Geschlechtszugehörigkeit, Alter usw.). Gruppenvergleiche der geschilderten Art können in aller Regel nur dann Unterschiede im beobachteten Verhalten aufdecken, wenn man Gruppen zusammenstellt, die sich in der Klassifizierungsvariable deutlich unterscheiden (wie etwa hochintelligente und niedrigintelligente Vpn). In dem Maße, wie durch Korrelationsforschung und differentialpsychologische Gruppenvergleiche Differenzierungen allgemeinpsychologischer Gesetze, z. B. der Wahrnehmung, des Lernens, notwendig sind, verlieren diese ihre Allgemeingültigkeit. Deshalb war seit jeher die Allgemeine Psychologie an individuellen Unterschieden nicht sonder-

lich interessiert, sondern hat diese als experimentelle Fehler aufgefasst, die das Auffinden allgemeinpsychologischer Gesetze erschweren: Unterscheiden sich die Vpn in ihren individuellen Täuschungsbeträgen bei einer geometrisch-optischen Täuschungsvorlage sehr stark, so wird es nur schwer möglich sein, den im Vergleich zu den interindividuellen Unterschieden relativ kleinen Effekt unterschiedlicher Winkelstellungen nachweisen zu können.
Allgemeine und Differentielle Psychologie haben also insofern verschiedene Zielvorgaben, als Erstere sich für die Uniformität menschlichen Verhaltens interessiert, die Differentielle Psychologie dagegen für interindividuelle Unterschiede. Daraus resultierte häufig eine gewisse gegenseitige Behinderung in der Entwicklung der beiden Fächer.
Erst Cronbach (1957) hat auf die Vorteile einer Kombination des experimentellen mit dem korrelativen Ansatz hingewiesen und aufzeigen können, dass bei gleichzeitiger Berücksichtigung situativer Variablen (treatments), wie sie in Experimenten untersucht werden, und individueller Merkmale (z. B. Eignungen: Aptitudes) sowie deren Zusammenwirkens (interaction) wesentliche Verbesserungen der Vorhersage von Verhalten möglich sind.
Das daraus resultierende ATI-(Aptitude-Treatment-Interaction-)Konzept hat sich hinsichtlich der Vorhersage von sozialem Verhalten (Fiedler, 1973; McGuire, 1969), von Reaktionen auf Drogen sowie auf therapeutische Intervention (Insel & Moos, 1974; Lasagna, 1972; Schildkraut, 1970) ebenso bewährt wie bei diagnostischen Aufgabenstellungen innerhalb der Pädagogischen Psychologie (Cronbach, 1975).

Fragen zu Kapitel 4:

1. Erläutern Sie die Aufgaben und methodischen Zugänge der Differentiellen Psychologie!
2. Wie ist die Differentielle Psychologie von der Allgemeinen Psychologie abzuheben?

5 Zentrale Begriffe

5.1 Variablen und Skalen

Wenn bisher häufiger von Variablen wie Körpergröße, Zeugnisnoten, Intelligenz oder Extraversion gesprochen wurde, waren damit allgemein *veränderliche Größen* gemeint. Variablen bezeichnen generell Klassen von Merkmalen, die nach bestimmten Gesichtspunkten geordnet sind. Beispielsweise wird die Variable »Körpergröße« als Klassifikationsgesichtspunkt für Abstufungen unterschiedlichen Längenwachstums herangezogen. Man kann auch sagen: Die Personen oder Tiere variieren hinsichtlich ihrer Körpergröße; sie weisen dann auf der Ordnungsdimension oder Variable »Körpergröße« verschiedene Ausprägungsgrade in Einheiten einer Maßzahl auf. Dieselben Lebewesen könnte man auch nach völlig anderen Variablen, z. B. Gewicht, Lungenvolumen, Lebensdauer, Nahrungsaufnahme, Schnelligkeit usw. rubrizieren oder ordnen.

Häufig variiert der Ausprägungsgrad kontinuierlich, d. h., es sind alle Abstufungen des beobachteten Gegenstandes oder Prozesses in Einheiten von Zeit, Gewicht usw. registrier- oder doch wenigstens vorstellbar, wie dieses etwa beim Längenwachstum innerhalb des mittleren Bereiches zwischen 1,70 m und 1,85 m der Fall ist. Mehrfach treten jedoch auch diskontinuierliche, diskrete Abstufungen auf (wie männlich/weiblich bei der Variable »Geschlecht«, katholisch/evangelisch bei der Variable »Religionszugehörigkeit«, schwarz, weiß, gelb, rot bei der Variable »Hautfarbe« bzw. »rassische Zugehörigkeit« u. Ä.). In diesen Fällen sind die Ausprägungen nicht quantitativ, sondern qualitativ abgestuft.

Die Bestimmung des spezifischen Ausprägungsgrades einer beobachtbaren Größe erfolgt im Vorgang des Messens, unter dem gemeinhin die Zuordnung von Zahlen zu empirischen Sachverhalten verstanden wird. Ein solcher Vorgang ist nur dann sinnvoll, wenn dabei eindeutige Regeln angewendet werden, sodass der Beziehung zwischen den Beobachtungsdaten eine solche zwischen den Zahlen in eindeutiger Weise entspricht.

Je nach der Spezifität dieser Regel unterscheidet man mehrere Zuordnungsvorschriften, die zu verschiedenen *Skalen,* Skalentypen oder Skalenniveaus führen (Guilford, 1954; Sixtl, 1967; Ahrens, 1974). Dabei bilden die sog. »metrischen« Skalen die kontinuierlichen, die »nichtmetrischen« die diskreten Ausprägungen von Variablen ab (Gutjahr, 1971).

Die einfachste Art einer Zuordnung besteht in der Zusammenfassung einer Gruppe von Beobachtungsdaten in einer Klasse, wobei es gleichgültig ist, welche Zahl der Klasse zugeordnet wird. Beispielsweise tragen in Fußballmannschaften die Torhüter stets die Rückennummer 1, Mittelstürmer die 9 usw. Hierbei wird eine Funktion, Platzierung oder Aufgabe, die *qualitative* Differenzierungen erkennen lässt, *quantitativen* Einheiten oder Zahlen zugeordnet; jede andere Zuordnung von Zahlen zu Positionen innerhalb des Teams wäre denkbar, ohne dass darüber die Eigenschaften der Skala verändert würden. Solche einfachen Skalen, die auch gegeben sind, wenn das Geschlecht (z. B. 1 für männlich, 2 für weiblich) oder die rassische Zugehörigkeit (1 für weiß, 2 für schwarz, 3 für gelb usw.), Studienwünsche oder Fachrichtungen bei Studenten mit Zahlen-Symbolen belegt werden, heißen *Nominal-Skalen*. Kennzeichnend für sie ist, dass der quantitativen Abstufung der Zahlen qualitative Unterschiede im registrierten Sachverhalt zugrunde liegen.

Bei den *Ordinal-* oder *Rangskalen* entspricht dagegen der Abstufung der Skalen-Werte eine bestimmte Abfolge in den Ausprägungsgraden der Beobachtungsdaten (z. B. Reihung der Schüler einer Klasse nach ihrer Beliebtheit oder Leistungsfähigkeit, Platzierung des Einlaufens bei sportlichen Wettbewerben und dergl.). Über den Abstand von Kategorie zu Kategorie auf verschiedenen Abschnitten der Skala ist dabei nichts ausgesagt. Den Besten mögen vom Zweitbesten »ganze Welten« trennen, wohingegen der Zweite vom Dritten kaum zu unterscheiden sein mag; dennoch werden beide Differenzen durch denselben Sprung in den Maßzahlen wiedergegeben. Auf dem Rangskalen-Niveau entsprechen somit Größer-Kleiner-Relationen im numerischen Relativ solchen im empirischen Relativ. Durch diese Besonderheit nehmen die Ordinalskalen eine Zwischenposition zwischen den nichtmetrischen und metrischen Skalen ein.

Intervallskalen liegen dann vor, wenn die Abstände (Intervalle) zwischen den Einheiten der Zahlen denjenigen zwischen den Beobachtungsgrößen entsprechen (Temperatur, Tonhöhe, Lautstärke und dergl.), oder genauer: Gleiche Differenzen zwischen Skalenwerten entsprechen gleichen Differenzen von Ausprägungsgraden. Die Festsetzung des Nullpunktes geschieht dabei ebenso willkürlich wie die Wahl der Einheiten. So wurde im Falle der Celsius-Temperaturskala die Merkmalsausprägung für null Grad am Gefrierpunkt des Wassers festgelegt und die Differenz zum Siedepunkt in 100 Einheiten unterteilt. Auf verschiedenen Abschnitten der Skala weisen gleiche Veränderungen im Beobachteten identische Veränderungen im Zahlensystem auf (z. B. führt die Zufuhr einer bestimmten Energiemenge bei –20 °C zu demselben Temperaturanstieg wie bei +30 °C). Die Bildung von Verhältnissen allerdings (z. B. +30 °C zu +15 °C als »doppelt so warm«) verbietet sich durch die Willkürlichkeit der Nullpunktfixierung.

Dem Typ der Intervallskala werden im psychologischen Bereich gern die Messwerte gebräuchlicher Tests zur Intelligenz, Emotionalität, Hilfsbereitschaft usw. zugeordnet. Allerdings ist eine solche Zuordnung keinesfalls unproblematisch, da etwa die Überprüfung der notwendigen Gleichabständigkeit die Normalverteilung der zugrunde liegenden Beobachtungsgrößen (und nicht nur der Messwerte!) voraussetzt, was selbst nur in den seltensten Fällen überprüfbar ist und deshalb meist nur unterstellt wird (s. Guilford, 1954; Kreppner, 1975).

Den anspruchsvollsten Skalentyp, der in der Psychologie nur selten erreicht wird, bilden die *Absolut-* oder *Verhältnis-Skalen,* die über die Eigenschaften der Intervallskalen hinaus auch einen natürlichen Nullpunkt aufweisen (der Messwert null bedeutet unendlich geringe Merkmalsausprägung); deshalb ist die Bildung von Verhältnissen zwischen Messwerten entlang des Kontinuums und damit auch zwischen verschiedenen Skalen erlaubt (z. B. halb so groß, schwer, schnell usw.).

Die auf den Skalen abgebildeten empirischen Sachverhalte verschiedener Quantität bzw. Qualität sind nach folgenden Kategorien unterscheidbar (nach Herrmann, 1976, S. 70/71):

Reaktions-Variable	Beantwortung einer Testfrage, Druck auf einen Taster in Reaktionszeit- oder Lernexperiment
Reiz- oder Situationsvariable	Frage in einem Test; situativer Kontext im Experiment oder alltäglichen Geschehen (Beruf, Familie, Freizeit und dergl.)
Organismische Variable	Pulsfrequenz, Blutdruck, Gehirnstrompotenziale, Hautwiderstand
»Objektive« Außenvariable	Geschwisterzahl, Lebensalter, zeitlicher Abstand von einer angstauslösenden Situation
»Subjektive« Außenvariable	Urteil eines Außenstehenden über persönliches Charakteristikum, Erziehungsstil der Eltern

5.2 Konstrukte und Persönlichkeit

Bislang sind bei der Erörterung der Variablen als Beispiele Phänomene höchst unterschiedlicher Komplexität und »Wirklichkeitsferne« genannt worden. Grundlage jeder empirisch ausgerichteten Disziplin bilden zum Zwecke der Registrierung, Beschreibung und Erklärung jedoch allein Sachverhalte, die als solche von jedermann, der dazu über die evtl. notwendigen Hilfsmittel verfügt, beobachtet, aufgezeigt und berichtet werden können, d. h. empirischer Natur sind.

Beim Ankreuzen von 10 Antwortmöglichkeiten in einem Rechentest etwa handelt es sich ebenso um einen empirischen Sachverhalt wie bei einer Pulsfrequenz von 160 Schlägen pro Minute, der Farbe des Gesichts oder dem Inhalt bestimmter Wortfolgen.

Sachverhalte dieser Art werden in Termini der *Beobachtungssprache* in sog. *Protokollsätzen* festgehalten (z. B.: »Versuchsperson A.B. kreuzt in der Untersuchung vom 3. 4. 79 auf dem Formblatt C 10 richtige Alternativen an«; vgl. Seiffert, 1969; Stegmüller, 1969).

Die erwähnten empirischen Sachverhalte erklären sich jedoch nicht aus sich selbst heraus; sie bedeuten etwas Verschiedenes, je nachdem, welche Randbedingungen bei der Beobachtung gegeben waren, ob etwa nur 10 oder 30 Aufgaben vorgegeben wurden, deren Schwierigkeitsgrad oder die Leistung des Probanden vorab bekannt, der Proband ermüdet oder frisch, behindert oder in Mathematik besonders geschult war. Erst der Bezugsrahmen in Form theoretischer Annahmen verleiht den empirischen Sachverhalten ihren Bedeutungsgehalt: Aus der Beobachtung eines raschen Pulses und blassen Gesichts, aus der Wahrnehmung des Satzes »Ich gehe weg« und dem Wissen, dass in 30 km Entfernung ein Atomkraftwerk einen kritischen Zustand erreicht und bereits radioaktiven Dampf abgelassen hat, schließen wir, dass der Betreffende Angst hat. Die Angst als aktueller Zustand ist weder wahrnehmbar noch aufzeigbar. Empirische Sachverhalte wie Atem- und Pulsfrequenz, motorische Vollzüge und Verbalisationen des Probanden sind lediglich Indikatoren, die *für* etwas stehen. Insofern stellt die Angst etwas Theoretisches, von uns Erdachtes, Geschaffenes, Konstruiertes dar: Sie bildet ein hypothetisches Konstrukt. Auch bei Intelligenz, Freundlichkeit, Hilfsbereitschaft, emotionaler Stabilität, musischem Interesse usw. handelt es sich nicht um direkt zugängliche empirische Sachverhalte, sondern um Konstrukte, die eine Reihe von Beobachtungsinhalten organisieren und ihnen ihren je spezifischen Bedeutungsgehalt verleihen. Je nach Verwendungszweck können derartige Konstrukte in deskriptiver oder explikativer Hinsicht nützlich sein (s. unten: 7.6.5).

Auf der anderen Seite »nehmen gewonnene empirische Gegebenheiten den theoretischen Annahmen ihre Beliebigkeit und Willkürlichkeit; das theoretische wird sozusagen durch das empirisch Gegebene kontrolliert. So kann sich Theoretisches im Lichte empirischer Erfahrungen als falsch und untauglich erweisen« (Herrmann, 1976, S. 33), weshalb empirische und theoretische Sachverhalte im naturwissenschaftlichen Forschungsprozess einander benötigen und unauflöslich miteinander verknüpft sind.

Bezeichnungen für theoretische Konstrukte wie Extraversion und Intelligenz, Ängstlichkeit und Ehrgeiz usw. entstammen der Theoriesprache. Zwischen dieser und der Beobachtungssprache bestehen in unterschiedlicher Weise Entsprechungen: Einige Aussagen der Theoriesprache lassen sich vollständig auf Inhalte von Protokollsätzen der Beobachtungssprache zurückführen; das ist etwa der Fall, wenn jemand in mehreren sportlichen Wettkämpfen, die zur Weltmeisterschaft zählen, so viele gute Platzierungen erzielt hat, dass er als »Weltmeister« bezeichnet werden kann. Der Titel des Champions bedeutet hier lediglich, dass er in einer Reihe genau festgelegter Veranstaltungen mehr Punkte sammeln konnte als irgendein Konkurrent. In ähnlicher Weise ist »Olympiasieger« im Abfahrtslauf derjenige, der an einem genau bezeichneten Tag schneller den Berg hinunterfuhr als andere, »Bundespräsident« derjenige, der in der letzten Bundesversammlung die meisten Stimmen erhielt usw. Derartige Aussagen stellen nur eine Abstraktion der empirisch gegebenen Sachverhalte dar, gehen nicht über diese hinaus, sind durch sie vollständig bestimmt (= Konstrukt erster Art; Marx, 1963; Herrmann, 1973). Immer dann, wenn theoretische Aussagen zur Gänze durch die Operationen definiert sind, die ihnen zugrunde liegen, spricht man von einem operational definierten Konstrukt. Oder: Ein operational definiertes Konstrukt ist ein Begriff, der sich auf einen eindeutig beobachtbaren Sachverhalt bezieht, wobei dieser Sachverhalt durch Operationen für seine Herstellung und Registrierung vollständig definiert ist (s. im Weiteren Turner, 1967).

Anders gelagert sind dagegen jene Fälle, in denen ein Konstrukt nicht vollständig auf Protokollsätze rückführbar ist, gegenüber der Beobachtungssprache einen Bedeutungsüberschuss (»surplus-meaning«) aufweist. Ein Beispiel dafür ist gegeben, wenn ausgehend von der Untersuchung *weniger* Probanden bestimmten Alters oder Geschlechts geschlossen wird, *alle* Personen dieses Alters oder Geschlechts zeigten das Verhalten der Versuchspersonen, und zwar nicht nur zu einer bestimmten Zeit, sondern unabhängig davon (s. dazu Metz-Göckel, Preiser & Wannenmacher, 1977). Desgleichen liegt ein Defizit des Beobachteten gegenüber dem Bezeichneten vor, wenn man jemanden, der einmal nicht die Wahrheit sagt, als »Lügner«, einen anderen, der etwas an sich nahm, als »Dieb« bezeichnet. Unterstellt wird mit solchen Begriffen, dass eine ständige Wiederholung des kritischen Verhaltens zu bemerken oder doch wenigstens hochgradig zu befürchten ist. Schließlich ist auch der Schluss auf »Unehrlichkeit« nicht durch protokollierte Beobachtungen abgedeckt, selbst wenn man von jemandem weiß, dass er schon einmal gelogen, gestohlen und betrogen hat (s. dazu die Untersuchung von Hartshorne & May, 1928, auf die unter 5. näher eingegangen wird). Fast alle Konstrukte der Differentiellen Psychologie wie Intelligenz, Ehrlichkeit, Risikofreude, Leistungsmotivation, Erziehungsstil, Verdrängung, interpersonales Vertrauen, Erbanlagen und dergl. gehören zu diesem Konstrukt zweiter Art (s. im Weiteren Herrmann, 1973; Turner, 1967; Schneewind, 1979); sie sind nicht vollständig operational definiert und bieten aufgrund ihres Bedeutungsüberschusses die Möglichkeit, Hypothesen abzuleiten, die sich wiederum auf empirische Sachverhalte beziehen (= hypothetico-deduktives Vorgehen). In dem Maße, in dem sich die Beobachtungsdaten als inkompatibel mit den abgeleiteten Voraussagen erweisen, muss das Konstrukt verändert werden (Forderung nach Falsifizierbarkeit von Theorien).

Bei dem Konstrukt *»Persönlichkeit«*, das verschiedene Autoren in Abhängigkeit vom Zeitalter und Sprachkreis außerordentlich verschieden definieren, weshalb Roth (1974) einer operationalen Definition als der Gesamtheit der in seinem Buch verdeutlichten »empirischen Ergebnisse der Persönlichkeitspsychologie« den Vorzug gibt, handelt es sich um ein »extrem allgemeines Konstrukt« (Herrmann, 1976, S. 34). Es stellt gleichsam die Summe der auf menschliches Erleben und Verhalten bezogenen Konstrukte, deren Wechselbeziehungen untereinander und Interaktionen mit organismischen, situativen und Außenvariablen dar.

Eine solche Auffassung folgt dem in der Literatur (s. besonders Allport, 1949) feststellbaren Konsensus, Persönlichkeit *nicht* mit dem konkreten Verhalten in einer spezifischen Situation gleichzusetzen, sondern darunter »ein bei jedem Menschen Einzigartiges, relativ überdauerndes und stabiles Verhaltenskorrelat« (Herrmann, 1976, S. 25) zu verstehen.

Als Repräsentant einer solchen Konzeption kann etwa Eysenck (1953, S. 2) mit folgendem (sinngemäß übersetzten) Zitat angesehen werden:

»Persönlichkeit ist die mehr oder weniger feste und überdauernde Organisation des Charakters, des Temperamentes, des Intellekts und der Physis eines Menschen ...«

Ähnlich definiert Guilford (1974, S. 6):

»Die Persönlichkeit eines Individuums ist seine einzigartige Struktur von Persönlichkeitszügen (Traits) ... Ein Trait ist jeder abstrahierbare und relativ konstante Persönlichkeitszug, hinsichtlich dessen eine Person von anderen Personen unterscheidbar ist.«

Aufseiten der Traits sind morphologische und physiologische Persönlichkeitszüge, Bedürfnisse, Interessen, Einstellungen, Eignungen und die Temperamente voneinander abgrenzbar. Auch die Begriffsbestimmung von Pawlik (1973, S. 3) zur Persönlichkeit als der

»Gesamtheit reliabler inter- und intraindividueller Unterschiede im Verhalten, sowie deren Ursachen und Wirkungen«

geht mit dem Abheben auf die Antezedenz- und Konsequenz-Bedingungen über das unmittelbar Beobachtbare deutlich hinaus.
Entsprechend befasst sich die Persönlichkeitspsychologie mit der Erforschung des besagten Verhaltenskorrelates, den Gesichtspunkten der generellen Organisation und Stabilität von Traits bei mehreren Personen sowie deren einzigartigen Manifestationen im Individualfall. Im vorliegenden Text (s. besonders Teil 3) erfolgt eine Grob-Unterscheidung nach Merkmalen mit und solchen ohne Leistungscharakter. Beide Bereiche stellen konstitutive Bestandteile der Persönlichkeit dar, doch wird von den Faktoren ohne Leistungsbezug (also z. B. Temperament und Emotionen) hin und wieder als den »Persönlichkeitsmerkmalen im engeren Sinne« gesprochen.

Zur Abgrenzung gegenüber der Differentiellen Psychologie gezwungen, die aber nirgendwo explizit vorgenommen wird, würde man den Akzent auf mögliche Abstraktionen legen, auf hypothetische Aussagen über die Organisation beobachtbaren Verhaltens, die bei der Persönlichkeitspsychologie der eben gegebenen Definition zufolge eine größere Rolle spielen müssten als bei der Differentiellen Psychologie. Aber welche Aussagen über Verhaltensunterschiede sind von Belang, wenn nicht deren Einordnung in einen theoretischen Rahmen erfolgt? Wie unerheblich die Abgrenzung ist, mag Hofstätter (1977) demonstriert haben, der den Titel seines Buches »Differentielle Psychologie« bei unverändertem Inhalt des Textteiles von der ersten zur zweiten Auflage durch »Persönlichkeitsforschung« ersetzte.

Weiterführende Literatur: Herrmann, 1976.

5.3 Nomothetische, idiographische und idiothetische Methode

Angesichts der von allen Persönlichkeitstheoretikern behaupteten Einmaligkeit jeder Person erhob sich sehr bald die Frage, ob es sinnvoll sei, den Einzelnen mit Eigenschafts- oder Trait-Begriffen zu kennzeichnen, die auf alle Personen zutreffen.
Allport (1937) führte dazu die auf Windelband, einen Philosophen des 19. Jahrhunderts, zurückliegende Unterscheidung von idiographischer und nomothetischer Methode in die Diskussion ein. Angewendet auf die Differentielle Psychologie postuliert die *idiographische Methode* qualitative Unterschiede zwischen den Personen, somit die Unvergleichbarkeit der Individuen gerade wegen ihrer Einzigartigkeit, und verlangt aus diesem Grunde nach Verfahren, die diesem Gesichtspunkt Rechnung tragen. Folgerichtig kann es sich dabei nur um detaillierte Biografien des Einzelnen und seiner Verhaltensweisen handeln – in letzer Konsequenz gar in einer für jedes Individuum gesonderten Sprache.

Ein solcher Anspruch hat Implikationen für ein wesentliches Ziel jeder Wissenschaft, nämlich bei der Suche nach der Wahrheit oder Wirklichkeit solche Regeln und Gesetze abzuleiten, die von allgemeiner Bedeutung sind, d. h. mehr als nur für eines der Beobachtungsobjekte Gültigkeit besitzen (= *nomothetische Methode).*
Für streng idiographisch ausgerichtete Persönlichkeitstheorien, die mehr als Sammlungen von Beschreibungen unvergleichbarer Einzelner sein wollen, müsste der besagte Zwang zur Generalisierung auf eine Art Methodenlehre über die Handhabung der Erstellung von Biografien hinauslaufen: »Persönlichkeitstheorie wäre also Meta-Idiographie« (Herrmann, 1976, S. 48).
Selbst entschiedene Verfechter der Einmaligkeit jeder Persönlichkeit haben jedoch die »utopischen Züge ... (eines) idiographischen Leitbildes« (Thomae, 1968, S. 19) eingeräumt. In der Tat wäre ein wirklich einzigartiges Individuum nicht erfassbar und unverständlich, letztlich nicht einmal als Individuum erkennbar (Kirby & Radford, 1976, S. 28/29). Deshalb weisen auch die Fantasiegestalten in Science-Fiction-Darstellungen immer noch menschliche Persönlichkeitszüge auf. Folgt man Holt (1962), muss schon der Versuch der Beschreibung von Einzigartigkeit scheitern, da hierbei Begriffe unerlässlich sind, die den Einzelnen auf andere, das Individuum auf die Gruppe beziehen.
Die nomothetische Methode kennt solche Probleme nicht. Sie sieht von der Einmaligkeit des Individuums ab und versucht, allgemeine Gesetze zu entwickeln, die für die Einzelnen oder »Mengen von Persönlichkeiten« (Herrmann, 1976, S. 48) gelten.
Eine der ersten Aufgaben nomothetischer Persönlichkeitspsychologie besteht dabei darin, Beschreibungssysteme zu entwickeln, mit denen alle Einzelnen erfasst und kategorisiert werden können. Beispielsweise gilt es festzustellen, ob alle Individuen mit Hilfe einer allgemeinen Dimension »Intelligenz« oder »Gefühlsbetontheit« beschrieben werden können, ob es ein für alle Einzelnen anwendbares Merkmal der Rigidität, Leistungsbereitschaft, Ehrlichkeit usw. gibt oder ob stattdessen spezifische Klassifikationssysteme zweckmäßig sind, die nur für bestimmte Personen-Gruppen Geltung haben. Beispielsweise ist eine Unterscheidung nach der »visuellen Wahrnehmungsschärfe« für Blinde irrelevant, d. h., innerhalb dieser Gruppe führt die Anwendung der besagten Beschreibungsdimension zu sinnfreien Resultaten.
Die Einmaligkeit der Person, für die nicht zuletzt das subjektive Erleben des Einzelnen nachhaltige Argumente liefert, findet Berücksichtigung dadurch, dass solche nomothetischen Beschreibungssysteme für jeden Einzelnen einen nur ihm gehörigen Platz vorsehen bzw. gewährleisten. Einem Beispiel von Hofstätter (1977) zufolge reicht ein System von 10 unabhängigen Beschreibungsdimensionen (wie Autorität, Geiz, Aggressivität usw.), von denen jede 10fach abgestuft ist, um der Gesamtheit der Menschheit (ca. 10^{10} Personen) individuelle Platzzuweisungen zu ermöglichen.
Aber selbst wenn sich mehrere Individuen einen Platz teilen müssten, würde das nicht zwangsläufig bedeuten, dass sie identisch sind, da schon die Beschreibung eine Abstraktion von der Realität darstellt: Sowohl das begrenzte Auflösungsvermögen der Wahrnehmung und die bescheidene Urteilsdifferenzierung unseres zentralnervösen Apparates (Miller, 1956) sowie die nicht ausreichende Trennschärfe der eingesetzten Tests können den realiter bestehenden Varianten nicht einmal annähernd gerecht werden.
Liegt die erste Aufgabe nomothetischer Persönlichkeitsforschung in der Entwicklung von Beschreibungssystemen für alle Einzelnen, besteht eine zweite darin, die mit Hilfe der Beschreibungsdimensionen erfassten Unterschiede in Form allgemeiner Gesetze zu erklären. Beispielsweise kann gefragt werden, wodurch die Unterschiede verursacht werden, ob etwa Einflüsse der Vererbung oder spezifische Umweltfaktoren vorliegen. In der Regel werden solche Fragen darauf hinauslaufen, nach Zusammenhängen der Unterschiede in der einen

Beschreibungsdimension mit solchen in anderen zu suchen. Beispielsweise könnte geprüft werden, ob die unterschiedliche Unfallhäufigkeit von Verkehrsteilnehmern mit der Kenntnis der Verkehrsregeln zusammenhängt; in diesem Falle müssten sich unter den unfallfreien Verkehrsteilnehmern relativ zu denjenigen mit Unfällen wesentlich mehr befinden, die über die Verkehrsregeln gut Bescheid wissen (zu Erklärungen innerhalb der Persönlichkeitspsychologie s. 7.6.5).

Insofern stellt nomothetische Persönlichkeitsforschung ein »*Between*-Subjects«-Design dar. Damit nachgerade unverträglich ist der Umstand, dass phänomenologische Erfahrungen fast immer unwiderlegbar idiographischer Art sind, d. h. diese sich *innerhalb* einer Person abspielen. Um solchen Ereignissen gerecht zu werden, bedarf es deshalb zwingend eines »*Within*-Subjects«-Ansatzes. Einige Erläuterungen mögen dieses verdeutlichen: Üblicherweise erfolgen die Entscheidungen und Bewertungen des Alltagslebens vor dem Hintergrund der jeweils eigenen, sehr persönlichen Bezugssysteme und weniger im Rahmen der Maßstäbe eines Forschers, der solche Entscheidungen und Bewertungen Einzelner mit denjenigen anderer Personen vergleicht (indem er die Perspektive der zwischen Probanden bestehenden Unterschiede anlegt). Angenommen, Fritz beschließt, seine Partnerin Frieda zu heiraten. In einem solchen Fall wird er wohl kaum darüber nachdenken, wie stark seine Zuneigung gegenüber Frieda ist im Vergleich zu den Gefühlen, die ihr andere Männer entgegenbringen; stattdessen wird er allenfalls seine Liebe vergleichen mit derjenigen gegenüber anderen Frauen oder den Gefühlen, die er gegenüber seiner Partnerin früher empfunden hat. Oder Frieda wählt eine bestimmte Form von Urlaub aus; dann wird sie kaum fragen, ob sie stärker dafür interessiert ist als eine durchschnittliche andere Person, sondern maßgeblich für sie ist, dass sie lieber das eine als das andere tut. Wenngleich nun kaum jemand explizit behauptet, dass Menschen solche nomothetischen Erwägungen anstellen, folgt der diesbezügliche Ansatz jedoch implizit genau diesen Regeln, bei der jede einzelne Person auf alle anderen bezogen wird. Dabei mögen groteske Fehlschlüsse entstehen: Angenommen, Studierende sollen sich auf 9fach abgestuften Skalen, deren theoretische Mitte bei 5 liegt, sowohl hinsichtlich ihrer selbstwahrgenommen Intelligenz als auch der Leistungsmotivation einstufen. Eine Studentin kreuze »6« bei Intelligenz und »4« bei Leistungsmotivation an. Das bedeutet aus ihrer Kognition überdurchschnittliche Intelligenz, aber unterdurchschnittliche Motivation. Beträgt aber die mittlere Selbsteinschätzung der anderen Studierenden in der einen Skala »7« und in der anderen »3«, so kehren sich unter der nomothetischen Perspektive die Gegebenheiten genau um. Aus der Warte der Befragungsperson und in den obigen Beispielen von Fritz und Frieda handelte es sich aber erlebnismäßig und vom Bezugsrahmen her eindeutig um die Ebene »innerhalb«, und nicht um eine solche »zwischen« den Personen.

Diese Ebene erfordert Vergleiche innerhalb einer Person zwischen Zeitpunkten, Präferenzen, Emotionen, Verhaltensweisen und Eigenschaften. Insofern als eine solche Perspektive fehlt, kann eine einzelne Person allenfalls partiell verstanden, »erklärt« und vorhergesagt werden – »Life is a within-subjects design« (Weiner, 1991, zitert nach Pelham, 1993, S. 665, dessen Ausführungen hier gefolgt wurde).

Es kommt also darauf an, bei der Überprüfung allgemeiner Gesetzmäßigkeiten auch idiographischen Prinzipien Rechnung zu tragen. Das ist nicht immer leicht und erfordert besondere Techniken. Deshalb soll darauf erst in den Kapiteln 24 und 25 zurückgekommen werden.

Zusammenfassend kann Folgendes festgehalten werden: »Die Persönlichkeitsforschung – faßt man sie nomothetisch auf – stellt (erstens) Beschreibungssysteme für viele oder alle Einzelnen zur Verfügung. Sie versucht (zweitens), die mit Hilfe der Beschreibungssysteme erfaßbare Unterschiedlichkeit zwischen Einzelnen theoretisch zu erklären; sie klärt also die Unterschiedlichkeit (Varianz) zwischen Einzelnen bezüglich ihrer Merkmale auf (interindividuelle Varianzaufklärung)« (Herrmann, 1976, S. 50).

In einer fraglos innovativen Arbeit hat Lamiell (1981) aus der Zusammenziehung der Begriffe nomothetisch und idiographisch die Wortneuschöpfung *»idiothetisch«* geprägt, von der allerdings noch abzuwarten bleibt, inwieweit sie sich allgemein durchsetzt. Die fragliche Bezeichnung steht für eine Beschreibung einzelner Personen nach idiographischen Maßen, die aber eine interindividuelle Vergleichbarkeit gewährleisten sollen. Im Einzelnen besteht der Messvorgang hier nicht darin, das Individuum mit anderen Personen, sondern damit zu vergleichen, welches alternative Verhaltensmuster sich über mehrere Kategorien hinweg (z. B. Teilnahme an außerschulischen Aktivitäten, Ladendiebstahl, Alkohol trinken, jeweils als Ja/ Nein-Report für einen bestimmten Zeitraum) hätte ergeben *können*, und zwar im Kontrast zu dem, wie sich eine Person gewöhnlich *nicht* verhält. Die Kennzeichnung der Person geschieht also mittels eines Verhältnisses, dessen interindividueller Vergleich den idiothetischen Ansatz ausmacht. Dieser Ansatz verdient nachhaltige Beachtung, da die Kritik von Lamiell (1981, 1982; Lamiell, Foss, Larsen & Hempel, 1983) an der herkömmlichen Methode und namentlich an deren begrenzter Aussagekraft innerhalb der Konsistenz-Problematik (s. auch Kap. 5) berechtigt ist. Andererseits haben Paunonen und Jackson (1986a, b) jedoch auf gravierende theoretische und methodische Probleme innerhalb des idiothetischen Messens hingewiesen. Chaplin und Buckner (1988) variierten in einer Vergleichsuntersuchung zur Selbstbeschreibung anhand vorgegebener Eigenschaftswörter die Instruktion von normativ (der Kontrast zu anderen Personen wird akzentuiert) über ipsativ (Kontrast zu den anderen Merkmalen wird betont) zu idiothetisch (Kontrast des gewöhnlichen zum maximal möglichen Verhalten); die abgegebenen Urteile stimmten aber weitgehend mit denen überein, die erhalten wurden, wenn die Versuchsteilnehmer ihre eigenen (impliziten) Vergleichsmaßstäbe benutzten.

Fragen zu Kapitel 5:

1. Was versteht man unter Variablen und Skalen?
2. Was ist »Persönlichkeit»?
3. Wie unterscheiden sich idiographische und nomothetische Methode?

6 Inhaltliche Konzepte der Differentiellen Psychologie

6.1 Verhaltenseigenschaften

Alltäglicher Beobachtung wie wissenschaftlicher Analyse zufolge – ausreichende Illustrationen dafür wurden einleitend gegeben – unterscheiden sich Personen in ihrem Erleben und Verhalten selbst dann, wenn sie sich in identischer oder vergleichbarer Umgebung befinden. Ein und dieselben »Reize« führen aufseiten der Individuen zu verschiedenen »Reaktionen«. Als Reize (engl.: »stimuli«) gelten allgemein »physikalisch-energetische Veränderung(en) innerhalb oder außerhalb eines Organismus, welche auf das afferente Nervensystem über die sog. Rezeptoren einwirken . . . oder – enger definiert – welche einen Rezeptor (aktivieren)« (Roth, 1974).
Im Einzelnen kommen dafür relativ elementare Ereignisse wie taktile oder akustische Signale, die Beschaffenheit einer geometrisch-optischen (»Täuschungs«-) Figur oder dergl. in Frage; auf komplexerem Niveau ist etwa an die Sequenz von Worten zu denken oder die Stimulation, die von einem sozialen Ereignis ausgeht.
Der Umstand der interindividuell verschiedenen Reaktionen auf einen gegebenen Stimulus ist nachfolgend schematisch veranschaulicht:

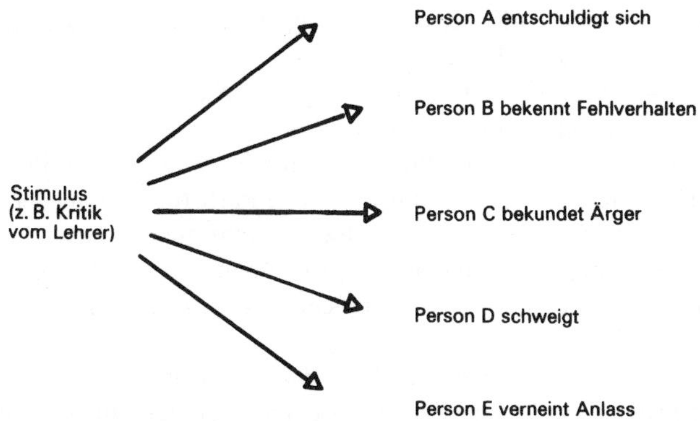

Abb. 6.1: Interindividuelle Differenzen als Reaktion auf einen Stimulus oder Umweltreiz (nach Mischel, 1971, S. 15).

Das Faktum der verbalen Entschuldigung oder Ärgerreaktion, des Schweigens oder der Verneinung des Anlasses usw. ist als Beobachtung allen in der Klasse versammelten Schülern und dem Lehrer zugänglich; es handelt sich um ein aktuelles, »objektiv« gegebenes Verhalten, das in einem der unter 5.2 erwähnten Protokollsätze etwa in der folgenden Art hätte festgehalten werden können: »Am 18. 4. 1979 antwortet der Schüler A auf die Aussage des Lehrers, er habe soeben den Unterricht durch einen Zwischenruf gestört, mit den Worten: ›Das war nicht ich‹«. Ein solcher Satz beschreibt den Vorgang, indem er sich an der wahrnehmbaren Realität orientiert; Abstraktionen oder über das wahrnehmungsmäßig unmittelbar Gegebene hinausführende Schlussfolgerungen sind nicht erkennbar. Bei den in solchen Sätzen festgehaltenen Reaktionen handelt es sich um *Verhaltenseigenschaften* oder »Beobachtungsprädikate« (Herrmann, 1973, S. 9). Nicht nur interindividuell unterschiedliche, sondern auch intraindividuell variierende Reaktionen mögen den ersten Ansatzpunkt wissenschaftlicher Beschäftigung mit Differenzen im Verhalten bilden; so etwa könnte der Inhalt der obigen Abbildung in der Weise modifiziert werden, dass anstelle verschiedener Personen immer wieder dieselbe erscheint, und zwar mit den aufgeführten Verhaltensweisen, die nur zu verschiedenen Zeitpunkten auf die Bemerkung des Lehrers: »Du hast deine Hausaufgaben wieder nicht erledigt!« beobachtet worden seien (Psychographie im Sinne von Stern unter Verwendung von Beobachtungsprädikaten).

Weder bei der intraindividuellen Betrachtungsweise noch im interindividuellen Vergleich der Variationsforschung sind auf der Ebene von Verhaltenseigenschaften irgendwelche Elemente enthalten, die nicht der unmittelbaren Beobachtung zugänglich wären, wie etwa Wissen oder Vermutungen über Konstanz und Konsistenz des registrierten Verhaltens, dessen hypothetische Ursachen usw.

6.2 Gewohnheiten (Habits)

Nur in den seltensten Fällen wird man es mit einer Analyse auf der Ebene von Beobachtungsprädikaten bewenden lassen; Wissenschaft verlangt nach Verallgemeinerung, und schon im Alltag neigen wir dazu, von einem Beobachtungsinhalt auf gleichartige zu anderen Zeitpunkten und unter anderen Kontextbedingungen zu schließen nach dem Motto: »Wer einmal lügt, dem glaubt man nicht . . .«.

Generalisierungen sind somit intendiert gleichermaßen in einer längs- wie querschnittlichen Dimension: Wir erwarten, dass unsere Mitmenschen unter gleichartigen Bedingungen das für sie typische Verhalten zeigen, ein und dieselben wiederkehrenden Stimuli also die Verhaltensweisen hervorrufen, die gleichwohl nicht identisch für verschiedene Personen sind. Im Weiteren unterstellen wir aber auch eine gewisse Unabhängigkeit von der Spezifität der vorliegenden Kontextbedingungen, indem wir annehmen, dass auch andere, den ursprünglichen ähnliche oder äquivalente Reize zur fraglichen Reaktion (etwa: die Unwahrheit sagen) führen.

Der erste Gesichtspunkt betrifft jenen der *Stabilität* des Verhaltens, der letztere jenen der *Konsistenz*. Beide Kriterien stellen die Prüfsteine einer jeden Persönlichkeitstheorie dar, d. h. in dem Maße, in dem eine Theorie der Persönlichkeit jedem der beiden Gesichtspunkte in konzeptueller und empirischer Hinsicht gerecht wird, ist ihr der Vorzug gegenüber konkurrierenden Auffassungen zu geben.

Einen entscheidenden Beitrag zum Verständnis von Reliabilität und Konsistenz leistete jene Forschungsrichtung, die die Introspektion als Methode des Erkenntnisgewinns wegen ihrer notgedrungenen Subjektivität ablehnte und mit dem Erscheinen des Aufsatzes von Watson (1913) ihren Namen erhielt: der *Behaviorismus*.

Zentral darin war die Forderung nach Objektivität der Beobachtungsdaten, weshalb nur solche Prozesse und Effekte akzeptiert werden sollten, die mit Hilfe von Apparaten und damit in gewisser Weise unabhängig von der Person des Untersuchungsleiters zu beobachten waren. Zu diesen objektiv registrier- und aufzeigbaren Gegebenheiten zählten vor allem externe Reize auf der einen, Reaktionen der Sinnesorgane, Muskeln und Drüsen des Organismus auf der anderen Seite. Grundlegende Verhaltenseinheit bildete die angeborene und artspezifische Verbindung zwischen einem afferenten und einem efferenten Impuls: der Reflex.
Jeder Organismus verfügt über eine Reihe derartiger Schaltungen, die je nach der Häufigkeit von Übertragungs- oder Verknüpfungsstellen als mono- bzw. polysynaptische Reflexe bezeichnet werden (s. dazu etwa Rein & Schneider, 1966; Birbaumer, 1975; Keidel, 1971). Beim Menschen zählen etwa der Patellar- und Achilles-Sehnen-Reflex zur ersteren, der Lidschlag-, Pupillar-, Schluck-, Nies- und Atem-Reflex zur letzteren Gruppe. Kennzeichnend für die polysynaptischen Reflexe ist u. a. der Umstand, dass die Stelle der Reizung (z. B. beim Lidschlag-Reflex die Hornhaut des Auges) nicht identisch ist mit dem Ort der Reaktion (im gewählten Beispiel: Lidschlag des Auges), mithin afferente und efferente Bahnen verschiedene Ausgangs- bzw. Ansatzpunkte aufweisen. Noch größere Bedeutung kommt dem Umstand zu, dass polysynaptische Reflexe nach dem Prinzip der klassischen Konditionierung auch von anderen als den »biologischen« Reizen ausgelöst werden können.
Auf den russischen Physiologen Pawlow (1953 a, b) geht bekanntlich die auf systematische Versuche gegründete Beobachtung zurück, dass die Speichelsekretion von Hunden, die als unwillkürliche, »unbedingte« Reaktion auf den Anblick von Futter (= »unbedingter Reiz«) bei allen Vertretern der Art in gleicher Weise erfolgt, auf qualitativ andersartige Reize (= »bedingte Stimuli«) übertragen werden kann, wenn diese Reize, z. B. Klingel- oder Glockentöne, Lichtsignale und dergl., nur in zeitlicher Kontingenz und nach Möglichkeit wiederholt zusammen mit dem unbedingten Reiz auftreten. Auf diese Weise können ganz allgemein unbedingte Reaktionen unter die Kontrolle von Reizen gebracht werden, die bis dahin neutral waren, d. h. auf die zur Diskussion stehende Reaktion keinen Einfluss ausübten. Sehr bald entdeckte man zusätzlich, dass nicht nur der spezifische Reiz, der zusammen mit oder zeitlich kurz vor dem unbedingten Stimulus exponiert worden war, eine Auslösefunktion für die betreffende Reaktion übernahm, sondern dieses auch zutraf für andere, diesem ähnliche Reize. Wurde beispielsweise im Experiment zusammen mit einem Luftstoß auf das Auge der Versuchsperson ein Ton von 1 000 Hz gekoppelt, war später der Lidschlag, wenngleich gewöhnlich in verminderter Intensität, auch bei Exposition eines Tones von 500 oder 1500 Hz zu registrieren, obwohl keine dieser Frequenzen der Versuchsperson zuvor in Verbindung mit dem Luftstoß dargeboten worden war (zur Literatur s. etwa Gagné, 1965, 1967; Foppa, 1965; Mednick, Pollio & Loftus, 1975).
In Fällen wie dem geschilderten, wo eine Reaktion von mehreren bedingten Auslösereizen hervorgerufen wird, auf diese generalisiert, spricht man von *Reizgeneralisation.* Ist das Spektrum der als Auslöser fungierenden Reize groß, liegt ein breiter *Reizgeneralisationsgradient* vor, bei einer geringen »Bandbreite« der bedingten Stimuli ein entsprechend schmaler Gradient.
Auch *Reaktionsgeneralisation* tritt auf, dann nämlich, wenn anstelle der ursprünglich bewirkten Reaktion und/oder zusätzlich zu dieser andere Verhaltensweisen mit dem bedingten Signal verknüpft werden, die z. T. von funktionaler Äquivalenz sein mögen (s. z. B. Foppa, 1965, S. 231–233). Letzteres spielt vor allem eine Rolle beim operanten oder instrumentellen Konditionieren: Die Auftrittswahrscheinlichkeit bestimmter instrumenteller Verhaltensweisen erhöht sich, diese werden »gelernt«, wenn im unmittelbaren Anschluss daran eine Bekräftigung (Reinforcement) erfolgt. Betätigt eine hungrige Maus, um ein häufig zitiertes Beispiel zur Illustration aufzugreifen, im Zuge ihrer ungerichteten motorischen Akti-

vität »zufällig« innerhalb des Experimental-Käfigs mit der linken Vorderpfote einen Taster und erhält sofort im Anschluss daran eine Futterpille, so erhöht sich die Wahrscheinlichkeit, dass der Taster in gleicher Weise erneut betätigt wird. Das Futter befriedigt einen motivationalen Zustand (den Hunger) und wirkt dadurch als Reinforcement, Bekräftigung oder Verstärkung für die unmittelbar zuvor erfolgte Verhaltensweise. Der Tastendruck weist instrumentellen Wert für das Erlangen des Futters auf. Durch gezielte Bekräftigung einzelner motorischer Komponenten (z. B. Drehen des Kopfes, Anheben der Pfoten usw.) können auch neuartige Verhaltenssequenzen ausgeformt werden, die bis dahin im Repertoire fehlten (»Shaping of behavior«); beispielsweise hat man Tauben dazu gebracht, miteinander Ping-Pong zu spielen, Rollschuh zu laufen oder dergl. Reaktionsgeneralisation im Falle der Tastendruck-Aufgabe liegt beispielsweise vor, wenn zum Erhalt des Futters nicht die linke Vorderpfote, sondern auch die rechte eingesetzt wird.

Der Behaviorismus bedient sich der geschilderten Prinzipien und beschreibt das gesamte menschliche Verhalten, auch dasjenige von höherem Komplexitätsgrad, als Sequenz einfacher Reiz-Reaktions-Verbindungen, deren Verkettungen und Verknüpfungen. Nach behavioristischer Auffassung erfolgt im Laufe der individuellen Entwicklung die Ausbildung des Verhaltensrepertoires dadurch, dass die unbedingten Reize durch bedingte ersetzt, bedingte Reaktionen miteinander kombiniert und neue Verhaltensweisen durch selektive Bekräftigung ausgeformt werden – das Ganze im Übrigen ohne eine nennenswerte Steuerung durch das Individuum selbst, sondern im Wesentlichen als zwangsläufige Folge der Lern- und Bekräftigungsmuster, denen dieses ausgesetzt wird.

Alle gelernten Verbindungen zwischen Reizen oder Reizmustern auf der einen, irgendwelchen Reaktionen auf der anderen Seite, werden als *Habits* oder *Gewohnheiten* bezeichnet. Diese bilden gleichsam die Bausteine des Verhaltens.

Habits sind verschieden stark je nach Wahrscheinlichkeit bzw. Intensität, mit der eine Reaktion von einem Reiz ausgelöst wird (s. Hull, 1940, Postulat IV); sie können auch als Tendenz oder motivationale Zustände verstanden werden, eine bestimmte Reaktion oder ein Muster von Verhaltensweisen zu aktivieren, und zwar unter denjenigen Bedingungen, die während des Erlernens vorherrschend waren (s. auch Jones, 1971). Von daher kommt ihnen als wesentliches Bestimmungsstück Spezifität in zweierlei Hinsicht (antezedente Bedingungen und das Verhaltensmuster) zu. Nur die eine Komponente, nämlich das aktuelle Verhalten, ist direkter Beobachtung zugänglich; der andere Aspekt hingegen, die Bereitschaft oder Tendenz zu Reaktionen in ganz bestimmter Weise, der »set« oder die Disposition dazu, entzieht sich der unmittelbaren Beobachtbarkeit und wird erschlossen: Hierbei handelt es sich um ein Konstrukt. Sprechen wir also von Gewohnheiten, verlassen wir die Beobachtungsebene.

Ohne an dieser Stelle näher auf lernpsychologische Persönlichkeitstheorien einzugehen (s. dazu Bergius, 1960; Hall & Lindzey, 1970; auch Bowers, 1973; zur Lern- und Gedächtnispsychologie allgemein s. Bredenkamp & Wippich, 1977), muss als Defizit derartiger Konzepte die geringe Berücksichtigung von kognitiven Elementen wie produktivem Denken oder Reflexion sowie aller autochthonen Regulationsprozesse des Organismus (Roth, 1974, S. 53) ins Auge fallen.

Wichtig im Sinne der o. a. Prüfsteine jeder Persönlichkeitstheorie ist jedoch der Umstand, dass den Stimulus-Response-Theorien zufolge *Konstanz* des Verhaltens immer dann zu erwarten ist, wenn die Reaktionsmuster durch vorangegangene Lernprozesse (etwa ausreichende Zahl von Wiederholungen und/oder besondere Intensitäten der Reize und Motivationslagen des Organismus und/oder optimale zeitliche Kontingenzen und Bekräftigungspläne) genügend stabilisiert sind. Darüber hinaus tritt *Konsistenz* nach Maßgabe der Breite der Reiz- und Reaktionsgeneralisationsgradienten in solchen Situationen auf, die denjenigen des Verhaltenserwerbes mehr oder minder ähnlich sind (Guilford, 1974, S. 14–19).

6.3 Dispositionseigenschaften (Traits)

Immer dann, wenn im alltäglichen Leben Mitmenschen einander hinsichtlich ihrer psychischen Eigenarten beschreiben und dabei Attribute verwenden wie »intelligent«, »faul«, »gefräßig«, »hilfsbereit«, »radikal«, »konservativ«, »umweltbewusst«, »typisch katholisch« oder »spießig« usw., benutzen sie implizit ein Konzept von Eigenschaften, d. h., sie unterstellen Konsistenzen in einem interindividuell variierenden Verhalten über verschiedene Situationen.

Bezeichnet jemand einen anderen als »hilfsbereit«, so finden darin spezifische Beobachtungen ihren Niederschlag, etwa diejenigen, dass der Betreffende kürzlich einer alten Dame über den Weg half, mit seinem Sohn schulische Hausaufgaben durchsprach, für einen Verein eine Sammlungsaktion organisierte und einem Nachbarn in dessen Abwesenheit den Rasen mähte. Gleichzeitig wird damit die Erwartung ausgedrückt, die als »hilfsbereit« gekennzeichnete Person werde auch zukünftig unter geeigneten Umständen Verhaltensweisen zeigen, die eine Etikettierung mit dem Begriff der Hilfsbereitschaft erlauben.

Hilfsbereitschaft ist in einem solchen Falle ebenso wenig direkt beobachtbar wie etwa Faulheit oder Trunksucht. Das Wissen um oder die Erwartung über bestimmte Verhaltensweisen bezieht sich vielmehr auf Handlungs*bereitschaften* oder -dispositionen, die sich selbst der Beobachtung entziehen. Derartige Eigenschaften oder *»Dispositionsprädikate«* (Herrmann, 1973, S. 9) werden mithin aus dem Verhalten erschlossen; sie sind von den Gewohnheiten oder Habits hauptsächlich anhand der Spezifität der vorangegangenen Bedingungen und aktuellen Verhaltensweisen unterscheidbar: Die Dispositionseigenschaften sind von allgemeinerer Art als die Habits. Dennoch ist die Abgrenzung im Einzelfall oft schwierig, da es, wie noch zu zeigen ist, Eigenschaftskonzepte von sehr unterschiedlicher Breite gibt.

Hingegen bereitet die Abhebung der Eigenschaften im Sinne von Dispositionsprädikaten von den Verhaltenseigenschaften begrifflich keine Probleme, da die Letzteren, wie aufgeführt, direkt beobachtbare, die Ersteren hingegen gedanklich miteinander verbundene Sachverhalte und konstruierte Zusammenhänge beinhalten, also Konstrukte darstellen.

Für eine gewisse Konfusion mag allenfalls der Sprachgebrauch sorgen, da Traits in verschiedener Weise bezeichnet werden können: adverbial (»diese Person verhält sich intelligent, aufgeschlossen usw.«), adjektivisch (»diese Person ist intelligent, aufgeschlossen usw.«) oder substantivisch (»die Intelligenz dieser Person ist überdurchschnittlich, erleichtert ihr das Zurechtfinden im Beruf usw.«) (s. auch Roth, 1974, S. 38/40). Häufig finden sich darüber hinaus Tätigkeitsbeschreibungen (z. B. »diese Person trinkt, macht Späße, treibt Sport o. Ä.«); gerade solchen Formulierungen ist aber häufig nicht unmittelbar anzusehen, ob sie sich auf Verhaltens- oder Dispositionsprädikate beziehen. Eindeutig sind nur jene Fälle, in denen Aussagen über Verhaltens- und Dispositionsprädikate, Wirklichkeit und Wissen, zueinander in Widerspruch geraten, etwa ein ansonsten »eigentlich« fauler Mensch ersichtlich emsig ist oder Ähnliches.

Gewiss ist jeder Versuch einer bündigen Definition von Eigenschaften nicht unproblematisch, nachdem etwa Graumann (1960, S. 146) nach einer Aufarbeitung der dazu vorliegenden Literatur noch zu der Feststellung kam, dass »beim gegenwärtigen Stand der Persönlichkeitsforschung eine Einigung über einen verbindlichen Eigenschaftsbegriff nicht gut möglich ist«; dennoch trifft eine *Umschreibung von Traits als relativ breite und zeitlich stabile Dispositionen zu bestimmten Verhaltensweisen, die konsistent in verschiedenen Situationen auftreten,* sicher die Ansicht der Mehrheit empirisch arbeitender Persönlichkeitsforscher (in diesem Sinne z. B. Buss & Poley, 1976; Brody, 1972).

Im gleichen Sinne, aber noch vorsichtiger, da die Verhaltensbereitschaften, über deren Natur

weiterhin Uneinigkeit besteht (s. 6.3.1), nicht eigens erwähnt werden, erläutern Hogan, De Soto und Solano (1977, S. 256), »dass Eigenschaftsbegriffe sich auf stilistische Konsistenzen im zwischenmenschlichen Verhalten beziehen« (Übers. v. d. Verf.).
Ähnlich dazu auch die Ausführungen von Mischel (1971, S. 14): »In seiner einfachsten Bedeutung bezieht sich der Begriff ›Eigenschaft‹ auf konsistente Unterschiede im Verhalten oder in Charakteristiken von zwei oder mehreren Personen« (Übers. v. d. Verf.).
Hingegen fehlt in der oftmals zitierten Umschreibung von Guilford (1974, S. 7/8: »Ein Trait ist jeder abstrahierbare und relativ konstante Wesenszug, hinsichtlich dessen eine Person von anderen unterscheidbar ist«) die Konsistenz als Bestimmungsstück, ohne dass sie dadurch andererseits ausgeschlossen wäre. Vielmehr reicht diesem Autor zufolge die Spannweite des Trait- oder Eigenschaftsbegriffs vom spezifischen Habit, wie beispielsweise einer auf einen Ton konditionierten Muskelkontraktion, bis hin zu breit generalisierten Haltungen wie etwa der Selbstsicherheit. In der zitierten Umschreibung wird mehr der abstrakte Charakter von Eigenschaften in den Vordergrund gerückt. Guilford betrachtet sie als Dimensionen, nach denen Individuen geordnet und auf denen Unterschiede zwischen ihnen abgebildet werden können. Er kategorisiert die Traits in mehrere Klassen: morphologische (z. B. Hautfarbe, Größe, Gewicht) und physiologische (Stoffwechsel, Herzfrequenz, Körpertemperatur), im Weiteren in drei Arten von motivationalen Eigenschaften, nämlich konstante Wünsche nach Zuständen (= Bedürfnisse) und nach Betätigung (= Interessen) sowie konstante Haltungen und Meinungen (= Einstellungen). Schließlich lassen sich seiner Taxonomie zufolge noch Eignungen und Temperamente unterscheiden. Auch andere Klassifikationssysteme sind denkbar, ohne dass davon die Konzeption der Traits berührt wird.
Bei Guilford ist die Persönlichkeit eines Individuums »seine einzigartige Struktur von Traits« (1974, S. 6). Persönlichkeit bedeutet bei der Mehrzahl von Eigenschaftstheoretikern im Allgemeinen die Summe der Wesenszüge, »das Integral oder auch die übersummative Struktur der sie konstituierenden Eigenschaften« (Roth, 1974, S. 40).
Wie immer die begriffliche Fassung von Eigenschaften im Einzelnen lauten mag, folgen Dispositionsprädikate doch stets zwei wichtigen Prinzipien:

1. Die Zusammenfassung vieler und verschiedener Verhaltensweisen in gemeinsamen Kategorien (den Traits) gewährleistet Ökonomie und führt deshalb zu einer Entlastung unserer informationsverarbeitenden Systeme. Würden sich die Mitmenschen und die Differentielle Psychologie nur mit den einzelnen Verhaltensweisen beschäftigen, ergäben sich beträchtliche Probleme daraus, der ungeheuren Fülle von Einzelbeobachtungen gerecht zu werden.
2. Bedeutender noch ist die Aussicht, gestützt auf eigenschaftstheoretische Feststellungen und den in ihnen enthaltenen Bedeutungsüberschuss Vorhersagen für solche Situationen machen zu können, für die bislang keine Beobachtungsgelegenheiten bestanden haben.

Um zu dem eingangs gewählten Beispiel der »Hilfsbereitschaft« zurückzukehren, würde man für jemanden, dem diese Eigenschaft auf der Basis der erwähnten Verhaltensweisen zugeschrieben wird, etwa prognostizieren, dass der Betreffende auch einen liegen gebliebenen Kraftfahrer abschleppt, einem Ortsunkundigen den Weg zeigt u.Ä.m.

6.3.1 Begriffsbestimmung: Existentielle und konstruierte Traits

Wenn Attribute wie »intelligent«, »brav«, »aufgeschlossen«, »aggressiv« usw. zur Beschreibung des typischen Verhaltens von Mitmenschen benutzt werden, impliziert dies zunächst in gewissem Sinne die Angemessenheit bzw. fundamentale Bedeutung des einfachen

S-R-Modelles; denn nur ausgehend von der Beobachtung eines spezifischen Verhaltens in einer konkreten Situation ist unter Bezug auf ein Normensystem und Reliabilitäts- wie Konsistenzinferenzen die abstrahierende Aussage im Sinne einer Eigenschaftszuschreibung sinnvoll.

Zumindest im vorwissenschaftlichen Sprachgebrauch dienen Trait-Attribute, wie die oben erwähnten, nicht nur zur Beschreibung, sondern auch zur Erklärung des Verhaltens (Heider, 1958). Von der adverbialen über die adjektivische und schließlich substantivische Form der Eigenschaftsbeschreibung kommt es nicht selten zu einer kausalen Interpretation des Verhaltens mit Hilfe von Dispositionen, die ursprünglich selbst daraus abgeleitet wurden. Diesem Muster zufolge stiehlt jemand, »weil er ein Dieb oder Verbrecher ist«. Die Zuschreibung der Disposition des Diebes erfolgt zunächst aufgrund der Beobachtung von Diebstahl; anschließend wird diese Zuschreibung als kausal für das beobachtbare Verhalten erachtet. Dabei handelt es sich freilich um einen Zirkelschluss oder um eine sinnfreie Tautologie ohne zusätzlichen Erklärungswert, da eine Verhaltensbereitschaft nunmehr zur Ursache desjenigen Verhaltens gemacht wird, aus dem sie selbst zuvor erschlossen wurde.

Im Forschungsbereich hat allerdings Allport (1959), einer der prominentesten Traittheoretiker überhaupt, explizit die Ansicht geäußert, dass »... psychische Strukturen in jeder Persönlichkeit vorliegen, welche die Beständigkeit des Verhaltens begründen« (S. 290). Eine Eigenschaft ist ein »verallgemeinertes und fokalisiertes neuropsychisches System (das dem Individuum eigentümlich ist) mit der Fähigkeit, viele Reize funktionell äquivalent zu machen und konsistente äquivalente Formen von Handlung und Ausdruck einzuleiten und ihren Verlauf zu lenken« (S. 296).

Zwei Aspekte aus diesen Zitaten kontrastieren erheblich mit dem unter 6.3.1 Ausgeführten:

(1) Nach Allport stellen Traits nicht nur gedankliche und abstrakte Konstruktionen dar, sondern empirisch-materielle Realität in Form anatomischer, neuraler und psychischer Strukturen sowie internaler Vermittlungsprozesse; sie haben eine biophysische Existenz, unabhängig vom Beobachter, sind also »wirklich vorhanden«.
Allport (1966) hat diese Auffassung entgegen der Meinung zahlreicher Kritiker wiederholt als Teil des allgemeinen Prinzips der *heuristischen Realität* vertreten, das u. a. die Common-Sense-Ansicht akzeptiert, wonach es sich bei Personen um »real beings« handele (1966, S. 8). Damit setzt er sich ausdrücklich in scharfen Gegensatz zu der radikal-behavioristischen Auffassung etwa von Skinner (1953), der zufolge Personen »black boxes« vergleichbar sind, lediglich der Ort oder Punkt von Kontingenzen zwischen operantem Verhalten und den Reinforcements vonseiten der Umwelt.

(2) Als reale Struktur haben die Traits die Funktion, die Perzeption der Reize aus der Umwelt zu steuern und darauf äquivalente Reaktionen zu produzieren (s. Veranschaulichung in der nachfolgenden Abb. 6.2), womit dem Verhalten Richtung und Konsistenz verliehen wird; ihnen kommt auf diese Weise eine wesentliche dynamische Komponente zu.

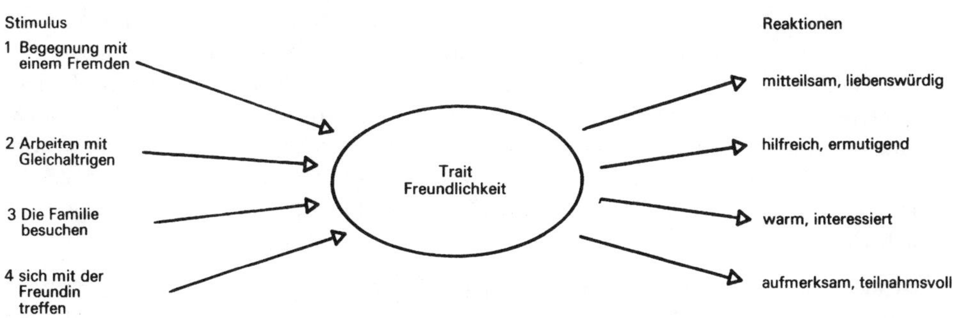

Abb. 6.2: Beispiel für einen Trait als Struktur, die Reize und Reaktionen miteinander verbindet (nach Mischel, 1971, S. 16).

Hauptsächlich wegen der Unbestimmtheit der postulierten »neuropsychischen« Strukturen haben sich eine »essentialistische Auffassung von Dispositionen . . . als schlechthin bestehenden, vorfindlichen Wesenheiten« (Herrmann, 1973, S. 32) nur wenige Autoren zu Eigen gemacht, darunter etwa Cattell (1946, 1966) mit der Vorstellung von »Source Traits« als den *Ursachen* der sich in den »Surface Traits« manifestierenden interindividuellen Unterschiede. Die Mehrzahl der empirischen Persönlichkeitsforscher, darunter Brody (1972), Buss und Poley (1976) und MacKinnon (1962), verzichtet hingegen entweder auf eine formelle Definition des Eigenschaftsbegriffes völlig oder hält zumindest Aussagen über die Ursachen der Verhaltenskonsistenzen für entbehrlich (s. auch Guilford, 1964). Pawlik (1973) hat die Ansicht geäußert, dass Persönlichkeitsvariablen »statt als autochthone, konstitutionell in der Natur der Person gelegene Eigenschaften ... besser als Widerspiegelung individueller Unterschiede im Wirksamwerden (der in der Umwelt) verknüpften Lern- und Verstärkerbedingungen aufzufassen sind« (1973, S. 18/19). Bestimmte Verhaltensweisen weisen demnach Konsistenzen auf oder korrelieren miteinander in dem Ausmaß, in dem die Lern- und Verstärkungspläne miteinander verkoppelt sind, die für die Ausformung der betreffenden Verhaltensweisen verantwortlich sind (siehe dazu auch Schneewind, 1984).

6.3.2 Bestimmung von Traits durch rationale Variablenreduktion

Traits sind abstrakte Kategorien für (konkret beobachtbare) Verhaltensweisen. In ihnen findet eine Zuordnung oder Zusammenfassung der Verhaltensweisen nach bestimmten Regeln konzeptueller Ähnlichkeit statt. Dabei lassen sich drei Aspekte intuitiven Vorgehens voneinander unterscheiden (nach Buss, 1989).

1. Anderweitig völlig verschiedene Verhaltensweisen mögen *dieselben Konsequenzen* zeitigen. Etwa führen Schlagen und Treten, obwohl vom Ablauf der Bewegung und den involvierten Körperteilen und Muskelgruppen her recht verschieden, gleichermaßen zu physischem Schmerz, hingegen Beleidigungen, Flüche und Verwünschungen zu psychischem Unbehagen. Das Beispiel zeigt zugleich, wie aus der breiten Kategorie »Aggressivität« durch die Ausdifferenzierung von (allgemein) Verletzungen die engeren Traits von körperlicher und verbaler Aggressivität resultieren.
2. *Topographische Ähnlichkeiten* sind ein weiterer Aspekt von Gemeinsamkeiten. Den verbalen Aggressionen kommt als identische Qualität zu, dass sie mit der Stimme vermittelt werden; die Eigenschaft »Geschwindigkeit« beinhaltet schnelles Reden, Schreiben, Lesen, Essen und Gestikulieren. Insofern stiften Oberflächen-Merkmale des Beobachteten die Grundlage für das zu bildende Eigenschaftssystem.
3. *Gemeinsamkeiten beteiligter Prozesse* liefern einen weiteren Anhaltspunkt für Ähnlichkeits-Gruppierungen. Beispielsweise ist der Erforschung der eigenen Beweggründe für ein bestimmtes Verhalten, dem Reflektieren über die Vergangenheit, einer Prüfung der momentanen Befindlichkeit und dem Tagträumen derselbe kognitive Prozess einer Ausrichtung der Aufmerksamkeit auf private Aspekte des Selbst gemein; interindividuelle Unterschiede darin definieren den Trait der privaten Selbstaufmerksamkeit (s. unten: 25). In anderen Fällen mögen es Prozesse sein, die für Intelligenz, Kreativität oder Eigennutz stehen.

Je nachdem, ob nur wenige und/oder einander recht ähnliche Verhaltensweisen gebündelt oder aber die Ähnlichkeitskriterien in einem weiten Sinne gehandhabt werden, erhält man schmale bzw. weite Traits. Die relative Breite von Eigenschaften kann als Kontinuum aufgefasst werden, bei dem das untere Extrem aus einer einzigen Verhaltensweise besteht, z. B.

andere zu schlagen. Fügt man treten, kratzen, beißen, spucken und würgen hinzu, so resultiert daraus ein Trait, der vielleicht als körperliche Aggressivität bezeichnet werden könnte. Durch die zusätzliche Aufnahme, auch von verbalen Gemeinheiten und der Präferenz, sich verschiedener Waffen zu bedienen, würde sich dieses Konzept beträchtlich erweitern zu der sehr breiten Disposition von allgemeiner Aggressivität. Ähnliche Prinzipien liegen vor, wenn etwa nur die Fertigkeit in der Beherrschung der Grundrechenregeln interessiert (und daraus beispielsweise ein Trait für numerische Intelligenz konzipiert wird) oder aber auch verbales Verständnis, mechanische Kenntnisse und assoziative Flüssigkeit einbezogen werden (womit der breitere Faktor für sog. »Kristallisierte Intelligenz« definiert wäre, in dem sich vorwiegend die Erfahrungen niederschlagen, s. dazu 12.3.4). Denkbar ist schließlich die zusätzliche Aufnahme von induktivem Denken sowie intellektuellen Geschwindigkeits- und Niveaumaßen: Das würde auf den sehr breiten, weil fast alle Arten intellektueller Leistungen umfassenden Trait der allgemeinen Intelligenz hinauslaufen.

Ob relativ schmale oder breite Traits von Vorteil sind, hängt von den jeweiligen Zielen ab, die damit verfolgt werden; schmale Traits sind intern homogen und erlauben gewöhnlich genauere Vorhersagen spezifischer Verhaltensweisen. Etwa ist die Leistung im Tennis besser prädizierbar aus einem Probematch in eben dieser Disziplin als aus der allgemeinen körperlichen Fitness. Aber schmale Traits mögen Verhaltensweisen beinhalten, deren Auftretenshäufigkeit nur sehr niedrig ist (und damit die Anhaltspunkte für eine Bestimmung der Trait-Ausprägung sehr gering). Breite Traits versprechen demgegenüber eher die Vorhersagbarkeit von sehr vielen Verhaltensweisen in verschiedenem Kontext (wenngleich zu Lasten der Genauigkeit der einzelnen Prognose), im Weiteren auch die Prädiktion von seltenen Handlungen oder solchen mit Alternativ-Charakter (s. dazu insbesondere die Arbeit von Moskowitz, 1982, auf die unter 25, näher eingegangen wird).

Schon vor einiger Zeit schätzten Allport und Odbert (1936) die Zahl von Wörtern im Englischen, die geeignet seien, Personen und ihr Verhalten zu charakterisieren, auf mehr als 17 000. Ausgehend von dieser Grundgesamtheit versuchten sie, durch die Eliminierung von Synonyma und dem Anschein nach weniger relevanten Begriffen einen Kern von Attributen als ökonomisches System von Beschreibungselementen festzulegen. Allport (1961) fühlt sich der idiographischen Methode verpflichtet; wie erinnerlich, erlaubt dieser Ansatz nur die Ableitung von Gesetzen, die ausschließlich für den Einzelfall Geltung haben. Entsprechend sind persönliche Dispositionen nach Überzeugung Allports im Unterschied zu Traits nicht generell, sondern für die jeweilige Person einzigartig. Folgerichtig muss jedes Individuum seiner Idiosynkrasie gemäß zum Teil mit eigenen Begriffen beschrieben werden. Für diesen Zweck wurde u. a. die Sammlung von Attributen angelegt.

Ausgehend von dem Allport-Odbert-Katalog von Eigenschaftsbegriffen hat Cattell (1943) vor dem Hintergrund des nomothetischen Ansatzes einen Pool von Beschreibungs-Dimensionen oder Variablen konzipiert, von denen jede durch mehrere Attribute näher definiert war. Meist waren lediglich die Pole der jeweiligen Dimensionen als »Anker« gekennzeichnet, z. B.

cynical misanthropic, nihilistic, sneering	idealistic noble-minded, lofty
worrying anxious, stressful, agitated, fretful, alarmist	placid untroubled, fatalistic

Aus der Kombination der Attribute ist ersichtlich, dass die Beschreibungs-Dimensionen auf Traits abzielen, die nicht identisch sind mit einem der jeweiligen Begriffe.

Durch stufenweise Reduktion unter Einbezug empirischer Ergebnisse gelangte Cattell

(1944) schließlich zu 12 relativ grundlegenden Dimensionen zur Beschreibung fremdbeurteilten Verhaltens (s. 15.2.2). Von diesen Dimensionen wird angenommen, dass sie zusammen mit wenigen weiteren die Unterschiede zwischen Individuen im Persönlichkeitsbereich (also unter Absehung von Leistungs- und Motivationsaspekten) bei höchstmöglicher Ökonomie erschöpfend abzubilden erlauben, und zwar gleichgültig, ob dafür die Daten aus Lebensläufen, Verhaltensbeobachtungen, Tests oder physiologischen Variablen herangezogen werden.

Wie unmittelbar einsichtig ist, hängen die Ergebnisse einer Suche nach Beschreibungsdimensionen mittels der rationalen Methode weitgehend vom Sprachverständnis der Beurteiler ab; werden in einem frühen Stadium der Attribute-Sichtung irrtümlich bestimmte Begriffe ausgeschieden, etwa deshalb, weil sie nicht »relevant«, »zu speziell« oder »synonym« sind, gehen die damit verbundenen Bedeutungen verloren, d. h., die betreffenden Dispositions-Unterschiede können später nicht erfasst oder abgebildet werden. (Zur Entwicklung von Taxonomien für Trait-Begriffe s. Goldberg, 1981, 1982; und insbesondere John, Goldberg & Angleitner, 1984; sowie Angleitner, Ostendorf & John, 1988.)

6.3.3 Bestimmung von Traits durch analytische Variablenreduktion

Eine andere Technik, um zu den fraglichen Beschreibungs-Dimensionen innerhalb der empirischen Persönlichkeitspsychologie zu gelangen, stellt seit ca. 40 Jahren die Faktorenanalyse dar. Deren allgemeines Prinzip besteht darin, die in einem Satz von Variablen enthaltene Information (z. B. individuelle Punktwerte in mehreren Intelligenz-Tests) auf eine möglichst geringe Zahl von hypothetischen Dimensionen oder Faktoren zu reduzieren. Dieses geschieht durch die Gruppierung der Variablen in möglichst unabhängige, sich nicht gegenseitig überlappende Klassen oder – was gleich bedeutend damit ist – durch Zuordnung zu den unterstellten Faktoren. Grundlage der Gruppierung stellt die Ähnlichkeit zwischen den Variablen dar; als Maß dafür dient der Korrelationskoeffizient, der die Interdependenz oder Wechselbeziehung zwischen den Variablen ausdrückt (zu allen Details s. 7.2 und 7.3). Im Allgemeinen müssen umso mehr Faktoren angenommen werden, je niedriger die Korrelationskoeffizienten sind und umgekehrt. Bestehen zwischen den Variablen keinerlei Zusammenhänge, bedarf es zur Erfassung der interindividuellen Unterschiede ebenso vieler Faktoren wie Variablen im Untersuchungsplan vorhanden sind, d. h., die Faktoren sind in solchen Fällen mit den Variablen identisch. Bei hoher Ähnlichkeit der Variablen untereinander erlaubt dagegen die Kenntnis der Punktwerte in der einen Variable die Vorhersage derjenigen in allen anderen; ein Faktor reicht somit aus, um alle Unterschiede abzudecken. In aller Regel liegen die empirischen Ergebnisse zwischen diesen herausgegriffenen Extremen: Die Zahl der Faktoren ist kleiner als die der Variablen oder mit anderen Worten: Mehrere Variablen markieren einen Faktor.

Die Bedeutung einer solchen Dimension, des Traits im faktorenanalytischen Sinne, muss erschlossen werden aus den Variablen, die ihn definieren, womit zumindest anfänglich eine gewisse Zirkularität unvermeidlich ist. In späteren Stadien der Forschung ist über eine solche interne Interpretation der Versuch einer Validierung jedes Faktors an externen, nicht in die Analyse miteinbezogenen Variablen die Regel.

Da auf Einzelheiten der Methode und die daran zu übende Kritik unter 7.3 gesondert eingegangen wird, genügen nachfolgend zunächst einige allgemeine Bemerkungen zu Ansätzen, Ergebnissen und Problemen.

Da die mit Hilfe der faktorenanalytischen Technik ermittelten Traits direkt von den zu ihrer

Ermittlung benutzten Informationen abhängen, ist Repräsentativität der herangezogenen Personen- und auch Variablenstichproben unerlässlich. Gegen das erstere Gesetz wird bekanntermaßen allzu oft verstoßen, wenn nur College-Angehörige oder, wie es vielfach die Regel ist, Psychologie-Studenten als Versuchspersonen herangezogen werden (Janssen, 1979; s. auch Rosenthal & Rosnow, 1975). Das ist allerdings dann weniger problematisch, wenn die erhaltenen Faktoren nicht auf andere Personengruppen übertragen werden.

Als Datenquellen für Variablen stützt sich etwa Cattell, im Bestreben um Vollständigkeit, auf *Life Records* (Beobachtungs- und Schätzurteile zum Verhalten in alltäglicher Umwelt), *Selbst-Ratings* und *Objective-Tests* (1950, 1965). Ob durch diese Vielseitigkeit und Fülle Repräsentativität gewährleistet ist, lässt sich einstweilen beim Fehlen eines verbindlichen Kriteriums nicht abschätzen (zu den Details von Datenerhebungs-Methoden s. Kapitel 9).

Die aus den verschiedenen Datenquellen erhaltenen faktorenanalytischen Dimensionen müssen weitgehende Übereinstimmungen aufweisen (Cattell, 1957), anderenfalls stellt die Methode des Zugangs bzw. die Herkunft der Information eine entscheidende Einflussgröße dar. Eine Reihe von Untersuchungen hat jedoch gezeigt, dass weder über verschiedene Stichproben von Versuchspersonen (Peterson, 1965; Hundleby, Pawlik & Cattell, 1965) noch beim Vergleich verschiedener Methoden (Becker, 1960; s. auch Vernon, 1964) auf dem Trait-Niveau (sog. Primärfaktoren) eine hinreichende Invarianz der Dimension feststellbar ist.

Im Weiteren beeinflusst auch die jeweils verwendete Technik der Faktorenanalyse die Art der Resultate; neben speziellen Modell-Annahmen (s. 7.3.3 bzw. 7.3.4) spielt hierbei vor allem eine Rolle, ob in einer Lösung noch Korrelationen zwischen den faktoriellen Dimensionen zugelassen werden sollen oder nicht. Cattell (1957, Kapitel 8) beispielsweise hat stets die Ansicht vertreten, dass die Forderung nach Orthogonalität, d. h. absoluter Unabhängigkeit der Dimensionen, nur dem Bestreben vieler Autoren nach leichterer Interpretierbarkeit der Faktoren entspringe, ohne der eigentlichen Struktur der Daten damit gerecht zu werden.

Ähnlich wie die Test- oder »Rating«-Variablen (s. 9.4.2) können die korrelativen Zusammenhänge, die zwischen einigen Traits bestehen, ebenfalls Faktorenanalysen unterworfen werden. Auf diese Weise erhält man Faktoren zweiter Ordnung, wiederum Traits, die zahlenmäßig geringer, aber von größerer Breite und höherem Abstraktionsniveau sind als diejenigen der Trait-Ebene (s. 7.3.6). Sie erklären die Ähnlichkeit zwischen den Traits und werden von verschiedenen Autoren (z. B. Eysenck, 1967; Guilford, 1959) als Typen bezeichnet (s. Abb. 6.3).

Typen in diesem Sinne und Traits schließen einander als Beschreibungssysteme keineswegs aus; vielmehr hängt es von der jeweiligen Intention eines Autors ab, ob größtmögliche Generalität des Traits oder die Verrichtungsnähe des aktuellen Verhaltens als höherrangiges Ziel verfolgt wird.

6.3.4 Bestimmung von Traits durch Analyse von Handlungs-Häufigkeiten

In den beiden vorangegangenen Kapiteln wurden Ansätze geschildert, mit deren Hilfe man, ansetzend entweder an geeigneten verbalen Elementen oder den empirisch bestimmbaren Korrelationen zwischen Variablen mit unterschiedlichem Abstraktionsniveau (von behavioralen Indikatoren bis zu globalen Trait-Maßen) zu Dispositionseigenschaften gelangt bzw. eine angemessene Basis für entsprechende Schlussfolgerungen bereitstellt.

Einen nachgerade umgekehrten Weg beschreiten Buss und Craik (1980, 1981, 1983a) mit dem so genannten »Act Frequency Approach« (AFA), der darin besteht, Traits als ubiquitäre kognitive Handlungs-Klassen vorauszusetzen und eine Struktur- oder Binnen-Analyse nach

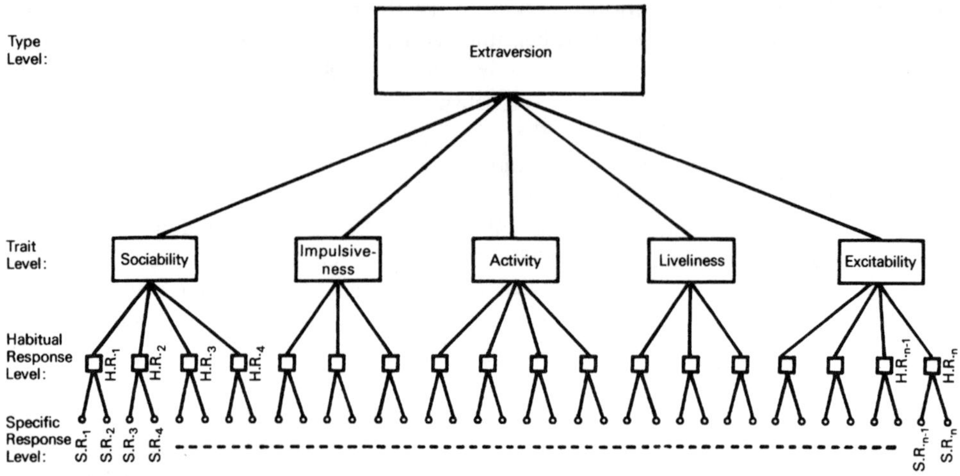

Abb. 6.3: Hierarchisches Modell der Persönlichkeitstypen als übergeordnete Konzepte, die aus den Ähnlichkeiten zwischen den Traits abgeleitet werden (nach Eysenck, 1967, S. 36).

der Häufigkeit der sie konstituierenden behavioralen Akte vorzunehmen. Die Grundthese lautet dabei, dass die einzelnen Handlungen in unterschiedlicher Weise für einen Trait kennzeichnend sind, manche dem Konzept also sehr »nah«, andere eher »peripher« sind. Im Einzelnen erfolgt die Analyse nach den folgenden Schritten: Zunächst werden Probanden gebeten, sich drei Personen aus ihrem Bekanntenkreis vorzustellen, bei denen bestimmte Eigenschaften (z. B. Geselligkeit oder Dominanz) besonders ausgeprägt sind. Diese Personen vor ihrem geistigen Auge, sollen die Versuchspersonen sodann jene Verhaltensweisen aufschreiben, die von den Betreffenden schon einmal gezeigt worden sind, und die jeweilige Eigenschaft besonders typisch charakterisieren. Die Liste der so gesammelten Verhaltensweisen wird einer anderen Stichprobe von Personen zur Beurteilung danach vorgelegt, wie prototypisch jede Handlung für eine Eigenschaft ist.
Beispielsweise waren für Dominanz besonders charakteristisch (nach Buss & Craik 1980, S. 383):

- »Er/Sie erteilte Anweisungen, die die Gruppe funktionieren ließen«.
- »Er/Sie beeinflusste das Ergebnis des Treffens, ohne dass die anderen es merkten«.
- »Er/Sie entschied, welches Fernsehprogramm gesehen wurde«.

Geselligkeit und Submissivität wurden u. a. durch die folgenden Verhaltensweisen markiert (nach Buss & Craik 1981, S. 182):

- »Er/Sie ergriff die Initiative bei der Bekanntmachung mit den neuen Nachbarn«.
- »Er/Sie unterhielt sich mehr mit jedermann auf der Party, als dass er/sie sich bei einer Person aufhielt«.
- »Er/Sie beklagte sich nicht, als im Laden überhöhte Preise gefordert wurden«.
- »Er/Sie ließ seinen/ihren Zimmer-Nachbarn die Stereo-Anlage laufen, währenddessen er/sie zu studieren versuchte.«

Die sehr hohe Übereinstimmung zwischen den Versuchspersonen in der Abgabe der Prototypen-Urteile kann als Beleg für die allgemeine Verbreitung von Vorstellungen über Eigenschaften und die sie konstituierenden Verhaltensweisen gewertet werden.

Die bislang referierten Untersuchungsschritte erlauben eine *Bestimmung der internen Struktur der Traits* und die Festlegung von Kriterien dafür, ob eine Verhaltensweise zweckmäßigerweise einer Eigenschaft x oder y zugeordnet wird. Auch hat die fragliche Technik zu Resultaten geführt, die die Bi-Polarität von Eigenschaften wie Geselligkeit vs. Vereinzelung und Dominanz vs. Submissivität in Frage stellt (Buss & Craik 1983b). Darüber hinaus – und dieses ist für die Vorhersage von Verhalten wichtig (s. dazu Abschnitt 26) – liefern die Prototypen-Urteile eine Richtschnur für die Ableitung von »Multiple-Act-Criteria«, d. h. Kriterien, in denen sich mehrere Verhaltensweisen niederschlagen. Die Liste der mehr oder weniger für einen Trait charakteristischen Verhaltensweisen ist auch als Skala zu verwenden, bei der Befragungspersonen angeben sollen (im Sinne von »Ja«/»Nein«), ob sie diese Handlungen schon einmal gezeigt haben. Aus der über mehrere Verhaltensweisen gebildeten Summe von »Ja«-Antworten ergibt sich ein individueller »Act-Frequency-Index«. Dieser Punktwert steht mit herkömmlichen Tests, die dieselben Konstrukte meist mit trendmäßig formulierten Fragen (»meistens«, »selten« usw.) erfassen, in besonders enger korrelativer Beziehung, wenn es sich um sehr prototypische Verhaltensweisen handelt. Hingegen sind kaum noch Korrelationen zu beobachten auf der Basis der untypischen Handlungen (Buss & Craik, 1984; Angleitner & Demtröder, 1988).
Block (1989) hat in einer eingehenden Kritik des »Act Frequency Approach« u. a. moniert, dass nicht so sehr behaviorale »Acts«, sondern »Retrospective Self-Recordings of Act Performance« untersucht würden, die unter technischem Aspekt entweder unakzeptabel oder vom Inhalt herkömmlicher Items nicht zu unterscheiden seien. In der Tat argumentieren Buss und Craik in ihren Arbeiten nicht ganz konsistent, soweit es den Ein- oder Ausschluss von situativem Kontext bei der Item-Formulierung betrifft; auch *ist* unbestreitbar, dass die situativen Elemente des Item-Inhaltes verloren gehen, wenn ein (Skalen-)Summenwert gebildet wird. Broughton (1984) sieht in der Bestimmung der »Prototypicality« (zu übersetzen wohl mit »Prototypizität«) – »when the smoke clears« – die entscheidende Neuerung gegenüber der traditionellen rationalen Methode. Der Prüfstein für den AFA liegt letztlich darin, ob die hierbei gewährleistete enge Verknüpfung der Definition von Trait-Konstrukt und Test-Konzept eine besonders gute Vorhersagbarkeit des Verhaltens ermöglicht (s. dazu Kap. 26).

6.4 States

Cattell (1950, s. auch Cattell & Scheier, 1961) nimmt eine Unterscheidung vor zwischen relativ stabilen »Traits« und zeitlich fluktuierenden »States«.
Ähnlich Guilford (1974), dessen Klassifikation der Traits bereits erwähnt wurde, kategorisiert Cattell vorab die Traits in verschiedene Bereiche: ability source traits (A), temperament traits (T; darunter fällt das »Wie« des Verhaltens, dessen »Stil«), ergic drives (E; dynamische Komponente von biologischer Verankerung wie Sexualität, Angst und Selbstbehauptung), sentiments (M; Gruppen von Einstellungen, Haltungen oder Attitüden, die ebenfalls motivationaler Art, aber im Unterschied zu den ergic drives mehr das Resultat von Lernprozessen sind, z. B. die Politik und Religion betreffend) und Role Traits (R; weitere Kategorie dynamischer Merkmale, die aus der Zugehörigkeit einer Person zu bestimmten Gruppen der Gesellschaft, etwa der Familie, einem Verein, den Kollegen am Arbeitsplatz resultieren und schon daher das Verhalten determinieren).
Die Beschreibungsdimensionen der Trait-Gruppen A, T, E und M werden mit Hilfe der unter 4.1 bereits geschilderten R-Technik, Role-Traits zumeist mit der Q-Technik gewonnen.

Die States entsprechen in grober Annäherung dem umgangssprachlichen Stimmungsbegriff; es handelt sich hierbei um temporäre Zustände von Aktivation, Entspannung, guter Stimmung und dergl. Für die Untersuchung von States, intraindividuell definiert als die situations- oder zeitbedingten Unterschiede im Verhalten oder Erleben einer Person, sind verschiedene Instrumente entwickelt worden. Gewöhnlich handelt es sich dabei um Listen von Eigenschaftswörtern, die in alternativer Form (auf den momentanen Zustand zutreffend oder nicht) oder anhand abgestufter Skalen zu bearbeiten sind. Im deutschsprachigen Raum (s. die Übersicht bei Becker, 1987) sind insbesondere die Skalen von Janke und Debus (1978) sowie Hampel (1977) bekannt geworden (s. auch Laux, Glanzmann, Schaffner & Spielberger, 1981). Zentral darin sind meist Dimensionen für gehobene und gedrückte Stimmung, Aktivierung vs. Desaktivierung, Extravertiertheit vs. Introvertiertheit, Müdigkeit, Deprimiertheit und Ängstlichkeit. Mitunter erfassen entsprechende Tests auch nur einen dieser Faktoren (etwa die arbeits- und sportpsychologisch besonders interessierende Müdigkeit; Lee, Hicks & Nino-Murcia, 1991). Anhand solcher Instrumente werden meist Veränderungen über mehr oder weniger kurzen Zeitabschnitten aufgezeigt und etwa Rhythmen in Abhängigkeit von der Tageszeit (Smith, Reilly & Midkiff, 1989), dem Wochentag (Larsen & Kasimatis, 1990) oder der Jahreszeit (Spoont, Depue & Krauss, 1991) nachgewiesen. Nicht selten ist das Bestreben zu registrieren, die beobachteten intraindividuellen Unterschiede auf interindividuelle Differenzen zurückzuführen. So berichten beispielsweise Hepburn und Eysenck (1989), dass neurotische Extravertierte die größte und stabile Introvertierte die geringste Tageszeit-Variabilität (aggregiert über drei Wochen) aufwiesen. Andere Autoren bringen die intraindividuelle Variation mit alltäglichen Beschwerden (Larsen & Kasimatis, 1991), Stress und Aktivitäten (Watson, 1988; De Longis, Folkman & Lazarus, 1988) sowie verschiedenen Leistungsmaßen (Kuhn, 1972; Hill & Smith, 1991) in Verbindung. Sehr viel häufiger als die intraindividuellen Veränderungen (wie die Variation über Messzeitpunkte oder Situationen bei Konstanthaltung der Variablen auch bezeichnet wird, und zwar, um sie damit von den intraindividuellen Unterschieden als Variation über Variablen bei Konstanthaltung von Zeitpunkt oder Situation abzuheben) werden jedoch die jeweils punktuell ermittelten Stimmungswerte mit anderen Dimensionen auf Wechselbeziehungen überprüft, vorrangig mit habituellen Persönlichkeits-Eigenschaften (s. die Übersicht bei Janke & Debus 1978; Archer, 1979), aber auch physiologischen Variablen (Kulik, 1974) und der Wetterlage (z. B. Hampel, 1977). Zimmermann (1979) ermittelte die Korrelationen der Stimmungslage mit Tagesereignissen und fand, dass die Zahl bedeutsamer Koeffizienten im Vergleich zu den subjektiven Eindruckswerten gering ist und große interindividuelle Unterschiede in den besagten Zusammenhängen bestehen.

Ungeachtet der insgesamt erwartungskonformen Befunde basieren diese doch mehrheitlich auf Verfahren, die im Hinblick auf die Messintention, nämlich States zu erfassen, suboptimal konstruiert wurden. Der Definition von States zufolge sollten solche Variablen einen gemeinsamen Faktor konstituieren, die über Messzeitpunkte oder Situationen hinweg kovariieren; die Faktoren würden dann nur für die betreffende Person bzw. – sofern die Daten vorher über Probanden aggregiert wurden – für eine fiktive Durchschnittsperson gelten. Reliabilität müsste aufgefasst werden als ein Maß dafür, inwieweit intraindividuelle Unterschiede bei erneuter Realisation der Situation reproduzierbar sind (s. dazu Köhler, 1979). Dabei stellt sich u. a. das Problem, nach welchen Gesichtspunkten die Stichprobe der Situationen gezogen werden soll, weil eine entsprechende Situationspopulation kaum zu definieren ist. Solche Vorgaben erfordern generell Längsschnittstudien oder Untersuchungen in verschiedenen Situationen, mit daran ansetzenden P-Analysen. Von wenigen Ausnahmen abgesehen basieren die allermeisten State-Tests aber auf Querschnittsanalysen und nur einmaliger Vorgabe der Items mit nachgeschalteten R-Analysen, einem Ansatz mithin, der die Faktoren nach der Kovariation der Variablen über die Personen bestimmt, womit die stabilen interindividuellen Unterschiede zu Lasten intraindividueller Veränderungen maximiert werden.

Obwohl diese Prinzipien allgemein bekannt sind, wurden sie nur selten umgesetzt. Im deutschen Sprachraum hat Gräser (1979) die 96 Items des »Eight State Questionnaire« von Curran und Cattell (1975) übersetzt und von sieben Probanden an 28 aufeinander folgenden Tagen bearbeiten lassen. Becker (1987, 1988) gab 10 Probanden die Eigenschaftswörterliste (EWL-K) von Janke und Debus (1978) vor mit der Instruktion, an etwa 100 aufeinander folgenden Tagen die aktuelle Befindlichkeit einzuschätzen. Mit Hilfe von P-Analysen wurden 28 Items identifiziert, die sich zu den drei Faktoren »Aktiviertheit«, »Gedrückte vs. Gehobene Stimmung« und »Gereiztheit« gruppierten. In der Untersuchung von Watson, Clark und Tellegen (1984) waren demgegenüber nur die zwei breiten Faktoren »Positive« und »Negative Gefühlslage« zu extrahieren, während sich Lebo und Nesselroade (1978) für eine Vierer-Lösung (»Energy«, »Well Being«, »Fatigue« und »Concentration«) entschieden.

Ein Teil der Inkonsistenzen zwischen diesen Arbeiten mag verursacht sein durch die unterschiedlichen, häufig gar nicht kontrollierten situativen Gegebenheiten, unter denen die Befindlichkeit jeweils eingeschätzt wurde. Howarth und Young (1986) haben nämlich in einem methodisch schwierigen Vergleich zeigen können, dass die faktorielle Struktur einfacher ist bei einer experimentellen, im Vergleich zu der »natürlichen« Stimmungsvariation.

Die Studie von Watson (1988) ist die bislang einzige, in der auf methodisch befriedigende Art und Weise geprüft wurde, ob die im *inter* individuellen Vergleich ermittelten Resultate denen aus *intra* individuellen Analysen entsprechen. An einer Stichprobe von 80 Probanden, die während 6 bis 8 Wochen täglich ihre positive und negative Gefühlslage (s.o.) einstuften, bestanden Korrelationen zwischen Beschwerden sowie Stress nur mit negativer, zwischen sozialen Aktivitäten und körperlicher Bewegung nur mit positiver Stimmung. Ein ähnliches Muster ergab sich auch für die intraindividuellen Veränderungen.

In der Untersuchung von Cooper und McConville (1990), die auf der täglichen Einschätzung von positiver und negativer Stimmung durch 49 Probanden während eines Monats beruht, erklärten die interindividuellen Unterschiede 25 % der Varianz aller Stimmungsschwankungen über der Zeit. Aus diesem relativ hohen Anteil schlussfolgern die Autoren, dass sich die Abschätzung der Intensität einer Stimmung für eine gegebene Person anhand der üblichen Normentabelle verbietet und die Korrelationen zwischen Stimmung und Traitmaßen in der Literatur unterschätzt worden sind.

In der Tat handelt es sich bei Traits häufig um die Summation von State-Einheiten, weshalb die Übergänge zwischen aktuellen und habituellen Zuständen fließend sind und die Grenzziehung in gewisser Weise willkürlich ist (Allen & Potkay, 1981).

Dieses wird auch deutlich, wenn man von Traits als den *relativ* stabilen und überdauernden, von States hingegen als den *relativ* temporären Charakteristika spricht; es scheint sich um ein Kontinuum zu handeln, auf dem die Unterscheidung noch problematischer wird, wenn man auch änderungssensitive Traits konzediert oder, wie es Janke und Hüppe (1991) explizit tun, zwischen Stimmungen als zeitlich ausgedehnten Gefühlen und den langfristigen Merkmalen der Emotionalität »mittelfristige Zustände« vorsehen, wie z. B. depressive Verstimmtheiten. Von da aus ist es nur noch ein kleiner Schritt zu der Auffassung, dass jedes psychologische Attribut sowohl Trait- als auch State-Komponenten aufweist. Steyer, Ferring und Schmitt (1992) vertreten diese Position und haben Rechen-Modelle zur Analyse der besagten Anteile vorgestellt.

Häufig stellt sich im Zusammenhang mit States die Frage, wie sich die intraindividuelle Variation größenordnungsmäßig im Vergleich zur interindividuellen Unterschiedlichkeit darstellt. Unter Bezugnahme darauf hat bereits Stern (1911) die Vermutung geäußert, dass »unzweifelhaft diejenigen Merkmale, die im Individuum stark zum Variieren neigen, auch

im Vergleich der Individuen untereinander größere Unterschiede liefern (werden) und umgekehrt«. Gezielte Untersuchungen dazu stoßen auf unüberwindliche Probleme deshalb, weil Stichproben von Variablen und Situationen nicht sinnvollerweise nach Repräsentativitätserwägungen (wofür?) gebildet werden können.
Detaillierter ist darauf an anderer Stelle eingegangen worden (s. Amelang & Ahrens, 1996); den dort zusammengestellten Befunden zufolge, die aber alle von recht arbiträren methodischen Festlegungen abhängen, entspricht das Ausmaß der *intra*individuellen Variation in groben Zügen demjenigen der *inter*individuellen Unterschiedlichkeit.

6.5 Typen

6.5.1 Typen als Abschnitte auf Beschreibungsdimensionen

Unter 6.3.3 ist am Beispiel der hierarchischen Struktur von Beschreibungsdimensionen erläutert worden, dass eine Reihe von Autoren für Faktoren zweiter Ordnung die Bezeichnung »Typen« (Types) verwendet. Wie aus dem dortigen Diagramm hervorgeht, wird mit dem Namen für einen solchen Typ lediglich der Pol der jeweiligen Dimension bezeichnet: Typen in diesem Sinne stellen also lediglich extreme Merkmalsausprägungen bzw. die Bezeichnungen dafür dar und unterscheiden sich insofern nicht grundsätzlich von anderen Beschreibungsdimensionen innerhalb der Persönlichkeitspsychologie.
Je nachdem, ob sich für die Kennzeichnung der Endpunkte des Kontinuums polare Gegensatzpaare anbieten oder nicht, unterscheidet man dabei zwischen bipolaren und unipolaren Typendimensionen. Im Falle des Attributes »extravertiert« ist schon aus dem alltäglichen Sprachgebrauch der Gegenpol »introvertiert« geläufig; die Typen der Extravertierten und Introvertierten markieren damit die Endpunkte eines Kontinuums, das in seinem – gleichwohl empirisch am häufigsten vertretenen – Mittelbereich indifferent gegenüber den Polen ist im Sinne von »sowohl als auch« oder »weder noch«.
Demgegenüber legt man Leistungsunterschieden, wie auch solchen in bestimmten Persönlichkeitsbereichen, eher unipolare Achsen zugrunde und kennzeichnet nur den Pol der höchsten Merkmalsausprägung. Dennoch wäre auch hier eine Bipolarisierung etwa im Sinne von »intelligent/dumm«, »emotional stabil/emotional labil« ohne weiteres vorstellbar, da davon die Anordnung der Messwertträger auf dem Kontinuum ebenso wenig wie die Spezifität ihres Verhaltens betroffen würde.
Liegt keine Normalverteilung der Messwerte vor, wie sie in Abb. 6.4(a) veranschaulicht ist und aus verschiedenen Gründen durch entsprechende Konstruktion der Verfahren angestrebt wird (s. unten 7.1), sondern eine multimodale Verteilung nach der in Abb. 6.4(b) schematisierten Art, sprechen Cattell, Coulter und Tsujioka (1966) hinsichtlich der Zusammenballung von Messwertträgern entlang des eindimensionalen Kontinuums von »modalen Typen«.
Häufig handelt es sich bei derartigen Verteilungsformen um zusammengesetzte Skalen, von denen jede für sich eine der Typen-Gruppierungen als qualitativ verschiedene Klasse von Merkmalsträgern in Normalverteilungsform abbildet (z. B. Farbenblinde/Farbentüchtige auf einer Skala zur Farbensensibilität; Schwimmer und Nichtschwimmer bei der Länge eines Tauchversuches usw.). In solchen Fällen ist es zweckmäßig, eine weitere Skala zu benutzen, die es erlaubt, die Zugehörigkeit der jeweiligen Gruppierungen zu den einzelnen Typen zu

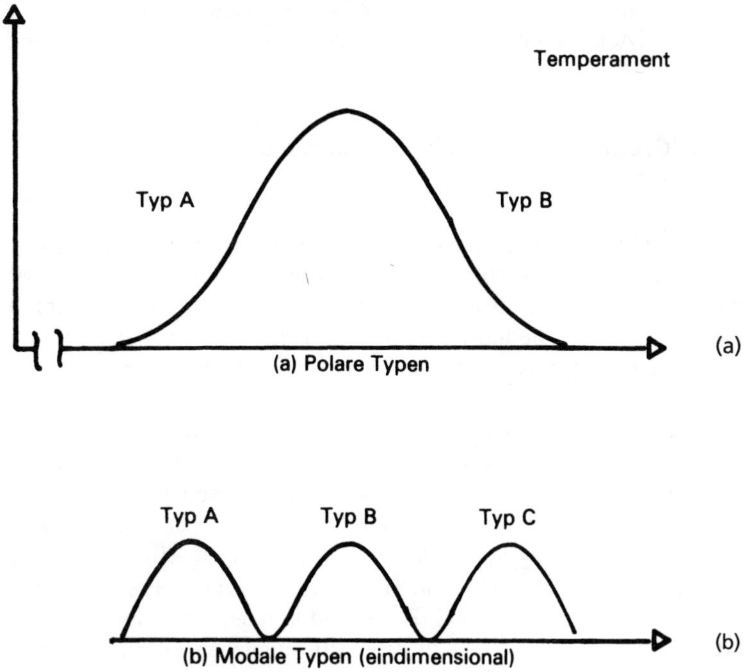

Abb. 6.4: Polare Typen (a) und modale Typen (b)

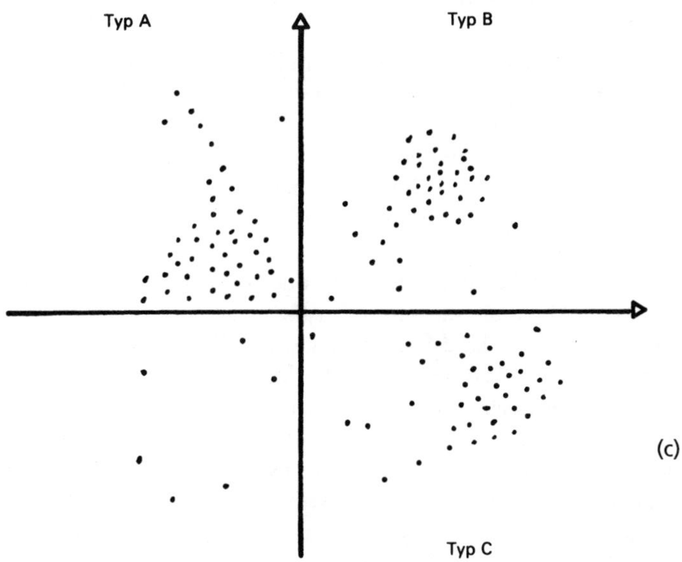

Abb. 6.4 (c): Multidimensional definierte Typen

bestimmen. Deren Punktwert liefert Aufschluss darüber, nach welcher weiteren Dimension aus einer Reihe von Möglichkeiten der oder die Probanden zu klassifizieren sind.

6.5.2 Typen als Gruppen von Individuen mit gesonderten Beschreibungsdimensionen

Neben der bisher erläuterten univariaten Definition von Typen ist auch deren multidimensionale Bestimmung möglich. Hierbei erfolgt eine Klassifizierung der Messwertträger nach der Ähnlichkeit ihrer Merkmalsausprägungen in einem Satz von Traits (s. Abb. 6.4[c]) Üblicherweise werden dafür die individuellen Testprofile herangezogen, in denen sich die Punktwerte der verschiedenen Traits in einem vergleichbaren Maßstab abgebildet finden (s. das Beispiel unter 9.4.1).
Die Profile mehrerer Personen können sich voneinander unterscheiden in ihrer durchschnittlichen Höhe, der Differenzierung zwischen einzelnen Merkmalen und der jeweiligen Verlaufsgestalt. Zum Vergleich der Profile verschiedener Personen nach der Q-Technik (s. 4.1) sind verschiedene Maße entwickelt worden (Osgood & Suci, 1952; Cattell, 1949; Kristof, 1958; Witte, 1973). Die aus einer Faktorisierung solcher Koeffizienten erhaltenen Personengruppierungen, die von Cattell et al. (1966) als »Species Types« bezeichnet werden, weisen somit vergleichbare Dimensionalität auf und können ihrerseits mit Hilfe gemeinsamer, in der Regel »neuer«, d. h. nicht in dem ursprünglichen Datensatz enthaltener, Beschreibungsdimensionen kategorisiert werden.
Erste Resultate unter Verwendung von Cattels 16-PF-Test berichtet Boltz (1972); Becker (1973) und Braucht, Brakarsh, Follingstad und Berry (1973) illustrieren den Wert solcher Typisierungen für die Charakterisierung der Teilnahmebereitschaft von Vpn an psychologischen Experimenten bzw. für Bedingungsmuster von Drogenkonsum-Verhalten.

6.5.3 Typen als qualitative Beschreibungsklassen

Weitaus am geläufigsten ist die Klassifikation von Personen in qualitativ verschiedene Beurteilungskategorien nach dem Vorliegen bestimmter Eigenschaftskombinationen.
Das älteste derartiger Systeme stammt von Hippokrates, der nach dem Körperbau den Habitus apoplecticus und Habitus phthysicus unterschied; bekannter ist Galens, von der Dominanz der Körpersäfte ausgehende Einteilung der Temperamente in melancholisch, cholerisch, phlegmatisch und sanguinisch, die später Kant (1798: Anthropologie) recht eindrucksvoll skizziert hat.
Soweit es sich hierbei lediglich um begriffliche oder sprachliche Differenzierungen handelt, darüber hinaus keine Handlungsanweisungen für eine Messung und Kategorisierung vorliegen oder gar möglich sind, ist der wissenschaftliche Wert solcher Typologien gering.
So hat denn bereits Wundt (1903) versucht, das klassische Vierfelder-Schema in ein dimensionales System zu verwandeln, indem er die beiden Achsen »Stärke der Gemütsbewegungen« und »Schnelligkeit des Wechsels der Gemütsbewegungen« eingeführt hat.
Das System kann als früher Vorläufer auch der Eysenckschen Typologie gelten (in der die Dimensionen dann »Neurotizismus« und »Extraversion« heißen).
Analog dazu sind auch zu den qualitativen Kategorien der Spranger-Typologie vom ökonomischen, machtbewussten, religiösen, theoretischen, ästhetischen und sozialen Menschen gesonderte Skalen zur Erfassung der Ausprägung *jedes* dieser Aspekte (nicht aber, wie von

Spranger postuliert: Zur Attribuierung eines dieser sechs Merkmale!) entwickelt worden (s. z. B. Merz, 1967).

Weiterführende Literatur: Arnold, 1962; Broverman, 1961; Cattell, 1965; Ross, 1962; Tucker & Messick, 1963.

6.6 Grundzüge von Eigenschafts-Theorien

Die unter 6.3.1 vorgenommene Unterscheidung in existentielle und konstruierte Traits hat bereits deutlich gemacht, dass es über das Wesen, die Grundlagen und Auswirkungen von Traits durchaus verschiedene Auffassungen gibt. Darüber hinaus findet sich etwa bei Guilford (1974) die Unterteilung von Traits in »generell gegenüber spezifisch« und »weit gegenüber eng«; damit sollte abgehoben werden auf den relativen Grad an Universalität von Messwertträgern bzw. Situationsklassen, für die ein Trait einen brauchbaren Forschungsansatz darstellen kann. Keinesfalls ist somit, was eigenschaftsorientierte Forschungsansätze angeht, jene vermeintliche Homogenität vorfindbar, wie sie etwa von Mischel (1968, 1973) und der Autorengruppe um Endler (s. Endler & Magnusson, 1976; Magnusson & Endler, 1977; s. Abschnitt 24) in stereotypisierender Ablehnung gezeichnet wird (s. Herrmann, 1980).

Als gemeinsamer Nenner einer eigenschaftstheoretischen Persönlichkeitsforschung kann allenfalls der Versuch gelten, bestimmte Verhaltensweisen aufgrund von rationalen oder analytischen Verfahren zu statistischen Klassen unterschiedlicher Breite zusammenzufassen. Maßgeblich für die besagten Gruppierungen sind dabei sowohl längs- als auch querschnittliche Gesichtspunkte (s. Thomae, 1960). Zur Interpretation der beobachteten oder auch nur hypostasierten Kovariationen der einzelnen Verhaltensweisen werden Eigenschaften als Konstrukte entwickelt; das konkrete Verhalten hat für die Traits Index- oder Indikator-Charakter, ohne dass deshalb – sieht man von den Thesen Allports (1959,1961) ab – Verhalten und Traits in einem Ursache-Wirkungs-Verhältnis zueinander stehen müssen.

Ansonsten sind die Details dieser Beziehung und die Bildung der Verhaltensklassen im Rahmen empirischer Persönlichkeitsforschung eine Frage des Zusammenwirkens von theoretischen Annahmen und empirisch/experimentell erhobenen Befunden. Das Gesamtkonzept erweist sich dann als sinnvoll, wenn es erlaubt: (a) die in den Traits bestehenden Unterschiede auf andere Konstrukte zurückzuführen und (b) auf ihrer Basis Vorhersagen des konkreten Verhaltens für solche Situationen zu treffen, für die noch keine Beobachtungsgelegenheiten bestanden haben. Beispielsweise liegt es nahe, für Überwachungsfunktionen in Kernkraftwerken nur solche Personen vorzusehen, die die Eigenschaften Konzentration, Umsicht und Belastbarkeit aufweisen, und damit die Aussicht besteht (= Vorhersage), dass sie im Fall einer vorab nicht simulierbaren Störung angemessen reagieren, um eine Katastrophe zu verhindern.

Im Grunde genommen erhalten Personen in einer Test- oder Nicht-Test-Situation gemäß ihrer objektivierbaren Reaktionen und nach eindeutigen Regeln lediglich Punktwerte zugeteilt, d. h., ihr Verhalten wird anhand von Häufigkeits- und Intensitätsgesichtspunkten gemessen. Darauf folgend kann geprüft werden, ob die denselben Personen für ein anderes Verhalten nach anderen Regeln zugeschriebenen Scores mit den zuerst ermittelten korrelieren (Hogan, DeSoto & Solano, 1977). Ist das der Fall, sind die Grundlagen für die Vorhersage des Verhaltens aus der Kenntnis von Test- oder Verhaltensinformationen geschaffen. Diejenigen Verhaltensunterschiede, die durch Persönlichkeitsmerkmale nicht abgedeckt bzw. erklärt werden können, werden situativen Faktoren und deren Auswirkungen zugeschrieben; komplementär dazu stellt Persönlichkeit die Gesamtheit nichtsituativer Verhaltensbedingungen dar (Cattell, 1950).

Die derzeit vorliegende Befundliteratur, aus der u. a. in den Kapiteln 12 bis 26 Belege referiert werden, lehrt nun, dass es Bereiche menschlichen Verhaltens gibt, in denen die Annahme von Dispositionseigenschaften für die erfolgreiche Vorhersage in sehr heterogenen Lebenssituationen sinnvoll und zweckmäßig ist. Beispielsweise zeigen die individuellen Punktwerte in Verfahren zur Erfassung des Konstruktes Intelligenz substantielle Korrelationen mit Maßen aus Situationen wie Arbeit und Spiel, Schule und Freizeit, Ausbildung und Beruf.

Demgegenüber bestehen in anderen Verhaltensbereichen weniger eindeutige Entsprechungen. So zeigen etwa, um nur ein Beispiel zu nennen, Personen mit hoher Leistungsmotiviertheit in Aufgaben, die ihnen leicht erscheinen, eine hohe Ausdauer. Bei Aufgaben, die ihnen gegenüber als schwer ausgegeben werden, ist die Ausdauer dagegen sehr gering, während die Konstellation gerade umgekehrt ausfällt für niedrig motivierte Personen (Feather, 1961).

Aus einem derartigen Ergebnis lassen sich mehrere Konsequenzen ableiten: *Deskriptiv* mag festgehalten werden, dass in einem solchen Fall der Trait »Leistungsmotivation« – wie viele andere Eigenschaften auch – in *Wechselwirkung* mit situativen Bedingungen steht, d. h., *Ausmaß und Richtung der Verhaltensunterschiede von Personen* (hier: Ausdauer bei Aufgaben) *mit der jeweiligen Eigenschaft fallen in verschiedenen Situationen verschieden aus* (Näheres zum Begriff der Wechselwirkung s. 7.5.4). Einer solchen Betrachtung zufolge, die besonders in einer Forschungsrichtung favorisiert wird, die sich als »Interaktionismus« versteht (s. 25.2), müssen die Situationsfaktoren in die Prädikationsgleichungen Eingang finden.

Mehr *interpretativ* kann demgegenüber die Ansicht vertreten werden, die Konzeption einer breit generalisierten Disposition sei in diesem Falle unangemessen und müsse ersetzt werden durch mehr situationsspezifisch definierte Traits. Anstelle der allgemeinen Leistungsmotivation im obigen Beispiel würden dementsprechend etwa zwei gesonderte Dispositionen anzunehmen sein, nämlich eine solche für die Aufklärung unterschiedlicher Ausdauer bei leichten und eine andere für die Ausdauer bei schweren Aufgaben.

Keinesfalls ist es jedoch notwendig, aus solchen Befunden, wie es vielfach geschieht, den Schluss zu ziehen, jede eigenschaftstheoretische Betrachtung sei damit grundsätzlich in Frage gestellt oder gar als wertlos erwiesen; denn schließlich leistet in dem Beispiel unter jeder der beiden Situationsvarianten die Eigenschaft »Leistungsmotiviertheit« bzw. das auf dem Trait-Konzept entwickelte Testverfahren eine deutliche Unterscheidung der Versuchspersonen hinsichtlich ihrer Ausdauer bei der Bearbeitung von Aufgaben. Mehr darüber wird in den Kapiteln 25 und 26 zu sagen sein.

Fragen zu Kapitel 6:

1. Erläutern Sie die Begriffe Verhaltenseigenschaften, Gewohnheiten, Dispositionseigenschaften!
2. Auf welche Weise lassen sich »grundlegende« Traits bestimmen?
3. Welches sind die Grundzüge einer eigenschaftsorientierten Persönlichkeitstheorie?
4. Welches sind die Grundzüge des Behaviorismus und daraus abgeleiteter Persönlichkeitstheorien?
5. Wie unterscheiden sich States von Traits?
   Welche besondere Technik erfordert die Entwicklung von Verfahren zur Erfassung von States?
6. Was sind Typen?

Teil II Forschungsmethoden der Differentiellen Psychologie

Im ersten Kapitel dieses Buches wurde herausgestellt, dass es das Ziel der Differentiellen Psychologie ist, Unterschiede zwischen Menschen und Gruppen von Menschen in psychologischen Variablen zu beschreiben, das Entstehen dieser Unterschiede zu erklären und Konsequenzen solcher Unterschiede aufzuzeigen. Wie erläutert, muss in einer empirischen Wissenschaft versucht werden, diese Ziele auf der Grundlage von Beobachtungsdaten zu erreichen.

Aufgabe des 2. Kapitels ist es deshalb, den Leser in die Methoden und Probleme der Gewinnung und Analyse von Beobachtungsdaten einzuführen.

Bei den in diesem Kapitel dargestellten Modellen und Methoden der empirischen Forschung handelt es sich um formale Grundlagen und noch nicht um inhaltlich psychologische Fragen oder Ergebnisse der Differentiellen Psychologie. Die Kenntnis wenigstens der Grundgedanken dieser Forschungsmethoden, ihrer Probleme und Beschränkungen ist Voraussetzung für die Erarbeitung der Inhalte und Ergebnisse der Differentiellen Psychologie sowie für eine kritische Würdigung und Beurteilung dieser Ergebnisse. Darauf soll der Leser in diesem Kapitel vorbereitet werden.

Da die Methoden und Grundlagen der Datengewinnung, z. B. mittels Beurteilungsverfahren oder Testverfahren, eine Reihe von Begriffen und Modellvorstellungen der Datenanalyse voraussetzen, werden im ersten Teil dieses Kapitels zunächst diese Datenanalysemodelle und -verfahren in ihren Grundzügen dargestellt. Im zweiten Teil wird eine knappe Einführung in die Verfahren differentialpsychologischer Datengewinnung gegeben.

7 Die Analyse empirischer Daten

In diesem Teil sollen die wichtigsten Begriffe und Modelle der statistischen und experimentellen Analyse quantitativer Daten kurz erläutert werden. Es wird lediglich eine erste Einführung angestrebt. Die Darstellung geht davon aus, dass unter einer bestimmten Fragestellung Messwerte bereits erhoben wurden, die den Ausprägungsgrad der interessierenden Merkmale beschreiben.

7.1 Beschreibung univariater Merkmalsverteilungen: Variationsforschung

Eine grundlegende Frage der Differentiellen Psychologie ist die Frage nach dem Ausmaß der Unterschiede zwischen Individuen im jeweils interessierenden Merkmal. Im Abschnitt 1.2 »Zur Universalität interindividueller Differenzen« wurde auf solche Unterschiede in den verschiedensten Merkmalsbereichen bereits exemplarisch hingewiesen. Darstellbar wird das Ausmaß interindividueller Unterschiede mit Hilfe der Verteilung (Häufigkeitsverteilung) des betrachteten Merkmales. Eine Häufigkeitsverteilung lässt sich entweder als Häufigkeitstabelle (s. Tab. 2.1, Tab. 2.2) oder grafisch als Verteilungskurve (s. Abb. 2.1; Abb. 2.5; Abb. 2.6; Abb. 2.7; Abb. 2.8) oder als Treppenpolyp (Histogramm, s. Abb. 2.2; Abb. 2.3; Abb. 2.4) veranschaulichen.
Es ist die Breite einer solchen Verteilung, die dem Ausmaß an Unterschieden zwischen den Individuen, also der interindividuellen Variabilität des Merkmals entspricht.
Für viele Forschungsanliegen wie auch für praktische Belange ist es wichtig, die Variabilität eines Merkmales in einem Kennwert auszudrücken, so wie die Lage einer Verteilung über dem Merkmalskontinuum durch den Mittelwert, genauer das arithmetische Mittel M_x der Variable X

$$(7.1) \quad M_x = \frac{\sum_{i=1}^{n} x_i}{n}$$

gekennzeichnet wird. Formel (7.1) besagt, dass der durchschnittliche Wert (arithmetisches Mittel M_x) der im Merkmal X untersuchten n Personen durch Bildung der Summe aus allen n Messwerten und durch Division dieser Summe durch die Anzahl n der Messwerte bzw. Personen errechnet wird.

7.1.1 Zwei Maße für die Variabilität eines Merkmals

Zur Kennzeichnung der Verteilungsbreite haben sich in der modernen Forschungsstatistik gegenüber hier nicht genannten älteren Variabilitätskennwerten (s. z. B. Fröhlich & Becker, 1971; Hofstätter & Wendt, 1974; Bortz, 1977) wegen ihrer mathematischen Beziehung zu theoretischen Wahrscheinlichkeitsverteilungen zwei miteinander verwandte Kennwerte durchgesetzt, die Standardabweichung s_x und die Varianz s_x^2 eines Merkmales X.
Die Varianz s_x^2 ist definiert als Mittelwert aller quadrierten Abweichungen der Messwerte von ihrem Mittelwert.

$$(7.2) \quad s_x^2 = \frac{\sum_{i=1}^{n}(x_i - M_x)^2}{n}$$

Die Standardabweichung s_x ist definiert als positive Wurzel aus der Varianz s_x^2.

$$(7.3) \quad s_x = \sqrt{\frac{\sum_{i=1}^{n}(x_i - M_x)^2}{n}}$$

Aus diesen Definitionen ist ersichtlich, dass s_x und s_x^2 umso größer werden, je mehr große Abweichungen $|x_i - M_x|$ der Messwerte x_i von ihrem Mittelwert M_x nach oben $(x_i M_x)$ oder unten $(x_i M_x)$ vorliegen, je mehr Extremwerte also auftreten.
Die Varianz bzw. Standardabweichung eines Merkmales wird demnach umso größer, je größer solche Abweichungen im Schnitt sind und je häufiger gerade die großen Abweichungen vorkommen.
Dass die Standardabweichung s_x und die Varianz s_x^2 nebeneinander als Variabilitätsmaße gebraucht werden, hat formale Gründe, auf die im Folgenden kurz eingegangen werden muss.

7.1.2 Standardabweichung und Normalverteilung

Im Teil 1 wurde darauf hingewiesen, dass die meisten Merkmale in der Biologie und vermutlich auch in der Psychologie eine sehr charakteristische Verteilungsform aufweisen: Die meisten Fälle besitzen eine mittlere Merkmalsausprägung, sodass die Häufigkeitsverteilung im Mittelbereich am höchsten ist. Je extremer die Werte werden, umso seltener treten die entsprechenden Fälle auf. Die ungefähr symmetrischen Verteilungsformen ähneln einer Glocke und damit jener theoretischen Wahrscheinlichkeitsverteilung, die als Normalverteilung oder Gauß'sche Verteilung bekannt ist.
Die Normalverteilung stellt ein mathematisches Modell für das Zustandekommen kontinuierlicher Variablen und ihrer Häufigkeitsverteilungen dar, ein Modell, das für die meisten differentialpsychologischen Merkmale wie Intelligenz oder bestimmte Persönlichkeitsmerkmale angemessen zu sein scheint.
Im Folgenden sollen die Modellannahmen für das Normalverteilungsmodell grob erläutert werden: Stellen wir uns zunächst dazu vor, die Ausprägung irgendeines Merkmales würde lediglich durch zwei Faktoren A und B beeinflusst. Die mittlere Ausprägung betrage 10 Einheiten in einem hypothetischen Maß (z. B. cm, kg, sec, Punktwerte in einem Test) und jeder der beiden Faktoren könne nur zwei Zustände (»+« und »–«) annehmen. Der Zustand »+« führe zu einer Erhöhung der Ausprägung um genau eine Einheit, der Zustand »–« zu einer Verringerung um eine Einheit, und zwar sowohl bei Faktor A wie bei Faktor B. Bei jedem

Tab. 7.1: Wahrscheinlichkeitsverteilung für ein Merkmal X, das durch zwei Faktoren A und B im Sinne höherer (+) oder geringerer (–) Merkmalsausprägung beeinflusst wird (Erläuterungen im Text).

Faktor-Konstellation A	B	resultierende Merkmalsausprägung X in willkürlichen Einheiten	Wahrscheinlichkeit p (x)
–	–	8	1/4 = 0,25
–	+	10	1/4 = 0,25 } 2/4 = 0,50
+	–	10	1/4 = 0,25
+	+	12	1/4 = 0,25

Tab. 7.2: Wahrscheinlichkeitsverteilung für ein Merkmal X, das durch vier Faktoren A, B, C und D im Sinne höherer (+) oder geringerer (–) Merkmalsausprägung beeinflusst wird (Erläuterungen im Text).

Faktor-Konstellation A	B	C	D	resultierende Merkmalsausprägung X in hypothetischen Einheiten	Wahrscheinlichkeit p(x)
–	–	–	–	8	$\frac{1}{16} = 0{,}062$
–	–	–	+		
–	–	+	–	9	$\frac{4}{16} = 0{,}250$
–	+	–	–		
+	–	–	–		
–	–	+	+		
–	+	–	+		
–	+	+	–	10	$\frac{6}{16} = 0{,}375$
+	–	–	+		
+	–	+	–		
+	+	–	–		
–	+	+	+		
+	–	+	+	11	$\frac{4}{16} = 0{,}250$
+	+	–	+		
+	+	+	–		
+	+	+	+	12	$\frac{1}{16} = 0{,}062$

Faktor, A wie B, hänge es nur vom Zufall ab, ob er den Zustand »+« oder »–« annimmt. Die Wahrscheinlichkeit, »+« oder »–« anzunehmen, ist jeweils p(+)=p(–)=0.5. Welche Merkmalsausprägungen aufgrund dieses Zufallsmodells resultieren können, zeigt Tab. 7.1.
Es gibt insgesamt vier mögliche Konstellationen der beiden Faktoren A und B, wobei zwei,

Tab. 7.3: Binomialverteilung der Zufallsvariablen X für 8 Faktoren, p(+)=p(–)=0,5, jeder Zustand »+« bzw. »–« bewirkt eine Veränderung der Merkmalsausprägung von 0,25 Einheiten (Erläuterungen im Text).

Ausprägung des Merkmales x	Wahrscheinlichkeit p (x)
8	1/256 = 0,004
8,5	8/256 = 0,031
9	28/256 = 0,109
9,5	56/256 = 0,218
10	70/256 = 0,273
10,5	56/256 = 0,218
11	28/256 = 0,109
11,5	8/256 = 0,031
12	1/256 = 0,004

nämlich »– +« und »+ –«, zum Mittelwert 10 führen, die anderen beiden Konstellationen zum Ergebnis 8 bzw. 12. Da jede der vier Konstellationen mit gleicher Wahrscheinlichkeit zufällig auftreten kann, hängt die Wahrscheinlichkeit einer bestimmten Merkmalsausprägung von der Anzahl der zu dieser Ausprägung führenden Faktorenkonstellationen ab. Daraus resultiert die in der Spalte p(x) der Tabelle 7.1 wiedergegebene Zufallsverteilung oder Wahrscheinlichkeitsverteilung des Merkmals X als Zufallsvariable.

Nehmen wir nun an, das Merkmal X würde durch vier Faktoren bedingt. Wiederum sei die Wahrscheinlichkeit p(+)=p(–)=0.5 für jeden der vier Faktoren. Jeder Faktor bewirke nun aber eine Veränderung der Merkmalsausprägung von plus oder minus 0.5 Einheiten. Die aus diesen Modellannahmen resultierende Wahrscheinlichkeitsverteilung des Merkmales X als Zufallsvariable ist analog zu Tab. 7.1 in Tab. 7.2 konstruiert.

Man sieht, die Merkmalsausprägung variiert wieder zwischen 8 und 12 Einheiten, diesmal aber in feineren Abstufungen von je einer Einheit. Die Wahrscheinlichkeit p(x) für die Werte 8, 10 und 12 sind gegenüber den entsprechenden Werten in Tab. 7.1 kleiner geworden.

Wären es nun 8 Faktoren, die Veränderungen der Merkmalsausprägung von jeweils plus oder minus 0.25 Einheiten bewirkten, so erhielte man analog zu obigen beiden Beispielen die Wahrscheinlichkeitsverteilung der Tabelle 7.3.

Die Verteilungen der Tabellen 7.1, 7.2 und 7.3 sind spezielle Binomialverteilungen mit unterschiedlichen Faktorenzahlen, die für das Zustandekommen der unterschiedlichen Werte der Zufallsvariablen X angenommen wurden. Lässt man die Anzahl dieser Faktoren unendlich groß, die Wirkung jedes Faktors unendlich klein werden, bei Beibehaltung der Annahme, dass jeder Faktor mit einer Wahrscheinlichkeit von p(+)=p(–)=0.5 wirkt, so geht die Binomialverteilung in die damit in ihrer Herleitung skizzierte Normalverteilung über.

In Abb. 7.1 ist die Binomialverteilung der Tab. 7.3 grafisch als Histogramm dargestellt und jene Normalverteilung darüber gezeichnet, die bei gleicher Fläche, gleichem Mittelwert und gleicher Standardabweichung resultiert.

Für die Differentielle Psychologie stellt das Modell der Normalverteilung insofern ein plausibles mathematisches Modell dar, als die Annahme einer kontinuierlichen anstelle einer sprunghaften Variation für viele Merkmale sinnvoll erscheint. Ebenso ist die Annahme realistisch, dass es sehr viele (im Modell der Normalverteilung unendlich viele) Faktoren sind, die in zufälliger Kombination zusammentreffen und Einfluss auf die Ausprägung eines Merkmales nehmen.

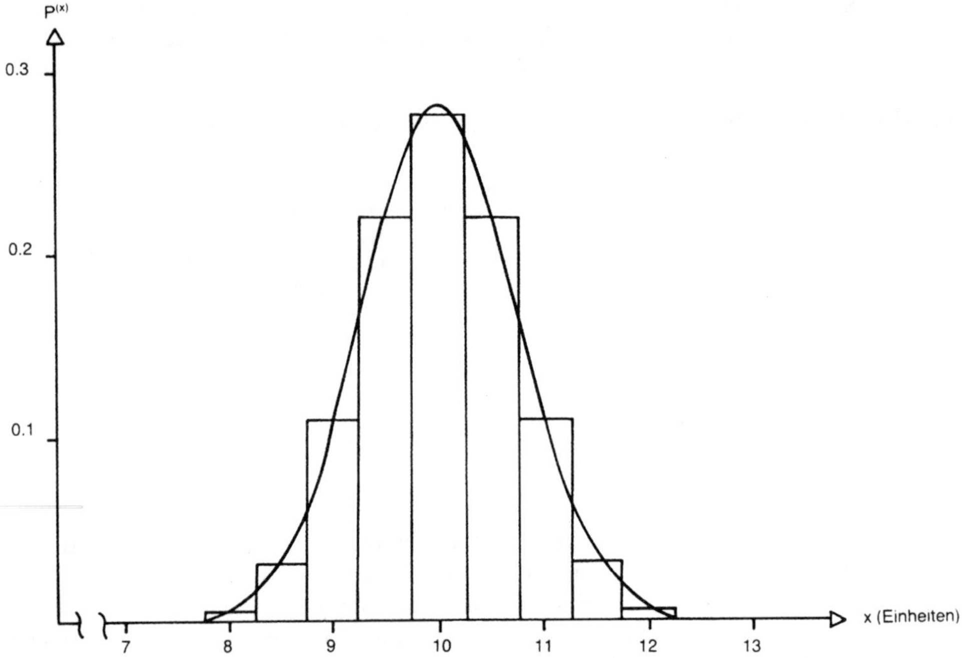

Abb. 7.1: Binomialverteilung für eine Zufallsvariable, die durch acht Faktoren bestimmt wird (p(+)=p(–)=0,5, Wirkung eines Faktors ± 0,25 Einheiten), und Normalverteilung mit gleichem Mittelwert $M_x = 10$ Einheiten und gleicher Standardabweichung $s_x = 0{,}707$ Einheiten. Die Flächen unter den beiden Verteilungen sind gleich groß.

Für die Interpretation einer Standardabweichung hat die Annahme, dass eine psychologische Variable X (z. B. Intelligenz gemessen mit einem Intelligenztest) sich wenigstens ungefähr nach dem Modell der Normalverteilung verteilt, praktische Bedeutung, die aus der Kenntnis resultiert, mit welcher Wahrscheinlichkeit bestimmte Werte x_i der Variablen X in beliebig fein abgrenzbare Bereiche unter der Verteilungskurve fallen, wenn Mittelwert M_x und Standardabweichung s_x der Variablen X bekannt sind. Dazu ein Beispiel (Abb. 7.2): Wenn bekannt ist, dass der Intelligenzquotient IQ mit einem Mittelwert $M_x = 100$ und einer Standardabweichung $s_x=15$ ungefähr normalverteilt ist, so weiß man aus den in Abb. 7.2 dargestellten Flächenproportionen unter der Normalverteilungskurve z. B., dass 19% aller Fälle (entsprechend p = 0.19) einen IQ zwischen 100 (= M_x) und 107.5 (= M_x + 1/2 s_x) oder 34% aller Fälle (entsprechend p = 0,34) einen IQ zwischen 85 (= M_x – 1s_x) und 100 (= M_x) aufweisen. Man kann der Abb. 7.2 auch entnehmen, dass 84% aller Personen (entsprechend cum p = 0.84) der Personengruppe, für die die oben genannten Verteilungsmerkmale gelten, einen IQ von 115 (= M_x + 1s_x) oder einen niedrigeren haben müssen, also nur 16% höhere IQ-Werte erreichen. Schließlich weiß man durch die Angabe von Mittelwert und Standardabweichung bei Annahme einer Normalverteilung, dass ca. 96% aller Fälle im IQ-Bereich zwischen 70 (= M_x – 2s_x) und 130 (= M_x + 2s_x) liegen.

Somit wird das Variabilitätsmaß »Standardabweichung« immer dann unmittelbar anschaulich, wenn das Normalverteilungsmodell von den Daten wenigstens ungefähr angenähert wird.

Ähnliche Interpretationsmöglichkeiten sind auch ohne Verteilungsannahmen über die so genannten Tschebycheff'schen Ungleichungen (s. z. B. Bortz, 1977, S. 55 ff.) möglich.

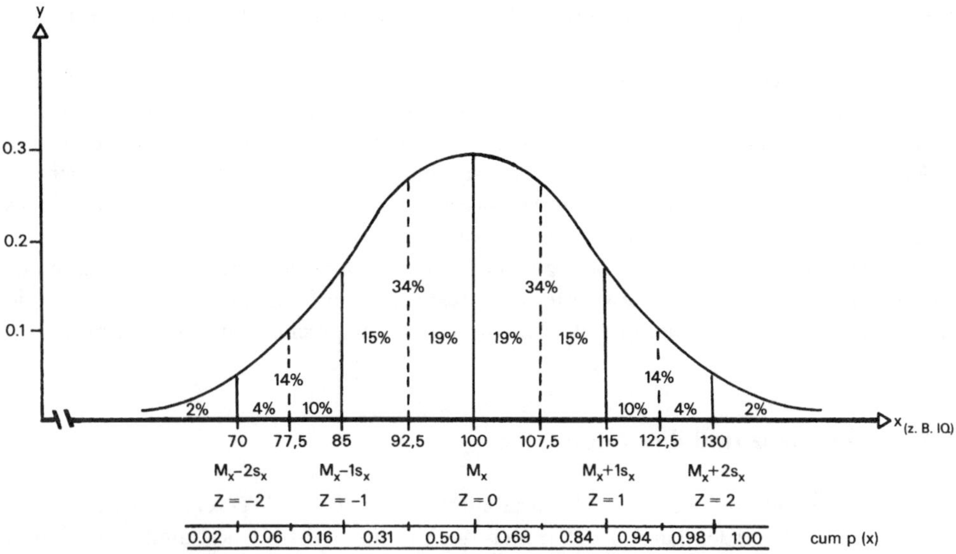

Abb. 7.2: Flächenproportionen unter der Normalverteilungskurve für eine Variable mit dem arithmetischen Mittel $M_x = 100$ Einheiten und einer Standardabweichung von $s_y = 15$ Einheiten. In der unteren Hälfte der Grafik sind die zugehörigen kumulierten Wahrscheinlichkeiten cum p(x) eingetragen, die angeben, wie groß die Wahrscheinlichkeit für den entsprechenden X-Wert *oder* einen kleineren Wert ist.

7.1.3 Standardabweichung und die Interpretation individueller Messwerte

Eine wichtige Verwendung der Standardabweichung s_x besteht in der Definition von Standardwerten. Die meisten psychologischen, speziell differentialpsychologischen Maße sind hinsichtlich der verwendeten Zahlenwerte willkürlich definiert. So ist der Intelligenzquotient IQ so definiert, dass er zwischen etwa 70 und 130 mit einem Mittelwert von $M_x = 100$ IQ-Punkten und einer Standardabweichung von $s_x = 15$ IQ-Punkten variiert (siehe oben). Jede andere Skalierung wäre denkbar. Ein Extraversionstest zum Beispiel (Eggert, 1974) liefert Werte, die zwischen 0 und 24 variieren können. Um solche Maße, deren Einheiten und Nullpunkte willkürlich gewählt sind und die nicht per se psychologische Bedeutung haben, besser interpretieren zu können, kann man sie in Standardwerte umrechnen. Diese ermöglichen unter der Normalverteilungsannahme eine eindeutige Beurteilung hinsichtlich des relativen Ausprägungsgrades des gemessenen Merkmales sowie Vergleiche zwischen verschiedenen Merkmalen.

Ein Beispiel möge dies verdeutlichen:

In der Forschungsstatistik spielt jene Standardisierung von Rohwerten x_i mit dem Mittelwert M_x und der Standardabweichung s_x eine besondere Rolle, die erreicht, dass die standardisierten Werte z_i einen Mittelwert $M_z= 0$ und eine Standardabweichung $s_z = 1$ bekommen. Das wird durch folgende Umrechnung eines Rohwertes x_i in den entsprechenden Standardwert z_i erreicht:

$$(7.4) \quad z_i = \frac{x_i - M_x}{s_x}$$

Darin bedeuten z_i den standardisierten Messwert der Person i und x_i den Rohwert dieser Person i.
Die so berechneten Standard- oder z-Werte zeigen sofort, ob es sich um überdurchschnittliche (positive Werte) oder unterdurchschnittliche (negative Werte) Merkmalsausprägungen handelt. Ferner kann man bei Zugrundelegung der Normalverteilungsannahme entsprechend Abb. 7.2 die relative Position eines bestimmten z-Wertes zu allen anderen leicht bestimmen. Die relativen Positionen der Messwerte zueinander werden durch diese z-Transformation der x-Werte nicht verändert (lineare Transformation).
Erst die Umrechnung in z-Werte oder anders definierte Standardwerte ermöglicht somit die Interpretation individueller Messwerte (z. B. Testwerte) im Sinne niedriger, mittlerer oder hoher Merkmalsausprägung. In Abb. 7.2 wurden die entsprechenden z-Werte eingetragen.

7.1.4 Die Varianz und ihre Additivität

Obwohl die Standardabweichung als Variabilitätsmaß, wie gerade gezeigt wurde, anschaulich interpretiert werden kann, nicht jedoch die Varianz, wird für bestimmte Forschungsfragen auch die Varianz s_x^2 als Variabilitätsmaß verwendet. Dies hat seinen Grund darin, dass nur die Varianz s_x^2 und nicht die Standardabweichung s_x additiv ist. Damit ist Folgendes gemeint:
Nehmen wir – stark vereinfachend – an, die Leistungen in einem Geschicklichkeitstest T würden von zwei Fähigkeiten der Testpersonen abhängen, einmal von ihrer motorischen (= bewegungsmäßigen) Genauigkeit X, zum anderen von der Genauigkeit ihrer Wahrnehmungsleistungen Y. Nehmen wir außerdem an, wir könnten diese beiden Fähigkeiten X und Y unabhängig voneinander fehlerfrei messen, so könnten wir die Varianz s_t^2 der Testwerte T des Geschicklichkeitstests nach Formel (7.5) berechnen, ohne sie aus den Testwerten T selbst zu bestimmen, wenn weiter gilt, dass T = x + y, die Geschicklichkeitstestleistungen T sich also additiv aus den Leistungswerten X der motorischen und den Leistungswerten Y der Wahrnehmungsgenauigkeit zusammensetzen:

$$(7.5)\quad s_t^2 = s_x^2 + s_y^2 + 2\,\mathrm{cov}\,(x, y).$$

Formel (7.5) besagt, dass sich die Testvarianz s_t^2 ebenfalls additiv zusammensetzt aus den Varianzen s_x^2 und s_y^2 der beiden Leistungen X und Y. Der Ausdruck cov (x, y) in Formel (7.5) bedeutet die so genannte Kovarianz zwischen X und Y, die ein Maß für die statistische Abhängigkeit der beiden Variablen X und Y darstellt. Sind die beiden Variablen voneinander unabhängig, gehen hohe Werte in X also nicht systematisch z. B. mit hohen Werten in Y einher, so ist cov (x, y) = 0.
Tabelle 7.4 illustriert diesen Sachverhalt an einem konstruierten Beispiel.

$$M_x = \frac{\sum x_i}{n};\ s_x^2 = \frac{\sum (x_i - M_x)^2}{n};\ \mathrm{cov}(x, y) = \frac{\sum (x_i - M_x)(y_i - M_y)}{n};$$

Allgemein gilt für voneinander unabhängige Variablen, dass cov $(x_j, x_j') = 0$, sodass die Varianz einer neuen Variable z, die sich additiv aus m verschiedenen, voneinander unabhängigen Variablen x_j zusammensetzt, gleich ist der Summe der m Varianzen s_{x_j} der einzelnen Variablen x_j:

$$(7.6)\quad s_z^2 = \sum_{j=1}^{m} s_{x_j}^2,\ \text{worin}\ z = \sum_{j=1}^{m} x_j.$$

Tab. 7.4: Konstruiertes Beispiel zur Demonstration der Additivität von Varianzen: $s_t^2 = s_x^2 + s_y^2$, wenn cov (x,y) = 0.

Vp_i	x_i	y_i	$t_i=x_i+y_i$	$(x_i-M_x)^2$	$(y_i-M_y)^2$	$(t_i-M_t)^2$	(x_i-M_x) × (y_i-M_y)		
1	0	3	3	$-8^2 = 64$	$-1^2 = 1$	$-9^2 = 81$	−8x−1	=	8
2	6	4	10	$-2^2 = 4$	$0^2 = 0$	$-2^2 = 4$	−2x 0	=	0
3	6	0	6	$-2^2 = 4$	$-4^2 = 16$	$-6^2 = 36$	−2x−4	=	8
4	6	8	14	$-2^2 = 4$	$4^2 = 16$	$2^2 = 4$	−2x 4	=	−8
5	8	3	11	$0^2 = 0$	$-1^2 = 1$	$-1^2 = 1$	0x−1	=	0
6	8	5	13	$0^2 = 0$	$1^2 = 1$	$1^2 = 1$	0x 1	=	0
7	8	6	14	$0^2 = 0$	$2^2 = 4$	$2^2 = 4$	0x 2	=	0
8	10	4	14	$2^2 = 4$	$0^2 = 0$	$2^2 = 4$	2x 0	=	0
9	12	4	16	$4^2 = 16$	$0^2 = 0$	$4^2 = 16$	4x 0	=	0
n=10	16	3	19	$8^2 = 64$	$-1^2 = 1$	$7^2 = 49$	8x−1	=	−8
$\sum$	80	40	120	160	40	200			0
	$M_x = 8$	$M_y = 4$	$M_t = 12$	$s_x^2 = 16$	$s_y^2 = 4$	$s_t^2 = 20$	cov(x,y)	=	0

Die psychologische Forschung, speziell die differentialpsychologische, macht sich diesen formalen Sachverhalt der Additivität von Varianzen zunutze und versucht, den umgekehrten Weg zu gehen: Ihr Ziel ist, die Varianz eines Merkmales in Varianzanteile unterschiedlicher Herkunft additiv zu zerlegen. Ein viel diskutiertes Beispiel dafür ist der Versuch, den Erbanteil der Intelligenz zu bestimmen (s. dazu 4.1). Die Aussage »P% der Intelligenz sind vererbt« ist nur auf dem Hintergrund der eben dargestellten Varianzadditivität verständlich. Sie bedeutet, dass man sich die Gesamtvarianz der Intelligenz s_{IQ}^2 additiv zusammengesetzt vorstellt aus einem Varianzanteil s_E^2, der auf Unterschiede in den Erbanlagen zurückgeführt werden kann, und einem anderen Varianzanteil s_U^2, der auf unterschiedliche Umwelteinflüsse zurückzuführen ist, sodass $s_{IQ}^2 = s_E^2 + s_U^2$, wobei s_E^2 P% der Gesamtvarianz s_{IQ}^2 ausmacht:

$$P = \frac{s_E^2}{s_{IQ}^2} \cdot 100\%.$$

Ungeachtet der Problematik dieses Beispieles, auf die in 4.1 näher eingegangen werden wird, sei hier noch eine Interpretation des Satzes »P% der Intelligenz sind vererbt« aufgezeigt: Er bedeutet nämlich, dass sich die Varianz der Intelligenz auf P% von s_{IQ}^2 reduzieren würde, könnte man alle Umwelteinflüsse auf den IQ konstant halten. Eine Aussage über ein bestimmtes Individuum lässt sich daraus zunächst aber nicht herleiten.

Das Ausmaß der Bedeutung einer Varianzquelle (hier Vererbung) eines Merkmales (hier Intelligenz) wird also gemessen mit Maßen der Unterschiedlichkeit zwischen Merkmalsträgern (hier Personen). Das dafür brauchbare Maß der Unterschiedlichkeit ist aufgrund ihrer Additivitätseigenschaft die Varianz s^2.

7.2 Beschreibung bivariater Merkmalsverteilungen: Korrelationsforschung

Neben der Beschreibung von Unterschieden zwischen Individuen in jeweils einem Merkmal besteht ein wichtiges Anliegen der Differentiellen Psychologie darin zu untersuchen, wie stark verschiedene Merkmale zusammenhängen. Ist es tatsächlich so, dass rundliche Menschen (Pykniker) gesellig sind und lange, schlanke Menschen (Leptosome) sich lieber zurückziehen, wie die Typologie von Kretschmer (1961; siehe auch Rohracher, 1975) behauptet? Und wenn dem so ist, wie stark ist der Zusammenhang zwischen Körperbau und Geselligkeit?

Empirisch lässt sich eine solche Frage untersuchen, indem man in einer großen, repräsentativen Stichprobe von Personen an jeder Person sowohl ein Maß für das Dickenwachstum X (es wurden mehrere Körperbaumaße für Kretschmers Typologie vorgeschlagen [Anastasi, 1976, S. 175]) wie ein Maß für Geselligkeit Y erhebt. Um die beiden Maße vergleichbar zu machen, rechnet man beide Variablen X und Y in Standardwerte z_x und z_y nach Formel (7.4) um.

Bestünde nun ein maximaler Zusammenhang zwischen X und Y, müsste jede Versuchsperson denselben z_x- wie z_y-Wert haben: Extrem Ungesellige (z. B.: Z_y = -2.5) müssten entsprechend extrem schlank sein (z_x = -2.5), mäßig Gesellige (z. B.: Z_y = +0.5) entsprechend rundlich (z_x = +0.5).

Für diesen Fall der Gleichheit von z_x und z_y wäre das mittlere Produkt aus z_x und z_y gleich eins

$$\frac{\sum z_x z_y}{n} = 1$$

(Dass dies so sein muss, kann man sich so verdeutlichen: Für den Fall der Gleichheit von z_x und z_y ($z_x = z_y$) ist das mittlere Produkt

$$\frac{\sum z_x z_y}{n} = \frac{\sum z^2}{n}$$

Da z-Werte Abweichungswerte vom Mittelwert $M_z = 0$ darstellen, entspricht der Ausdruck

$$\frac{\sum z^2}{n}$$

gemäß (7.2) der Varianz s_z^2 der z-Werte. Wegen (2.4) muss diese eins sein: $S_z^2 = 1$.

Umgekehrt ergäbe das mittlere Produkt

$$\frac{\sum z_x z_y}{n}$$

den Wert –1, wenn extrem Ungesellige (z_y = –2.5) entsprechend extrem rundlich (z_x = +2.5) statt schlank wären und mäßig Gesellige (z_y = +0.5) entsprechend mäßig schlank (z_x = –0.5). Man sieht, dass das mittlere Produkt der Standardwerte zweier Variablen zwischen den beiden Extremen +1 und –1 variieren kann. Im ersten Fall hätten wir einen maximal positiven, im zweiten Fall einen maximal negativen linearen Zusammenhang zwischen den Variablen X und Y vorliegen. Diese mittlere Produktsumme wird als Produktmomentkorrelationskoeffizient r_{xy} bezeichnet:

$$(7.7) \quad r_{xy} = \frac{\sum_{i=1}^{n} z_{x_i} z_{y_i}}{n}$$

r_{xy} ist ein Maß für den *linearen* Zusammenhang zwischen zwei Variablen X und Y deshalb, weil r_{xy} nur dann maximal (+1 oder −1) werden kann, wenn alle Versuchspersonen in einem bivariaten Streuungsdiagramm entsprechend Abb. 7.3 auf einer Geraden (linear!) liegen. In der Forschungspraxis wird man maximale Korrelationen (r_{xy} = +1.0 oder −1.0) praktisch nie finden: Die Versuchspersonenpunkte werden sich im bivariaten Streuungsdiagramm angenähert ellipsenförmig (Abb. 7.3 c) verteilen. Je breiter eine solche Ellipse wird, umso kleiner wird der Betrag der Korrelation: $r_{xy} < 1$, umso weniger eng ist dann der Zusammenhang zwischen den beiden Variablen X und Y. Bei kreisförmiger Verteilung der Punkte be-

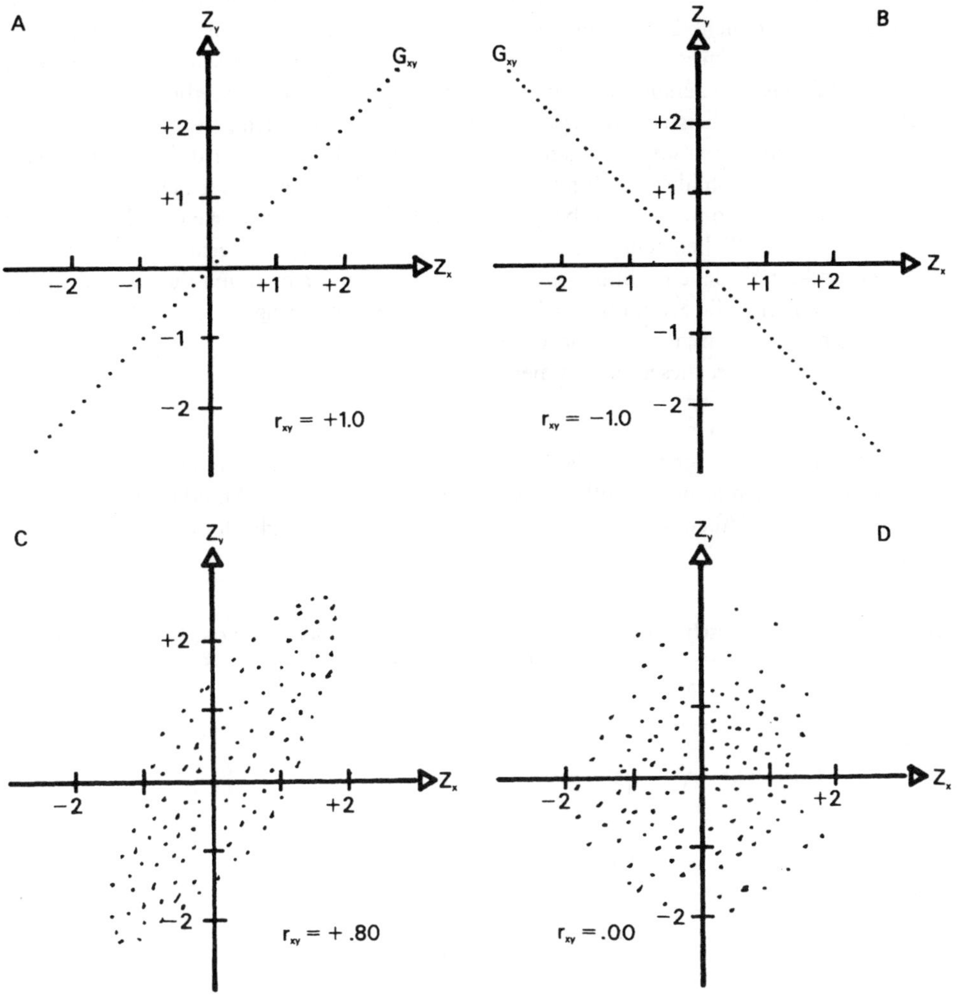

Abb. 7.3: Bivariate Streuungsdiagramme: Jeder Punkt gibt die beiden Standardwerte z_x und z_y je einer Versuchsperson durch seine Lage im Koordinatensystem wieder.

steht keine Korrelation, der Produktmomentkorrelationskoeffizient r_{xy} wird 0. Dies bedeutet, dass hohe Merkmalsausprägung in X etwa gleich oft mit hoher wie mit niedriger Merkmalsausprägung in Y einhergeht.
Man kann also festhalten, dass der Zusammenhang zwischen zwei Variablen X und Y umso enger ist, je mehr der Korrelationskoeffizient von null nach +1 oder –1 abweicht.
Um ein besseres Verständnis für die Bedeutung bestimmter Korrelationen zu bekommen, müssen zwei formale Interpretationsmöglichkeiten der Produktmomentkorrelation im Folgenden kurz erläutert werden.

7.2.1 Standardschätzfehler und Produktmomentkorrelation

Stellen Sie sich vor, Sie sollten die Intelligenz einer Ihnen völlig unbekannten Person schätzen. Die beste Strategie dafür wäre, den Mittelwert der Intelligenz in der Gesamtbevölkerung $M_y = 100$ IQ-Punkte als Schätzung anzugeben. Die Standardabweichung s_y wäre dann ein Maß für die mögliche Ungenauigkeit dieser Schätzung, denn je größer s_y, umso größere Fehler wird man bei häufigen Schätzungen nach diesem Verfahren im Schnitt machen. Weiß man nun aber, dass die Person, über die man eine Intelligenzschätzung abgeben soll, genau durchschnittliche Schulleistungen aufweist, und weiß man außerdem, dass die Intelligenz Y und das Schulleistungsmaß X zu, sagen wir, $r_{xy} = .60$ korrelieren, so wird die Schätzung der Intelligenz dieser Person über den Intelligenzmittelwert M_y eine genauere Schätzung darstellen: Die Korrelation von $r_{xy} = 0.60$ besagt ja, dass hohe Intelligenzwerte eher bei Personen mit überdurchschnittlichen Schulleistungen und niedrige Intelligenzwerte eher bei Personen mit unterdurchschnittlichen Schulleistungen auftreten. Für Personen mit durchschnittlichen Schulleistungen wird die Streuung der Intelligenzwerte also geringer sein, da Extremwerte der Intelligenz bei ihnen ja kaum vorkommen.
Formel (7.8) formuliert diesen Zusammenhang:

$$(7.8) \quad s_{z_y z_x} = \sqrt{1 - r_{xy}{}^2}$$

Man sieht, dass die Streuung $s_{z_y z_x}$ – das ist in unserem Beispiel die Streuung der Intelligenz Y für Personen mit identischen Schulleistungswerten X formuliert für Standardwerte z, die ja eine Streuung $s_z = 1$ haben – dann kleiner als 1 wird, wenn r_{xy} ungleich null ist, also ein Zusammenhang besteht.

Tab. 7.5: Der Standardschätzfehler $s_{z_x z_y}$ in Abhängigkeit von der Höhe der Korrelation r_{XY}.

r_{xy}	$s_{z_x z_y}$
.00	1.00
+ .1	.99
+ .2	.98
+ .3	.95
+ .4	.92
+ 5	.87
+ .6	.80
+ .7	.71
+ .8	.60
+ .9	.44
+1.0	.00

Diese Streuung $s_{z_y z_x}$ in der Variablen Y für Personen mit konstanten Werten in der Variablen X nennt man Standardschätzfehler. Er stellt ein Maß für die Ungenauigkeit der Schätzung eines y-Wertes aufgrund der Kenntnis des Wertes einer Person in der Variablen X dar. Tabelle 7.5 zeigt, wie sich diese Schätzungenauigkeit mit größer werdenden Korrelationen zwischen Y und X verringert: Bei einer Korrelation von $r_{xy} = .30$ reduziert sich der Standardschätzfehler um ca. 5% von 1.00 für eine Nullkorrelation auf .95. Erst bei einer Korrelation von $r_{xy} = .866$ ($\sqrt{1-0.866^2} = .50$) erhält man eine auf die Hälfte reduzierte Schätzungenauigkeit gegenüber dem Fall einer Nullkorrelation.

7.2.2 Determinationskoeffizient und Produktmomentkorrelation

Eine zweite formale Interpretationsmöglichkeit der Produktmomentkorrelation geht nicht vom Konzept der Standardabweichung s, sondern von dem der Varianz s^2 aus. Quadriert man Gleichung (7.8) und stellt sie um, erhält man

$$(7.9) \quad r_{xy}^2 = 1 - s_{z_y z_x}^2$$

Dieser Ausdruck lässt erkennen, dass der quadrierte Korrelationskoeffizient r_{xy}^2 ein Maß für jenen Varianzanteil in der Variablen Y ist, der aus X vorhersagbar ist, den also Y und X gemeinsam haben: Die Gesamtvarianz von Y, ausgedrückt in z-Werten z_y, ist ja 1, und die Varianz $s_{z_y z_x}^2$ ist jene Varianz, die aus X nicht vorhersagbar ist. Da sich die Gesamtvarianz $s_{z_y}^2 = 1$ aber additiv aus der nicht vorhersagbaren Varianz $s_{z_y z_x}^2$ und der vorhersagbaren Varianz zusammensetzt, muss r_{xy}^2 für Standardwerte z genau dieser vorhersagbaren Varianz entsprechen. r_{xy}^2 ist demnach für den Fall nicht standardisierter Variablen interpretierbar als relativer vorhersagbarer Varianzanteil in Anteilen von 1: Eine Korrelation von $r_{xy} = .30$ bedeutet also, dass $r_{xy}^2 = .09$ oder 9% der Varianz in Y aus X vorhersagbar sind. Die restlichen 91% der Varianz von Y haben mit X nichts gemeinsam. Eine Korrelation von $r_{xy} = .50$ bedeutet demnach, dass die Variablen X und Y 25% gemeinsame Varianz haben, 75% der Varianz in den beiden Variablen X und Y haben nichts Gemeinsames. Man hat den quadrierten Korrelationskoeffizienten r_{xy}^2 als Determinationskoeffizient bezeichnet, weil er angibt, welcher Varianzanteil in beiden Variablen durch gemeinsame Varianzquellen, also gemeinsame Ursachen für die Unterschiede in den Merkmalen X und Y, determiniert wird.
Obwohl die Interpretation von r_{xy}^2 als Determinationskoeffizient in der Differentiellen und in der Diagnostischen Psychologie den heute üblichen Standard darstellt, lässt sich zeigen, dass diese Interpretation in den meisten Fällen wohl falsch sein dürfte, da sie nur unter ganz bestimmten Umständen gilt. Ozer (1985) demonstriert dies unter anderem mit Hilfe der Interpretationsmöglichkeit des Korrelationskoeffizienten im »Modell der Anzahl gemeinsamer Elemente« (gemeint sind die den Zusammenhang zwischen X und Y erzeugenden gemeinsamen Varianzquellen). Nach diesem Modell gibt der Korrelationskoeffizient r_{xy} die Anzahl gemeinsamer solcher Elemente (Varianzquellen) an, relativiert am geometrischen Mittel aus der Anzahl $n_x + n_g$ aller Varianzquellen von X und der Anzahl $n_y + n_g$ aller Varianzquellen von Y:

$$(7.10) \quad r_{xy} = \frac{n_g}{\sqrt{n_x + n_g} \cdot \sqrt{n_y + n_g}}$$

Darin bedeuten: n_g... Anzahl gemeinsamer Elemente
n_x... Anzahl für X spezifische Elemente
n_y... Anzahl für Y spezifische Elemente.

Für den Fall, dass z. B. die Variable Y keine spezifischen, sondern nur mit der anderen Variablen X gemeinsame Ursachen hat ($n_y = 0$), während X darüber hinaus auch spezifische Ursachen hat ($n_x > 0$), ergibt sich aus Formel (7.10), dass

$$r_{xy} = \frac{n_g}{\sqrt{n_x + n_g} \cdot \sqrt{n_y + n_g}}$$

und weiter, dass

$$(7.11) \quad r_{xy}^2 = \frac{n_g}{n_x + n_g}$$

der quadrierte Korrelationskoeffizient also tatsächlich den Anteil gemeinsamer Elemente (die gemeinsame Varianz) von X und Y angibt, aber eben nur unter der speziellen Bedingung, dass Y keine spezifische Varianz aufweist. Diese Bedingung, die zwar für theoretische Konstrukte (z. B. Faktoren im faktorenanalytischen Sinne, s. Kap. 7.3) per definitionem gelten kann, wird für empirische Variablen aber kaum jemals erfüllt sein. Unter der empirisch schon plausibleren Annahme gleich vieler Ursachen für beide Variablen, $n_x = n_y$, ergibt sich aus der Formel (7.10) der folgende Ausdruck:

$$(7.12) \quad r_{xy} = \frac{n_g}{n_x + n_g}$$

aus dem leicht zu ersehen ist, dass der *nicht quadrierte* Korrelationskoeffizient das richtige Maß für den Anteil gemeinsamer Varianz beider Variablen darstellt. Zu diesem Ergebnis kommt man auch mit Hilfe anderer mathematischer Herleitungen aus gemeinsamen und spezifischen Varianzanteilen der beiden Variablen (Ozer, 1985, S. 310–313). Dabei stellt n_g die Kovarianz zwischen X und Y dar, $n_x + n_g$ die Varianz von X und $n_y + n_g$ die Varianz von Y. Für die Interpretation empirischer Forschungsergebnisse der Differentiellen Psychologie bedeutet die Erkenntnis aus den Darlegungen von Ozer (1985), dass viele korrelationsstatistische Befunde mit Hilfe von r_{xy}^2 als Determinationskoeffizient üblicherweise viel zu pessimistisch beurteilt werden: Je nach Annahme über die Unterschiedlichkeit der Anzahl von Verursachungsfaktoren der beiden korrelierenden Variablen könnte in vielen Fällen der *nicht quadrierte* Korrelationskoeffizient r_{xy} als Determinationskoeffizient das richtigere Maß für den Anteil gemeinsamer Varianz darstellen.

7.2.3 Die inhaltliche Interpretation von Korrelationskoeffizienten

Standardschätzfehler und Determinationskoeffizient stellen formale Grundlagen für die Beurteilung von Korrelationen dar. Den Standardschätzfehler wird man heranziehen, wenn Korrelationskoeffizienten im Zusammenhang mit Fragen über die Vorhersagbarkeit von Merkmalen verwendet werden. Der Determinationskoeffizient veranschaulicht die Bedeutung einer Korrelation, wenn es z. B. um die Frage geht, aufzuklären, woher die vorgefundenen Unterschiede zwischen Personen in einem Merkmal X, ausgedrückt als Merkmalsvarianz s_x^2, kommen oder womit sie zusammenhängen.

Was eine Korrelation ungleich null, $r_{xy} \neq 0$, inhaltlich bedeutet, kann nur inhaltlich theoretisch überlegt werden. Auf keinen Fall darf ein Korrelationskoeffizient als empirischer Beleg für eine Kausalbeziehung zwischen den korrelierten Variablen X und Y angesehen werden: Eine Korrelation zwischen Schulleistung (X) und Intelligenz (Y) beweist nicht, dass Intelligenz die Schulleistung determiniert ($y \rightarrow x$), sie ist auch kein Beleg dafür, dass Schulleistung die Intelligenz kausal beeinflusst ($x \rightarrow y$). Neben diesen beiden Interpretationen besteht immer auch eine dritte Interpretationsmöglichkeit, nämlich, dass Schulleistung und Intelligenz gemeinsam durch eine oder mehrere dritte Variablen (z) determiniert werden ($z < {x \atop y}$), wie zum Beispiel Milieueinflüsse, elterliches Erziehungsverhalten oder auch bestimmte Begabungen. Mit Hilfe korrelationsstatistischer Techniken sind keine Aussagen über Bedingungsrichtungen möglich, es können keine Dependenzen (Abhängigkeiten) belegt, sondern nur Interdependenzen (Zusammenhänge) festgestellt werden. Die Untersuchung von Dependenzen, von Bedingungen für die Variation eines Phänomens, ist nur im Experiment möglich.

7.3 Beschreibung multivariater Merkmalszusammenhänge: Faktorenanalyse

Die Faktorenanalyse stellt dasjenige Verfahren dar, das die Persönlichkeitspsychologie innerhalb der letzten sechs Jahrzehnten am entscheidensten geprägt hat. Andere Methoden und Modelle wurden dabei nicht so häufig eingesetzt. Es wird daher das Hauptgewicht auf die Darstellung der (exploratorischen) Faktorenanalyse gelegt. Ergänzend wird das Verfahren der sog. konfirmatorischen Faktorenanalyse am Ende des Kapitels übersichtsmäßig erläutert, um es von der traditionellen exploratorischen Faktorenanalyse abzugrenzen und den Bezug zu der übergeordneten Methodologie linearer Strukturgleichungsmodelle herzustellen. Allen diesen Modellen ist gemeinsam, dass neben den beobachteten Variablen auch latente (nicht-beobachtbare) Variablen – die Faktoren – betrachtet werden.
Die verschiedenen Modelle und Methoden lassen sich nun beispielsweise dadurch klassifizieren, welche Skalenqualität die manifesten und latenten Variablen besitzen.

		Manifeste Variablen	
		Metrisch	Kategorial
Latente Variablen	Metrisch	Faktorenanalyse	Latent-Trait Analyse Faktorenanalyse von kategorialen Daten
	Kategorial	Latente Profil-Analyse	Latent-Class-Analysen

Der Korrelationskoeffizient ermöglicht die Beschreibung des Zusammenhanges zwischen zwei Merkmalen. Will man die Zusammenhänge mehrerer Merkmale korrelationsstatistisch erfassen, muss man jede Variable mit jeder anderen korrelieren. Die Vielzahl aller bestimmbaren Korrelationen lässt sich in einer Korrelationsmatrix übersichtlich zusammenstellen. Ein konstruiertes Beispiel soll dies verdeutlichen.
Tabelle 7.6 beinhaltet alle möglichen Korrelationen zwischen fünf Merkmalen. Die Selbstkorrelationen der Variablen müssten in der Diagonale dieser Matrix stehen. Da die Korrelation einer Messwertreihe (Variablen) mit sich selbst immer 1.0 betragen muss, dies aber keine Aussagekraft hat, sind in die Diagonalzellen keine Eintragungen gemacht. In den Zellen unterhalb der Diagonale könnte man die entsprechenden Werte der Zellen über der Dia-

Tab. 7.6: Korrelationsmatrix aller Korrelationen zwischen fünf Variablen. Die Null vor dem Dezimalpunkt wurde jeweils weggelassen.

	– Variablen –				
	A	B	C	D	E
– Variablen – A	–	.990	.800	.320	.000
B		–	.876	.447	.140
C			–	.814	.600
D					.950
E					–

gonale eintragen, da ja z. B. die Korrelation zwischen Variable A und Variable B, $r_{AB} = .990$, gleich ist der Korrelation zwischen der Variablen B und der Variablen A, $r_{BA} = .990$. Der Übersichtlichkeit wegen wurden die Zellen unter der Diagonale leer gelassen.

Das Beispiel in Tab. 7.6 wurde so konstruiert, dass daraus Folgendes leicht ersichtlich ist: Relativ hohe Korrelationen untereinander weisen die Variablen A, B und C auf ($r_{AB} = .990$, $r_{AC} = .800$, $r_{BC} = .876$), während die Variablen A und B mit den Variablen D und E im Vergleich dazu relativ niedrige Korrelationen zeigen ($r_{AD} = .320$, $r_{AE} = .000$, $r_{BD} = .447$, $r_{BE} = 0.140$). Ebenfalls relativ hohe Korrelationen untereinander zeigen die Variablen C, D und E ($r_{CD} = .814$, $r_{CE} = .600$, $r_{DE} = .950$).

Diese grobe Beschreibung der korrelativen Beziehungen zwischen den fünf Variablen lässt sich weiter vergröbernd auch so zusammenfassen: Die Variablen A, B und C haben relativ viel gemeinsam (erfassen Ähnliches, haben viel gemeinsame Varianz). Ebenso haben die Variablen C, D und E Gemeinsames. Die Variablen A und B zeigen hingegen wenig Gemeinsamkeit mit den Variablen D und E. Die Variable C hat offenbar mehr Gemeinsamkeit mit der Variablengruppe A und B als mit der Variablengruppe D und E, zu der sie aber auch Ähnlichkeiten zeigt.

Eine derartige formale, wenn auch sehr grobe Beschreibung der Beziehungen zwischen den fünf Variablen, könnte nun Grundlage für die psychologische Interpretation der Beziehungen und der Gemeinsamkeiten dieser Merkmale sein.

Man kann sich leicht vorstellen, dass für weniger eindeutig strukturierte Korrelationsmatrizen, vor allem aber für Korrelationsmatrizen größerer Variablenmengen, das Erkennen von Beziehungen zwischen den Merkmalen oder eine Gruppierung der Merkmale nicht mehr so möglich ist, wie im hier gegebenen konstruierten Beispiel.

Um dennoch möglichst ökonomisch und auch präziser als im obigen Beispiel die Zusammenhänge zwischen einer Vielzahl von Variablen darstellen zu können, hat man die verschiedenen Modelle und Methoden der Faktorenanalyse entwickelt. Die faktorenanalytischen Methoden haben zum Ziel, meist ausgehend von Korrelationsmatrizen, die betrachteten Variablen nach dem Ausmaß ihrer Gemeinsamkeiten in möglichst wenige Gruppen zusammengehöriger Variablen zusammenzufassen. Diese Zusammenfassung soll so erfolgen, dass ein möglichst großer Teil der gemeinsamen Varianz der untersuchten Variablen dabei berücksichtigt wird.

Der folgende Abschnitt soll in die Grundgedanken und grundlegenden Modellvorstellungen der Faktorenanalyse einführen. Auf die Unterschiede zwischen speziellen faktorenanalytischen Modellen sowie auf die mathematischen Berechnungsmethoden wird nicht eingegangen. Dazu sei auf die einschlägige Lehrbuchliteratur verwiesen (z. B. Pawlik, 1968; Überla, 1968; Revenstorf, 1980). Ziel der Darstellung ist es, den Leser in die Lage zu versetzen, faktorenanalytische Ergebnisse selbständig formal und inhaltlich interpretieren zu können, sowie die Probleme und Unzulänglichkeiten der faktorenanalytischen Methode zu verstehen.

7.3.1 Die geometrische Darstellung von Korrelationen im Versuchspersonenraum

Im Abschnitt 7.2 dieses Kapitels wurde in Abb. 7.3 die geometrische Darstellung einer Korrelation im Variablenraum besprochen: Die Variablen stellten die Koordinaten eines zweidimensionalen Koordinatensystems (Variablenraum) dar, die Punkte repräsentierten die Versuchspersonen, die Lage der Punkte zeigte die Messwerte jeder Versuchsperson in den beiden Variablen an. Der Korrelation zwischen den beiden Variablen entsprach in dieser Darstellung die Breite der aus den Versuchspersonenpunkten gebildeten Korrelationsellipse. Der geometrischen Darstellung des Faktorenanalysemodells unterliegt eine andere Veranschaulichung des Korrelationskoeffizienten, und zwar die Darstellung von Korrelationen im Versuchspersonenraum. Bei diesem stellen die n Versuchspersonen einer Untersuchung die Koordinaten eines n-dimensionalen Raumes dar. Jede Variable ist durch einen Punkt in diesem Koordinatensystem repräsentiert. Die Lage eines Variablenpunktes im n-dimensionalen Versuchspersonenraum ist durch die Messwerte der n Versuchspersonen in dieser Variablen bestimmt. Verbindet man jeden Variablenpunkt mit dem Ursprung des Koordinatensystems, erhält man für jede Variable eine Gerade mit definierter Lage und Länge. Diese Geraden nennt man Variablenvektoren, die Variablenpunkte deshalb auch Variablenvektorendpunkte. Für den Fall, dass die Variablen nicht in Rohwerten, sondern in Standardwerten (in z-Werten nach Formel (7.4) in Kap. 7.1.3, die für die n Versuchspersonen der Untersuchung bestimmt wurden) gemessen sind, kann man zeigen, dass der Kosinus des Winkels zwischen zwei Variablenvektoren dem Korrelationskoeffizienten dieser Variablen gleich ist.
Zur Veranschaulichung dieses Sachverhaltes wollen wir die Variablen B, C und D aus der Korrelationsmatrix in Tab. 7.6 betrachten. Damit die Korrelationen zwischen diesen Variablen als Winkel der Variablenvektorendpunkte im Versuchspersonenraum dargestellt werden können, müssen die diesen Korrelationen zugrunde liegenden Messwerte von n Versuchspersonen als z-Werte bekannt sein. Um weiterhin den zu demonstrierenden Sachverhalt geometrisch darstellen zu können, müssen wir uns auf den unrealistischen, für die Forschungspraxis völlig unbrauchbaren Fall von n = 3 Versuchspersonen beschränken, weil ja ein mehrdimensionaler Raum nicht mehr veranschaulicht werden kann.
Unter diesen Einschränkungen könnten die in z-Werten ausgedrückten Messwerte für die drei Variablen B, C und D und die drei Versuchspersonen 1, 2 und 3 so aussehen (Tab. 7.7), um die in Tab. 7.6 wiedergegebenen Korrelationskoeffizienten zu ergeben:

Tab. 7.7: Messwerte von drei Versuchspersonen in drei Variablen (z-Werte). Die Korrelationen zwischen den Variablen B, C und D entsprechen denen in Tab. 7.6.

	Variablen		
Versuchsperson	B	C	D
1	−1,113	− ,556	,283
2	− ,199	− ,848	−1,283
3	1,312	1,404	1,058
M	0	0	0
s	1	1	1

Die Darstellung der Daten aus Tab. 7.7 im dreidimensionalen Versuchspersonenraum gibt Abb. 7.4 wieder:

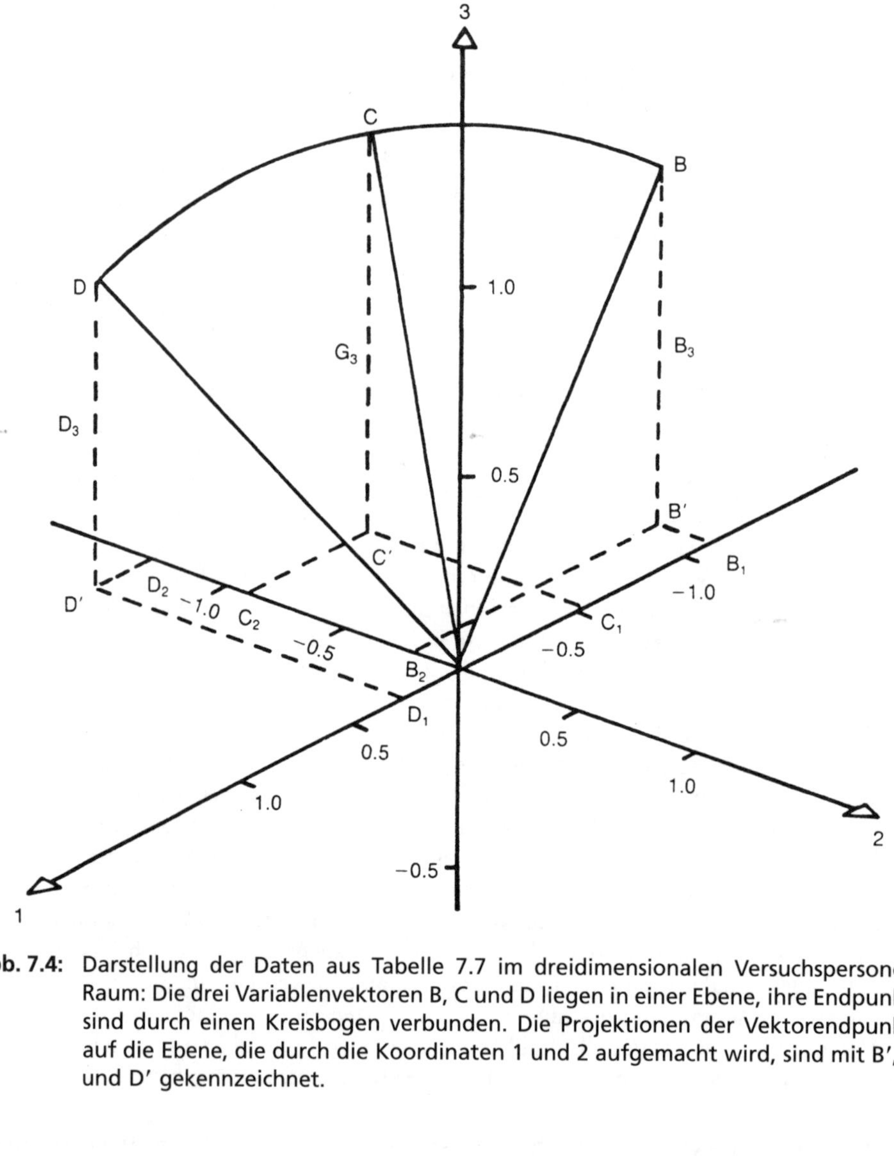

Abb. 7.4: Darstellung der Daten aus Tabelle 7.7 im dreidimensionalen Versuchspersonen-Raum: Die drei Variablenvektoren B, C und D liegen in einer Ebene, ihre Endpunkte sind durch einen Kreisbogen verbunden. Die Projektionen der Vektorendpunkte auf die Ebene, die durch die Koordinaten 1 und 2 aufgemacht wird, sind mit B', C' und D' gekennzeichnet.

Abb. 7.4 zeigt, dass dem konstruierten Beispiel zufolge die drei Variablenvektoren in einer Ebene liegen. Das muss natürlich nicht so sein! Das Beispiel wurde wegen seiner leichteren Darstellbarkeit so gewählt. Die von den drei Variablenvektoren aufgespannte Ebene ist in Abb. 7.5 ohne perspektivische Verzerrung wiedergegeben.
Aus Abb. 7.5 ist zu ersehen, dass der Winkel zwischen zwei Variablenvektoren umso größer ist, je kleiner die Korrelation zwischen den Variablen ist:

$r_{BC} = .876$ $\cos 29°$
$r_{CD} = .814$ $\cos 35°$
$r_{BD} = .447$ $\cos 64°$

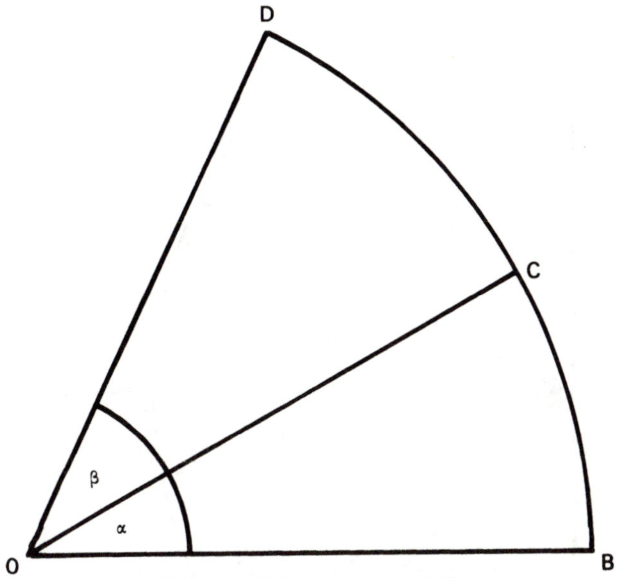

Abb. 7.5: Die von den drei Variablenvektoren in Abb. 7.4 aufgespannte Ebene. Die Winkel α, β und γ stellen Funktionen der Korrelationen zwischen den Variablen B, C und D dar.

Weisen zwei Variablenvektoren im Versuchspersonenraum in ähnliche Richtung und schließen so einen spitzen kleinen Winkel ein, bedeutet dies, dass die Versuchspersonen in diesen beiden Variablen ähnliche Messwerte haben, was ja einer hohen Korrelation entspricht. Die Nullkorrelation entspricht in dieser geometrischen Darstellung einem Winkel von 90° (cos 90° = 0), die Korrelation von eins einem Winkel von 0° (cos 0° = 1), die Versuchspersonen haben dann identische z-Werte in den beiden Variablen. Negative Korrelationen werden durch stumpfe Winkel dargestellt.
Die Länge der Variablenvektoren im standardisierten Versuchspersonenraum beträgt immer $\sqrt{n}$, da die Summe der quadrierten Koordinatenwerte der Variablen i über die n Versuchspersonen j

$$(7.13)\quad \sum_{j=1}^{n} z_{ij}^2 = n = 1z_j^2$$

dem Quadrat der Variablenvektorlänge l_j^2 entspricht.

7.3.2 Faktorenlösung: Faktorenraum und Faktorladungen

Die Faktorenanalyse eines Satzes von Variablen geht von der Korrelationsmatrix dieser Variablen aus. Die Variablen und ihre Interkorrelationen werden entsprechend der eben dargestellten geometrischen Interpretation als Bündel von Variablenvektoren im n-dimensionalen Versuchspersonenraum aufgefasst. Die Konfiguration der Variablenvektoren zueinander ist vom Koordinatensystem des Versuchspersonenraumes aber unabhängig, wie Abb. 7.5 im Vergleich mit Abb. 7.4 verdeutlicht.

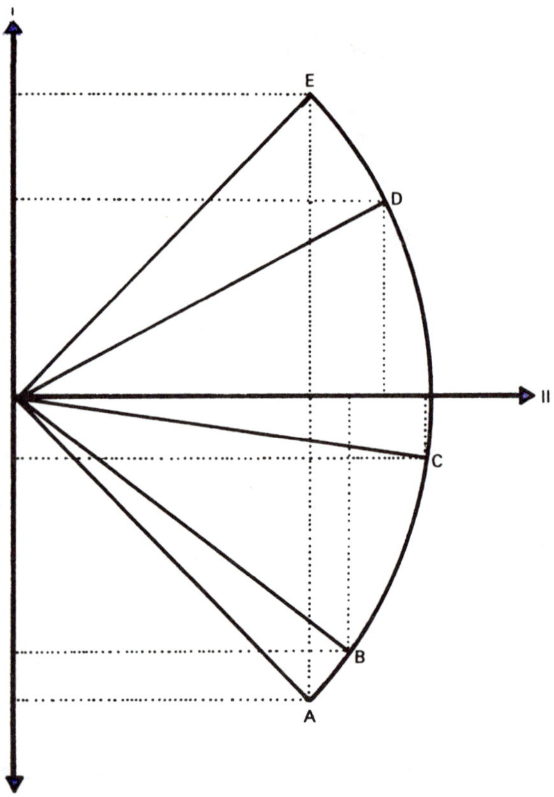

Abb. 7.6: Unrotierte Faktorenlösung des Beispiels aus Abb. 7.4 und Abb. 7.5.

Mit der Faktorenanalyse erreicht man das Ziel, Variablen nach ihrer Ähnlichkeit zu gruppieren dadurch, dass man in das Bündel von m Variablenvektoren ein neues Koordinatensystem legt, das möglichst wenige Dimensionen hat. Auf jeden Fall soll es weniger Dimensionen aufweisen als der Versuchspersonenraum, meist werden auch wesentlich weniger Dimensionen als Variablen angenommen. Die Dimensionalität dieses neuen Koordinatensystems soll jedenfalls die Beziehungen zwischen den Variablen möglichst vollständig repräsentieren können.
Abb. 7.6 zeigt die geometrische Darstellung einer Faktorenlösung aus der Korrelationsmatrix in Tab. 7.6. Da die fünf Variablenvektoren A bis E alle in einer Ebene liegen*, genügt ein zweidimensionales Koordinatensystem, um die Lage aller fünf Variablen zueinander vollständig zu beschreiben. Die Koordinaten des neuen Koordinatensystems nennt man »Faktoren«, den Raum, den sie aufspannen, Faktorenraum. Der Rechenvorgang, der zu einer Faktorenlösung führt, wird als Extraktion der Faktoren bezeichnet. Die Projektionen der Variablenvektorendpunkte auf die Faktoren nennt man Faktorladungen der Variablen auf den Faktoren. Sie bilden das Ergebnis einer Faktorenanalyse und lassen sich in Form einer Matrix darstellen, die man Faktorladungsmatrix nennt. Um die Faktorladungen numerisch unabhängig zu machen von der Länge der Variablenvektoren, die ja von der Dimensionalität des Versuchspersonenraumes abhängt (Formel 7.13), bringt man alle Vektoren im Ver-

* Das Beispiel wurde so konstruiert. In der Realität wird man kaum mehr als zwei exakt in einer Ebene liegende Variablenvektoren finden.

Tab. 7.8: Faktorladungsmatrix einer Faktorenlösung aus der Korrelationsmatrix in Tab. 7.6. Die Ladungszahlen entsprechen den Projektionen der Variablenvektorendpunkte der Abb. 7.6 auf die Faktoren I und II. Erläuterung der Spalte h^2 siehe Text.

		Faktoren k		
		I	II	h^2
Variablen	A	–.71	.71	1.00
	B	–.60	.80	1.00
	C	–.15	.99	1.00
	D	.45	.89	1.00
	E	.71	.71	1.00

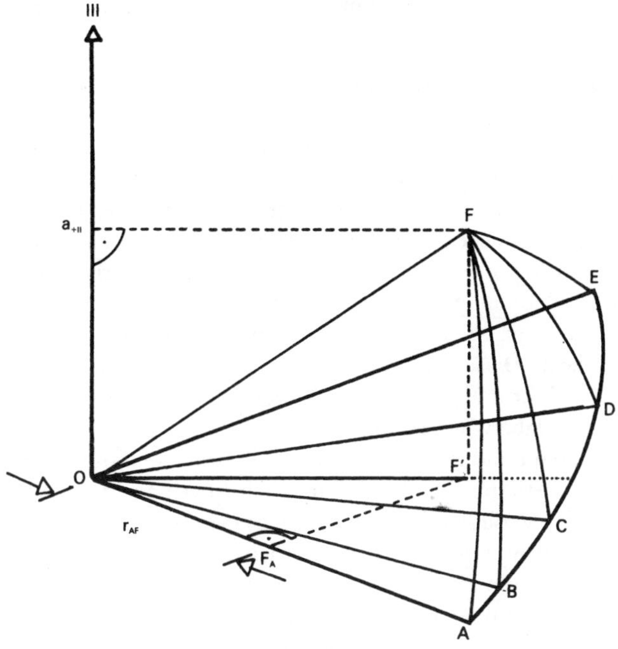

Abb. 7.7: Um die Korrelationen der Variablen A bis E mit einer sechsten Variablen F vollständig darzustellen, muss eine dritte Dimension (Faktor III) dem zweidimensionalen Faktorenraum hinzugefügt werden. Im zweidimensionalen Faktorenraum bildet sich der Variablenvektor F verkürzt bis zum Punkt F' ab. Die Korrelation zwischen A und F r_{AF} stellt sich jetzt nicht nur als Kosinus des Winkels zwischen den Vektoren OF und OA (Variablenvektoren), sondern auch als Verhältnis der Strecke OF_A: O_A dar, $r_{AF} = OF_A$. Wenn OA = 1, ist $r_{AF} = OF_A$.

suchspersonenraum auf die Länge 1 (Division durch $\sqrt{n}$). Tab. 7.8 gibt die Faktorladungsmatrix entsprechend der Darstellung in Abb. 7.6 wieder.

Aus Tabelle 7.8 und Abbildung 7.6 ist noch Folgendes zu ersehen: Da im gegebenen Beispiel die Beziehungen zwischen den fünf Variablen A bis E vollständig im zweidimensionalen Faktorenraum dargestellt werden können, besitzen die Variablenvektoren in diesem zwei-

dimensionalen Raum ihre volle Länge von 1, wie aus Abb. 7.6 und den Faktorladungen in Tab. 7.8 (Koordinatenwerte) der Variablen leicht zu errechnen ist*.
Dies ist aber immer nur dann der Fall, wenn die Anzahl der extrahierten Faktoren völlig genügt, um alle Variableninterkorrelationen fehlerfrei darzustellen. Das wird in der Realität praktisch kaum jemals der Fall sein. Abb. 7.7 zeigt einen Fall, in dem erst ein zusätzlicher dritter Faktor III die Korrelationen der Variablen A bis E mit einer sechsten Variablen F vollständig darstellen kann.
In der Realität werden wegen des in Abb. 7.7 veranschaulichten Sachverhalts in einer Faktorenlösung mit weniger Faktoren als Variablen die Variablenvektorlängen praktisch immer kleiner als 1 sein, weil die extrahierten Faktoren eine vollständige Lösung nur annähern sollen.
Die Variablenvektorlängen oder ihre Quadrate h_j^2 stellen Maße für die Genauigkeit dieser Näherungslösung dar. Wie der h^2-Wert und die Faktorladungen mit der Varianz einer Variablen zusammenhängen, wird weiter unten noch näher erläutert (s. Seite 92 ff.).

7.3.3 Faktorenrotation: Orthogonale Lösung

Das Ziel einer Faktorenanalyse, viele Variablen einigen wenigen Gruppen inhaltsähnlicher Variablen zuzuordnen, wird durch die Faktorladungsmatrix erreicht: Variablen mit ähnlichen Faktorladungsmustern über alle extrahierten Faktoren bilden eine solche inhaltsähnliche Gruppe. Die Variablen liegen im Faktorenraum beisammen. Eine inhaltliche Interpretation eines Faktors als hypothetische, aus den beobachteten Variablen erschließbare neue Variable, ist aber nur dann möglich, wenn ein Faktor eine inhaltsähnliche Variablengruppe möglichst gut repräsentiert, selbst also im Bündel oder nahe am Bündel der entsprechenden Variablenvektoren liegt. Diese Forderung wird in der Faktorenlösung der Abb. 7.6 und Tab. 7.8 nicht erfüllt: Faktor I liegt von allen Variablenvektoren ziemlich weit entfernt, Faktor II liegt nur in der Nähe von Variable C.
Diese Lage der Faktoren I und II ist meist völlig willkürlich und durch den Algorithmus der Extraktionsmethode bestimmt. Die Forderung nach einer Lage der Faktoren, die eine bessere Repräsentation der Variablengruppen durch je einen Faktor ermöglicht, kann meist mit mehr oder weniger guter Annäherung erfüllt werden durch Rotationen je zweier Faktoren in der von ihnen aufgespannten Ebene. Ein dritter Faktor und weitere Faktoren bleiben durch ebenenweise Rotationen in ihrer Lage unverändert. Für unser Beispiel aus Abb. 7.6 würde eine Rotation der beiden Faktoren um 45° im Sinne des Uhrzeigers zu dem Ergebnis führen, das in Abb. 7.8 wiedergegeben ist.
Der rotierte Faktor I′ geht jetzt genau durch die Variable E, der rotierte Faktor II′ durch die Variable A. Für alle Variablen, bis auf Variable C, ist damit erreicht, dass sie auf einem Faktor möglichst hohe, auf dem anderen möglichst niedrige Ladungen zeigen, wie Tab. 7.9 verdeutlicht.
Eine solche Faktorenlösung, in der jeder Faktor einige hohe Ladungen und sonst vorwiegend um null liegende Ladungen aufweist und bei der jede Variable in nur einem Faktor hoch lädt und sonst um null liegende Ladungen hat, nennt man nach Thurstone (1947, 1954) Einfachstruktur (simple structure). Einfachstrukturlösungen erleichtern die inhaltliche Inter-

* Nach dem Satz des Pythagoras ist die Länge h der Hypothenuse eines rechtwinkligen Dreiecks gleich der Wurzel aus der Summe der quadrierten Längen beider Katheten: $h_j^2 = \sqrt{a_{jI}^2 + a_{jII}^2}$, wobei a_{jI2} die Faktorladung der Variablen j im Faktor I und a_{jII} die im Faktor II ist. Der quadrierte Wert h_j^2 entspricht der durch die Faktoren erklärten Varianz der Variablen j.

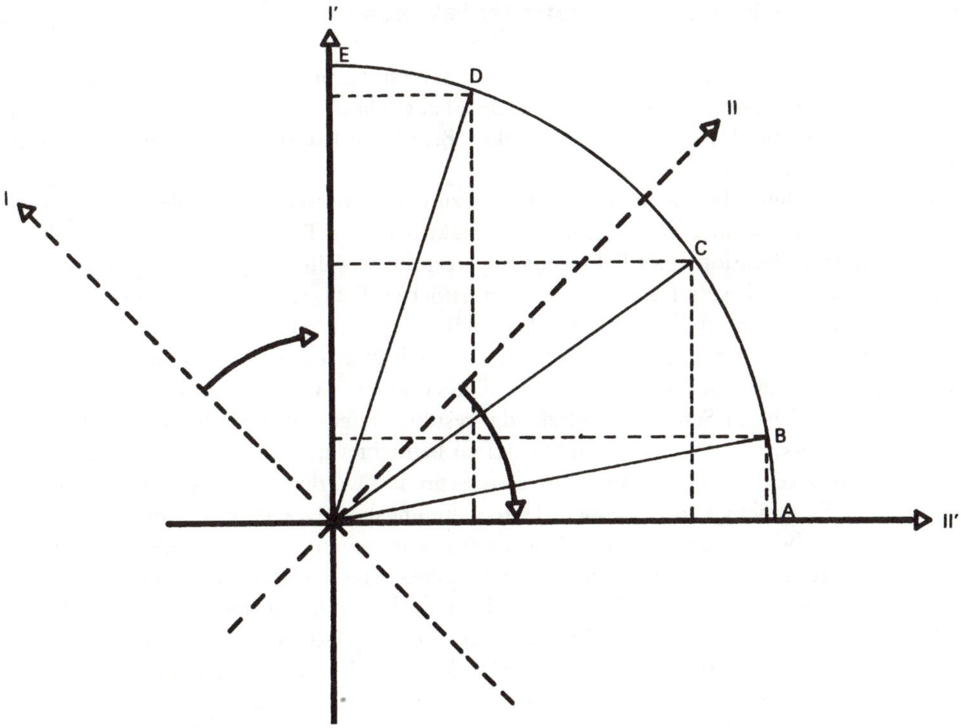

Abb. 7.8: Rotierte Faktorenlösung aus Abb. 7.6: Die Faktoren wurden um 45° im Sinne des Uhrzeigers rotiert. Die unrotierten Faktoren sind strichliert wiedergegeben.

pretation der Faktoren ganz wesentlich. In der Empirie kann die ideale Einfachstruktur meist nur mehr oder weniger gut angenähert werden.
Das demonstrierte Beispiel der Abb. 7.8 und Tab. 7.9 zeigt den Fall einer *orthogonalen* Faktorenrotation, die Faktoren bleiben nach der Rotation aufeinander *senkrecht* stehen, sie sind *unkorreliert*. Auch dies erleichtert die inhaltliche Interpretation der Faktoren auf mehrfache Weise, vor allem dadurch, dass sie *unabhängige* Gruppierungsgesichtspunkte für die analysierte Variablenmenge darstellen beziehungsweise unabhängige psychologische Konstrukte, die das Zustandekommen der Variablenausprägungen beschreiben oder erklären.

Tab. 7.9: Faktorladungsmatrix für die orthogonal rotierte Faktorenlösung der Abb. 7.8

	I'	II'	h^2
A	.00	1.00	1.00
B	.14	.99	1.00
C	.60	.80	1.00
D	.95	.32	1.00
E	1.00	.00	1.00

7.3.4 Inhaltliche Interpretation rotierter Faktoren

Bei der inhaltlichen Interpretation eines Faktors versucht man theoretisch-spekulativ das Gemeinsame zu erschließen, das den auf diesem Faktor hoch ladenden Variablen zukommt. Dieses Gemeinsame als theoretischer, abstrakter Begriff, als Konstrukt, wäre mit dem Faktor zu identifizieren.

Die Beziehung dieses faktoriellen Konstruktes zu den empirischen Variablen ist durch die Faktorenanalyse und ihre Modellannahmen exakt definiert. Ein einfaches Beispiel soll die inhaltliche Interpretation eines Faktorenanalyseergebnisses illustrieren.

Tab. 7.10 zeigt das Ergebnis einer orthogonal rotierten Faktorenlösung (Bartussek, 1971): 161 Hamburger Oberschülern wurden die in Tab. 7.10 enthaltenen Beurteilungsgesichtspunkte vorgegeben. Jeder Schüler beurteilte jeden Mitschüler seiner Klasse nach jedem Gesichtspunkt auf einer siebenstufigen Skala. Die erhaltenen Urteile wurden für jeden Gesichtspunkt und jeden Schüler gemittelt, die resultierenden Mittelwerte (10 pro Schüler) wurden als Messwerte für die 10 Eigenschaften betrachtet und einer Faktorenanalyse unterzogen. Die zwei Faktoren können nun so interpretiert werden: Auf Faktor I laden die Eigenschaften Gesprächigkeit, Offenheit, Unternehmungslust, Geselligkeit, Fantasiereichtum und Unnachgiebigkeit (nachgiebig mit negativem Vorzeichen!) mit ihren höchsten Ladungen. Eine Person, die alle diese Eigenschaften in hohem Maße zeigt, entspricht recht gut dem Typus des »Extravertierten« (s. Kap. 15.3). Faktor I kann also als eine abstraktere Eigenschaft als die gemessenen Eigenschaften aufgefasst und als »Extraversionsfaktor« bezeichnet werden. Was unter »Extraversion« hier verstanden wird, ist zunächst durch die Art der erhobenen Daten und durch die faktorenanalytische Methode definiert. Verknüpfungen mit theoretischen Überlegungen und anderen empirischen Ergebnissen würden die Bedeutung »Extraversion« erweitern, was zusätzlicher Forschungsbemühungen bedarf, die es zum Thema »Extraversion« aber bereits in großem Umfange gibt. Das Gemeinsame der Eigenschaften, die auf Faktor II laden (aufgeregt, verletzbar, ängstlich, niedergeschlagen) scheint mit der Emotionalität der Beschriebenen zu tun zu haben. Am reinsten lädt die Eigenschaft »verletzbar«. Dies legt nahe, dass Faktor II als »emotionale Labilität« interpretiert werden könnte.

Tab. 7.10: Ergebnis einer Faktorenanalyse an 161 Hamburger Oberschülern

	I	II
gesprächig	.95	–.14
offen	.93	–.20
unternehmungslustig	.93	–.24
gesellig	.85	–.20
phantasievoll	.75	.08
aufgeregt	.55	.64
verletzbar	–.10	.77
ängstlich	–.57	.77
niedergeschlagen	–.60	.67
nachgiebig	–.57	–.29

7.3.5 Formale Eigenschaften des Faktorenmodells: Orthogonale Faktorenlösung

a) Faktorladungen als Korrelationskoeffizienten

Bei orthogonalen Faktorenlösungen stellen die Faktorladungen a_{jk} der Variablen j in den Faktoren k (k = I, II, III ...) Korrelationskoeffizienten dar, da ja jede Projektion (senkrechte Abbildung) eines Variablenvektorendpunktes auf einen auf 1 normierten anderen Variablenvektor auf diesem eine Strecke definiert, die der Korrelation zwischen den Vektoren entspricht. Abbildung 7.9 verdeutlicht das noch einmal (siehe auch Abb. 7.7):

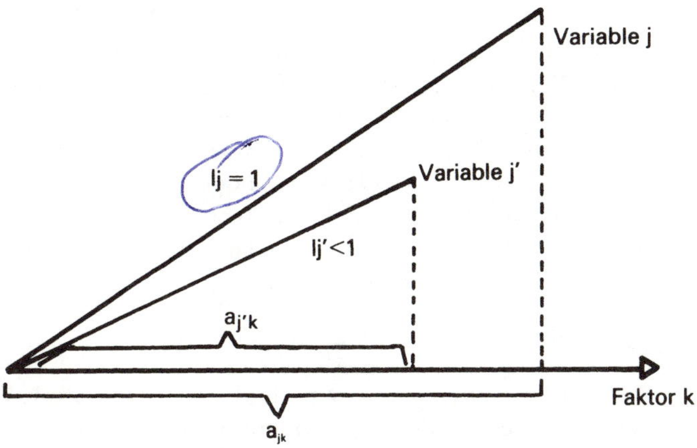

Abb. 7.9: Faktorladungen a_{jk} im orthogonalen Faktorenraum sind als Korrelationen der Variablen j mit den Faktoren k interpretierbar.

b) Das Faktorenmodell als additives Modell

Aus dem oben Gesagten wird klar, dass die Faktorladungen als Gewichtszahlen interpretierbar sind entsprechend dem Gewicht, das ein Faktor für das Zustandekommen eines individuellen Messwertes in einer Variablen besitzt. Nehmen wir an, eine in z-Werten fehlerfrei gemessene Variable j würde auf drei Faktoren mit den Faktorladungen a_{jI}, a_{jII} und a_{jIII} laden, und nehmen wir weiter an, wir könnten ebenfalls fehlerfrei messen, in welchem Ausmaß eine Person i diese drei Faktoren besitzt, und erhielten als Messergebnisse die Faktorwerte f_{iI}, f_{iII} und f_{iIII} dieser Person i und der drei Faktoren, so könnte man den Messwert z_{ij} der Person i in der Variablen j so errechnen:

$$(7.14) \quad z_{ij} = f_{iI} \cdot a_{jI} + f_{iII}a_{jII} + f_{iIII}a_{jIII}$$

Formel (7.14) stellt für den angenommenen speziellen Fall die Grundgleichung der faktorenanalytischen Modelle dar. Sie alle nehmen an, dass sich eine individuelle Variablenausprägung z_{ij} additiv zusammensetzt aus den für diese Variable mit den Faktorladungen a_{jk} gewichteten Faktorwerten fi_{ik} (k = I, II, III ...). Im allgemeinen, realistischen Fall unvollständiger Faktorlösungen, bei denen nicht alle, sondern nur die wichtigsten Faktoren extrahiert werden, wird der nach Formel (7.14) errechnete z_{ij}-Wert eine optimale Schätzung des tatsächlichen z_{ij}-Wertes einer Person i für eine Variable j darstellen. Diese Schätzung wird umso genauer sein, je mehr Faktoren extrahiert werden konnten. Als eigene additive Komponente müsste im realistischsten Fall in Formel (7.14) noch eine Fehlergröße für den Messfehler im Wert z_{ij} berücksichtigt werden.

c) Das Faktorenmodell als kompensatorisches Modell

Eine weitere wichtige Grundannahme des Faktorenmodells ist aus Gleichung (7.14) ersichtlich: Das Faktorenmodell ist kompensatorisch. Die Additivitätsannahme bedeutet nämlich, dass für eine von mindestens zwei Faktoren abhängige Variable j eine niedrige Faktorenausstattung f_{iI} der Person i im Faktor I kompensiert werden kann durch eine hohe Ausstattung f_{iII} dieser Person i im Faktor II, um dennoch eine mittlere Ausprägung in der Variablen j zu erzielen.
Ein Beispiel soll verdeutlichen, dass diese Modellannahme zumindest in extremen Fällen problematisch sein kann: Ein Leistungstest soll die Fähigkeit messen, in komplizierten Texten vorgegebene Rechenaufgaben lösen zu können. Für diese Leistung mögen zwei Faktoren wichtig sein, einmal der Faktor »Textverständnis«, zum anderen der Faktor »Rechenfertigkeit«. Hier wird klar, dass völlig fehlendes »Textverständnis« durch noch so hohe »Rechenfertigkeit« nicht kompensiert werden kann und umgekehrt (s. dazu Sixtl, 1967, S. 407 ff.). Im weniger extremen Fall hingegen mag etwa ein langsames »Textverständnis« durch schnelle »Rechenfertigkeit« kompensiert werden können.

d) Faktorwerte

Die in Gleichung (7.14) enthaltenen Messwerte f_{ik} der Personen i in den Faktoren k nennt man Faktorwerte. Sie lassen sich aus den Faktorladungen a_{jk} und den standardisierten Variablenmesswerten z_{ik} berechnen. Im geometrischen Modell entsprechen diese Faktorwerte den Koordinaten der Vektorendpunkte der Faktoren im Versuchspersonenraum. Die Faktorwerte in den rotierten Faktoren I′ und II′ unseres Beispiels (Abb. 7.8 und Tab. 7.9) würde man für die drei Versuchspersonen der Abb. 7.4 erhalten, wenn man die durch die Variablenvektoren und Faktoren der Abb. 7.8 aufgespannte Ebene mit der entsprechenden Ebene der Variablenvektoren im Versuchspersonenraum der Abb. 7.4 zur Deckung brächte. Dies erforderte eine Dehnung aller Vektoren auf die Länge $\sqrt{n}$, für $n = 3$ Versuchspersonen in unserem Beispiel. Die Koordinaten der auf diese Art als neue Variablen in den Versuchspersonenraum projizierten Faktoren könnten dann abgelesen werden. Sie entsprächen den Faktorwerten der drei Personen in den zwei Faktoren. Tab. 7.11 enthält diese Faktorwerte. Man sieht (vergleiche Tab. 7.7 und Abb. 7.8), dass sie ganz in der Nähe der Faktorwerte der Variablen B (Faktor II′) und D (Faktor I′) liegen.

Tab. 7.11: Faktorwerte der drei Versuchspersonen aus Abb. 7.4 in den rotierten Faktoren der Abb. 7.8.

		rotierte Faktoren	
		I′	II′
Vp i	1	.707	−1.225
	2	−1.414	.000
	3	.707	1.225
	M	.000	.000
	s	1.000	1.000

Da in unserem Beispiel Faktor I′ mit Variable E und Faktor II′ mit Variable A deckungsgleich ist, sind auch die Faktorwerte jeweils mit den z_{ij}-Werten der entsprechenden Variablen identisch.

e) Das Faktorenmodell als varianzzerlegendes Modell

Wir haben gesehen, dass in der orthogonalen Faktorenlösung die Faktorladungen a_{jk} der Variablen j in den Faktoren k Korrelationskoeffizienten darstellen: $a_{jk} = r_{jk}$. Aus diesem Grunde (vergleiche Abschnitt 7.2.2) können die quadrierten Faktorladungen als Varianzanteile, wie Determinationskoeffizienten, interpretiert werden: A_{jk}^2 gibt an, welcher Anteil (in Teilen von 1) der Gesamtvarianz der Variablen j durch Faktor k erklärt wird. Da in der orthogonalen Faktorenlösung die Faktoren k per definitionem unkorreliert sind, sind die Varianzanteile a_{jk}^2 der einzelnen Faktoren k für die Variable j additiv (siehe Abschnitt 7.1.4). Die Gesamtvarianz der Variablen j $s_j^2 = 1$ (da die Variablen standardisiert sind) lässt sich also zum Teil als Summe der Varianzanteile a_{jk}^2, summiert über die Faktoren k darstellen:

$$\text{(7.15)} \quad s_j^2 = \sum_k a_{jk}^2 + u_j^2 + e_j^2$$

Aus Formel (7.15) ist zu ersehen, dass sich die Gesamtvarianz S_j^2 der Variablen j aber nicht nur aus der durch die Faktoren aufgeklärten Varianz

$$\sum_k a_{jk}^2$$

zusammensetzt. Zwei weitere, zumindest theoretisch unterscheidbare Varianzanteile kommen hinzu: Die für die Variable j spezifische Varianz u_j^2 (für uniqueness, Einzigartigkeit) und die Fehlervarianz e_j^2 (für error, Fehler).

Die Benennung u_j^2 als »spezifische Varianz« macht die Voraussetzung, dass die k extrahierten Faktoren die gesamte gemeinsame Varianz aller Variablen erschöpfend erklären, sodass nur noch jeder Variablen jeweils alleine zukommende Varianzanteile übrig bleiben. Sofern diese keine Zufallsvarianz oder Fehlervarianz e_j^2 (im Sinne von zufälliger Messfehlervarianz) darstellen, beziehen sie sich auf inhaltliche Besonderheiten der jeweiligen Variablen. Diese psychologisch sicher sinnvolle theoretische Unterscheidung von u_j^2 und e_j^2 wird nur in bestimmten Faktorenmodellen gemacht, wie z. B. dem »Modell mehrerer gemeinsamer Faktoren«, nicht jedoch in anderen Faktorenmodellen, wie etwa dem »Hauptkomponentenmodell« (s. dazu z. B. Pawlik, 1968, S. 58 ff. und S. 112 ff.).

Ziel aller Faktorenmodelle ist es, die den Variablen gemeinsame Varianz, wie sie sich in der Korrelationsmatrix der Variablen niederschlägt, durch möglichst wenige Faktoren aufzuklären.

Wie groß der Anteil einer bestimmten Variablen j an der aufgeklärten gemeinsamen Varianz ist, besagt die Kommunalität h_j^2 dieser Variablen, die nach (7.16) errechenbar ist:

$$\text{(7.16)} \quad h_j^2 = \sum_k a_{jk}^2$$

Die nicht aufgeklärte Varianz ist demnach $1 - h_j^2$.

Stellt h_j^2 ein relatives Varianzmaß dar, so ist h_j interpretierbar als Länge des Variablenvektors im Faktorenraum (s. oben 7.3.2).

f) Faktorladungen und Variableninterkorrelationen

Nicht nur ein individueller Messwert lässt sich im Faktorenmodell additiv zerlegen, sondern auch die der Faktorenanalyse zugrunde liegenden Korrelationen zwischen den Variablen. Es gilt z. B., dass die Korrelation r_{BC} zwischen den Variablen B und C zurückgerechnet werden kann aus den Faktorladungen a_{Bk} und a_{Ck} der Variablen B und C in den k Faktoren (k = I, II, III...):

$$(7.17) \quad r_{BC} = a_{BI} \cdot a_{CI} + a_{BII} \cdot a_{CII} + a_{BIII} \cdot a_{CIII}$$

Auf diese Art kann überprüft werden, ob die in der Ausgangskorrelationsmatrix enthaltenen Korrelationen r durch die nach (7.17) mit Hilfe der extrahierten Faktoren rückgerechneten Korrelationen r so gut angenähert werden, dass man annehmen kann, alle (oder die wichtigsten) gemeinsamen Faktoren extrahiert zu haben.

7.3.6 Faktorenrotation: Oblique Faktorenlösung

Oft lässt sich das oben (s. 7.3.3) genannte Einfachstrukturkriterium durch orthogonale Rotation nicht optimal erfüllen, wie das Zehnvariablenbeispiel im zweidimensionalen Faktorenraum der Abb. 7.10 zeigt:

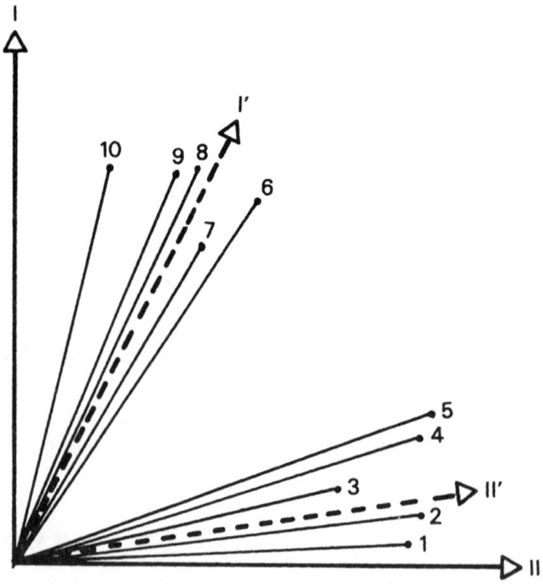

Abb. 7.10: Die oblique Faktorenlösung der Faktoren I' und II' erfüllt das Einfachstrukturkriterium besser als die orthogonale Lösung der Faktoren I und II.

Aus diesem Grunde werden von einigen Autoren (so z. B. Cattell, siehe unten 15.2) schiefwinklige (oblique) Faktorenrotationen zugelassen. Der Vorteil einer besseren Einfachstruktur, zu der schiefwinklige Lösungen führen können, wird dabei aber durch eine Verkomplizierung der formalen Modelleigenschaften erkauft (s. dazu Pawlik, 1968, S. 211ff).
Die Faktorladungen in schiefwinkligen Lösungen, die (wie Abb. 7.11 für das Beispiel aus Abb. 7.8 veranschaulicht) den Koordinaten der Variablenvektorendpunkte im schiefwinkligen Koordinatensystem entsprechen, stellen keine Faktorenkorrelationen mehr dar.

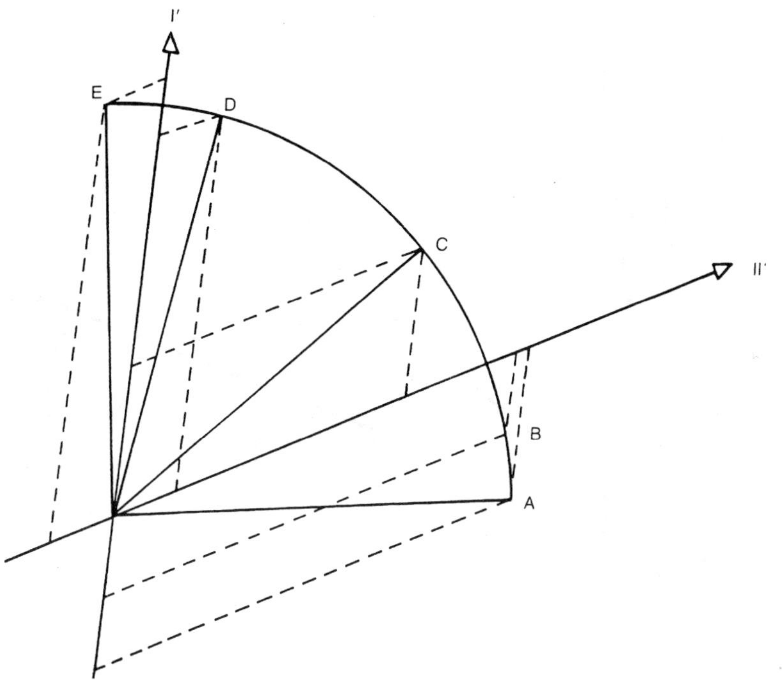

Abb. 7.11: Schiefwinklige Faktorenrotation: Die *Faktorladungen* entsprechen den Koordinaten der Variablenvektorendpunkte im schiefwinkligen Koordinatensystem (Faktoren).

Wohl aber entsprechen sie den Gewichtszahlen a_{jk} der faktorenanalytischen Grundgleichung. Sie können im schiefwinkligen Fall auch größer als 1.00 werden (s. Abb. 7.11, in der der Radius des Kreisbogens gleich 1 ist). Die Matrix der Faktorladungen wird im obliquen Fall Faktorgefügematrix genannt. Sie ist es, deren Einfachstruktur optimiert wird und der inhaltlichen Interpretation der Faktoren zugrunde gelegt wird. Sie muss ergänzt werden durch die Matrix der Faktorinterkorrelationen, die die Information über die Zusammenhänge der ja nun nicht mehr unkorrelierten Faktoren enthält.

Die Faktorgefügematrix ist zu unterscheiden von der Faktorstrukturmatrix, die die Korrelationen der Variablen mit den schiefwinklig rotierten Faktoren enthält. Diese Variablenfaktorenkorrelationen entsprechen den Projektionen der Variablenvektorendpunkte auf die Faktoren, wie die Abb. 7.12 für dasselbe Beispiel veranschaulicht.

Die quadrierten Variablen-Faktorenkorrelationen r_{jk}^2 stellen zwar, wie im orthogonalen Fall, Varianzanteile dar, die die Faktoren in den Variablen erklären, sie lassen sich aber nicht mehr zu Kommunalitäten h_j^2 der Variablen über die Faktoren aufaddieren. Dies wäre nur unter Berücksichtigung der Faktoreninterkorrelationen bzw. deren Kovarianzen möglich.

Eine interessante Möglichkeit eröffnen oblique Faktorenlösungen jedoch: Da die extrahierten Faktoren untereinander korrelieren, entsprechend den schiefen Winkeln, die sie einschließen, kann man aus der Faktorinterkorrelationsmatrix selbst wieder eine Faktorenanalyse rechnen. Man erhält so Faktoren zweiter Ordnung, die als inhaltlich breitere, abstraktere Beschreibungsdimensionen aufgefasst werden können (s. dazu z. B. 15.2).

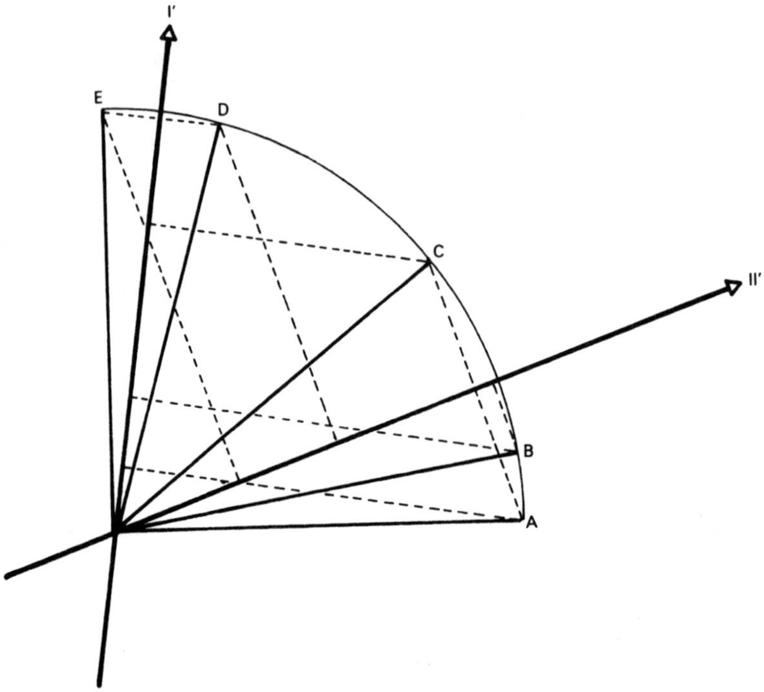

Abb. 7.12: Schiefwinklige Faktorenrotation: Die Projektionen der Variablenvektorendpunkte auf die Faktoren entsprechen den *Korrelationen* der Variablen mit den Faktoren.

7.3.7 Probleme der faktorenanalytischen Methodik

a) Probleme des allgemeinen Faktorenmodells

Zunächst dienen die faktorenanalytischen Verfahren dazu, eine Vielzahl von Variablen deskriptiv nach ihren inhaltlichen Ähnlichkeiten übersichtlich zu Gruppen zusammenzufassen. Darüber hinaus ermöglichen sie es, das den jeweiligen Variablengruppen Gemeinsame als Faktoren darzustellen. Diese können über die Bestimmung von Faktorwerten und in der weiteren Forschung über die Entwicklung von neuen Messverfahren direkt messbar gemacht werden. Die Reduktion einer Vielzahl von Variablen auf einige wenige Faktoren bringt einen Gewinn an Ökonomie und Übersichtlichkeit. Die Faktoren stellen abstraktere Begriffe als die Variablen dar. Das Vorgehen bei der Begriffsbildung ist durch die verwendete Methodik genau definiert.

Dies sind die Vorteile der Faktorenanalyse. Bei der Beurteilung faktorenanalytischer Ergebnisse darf jedoch nicht vergessen werden, dass bestimmte Modellannahmen in die Ergebnisse eingehen. Wie sinnvoll diese Modellannahmen und damit die Ergebnisse sind, wird nicht überprüft.

Die wichtigste Modellannahme, die bereits in die Berechnung der Korrelationsmatrix eingeht, besteht darin, dass die Beziehungen zwischen den Variablen in Form *linearer Berechnungen* sinnvoll darstellbar sind. Ein kurvenlinearer Zusammenhang etwa derart, dass hohe *und* niedrige Ausprägung in der Variablen X mit niedriger Ausprägung in der Variablen Y einhergeht und mittlere Ausprägung in X mit hoher in Y, ist mit Produktmomentkorrelationen und damit auch im skizzierten Faktorenmodell nicht darstellbar (zur nichtlinearen Faktorenanalyse s. McDonald, 1962). Auch die mögliche Abhängigkeit linearer Korrelationen von weiteren Variablen, so genannten Moderatorvariablen (s. u. a. Kapitel 26), wird im Faktorenmodell nicht berücksichtigt. Dass darüber hinaus die Annahme eines kompensatorischen Modells nicht immer adäquat sein muss, darauf wurde bereits hingewiesen (s. o. 7.3.5 c).

b) Probleme der Berechnung von Faktorenanalysen

Von einer empirisch-wissenschaftlichen Methode wird Objektivität(s. unten 8.1) verlangt. Darunter versteht man die Unabhängigkeit des Ergebnisses, das eine Methode liefert, von demjenigen, der die Methode verwendet.
Völlig objektiv jedoch ist die Verwendung faktorenanalytischer Methoden nicht. So muss, möglicherweise aufgrund subjektiver Präferenzen, entschieden werden, welches spezifische Faktorenmodell (z. B. »Modell mehrerer gemeinsamer Faktoren« oder »Hauptkomponentenmodell«; s. Pawlik, 1968) der Berechnung zugrunde gelegt werden soll. Dies führt zu Unterschieden im Berechnungsverfahren und u. U. zu unterschiedlichen Ergebnissen (s. jedoch Revenstorf, 1978). Ein Hauptproblem stellt die Bestimmung der Anzahl zu extrahierender Faktoren (»Abbruchkriterium«) dar. Zwar gibt es formalisierte und in diesem Sinne objektive Abbruchkriterien (z. B. auf wahrscheinlichkeitstheoretischer, signifikanzstatistischer Grundlage: Man bestimmt die Zufallswahrscheinlichkeit jedes extrahierten Faktors und betrachtet einen Faktor als zufällig und als inhaltlich nicht mehr zu berücksichtigen, wenn seine Zufallswahrscheinlichkeit größer als z. B. 5% ist), doch ist die Wahl eines Abbruchkriteriums selbst nicht völlig objektiv möglich. Auch lassen manche häufig verwendeten Abbruchkriterien subjektiven Interpretationen Spielraum (z. B. der Scree-Test von Cattell, 1966 a). Problematisch erscheint dieses Dilemma vor allem deshalb, weil rotierte Faktorenlösungen unterschiedlicher Faktorenzahl aus denselben Ausgangsdaten recht unterschiedliche inhaltliche Interpretationen erbringen können.
Ebenso ist das Problem der Faktorenrotation nicht völlig objektiv zu lösen. Zwar gibt es heute objektive, rein rechnerisch durchzuführende Rotationsmethoden mit exakt definierten Rotationskriterien, doch hat zumindest die Entscheidung, ob orthogonal oder oblique rotiert werden soll, möglicherweise Einfluss auf die inhaltliche Faktoreninterpretation (s. z. B. Carroll, 1978, Revenstorf, 1980, die weitere Gesichtspunkte und Fehlerquellen bei der Anwendung der Faktorenanalyse zusammenstellen).
Das Problem, dass die Faktorenanalyse intervallskalierte Ausgangsdaten voraussetzt – eine Voraussetzung, die nicht immer erfüllt erscheint –, wurde von Hammond und Lienert (1995) einer Lösung zugeführt.

7.3.8 Die Aussagekraft faktorenanalytischer Ergebnisse

Ein Haupteinwand, der gegen die Faktorenanalyse vorgebracht wurde, bezieht sich auf die Populationsabhängigkeit faktorenanalytischer Ergebnisse. Vor allem die Anzahl resultierender Faktoren kann von der Homogenität der Versuchspersonenstichprobe stark beeinflusst werden. Zeigen die Versuchspersonen eingeschränkte Streuungen in den Variablen, wie zum Beispiel Studenten in verschiedenen Intelligenzmaßen, führt dies zu niedrigeren Korrelationen wie Abb. 7.13 illustriert.
Niedrigere Korrelationen aber würden zu einer höheren Faktorenzahl führen. Auch das Gegenteil kann passieren: Untersucht man z. B. Kinder im Alter von 6 bis 10 Jahren mit In-

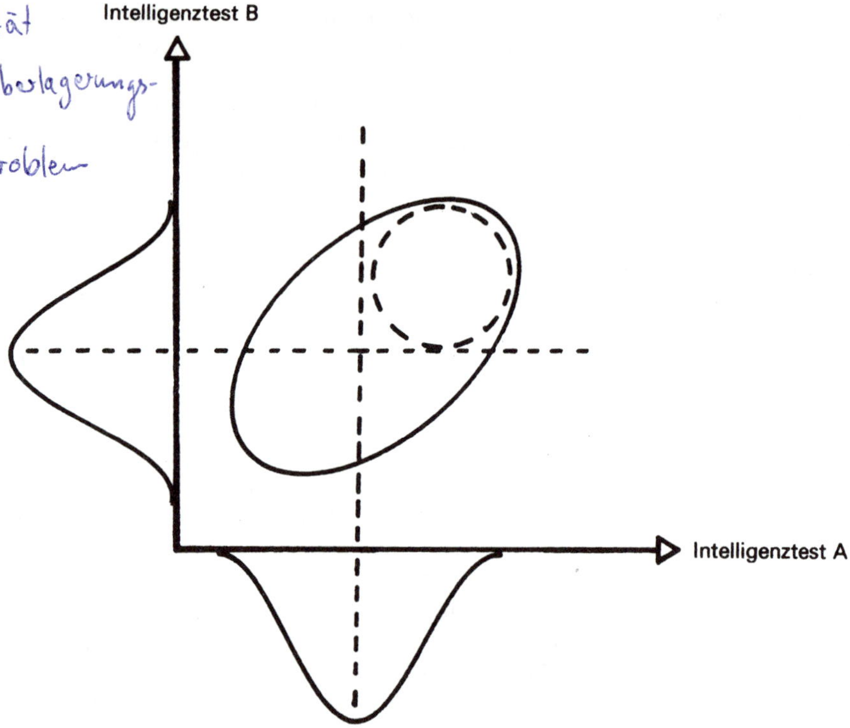

Abb. 7.13: Korrelationshöhe in Abhängigkeit von der Homogenität der Vpn-Stichprobe: Selegiert man nur überdurchschnittlich intelligente Personen, wird die Korrelationsellipse der homogenen Stichprobe runder, als sie in der unausgelesenen Stichprobe ist. Das bedeutet eine Reduzierung der Höhe des entsprechenden Korrelationskoeffizienten.

telligenztests, so wird in dieser Gesamtgruppe die Intelligenz stärker streuen als in altersgleichen Untergruppen. Dieser »simultane Überlagerungseffekt« (Kalveram, 1965) – hier überlagert Altersvarianz die interessierende Intelligenzvarianz – führt zu höheren Korrelationen und weniger Faktoren in einer Faktorenanalyse (Kalveram, 1969, 1965; Kempf, 1972; Merz & Kalveram, 1965; s. auch Schmidtke, 1967; Haagen & Oberhofer, 1977).
Aber nicht nur die unterschiedliche Homogenität von Versuchspersonenstichproben, sondern auch das oben angedeutete Moderatorproblem (unterschiedliche Merkmalszusammenhänge in verschiedenen Populationen, s. Kapitel 26) führt zum Problem der Populationsabhängigkeit von Faktorenanalyseergebnissen.
So richtig und wichtig diese Kritik ist, so sehr können unterschiedliche faktorenanalytische Ergebnisse aus verschiedenen Populationen aber gerade Erkenntnisse bringen, Erkenntnisse allerdings nur dann, wenn die Unterschiede zwischen den Populationen selbst interpretierbar sind und wenn darüber hinaus innerhalb vergleichbarer Stichproben faktorenanalytische Ergebnisse replizierbar sind. So wird man faktorenanalytische ebenso wie alle anderen empirischen Ergebnisse erst dann richtig einschätzen können, wenn ihre Generalisierbarkeit selbst empirisch untersucht wurde (ein Beispiel dazu bringt Brody, 1972, S. 15 ff.). Wichtig ist dabei allerdings zu beachten, dass alleine eine identische oder ähnliche Benennung eines Faktors in einer Replikationsstudie noch keinen Beleg für die Replikation dieses Faktors

darstellt. Die Verwendung zumindest teilweise identischer oder empirisch als inhaltsähnlich erwiesener Variablen in den verschiedenen Studien ist Voraussetzung für die Identifikation eines Faktors in verschiedenen Studien (Markiervariablen, s. dazu Pawlik, 1968, S. 256 ff.). Welchen Aussagewert eine Faktorenanalyse hat, hängt letztlich auch davon ab, welchen Stellenwert die Faktorenanalyse in einem bestimmten Forschungsprogramm einnimmt. Wo faktorenanalytische Techniken empirische Grundlagen zur Stützung von Theorien liefern sollen und nicht nur als Datenreduktionsmethoden eingesetzt werden, kommt vor allem der theoretisch begründeten, sorgfältigen Auswahl von Variablen eine große Bedeutung zu. Dass die Zusammenstellung der Variablenstichprobe auf das inhaltliche Ergebnis einen Einfluss hat, ist leicht einzusehen (zum Problem Faktorenanalyse und Theorienbildung s. Revenstorf, 1976, S. 269 ff., zu Problemen der Anwendung in der Forschung s. auch Lukesch & Kleiter, 1974).

Jöreskog (1969) nannte die Anwendung der Faktorenanalyse auf Daten, über deren faktorielle Struktur keine oder nur sehr allgemein formulierte Hypothesen vorliegen, *exploratorische* Faktorenanalyse. Solche allgemeinen Hypothesen können sich auf die Anzahl der extrahierbaren Faktoren oder auf allgemeine Aussagen über die Einfachstruktur der resultierenden Faktoren beziehen. Zur Überprüfung spezifischer Hypothesen über die faktorielle Struktur eines Datensatzes schlug Jöreskog (1969) neuere faktorenanalytische Techniken vor, die er *konfirmatorische* Faktorenanalyse nannte. Mit diesen Techniken lassen sich vor allem Hypothesen über Ladungsmuster der Variablen in den verschiedenen Faktoren überprüfen sowie Hypothesen über Korrelationen zwischen den Faktoren (zur konfirmatorischen Faktorenanalyse siehe auch Jöreskog & Sörbom, 1979; Moosbrugger, 1983; Revenstorf, 1980, S. 128–140; zum Zusammenhang mit allgemeineren korrelationsstatistischen, strukturanalytischen Methoden siehe auch Blalock, 1971; Jöreskog, 1978; Kenny, 1979).

7.3.9 Konfirmatorische Faktorenanalyse und Strukturgleichungsmodelle

Die im Vorangehenden ausführlich dargestellte faktorenanalytische Methodik kann im Sinne des Klassifikationsschemas von Backhaus, Erichson, Plinke und Weiber (1994) als *strukturentdeckendes* Verfahren bezeichnet werden. Das Gegenstück – eine *strukturprüfende* faktorenanalytische Methodik im Sinne von Backhaus und Mitarbeitern (1994) – hat unter dem Terminus *konfirmatorische* Faktorenanalyse (Jöreskog, 1969) Eingang in Literatur und Forschung gefunden.

Diese Methodologie gestattet es, spezifische Hypothesen über Ladungsmuster der (manifesten) Variablen in den verschiedenen Faktoren sowie Korrelationen der Faktoren untereinander zu überprüfen. Dazu werden a priori die Anzahl der Faktoren sowie Art und Anzahl der Ladungen der einzelnen Variablen (Indikatoren) auf den Faktoren im Rahmen eines Modells spezifiziert. Bei der Durchführung wird, ausgehend von der Korrelations- bzw. Kovarianzmatrix der Indikatoren, im ersten Schritt überprüft, ob die spezifizierten Modellparameter (Varianzen, Kovarianzen, Korrelationen usw.) aus dem Stichprobendatensatz geschätzt werden können (Problem der Identifikation). Kann das Modell als identifizierbar gelten, werden die Parameter geschätzt und im letzten Schritt getestet, ob die spezifizierten Annahmen im Modell (Restriktionen) mit den vorliegenden Daten kompatibel sind. Ist die Passung von Daten und Modell hinreichend genau, braucht das Modell nicht verworfen zu werden.

Im Gegensatz zur explorativen Faktorenanalyse, die selten exakt theoriegeleitet eingesetzt wird, erfordert der konfirmatorische Ansatz bereits sehr elaborierte Vorstellungen über die Struktur innerhalb der Daten. Je elaborierter (und damit auch restriktiver) das Modell ist, umso aussagekräftiger ist ein Ergebnis, das mit den Daten vereinbar ist, also eine gute Anpassung (fit) aufweist.

Konfirmatorisch-faktorenanalytische Modelle stellen einen Spezialfall einer allgemeinen Methodologie dar, die unter der Bezeichnung »Lineare Strukturgleichungsmodelle« oder »LISREL-Ansatz« bekannt ist. Der LISREL (*Li*near *S*tructural *Rel*ationships)-Ansatz entspricht einer Kombination aus Multipler Regression, Faktorenanalyse und Pfadanalyse. Diese Verfahren werden dahingehend erweitert, dass nicht nur Beziehungen zwischen manifesten (beobachtbaren) Variablen untersucht werden, sondern dass auch Beziehungen von latenten Variablen (Faktoren) untereinander formuliert und getestet werden können.

Ein LISREL-Modell besteht nach dem oben Gesagten aus zwei Teilen:

(1) der Formulierung von Beziehungen zwischen manifesten und latenten Variablen (das sog. *Messmodell*) und
(2) der Formulierung von Beziehungen zwischen den latenten Variablen untereinander (das sog. *Strukturmodell*).

Konfirmatorische Faktorenanalysen stellen daher im Sinn der LISREL-Terminologie Messmodelle dar, in denen manifeste Variablen mit theoretischen Konstrukten – den Faktoren – in Beziehung gesetzt werden.

Im Folgenden sei kurz das Prinzip der LISREL-Methodologie, die Kovarianzstruktur-Analyse, erläutert (für eine umfassende, formale Einführung s. Long, 1983; Hayduck, 1987; Bollen & Long, 1993; Pfeifer & Schmidt, 1987; Jöreskog & Sörbom, 1993 oder Backhaus, Erichson, Plinke & Weiber, 1994):

Ausgangspunkt ist – wie in der exploratischen Faktorenanalyse auch – die Kovarianz- bzw. Korrelationsmatrix der manifesten Variablen. Ist gesichert, dass aus dieser Matrix alle Modellparameter geschätzt werden können (Identifikation des Modells), wird diese Matrix verglichen mit jener Kovarianzmatrix, die sich bei Gültigkeit des Modells mit den geschätzten Parametern ergeben würde. Gesetzt den Fall, es gelte in der Population exakt das formulierte Modell, sind die beiden Matrizen identisch. Im Allgemeinen kann bestenfalls aber nur eine hinreichend genaue Annäherung erreicht werden. Ein Maß für die Güte dieser Annäherung stellt die Distanz zwischen empirischer und vom Modell implizierter Kovarianzmatrix dar. Mathematisch beschrieben wird dieser Sachverhalt durch eine X^2-verteilte Anpassungs-(fit-)statistik, die im Anschluss an die Modellschätzung berechnet wird.

Entsprechende Computerprogramme wie etwa LISREL 8 (Jöreskog & Sörbom, 1993), EQS (Bentler, 1989) oder LISCOMP (Muthén, 1988) sind in der Lage, anhand von iterativen Schätzalgorithmen die erforderliche Rechenleistung für die Schätzung der Parameter und den Test des Modells in kürzester Zeit zu erbringen. Zusätzlich werden noch verschiedenste Anpassungsstatistiken und im Falle von LISREL sogar Hinweise zur Modellverbesserung (modification indices) berechnet.

Ist der statistische Test der erwarteten gegen die empirische Kovarianzmatrix auf einem gesetzten α-Niveau nicht signifikant, stellt das Modell eine hinreichend gute Annäherung an die Populationsverhältnisse dar und braucht nicht verworfen zu werden. Die Schlußweise im LISREL-Ansatz verbietet eine Annahme des Modells im strengen Sinne (wie das beim Annehmen einer statistischen Alternativhypothese bei einem signifikant gewordenen statistischen Test möglich ist), sondern erlaubt nur das Nicht-Verwerfen des Modells (mehr dazu im Aufsatz von Jöreskog, 1993).

Das konfirmatorisch-faktorenanalytische Vorgehen überwindet viele Probleme der traditionell exploratorischen Methodik (vgl. Kapitel 7.3.8):

In der exploratorischen Faktorenanalyse müssen (unabhängig von den jeweiligen Gegebenheiten) die folgenden Annahmen aufseiten des Forschers gemacht werden:

(1) Die Zusammenhänge zwischen den Variablen bzw. Faktoren sind linearer Art.
(2) Die Messfehler der manifesten Variablen sind unkorreliert.
(3) Alle manifesten Variablen werden zusätzlich durch einen spezifischen Faktor beeinflusst.
(4) Alle Faktoren sind unkorreliert mit sämtlichen spezifischen Faktoren.

Innerhalb der konfirmatorischen Vorgehensweise werden die obigen Annahmen zu testbaren Restriktionen gemacht:
Die Annahme, dass bestimmte Faktoren untereinander korrelieren oder voneinander unabhängig sind, kann durch Schätzung entsprechender Modellparameter überprüft werden.
Der Einfluss einzelner Faktoren kann im Modell genau vorgegeben werden. Entweder setzt man die Höhe der Ladung jedes Faktors nach inhaltlichen Überlegungen fest (»Fixieren von Ladungen«) oder weist bestimmten Faktorladungen den Wert null zu (»Nullsetzen«). Auch das »Gleichsetzen« der Ladungen verschiedener Faktoren ohne das Festlegen der Höhe kann eine Vorgehensweise sein.
Die Unkorreliertheit der spezifischen Faktoren (»Fehler«) muss nicht als gegeben hingenommen werden, sondern kann explizit als Annahme geprüft werden.
Da im Modell auch die Ladungen der spezifischen Faktoren geschätzt werden, ist auch eine Entscheidung darüber möglich, ob ein solcher Einfluss signifikant ist.
Es existieren sogar Ansätze im Rahmen des LISREL-Modells, die es gestatten, auch nichtlineare Beziehungen zwischen den manifesten und latenten Variablen zu modellieren.
Ein wesentlicher Vorteil besteht auch in der Flexibilität der Vorgehensweise, dem »model generating« (Jöreskog, 1993). Damit ist gemeint, ausgehend von einem »initial-model« über mehrere Zwischenschritte schließlich zu einem endgültigen Modell zu gelangen, das sowohl dem Kriterium der Modellpassung als auch der Interpretierbarkeit im Sinne der zugrunde liegenden Theorie genügt.
Ein letzter Vorteil betrifft die Qualität der Daten: Das bei traditionellen Faktorenanalysen vorausgesetzte Intervallskalenniveau muss beim konfirmatorischen Ansatz nicht notwendigerweise gegeben sein. Das bereits oben erwähnte Programm LISCOMP ist für die Analyse ordinaler Daten entwickelt worden. Es existieren auch bereits spezielle statistische Verfahren (Polychorische Korrelationen, asymptotische Kovarianzen u. a.), die es erlauben, die LISREL-Methodologie auch auf ordinalskalierte Daten anzuwenden (Jörekog, 1990). Die Implementation dieser Verfahren in ein Computerprogramm namens PRELIS (Jöreskog & Sörbom, 1989) ist bereits realisiert.

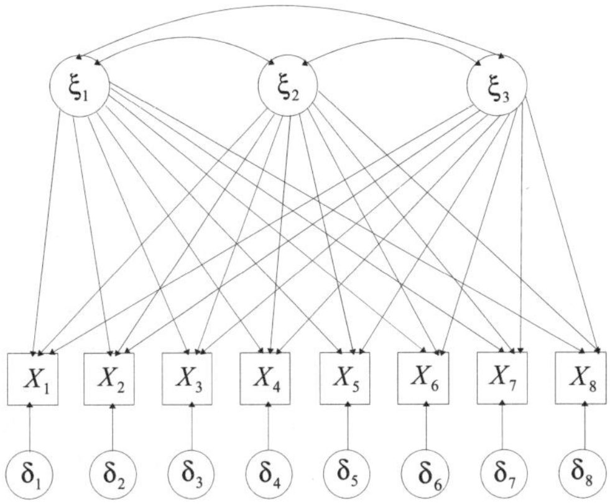

Abb. 7.14: Pfadanalytische Darstellung einer exploratorischen Faktorenanalyse (nach Long, 1984).

Abbildung 7.14 zeigt eine exploratorische Faktorenanalyse in der Darstellung als Pfadmodell. Dargestellt sind die manifesten Variablen X_1 bis X_7, die Faktoren ξ_1 bis ξ_3 und die spezifischen Faktoren δ_1 bis δ_7 (»Fehler«). Die Ladungen der i-ten Variable auf dem j-ten Faktor λ_{ij} werden vereinbarungsgemäß als Pfeile dargestellt; es handelt sich dabei um direkte Effekte der einen Variable (hier Faktor) auf eine andere (hier die manifeste Variable), wobei die Richtung des Pfeils die Richtung der Beziehung anzeigt. Korrelationen zwischen den latenten Variablen (Faktoren oder Fehler) werden per Definition als gebogene Doppelpfeile dargestellt, die die interdependente Beziehung zwischen den Konstrukten symbolisieren sollen.
In Abbildung 7.14 sind nun sämtliche in der exploratorischen Faktorenanalyse nötigen Annahmen (s. oben) dargestellt: Jeder Faktor besitzt Ladungen in allen manifesten Variablen (Pfeile von jedem Faktor zu jeder manifesten Variable), die Faktoren sind miteinander korreliert (gebogene Doppelpfeile zwischen den Faktoren) und die Fehlervariablen sind unabhängig, d. h. unkorreliert (keine gebogenen Doppelpfeile zwischen den Fehlern).

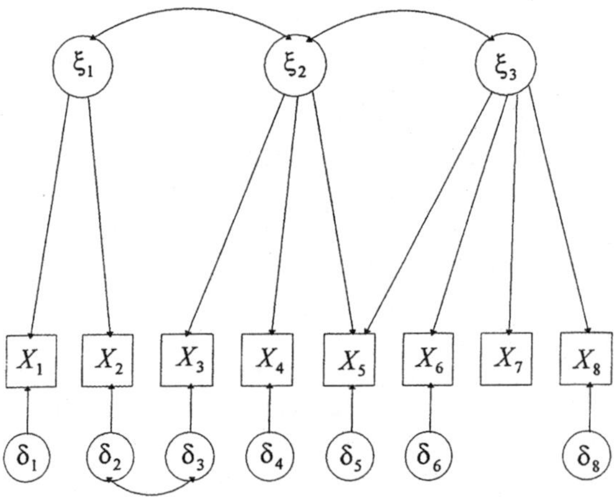

Abb. 7.15: Pfadanalytische Darstellung einer konfirmatorischen Faktorenanalyse (nach Long, 1984).

In Abbildung 7.15 ist eine konfirmatorische Faktorenanalyse als Pfadmodell dargestellt. Wie sofort auffällt, sind nur noch einige der oben genannten Annahmen gemacht worden: Faktor ξ_1 lädt nur noch auf die Variablen X_1 und X_2, Faktor ξ_2 soll nur noch auf die Variablen X_3 bis X_5 laden und Faktor ξ_3 schließlich auf die Variablen X_5 bis X_8. Bezüglich der Korrelationen der Faktoren werden nur noch korrelative Beziehungen zwischen Faktor 1 und 2 bzw. 2 und 3 angenommen. Auf der Seite der Residuen wird postuliert, dass die Fehlervariablen δ_2 und δ_3 korreliert sind und die manifeste Variable X_7 keine Fehlervariable δ besitzt.
Durch die in Abbildung 7.16 gezeigten Modifikationen wird aus dem Modell der konfirmatorischen Faktorenanalyse ein Strukturmodell: Die (ungerichteten) Korrelationen zwischen den latenten Variablen (Faktoren) ξ_1, ξ_2 und ξ_3 werden nun in gerichtete Effekte aufgelöst. ξ_1 hat einen direkten Effekt auf ξ_3 und einen über ξ_2 vermittelten indirekten Effekt auf ξ_3. Aus ξ_2 und ξ_3 werden somit endogene latente Variablen (d. h. Variablen, die durch andere

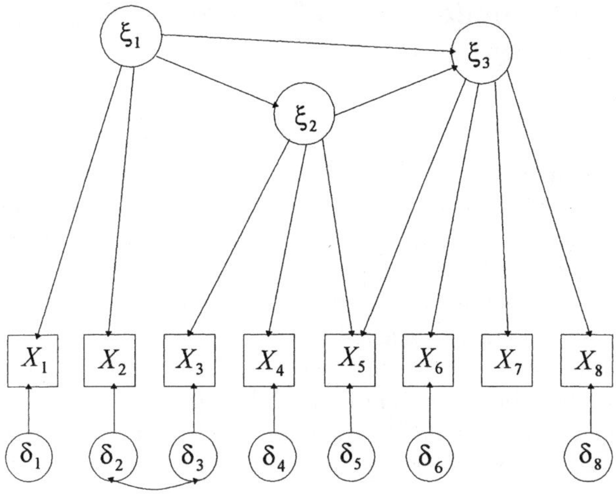

Abb. 7.16: Pfadanalytische Darstellung eines Strukturmodells (nach Long, 1984).

Variablen, hier ξ_1, erklärt werden), ξ_1 wird zu einer latenten exogenen Variable, die nur zur Erklärung der endogenen Variablen beiträgt, selbst aber nicht erklärt wird.
Die in den Abbildungen 7.15 und 7.16 dargestellten Beziehungen lassen sich nun als Mess- und Strukturmodell (s.o.) formulieren und mit LISREL 8 überprüfen.
Der Strukturgleichungsansatz kann innerhalb der Persönlichkeitspsychologie und Persönlichkeitsdiagnostik sehr fruchtbar angewandt werden:
Eine Einsatzmöglichkeit für konfirmatorische Faktorenanalysen findet man in der Kreuzvalidierung faktorenanalytisch gewonnener Ergebnisse analog zur Vorgehensweise in der Regressionsanalyse: In einem ersten Datensatz werden durch eine exploratorische Faktorenanalyse Faktorenladungen der latenten Variablen (Faktoren) auf den manifesten Variablen bestimmt. Diese Faktorenladungen dienen im zweiten Schritt als Parameterspezifikationen (Fixierung) für eine konfirmatorische Faktorenanalyse derselben Variablen, allerdings an einem anderen Datensatz. Braucht das entsprechende Modell nicht verworfen zu werden, kann vorsichtig auf eine gewisse Generalisierbarkeit der (in der ersten Analyse) gefundenen Faktorenladungen geschlossen werden.
Eine weitere Verwendungsmöglichkeit eröffnen Strukturgleichungsmodelle bei der Konstruktvalidierung: Da innerhalb spezieller Messmodelle (vgl. Steyer & Eid, 1993; Steyer, Schmitt & Ferring, 1992) eine Trennung von »wahren Werten« und Messfehlern möglich ist, können (korrelative) Beziehungen zwischen verschiedenen Konstrukten (z. B. Persönlichkeitsvariablen) auf der Ebene messfehlerbereinigter Daten ermittelt werden. Dieses Vorgehen wählten z. B. Eid, Notz, Steyer & Schwenkmezger (1994) bei der Validierung zweier Skalen zur Erfassung von Trait-Aspekten bei Stimmungen (Stimmungslage und Stimmungsschwankung).

Weiterführende Literatur:
Einführung und Überblick zum Thema konfirmatorische Faktorenanalyse gibt Long (1983); die übergeordnete LISREL-Methodologie wird erklärt bei Long (1984), Pfeifer & Schmidt (1987), Hodapp (1984), Hayduck (1987), Jöreskog & Sörbom (1993), Bollen & Long (1993); Anwendungen der LISREL-Methodologie im mess- und testtheoretischen Kontext finden sich bei Steyer & Eid (1993) sowie Eid (1995); Beispiele für den Einsatz von LISREL-Modellen in der Validierung von Testverfahren finden sich bei Steyer, Schmitt und Ferring (1992) sowie bei Eid, Notz, Steyer und Schwenkmezger (1994).

7.4 Zufälliges oder bedeutendes Ergebnis? – Das statistische Testen von Hypothesen

Grundlegendes Ziel empirisch psychologischer Forschung ist es, Gesetzmäßigkeiten des Verhaltens und Erlebens zu formulieren. Aussagen über solche Gesetzmäßigkeiten nennt man *Hypothesen,* solange ihre Gültigkeit durch empirische Befunde noch nicht hinreichend wahrscheinlich gemacht ist. Die Aufgabe der empirischen Forschung ist es, die allgemeine Gültigkeit hypothetisch formulierter Gesetze wahrscheinlich zu machen oder ihren eingeschränkten Geltungsbereich aufzuzeigen.

Hypothesen beinhalten im Allgemeinen Beschreibungen von Zusammenhängen zwischen zwei oder mehreren Variablen, wie zum Beispiel die Sätze: »Extravertierte zeigen weniger gute Dauerleistungen als Introvertierte«, oder »Intelligenz korreliert mit Schulleistung positiv«, oder »beim Lösen leichter Konzentrationsaufgaben sind Personen mit mittlerer Ängstlichkeit am besten, beim Lösen schwieriger Konzentrationsaufgaben Personen mit niedriger Ängstlichkeit«.

Alle diese Sätze sind ohne Einschränkung des Geltungsbereiches formuliert, sie beziehen sich auf alle Menschen. Die Gesamtheit aller Menschen wäre daher hier die *Population* (Grundgesamtheit), für die die Aussagen gelten sollen. Man hätte die Population in den Aussagen auch begrenzen können, was hier vermutlich inhaltlich gerechtfertigter wäre, und zum Beispiel nur Erwachsene unseres Kulturkreises einbeziehen können. Für viele differentialpsychologische Aussagen ist dies die Population, auf die sie sich beziehen.

Aber auch in dieser beschränkteren Population wäre es unmöglich, die Richtigkeit von Hypothesen empirisch so zu überprüfen, dass man alle Mitglieder der definierten Population in eine entsprechende Untersuchung aufnähme. Aus Ökonomiegründen wird man sich mit relativ kleinen *Stichproben* aus der Population zufrieden geben müssen.

Dies wirft das Problem auf, ob die untersuchte Stichprobe die Verhältnisse in der Population richtig widerspiegelt. Das wird immer dann sehr wahrscheinlich *nicht* der Fall sein, wenn die Stichprobe nicht repräsentativ für die Population ist. Zieht man zum Beispiel für die Untersuchung des Zusammenhanges zwischen Intelligenz und Schulleistung nur die besseren Schüler heran, müsste dies wegen der eingeschränkten Streuung der Schulleistungsmaße zu einer systematischen Unterschätzung der entsprechenden Populationskorrelation durch die Stichprobenkorrelation führen. Es ist dies ein Beispiel für einen *systematischen Stichprobenfehler.* Auch anders – gewollt oder ungewollt – systematisch selegierte Stichproben (z. B. nur männliche Schüler oder nur Schüler aus einem bestimmten Stadtviertel usw.) können zu systematischen Stichprobenfehlern bei der Schätzung von Populationsverhältnissen durch Stichprobenergebnisse führen.

Systematische Stichprobenfehler lassen sich vermeiden, indem man versucht, Zufallsstichproben aus der Population zu ziehen, Stichproben also so zusammenzustellen, dass *jedes* Mitglied der Population die gleiche Chance hat, in die Stichprobe aufgenommen zu werden (zur Technik der Erstellung von Zufallsstichproben und anderen Stichprobentechniken siehe z. B. Bortz, 1977, S. 109 ff.).

Nehmen wir an, es wäre für eine bestimmte Untersuchung gelungen, eine Stichprobe zusammenzustellen, die dem Modell der Zufallsstichprobe hinlänglich gut entspricht, eine Annahme, die zumindest implizit die allermeisten empirischen Untersuchungen in der Psychologie machen. Auch in diesem Fall werden Stichprobenergebnisse vom Populationsergebnis mit großer Wahrscheinlichkeit abweichen. Diese Abweichungen nennt man zufällige Stichprobenfehler. Sie lassen sich nicht vermeiden.

Für empirische Überprüfungen von Hypothesen an Zufallsstichproben bedeutet dies, dass man für jedes Stichprobenergebnis, das mit der zu überprüfenden Hypothese in Einklang steht, entscheiden muss, ob man es als empirischen Hinweis dafür akzeptieren kann, dass die Verhältnisse in der Population so sind wie in der Hypothese formuliert, oder ob man das empirische Ergebnis als Zufallsergebnis auffassen muss, das durch einen nie auszuschließenden zufälligen Stichprobenfehler zustande kam.

Wir wollen dies an einem Beispiel illustrieren: Nehmen wir an, es sollte die Hypothese untersucht werden, dass es einen Zusammenhang zwischen dem Geschlecht Erwachsener und dem Persönlichkeitsmerkmal »Emotionalität« gibt. Um diese Hypothese zu untersuchen, wurde in einer Zufallsstichprobe erwachsener Personen der Korrelationskoeffizient* zwischen dem Geschlecht und den Testwerten aus einem mit den Versuchspersonen durchgeführten Emotionalitätstest bestimmt. Man erhielt einen Korrelationskoeffizienten von $r = 0.40$, der bedeutet, dass Frauen im Schnitt etwas höhere Emotionalitätstestwerte als Männer hatten.

Nun kann dieses Stichprobenergebnis in zweierlei Weise interpretiert werden. Es kann die Interpretation nahe legen, dass die beiden Variablen auch in der Population korreliert sind, was der zu überprüfenden Hypothese entspricht; es kann aber auch sein, dass Emotionalität und Geschlecht in der Population zu $\varrho = 0$ korrelieren (ϱ, sprich rho, steht für die Populationskorrelation, über die man etwas erfahren möchte, während r für die Stichprobenkorrelation steht).

Da man zunächst nicht weiß, welche der beiden Interpretationsmöglichkeiten des Stichprobenergebnisses die wahrscheinlichere ist, könnte man eine Entscheidung zwischen ihnen so herbeiführen, dass man die Stichprobenerhebung an sehr vielen, gleich großen, unabhängigen Zufallsstichproben aus derselben Population wiederholt. Aufgrund wahrscheinlichkeitstheoretischer Überlegungen kann man erwarten, dass sich die entsprechenden Korrelationskoeffizienten aus diesen Stichproben symmetrisch um null verteilen, wenn Geschlecht und Emotionalität in der Population unkorreliert sind. Es wäre dies die Verteilung der einzelnen zufälligen Stichprobenfehler, mit denen die Korrelationskoeffizienten behaftet sind. Eine derartige Verteilung eines Stichprobenkennwertes nennt man Stichprobenverteilung dieses Kennwertes.

Die Kenntnis dieser Stichprobenverteilung des Korrelationskoeffizienten zwischen Geschlecht und Emotionalität würde eine Grundlage für unsere Entscheidung liefern. Jedoch wäre die empirische Bestimmung der Stichprobenverteilung viel zu unökonomisch.

Man kann die Form, den Mittelwert und die Standardabweichung von Stichprobenverteilungen verschiedener Kennwerte, wie in unserem Beispiel etwa des Korrelationskoeffizienten, aber theoretisch auf der Grundlage der Wahrscheinlichkeitstheorie und mathematischen Statistik bestimmen. Es sind diese mathematisch bestimmbaren Stichprobenverteilungen, die man in der empirischen Forschung der Entscheidung zwischen den beiden Interpretationsmöglichkeiten eines empirischen Ergebnisses zugrunde legt.

Abb. 7.17 veranschaulicht die Grundlagen und Regeln dieses Entscheidungsprozesses für das von uns angenommene Beispiel.

Zunächst formuliert man die beiden Hypothesen, zwischen denen entschieden werden soll. Die Hypothese, dass in der Population Geschlecht und Emotionalität unkorreliert sind, nennt man *Nullhypothese* ($H_o : \varrho_{xy} = 0$).

---

* Für die Korrelation einer zweistufig-qualitativ variierenden Variablen (Geschlecht) mit einer quantitativ mehrfach abgestuften Variablen (Testwerte) gibt es den speziellen »punktbiserialen Korrelationskoeffizienten«, der aber genauso wie der erläuterte Produktmomentkorrelationskoeffizient interpretierbar ist.

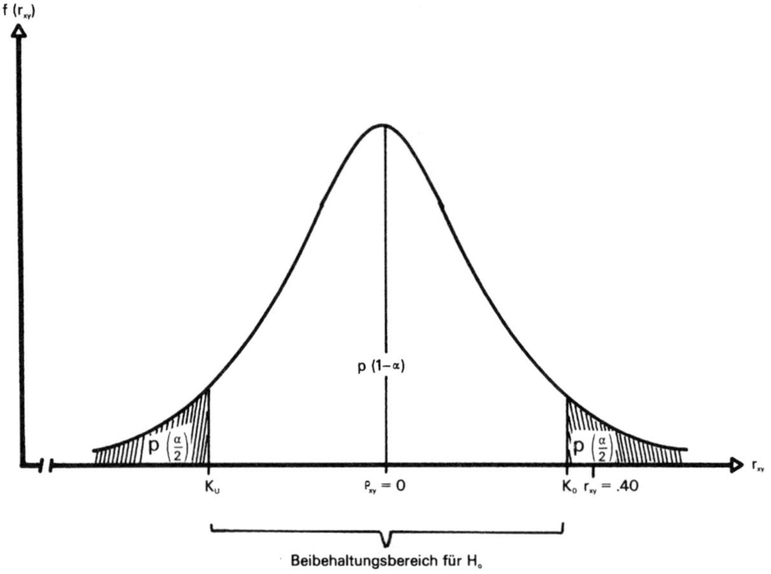

Abb. 7.17: Stichprobenverteilung von Stichprobenkorrelationen r_{xy} aus einer Population mit $r_{xy} = 0$. Schraffiert ist der Ablehungsbereich für die Nullhypothese bei zweiseitiger Fragestellung und einer Wahrscheinlichkeit für einen Fehler 1. Art von p(α).

Die inhaltlich interessierende, zur Nullhypothese alternative Hypothese, die eine Korrelation der beiden Variablen in der Population postuliert, nennt man *Alternativhypothese* (H_1 : $\varrho_{xy} \neq 0$). In unserem Beispiel beinhaltet diese Alternativhypothese keine Aussage über die Richtung (positiv oder negativ) der vermuteten Korrelation. Die Fragestellung ist *zweiseitig.* Nun bestimmt man die Stichprobenverteilung unter der Annahme der Richtigkeit der Nullhypothese, was in der Forschungspraxis routinemäßig unter Verwendung bekannter Formeln und entsprechender Tabellenwerke geschieht. In dieser Stichprobenverteilung bestimmt man dann – bei zweiseitiger Fragestellung – rechts und links je ein Flächenstück mit festgelegter Proportion, zusammen beispielsweise p(α) = 0.05 oder 5%, entsprechend den schraffierten Flächen in Abb. 7.17. Die Wahrscheinlichkeit, dass bei Richtigkeit der Nullhypothese ein Stichprobenkorrelationskoeffizient in den schraffierten Bereich fällt, also größer als der obere kritische Wert K_o oder kleiner als der untere kritische Wert K_u ist, beträgt dann genau p(α), dessen Größe man per Konvention bei 5% oder 1% festgelegt hat. Die Entscheidungsregel, nach der wir suchen, besagt schließlich, dass die Nullhypothese zu verwerfen ist, wenn ein Stichprobenkennwert in den schraffierten Bereich fällt, die Wahrscheinlichkeit, dass er so weit von null abweicht, obwohl der entsprechende Populationskennwert null ist, also nur noch 5% oder weniger beträgt.

Die über K_o oder unter K_u liegenden Werte für Korrelationskoeffizienten definieren somit den *Ablehnungsbereich für die Nullhypothese,* entsprechend die Werte zwischen K_u und K_o den *Beibehaltungsbereich für die Nullhypothese.* Fällt ein Stichprobenergebnis in diesen Beibehaltungsbereich, akzeptiert man die Nullhypothese, verwirft also die inhaltliche oder Alternativhypothese, obwohl das Stichprobenergebnis von null abweicht, man sagt, es weicht *nicht signifikant* von null ab.

Analog lässt sich eine Stichprobenkennwerteverteilung für eine spezifische Alternativhypothese (die zum Beispiel besagt, dass Männer um einen bestimmten Wert emotionaler sind als Frauen) erstellen.

Werden aus einer Population viele Stichproben gezogen und hat diese Population den Wert der Alternativhypothese als Mittelwert, ergibt sich eine der Abb. 7.17 analoge Kurve. Diese hat lediglich als Mittelwert nicht Null, sondern den angenommenen Wert. Trennt man von der Fläche unter der Kurve einen Bereich von fünf Prozent in die eine oder andere Richtung ab, so bedeutet dies inhaltlich, dass mit einer Wahrscheinlichkeit von fünf Prozent ein signifikantes Ergebnis als zufällig interpretiert wird, obwohl die Alternativhypothese in der Population gilt.

Die Alternativhypothese ist also zu verwerfen, wenn ein Ergebnis in den schraffierten Bereich fällt.

Die Formulierung, die man oft in Forschungsberichten findet, »das Ergebnis wurde signifikant«, bedeutet demnach, dass ein Stichprobenergebnis in den Ablehnungsbereich für die Nullhypothese fiel, die Nullhypothese also verworfen wurde. Oft wird zwischen »signifikanten« und »sehr signifikanten« Ergebnissen unterschieden. Bei dieser Unterscheidung bedeutet *»signifikant«*, dass der Ablehnungsbereich für die Nullhypothese $p(\alpha) = 0.05$ oder 5% der Stichprobenverteilungsfläche abschneidet, *»sehr signifikant«* hingegen bedeutet, dass ein Stichprobenergebnis in den extremer gelegenen Ablehnungsbereich fällt, der $p(\alpha) = 0.01$ oder 1% der entsprechenden Verteilungsfläche abschneidet.

Für unser in Abb. 7.17 wiedergegebenes Korrelationsbeispiel würde man sagen: »Die gefundene Korrelation $r_{xy} = .40$ ist auf dem $p(\alpha) = 5\%$-Niveau bei zweiseitiger Fragestellung signifikant.« Auf die Unterscheidung von einseitiger und zweiseitiger Fragestellung soll hier nicht näher eingegangen werden.

Welche Konsequenz hat nun das geschilderte statistische Entscheidungsverfahren für die Beurteilung empirischer Forschungsergebnisse?

Signifikanz eines Ergebnisses heißt, man hat eine Entscheidung zugunsten der Alternativhypothese getroffen. Die Festlegung des *Signifikanzniveaus* auf 5%, $p(\alpha) = 0.05$, oder 1%, $p(\alpha) = 0.01$, entsprechend dem festgelegten Ablehnungsbereich für die Nullhypothese bedeutet, dass diese Entscheidung mit einer Wahrscheinlichkeit von 5%, $p(\alpha) = 0.05$, oder 1%, $p(\alpha) = 0.01$, eine Fehlentscheidung sein kann. Denn mit der Wahrscheinlichkeit von $p(\alpha)$ könnte das Stichprobenergebnis immer noch aus einer Population stammen, für die die Nullhypothese gilt. Diesen Fehler, die Nullhypothese zu verwerfen, obwohl sie richtig ist, nennt man *Alpha-Fehler* oder *Fehler 1. Art,* $p(\alpha)$ auch die *Fehlerwahrscheinlichkeit* für einen Alpha-Fehler. Der Vorteil des geschilderten Entscheidungsverfahrens besteht darin, dass diese Fehlerwahrscheinlichkeit exakt kontrolliert werden kann.

Warum, so könnte man sich jetzt aber fragen, wählt man nicht eine noch kleinere Fehlerwahrscheinlichkeit für den Alpha-Fehler, um noch sicherere Stützen für die inhaltlichen Forschungshypothesen zu bekommen? Dazu muss zunächst noch gesagt werden, dass $p(\alpha)$ theoretisch überhaupt nicht null werden kann, da sich Stichprobenverteilungen nur asymptotisch der Abszisse nähern, sie also links und rechts oder zumindest auf einer Seite ins Unendliche reichen.

Die Antwort auf obige Frage ist die: Die Festlegung einer kleineren Fehlerwahrscheinlichkeit $p(\alpha)$ für einen Alpha-Fehler bedeutet die Festlegung extremerer Signifikanzgrenzen entsprechend den kritischen Werten K_u und K_o in Abb. 7.17 und damit eine Vergrößerung des Beibehaltungsbereiches für die Nullhypothese. Das aber hat zur Folge, dass die Wahrscheinlichkeit, einen anderen als den Alpha-Fehler zu begehen, größer wird. Diesen Fehler nennt man *Fehler 2. Art* oder *Beta-Fehler.* Er besteht darin, dass man die Nullhypothese beibehält, obwohl sie in der Population nicht gilt. Oder anders formuliert: Die Alternativhypothese zu verwerfen, obwohl sie gilt.

Während die Fehlerwahrscheinlichkeit $p(\alpha)$ für einen Alpha-Fehler bei jeder signifikanzstatistischen Entscheidung genau kontrolliert wird, ist dies für den Beta-Fehler nicht der Fall. Er

lässt sich im Rahmen der hier dargestellten klassischen Entscheidungsstatistik in den meisten Fällen auch gar nicht exakt kalkulieren. Man kann auf ihn nur indirekt über folgende generelle Eigenschaft von Stichprobenverteilungen Einfluss nehmen. Ganz allgemein gilt nämlich, dass die Breite der Stichprobenverteilung eines Stichprobenkennwertes St, gemessen über die Standardabweichung s_{St}, die man als *Standardfehler eines Stichprobenkennwertes* bezeichnet, umso kleiner wird bei sonst gleichen Verhältnissen, je größer man die Stichprobe macht, aus der man St bestimmt: Große Stichproben sind im Schnitt mit kleineren zufälligen Stichprobenfehlern behaftet. Schmale Stichprobenverteilungen führen somit bei gleich bleibendem Signifikanzniveau zu weniger extremen Signifikanzgrenzen K_u und K_o und entsprechend schmaleren Beibehaltungsbereichen für die Nullhypothese. Dies bedeutet, dass man bereits viel kleinere Populationseffekte signifikanzstatistisch entdecken kann als in kleinen Stichproben und dass die Wahrscheinlichkeit, keine Entscheidung zugunsten der Alternativhypothese treffen zu können, obwohl die Alternativhypothese richtig ist – also die Beta-Fehler-Wahrscheinlichkeit –, (bei sonst gleichen Gegebenheiten) kleiner wird.
Diese Beta-Fehler-Wahrscheinlichkeit wird in der empirischen Persönlichkeitsforschung und der dabei angewandten klassischen Signifikanzstatistik heute üblicherweise nicht beachtet. Das bringt unter anderem den Nachteil mit sich, dass man bei einem insignifikanten Ergebnis nicht weiß, ob es den vermuteten Effekt oder Zusammenhang in der Population gar nicht gibt oder ob man ihn nur nicht nachweisen kann, weil die untersuchte Stichprobe zu klein und/oder der Effekt zu schwach ist. Auf keinen Fall darf man, ohne die Beta-Fehler-Wahrscheinlichkeit zu kennen, aus einem insignifikanten Ergebnis den Schluss ziehen, dass es den untersuchten Zusammenhang bzw. Effekt nicht gibt. Erst wenn der Annahmebereich hinreichend groß ist, kann ein nicht signifikantes Ergebnis interpretiert werden. Dann ist die Wahrscheinlichkeit, einen Effekt einer bestimmten Größe in einer Population zu finden, wenn er existiert, hinreichend groß (und zwar genau 100 % minus Beta-Fehler-Wahrscheinlichkeit).
Will man empirisch mit Hilfe signifikanzstatistischer Entscheidungen den Nachweis führen, dass ein bestimmter Effekt nicht gegeben oder zumindest nicht größer als ein uninteressanter Maximaleffekt ist, so muss man sich der heute vorliegenden Methoden der Kontrolle der Beta-Fehler-Wahrscheinlichkeit bedienen (Cohen, 1977; Hager, 1987), die die klassische Inferenzstatistik ergänzen und die oben genannten Probleme lösen.
Die Konsequenzen für die Beurteilung signifikanzstatistisch »abgesicherter« Ergebnisse wird nun klar. Sie lassen sich so zusammenfassen:

1. Sichere empirische Beweise für Forschungshypothesen und damit Theorien kann es nicht geben. Ein empirisches Ergebnis kann eine Hypothese immer nur mit einer bestimmten Wahrscheinlichkeit stützen.
2. »Ein empirisches Ergebnis ist signifikant« bedeutet nur, dass die Wahrscheinlichkeit, die Nullhypothese fälschlicherweise aufgrund dieses einen empirischen Ergebnisses verworfen zu haben, klein ist und $p(\alpha)$ beträgt.
3. $p(\alpha) = 0.05$ oder 5% bedeutet, dass man in 5 von 100 gleichartigen Untersuchungen 5-mal ein signifikantes Ergebnis erwarten muss, *obwohl* in der Population die Nullhypothese richtig ist. Daraus folgt, dass erst die oftmalige Wiederholung einer Untersuchung, so genannte Replikationsstudien, größere Sicherheit für die zu treffenden Entscheidungen bringen. Eine einmalige Untersuchung kann daher eine Hypothese immer nur sehr unzulänglich stützen.
4. Statistische Signifikanz sagt nichts über die Größe eines Effektes oder die Stärke eines Zusammenhanges zwischen zwei oder mehreren Variablen aus. Ein Effekt einer Bedingung auf eine Variable kann sehr signifikant sein, obwohl der Effekt selber nicht sehr groß ist. Ein Korrelationskoeffizient z. B. von $r = .10$ weicht in einer Stichprobe von 400 Personen auf dem 5%-Niveau signifikant von null ab. Inhaltlich bedeutet das aber, dass beide Variablen nur 1% gemeinsame Varianz haben (s. 7.2.2).

5. Ein nicht signifikantes Ergebnis bedeutet nicht, dass der untersuchte Effekt oder Zusammenhang nicht existiert. Ohne Bestimmung der Beta-Fehler-Wahrscheinlichkeit darf das nicht signifikante Ergebnis inhaltlich nicht interpretiert werden.

Obwohl auch mehrfach Kritik geübt wurde an der Anwendung (Stelzl, 1982) und der Logik des hier skizzierten statistischen Hypothesentestens (siehe dazu z. B. Bredenkamp, 1972, 1980; Carver, 1978; Harnatt, 1975; Krause & Metzler, 1978; Rüppell, 1977; Witte, 1977, 1980), stellt das statistische Signifikanz-Konzept bis heute eine wesentliche Grundlage empirischer Forschung in der Differentiellen Psychologie dar. Die Beurteilung vieler Ergebnisse dieser Forschung kann nur auf dem Verständnis der Bedeutung signifikanzstatistischer Aussagen aufbauen. Da die klassische Signifikanz-Statistik am Fall des einzelnen Experimentes ausgerichtet ist, ergeben sich jedoch für die Persönlichkeitsforschung spezifische Probleme dann, wenn mehrere aufeinander bezogene, in Zeitreihen erhobene Resultate auf ihre Bedeutsamkeit geprüft werden sollen (s. hierzu Schwartz & Dalgleish, 1982; im Weiteren auch Tholey, 1981/1982).

7.5 Die Analyse komplexerer Versuchspläne

7.5.1 Korrelationsstatistische Untersuchung: Interdependenzanalyse

Die in den Abschnitten 7.1 bis 7.3 besprochenen Verfahren der Varianzbestimmung, der Korrelationsstatistik und der Faktorenanalyse erlauben die Beschreibung von Unterschieden zwischen Menschen und die Untersuchung von Zusammenhängen solcher Unterschiede in verschiedenen Merkmalen. Es ist die über Situationen und Zeitpunkte hinweg relativ stabile *interindividuelle Merkmalsvarianz,* die dabei untersucht und deren Korrelationen mit anderen Merkmalen analysiert werden soll. Die korrelationsstatistische Untersuchung von Zusammenhängen zwischen verschiedenen Merkmalen nennt man *Interdependenzanalyse.* Dies deshalb, weil der Korrelationskoeffizient keinen Aufschluss darüber gibt, ob ein Merkmal – zum Beispiel Schulleistung – vom anderen Merkmal – zum Beispiel Intelligenz – abhängt, ob eine Abhängigkeit in umgekehrter Richtung anzunehmen ist – nämlich, dass die Intelligenz vom Erfolg in der Schule abhängt – oder ob die beiden Merkmale wechselseitig voneinander oder von einem oder mehreren dritten Merkmalen – wie der elterlichen Erziehung, ererbten Begabungen u. a. – abhängen. Weil korrelationsstatistische Zusammenhänge von interindividuell variierenden Merkmalen, meist wechselseitige Abhängigkeiten, also Interdependenzen beschreiben, spricht man von *Interdependenzanalyse.* Lange Zeit wurde dieser Ansatz als einziger in der Differentiellen Psychologie angesehen (Cronbach, 1957, 1975), diese wurde praktisch mit »Korrelations-Psychologie« gleichgesetzt.

7.5.2 Das Experiment: Dependenzanalyse

Im Gegensatz dazu sah man die Aufgabe der Allgemeinen Psychologie darin, systematische *intraindividuelle Merkmalsvarianz* in ihrer Abhängigkeit von bestimmten Bedingungen zu untersuchen. Unter systematischer intraindividueller Merkmalsvarianz sind jene Veränderungen eines Merkmals oder eines Verhaltens gemeint, die sich regelmäßig unter definierten

Bedingungen beobachten lassen, wobei diese Veränderungen für alle Personen als identisch angenommen werden.
Die Methode zur Untersuchung solcher systematischer Merkmalsveränderungen ist das Experiment. Dieses ist vor allem dadurch definiert, dass die Bedingungen, unter denen man entsprechende Merkmalsveränderungen erwartet, vom Versuchsleiter systematisch variiert werden, wobei alle weiteren Einflüsse neben den variierten Bedingungen ausgeschaltet oder kontrolliert werden (siehe z. B. Bredenkamp, 1969, 1980; Campbell & Stanley, 1963, 1971; Schwarz, 1970; Preiser, 1977; Cook & Campbell, 1976).
Durch die systematische, vom Versuchsleiter manipulierte Bedingungsvariation im Experiment ist die Richtung einer Abhängigkeit des Merkmals, in dem die systematische intraindividuelle Variation beobachtet werden soll, eindeutig: Nur die experimentellen Bedingungen können das Merkmal beeinflussen und nicht umgekehrt. Deshalb nennt man dieses auch *»abhängige Variable«*, die vom Versuchsleiter variierten Bedingungen entsprechend *»unabhängige Variable«*. Experimente in diesem Sinne stellen im Unterschied zu korrelationsstatistischen Forschungsplänen *»Dependenzanalysen«* dar, weil in ihnen die Abhängigkeit (Dependenz) der abhängigen von der unabhängigen Variablen eindeutiger interpretierbar ist als in Interdependenzanalysen.

7.5.3 Einfaktorielles und mehrfaktorielles Experiment

Im einfachsten Fall beinhaltet ein Experiment eine unabhängige Variable, die in zwei oder mehreren Stufen variiert wird. Man nennt die unabhängige Variable eines Experimentes auch »Faktor«*, Versuchspläne für Experimente mit einer unabhängigen Variablen deshalb auch *einfaktorielle Versuchspläne*. Psychologische Forschungsprojekte beinhalten meist jedoch komplexere Versuche, in denen das Zusammenwirken mehrerer unabhängiger Variablen und deren Wirkung auf eine abhängige Variable untersucht werden soll. Pläne für solche Experimente nennt man *mehrfaktorielle Versuchspläne*. Typisch für solche mehrfaktoriellen Versuchspläne ist, dass die Stufen auf einem Faktor systematisch kombiniert werden mit allen Stufen auf dem anderen Faktor oder den anderen Faktoren. Ein Experiment mit einem zweistufigen Faktor und einem dreistufigen Faktor bezeichnet man als zwei-mal-dreifaktoriellen Versuch. Er umfasst 6 verschiedene Bedingungskombinationen. Beispiele dazu geben wir weiter unten.
Immer dann, wenn die unabhängigen Variablen in mehrfaktoriellen Versuchsplänen vom Versuchsleiter systematisch variiert werden, die Bedingungen also manipulativ hergestellt werden, handelt es sich um allgemeinpsychologische Experimente.
Die unabhängigen Variablen werden *»Reizvariablen«* genannt, da es mehr oder weniger komplexe Unterschiede in den Reizkonstellationen der Bedingungen sind, die die unabhängigen Variablen definieren.
Untersucht wird die intraindividuelle Varianz in der abhängigen Variablen, in diesem Sinne intraindividuelle Merkmalsvarianz in Abhängigkeit von den systematisch variierten Reizvariablen.

* Der Begriff »Faktor« in experimentellen Versuchsplänen ist nicht mit dem faktoranalytischen Begriff »Faktor« zu verwechseln.

7.5.4 Das differentialpsychologische Experiment

Nun müssen unabhängige Variablen oder Faktoren in Experimenten nicht immer »Reizvariablen« sein. Sehr oft betrachtet man Merkmale, in denen sich Menschen präexperimentell bereits unterscheiden, in Experimenten als unabhängige Variablen, wie zum Beispiel das Geschlecht, Persönlichkeitseigenschaften, Fähigkeiten oder in definierten Situationen spontan auftretende Verhaltensunterschiede. Weil diese nicht wie bei Reizvariablen vom Versuchsleiter systematisch variiert werden, sondern in den Individuen und deren Organismen bereits variiert vorliegen, nennt man solche Variablen als Faktoren in Experimenten auch »*Organismusvariablen*«.

Immer dann, wenn in einem mehrfaktoriellen Experiment neben »Reizvariablen« auch »Organismusvariablen« als unabhängige Variablen vorkommen, handelt es sich um ein differentialpsychologisches Experiment.

In diesem werden immer mehrere Effekte auf die abhängige Variable untersucht, die wir wie folgt unterscheiden müssen:

Haupteffekte der Reizvariablen: Effekte einer Reizvariablen auf die abhängige Variable, die für alle Versuchspersonen im Experiment in gleicher Weise wirken, bezeichnet man als Haupteffekte dieser Reizvariablen. Es handelt sich dabei immer um allgemeinpsychologische Effekte, die systematische intraindividuelle Varianz in der abhängigen Variablen in Abhängigkeit von der Reizvariablen beschreiben.

Haupteffekte der Organismusvariablen: Effekte einer Organismusvariablen auf eine abhängige Variable, die in allen Bedingungen und Bedingungskombinationen von Reizvariablen gleich sind, bezeichnet man als Haupteffekte dieser Organismusvariablen. Es handelt sich dabei immer um differentialpsychologische Effekte, die interindividuelle Varianz in der abhängigen Variablen und ihre Kovariation mit der Organismusvariablen beschreiben.

Haupteffekte von Organismusvariablen lassen sich im Unterschied zu Haupteffekten von Reizvariablen nicht als echte Dependenzen interpretieren, da die in einem Experiment untersuchten Stufen auf einer Organismusvariablen ja nicht manipulativ vom Versuchsleiter variiert wurden.

Wechselwirkungseffekte zwischen Reiz- und Organismusvariablen: Effekte von Reizvariablen auf eine abhängige Variable, die für Personen mit unterschiedlicher Ausprägung in einer Organismusvariablen verschieden sind, nennt man Wechselwirkungseffekte zwischen Reiz- und Organismusvariablen. Sie stellen differentialpsychologische Effekte dar und beziehen sich auf systematische intraindividuelle Varianz in der abhängigen Variablen, die aber unterschiedlich ist für Personen mit unterschiedlicher Ausprägung in der Organismusvariablen.

Jeder Wechselwirkungseffekt zwischen einer Reiz- und einer Organismusvariablen lässt sich auch in der anderen Richtung beschreiben: Er kann auch als Effekt der Organismusvariablen, der in verschiedenen Bedingungen der Reizvariablen unterschiedlich groß ist, bezeichnet werden und stellt so betrachtet interindividuelle Varianz dar, die in den verschiedenen experimentellen Bedingungen unterschiedlich groß ist.

Wechselwirkungseffekte zwischen zwei Organismusvariablen: In Experimenten mit mehr als einer Organismusvariablen kann es auch Wechselwirkungseffekte zwischen zwei Organismusvariablen geben. Darunter versteht man Effekte einer Organismusvariablen auf eine abhängige Variable, die für Personen mit unterschiedlicher Ausprägung in der anderen Organismusvariablen verschieden sind. Solche Wechselwirkungen wurden auch als »Moderatoreffekte« bezeichnet (Bartussek, 1970; Moosbrugger, 1994; Moosbrugger, Schermellen-Engel & Klein, 1997; siehe auch Moosbrugger, 1981).

Ein Beispiel für eine Wechselwirkung zwischen einer Reiz- und einer Organismusvariablen: Das folgende Beispiel soll die Unterscheidung von Haupteffekten und Wechselwirkungen

verdeutlichen. Es stammt aus einer Untersuchung (Jensen, 1962), die sich mit der Abhängigkeit von Lernleistungen (abhängige Variable) von bestimmten Bedingungen der Vorgabe des Lernmaterials (Reizvariable) und unter anderem dem Persönlichkeitsmerkmal Emotionalität (oder Neurotizismus im Sinne von Eysenck, siehe 15.3.3) als Organismusvariablen beschäftigte.
Die Lernaufgabe bestand darin, die richtige Reihenfolge von neun Elementen (geometrische Figuren in unterschiedlichen Farben) zu erlernen, die immer wieder in derselben Reihenfolge vorgegeben wurden. Die Versuchspersonen mussten jeweils vorhersagen (Antizipationsmethode im seriellen Lernen), welches Element als nächstes kommen würde, so lange, bis sie einmal fehlerfrei alle neun Elemente vorhersagten. Ausgezählt wurde als Maß für die abhängige Variable die Anzahl von Fehlern bis zur Erreichung dieses Kriteriums.
Die Reizvariable bestand darin, dass für die Hälfte der Versuchspersonen die Elemente im Zweisekunden-, für die andere Hälfte im Viersekundenabstand vorgegeben wurden.
Die Organismusvariable »Emotionalität« wurde über einen Fragebogen gemessen, 32 Versuchspersonen mit den höchsten und 32 Versuchspersonen mit den niedrigsten Werten von insgesamt 130 Versuchspersonen wurden in das Experiment aufgenommen.
Die Ergebnisse dieses zwei-mal-zwei-faktoriellen Versuchsplanes lassen sich so darstellen (siehe Tab. 7.12).
In den Zellen des Versuchsplanes aus Tab. 7.12 finden sich die Mittelwerte der Versuchspersonen aus den entsprechenden Bedingungskombinationen. Der Gesamtmittelwert aller Versuchspersonen beträgt 65.5 Fehler bis zur Erreichung des Lernkriteriums, die Abweichungen der Spaltenmittelwerte von diesem Gesamtmittelwert stellen die Haupteffekte für die Variable »Emotionalität« dar. Sie betragen +1.5 und –1.5. Eine Signifikanzprüfung ergab, dass diese Größen nicht signifikant von null abweichen.
Die Abweichungen der Zeilenmittelwerte von +10.5 und –10.5 vom Gesamtmittelwert entsprechen den Haupteffekten der Variablen »Expositionszeit«. Sie sind auf dem 1%-Niveau signifikant. Demnach machen die Versuchspersonen in der Zweisekundenbedingung durchschnittlich 10.5 Fehler mehr als im Gesamtdurchschnitt bzw. 21 Fehler mehr als in der Viersekundenbedingung.
Diese Haupteffektgrößen müssten für alle Versuchspersonen in gleicher Weise gelten, unabhängig von ihrer Emotionalität, wenn es nicht auch noch Wechselwirkungseffekte zwi-

Tab. 7.12: Mittlere Fehlerzahlen in einer Lernaufgabe in Abhängigkeit von der Expositionszeit der Lernelemente und dem Persönlichkeitsmerkmal »Emotionalität«. Die Haupteffekte der unabhängigen Variablen sind definiert als Differenzen zwischen Gesamtmittelwert und den entsprechenden Zeilen- und Spaltenmittelwerten (nach Jensen, 1962, leicht verändert).

		Emotionalität		Zeilenmittelwerte	Haupteffekte
		niedrig	hoch		
Expositionszeit	2 sec.	65	87	76	+ 10.5
	4 sec.	63	47	55	– 10.5
	Spaltenmittelwerte	64	67	65.5 Gesamtmittel	
	Haupteffekte	– 1.5	+ 1.5		

Tab. 7.13: Wechselwirkungseffektgrößen, Haupteffektgrößen und Gesamtmittelwert, aus denen die beobachteten Zellenmittelwerte der Tab. 7.12 vollständig zurückgerechnet werden können.

		Emotionalität niedrig	Emotionalität hoch	
Expositionszeit	2 sec.	– 9.5	+ 9.5	+ 10.5
	4 sec.	+ 9.5	– 9.5	– 10.5
		– 1.5	+ 1.5	65.5

schen Emotionalität und Vorgabeintervall gäbe. Ob dem so ist, wird überprüft, indem man die Zellenmittelwerte aus dem Gesamtmittelwert durch Addition des entsprechenden Zeilen- und Spaltenhaupteffektes zurückrechnet. Der so zurückgerechnete Mittelwert in der Zweisekundenbedingung müsste dann für die Versuchspersonen mit niedriger Emotionalität 65.5 – 1.5 + 10.5 = 74.5 betragen, der entsprechende für die Versuchspersonen mit hoher Emotionalität 65.5 + 1.5 + 10.5 = 77.5. Man sieht, dass die tatsächlichen Zellenmittelwerte in der ersten Zeile des Vierfelderschemas Tab. 7.12 um 65 – 74.5 = –9.5 bzw. 87 – 77.5 = +9.5 abweichen. Analoges gilt in der zweiten Zeile für die Viersekundenbedingung, in der die tatsächlichen Mittelwerte 63 und 47 um +9.5 für niedrig emotionale und um –9.5 für hoch emotionale Versuchspersonen abweichen von dem aus dem Gesamtmittelwert und den entsprechenden Haupteffekten zurückgerechneten Mittelwerten 65.5 – 1.5 – 10.5 = 53.5 und 65.5 + 1.5 – 10.5 = 56.5. Diese vier Abweichungswerte von ± 9.5 stellen die Wechselwirkungseffekte zwischen Emotionalität und Vorgabeintervall dar, die in Tab. 7.13 nochmals zusammengefasst sind. Sie weichen auf dem 1%-Niveau signifikant von null ab.
Inhaltlich bedeuten diese Wechselwirkungsgrößen, dass in den verschiedenen Kombinationen von Expositionszeit und Emotionalität um 9 bis 10 Fehler mehr oder weniger gemacht werden als aus dem allgemeinpsychologischen Ergebnis zum Einfluss der Expositionszeit und aus dem allgemeinen Zusammenhang mit der Emotionalität gefolgert werden kann.
Abbildung 7.18 veranschaulicht die Zerlegung des experimentellen Ergebnisses in die in Tab. 7.13 enthaltenen einzelnen Effektgrößen für Haupt- und Wechselwirkungseffekte.
Die Abbildung veranschaulicht auch die weiter oben gegebene Interpretation für Wechselwirkungen: Die systematische intraindividuelle Merkmalsvarianz im Merkmal »Lernleistung«, gemessen an der Fehlerzahl, wird durch die Mittelwerte in den Versuchsbedingungen veranschaulicht. Diese variieren für niedrig emotionale Personen in Abhängigkeit von der Expositionszeit kaum (65 und 63) und für hoch emotionale Personen sehr (87 und 47), die Lernleistungsvarianz hängt vom Persönlichkeitsmerkmal Emotionalität ab.
Darüber hinaus zeigt Abb. 7.18 ein ganz allgemeines Prinzip: Immer, wenn zwischen zwei unabhängigen Variablen in Bezug auf eine abhängige Variable eine Wechselwirkung besteht, so drückt sich das in entsprechenden Grafiken durch nicht parallele Funktionen aus. Dabei wird die eine unabhängige Variable (in Abb. 7.18: Emotionalität) auf die Abszisse aufgetragen, die andere durch unterschiedliche Funktionen für jede Stufe auf dieser unabhängigen Variablen (hier für 2 sec- und 4 sec-Expositionszeit) repräsentiert.
Die Nichtparallelität dieser Funktion definiert die Wechselwirkung. Dass die Form der resultierenden Nichtparallelität von der gewählten Darstellung abhängt, nämlich welche unabhängige Variable auf der Abszisse und welche durch verschiedene Funktionen repräsentiert wird, demonstriert Abb. 7.19. Sie stellt denselben Sachverhalt wie Abb. 7.18 dar. Die abhängige Variable wird dabei immer auf der Ordinate abgetragen.

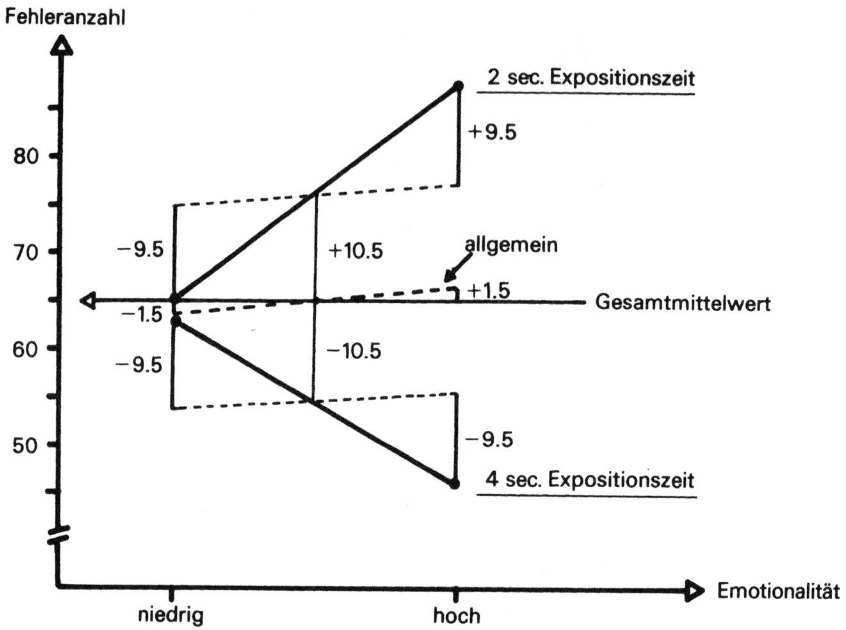

Abb. 7.18: Veranschaulichung des experimentellen Ergebnisses nach Tab. 7.12 und der Haupt- und Wechselwirkungseffekte aus der Tab. 7.13.

Welche Abbildungsart man wählt, hängt davon ab, welche Aussage einem wichtiger ist. So stellt Abb. 7.18 den Zusammenhang von Emotionalität allgemein (strichlierte Funktion) oder in bestimmten Experimentalbedingungen (dicke Funktionen) einerseits und der Lernleistung andererseits dar. Sie veranschaulicht, dass es keinen allgemeinen Zusammenhang gibt (die strichlierte Funktion ist fast waagerecht entsprechend dem nicht signifikanten Haupteffekt für Emotionalität), weil die Richtungen der Zusammenhänge in den einzelnen experimentellen Bedingungen gegenläufig sind.
Die andere Darstellungsweise (Abb. 7.19) hingegen verdeutlicht einen allgemeinen Zusammenhang zwischen Lernleistung und Expositionszeit (strichlierte Funktion), der allerdings für hoch emotionale Personen sehr stark ist, für wenig emotionale unerheblich.
Es wurde hier ein Beispiel einer Wechselwirkung zwischen einer Reiz- und einer Organismusvariablen näher erläutert. Ebenso wichtig für differentialpsychologische Fragen können Wechselwirkungen zwischen zwei Organismusvariablen sein. Ein Beispiel dazu gibt Abb. 7.20.
In einer Studie des Zusammenhanges zwischen Extraversion und einem Maß für die Aktivation der Großhirnrinde aus dem Elektroenzephalogramm (EEG) (Bartussek, Pawlik & Rhenius, 1972) fand man in der Gruppe aller 40 untersuchten männlichen Versuchspersonen keinerlei Zusammenhang zwischen dem EEG-Aktivationsmaß und der Extraversion. Unterschied man die Versuchspersonen aber zusätzlich hinsichtlich ihres Emotionalitätsgrades (= Neurotizismus im Sinne von Eysenck, s. 15.3.3), zeigte sich* ein sehr signifikanter korrelationsstatistischer Zusammenhang der Höhe r = .52. Seine Form ist in Abb. 7.20 ver-

* In der zitierten Studie wurde dazu ein nichtlineares multiples Regressionsmodell nach Bartussek (1970) verwendet.

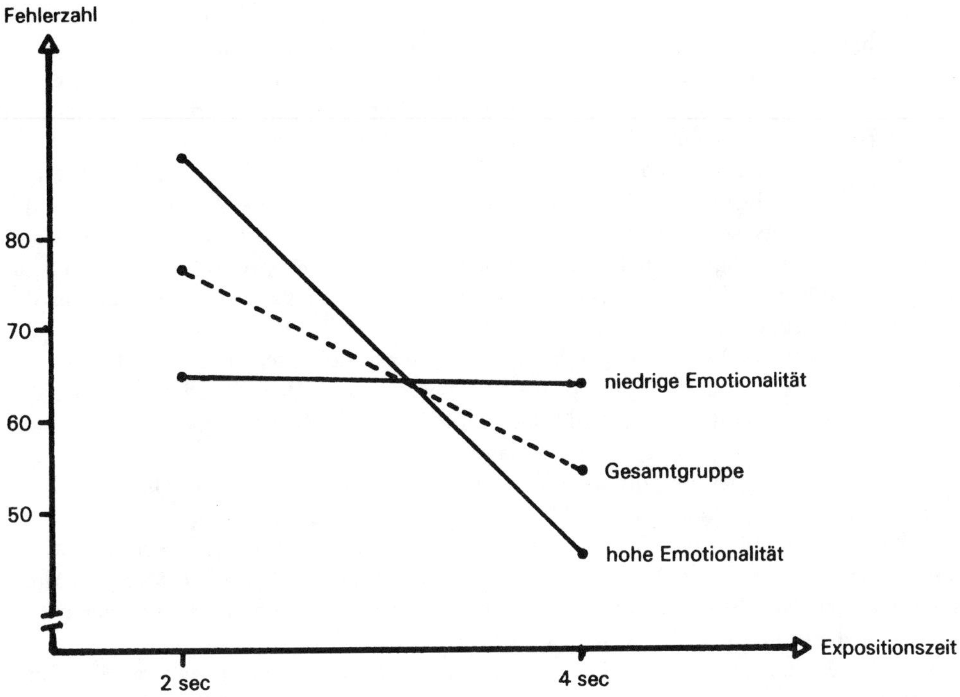

Abb. 7.19: Dasselbe Ergebnis wie in Abb. 7.18 in anderer Darstellung.

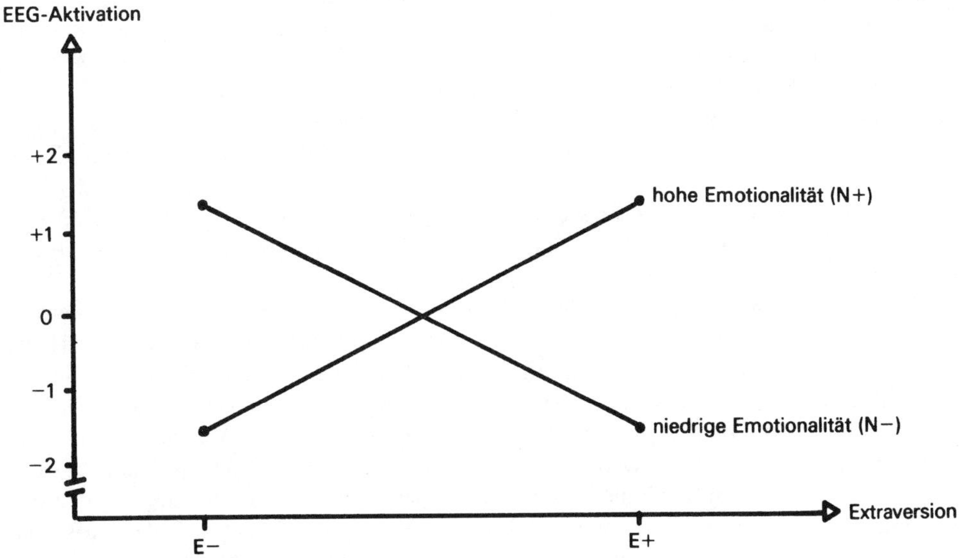

Abb. 7.20: Der Zusammenhang zwischen einem EEG-Aktivationsmaß und Extraversion, in Abhängigkeit von Emotionalität (Neurotizismus). (Nach Bartussek, Pawlik und Rhenius, 1972).

einfacht wiedergegeben: Für Versuchspersonen mit niedriger Emotionalität war der Zusammenhang zwischen Extraversion und EEG-Aktivation negativ, für solche mit hoher Emotionalität positiv. Ohne Berücksichtigung dieser Wechselwirkung zwischen Extraversion und Emotionalität wäre der Zusammenhang dieser Persönlichkeitsmerkmale mit dem EEG-Aktivationsmaß unentdeckt geblieben.

Aus den gegebenen Beispielen wird deutlich, dass die Berücksichtigung von Wechselwirkungen nicht nur allgemeinere Effekte, wie den der Abhängigkeit des Lernerfolges von der Expositionszeit entsprechend der strichlierten Funktion in Abb. 7.19, für bestimmte Bedingungen oder Personengruppen spezifizieren kann, sondern dass dadurch erst Zusammenhänge erkennbar werden, die sonst unerkannt bleiben müssten, wie das Beispiel der Abb. 7.20 verdeutlicht.

Das Bestehen von Wechselwirkungen lehrt, dass viele psychologische Phänomene nicht rein additiv durch die Summe der Effekte einzelner Bedingungen determiniert gedacht werden dürfen, sondern dass oft eine nicht additive Kombination von Bedingungseffekten, eben die Wechselwirkungen, den größeren Einfluss ausüben.

Der in der Tradition der Gestaltpsychologie (Thomae & Feger, 1969; Rausch, 1937; Wertheimer, 1925; für einen knappen Überblick siehe Metzger, 1971) oft zitierte Satz »Das Ganze ist mehr als die Summe seiner Teile« erhält durch den hier beschriebenen Begriff der Wechselwirkung eine spezifische Auslegung, die es ermöglicht, dem »Ganzen« in diesem Sinne auch in der analytisch orientierten empirischen und experimentellen Forschung gerecht zu werden (siehe dazu auch Klix & Krause, 1969).

Eine besondere Bedeutung hat die Untersuchung von Wechselwirkungen zwischen Reiz- und Organismusvariablen in der so genannten »interaktionistischen Persönlichkeitsforschung« (Endler & Magnusson, 1976a, 1976b; Magnusson & Endler, 1977b; siehe dazu 24.2) bekommen, die zeigt, dass erst die Berücksichtigung solcher Wechselwirkungen zu einer adäquaten Erforschung interindividueller Unterschiede führt.

Wechselwirkungen höherer Ordnung: Bisher war die Rede von Wechselwirkungen in Experimenten mit zwei unabhängigen Variablen. In mehrfaktoriellen Versuchsplänen gibt es nicht nur eine, sondern mehrere mögliche Wechselwirkungen. Nennen wir in einem dreifaktoriellen Versuchsplan die drei unabhängigen Variablen A, B und C, so sind die Wechselwirkungen A x B, A x C, B x C und A x B x C möglich. Wechselwirkungen zwischen je zwei unabhängigen Variablen nennt man Wechselwirkungen erster Ordnung, solche zwischen drei unabhängigen Variablen Wechselwirkungen zweiter Ordnung. Entsprechend gibt es auch noch weitere Wechselwirkungen höherer Ordnung. In einem vierfaktoriellen Versuchsplan beispielsweise sind sechs Wechselwirkungen erster Ordnung (A x B, A x C, A x D, B x C, B x D, C x D), vier zweiter Ordnung (A x B x C, A x B x D, A x C x D, B x C x D) und eine dritter Ordnung (A x B x C x D) möglich.

Im Folgenden sollen Ergebnisse aus zwei dreifaktoriellen Experimenten dargestellt werden, um ein Beispiel einer Wechselwirkung erster Ordnung und eines für eine Wechselwirkung zweiter Ordnung aus Versuchsplänen mit drei unabhängigen Variablen zu geben. Die Beispiele illustrieren die Vorzüge komplexer Versuche in der Differentiellen Psychologie.

Abb. 7.21 gibt das Ergebnis eines Experimentes wieder, in dem 72 Versuchspersonen 60 Minuten in einer sensorischen Deprivationssituation verbrachten. Das heißt, man hat sie in einem schallgedämpften, verdunkelten Raum in einen bequemen Sessel gelegt, in dem Bewegungen weitgehend verhindert wurden. Lediglich eine leichte Zählaufgabe (es musste das Aufleuchten eines schwachen Lämpchens gezählt werden) sollte Einschlafen verhindern. Die Versuchspersonen konnten sich aber durch Betätigung eines Drehknopfes mit einer monotonen Musik (Indianermusik) beschallen. Gemessen wurde als abhängige Variable unter anderem die Gesamt-Zeitdauer, die die Versuchspersonen von dieser Möglichkeit Gebrauch

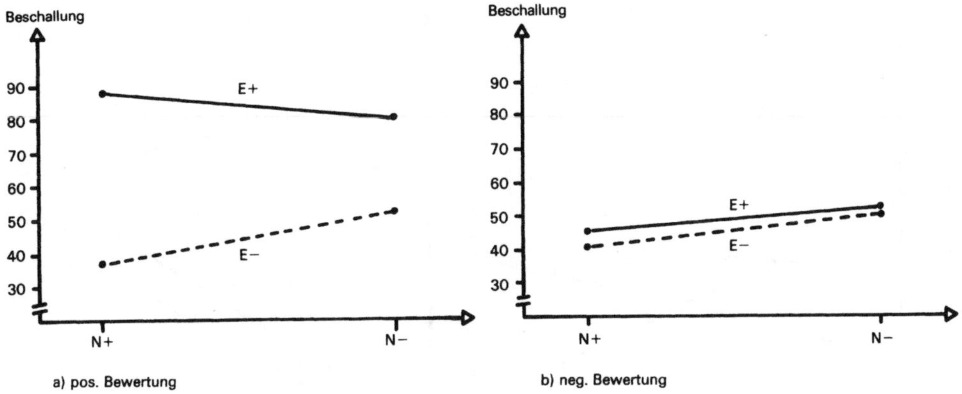

Abb. 7.21: Mittlere selbstgewählte Gesamtbeschallung (Zeitdauer in Minuten mal Schallintensität in Dezibel) mit einer akustischen Reizquelle (Musik) in einer 60 Minuten dauernden sensorischen Deprivationssituation in Abhängigkeit von Extraversion (E+ versus E -), Neurotizismus (N+ versus N -) und der Beurteilung des Reizmaterials (positiv versus negativ) (aus Radmacher, 1978).

machten, multipliziert mit der gewählten mittleren Lautstärke (= Gesamtbeschallung). Die Hypothese, die mit diesem Experiment geprüft werden sollte, war, dass nach der Theorie von Eysenck (1967) extravertierte Versuchspersonen (E+) wegen ihrer niedrigeren kortikalen Aktiviertheit (Aktivität der Großhirnrinde) mehr Selbststimulation durch Beschallung wählen würden als introvertierte Versuchspersonen (E–), definiert durch Testwerte in einem Extraversionsfragebogen. Zur Kontrolle weiterer Einflüsse wurden auch noch die Emotionalität (N+: emotional Labile, hoher Neurotizismus; N -: emotional Stabile, niedriger Neurotizismus) sowie das Gefallen (positive versus negative Beurteilung) der verwendeten Musik erhoben.

Die Analyse der Ergebnisse zeigte neben signifikanten Haupteffekten für die Faktoren Extraversion und Beurteilung eine signifikante Wechselwirkung erster Ordnung zwischen Extraversion und Beurteilung: Die Bedeutung dieser Signifikanzen zeigt Abb. 7.21. Extravertierte (E+) wählen mehr Beschallung als Introvertierte (E-), das entspricht dem Haupteffekt der Extraversion. Wenn die Musik gefällt (positive Beurteilung), wird sie länger und/oder lauter angehört, als wenn sie nicht gefällt (negative Beurteilung). Das entspricht dem Haupteffekt der Beurteilung. Dass der Unterschied zwischen Extravertierten und Introvertierten bei positiver Beurteilung größer ist als bei negativer Beurteilung, entspricht der Wechselwirkung Extraversion x Beurteilung. Der dritte Faktor im Experiment, die Emotionalität, hat keinen signifikanten Haupteffekt und keine Wechselwirkungen mit Extraversion und Bewertung. Die Abweichungen der Funktionsgeraden in Abb. 7.21 von der Waagerechten sind demnach alle als zufällig zu interpretieren.

Das Ergebnis dieses Experimentes bestätigt die Überlegungen zu Eysencks Extraversionstheorie, zeigt aber, dass das Gefallen des Materials zur Selbststimulation einen bedeutenden Einfluss hat, die Richtigkeit der Hypothese also auf bestimmte Bedingungen eingeschränkt wird.

Im zweiten Beispiel eines dreifaktoriellen Experimentes wurde die Hypothese untersucht, dass Personen mit der Tendenz, emotional belastenden Situationen aus dem Wege zu gehen, sie nicht zur Kenntnis zu nehmen (Vermeider, engl. *Repressor)*, sich in der Beurteilung von

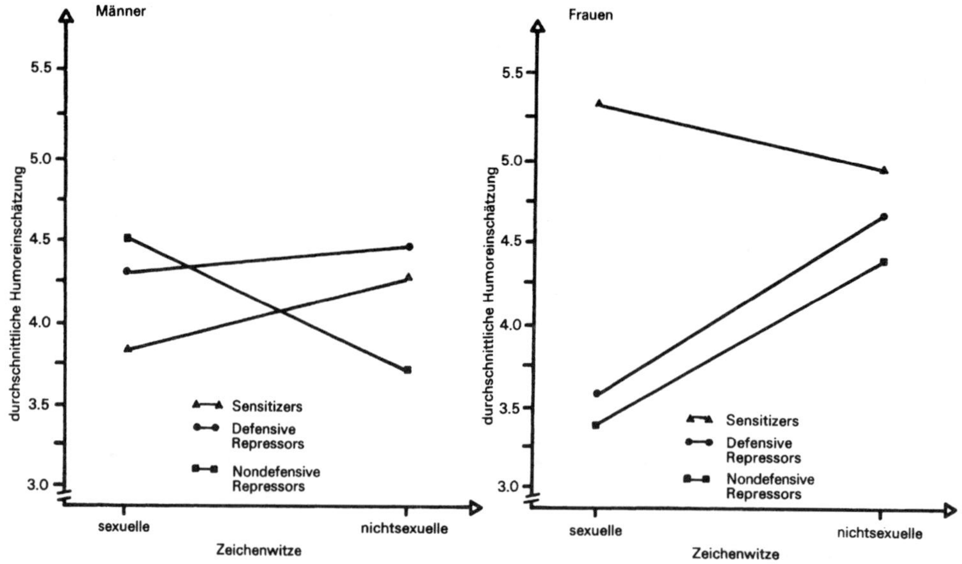

Abb. 7.22: Mittlere Beurteilungen der Witzigkeit von sexuellen und nichtsexuellen Zeichenwitzen auf einer Achtpunkteskala (I = nicht witzig, 8 = sehr witzig) in Abhängigkeit vom Geschlecht und dem Persönlichkeitsmerkmal »Repression versus Sensitization« (aus Burns & Tylor, 1976).

Witzen unterscheiden von Personen mit der gegenteiligen Tendenz, sich emotional belastenden Situationen eher mit Aufmerksamkeit zuzuwenden (Zuwender, engl. *Sensitizer).*
Es sollte die aus der Theorie zum Persönlichkeitsmerkmal »Repression versus Sensitization« abgeleitete Vermutung geprüft werden, dass Repressors sexuelle Reize lieber vermeiden, während sich Sensitizers diesen verstärkt zuwenden (Burns & Tylor, 1976; zum Persönlichkeitsmerkmal »Repression versus Sensitization«, siehe 17.2).
Dazu wurden 30 männliche und 30 weibliche Versuchspersonen nach ihren Werten in einem Repression-Sensitization-Fragebogen (Byrne, Barry & Nelson, 1963) den Gruppen der Sensitizers oder Repressors zugeordnet (es wurden zwei Repressorgruppen, eine extreme und eine weniger extreme gebildet). Alle Versuchspersonen beurteilten Zeichenwitze mit und ohne sexuellen Gehalt danach, wie witzig sie diese fanden. Die Beurteilungen wurden als abhängige Variable des dreifaktoriellen Versuchsplanes mit den Faktoren »Repression versus Sensitization« und »Geschlecht« als Organismusvariablen und dem Faktor »sexuelle versus nichtsexuelle Witze« als Reizvariablen ausgewertet.
Neben dem signifikanten Haupteffekt der Variablen »sexuelle versus nichtsexuelle Witze«, der darin bestand, dass neutrale Witze insgesamt als witziger beurteilt wurden, wurde nur noch die Wechselwirkung zweiter Ordnung zwischen allen drei unabhängigen Variablen signifikant. Sie wird in Abb. 7.22 veranschaulicht.
Die Abbildung zeigt, dass der erwartete Unterschied in der Beurteilung sexueller Witze zwischen »Repressors« und »Sensitizers« nur bei Frauen gefunden wurde. Die Mittelwerte der Männer unterscheiden sich voneinander nur zufällig, ebenso unterscheiden sich die mittleren Urteile über nichtsexuelle Witze bei den Frauen nur zufällig.
Eine Wechselwirkung zweiter Ordnung besteht also darin, dass ein Unterschied in der abhängigen Variablen von einem Faktor (hier: Repression versus Sensitization) nur dann oder in einer bestimmten Form nur dann bedingt wird, wenn eine bestimmte Kombination der

Stufen der anderen beiden Faktoren vorliegt (hier: sexuelle Witze und weibliches Geschlecht), während in anderen Kombinationen dieser beiden Faktoren die Unterschiede durch den ersten Faktor nicht oder anders bedingt werden.

7.6 Die Aussagekraft empirischer Befunde

7.6.1 Ziele und Gütekriterien empirischer Untersuchungen

Immer dann, wenn Aussagen über das Bedingungsgefüge eines psychologischen Phänomens gemacht und empirisch überprüft werden sollen, ist das psychologische Experiment die Forschungsmethode, die den größten Erkenntnisgewinn bringen kann. Das gilt auch für differentialpsychologische Fragen.

Der größte Vorteil systematisch geplanter, streng kontrollierter Experimente gegenüber zufälligen Beobachtungen im Alltagsleben oder systematischen Beobachtungen in Alltagssituationen besteht darin, dass scheinbare Einflüsse von Bedingungen auf die interessierende Variable systematischer untersucht werden können und dass aus der Vielzahl möglicher wirksamer Einflussgrößen nur jene isoliert zur Wirkung gebracht werden, auf die sich die Fragestellung des Experimentes bezieht. Das bringt mit sich, dass Ergebnisse von Experimenten eindeutig interpretierbar sind, indem gefundene Unterschiede in der abhängigen Variablen eindeutig auf die gezielt variierten unabhängigen Variablen zurückgeführt werden können. Alternative Interpretationsmöglichkeiten sind ausgeschlossen. So zumindest lässt sich das Ziel, das mit dem idealen, echten Experiment erreicht werden soll, umschreiben.

Hat man beispielsweise die Vermutung, dass wenig strenge, verständnisvolle Lehrer bessere Lehrerfolge bei ihren Schülern erzielen als strenge, unpersönliche Lehrer, und versucht, diese Hypothese zu untersuchen, indem man die Leistungen von Schülern eines strengen Lehrers mit denen eines weniger strengen vergleicht, so stellt auch das im Sinne der Erwartung beobachtete Ergebnis keinen brauchbaren Beleg für die Richtigkeit der Hypothese dar. Allzu viele alternative Erklärungen des Ergebnisses sind möglich und gleich plausibel wie die Erklärung, dass die unterschiedliche Strenge die beobachteten Unterschiede bewirkt habe. Es können auch andere Merkmale, in denen sich die beiden Lehrer unterscheiden, dafür verantwortlich sein: Möglicherweise verwendeten die Lehrer unterschiedliche Lehrmethoden oder vergaben nicht vergleichbare Schulnoten, es kann sein, dass sich die Schülergruppen von vornherein in ihrer Leistungsfähigkeit unterschieden, oder es waren andere äußere Einflüsse wie Lärmbelästigungen und dergleichen vorhanden, die auf die vergleichbaren Schülergruppen unterschiedlich stark wirkten.

Interne Validität

Solche Vieldeutigkeiten eines empirischen Befundes, die dadurch entstehen, dass die unabhängige Variable mit einer Vielzahl weiterer Variablen konfundiert sein kann, zu vermeiden, ist das erste Ziel des Experimentes als empirische Forschungsmethode. Dieses Ziel stellt ein Ideal dar, das mehr oder weniger gut erreicht werden kann. Es ist Aufgabe der kritischen Würdigung experimenteller Befunde abzuschätzen, wie gut dieses Ziel der eindeutigen Interpretierbarkeit in den entsprechenden Experimenten erreicht wurde. Man nennt diesen Beurteilungsgesichtspunkt empirischer Untersuchungen nach Campbell (1957) und Campbell und Stanley (1963, siehe auch Bredenkamp, 1969; Schwarz, 1970) *interne Validität:*

Eine Untersuchung ist dann intern valide, wenn Unterschiede in der abhängigen Variablen zwischen verschiedenen Versuchsbedingungen *eindeutig* auf die Unterschiede in der unabhängigen Variablen zurückgeführt werden können. Eine Untersuchung kann nur in dem Maße aussagekräftig sein wie das Kriterium der internen Validität erreicht ist. Es gibt eine Reihe von Fehlerquellen, die die interne Validität reduzieren können. Von ihnen soll unten die Rede sein (7.6.3).

Externe Validität

Ein zweites Ziel muss in der empirischen Forschung ebenso verfolgt werden: Die in einer Untersuchung gefundenen Sachverhalte müssen sich beziehen lassen auf jene Konstrukte, die in der Fragestellung eine Rolle spielen. Sie müssen sich darüber hinaus auf Personen und Situationen außerhalb der Untersuchung nach Maßgabe des Allgemeingrades der Fragestellung oder der ihr zugrunde liegenden Theorie verallgemeinern lassen. Diese Gesichtspunkte der Beurteilung empirischer Untersuchungen fasst man unter dem Begriff der *externen Validität* zusammen. Eine Untersuchung ist dann extern valide, wenn 1. von den untersuchten Versuchspersonen auf die intendierte Personenpopulation, 2. von den in der Untersuchung realisierten Untersuchungsbedingungen und Stufen der unabhängigen Variablen auf die interessierenden Bedingungen und Konstrukte und 3. von dem verwendeten Maß für die abhängige Variable auf das entsprechende Konstrukt, das damit erfasst werden soll, geschlossen werden kann. Diese Umschreibung weist auf die drei Problembereiche hin, mit denen sich jede empirische Untersuchung in der Psychologie konfrontiert sieht. Auch von den Problemen der externen Validität wird unten kurz die Rede sein (7.6.4).
Wie an dem obigen Schulbeispiel illustriert, wird es dabei um Fragen gehen, wie zum Beispiel: Sind Schulnoten überhaupt ein brauchbares Maß für das Konstrukt »Schulleistung«, sind die erfassten Verhaltensunterschiede der verglichenen Lehrer mit dem Begriff »Strenge« sinnvoll zusammengefasst, und lassen sich die Befunde aus den beiden untersuchten Schulklassen auf andere Schüler, Klassen, Schulen oder Schultypen übertragen?
Bevor auf die Probleme der internen und externen Validität von Experimenten eingegangen wird, soll noch kurz der Unterschied zwischen einem echten Experiment und anderen empirischen Untersuchungsmethoden erläutert werden.

7.6.2 Experiment, Quasi-Experiment und Ex-post-facto-Untersuchungen: Zur Abgrenzung verschiedener empirischer Forschungsansätze

Wir haben oben vorweggenommen, dass nur das echte Experiment das Kriterium der internen Validität erfüllen kann. Was definiert das echte Experiment, und worin unterscheidet es sich von anderen Datenerhebungsmethoden?
In der Literatur gibt es verschiedene Definitionen für das psychologische Experiment (Bredenkamp, 1969; Edwards, 1968, deutsch 1971; Kerlinger, 1973; Meili, 1968; Metzger, 1952; Preiser, 1977; Selg, 1975; Timaeus, 1974; Traxel, 1964; Zimmermann, 1972). Drei Kriterien werden dabei immer wieder genannt: Herstellung, systematische Variation (Manipulation) und Kontrolle.
Die Kriterien der willkürlichen Herstellung und systematischen Variation der experimentellen Bedingungen (unabhängige Variable oder Variablen) sowie der Kontrolle von Störvariablen werden auch in der Definition von Preiser (1977) angedeutet, in der darüber hinaus das Ziel psychologischen Experimentierens zum Ausdruck gebracht wird (S. 103): »Das psychologische Experiment ist eine empirische Datenerhebung unter einer bestimmten wis-

senschaftlichen Fragestellung, bei der ein ›Experimentator‹ die Untersuchungsbedingungen möglichst genau herstellt und variiert bzw. kontrolliert, sowie die in Abhängigkeit von diesen Bedingungen auftretenden Reaktionen, Verhaltensweisen, Ausdruckserscheinungen oder Erlebnisberichte möglichst präzise registriert, um durch eine Auswertung der erhaltenen Daten bestimmte Hypothesen über die Abhängigkeit der Ergebnisse von den Bedingungen zu überprüfen.«

Das, was ein »echtes« Experiment von anderen Datenerhebungsmethoden unterscheidet, ist die vom Versuchsleiter vorgenommene *systematische Variation* der unabhängigen Variablen. Alleine dies ermöglicht eine Kontrolle anderer Einflüsse (Störvariablen) auf die abhängige Variable (Ausschaltung konfundierender Variablen) und erlaubt eine Ergebnisinterpretation im Sinne einer *echten Dependenz.*

Die wichtigste Kontrolltechnik ist die zufällige (randomisierte) Zuordnung von Versuchspersonen zu den experimentellen Bedingungen. Sie ist eine notwendige Voraussetzung des echten Experimentes, weil nur dadurch vermieden werden kann, dass sich die Versuchspersonengruppen bereits präexperimentell systematisch und nicht zufällig unterscheiden. Zufällige Unterschiede zwischen Versuchspersonengruppen, wie sie durch die randomisierte Zuordnung zu den experimentellen Bedingungen und die Zufallsstichprobenbildung entstehen, stellen keinen Störeffekt dar, da diese in der signifikanzstatistischen Auswertung berücksichtigt werden.

Dass eine randomisierte, völlig zufällige Zuordnung zu experimentellen Bedingungen aus organisatorischen (z. B. bei Schulversuchen) oder ethischen (z. B. bei Experimenten zur Effektivität therapeutischer Maßnahmen) Gründen nicht immer möglich ist, wird jedermann einleuchten. Experimente, bei denen zwar die Bedingungen systematisch variiert werden, die Zuordnung der Versuchspersonen aber nicht mehr randomisiert erfolgen kann, nennt man nach Campbell und Stanley (1963) *Quasi-Experimente.* Ihre Interpretation erfordert sorgfältige Abwägung aller alternativen Interpretationsmöglichkeiten, die darin bestehen können, dass neben der Wirkung der unabhängigen Variablen präexperimentelle Unterschiede zwischen den Versuchspersonen einen gefundenen Unterschied in der abhängigen Variablen bedingt haben könnten.

Von *Ex-post-facto-Untersuchungen* spricht man ebenfalls in Anlehnung an Campbell und Stanley (1963) dann, wenn ein als unabhängige Variable aufgefasstes Merkmal *nicht vom Versuchsleiter variiert* und manipuliert werden kann, wie das bei allen Organismusvariablen der Fall ist. Danach stellen alle *korrelationsstatistischen Untersuchungen* Ex-post-facto-Untersuchungen dar. Ihr Problem besteht darin, dass streng genommen statt Dependenz- nur noch *Interdependenzinterpretationen* zulässig sind. Aber auch alle Versuchspläne, die statt auf korrelationsstatistische Auswertungen auf Mittelwertsvergleiche hinauslaufen, als unabhängige Variablen aber Organismusvariablen untersuchen, stellen Ex-post-facto-Untersuchungen dar und können oft nur als Interdependenzanalysen aufgefasst werden (als Beispiel siehe die in Abb. 7.20 dargestellten Untersuchungsergebnisse zum Zusammenhang zwischen Persönlichkeitsmerkmalen und einem EEG-Aktivationsmaß und die in Abb. 7.21 wiedergegebenen Ergebnisse zum Zusammenhang von Selbststimulationsverhalten und Persönlichkeitsmerkmalen).

Auch alle gruppenvergleichenden und kulturvergleichenden Untersuchungen (Boesch & Ekensberger, 1969) stellen ebenfalls Ex-post-facto-Untersuchungen dar und sind daher denselben Interpretationseinschränkungen unterworfen.

Diese bestehen nicht nur darin, dass Dependenzen nicht eindeutig erschließbar sind. Sehr oft wird ein gefundener Zusammenhang auch deshalb schwer interpretierbar, weil jede Organismusvariable oder Gruppen- und Kulturzugehörigkeit immer mit einer Fülle weiterer Variablen zusammenhängen kann, diese Zusammenhänge aber oft nur sehr spekulativ bei der

Tab. 7.14: Unterscheidung von echtem Experiment, Quasi-Experiment und Ex-post-facto-Untersuchung. UV ... unabhängige Variable; AV ... abhängige Variable (nach Boesch & Eckensberger, 1969).

	echtes Experiment	Quasi-Experiment	Ex-post-facto-Untersuchung
Messbarkeit oder kategorische Erfassbarkeit von UV und AV	gegeben	gegeben	gegeben: Unterscheidung von UV und AV nur theoretisch
Manipulierbarkeit von UV	gegeben	gegeben	nicht gegeben
randomisierte Zuordnung von Vpn zu den Stufen der UV	gegeben	nicht gegeben	nicht gegeben

Ergebnisinterpretation berücksichtigt werden können (Variablenkonfundierungen, siehe dazu Blalock, 1961).
Ein sehr anschauliches Beispiel für die Uneindeutigkeit der Interpretation von Ex-post-facto-Experimenten stellt die Untersuchung von Goldman-Eisler (1948) zur psychoanalytischen Theorie der Charakterentwicklung dar. Sie ist im Abschnitt 17.1.4 dargestellt.
Die Unterschiede zwischen echtem Experiment, Quasi-Experiment und Ex-post-facto-Untersuchung fasst Tabelle 7.14 zusammen, die nach einem Vorschlag von Boesch und Eckensberger (1969) in etwas abgeänderter Form wiedergegeben wird.
In der Differentiellen Psychologie spielt die Kombination aus echtem Experiment und Ex-post-facto-Untersuchung eine immer größere Rolle (Cronbach, 1975; Eysenck, 1967). Diese Kombination liegt immer dann vor, wenn in einem Experiment Reizvariablen und Organismusvariablen gemeinsam als unabhängige Variablen vorkommen. Beispiele solcher Kombinationen wurden in Abb. 7.21 und 7.19 sowie in Abb. 7.22 gegeben.
Vor allem, wenn solche kombinierten Untersuchungen von einer explikativen Theorie zu Organismusvariablen ausgehen, können sie hohen Erkenntnisgewinn bringen. Die Frage, welche mit der Organismusvariablen konfundierten oder korrelierten Merkmale für einen Effekt verantwortlich sein können, muss aber immer sorgfältig geprüft werden.
Neben den hier unterschiedenen Forschungsansätzen werden oft auch die Begriffe Laborexperiment, Feldexperiment und Feldstudie unterschieden (Bredenkamp, 1969; Kerlinger, 1973). Wir wollen dazu nur bemerken, dass man die Begriffe Labor- und Feldexperiment dem echten Experiment vorbehalten sollte. Sie unterscheiden sich dann nur in der Lebensnähe der experimentellen Bedingungen in dem Sinne, dass man vom Feldexperiment dann spricht, wenn es gelingt, einen echten experimentellen Versuchsplan im Alltagsleben zu realisieren, was oft den Vorteil haben kann, dass die »Versuchspersonen« nichts von ihrem Versuchspersonen-Sein wissen und man so leichter generalisierbare Ergebnisse bekommt (Bickman & Henchy, 1972). Von Feldstudie spricht man im Unterschied dazu dann, wenn eine Untersuchung im Alltagsleben oder im möglichst realitätsnahen Milieu durchgeführt wird, diese aber kein echtes Experiment im definierten Sinne darstellt.

7.6.3 Einflüsse auf die interne Validität von Experimenten

Dass Quasi-Experimente und Ex-post-facto-Untersuchungen das Kriterium der internen Validität nicht erfüllen können, wurde bereits betont. Bei Quasi-Experimenten ist nie ganz auszuschließen, dass die unabhängige Variable konfundiert ist mit präexperimentellen Unterschieden zwischen den Versuchspersonengruppen, bei Ex-post-facto-Untersuchungen können die unabhängigen Variablen, da sie ja nicht manipulativ variiert werden, mit einer Fülle anderer Variablen korrelieren, sodass eine eindeutige Erklärung von Zusammenhängen nicht möglich ist.

Aber auch bei vermeintlich echten Experimenten mit interner Validität gibt es immer wieder konfundierende Variablen, die nur allzu leicht sowohl vom Autor wie den Lesern wissenschaftlicher Berichte übersehen werden können. In der Literatur zur Experimentellen Psychologie hat man versucht, solche Fehler zu systematisieren (Campbell & Stanley, 1963; Schwarz, 1970; Zimmermann, 1972) und Forschungen zur Wirkung solcher Fehlerquellen systematisch zusammenzustellen (Timaeus, 1974; Gniech, 1976; Mertens, 1975; Rosenthal & Rosnow, 1975 a).

Eine systematische oder auch nur teilweise Aufzählung solcher Fehlerquellen ist hier nicht möglich. Wir wollen nur an zwei Beispielen illustrieren, wie leicht auch bei echten Experimenten konfundierende Variablen übersehen werden können.

Das erste Beispiel bezieht sich auf eine bereits in den Jahren 1927 bis 1932 durchgeführte Untersuchung. Mayo (1933) und Mitarbeiter (Roethlisberger & Dickson, 1939) interessierten sich im Rahmen betriebspsychologischer Untersuchungen für Einflüsse am Arbeitsplatz auf die Produktivität von Arbeitern. Nach dem Namen des Werkes, in dem diese Untersuchungen durchgeführt wurden, gingen diese in die Literatur als »Hawthorne-Experimente« ein. In einem dieser Experimente sollte die Beleuchtungsstärke am Arbeitsplatz in ihrer Auswirkung auf die Produktivität geprüft werden. Dazu wählte man für die Versuchsgruppe Arbeiter aus, die ihre bisherige Tätigkeit nun an besser beleuchteten Arbeitsplätzen durchzuführen hatten. Als Kontrollgruppe verwendete man die Arbeiter, für die sich in ihrem Arbeitsablauf nichts änderte. Die Versuchsgruppe zeigte höhere Leistungswerte als die Arbeitsgruppe. Als man für die Versuchsgruppe aber wieder die alten Beleuchtungsverhältnisse herstellte, blieb das im Vergleich zur Kontrollgruppe höhere Leistungsniveau erhalten. Weitere Untersuchungen und Interviews brachten die Erklärung des Phänomens: Alleine die Tatsache zu wissen, dass man als Versuchsperson beobachtet wird, hat einen Einfluss auf die Leistung. Diese Variable »Wissen, Versuchsperson zu sein« war nicht konstant gehalten, sie war mit der experimentellen Bedingung konfundiert und täuschte, weil diese Konfundierung übersehen wurde, zunächst einen Effekt der Beleuchtung vor.

Die als »Hawthorne-Effekt« in die Literatur eingegangene Veränderung der Versuchspersonenmotivation durch das Wissen, Versuchsperson zu sein, muss nicht eine Fehlerquelle zur Reduktion der internen Validität sein. Sie ist es nur dann, wenn dieser »Hawthorne-Effekt« als konfundierende Variable selbst variiert wie bei der oben genannten Hawthorne-Untersuchung. Dass der »Hawthorne-Effekt« aber immer ein Problem für die externe Validität darstellen kann, wird hier deutlich.

Das zweite Beispiel bezieht sich auf ein inzwischen recht umfangreich gewordenes Forschungsgebiet über Fehlerquellen in psychologischen Experimenten. Der historische Anlass zu diesen Forschungsbemühungen war ein Pferd, das unter dem Namen »der kluge Hans« sowohl in die Belletristik (Thiess, 1937) wie in die psychologische Fachliteratur eingegangen ist (Rosenthal, 1966; Timaeus & Schwebke, 1970). Der kluge Hans lenkte Anfang dieses Jahrhunderts die Aufmerksamkeit der Psychologen Carl Stumpf und Otto Pfungst (Pfungst, 1907) auf sich, da er durch seinen Herrn, den Göttinger Mathematiklehrer von Osten, ge-

lernt hatte, Additions-, Subtraktions-, Multiplikations- und Divisionsaufgaben richtig zu beantworten, indem er das Ergebnis durch entsprechend oftmaliges Stampfen mit dem Vorderlauf mitteilte. Der »kluge Hans« konnte auch Buchstaben lesen, indem er durch das Stampfen die Stelle des Buchstabens im Alphabet anzeigte. Herr von Osten war selbst erstaunt. Er hatte sein Pferd nicht auf Tricks dressiert. Der kluge Hans antwortete auch richtig, ohne dass Herr von Osten anwesend war.
Die systematischen Untersuchungen durch Stumpf und Pfungst ergaben zunächst, dass der »kluge Hans« nur »rechnen und lesen« konnte, wenn er seinen Fragesteller sehen konnte und der Fragesteller selbst auch die richtige Lösung kannte. Dies führte zu der Entdeckung, dass es unauffällige, dem Fragesteller selbst unbewusste Ausdrucksbewegungen (Heben der Augenbrauen oder des Kopfes, Blähen der Nasenflügel, Körperhaltung) waren, die dem Pferd das Zeichen gaben, mit dem Klopfen aufzuhören.
Über ein halbes Jahrhundert später regten diese Entdeckungen den amerikanischen Psychologen Robert Rosenthal (1966, 1967a, 1967b, 1968, 1969a; siehe auch Rosenthal & Rosnow, 1975a; Timaeus, 1974; Gniech, 1976) an, systematisch zu untersuchen, inwieweit analoge Effekte in wissenschaftlichen Experimenten in der Psychologie eine Rolle spielen könnten. Er konnte zeigen (Rosenthal & Fode, 1963a), dass Versuchsleiter, die Lernexperimente mit Ratten durchführten und denen man sagte, es würde sich um einen Stamm unintelligenter Ratten handeln, schlechtere Lernergebnisse mit ihren Versuchstieren erzielten als jene Versuchsleiter, die mit völlig vergleichbaren Tieren experimentierten, denen man aber gesagt hatte, sie würden mit besonders intelligenten Ratten arbeiten.
Ähnliche »Versuchsleiter-Erwartungseffekte« – auch Rosenthal-Effekt genannt – konnten auch in Humanexperimenten demonstriert werden (Rosenthal & Fode, 1963b). Versuchsleiter sollten ihre Versuchspersonen Fotos danach beurteilen lassen, wie erfolgreich der jeweils Dargestellte sei. Der Hälfte der Versuchsleiter sagte man, dass man mit hohen Erfolgsurteilen zu rechnen hätte und versuchte, sie durch gute Bezahlung zu motivieren, in der als Replikationsstudie deklarierten Untersuchung die erwarteten Ergebnisse zu erzielen. Der anderen Hälfte wurde unter sonst gleichen Bedingungen gesagt, man würde niedrige Erfolgsurteile erwarten. Tatsächlich produzierten die Versuchspersonen der Versuchsleiter mit unterschiedlichen Erwartungen auch entsprechend signifikant verschiedene Erfolgsurteile.
Dieses Experiment hat eine Vielzahl ähnlicher Folgestudien angeregt. Rosenthal (1969a) hat 57 ähnliche Arbeiten verschiedener Autoren zusammengestellt. Ob durch sie die Allgemeingültigkeit des Rosenthal-Effektes eher belegt oder widerlegt wird, ist zum Streitpunkt einer heftigen Kontroverse zwischen Rosenthal (1968, 1969b) und Barber und Silver (1968a, 1968b; Silver, 1968; Barber, 1969a, 1972; s. auch Callaway, Nowicki & Duke, 1980) geworden. Wie immer man zu dieser ins Kleindetail gehenden Diskussion stehen mag, unbestritten ist, dass das Verhalten von Versuchsleitern in psychologischen Experimenten immer eine mit der unabhängigen Variablen konfundierende Variable darstellen kann, wenn man diesem Problem bei der Versuchsplanung und -durchführung nicht großes Augenmerk widmet, um durch Kontrollmaßnahmen (Standardisierung des Versuchsleiterverhaltens) die interne Validität der Untersuchungen zu sichern.

7.6.4 Einflüsse auf die externe Validität von Experimenten

a) Repräsentativität der Versuchspersonenstichprobe

Der Schluss von den verwendeten Versuchspersonen auf die entsprechende Population setzt zunächst voraus, dass die Versuchspersonen für diese Population repräsentativ sind, was bei echten Zufallsstichproben unter der Einschränkung zufälliger Stichprobenfehler als gegeben angenommen werden darf. Dass die Repräsentativität auch für enger gefasste Populationen in vielen psychologischen Untersuchungen nicht gegeben sein dürfte, darauf haben viele Kritiker der heutigen psychologischen Forschungspraxis hingewiesen (Plutchik, 1968; Peuckert, 1973).

Die Durchsicht psychologischer Fachzeitschriften (Christie, 1965; Smart, 1966; Schultz, 1969; Holmes & Jorgensen, 1971; Higbee & Wells, 1972) zeigt, dass der größte Teil der verwendeten Versuchspersonenstichproben sich aus College- und Universitätsstudenten rekrutiert, von denen wieder ein unrepräsentativ hoher Anteil Psychologiestudenten sind. Dies mag in vielen Untersuchungen zu Ergebnisverzerrungen führen. Der Repräsentativitätsgesichtspunkt muss allerdings hinsichtlich der untersuchten abhängigen Variablen und der Wirkung der unabhängigen Variablen beurteilt werden. So dürften z. B. Psychologiestudenten bezüglich ihrer sozialen Einstellungen, auch etwa hinsichtlich bestimmter Persönlichkeitsmerkmale und der Intelligenz (s. Amelang, Sommer & Bartussek, 1971) eher einseitig selegierte Stichproben darstellen, hinsichtlich z. B. bestimmter physiologischer Variablen oder – um ein zweites Beispiel spekulativ und willkürlich zu nennen – hinsichtlich ihrer Empfindlichkeit für Belohnungen vielleicht doch nicht so unrepräsentativ sein.

Ernst zu nehmen ist das genannte Problem bei der Beurteilung empirischer Forschungsergebnisse ganz sicherlich. Ebenso sicher darf man aber wohl auch sagen, dass es besser ist, empirische Ergebnisse zu haben, deren Generalisierbarkeit noch zu wenig untersucht ist, als keine empirischen Ergebnisse zu haben und nur auf spekulative Theorien angewiesen zu sein.

Neben diesem sehr allgemeinen Problem der Rekrutierung von Versuchspersonenstichproben ist auf eine Fülle weiterer Probleme der Generalisierbarkeit von Stichprobenergebnissen hingewiesen worden (zusammengefasst bei Gniech, 1976). Diese haben mit dem Problem der Freiwilligkeit der Teilnahme an psychologischen Experimenten, mit dem Problem der Bezahlung von Versuchspersonen und anderen motivationalen Faktoren bei den Versuchspersonen zu tun. Alle diese Faktoren können einen Einfluss auf die Ergebnisse haben. Ein ähnliches Problem stellt auch die Frage dar, wie weit das Wissen oder vermutliche Wissen der Versuchsperson um die Fragestellung eines Experimentes dessen Ergebnisse beeinflusst. Alle diese nur exemplarisch herausgestellten Fragen können selbst letztendlich nur empirisch beantwortet werden und dies wohl immer nur für sehr spezielle Forschungsbereiche.

Diese Hinweise sollen klarmachen, dass empirische Forschungsergebnisse immer nur als vorläufig betrachtet werden dürfen. Das Ausmaß ihrer Allgemeingültigkeit oder eingeschränkten Gültigkeit muss selbst Gegenstand empirischer Forschung sein. Das gilt nicht nur für das erste Problem der externen Validität, die Frage nach der Generalisierbarkeit von Stichprobenergebnissen, sondern analog für die beiden weiteren Problemkreise der externen Validität, die Repräsentativität der verwendeten Variablenoperationalisierungen.

b) Repräsentativität der unabhängigen und abhängigen Variablen

Der *zweite Gesichtspunkt* der externen Validität von Experimenten umfasst die Probleme der operationalen Definition (= Operationalisierung) der unabhängigen Variablen. Unter Operationalisierung eines Begriffes oder Konstruktes versteht man die »Übersetzung« des Konstruktes in Operationen zur Messung oder zur experimentellen Manipulation jener empirischen Sachverhalte (beobachtbaren Merkmale), die mit dem Konstrukt zusammenhängen. Jede empirische Untersuchung setzt Operationalisierungen jener Begriffe oder Konstrukte voraus, zu denen die Untersuchung durchgeführt werden soll. Da Begriffe und Konstrukte aber immer mehr bedeuten als ihre Operationalisierungen, sind praktisch immer

verschiedene Operationalisierungen ein und desselben Begriffes möglich. So stellt sich immer die Frage, wie repräsentativ eine spezifische Operationalisierung für das intendierte Konstrukt oder für die (theoretische) Gesamtheit aller möglichen Operationalisierungen dieses Konstruktes ist. Auch dies ist eine Frage, die nur empirisch beantwortet werden kann. Sie macht klar, dass erst übereinstimmende Ergebnisse aus mehreren Paralleluntersuchungen mit verschiedenen Operationalisierungen derselben Variablen eine Hypothese empirisch genügend stützen können, und dass ein empirischer Einzelbefund dazu noch nicht ausreicht. Führen die Paralleluntersuchungen zu unterschiedlichen Ergebnissen, ist die Frage zu stellen, ob das zugrunde liegende, jeweils verschieden operationalisierte Konstrukt verworfen und durch ein anderes oder mehrere andere ersetzt werden muss oder ob die Operationalisierung selbst oder einige von ihnen für das Konstrukt nicht valide waren, das heißt, andere als konstruktspezifische Merkmale erfassten. Diese Problematik muss für jede empirische Untersuchung durchdacht und diskutiert werden.
Dass es in vielen Experimenten eine Fülle von Merkmalen gibt, die auf das Ergebnis Einfluss haben können, aber konstruktirrelevant sind, darauf wurde vielfach hingewiesen (Gniech, 1976, S. 22 ff.). Vor allem der »*Aufforderungscharakter*« der Experimentalsituation (»demand characteristics«, Orne, 1962, 1969) mag ein solches konstruktirrelevantes Merkmal vieler Versuchssituationen sein, das die externe Validität dieser Versuche einschränkt. Darunter versteht man, dass Versuchspersonen die Fragestellung von Untersuchungen durchschauen oder zu durchschauen glauben und ihr Verhalten dann von der vermeintlichen Erwartung mit abhängig machen, indem sie sich zum Beispiel bemühen, diese vermeintlichen Erwartungen zu erfüllen. Dass dies die externe Validität beeinträchtigen muss, ist offensichtlich. In vielen vor allem sozialpsychologischen Untersuchungen weicht man daher auf die Möglichkeit aus, Versuchspersonen bewusst über das Ziel der Untersuchung zu täuschen. Doch dass damit nicht nur ethische sondern auch Probleme, die die externe Validität betreffen, verbunden sind (z. B. kann Argwohn bei den Versuchspersonen das Experiment gefährden), darauf wurde ebenso hingewiesen (s. z. B. Kelmann, 1967 und die zusammenfassende Darstellung bei Gniech, 1976, S. 28 ff., zu den ethischen Fragen s. Kruse & Kampf, 1981, 1983).
Diese Beispiele mögen genügen, um zu zeigen, dass jedes Ergebnis einer empirischen Untersuchung sorgfältig und kritisch auf dem Hintergrund theoretischer Überlegungen, alternativer Erklärungsmöglichkeiten und der vorliegenden einschlägigen Befunde in der Literatur beurteilt werden muss, bevor es als Stütze einer Hypothese akzeptiert werden kann.
Das gilt auch hinsichtlich des *dritten Gesichtspunktes* der externen Validität von Untersuchungen, nämlich der Frage, inwieweit die abhängige Variable einer Untersuchung das erfasst, was sie erfassen soll, der Frage nach der Validität des Messinstrumentes für die abhängige Variable also (zum Begriff der Validität von Messinstrumenten und Tests siehe unten 8.4).
Welche Bedeutung einer kritischen Haltung gegenüber der Validität* der Operationalisierung von unabhängigen und abhängigen Variablen eines Experimentes zukommen kann, demonstriert sehr deutlich ein Experiment von Sarnoff und Corwin (1959), das eine Hypothese von Freud über Kastrationsangst und ihren Zusammenhang mit Todesangst in Abhängigkeit von sexueller Stimulation prüfen sollte. Die Autoren dieses Experimentes sowie

* Der Begriff »Validität« wird nicht nur als interne und externe Validität für Gesichtspunkte der Stichhaltigkeit empirischer Untersuchungen verwendet. Von der Validität einer Variablenoperationalisierung (z. B. eines Tests) spricht man im Sinne des Ausmaßes, in dem diese Operationalisierung das erfasst, was sie erfassen soll, z. B. ein Konstrukt (s. 2.3.3).

der Autor eines Sammelbandes (Kline, 1972) über experimentelle Befunde Freud'scher Theorien hielten dieses Experiment für einen eindeutigen Beleg der Richtigkeit von Freuds Kastrationsangsttheorie. Eine kritische Analyse (s. z. B. von Eysenck & Wilson, 1973) der verwendeten Variablenoperationalisierungen zeigt, dass man das Experiment auch ganz anders interpretieren kann. Eine kurze Darstellung des Experimentes und seiner externen Validitätsproblematik findet sich unten im Abschnitt 17.1.4.
Dieses Beispiel verdeutlicht, wie sehr die Aussagekraft empirischer Untersuchungen letztendlich davon abhängt, dass die verwendeten Maße und experimentellen Manipulationen valide sind, sich tatsächlich auf die in der zu prüfenden Hypothese enthaltenen Konstrukte beziehen. Dies wiederum setzt voraus, dass die Konstrukte sinnvoll erscheinen und sich auf dem Hintergrund vielfacher empirischer Verankerungen aufrechterhalten lassen.

7.6.5 Das Problem der Erklärung in der Differentiellen Psychologie

Im echten Experiment der Allgemeinen Psychologie können die Effekte in der abhängigen Variablen eindeutig auf die Unterschiede in der unabhängigen Variablen zurückgeführt werden. Die unabhängige Variable *erklärt* die Effekte in der abhängigen Variablen. Dass das nicht zwangsläufig das Konzept einer Verursachung oder die Aufdeckung von Kausalitätsbeziehungen impliziert, darauf wurde vielfach hingewiesen (Lewin, 1927, 1963; Metzger, 1952; Sarris, 1968). Doch können Aussagen über *Bedingungen* gemacht werden.
Da das typische Experiment in der Differentiellen Psychologie das Ex-post-facto-Experiment ist oder gar keine Experimente im Sinne von Dependenzanalysen, sondern Korrelationsstudien, also Interdependenzanalysen durchgeführt werden, sind Erklärungen im Sinne des Zurückführens auf Bedingungen in der Differentiellen Psychologie viel schwieriger. Die Unterscheidung von unabhängiger und abhängiger Variable wird zwar oft trotzdem getroffen, doch ist sie nicht mehr operational durch die Datengewinnung definiert, sondern stellt bereits eine theoretische Deutung dar: Als abhängige Variable wird dann das deskriptive Konstrukt aufgefasst, das erklärt werden soll, als unabhängige Variable jenes, das Erklärungswert haben soll.
Dieser Umstand bringt innerhalb bestimmter Grenzen eine gewisse Willkürlichkeit mit sich: Eine Vielzahl von Untersuchungen etwa hat belegt, dass zwischen Intelligenz und schulischer Lernfähigkeit korrelative Zusammenhänge bestehen in der Höhe zwischen $r = .30$ und .45 (so z. B. Amthauer, 1953; Horn, 1962; Janssen, 1979; Kuhn, 1983). Unter Bezug auf diese Resultate wäre es deshalb möglich, die schulische Lernfähigkeit auf die Intelligenz zurückzuführen, sie durch diese zu erklären, da zwischen beiden Variablen Kovariations- oder Abhängigkeitsbeziehungen bestehen.
Nicht weniger berechtigt ist demgegenüber das spiegelbildliche Vorgehen, die Intelligenz eines Probanden mit Hilfe der Lernfähigkeit zu erklären. Jedes der beiden deskriptiven Konstrukte Intelligenz und Lernfähigkeit, für das das beobachtbare Ankreuzen bestimmter Antwortalternativen in einem Test bzw. das Verhalten in der Schule nur Indikatoren sind, kann also je nach theoretischer Position die Rolle des Erklärten bzw. Erklärenden übernehmen. Dient ein deskriptives Konstrukt zur Erklärung eines anderen, bezeichnet man es als explikatives (erklärendes) Konstrukt (s. Herrmann, 1976, S. 64). Allerdings findet die Beliebigkeit in der Setzung von deskriptiven bzw. explikativen Konstrukten dort eine Grenze, wo eindeutige Sukzessionen identifizierbar sind, und zwar solche, die das Konstrukt selbst und nicht nur dessen Erfassung mit Hilfe bestimmter Operationen betreffen: So könnte man versuchen, Intelligenz durch Vererbung zu erklären, und damit das zeitlich Spätere auf zeitlich Früheres zurückführen, ohne dass das Umgekehrte gleichermaßen sinnvoll wäre.

In diesem Sinn hat etwa McClelland (1953) das Leistungsstreben von Kindern auf den Erziehungsstil der Eltern zurückgeführt, Sears (1961) die Selbstaggressivität bei Buben auf die Aggressionsintoleranz ihrer Mütter, Eysenck (1976 b) die Delinquenzneigung von Personen auf deren – weitgehend genetisch bedingte – Langsamkeit bei der Ausbildung konditionierter Reaktionen, Braucht et al. (1973) den Rauschmittelabusus Jugendlicher auf zerrüttete Familienverhältnisse usw. Die Beispiele verdeutlichen im Übrigen, wie schwer oft eine eindeutige zeitliche Abfolge zu registrieren ist, da etwa ein Erziehungsstil sich, zumindest im Falle Erstgeborener, zeitlich vor dem Verhalten der zu Erziehenden kaum manifestieren kann und vermutlich auf der Wechselwirkung zwischen Merkmalen des Erziehers und des Erzogenen resultiert.
Eindeutigkeit der zeitlichen Sukzession von explikativem und deskriptivem Konstrukt einmal vorausgesetzt, ist verschiedentlich über die bereits genannten Voraussetzungen für Erklärungen hinaus, also korrelative Beziehungen zwischen erklärender und erklärter Variable sowie zeitliche Abfolge, eine weitere Forderung für Erklärungen aufgestellt worden: Damit ein Konstrukt ein anderes erklärt, darf der ursprünglich existierende Zusammenhang zwischen den beiden Variablen nicht verschwinden, wenn der Einfluss anderer Variablen auf jede der beiden Variablen ausgeschlossen wird (= »lack of spuriousness«).
Beispielsweise wurde versucht, asoziale Verhaltenstendenzen auf die geringe Intelligenz der Betreffenden zurückzuführen. Da in der Literatur mehrfach über einen negativen Zusammenhang zwischen Delinquenzneigung und intellektuellen Leistungen berichtet worden ist (zusammenfassend etwa Amelang, 1986) und die Intelligenz in der je spezifischen Weise zum Zeitpunkt des sozial abweichenden Verhaltens bereits als entwickelt angesehen werden kann, mag eine derartige Interpretation nahe liegen. Allerdings korrelieren sowohl Intelligenz als auch Normenkonformität mit dem sozioökonomischen Status als »dahinter stehender« Drittvariable (Anastasi, 1966; Opp, 1968), sodass der sozioökonomische Status als explikatives Konstrukt für Intelligenz und Delinquenzneigung in Betracht kommt und die anfänglich intendierte Erklärung von Delinquenz durch Intelligenz zumindest uneindeutig macht.
Eine Erklärung ist demnach immer dann uneindeutig, wenn es gelingt, eine sog. »Spurenkorrelation« des deskriptiven und explikativen Konstruktes zu mindestens einer weiteren Variablen nachzuweisen (Popper, 1994). Da solche »Spurenkorrelationen« im Sinne fehlender interner Validität im differentialpsychologischen Experiment oder bei Korrelationsstudien aber wohl immer zumindest denkbar sind, setzen Erklärungen in der Differentiellen Psychologie immer komplexere Annahmegefüge voraus. (Näheres zum Problem des Erklärungswertes von Dispositionsbegriffen findet sich in Herrmann, 1973; siehe dazu auch Moosbrugger, 1984.) Für eine ausführliche und formale Darstellung der Kausalitätsproblematik, auch im Kontext nicht-experimenteller Untersuchungen, sei der interessierte Leser auf die »Theorie kausaler Regressionsmodelle« (Steyer, 1992) verwiesen.
Die soweit erörterten Prinzipien gelten für das Zurückführen eines Konstruktes auf ein anderes, was im konkreten Fall stets Daten aus *Gruppen* von Personen (z. B. Schulleistungen einer ganzen Reihe von Kindern, Intelligenz-Punktwerte ihrer Eltern usw.) voraussetzt. Häufig aber stellt sich die Frage, wie ein spezifischer *Einzelfall* (etwa die mangelnde Schulleistung eines bestimmten Kindes) zu erklären ist. In einem solchen Fall muss zunächst – darin den gruppenstatistischen Erklärungen gleich – eine hinreichend bestätigte empirische Regel vorliegen (etwa derart: »Die Schulleistungen von Kindern korrelieren hoch mit der Intelligenz ihrer Eltern«); darüber hinaus müssen ebenfalls gut gesicherte und logisch »passende« Feststellungen über die spezifischen Randbedingungen des zu erklärenden Ereignisses gemacht werden können, etwa derart: »Die Eltern des Kindes haben einen sehr niedrigen IQ«. Sind die Aussagen zur empirischen Regel in einer Gruppe und den Randbedingungen

des Einzelfalles möglich, so gilt das singuläre Phänomen als »erklärt«. (Würden die verfügbaren Evidenzen hingegen in dem geschilderten Fall auf eine *hohe* Intelligenz der Eltern hinweisen, könnten damit die niedrigen Schulleistungen ihres Kindes natürlich *nicht* erklärt werden.)

Fragen zu Kapitel 7:

1. Warum verwendet man als Maß für die Unterschiedlichkeit von Personen in einer Variable X sowohl den Kennwert der Standardabweichung s_x als auch ihr Quadrat, die Varianz s_x^2?
2. Auf welche Weise kann der Produktmomentkorrelationskoeffizient formal interpretiert werden?
3. Was ist das Ziel der Faktorenanalyse?
4. Welche Vorteile bietet der LISREL-Ansatz?
5. Was versteht man unter einem statistisch signifikanten Ergebnis?
6. Was versteht man unter einer Wechselwirkung zwischen zwei unabhängigen Variablen bezüglich einer abhängigen Variable?
7. Welches sind die wichtigsten Gütekriterien von empirischen Untersuchungsplänen?

8 Anforderungen an empirische Forschungsdaten

Grundlage jeder empirischen Wissenschaft sind Beobachtungsdaten. Aber nicht jede Beobachtung genügt den Anforderungen, die die wissenschaftliche Forschung an ihre Daten stellen muss. Es sind vor allem drei Kriterien, die erfüllt oder wenigstens annähernd erfüllt sein müssen, um wissenschaftliche Forschung auf der Grundlage von Beobachtungsdaten betreiben zu können: Die Daten müssen *objektiv* beobachtbar sein, sie müssen *reliabel* und *valide* sein. Diese drei Kriterien wurden vor allem in der Testpsychologie (s. z. B. Lienert & Raatz, 1998; Cronbach, 1970; Anastasi, 1976) formuliert. Sie sind aber nicht nur auf Tests, sondern auch auf andere Forschungsdaten anwendbar. Im Folgenden werden diese Kriterien besprochen. Ergänzend zu diesen »klassischen« Gütekriterien wird im Abschnitt 8.3 das Problem der Situationsabhängigkeit psychologischer Messungen sowie ein Ansatz zu dessen Lösung vorgestellt.

8.1 Die Objektivität empirischer Forschungsdaten

Nur öffentliche, das heißt jedem entsprechend ausgebildeten Forscher in gleicher Weise prinzipiell zugängliche Sachverhalte können Grundlage einer empirischen Wissenschaft sein. Erlebnisse, Träume, Gefühle und ähnliche nicht öffentliche Sachverhalte erfüllen dieses Öffentlichkeitskriterium nicht. Sie können nicht direkt Grundlage empirischer Forschung sein. Wohl aber sind schriftliche oder mündliche Berichte über Erlebnisse prinzipiell öffentlich zugänglich* sowie Testdaten, Registrierungen physiologischer Reaktionen, Bewegungen eines Individuums oder sein Ausdrucksverhalten. Öffentlichkeit der zu beobachtenden Sachverhalte ist eine notwendige aber nicht hinreichende Voraussetzung für objektive wissenschaftliche Daten. Objektivität ist das Kriterium für die Brauchbarkeit von Beobachtungsdaten. Unter Objektivität versteht man den Grad, in dem die Ergebnisse einer Beobachtung unabhängig vom Beobachter sind (sinngemäß nach Lienert & Raatz, 1998).
So mag beispielsweise ein Beobachter aufgrund des Ausdrucksverhaltens einer Versuchsperson zu dem Beobachtungsergebnis kommen, die Versuchsperson sei »gehemmt«, ein zweiter unabhängiger Beobachter desselben Verhaltens aber zum Ergebnis, sie sei »beherrscht«. Offenbar sind die im Beispiel angestellten Beobachtungen schwer objektivierbar. Die Übereinstimmung zwischen den Beobachtern ist schwerer zu erzielen als etwa beim Feststellen der Anzahl richtig gewählter Lösungen in einem Wissenstest mit Mehrfachwahl-

* Herrmann (1976, S. 42) weist darauf hin, dass Erlebnisse sehr wohl Gegenstand empirischer Forschung sein können. Sie stellen aber Konstrukte dar, die aus öffentlichen Sachverhalten, wie Erlebnisberichten, nur erschlossen werden können.

aufgaben, bei dem zwei unabhängige Auswerter – bis auf Flüchtigkeitsfehler – zu völlig übereinstimmenden Ergebnissen kommen würden.
Das Ergebnis einer Beobachtung oder Datenerhebung ist demnach dann vollkommen objektiv, wenn zwei oder mehrere unabhängige Beobachter zu identischen Ergebnissen kommen.
Das Ausmaß an Objektivität von Beobachtungsdaten lässt sich entsprechend als Ausmaß der »interpersonellen Übereinstimmung« (Lienert & Raatz, 1998) zwischen Beobachtern oder Untersuchern definieren. Es lässt sich mit Hilfe von Korrelationskoeffizienten dann quantifizieren, wenn numerische Daten als Ergebnisse vorliegen, die von mehreren Beobachtern an vielen Datenträgern (z. B. Versuchspersonen) unabhängig voneinander gewonnen wurden: Die Ergebnisse jedes Beobachters werden mit den Ergebnissen jedes anderen Beobachters korreliert. Die mittlere Korrelation stellt als Objektivitätskoeffizient ein Maß für die interpersonelle Übereinstimmung dar. Analoge Verfahren gibt es auch für qualitative- oder Nominaldaten (Kontingenzkoeffizient, s. z. B. Hofstätter & Wendt, 1974, S. 180).
Nicht-Übereinstimmungen können in verschiedenen Phasen des Beobachtungsprozesses entstehen, bei der Beobachtungsdurchführung, bei der Auswertung von Beobachtungsprotokollen oder bei der Interpretation von Beobachtungsdaten. Entsprechend unterscheiden Lienert & Raatz (1998) zwischen Durchführungs-, Auswertungs- und Interpretationsobjektivität.
Mangelnde *Durchführungsobjektivität* kann durch systematische oder zufällige Einflüsse des Beobachters oder Versuchsleiters auf die Versuchspersonen zustande kommen (s. Versuchsleitereffekt, 7.6.3) oder durch unterschiedliche Registrierung der zu beobachtenden Sachverhalte.
Die *Auswertungsobjektivität* bezieht sich auf die numerische oder kategoriale Auswertung der registrierten Beobachtungen nach vorgegebenen Regeln.
Die *Interpretationsobjektivität* schließlich spielt weniger in der Forschung als vielmehr in der diagnostischen Schlussfolgerung aus Tests- oder Beobachtungsdaten, zum Beispiel im Rahmen einer zu treffenden Entscheidung über einen Probanden, eine Rolle. In der Forschung kann die Interpretationsobjektivität dann wichtig sein, wenn zum Beispiel in einer Untersuchung Personengruppen verglichen werden sollen (mit verschiedenen Krankheitsbildern oder unterschiedlicher sozialer Schichtzugehörigkeit) und die Zuordnung zu diesen Gruppen von der Interpretation einschlägiger Beobachtungen abhängt.
Obgleich bei vielen differentialpsychologischen Daten zumindest die Auswertungsobjektivität gegeben ist (bei vielen Leistungstests und Persönlichkeitsfragebogen), wird man sich die Frage nach der Objektivität der Forschungsdaten immer stellen müssen.

8.2 Die Reliabilität empirischer Forschungsdaten

8.2.1 Definition und Bestimmung der Reliabilität

Das nach der Objektivität zweite Gütekriterium für psychologische Tests und Forschungsdaten in der Differentiellen Psychologie ist die Reliabilität oder Zuverlässigkeit. Unter Reliabilität versteht man das Ausmaß, in dem ein Messverfahren das, was es misst, genau misst. Genauigkeit der Messung bedeutet dabei Messfehlerfreiheit oder geringe Messfehlerbehaftetheit. Der Messfehler wird dabei formal als Zufallsvariable angesehen, die sich beim Messvorgang über den wahren zu messenden Wert legt und den beobachteten Wert vom wahren Wert mehr oder weniger stark abweichen lässt.

Inhaltlich umfasst das Konzept des Messfehlers eine Fülle von zufälligen Einflussgrößen, die auf das Messergebnis einwirken können, wie zufällige, nicht systematisch erfassbare oder vorhersagbare Zustände der Versuchsperson (Stimmungen, Konzentrationsschwankungen, Müdigkeit u. dgl.) oder äußere Einflüsse (Klima, Tageszeit, Raumatmosphäre usw.). Auch mangelnde Durchführungsobjektivität (die Art, wie der Versuchsleiter die Versuchspersonen behandelt, die Instruktion gibt und die Datenerhebung leitet) kann bei objektiv auswertbaren Tests die Reliabilität verringern, so wie schlechte Auswertungsobjektivität zu messfehlerbehafteten Ergebnissen führen muss.

Quantifiziert wird die Reliabilität über den so genannten *Reliabilitätskoeffizienten.* Dieser ist *theoretisch definiert* als Korrelationskoeffizient zwischen den Testwerten aus zwei unabhängigen, aber unter völlig vergleichbaren Bedingungen durchgeführten Testungen mit demselben Test an ein und derselben repräsentativen Personenstichprobe.

Diese Definition ist theoretisch, weil völlig vergleichbare, aber voneinander unabhängige Testungen in der Praxis nicht durchführbar sind. Deshalb liefern die Methoden zur Bestimmung von Reliabilitätskoeffizienten immer nur mehr oder weniger gute Annäherungen an den theoretisch definierten Reliabilitätskoeffizienten.

Folgende Bestimmungsmethoden der Reliabilität werden in der Testpsychologie verwendet (s. dazu z. B. Lienert & Raatz, 1998): Bei der *Testwiederholungsmethode* wird ein Test nach einer bestimmten Zeit an denselben Probanden wiederholt. Die Korrelation des ersten mit dem zweiten Testergebnis liefert den so genannten *Retest-Reliabilitätskoeffizienten.* Dieser kann je nach dem Retest-Intervall durch Gedächtnis-, Gewöhnungs-, Sättigungs- oder andere Wiederholungseffekte verzerrt sein. Ist das durch den Test gemessene Merkmal nicht stabil, führt er zu einer Unterschätzung der Reliabilität.

Bei der *Paralleltestmethode* werden zwei inhaltsgleiche (parallele) Tests, die an denselben Probanden unmittelbar nacheinander oder mit größerem Zeitintervall erhoben werden, korreliert. Der *Paralleltest-Reliabilitätskoeffizient* ist dann eine gute Schätzung der Reliabilität, wenn die Parallelität der Tests nicht in Frage steht. Da diese bei Persönlichkeitstests und auch bei so manchem Leistungstest nicht selbstverständlich ist, führt der Paralleltest-Reliabilitätskoeffizient oft eher zu einer Unterschätzung der Reliabilität.

Bei der *Testhalbierungsmethode* werden künstlich nach der Testdurchführung durch Testhalbierung zwei Paralleltests aus einem Test hergestellt, deren Ergebnisse korreliert werden und den *Split-Half-Reliabilitätskoeffizienten* ergeben. Da sich dieser nur auf einen Test halber Länge bezieht, was zu einer Unterschätzung der Reliabilität führen muss, muss eine Testlängenkorrektur nach der Spearman-Brown-Formel (s. 8.2.2, Formel 8.18) durchgeführt und so die Split-Half-Reliabilität aufgewertet werden.

Von *Interner Konsistenz* als Reliabilitätsmaß spricht man, wenn dem Prinzip nach (nicht praktisch rechnerisch!) eine Reliabilitätsschätzung auf der Grundlage aller Item-Interkorrelationen eines Tests durchgeführt wird. Dabei werden die Testitems als Paralleltests und die mittlere Item-Interkorrelation als Paralleltest-Reliabilität aufgefasst, die dann, ähnlich wie bei der Testhalbierungsmethode, auf die volle Testlänge aufgewertet wird. Dieses Verfahren setzt allerdings voraus, dass alle Items des Tests dasselbe Merkmal messen, der Test ein *homogener* Test ist. In dem Ausmaß, in dem einzelne Items Verschiedenes messen *(heterogener Test),* wird die Interne Konsistenz die Reliabilität unterschätzen.

Die in der Psychologie heute gebräuchlichen Tests zeigen alle Reliabilitäten, die kleiner als 1, $r_{tt} < 1.0$, sind und für gute Test im Bereich zwischen $r_{tt} = .80$ und $r_{tt} = .95$ liegen, oft aber auch kleiner sind. Um die volle Bedeutung eines Reliabilitätskoeffizienten erfassen zu können, müssen die Grundgedanken der Klassischen Testtheorie bekannt sein, in die im Folgenden eingeführt wird.

8.2.2 Die Klassische Testtheorie als Theorie der Reliabilität

Die heute als »klassisch« bezeichnete Testtheorie geht zurück auf das Werk von Gulliksen (1950), das seinerseits einen vorläufigen Abschluss einer Entwicklung darstellt, in deren Verlauf man sich um die mathematisch-statistische Fundierung der Testkonstruktion und Testinterpretation bemühte (Spearman, 1910; Thurstone, 1931b). »Klassisch« wird diese formale Theorie deshalb bezeichnet, weil es heute neuere testtheoretische Ansätze gibt, die die Nachteile der Klassischen Testtheorie zu vermeiden suchen (Fischer, 1968, 1974).
Trotzdem stellt die Klassische Testtheorie auch heute noch eine wichtige Grundlage für die Beurteilung von Tests und die Interpretation von Testwerten und anderen Messergebnissen dar. Der Ausgangspunkt der Entwicklung der Klassischen Testtheorie war die Feststellung von Spearman (1910), dass messfehlerbehaftete Variablen miteinander niedriger korrelieren müssen, als sie es ohne Fehlerbehaftetheit tun würden.
Einige wenige Annahmen (»Axiome der Klassischen Testtheorie«) können für solche und ähnliche Feststellungen die Erklärungen liefern. Es sind dies die folgenden Annahmen:
(1) Jeder beobachtete Wert x_{t_j} einer Person j im Test t setzt sich additiv zusammen aus einem wahren Wert w_{t_j} dieser Person j und einem Fehlerwert e_{t_j}:

$$(8.1) \quad x_{t_j} = w_{t_j} + e_{t_j}.$$

In neueren, messtheoretisch fundierten Darstellungen der Klassischen Testtheorie wird der wahre Wert w_{t_j} definiert als personbedingter Erwartungswert der Testwertvariable x_{tj} (vgl. Steyer & Eid, 1993)
(2) Für jede Versuchsperson stellt der Messfehler eine Zufallsvariable mit dem Erwartungswert (Mittelwert) null und endlicher Varianz $s_e{}^2$ dar, die für alle Versuchspersonen gleich ist.
Daraus folgt, dass die Summe der Fehlerwerte einer Person bei unendlich oftmaliger Messwiederholung unter identischen Bedingungen sowie die Summe der Fehlerwerte bei einmaliger Messung an unendlich vielen Personen null ergeben muss:

$$(8.2) \quad \sum_{t=1}^{\infty} e_{t_j} = 0; \quad \sum_{j=1}^{\infty} e_{t_j} = 0.$$

Es folgt aus der zweiten Annahme aber vor allem, dass die Fehlerwerte e_{tj} unabhängig sind von den wahren Werten des Tests t oder eines anderen Tests u sowie von den Fehlerwerten e_{uj} eines anderen Tests u:

$$(8.3) \quad r_{e_t w_t} = 0; \quad r_{e_t w_u} = 0; \quad r_{e_t e_u} = 0 \quad \text{oder}$$

was das Gleiche bedeutet:

$$(8.4) \quad cov(e_t, w_t) = 0; \quad cov(e_t, w_u) = 0; \quad cov(e_t, e_u) = 0.$$

In neueren Darstellungen der Klassischen Testtheorie wird die Unkorreliertheit der Fehler (Gleichung 8.3 bzw. 8.4) nicht mehr als Folgerung aus der Definition von Truescore- und Fehlervariable angesehen, sondern lediglich als eine Annahme, die in einer gegebenen empirischen Situation auch falsch sein kann (Steyer & Eid, 1993, S. 128).
Der unter 7.1.4 eingeführte Begriff der Kovarianz zwischen zwei Variablen x und y cov(x, y) entspricht dem Korrelationskoeffizienten r_{xy} multipliziert mit den Standardabweichungen s_x und s_y:

$$(8.5) \quad cov(x, y) = r_{xy} \cdot s_x \cdot s_y.$$

Aus den beiden Grundannahmen der Klassischen Testtheorie und aus den Überlegungen zu Formel 7.5 ist ersichtlich, dass sich die beobachtete Testwertvarianz $s_{x_t}^2$ additiv zerlegen lässt in einen wahren Varianzanteil $s_{w_t}^2$ und einen Fehlervarianzanteil $s_{e_t}^2$:

(8.6) $$s_{x_t}^2 = s_{w_t}^2 + s_{e_t}^2$$

Analog zu der in (7.5) demonstrierten Varianzzerlegung einer additiv zusammengesetzten Variablen lässt sich auch die Kovarianz zwischen additiv zusammengesetzten Variablen, wie es nach (8.1) beobachtete Testwerte sind, in verschiedene Kovarianzanteile zerlegen. Die Kovarianz der Testwerte x_t und x_t' aus einer zweimaligen Durchführung des Tests t unter identischen Bedingungen $cov(x_t, x_t')$ entspräche nach (8.1) der Kovarianz der entsprechenden zusammengesetzten Werte $cov(w_t + e_t, w_t' + e_t')$. Diese lässt sich in vier Anteile wie folgt zerlegen:

(8.7) $$cov(x_t, x_t') = cov(w_t, w_t') + cov(w_t, e_t') + cov(w_t', e_t) + cov(e_t, e_t').$$

Da jeder Kovarianzanteil, in dem e_t oder e_t' enthalten ist, nach (8.4) gleich null sein muss, resultiert, dass die Kovarianz der beobachteten Werte $cov(x_t,x_t')$ gleich ist der Kovarianz der wahren Werte $cov(w_t, w_t')$:

(8.8) $$cov(x_t, x_t') = cov(w_t, w_t').$$

Da die wahren Werte w_t und w_t' desselben Tests aus zweimaliger Testung identisch sind, ist die Kovarianz $cov(w_t, w_t') = s_{w_t}^2$ identisch der Varianz der wahren Werte, also der wahren Varianz in dem von Test t erfassten Merkmal:

(8.9) $$cov(w_t, w_t') = s_{w_t}^2 \quad \text{wegen} \quad w_t = w_t',$$

woraus erfolgt, dass $cov(x_t, x_t') = s_{w_t}^2$

Fragen wir uns nun nach der Selbstkorrelation des Tests t, r_{tt}, die wie oben ausgeführt die Reliabilität definiert, so gilt entsprechend (8.5):

(8.10) $$r_{tt} = \frac{cov(x_t, x_t')}{s_{x_t} \cdot s_{x_t}'}.$$

Weil aber nach (8.8) und (8.9) $cov(x_t, x_t') = s_{w_t}^2$ und weil wegen der Annahme der Wiederholung des Tests t unter völlig vergleichbaren Bedingungen auch $s_{x_t} = s_{x_t}'$ sein muss und deshalb $s_{x_t} \cdot s_{x_t}' = s_{x_t}^2$, gilt

(8.11) $$r_{tt} = \frac{s_{w_t}^2}{s_{x_t}^2}.$$

Der Ausdruck (8.11) stellt die wichtigste Ableitung aus den Annahmen der klassischen Testtheorie dar. Er besagt, dass der Reliabilitätskoeffizient den Anteil wahrer Varianz an der Varianz der beobachteten Werte angibt. Ein Reliabilitätskoeffizient von r_{tt}= .80 zum Beispiel bedeutet demnach, dass die beobachtete Testwertevarianz zu 80% auf wahre Unterschiede zwischen den Versuchspersonen zurückzuführen ist, 20% stellen Fehlervarianz dar.
Bei der empirischen Schätzung der Reliabilität durch Testwiederholungs-, Paralleltest- oder Split-Half-Methode (s. 8.2.1) müssen die folgenden beiden Annahmen gemacht werden:

1. Identität der wahren Werte (= essentielle Äquivalenz) der Probanden zu beiden Messgelegenheiten (erste und zweite Messung, Paralleltest A und B, Testhälfte eins und zwei).
2. Nullkorrelation der Fehlerwerte der beiden Messungen (s. Formel 8.3).

Herkömmlicherweise werden in der praktischen Anwendung diese Annahmen nicht geprüft. Dass dies problematisch ist, zeigen Steyer und Eid (1993): Die beiden strengen Annahmen, welche in einer empirischen Situation durchaus falsch sein können, lassen sich mit Hilfe geeigneter Verfahren (Kovarianzstrukturanalyse, s. 7.3.9) überprüfen. Erweisen sich die Annahmen als nicht haltbar, führen Steyer und Eid (1993) aus, wie unter weniger strengen Modell-Annahmen dennoch eine Schätzung der Reliabiliät möglich ist.

Da nun $s_{x_t}^2 = s_{w_t}^2 + s_{e_t}^2$ (8.6), ist $s_{w_t}^2 = s_{x_t}^2 - s_{e_t}^2$.

Setzt man die Differenz in (8.11) für $s_{w_t}^2$ ein, erhält man

$$(8.12) \quad r_{tt} = \frac{s_{x_t}^2 - s_{e_t}^2}{s_{x_t}^2} = 1 - \frac{s_{e_t}^2}{s_{x_t}^2}.$$

Nach s_{e_t} aufgelöst erhält man aus (8.12)

$$(8.13) \quad s_{e_t} = s_{x_t} \sqrt{1 - r_{tt}}.$$

Formel (8.13) erlaubt ein Maß für Fehlerbehaftetheit der Testwerte des Tests t, den *Standardmessfehler* s_{e_t} direkt aus dem Reliabilitätskoeffizienten zu bestimmen. Der Standardmessfehler s_{e_t} gibt die Streuung der beobachteten Werte x_t um die entsprechenden wahren Werte w_t sowohl über alle Versuchspersonen bei einmaliger Testung wie für eine Versuchsperson bei oftmaliger Testung unter (nur theoretisch möglichen) identischen Bedingungen an.

Der Standardmessfehler hat praktische Bedeutung. Mit seiner Hilfe kann für jede Versuchsperson j der Bereich bestimmt werden, in dem ein beobachteter Testwert zu erwarten ist, wenn der wahre Wert w_{tj} dieser Versuchsperson bekannt ist oder eine Annahme darüber geprüft werden soll. Man kann diesen Bereich *Erwartungsbereich* des beobachteten Testwertes x_{tj} für einen bestimmten wahren Wert w_{t_j} nennen. Die untere Grenze u_{t_j} und obere Grenze o_{t_j} dieses Erwartungsbereiches bestimmt man nach Formel (8.14) so:

$$(8.14) \quad u_{t_j} = w_{t_j} - z_{\alpha/2} \cdot s_{e_t}$$
$$o_{t_j} = w_{t_j} + z_{\alpha/2} \cdot s_{e_t}$$

Darin bedeutet $z_{\alpha/2}$ jenen Abszissenwert in der Standardnormalverteilung, dessen Ordinate am linken oder rechten Ende der Standardnormalverteilung genau $\alpha/2$ der Gesamtfläche unter der Verteilungskurve abschneidet ($z_{\alpha/2} = \pm\ 1.96$ für $\alpha = 5\%$).

Abb. 8.1 veranschaulicht das Konzept des Erwartungsbereiches. Mit seiner Hilfe kann beispielsweise die Hypothese geprüft werden, ob der Intelligenzquotient der Versuchsperson j $x_{tj} = 110$ IQ-Punkte, der mit dem Test t gemessen wurde, mit 95% Sicherheit für eine überdurchschnittliche Intelligenz der Versuchsperson spricht oder ob die Versuchsperson auch einen unterdurchschnittlichen wahren Wert der Intelligenz haben könnte. Nehmen wir an, der Intelligenztest t sei so geeicht, dass sein Mittelwert $M_{x_t} = M_{w_t} = 100$ IQ-Punkte beträgt und die Streuung der beobachteten Testwerte $s_{x_t} = 15$ IQ-Punkte. Dies entspricht der üblichen Eichung von IQ-Tests. Die Reliabilität des Tests t sei $r_{tt} = .84$, was der Reliabilität gängiger Tests in etwa gleichkommt. Der Standardmessfehler wäre dann nach (8.13)

$$s_{e_t} = 15 \cdot \sqrt{1 - 0.84} = 15 \cdot 0.4 = 6 \text{ IQ-Punkte.}$$

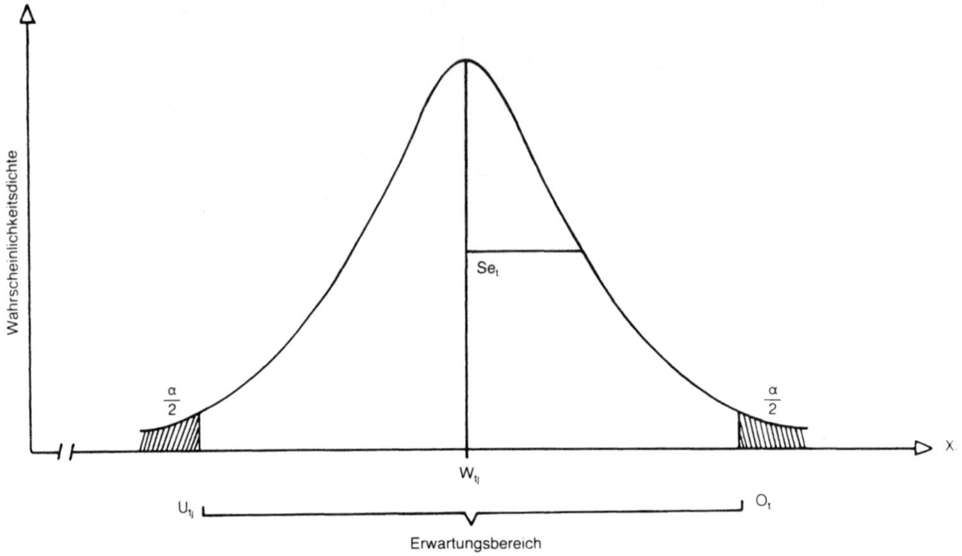

Abb. 8.1: Theoretische Wahrscheinlichkeitsverteilung des zufälligen Messfehlers e_{t_j}, Standardmessfehler s_{e_t} und Erwartungsbereich eines Testwertes x_{t_j} für die Versuchsperson j mit dem wahren Wert w_{t_j} im Test t.

Für die Versuchsperson mit dem wahren Wert $w_{tj} = 100$ ergäben sich somit nach (8.14) folgende Grenzen des Erwartungsbereiches bei einer Fehlerwahrscheinlichkeit von a = 5%:

$$u_{t_j} = 100 - 1.96 \cdot 6 = 100 - 11.76 = \underline{88.24}$$

$$o_{t_j} = 100 + 1.96 \cdot 6 = 100 + 11.76 = \underline{111.76}$$

Da der beobachtete Testwert $x_{t_j} = 110$ also innerhalb des Erwartungsbereiches um den wahren Wert $w_{t_j} = 100$ liegt, ist (mit 5% Fehlerwahrscheinlichkeit) nicht auszuschließen, dass die wahre Intelligenz der Versuchsperson j genau durchschnittlich ($w_t = 100$) ist. Die Hypothese, dass $w_{t_j} = 110$ für überdurchschnittliche Intelligenz spricht, muss auf dem 5%-Niveau verworfen werden.

Wichtiger als diese praktische Anwendung des Erwartungsbereichskonzeptes ist uns hier an diesem Beispiel aber, dass es zeigt, wie ein Reliabilitätskoeffizient von $r_{tt} = .84$ neben der durch Formel (8.11) gegebenen Interpretationsmöglichkeit (84% wahre Varianz) formal auch noch interpretiert werden kann: Das Beispiel zeigt nämlich, dass die Reliabilität $r_{tt} = .84$ Folgendes bedeutet:

Für 95 von 100 Personen mit identischem wahren Wert w_t im Test t werden die beobachteten Testwerte x_t in den Grenzen $w_t \pm 11.76$ IQ-Punkte, also in einem Bereich von über 23 IQ-Punkten zu liegen kommen. Die restlichen 5% der Personen lägen noch außerhalb dieses Bereiches. Bei einer Reliabilität von $r_{tt} = .95$, die in der Praxis kaum mehr erreicht wird, würde der entsprechende Erwartungsbereich immer noch ca. 13 IQ-Punkte breit sein.

Diese Beispiele verdeutlichen, welche Messungenauigkeit die meist als gut bis sehr gut bezeichneten Reliabilitäten zwischen .85 und .95 immer noch bedeuten. Dass es auf diesem Hintergrund problematisch erscheint, einzelne IQ-Punkte oder IQ-Punktdifferenzen interpretieren zu wollen, wird hier klar.

Nur am Rande sei Folgendes vermerkt: Der in der diagnostischen Praxis meist noch interessantere Schluss von einem beobachteten Testwert x_{t_j} einer Versuchsperson j auf den wahren Wert w_{t_j} dieser Versuchsperson führt, ähnlich wie die demonstrierte Bestimmung des Erwartungsbereiches, zu einem Intervall, in dem bei gegebenem x_{t_j} mit (100 α)% Wahrscheinlichkeit der wahre Wert w_{t_j} angenommen werden darf. Dieses Intervall nennt man *Vertrauensintervall* eines Testwertes x_{t_j}. Entgegen der Darstellung in vielen Lehrbüchern (so z. B. Lienert, 1969, S. 453 ff.) besteht die Vertrauensintervall-Bestimmung aber nicht einfach in der Umkehrung des Schlusses, der zur Bestimmung des Erwartungsbereiches führt, sondern stellt ein etwas komplizierteres Schlussverfahren dar. Dieses berücksichtigt, dass die wahren Werte im Schnitt näher am Mittelwert der Testwerte M_{x_t} liegen als die beobachteten Testwerte (Regression zum Mittelwert) und dass auch ein etwas anderer Standardmessfehler als der in Formel (8.13) definierte in Rechnung zu stellen ist. Dass die Vertrauensintervallbestimmung in vielen Lehrbüchern falsch dargestellt wird, darauf hat Dudek (1979) hingewiesen, der zeigt, dass drei verschiedene Standardmessfehler und Intervallschätzverfahren der Klassischen Testtheorie unterschieden werden müssen. Das dritte Intervallschätzverfahren (neben Erwartungsbereichs- und Vertrauensintervallbestimmung) führt zur Bestimmung jenes Bereiches, in dem mit (100 – α)% Wahrscheinlichkeit bei Testwiederholung der Testwert x_{t_j}' des Wiederholungstests t' zu erwarten ist, wenn der Testwert x_{t_j} aus der Ersttestung bekannt ist. Die Bestimmung dieses *Erwartungsbereiches für einen Wiederholungstestwert* ist immer dann von großer praktischer Bedeutung, wenn Veränderungen in dem vom Test t gemessenen Merkmal (z. B. Intelligenzerhöhung nach einem »Intelligenztraining«) diagnostiziert werden sollen: Der Wiederholungstestwert muss *außerhalb* seines Erwartungstestwertes liegen, um mit α% Fehlerwahrscheinlichkeit auf eine Veränderung im Merkmal, das Test t misst, schließen zu dürfen. Um bei einem Ersttestwert von x_{t_j} = 110 IQ-Punkten entsprechend unserem oben gegebenen Intelligenztestbeispiel mit 5% Fehlerwahrscheinlichkeit bei einer Re-Test-Reliabilität von r_{tt} = .84 auf eine Intelligenzveränderung schließen zu dürfen, müsste der Wiederholungstestwert kleiner als 92 oder größer als 124 IQ-Punkte sein, eine Intelligenzverbesserung also mehr als 14 IQ-Punkte oder eine Verschlechterung mehr als 18 IQ-Punkte betragen. Kleinere Veränderungswerte würden durch zufällige Messfehler im Sinne der Klassischen Testtheorie erklärt werden müssen. Bei einer Reliabilität von r_{tt} = .95 betrügen die entsprechenden (mit 5% Fehlerwahrscheinlichkeit) gerade noch *zufällig* erwarteten Änderungswerte immerhin noch ca. 8 IQ-Punkte für eine Verbesserung und 9 IQ-Punkte für eine Verschlechterung im zweiten Test (Näheres zur Bestimmung solcher Intervalle s. Dudek, 1979, einführend Huber, 1973).

Zwei weitere wichtige Folgerungen aus der Klassischen Testtheorie sollen noch aufgezeigt werden, da sie auch für die Interpretation differentialpsychologischer Forschungsergebnisse wichtig sind.

Die Erste bezieht sich auf das schon von Spearman (1910) aufgegriffene Problem, welchen Einfluss die in der Empirie ja immer gegebene Fehlerbehaftetheit von Messwerten auf die Höhe der Korrelation zwischen zwei Variablen hat. Die Frage bezieht sich darauf, ob sich die Korrelation $r_{w_t w_u}$ zwischen den wahren Werten zweier Tests (oder Variablen) t und u bestimmen lässt, wenn deren Reliabilitäten r_{tt} und r_{uu} sowie die Korrelation der beobachteten Werte $r_{x_t x_u}$ beider Tests bekannt sind. Die Herleitung der Antwort ist einfach: Aus (8.5) wissen wir, dass

$$(8.15) \quad r_{w_t w_u} = \frac{cov(w_t, w_u)}{s_{w_t} \cdot s_{w_u}}.$$

Wegen (8.8) gilt, dass $cov(w_t, w_u) = cov(x_t, x_u)$.

Ferner lässt sich aus (8.11) durch Umformung herleiten, dass $s_{w_t} = s_{x_t} \cdot \sqrt{r_{tt}}$ und entsprechend $s_{w_u} = s_{x_u} \cdot \sqrt{r_{uu}}$ ist. Daraus ergibt sich der Ausdruck

$$(8.16) \quad r_{w_t w_u} = \frac{cov(x_t, x_u)}{s_{x_t}\sqrt{r_{tt}} \cdot s_{x_u}\sqrt{r_{uu}}},$$

und da $\frac{cov\,(x_t, x_u)}{s_{x_t} \cdot s_{x_u}} = r_{x_t x_u}$, ergibt sich

$$(8.17) \quad r_{w_t w_u} = \frac{r_{x_t x_u}}{\sqrt{r_{tt}} \cdot \sqrt{r_{uu}}}.$$

Dieser Ausdruck wurde von Spearman (1910) »correction for attenuation« genannt und von Lienert & Raatz (1998) mit »Minderungskorrektur« übersetzt. Er zeigt, dass die Korrelation zweier messfehlerbehafteter Variablen nicht größer werden kann als das geometrische Mittel $\sqrt{r_{tt} \times r_{uu}}$ der beiden Reliabilitätskoeffizienten dieser Variablen. Er stellt darüber hinaus eine Schätzformel für die wahre Korrelation zwischen zwei unreliablen Variablen dar, wenn deren Reliabilitätskoeffizienten bekannt sind. Damit wird die »Minderung« korrigiert, denen Korrelationskoeffizienten unterliegen, wenn die korrelierenden Messwerte fehlerbehaftet sind.

Die letzte Folgerung aus der Klassischen Testtheorie, die hier kurz genannt werden soll, ist wichtig für die Testkonstruktion und anwendbar auf Tests oder Messverfahren, die sich aus einzelnen Bausteinen (Testaufgaben) zusammensetzen. Sie bezieht sich auf die Abhängigkeit der Reliabilität eines Tests von der Testlänge, definiert als Zahl der Aufgaben, aus denen sich ein Test zusammensetzt. Es lässt sich zeigen, dass bei homogener Verlängerung eines Tests, also durch Hinzunahme äquivalenter Testaufgaben, die Reliabilität des verlängerten Tests größer wird. Das liegt daran, dass die wahren Werte des neu hinzukommenden Testteils mit den wahren Werten des alten Testteils zu 1 korrelieren (Homogenitätsannahme!), während die Fehlerwerte des alten und hinzukommenden Testteiles nicht miteinander korrelieren (Annahme Formel 8.3). Das führt dazu, dass die wahre Varianz im Ausdruck (8.11) mit Testverlängerung stärker wächst als die Fehlervarianz und der Bruch aus wahrer und Fehlervarianz insgesamt größere Werte annimmt.

Formel (8.18) zeigt den aus den Axiomen der Klassischen Testtheorie herleitbaren Zusammenhang zwischen der Reliabilität des verlängerten Tests r_{tt}' auf der einen Seite und dem Verlängerungsfaktor k, sowie der Reliabilität des nicht verlängerten Tests r_{tt} auf der anderen Seite:

$$(8.18) \quad r_{tt}' = \frac{k \cdot r_{tt}}{1 + (k-1)\, r_{tt}}.$$

Diese Formel wird nach ihren Autoren Spearman-Brown-Formel genannt (Lienert, 1969, S. 243 ff.).

Abb. 8.2 veranschaulicht den in der Spearman-Brown-Formel definierten Zusammenhang. Sie verdeutlicht, dass der Reliabilitätszuwachs bei niedriger Reliabilität ($r_{tt} = .5$) am größten ist (stärkster Anstieg aller Kurven) und bei hohen Verlängerungsfaktoren geringer wird gegenüber kleinen Verlängerungsfaktoren.

Die Erkenntnisse aus diesen Überlegungen sind wichtig auch für die Forschung:

Nur wenn ein Maß relativ viel wahre Varianz erfasst, also reliabel ist, können damit die interessierenden Forschungshypothesen untersucht werden. Unreliable Maße müssen – von Zufallsergebnissen abgesehen – zu insignifikanten Ergebnissen führen.

Für die Beurteilung psychologischer Tests und empirischer Forschungsdaten spielt das Re-

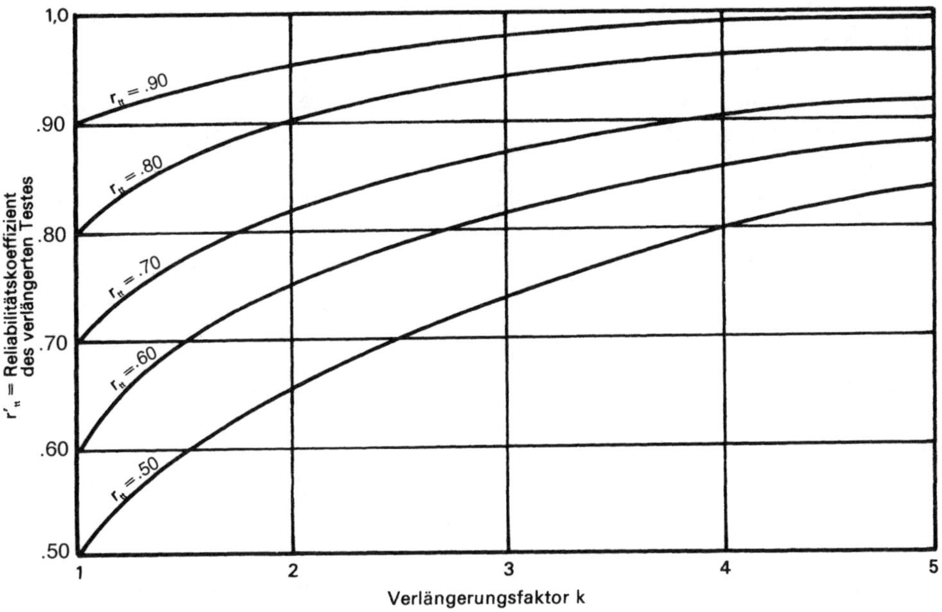

Abb. 8.2: Nomogramm zur Aufwertung eines Reliabilitätskoeffizienten bei Vervielfachung der Testlänge gemäß der verallgemeinerten Spearman-Brown-Formel (8.18).

liabilitätskonzept der Klassischen Testtheorie eine grundlegende Rolle. Das sollte hier aufgezeigt werden.

Allerdings sind gegen die Klassische Testtheorie Einwände erhoben worden, die auf eine Reihe von Schwächen aufmerksam machen (s. z. B. Fischer, 1974, S. 114ff.; Hilke, 1980). Diese Einwände beziehen sich unter anderem und in erster Linie darauf, dass die Klassische Testtheorie keine oder nur sehr unzulängliche Modellvorstellungen liefert, wie ein Testwert durch Vorgabe einzelner Testaufgaben oder -fragen zustande kommen soll und in welcher Beziehung die einzelnen Itembeantwortungen sowie der daraus gebildete Testwert zu der zu messenden »latenten« Eigenschaftsdimension steht. Die Beziehung zwischen Testwert und zu testender Eigenschaft wird in der Klassischen Testtheorie offen gelassen.

Von Moosbrugger (Moosbrugger & Müller, 1981, 1982; Moosbrugger, 1982, 1984) wurde ein Testmodell vorgeschlagen, das auf der Klassischen Testtheorie aufbaut und die Beziehung zwischen Testwert und »latenter« zu testender Eigenschaft explizit formuliert. In diesem von Moosbrugger KLA-Modell (Klassisches Latent-Additives Testmodell) genannten Ansatz wird der wahre Wert w_{ij} der Versuchsperson j im Testitem i zerlegt in die Merkmalsausprägung ξ_j der Person auf der zu messenden »latenten« Variablen und einen Schwierigkeitsparameter β_i des Testitems. Außerdem wird eine lineare Funktion angenommen zwischen dem wahren Wert w_{ij} und der beobachtbaren Reaktionsvariablen x_{ij}, die die kontinuierlich variierende Antwort der Versuchsperson j auf das Item i darstellt. Da der Schwierigkeitsparameter β_i auf derselben »latenten« Dimension abgebildet wird wie die Merkmalsausprägung ξ_j, lässt sich die Reaktion x_{ij} der Versuchsperson j auf das Item i im KLA-Modell in folgender Weise additiv zusammengesetzt denken:

(8.19) $$x_{ij} = w_{ij} + e_{ij} = \xi_j - \beta_i + e_{ij}.$$

Darin bedeutet e_{ij} den zufälligen Messfehler bei der Beantwortung des Items i durch die Versuchsperson j.
Abbildung 8.3 veranschaulicht die Grundgleichung (8.19) des KLA-Modells, aus der ersichtlich ist, dass die Antwort x_{ij} auf ein Item i nicht nur vom Wert ξ_j der Versuchsperson j in der »latenten« Eigenschaft abhängt, sondern auch von der Schwierigkeit des Items i: Je schwieriger ein Item i ist, desto niedriger wird für eine Versuchsperson j der zu diesem Item erwartete Reaktionswert x_{ij} sein. Durch die Linearitätsannahme in der Gleichung (8.19) und durch die Bildung eines Gesamttestwerts x_{tj} aus den Item-Antworten x_{ij} wird im KLA-Modell die in der Klassischen Testtheorie nicht definierte Beziehung zwischen Testwert und zu testender Eigenschaft expliziert.
Es sind vor allem die probabilistischen Testmodelle, wie zum Beispiel das Testmodell von Rasch (1960, 1980), die sich solcher und weiterer Probleme, die in der Klassischen Testtheorie nicht gelöst werden können, angenommen und sie einer Lösung näher gebracht haben.
Durch diese neuen Testtheorien wird auch folgendes Problem der Klassischen Testtheorie als Theorie der Reliabilität gelöst, auf das abschließend hingewiesen werden soll, ohne auf die Lösung dieses Problems einzugehen zu können (s. dazu Fischer, 1974):

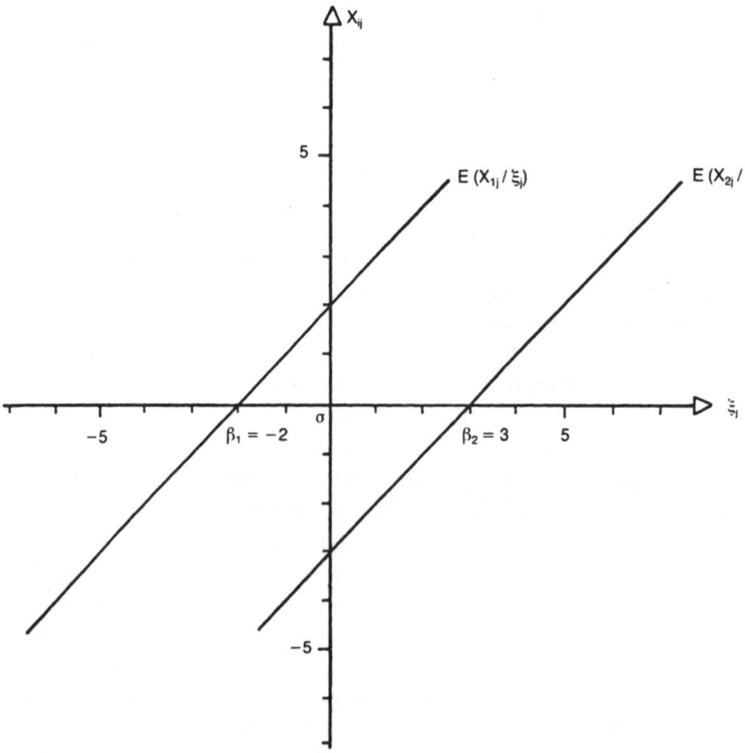

Abb. 8.3: Die im KLA-Modell angenommene lineare Beziehung zwischen den Werten ξ_j in einer »latenten« Variablen und den beobachtbaren Reaktionen x_{ij} für zwei Items (i= 1, 2) mit unterschiedlicher Schwierigkeit β_i. Die Geraden markieren die erwarteten x_{ij}-Werte $E(x_{ij} \mid \xi_j)$ in Abhängigkeit von ξ_j (nach Moosbrugger, 1984, Seite 79).

Es wird als Problem der *Populationsabhängigkeit des Reliabilitätskoeffizienten* bezeichnet. Damit ist die Tatsache angesprochen, dass ein Reliabilitätskoeffizient nicht einfach nur die Messfehlerbehaftetheit eines Tests quantifiziert, also ein Charakteristikum dieses Tests misst, sondern dies immer in Bezug auf eine bestimmte Personenpopulation tun muss: Da die Reliabilität als Verhältnis der wahren Varianz zur beobachteten Varianz der Testwerte definiert ist, muss dieses Verhältnis in einer Population mit geringer Variabilität des zu testenden Merkmales (kleine wahre Varianz) bei konstanter Fehlervarianz anders ausfallen als in einer Population mit großer Variabilität des entsprechenden Merkmales. Ein Beispiel kann dies sofort verdeutlichen:

Nehmen wir an, ein Intelligenztest weist (unabhängig von der Personenpopulation) einen Standardmessfehler von $s_{et} = 5$ IQ-Punkten auf. In einer Population, in der die wahre Merkmalsstreuung $s_{w_t} = 10$ IQ-Punkte betrüge, wäre die Reliabilität $r_{tt} = 10^2/(10^2+5^2) = 100/125 = .8$. In einer anderen Population mit einer wahren Merkmalsstreuung von $s_{w_t} = 20$ IQ-Punkten ergäbe sich bei derselben Fehlerbehaftetheit ein Reliabilitätskoeffizient von $r_{tt} = 20^2/(20^2+5^2) = 400/425 = .94$.

Diese Abhängigkeit aller Formulierungen der Klassischen Testtheorie von den Varianz-, Standardabweichungs- und Korrelationskonzepten wird in den modernen probabilistischen Testtheorien vermieden.

Literaturhinweise zur Testtheorie

In die klassische Testtheorie und Testkonstruktion führen ein: Fischer (1968, 1974); Gutjahr (1971); Magnusson (1969); Steyer und Eid (1993); Lienert und Raatz (1998); Rost (1996).

Eine kurze leicht verständliche Darstellung geben: Wieczerkowski und Schümann (1977).

Anwendungsbeispiele des Raschmodells finden sich bei: Lippert, Schneider und Wakenhut (1978); Wendeler (1968); Moosbrugger (1997).

Neuere Einführungen zur Testheorie im Rahmen der Diagnostik liegen vor bei Kubinger (1995), Jäger und Petermann (1992) sowie Amelang und Zielinski (1997).

8.2.3 Item-Response-Theorie: Das logistische Modell von Rasch

In den Modellen der im Vorangehenden dargestellten Klassischen Testtheorie wird die Messfehlerbehaftetheit derart berücksichtigt, dass ein manifester (beobachtbarer) Testwert additiv-linear in einen latenten (nicht-beobachtbaren) »wahren« Wert und einen Messfehlerwert zerlegt wird. Diese Annahme macht streng genommen nur für kontinuierliche Ausgangsvariablen (wie z. B. Testsummenvariablen etc.) Sinn, sie ist hingegen nicht geeignet, wenn kategoriale Ausgangsvariablen vorliegen (s. unten). Kategoriale Ausgangsvariablen liegen dann vor, wenn ein Item eines Testverfahrens nur eine beschränkte Anzahl von Antwortkategorien aufweist, z. B. die Antwortkategorien »stimmt überhaupt nicht«, »stimmt eher nicht«, »stimmt eher« und »stimmt voll und ganz«.

Abb. 8.4 zeigt den Fall, der sich ergeben würde, wenn man ein Modell der Klassischen Testtheorie (das Modell essentiell τ-äquivalenter Variablen, vgl. Steyer & Eid, 1993) auf dichotome Items anwenden würde, d. h. solche Items, die nur zwei Werte (etwa 0 und 1) annehmen können für eine Person u mit dem Wert ξ_u auf der zu messenden latenten Variablen ξ. Die Abbildung veranschaulicht nun die Lösungswahrscheinlichkeiten der Person: Es ergibt sich eine Antwortwahrscheinlichkeit für die Kategorie mit dem Wert 1 von $P(X_2=1) = 0.75$. Würde man für dieselbe Person die entsprechende Antwortwahrscheinlichkeit auf Item 1 suchen, so würde eine Wahrscheinlichkeit größer Eins resultieren. Da die Antwortwahrscheinlichkeiten aber definitionsgemäß nur Werte im geschlossenen Intervall zwischen Null

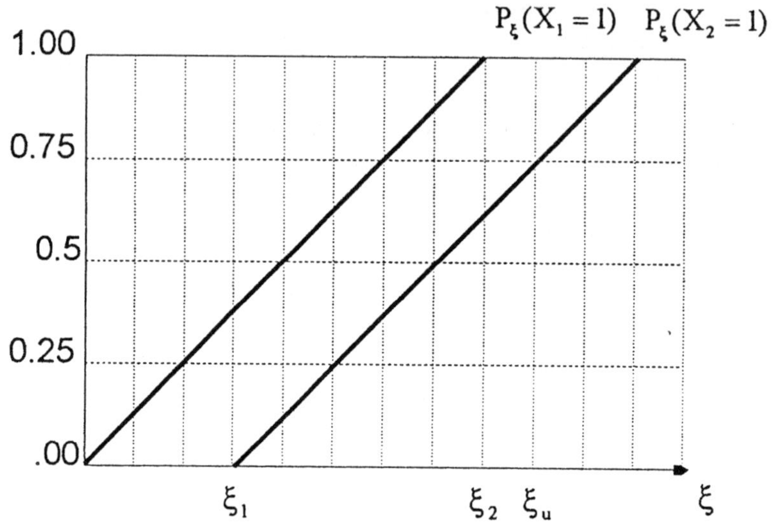

Abb. 8.4: Graphische Darstellung der Antwortwahrscheinlichkeiten für eine Kategorie zweier dichotomer Variablen X_1 und X_2 in Abhängigkeit von der latenten Variablen ξ in einem Modell der Klassischen Testtheorie (Modell essentiell τ-äquivalenter Variablen).

und Eins annehmen können, müsste man den Wertebereich der latenten Variablen ξ auf den Bereich zwischen ξ_1 und ξ_2 einschränken. Dieser Umstand wäre aber für die empirische Forschung sehr einschränkend, insbesondere dann, wenn viele Items analysisert wurden.

Um diesem Umstand Rechnung zu tragen und die Messfehlerbehaftetheit auch bei solchen kategorialen Ausgangsvariablen angemessen zu berücksichtigen, wurden spezielle Testmodelle entwickelt, die allgemein unter dem Begriff der *Item-Response-Theorie* zusammengefasst werden. In diesen Modellen wird der Zusammenhang zwischen der Wahrscheinlichkeit für eine bestimmte Itemantwort (item response) und einer latenten Merkmalsvariable (den »wahren« Werten) betrachtet. Wie in der Klassischen Testtheorie hängt die beobachtbare Reaktion (z. B. die Antwort auf die Frage, ob man ein ängstlicher Mensch sei) von einem latenten Merkmal (z. B. der Ängstlichkeit einer Person) und einem mit dem interessierenden Merkmal (z. B. der Ängstlichkeit) nicht zusammenhängenden Zufallseinfluss ab. Auch wenn man den »wahren« (Ängstlichkeits-) Wert einer Person kennen würde, könnte man nur mit einer bestimmten Wahrscheinlichkeit eine Aussage darüber machen, ob eine Person einer bestimmten Aussage zustimmen würde oder nicht. So kann es aufgrund von Messfehlereinflüssen durchaus vorkommen, dass z. B. von zwei Personen mit gleicher Ängstlichkeit die eine Person der Aussage, dass sie ein ängstlicher Mensch sei, zustimmt, die andere jedoch nicht.

Der beobachtbare Messwert ist auch in den Modellen der Item-Response-Theorie nicht gleich dem Merkmalswert, der differentialpsychologisch von Interesse ist, sondern der latente nicht-beobachtbare Merkmalswert kann erst über die beobachtbaren Reaktionen einer Person »erschlossen« werden. Im Rahmen der Item-Response-Theorie wurde eine Vielzahl von Modellen für verschiedene differentialpsychologische Fragestellungen (z. B. der Messung von latenten Eigenschaften, der Klassifikation von Personen etc.) entwickelt. Im Folgenden soll das Grundprinzip dieser Modellklasse anhand eines der einfachsten Modelle der Item-Response-Theorie, des logistischen Modells von Rasch (1960, 1980), dargestellt werden. Eine umfassendere Einführung in diese Modelle gibt u. a. das Lehrbuch von Rost (1996), Anwendungen dieser Modelle auf verschiedene inhaltliche Fragestellungen sind in dem Buch von Rost und Langeheine (1997) enthalten.

Das Rasch-Modell, das von dem dänischen Mathematiker Georg Rasch entwickelt wurde, ist ein spezielles Modell für dichotome Ausgangsvariablen. Dichotome Variablen sind Variablen, die nur zwei Werte annehmen können; sie liegen z. B. dann vor, wenn eine Person einer Aussage eines Persönlichkeitstests aufgrund des Antwortformats nur *zustimmen* oder sie *ablehnen* kann. Ein anderes Beispiel ist eine Intelligenztestaufgabe, bei der nur erhoben wird, ob sie *gelöst* oder *nicht gelöst* wurde. Die Grundprinzipien dieses Modells sollen anhand des letztgenannten Beispiels erläutert werden. Im Rasch-Modell wird angenommen, dass die Wahrscheinlichkeit für eine Person, eine bestimmte Rechenaufgabe eines Intelligenztests zu lösen, durch zwei Größen bestimmt wird: Der rechnerischen *Fähigkeit* einer Person und der *Schwierigkeit* der Rechenaufgabe. Je fähiger eine Person ist, umso eher wird sie eine Aufgabe lösen, und je schwieriger ein Item ist, umso eher wird es nicht gelöst werden. Diese theoretische Grundannahme wird im Rasch-Modell in eine bestimmte mathematische Abhängigkeitsbeziehung zwischen der Lösungswahrscheinlichkeit einerseits und der Ausprägung des Personenmerkmals sowie der Itemschwierigkeit andererseits übertragen.

Im Rasch-Modell wird zunächst folgende Zuordnungsvorschrift für die Antwort einer Person j auf ein Item i festgelegt (für das Beispiel eines Intelligenztestitems):

$$X_{ij} := \begin{cases} 1, \text{ falls das i-te Item gelöst ist,} \\ 0 \text{ sonst.} \end{cases}$$

Die Wahrscheinlichkeit $p(X_{ij} = 1)$, dass eine Person j eine korrekte Antwort bei einem Item i gibt, hängt im Rasch-Modell nur von der Differenz aus dem Fähigkeitswert einer Person, der mit ξ_j bezeichnet wird und dem Schwierigkeitsparameter eines Items, der mit σ_i bezeichnet wird, ab:

$$(8.20) \quad p\,(X_{ij} = 1) = \frac{\exp\,(\xi_j - \sigma_i)}{1 + \exp\,(\xi_j - \sigma_i)},$$

wobei »exp« die Exponentialfunktion bezeichnet. Items, die diese Anforderungen erfüllen, werden Rasch-homogen genannt. Die Abhängigkeit der Lösungswahrscheinlichkeit eines Items von der latenten Fähigkeitsvariablen ξ (bei einem gegebenem Itemparameter σ_i) wird als *Itemcharakteristik* bezeichnet. Die Itemcharakteristiken für zwei verschiedene Rasch-homogene Items sind in Abbildung 8.5 dargestellt.

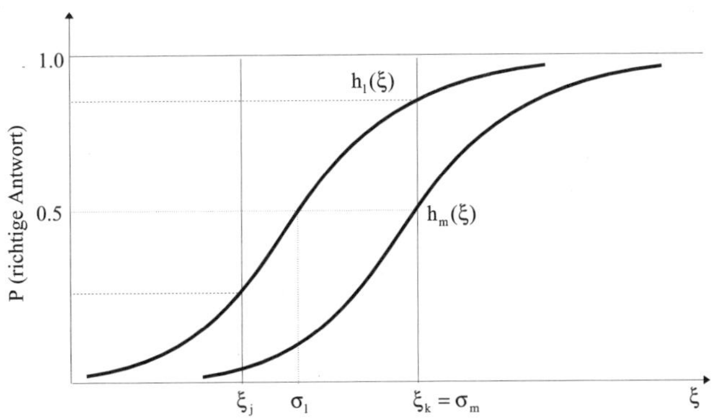

Abb. 8.5: Darstellung zweier Itemcharakteristiken im Rahmen des Rasch-Modells

Diese Abbildung verdeutlicht verschiedene Eigenschaften des Rasch-Modells:

(1) Für eine Person, deren Fähigkeitswert gleich dem Schwierigkeitsparameter eines Items ist, ist die Lösungswahrscheinlichkeit gleich 0.5. Dies ist in der Abbildung 8.5 für die Person k bei dem Item m der Fall. Die Lösungswahrscheinlichkeit ist umso höher (bzw. geringer), je höher die positive (bzw. negative) Differenz zwischen der Fähigkeit der Person und der Itemschwierigkeit ist, und sie nähert sich asymptotisch dem Wert 1 (bzw. 0) an.

(2) Die Itemcharakteristiken verlaufen für alle Items parallel und lassen sich durch Verschiebung entlang des latenten Fähigkeitskontinuums ξ ineinander überführen. Dies bedeutet, dass der Unterschied in der Schwierigkeit zweier Items für alle Personen, die un-

Exkurs: Das Rasch-Modell als linear-logistisches Testmodell

Anhand von Abb. 8.3 wurde gezeigt, dass eine additiv-lineare Zerlegung der Antwortwahrscheinlichkeiten mit großen Problemen verbunden ist. Um trotzdem ein additiv-lineares Modell annehmen zu können, werden im Rasch-Modell die Antwortwahrscheinlichkeiten transformiert. Diese Transformationen sollen in Anlehnung an Rost (1996) dargestellt werden:

Den Ausgangspunkt der Herleitung stellt die Lösungswahrscheinlichkeit $p(X_{ij} = 1)$ einer Person j für ein Item i dar.

Im ersten Schritt wird die Wahrscheinlichkeit durch ihre Gegenwahrscheinlichkeit $p(X_{ij} = 0)$ dividiert.

Diesen Bruch bezeichnet man als *Wettquotienten.*

$$\text{(8.21)} \quad \text{Wettquotient: } \frac{p(X_{ij}=1)}{p(X_{ij}=0)}$$

Der Wettquotient variiert zwischen 0 und + ∞ (unendlich) und repräsentiert die Chance, dass die gegebene Person v gegen das Item i »gewinnt«, d. h. es löst.

Durch die Verrechnung der Anwortwahrscheinlichkeiten im Wettquotienten wird somit das Intervall der Wahrscheinlichkeiten (von 0 bis 1) in asymmetrischer Weise geöffnet und auf den Bereich von 0 bis + ∞ auseinandergezogen.

Um die gesamte Zahlengerade (auch den negativen Anteil) mit einzubeziehen, wird der Wettquotient logarithmiert. Die entstehende Funktion bezeichnet man als *Logit-Funktion*:

$$\text{(8.22)} \quad \text{Logit: } \ln \frac{p(X_{ij} = 1)}{p(X_{ij} = 0)}$$

Der Logit kann nun zwischen – ∞ und + ∞ variieren.

Im Rasch-Modell wird für die logit-transformierten Lösungswahrscheinlichkeiten nun folgende lineare Abhängigkeit von der Personenvariable ξ_j angenommen:

$$\text{(8.23)} \quad \ln \frac{p(X_{ij} = 1)}{p(X_{ij} = 0)} = \xi_j - \sigma_i.$$

Der Parameter s_i ist eine itemspezifische Konstante. In diesem Modell sind die Parameter ξ_j und σ_i durch ein Minuszeichen verknüpft, damit der Itemparameter die *Schwierigkeit* und nicht die *Leichtigkeit* des Items repräsentiert: Je größer σ_i ist, desto kleiner ist der Logit der Lösungswahrscheinlichkeit, desto schwieriger ist das Item. Sind beide Parameter gleich, ist der Logit gleich null und die Lösungswahrscheinlichkeit beträgt 0.5 (= 50%).

Aus Gleichung 8.23 kann Gleichung 8.20 durch Umformungen hergeleitet werden (s. dazu Rost, 1996, S. 124).

terschiedliche Fähigkeitswerte haben können, gleich ist. Der Vergleich zweier Items in Bezug auf ihre Schwierigkeit hängt somit nicht von der betrachteten Person ab. Es lässt sich darüber hinaus zeigen, dass im Rasch-Modell auch die Differenz der Fähigkeitswerte zweier Personen bei jedem Item gleich ist. Der Vergleich zweier Personen hängt demzufolge nicht von dem betrachteten Item ab. Diese Eigenschaft des Rasch-Modells, d. h. die Unabhängigkeit des Vergleichs zweier Objekte von dem Instrument, anhand dessen der Vergleich vorgenommen wird, wird als *spezifische Objektivität* bezeichnet und stellt eine zentrale messtheoretische Eigenschaft des Rasch-Modells dar (s. hierzu weiterführend Fischer, 1988).

(3) Die Schwierigkeitsparameter verschiedener Items können über das latente Fähigkeitskontinuum streuen. Dies bedeutet, dass verschiedene Items in einigen Fähigkeitsbereichen besser zwischen Personen differenzieren als in anderen Fähigkeitsbereichen. So werden einem leichten Item alle Personen ab einem bestimmten Fähigkeitswert mit fast gleich hoher Wahrscheinlichkeit zustimmen, während sich diese fähigen Personen bezüglich eines schwierigen Items durchaus in ihrer Lösungswahrscheinlichkeit unterscheiden können.

Neben der Rasch-Homogenität wird im Rasch-Modell noch eine weitere Annahme getroffen, und zwar die *lokale stochastische Unabhängigkeit* der Itemantworten für eine Person mit einem bestimmten Fähigkeitswert. Dieser Annahme zufolge darf die Beantwortung eines Items nichts zur Beantwortung eines anderen Items beitragen, wenn der latente Fähigkeitswert einer Person gegeben ist. Durch die latente Fähigkeitsvariable werden somit alle Zusammenhänge zwischen den Items erklärt, d. h., die Itemantworten hängen (über die verschiedenen Personen hinweg) nur deswegen zusammen, da sie dieselbe Fähigkeit messen.
Aus psychodiagnostischer Perspektive besteht das wesentliche Ziel bei der Anwendung des Rasch-Modells darin, die latenten (nicht-beobachtbaren) Fähigkeitswerte der untersuchten Personen zu schätzen. Hierzu kann man auf verschiedene statistische Schätzverfahren zurückgreifen (s. z. B. Hambleton, Swaminathan & Rogers, 1991; Rost, 1988, 1996). Das Besondere am Rasch-Modell ist, dass die Anzahl der Aufgaben, die eine Person gelöst hat, die gesamte Information enthält, die ein Antwortmuster über den latenten Fähigkeitswert aussagt. Man bezeichnet daher die Anzahl der gelösten Aufgaben als *suffiziente* oder *erschöpfende Statistik* für den latenten Fähigkeitswert einer Person. Hervorzuheben ist, dass das Rasch-Modell das einzige Modell für dichotome Variablen ist, für das diese Eigenschaft gilt.
Für die Schätzung des latenten Fähigkeitswertes einer Person kann man sich eine weitere Eigenschaft der Schätzmethoden zunutze machen. Beim Rasch-Modell ist der Beitrag eines Items zur Schätzgenauigkeit eines Fähigkeitswerts an der Stelle des Fähigkeitskontinuums am größten, an der die Lösungswahrscheinlichkeit des Items 0.5 ist. Mit zunehmendem Abstand von diesem Punkt nimmt der Beitrag zur Schätzgenauigkeit ab. Um mit einem Testverfahren die latenten Merkmalswerte in allen Fähigkeitsbereichen gut zu schätzen, ist es notwendig, möglichst viele Items mit unterschiedlichen Schwierigkeitsparametern in ein Testverfahren aufzunehmen. Hierdurch kann ein Testverfahren jedoch sehr umfangreich werden. Um dies zu verhindern, aber dennoch eine präzise Schätzung eines Fähigkeitswertes zu erhalten, bietet es sich an, Personen in einem bestimmten Fähigkeitsbereich nur diejenigen Items vorzugeben, anhand derer die latenten Fähigkeitswerte in diesem Bereich sehr genau geschätzt werden können. Hierzu wurden zwei verschiedene Teststrategien entwickelt, die unter dem Begriff des *adaptiven Testens* zusammengefasst werden. Beim *»tailored testing«* wird *jedes* vorgegebene *Item* danach ausgewählt, ob seine Beantwortung für die betreffende Person im Vergleich zu den anderen Items maximale Information zur Verfügung stellt. Hierzu wird nach jeder Itempräsentation der Fähigkeitswert einer Person geschätzt und da-

nach das informationshaltigste Item ausgewählt. Durch diese gezielte sukzessive Auswahl von Items kann der Fähigkeitswert einer Person zunehmend genauer geschätzt werden. Beim »*branched testing*«, der zweiten adaptiven Teststrategie, werden dagegen verschiedene *Subtests* vorgegeben, wobei der jeweilige Subtest entsprechend der vorläufig geschätzten Fähigkeit der zu diagnostizierenden Person ausgewählt wird. Ein Beispiel für ein Testverfahren, das auf dieser Teststrategie basiert, ist das *Adaptive Intelligenzdiagnostikum* (Kubinger & Wurst, 1985). Zur adäquaten Umsetzung adaptiver Teststrategien eignen sich vor allem computerunterstützte Testverfahren. Beim *computerisierten Testen* kann nach jeder Itembeantwortung der Wert der Person auf der latenten Variablen x neu geschätzt und das für die weitere Analyse geeignetste Item ausgewählt werden. Bei diesen Schätzmethoden werden somit zwei Prinzipien verknüpft: (a) das Prinzip der Zeitökonomie bei der Testerhebung und (b) der Schätzgenauigkeit.

Das Rasch-Modell verfügt somit über verschiedene Eigenschaften, die sowohl aus messtheoretischer als auch aus psychodiagnostischer Sicht bestechen. Diese Eigenschaften gelten in einer spezifischen Anwendung nur dann, wenn die Annahmen des Rasch-Modells bei dieser Anwendung erfüllt sind. Zur Überprüfung der Modellgültigkeit wurden verschiedene statistische Methoden entwickelt, die auf unterschiedlichen testbaren Konsequenzen des Rasch-Modells aufbauen (s. zum Überblick Rost, 1988, 1996). Aus den Annahmen des Rasch-Modells folgt z. B. als wichtige testbare Konsequenz, dass die Differenz der Schwierigkeitsparameter zweier Items zwischen verschiedenen Subpopulationen gleich sein muss. Das Rasch-Modell wurde in der differentialpsychologischen Forschung bisher nur relativ selten eingesetzt, da diese strengen Anforderungen häufig nicht erfüllt sind. Allerdings sind seit Raschs Modellentwicklung verschiedene Modelle der Item-Response-Theorie entwickelt worden, die bezüglich einzelner Annahmen weniger streng sind. Diese Weiterentwicklungen sollen abschließend kurz skizziert werden. In vielen Fällen ist die Annahme, dass die Itemparameter für alle Personen der Population denselben Wert annehmen, nicht erfüllt. Dies kann bei Leistungstests z. B. dann der Fall sein, wenn Personen verschiedener Subpopulationen unterschiedliche Lösungsstrategien wählen. Bei Einstellungsskalen und Persönlichkeitstests unterscheiden sich Versuchspersonen häufig bezüglich ihres Antwortstils (z. B. Akquieszenz, Tendenz zum mittleren Urteil etc.). So bedeutet die Zustimmung zu einem Item bei einer Person mit einer Jasagetendenz nicht dasselbe wie bei einer Person, die diesen Antwortstil nicht aufweist. Dies widerspricht jedoch dem Rasch-Modell, da sich Unterschiede im Antwortstil in unterschiedlichen Schwierigkeitsparametern niederschlagen würden. Betrachtet man dagegen Subpopulationen mit homogenen Antwortstilen, dann kann durchaus für beide Subpopulationen jeweils das Rasch-Modell gelten, wenn auch mit Schwierigkeitsparametern, die sich zwischen diesen Subpopulationen unterscheiden. Es ist daher von großer Bedeutung, Subpopulationen ausfindig zu machen, für die das Rasch-Modell (mit unterschiedlichen Schwierigkeitsparametern) gilt. Können die Subpopulationen nicht anhand eines externen Kriteriums (z. B. Geschlecht) getrennt werden bzw. kennt man kein geeignetes Trennungskriterium, so kann man auf das *Mischverteilungs-Rasch-Modell* (z. B. Rost, 1990) zurückgreifen. Bei diesem Modell nimmt man an, dass die Gesamtpopulation aus mehreren (unbekannten) Subpopulationen besteht, in denen das Rasch-Modell mit unterschiedlichen Schwierigkeitsparametern gilt. Ziel der Analyse mit solchen Modellen ist es, herauszufinden, wie viele derartige Subpopulationen unterschieden werden müssen und mit welcher Wahrscheinlichkeit die einzelnen untersuchten Personen zu diesen Subpopulationen gehören. Liegen unterschiedliche Subpopulationen vor, so muss die Annahme allgemein gültiger (universeller) Konstrukte für diesen Anwendungsfall verworfen werden. Eine interessante Anwendung dieses Modells für die Messung von Persönlichkeitseigenschaften berichten Eid, Emmermann und Schwenkmezger (1996).

Der Anwendbarkeit des Rasch-Modells sind auch durch die Annahme parallel verlaufender Itemcharakteristiken Grenzen gesetzt. Im Fall unterschiedlich steiler Itemcharakteristiken muss das Rasch-Modell verworfen werden. Auch die Annahme, dass sich die Lösungswahrscheinlichkeiten für geringe Fähigkeitswerte dem Wert null annähern, kann sich als zu restriktiv erweisen, wenn Personen mit geringer Fähigkeit die Lösung erraten können. Zur Berücksichtigung unterschiedlicher Formen der Itemcharakteristiken sowie der Ratewahrscheinlichkeit wurden spezielle Item-Response-Modelle entwickelt (s. z. B. Hambleton, Swaminathan, & Rogers, 1991).

Eine gut verständliche Einführung in Modelle der Item-Response-Theorie gibt das Lehrbuch von Rost (1996).
Probabilistische Testmodelle werden darüber hinaus dargestellt von: Fischer, 1968, 1974; Gutjahr, 1971; Krause, 1977; Rost und Spada, 1977; Stelzl, 1972 sowie Steyer & Eid, 1993.

8.3 Die Situationsabhängigkeit empirischer Forschungsdaten

Neben dem Messfehlerproblem, das sowohl in der Klassischen Testtheorie als auch im Rasch-Modell berücksichtigt wird, muss auch die Situationsabhängigkeit psychologischer Messungen betrachtet werden. Psychologische Messungen finden nie in einem situativen Vakuum, sondern immer unter bestimmten situativen Bedingungen statt, die die Erfassung psychologischer Merkmale beeinflussen können. So sind Stimmungen beispielsweise dadurch gekennzeichnet, dass sie in starkem Maße von situativen Einflüssen abhängen (s. Thayer, 1989). Bei wiederholter Messung der Stimmung von Personen wird man feststellen, dass in den Testwerten Veränderungen auftreten, die nicht allein durch den Messfehler erklärt werden können, sondern auch durch die situationsbedingte Variabilität des Stimmungserlebens (s. Eid, Notz, Steyer & Schwenkmezger, 1994). Aber auch die Erfassung von Persönlichkeitsmerkmalen, von denen angenommen werden kann, dass sie (relativ) stabile Eigenschaften darstellen, kann von der Situation beeinflusst werden, in der sich eine Person zum Zeitpunkt der Messung befindet (s. Deinzer et al., 1995). Ebenso können Leistungstests von der momentanen Motivation des Probanden abhängen und psychophysiologische Messungen durch situative Bedingungen wie Raumtemperatur verzerrt werden, um nur einige Beispiele herauszugreifen (s. Eid, 1995). Zur Erfassung der Situationsabhängigkeit menschlichen Verhaltens und Erlebens sind die Modelle der Klassischen Testtheorie und des Rasch-Modells ungeeignet, da sie von einem stabilen, latenten Personenmerkmal (»wahrem Wert«) ausgehen.
Um die Situationsabhängigkeit zu berücksichtigen, haben Tack (1980, 1986) und Steyer (1987) die Klassische Testtheorie erweitert. Im Rahmen der sog. *Latent State-Trait-Theorie* (Steyer, Ferring & Schmitt, 1992) wurden verschiedene Modelle zur Bestimmung der Situationsabhängigkeit entwickelt.
Im einfachsten Modell der Latent State-Trait-Theorie (Multistate-Modell) wird der Testwert einer Person nicht mehr –wie in der Klassischen Testtheorie – in einen *stabilen* wahren Wert und einen Messfehler zerlegt, sondern in einen *messgelegenheitsspezifischen* wahren (Zustands-) Wert (State) und einen Messfehlerwert. Eine Testwertvariable X_{ik} läßt sich demnach in eine latente Zustands- (State-) Variable τ_k und eine Messfehlervariable ε_{ik} dekomponieren:

$$(8.24)\quad X_{ik} = \tau_k + \varepsilon_{ik}.$$

Im Gegensatz zur Formel (8.1) der Klassischen Testtheorie wird in obiger Formel berücksichtigt, dass sich ein Test immer zu einer bestimmten Messgelegenheit *k*, zu der sich die zu untersuchende Person in einer bestimmten Situation befindet, erhoben wird. Die latente Zustandsvariable lässt sich ihrerseits wieder additiv zerlegen, und zwar (1) in eine Variable, die den Einfluss messgelegenheitsspezifischer Bedingungen (situationale/interaktionale Effekte) erfasst und mit ζ_k bezeichnet wird, sowie eine Variable ξ, die den stabilen Teil der Person kennzeichnet, der nicht spezifisch für die Messgelegenheit ist:

(8.25) $\tau_k = \zeta_k + \xi.$

Sollen nun in einem Testverfahren stabile Persönlichkeitsmerkmale erfasst werden, so sollten Unterschiede zwischen Personen nur durch Unterschiede auf der latenten Personenvariable ξ bedingt sein, wobei gleichzeitig die situationalen Effekte gleich null sein sollten. Dies ist jedoch eine sehr strenge und restriktive Annahme. Eine weniger restriktive und realistischere ist die, dass interindividuelle Unterschiede vor allem durch interindividuelle stabile Unterschiede auf der Variablen ξ bedingt sein sollen. Hingegen sollten interindividuelle Unterschiede auf den Variablen ζ_k, die die messgelegenheitsspezifischen Abweichungen von der latenten Personenvariable ξ darstellen, relativ klein sein. Dies bedeutet, dass die Varianz der Variable ξ verhältnismäßig groß und die der Variablen ζ_k vergleichsweise gering sein sollte. Um den Anteil an der Varianz einer Testwertvariable, der auf stabile interindividuelle Unterschiede resp. messgelegenheitsspezifische Einflüsse zurückgeht, zu erfassen, hat Steyer (1987) zwei Koeffizienten definiert: Der *Konsistenzkoeffizient* ist der Anteil der Varianz der latenten Personenvariable ξ an der Varianz der Testwertvariablen X_{ik}:*

(8.26) $Con\left(X_{ik}\right) = \frac{s_\xi^2}{s_{X_{ik}}^2}$

Der Messgelegenheits-Spezifitätskoeffizient ist hingegen der Anteil der Varianz der Variablen ζ_k an der Varianz der Testwertvariablen X_{ik}:

(8.27) $Spe\left(X_{ik}\right) = \frac{s_{\zeta_k}^2}{s_{X_{ik}}^2}.$

Konsistenz- und Messgelegenheits-Spezifitätskoeffizient addieren sich zur Reliabilität. Ein Testverfahren zur Messung von (relativ) stabilen Persönlichkeitsmerkmalen sollte daher hohe Konsistenz- und geringe Spezifitätsparameter aufweisen (d. h. geringe Situationsabhängigkeit). Hingegen sollte ein Testverfahren zur Erfassung situationsabhängiger Zustände hohe Spezifitätskoeffizienten und geringe Konsistenzkoeffizienten aufweisen (hohe Situationsabhängigkeit).

Die Variablen der Latent State-Trait-Theorie basieren auf wohldefinierten Größen aus einem explizierten Wahrscheinlichkeitsraum und implizieren durch ihre Annahmen spezielle Strukturgleichungsmodelle, die mit Programmen wie LISREL 8 (Jöreskog & Sörbom, 1993) auf ihre Gültigkeit getestet werden können. (Für eine ausführliche Diskussion der Latent State-Trait-Modelle s. Eid, 1995, Kap. 3.)

Aufbauend auf den Ideen der Latent State-Trait-Theorie hat Eid (1995) ein probabilistisches Modell zur Messung von Personen in Situationen entwickelt. Anhand dieses Modells kön-

* Aus Gründen der Vereinheitlichung wird die gleiche Notation wie in Kapitel 8.2 gewählt. Steyer und Mitarbeiter verwenden die Bezeichnungsweise *Var(X)* statt s^2_x.

nen die Konsistenz- und Spezifitätskoeffizienten einzelner Items bestimmt werden. Für psychologische Testverfahren können dann Items zusammengestellt werden, die zur Erfassung situationsabhängiger Zustände resp. stabiler Persönlichkeitsmerkmale geeignet sind.

Literaturhinweise zur Situationsspezifität psychologischer Messung:
Den aktuellsten Stand der Forschung gibt die Monographie von Eid (1995) wieder. Die Grundlagen der Latent State-Trait-Theorie werden dargestellt von Steyer, Schmitt & Ferring (1992), Anwendungsbeispiele finden sich sowohl in diesem Artikel als auch bei Eid, Notz, Steyer und Schwenkmezger (1994). Steyer, Schmitt und Eid (1999) haben unlängst eine Bestandsaufnahme der ersten 10 Jahre Forschung mit der LST-Theorie vorgelegt, die auch als Einführung in die Thematik geeignet ist.

8.4 Die Validität empirischer Forschungsdaten

Neben den Kriterien der Objektivität (8.1) und der Reliabilität (8.2) muss jedes Maß für ein psychologisches Merkmal oder Konstrukt sowie jeder Test auch das Kriterium der Validität erfüllen. Darunter versteht man »den Grad der Genauigkeit ..., mit dem dieser Test dasjenige Persönlichkeitsmerkmal oder diejenige Verhaltensweise, das (die) er messen soll oder zu messen vorgibt, tatsächlich mißt« (Lienert, 1969, S. 16).
So klar diese Definition erscheint, so schwierig kann der Nachweis der Validität sein. Wie problematisch es unter Umständen ist, für ein psychologisches Maß Validität einfach anzunehmen, haben wir im Abschnitt 7.6 im Zusammenhang mit der Besprechung der externen Validität von Versuchsplänen am Beispiel der Untersuchung von Sarnoff und Corwin (1959, s. oben 7.6.4 b) gezeigt. Tatsächlich stellt die hier zu besprechende Validität von Variablenoperationalisierungen wie Tests, anderen Messverfahren oder experimentellen Manipulationen immer auch einen Teilaspekt der externen Validität von Versuchen und empirischen Untersuchungen dar.
Am meisten beachtet wurde das Validitätsproblem aber in der Testpsychologie. Dort unterscheidet man seit entsprechenden Empfehlungen der American Psychological Association (American Psychological Association, 1954, 1966) vier Validitätsarten von Tests, denen unterschiedliche Argumentationsweisen oder empirische Untersuchungsmethoden für den Nachweis vorhandener Validität zugrunde liegen. Es sind dies die so genannte prädiktive Validität (predictive validity), die konkurrente Validität (concurrent validity), die Inhaltsvalidität (content validity) und die Konstruktvalidität (construct validity).
Bei der *prädiktiven und konkurrenten Validität* wird der Nachweis gefordert, dass der Test mit jenen Kriterien, die der Test vorhersagen oder diagnostizieren soll, genügend hoch korreliert. Die Unterscheidung in prädiktive und konkurrente Validität bezieht sich dabei nur darauf, ob das Kriterium erst in der Zukunft vorliegen wird, wie zum Beispiel Erfolgskriterien in Schule, Beruf, Therapie usw. (prädiktive Validität), oder zum Zeitpunkt der Testdurchführung bereits als gegeben betrachtet wird (konkurrente Validität). Beide Validitätsarten werden oft als *Kriteriums-Validität* zusammengefasst. Die Test-Kriteriums-Korrelation r_{tC} stellt als Validitätskoeffizient ein Maß für diesen Validitätsaspekt dar. Bei der Beurteilung solcher Validitätskoeffizienten darf nicht übersehen werden, dass bei niedriger Reliabilität des Tests und auch des Kriteriums nur niedrige Validitätskoeffizienten resultieren können.
Das Hauptproblem der Kriteriums-Validität aber ist, die Validität eines Kriteriums selbst abzuschätzen. Stellen zum Beispiel Schulnoten brauchbare Schulerfolgskriterien dar? Alleine

dieses Beispiel zeigt, dass auch im Rahmen der Validierung nach dem Konzept der Kriteriumsvalidität theoretische und empirische Analysen des interessierenden Kriteriumsverhaltens als notwendig erachtet werden können, zumindest wenn es sich um komplexere Verhaltensbereiche handelt. Grundlage der Kriteriums-Validität ist der so genannte *Korrelationsschluss:* Bei empirisch gesicherter Korrelation zwischen Test und Kriterium darf vom Test auf das Kriterium geschlossen werden, auch wenn die Korrelation theoretisch nicht erklärt werden kann.

Eine andere Schlussart liegt der *Inhaltsvalidität* zugrunde. Ein Test, für den Inhaltsvalidität in Anspruch genommen wird, wird als repräsentative Stichprobe aus jener Population von Verhaltensweisen aufgefasst, auf die man vom Test aus schließen will. Der Test ist dann so valide, wie die mit ihm erfasste Verhaltensstichprobe repräsentativ für den interessierenden Verhaltensbereich ist. Diese Repräsentativität kann nicht gemessen werden. Sie muss – am sinnvollsten durch Experten – geschätzt werden. Für Wissenstests, Geschicklichkeitstests oder Tests zur Erfassung bestimmter Fertigkeiten wie Schreibmaschinenschreiben wird man Inhaltsvalidität in Anspruch nehmen können, da diese Tests meist selbst am besten den intendierten Verhaltensbereich definieren. In der empirischen Forschung wird sehr oft den verwendeten Variablenoperationalisierungen implizit Inhaltsvalidität unterstellt. So etwa, wenn Aggressivität über bestimmte Verhaltensstichproben erfasst werden soll, wenn Gedächtnismaße erhoben werden oder bestimmte Sozialverhaltensweisen als Hilfsbereitschaftsindikatoren angesehen werden. Ob den so gewonnenen Maßen Inhaltsvalidität auch wirklich zukommt, ist sehr oft ein Problem der genauen Definition der Population von Verhaltensweisen (Aggressionsakte, Gedächtnisleistungen, Hilfeleistungen), auf die man schließen will. Nur bei genauer Definition des intendierten Verhaltensbereiches kann die oben genannte Repräsentativität geschätzt werden.

Handelt es sich bei der Inhaltsvalidität um das Problem des Schlusses auf eine mehr oder weniger genau umschriebene Population prinzipiell beobachtbarer Verhaltensweisen, so bezieht sich das Konzept der *Konstruktvalidität* auf den Schluss von einem Test oder einem anderen empirischen Indikator auf ein theoretisches Konstrukt, das nicht direkt beobachtbar ist. Die Rechtfertigung dieses Schlusses muss sowohl theoretisch aus der Theorie über das Konstrukt wie empirisch begründet sein. Für die empirische Begründung gibt es keine verbindlichen Richtlinien. Im Allgemeinen wird man die Konstruktvalidität empirisch so untersuchen, dass man aus der Theorie, in die das Konstrukt eingebettet ist, Vorhersagen über das Verhalten im Test macht und diese Vorhersagen dann empirisch in Experimenten und Korrelationsstudien überprüft. Dabei wird man auch konkurrierende Theorien heranziehen, um zu überlegen, ob das Testverhalten durch andere Konstrukte nicht ebenso gut oder besser erklärt werden kann.

Experimente zur Stützung der Konstruktvalidität eines Tests würden etwa Verhaltensunterschiede zwischen Personen mit hohen und niedrigen Testwerten untersuchen, wenn solche Verhaltensunterschiede aus der Theorie des Konstruktes vorhergesagt werden können. In Korrelationsstudien mit dem zu validierenden Test würde man die Übereinstimmung des Tests mit anderen empirischen Indikatoren desselben Konstruktes prüfen, aber auch die Unabhängigkeit von Variablen, die mit dem Konstrukt nach der Theorie nicht zusammenhängen dürften, untersuchen. Erst auf dem Hintergrund vieler solcher Untersuchungen und dem Versuch, ihre Ergebnisse auch anders als durch das interessierende Konstrukt zu erklären, kann eine Einschätzung der Konstruktvalidität eines Tests vorgenommen werden (s. Hogan & Nicholson, 1988).

Für die Beurteilung empirischer Forschung ist die kritische Einschätzung gerade der Validität der verwendeten Maße und Variablenoperationalisierungen essenziell wichtig. Da in der Grundlagenforschung vor allem das Konzept der Konstruktvalidität als Argumentationsbasis empirischer Untersuchungen verwendet wird, sollte den Belegen dafür besondere Aufmerksamkeit gewidmet werden.

Literaturhinweise zum Validitätsproblem
Cronbach, 1970, S. 115–150; Cronbach, 1971; Lienert, 1969, S. 255–313; Lienert & Raatz, 1998; Messick, 1980.

Fragen zu Kapitel 8:

1. Welche Anforderungen müssen an empirische Forschungsdaten gestellt werden?
2. Was ist der Grundgedanke des Rasch-Modells, und wodurch unterscheidet es sich von der Klassischen Testtheorie?
3. Wie kann die Situationsabhängigkeit psychologischer Messungen berücksichtigt werden?

9 Die Gewinnung empirischer Daten zur Beschreibung individueller Unterschiede: Der Trait-theoretische Ansatz

9.1 Voraussetzungen

Alle Persönlichkeitstheorien gehen davon aus, dass individuelle Differenzen bestehen und diese gemessen werden können (Pervin, 1970, S. 71). Seit altersher hat es deshalb nicht an Versuchen gefehlt, Indikatoren der körperlichen Erscheinung und des individuellen Verhaltens zu ermitteln, die für die Persönlichkeit oder einzelne ihrer Merkmale aussagekräftig sind. So mussten, wie unter 1.3.1 schon erwähnt wurde, bereits im alten China die Anwärter für gehobene Staatsposten unter Beweis stellen, wie gut sie mit einem Pferd oder Pfeil und Bogen umgehen konnten; auch wurde geprüft, ob sie sich in der Grammatik oder der Handhabung eines Musikinstrumentes auskannten. Galton untersuchte sehr viel später kinästhetische, visuelle und akustische Unterscheidung, Assoziationsschnelligkeit und Gedächtnis. Binet und Simon ließen ihre Probanden, wie erinnerlich, komplexe Denk- und Wissensfragen beantworten usw.

Solche und alle moderneren Ansätze weisen eine Reihe von Gemeinsamkeiten auf: Ein wesentlicher Gesichtspunkt besteht darin, dass genau definierte situative Bedingungen hergestellt werden, die in Verbindung mit der gegebenen Instruktion und Persönlichkeitseigenschaften als Auslöser oder Determinanten des beobachteten Verhaltens gelten. In der Unterscheidung zwischen der unabhängigen Variable (meist eine der experimentell manipulierten Stimulus-Dimensionen) und der abhängigen Variable (gewöhnlich die Beobachtungsgröße, also ein morphologisches oder Verhaltensmerkmal) wird diese Betrachtungsweise deutlich. Wenn etwa aus einer Entfernung von 100 m im Durchschnitt wesentlich weniger Pfeile ins Ziel treffen als aus 50 m, so liefert die unterschiedliche Distanz eine Erklärung für die unter beiden Bedingungen verschiedenen Trefferhäufigkeiten.

In aller Regel verzichtet die Differentielle Psychologie jedoch auf die Variation der Situationsfaktoren, wie sie für die Allgemeine Psychologie kennzeichnend ist, und greift lediglich eine bestimmte Stimulus-Konfiguration aus dem Universum möglicher Faktoren-Kombinationen heraus. Die unter einer solchen Bedingung, gleichsam in nur einem Feld eines imaginären Versuchs- oder Erhebungsplanes mit unendlicher Zahl der Faktoren und Abstufungen, zwischen den Individuen noch auftretenden Verhaltensunterschiede liefern den Gegenstand bzw. Ansatzpunkt der Persönlichkeitsforschung (s. 4.2).

Sollen die interindividuellen Unterschiede als charakteristisch für die betreffenden Personen gelten, müssen sie reliabel sein (s. oben 8.2), d. h., bei einer erneuten Realisierung der betreffenden Bedingungskonstellationen sollten bei den erfassten Individuen in etwa dieselben Verhaltensäußerungen auftreten. Gewöhnlich wird das gleichgesetzt mit der Forderung nach Korrelation der aus den verschiedenen Beobachtungszeitpunkten rührenden Messwerte.

Noch grundlegender ist die Forderung nach *Standardisierung* der Bedingungen. Miteinander vergleichbar und damit sinnvoll sind Messwerte als quantitative Äquivalente für beobach-

tetes Verhalten verschiedener Personen nur dann, wenn die Bedingungen, unter denen eben dieses Verhalten provoziert wird, bei allen Individuen identisch oder doch weitgehend ähnlich sind. Wenn beispielsweise der eine Bewerber seine Pfeile aus 75 m Entfernung abschießt und 12 Treffer erzielt, wo der andere aus 60 m 14-mal ins Schwarze trifft, kann die unterschiedliche Trefferrate nicht im Sinne einer unterschiedlichen Geschicklichkeit der beiden Schützen verstanden werden. Analog sind niedrige Punktwerte in einem Leistungstest dann nicht mehr über die Probanden miteinander vergleichbar, wenn einem Probanden während der Bearbeitung der Bleistift abgebrochen ist und er deshalb die richtigen Lösungen nicht kennzeichnen konnte oder er durch störenden Lärm, einen unruhigen Nachbarn, unzureichende Lichtverhältnisse oder den Verlust seiner Brille bei der Bearbeitung der Aufgaben behindert war, wo ein anderer Proband durch keine dieser Faktoren beeinträchtigt wurde. Gleichhaltung oder Standardisierung der Bedingungen ist somit eine Grundvoraussetzung für die Ermittlung und sinnvolle Interpretation jeglicher individueller Unterschiede.
Bei herkömmlichen Tests, die eine spezifische Variante von Bedingungen zur Provokation von Stichproben des Verhaltens darstellen, ist der Forderung nach Standardisierung durch Gleichheit des Materials, Identität der Instruktionen, genaue Anleitungen zur Durchführung und Auswertung usw. Rechnung getragen. Dennoch ist evident, dass nicht alle denkbaren Einflussgrößen oder Störfaktoren strikt kontrolliert werden können; in dem Maße, in dem sich Bedingungen der Kontrolle des Untersuchungsleiters entziehen, wird die Objektivität des Verfahrens in ihren Aspekten (s. oben: 8.1) beeinträchtigt, was letztlich auch Minderungen der Reliabilität und Validität zur Folge hat. Im Idealfall erweist sich die jeweilige Methode der Datengewinnung als hoch sensitiv gegenüber den Phänomenen oder Variablen, an denen man aus theoretischen Gründen interessiert ist, aber als robust und unempfindlich gegenüber allen anderen Faktoren (Pervin, 1970, S. 73).
Die mit Hilfe von Tests realisierten Bedingungen werden gewöhnlich so gewählt, dass die Variabilität des Verhaltens als Ausgangspunkt der Persönlichkeitsforschung maximal ist. Diese *Differenzierung*, ebenfalls eine Grundvoraussetzung jeder Gewinnung von sinnvollen Informationen, ist dann am größten, wenn Tests oder ihre Bestandteile (Aufgaben, Untertests) eine mittlere Lösungswahrscheinlichkeit aufweisen. Um dieses zu veranschaulichen: Wenn eine bestimmte Aufgabe von 50 Probanden aus einer Stichprobe von N=100 gelöst wird, so differenziert diese Aufgabe zwischen jedem der 50 Probanden, die das Item richtig beantworten, und jedem der 50 Probanden, bei denen das nicht der Fall ist. Eine solche Aufgabe hat also insgesamt 50 x 50 = 2 500 Unterscheidungen getroffen. Wenn andererseits ein Item nur von 20 der 100 Probanden in einer bestimmten Richtung beantwortet wird, so unterscheidet es zwischen 20 x 80 = 1 600 Probandenpaaren. Noch schwierigere Aufgaben in Leistungstests bzw. solche mit sehr seltenen Beantwortungen sind trotz ihrer damit gegebenen verminderten Differenzierungskraft in fast allen Verfahren deshalb enthalten, weil mit ihrer Hilfe auch in den Extrembereichen der jeweiligen Dimension zwischen den Merkmalsträgern unterschieden werden kann.
Ohne jeden Nutzen für die Differentielle Psychologie sind solche Items, die überhaupt nicht differenzieren. Diese bedeuten lediglich das Hinzufügen eines für alle Merkmalsträger konstanten Betrages auf der jeweiligen Dimension. Sofern ihnen nicht eine besondere Funktion zukommt etwa als »Eisbrecher« oder zur Verschleierung der Messintention der anderen Items, werden sie deshalb aus Ökonomiegründen gewöhnlich eliminiert.
Einen Sinn erhalten die in den Miniatursituationen von Tests oder im größeren Rahmen des »Natural Setting« gewonnenen Messwerte nur durch den *Bezug auf irgendeine Theorie*. Schon der Inhalt theoretischer Konzeptionen bestimmt in gewissem Ausmaß die Technik der Informationsgewinnung und die Art der zu erhebenden Messwerte. Nur vor dem Hintergrund der Auffassung, dass sich psychische Merkmale im Körperlichen objektivieren und

dort Spuren hinterlassen, interessierten sich bereits vor 5 000 Jahren die Chinesen für die Linien der Handinnenfläche und deren Deutung (s. Lanyon & Goodstein, 1971). Weil Gall, wie unter 3.2 angemerkt wurde, der Ansicht war, bestimmte Funktionen wie Froh- und Farbensinn würden an die Ausprägung spezifischer Hirngebiete gebunden sein, nahm er am Schädel anatomische Messungen vor. Konsequenterweise musste sich analog dazu Galton für die Präzision visueller, auditiver und taktiler Unterscheidung interessieren, glaubte er doch, dass die Denk- und Vorstellungstätigkeit dann umso effizienter erfolgen könnte, wenn bereits die Bausteine und Elemente dafür besonders differenziert wären. In anderem als dem geschilderten Zusammenhang würden alle erwähnten Maße wenig Sinn ergeben; erst durch die theoretische Einbettung erhalten sie ihre Bedeutung. Deshalb ist eine Persönlichkeitstheorie, die nicht Implikationen für die Ermittlung von Daten über Individuen aufweist, ebenso unbrauchbar wie Informationen sinnfrei sind, die nicht auf eine Theorie bezogen werden können – Theorie und Empirie stehen in einem Verhältnis wechselseitiger Abhängigkeit und gegenseitiger Befruchtung.

Dem allgemeinen Aufbau des Buches entsprechend werden nachfolgend für die innerhalb der Persönlichkeitspsychologie unterscheidbaren theoretischen Grundströmungen und Forschungsansätze einige Verfahren zur Datengewinnung prototypisch skizziert. Die Separierung ist freilich insofern etwas rigoros, als die einzelnen Techniken zwischenzeitlich auch in anderen Bereichen als denjenigen Verwendung finden, für die sie ursprünglich konzipiert wurden. Das Ziel der Darstellung besteht darin, die Grundannahmen und Probleme der wichtigsten Methoden herauszuarbeiten; dagegen kann auf deren Einsatz in der diagnostischen Praxis nicht eingegangen werden. Einzelne Detailprobleme in Verbindung mit einigen Verfahren finden in den Teilen III und IV eine gesonderte Berücksichtigung.

9.2 Allgemeines zur Entwicklung von Verfahren

Auf die allgemeinen Kennzeichen von Trait- oder Eigenschaftstheorien braucht an dieser Stelle nicht noch einmal gesondert eingegangen zu werden (s. dazu 6.6 und 5). Es genügt der Hinweis, dass hierbei einige Verhaltensweisen als Indikatoren für Verhaltensbereitschaft zu übergreifenden Kategorien (wie z. B. Intelligenz, Ängstlichkeit, Hilfsbereitschaft und dergl.) zusammengefasst werden, innerhalb derer je nach der Häufigkeit und/oder Intensität der Verhaltensweisen eine quantitative Abstufung vorgenommen wird. Die individuellen Messwerte stehen für die jeweilige Ausprägung in der hypothetischen Disposition; aus ihrer Kenntnis wird versucht, Verhalten in anderen Bereichen und Situationen vorherzusagen bzw. aufzuklären.

Sowohl im Leistungs- wie im Persönlichkeitsbereich sind drei Grundmuster bei der Entwicklung von Tests für die fraglichen Eigenschaften zu erkennen: Die Skalenkonstruktion kann rational, kriterienorientiert oder faktorenanalytisch erfolgen.

Die *rationale* Skalenkonstruktion beginnt mit der Definition eines Konstruktes. Dabei ist es unerlässlich, auch über die Verhaltensweisen nachzudenken, die dafür als Indikatoren fungieren. Nehmen wir an, das Konstrukt der »feinmotorischen Geschicklichkeit« sei von einem Forscher erarbeitet worden. Personen mit einer hohen Ausprägung in dieser Dimension sollten besonders gut Perlen auf eine Nadel auffädeln, gezieltes und ungezieltes Tapping ausüben, kleine Stifte in Öffnungen stecken können und dergl. Entsprechende Aufgaben werden dann zu einer Testbatterie zusammengestellt. Die Summe der in der verfügbaren Zeit von einem Probanden aufgefädelten Perlen, getroffenen Zielpunkte, richtig platzierten Stifte usw. oder die für die Erledigung der Aufgaben benötigte Zeit bilden seinen individuellen Messwert.

Ganz ähnlich ist das Vorgehen innerhalb des Persönlichkeitsbereiches im engeren Sinne. Nehmen wir an, dort sei das Konstrukt der »Leistungsmotiviertheit« definiert worden. Gemäß den Vorstellungen der Forscher gehöre dazu Strebsamkeit, Fleiß, Unfähigkeit zu langem Schlaf oder Untätigkeit im Urlaub, Freude auf die Arbeit und dergl. Im einfachsten Fall können Fragen nach ebensolchen Merkmalen formuliert und in einem entsprechenden Test aneinander gereiht werden. Nach dieser Methode sind etwa Ehlers und Merz (1966) vorgegangen. Aufwendiger ist es, sich nicht auf die verbalen Antworten auf derartige Fragen zu verlassen, sondern eigens Beobachtungen zu den einzelnen Aspekten anzustellen und etwa zu prüfen, mit welcher Ausdauer selbst-gesteckte berufliche Ziele verfolgt werden, wie lange der Betreffende schläft, Urlaub macht und dergl. Jedes dieser Einzelmerkmale für sich mag dabei zwanglos auch in andere Konstrukte einfügbar sein oder von spezifischen Umweltbedingungen abhängen. Beispielsweise kann die Hartnäckigkeit bei der Verfolgung von Zielen als Zeichen geringer »Flexibilität« gewertet werden, die Länge des Urlaubes eine Folge finanzieller Gegebenheiten sein usw. In der Zusammenschau der Einzelbeobachtungen dürften jedoch solche Erklärungsalternativen an Gewicht verlieren. Um dennoch sicher gehen zu können, dass beispielsweise mit den Fragen das jeweils interessierende Konstrukt auch getroffen wird und die Probanden angemessen antworten, bedarf es der Validierung rational entwickelter Skalen nach den unter 8.4 dargestellten Methoden.

Kennzeichnend für die *kriterienorientierte* Skalenkonstruktion ist das weitgehende Fehlen von theoretischen Vorstellungen; statistische Prozeduren überwiegen.

Eine grundlegende Voraussetzung stellt die Existenz eines Kriteriums dar, in dem sich mindestens zwei Gruppen von Personen ersichtlich voneinander unterscheiden (z. B. Geschlecht, Beruf, Ausbildung, psychiatrische Diagnose, Schulleistungen und dergl.). Den Angehörigen derartiger Gruppen werden sodann »irgendwelche« Items zur Bearbeitung vorgelegt in der Hoffnung, dass sich darunter einige befinden werden, die zwischen den Gruppen differenzieren, d. h. eine verschiedene Beantwortungsrichtung oder Lösungswahrscheinlichkeit zeigen. (Natürlich fließen in die Auswahl der Item-Stichprobe mehr oder weniger implizite Hypothesen über die voraussichtliche Differenzierungskraft mit ein, spielen also auch rationale Gesichtspunkte eine gewisse Rolle.) Jene Items werden schließlich selegiert und zu Skalen zusammengestellt, die zwischen den Gruppen überzufällig unterscheiden. Nur für solche Differenzierungsaufgaben sind streng genommen die Skalen später brauchbar. Vom Format und den angesprochenen Sachverhalten her mögen die in den Skalen vereinigten Items extrem heterogen sein. Ihre inhaltliche Interpretation verbietet sich strikt; die Items »funktionieren« zwar, aber letztlich bleibt unklar, warum das der Fall ist.

Ein ungewöhnliches Beispiel für kriterienorientierte Skalenkonstruktion stellt die Auswahl und Zusammenstellung von Persönlichkeitsfragen dar, mit denen allgemeine Intelligenz mit hinreichender Genauigkeit erfasst werden kann (s. Turner & Horn, 1977); weitere Fälle werden unter 9.3 besprochen.

Bei der *faktorenanalytischen* Skalenkonstruktion bedarf es weder einer theorienorientierten Auswahl von Items noch der Apriori-Identifikation spezifischer Personengruppen. Aufgrund der korrelativen Beziehungen, die zwischen den Antworten auf eine Stichprobe von Items bestehen, lassen sich »blind-analytisch« jene Aufgaben oder Fragen bestimmen, die zu einem Faktor gehören, weil sie gewöhnlich hoch miteinander, aber niedrig mit anderen Items korrelieren. Bei einer solchen Methode empfiehlt es sich, mit möglichst umfangreichen, repräsentativ zusammengesetzten Stichproben von Personen und Items zu beginnen (s. auch Briggs & Cheek, 1986). Die eben skizzierten Vorgehensweisen bei der Entwicklung von

Skalen führten in den Untersuchungen von Burisch (1976) bei der Konstruktion von Persönlichkeitstests zu etwa vergleichbaren Resultaten. Darüber hinaus ließ eine Durchsicht der 15 in der Literatur vorliegenden Vergleichsstudien keine systematische Überlegenheit einer Strategie in Bezug auf prädiktive Validität oder Effektivität erkennen (Burisch, 1984). Allerdings führt die rational-deduktive Methode zu Skalen, die inhalts-valider sowie ökonomischer in Konstruktion und Anwendung sind. Die Konstruktions-Techniken schließen sich im Übrigen nicht gegenseitig aus; vielmehr wird die eine Methode gewöhnlich durch die andere(n) im Zuge der Erstellung von Messinstrumenten ergänzt. Häufig legt ein Autor »seinen« Item-Pool nach rationalen Gesichtspunkten an, bereinigt ihn sodann faktorenanalytisch und überprüft ihn am Ende gegenüber externen Kriterien.

Mit Ausnahme der kriterienorientierten Konstruktion werden gewöhnlich solche Aufgaben zunächst zu Untertests zusammengestellt, die schon aufgrund formaler Merkmale einander relativ ähnlich sind (z. B. Rechenaufgaben; Fragen nach dem Wortschatz; Items, bei denen bestimmte Elemente wie Würfel oder Figurensegmente umgeordnet werden müssen und dergl.). Sofern es sich nicht um reine »Speed-Tests« handelt, solche also, bei denen die einzelnen Aufgaben leicht sind und ohne weiteres bewältigt werden könnten, wenn nur ausreichend Zeit zur Verfügung stünde, findet innerhalb der Skalen eine Reihung der Aufgaben nach deren Schwierigkeitsgrad statt. Darüber hinaus werden Items gewöhnlich eliminiert, die sich nicht als *trennscharf* erweisen, d. h. nicht korrelieren mit dem aus der Addition der Einzellösungen innerhalb eines Untertests gebildeten Summenscore. Die verbleibenden Items sind dann nicht nur vom Format her, sondern auch infolge ihrer Übereinstimmung mit dem Punktwert der Skala, zu dem sie ja substantiell beitragen, *»homogen«*, d. h., sie messen alle Ähnliches.

Die faktorenanalytischen Techniken ermöglichen in der Regel eine simultane Berücksichtigung dieser Gesichtspunkte; nur solche Items fügen sich zu einer Dimension, die miteinander hoch und mit anderen Aufgaben niedrig korrelieren. Entsprechend sind die erhaltenen Skalen homogen im Sinne von »faktorrein« und je nach Rotationsmethode (s. 7.3.3 bzw. 7.3.4) mehr oder weniger orthogonal.

Für Detailfragen sei auf die Lehrbücher zur Testkonstruktion verwiesen (z. B. Lienert & Raatz, 1998; 1994; Krauth, 1995).

9.3 Tests im Leistungsbereich

Der im Abschnitt 3.4 bereits vorgestellte Binet-Test zur Erfassung allgemeiner Intelligenz ist nach einer Strategie entwickelt worden, bei der die kriterienbezogenen Gesichtspunkte im Vordergrund standen. Wie erinnerlich, bildete ein entwicklungspsychologisches Kriterium die Grundlage für die Selektion der Aufgaben: Jene Aufgaben galten als geeignet, die zwischen benachbarten Altersgruppen möglichst gut differenzieren.

Demgegenüber waren bei der Konstruktion des nicht minder bekannten Wechsler-Tests (s. 12.2.1 und nebenstehenden Kasten) vorwiegend rationale Aspekte von Gewicht, wobei natürlich die früher mit ähnlichen Aufgaben gemachten Erfahrungen in starkem Maße berücksichtigt wurden.

Bei den noch im Detail zu beschreibenden differentiellen Leistungstests von Thurstone (s. 12.3.3) bildeten hingegen faktorenanalytische Prozeduren einen konstitutiven Bestandteil der Entwicklungsarbeiten.

Aufgaben zur Allgemeinen Intelligenz vom Typ der in den Wechsler-Tests verwendeten Items

Allgemeines Wissen »Wer ist der Präsident der Bundesrepublik Deutschland?«

Allgemeines Verständnis »Was tun Sie, wenn Sie Zeuge eines Unfalls werden?«

Rechnerisches Denken »Karl hat 6,30 DM; er kauft sich ein Buch für 4,90 DM. Wie viel Geld hat er noch übrig?«

Zahlennachsprechen »Sprechen Sie bitte die folgenden Zahlen in der richtigen Reihenfolge nach: 4 – 2 – 5 – 3 – 1 – 6«

Gemeinsamkeitenfinden »Was ist das Gemeinsame von einer Tanne und einer Buche?«

Wortschatz »Was bedeutet das Wort: Energie?«

Zahlen-Symbol

A	B	C	D	E
□	○	×	△	T

»Bitte tragen Sie unter die Buchstaben möglichst schnell die zugehörigen Symbole ein«

C	A	D	E	A	E	B	D	C	A	D	B	E	C	A	D	E	E	A

Bilderordnen »Bitte bringen Sie die Bilder so in eine Reihenfolge, dass sich eine sinnvolle Geschichte ergibt«

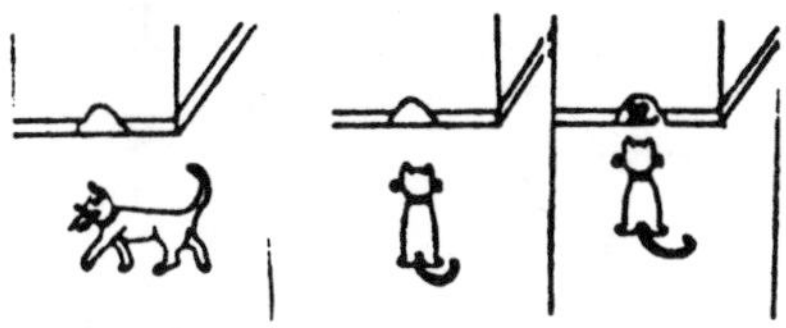

Bilderergänzen »Was fehlt in diesem Bild?«

Mosaiktest »Bitte legen Sie aus Klötzen die folgende Figur:«

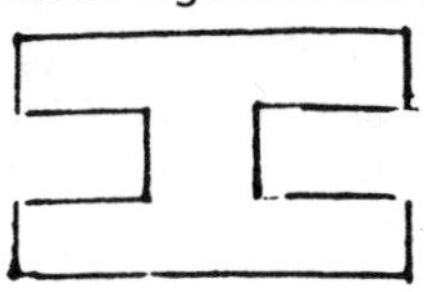

Figurenlegen »Bitte setzen Sie die einzelnen Teile zu einer Figur zusammen:«

Einige Tests von Guilford wiederum, auf die ebenfalls noch eingegangen werden muss (s. 12.3.5), basieren auf anfänglichen Überlegungen des Autors, mit welchen Aufgabentypen das Konstrukt am besten zu treffen sei. Beispielsweise werden den Probanden beim Versuch einer Erfassung ihrer »Sozialen Intelligenz« Aufgaben von dem Typ vorgegeben, der im Kasten exemplarisch veranschaulicht ist. Sowohl bei den »Stick Figures« als auch den Problemen zur »Sozialen Einsicht« gehen die als »richtig« geltenden Lösungen auf eine Auswahl durch die Testautoren und ihre Mitarbeiter als mutmaßlich kompetente Beurteiler zurück. Da vom Wesen der Aufgaben her ein »logisch richtig« gar nicht möglich ist, entbehrt ein derartiges Vorgehen nicht einer gewissen Problematik und ist möglicherweise einer der Gründe für die geringe Validität solcher Skalen. Aus diesem Grunde lag es nahe, die jeweils angemessene Antwortalternative nach Maßgabe der Übereinstimmung mit einem externen Kriterium zu bestimmen (s. Amelang, 1987). Dabei wurden zum Teil positivere Resultate erzielt – ein weiteres Beispiel für die gegenseitige Ergänzung unterschiedlicher Konstruktionsprinzipien.
Im Allgemeinen sind Leistungstests in Durchführung, Auswertung und Interpretation absolut objektiv. Die Reliabilitäten erreichen auch bei längeren Retestungsintervallen eine befriedi-

Aufgaben zur Sozialen Intelligenz vom Typ der von Guilford und Chapin verwendeten Items

»Jede Aufgabe dieses Tests zeigt eine Strichfigur, die ein Gefühl, einen Gedanken oder eine Absicht zum Ausdruck bringt. Sie sollen diejenige der drei nebenstehenden Strichfiguren auswählen, welche das gegenteilige Gefühl oder die gegenteilige Absicht ausdrückt.

Die vorgegebene Strichfigur drückt Aufmerksamkeit aus. Die Alternativen 1 und 3 drücken auf andere Art und Weise ebenfalls Aufmerksamkeit aus. Alternative 2 ist die richtigere, weil sie eine lässige Haltung und Langeweile zum Ausdruck bringt. Das ist das Gegenteil des Ausdrucks der vorgegebenen Strichfigur. Bitte kreuzen Sie die Zahl unter der ausgewählten Strichfigur an.«

»In Restaurants und Gaststätten ist Herr Müller im Allgemeinen recht unfreundlich zu den Kellnern. Bestellungen gibt er im Befehlston auf, am Service hat er immer etwas auszusetzen. Wegen seines herrischen und überkritischen Wesens hat er nur wenige Freunde. Herr Müller arbeitet als kaufmännischer Angestellter in einem Büro. Dort verhält er sich folgendermaßen:

a) Er setzt sich für bessere Arbeitsbedingungen ein.
b) Er macht sich gerne bei seinem Arbeitgeber beliebt und verhält sich eher unterordnend.
c) Er stellt die Zweckmäßigkeit vieler Anordnungen und die Unabänderlichkeit bestimmter Sachzwänge in Frage.
d) Er versucht, seinen Kollegen Anweisungen zu erteilen, die ihnen nur ihr Vorgesetzter zu geben berechtigt ist.« (Aufgabe: Ankreuzen der nach Meinung des Pb wahrscheinlichsten Alternative)

gende Höhe (um $r_{tt} = .80$ bis .90). Da die Validierungstechniken, wie dargelegt wurde, außerordentlich zahlreich und vom Ansatz her verschieden sind, ist hinsichtlich der Gültigkeit nur schwer eine generelle Aussage zu machen. Im Großen und Ganzen gilt aber, dass verbale Intelligenz-Tests die höchsten Übereinstimmungen mit externen Kriterien wie Schulnoten, Höhe der erreichten Ausbildung, Beurteilungen und dergl. zeigen (r_{tc} zwischen .40 und .60). Je spezifischer der Aufgabentyp oder je schmaler der betreffende Leistungsaspekt ist (etwa »Unterscheidung von Schiffssilhouetten« als Beispiel eines sehr spezifischen Faktors), umso schwerer fällt in aller Regel der Nachweis von Korrelationen mit anderen Verhaltensmaßen. Detailfragen werden anhand konkreter Verfahren im Teil III dieses Buches erörtert.

9.4 Tests im Persönlichkeitsbereich

Zwar dienen Leistungsmaße, wie die im vorigen Abschnitt beschriebenen, oder daraus abgeleitete Kennwerte verschiedentlich als Indikatoren für Persönlichkeitsmerkmale »im engeren Sinne«. Seit langem herrscht jedoch Einmütigkeit darüber, dass der direktere Weg, um etwas über die Empfindungen und Emotionen, Erlebnisse und Motive von Personen in Erfahrung zu bringen, darin besteht, diese einfach zu befragen. Eine Voraussetzung dieses Ansatzes besteht darin, dass die Betreffenden sich selbst überhaupt kennen und zu beobachten imstande sind. Letzteres einmal unterstellt, um nicht gesondert den Wert der Introspektion als Erkenntnisquelle innerhalb der empirischen Psychologie diskutieren zu müssen, muss darüber hinaus noch davon ausgegangen werden, dass die Versuchspersonen auch bereit sind, die erbetenen Informationen zur Verfügung zu stellen. In einem Kontext, wo eine Person sich mit der Bitte um Beratung oder Therapie an den Psychologen wendet, dürfte auch diese Voraussetzung erfüllt sein, desgleichen in Fällen, wo es um wissenschaftliche Routineuntersuchungen geht, die Nennung des Namens nicht erforderlich ist und nicht Fragen gestellt werden, von denen der Proband den Eindruck hat, sie berührten seine Intimsphäre in unzumutbarer Weise (s. dazu Lanyon & Goodstein, 1971, S. 195–200; zu den Problemen der Datenschutzbestimmungen und den Forderungen aus fachpsychologischer Sicht s. Kruse, Amelang & Ingenkamp, 1980). Dennoch bleibt jeweils über Validitätsstudien zu prüfen, ob im konkreten Fall einer vorliegenden Skala die dort gezeigten verbalen Reaktionen mit den Verhaltensweisen der Realität übereinstimmen.
Im Prinzip gelten die genannten Voraussetzungen freilich für *alle* Feststellungen von Personen über sich selbst, d. h. auch solche, die beispielsweise im Gespräch oder im Verlauf eines Interviews getroffen werden. Fragebögen und andere standardisierte »Self-Reports« zeichnen sich gegenüber weiteren Methoden, die sich auf verbale Informationen stützen, nur durch den Umstand aus, dass hierbei jegliche Interaktion des Befragten mit dem Untersuchungsleiter entfällt und damit eine stringentere Standardisierung der Situation erzielbar ist. Schließlich bieten sie die Möglichkeit, durch spezielle Fragen das individuelle Ausmaß einiger verfälschender Antworttendenzen abzuschätzen (s. 9.4.3).

9.4.1 Fragebogen

Die Vorteile des direkten Zugangs zu Merkmalen der Persönlichkeit, die absolute Objektivität in Durchführung, Auswertung und Interpretation sowie die Aussicht auf hohe Öko-

nomie beim Erhalt sehr vieler Informationen in kurzer Zeit veranlasste bereits frühzeitig gezielte Entwicklungsarbeiten. Die Übersicht von Goldberg (1971) über »Some milestones in the history of personality scales and inventories« lässt in dem Bereich »Psychopathology-Adjustment« einen ersten Eintrag schon 1906 mit der Symptom-Liste von Heymans und Wiersma erkennen. Nicht sehr viel später folgten erste Beiträge für die Sparten »Berufsinteressen«, »Schulische Prädikatoren«, »Introversion/Extraversion«, »Maskulinität/Feminität«, »Persönliche Werte und manifeste Bedürfnisse« sowie »Sonstige Traits«.
Eine größere Verbreitung fand aber erst das von Woodworth im Laufe des Ersten Weltkrieges entwickelte »Personal Data Sheet«. Damit sollten die langwierigen Psychiater-Interviews ersetzt werden, die mit den Rekruten geführt wurden, um jene Wehrpflichtigen zu erkennen, die den Belastungen des Militärdienstes wegen psychischer Instabilität voraussichtlich nicht gewachsen sein würden. Im Hinblick darauf wurden 116 Fragen (z. B. »Schrecken Sie nachts aus dem Schlaf?«, »Haben Sie hin und wieder starke Kopfschmerzen?«) unter dem Gesichtspunkt ihrer Inhaltsvalidität formuliert. Der individuelle Wert ergab sich aus der Summe der »Ja-»Antworten. Eine entscheidende Schwäche dieser Liste war ihre leichte Verfälschbarkeit durch die Probanden.
Nach der rationalen Methode entwickelte später auch Taylor (1953) die bekannte »Manifest Anxiety Scale« als Vorläufer und Vorbild vieler heute gebräuchlicher Ängstlichkeits-Tests. Nach einer Definition des Konstruktes sammelte die Autorin dafür zunächst einen Pool von 200 geeignet erscheinenden Items. Nur jene Fragen bildeten aber die endgültige Skala, in Bezug auf die innerhalb einer Gruppe von klinischen Psychologen Konsens dahingehend bestand, dass der Iteminhalt mit der Umschreibung des Konstruktes vereinbar war. Eine moderne Variante, die Zuordnung von Item-Inhalten zu Trait-Konzepten zu gewährleisten, stellt der »Act Frequency Approach« von Buss und Craik (1980, 1984) dar (s. Kap. 6.3.4 und 26).
Ausgesprochen kriterienorientiert erfolgte hingegen die Konstruktion des »Minnesota Multiphasic Inventory (MMPI)« von Hathaway und McKinley (1951, deutsch: Spreen, 1963). Diese Autoren legten zunächst eine Liste von 1 000 Items an, die sich auf allgemeine Gesundheit, familiäre und eheliche Beziehungen, sexuelle und religiöse Einstellungen sowie emotionale Zustände bezogen und letztlich psychopathologische Symptome erfassen sollten. Gruppen von klinisch auffälligen Personen, die von Psychiatern als Schizophrene, Hysteriker, Hypochonder usw. diagnostiziert worden waren, bearbeiteten die Items ebenso wie »Unauffällig-Normale« (Einwohner von Minnesota, Studenten, die sich um einen Studienplatz bewarben, Besucher des Krankenhauses). Jene 550 Items wurden schließlich zu Skalen vereinigt, die die Patienten von den Kontrollpersonen am besten differenzierten. Die Fragen (z. B. »Ich glaube, dass ich nicht nervöser bin als andere«, »Ich habe Angst, den Verstand zu verlieren«, »Ich würde lieber ein Spiel gewinnen als es zu verlieren«, »Alles schmeckt irgendwie gleich«, »Ich glaube, dass es einen Gott gibt« u. Ä.) müssen mit »stimmt«, »stimmt nicht« oder »weiß nicht« beantwortet werden und gliedern sich in die folgenden 10 klinischen Skalen:

Hd	Hypochondrie
D	Depression
Hy	Hysterie
Pp	Psychopathie
Mf	Maskulinität/Femininität
Pa	Paranoia
Pt	Psychasthenie
Sc	Schizophrenie
Ma	Hypomanie
Si	Soziale Introversion

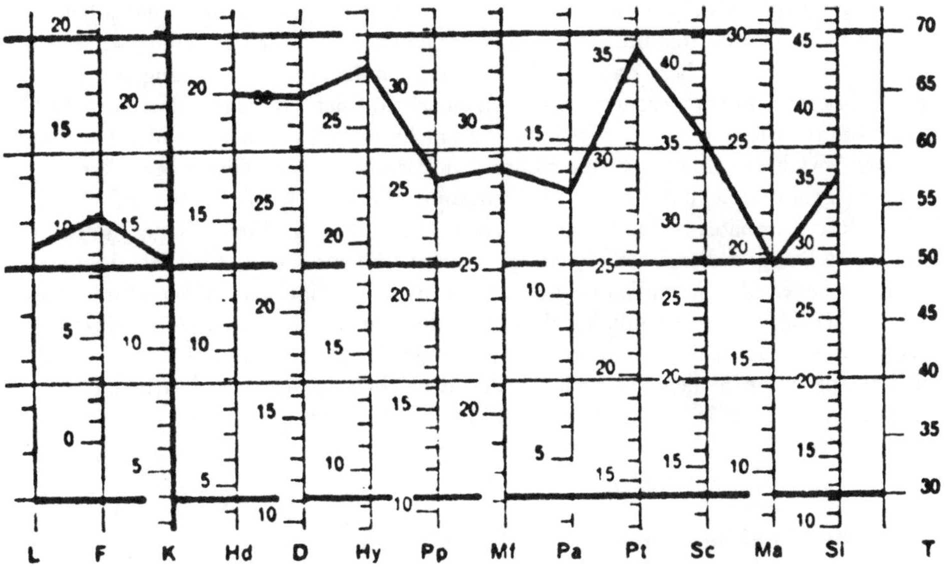

Abb. 9.1: Mittelwertsprofil einer Stichprobe von N=71 männlichen Neurotikern verschiedener Diagnosen in den Skalen des MMPI (nach Spreen, 1963, S. 54).

Daneben gibt es noch drei sog. »Validitäts-Skalen«, die Antworttendenzen im Sinne sozialer Erwünschtheit (L), extremer Offenheit (K) oder einer irregulären Bearbeitung des Testes (F) erfassen und in gewissen Grenzen eine Korrektur der individuellen Werte in den klinischen Skalen ermöglichen sollen.

Abbildung 9.1 gibt ein Mittelwertsprofil einer Gruppe von Probanden in den T-normierten Einheiten des MMPI wieder.

Wenngleich der MMPI häufig wie kaum ein anderer Fragebogen in Untersuchungen eingesetzt und die Itemsammlung als »Steinbruch« für die Entwicklung anderer Verfahren verwendet wurde, bestehen doch zahlreiche Punkte entschiedener Kritik. Diese gelten teils der geringen Repräsentativität der Normal-Stichprobe, teils dem »Item Overlap«, der sich daraus ergibt, dass zahlreiche Fragen zugleich Bestandteil mehrerer Skalen sind, weil sie jeweils mehrere der klinischen von den Kontrollgruppen differenzierten. Eine Folge davon sind Interkorrelationen zwischen den Skalen. Die Reliabilitäten erreichen häufig nur eine mäßige Höhe. Am schwersten aber wiegt, dass vor dem Hintergrund des Konstruktionsprinzips eine angemessene Differenzierung des Verfahrens *innerhalb* des Bereiches klinischer Unauffälligkeit und damit eine sinnvolle Interpretation der individuellen Unterschiede nicht gewährleistet scheint (zu den Details s. Buros, 1970; Dahlstrom & Welsh, 1960; Anastasi, 1968; Costa, Zonderman, McCrae & Williams, 1985).

Um dem letzteren Gesichtspunkt Rechnung zu tragen, entwickelte Gough (1969) das »California Psychological Inventory (CPI)«, dessen 480 Items etwa zur Hälfte aus dem MMPI stammen und auf 15 Skalen entfallen: Dominanz, Statuskapazität, Soziabilität, Social Presence, Selbstakzeptanz, Verantwortung, Sozialisation, Selbstkontrolle, Toleranz, Leistung durch Anpassung (Achievement via Conformance), Leistung durch Unabhängigkeit (Achievement via Independence), Intellektuelle Effizienz, Sensitivität für psychologische Sachverhalte (Psychological Mindedness), Flexibilität und Femininität. Darüber hinaus existieren drei Kontrollskalen. Elf der Skalen wurden kriterienbezogen entwickelt. Die »So-

cialization«-Skala rekrutiert sich beispielsweise aus Items, die eine Gruppe jugendlicher Delinquenten von unbestraften/unauffälligen Personen trennten. Zur Herstellung anderer Kriterien-Gruppen (z. B. in Bezug auf Dominanz) wurden die Fremdbeurteilungen von Freunden und Bekannten herangezogen, was einen entscheidenden Fortschritt darstellt. Die Skalen sind bei guter Reliabilität zum Teil ebenfalls nicht unabhängig voneinander. Die Bewährung des Verfahrens innerhalb des nichtpsychopathologischen Normalbereiches scheint erwiesen (s. ein Beispiel dafür unter 13.4, zusammenfassende Kritik bei Walsh, 1972).
Zusätzlich zu den später (s. Teil IV) gesondert geschilderten Verfahren soll hier nur noch die »Personality Research Form« (PRF) von Jackson (1974) erwähnt werden. Bei dessen Konzipierung spielten gleichermaßen rationale Gesichtspunkte (intuitive Auswahl und Zuordnung der Items, Ausmaß an Inhaltsvalidität) und empirische Kriterien (Ausschluss stilistischer Einflüsse, s. nächsten Abschnitt) eine Rolle. Angleitner, Stumpf und Wieck (1976) haben die zahlreichen Skalen des PRF für den deutschen Sprachraum bearbeitet (s. auch Stumpf & Angleitner, 1977; Stumpf, 1978; Stumpf, Angleitner & Steege, 1978).

9.4.2 Selbst- (und Bekannten- sowie Fremd-) »Ratings«

Die soweit kurz angesprochenen Verfahren verlangen von den Probanden in Bezug auf jedes Item die Beobachtung der eigenen Person und ein Urteil darüber, wie oft bzw. intensiv die erfragten Sachverhalte auftreten. Die fraglichen Urteile sind hinsichtlich ihrer Komplexität sehr verschieden. Der einfachste Fall beinhaltet lediglich ein kurzes Nachdenken darüber, ob ein bestimmtes Phänomen bereits beobachtet wurde oder nicht (z. B. bei der Frage »Haben Sie schon einmal Stimmen gehört, ohne dass jemand im Haus war?«). Hingegen setzt bereits eine Antwort auf die Frage: »Leiden Sie unter vielen Ängsten?« einen vielschichtigen Entscheidungsprozess voraus, bei dem u. a. berücksichtigt werden muss, welche Vorgänge zu Angst zählen und was unter »oft« zu verstehen ist. Einige Untersuchungen haben gezeigt, dass zu Begriffen wie »häufig«, »oft«, »selten«, »nie« und dergl. verschiedene Personen sehr verschiedene Häufigkeitsangaben liefern (s. Simpson, 1944) und diese darüber hinaus natürlich abhängen von dem Vorgang, in dessen Zusammenhang sie stehen (»häufiger« Kopfschmerz ist etwas anderes als »häufiger« Streit mit dem Partner). Noch schwieriger dürfte es sein, etwa auf das Item »Gehen Sie gern auf Partys?« eine angemessene Antwort zu finden, muss dabei doch zunächst an alle möglichen Ereignisse gedacht werden, die in die fragliche Veranstaltungskategorie fallen und ganz verschiedene Implikationen für die Beantwortung haben können (je nachdem nämlich, ob an eine sehr große oder nur überschaubare Zahl von Anwesenden gedacht wird, diese einem bekannt oder fremd sind, die Party eine Einladung zum Essen beinhaltet oder nicht, getanzt werden muss oder Ähnliches). Den höchsten Komplexitätsgrad erreichen schließlich solche Beurteilungen, die unmittelbar eine Einstufung auf der entsprechenden Eigenschaftsdimension erfordern (z. B. »Sind Sie aggressiv?«, »Würden Sie sich als einen geselligen Menschen bezeichnen?«).
Die Bereitstellung von mehr als zwei Antwortmöglichkeiten im Sinne abgestufter Urteile (s. Kasten S. 163) ist kaum ein geeignetes Mittel, den Probanden aus seinen Entscheidungsnöten zu helfen; vielmehr handelt es sich dabei in erster Linie um einen Kunstgriff des Untersuchungsleiters, der ihn davor schützen soll, am Ende einer Studie im Falle nur alternativer Antwortkategorien keine ausreichende Differenzierung erzielt zu haben. Mehrere anstelle weniger Antwortkategorien führen zwar in aller Regel zu höheren Varianzen in den Antworten auf eine Frage, doch ist ein Teil der Unterschiede Folge der interindividuell unterschiedlichen Bevorzugung extremer Urteilskategorien.

Beispiele für einige Typen von Fragen und Antwortmöglichkeiten

»Ich bin sehr zurückhaltend«

ja	nein	weiß nicht	Umranden Sie die für Sie zutreffende Antwort.

»Man hat mich schon mal als faul bezeichnet«

stimmt	stimmt nicht	weiß nicht

»Kommunismus und Katholizismus haben nichts miteinander gemeinsam«

–3 –2 –1 0 1 2 3

völlige Ablehnung … völlige Zustimmung

Umranden Sie das Zeichen, das Ihre Zustimmung oder Ablehnung kennzeichnet.

»Atomwaffen werden eines Tages die Menschheit ausrotten«

– – 0 + +
– +

völlige Ablehnung … völlige Zustimmung

Umranden Sie das Zeichen, das Ihre Zustimmung oder Ablehnung kennzeichnet.

»Unrecht Gut gedeiht nicht«

niemals	selten	manchmal	oft	immer

Markieren Sie den Punkt, der am besten Ihre Einstellung kennzeichnet.

»Ich glaube an das Gute im Menschen«

sehr gering	unterdurchschnittlich	mittel	überdurchschnittlich	sehr hoch

Kennzeichnen Sie den Punkt, der Sie am besten beschreibt.

»Ich bin optimistisch«

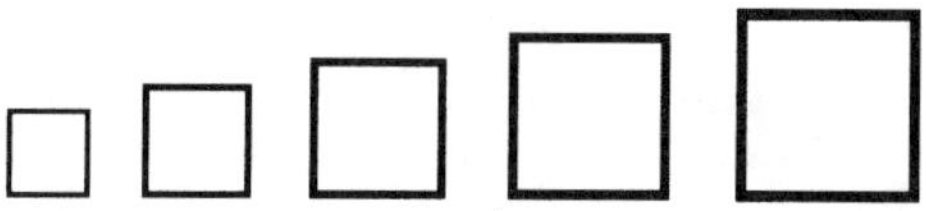

nein … ja

Kreuzen Sie das für Sie zutreffende Kästchen an.

»Ich bin zum Studium der Psychologie geeignet«

1 2 3 4 5 6 7 8 9

gering … hoch

Kreuzen Sie so an, dass die Aussage für Sie zutrifft.

In der einen oder anderen Form werden Beobachtungen und Urteile nicht nur zur eigenen Person, sondern auch zu den Einstellungen und Verhaltensweisen anderer Menschen, meist Freunde und Bekannte, verlangt (= *Fremdratings)*. Solche Urteile sind es häufig, die das Außenkriterium für Tests darstellen.

Bei der Vielschichtigkeit der geforderten Entscheidungen bleibt es nicht aus, dass subjektive Faktoren, die mit dem Beobachtungsgegenstand nichts zu tun haben, die abgegebenen Urteile beeinflussen. Sehr drastisch haben darauf u. a. Passini und Norman (1966) hingewiesen: Diese Autoren ließen Probanden, die ohne die Möglichkeit zu wechselseitigen Gesprächen kurze Zeit gemeinsam in einem Raum verbracht hatten, sich gegenseitig beurteilen auf Dimensionen wie »soziabel/zurückgezogen«, »kooperativ/negativistisch« usw. Da die Probanden einander nicht kannten, musste die Aufgabe als eine solche der Einfühlung und Vorstellungsfähigkeit deklariert werden. Die faktorielle Struktur der so erzeugten Urteile stimmte fast völlig mit derjenigen überein, die sich bei der Beurteilung von Personen ergab, die den Ratern bekannt waren. Die Autoren kommen deshalb zu dem Schluss, dass die den Beurteilern verfügbare Information hauptsächlich aus dem bestanden habe, »... whatever they carried in their heads« (s. auch 25.2.1, wo darauf noch einmal zurückgekommen wird). Solch schlimme Befürchtungen scheinen dennoch nicht berechtigt zu sein, da zahlreiche Untersuchungen anhand von Verhaltensdaten aus der Laborsituation und dem realen Leben sinnvolle Übereinstimmungen mit unabhängigen Trait-Ratings aufweisen, worauf in Teil IV an vielen Stellen gesondert eingegangen wird. Andererseits ist das Problem so wichtig, dass eine eingehendere Beschäftigung damit notwendig ist: Über das bereits geschilderte Resultat hinaus fanden Passini und Norman (1966), dass die von den Versuchspersonen auf entsprechende Aufforderungen hin formulierten Hypothesen über den Zusammenhang zwischen einzelnen Traits und eigenschaftsbezogenen Verhaltensweisen recht gut mit den Gegebenheiten übereinstimmten, die sich bei der Einschätzung tatsächlich existierender Personen finden ließen. Dieses Netzwerk von Vorstellungen und Annahmen aufseiten von Beurteilern wird als *Implizite Persönlichkeits-Theorie* (IPT) bezeichnet.

Um die Kongruenz zwischen der subjektiven IPT und der »objektiven« Realität zu ermitteln, werden gewöhnlich die Items aus Persönlichkeitstests paarweise Beurteilungspersonen mit der Instruktion vorgegeben, die Wahrscheinlichkeit einer Antwort im Sinne des Merkmals auf das Item B zu schätzen für den Fall, dass Item A in derselben Richtung beantwortet werde. Die resultierenden bedingten Wahrscheinlichkeiten werden sodann korreliert mit den für dieselben Paarlinge an einer anderen Versuchspersonen-Stichprobe gefundenen empirischen Beantwortungen, wobei meist signifikante Übereinstimmungen aufscheinen.

Strittig ist die Frage nach den Ursachen dieses Phänomens. Einige Autoren vermuten, dass sich die Versuchspersonen bei ihren Vermutungen in angemessener Weise an den Beziehungen zwischen den Traits orientieren, wie sie sich bei anderen Personen beobachten lassen (z. B. Lay & Jackson 1969, S. 19; Stricker, Jacobs & Kogan 1974, S. 204). Im Unterschied dazu spricht Mirels (1982, a, b) von der »Illusory nature of IPT« und von »Täuschungs-Schlüssen«. Seine Kritik fußt auf Experimenten, in denen die Beantwortung von Item A im Sinne des Merkmals für den Fall, dass auf B in gleicher Richtung reagiert werde, verglichen wird mit den bedingten Wahrscheinlichkeiten von Zustimmung zu B, falls A ebenfalls bejaht werde. Ungeachtet der bei einigen Item-Kombinationen empirisch nachweisbaren starken Diskrepanzen zwischen diesen beiden Konstellationen schätzen die Versuchspersonen regelmäßig die zugehörigen bedingten Wahrscheinlichkeiten als etwa gleich ein. Das legt die Vermutung nahe, dass die Urteile zumindest partiell von anderen Faktoren beeinflusst – und verfälscht – werden als den empirischen Kovariationen.

Als ein potentieller Faktor dafür kommen die semantischen Ähnlichkeiten zwischen den Bezeichnungen für Traits in Betracht. Diese lassen sich ermitteln über Versuche mit der paar-

Tab. 9.1: Interkorrelationen zwischen Verhaltenskategorien in Abhängigkeit von der Herkunft der Daten. Einzelheiten siehe Text (nach Shweder, 1982).

Konzeptuelle (semantische) Zusammenhangsmatrix
(Ähnlichkeit der Bedeutung gemittelt über 10 Beurteiler)

	Rg	In	Nl	Fr	Kr	Nü
Ratgeben		.76	.88	–.04	–.08	–.36
Informieren			.64	–.12	–.12	–.28
Nahelegen				–.16	–.28	.16
Fragen					.44	.72
Kritisieren						.44
Nichtübereinstimmen						

(r

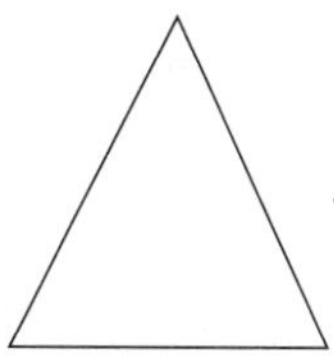

(r_S zwischen den Matrizen) .59

–.29 (r_S zwischen den Matrizen)

.22 (r_S zwischen den Matrizen)

	Rg	In	Nl	Fr	Kr	Nü
Ratgeben		.42	.51	.24	.10	.05
Informieren			.37	.14	.00	–.10
Nahelegen				.11	.13	–.02
Fragen					.12	–.01
Kritisieren						.59
Nichtübereinstimmen						

Eingeschätztes Verhalten
(Mittlere Korrelationskoeffizienten gemittelt über 20 nach dem Gedächtnis urteilende Beobachter)

	Rg	In	Nl	Fr	Kr	Nü
Ratgeben		.00	.00	.00	.67	.33
Informieren			–.33	.33	–.33	.00
Nahelegen				.33	.33	–.67
Fragen					–.33	–.67
Kritisieren						.00
Nichtübereinstimmen						

Aktuelles Verhalten
(Korrelationskoeffizienten für die relative Häufigkeit des Verhaltens, gemittelt über On-line-Urteile von drei unabhängigen Beobachtern)

weisen Vorgabe von Wörtern für Eigenschaften und der Instruktion an Probanden, die Bedeutungs-Ähnlichkeit zwischen den Paarlingen zu beurteilen (etwa auf Skalen von »identischer Bedeutungsgehalt« bis »vollständig verschieden in der Bedeutung«). Die so bestimmte semantische Ähnlichkeit korrespondiert meist hoch mit den Korrelationen zwischen den Schätzurteilen über reale Personen unter Verwendung derselben Begriffe, sofern die besagten

Ratings auf der Basis von Gedächtnisinformation angegeben werden. Hingegen ist die Übereinstimmung gering, wenn anstelle von Informationen aus dem Gedächtnis on-line-Registrierungen des Verhaltens als Vergleichsgröße dienen. Dieser Sachverhalt ist in der vorausgegangenen Tabelle veranschaulicht, die sich auf eine 30 Minuten währende videographierte Interaktion zwischen vier Angehörigen einer Familie stützt. Das Verhalten der agierenden Personen wurde anhand von 6 Kategorien qualifiziert, und zwar entweder während der Exposition des Bandes fortlaufend und auf jede behaviorale Äußerung bezogen (»online«) oder im Nachhinein in Gestalt eines summarischen Urteils (»memory based«). Außerdem wurde ein Ähnlichkeitsrating für alle Paarkombinationen der kategorialen Bezeichnungen vorgenommen (s. Tabelle 9.1).

In Fällen, wo die semantische Ähnlichkeit den korrelativen Beziehungen zwischen den online-registrierten Verhaltensweisen widerspricht, folgten die Interkorrelationen zwischen den Ratings aus dem Gedächtnis mehr den semantischen als den beobachtbaren Gegebenheiten.

Shweder und D'Andrade (1980, Shweder 1982) haben zur Erklärung dieser Befunde die »Systematic Distortion Hypothesis« (SDH, systematische Verzerrungs-Hypothese) formuliert, wonach alle gedächtnisgestützten Eigenschaftsurteile nur die semantische Ähnlichkeit zwischen den verwendeten Begriffen wiedergeben. Im Sinne dieses Konzeptes sind *alle* Korrelationen zwischen Traits auf IPT zurückzuführen; »Korrelationen zwischen Trait-Ratings oder Selbst-Einschätzungen spiegeln die konzeptuelle oder semantische Ähnlichkeit zwischen Trait-Kategorien, nicht aber individuelle Unterschiede in der Persönlichkeit oder dem Verhalten wider« (Shweder & D'Andrade, 1980).

Namentlich die letztere These von der Irrelevanz individueller Unterschiede erscheint überzogen, da eine Vielzahl korrelativer Beziehungen zwischen Selbst-Ratings auf der einen Seite, Fremdeinschätzungen und behavioralen Indikatoren auf der anderen belegt ist (s. die Darstellung in Teil IV und VI), was nicht durch semantische Ähnlichkeit oder systematische Verzerrung zu erklären ist. Unvereinbar damit sind auch die trotz wechselnder Beurteiler selbst über längere Zeitabschnitte beobachteten Stabilitäten für zahlreiche Persönlichkeitstests (s. Backteman & Magnusson, 1981), da eine *extreme* Formulierung der IPT besagt, dass die Zuschreibung einer Eigenschaft nur auf Merkmalen des Beurteilers, nicht aber des Beurteilten beruht.

Sind diese und weitere Belege (s. unten) von hoher Überzeugungskraft, so bleibt doch die Frage, welche spezifischen Umstände die o. a. Resultate von Shweder (1982) zugunsten der SDH begünstigt haben. Hauptsächlich kommt dafür in Betracht, dass bei der on-line-Registrierung jede beobachtete Verhaltensweise nur *einer* allgemeineren Kategorie zugeordnet wurde. Dadurch aber mussten zwangsläufig die strukturellen Beziehungen zwischen den Kategorien vermindert oder gar ausgeschlossen werden, die sich durch Bedeutungs-Kommunalitäten ergeben, d. h., manche Verhaltensbeispiele für die eine Kategorie (etwa »Ratgeben«) sind auch gute Beispiele für eine andere (wie etwa »Nahelegen«), doch wird genau dieser Tatbestand bei dem Entscheidungs-Zwang zugunsten (nur) einer kategoriellen Zuordnung außer Acht gelassen. Hingegen kann bei retrospektiven Urteilen, bei denen dieser Zwang nicht besteht, in angemessener Weise eine Mehrfach-Kodierung erfolgen. Borkenau (1989) ist in mehreren aufwendigen Untersuchungen dieser Überlegung sowie weiteren Gesichtspunkten nachgegangen und hat der SDH die »Systematic Overlap Hypothesis« gegenübergestellt; neben überwiegend positiven Resultaten waren allerdings auch unerwartete zu verzeichnen (Borkenau & Ostendorf, 1987a). In der Zusammenschau aller Befunde spiegeln die Korrelationen zwischen Traits vermutlich Strukturmerkmale sowohl der Sprache als auch des Verhaltens wider (s. auch Borkenau, 1986).

Im Zuge der besagten Studien konnten Borkenau und Ostendorf (1987b) zudem zeigen, dass die IPT durchaus richtig nicht nur die Korrelationen zwischen den retrospektiv geschätzten, sondern auch diejenigen zwischen den on-line registrierten Verhaltenshäufigkeiten widerspiegelt, den Beurteilern lediglich gewisse Fehler bei der Schätzung bedingter Wahrscheinlichkeiten aus den beobachteten Basis-Raten unterlaufen.

Die Meinungen in Bezug auf die Brauchbarkeit von Ratings gingen noch bis in die jüngere Vergangenheit weit auseinander. McClelland (1959) hält Ratingverfahren für das »größte Unglück der Persönlichkeitsforschung«, und Coombs (1964) fragt sich, ob Ratings ihre gleichwohl sehr niedrigen Kosten wert seien. Letztlich sind Beurteilungsverfahren grundsätzlich unvermeidbar dort, wo keine anderen Messinstrumente existieren (in diesem Sinne auch Clauss, 1972). Langer und Schulz von Thun (1974) zeigen in ihrer Monographie zudem, dass der Rekurs auf objektive Indikatoren »entweder zu Zählanweisungen (führt), die kaum noch relevante Aspekte des zu Messenden erfassen, oder zu Begriffen, die immer noch ›ratingsbedürftig‹ sind« (S. 21). Außerdem komme kein anderes Messverfahren so nah an die Erlebnisrealität von Menschen und deren Einordnung ihrer Umwelt heran wie die Rating-Methode (s. auch Orth, 1979).

Am meisten überzeugen aber empirische Argumente:

1) In zahllosen Untersuchungen sind immer wieder *hohe korrelative Übereinstimmungen* zwischen Selbsteinschätzungen in Tests oder auf Rating-Skalen einerseits mit Fremdbeurteilungen andererseits beobachtet worden (nomothetische R-Technik; s. 4.1). Beispiele dafür, um nur ganz wenige zu nennen, sind etwa die Arbeiten von McCrae und Costa (1987, 1989) aus dem angloamerikanischen, diejenigen von Burisch (1976), Amelang und Borkenau (1982) oder Ostendorf, Angleitner und Ruch (1986) aus dem deutschen Sprachraum. Woodruffe (1985) ermittelte über mehrere Traits eine durchschnittliche Übereinstimmung zwischen der Selbstbeschreibung anhand von Adjektiven und gemittelten Fremdeinschätzungen von r = .56.

   Eine perfekte Korrelation (r nahe 1.0) ist aus mehreren Gründen nicht zu erwarten: Bei Selbsteinschätzungen stehen einer Person Informationen aus früheren Erfahrungen sowie über Gedanken, Gefühle und Motive zur Verfügung, zu denen Fremdbeurteiler keinen Zugang haben. Darüber hinaus liegt der Selbstbeurteilung eine völlig andere visuelle Perspektive zugrunde als der Fremdeinschätzung. Ferner sind wir bei der Bearbeitung und Bewertung des Selbst stärker ich-beteiligt als bei der Einschätzung anderer; von daher mögen Selbstbeobachtungen gravierender durch motivationale Faktoren wie Selbstwertgefühle beeinflusst werden, die nicht in derselben Weise bei Fremdeinschätzungen eine Rolle spielen. All diese Gesichtspunkte laufen im Weiteren auf die allgemeine Hypothese hinaus, dass die Übereinstimmung zwischen Fremdbeurteilern höher ist als diejenige zwischen Selbst- und Fremdurteilen.

2) Das Ausmaß dieser Übereinstimmung wächst in erwartbarer Weise mit der *Menge an Information,* die den Fremdbeurteilern zur Verfügung steht: Freunde sind sich in ihrem Urteil nicht nur einiger als Bekannte, sondern stimmen auch mit den Selbsteinschätzungen von Zielpersonen besser überein (Colvin & Funder, 1991); darüber hinaus nimmt die Übereinstimmung auch längsschnittlich mit der Dauer der Bekanntschaft zu (Paulhus & Bruce, 1992).

3) Das Ausmaß der Übereinstimmung ist dann größer, wenn die einzuschätzenden Eigenschaften vergleichsweise gut *beobachtbar* (Kenrick & Stringfield, 1980; Funder & Colvin, 1988) sowie *zentral* oder *angemessen* für die beurteilten Personen sind (Zuckerman et al., 1988; bzw. Amelang & Borkenau, 1985; Details dazu s. 25).

   Die Beobachtbarkeit variiert nicht nur individuell, sondern auch mit Verhaltensbereichen; bei Extraversion scheint sie höher zu sein als bei Neurotizismus und Verträglichkeit.

Sind Eigenschaften hingegen in stärkerer Weise sozial erwünscht, so mindert das nicht nur die Übereinstimmung zwischen verschiedenen Fremdeinschätzern, sondern mehr noch diejenige zwischen Selbst- und Fremdurteilern, d. h., wenn die Beurteilung in deutlichem Maße wertende Aspekte enthält, weichen offenkundig die Prozesse zur Wahrnehmung des Selbst von denen der Fremdwahrnehmung ab, und zwar möglicherweise deshalb, weil in solchen Fällen durch die Ich-Beteiligung affektive und defensive Vorgänge zum Schutze der Aufwertung der eigenen Person aktiviert werden (s. Abbildung 9.2).

4) Die Übereinstimmung ist eine Folge des Umstandes, ob Personen eher gut oder weniger gut von anderen beurteilbar sind, was von verschiedenen Merkmalen abhängt (Colvin, 1993).
5) Werden die Korrelationen »idiographisch«, also nach der Q-Technik ermittelt (Vergleich der Scores aus Selbst- und Fremdeinschätzung über die Beurteilungs-Dimensionen), resultieren noch deutlich höhere Werte. Beispielsweise lagen in den Untersuchungen von Pelham (1993) die nomothetischen Koeffizienten (R-Analyse) bei r = .35 (Studie 1) und r = .21 (Studie 2), diejenigen der idiographischen hingegen bei r = .55 bzw. .48. Verantwortlich für die erheblichen Unterschiede ist anscheinend der Umstand, dass es Freunden oder Bekannten (also den »Fremd«-Einschätzern), leichter fällt, ein *ipsatives* Urteil abzugeben, bei dem bei einer Person die Ausprägung auf zwei verschiedenen Dimensionen verglichen wird (»Hat A mehr Interesse an Psychologie als an Rennsport?«), als ein *normatives,* bei dem die Zielperson in Bezug auf eine Dimension im Vergleich zu allen anderen Angehörigen einer (hypothetischen) Referenzgruppe gesehen wird (»Ist das Interesse von A an Psychologie größer als das anderer Menschen (desselben Alters, Geschlechts, Ausbildungsstandes)?«).

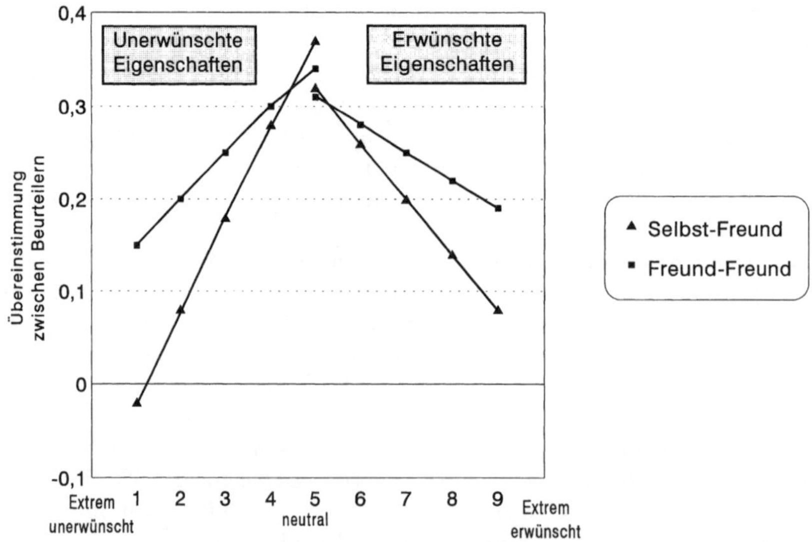

Abb. 9.2: Übereinstimmung zwischen Beurteilern als Funktion der Sozialen Erwünschtheit von Eigenschaftsdimensionen (aus John & Robins, 1993). Im Original steht für »Freund« »Peer«.

Eine Übereinstimmung zwischen Selbsturteilen und den Einschätzungen anderer findet sich sogar in jenen Fällen, wo die eingeschätzten (Target-) und die einschätzenden Personen einander zuvor definitiv gar nicht kannten, also wirklich fremd zueinander waren, und die Abgabe der Urteile deshalb notwendigerweise auf der Basis nur sehr weniger Informationen erfolgen muß. Dieses erstaunliche Phänomen, das auch für die Interpretation der o.a. Beobachtungen von Passini und Norman (1966) Implikationen aufweist, wird in der englischsprachigen Literatur mit »Consensus/Validity at Zero Acquaintance« bezeichnet. Eine solche Übereinstimmung nicht nur zwischen den Fremden, sondern auch die Korrespondenz von deren Einschätzungen zu jenen der Target-Personen ist nur denkbar, wenn es Merkmale des Ausdrucksverhaltens gibt, die als vermittelnde Glieder zwischen der Selbst- und Fremdsicht in Betracht kommen, d. h. auf der einen Seite mit den Selbst- und auf der anderen mit den Fremdeinschätzungen korrelieren (s. Abbildung 9.3).

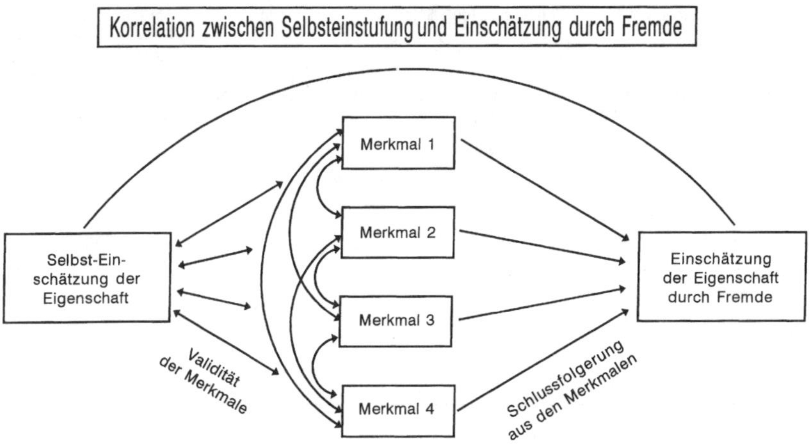

Abb. 9.3: Adaptierte Version des Linsenmodells von Brunswik (nach Borkenau & Liebler, 1992 a, S. 647).

Eine experimentelle Variation der Informationshaltigkeit dieser vermittelnden Glieder müsste dementsprechend vorhersagbare Auswirkungen auf die Höhe der Validität haben. In ersten Untersuchungen am Heidelberger Institut (Amelang, Köhler & Gold, 1983) wurde dieser Überlegung dadurch nachgegangen, dass Beurteiler videographierte Standardszenen (Eintreten der Probanden in den Raum, Platznehmen u. Ä.) von insgesamt 7 Minuten Laufzeit sahen, in denen die gesprochenen Worte der Akteure entweder hörbar waren oder nicht. Die von den Beurteilern gelieferten Eigenschaftsattribuierungen korrelierten z.T. in einer Größenordnung von $r = .40$ mit den Testwerten der Target-Personen; unter der »Stummfilm«-Bedingung fiel das Muster der Korrelationen über die einzelnen Eigenschaftsdimensionen ganz ähnlich aus, doch war die generelle Höhe der Koeffizienten etwas reduziert.

Den Versuchen von Ambady und Rosenthal (1993) zufolge bestand sogar eine bemerkenswerte Übereinstimmung zwischen den Beurteilern, wenn diese die Eigenschaften und das Verhalten von Lehrern in »Stummfilmen« von nur 10 oder 15 Sek. Dauer einschätzen mussten, und diese Einschätzungen (z. B. »aufmerksam«, »optimistisch«, »unterstützend«, »warm« usw.) korrelierten mit der am Ende des Semesters von den Studenten gelieferten Urteilen zur globalen Lehr-Effektivität derselben Akteure in einer Größenordnung von nicht weniger als $r = .70$! Die physische Attraktivität der Lehrer war für dieses erstaunliche Ergebnis ebenso wenig verantwortlich wie eine Reihe von gesondert registrierten Verhaltensweisen (Lachen, Kopfschütteln, Sitzen, Berühren des Kopfes usw.).

Borkenau und Liebler (1992a) haben die allgemeine Anordnung solcher Experimente verfeinert und neben Eigenschaftsdimensionen auch physische Merkmale einschätzen lassen. Grundlage der Beurteilungen für die Versuchspersonen bildeten Videobänder, auf denen die Akteure u. a. einen Standardtext verlasen. Neben den Bedingungen mit und ohne Ton gab es zwei weitere, wo die Beurteiler Standbilder aus den Videobändern sahen bzw. von einer Kassette nur den gesprochenen Ton hörten.
Aus den zahlreichen Resultaten gibt die nachfolgende Tabelle einen Ausschnitt wieder.

Tab. 9.2: Einige Korrelationen für die Beurteilerübereinstimmung (= Konsens) und die Übereinstimmung der Fremd- mit den Selbsturteilen. Bei den Werten der ersten und dritten Zeile handelt es sich um Koeffizienten, die über je vier Beurteilungsdimensionen gemittelt wurden (nach Borkenau & Liebler, 1992a, S. 654).

	Video mit Ton		Video ohne Ton		Standbild		Tonband		Mittlere absolute Korrelation physischer Merkmale		Korrelation zwischen Vektoren von Korrelationen
Traitdimensionen	Konsens	Validität	Konsens	Validität	Konsens	Validität	Konsens	Validität	Selbstrating	Fremdrating	
Vier Beurteilungsdimensionen zum *Extraversions*-Bereich (z. B. »gesprächig-still«)	.75	.32	.72	.30	.67	.25	.69	.25	.16	.27	.43
NEO-FFI-Extraversion		.51		.47		.33		.33	.20	.28	.89 ss
Vier Beurteilungsdimensionen zum *Verträglichkeits*-Bereich (z. B. »Kooperativ-negativistisch«)	.54	.12	.57	.04	.50	.04	.54	.06	.10	.21	.04
NEO-FFI-Verträglichkeit		.35		.17		.19		.21	.14	.22	.57 ss

Wie ersichtlich, besteht in beiden Eigenschaftsbereichen eine beträchtliche Übereinstimmung zwischen den Beurteilern, die durch eine Reduktion der Informationsbasis nur unwesentlich beeinträchtigt wird. Auch die Validität der Urteile liegt in überraschender Höhe; allerdings wirkt sich hier, wie erwartet, eine Ausblendung von akustischer und dynamischer Information oder die Beschränkung nur auf einen Sinneskanal deutlicher aus. Auch erreichen im Fall von Verträglichkeit nur zwei Koeffizienten überhaupt das Signifikanz-Niveau; Extraversion ist also aus den präsentierten Anhaltspunkten sehr viel besser erschließbar, im Übrigen darin vergleichbar der verbalen Intelligenz (s. Borkenau & Liebler, 1993), während das für Gewissenhaftigkeit, Neurotizismus und Offenheit gegenüber Erfahrungen, auf die hier nicht eingegangen werden kann, sehr viel weniger zutrifft.
Die in der letzten Spalte der Tabelle wiedergegebenen Koeffizienten spiegeln die Ähnlichkeiten der korrelativen Muster zwischen selbst- und fremdeingeschätzten Eigenschaften über 45 physische Attribute (z. B. weiche Stimme, gut verstehbar, freundlicher Ausdruck usw.) wider; d. h. ein hoher Wert bedeutet, dass die Abfolge der Korrelationen zwischen der Selbsteinstufung der Eigenschaft und physischen Merkmalen über die physischen Attribute hinweg etwa derjenigen entsprach, in der die Fremdeinschätzungen damit korrelierten.
Zusätzlichen Auswertungen zufolge erschließen die Fremdbeurteiler die Trait-Ausprägungen stärker und angemessener aus den physischen Merkmalen der Target-Personen, je mehr die Traits in der Tat durch physische Charakteristika indiziert werden. Interessanterweise stellt dabei das Tragen einer Brille einen Cue dar, der nicht die Einschätzung von Introversion durch Fremde relativ zum Selbsturteil verzerrt (Koeffizienten .23 bzw. .24), wohl aber stark ein Urteil im Sinne höherer Gewissenhaftigkeit provoziert ($r = .46$ bzw. .04; s. Borkenau, 1993). Wie weitere Versuche belegen, (s . Borkenau & Liebler, 1995) wird auf Intelligenz aus visuellen und akustischen Merkmalen geschlossen, wobei aber nur die letzteren Korrelationen zwischen gemessener und fremdeingeschätzter Intelligenz vermitteln.

Darüber hinaus weisen Borkenau und Liebler (1992 b) in der Mehrzahl der Fälle eine crossmodale Konsistenz insofern nach, als auch die Einschätzungen von Persönlichkeitsmerkmalen auf der Basis ganz verschiedener und einander nicht überlappender Informationen konvergieren. Etwa korrelierten die Einschätzungen auf der Eigenschaftspolarität »gesprächig- still« zwischen den Bedingungen Tonkassette und Stummfilm zu r = .31; zwischen den Bedingungen Tonkassette und Standbild lautete der betreffende Koeffizient .30. Insgesamt war diese cross-modale Konsistenz zwischen akustischem und visuellem Kanal erwartungsgemäß sehr viel höher, wenn im letzteren auch dynamische und nicht nur statische Informationen (Film vs. Standbild) vermittelt wurden, und die besagte Konsistenz war größer in Extraversion und emotionaler Stabilität als bei Offenheit gegenüber Erfahrungen, Gewissenhaftigkeit und Verträglichkeit. Sie belegt, dass visuelle und akustische Merkmale, von denen ähnliche Traits erschlossen werden, positiv interkorrelieren; da unter den verschiedenen Bedingungen die Beurteiler nicht-überlappende Informationen erhielten, muss es teil-identische Elemente in Aussehen und Verhalten der Target-Personen geben, die den Konsens aufseiten der Beurteiler stiften – auch dieses ein Hinweis darauf, dass Persönlichkeit nicht nur illusionär ist und im Kopf des Betrachters existiert.

9.4.3 Fehlerfaktoren

a) Absichtliche Verstellung

Offensichtlich sind Fragebogen leicht verfälschbar. Während es in allen Leistungstests immerhin unmöglich ist, systematisch »nach oben zu betrügen«, also höhere als die individualtypischen Punktwerte zu erzielen, sind die Fragebögen praktisch sensitiv gegenüber einer absichtlichen Verfälschung in *jeder* Richtung. Instruktionen zum »faking good« bzw. »faking bad« haben Resultate zur Folge, die sich nicht nur voneinander, sondern auch jeweils von den unter Normalinstruktion erhaltenen Mittelwerten unterscheiden (z. B. Irvine & Gendreau, 1974, unter Verwendung des 16 PF-Cattell, einem Test, der unter 15.3 detaillierter besprochen wird). Darüber hinaus bereitet anscheinend auch die instruktionsgemäße Übernahme verschiedener Rollen für die Probanden keinerlei Probleme. Hoeth, Büttel und Feyerabend (1967) gaben mehreren Gruppen von Probanden Skalen zu Extraversion, Neurotizismus und Rigidität vor mit der Aufforderung, die Fragen so zu beantworten, wie dieses typische Angehörige einzelner Berufsgruppen (z. B. Verkäufer, Büroangestellte usw.) vermutlich täten, und es zweckmäßig wäre, um eine in diesen Bereichen ausgeschriebene Stelle zu erhalten. Die Mittelwerte der Tests zeigten in Abhängigkeit von den vorgegebenen Rollen klare Differenzierungen. Kroger und Turnbull (1975) verwendeten in einer ähnlichen Anordnung den MMPI. Ihre Versuchspersonen sollten den Test so bearbeiten, als ob sie ein Offizier der Luftwaffe bzw. ein in der Kunst kreativ Tätiger wären. Auch dabei ergaben sich charakteristische Unterschiede, die – was das besonders Bemerkenswerte an dieser Studie ist – *nicht* anhand der Kontrollskalen identifizierbar waren.

All diese Befunde sind deshalb von Belang, weil es sich der Beurteilung entzieht, inwieweit auch unter Normalinstruktion schon solche mehr oder minder absichtlichen Verfälschungstendenzen eine Rolle spielen. Auf jeden Fall verbietet sich aufgrund derartiger Erkenntnisse strikt der Einsatz von Persönlichkeitstests in jeglichem Selektionsverfahren, etwa bei der Auslese von Stellenanwärtern, eine Feststellung, zu der auch Hampel und Klinkhammer (1978) sowie Thornton und Gierasch (1980) gelangen.

b) Soziale Erwünschtheit

Edwards (1953) ließ N=152 männliche und weibliche Beurteiler einschätzen, wie sehr die in jedem von 140 Items des MMPI-Typs beschriebene Verhaltensweise sozial erwünscht sei. Die so bestimmte Wertigkeit an Sozialer Erwünschtheit (SE) korrelierte mit der Häufigkeit der »Ja«-Antworten einer anderen Gruppe von Versuchspersonen unter der üblichen Selbstinstruktion über die Items in einer Höhe von r=.87; die Wahrscheinlichkeit einer Selbstzuschreibung der jeweiligen Verhaltensweise ist also in hohem Maße abhängig von deren SE-Gehalt.

Seitdem sind verschiedene Skalen zur gesonderten Erfassung der interindividuellen Unterschiede in der Tendenz, Antworten im Sinne von SE zu liefern, konstruiert worden. Das Gemeinsame besteht darin, solche Verhaltensweisen in Itemform zu kleiden, die entweder eine nur geringe Auftretenswahrscheinlichkeit haben, aber sozial erwünscht sind (z. B. sich über die Eignung von Kandidaten gründlich informieren, bevor ein Urteil über sie abgegeben wird; nie vorgeben, mehr zu wissen als es den tatsächlichen Gegebenheiten entspricht; gefundene Gegenstände abliefern), oder solche, die häufig vorkommen, gleichwohl sozial unerwünscht sind (z. B. zu spät zu Verabredungen kommen; nicht immer die Wahrheit sagen; ein Versprechen nicht halten, weil dessen Einlösung zu schwer fällt usw.). Inanspruchnahme der ersteren Verhaltensweisen für die eigene Person und Leugnung der letzteren gilt als Tendenz zu SE-Reaktionen.

Die Korrelation solcher SE-Skalen mit den MMPI-Untertests ist z. T. hoch und eine Funktion von deren SE-Gehalt (Edwards, 1961). Ansetzend an solchen korrelativen Beziehungen sind regressionsanalytische Techniken zur Korrektur der »inhaltlichen« Skalenwerte nach Maßgabe der individuellen Punkte in den SE-Skalen erarbeitet worden (im deutschen Sprachraum s. Rützel, 1970). An einzelnen Items setzt der Vorschlag von Paulhus (1981) an, die Interkorrelationen zwischen den Beantwortungen zu faktorisieren, die erste unrotierte Achse als SE-Dimension zu erachten und nur die verbleibenden Restkorrelationen als Ausdruck »inhaltlicher« Kovarianz aufzufassen. Wenngleich ein solches Vorgehen vom Modell her durchaus zu überzeugen vermag, hat die empirische Überprüfung und die Abhebung auf die Validität von Fragebögen gegenüber externen Kriterien nicht zu schlüssigen Resultaten geführt (s. Borkenau & Amelang, 1985, 1986).

Um eine experimentelle Technik, die gegenüber der herkömmlichen Administration von Fragen zumindest etwas andere Werte liefert, bislang jedoch hauptsächlich in der Einstellungsforschung angewendet wurde, handelt es sich bei dem so genannten »Bogus-Pipeline-Paradigma« (s. Mummendey 1981; dort Übersicht über weitere Versuche, SE zu kontrollieren). Im Rahmen dieser Anordnung werden die Versuchspersonen zunächst glauben gemacht, eine komplizierte Versuchsapparatur könne die subjektiven Reaktionen auf bestimmte Einstellungsobjekte oder Frageninhalte physiologisch messen. Bei der anschließenden Darbietung weiterer Einstellungsgegenstände sollen die Versuchspersonen die Messwerte des Gerätes vorhersagen, wobei diese Aussagen als relativ SE-freie Äußerungen gelten (s. auch Mummendey, Bolten & Isermann-Gerke, 1983). Spezifischer für das Format der üblichen Fragebogen-Items ist die so genannte »Randomized-Response-Technique«, bei der mit Hilfe verschiedener Instruktionen ein Versuch zur Abschätzung der SE-Komponente unter Standardbedingungen vorgenommen wird (s. Himmelfarb & Lickteig, 1982). Es fehlen jedoch noch kritische Prüfungen der Frage, ob der Ansatz nicht nur andere, sondern auch validere individuelle Ergebnisse liefert.

Andere Ansätze befürworten eher eine Exklusion solcher Versuchspersonen, deren Testresultate aufgrund überhöhter SE-Werte möglicherweise uninterpretierbar sind. Dafür müsste zunächst gezeigt werden, dass SE-Skalen die Validität symptomatisch-inhaltlicher Skalen moderieren in dem Sinne, dass mit höheren SE- oder »Lügen-»Werten eine geringere Gültigkeit der »eigentlich« interessierenden Testwerte für Extraversion, Gefühlsbetontheit, Hilfsbereitschaft und dergl. einhergeht. Entsprechende Untersuchungen haben indessen bislang nur vereinzelt positive Befunde erbracht (s. Amelang & Bartussek, 1970; dort auch vertiefende Literatur und Diskussion weiterer Kontrolltechniken; Amelang & Bartussek, 1970; Buse, 1976). In der bislang umfangreichsten Untersuchung aber, was die Stichprobe der Personen (N = 344) angeht, unterschieden sich die mittleren Korrelationen von Fragebogen für Extraversion und Neurotizismus gegenüber Fremdeinschätzungen auf diesen Dimensionen mit $r_{tc} = .35$ und .46 für Probanden mit hohen bzw. niedrigen SE-Werten in der erwarteten Richtung (Amelang & Borkenau, 1981b). In einer sorgfältigen Studie, die mehrere SE-Skalen sowie die fünf Faktoren des NEO von Costa und McCrae (1985) beinhaltet, konnten Borkenau und Ostendorf (1992) jedoch nur den SE-moderierenden Effekt auf Neurotizismus replizieren, d. h., allein auf dieser Dimension lagen die Validitäten gegenüber Bekannten-Einschätzungen für Probanden mit niedrigen SE-Scores über denen von Probanden mit hohen SE-Scores. Zu weithin negativen Resultaten gelangten auch Piedmont, McCrae, Riemann und Angleitner (2000). Verschiedene Interpretationen dafür werden diskutiert; eine gilt der Überlegung, dass die Situation der individuellen Testung für Forschungszwecke nicht hinreichte, um in genügender Weise Motive für eine beschönigende Selbstdarstellung zu aktivieren. Um diesen Gesichtspunkt zu klären, sind weitere Untersuchungen notwendig.

Schließlich führte auch der Versuch, nur solche Items für Persönlichkeitstests vorzusehen, die gegenüber SE indifferent sind, nicht zu ermutigenden Resultaten (s. Wiener, 1948; Fordyce & Rozynko, 1957). Anscheinend existieren keine validen Items, die frei von SE-Einfluss sind, wenn es um einigermaßen bedeutsame Eigenschaften geht. Das ist auch kaum verwunderlich, weil die meisten Eigenschaften bzw. spezifische Ausprägungen darin von der Gesellschaft »normiert« und als sozial erwünscht deklariert werden. Im MMPI kann man sich beispielsweise nicht als psychopathologisch beschreiben, ohne sozial unerwünschte Verhaltensweisen einzugestehen. So stellte denn Heilbrun (1964) fest, dass diejenigen Skalen, die am besten klinische von normalen Gruppen trennen, den höchsten SE-Gehalt aufweisen: »Die Dimensionen von psychischer Gesundheit und Sozialer Erwünschtheit sind im großen und ganzen Maße für ein und dasselbe...« (S. 386). Insoweit dieses zutrifft, müsste die Validität von Tests leiden, wenn man versuchen wollte, sie von ihren SE-Anteilen zu bereinigen.

Es war deshalb nur folgerichtig, wenn Crowne und Marlowe (1960) die Tendenz zu SE-Reaktionen nicht nur als *»Response Set«* verstehen wollten, der bei der Bearbeitung von Persönlichkeitstests eine Rolle spielen mag, sondern als *»Response Style«*, d. h. als Element einer breiteren Disposition zu sozial erwünschten Verhaltensweisen. Tatsächlich konnten sie zeigen, dass mit SE-Skalen zahlreiche experimentelle Aufgaben korrelieren. So gaben Versuchspersonen mit hohen SE-Werten häufiger als solche mit niedrigen an, eine in Wirklichkeit langweilige Aufgabe interessant gefunden zu haben; auch zeigten sie eine stärkere Konformitätsneigung bei der Einschätzung akustischer Reize im Sinne der zuvor von Mitarbeitern des Untersuchungsleiters gelieferten falschen Urteile. Schließlich war bei Probanden mit hohen SE-Werten eine stärkere Wahrnehmungsabwehr für tabuierte gegenüber neutralen Wörtern festzustellen, wenn die Versuchspersonen glaubten, das Experiment diene der Ermittlung der individuellen Reaktionen auf obszöne Reizvorlagen; der Effekt trat jedoch nicht auf, wenn ihnen suggeriert worden war, dass es um die Feststellung der Wahrnehmungsgeschwindigkeit gehe. Diese und weitere Befunde sind vor dem gemeinsamen Nenner zu interpretieren, dass mit hohen SE-Testwerten ein allgemeines Bestreben nach sozialer Anerkennung, Lob und Billigung einhergeht. Insofern ist SE als Persönlichkeitsmerkmal aufzufassen. In diesem Sinne sprechen sich auch McCrae und Costa (1983b) aus, nachdem

ihr Versuch, den Einfluss zweier Lügen-Skalen auf die Korrelationen zwischen 21 Test- und Kriteriums-Variablen herauszu*partialisieren,* nicht nur keine Validitäts-Gewinne, sondern gar -Einbußen bewirkt hatte. Linden, Paulhus und Dobson (1983) unterscheiden innerhalb des SE-Response-Styles gesondert zwischen »Self-Deception« und »Impression-Management«, und es scheint vorwiegend die erstere Komponente zu sein, die mehr mit allgemeinen Verhaltenskorrelaten in Verbindung steht, während die letztere eher das (Test-)Beantwortungsverhalten beeinflusst (s. Paulhus, 1986).
Auf Peabody (1967) geht der interessante Versuch zurück, deskriptive und evaluative Bedeutungskomponenten bei Eigenschaftsbeschreibungen voneinander zu trennen, und zwar durch die Anordnung von Trait-Terms in Quartetten nach folgendem Muster:

	Evaluative Dimension	
	positiv	negativ
Deskriptive Dimension	sparsam	geizig
	großzügig	verschwenderisch

In einem solchen Quartett beschreiben die in einer Zeile stehenden Begriffe deskriptiv Ähnliches, jedoch gegensätzlich Bewertetes; demgegenüber sind die in jeder Spalte befindlichen Adjektive ähnlich unter der evaluativen Komponente, aber gegensätzlich in ihrer deskriptiven Bedeutung.
Wie frühe Versuche ergaben, lassen sich naive Probanden in der impliziten Persönlichkeitstheorie eher von deskriptiven als von den evaluativen Bedeutungskomponenten leiten; so wurde etwa eine hypothetische Person, von der die Information vorlag, sie sei sparsam, eher als geizig denn als großzügig eingeschätzt.
Diesen Ansatz aufgreifend haben Borkenau und Ostendorf (1987c) für den deutschen Sprachraum 20 Quartette entwickelt, die sich potentiell für eine Kontrolle der SE-Tendenz eignen. Denn wenn ein Proband, um ein fiktives Beispiel zu geben, auf die Frage »Würden Sie sich generell eher als sparsam denn als verschwenderisch bezeichnen?« zustimmend reagiert und das Item »Würden Sie sich generell eher als großzügig denn als geizig bezeichnen?« ebenfalls bejaht, dann ist die Annahme berechtigt, er habe sich zu Lasten deskriptiver Inkonsistenzen vor allem von der evaluativen Komponente leiten lassen, um ein positives Selbstbild von sich zu liefern. In den Versuchen, in denen diese Methode als SE-Skala fungierte (Borkenau & Ostendorf, 1992) wurden die spezifischen Möglichkeiten, die sich mit der geschilderten Technik bieten, aber offenkundig nicht ausgeschöpft, da über alle Adjektive hinweg nur bestimmt wurde, ob die Probanden bei ihrer Selbsteinschätzung eher den positiven oder negativen Pol präferiert hatten, die spezifische Konstellation der Antwortmuster innerhalb der Quartette blieb hingegen unberücksichtigt.

c) Akquieszenz

Nicht minder intensiv als SE ist ein anderer Response-Set erforscht worden: die Tendenz, unter mehr oder weniger starker Absehung vom Item-Inhalt auf eine Frage mit »ja« bzw. auf eine Feststellung mit »stimmt« zu antworten. Von mehreren Ansätzen, die individuelle Ausprägung von Ja-Sage-Bereitschaft oder Akquieszenz zu erfassen, sollen hier nur jene zwei genannt werden, deren Rationale unmittelbar einsichtig und kurz darstellbar ist: Spiegelung von Itemformulierungen und die Verwendung schwieriger Sachfragen (zu den weiteren Techniken s. Jackson, 1967).

Die erstere Methode ist die ungleich häufiger benutzte. Wer auf eine originale Feststellung der Art »Ich nehme lieber Duschbad als Vollbad« mit Zustimmung antwortet, müsste im Falle von individueller Konsistenz auf die gespiegelte Formulierung »Ich nehme lieber Vollbad als Duschbad« mit Verneinung reagieren. Hingegen sind Fälle doppelter Bejahung oder Verneinung nur möglich, wenn nicht genügend auf die jeweilige Formulierung geachtet, die eine oder andere Antwortmöglichkeit also lediglich aufgrund formaler oder stilistischer Gesichtspunkte gewählt wird (»Yea-saying« vs. »Nay-saying« nach Couch & Keniston, 1960). Bei absoluter Konsistenz der Versuchspersonen und strikter Berücksichtigung des Item-Inhaltes müssten demgemäß die Korrelationen zwischen den Punktwerten für die originalen und »umgedrehten« Formulierungen hoch negativ sein, bei vollständiger Außerachtlassung des Fragebogentextes und bloßer Orientierung an den vorgegebenen Antwortmöglichkeiten hingegen hoch positiv. Die empirisch gefundenen Werte variieren beträchtlich zwischen den einzelnen Untersuchungen, liegen jedoch in der Regel unterhalb der höchstmöglich negativen Werte und sind mitunter sogar positiv (s. z. B. Christie, Havel & Seidenberg, 1958) – was für einen Einfluss der irrelevanten, die inhaltliche Varianz überlagernden Störgröße »Akquieszenz« spräche.
Erhebliches Kopfzerbrechen bereiten allerdings die Schwierigkeiten einer adäquaten Spiegelung vieler Itemtexte. Ist das Gegenteil von »lieben« wirklich »hassen« oder nur »nichtlieben«, die Umkehrung von »oftmals Kopfschmerz« tatsächlich »seltener Kopfschmerz»? Eine simultane Verneinung der Feststellung »Ich lese gern Comics« sowie deren Umkehrung »Ich lese ungern Comics« ist durchaus mit logischen Erwägungen vereinbar; ein derartiger Proband hat gegenüber der fraglichen Materie schlicht eine indifferente Haltung. Ähnlich verhält es sich mit Item-Formulierungen, die beginnen mit »Jedermann sollte…«; wer hierauf ebenso wie auf die Spiegelung »Niemand sollte. . .« mit »nein« antwortet, hält es für angemessen, dass einige, nicht aber alle Menschen diese Verhaltensweise zeigen sollten. In seinem bekannten Artikel hat Rorer (1965) die Akquieszenz-Anzeichen in zahlreichen Untersuchungen auf Unachtsamkeiten beim Versuch der Spiegelung von Item-Inhalten zurückgeführt. In einer eigenen Arbeit stützten sich Rorer und Goldberg (1965) auf sorgfältig ausgewählte MMPI-Items. Eine größere Stichprobe von College-Studenten bearbeitete im Intervall von 14 Tagen zweimal die reguläre Form, eine vergleichbare Gruppe im selben zeitlichen Abstand einmal die originale, das zweite Mal die gespiegelte Version. Die Konsistenz der ersten Gruppe lag bei 87%, diejenige der letzteren bei 83% der aufgetretenen Fälle. Aufgrund der sehr geringen Differenz zwischen beiden Stichproben schlussfolgern die Autoren, dass der Einfluss von Akquieszenz auf die MMPI-Items außerordentlich gering sei. Dem soll hier allgemein gefolgt werden, obwohl auch gegenteilige Ansichten, gewöhnlich gestützt auf faktorenanalytische Resultate, weiterhin vertreten werden (s. Jackson & Messick, 1967; Bentler, Jackson & Messick, 1971; Jackson & Helmes, 1979).
Die Einschätzung von Akquieszenz als einem vergleichsweise unbedeutenden Störfaktor stützt sich zudem auf die Ergebnisse eines weiteren Forschungsansatzes: der Verwendung schwieriger oder unlösbarer Sachfragen. Dieser Methode haben sich nur wenige Autoren bedient. Herrmann und Stapf (1968; s. auch Stapf et al., 1972) benutzten Aussagen über fiktive, erfundene Dinge (z. B. »Die Wotumanen waren ein germanischer Volksstamm«) und mischten diese zur Verschleierung des Konzeptes unter sinnvolle Feststellungen (z. B. »Fritz Walter war ein berühmter Fußballspieler«). Buse (1970) stützte sich darüber hinaus auf Inhalte, die prinzipiell durchaus gewusst werden können, faktisch jedoch in einer Testsituation und in Ermangelung entsprechender Hilfsmittel nicht zugänglich sind (z. B. »Gibt es in der Bundesrepublik mehr Rollladen- als Jalousienhersteller?«). Das zugrunde liegende Rationale geht dahin, dass bei der Unbeantwortbarkeit des Inhaltes die relative Bevorzugung einer Antwortkategorie als Akquieszenzmaß aufgefasst werden kann. In beiden Untersuchungen

war der Ertrag der Akquieszenzwerte unbedeutend. Gleiches gilt für das bereits eingangs erwähnte Experiment von Amelang (1978), in dem die Akquieszenz nicht, wie erwartet, eine Moderatorfunktion für den Zusammenhang zwischen einem Fragebogenwert für Leistungsmotiviertheit und der Konzentration von Harnsäure im Blut ausübte (s. hingegen die Resultate der auf einer Stichprobe von über 300 Personen beruhenden Untersuchung von Amelang und Borkenau, 1981 b, denen zufolge niedrigere Validitäten in Fragebögen bei Personen bestanden, die unlösbare Items besonders häufig mit entweder »Ja« *oder* »Nein« beantworteten).

Häufig findet sich die Meinung, der Einfluss von Akquieszenz lasse sich ausschließen oder doch minimieren, wenn die Items so formuliert werden, dass die im Sinne des Merkmals »richtigen« Antworten innerhalb einer Skala zu gleichen Teilen auf »ja« und »nein« entfallen. Anknüpfend an frühere Überlegungen von Jackson (1967) sind Vagt und Wendt (1978) dieser These nachgegangen; auch sie können zeigen, dass die in einem Test mit ausbalancierter Schlüsselrichtung erhaltenen Werte nur dann durch Akquieszenz nicht verfälscht werden, wenn der wahre Wert genau mit der halben Zahl aller Items deckungsgleich ist. Gerade Informationen darüber werden jedoch in aller Regel nicht vorliegen (zur Kritik an dieser Arbeit und dem ihr zugrunde liegenden Moderatoransatz s. Buse, 1980a).

d) Weitere Fehlerfaktoren

Neben absichtlicher Verstellung, SE-Tendenz und Akquieszenz sind in der Literatur eine ganze Reihe weiterer Fehlerfaktoren beschrieben worden, die bei der Bearbeitung von Fragebögen eine Rolle spielen können (s. Wilde, 1977, S. 100, mit einer Übersicht und weiterführenden Literaturhinweisen). Davon ist hier zu nennen die Bevorzugung extremer, indifferenter oder spezifisch platzierter Antwortkategorien. Auch eine Tendenz zu Antwortmöglichkeiten in Abhängigkeit von deren Länge, Wortfolge oder serialer Position wurde festgestellt. Zeigen solche Response Sets noch eine deutliche Beziehung zu den Formateigenschaften der vorgegebenen Verfahren, sind die Tendenz zum Raten oder zu raschen anstelle von genauen Antworten ebenso wie das Bestreben, konsistent und kritisch zu sein, von eher allgemeiner Art und gleich bedeutend mit kognitiven Stilen (s. dazu 19.4).

Die Varianzanteile, die solche Komponenten im Einzelnen oder in ihrem Zusammen- und Ineinanderwirken auf sich ziehen, dürften im Regelfall schwer zu bestimmen sein; Abhängigkeiten vom Kontext, in dem ein Verfahren bearbeitet wird, der spezifischen Ausgestaltung des Tests sowie den Probanden sind wahrscheinlich. Immerhin kann bereits hier definitiv festgehalten werden, dass trotz solcher Response Sets eine beträchtliche Anzahl von Fragebögen nachgewiesenermaßen auch valide (Inhalts-)Varianz aufweist!

Fragen zu Kapitel 9:

1. Erläutern Sie einige Voraussetzungen für die Entwicklung und den Einsatz psychologischer Tests zur Beschreibung individueller Unterschiede!
2. Nennen Sie einige Techniken und Beispiele der Skalenkonstruktion innerhalb traittheoretischer Ansätze!
3. Welche Fehlerfaktoren im Persönlichkeitsfragebogen (Response Sets) kennen Sie, und wie werden diese ermittelt bzw. kontrolliert?

10 Die Gewinnung empirischer Daten zur Beschreibung individueller Unterschiede: Psychodynamische Ansätze

Psychoanalytische oder tiefenpsychologische Theorien unterscheiden sich von Trait-Konzepten der empirischen Persönlichkeitsforschung in vielerlei Gesichtspunkten. Ohne auf diese hier schon im Detail einzugehen, kann als ein wesentliches Unterscheidungsmerkmal bereits die statische vs. dynamische Betrachtungsweise festgehalten werden. Die Kategorisierung von Verhaltensweisen in Klassen mehr oder minder großer Homogenität als ein wesentliches Kennzeichen der eigenschaftsorientierten Persönlichkeitsforschung ist vorwiegend statischer Natur. Hingegen versteht die Psychoanalyse alles Verhalten als verursacht durch Konflikte zwischen den Instanzen Es, Ich und Über-Ich, die sich in permanentem und heftigem Widerstreit miteinander befinden. Die dabei maßgeblichen Triebe und Motive erlangen über den nervösen und muskulären Apparat des Organismus gewöhnlich nur einen indirekten Ausdruck. Das Verhalten erfolgt nicht rational, sondern irrational, getrieben und determiniert durch Impulse; verbale Bekundungen über die eigenen Empfindungen und Beweggründe sind nicht repräsentativ für die wahren Gegebenheiten, sondern stellen Deformationen, Abänderungen und Symbolisationen des tatsächlichen Geschehens dar. Das Bewusstsein ist nicht Zentrum der Persönlichkeit, sondern allenfalls mit der Spitze eines Eisberges vergleichbar, dessen Hauptmasse verborgen bleibt und als Unbewusstes die entscheidenden Impulse für unser Verhalten liefert (s. Hofstätter, 1948). Die bestimmenden Faktoren für unser Erleben und Handeln erklären sich aus Vorgängen in der Vergangenheit (wie Triebversagung, Verlust der Mutterbindung, Erlebnisse während der Stillzeit oder Reinlichkeitserziehung usw.), doch können die Personen selbst in aller Regel darüber keine Auskunft geben.

10.1 Projektive Tests

Psychodynamisch orientierte Verfahren dienen dem Ziel, die unbewussten Prozesse und Konflikte der Persönlichkeit aufzudecken, Abwehrmechanismen und Widerstände zu überwinden und die dem Verhalten zugrunde liegenden nichtbewussten Motive zu identifizieren. Zunächst fungierten in diesem Sinne die klassischen Techniken Psychoanalyse, Traumdeutung und freie Assoziation (s. mehr dazu unter 17). Die mit diesen Methoden verbundene enge Therapeut-Klient-Beziehung gewährleistet gewöhnlich eine interpersonale Atmosphäre, die einer Aufhebung von Hemmungen und Widerständen förderlich ist. Allerdings wird dazu außerordentlich viel Zeit benötigt, die für manche Behandlungsversuche, nicht aber für Forschungszwecke zur Verfügung steht.
Befruchtet von der Tiefenpsychologie, in der Folge dann aber meist nur in geringer theoretischer Verbindung damit, wurden die sog. »Projektiven Verfahren« proklamiert. Mit ihrer Hilfe sollte auf ökonomische und standardisierte Weise gleichsam die Gesamtheit der un-

bewussten Hindernisse und mehr oder weniger absichtlichen Verfälschungen, Maskierungen und Verzerrungen der zugrunde liegenden Konflikte überlistet und direkt zum Unbewussten vorgestoßen werden.

Günstig dafür schienen Materialien als Testvorlagen, die dem Einzelnen nicht vertraut und – wichtiger noch – inhaltlich nicht festgelegt, also mehrdeutig sind. Konfrontiert mit solchen Stimuli würden die Probanden, so lautet auch heute noch die Grundthese, auf die situativen Reize entsprechend der Bedeutung reagieren, die diese für sie besitzt; demgemäß liegt das »Wesen eines Projektiven Verfahrens darin, dass es etwas hervorruft, was – auf verschiedene Art – Ausdruck der Eigenwelt des Persönlichkeitsprozesses der Versuchsperson ist« (Frank, 1948, S. 46–47).

An dem Einschub »auf verschiedene Weise« wird jedoch deutlich, dass die Beziehung zwischen dem Indikator und dem Indizierten zumindest in der zitierten Umschreibung nicht näher bestimmt und damit das einzelne diagnostische Zeichen nicht eindeutig interpretierbar ist.

Freud hatte sich in Bezug auf den Vorgang der Projektion eindeutig festgelegt und darunter einen Abwehrmechanismus verstanden, der insofern angstreduzierend wirkt, als er eigene Triebimpulse, Emotionen und Einstellungen anderen Menschen zuschreibt, um sich vor der Erkenntnis zu schützen, dass sie Teil der eigenen Persönlichkeit sind. »Projektion als Abwehrmechanismus ist die Externalisierung von nicht-akzeptierten Impulsen« (Zubin, Eron & Schumer, 1965). Nicht erst seit Mursteins Buch (1963), in dem verschiedene Arten der Projektion unterschieden werden, ist die Handhabung dieses Begriffes im Zusammenhang mit Tests nicht mehr länger eingeengt auf *verdrängte* Phänomene; vielmehr zählt auch die sog. »attributive« Projektion dazu, unter die allgemein die »Zuschreibung eigener Motive, Gefühle und Verhaltensweisen auf andere Personen« (Murstein, 1963) fällt.

Die Auseinandersetzung um den Begriff ist zwischenzeitlich weitergegangen (s. auch Semeonoff, 1976); dennoch hat sich an dem bereits von Hörmann (1964) in seinem glänzenden Handbuchbeitrag vermerkten Umstand nichts geändert, dass es schwierig oder gar unmöglich ist, eine umfassende Theorie zu den Funktionsprinzipien aller projektiven Tests zu konzipieren. Nach wie vor erfassen wir den Unterschied von projektiven zu den nicht-projektiven Verfahren eher intuitiv. Allen Techniken ist allerdings die Annahme gemeinsam, dass sich in den individuellen Wahrnehmungen auf das Testmaterial die Merkmale der Persönlichkeit spiegeln.

10.2 Einige Beispiele

Einer der bekanntesten projektiven Tests ist der Formdeuteversuch von Rorschach (1921). Die Versuchsperson erhält dabei Klecksbilder der in Abb. 10.1 (a) wiedergegebenen Art vorgegeben mit der Frage: »Was könnte das sein?«. Für jede einzelne der 10 Karten sind beliebig viele Antworten möglich. Diese können sich zudem auf die gesamte Vorlage, nur Teile oder gar Kleindetails beziehen, die »Figur« oder den »Grund« zum Inhalt haben usw. Die gelieferten Deutungen werden später nach spezifischen Regeln signiert; dazu ist es zum Teil erforderlich, der Versuchsperson noch einmal ihre Antworten vorzulesen und diese zu fragen, auf welches Element der Vorlage sich die jeweilige Deutung beziehe. Anhand der Signierungen erfolgt schließlich die Interpretation im Hinblick auf Merkmale wie Zwangsvorstellungen, sexuelle Fantasien, Todeswünsche und dergl.

(a)

(b)

Abb. 10.1: Beispiele für die Art von Vorlagen, die im Rorschach-Test (a) und im Thematischen Apperzeptions-Test (b) verwendet werden.

Kaum weniger verbreitet ist der Thematische Apperzeptions-Test (TAT), der von Murray in den Dreißigerjahren entwickelt wurde. Er besteht aus 20 Karten, auf denen – unscharfen schwarz-weiß Fotos nicht unähnlich – bestimmte Figuren in verschiedenem, häufig schwer bestimmbarem Kontext wiedergegeben sind (s. Abb. 10.1 (b)).

Die Instruktion verlangt gewöhnlich von den Versuchspersonen das Erfinden einer Geschichte zu der abgebildeten Szene, wobei auch berichtet werden soll, was zu der augenblicklichen Situation geführt hat und wie alles weitergehen wird. Die Interpretation erfolgt in der Regel ausgehend von der Person des jeweiligen »Helden«, dessen Motive (z. B. Macht- oder Leistungsstreben, Angst vor der Zukunft o. ä.) erkundet werden. Obwohl Rorschach-Test und TAT noch heute zu den gebräuchlichsten Persönlichkeitstests gehören (s. Wade, Baker, Morton & Baker, 1978), existieren weder zu dem einen noch dem anderen Verfahren befriedigende Norm-Daten.

Das gilt in vollem Maße auch für weitere projektive Tests: Im Satzergänzungsverfahren muss der Proband vorgegebene Sätze (z. B. »Meine Mutter ...« oder »Meine größte Angst ist ...«) zu Ende führen. In anderem Zusammenhang sollen Wünsche geäußert werden (z. B. »Ich möchte gern ein Tier sein, weil ...«). Manche Verfahren verlangen den Umgang mit puppenartigen Figuren, die für die Mitglieder der Familie stehen sollen, oder das Hantieren mit Spielzeug verschiedener Art, um eine individuelle Welt zu entwerfen.

10.3 Gütekriterien

Ohne Zweifel werfen projektive Tests besondere Probleme bei der Überprüfung der Gütekriterien auf. Vollständige Durchführungs-Objektivität ist bei der häufig engen Versuchsleiter-Versuchspersonen-Beziehung und der Notwendigkeit, hin und wieder Rückfragen zu beantworten, nicht erreichbar. Desgleichen lässt sich die Objektivität der Signierung niemals in absoluter Weise sicherstellen, weil dazu u. a. ein erschöpfender Katalog aller denkbaren Antwortmöglichkeiten erforderlich wäre. Noch größer sind die Probleme bei der Reliabilität: Maße für die interne Konsistenz müssen bei der formalen und inhaltlichen Heterogenität der Tafeln oder Items zwangsläufig niedrige Koeffizienten liefern. Retestungen können gleichfalls nicht befriedigen, da sich die Versuchspersonen an die einmal gelieferten Antworten erinnern und deshalb andere Reaktionen liefern wollen; dieses sind dann aber nicht mehr die vermutlich besonders ergiebigen und aussagekräftigen Spontanantworten. Hinsichtlich der Validität wird verschiedentlich behauptet, es gebe keine verbindlichen Außenkriterien, weil nur die projektiven Verfahren allein die unbewussten Konflikte, Motive und dergl. freilegen könnten; aus diesem Grunde sei es kaum sinnvoll, die Verfahren an Maßen zu überprüfen, die weniger zulänglich sind als die projektiven Tests selbst.
Die empirischen Untersuchungen weisen teils unverzeihliche Fehler, teils ingeniöse Anordnungen auf. Die Resultate reichen von »erwartungswidrig« über »unschlüssig« zu »in höchstem Maße positiv«. Entsprechend liegen auch die zusammenfassenden Bewertungen über projektive Tests zwischen den Feststellungen »völlig unbrauchbar« (z. B. Eysenck, 1970; Sarason, 1966), »wertvoll unter spezifischen Bedingungen« (z. B. Holzberg, 1977; Exner, Armbruster & Viglione, 1978), »nicht zu messen an den herkömmlichen psychometrischen Anforderungen« (z. B. Rickers-Ovsiankina, 1976) und »vielleicht ergiebig bei zukünftigen Verbesserungen« (z. B. Sherman, 1979). Insgesamt wird die Zukunft projektiver Tests als pessimistisch beurteilt, obwohl paradoxerweise vielfach die Auffassung zu vernehmen ist, dass diese Art von Tests zumindest gelehrt werden oder den klinischen Praktikern vertraut sein sollte – Projektive Tests als Klecks in der Geschichte der Psychologie, »wishing won't make it go away« (Piotrowsky, 1984, S. 1499).
Im vorliegenden Buch spielen die Resultate projektiver Tests nur eine unwesentliche Rolle.

Fragen zu Kapitel 10:

1. Welches sind die Grundzüge psychodynamischer Persönlichkeitstheorien?
2. Struktur, Wirkungsweise und Beispiele projektiver Tests.

11 Die Gewinnung empirischer Daten zur Beschreibung individueller Unterschiede: Verhaltenstheoretische Ansätze

11.1 Grundzüge und Unterscheidungsmerkmale

Bereits im Abschnitt 6.1 wurde der Behaviorismus als ein Forschungsansatz innerhalb der Psychologie erwähnt, der weitgehend auf lerntheoretischen Konzepten basiert. Weiteres dazu wird unter Kapitel 19 auszuführen sein.

Ganz allgemein begreift diese Richtung Verhalten als abhängig von situativen Gegebenheiten oder spezifischen Reizen der Umwelt, die aufseiten des Organismus bestimmte Reaktionen auslösen. Von den Konsequenzen, die auf die provozierten Verhaltensweisen folgen, hängt es ab, in welcher Richtung die Auftrittswahrscheinlichkeit der Verhaltensweisen verändert wird. Für die *Stabilität* des Reagierens spielen dabei die raumzeitlichen Kontingenzen von auslösenden und bekräftigenden Ereignissen mit den Reaktionen des Organismus eine wichtige Rolle; maßgeblich für die transsituative *Konsistenz* ist vor allem die Breite von Reiz- und Reaktions-Generalisationsgradienten.

Kennzeichnend für eine solche Position ist der Umstand, dass die einzelnen Elemente des Systems, also die Reize, Reaktionen und Handlungskonsequenzen prinzipiell von beobachtbarer Natur sind. Weiter gehende Rückschlüsse auf »dahinterliegende« Ursachen, Organisationsformen oder internale Vermittlungsprozesse (wie z. B. Bedürfnisse, Konflikte, Handlungsbereitschaften usw.) werden nicht angestellt.

Darin unterscheiden sich verhaltenstheoretische Ansätze grundsätzlich von Trait- und psychodynamischen Theorien. Bei diesen kommt den Reaktionen in herkömmlichen Tests und auch vielen Verhaltensweisen nur eine Indikatorfunktion für Strukturen der Persönlichkeit zu, die begrifflich eine andere Ebene darstellen und sich der Beobachtung entziehen. Aus dem Verständnis für diese »grundlegenden« Struktureigenschaften und der Kategorisierung nach Gesichtspunkten wie etwa Fleiß, Intelligenz, Ordnungsliebe oder sexueller Triebhaftigkeit leitet der trait-theoretisch oder psychodynamisch orientierte Forscher die Erwartung ab, späteres Verhalten vorhersagen zu können. Behavioristen wählen hier einen mehr pragmatischen und direkteren Zugang insofern, als sie aus konkret beobachtbarem Verhalten auch nur dieses vorhersagen wollen: »The best predictor of future performance is past performance« (Wernimont & Campbell, 1968, S. 372). Nicht was eine Person an Eigenschaften im Sinne der Trait-Ansätze *»hat«* oder wovon sie im Sinne der psychodynamischen Betrachtungsweise *»getrieben«* wird, steht im Vordergrund des Interesses behavioristischer Analysen, sondern was diese Person in verschiedenen Situationen *»tut«* (nach Mischel, 1968, S. 10). Persönlichkeit ist lediglich eine »intervenierende Variable, die definiert ist durch die Wahrscheinlichkeit, mit der eine Person bestimmte Verhaltenstendenzen in einer Reihe von Situationen ihres täglichen Lebens manifestiert« (Goldfried & Kent, 1976, S. 9). Einer solchen Begriffsumschreibung gemäß ist beim Versuch, die Persönlichkeit zu beschreiben und ihr Verhalten vorherzusagen, weniger nach »Signs« für den Charakter als

vielmehr nach einem repräsentativen »Sample« von Verhaltensweisen zu suchen (die Unterscheidung zwischen Zeichen- und Stichprobenfunktion von Items geht auf Goodenough, 1949, zurück). Im Gegensatz zur herkömmlichen Messung von Eigenschaften bestehen die Tests der verhaltenstheoretischen Schule nach Möglichkeit aus Stichproben des Kriteriumsverhaltens selbst; da es mitunter unökonomisch und langwierig ist, Beobachtungen in natürlichen Situationen anzustellen, werden diese gewöhnlich in der experimentellen Anordnung des Rollenspiels »nachgestellt«. Gebräuchlich ist auch die Auswertung von verbalen Äußerungen des Individuums über seine Reaktionsweisen in spezifischer Umgebung.
Ein Beispiel soll das eben Ausgeführte veranschaulichen: Bestimmte Deutungen im Rorschach-Test gelten als Indikatoren für Angst. Wenn ein Proband im TAT Geschichten liefert, in denen böse Mitmenschen dem »Held« Schaden zufügen, dieser vom Pech verfolgt ist, zaudert oder starke Aggressionen zeigt, wird man auch dieses als Zeichen seiner habituellen Ängstlichkeit werten. Der Rückschluss auf die Ausprägung in der Dimension »Ängstlichkeit« soll sodann über das Verständnis der Personen hinaus eine Vorhersage von deren zukünftigem Verhalten gewährleisten. Eine solche Prognose ist u. a. belastet durch die Unsicherheit der Beziehung zwischen Index und Indiziertem; denn dass die Antwort »Blut!« auf Angst hinweist, die Deutung einer weißen Fläche eine negativistische Haltung indiziert (s. Hörmann, 1964), muss noch durch gesonderte Validitätsstudien erwiesen werden.
Anders gelagert sind die Verhältnisse bei der verhaltenstheoretisch beeinflussten Gewinnung von Informationen über den Einzelnen. Hier wird nach Möglichkeit eine »angemessene Repräsentation von Reizsituationen« (Goldfried & Kent, 1976) hergestellt. Für die Messung von Angst bedeutet das z. B., dass solche Stimulationsbedingungen mit Hilfe von Filmen, Dias oder schriftlichen Beschreibungen realisiert werden, die repräsentativ für Angstinduktion sind. Entsprechend spielt das Konzept der Inhaltsvalidität für behaviorale Tests eine wichtige Rolle (zu den Details s. Schulte, 1976; Pawlik, 1976).
Als besonders fruchtbar hat sich der verhaltenstheoretische Ansatz bei der Modifikation von Verhalten erwiesen. Während die eigenschaftsorientierte Diagnostik als Hauptziel eine Klassifikation der Personen gemäß ihrer Messwerte in taxonomische Einheiten verfolgt (wie z. B. »Schizophrenie«, »Paranoia« und dergl.), daraus aber noch keinerlei Handlungsanweisungen für eine Beeinflussung des Verhaltens resultieren, liefert der lerntheoretische Ansatz Informationen, die aufgrund ihrer höheren Spezifität und Situationsbezogenheit wesentlich mehr Bedeutung für jegliche Intervention besitzen. Das zentrale Instrument zur Erfassung der situativen Faktoren, die das Verhalten kontrollieren und es hervorbringen, stellt dabei die *funktionale Analyse* (Kanfer & Saslow, 1976, S. 34 ff.) dar. Inzwischen gehört diese Methode zum Standardrepertoire jeder lerntheoretisch betriebenen Therapie. Sie beinhaltet eine Untersuchung des Kontextes, in dem ein kritisches Verhalten (z. B. Bettnässen) auftritt, seine Qualität und Intensität, die Folgen des Verhaltens für den Betreffenden wie seine Umwelt, die Möglichkeiten der Person und ihrer Umwelt für eine Modifikation, schließlich die möglichen Rückwirkungen einer Verhaltensänderung auf den Betreffenden und seine Umwelt. Die Informationen für die funktionale Verhaltensanalyse rühren aus Interviews mit dem Patienten und dessen Bekannten, Testergebnissen und Verhaltensbeobachtungen, einer Erkundung der Vorgeschichte des Klienten und anderen Quellen. Der damit insgesamt verfolgte Ansatz »macht die Annahme, daß eine Beschreibung des problematischen Verhaltens, seiner kontrollierenden Bedingungen und der Mittel, durch die es geändert werden kann, die angemessensten ›Erklärungen‹ für das Verhalten … sind« (Kanfer & Saslow, 1976, S. 35). Detailliertere Hinweise enthält jedes einschlägige Lehrbuch der Klinischen Psychologie und Verhaltensmodifikation. Nachfolgend genügt es deshalb, kurz einige Beispiele von Methoden der verhaltenstheoretischen Datengewinnung stichwortartig zu erörtern.
Sofern das Verhalten selbst die Grundlage von Verhaltensvorhersagen ist, verfügen beha-

vioristische Methoden über einige offenkundige Vorzüge: Absichtliche oder unabsichtliche Verfälschung sind weniger wahrscheinlich, da es schwerer fallen dürfte, das Verhalten selbst und nicht nur einen Bericht darüber zu verstellen. Ferner ergibt sich weniger als bei der eigenschaftsorientierten Messung die Frage nach der Fairness von Tests (s. dazu Simons & Möbus, 1976; Möbus, 1978; Wottawa & Amelang, 1980). Schließlich ist auch der immer kritischer beurteilte Gesichtspunkt einer Wahrung der persönlichen Intimität und individuellen »Privatheit« (Kruse, 1980) weniger akut, da nicht in die »Tiefen« einer Person eingedrungen wird (s. Sherman, 1979, S. 238/39).

11.2 Einige Beispiele

11.2.1 Fremd-beobachtetes Verhalten

Einigen Behavioristen gilt eine motorische Reaktion als das unter Messaspekten erstrebenswerte Ideal einer Verhaltensäußerung, da hier vorgeblich keine weitere Validierung vonnöten ist. Aus den bereits im Zusammenhang mit den Rating-Methoden erwähnten Gründen besteht aber die Gefahr, dass in solchen Fällen keine psychologisch sinnvollen Maße entstehen.
Die Entscheidung zwischen einem weniger wertvollen Gegenstand, der sofort erhältlich ist, und einem wertvolleren, der aber erst nach Ablauf einer bestimmten Zeit erreichbar ist, stellt eine Verhaltensweise dar, die dem vorgenannten Ziel recht nahe kommt und die unter relativ standardisierten Bedingungen von verschiedenen Forschergruppen untersucht wurde. Die Studien zum »Delay of Gratification« wurden hauptsächlich von Mischel (1958) initiiert. Eine kurz gefasste Einführung in die Ergebnisse und Theorienbildung dieses Bereiches findet sich unter 19.3.
Auch innerhalb der Aggressionsforschung wurden vielfach Situationen realisiert, um den Einfluss verschiedener Reiz-Bedingungen auf das Auslösen spezifischer Verhaltensweisen zu untersuchen. Namentlich die Gruppe um Bandura (1973) hat geprüft, ob die Wahrnehmung aggressiv agierender Modellpersonen bei Kindern zu einem Anstieg an Aggressionen führt, was im Umgang mit Puppen, Spielzeug oder anderen Personen direkt beobachtbar ist. In Abschnitt 17.4 wird auch darüber mehr zu sagen sein.
Sehr verbreitet ist die Technik des »Behavior Sampling«, und zwar vor allem in der Klinischen Psychologie, wo häufig das Personal einer therapeutischen Institution im Hinblick auf die Behandlung eingehende Verhaltensbeobachtungen anstellt (ein Beispiel dazu s. 25.2). Verschiedene Hilfsmittel erleichtern die Registrierung von Häufigkeit und Dauer der interessierenden Verhaltenskategorien (z. B. Sitzen, Gehen, Lachen, Reden usw.). In aller Regel werden dabei die gebildeten Klassen möglichst »verrichtungsnah« definiert, um die externen Beobachter hinsichtlich der von ihnen geforderten Kategorisierungsleistungen nicht zu überfordern oder mehr als unvermeidlich subjektive Momente einfließen zu lassen.
Eine weitere Variante zur Gewinnung behavioraler Informationen stellt die Situation des Rollenspiels dar. Gewöhnlich wird darauf zurückgegriffen, um in kurzer Zeit Anhaltspunkte über Verhalten in Situationen zu gewinnen, in denen kaum Gelegenheit zur Beobachtung besteht (z. B. Interaktionen zwischen Ehepartnern unter bestimmten Stress-Bedingungen).

11.2.2 Selbst-beobachtetes Verhalten

Neben Protokollbogen, die Probanden zu bestimmten Verhaltensklassen (z. B. eine Zigarette rauchen, etwas essen) nach definierten Regeln bearbeiten müssen (z. B. bei jedem Auftreten des Ereignisses oder alle 30 Minuten), sind auch auf dem Boden der Verhaltenstheorien zahlreiche Fragebögen entstanden. Einige beschäftigen sich mit dem Angstgehalt verschiedener Situationen. Eine besonders große Verbreitung im klinischen Bereich hat das von Wolpe und Lang (1964) publizierte »Fear Survey Schedule« (FSS) erfahren (s. Kasten). Desgleichen sind Skalen zur Selbstbehauptung in frustrierenden Situationen gebräuchlich. Auszüge aus dem »Assertiveness Schedule« von Rathus und Nenid (1977) finden sich ebenfalls in dem Kasten (s. dazu auch Lorr & More, 1980). Schließlich werden auch Ereignisse erfragt, die ein bestimmtes Verhalten ggfs. ausformen und stabilisieren können; die bei Schulte (1976, S. 264 ff.) wiedergegebene Liste (Auszug daraus s. Kasten) gliedert sich nach solchen Verstärkern, die (a) unmittelbar in der Therapiesituation eingesetzt werden können und (b) für den Patienten außerhalb der Therapiesituation erreichbar sind; außerdem finden sich noch (c) allgemeine soziale und verbale Verstärker sowie (d) besonders häufig ausgeführte Gedanken und Tätigkeiten. Eine deutschsprachige Adaption des »Reinforcement-Survey-Schedule« hat Lermer (1979) vorgestellt.

Von MacPhillamy und Lewinsohn (1972) stammt ein »Pleasant Events Schedule« (PES) mit 320 Items der Art »Mit glücklichen Leuten zusammen sein«, »Sexuelle Beziehungen mit einem gegengeschlechtlichen Partner haben«, »Einen Spaziergang machen« usw. Zu jeder Tätigkeit muss angegeben werden, wie oft sie innerhalb einer bestimmten Zeitspanne ausgeübt und wie viel Freude dabei empfunden wurde. In der Untersuchung von Lewinsohn und Libet (1972) korrelierten besonders eng die Tätigkeiten »Entspanntsein«, »wenig freie Zeit haben«, »Lachen«, »Mit glücklichen Leuten zusammen sein« und »Andere Leute für das interessieren, was man gesagt hat« mit der aktuell erlebten Stimmung. Freilich ist damit noch nichts über die zugrunde liegenden Wirkungsrichtungen gesagt.

Zu erwähnen sind an dieser Stelle auch die Situation-Response-(S-R-)Fragebogen, die, ausgehend von der Gruppe um Endler, zu verschiedenen Merkmalen (z. B. Ängstlichkeit und Aggression) entwickelt wurden. Vor dem Hintergrund der behavioristischen Theorie wird in den S-R-Inventaren folgerichtig geprüft, welche Reaktionen vorgegebene Situationen in verschiedenen Verhaltensbereichen hervorrufen. Beispielsweise muss der Proband zu der Situation »Sie sind nachts allein im Wald« oder »Sie stehen auf, um vor einer größeren Gruppe eine Rede zu halten« usw. auf einer 5-stufigen Skala angeben, wie stark seine Reaktion in jedem der Bereiche »Mund wird trocken«, »Herz schlägt schneller«, »Gefühl der Übelkeit« usw. ist.

In Aggressivitätsfragebogen lauten die Situationen z. B. »Man versucht zu lernen, aber es besteht anhaltender Lärm«, »Jemand anderes hat die persönliche Post geöffnet« usw. Das von Zuckerman (1977) entwickelte »Inventory of Personal Reactions« (Zipers) sieht eine Beantwortung sowohl unter Trait- wie auch State-Instruktion vor. Im ersteren Fall beziehen sich die Antworten der Versuchspersonen auf die Vergangenheit, im letzteren auf die aktuelle Gegenwart (»Now«).

Mit der gewählten Anordnung können neben den generellen Unterschieden zwischen den Personen, den Situationen und Reaktionsbereichen (= jeweils die Haupteffekte in varianzanalytischen Versuchsplänen) auch alle Interaktionen zwischen den drei Einflussfaktoren ermittelt werden. Letztere waren z. T. von beträchtlichem Ausmaß. Dennoch haben diese Forschungen insgesamt nur einen Teil derjenigen Erwartungen erfüllen können, die anfangs daran geknüpft wurden (s. Olweus, 1976; Näheres dazu unter 24.2).

Zwischenzeitlich ist in der Vorstellung des »S-R Inventory of General Trait Anxiousness« (Endler & Okada, 1975) auch eine gewisse Abkehr von allzu spezifisch formulierten Situationen erkennbar; nunmehr bestehen diese nur noch aus vier Items der Art »Sie befinden sich in einer neuen oder fremdartigen Situation« oder »Sie befinden sich in einer Situation, die Interaktionen mit anderen Leuten enthält«. Damit erfolgt wieder eine Annäherung an den

Fear Survey Schedule (FSS)

»Die Stichworte in diesem Fragebogen beziehen sich auf Dinge und Erfahrungen, die Angst oder unangenehme Gefühle hervorrufen können. Machen Sie bitte für alle Stichworte jeweils an der Stelle der Punkteskala ein Kreuz, die am besten den Grad Ihrer zurzeit bestehenden Angst beschreibt«

	gar nicht	ein wenig	deutlich	stark	sehr stark
Würmer	☐	☐	☐	☐	☐
Tote Tiere	☐	☐	☐	☐	☐
Versagen	☐	☐	☐	☐	☐
Leute mit Missbildungen	☐	☐	☐	☐	☐
Eine Straße überqueren	☐	☐	☐	☐	☐
Weite offene Räume	☐	☐	☐	☐	☐
Laute Stimmen	☐	☐	☐	☐	☐
Einem Kampf zusehen	☐	☐	☐	☐	☐
Menschliches Blut	☐	☐	☐	☐	☐
Bei einer Operation zusehen	☐	☐	☐	☐	☐

(aus Schulte, 1976, S. 256)

Rathus Assertiveness Schedule

»Geben Sie an, wie charakteristisch jede der nachfolgenden Fragestellungen für Sie ist.«

+ 3 sehr charakteristisch, sehr zutreffend
:
:
– 3 sehr uncharakteristisch, sehr unzutreffend

Die meisten Leute sind aggressiver und zeigen mehr Durchsetzungsvermögen als ich.
Wenn ich um etwas gebeten werde, bestehe ich darauf zu erfahren, warum.
Über schlechten Service im Restaurant oder woanders beschwere ich mich.«

(nach Rathus & Nenid, 1977, S. 137–139)

Verstärker-Liste

»Nachfolgend finden Sie eine Aufzählung von bestimmten Dingen, Erfahrungen, Hobbys, Situationen und Tätigkeiten, die von Ihnen und Ihren Mitmenschen in einem unterschiedlichen Ausmaß als angenehm oder evtl. auch als unangenehm empfunden werden.
Lesen Sie bitte jede angegebene Tätigkeit gut durch und entscheiden Sie nach Ihrer gegenwärtigen Einstellung, wie gern Sie diese Tätigkeit ausführen. Sollte sich das Angegebene derzeit nicht verwirklichen lassen, so versuchen Sie dennoch anzugeben, wie gern Sie es – unter anderen Umständen – ausführen würden.«

	ungern	weder gern noch ungern	ein wenig gern	sehr gern	gern
a) Kreuzworträtsel lösen	☐	☐	☐	☐	☐
Musik hören	☐	☐	☐	☐	☐
Zeitungen lesen	☐	☐	☐	☐	☐
b) Fernsehen	☐	☐	☐	☐	☐
Sexfilme	☐	☐	☐	☐	☐
In die Oper gehen	☐	☐	☐	☐	☐
c) Gelobt werden	☐	☐	☐	☐	☐
Mit jemandem flirten	☐	☐	☐	☐	☐
Jemandem helfen	☐	☐	☐	☐	☐
d) (Gedankeninhalte müssen in freier Beantwortung aufgezählt werden)					

(aus Schulte, 1976, S. 264ff.)

Aufbau herkömmlicher Fragebogen-Items. Nach einer solchen Umorientierung besteht der entscheidende Unterschied der behavioralen gegenüber den eigenschaftsorientierten Fragebogen mehr im Zweck der Messung als in der Art und Weise, in der diese erfolgt.

11.2.3 Physiologische Variablen; Ausdrucksverhalten

Eine Zeit lang bestand Hoffnung, die »Tiefen« der Person unbeeinflusst von den verbalen Bekundungen der Betreffenden und frei von den Erwartungen sowie den Beobachtungsfehlern externer Beurteiler über physiologische Indikatoren und solchen des Ausdrucksverhaltens erfassen zu können.

Ein besonderes Interesse riefen die gehirnelektrischen Prozesse (Elektro-Encephalo-Gramm, EEG) und die Schwankungen des Hautwiderstandes (Psycho-galvanische Reaktion, PGR) hervor. Traditionell werden darüber hinaus auch Atem- und Pulsfrequenz, die Spannung der Muskulatur und die Größe der Pupille registriert. Biochemische Größen wie die Konzentration verschiedener Hormone und Spurenelemente gehören ebenfalls hierher.

Forschungen in diesem Bereich erfordern gewöhnlich einen hohen apparativen Aufwand. Sie sind zudem häufig erschwert durch eine geringe Reliabilität der verwendeten Maße sowie deren starke Abhängigkeit von der Spezifität von Reizen und der Probanden-Persönlichkeit. Insgesamt eignen sich physiologische Maße mehr zur Erfassung aktueller Aktivationsunterschiede als zur Beschreibung habitueller individueller Differenzen. Sammeldarstellungen geben Fahrenberg (1967, 1979), Lykken (1968) und Vaitl (1978). Mit den Fragen einer adäquaten Gestaltung der Versuchsanordnung setzt sich insbesondere Rösler (1983, 1984) auseinander. Levenson (1983) stellt neben methodischen Problemen auch dar, warum bestimmte psychophysiologische Konstrukte wie Aktivation, die Unterscheidung normal/pathologisch und Wahrnehmungs-Zustände innerhalb der Persönlichkeitsforschung besonders nützlich sind.

Als noch schwieriger hat es sich erwiesen, aus intra- und interindividuellen Unterschieden im Ausdrucksverhalten (z. B. Gestik, Mimik, Motorik) auf aktuelle Zustände und Persönlichkeitsmerkmale zu schließen. Eine solche resignative Einsicht steht in bemerkenswertem Kontrast zu der weiten Verbreitung und hohen subjektiven Sicherheit in der Handhabung ausdruckspsychologischer Deutungen im Alltagsleben. Der Widerspruch zwischen dem intuitiven Glauben an die Verlässlichkeit der Methode einerseits und deren empirisch nachgewiesener Brauchbarkeit andererseits manifestiert sich besonders augenfällig am Beispiel der Graphologie, in Bezug auf die schlüssige Beweise einer ausreichenden Validität weiterhin ausstehen (s. Pawlik, Amelang, Heinze & Beyer, 1973). Über die grundlegenden Probleme der Ausdruckspsychologie in methodischer und interpretativer Hinsicht informiert noch immer umfassend Rohracher (1965).

11.3 Gütekriterien

Angesichts der Heterogenität der erwähnten Ansätze können stichwortartige Bemerkungen nur sehr allgemein ausfallen. Festhalten kann man vielleicht, dass Verhaltensstichproben dann nur eine mäßige Reliabilität zeigen, wenn sie sich auf singuläre Ereignisse stützen. Erst durch Verlängerung des Beobachtungsintervalles ist eine akzeptable Zuverlässigkeit ge-

währleistet (Epstein, 1979). Aus der Kumulierung reliabler Varianzanteile zu Lasten von States gehen allmählich Traits hervor.
Von unmittelbarer Bedeutung für behaviorale Stichproben ist die Übereinstimmung der unabhängigen Beurteiler. Je nach Problemstellung und Vorgehensweise spielen hier verschiedene Fehlerquellen eine mehr oder minder gewichtige Rolle (s. Romanczyk, Kent, Diament & O'Leary, 1973; Goldfried & Sprafkin, 1974; Goldfried & Linehan, 1977).
Die internen Konsistenzen von Fragebögen wie dem FSS sind erstaunlich hoch (um .90) für Tests, die vorgeben, spezifische Angstauslöser zu erfassen. Dieses verweist darauf, dass die Trait-Idee auch in solchen Inventaren noch durchschlägt. Gesondert angestellte Faktorenanalysen, die Unterfaktoren für Furcht vor Tieren, sozialen Situationen usw. oder Kategorien von assertivem Verhalten (s. Lorr & More, 1980) erbrachten, bestätigen das außerdem. Auch die hohen Retest-Reliabilitäten (s. z. B. Lermer, 1979) belegen, dass es sich eher um Traits handelt, wenngleich solche von wesentlich geringerer Breite.
Eine Untersuchung von Zuckerman (1979) vergleicht die Validität von jeweils mehreren Trait-, State- und S-R-Fragebogen bei der Vorhersage von Angstreaktionen in drei tatsächlich realisierten Situationen (räumliche Annäherung an eine Schlange sowie an den offenen Treppenabsatz eines 16-geschossigen Hauses, Verweildauer in einem dunklen Raum). Aus dem Verhalten in den Situationen wurde zusätzlich ein kombinierter Punktwert gebildet (»Observer Rating«). Die Validitäten sind in nachfolgender Tabelle auszugsweise zusammengestellt (s. Tab. 11.1):

Tab. 11.1: Mittelwert und Variabilitätsbereich von Validitätskoeffizienten verschiedener Verfahrenstypen gegenüber aktuellem Verhalten und einem daraus abgeleiteten Beurteilungsmaß (aus Zuckerman, 1979, S. 51).

	Verhaltensmaß	Observer-Rating
Trait-Tests		
Breit	.09 (–.18 bis .16)	.14 (.02 bis .16)
Eng	.40 (.01 bis .57)	.31 (.17 bis .58)
State-Tests		
Selbsturteil	.47 (.10 bis .70)	.63 (.48 bis .67)

Eindeutig erweisen sich die Verfahren bei der Vorhersage bestimmter Verhaltensweisen mit zunehmender Spezifität der Fragen als immer besser geeignet; insofern scheint der Anspruch behavioraler Instrumente erfüllbar zu sein, für eng umrissene Situationen gültigere Prognosen liefern zu können.
Zusätzlich interessant für den Vergleich mit herkömmlichen Trait-Tests wären Vorhersagen für wirklich neuartige Situationen, da es hierfür den behavioralen Methoden definitionsgemäß an Beobachtungsgrundlagen aus vorangegangenen gleichartigen Anlässen fehlen muss. Wohl aber sähe sich der Trait- oder Tiefenpsychologe zu Aussagen imstande.

Frage zu Kapitel 11:

1. Welches sind die Grundprinzipien verhaltenstheoretischer Verfahren?

Teil III Interindividuelle Differenzen im Leistungsbereich

12 Intelligenz

12.1 Verbale Umschreibung und operationale Definitionen

Ohne Zweifel handelt es sich bei Intelligenz um ein besonderes wichtiges Merkmal: Zahlreiche Beobachtungen belegen, dass ein Zusammenhang zwischen der individuellen Ausprägung in dieser Variablen und verschiedenen Kriterien für das Fortkommen in Gesellschaften westlicher Lebensart besteht. Den Anforderungen von Ausbildung und beruflicher Tätigkeit entsprechen hier in der Regel jene Personen eher, die aufgrund welcher Faktoren auch immer als »intelligent« bezeichnet werden können; umgekehrt mindert eine geringe Intelligenz die Aussicht auf schulische Unterrichtung, einen Arbeitsplatz, Geschlechtspartner usw., bedeutet Dummheit oder geistige Behinderung im Extremfall lebenslange Abhängigkeit von hilfegewährenden Personen oder Institutionen. Im Hinblick darauf hat Hofstätter (1957, S. 173) von Intelligenz als »den innerhalb einer bestimmten Kultur Erfolgreichen gemeinsamen Fähigkeiten« gesprochen, womit zugleich auf den gesellschaftlichen Bezug und die damit gegebenen je spezifischen Normen für Erfolg verwiesen wurde. »Was Intelligenz ... auch sein mag, immer trägt deren Ausmaß, das einem Individuum zugeschrieben wird, mit dazu bei, dessen Platz in der hierarchischen Struktur seiner Gruppe zu bedingen« (Roth, Oswald & Daumenlang, 1972, S. 12). Mehr noch: Auch auf globaler Ebene wird für den wirtschaftlichen Erfolg in dem bereits eingeläuteten Wettbewerb zwischen Unternehmen und Nationen allem Ermessen nach Intelligenz eine entscheidende Rolle spielen (Detterman, 1994).
Seit altersher zentriert sich deshalb das Interesse von Laien wie Fachleuten um Begriff und Art, Entwicklungsbedingungen, Konsequenzen und Förderungsmöglichkeiten der Intelligenz. Wie im Teil 1 unter 3.3–3.5 dargestellt wurde, galten folglich die ersten ernst zu nehmenden Bemühungen um die quantitative Erfassung individueller Eigenarten gerade diesem Merkmal.
Binet und Simon (1905) verstanden darunter »die Art der Bewältigung einer aktuellen Situation«, konkreter: »gut urteilen, gut verstehen und gut denken«.
Ähnliches beinhaltet die Definition von Wechsler (1964, S. 13): »Intelligenz ist die zusammengesetzte oder globale Fähigkeit des Individuums, zweckvoll zu handeln, vernünftig zu denken und sich mit seiner Umgebung wirkungsvoll auseinander zu setzen« (s. auch Wechslers Konzeption von 1975).
Sinngemäß Gleiches bedeuten etwa die folgenden Umschreibungen: »Intelligenz ist die Fähigkeit zur Erfassung und Herstellung von Bedeutungen, Beziehungen und Sinnzusammenhängen« (Wenzl, 1957, S. 14) oder »Intelligenz ist die Fähigkeit des Individuums, anschaulich oder abstrakt in sprachlichen, numerischen oder raum-zeitlichen Beziehungen zu dencken; sie ermöglicht erfolgreiche Bewältigung vieler komplexer und mit Hilfe jeweils besonderer Fähigkeitsgruppen auch ganz spezifischer Situationen und Aufgaben« (Groffmann, 1964, S. 190).

Andere Autoren akzentuieren mehr die Neuartigkeit der zu lösenden Probleme; für Stern etwa ist »Intelligenz das Vermögen, die(se) Bedingungen des Lebens selber umzugestalten und produktive Leistungen zu bringen« oder, wie es an anderer Stelle (1950, S. 424) heißt: »... die personale Fähigkeit, sich unter zweckmäßiger Verfügung über Denkmittel auf neue Forderungen einzustellen.«
Alle diese Definitionen (s. dazu auch Mühle, 1969; Schön-Gaedike, 1978 und - sehr viel umfassender - Sternberg & Detterman, 1986) die z. T. aus der Allgemeinen Psychologie stammen und an der engen Beziehung der Intelligenz zum Denken anknüpfen, sind jedoch wenig hilfreich aus mehreren Gründen. Ersetzt man nämlich die Begriffe »zweckvoll«, »vernünftig«, »produktiv«, »erfolgreich« usw., die alle Ähnliches bedeuten, durch das Attribut »intelligent«, das sie umschreiben soll, erweisen sie sich sogleich als sinnfreie Tautologien. Eine daran ansetzende empirische Überprüfung im Sinne gezielter Hypothesen ist kaum möglich. Im Weiteren mögen angesichts der höchst verschiedenen Anpassungsleistungen gewisse Schwierigkeiten auftreten, wenn es zu entscheiden gilt, ob ein konkretes Verhalten als »intelligent« zu klassifizieren ist; schließlich steht jede Intelligenz-Konzeption vor unlösbaren Problemen, wenn vor dem Hintergrund einer plausiblen und weithin anerkannten Verbaldefinition ein Proband in zwei Verfahren, die beide vorgeben, Intelligenz und nur diese zu erfassen, verschiedene Punktwerte erzielt.
Entsprechend haben verbale Definitionen keinen substantiellen Beitrag zum Verständnis und der Erforschung des Konstruktes Intelligenz leisten können. Die wesentlichen Impulse sind vielmehr von den Verfahren selbst ausgegangen, die zur Erfassung des Merkmals konzipiert wurden. Die genaue Beschreibung der eingesetzten Tests stellt hier einen gangbaren Ausweg dar. Die Definition der theoretischen Variable erfolgt somit über die Detaillierung und Spezifizierung der zum Zwecke ihrer Messung ausgeführten empirisch-experimentellen Handlungen.
Die Notwendigkeit und Berechtigung von derartigen operationalen Definitionen hat erstmals der amerikanische Physiker Bridgman (1938) ausführlich begründet; die schon vorher von dem Biologen Mohs (1822) vorgeschlagene und in den Naturwissenschaften sehr bewährte Härteskala folgt solchen Regeln. Auf die Psychologie und den hier interessierenden Gegenstandsbereich übertragen wäre Intelligenz dasjenige, was der betreffende Intelligenztest misst. Entsprechend existieren so viele Intelligenzen wie Verfahren zu ihrer Erfassung. Auch eine solche Fassung, die Boring (1923) anlässlich ihrer Formulierung nicht ohne Ironie gebrauchte, lässt durchaus Fragen offen; denn das Problem, wodurch sich ein Verfahren gerade als solches zur Messung von Intelligenz qualifiziere, muss noch durch gesonderte Untersuchungen geklärt werden (s. dazu unten 12.6). Andererseits erlaubt die operationale Definition einen Einstieg in das Problemfeld und eine unzweideutige Kommunikationsbasis für die am Themenkreis Interessierten. Im Zuge des Forschungsprozesses, der eine permanente Interaktion zwischen gedanklichen und empirischen Elementen, die Rückwirkung von Beobachtungsdaten auf theoretische Konstrukte und umgekehrt das Sammeln und Analysieren empirischer Indikatoren aus theoretischem Blickwinkel darstellt, muss sodann über die Haltbarkeit einer Konzeption im Allgemeinen und den Anspruch bestimmter Verfahren, Intelligenz zu messen im Speziellen, entschieden werden; nötigenfalls ist eine Revision vorzunehmen oder der gänzliche Verzicht auf anfängliche Modellvorstellungen zu üben.
Bislang liegen freilich keine Befunde vor, die ein Aufgeben des Konstruktes »Intelligenz« als zweckmäßig oder gar zwingend geboten erscheinen ließen; dieses darf jedoch nicht heißen, dass nicht zukünftige Studien die Unvereinbarkeit von einzelnen oder mehreren Konstruktannahmen mit spezifischen Beobachtungen erweisen werden. Davon kann augenblicklich freilich keine Rede sein, zumal dann nicht, wenn in Bezug auf Intelligenz eine pragmatisch-behaviorale Position eingenommen und diese definiert wird als das »erworbene Repertoire

Vorstellungen von Kundigen und Laien über Verhaltens-Indikatoren der Intelligenz

Neben der Auffassung von fachpsychologisch Kundigen darüber, was unter Intelligenz zu verstehen ist, dürfen die Vorstellungen des »Normalbürgers« nicht unbeachtet bleiben. Vermutlich erfolgen im Zuge alltäglicher Interaktionssituationen wie der Diskussion mit Arbeitskollegen, der Unterhaltung mit Freunden oder Bekannten auf einer Party und dergleichen wesentlich mehr implizite Beurteilungen der Intelligenz des Gegenüber als unter Zuhilfenahme der Punktwerte entsprechender Tests in expliziter Weise. Die besagten impliziten Kategorisierungen sind insofern ein Teil der sozialen Realität. Tests zur Erfassung von Intelligenz würden nur eine fragliche Validität aufweisen, wenn sie nicht auch Kriterien erfassen, die repräsentativ sind für die ökologische Wirklichkeit. Aus diesem Grunde ist es lohnend, die impliziten Theorien der Mitbürger und Mitbürgerinnen über dasjenige zu erfassen, was Intelligenz ihrer Meinung nach ausmacht.
Sternberg, Conway, Bernstein und Ketron (1981) sind dieser Frage nachgegangen und haben gleichermaßen Experten wie Laien Verhaltensweisen auflisten lassen, die nach Meinung der Befragungspersonen für Intelligenz sprechen. Beide Gruppen zeigten durchgängig eine recht hohe Übereinstimmung. Auch bestanden hohe Ähnlichkeiten zwischen den konstitutiven Merkmalen für Intelligenz, akademische Intelligenz und Alltags-Intelligenz. Die Einschätzung der für eine idealtypisch intelligente Person als besonders charakteristisch erachteten Verhaltensweisen ergab ungeachtet der jeweiligen Beurteilerstichprobe und des einzustufenden Konzeptes drei Faktoren. Nachfolgend sind die behavioralen Indikatoren dafür ausschnittweise wiedergegeben.

Tab. 12.1: Einstufungen der für idealtypisch intelligente Personen als charakteristisch angesehenen Verhaltensweisen (Beurteiler hier: Laien, Auszug aus Sternberg et al., 1981, S. 45).

Faktor	Faktor-Ladung
1. *Praktische Problem-Löse-Fähigkeit*	
Urteilt/schlussfolgert logisch und gut	.77
Identifiziert Beziehungen zwischen Ideen	.77
Sieht alle Aspekte eines Problems	.76
Reagiert nachdenklich auf die Vorstellungen anderer	.70
Schätzt Situationen angemessen ein	.69
Erfasst den Kern von Problemen	.69
Interpretiert Informationen richtig	.66
Trifft gute Entscheidungen	.65
Geht für grundlegende Informationen zu den originalen Quellen	.64
Präsentiert Probleme auf optimale Weise	.62
Nimmt implizite Annahmen und Schlussfolgerungen wahr	.62
2. *Verbale Fähigkeit*	
Spricht klar und artikuliert	.83
Ist verbal flüssig	.82
Kennt sich innerhalb bestimmter Wissensgebiete gut aus	.74
Arbeitet hart (Studys hard)	.70
Liest viel	.69
Geht effektiv mit Leuten um	.68
Schreibt ohne Schwierigkeiten	.65
Lässt sich Zeit zum Lesen nicht nehmen	.64
Probiert neue Dinge aus	.60

Tab. 12.1: Fortsetzung.

Faktor	Faktor-Ladung
3. *Soziale Kompetenz*	
Akzeptiert andere so wie sie sind	.88
Gibt Fehler zu	.74
Zeigt Interesse am Geschehen in der Welt	.72
Ist pünktlich bei Verabredungen	.71
Hat ein soziales Bewusstsein	.70
Denkt nach, bevor er spricht und handelt	.70
Schätzt die Relevanz von Informationen für ein anstehendes Problem richtig ein	.66
Ist sensitiv gegenüber den Wünschen und Bedürfnissen anderer Personen	.65
Ist offen und aufrichtig mit sich und anderen	.64
Entfaltet Interesse an seiner unmittelbaren Umgebung	.64

Die aufgelisteten Indikatoren sind weniger verhaltensnah als die »Marker« innerhalb des bereits unter 6.3.4 referierten »Act Frequency Approach«, da sie bereits Aussagen über mehrere Situationen hinweg im Sinne von »Habits« oder eng umschriebenen Dispositionen darstellen. Gleichwohl ist das Auftreten einer sozialen Komponente aufschlussreich und bemerkenswert. Diesem Aspekt widmen die wissenschaftlichen Theorien ausgesprochen wenig Beachtung. Vielleicht liegt es daran, dass bislang in faktorenanalytischen Studien ein Faktor der »sozialen Intelligenz« nicht hinreichend belegt werden konnte (s. Keating, 1978; Probst, 1982). Da auch Jäger und Sitarek (1986) bei der Analyse der impliziten Fähigkeitskonzepte von Laien eine soziale (sowie zusätzlich eine manuell-praktische) Komponente fanden, ist der Geltungsbereich der impliziten Intelligenztheorien somit umfassender als derjenige der wissenschaftlich begründeten Modelle (Einzelheiten dazu s. Kap. 12.3). Um deren ökologische Repräsentativität zu erhöhen, müssten die Leistungsbereiche von sozialer und praktischer Intelligenz also verstärkt berücksichtigt werden.

von intellektuellen (kognitiven) Fertigkeiten und Wissensbeständen, die einer Person zu einem gegebenen Zeitpunkt verfügbar sind« (Humphreys, 1994, S. 180; Übersetzung v. d. Verf.). Intelligenz ist im Sinne dieser Auffassung gleich bedeutend mit dem Umfang des Repertoires; für dessen Erfassung bedarf es einer möglichst breiten und repräsentativen Stichprobe von Elementen oder Items. In dem Maße, in dem diese Elemente zugleich auch Stichproben von schulischen und beruflichen Anforderungen darstellen, sind positive Korrelationen von Intelligenztests gegenüber derartigen externen Kriterien zu erwarten (= Validität), darüber hinaus etwa auch Mittelwertsunterschiede zwischen Gruppen von Personen, die nicht dieselben Umgebungs- und Anregungsbedingungen erfahren (haben) und für die deshalb die Wahrscheinlichkeit gering ist, über identische Repertoires verfügen zu können.
Solche und weitere Hypothesen konnten mit Hilfe der entwickelten Tests geprüft werden; die erzielten Forschungsresultate erlaubten es, die Vorstellungen über Verteilung, Struktur und Auswirkungen der Intelligenz zu konkretisieren.
Darüber wird nachfolgend berichtet.

12.2 Skalen und Verteilungen

12.2.1 Quotienten und Abweichungswerte als quantitative Maße für allgemeine Intelligenz

Wie erinnerlich (s. 3.4) bestand ein entscheidender Beitrag von Stern (1911) zur Kennzeichnung der individuellen Leistung in den sog. Staffel-Tests des Binet-Typus darin, das »Intelligenzalter« auf das »Lebensalter« zu beziehen und dadurch den Intelligenz-Quotienten zu bilden. Um ganze Zahlen zu erhalten, wird der resultierende Wert üblicherweise mit dem Faktor 100 multipliziert. Scores um 100 sind gleich bedeutend mit altersgemäßer, durchschnittlicher Leistung, Werte darüber mit einem gewissen Vorsprung, Werte darunter entsprechend umgekehrt mit einem Defizit gegenüber der mittleren Leistung der Altersgleichen. Der Umstand, dass es sich bei dem Intelligenzalter ebenso wie bei dem Lebensalter nur um Punktwerte handelt (nämlich den individuellen bzw. den für die betreffende Altersstufe zu erwartenden mittleren Score), bei denen die Wahl und Bezeichnung der Einheit letztlich beliebig ist, hat der Anschaulichkeit und Verbreitung dieses Maßes keinen Abbruch getan. Im Unterschied zum Intelligenzalter lieferte der Intelligenzquotient einen vom Alter unabhängigen Bezugsmaßstab: Angenommen, die Minderleistung eines Probanden gegenüber seiner Altersgruppe bliebe mit fortlaufenden Jahren unverändert, bedeutete dieses auch Konstanz des individuellen Intelligenzquotienten. Wer etwa als Vierjähriger ein Intelligenzalter von 3 Jahren aufwies, würde bei Invarianz seiner Position gegenüber den Altersgleichen zwar als Sechsjähriger ein Intelligenzalter von vier und als Zwölfjähriger ein solches von neun zeigen, doch fiele der IQ mit 75 auf allen Altersstufen gleich aus (= Konstanz oder Vergleichbarkeit des IQ bei verändertem absoluten IA und dessen Differenz zum LA). Verbunden damit war die Voraussetzung, dass sich die Standardabweichung der IA-Werte mit zunehmendem Lebensalter vergrößerte, von vier zu zwölf Jahren beispielsweise um den Faktor 3. In großen Zügen war dieses durchaus der Fall (s. McNemar, 1942).
Ausgehend von der Beobachtung der mit zunehmendem Lebensalter wachsenden Standardabweichung hat im übrigen Thurstone (1928) den Versuch einer »rückwärtigen« Extrapolation unternommen und als absoluten Nullpunkt, an dem keine Variation mehr zu erwarten ist, die Zeit von wenigen Wochen vor der Geburt erschlossen. Gewiss haben sich damit die verwendeten Skalen noch nicht definitiv als Verhältnisskalen qualifiziert; immerhin spricht das unmittelbar plausibel erscheinende Resultat nicht gegen die Angemessenheit des gewählten Ansatzes.
Probleme ergaben sich bei den Binet-Tests ganz allgemein im Falle der Testung Erwachsener, da für sie aufgrund des negativ beschleunigten Entwicklungsverlaufes intellektueller Leistungen und einem Scheitelpunkt bei 20 bis 25 Jahren (s. dazu aber 12.2.2 c)) keine zwischen den Altersgruppen differenzierenden Aufgaben mehr auffindbar waren. Mit einer »Stauchung« bzw. später dem völligen Stillstand der IA-Werte gingen auf diese Weise bei wachsendem Lebensalter aber höhere LA-Werte einher. Die Folge waren grotesk niedrige Intelligenzquotienten älterer Personen. Um solche Irregularitäten, die die Grenzen des Staffel-Test-Konzeptes aufzeigten, zu beseitigen, waren artifizielle Korrekturen notwendig (s. z. B. Lückert, 1957). Damit aber büßte der IQ seine unmittelbare Anschaulichkeit für den Laien ein.
Um die system- und verrechnungsbedingten Probleme zu vermeiden, verwendet Wechsler (erstmals 1939, 1944; deutsch: 1964) für seine Skalen zur Erfassung der Intelligenz von Erwachsenen und Kindern (Hamburg-Wechsler-Intelligenz-Test für Erwachsene, HAWIE bzw. Hamburg-Wechsler-Intelligenz-Test für Kinder, HAWIK; s. Hardesty & Priester, 1963), die

trotz anderer Aufgabenformate und einer Gliederung in mehrere Untertests relativ hoch mit Binet-Tests korrelieren (s. Priester & Kukulka, 1958; Amelang, 1967), sog. Abweichungsquotienten. Ausgangspunkt dafür ist der empirische Befund der Leistungsstreuung jeder Altersgruppe um einen Durchschnittswert. Letzterer wird im Sinne einer linearen Transformation jeweils mit 100 gleichgesetzt. Um diesen Wert zu erreichen, muss ein Proband die gleiche Leistung wie der Durchschnitt seiner Altersstufe erbringen; d. h., mit zunehmendem Lebensalter während der Kindheit und Jugend müssen entsprechend mehr Aufgaben gelöst werden.
Im Weiteren wird sodann die individuelle Leistung als Differenz zum Mittelwert ausgedrückt und auf die jeweilige (empirisch durchaus verschiedene) Altersstreuung im Sinne der Bildung von Standardwerten relativiert. Um eine gewisse Vergleichbarkeit mit der Größenordnung der Binet-Intelligenzquotienten zu erzielen, wird schließlich der erhaltene Wert an die von dorther bekannte Streuung von s = 15 durch Multiplikation mit eben diesem Wert angepasst:

$$\text{Abweichungs-IQ} = 100 + s\,\frac{X - M}{\sigma}$$

$s = 15$

X = individueller Rohwert
M = empirischer Mittelwert der altersspezifischen Rohwerte-Verteilung
σ = empirische Standardabweichung der altersspezifischen Rohwerte-Verteilung

Zwar wird hier immer noch von einem »Intelligenz-*Quotienten*« gesprochen, doch handelt es sich faktisch um einen Standardwert, dessen Multiplikation mit 15 lediglich aus Gründen der Konvention erfolgt.
Andere Autoren verwenden stattdessen den Multiplikationsfaktor 10 (Z-Werte, s. etwa Amthauer, 1953).
Die Verwendung solcher Normierungsverfahren ist derzeit allgemeiner Brauch. Des Weiteren werden üblicherweise einzelne Abschnitte der kontinuierlichen IQ-Werte-Verteilung mit

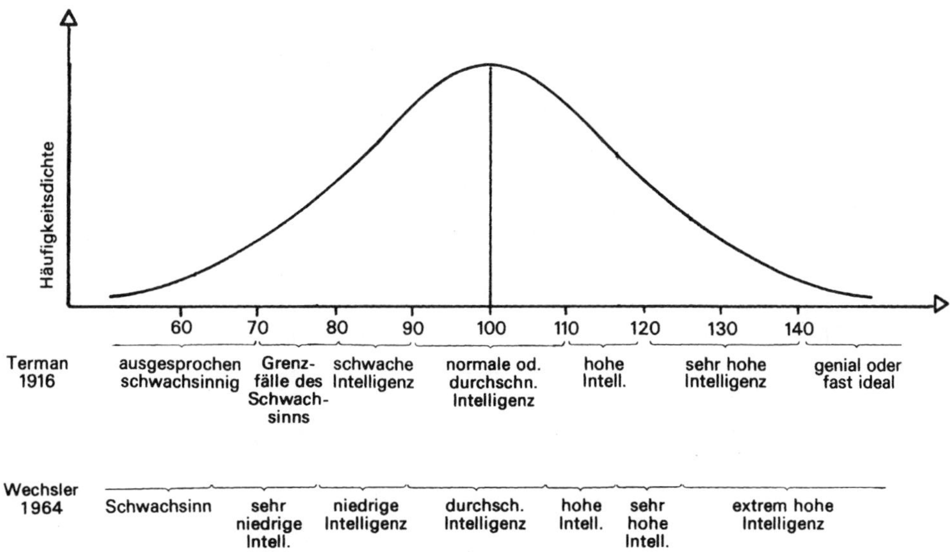

Abb. 12.1: Zwei gebräuchliche Unterteilungen der IQ-Werte-Verteilung.

bestimmten Ausdrücken gekennzeichnet. Da es sich bei der Zuordnung der verbalen Anker zu den Skalenpunkten nicht um ein empirisches Problem handelt, treten dabei zwischen den verschiedenen Autoren gewisse Differenzen auf (s. Abb. 12.1). Das allgemeine Charakteristikum der Standardnormen besteht darin, dass unter der Annahme der Normalverteilung bei Kenntnis von Mittelwert und Streuung die Verteilung der individuellen Messwerte vollständig beschreibbar und die relative Häufigkeit von Merkmalsträgern unter den einzelnen Abschnitten feststellbar ist. So liegen innerhalb der Grenzen von –1s über M zu +1s immer 68% der Messwerte.

12.2.2 Abhängigkeit von Messbereich und Messwertträgern

a) Allgemeine Probleme

Die Transformation individueller Rohwerte in Abweichungsäquivalente nach dem geschilderten Vorgehen ermöglicht nicht nur rasche Vergleiche zwischen den Positionen eines Probanden zu verschiedenen Zeitpunkten in ein und demselben Verfahren, sondern auch solche zwischen den Messwerten eines Probanden in verschiedenen Tests. Ein IQ von 126 im Verfahren A bedeutet, dass nur noch ca. 2%, ein solcher von 117 in Test B, dass immerhin ca. 9% der Altersgleichen höhere Werte aufweisen. Demgegenüber mag die Zahl gemeisterter Items in A bei 12, in B dagegen bei 24 liegen – beide Rohwertverteilungen weisen eben andere Mittelwerte und Standardabweichungen auf.

Andererseits kann natürlich auch die Normierung nicht ein Skalenniveau herstellen helfen, das nicht zuvor schon die Rohwerteverteilung aufwies; weil aber Absolutskalen auch in der psychologischen Leistungsmessung kaum realisierbar sind, bleiben Vergleiche zwischen den Variationsbreiten verschiedener Merkmalsbereiche von zweifelhafter Aussagekraft. Cattell (1971) etwa hat für die weitgehend sprachfreien und deshalb vermeintlich »kulturfreien« Aufgaben zur sog. »fluid intelligence« mit s = 24 eine wesentlich größere Standardabweichung beobachtet als für die verbalen Items herkömmlichen Typs (s = 16) zur sog. »crystallized intelligence« (Cattell, 1963; s. 12.3.4). Ein solches Resultat mag sich zwar insofern zwanglos in theoretische Überlegungen einfügen, als aufseiten der sprachgebundenen, kulturabhängigen Items eine Determination der Lösungswahrscheinlichkeit von vielerlei Faktoren der individuellen Entwicklung und Lerngeschichte postuliert werden kann und aufgrund dieser Heterogenität eine nur mäßige Interkorrelation der Aufgaben zu erwarten ist. Demgegenüber müssten die »kulturfreien« Aufgaben wesentlich homogener sein, da sie – der Intention und Theorie zufolge – die genetisch verankerte Kapazität für allgemeine Intelligenz (g) erfassen und deshalb höher miteinander interkorrelieren. Nach der Additivitätsregel von Varianzen gemäß der Klassischen Testtheorie (s. 7.1) resultiert unter sonst gleichen Bedingungen bei höheren Interkorrelationen eine größere Varianz der Untertestleistungen. Aus den besagten prinzipiellen Gründen können die beobachteten Varianzdifferenzen zwischen »fluid« und »crystallized intelligence« und mehr noch die daraus gezogenen Schlussfolgerungen vorerst jedoch allenfalls als diskussionswürdige Hinweise akzeptiert werden.

Somit bleibt bei den herkömmlichen Intelligenztests allein die Analyse der Messwerteverteilungen von mehreren Personengruppen. Burt (1963) hat die britische Version des Stanford-Binet-Tests einer repräsentativen Stichprobe vorgegeben und dabei nicht nur hochgradige Variationsunterschiede zwischen einzelnen Untergruppen, sondern auch erhebliche Abweichungen von der Normalverteilung registrieren müssen (s. Abb. 12.2). Ähnliche Diskrepanzen hatte auch McNemar (1942) in seiner Eichstichprobe des Stanford-Binet festgestellt, desgleichen Wechsler (1944, S. 127). In der Mehrzahl solcher Untersuchungen finden sich an

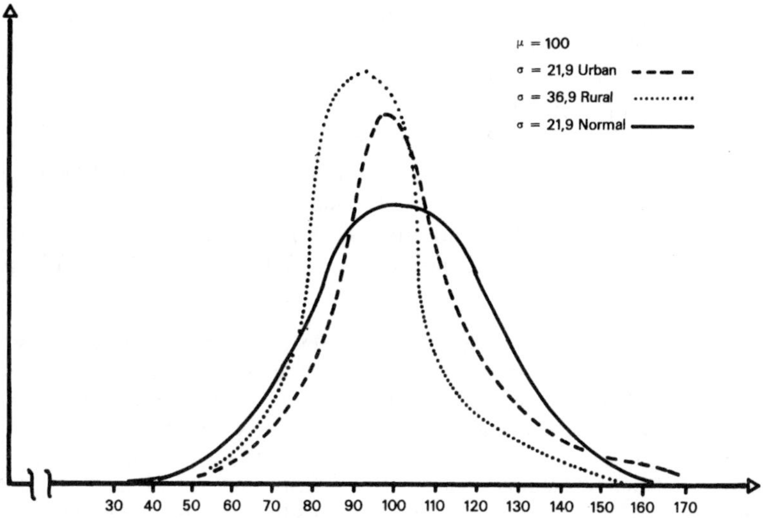

Abb. 12.2: Verteilung von Intelligenz-Maßen in Gruppen städtischer und ländlicher Herkunft (nach Burt, 1963).

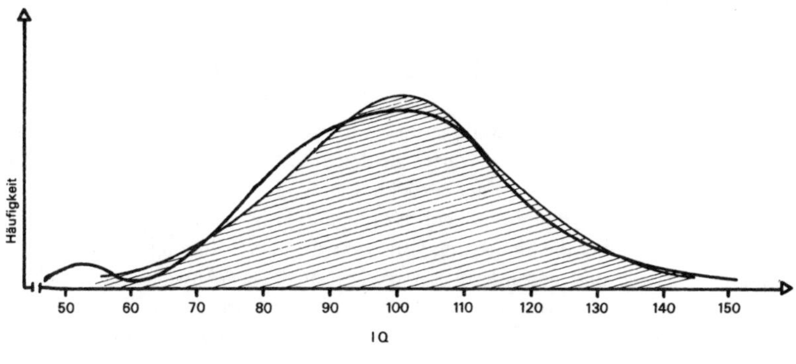

Abb. 12.3: Theoretische »Normal-Verteilung« von Intelligenz-Quotienten (schraffierte Kurve) und die in empirischen Untersuchungen gefundene tatsächliche Verteilung (dick ausgezogene Linie). Die »Beule« am unteren Ende ist für Demonstrationszwecke übertrieben dargestellt (nach Jensen, 1972).

den beiden Verteilungsenden empirisch mehr Messwertträger als bei Zugrundelegung der Normalverteilung zu erwarten ist (s. Abb. 12.3).

Als Erklärung der überzufälligen Häufung sehr niedriger Intelligenzquotienten sind prä- und perinatale Schädigungen des Gehirns durch Vergiftungen, Schlag und Stoß bzw. Sauerstoffmangel und Quetschungen einerseits, monogenetisch bedingte Stoffwechselstörungen wie Phenylketonurie oder Intelligenzdefekte wie Mongolismus andererseits postuliert worden (Roberts, 1952). Die Überrepräsentanz sehr hoher Werte wurde demgegenüber mehrfach als Effekt von Genen unterschiedlicher Expressivität und Gewichtung verstanden (Burt, 1963), was auch die Gegebenheiten am unteren Verteilungsende mit abdecken würde. Im

Weiteren wurde auf die Ursachen des »assortative mating« aufmerksam gemacht, d. h. der gezielten Partnerwahl nach Maßgabe deren jeweiliger Intelligenz (Cattell, 1971). Zudem kommt auch die wahrscheinliche Erbe-Umwelt-Kovariation als determinierender Faktor in Betracht (zu den Begriffen und Modellen im Einzelnen s. 21.4.2). Wie Brody und Brody (1976, S. 62) bemerken, lässt sich Burts genetisches Modell unschwer in ein solches unterschiedlicher Umwelteinflüsse überführen, sodass derzeit ein kritischer Test nicht möglich ist. Maßgeblich dafür ist jedoch zuallererst der Umstand, dass wir die wahre Verteilung des Konstrukts Intelligenz nicht kennen und unentscheidbar bleibt, ob die erwähnten Größen eine Rolle spielen oder lediglich Irregularitäten der Testkonstruktion und Stichprobenziehung vorliegen.

Nicht zuletzt im Hinblick auf diese grundsätzliche Problematik und die Abhängigkeit des Messergebnisses innerhalb der Klassischen Testtheorie vom Kontext der anderen Items und den untersuchten Personen verspricht das Rasch-Modell (s. Rasch, 1960, 1966; Darstellungen bei Fischer, 1968; Fricke, 1972; Gutjahr, 1974; Verallgemeinerungen zum »linearen logistischen Modell« durch Fischer, 1972, 1974) eine gewisse Abhilfe. Dort wird die Schwierigkeit jedes Items unabhängig von der Leistung einzelner Personen in Relation zur Schwierigkeit der anderen Items ermittelt, wie umgekehrt der Messwert einer einzelnen Person nicht abhängt von der Spezifität eines Items; Item- und Personencharakteristika werden auf ein und demselben Skalentyp abgebildet (wobei Fischer von Rationalskalen spricht, wohingegen Wottawa, 1974, nur Ordinalskalenqualität konzidieren will).
Angesichts der zwingenden Logik dieses Modells muss der Umstand verwundern, dass zwar im Persönlichkeits- und Einstellungsbereich verschiedentlich Skalen danach konstruiert wurden (so etwa Wendeler, 1968; Wakenhut, 1974; Wottawa, 1974; Hehl & Hehl, 1975), hingegen bei der Leistungsmessung eine Erprobung weitgehend aussteht: Lediglich Scheiblechner (1972) und Fischer (1973) befassten sich mit der Analyse von Skalen für Denk- bzw. Differenzierungsaufgaben. Darüber hinaus hat Spada (1969a, b, 1970) für zwei nonverbale Skalen Eindimensionalität sensu Rasch und Populationsunabhängigkeit gegenüber Schülern und Absolventen allgemein bildender Schulen nachweisen können. Die Überprüfung der Gütekriterien Reliabilität und Validität in der letzten Arbeit erfolgte über die herkömmlichen Prozeduren und erbrachte Werte, die denen der üblichen Verfahren ungefähr entsprechen. Von daher gelangt Stelzl (1972) zu einer zurückhaltenden Einschätzung der Rasch-Skalierung für Belange der Praxis, ohne deren prinzipimmanente Vorzüge in Frage zu stellen. Formann (1973) sowie Nährer (1977, 1980) haben über die Skalierung von Items des Raven-Intelligenz-Tests im Sinne des linearen logistischen Modells und gesonderte Kontrollen zu dessen Anwendung berichtet. Generell bleibt der kritische Punkt bei der Anwendung des Rasch-Modells die Beurteilung der Frage, warum Items im Laufe von Modellkontrollen einmal als homogen, ein anderes Mal als inhomogen ausgewiesen werden können.

b) Allgemeine Intelligenz und Geschlecht

In Tests wie dem Binet oder Wechsler, die der Erfassung der sog. »allgemeinen Intelligenz« (s. dazu mehr unter 12.3: Strukturmodelle) dienen sollen, finden sich nur unbedeutende Mittelwertsdifferenzen zwischen den Geschlechtern. Der Grund dafür besteht vor allem darin, dass im Zuge der Entwicklungsarbeiten darauf geachtet wurde, nur solche Aufgaben oder Untertests in die Testendform zu übernehmen, in denen sich männliche und weibliche Probanden nicht voneinander unterscheiden (Terman & Merrill, 1937, S. 22; Wechsler, 1964, S. 119). »Intelligenz im Sinne dieser Tests ist nur das, was beide Geschlechter gleich gut können«, stellt Merz (1979, S. 132) fest und bezeichnet die entsprechende Entscheidung der Testkonstrukteure als sinnvoll, da der Intelligenz »sowohl in der Ontogenese als auch der Stammesentwicklung ein Wert zu (-kommt): Intelligentere Individuen haben eine erhöhte Chance, sich fortzupflanzen. Es wäre schwer verständlich, wenn bei einem der beiden Geschlechter dieser Selektionsvorteil ungenützt bliebe, wenn also die genetischen Informationen für bessere Anpassungsleistungen, die ja bei beiden Geschlechtern vorhanden sind, nicht verwendet würden« (S. 13). So vertreten Experten wie Laien denn auch die Meinung, dass Männer und Frauen gleich intelligent seien (Shipstone & Burt, 1973).

Dessen unbeschadet spricht die Mehrzahl der vorliegenden Untersuchungen dafür, dass in *spezifischen* Funktionsbereichen systematische Geschlechterunterschiede bestehen. So sind weibliche Probanden meist in Wortflüssigkeit, Grammatik, Wortschatz und Leseleistung, also dem verbalen Bereich, männliche hingegen im räumlichen Vorstellen und, damit zusammenhängend, im technischen Verständnis überlegen (Maccoby & Jacklin, 1974; Merz, 1979; s. auch 23) – Unterschiede, die sich auch in Selbsteinschätzungen dieser Intelligenzfaktoren schon bei Jugendlichen wiederfinden (s. Rammstedt & Rammsayer, 2000).

Wurden bei den allgemeinen Intelligenztests geschlechtsspezifische Mittelwertsdifferenzen durch die Umsicht bei der Entwicklung im Großen und Ganzen vermieden, so scheinen doch Varianzunterschiede geblieben zu sein. In den beiden von Anastasi (1966, S. 459) referierten Untersuchungen von nahezu vollständigen Grundgesamtheiten elfjähriger Schüler in Schottland fiel jeweils die Standardabweichung aufseiten der männlichen Testteilnehmer signifikant höher aus (15.92 gegenüber 15.02 in dem 1932, 16.18 gegenüber 15.44 in dem 1947 erhobenen Material). Wie eingehendere Analysen ergaben, resultierten die Unterschiede vor allem aus einem Überwiegen von männlichen Probanden mit sehr niedrigen Punktwerten. Da unter den Buben ganz allgemein mehr »physical handicaps« als mögliche Ursachen der Minderleistungen zu beobachten waren als bei den Mädchen und diese Beeinträchtigungen möglicherweise von geschlechtsgekoppelten Genen abhängen, kann eine biologische Basis der bei männlichen Probanden größeren Variabilität immerhin tentativ postuliert werden (in diesem Sinne s. auch Lehrke, 1978). Andererseits fehlen Replikationsstudien; auch darf nicht vergessen werden, dass die besagten Unterschiede mit ca. 10% der Varianz nicht eben markant ausfielen, die Signifikanzen in erster Linie also eine Funktion der großen Fallzahlen (N = 87000) waren.

Den erwähnten Untersuchungen kommt deshalb ein besonderes Gewicht zu, weil beim Fehlen weiterer Repräsentativerhebungen die Hypothese größerer Variabilität der allgemeinen Intelligenz aufseiten des männlichen Geschlechts verschiedentlich durch Informationen aus zwei völlig anderen Quellen zu belegen versucht wurde: Zum einen finden sich in Kliniken häufiger männliche als weibliche Probanden unter Extremvarianten wie geistig Beeinträchtigten, Stotterern oder Probanden mit leichten Hirnschädigungen (Hollingworth, 1922; Eisenson, 1965), desgleichen in Sonderschulen mehr Buben, wo die Mädchen mit gleicher Begabung nicht selten den regulären Unterricht besuchen (Dönhoff & Itzfeld, 1976; Topsch, 1976; Kemmler, 1978; Kerkhoff 1980). Zum anderen befanden sich in der Stanford-Hochbegabten-Untersuchung (näheres s. 12.6.1) unter den Kindern mit einem IQ von 170 47 Jungen und nur 34 Mädchen; in dem Marburger Hochbegabten-Projekt waren von den 107 »stabil Hochbegabten« (IQs zwischen 127 und 156) 58 % männlich und nur 42 % weiblich, womit die Geschlechterproportion im Vergleich zu den durchschnittlich Begabten etwas zugunsten des männlichen Geschlechts verschoben war (Rost, 2000). Gezieltere Studien haben jedoch ergeben, dass die Selektions- und Zulassungsstrategien verschiedener Institutionen für die Geschlechter sehr unterschiedlich sind, Mädchen darüber hinaus bei hochgradiger Minderbegabung vermutlich infolge von Temperamentsfaktoren und auch aus beruflichen Gründen eher in der häuslichen Umgebung belassen werden. Im Falle der erwähnten Hochbegabten-Studie wurden die mit Hilfe der Tests untersuchten Kinder zunächst von Lehrern benannt, die selbst wahrscheinlich differentiell selegierten, da eine Reihe anderer Untersuchungen, in denen die Gesamtstichprobe ohne vorherige Lehrerauswahl getestet wurde, keine entsprechenden Unterschiede zugunsten des männlichen Geschlechts am positiven Verteilungsende erkennen ließ (s. Anastasi, 1966, S. 455–459).

c) Allgemeine Intelligenz und Alterseinflüsse

Der Leistungszuwachs mit zunehmendem Lebensalter während der Kindheit und Jugend ist ein jedermann ebenso vertrautes Phänomen wie etwa das körperliche Wachstum. Darauf sind gleichermaßen die Erziehungsmaßnahmen der Eltern wie die Lehrpläne der Schulen abgestimmt. Für den Binet-Test bildete die Variabilität über dem Alter das hauptsächliche Selektionskriterium der Items. Kontrovers jedoch sind die Auffassungen zur Entwicklung der Intelligenz nach Erreichen des Kulminationspunktes intellektueller Leistungsfähigkeit im frühen Erwachsenenalter.
Innerhalb der Standardisierungsstichprobe des Wechsler-Tests erzielten Mitte der 50er Jahre die einzelnen Altersgruppen die in Abbildung 12.4 wiedergegebenen Leistungen; die Höhe der Wertpunkte stellt eine direkte Funktion der Zahl gelöster Aufgaben dar.
Der Verlauf der Werte ist typisch für Wachstumskurven, wie sie für zahlreiche Funktionen zu beobachten sind (s. Nickel, 1972, 1975; Trautner, 1978, S. 56–61). Der anfänglich relativ steile Anstieg verlangsamt sich im Kindes- und Jugendalter und geht nach einem Hochplateau in einen allmählichen Abfall über.
Der Gesamt-IQ des Wechsler-Tests wird bekanntlich aus der Leistung in insgesamt 11 Untertests berechnet, die ihrerseits in zwei Kategorien fallen: Punktwerte der sechs sprachgebundenen Untertests mit Items zu allgemeinem Wissen und Verständnis, rechnerischem Denken, Gemeinsamkeiten-Finden, Wortschatz und Kurzzeitgedächtnis werden zum *»Verbal-IQ«* aufsummiert; demgegenüber liegen die fünf sprachfreien Skalen mit Aufgaben, die das Ergänzen und Ordnen von Bildern, das Legen von Figuren und Würfeln sowie das Zuordnen von Zahlen zu Symbolen erfordern, dem *»Handlungs-IQ«* zugrunde. Verbal- und Handlungs-IQ korrelieren nicht nur sehr hoch untereinander (zwischen .74 und .82, Wechsler, 1964), sondern auch beträchtlich mit dem Gesamt-IQ (Verbalteil/Gesamttest r = .65 bis .81, Handlungsteil/Gesamttest r = .54 bis .76, s. Weise, 1975, S. 16). Der in Analogie zu Abbildung 12.4 abge-

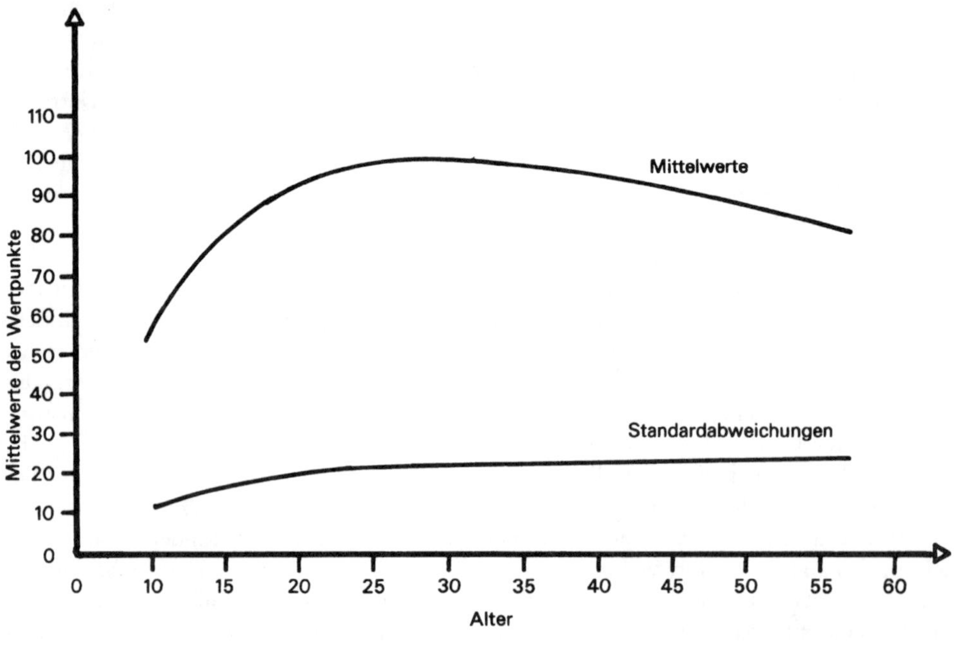

Abb. 12.4: Kurve des Intelligenzanstieges und -abfalls. Hamburger-Gesamtskala. Alter 10–60 Jahre (nach Wechsler, 1964).

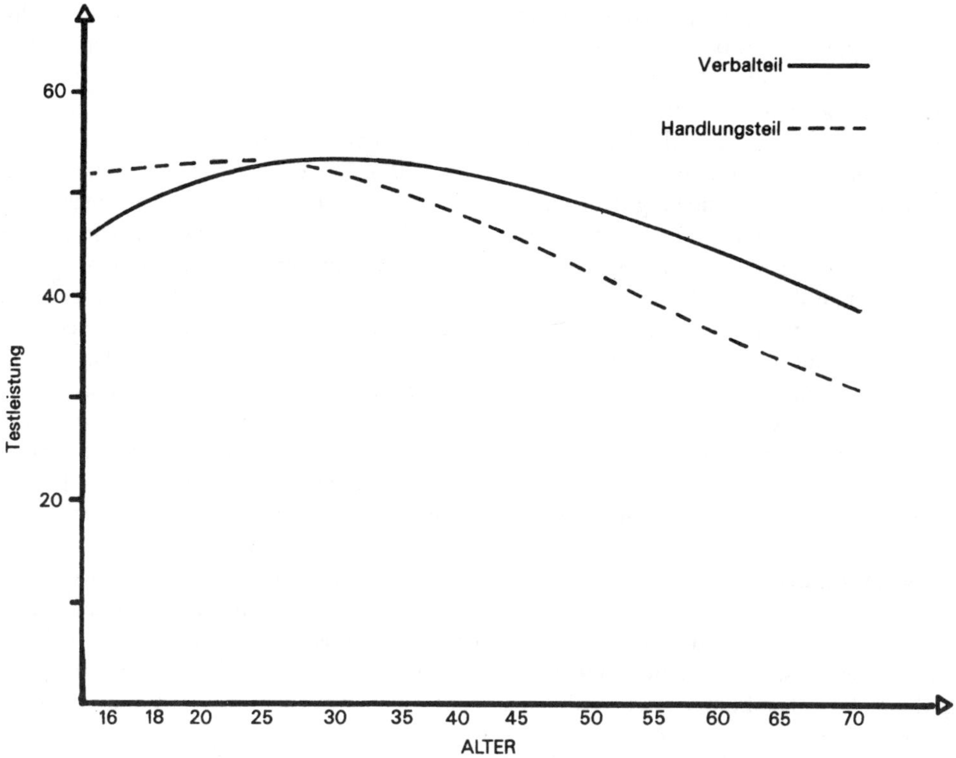

Abb. 12.5: Veränderungen der Leistungen im Verbal- und Handlungsteil der Wechsler-Tests mit zunehmendem Alter.

tragene Altersverlauf von Verbal- und Handlungs-IQ lässt dessen ungeachtet gewisse Unterschiede erkennen, wie aus Abbildung 12.5 zu ersehen ist: Der Handlungsteil zeigt mit zunehmendem Alter einen stärkeren Leistungsabfall.

Für Wechsler war die Beobachtung unterschiedlich starker Altereinbußen die Grundlage für die Bildung eines sog. *»Abbau-Quotienten«*, bei dem die Punktwerte von »unbeständigen« zu denjenigen von »beständigen« Untertests in Relation gesetzt wurden. Nachfolgeuntersuchungen von Dahl (1965) und Hennig (1967) unter Heranziehung von Extremgruppen hirnorganisch und schizophren erkrankter Personen ließen jedoch keine Hinweise auf die diagnostische Brauchbarkeit eines solchen Maßes erkennen.

Der Grund dafür ist u. a. in der Unzulänglichkeit der Ausgangsbasis zu suchen: Bei den in den obigen Abbildungen wiedergegebenen Messpunkten handelt es sich um solche aus einem Querschnittsplan. Notwendigerweise bedeutet das aber, dass die zum Zeitpunkt der Untersuchung älteren Personen früher geboren sind; bei ihnen handelt es sich um andere Generationen, für die nicht auszuschließen ist, dass ihre Minderleistungen mehr eine Konsequenz der seinerzeit anderen Ernährungs- und Bildungsfaktoren und weniger eine Folge ihres höheren Lebensalters darstellen.

Um diese Konfundierung von Lebensalter und Kohorte aufzuheben, bedarf es längsschnittlicher Erhebungen. Da auch Längsschnitte wiederum eine Kontamination mehrerer Einflussfaktoren mit sich bringen insofern, als dann Alter und Testzeitpunkte konfundiert sind, kombiniert man zweckmäßigerweise Längs- und Querschnitte und analysiert zusätzlich den Zeitwandel (s. Schaie, 1965; Baltes, 1967; Baltes, Reese & Nesselroade, 1977).

Nach diesem Prinzip verfuhren Schaie und Strother (1968), die mit Hilfe mehrerer Intelligenztests zunächst 500 Versuchspersonen zwischen 20 und 70 Jahren untersuchten. Sieben Jahre danach konnten 302 Probanden erneut die Verfahren bearbeiten. Die Resultate der Skala »verbal meaning«, die erfahrungsgemäß die höchste Korrelation mit allgemeiner Intelligenz aufweist, sind nachfolgend in Abbildung 12.6 wiedergegeben.
Auch wenn nicht davon ausgegangen werden darf, dass die »überlebenden« Probanden einer Längsschnittuntersuchung denjenigen absolut vergleichbar sind, die nicht mehr angetroffen werden, sind die Unterschiede aus longitudinalem und querschnittlichem Ansatz doch augenfällig. Owens (1966) hat mit einem allgemeinen Intelligenztest an einer Stichprobe von 96 Probanden vom Jahre 1919, als die Teilnehmer noch »college freshmen« waren, bis 1949 eine leichte Zunahme und erst im Zuge der zweiten Re-Testung 1961 eine geringe Abnahme der mittleren Leistung festgestellt. Aufgrund solcher Befunde (s. die Zusammenstellungen bei Matarazzo, 1972; Jarvik, Eisdorfer & Blum, 1973; Botwinick, 1977) ist die Auffassung von einem nennenswerten Abfall der allgemeinen Intelligenz vor dem 6. Lebensjahrzehnt nicht länger aufrechtzuerhalten. Sofern Minderungen auftreten, betreffen diese vorrangig geschwindigkeitsbetonte Aufgaben (Hertzog, 1989). Erst in sehr hohem Lebensalter, etwa im siebten Jahrzehnt, sind die Einbußen von substantieller Natur (s. Eisdorfer & Wilkie, 1973). Allerdings beginnen gerade dann die Probleme der Stichprobenrepräsentanz gravierend zu werden. Zudem ist zu berücksichtigen, dass allen bisherigen Untersuchungen Aufgaben zugrunde liegen, die letztlich an Kindern und Jugendlichen entwickelt und validiert wurden. Es wäre deshalb sehr aufschlussreich, verstärkt nach solchen Item-Typen zu suchen, die im Sinne ökologischer Validität bei erwachsenen Personen, und zwar auch solchen höheren Lebensalters, die für sie angemessenen bzw. in Alltag und Beruf geforderten Leistungen erfassen.
Auf die Befunde von Horn und Cattell (1967) zum Altersverlauf der sog. »fluiden« Intelligenz einerseits, der »kristallisierten« Intelligenz andererseits (s. 12.3.4 und besonders Abbildung 12.9), braucht hier nur verwiesen zu werden, da die Erhebungen allein auf querschnittlicher Basis beruhen.

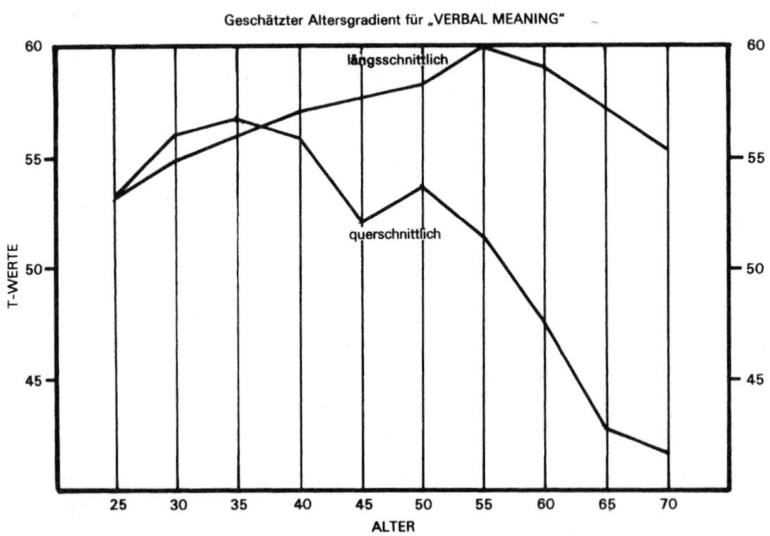

Abb. 12.6: Altersentwicklung der verbalen Intelligenz aufgrund von Quer- und Längsschnittplänen (nach Schaie & Strother, 1968).

In der Bonner Längsschnittstudie zeigte sich, dass ein Anwachsen der kristallinen Intelligenz auch im höheren Alter an frühere gute Schulbildung gebunden war (Rudinger, 1987). Grundsätzlich scheint in Untersuchungen zur »lebenslangen« Entwicklung der Intelligenz das Alter selbst als Variable nur von nebengeordneter Bedeutung zu sein, und zwar gleichermaßen während der Reifungs- wie auch der Involutionsphase. Härnquist (1968a, b) hat an einer sehr großen Stichprobe (10% aller männlichen Schüler des Jahrgangs 1948 in Schweden) zeigen können, dass vom 13. bis zum 18. Lebensjahr jene Buben den größeren Leistungszuwachs aufwiesen, die schulisch am meisten gefördert wurden; in Einheiten von Veränderungswerten betrug die Differenz zwischen den Schülern, die lediglich das Schulpflicht-Minimum absolvierten, und ihren Alterskameraden mit höherer Bildung ca. 10 IQ-Punkte. Gewiss sind hier Ursache und Wirkung nicht streng auseinander zu halten; gegen eine einseitige Kausalinterpretation der schulischen Unterweisung spricht vielleicht auch der Umstand, dass demgegenüber der familiäre Hintergrund und Anregungsgehalt von geringerem Gewicht ausfiel. Dennoch belegt das Material die Wirksamkeit anderer, mit dem Alter z. T. einhergehender Faktoren.

Für höhere Lebensaltersstufen erweisen sich Einflussgrößen wie Berufstätigkeit (geistig/körperlich), Familienstand (verheiratet/verwitwet u. Ä.) und Gesundheit als entscheidend. In der Bonner Längsschnittstudie des Alterns hielten Personen mit hohem sozioökonomischen Status ihr Leistungsniveau; gutes gesundheitliches Allgemeinbefinden verzögerte das Absinken der Leistungen im Handlungsteil des Wechsler-Tests (Rudinger, 1987). Reimanis und Green (1971) haben einen Zusammenhang zwischen körperlichen Veränderungen und Intelligenzrückgang aufgezeigt: An einer Stichprobe von hospitalisierten Veteranen im Alter von 68 Jahren war eine starke Minderung gegenüber einem 5 bis 10 Jahre früher ermittelten IQ ein Indikator für den baldigen Tod der Probanden. Im Weiteren korrelierten bei Wilkie und Eisdorfer (1973) hoher diastolischer Blutdruck und Intelligenzabbau während eines 10-Jahres-Intervalls im siebten Lebensjahrzehnt. Freilich bedarf gerade dieses Resultat ebenso wie die von Wang (1973) berichtete Korrelation zwischen einem EEG-Frequenzmaß und der Leistungsminderung im Handlungsteil des Wechsler-Tests während einer Drei-Jahres-Frist noch der Replikation.

Immerhin könnten solche Ergebnisse innerhalb der Entwicklungspsychologie Anlass für eine gewisse Umorientierung sein, in deren Zuge die Veränderungen nicht länger nur registriert werden vom Anfang des Lebens, sondern auch von dessen Ende aus.

12.3 Strukturmodelle

12.3.1 Die Zwei-Faktoren-Theorie von Spearman

Als Binet seine ersten Tests entwarf, geschah dieses in der Tradition einer schon von Aristoteles vertretenen Lehre, die heute als »Vermögens-Psychologie« bezeichnet wird. Dieser Ansicht zufolge werden der Seele, »die als eigene Substanz aufgefasst wird, die in der Erfahrung beobachteten Erscheinungen als Fähigkeiten oder ›Vermögen‹ zugeschrieben« (Rohracher, 1958, S. 51). Psychische Erscheinungen wie Denken, Fühlen und Wollen, aber auch Aufmerksamkeit, Perseveration und Gefühlserregbarkeit zählen zu diesen »Grundfunktionen«. Innerhalb der Intelligenz unterschied denn Binet Gedächtnis, Vorstellung, Schlussfolgerung u. Ä. als unabhängige Komponenten, die in verschiedenen Teilen des Gehirns lokalisiert seien. Von dieser Überzeugung geleitet glaubte er, die allgemeine intellektuelle Leistungsfä-

higkeit mit Hilfe von »mental orthopedics«, also der Schulung spezieller Funktionen, verbessern zu können, ein Unterfangen im Übrigen, dem unstreitig auch heute noch ein gesicherter Erfolg, wenngleich begrenzten Ausmaßes, beschieden ist (s. etwa Eysenck, 1975).
Ungeachtet der Vorstellung von der Intelligenz als einem Bündel zahlreicher Einzelfähigkeiten sah der von Binet entwickelte Test einen einzigen Kennwert für die Beschreibung der intellektuellen Leistung vor, nämlich das Intelligenzalter, womit implizit Intelligenz als einheitliches Ganzes behandelt wurde. Tuddenham (1962, S. 488) hat dieses Paradoxon treffend umschrieben mit den Worten: »Regarding intelligence as a product of many abilities, Binet thought in his tests to measure not an entity or single dimension – a general intelligence – but rather an average level – intelligence in general«.
Präzise Modellvorstellungen im Hinblick auf die Struktur der Intelligenz entwickelte kurz darauf erstmals Spearman (1904a). Ausgangspunkt seiner Überlegungen waren die bereits erwähnten Untersuchungen von Wissler (1901; s. 3.3); an denen kritisierte er, dass die Tests nicht individuell, sondern in Dreiergruppen, und zwar nicht weniger als 22 verschiedene Verfahren innerhalb von 45 Minuten, vorgegeben worden seien. Die daraus resultierenden Fehlerquellen und Messungenauigkeiten hätten zu den niedrigen numerischen Werten der Koeffizienten beigetragen; den tatsächlichen, »wahren« Zusammenhang der Messwertreihen erhalte man erst, wenn die empirisch ermittelte Korrelation durch die Reliabilität der beiden Maße in der folgenden Weise minderungskorrigiert bzw. aufgewertet würde.

$$r_{xy} = r_{xy} / \sqrt{r_{xx} \cdot r_{yy}}$$

Diese Formel ist heute innerhalb der Klassischen Testtheorie allgemein akzeptierter Bestandteil des Basiswissens; weniger trifft dieses zu auf die Resultate und Schlussfolgerungen der Spearmanschen Arbeit von 1904 (b), in der ein um die Unzuverlässigkeit der Maße korrigierter Zusammenhang zwischen Schulerfolg und sensorischer Diskrimination in der Größenordnung von $r = 1.0$ postuliert wurde. Gerade dieser Beitrag stellt jedoch den Grundstein für die Formulierung der »*Zwei-Faktoren-Theorie der Intelligenz*« dar (s. Brody & Brody, 1976).
Der Name dafür rührt von der zentralen Behauptung, dass jedes Maß für Intelligenz auf zwei Faktoren beruhe, nämlich einem Anteil zu Lasten von »general intelligence« (g) und einem anderen, der spezifisch (s) für den jeweiligen Test ist. Entsprechend basiere die Korrelation zwischen Leistungsmaßen nur auf derjenigen Komponente, die ihnen gemeinsam sei – nämlich g – oder genauer: muss der Zusammenhang eine direkte Funktion des Ausmaßes sein, in dem beide Skalen gemeinsam g erfassen.

In faktorenanalytischen Begriffen ausgedrückt, müsste dem Modell zufolge eine empirische Interkorrelationsmatrix von Intelligenztests nur positive Koeffizienten aufweisen und mit Hilfe eines einzigen Faktors (g) erklärbar sein:

	Faktor g
Test 1	a_1g
Test 2	a_2g
Test 3	a_3g
...	...
...	...
...	...
Test n	a_ng

Die Faktorladungen a_1g bis a_ng geben dabei die Korrelationen mit dem Generalfaktor an; entsprechend wäre die Korrelation zwischen zwei Tests 1 und 2 das Produkt aus ihren Faktorladungen:

$$r_{1,2} = a_1g \times a_2g,$$

da sich allgemein der Zusammenhang zwischen Tests nach der Produktsumme aller gemeinsamen Faktorenladungen bemisst:

$$r_{1,2} = a_1F_1 \times a_2F_1 + a_1F_2 \times a_2F_2 + \ldots a_1F_n \times a_2F_n.$$

Die darüber hinaus extrahierten spezifischen Faktoren in einer Zahl, die derjenigen der Variablen entspricht, sind gemäß der Theorie untereinander unkorreliert.

Beim Zutreffen dieses Modells, das häufig auch als Generalfaktor-Modell bezeichnet wird, müsste es möglich sein, die Tests einer empirischen Untersuchung nach Maßgabe ihrer g-Ladungen in eine hierarchische Ordnung zu bringen mit der Folge, dass die Korrelationskoeffizienten in einer Dreiecks-Matrix innerhalb der Zeilen von links nach rechts und innerhalb der Spalten von oben nach unten monoton abfallen, wenn der erste Test derjenige mit dem höchsten g-Anteil ist. Darüber hinaus hat Spearman (1927) das »law of tetrad differences« entwickelt, dem zufolge die Korrelationen eines gegebenen Tests 1 zu zwei anderen im selben Verhältnis stehen müssen wie diejenigen eines Tests 2 zu denselben Verfahren:

$$r_{1,x} : R_{1,y} = r_{2,x} : R_{2,y} \text{ oder}$$
$$r_{1,x} \times r_{2,y} = r_{2,x} \times r_{1,y}$$
$$r_{1,x} \times r_{2,y} - r_{2,x} \times r_{1,y} = 0.$$

Als Elemente solcher Tetraden-Differenzen kommen alle Koeffizienten einer Matrix in Betracht, die unter Fortlassung der Diagonalen ein Rechteck bilden. Bei Berücksichtigung von Stichprobenfehlern der Messwertträger müssten sich die resultierenden Differenzen normal um den Mittelwert Null verteilen mit einer aus der jeweiligen Matrix vorhersagbaren Standardabweichung (Spearman, 1931a, b; Spearman & Holzinger, 1924, 1925).

Kann diese Voraussetzung im Großen und Ganzen trotz inferenzstatistischer Probleme (Spearman versuchte, mit den von ihm entwickelten Prüfverfahren zum Tetraden-Kriterium mehr deren Übereinstimmung *mit* als die Abweichung *von* der Normalverteilung zu belegen) als erfüllt angesehen werden, ergaben sich Einwände aus anderer Sicht: Zum einen hat schon frühzeitig Thomson in mehreren Arbeiten (1916, 1934, 1935) aufgezeigt, dass das Tetraden-Differenz-Kriterium auch dann erfüllt ist, wenn nicht ein Generalfaktor, sondern sehr viele gemeinsame Faktoren wirksam sind.

Zum anderen räumten bereits Krueger und Spearman (1906) die Möglichkeit einer Korrelation zwischen spezifischen Komponenten ein, eines ›overlap between specifics‹ (Spearman, 1930a), wie es etwa im Falle zweier Durchstreichtests unumgänglich ist, von denen der eine das Ankreuzen aller A's, der andere die Markierung aller E's in einem Text verlangt. Solange ein verbindliches Kriterium für die Schätzung der Ähnlichkeit oder Unähnlichkeit von Tests unabhängig von der Höhe ihrer Korrelation fehlt, ist dadurch aber die Zwei-Faktoren-Theorie einer Prüfung im strengen Sinne entzogen. Denn im Falle unerwartet hoher Korrelationen zwischen zwei Messwertreihen und folglich einer Verletzung des Tetraden-Gesetzes ist ein Verweis auf deren hohe Ähnlichkeit möglich (Brody & Brody, 1976, S. 13) und der Versuch nahe liegend, solche Variable von der weiteren Analyse zu eliminieren.

Des Weiteren schloss Spearman (1927, 1930) mit Hilfe der sog. »purification-technique« Tests aus, die mit dem Modell inkompatibel waren, konzedierte aber im Hinblick auf die weiterhin noch beobachtbaren bereichsspezifischen Interkorrelationen außer allgemeiner Intelligenz noch zusätzliche Generalfaktoren für Perseveration (p), Wille (w) und Oszillation bzw. Ermüdung (o). Die damit gegebene Ausweitung der Theorie hat jedoch niemals einen solchen Breiteneffekt erzielt wie die Grundthesen des Generalfaktor-Modells.

Der Kern der Zwei-Faktoren-Theorie ist aufgrund seiner Plausibilität und Einfachheit allgemein bekannt geworden wie kaum ein anderes Konzept der Intelligenzstruktur. Die Vorstellung von einem general factor liegt heute noch zahlreichen Intelligenzuntersuchungen zugrunde: Bei fast allen gängigen Intelligenztests, auch jenen zur Erfassung spezieller Funktionen, wird gewöhnlich neben den Punktwerten für die Einzelleistung noch ein solcher für den Gesamttest ausgewiesen. Dieser steht für die durchschnittliche Höhe des Intelligenzniveaus und ist collinear mit dem ersten Zentroidfaktor der gesamten Batterie – vielfach ein Äquivalent für g.

12.3.2 Gruppenfaktoren-Modelle

War die Existenz von Restkorrelationen nach der Extraktion des Generalfaktors für Spearman Anlass, zusätzlich »spezielle Generalfaktoren« anzunehmen, postulierte gegenüber dem weitgehend gleichen Sachverhalt und mit einer nur geringen Akzentverschiebung der englische Forscher Burt (1909, 1949) Gruppenfaktoren. Diese laden jeweils nur eine Untergruppe von Variablen. Nach dem Herausziehen der für jede Gruppe von Variablen gemeinsamen Varianz müssten nur noch unsystematische Korrelationen innerhalb der Gesamtmatrix verbleiben (»Top-down-Faktorisierung«).

Empirische Grundlage einer solchen Auffassung bildeten Erhebungen, in denen im Unterschied zu Spearmans Vorgehensweise wesentlich heterogenere Verfahren, was die erfassten Merkmalsbereiche angeht, eingesetzt worden waren; zudem erfolgte die Verrechnung nicht anhand der minderungskorrigierten, sondern der üblicherweise verwendeten originalen Korrelationskoeffizienten – beides Gesichtspunkte, die dem Auffinden von spezifischeren Faktoren natürlich förderlich waren.

Da dennoch die nichtüberlappende Separierung der besagten Variablengruppen voneinander kaum jemals gelingt, gehen Autoren wie Burt (1949) und Vernon (1950, 1965) von einer hierarchischen Ordnung der Intelligenzfaktoren aus. Innerhalb eines solchen Systems sind auf der untersten Ebene die spezifischen, nur den betreffenden Test kennzeichnenden Faktoren lokalisiert, darüber die »minor group factors« und als Niveau von noch größerer Breite die »major group factors«. Die Ebene des höchsten Allgemeinheitsgrades stellt der g-Faktor dar. Mit dem Aufsteigen in der Hierarchie organisiert ein Faktor zunehmend mehr Untervariablen, wobei allerdings die Korrelationen mit der Verhaltensebene niedriger werden. Als ein Beispiel für derartige Strukturmodelle ist in Abbildung 12.7 dasjenige von Vernon wiedergegeben.

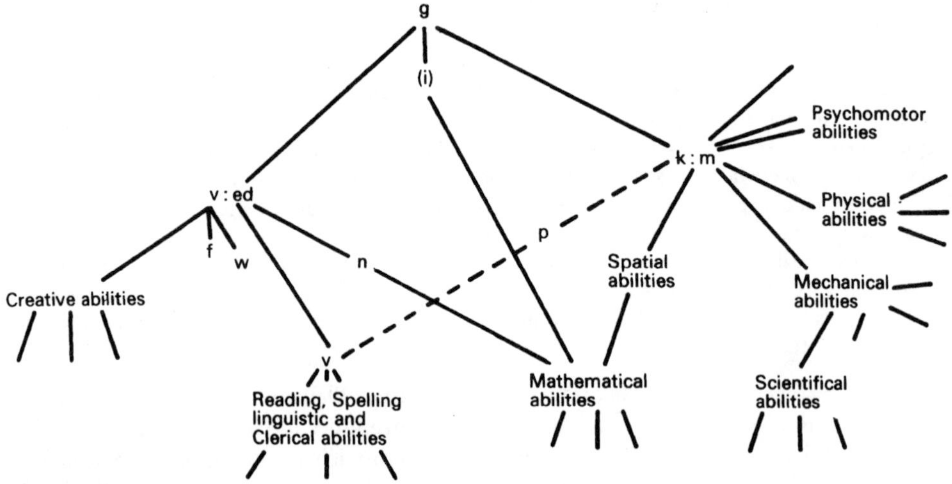

Abb. 12.7: Vernons hierarchisches Intelligenz-Modell (zur näheren Erläuterung s. Text).

Die einzelnen Buchstaben stehen für Faktoren. Wie ersichtlich, gliedert sich allgemeine Intelligenz (g) in die beiden größeren Gruppenfaktoren v:ed (verbal-educational) und k:m (spatial and motor abilities) auf. v und w beziehen sich auf linguistische bzw. literarische Fähigkeiten, f bedeutet fluency, n numerical, p perceptual und i inductive (nähere Kennzeichnung der Faktoren unter 12.3.3).
Spekulativ mögen die zwei »major group factors« v:ed und k:m mit der Dominanz einer der beiden Hemisphären des Gehirns in Zusammenhang gebracht werden, da es eine Reihe von Hinweisen darauf gibt, dass eine Überlegenheit von sprachlich-analytischen Funktionen auf Aktivitäten namentlich der linken, eine Überlegenheit konfigural-räumlicher und synthetischer Art auf Aktivitäten der rechten Hälfte des Gehirns beruht (Levi-Agresti & Sperry, 1968; s. Dimond & Beaumont, 1974). In Einklang mit einer solchen Hypothese stehen auch die von Gainotti, Caltagirone und Miceli (1977) an N = 137 rechtsseitig- gegenüber linksseitig-hirngeschädigten Patienten beobachteten Minderleistungen in dem sprachfreien, konfigural-räumliche Vorlagen vorsehenden Raven-Test (weitere Literatur zur Hemisphären-Spezialisierung und deren Abhängigkeit vom Geschlecht s. Affleck & Joyce, 1979). Wichtig ist der Umstand, dass sich die Konzeptualisierung eines hierarchischen Strukturmodells dann anbietet, wenn zuvor die Entscheidung zugunsten einer besonders präzisen Erfassung der »minor« oder auch »major group factors« im Sinne der sog. Einfachstruktur (s. unten 12.3.3) gefallen ist, mit der Folge, dass zwar einerseits bestimmte Funktionen oder auch Primärfaktoren mit relativ hoher Interpretationssicherheit identifizierbar sind, andererseits eben diese Faktoren aber noch Interkorrelationen aufweisen. Erst diese Interkorrelationen erlauben die Extraktion immer allgemeinerer Faktoren. Zwischen den Alternativen, entweder einen varianzstarken g-Faktor und einige mehr oder minder spezifische Gruppenfaktoren zu extrahieren oder aber zu Lasten des Generalfaktors die Gruppenfaktoren zu akzentuieren, gibt es keine allgemeinverbindliche, allein richtige Entscheidung; beide Lösungen sind mathematisch äquivalent und ineinander überführbar. Aus diesem Blickwinkel stellen hierarchische Modelle eine Art Kompromiss oder Synthese dar zwischen der Zwei-Faktoren-Theorie Spearmans und dem nachfolgend skizzierten Modell mehrerer gemeinsamer Faktoren von Thurstone.

12.3.3 Das Modell mehrerer gemeinsamer Faktoren

Gibt man die Forderung nach der nicht überlappenden Trennbarkeit einzelner Variablengruppen voneinander auf, geht das Gruppenfaktoren-Modell in jenes mehrerer gemeinsamer Faktoren über. Diesem Modell zufolge sind beim Lösen irgendwelcher Denkaufgaben immer mehrere Gruppenfaktoren in wechselnden Gewichtungsverhältnissen beteiligt. Um deren Zahl und Spezifität zu ermitteln, entwickelte Thurstone (1931; mathematische Grundlagen finden sich aber, worauf neuerdings verschiedentlich hingewiesen wird, bereits bei Burt, 1917, und Garnett, 1919) das Verfahren der Multiplen Faktorenanalyse (s. auch Thurstone, 1950).
Grundlegend dafür war die Annahme, dass die Zahl von »Primary Abilities« (eine von Thurstone als äquivalent zu den Gruppenfaktoren gewählte Bezeichnung) stets niedriger als die Zahl der in einer Untersuchung eingesetzten Testreihe ist, die Verfahren also nicht nur spezifische Faktoren erfassen. Weiterhin geht als Voraussetzung ein, dass die Leistung in einer bestimmten Aufgabe nicht zugleich von *allen* Primärfähigkeiten determiniert werde, die überhaupt zur Erklärung der Varianzen in der Gesamtheit aller herangezogenen Tests zur Verfügung stehen.

Mit diesen Annahmen markierte Thurstone, seinerzeit Assistent des berühmten Erfinders Edison, gleichsam eine Gegenposition zu Spearmans Zwei-Faktoren-Modell. Wie bei diesem waren die nachgeschalteten statistischen Analysen und Prüfverfahren direkt abhängig von den theoretischen Vorannahmen. Für Thurstone lieferten sie zugleich ein Ziel der mathematischen Prozeduren, um aus einer Matrix von Interkorrelationen die minimale Zahl der Faktoren zu identifizieren, die für deren Erklärung notwendig ist: das Kriterium der *Einfachstruktur*. Es sieht vor, in einer Faktorladungsmatrix die Anzahl von Null-Ladungen in jeweils einem Faktor zu maximieren bei simultaner Maximierung der Ladungszahlen der davon nicht betroffenen Variablen (s. 7.3.3). Gesucht wird also nach solchen Faktoren, mit denen insgesamt möglichst wenige Tests, diese dafür tunlichst hoch korrelieren.
Aufgrund der ersten großen Untersuchung, die sich auf eine Batterie von 56 Tests und eine Stichprobe von 218 College-Studenten stützt, identifizierte Thurstone (1938) neun Faktoren. Am besten gesichert durch seine eigenen Arbeiten sowie diejenigen von French (1951) und Guilford (1956) sind die nachfolgend erläuterten Faktoren, wie sie auch aus einer Analyse von Thurstone und Thurstone (1941) resultieren (s. Tabelle 12.2):

Tab. 12.2: Faktor-Matrix für sieben Primary Mental Abilities (aus Thurstone & Thurstone, 1941, S. 91).

		I (P)	II (N)	III (W)	IV (V)	V (S)	VI (M)	VII (R)	Residuen
1)	Identische Zahlen	.42	.40	.05	–.02	–.07	–.06	–.06	.08
2)	Gesichter	.45	.17	–.06	.04	.20	.05	.02	–.12
3)	Spiegellesen	.36	.09	.19	–.02	.05	–.01	.09	.12
4)	Vornamen	.02	.09	.02	.00	–.05	.53	.10	.02
5)	Figurenerkennen	.20	–.10	.02	–.02	.10	.31	.07	–.17
6)	Wort-Zahl-Assoziation	.02	.13	–.03	.00	.01	.58	–.04	.04
7)	Satzbildung	.00	.01	–.03	.66	–.08	–.05	.13	.07
8)	Wortverständnis	.01	.02	.05	.66	–.04	.02	.02	.05
9)	Satzergänzung	.01	.00	–.01	.67	.15	.00	–.01	–.11
10)	Wörter mit gleichen Anfangsbuchstaben	.12	–.03	.63	.03	–.02	.00	–.00	–.08
11)	Wörter mit vier Buchstaben	.02	–.05	.61	–.01	.08	–.01	.04	–.05
12)	Wörter mit gleichen Nachsilben	.04	.03	.45	.18	–.03	.03	–.08	.10
13)	Fahnen	.04	.05	.03	–.01	.68	.00	.01	–.07
14)	Figuren	.02	–.06	.01	–.02	.76	–.02	–.02	.07
15)	Karten	.07	–.03	–.03	.03	.72	.02	–.03	.13
16)	Addition	.01	.64	–.02	.01	.05	.01	–.02	–.03
17)	Multiplikation	.01	.67	.01	–.03	–.05	.02	.02	.01
18)	Drei–Mehr	.05	.38	–.01	.06	.20	–.05	.16	–.12
19)	Buchstabenfolgen	.03	.03	.03	.02	.00	.02	.53	.02
20)	Oberbegriffe	.02	–.05	–.03	.22	–.03	.05	.44	–.02
21)	Buchstabengruppierung	.06	.06	.13	–.04	.01	–.06	.42	.06

v: verbal comprehension
Kenntnis von Wörtern und ihrer Bedeutung sowie deren angemessene Verwendung im Gespräch. Ladungen in Tests zu verbalen Analogien, Textverständnis, Rechtschreibung, richtige Reihung vertauschter Wörter und Sätze

w: word fluency
Rasches Produzieren von Wörtern, die bestimmten strukturellen oder symbolischen Erfordernissen entsprechen.

Tests: Anagramme, Reime, Benennungen, Wörter mit vorgegebenen Anfangsbuchstaben oder vier Buchstaben

n: number

Geschwindigkeit und Präzision bei einfachen arithmetischen Aufgaben.
Tests: Addition, Substraktion, Multiplikation

s: space

Bewältigung von Aufgaben, die räumliches Vorstellen und Orientieren sowie das Erkennen von Objekten unter anderem Bezugswinkel erfordern (der Faktor untergliedert sich entsprechend dieser Beschreibung häufig in zwei oder drei speziellere s-Faktoren).
Tests: Verfolgen von mechanischen Bewegungen, Vergleich von Würfeln aus verschiedener Perspektive. Verständnis komplizierter Instrumente, wie sie bei der Navigation auf See oder in der Luft benötigt werden.

m: memory (associative)

Behalten paarweise gelernter Assoziationen.
Tests: Wort-Zahl- oder Bild-Figuren-Paare und dergl.

p: perceptual speed

Geschwindigkeit beim Vergleich oder der Identifikation visueller Konfigurationen.
Tests: Anstreichen bestimmter Symbole, Erkennen von Gleichheiten bzw. Unterschieden.

i: induction oder r: reasoning, general

Schlussfolgerndes Denken im Sinne des Auffindens einer allgemeinen Regel in einer vorgegebenen Abfolge von Zahlen oder Symbolen und Anwendung derselben bei der Vorhersage des nächstfolgenden Elementes. Verschiedenen Untersuchungen zufolge liegt bei r der Akzent auf arithmetischen Problemen.
Tests: Reihen fortsetzen.
Dieser Faktor ist es vornehmlich, der in den Untersuchungen von Süllwold (1987) eine zentrale Rolle innerhalb der impliziten Intelligenztheorien einnimmt; entsprechend sahen auch die befragten Laien in logisch aufgebauten Zahlen-, Buchstaben- und Figurenreihen das beste Mittel zur Diagnose dessen, was sie unter Intelligenz verstehen.

Wie den Erläuterungen zu entnehmen ist, weisen die einzelnen »Primary Abilities« eine höchst unterschiedliche Breite auf; während einige relativ spezifisch für bestimmte Material- oder Problembereiche sind (z. B. p bzw. m), laden andere in Aufgaben verschiedener Formate und vermeintlich unterschiedlicher Anforderungen (z. B. v und i). Davon abgesehen stellen alle Faktoren innerhalb des Modells gleichberechtigte Bausteine dar, die *nebeneinander* stehen insofern, als nicht der eine Faktor auf der Existenz des anderen aufbaut. (Nach Sincoff & Sternberg, 1987, aber setzen gute Leistungen in w gewisse Mindestausprägungen in v voraus.)
Nicht alle der aufgeführten Primärfaktoren sind mit derselben Regelmäßigkeit unabhängig von Merkmals- und Personenstichproben gefunden und repliziert worden (s. aber Miron, 1975, der für eine hebräische Übersetzung an 180 Israelis eine dem englischen Original entsprechende Faktorenstruktur fand). Andere sind seit den wegweisenden Studien von Thurstone Ende der dreißiger Jahre hinzugekommen, häufig als Ausdifferenzierung der seinerzeit bereits in groben Zügen umrissenen Dimensionen; Pawlik (1966) hat eine diesbezügliche Auflistung vorgenommen. Die Ergebnisse der von Buse und Pawlik (1982) durchgeführten Reanalyse von Untersuchungen aus dem eigenen Arbeitsbereich wären aber in ihrer Gesamtheit nicht so sehr mit hochdimensionierten Faktorenmodellen der Intelligenz, sondern »eher noch mit der klassischen Sieben-Faktoren-Lösung Thurstones (s. o.; die Verf.) in Einklang zu bringen« (S. 245).
Hand in Hand mit der Bestimmung der besagten »Primärfaktoren«, bei denen es sich, wie erwähnt, um eine Spielart von Gruppenfaktoren handelt, ging der Versuch, solche Skalen zu entwickeln, die nach Möglichkeit noch präziser als im Ausgangsmaterial einen und nur diesen einen Faktor treffen sollten. Handelte es sich bei »The Chicago Test of Primary Mental Abilities (PMA)« (1943) noch um einen direkten Abkömmling der ursprünglichen Forschungsarbeiten, für den Thurstone lediglich die Tests mit den höchsten Faktorladungen

herausgegriffen hatte (Bearbeitungszeit: 6 Stunden!), ist die Verwandtschaft der 1962 von Science Research Association herausgebrachten und an mehr als 32 000 Schülern standardisierten Batterie mit dem Urahn nur noch entfernt erkennbar. Eine kurze Besprechung der Gütekriterien findet sich bei Anastasi (1968, S. 335–336). Kemmler und Langheinrich (1967) haben diese Version ins Deutsche übertragen. Daran orientierte sich auch Horn (1962) bei der Entwicklung des »Leistungs-Prüf-Systems (LPS)«, aus dem 1969 das »Prüfsystem für Schul- und Bildungsberatung (PSB)« hervorging. Hingegen bezog sich Amthauer (1953,1973) beim Entwurf von Aufgaben für den »Intelligenz-Struktur-Test (IST)« auf die originalen Arbeiten von Thurstone und benutzte als weiteres Vorbild den »Army-General-Classification-Test (AGCT)«. Da PSB und IST zu den derzeit gebräuchlichsten differentiellen Leistungstests zählen, sind Beispielaufgaben, die einen Teil der o. a. Primärfaktoren abdecken sollen, in zwei nachfolgenden Kästen wiedergegeben.

Als Thurstone seinerzeit seine Resultate publizierte, wähnte er sich selbst im Gegensatz zu Spearman stehend. Die Existenz der sehr unterschiedlichen Primärfaktoren verbot seiner Auffassung nach die Berechnung eines einzelnen Kennwertes für Intelligenz; diese wäre vielmehr nur darstellbar als Profil der Ausprägungsgrade in jedem der »Primary Abilities«. Damit war auf die alte Frage nach dem, was unter Intelligenz zu verstehen sei, eine neue Antwort gegeben worden.

Allerdings müssen mindestens zwei weitere Gesichtspunkte beachtet werden: Thurstone (1938) stützt sich auf Versuchspersonenstichproben, die als College-Studenten gegenüber unausgelesen-repräsentativen Gruppen eine nicht unerhebliche Einschränkung der Leistungsvariabilität schon deshalb zeigten, weil darunter negative Extremvarianten völlig fehlen. Zwangsläufig mindert dieser Umstand unter sonst gleichen Bedingungen die Höhe von Korrelationen zwischen Messwertreihen (s. dazu etwa Guilford, 1956b; Lienert, 1961; vgl. 7.3.8) und damit auch die Aussichten, einen varianzstarken g-Faktor zu finden.

Beispielaufgaben aus dem Grundmodul des IST-2000 (Amthauer, Brocke, Liepmann und Beauducel, 1999)

Satzergänzung
Aus fünf vorgeschlagenen Lösungsmöglichkeiten soll das Wort ausgewählt werden, das den Satz vervollständigt.
Beispiel: Ein Kaninchen hat am meisten Ähnlichkeit mit einem (einer)?
a) Katze b) Eichhörnchen c) Hasen d) Fuchs e) Igel

Wortauswahl
Unter sechs vorgegebenen Wörtern sollen die beiden Wörter herausgefunden werden, für die es einen gemeinsamen Oberbegriff gibt.
Beispiel: a) Messer b) Butter c) Zeitung d) Brot e) Zigarre f) Armband

Analogien
Es werden drei Wörter vorgegeben, von denen die ersten beiden in einer bestimmten Beziehung zueinander stehen. Aus fünf Wahlwörtern soll das Wort herausgefunden werden, das zu dem dritten vorgegebenen Wort in ähnlicher Beziehung steht.
Beispiel: Wald : Bäume = Wiese: ?
a) Gräser b) Heu c) Futter d) Grün e) Weide

Rechenaufgaben I
Es werden Rechenaufgaben der folgenden Art vorgegeben. Das Ergebnis der Rechnung wird auf dem Antwortbogen eingetragen.
Beispiel: 60 – 10 = ?

Rechenaufgaben II

Zahlen auf der linken Seite einer Gleichung sollen mit dem Ziel verbunden werden, das hinter dem Gleichheitszeichen stehende Ergebnis zu erhalten.
Beispiel: 6 ? 2 ? 3 = 5

Zahlenreihen

Es werden nach einer bestimmten Regel aufgestellte Zahlenreihen vorgegeben, die nach dieser Regel fortgesetzt werden müssen.

Beispiel: 2 4 6 8 10 12 14 ?

Figurenauswahl I

Es sind fünf geometrische Figuren gegeben. Darunter sind die Figuren in Teile zerlegt dargestellt. Der Pb soll angeben, welche der Figuren man durch das Zusammenfügen der einzelnen Teile erhält.
Beispiel:

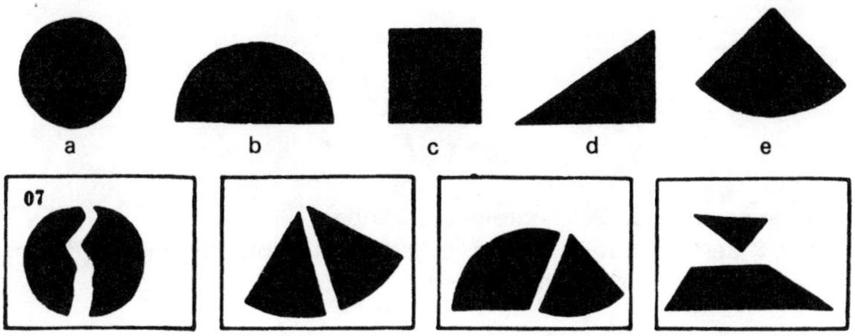

Figurenauswahl II (Matrizen)

Auf der linken Seite findet sich eine Reihe von Figuren, die in einer bestimmten Regel aufgebaut sind. Es muss aus fünf Auswahlfiguren jene Figur herausgefunden werden, die anstelle des Fragezeichens eingesetzt werden muss.
Beispiel:

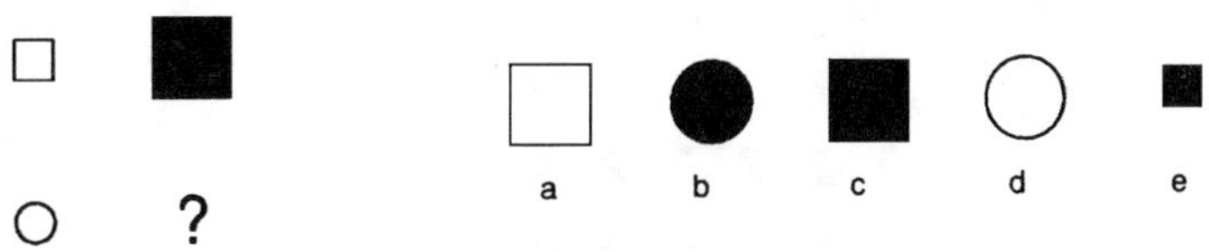

Würfelaufgaben

Fünf Würfel – a bis e – deren Seiten verschiedene Muster tragen, sind so vorgegeben, dass jeweils drei Seiten eines Würfels sichtbar sind. Darunter befinden sich die gleichen Würfel in veränderter Lage. Jeder dieser Würfel muss einem der Würfel a bis e zugeordnet werden, von dem er sich nur durch die Lage unterscheidet. Der Würfel kann gedreht, gekippt oder gedreht und gekippt worden sein.
Beispiel:

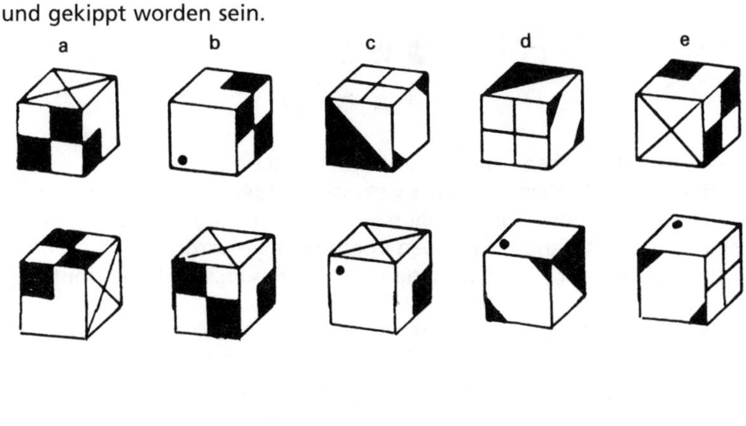

Merkaufgaben
Der Pb hat 1 Minute Zeit, um je fünf Namen von Sportarten, Nahrungsmitteln, Städten, Berufen und Bauwerken auswendig zu lernen.

Beispielaufgaben des PSB-Horn

Untertest: Rechtschreibfehler erkennen.
Es werden 40 Substantive im Singular vorgegeben, bei denen jeweils ein Druckfehler aufzufinden und durchzustreichen ist.
Beispiel:

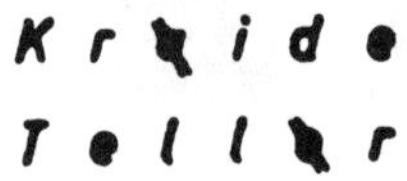

Untertest: Aufbauprinzip von Zeichenreihen erkennen.
40 Zeilen mit je 8 Zeichen oder Gliedern. In jeder Zeile soll das Zeichen durchgestrichen werden, das am wenigsten in die Reihe passt.
Beispiel:

Untertest: 40 Aufgaben gleichen Prinzips wie in Untertest 3, nur handelt es sich in diesem Fall um 9 Zahlen oder Buchstaben je Aufgabe.
Beispiel:

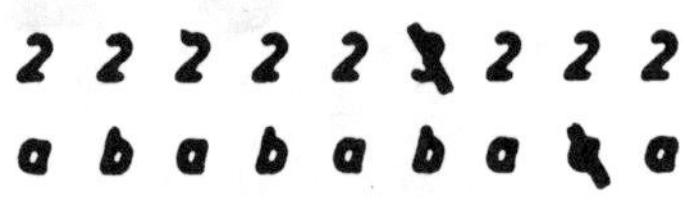

Untertest: Buchstaben in falsch gedruckten Wörtern umstellen.
Der Untertest besteht aus 40 Substantiven, bei denen die Reihenfolge der Buchstaben nicht stimmt. Der Pb soll das darin enthaltene Wort erkennen und als Zeichen dafür den Anfangsbuchstaben des Wortes durchstreichen.
Beispiel:

Untertest: Wörter mit gleichen Anfangsbuchstaben schreiben.
In einer bestimmten Zeit sollen möglichst viele verschiedene Wörter geschrieben werden, die kurz oder lang sein können. Hier kommt es darauf an, möglichst schnell umzuschalten, wenn zu einem neuen Anfangsbuchstaben übergegangen wird.
Der Buchstabenwechsel wird ohne vorheriges Wissen des Pb vom VI bekannt gegeben.
Beispiel: Wörter mit »E«:
Er, Erich, Essen, Eins, Esel, ein, Eimer, Ekel

Untertest: Spiegelbildlich verdrehte Zahlen erkennen.
In jeder Zeile befinden sich 5 Zeichen, 4 davon sind in der Ebene um eine Achse verdreht worden, eins ist spiegelbildlich. Dieses spiegelbildliche ist in jeder Zeile aufzufinden und durchzustreichen.
Beispiel:

Untertest: Bestimmte Flächen und Kanten eines geometrischen Körpers den bezeichneten Stellen des entsprechenden Netzes zuordnen.
Es ist je ein Netz gegeben, an dem markante Punkte mit Zahlen versehen sind; daneben ist der Körper zusammengefaltet perspektivisch gezeichnet. Die markanten Punkte sind hier mit Buchstaben bezeichnet. Nun ist in der Antwort jeder Buchstabe einer Zahl zuzuordnen.
Beispiel:

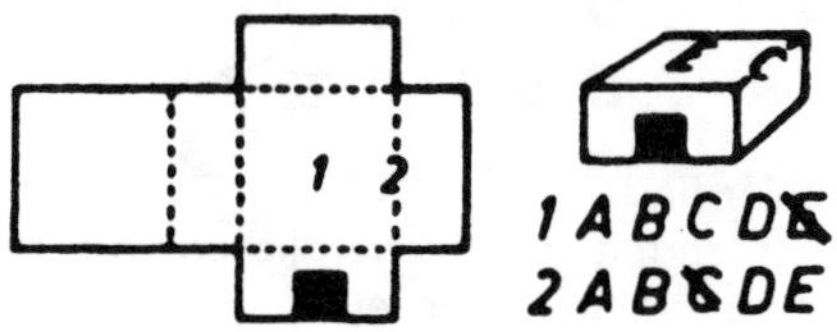

Untertest: Flächen an geometrischen Körpern zählen.
Bei einem perspektivisch vorgegebenen Körper sind die Flächen zu zählen. Die Flächen können eben oder gewölbt sein. Es sollen alle Flächen, auch die nicht unmittelbar sichtbaren, gezählt werden.
Beispiel:

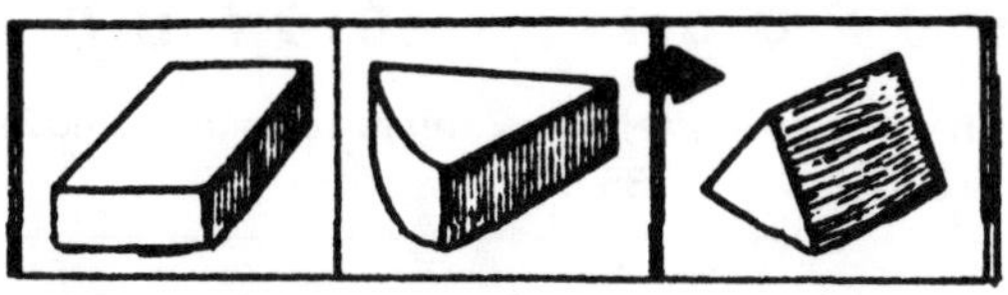

Untertest: Versteckte Muster erkennen.
Es ist in den Mustern immer eine von fünf Figuren zu suchen, die darin versteckt ist. Sie muss im Muster die gleiche Größe und Lage haben wie in der Vorlage.
Beispiel:

Untertest: Unfertig gezeichnete Bilder sollen erkannt werden.
Aus einer Gruppe von Buchstaben ist der Anfangsbuchstabe des Gegenstandes zu streichen.
Beispiel:

Untertest: Druckfehler in verstümmelten Wörtern erkennen.
Bei 40 Substantiven im Singular sollen die Wortbedeutungen und die Druckfehler erkannt werden.
Beispiel:

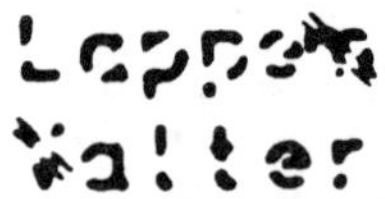

Untertest: Zeichen zwischen anderen finden und durchstreichen.
Aus einer Zahlengruppe soll jede achte »0« (null), jede achte »1« (Eins) herausgestrichen werden.
Beispiel:

Untertest: Übertragungsfehler finden.
Zwei Aufgabengruppen werden miteinander verglichen. In der zweiten kann gegenüber der ersten kein, ein oder mehr als ein Fehler sein.
Beispiel:

Arbeitskurve: Addieren von je 10 einstelligen Zahlen: 10 Spalten a 40 Zeilen mit je 10 Zahlen.
Beispiel: 2 4 2 6 2 4 2 6 2 5 35

Zum anderen wurden die Faktorenlösungen im Bestreben, möglichst klare Einfachstrukturen für die einzelnen Dimensionen zu erhalten, schiefwinklig rotiert, d. h., es bestehen zwischen den ermittelten Primärfaktoren noch Korrelationen. Thurstone entschied sich für dieses Vorgehen im Unterschied zu orthogonalen Rotationsmethoden mit dem Hinweis darauf, dass es logisch völlig verschiedene Konzepte gäbe, die nichtsdestotrotz korrelative Beziehungen zueinander aufwiesen. Etwa sei das bei Körpergröße und -gewicht der Fall. Analysen mit Längen- und Gewichtsmaßen würden Einfachstrukturen nur dann ergeben, wenn man nicht auf der Forderung nach Unabhängigkeit der dann erhaltenen Faktoren bestehe; Letzteres sei aber aus konzeptuellen Gründen keineswegs gerechtfertigt (denn obwohl logisch etwas völlig Verschiedenes, müssen Volumen- doch mit Größenmaßen in Verbindung stehen). In der Tat korrelieren die Primärfaktoren Thurstones überwiegend positiv miteinander, und zwar in einer Höhe von ca. r = .35, was in etwa auch für die nach ihrem Vorbild konzipierten Skalen gilt (s. z. B. Fischer, 1958; Höger, 1964; s. auch Lienert, 1963). Solche Zusammenhänge aber erlauben die Durchführung von Sekundäranalysen mit der Extraktion von Faktoren zweiter Ordnung. Eysenck (1979, S. 42–49) sieht darunter »den« g-Faktor als erwiesen an (s. auch Cattell, 1971). Eine vorsichtigere Interpretation, der wohl auch Thurstone

zustimmen könnte, geht dahin, dass mehrere sehr allgemeine Gruppenfaktoren auffindbar sind (s. auch Pawlik, 1966, S. 552). Insofern als »Thurstone's studies had not shown that g did not exist but rather that g would be distributed and divided into components that were themselves positively related« (Brody & Brody, 1976, S. 17), ist die scheinbare Unvereinbarkeit zwischen den Modellen Generalfaktor hier, mehrere gemeinsame Faktoren dort überwunden und ein Großteil der Divergenzen als Folge der angewendeten Analysemethode sowie der Merkmals- und Personenstichproben erklärt.
Ob »g« oder andere Gruppenfaktoren dann als Ausdruck irgendeiner Form von psychischer Energie sensu Spearman als Hinweis auf die interindividuell unterschiedliche Ausstattung mit Erbfaktoren für intellektuelle Leistungsfähigkeit (z. B. Eysenck, 1979) oder als Resultat der in einer Gesellschaft wirkenden und miteinander kovariierenden Bekräftigungsmuster (Pawlik, 1973) zu verstehen sind, bleibt gesonderten Überlegungen vorbehalten (s. dazu Kapitel 21).

12.3.4 Das Modell der »fluid« und »crystallized general intelligence« von Cattell

Die von Cattell, einem früheren Assistenten Spearmans, im Laufe der Jahre seit 1941 konzipierten Modellvorstellungen zur Struktur der Intelligenz können, da es sich auch hier um ein Gruppenfaktormodell handelt, als eine Synthese der Zwei-Faktoren-Theorie und dem Modell mehrerer gemeinsamer Faktoren aufgefasst werden: Wie bei Spearman wird ein g-Faktor angenommen, dessen Existenz andererseits aus den in spezifischer Weise interkorrelierenden Primärfaktoren der Thurstone'schen Prägung erschlossen wird.
Sekundäranalysen an Stichproben hinlänglich replizierter Primärfaktoren zeigten etwa die folgenden, der Arbeit von Horn und Cattell (1966) entnommenen Resultate (s. Tabelle 12.3).
Nur die beiden ersten Faktoren sollen hier näher interessieren; diese wurden nämlich interpretiert als »fluid« bzw. »crystallized general intelligence«. Erstere spiegele mehr die Fähigkeit wider, sich neuen Problemen oder Situationen anzupassen, ohne dass es dazu im wesentlichen Ausmaß früherer Lernerfahrungen oder »aids« bedürfe. Hingegen vereinige g_c kognitive Fertigkeiten, in denen sich die kumulierten Effekte vorangegangenen Lernens kristallisiert und verfestigt hätten.
Solche Interpretationen sind deshalb nicht frei von Spekulation und enthalten in starkem Maße »surplus meaning«, weil – wie ersichtlich – die höchsten Ladungen eines Primärfaktors selten über .50 liegen und darüber hinaus die Ladungen sowohl von g_f wie g_c über viele Primärskalen streuen. Nach der von Horn (1968) zusammengestellten Übersicht mehrerer Sekundäranalysen ist die »fluid intelligence« vor allem durch »Figural Relations«, »Memory Span« und »Induction« gekennzeichnet.
Alle drei der zuletzt genannten Faktoren lassen sich vermeintlich relativ kulturfrei »culture fair« oder »culture reduced« deshalb erfassen, weil dabei Materialien verwendet werden können, die den Mitgliedern verschiedener Gesellschaften gleich gut vertraut sind, die spezielle Aufgabe gleichwohl neuartigen Charakter aufweist (s. Kasten S. 217). Demgegenüber wird g_c hauptsächlich durch »verbal comprehension«, »experiential evaluation« und »semantic relations« markiert, beides Faktoren, die in hohem Maße kulturspezifische Elemente beinhalten. Folgerichtig wählten Amthauer, Brocke, Liepmann und Beauducel (1999) für die Aktualisierung des IST einen Matrizentest als Markiervariable von fluider und einen Wissenstest als Marker für kristallisierte Intelligenz.
Darüber hinaus laden mehrere Primärfaktoren sowohl auf g_c wie auf g_f und bedingen da-

Tab. 12.3: Second-Order Faktoren und die sie konstituierenden Primär-Faktoren der Intelligenz (nach Horn & Cattell, 1966).

Primärfaktoren		*Second-order Faktoren und ihre Ladungen* Gf	Gc	Gv	Gs	C	F
I	Induktives Denken	.50		.28			
CFR	Figurale Beziehungen	.46		.43			
Ma	Assoziatives Gedächtnis	.32					
ISP	Intellektuelle Geschwindigkeit	.40			–.21		
IL	Intellektuelles Niveau	.51					
R	Allgemeines Schlussfolgern	.23	.30				
CMR	Semantische Beziehungen	.33	.50				.20
Rs	Formales Schlussfolgern	.34	.40				
N	Umgang mit Zahlen	.24	.29			.34	
V	Verbales Verständnis		.69				.26
MK	Mechanische Kenntnisse		.48	.25			
EMS	Erfahrungsgeleitete Bewertung		.43		.23		
Fi	Vorstellungs-Flüssigkeit		.25		.25		.42
Fa	Assoziations-Flüssigkeit		.35				.60
S	Räumliche Orientierung			.50			–.20
VZ	Veranschaulichung			.58			
Cs	Schnelligkeit der Gestaltbindung			.36			
Cf	Flexibilität der Gestaltbindung			.48			
DFT	Figurale Anpassungs-Flexibilität			.40			
P	Wahrnehmungs-Geschwindigkeit				.48		
Sc	Bearbeitungs-Geschwindigkeit				.63		
Pf	Produktive Flexibilität		.23		.46		
C	Sorgfalt					.60	

durch die Korrelation der beiden Dimensionen miteinander in Höhe von ca. r = .50. Im Falle von zusätzlichen Analysen ist deshalb ein weiterer Faktor mit noch größerem Allgemeinheitsgrad zu erwarten – $g_{f(h)}$ oder letztlich Spearmans g. Für $g_{f(h)}$ fordert Cattell (1971) höhere Ladungen von g_f als von g_c, da die fluide Intelligenz während früher Lebensjahre von größerer Bedeutung sei; bestätigende Resultate in diesem Sinne liegen vor.
Die Lokalisation von g_f und g_c innerhalb des Gesamtmodells, das zusätzlich Interessen- und Gedächtnisfaktoren vorsieht sowie entwicklungspsychologischen Gesichtspunkten Rechnung trägt (s. vor allem Cattell & Kline, 1977), ist aus Abb. 12.8 ersichtlich.
In guter Übereinstimmung mit den Vorhersagen befindet sich die Beobachtung, dass die Entwicklung von g_f um das 14. bis 15. Lebensjahr zum Stillstand kommt, während g_c, abhängig von Lern- und Erziehungseinflüssen, seinen Kulminationspunkt durchschnittlich 4 bis 5 Jahre später erreicht, wobei die besonders Leistungsfähigen ihren Endpunkt zeitlich noch später erreichen (Cattell, 1963).
Hingegen ist die Veränderung von g_f und g_c über dem Lebensalter, wie sie in der Abbildung 12.9 wiedergegeben ist, noch nicht verbindlich belegt, da es sich bei dem zugrunde liegenden Material um solches aus Querschnittsuntersuchungen handelt, gezielte längsschnittliche Erhebungen aber weiterhin ausstehen (s. dazu Baltes & Schaie, 1976).
Desgleichen ist die behauptete größere Heritabilität von g_f gegenüber g_c empirisch noch nicht gesichert, ebenso wenig die angenommenen kausalen Beeinflussungen innerhalb der »investment theory«, wonach etwa »fluid ability« als Ursache und Voraussetzung der »crystallized ability« fungieren soll (Schmidt & Crano, 1974, konnten eine diesbezügliche Kau-

Beispiele für »culture fair«-Aufgaben nach Catell (aus Weiß, R.: Grundintelligenztest CFT 3, 1971).

series = Reihen fortsetzen.

Beispiel:

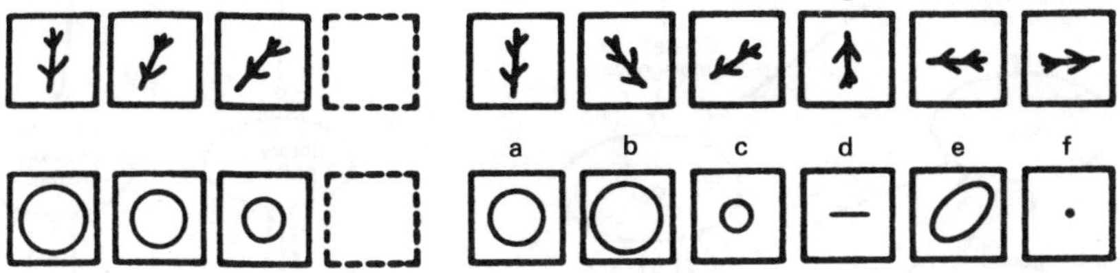

classification = Klassifikationen.

Beispiel:

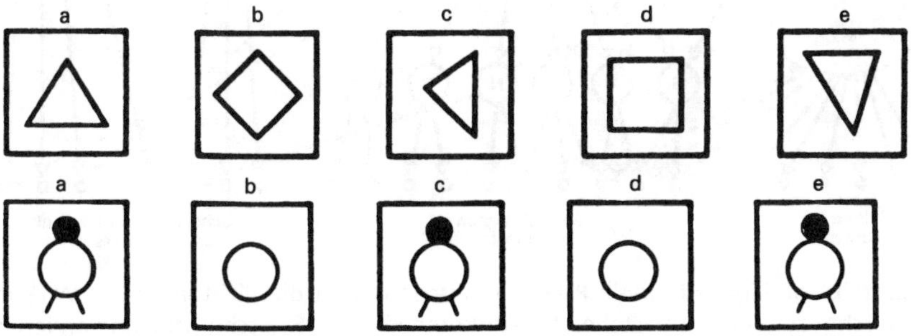

matrices = Matrizen.

Beispiel:

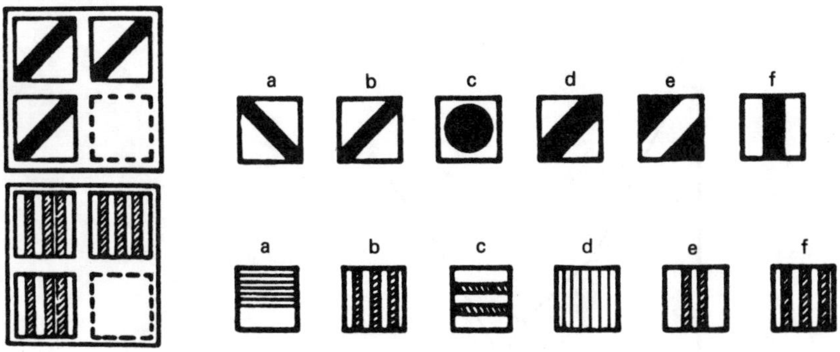

topologies = topologische Schlussfolgerungen

Beispiel:

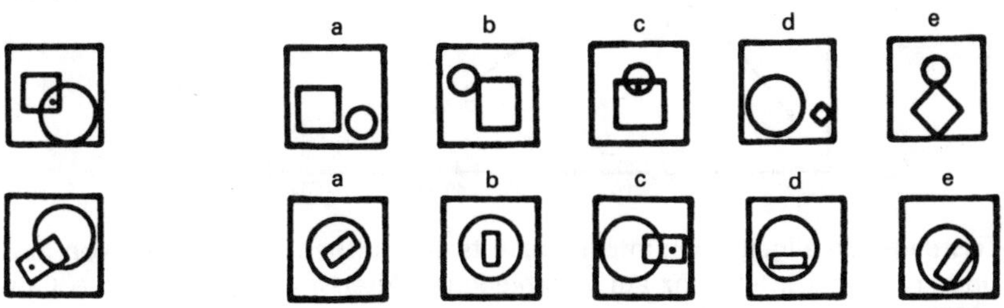

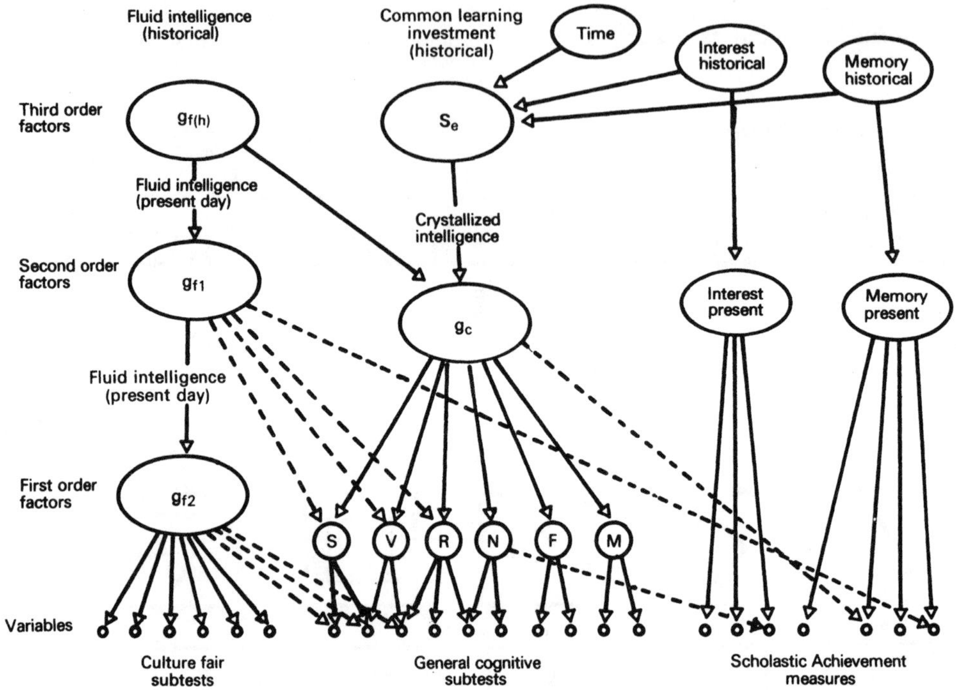

Abb. 12.8: Cattells Intelligenz-Modell; Pfeile veranschaulichen die Richtung einer Wirkung (durchgezogene Linien stehen für stärkeren Einfluss; S_e = schulische und erzieherische Erfahrungen).

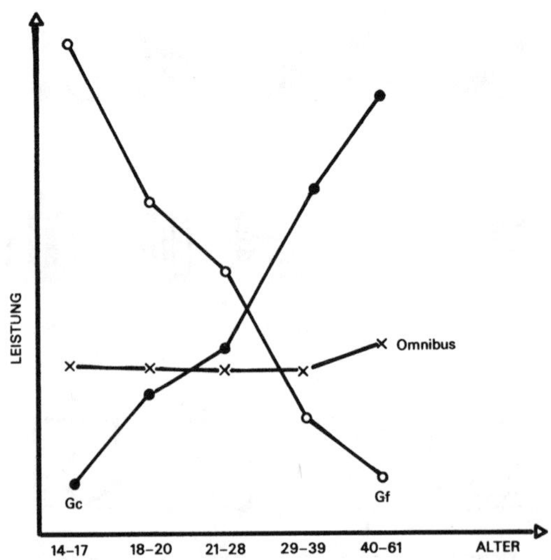

Abb. 12.9: Leistungen in allgemeinen Intelligenztests und solchen zur Erfassung von fluider und kristalliner Intelligenz auf verschiedenen Altersstufen (nach Horn & Cattell, 1967).

salität nur an Mittelschichtkindern wahrscheinlich machen). Schließlich fehlt es an kritischen Prüfungen einiger Hypothesen über differenzierte Umwelteinflüsse (je nachdem, ob diese sich beispielsweise primär an biologisch-physiologische oder erzieherische und kulturelle Entwicklungsfaktoren richten und entsprechend unterschiedlich die fluide und kristallisierte Intelligenz affizieren sollten). Ferner stehen Studien über die Auswirkungen von Schädigungen des Gehirns während unterschiedlicher Lebensabschnitte aus. Die Identifizierung von g_f und g_c gelingt meist recht gut (Crawford & Nirmal, 1976; Undheim, 1976; im interkulturellen Vergleich s. Hakstian & Vandenberg, 1979), ist aber, wie nicht anders zu erwarten und durch die Re-Analyse von Humphreys (1967) bestätigt, von den in die Merkmalsstichprobe einbezogenen Variablen abhängig (s. auch die Replikation von Gilardi, Holling & Schmidt, 1983).
Undheim (1981) hat in mehreren eng aufeinander bezogenen Arbeiten, teils anhand publizierten Materials, teils gestützt auf eigene Erhebungen, eine Revision der Theorie im Sinne eines neo-Spearman-Modells vorgeschlagen: Die Dimension g_f vereinige im Grunde eine Vielzahl und breite Streuung traditioneller Fähigkeitsmaße. Hier handele es sich um nichts anderes als g, das sich entgegen Cattells Auffassung im Laufe der Alters- und Intelligenzentwicklung nicht aufdifferenziere. Daneben lasse sich ein Faktor VEK (für »Verbal-Educational Knowledge«; vergleiche die Ähnlichkeit mit dem unter 12.3.2 vorgestellten Vernon-Modell) identifizieren, der g_c entspreche, aus dem general intelligence herauspartialisiert sei. Diese Komponente weise entgegen der Theorie Cattells keine Werkzeugfunktion und nennenswerte Transfer-Effekte auf neue Problemlösungs-Situationen auf, sondern repräsentiere ein Korrelationsmuster von Interessen und Gelegenheiten zum Erwerb von Fakten-Wissen im Bildungsbereich, und zwar über dasjenige Ausmaß hinaus, das auch g bereits gewährleiste. In eine ganz ähnliche Richtung weisen die Befunde von Gustafsson (1984), denen zufolge ein g_f-Faktor zweiter Ordnung identisch ist mit g als Faktor dritter Ordnung. Er schlägt deshalb ein 3-Ebenen-Modell vor, mit g an der Spitze, zwei breiten Faktoren für verbales und figurales Material auf der zweiten Ebene und den Primär-Faktoren von Thurstone und Guilford (s. Kap. 12.3.5) auf der untersten Ebene.
Insgesamt handelt es sich bei Cattells Modell um eine Konzeption von hohem heuristischem Wert; die Überprüfung der empirischen Ausgangsbasis ist kaum weniger reizvoll als die Testung aus der Theorie ableitbarer Hypothesen oder sich im Zusammenhang damit stellender Fragen (s. Jenkinson 1983; Freeman 1983; Crawford & Stankov, 1983).

12.3.5 Das »Structure of Intellect«-Modell von Guilford

Eine deutliche Abkehr von explizit oder – wie es für das Modell mehrerer gemeinsamer Faktoren letztlich zutrifft – implizit hierarchischen Modellvorstellungen zur Struktur der Intelligenz hat Guilford (1959b, 1967) vorgenommen. Wie bei den bereits erwähnten Autoren stellt die Faktorenanalyse auch bei ihm die zentrale Forschungsmethode dar, doch wird sie hier weniger als Instrument zum Auffinden einer Struktur, sondern mehr im Sinne der Hypothesenprüfung eingesetzt (konfirmatorische Faktorenanalyse). Die Rotationen erfolgen vorwiegend orthogonal; entsprechend schwer oder unmöglich ist das Auffinden eines g-Faktors, von dem deshalb auch praktisch nicht die Rede ist.
Gestützt auf zahlreiche Untersuchungen mit z. T. sehr spezifischen Aufgaben, die über die Items der an den schulischen Anforderungen ausgerichteten üblichen Intelligenztests hinausgehen, geleitet im Weiteren von theoretischen Überlegungen, postuliert Guilford ein Structure of Intellect-Modell (s. Kasten), in dem die intellektuellen Prozesse gleichermaßen beschrieben und klassifiziert wie auch erklärt werden sollen. Im Sinne des herkömmlichen

Das »Structure of Intellect«-Modell von Guilford (1967)

Erläuterungen zu den Kategorien des Guilford'schen Intelligenzstrukturmodells (nach Guilford & Hoepfner, 1971, S. 34f).

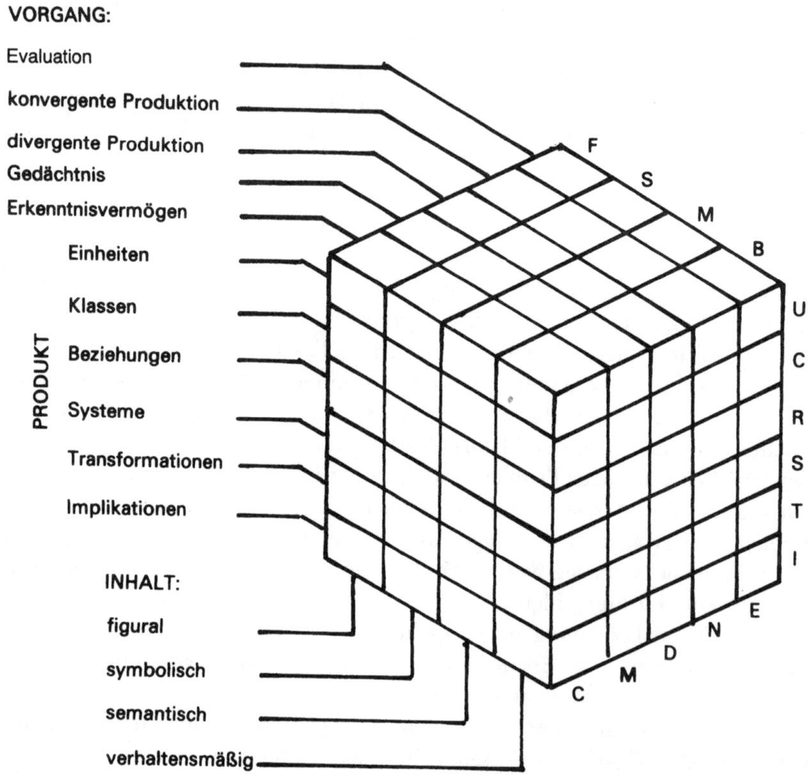

<u>Operationen.</u> Hauptarten intellektueller Aktivitäten oder Prozesse; etwas, was der Organismus beim Verarbeiten von Information tut. Dabei wird Information definiert als das, »was der Organismus unterscheidet.«

Kognition (C). Schnelles Entdecken, Bewusstheit, Wiederentdeckung oder Wiedererkennen von Information in den verschiedenen Formen, Verständnis oder Begreifen.

Gedächtnis (M). Fixierung der neugewonnenen Information im Speicher. Die Operationen des Gedächtnisses sind vom Gedächtnisspeicher zu unterscheiden.

Divergente Produktion (D). Entwicklung logischer Alternativen aus gegebener Information, wobei die Betonung auf der Verschiedenheit, der Menge und der Bedeutung der Ergebnisse aus der gleichen Quelle liegt. Beinhaltet wahrscheinlich auch die Erinnerung an Transfer (ausgelöst durch neue Hinweise).

Konvergente Produktion (N). Entwicklung logischer Schlussfolgerungen aus gegebener Information, wobei die Betonung auf dem Erreichen der einzigen oder im üblichen Sinne besten Lösung liegt. Es ist wahrscheinlich, dass die gegebene Information (der Hinweis) das Ergebnis wie in der Mathematik oder der Logik vollständig determiniert.

Evaluation (E). Vergleich von Informationen, in Begriffen von Variablen und Urteilen, ob ein Kriterium erreicht ist (Korrektheit, Identität, Konsistenz usw.).

Inhalte. Breite, substantielle, grundliegende Arten oder Bereiche der Information.

Figural (F). Vorliegen von Information in konkreter Form, wie sie in der Form von Vorstellungen wahrgenommen oder erinnert werden. Der Begriff »figural« impliziert mindestens die Figur-Grund-Organisation der Wahrnehmung. Verschiedene Sinnesqualitäten können beteiligt sein, visuelle, auditive, kinästhetische oder möglicherweise andere.

Symbolisch (S). Vorliegen der Information in der Form von Zeichen, die keinen Sinn in sich oder für sich allein haben, wie Buchstaben, Zahlen, Musiknoten, Kodes und Wörter (als geordnete Buchstabenkombinationen).

Semantisch (M). Vorliegen von Informationen in der Form von Begriffen oder geistigen Konstrukten, auf die Wörter oft angewendet werden. Sehr wichtig beim verbalen Denken und der verbalen Kommunikation, aber nicht notwendigerweise abhängig von Worten. Bedeutungsvolle Bilder enthalten ebenfalls semantische Informationen.

Verhalten (B). Vorliegen von Informationen, im Wesentlichen nicht figural und nicht verbal, die bei menschlichen Interaktionen eine Rolle spielen, wo Einstellungen und Bedürfnisse, Wünsche, Stimmungen, Absichten, Wahrnehmungen, Gedanken usw. von anderen und uns selbst eingeschlossen sind.

Produkte. Grundlegende Formen, die Informationen durch die Aktivität des Organismus beim Verarbeiten annehmen.

Einheiten (U). Relativ getrennte und abgegrenzte Teile oder »Brocken« von Information, die »Dingcharakter« haben. Kann dem Konzept der Gestaltpsychologie »Figur auf Grund« nahe kommen.

Klassen (C). Begriffe, die Sätzen von Informationen, die nach ihren gemeinsamen Merkmalen gruppiert werden, zugrunde liegen.

Beziehungen (R). Verbindungen zwischen Informationen, die sich auf Variablen oder Berührungspunkte anwenden lassen. Explizite Verbindungen lassen sich eher definieren als implizite.

Systeme (S). Organisierte oder strukturierte Ansammlungen von Informationen, Komplexen von zusammenhängenden oder sich beeinflussenden Teilen.

Transformationen (T). Veränderungen verschiedener Art (Redefinitionen, Übergänge und Wechsel) bei vorhandenen Informationen.

Implikationen (I). Zufällige Verbindungen zwischen Informationen, wie Kontiguität, oder eine andere Bedingung, die »Zugehörigkeit« zur Folge hat.

Stimulus-Organism-Response-Paradigmas ist das Modell als ein solches der Informationsverarbeitung zu verstehen, da aufseiten der intellektuellen Faktoren unterschieden wird zwischen Input-, Operations- und Output-Variablen.

Die Art der Darbietung eines Materials, dessen Informationsbereich oder Inhalt ist der Eingangsseite des Systems zuzurechnen; diesbezüglich unterscheidet Guilford (s. auch Guilford & Hoepfner, 1971) zwischen vier Inhaltsbereichen, deren Komplexitätsgrad verschieden ist: Figural (F), symbolisch (S), semantisch (M), behavioral oder verhaltensmäßig (B). Die Buchstaben stehen für die von Guilford benutzten Abkürzungen (weitere Erläuterungen s. Kasten).

Als Vermittlungsprozesse, die S auf der einen mit R auf der anderen Seite verbinden, können die Operationen Kognition (C), Gedächtnis (M), Divergente Produktion (D), Konvergente Produktion (N) und Evaluation (E) aufgefasst werden; mit ihrer Hilfe werden die eingespeicherten Inhalte bearbeitet.

Als Äquivalent zu den Resultaten, dem Output, sind schließlich die Produkte zu sehen: Einheiten (U), Klassen (C), Beziehungen (R), Systeme (S), Transformationen (T) und Implikationen (I).
Durch die Kombination von vier Inhalten mit fünf Operationen und sechs Produkten ergeben sich 120 Faktoren, denen die Vielzahl psychischer Leistungsgesichtspunkte zuzurechnen wäre. Jeder einzelne Informationsverarbeitungsprozess weist dem Modell zufolge die Qualitäten Inhalt, Operation und Produkt auf und kann dementsprechend einem der Quadersteine zugeordnet werden. Dabei stellen die besagten Ordnungsdimensionen (Inhalte, Operationen, Produkte) nunmehr *doch* Faktoren höherer, und zwar dritter Ordnung dar, d. h., Guilford (1981), der bislang durch die Auswahl der Tests und die strikte Bevorzugung orthogonaler Rotationsprinzipien explizit zugunsten der Einzel-Elemente des Modells argumentierte, formuliert, überprüft (und bestätigt) jetzt selbst Erwartungen hinsichtlich der Faktoren höherer Ordnung. Die Korrelation zwischen Variablen und das Niveau der Faktoren innerhalb einer potentiellen Hierarchie (!) bemisst sich nach der Zahl von Spezifikationen oder Facetten, die zur Kennzeichnung notwendig sind. Von Primär- oder basalen Faktoren, die miteinander Null-korreliert sein sollen, weist jeder drei Kategorien auf (Kombination von Inhalt, Operation und Produkt). Entsprechend sind Faktoren zweiter und dritter Ordnung durch die Kombination nur zweier bzw. die Angabe eines einzigen Buchstabens im S-I-Modell zu kennzeichnen (s. dazu auch die ebenfalls auf Re- und Sekundäranalysen gestützte Arbeit von Kelderman, Mellenbergh & Elshout, 1981).
Das S-I-Modell ist mehrfach mit der Elemententafel Mendeljews verglichen worden. Durch die dort ausgewiesene Ordnung wurde bekanntlich die Entdeckung zahlreicher neuer Elemente gefördert. Ähnliches gilt für die Intelligenzfaktoren: War anfänglich nur ca. ein Viertel der im Modell vorgesehenen Bausteine durch Faktoren besetzt, galten bereits Anfang der siebziger Jahre ca. 100 Faktoren als gesichert. Insofern hatte der vorgegebene Rahmen zur systematischen Ableitung von Hypothesen geführt, auf die gestützt Aufgaben konzipiert und ihre Unabhängigkeit von anderen Dimensionen geprüft werden konnte – der heuristische Wert auch dieses Modells ist unbestreitbar. Dabei ist zu bedenken, dass die Zahl der entwickelten Skalen diejenigen der Faktoren deutlich übertrifft, da einige der Faktoren durch mehrere, hoch miteinander korrelierende Tests repräsentiert werden. Einige Bereiche aktueller Forschung, wie etwa derjenige zur sozialen Intelligenz (s. Probst, 1975, 1982; Orlik, 1978; Amelang, 1987), sind ohne die Impulse aus dem Guilford'schen Arbeitskreis schlechterdings nicht mehr vorstellbar.
Allerdings fehlt es auch nicht an kritischen Einwänden gegenüber dem S-I-Modell. Dabei ist sicher von geringerem Belang die vor dem Hintergrund des »Unbehagens in der Faktorenanalyse« (Kallina, 1967) entstandene Befürchtung einer immer größer und unhandlicher werdenden Aufsplitterung in Teilbefunde und -faktoren; denn menschliches Verhalten ist ganz offenkundig differenziert und erwiesenermaßen nicht mit Hilfe weniger eingängiger Formeln vorhersagbar. Gewichtiger sind vielmehr Gesichtspunkte, die vor dem Anspruch des Modells diskutiert werden können. 76% aller von Guilford und Hoepfner (1971) mitgeteilten 48 140 Korrelationskoeffizienten sind signifikant positiv, ein Umstand, der letztlich inkompatibel mit der im S-I-Modell postulierten Unabhängigkeit der Faktoren ist; anscheinend kann somit das Modell auf eine geringere Zahl von Dimensionen reduziert werden. In einer ausgezeichneten Analyse haben Brody und Brody (1976, S. 43–55) weitere Kritikpunkte zusammengestellt. Ihrer Überzeugung nach wären vermutlich noch mehr Zusammenhänge bedeutsam ausgefallen, wenn nicht die Versuchspersonen, häufig Luftwaffenoffiziere, so homogen, die Tests so wenig zuverlässig (r_{tt} mitunter niedriger als .50) und die Merkmalsstichproben derart heterogen gewesen wären. Entschieden kritisiert werden müsse auch die Replizier- und – nicht nur semantische – Interpretierbarkeit der einzelnen Faktoren. Deren

Beitrag zur Vorhersage schulischer Leistungen sei zudem nicht höher als derjenige allgemeiner Intelligenztests, was sich zumindest mit der Auffassung vereinbaren lasse, dass die Guilfordschen Faktoren eine begrenzte Zahl der allgemeinen Fähigkeiten repräsentierten.
Zusätzliche Kritik üben Undheim und Horn (1977). Eine zentrale Rolle spielt bei ihnen die Überlegung, dass es praktisch unmöglich ist, die Unabhängigkeit von 120 Faktoren zu belegen, weil dafür ein nicht zu leistender Aufwand an Testzeit und Versuchspersonen betrieben werden müsste. Weiterhin ergaben Zielrotationen auf *zufällig* erstellte Ladungsmatrizen unter Verwendung der Guilford'schen Daten nahezu ebenso viele Übereinstimmungen wie Treffer erzielt wurden, wenn stattdessen Hypothesen aus dem S-I-Modell zugrunde gelegt wurden (in diesem Sinne auch Undheim, 1979).
In der Zusammenschau dieser Gesichtspunkte erweist sich das S-I-Modell zwar als ein hochwertiges Stimulans für die empirische Forschung; es muss aber gerade durch den Ertrag derselben als erheblich belastet angesehen werden.

12.3.6 Das Berliner Intelligenzstrukturmodell von Jäger

Im deutschen Sprachraum hat Meili (1957, 1961) die Ansicht vertreten, Intelligenzfaktoren könnten so gefasst werden, dass sie mit der gestalttheoretischen Auffassung des Denkens übereinstimmen. Ausgehend von dieser Konzeption beschreibt er die vier Faktoren Komplexität, Plastizität, Ganzheit und Flüssigkeit, die in Untersuchungen von Schaedeli (1961) und Hürsch (1973) mit entsprechend konstruierten Skalen bestätigt werden konnten. Gerade darin aber liegt ein erhebliches Problem, denn ganz abgesehen von einigen Schwierigkeiten in Bezug auf den Globalisationsfaktor kann gefordert werden, dass die besagten Dimensionen, sofern es sich dabei um sehr allgemeine Kategorien handelt, auch bei Verwendung anderer, weniger gezielt ausgesuchter und ausgestalteter Variablen »durchschlagen« müssten, was fraglich erscheint. Darüber hinaus wirft, so Jäger (1983), die Einbringung der gestaltpsychologischen Theorie zum Ablauf von Denk*prozessen* in die an fertigen End*produkten* ansetzende Faktorenanalyse die Frage der wechselseitigen Kompatibilität auf (mehr zu dieser Dichotomie unter 12.3.7).
Jäger (1973) überprüfte in seinen umfangreichen Analysen mit nicht weniger als 289 Variablen Elemente aus den Strukturmodellen von Thurstone, Guilford und Meili und gelangte zunächst zu sechs Gruppen von Hauptfaktoren, deren Hierarchisierung postuliert wurde: »Anschauungsgebundenes Denken«, »Einfallsreichtum und Produktivität«, »Konzentrationskraft und Tempomotivation«, »Verarbeitungskapazität, formallogisches Denken und Urteilsfähigkeit«, »zahlengebundenes Denken« und »sprachgebundenes Denken«.
Schon aus den Doppelbenennungen ist die relative Breite von einigen dieser Dimensionen erkennbar.
Dieser erste »Entwurf« eines Modells und dessen »stark vereinfachende Veranschaulichung einer ersten Näherung« (Jäger, 1984, S. 25 bzw. 1973, S. 179/80) sind durch stringente und methodenkritische Forschungen zum »Berliner Modell« (Jäger, 1984, auf dessen Beitrag sich auch die nachfolgenden Zitate beziehen) fortentwickelt worden, dessen Aufbau in Abbildung 12.10 wiedergegeben ist. Es vereinigt Elemente aus den Kategorisierungs-Systemen von Spearman, Thurstone und Guilford unter Berücksichtigung allgemeiner Erkenntnisse der Intelligenzforschung und sehr gezielt durchgeführter gesonderter Erhebungen bzw. Analysen.
Ausgangspunkt bildete eine Katalogisierung der in der Literatur zur Intelligenz- (und Kreativitäts-)Messung überhaupt vorfindbaren Aufgabenarten. Der Pool von ursprünglich ca. 2000 Item-Typen wurde unter den Gesichtspunkten einer Beibehaltung der Vielfalt des

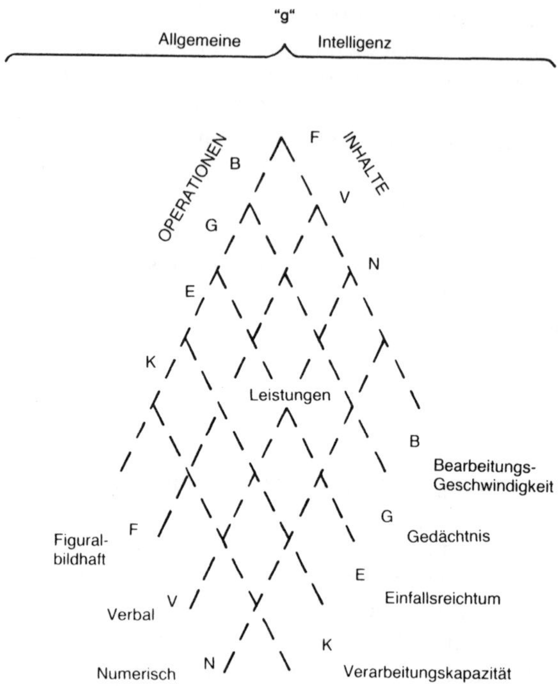

Abb. 12.10: Modell der Intelligenz nach Jäger (1984).

Tab. 12.4 Klassifikation der Variablen nach Operations- und Inhaltsklassen bei Jäger (1982, S. 200).

Operationen	Inhalte: Figural (F)	Inhalte: Numerisch (N)	Inhalte: Verbal (V)		
Bearbeitungs-Geschwindigkeit	BO 1	XG 1	WG 1	1	B
	BD 1	XG 2	WG 2	2	
	GO 2	SI 1	WK 1	3	
	GO 1	RZ 2	UW 2	4	
Gedächtnis	FM 1	ZZ 2	NM 1	1	G
	FM 2	ZM 1	NM 3	2	
	KF 1	ZM 2	GG 1	3	
	KF 2	ST 1	PR 1	4	
Einfallsreichtum	ZK 1	TN 1	EF 2	1	E
	ZK 2	TN 2	IT 3	2	
	ZF 1	DR 1	AF 2	3	
	OJ 1	DR 2	AF 1	4	
Kapazität der Verarbeitung	HI 4	ZN 1	MK 2	1	K
	AW 1	ZN 2	TM 2	2	
	AW 2	RD 1	WA 2	3	
	BN 2	RD 3	SW 1	4	
	1 2 3 4 (F)	1 2 3 4 (N)	1 2 3 4 (V)		

Aufgabenmaterials und der Repräsentation konkurrierender Strukturmodelle zu 191 Aufgabenblöcken reduziert, die 98 Aufgabentypen angehören. (Ein solches Vorgehen stellt in etwa eine Übertragung der bereits unter 6.3.2 geschilderten lexikalischen Sichtung von Trait-Begriffen dar, wie sie Allport und Cattell vorgenommen haben.) Eine Stichprobe von N = 545 Abiturienten beiderlei Geschlechts im Alter zwischen 16 und 21 Jahren bearbeitete die 191 Leistungsvariablen zusammen mit einer Batterie von Interessen- und Persönlichkeitstests während einer ca. 15-stündigen, auf drei Tage verteilten Vorgabe.

»Exploratorische Strukturanalysen« des Gesamtsatzes der Intelligenzskalen ergaben gleichermaßen nach Faktoren- wie Clusteranalysen im ersten Schritt vier »hochgradig generelle Leistungsklassen, die durch ihre *operative* Eigenart gekennzeichnet sind, nämlich: Einfallsreichtum, Verarbeitungskapazität, Gedächtnis und Bearbeitungsgeschwindigkeit«. Es fehlten jedoch die in zahlreichen Untersuchungen ausgewiesenen Kategorien für sprach-, zahlen- und anschauungsgebundenes Denken, und zwar möglicherweise deshalb, weil diese material- bzw. inhaltsspezifischen Faktoren zwar gleichermaßen in allen operativen Klassen vorkamen, bei den Abiturienten aber von den bestehenden (größeren) interindividuellen Unterschieden in den operativen Faktoren überlagert und verdeckt wurden. Um diesem Gesichtspunkt nachzugehen, klassifizierte Jäger 48 möglichst inhaltsreine Leistungsvariablen nicht nur nach den (soweit bereits bestätigten) Operations-, sondern als zweiten Ordnungsgesichtspunkt auch nach den (soweit noch hypothetischen bzw. vermissten) Inhaltsklassen (s. dazu Tabelle 12.4). Die Faktorisierung der 48 Variablen führte wiederum nur zu den Kategorien B, G, E und K. Erst wenn die Variablen zeilenweise zu operationshomogenen Bündeln und spaltenweise zu inhaltshomogenen Bündeln in der schematisch angedeuteten Weise zusammengefasst wurden (Variablen dann z. B. B 1, B 2 usw. bzw. F 1, F 2 usw.), traten in den für die Richtung der Aggregation getrennt durchgeführten Analysen nachgerade idealtypisch rein die Faktoren für Operations- und Inhaltsklassen zu Tage. Wurde pro Feld die eine Hälfte der Variablen in operationshomogene, die andere zu inhaltshomogenen Bündeln zusammengefasst (z. B. für die Kombination F/B: 1 und 2 B sowie 3 und 4 F), schienen in gemeinsamen Faktorisierungen simultan die vier Operations- und drei Inhaltsklassen (oder Faktoren zweier »Modalitäten«) auf.

Deren Allgemeinheitsgrad entspricht ungefähr den Sekundärfaktoren, wie sie Buse und Pawlik (1982) in ihrer bereits erwähnten integrativen Re-Analyse von Datensätzen gefunden und in einem hierarchischen Modell zusammengestellt haben.

Im Unterschied zu den Bausteinen des Guilford-Modells enthalten die Zellen der bimodalen Matrix »keine Primärfaktoren, sondern die multifaktoriell bedingten Leistungen.« Sie müssten also ungefähr im Niveau den Guilford'schen Sekundärfaktoren entsprechen, über die neuerdings berichtet wird.

Schließlich zeigte sich bei der Bildung von vier Variablen-Bündeln, in die aus jedem Feld der Klassifikations-Matrix je eine Variable einging (also Zeile 1 B + 1 G + 1 E + 1 K bzw. 2 B + 2 G usw.) und somit die operativen als auch die inhaltsgebundenen Varianzen ausbalanciert waren, ein g-Faktor ohne Binnenstruktur, der als nicht weiter differenzierbare Einheit dem Modell gleichsam voransteht.

Die Frage, warum die Bi-Modalität der Faktoren innerhalb des Berliner Intelligenzstrukturmodelles mit den gebräuchlichen Strukturanalysemethoden nicht im *Simultan*-Vergleich aufgezeigt werden kann, verdient zusätzliche Beachtung. Schmidt (1984, S. 94) macht dafür das Einfachstrukturkriterium explorativer Faktorisierungen verantwortlich, indem er die folgenden Überlegungen anstellt: »Als simultaner empirischer Nachweis der Bi-Modalität auf Variablenebene könnte das Ergebnis einer Faktorenanalyse gelten, bei der jede Variable auf jeweils einem operativen und einem inhaltsgebundenen Faktor substantiell lädt. Dies widerspricht aber dem in nahezu allen exploratorischen faktorenanalytischen Techniken realisierten Postulat der Einfachstruktur als Rotationskriterium. Es optimiert Lösungen, bei denen eine Variable möglichst nur auf einem Faktor hoch und auf allen anderen niedrig lädt.« Die hypothetisierte Struktur erfordert deshalb andere Methoden einer Überprüfung: Konfirmatorische Faktorenanalysen. Mit Hilfe von obliquen Ähnlichkeitsrotationen und LISREL kann Schmidt (1984) in Simultanprüfungen der Leistungen von N = 545 Schülern in 48 ausgewählten Variablen die operativen und inhaltlichen Anteile bestätigen.

Die Faktoren können hier ebenso wenig wie die Variablen im Einzelnen geschildert werden. Dazu muss ausdrücklich auf die Publikationen der Berliner Forscher-Gruppe (s. Jäger, 1982, 1983, 1984) verwiesen werden. Dies gilt auch für die umfangreichen Untersuchungen zur zeitlichen Stabilität, der Universalität (Geltung für Untergruppen von Personen), der Generalität (Hinzunahme weiterer Aufgabentypen) und Replizierbarkeit (Kleine & Jäger, 1987a; Jäger & Tesch-Römer, 1988). Schmidt et al. (1986) haben ein erstes, als Kerntest bezeichnetes Instrument (»Baukasten«) aus 29 Aufgabenblöcken entwickelt, das bei Akzentuierung der inhaltlichen Vielfalt gleichwohl gute Re- sowie Parallel-Test-Kennwerte aufweist und auch gegenüber externen Kriterien valide ist (Kleine & Jäger, 1987b).

Ganz ohne Zweifel ist die Kombination von gleichermaßen hypothesengeleitetem wie ausgesprochen methodenkritischem Vorgehen absolut beispielhaft, und zwar auch im internationalen Vergleich, weshalb man hoffen darf, dass auch im anglo-amerikanischen Sprachraum davon nachhaltig Kenntnis genommen wird.

12.3.7 Zusammenfassende Würdigung

Trotz der Kürze der Darstellung wird deutlich geworden sein, dass, wie in jedem anderen naturwissenschaftlichen Forschungsbereich auch, die angewendete Methode in nicht unerheblichem Ausmaß die erhaltenen Resultate determiniert. Werden einzelne Merkmalsbereiche in die Stichprobe vorgegebener Skalen nicht mit einbezogen, kann verständlicherweise kein Faktor entsprechenden Inhalts bei der späteren Analyse auftreten. Umgekehrt wirken breite Merkmalsgruppen in Richtung differenzierter Strukturen, relativ homogene hingegen zugunsten eines globalen Generalfaktors. Die Zusammensetzung der Probandengruppen nach der Leistungsbreite ist ebenso für die Ergebnisse von Belang wie die Entscheidung zugunsten orthogonaler bzw. schiefwinkliger Rotationsverfahren. Noch vorgeordnet und von großer Bedeutung für das gesamte Vorgehen sind die Annahmen über die Art der Varianzaufspaltung: Teilt sich diese auf einen »allgemeinen« und einen »spezifischen« Leistungsfaktor (Spearman) oder exklusiv hierarchisch auf Faktoren unterschiedlichen Niveaus (Vernon)? Orientiert sich die Varianzaufspaltung am Einfachstrukturpostulat mit der Begünstigung von Primärfaktoren (Thurstone) oder an gemeinsamen Faktoren durch schiefwinklige Rotationen und Analysen höherer Ordnung (Cattell) oder an der Annahme der Bi-Modalität der Faktoren? Insofern stehen die skizzierten Modelle nicht in einem unverbundenen Nebeneinander, sondern sind in gewissem Ausmaß direkte Folge der von den Autoren vorab getroffenen Setzungen.

Andererseits scheinen einige Befunde sich demgegenüber als invariant und durchschlagend erwiesen zu haben, was zu der Feststellung berechtigt, weder Thurstone noch Guilford sei der Beweis gelungen, dass es einen g-Faktor intelligenten Verhaltens *nicht* gibt. Dem vorliegenden Material zufolge ist die Beibehaltung der Vorstellung von einem Generalfaktor sehr wohl gerechtfertigt, wobei dieser, im Sinne der Ausführungen zum Wesen von Traits, lediglich als statistische Abstraktion zu sehen ist und weiter gehende Bestimmungen, wie sie etwa Jensen (1987) anstellt, der von g als einem »realen Phänomen« spricht, vorläufig Spekulation bleiben müssen.

Auch eine solche vorsichtige Aussage basiert auf den begrenzten Erkenntnismöglichkeiten jeder Korrelationsanalyse, bei der auf gemeinsame Eigenschaften von Personen aus der Eigenschaft von Tests geschlossen und unterstellt wird, bei allen Messwertträgern der Stichprobe finde sich eine hinlänglich vergleichbare Menge von Fähigkeiten. Kalveram (1970) bezweifelt im Übrigen die Haltbarkeit eben dieser Grundannahme und besteht darauf, dass die Faktorenanalyse »nicht Gegenstände der Psychologie (z. B. ›Fähigkeiten‹) (ordnet), sondern ›Meßinstrumente‹, nämlich die Tests, mit denen die psychischen Gegebenheiten erfaßt werden sollen«. Davon abgesehen ist unschwer vorstellbar, dass eine für die Gesamtstichprobe mittlere Korrelation zwischen zwei Variablen A und B durch andere Untergruppen von Probanden verursacht werden kann als eine solche von gleicher Höhe zwischen A und C, d. h., im Unterschied zur üblichen Annahme muss durchaus damit gerechnet werden, dass verschiedene Personen ganz verschiedene Funktionen einsetzen, um Gleiches zu erreichen. Speziell resultiert ein ganzes Paket zusätzlicher Schwierigkeiten aus dem Umstand, dass die dimensionalen Strukturen sich als sensitiv erwiesen haben gegenüber einer Vielzahl von Klassifikationsgesichtspunkten wie Alter, Geschlecht und Begabung der Probanden, ihrem sozioökonomischen Status sowie der Ausprägung von Persönlichkeitsmerkmalen im engeren Sinne (zusammenfassend s. Mandl & Zimmermann, 1976). Beispielsweise fand Wewetzer (1958) beim Vergleich zweier Gruppen hirngeschädigter und hirngesunder Kinder, die beide nach Alter und Begabungsniveau vergleichbar waren, »daß in den Testleistungen zwei verschiedene Leistungsstrukturen zum Ausdruck kommen« (S. 245). Weitere Untersuchungen machten eine einfachere, weniger Faktoren umfassende Struktur bei minderbegabten, hingegen eine »differenziertere« Struktur mit mehr Dimensionen bei den durchschnittlichen Schülern wahrscheinlich (= »Divergenz-Hypothese«). Gewiss sind einige der berichteten Differenzierungen, so etwa diejenige entlang des Alters (= »Alters-Differenzierungs-Hypothese«) oder entlang der von den Probanden erzielten Leistung (Reinert, Baltes & Schmidt, 1965; »Leistungs-Differenzierungs-Hypothese«) oder die Abhängigkeit vom Schultyp und damit Begabungsniveau (Lienert, 1961b) auf eine artifizielle Minderung der Interkorrelationen bei einigen Gruppen durch ihre Selektion nach dem Gesamtpunktwert zurückzuführen (Kalveram, 1969). Denn wenn beispielsweise vorab festgelegt wird, dass nur Probanden mit durchschnittlichen Gesamtleistungen (z. B. X = 100) in die Unterstichprobe aufgenommen werden sollen, kann ein Individuum mit einem Standardwert von X = 110 im Untertest A nur dann zur Stichprobe gehören, wenn er im streuungsgleichen Untertest B den Score X = 90 aufweist und umgekehrt. Nach diesem Prinzip müssen die Interkorrelationen artifiziell herabgesetzt, im Beispiel sogar negativiert werden, auch wenn die Limitierungen im konkreten Fall weniger restriktiv und die Untertests wesentlich zahlreicher sind. Andere Unterschiede erwiesen sich im Zuge später durchgeführter zufallskritischer Prüfungen als nicht bedeutsam (s. dazu Amelang & Langer, 1968) oder als schwer interpretierbar (s. Merz & Kalveram, 1965). Dennoch bleibt bei der Faktorenanalyse als einer auf Korrelationsberechnungen basierenden Technik stets die Abhängigkeit aller damit erzielten Resultate von der Stichprobe der herangezogenen Personen. Die für eine Gesamtstichprobe ermittelten Befunde sind deshalb u. U. nicht repräsentativ für irgendeine der theoretisch oder empirisch abgrenzbaren Untereinheiten von Merkmalsträgern, sondern treffen nur eine Aussage für deren Konglomerat, das im ökologischen Umfeld in ähnlicher Konstellation nicht wieder anzutreffen sein muss.

12.3.8 Exkurs: Prozessanalysen der Intelligenz

Für alle Punktwerte, wie sie in den gängigen Testverfahren zur Erfassung intelligenten Verhaltens ermittelt werden, gilt, dass sie zwar Aufschluss liefern über die Höhe einer Leistung, nicht aber über die *Prozesse,* die ihr Zustandekommen ermöglichen oder verhindern. Der Versuch, etwas über diese die Leistungen bedingenden Prozesse zu erfahren, indem an interindividuellen Unterschieden angesetzt und korrelationsstatistisch(-faktorenanalytische)

Verfahren angewendet werden, vermehrt lediglich die Liste bereits bekannter Traits um einige weitere, gewöhnlich sehr spezifische (Carroll, 1978). Vielmehr bedarf es diesbezüglich völlig anderer Ansätze, die nachfolgend kurz angesprochen werden sollen (s. auch Jarman, 1980). Auf skalierten Selbst-Beschreibungen des Verhaltens der Versuchspersonen während der Bearbeitung von Testaufgaben beruht der Versuch von Ertel (1966) sowie Ertel und Schindler (1969), die Leistungen in Intelligenztests durch »operative Dispositionen« zu erklären, welche sich den Ergebnissen zufolge in die Faktoren »Anpassung«, »Variabilität« und »Unifizierung« gliederten.

Demgegenüber unternimmt Carroll (1981, S. 14) eine »logische und teilweise intuitive Analyse« der Aufgabe(n), die in den wichtigsten Ansätzen der (differentialpsychologisch-)psychometrischen und (allgemein-psychologisch) kognitiven Forschung Verwendung finden. Die daraus abgeleitete tentative Liste enthält die kognitiven Prozess-Komponenten Monitor (eine Art »determinierende Tendenz« für das Ablaufen anderer Prozesse während der Aufgabenbearbeitung), Aufmerksamkeit, Aufnahme (Registrierung eines Reizes in einem sensorischen Puffer), perzeptuelle Integration, Einspeichern (Transformation des physischen Stimulus in eine psychische Repräsentation), Vergleichen, Bilden und Suchen von Co-Repräsentationen (Vergleiche zwischen neuen und bereits gespeicherten Inhalten; Auffinden bestimmter Inhalte nach spezifischen Regeln), Transformation und Ausführung der Antwort. Möglicherweise existieren, wie der Autor einräumt, noch weitere Prozesse, um die Verarbeitung von Information bei der Lösung von Intelligenz-Aufgaben erschöpfend zu beschreiben; auch bleibt zunächst ungeklärt, inwieweit die erwähnten Komponenten voneinander verschieden bzw. partiell wechselseitig überlappend sind.

Den mit Abstand größten Ertrag haben experimentelle Ansätze unter Verwendung eigens entwickelter Aufgaben erbracht (s. Kasten). Diese Ansätze rühren aus der allgemeinpsychologischen Informationsverarbeitungs-Forschung und haben erst in einer zweiten Phase der Forschungen in hinreichender Weise interindividuellen Unterschieden Rechnung zu tragen versucht. Innerhalb dieses Zuganges lassen sich zwei Sub-Strategien unterscheiden: Der *Kognitive-Korrelate-Ansatz* geht von psychometrisch unterschiedenen Gruppen von *Personen* aus (etwa Hoch- und Niedrig-Intelligenten im Sinne von IQ-Tests) und sucht dann nach kognitiven Prozessen, in denen sich die Gruppen voneinander unterscheiden. Eine oft zitierte Frage dabei ist etwa: »What does it mean to be high verbal?« (Hunt, Luneberg & Lewis, 1975).

Demgegenüber setzt der *Kognitive-Komponenten-Ansatz* an einzelnen Gruppen von *Test*-Items an und versucht die Teilprozesse zu identifizieren, die für die Unterschiede zwischen Personen-Gruppen verantwortlich sind. Die zentrale Frage lautet hier: »What do intelligence tests test?« (Pellegrino & Glaser, 1979).

Am besten untersucht sind die Aufgabenbereiche verbales Geschick, Number, Induktives Denken, Deduktives Denken und Lernen (s. Sternberg, 1988a). Die Ergebnisse dieser vielfältigen und sich vehement entwickelnden Forschungen können hier allenfalls exemplarisch vorgestellt werden (für einen breiteren Überblick s. Amelang, 1994). So hat Sternberg (1977) für induktives Denken zeigen können, dass Personen mit hohen Punktwerten in Leistungstests im Vergleich zu solchen mit niedrigen weniger Zeit benötigen für Prozesse der Merkmalsentdeckung, des Merkmalsvergleiches, der Beurteilung und Beantwortung, hingegen mehr (!) Zeit für die Enkodierung. Der letztere Befund lässt sich u. a. dahingehend interpretieren, dass die leistungsstarken Probanden und Probandinnen auf diesen Abschnitt der Problembearbeitung mehr Sorgfalt richten und dadurch die nachfolgenden Prozesse entlasten (s. Kail & Pellegrino, 1985).

Auf die Enkodierung richtet vor allem Hunt (1978) besonderes Augenmerk, weil er darin ein Beispiel sieht für informationsfreie kognitive Prozesse (von »niederer« Ordnung), die weitgehend automatisiert ablaufen; sie sind gleichwohl für verbale Fähigkeiten verantwortlich,

weil sie während der Sozialisationsgeschichte eines Individuums den Erwerb und die Speicherung von Wissen ebenso begünstigen, wie sie später die rasche Informationsverarbeitung fördern. Eine typische Aufgabe besteht im Buchstaben-Vergleich unter den beiden Bedingungen »physical match« und »name match«. Bei der ersteren werden den Versuchspersonen Buchstaben-Paare dargeboten, die physisch identisch sind (z. B. AA oder bb) oder nicht (Aa oder Ba). Unter den Namens-Vergleichs-Bedingungen sehen die Probanden Buchstaben-Paare, die unter dem Gesichtspunkt des Aussprechens identisch sind (z. B. Aa, BB oder bB) oder nicht (Ab, ba, bA). Reaktionstasten dienen zur Ermittlung der Entscheidungen über die jeweilige Gleichheit bzw. Verschiedenheit. Üblicherweise korreliert die mittlere Reaktionszeit-Differenz zwischen »name«- und »physical-match«-Bedingung um $r = -.30$ mit Tests des verbalen Geschicks. Die Interpretation zu diesem Befund geht dahin, dass die Geschwindigkeit für lexikalischen Zugriff, wie er durch die Differenz von »name«- minus »physical-match« definiert ist, kausal die verbalen Fertigkeiten beeinflusst.
Solche und andere Prozess-Komponenten finden in den Struktur-Modellen der Intelligenz keinen Platz, da diese ja nur Ordnungs-Systeme für die Beschreibung von Produkten sind, also den Ergebnissen des Zusammenwirkens der Prozesse. Um diese Lücke zu schließen, hat Sternberg (1985a) ein umfassenderes Modell vorgestellt, das er »triarchic« nennt, weil dabei

Unter 12.3.3 waren u. a. Aufgaben als Beispiele für Faktoren der räumlichen Vorstellung wiedergegeben worden, die das gedankliche Kippen und Drehen von Würfeln bzw. das Erkennen spiegelbildlich verdrehter Zahlen erfordern.
Shepard und Metzler (1971) haben eine Anordnung entwickelt, mit deren Hilfe die Zeit bestimmt werden kann, die erforderlich ist, um »mentale Rotationen« vorzunehmen. Den Versuchspersonen wurden Wahrnehmungsvorlagen exponiert, auf denen sich Gebilde nach Art der in der nachfolgenden Abbildung 12.11 wiedergegebenen geometrischen Figuren befanden.

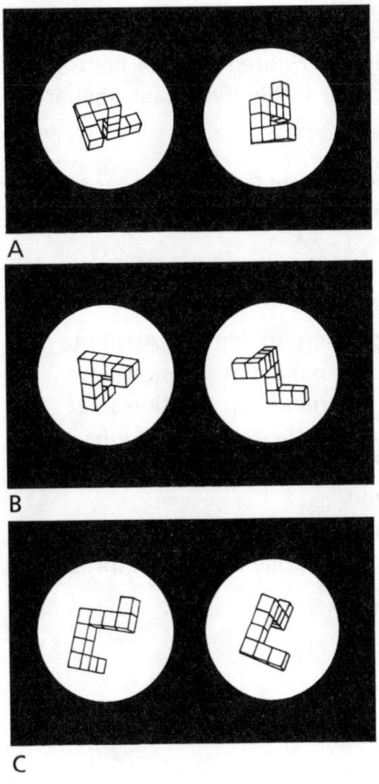

Abb. 12.11:
Beispiele für Paare perspektivischer Zeichnungen, die den Versuchspersonen dargeboten wurden. A veranschaulicht ein »identisches« Paar, bei dem die Figuren um 80° in der Ebene zueinander rotiert sind, B stellt ein »identisches« Paar mit einem Drehwinkel von 80° in der Tiefe dar. C enthält »verschiedene« Figuren, die nicht durch irgendeine Rotation zur Deckung gebracht werden können (aus Shepard & Metzler, 1971, S. 702).

Die Figuren waren entweder identisch, aber in verschiedenen Graden in der Ebene oder Tiefe zueinander gedreht, oder verschieden voneinander. Im letzteren Fall war es nicht möglich, die Figuren durch irgendwelche Rotationen zur Deckung zu bringen. Je nachdem, zu welchem Urteil die Versuchspersonen gelangten, mussten sie möglichst schnell eine »Same«- bzw. »Different«-Taste betätigen. Die Ergebnisse sind in Abb. 12.12 wiedergegeben und zeigen, dass die Bearbeitungszeit der Aufgaben eine lineare Funktion des Drehwinkels ist, in dem die miteinander verglichenen Gebilde voneinander abweichen. Aufgrund eines Vergleiches mit Versuchsbedingungen, in denen die Aufgabe gleichzeitig in den Dimensionen »Ebene« und »Tiefe« gedreht worden waren, gelangen Shepard und Metzler (1971, S. 703) zu der Feststellung, dass ca. »80% der Reaktionszeit bei solchen Aufgaben zu lasten von ›mental rotation‹ geht«, der Rest auf Vorbereitungs- und Suchprozesse verwendet wird. (Zu den Persönlichkeits-Korrelaten dieser Aufgabe s. Ozer, 1987.)

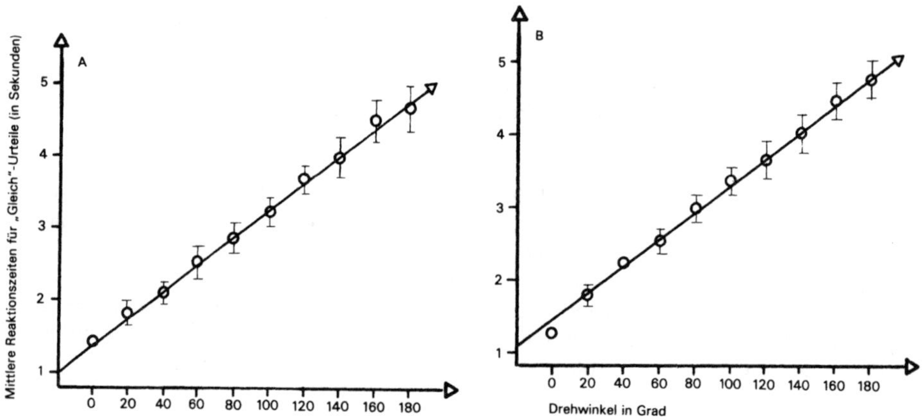

Abb. 12.12: Mittlere Reaktionszeiten und Standardabweichungen für paarweise vorgegebene, aber zueinander rotierte dreidimensionale Figuren von gleicher Gestalt. A: Rotation nur in der Ebene, B: Rotation nur in der Tiefe (aus Shepard & Metzler, 1971, S. 702)

Sternberg (1977) hat demgegenüber die Prozesse beim induktiven Denken (Faktor R) einer »Komponenten-Analyse« unterzogen. In seinen Experimenten kamen u. a. Aufgaben des folgenden Typs zum Einsatz (siehe Abb. 12.13):

Geprüft wurde ein Modell, das für die Bearbeitung solcher Aufgaben vom A:B=C:D-Typ folgende Teilprozesse vorsah:

Encoding (o) = Identifizierung, Kodierung und Speicherung der Reiz-Attribute
Inference (x) = Auffinden der Regel, die A und B zueinander in Relation setzt
Mapping (y) = Auffinden der Regel, die A und C zueinander in Relation setzt
Application (z) = Formulieren einer Regel, um mit deren Hilfe eine Vorstellung von der richtigen Lösung zu entwickeln, die dann zu den angebotenen Alternativen ausgewählt werden kann
Justification (t) = Prüfen der ausgeführten Operationen
Preparation response (c) = Vorbereitung der Analogie-Lösung; Kontrolle des Lösungsprozesses, Übersetzen der Lösung in eine Antwort.

Hand : Fuß = Finger : Zehe
Verkäufer : Verkauf = Kunde : Kauf
Wort : Buchstabe = Abschnitt : Satz
Hören : Sehen = Taub : Blind

Abb. 12.13: Beispiele für Aufgaben zum induktiven Denken nach dem A:B=C:D-Typ aus den Experimenten von Sternberg (1977, pp. 180, 223, 257).

Die allgemeine Hypothese ging dahin, dass sich die Lösungszeit für ein Problem additiv aus den Teilzeiten für die Einzelprozesse zusammensetzt. Diese Teilzeiten wurden dadurch bestimmt, dass den Versuchspersonen die Aufgaben mit unterschiedlicher Vorinformation dargeboten wurden (z. B. nur A und B oder A, B und C, jeweils gefolgt von der vollständigen Analogieaufgabe). Die Item-Schwierigkeit wurde über die Zahl der zwischen den Elementen der Aufgabe variierenden Attribute manipuliert. Die abhängige Variable bestand stets aus Reaktionszeiten.
Die Ergebnisse lassen insgesamt eine gute Übereinstimmung zwischen den tatsächlichen Lösungszeiten und den auf der Basis der Teilzeiten geschätzten Gesamtzeiten erkennen. Über die verschiedenen Aufgabentypen hinweg korrelierte besonders die Komponente (c) mit den Ergebnissen gleichzeitig vorgegebener Leistungstests.

drei höchst unterschiedlichen Aspekten Rechnung getragen wird, nämlich den Beziehungen von Intelligenz zur internalen Welt des Individuums, zu dessen externaler Welt und der Erfahrung. In einem aus der Politik entlehnten Bild spricht er von »Intelligence as mental self-government« (1985b, S. 117) und setzt die drei Bereiche mit dem Innen- und Außen-Ressort sowie den Veränderungen über der Zeit gleich.

Zum internalen Geschehen gehören die Prozess-Elemente, die sich ihrerseits in Meta- oder ausführende Komponenten gliedern (sie kontrollieren die Pläne, Abläufe und Bewertungen), Performance-Komponenten (sie besorgen die tatsächliche Ausführung der Instruktionen durch Erschließung von Beziehungen, deren Anwendung auf neue Situationen usw.) und Wissens-Erwerb-Komponenten (z. B. Erlernen von Schritten für das Lösen von Analogie-Problemen).
In das Außen-Ressort fallen die Funktionen, die in der Alltags-Welt die Anpassung an die Umgebung gewährleisten, die Auswahl neuer und die Veränderung bestehender Kontextbedingungen.

Hierher gehören die unter Kap. 12.3 bereits aufgeführten mehr akademischen, aber auch die unter 12.7 noch zu besprechenden praktischen und sozialen Fähigkeiten.
Mit dem dritten Bereich schließlich soll den Veränderungen über der Zeit entsprochen werden, also hauptsächlich den Erfahrungen, aber auch den Fähigkeiten, sich in neuen Situationen zurechtzufinden, ferner der gesonderte Faktor, den alltäglichen Anforderungen mehr und mehr automatisch und ohne große Anstrengung zu entsprechen.

Eine praktische Bedeutung wird das Modell, wie Bryant (1985) vermutet, wohl nur dann erhalten, wenn es gelingt, daraus neue und brauchbare Tests abzuleiten. Im Hinblick darauf sind, wie es den Schwerpunkten der Sternberg'schen Forschung entspricht, die Ansätze zur Erfassung der prozessualen Komponenten am weitesten gediehen, während zu den externen und evolutionären Aspekten unübersehbare Defizite bestehen. Am Ende seines 1985er-Buches gibt er selbst Ratschläge zur Verbesserung von Tests. »He should try these out«, empfiehlt Bryant und fügt hinzu, das Bemühen zur Erfassung von Intelligenz, »which began so well with Binet ... still seems to be in very good hands.«

Über den Leistungsbereich hinausgehend hat die Beschäftigung mit der Informationsverarbeitung als Paradigma des Problemlöseverhaltens zur Bildung der sog. kognitiven Persönlichkeitstheorien geführt (s. dazu: Kapitel 19). Im Mittelpunkt stehen die Denk-, Entscheidungs- und Bezugsregeln bei der Gewinnung und Verarbeitung von Information. Zur Kennzeichnung reliabler und intersituativ konsistenter Strukturiertheit werden Maße gebildet, die die Anzahl der in der Interaktion des Individuums mit der Umwelt entwickelten Kategorien von Denk- und Verhaltensstrukturen sowie die Flexibilität ihrer Verknüpfungsmöglichkeiten widerspiegeln (s. Seiler, 1973, 1979; Krohne, 1971).
Häufig führen Konzepte wie die geschilderten kognitionstheoretischen oder auch die neuen Ansätze der experimentalpsychologischen Intelligenzforschung zumindest indirekt wieder zur dimensionalen Betrachtung zurück. So korrelierte Sternberg (1977), wie oben dargestellt wurde, die Teilzeiten für die Lösungsprozesse mit verschiedenen Leistungstests. Darüber hinaus ist ein Bezug auf die dimensionale Betrachtung auch dann gegeben, wenn als Maß der Informationsverarbeitungsgeschwindigkeit der Anstieg der Reaktionszeit über dem Logarithmus der zur Verfügung stehenden Wahlmöglichkeiten in einem Reaktionsversuch in korrelative Beziehung mit einem Testverfahren gebracht wird, das auf ein Faktorenkonzept zurückgeht. Roth (1964) berichtet für eine sehr heterogen zusammengesetzte Stichprobe über einen Zusammenhang zwischen der Geschwindigkeit der Informationsverarbeitung und dem IST-Amthauer-Gesamtstandardwert von $r = -.39$, d. h., die im Test weniger leistungsfähigen Probanden benötigen einen größeren Reaktionszeitzuwuchs als die intelligenteren, um angemessen auf ein vermehrtes Signalangebot zu reagieren. (Zu den von dieser Arbeit ausgelösten Forschungen zur sog. »Chronometrischen Analyse« der Intelligenz, insbesondere des g-Faktors s. Neubauer, 1993; Schweizer, 1995, zu den verschiedenen Gütekriterien kognitiver Prozessvariablen s. Roznowki, 1993).
Analoges trifft zu, wenn die Leistung in Suchaufgaben unterschiedlicher Schwierigkeit (Trail Making Test) als Maß der Informationsverarbeitungsgeschwindigkeit mit faktoriellen Intelligenztests korreliert und ihre Aussagekraft oder Tauglichkeit als Intelligenztest abgeschätzt wird (Oswald, 1975; Oswald & Seus, 1975; s. auch Oswald, 1977).
Ähnlich gehen Hunt, Lunneborg und Lewis (1975) vor, die einzelne Leistungen innerhalb einer experimentellen Current-Information Processing-Aufgabe mit verbaler Intelligenz korrelieren. Schließlich verfahren auch Hussy und Scheller (1977) nicht anders, wenn sie informationsreduzierende Phasen des Problemlösungsprozesses mehr durch die kristallisierte, die informationsgenerierende Phase dagegen durch die fluide Intelligenz sensu Cattell determiniert sehen. Unter Heranziehung einfacher Maße aus Reaktionsversuchen und Aufgaben der Informationsverarbeitung konnte Vernon (1983) zeigen, dass ein beträchtlicher Varianzteil im Wechsler-IQ auf die Geschwindigkeit und Effizienz in der Ausführung einer relativ kleinen Anzahl kognitiver Operationen zurückzuführen ist, eine Widerlegung der weithin herrschenden Auffassung, g würde kaum mehr als erworbene Kenntnisse, entwickelte Lösungsstrategien oder gebotene Lern-Gegebenheiten erfassen. Hierher gehören auch die Bemühungen, allgemeine Intelligenz mit evozierten Potenzialschwankungen des Großhirns in Verbindung zu bringen: Für eine Stichprobe von allerdings nur $N = 22$ Versuchspersonen berichten Haier, Robinson, Braden und Williams (1983) diesbezüglich Korrelationskoeffizienten, die mit der Stärke des Reizes variieren, unter ei-

ner mittleren Intensitäts-Bedingung aber die Höhe r = .69 (ss) erreichen, was als Hinweis darauf gewertet werden kann, dass allgemeine Intelligenz von der zentralen Aktivation neuronaler Prozesse bei einem mittleren Stimulationsniveau abhängt (s. auch Jensen, Schafer & Crinella, 1981).

In solchen Untersuchungen werden neue Konzepte auf traditionelle bezogen. Dies scheint, geschähe es in ausschließlicher Manier, nicht unbedenklich zu sein, wenn man sich die Kritikwürdigkeit und das »Dilemma der Faktorenanalyse« (Orlik, 1967) vergegenwärtigt, ist andererseits aber angemessen, weil trotz aller Stichprobenabhängigkeit, der Vielfalt von Extraktions- und Rotationsmethoden, der Subjektivität von Interpretation und Variablenauswahl usw. eine verlässliche Basis im Sinne des Byrne'schen Paradigmas fraglos gefunden wurde: Nur weil die Faktorenanalyse sinnvolle Skalen zu bilden erlaubt, korrelieren diese in vorhersagbarer Weise mit externen Maßen aus experimentellen und schulischen Aufgaben, weisen sie Beziehungen auf mit Erfolg in Ausbildung und Beruf.
Eine Auswahl einschlägiger Befunde, die auf dem Einsatz faktorenanalytisch konzipierter und nach anderen Konstruktionsprinzipien erstellter Intelligenzskalen beruhen, ist in den nachfolgenden Abschnitten zusammengestellt.

12.4 Physiologische Grundlagen (»Korrelate«) der Intelligenz

Eine wesentliche Gemeinsamkeit der verschiedenen prozessanalytischen Ansätze besteht in der Erfassung von Reaktionszeiten. Solche Geschwindigkeitsmaße stehen zunächst für die rasche Bewältigung elementarer kognitiver Aufgaben wie den mentalen Rotations-Problemen, dem visuellen bzw. phonetischen Vergleich vorgegebener Buchstaben-Paare oder der Entscheidung zwischen motorischen Reaktionsalternativen – mithin spezifischen psychologischen Phänomenen. Substantielle Korrelationen der Punktwerte von Intelligenztests mit der Performanz in Aufgaben der geschilderten Art legen es nahe, Intelligenz als Eigenschaft des zentralen Nervensystems aufzufassen, Informationen schnell und fehlerfrei bearbeiten zu können. Von da ist es nur noch ein kleiner Schritt zu einer biologischen Fundierung der Intelligenz, wie sie etwa von Hendrickson (1982a,b) versucht wird. Dieser wählt als Metapher für das menschliche Gehirn die Wirkungsweise von Computern und sieht in der Kapazität der »Hardware« (Neurone und Synapsen) die Grundlage für interindividuelle Unterschiede in der Intelligenz: Je rascher und fehlerfreier die Übertragung synaptischer Impulse erfolge, umso höher sei die Intelligenz. Ganz ähnlich argumentiert Jensen (1982) mit seinem Modell der neuronalen Effizienz, in dem die Geschwindigkeit der Informationsverarbeitung durch unterschiedliche synaptische Reizübertragungsgeschwindigkeit erklärt wird.
Belege für die Verankerung von Intelligenz in neuroanatomischen Strukturen und Abläufen (= »*Bottom up-Modelle*«, weil darin zugrunde liegende, biologische Substrate die Ursache für »höhere« psychologische Phänomene sind) liefern Beobachtungen an basalen physiologischen Parametern wie den evozierten Potenzialen (EP). Dabei handelt es sich um Veränderungen der gehirnelektrischen Aktivität auf einfache visuelle, akustische oder taktile Reize, die erst nach oftmaliger Exposition der Stimuli und »Übereinanderlegen« der EEG-Ableitungen sichtbar werden, weil erst damit die Überlagerungen vonseiten der Spontanaktivität des Cortex auszublenden sind. Die betreffenden Effekte sind nur bei entsprechender Verstärkung und innerhalb sehr kurzer Zeiträume (bis etwa 400 msec nach Reizexposition) zu registrieren (s. dazu auch Abb. 16.1). Für die Intelligenzforschung sind die späten Komponenten (ab etwa 100 msec) von besonderem Interesse.

In verschiedenen Untersuchungen (s. die Zusammenstellung bei Neubauer, 1995) korrelierte die EP-*Latenz* negativ mit psychometrischer Intelligenz. Positive Zusammenhänge mit Intelligenz wurden hingegen verschiedentlich für die »*String-Length*« des EP gefunden; darunter versteht man die Länge der individuellen EP-»Schnur«, wenn diese, zunächst für alle Versuchspersonen in einem exakt gleichen Zeitintervall ermittelt, an einem bestimmten Zeitpunkt »abgeschnitten und auseinandergezogen« wird. Längere Ableitungen (»Schnüre«) stehen hierbei für eine differenziertere Verlaufsgestalt (s. auch die Übersicht von Burns, Nettelbeck & Cooper, 1996, die in eigenen Untersuchungen negative Resultate fanden). Den Resultaten von Bates, Stough, Mangang und Pellett (1995) zufolge besteht dabei eine Interaktion mit der Aufmerksamkeitsausrichtung: In dem Experiment dieser Autoren mit N = 21 Probanden zeigten Personen mit hohem im Vergleich zu solchen mit niedrigem IQ eine längere »Schnur« unter der Instruktion, den akustischen Reiz zu ignorieren; hingegen waren die Resultate genau umgekehrt, wenn die Versuchspersonen die Reize beachten sollten. Mit dem individuellen Differenzwert der »Schnur«-Länge aus den beiden Bedingungen korrelierte der IQ zu r = .73. Die Beobachtung einer solchen Interaktion ist geeignet, einen Teil der inkonsistenten Literaturlage zu erklären. Darüber hinaus traten auch Intelligenz-Korrelationen in einem Maß für »Neuronale Anpassungsfähigkeit« auf, in dem *Amplituden-Unterschiede* zwischen erwarteten und unerwarteten Reizen zueinander in Beziehung gesetzt wurden. Hypothesengerecht reagierten hoch-intelligente Versuchspersonen mit höheren Amplituden auf unerwartete und mit niedrigen Amplituden auf erwartete Reize, d. h., sie verwandten mehr Energie auf die unvorhersagbaren Ereignisse, während die niedrig-intelligenten Versuchspersonen nur geringe Amplituden-Unterschiede zwischen Versuchsbedingungen zeigten. Anderen Studien zufolge war es die EEG-*Kohärenz,* also die Ähnlichkeit der EEG-Bilder in verschiedenen Cortex-Arealen, die negativ mit Intelligenz korrelierte; Personen mit höherer Intelligenz dissoziieren also stärker als solche mit niedriger ihre Gehirnaktivität, d. h., sie aktivieren solche Areale stärker, die für die jeweilige Aufgabe vorrangig wichtig sind und desaktivieren nicht-benötigte Rindenfelder.

Solche Beobachtungen und Schlüsse sind denen ähnlich, die zum Stoffwechsel einzelner Areale des Gehirns mittels Positronen-Emissions-Tomographie angestellt wurden. Ausgangspunkt dabei ist die Grundregel, dass bei verstärkter Beanspruchung des Gehirns mehr Energie verbraucht und dieser Energie-Verlust durch erhöhten Glukose-Stoffwechsel kompensiert wird. Um das Ausmaß des lokalen Glukose-Metabolismus erfassen zu können, wird den Versuchspersonen intravenös ein metabolischer Isotopenindikator gespritzt, der nach kurzer Zeit über den Blutkreislauf in das Gehirn gelangt und dort von den Zellen absorbiert wird. In der bekanntesten Untersuchung dazu (Haier et al., 1988), an der wegen des erheblichen Aufwandes und der gesundheitlichen Risiken nur N = 8 Versuchspersonen teilnahmen, korrelierte Intelligenz signifikant negativ mit der Metabolismus-Rate, d. h., relativ intelligente Personen verbrauchten weniger Energie als relativ unintelligente, ein Ergebnis, das von Haier et al. (1995) unter Heranziehung von Probanden mit leichten Retardierungen und Down-Syndromen sowie Kontrollpersonen ohne Auffälligkeiten bestätigt werden konnte. Post hoc sind diese Befunde ebenso unschwer zu deuten wie ein gegensinniges Resultat zu interpretieren gewesen wäre.

Die meisten geschilderten Resultate bedürfen einer Replikation sowie der Überprüfung ihrer Robustheit und Generalisierbarbeit auf andere Versuchsanordnungen. Sie wurden trotz der damit gegebenen Vorläufigkeit hier aber bereits referiert, um einen Eindruck davon zu vermitteln, wie versucht wird, interindividuelle Unterschiede in psychometrischer Intelligenz auf physiologische Prozesse zurückzuführen. Dazu gehören im Weiteren auch die bereits geschilderten Untersuchungen zum Zusammenhang zwischen der Größe des Gehirns und der Intelligenz.

12.5 Stabilität und Inkonstanz der Intelligenz

Von jedem Testverfahren, das den Namen Messinstrument beansprucht, wird man eine hohe Zuverlässigkeit der ermittelten individuellen Punktwerte verlangen können. Tatsächlich liegen die Stabilitätskoeffizienten für die gebräuchlichen Intelligenztests in aller Regel um r_{tt} = .90 oder darüber.

Wenig aussagekräftig sind dabei jene Koeffizienten, die mit Hilfe der Splithalf-Methode (Bildung von zwei Untertest-Summen aufgrund zufälliger Aufteilung der in einer Skala enthaltenen Items und Interkorrelationen derselben) gewonnen wurden, weil mit zunehmendem Geschwindigkeitscharakter der Aufgaben – und fast alle Individual- und Gruppentests werden nur mit Zeitbegrenzungen vorgegeben – diese Art der Bestimmung zu starken Überschätzungen führen muss. Mangels adäquater Prüfmethoden wird in speziell gelagerten Fällen jedoch darauf hin und wieder zurückgegriffen, so auch bei der Entwicklung und Überprüfung des »Tests für medizinische Studienfächer (TMS)«, weil dort die zweimalige Teilnahme der Probanden an den Untersuchungen zunächst nicht realisiert werden konnte. Die so ermittelte Reliabilität des TMS wird von Trost (1990, 1995) mit r_{tt} = .90 bis .92 angegeben.

Abgesehen von der numerischen Fragwürdigkeit solcher Koeffizienten bleibt das Problem bestehen, inwieweit die in der Splithalf-Berechnung erfasste inhaltliche Homogenität der Aufgaben für zeitliche Stabilität ein Indikator sein kann.

Im Falle von wiederholten Testungen mit identischen oder parallelen Formen, häufig der angemessenste Weg der Konstanzbestimmung, bei dem freilich ungeteilt die Messgenauigkeit des Instrumentes wie die Fluktuation des Merkmals erfasst wird, erzielen die erprobten Intelligenztests jedoch gleichfalls Werte um und über r_{tt} = .90 (s. etwa die Übersicht bei Weise (1975), und die Zusammenstellung von Knight & Shelton 1983, für Retest-Untersuchungen mit dem Wechsler-Test).

Selbst bei längeren Intervallen ist noch eine gute Übereinstimmung der Werte gewährleistet: In einer Längsschnittuntersuchung an 127 Erwachsenen, die im Alter von 19 Jahren in das College eintraten und 30 Jahre später erneut mit dem Army-Alpha-Test untersucht werden konnten, errechnete Owens (1953) eine Stabilität von r_{tt} = .77. Für ein Fünfjahresintervall und Skalen des IST-Amthauer ermittelten Amelang und Hoppensack (1977) an 195 Studenten verschiedener Fachrichtungen Reliabilitäten zwischen .53 und .80 mit einem Mittelwert von ca. r_{tt} = .63. Weitere Arbeiten, darunter eine solche mit einem Intervall von nicht weniger als 42 Jahren (r_{tt} dort .77) hat Conley (1984) aufgelistet und aus den Resultaten eine jährliche Stabilität des Intelligenz-Konstruktes von .89 abgeleitet.

Mit niedrigerem Lebensalter der Probanden sinkt erwartungsgemäß auch die Stabilität des Merkmals, da einerseits die Durchführungsbedingungen von Leistungstests weniger stringent zu standardisieren und die Kinder angemessen zu motivieren sind, andererseits die namentlich anfangs sehr raschen Entwicklungsvorgänge zu tiefergreifenden Veränderungen führen. Dennoch berichten Sontag, Baker und Nelson (1958) für 140 Kinder vom 3. zum 4. Lebensjahr eine Stabilität des mit dem Stanford-Binet ermittelten IQ von r_{tt}= .83. Die Korrelationen später erhobener Testwerte mit denen des 3. Lebensjahres nahmen in dem Ausmaß ab, in dem das Intervall länger wurde, beliefen sich aber auch im Vergleich von 3. und 12. Lebensjahr noch auf r_{tt} = .46.

Die Resultate dreier Untersuchungen, in denen die Kinder vom frühestmöglichen Zeitpunkt der Administrierbarkeit von Tests längsschnittlich bis zum 15. bzw. 17. Lebensjahr verfolgt wurden, sind in der nachfolgenden Abbildung zusammengestellt (s. Abb. 12.14).

Zu ganz ähnlichen Resultaten gelangt auch McCall (1977), dessen Befunden zufolge die IQs im Lebensalter von 40 Jahren bereits entsprechend einer Korrelation von r=.60 aus denjenigen im Alter von 6–7 Jahren vorhergesagt werden können. Allgemein zeigen die Stabilitätskoeffizienten einen Verlauf, der weitgehend demjenigen von Wachstumsfunktionen etwa für Körpergröße, aber auch für Intelligenz, entspricht. Unzweifelhaft gelingt es also mit zunehmendem Lebensalter (aber auch damit einhergehend: kürzerem Intervall!) immer besser, die individuellen Intelligenzpunktwerte aus denjenigen von früheren Altersstufen vorherzusagen. Hingegen wäre es unbedacht, würde man aus solchen Resultaten folgern, »daß etwa 20% der Intelligenz (bezogen auf die Intelligenz im Alter von 17 Jahren!) schon im Alter von einem Jahr entwickelt sind, 50% im Alter von vier Jahren, 80% im Alter von acht und 92% im Alter von 13 Jahren« (Bloom, 1971, S. 78). Die methodischen Unzulänglichkeiten der Versuche, Absolutskalen zu konstruieren und die theoretischen Probleme einer definitorischen Erfassung »der« Intelligenz stehen dem entgegen.

Die geringe Reliabilität der gebräuchlichen Intelligenztests während der ersten Lebensjahre bzw. deren niedrige Übereinstimmung mit dem Reifezustand ist allerdings nur zum Teil eine Folge der anfänglich besonders intensiv verlaufenden Entwicklungsvorgänge und der damit einhergehenden individuellen Verschiebungen. Vielmehr sind zur Erfassung intellektueller Leistungen bei Kleinkindern Aufgaben eines anderen Typus erforderlich, bestehen diese doch häufig aus psychomotorischen Funktionsprüfungen, womit eine qualitative Akzentverschiebung bei der Messung unvermeidlich ist. Auch wenn zur Ausschaltung solch unerwünschter Varianzanteile spezielle Formeln entwickelt und auf den Untersuchungsgegen-

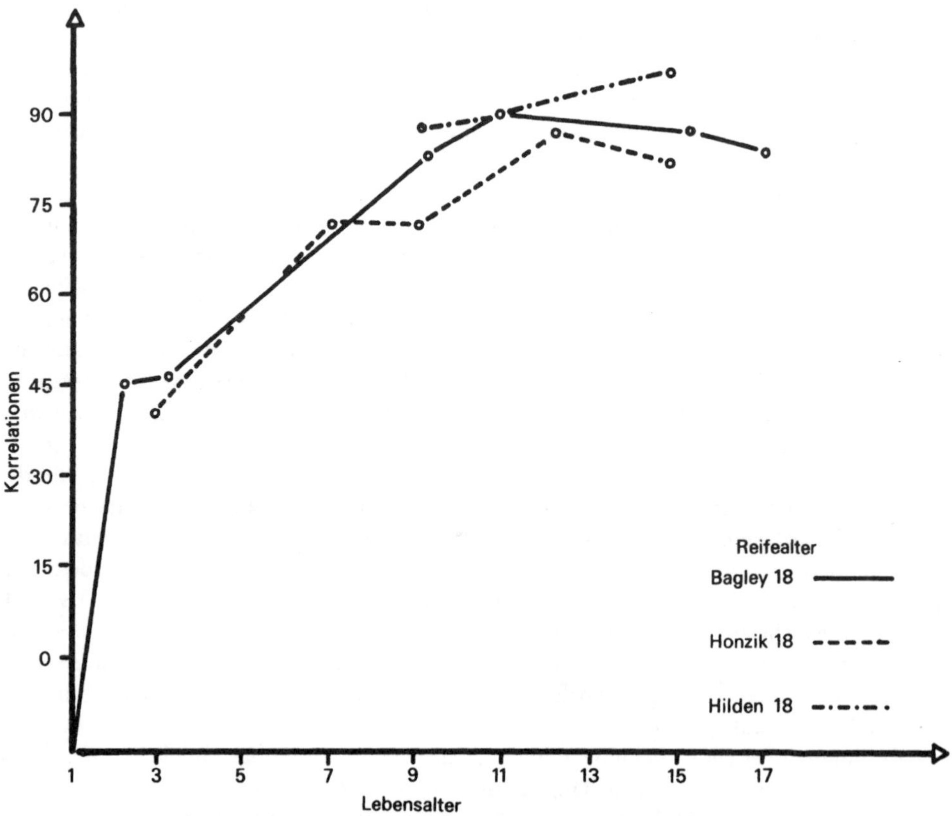

Abb. 12.14: Korrelationen zwischen der Intelligenz in jedem Lebensalter und der Intelligenz im Reifestadium (korrigierte Varianzen).

stand angewendet wurden (s. Bloom, 1971, S. 71), können die damit angestellten Schätzungen keinen Ersatz für messtechnisch absolut äquivalente Erhebungen über den einzelnen Lebensaltersstufen darstellen (s. dazu auch Brody & Brody, 1976, S. 69–77).
Ist durch das referierte Material deutlich geworden, dass kürzere Intervalle regelhaft zu höheren Koeffizienten führen, bleibt der damit nicht konfundierte eigenständige Einfluss des Lebensalters zu klären. Bradway, Thompson und Cravens (1958) haben dazu Resultate publiziert: An Probanden der Eichstichprobe für den Stanford-Binet wurden 10 Jahre nach den Ersterhebungen im Alter von 2 bis $5^1/_2$ Jahren und noch einmal 15 Jahre später Testungen durchgeführt. Für das Zehnjahresintervall vom durchschnittlich 4. bis 14. Lebensjahr errechneten sie eine Stabilität von $r_{tt} = .65$; für das 15-Jahre-Intervall vom 14. zum 29. Lebensjahr ergab sich demgegenüber ein Wert von $r_{tt} = .85$ (und ein solcher von $r_{tt} = .59$ für die Zwischenzeit von 25 Jahren). Somit resultierte trotz längerem Intervall eine höhere Stabilität. Hindley und Owen (1979) fanden an 84 Probanden vom 5. zum 8. Lebensjahr eine Stabilität des Stanford-Binet von $r_{tt} = .76$, hingegen eine solche von $r_{tt} = .79$ für den Zeitraum vom 8. zum 11. Lebensjahr. Damit spricht vieles dafür, dass zusätzlich zu der bereits erwähnten Regel konstante Re-Testungs-Intervalle mit zunehmendem Lebensalter der Probanden höhere Merkmalsstabilitäten erkennen lassen.
Als vermeintlich plausible Erklärung für solche Befunde ist häufig auf das »Überlappungs-Modell« von Anderson (1939) zur kumulativen Natur der intellektuellen Entwicklung hingewiesen worden, dem zufolge die zu einem gegebenen Lebensalter feststellbaren Leistungen aus der Summe der bei früheren Anlässen gemessenen Leistungen plus dem inzwischen erfolgten Zuwachs durch Neuerwerb bestehen. Selbst wenn gemäß solcher Vorstellungen die Zuwächse über der Zeit weder miteinander noch mit dem Ausgangswert korrelieren würden, müsste ein Ansteigen der Zuverlässigkeit mit wachsendem Lebensalter auftreten, weil die früheren Leistungen einen immer größeren Anteil an der Gesamtheit der schließlich vorhandenen Fähigkeiten ausmachen.
Zwar fand dieses Modell zunächst durch Experimente mit zufällig generierten Datensätzen unterschiedlicher Überlappung eine gewisse Stützung. Auch liegen die von Roff (1941) ermittelten Korrelationen zwischen Ausgangswert der Intelligenz und Zuwachs in längsschnittlichen Erhebungen nahe null. Andererseits ist die Annahme der unsystematisch variierenden Zuwächse unvereinbar mit der Wirksamkeit genetischer Faktoren, der häufig evidenten Konstanz von Umweltbedingungen und empirischen Befunden (zu Letzteren s. Hindley & Owen, 1979). In einer kritischen Diskussion verweisen Merz und Stelzl (1973) auf weitere Schwächen des Modells sowie auf Fehler und Ungereimtheiten bei dessen Überprüfung hin. Konstruktiv begründen sie ein Alternativkonzept, das von den Annahmen ausgeht, dass die von einer Person verarbeitete Erfahrung im Laufe der Entwicklung intraindividuell konstant bleibt, hingegen interindividuelle Unterschiede in der Informationsverarbeitung bestehen. Im Weiteren wird angenommen, dass Erfahrungen nicht nur kumulieren, sondern auch verloren gehen und dieser interindividuell ebenfalls variierende Verlust proportional zur Menge des bereits Gespeicherten ist. Die zur Überprüfung erzeugten normalverteilten Zufallszahlen bildeten die gleichen Ergebnisse ab wie die aus der Überlappungshypothese vorhergesagten, entsprachen aber zusätzlich den Mittelwertsveränderungen von Intelligenzleistungen über dem Entwicklungsverlauf und vor allem deren zunehmender Variabilität.
Gerade in Bezug auf den letzteren Gesichtspunkt stehen sie denn auch in prinzipiellem Einklang mit den Befunden Pinneaus (1961), der einen größeren längsschnittlichen Zugewinn der im Test besseren Probanden, hingegen einen nur mäßigen Fortschritt der darin schlechteren berichtet, eine Beobachtung, die zwangsläufig zu einer wachsenden Unterschiedlichkeit zwischen den Messwertträgern im Laufe der Zeit führen muss. Offenkundig stellt also das in früheren Stadien der Entwicklung Erworbene eine Voraussetzung für den späteren

Erwerb weiterer Kenntnisse und Fähigkeiten dar, wobei ein größerer Fundus eine günstige Voraussetzung für größeren Zugewinn darstellt, eine unzureichende Basis umgekehrt entsprechend weniger positiv wirkt.

Hohe Stabilitätskoeffizienten sind nicht notwendigerweise gleich bedeutend mit Konstanz der Mittelwerte: Üblicherweise werden bei einer Paralleltestung oder der Vorgabe ein und desselben Verfahrens in kurzem Abstand durchschnittliche Zunahmen der individuellen Leistungen von etwa einem Viertel bis zu einem Drittel der Standardabweichung des betreffenden Verfahrens beobachtet (s. z. B. Amthauer, 1957). Bei einem systematischen Vergleich verschiedener Retestungs-Intervalle fanden Catron und Thompson (1979) an insgesamt 76 männlichen College-Studenten unter Vorgabe des Wechsler-Tests die in Abbildung 12.15 wiedergegebenen Übungsgewinne (vgl. auch die Zusammenstellung von Knight & Shelton, 1983).

Solche Veränderungen müssen als Folge von spezifischen Trainings- und Gedächtnisfaktoren gewertet werden, im Unterschied zu jenen Effekten, die noch bei extrem langen Retestungs-Intervallen auftreten: Selbst nach 30 Jahren fand der bereits erwähnte Owens (1953) einen bedeutsamen Zuwachs der Testpunktwerte. Auch in der Untersuchung von Amelang und Hoppensack (1977) waren mit Ausnahme der räumlichen Vorstellung signifikante Leistungsverbesserungen in den vorgegebenen Skalen beobachtbar, und zwar abhängig von dem Fach, das die Studenten zwischenzeitlich studiert hatten, ein Hinweis darauf, dass die Zuwächse eine Folge von Schulung und Erfahrung bzw. ganz allgemein der jeweils wirkenden Umweltfaktoren darstellen.

Eine Interpretation in diesem Sinne wird besonders nahe gelegt, wenn über Studien an kleinen und anfallenden Stichproben wie in den zitierten Beispielen hinaus auch in Reihenuntersuchungen an definierten Grundgesamtheiten gleichgerichtete Befunde gesichert werden können. Das ist etwa der Fall in der bekannten Tennessee-Studie, die während eines Zehn-

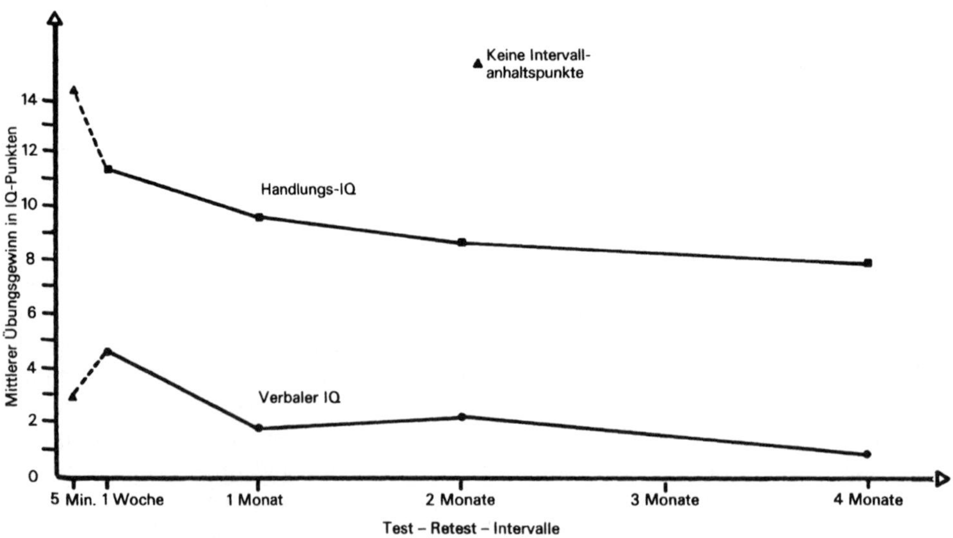

Abb. 12.15: Übungsgewinne im Wechsler-Test in Abhängigkeit vom Retest-Intervall (aus Catron & Thompson, 1979).
Die mit einem Dreieck markierten Messpunkte stammen von Catron (1978); dort bearbeiteten 35 vergleichbare Versuchspersonen zweimal denselben Test in unmittelbarer Sukzession.

jahresintervalles eine Zunahme des mittleren IQ bei ca. 3 000 Schülern einsamer Gebirgsgemeinden von 82 auf 93 auswies (Wheeler, 1942) – aller Wahrscheinlichkeit nach eine Auswirkung der in dieser Region zwischenzeitlich erfolgten Verbesserungen in ökonomischer, kultureller und bildungsmäßiger Hinsicht. Ähnliche Faktoren, darunter eine durchschnittlich um drei Jahre längere Teilhabe am schulischen Ausbildungssystem, dürften auch eine Rolle gespielt haben bei den Intelligenzmehrleistungen der US-Rekruten des 2. gegenüber denjenigen des 1. Weltkrieges in einem Ausmaß, dass der Prozentrang 83 der früheren Generation etwa dem Mittelwert der späteren entsprach (Tuddenham, 1948). Im Weiteren haben Garfinkel und Thorndike (1976) aufgezeigt, dass mit wenigen Ausnahmen die Items des Binet-Tests von der 1930er zu der 1970er-Standardisierung wesentlich leichter geworden sind, und zwar besonders auf den niedrigen Altersstufen.

Schließlich hat Flynn (1984) in einer sorgfältigen Sekundäranalyse von 73 Arbeiten an insgesamt N = 7431 Testpersonen herausgefunden, dass zwischen 1932 und 1978, also in einem Zeitraum von 46 Jahren, der IQ der amerikanischen Bevölkerung um nicht weniger als 13,8 Punkte gestiegen ist, abzulesen an den Werten der Standardisierungs-Stichproben jeder Revision des Stanford-Binet- und Wechsler-Tests. Welche Schwierigkeiten mit einer sich nachgerade aufdrängenden Erklärung im Sinne verbesserter Anregungsbedingungen bei näherer Betrachtung auftreten, wird gerade am Beispiel dieser Beobachtungen deutlich, denn: Als Anderson (1982) über eine Zunahme von 7 IQ-Punkten bei den Japanern während des Zeitraumes von 23 Jahren berichtete, konnte er darauf verweisen, dass Japan seit 1930 eine massive Urbanisation erfahren hatte, eine kulturelle Revolution von feudalen zu westlichen Einstellungen, eine Abwendung von Inzucht und Ehen unter Verwandten, erhebliche Fortschritte in der Ernährung, der Lebenserwartung und der Erziehung – alles Faktoren mithin, die in ihrer Zusammenschau gewiss Evidenzerlebnisse vermitteln. Aber das Ausmaß der IQ-Gewinne im Fernen Osten entspricht demjenigen in den USA schon von 1948 bis 1972; um hier annähernd drastische Umwelt-Veränderungen zu finden, müsste bis zur Jahrhundert-Wende zurückgegangen werden. Schließt man einmal systematischen Stichproben-Bias als sehr unwahrscheinliche Fehlerquelle aus und kommt auch eine genetische Deutung wegen der Markanz des Effektes nicht in Betracht, so bleibt noch eine Interpretation der Zuwüchse in Form gestiegener Test-Sophistikation oder Verbesserungen im Bildungswesen. Vieles spricht jedoch dafür, dass Anfang der 50er Jahre bereits eine Art Sättigung im Umgang mit Tests erreicht war. Der schwerwiegendste Einwand aber: Im Untersuchungszeitraum kam es parallel zu den IQ-Steigerungen zu einer monotonen und gravierenden *Ab*nahme im Scholastic-Aptitude-Test, mit dem Tausende und Abertausende von Schülern in den USA untersucht wurden! Damit ist eine überaus verwirrende Befund-Situation gegeben, die plausible und deshalb gern aufgegriffene Erklärungen unmöglich machen. Individuell sind wesentliche Veränderungen in positiver Hinsicht häufig auf verbesserte Anregungsbedingungen zurückzuführen, wie sie etwa im Zusammenhang mit dem Umzug von schwarzen Kindern aus den Südstaaten in den Norden und dem dann feststellbaren Anstieg von IQs unterstellt wurden (Lee, 1951, s. Abb. 12.16; Wolff, 1979, konnte allerdings zeigen, dass ein Teil der Nord-Süd-Differenzen im IQ *nicht* durch Unterschiede der Anregungsbedingungen erklärbar ist, sondern wahrscheinlich auf einer selektiven Auswanderung höher begabter oder stärker leistungsmotivierter Personen aus dem Süden beruht).

Umgekehrt lassen sich Leistungseinbußen mit Deprivation in kognitiver und emotionaler Hinsicht sowie allgemeinem Reizmangel in Verbindung bringen (z. B. Dennis & Najarian, 1957). Auch die Auswirkungen von Hirnschädigungen sind hier zu erwähnen, obwohl deren Effekte von geringerer Größe sind als aufgrund nahe liegender Überlegungen zu vermuten ist. Weinstein und Teuber (1957) verglichen zwei Gruppen von Personen miteinander, die entweder im Gehirn oder peripher-nervös bestimmte Schäden erlitten hatten. In den Differen-

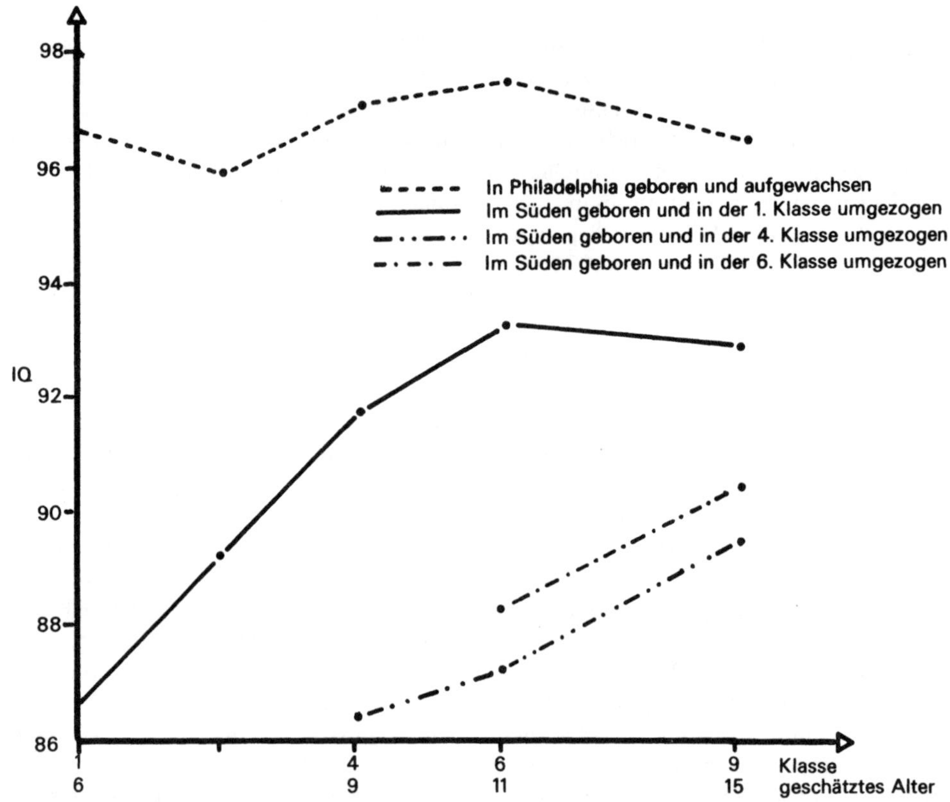

Abb. 12.16: Veränderungen in den Intelligenzwerten von schwarzen Kindern, die im Süden geboren wurden und dann nach Norden (Philadelphia) umzogen, verglichen mit den Werten in Philadelphia geborener schwarzer Kinder (nach Bloom, 1971).

zen der nach gegenüber denjenigen vor der Schädigung erhobenen Army General Classification Test-Werte stellten sich signifikante Unterschiede zuungunsten der hirntraumatischen Probanden heraus, die darauf beruhten, dass die Letzteren im Laufe der Zeit einen weniger deutlichen Zuwachs zeigten als die peripher-geschädigten (1,6 gegenüber 13 Punkten Zunahme). Häufig haben zudem Lobothomieoperationen keine Intelligenzeinbußen zur Folge (Markwell, Wheeler & Kitzinger, 1953). Andererseits konnten Schiottz-Christensen und Bruhn (1973) an einer Stichprobe von N=47 eineiigen und gleichgeschlechtlich zweieiigen Zwillingen zeigen, dass fiebrige Krämpfe bei jeweils einem der Partner während der Jugendzeit zwar für geringe, aber doch statistisch bedeutsame Minderleistungen in einigen Untertests des WAIS verantwortlich waren. Offenbar hängt allgemein der jeweilige Effekt stark von Art und Ausmaß der Hirnschädigung und dem eingesetzten Messinstrument ab (s. Ross, 1958).
Mitunter werden auch interindividuell verschiedene Verarbeitungsmechanismen für Leistungsveränderungen verantwortlich gemacht. So fand Haan (1963) an jenen Probanden einer Stichprobe beiderlei Geschlechts, die innerhalb eines ca. 25-jährigen Intervalls die stärksten Zunahmen in einem Intelligenztest gezeigt hatten, eine objektive und realistische Bewältigung der sich ihnen stellenden Probleme, hingegen häufiger Verdrängung und Rationalisierung bei den Personen mit den geringsten Veränderungen.

Da hier eine einseitig kausale Interpretation jedoch kaum statthaft ist, mögen Untersuchungen eines solchen Zuschnitts allenfalls Hypothesen über die Entwicklungsbedingungen der Intelligenz und die Möglichkeiten sowie Aussichten einer Intervention liefern. Zu den Versuchen, über spezielle Programme die Voraussetzung für den Erfahrungserwerb und damit die Intelligenz allgemein zu verbessern, stellt wohl das »Project Head Start« ein besonders herausragendes Beispiel dar (s. Heber et al., 1972), das aber im Zuge einer eingehenden Analyse immer mehr ins Zwielicht geraten ist (Sommer & Sommer, 1985). Über einen – ergebnislosen – Versuch der Intelligenzsteigerung an ca. 6-jährigen Kindern mittels eines dreimonatigen Trainings berichtet u. a. Eppel (1974). »Eine konservative Schätzung der Wirksamkeit extremer Umweltbedingungen auf die Intelligenz liegt etwa bei 20 IQ-Punkten« (Bloom, 1971, S. 101); auch wenn einer solchen Zahl angesichts der vielen moderierenden Variablen (Art der Skalen, Spezifität der Beeinflussung, Lebensalter der Personen) allenfalls eine Bedeutung als ungefähre Orientierungsgröße zukommt, besagt sie doch andererseits, dass offenbar viele Individuen in relativ konsistenter Weise von Umweltbedingungen im Laufe ihrer Sozialisation affiziert werden. Anderenfalls wären die eingangs berichteten Stabilitätskoeffizienten nicht erklärbar (s. hierzu auch Ramey & Haskins, 1981, mit weiterer Literatur und die kritische Beurteilung der Intelligenzförderprogramme von Jensen, 1981 und insbesondere 1989).

12.6 Korrelate der Intelligenz

Wenn bislang von Skalen zur Erfassung »der« Intelligenz gesprochen wurde, von spezifischen und allgemeinen Faktoren, von Geschlechts- und Altersunterschieden, der Stabilität bzw. Inkonstanz der Intelligenz, musste zunächst implizit unterstellt werden, dass die jeweils herangezogenen Aufgabentypen tatsächlich geeignet sind, das besagte Konstrukt zu erfassen. Nachfolgend sollen einige Befunde mitgeteilt werden, die im Anschluss an die Entwicklung von Intelligenztests – nach Jenkins und Paterson (1961, S. 80) die vermutlich für die westliche Welt erfolgreichste psychologische Innovation überhaupt – und deren Gebrauch erhoben wurden. Keine der Untersuchungen für sich, wohl aber ihre Zusammenschau vermittelt ein umfassenderes Bild vom Konstrukt der Intelligenz, der Validität der zu ihrer Messung herangezogenen Tests (s. dazu zusammenfassend Jäger, 1986) und dem Stellenwert, den die so definierte Intelligenz in unserem Kulturkreis einnimmt.
Da die »Determinanten« oder antezedenten Faktoren interindividueller Differenzen im Teil V dieses Buches gesondert erörtert werden, liegt hier bei der aus Raumgründen sehr gedrängten Darstellung der Akzent auf den »Konsequenzen«, die sich aus der je unterschiedlichen Intelligenz in anderen Bereichen des Verhaltens ergeben. Intelligenz wird damit eher als unabhängige und weniger als abhängige Variable betrachtet, wenngleich es letztlich stets nur um den Nachweis verschiedener Korrelate der mit Hilfe von Tests aufgezeigten Intelligenzdifferenzen geht.

12.6.1 Extremvarianten der Intelligenz: Hoch- und Minderbegabte

Im Unterschied zu früher, wo mehr oder weniger explizit sowohl aus religiöser wie auch medizinischer Warte eine klare Dichotomie zwischen Normalität und Schwachsinn üblich war, hat sich als Folge der psychometrischen Betrachtung die Überzeugung von einem Fort-

bestehen des Kontinuums intellektueller Leistungen auch unterhalb bestimmter als »Norm« definierter Bereiche durchgesetzt. Insoweit gelten Minderbegabte nicht als abnorm, sondern als unternormal.
Unzweideutige Feststellungen von Intelligenzminderung stützen sich gewöhnlich auf Informationen aus drei verschiedenen Bereichen, nämlich

1. das Ausmaß der intellektuellen Leistungen,
2. den Grad der Anpassung an die soziale Gemeinschaft (wer z. B. mit hinreichender Umsicht und Konstanz für sich selbst sorgen und seinen Lebensunterhalt bestreiten kann, wird nicht als schwachsinnig bezeichnet, gleichgültig, welche Testwerte er aufweist),
3. die Umstände, die zu den Auffälligkeiten geführt haben (sind die Minderleistungen beispielsweise chronisch entwicklungsbedingt oder die Folge eines in späterem Lebensalter erlittenen Unfalls, einer psychischen oder körperlichen Erkrankung usw.).

Innerhalb der gebräuchlichsten Klassifikation von Intelligenzminderungen, bei der das Ausmaß der Leistungsbeeinträchtigung im Vordergrund steht, wird zwischen schwerer, mittlerer und leichter geistiger Behinderung (Idiotie, Imbezilität und Debilität) unterschieden.
Als geistig schwer oder sehr schwer behindert gelten dabei Personen, die nicht für ihre eigenen Bedürfnisse (etwa Sauberkeit) sorgen und sich nicht selbst vor den gewöhnlich existenten Gefahren schützen können. Sie entwickeln keine Sprache und sind zur Ausübung jedweder Berufstätigkeit außerstande. Das Intelligenzalter entspricht in etwa dem von zweijährigen Kindern, der Intelligenzquotient liegt unterhalb von 35. Früher war dafür die Bezeichnung »Idiotie« gebräuchlich.
Imbezille sind demgegenüber zur Sauberkeit erziehbar, können allein essen und auch einfache Routinetätigkeiten erledigen. Ihre Sprache geht kaum über Stammeln hinaus.
Das Intelligenzalter ist etwa demjenigen von Sechsjährigen äquivalent, der IQ liegt zwischen 35 und 49.
Debile sind unter günstigen Umweltbedingungen in der Lage, ihren eigenen Lebensunterhalt zu bestreiten. Wenngleich unter erheblichen Schwierigkeiten, ist das Erlernen von Lesen und Schreiben doch möglich. Häufig bedarf es zur Aufrechterhaltung eines halbwegs geordneten Finanzhaushaltes allerdings externer Kontrolle. Der IQ liegt zwischen 50 und 70.
Wichtig an der skizzierten Klassifikation ist das Faktum, dass die allgemeinen Intelligenztests nach dem Binet- oder Wechsler-Typ die von Psychiatern und Kinderärzten ohne Durchführung von Tests vorgenommene diagnostische Kategorisierung in guter Annäherung abbilden, d. h., Idioten erreichen die niedrigsten, Debile die höchsten Werte im Bereich unterer Extremvarianten, was als Validitätsbeleg für die Verfahren zu werten ist.
Analoges gilt für den Bereich der Hoch- und Höchstbegabung (s. dazu Heller, 1992). Die im wissenschaftlichen Schrifttum geschilderten Fälle von Wunderkindern, die zu einem erstaunlich frühen Zeitpunkt sprechen und lesen lernen, ihre hauptsächlichen Interessen auf Literatur und Wissenschaft richten, weisen Intelligenzquotienten von 140 bis 160, nicht selten solche jenseits von 180 auf (Hollingworth, 1942; Hildreth, 1954). In der bekannten Terman-Längsschnittuntersuchung, die wegen ihrer grundsätzlichen Bedeutung unter 12.6.6 detaillierter besprochen wird, befanden sich unter den von den Lehrern benannten drei intelligentesten Kindern und dem jüngsten Schüler jeder Klasse so viele Hochbegabte, dass nach mehreren Selektionsschritten eine Ausgangsstichprobe von 1 528 Probanden zusammengestellt werden konnte, deren IQ bei einem Mittelwert von 151 zwischen 135 (als fixierter Untergrenze) und 200 streute. Selbst in der Erhebung von Getzels und Jackson (1962), die ca. 500 Kinder beiderlei Geschlechts (mittleres Alter: 15 Jahre) an einer Privatschule des gehobenen Mittelstandes in Chicago erfasste, betrug der durchschnittliche IQ 132 (Näheres zu dieser Studie s. 13.3.2).

Diese Beispiele mögen ausreichen, um zu zeigen, dass Probanden, die infolge ihrer über- oder unterdurchschnittlichen Leistungen auffällig sind, in Tests für Intelligenz erwartungsgemäß extrem hohe bzw. niedrige Punktwerte erzielen. Derartige Befunde sind deshalb nicht zirkulär oder trivial, weil die fraglichen Probandengruppen in den Analysestichproben für die Entwicklung der Verfahren wegen ihrer Schulunfähigkeit oder Seltenheit kaum vorkommen. Ist insofern eine Differenzierung der Extremgruppen sichergestellt, stimmen auch an unausgelesenen Stichproben die Messwertreihen von Intelligenztests hinlänglich mit Kriterien überein, die unabhängig von der Durchführung irgendwelcher Tests Indikatoren für dasselbe Merkmal darstellen. Horn (1969) berichtet für das Begabungs-Test-System eine Übereinstimmung von $r_{tc} = .70$ (N = 231) mit dem Urteil des Lehrers über die Schnelligkeit, mit der Schüler neue Aufgaben begreifen. Die Punktsumme des Leistungsprüfsystems korrelierte bei N = 354 Volks- und Mittelschülern zu $r_{tc} = .47$ mit der Einschätzung der Intelligenz durch Klassenlehrer. Einen Koeffizienten von $r_{tc} = .62$ teilt Amthauer (1953) für die Übereinstimmung zwischen den IST-Gesamtpunktwerten und Lehrerurteilen zur Intelligenz mit (N = 350). Ähnliche Werte finden sich in zahlreichen weiteren Untersuchungen (s. auch Amelang & Langer, 1968) sowie in nahezu allen Handanleitungen gebräuchlicher Intelligenztests. Demgegenüber fallen die Korrelationen mit Testwerten wesentlich niedriger aus, wenn anstelle der Fremdeinschätzungen die Urteile der betreffenden Personen selbst herangezogen werden. In der bereits erwähnten Studie von Sternberg et al. (1981) resultierten Zusammenhänge um .30, eine Größenordnung, die sich generell bei der Selbsteinschätzung von Leistungen einstellt (s. das Übersichtsreferat von Mabe & West, 1982). Dieser insgesamt erstaunliche Effekt, der im Übrigen den Gegebenheiten im Persönlichkeitsbereich im engeren Sinne widerspricht, müsste noch eingehender untersucht werden. Möglicherweise ist die Varianz der Selbsteinstufungen stärker eingeschränkt, weil ein Großteil der Probanden sich »irgendwo im Mittelbereich« einstuft.

12.6.2 Intelligenz und Problemlösen

Hält man sich die eingangs referierten Begriffsbestimmungen von Intelligenz ebenso vor Augen wie die für Intelligenz als ganz besonders charakteristisch angesehenen Indikatoren (s. oben Tab. 12.1), so müsste Intelligenz mit der angemessenen und effizienten Lösung von Problemen großflächige Überlappungen aufweisen. In der Tat erwartet denn z. B. Kreuzig (1979, S. 207) nachgerade exemplarische Beziehungen von Intelligenzpunktwerten zu hochkomplexen Anforderungen, und auch nach Jäger (1983) beziehen sich multivariate Intelligenzstrukturforschung und experimentelle Denkprozessforschung auf den gleichen Gegenstand.

Im Gegensatz zu diesen nahe liegenden Vermutungen liegen die in jüngerer Vergangenheit von einigen Autoren (s. Dörner, Kreuzig, Reiter & Stäudel, 1983; Putz-Osterloh, 1981) gefundenen Korrelationen mehrheitlich nur im Zufallsbereich, d. h., Intelligenz leistet anscheinend nur Unbedeutendes bei der Aufklärung von Problemlösevarianz in komplexen Systemen.

Da die fraglichen Forschungen nicht nur innerhalb der »Scientific Community« zu hektischer Betriebsamkeit geführt, sondern auch in populärwissenschaftlichen Kreisen erhebliche Beachtung gefunden haben, sollen Ansatz, Ertrag und Implikationen anhand einiger Arbeiten exemplarisch diskutiert werden; für eine vertiefende Beschäftigung ist die Lektüre der Original-Literatur und systematischer Darstellungen (s. auch Hussy, 1984,1985) unverzichtbar.

Dörner und Kreuzig (1983) schildern verschiedene Experimente. In dem ersten kamen als Problemlöse-Aufgaben das so genannte Tangram-Puzzle, eine schwierige Schalteraufgabe und der »Turm von Hanoi« zur Anwendung. Bei der letzteren Aufgabe müssen sieben konzentrisch und kegelförmig aufeinanderliegende Scheiben von ihrem Platz A (eventuell) über den Platz B nach C transportiert werden, wobei stets nur eine Scheibe auf einmal bewegt werden und niemals eine größere über einer kleineren Scheibe liegen darf. In einem zweiten Experiment saßen die Versuchspersonen nicht nur über dem Puzzle und der Schalteraufgabe, sondern auch der Interpretation schwieriger philosophischer Texte. In einer dritten Untersuchungsreihe mussten sich die Probanden mit einer an alltäglichen Anforderungen ausgerichteten und deshalb vermutlich ökologisch sehr validen Planungs- und Entscheidungsaufgabe (Organisation verschiedener Aktivitäten zur Vorbereitung einer Reise) versuchen. Schließlich bestand in einem weiteren Experiment die Aufgabe darin, die fiktive, in Gestalt eines Computer-Modells vorgegebene Stadt »Lohhausen« als Bürgermeister während eines Zeitraumes von 10 Jahren zu regieren.
Mit Ausnahme der Verhaltensorganisation bei der Reisevorbereitung, wo ein Maß für Systematik mit IST-Subtests um .35 korrelierte, ergaben sich nur Korrelationen, die nicht überzufällig von null verschieden waren, d. h., die Prognose der Leistung in komplexen Problemsituationen mit Hilfe von Intelligenz scheint nur sehr unzureichend zu gelingen.
Schon ein kurzer Blick in die Tabellen mit den Koeffizienten für die zweimalige Vorgabe des Puzzles lässt für Zeit und Fehler freilich nur signifikante »Stabilitäten« von .26 und .24 erkennen. Die Reliabilität von Turm- und Schalteraufgabe ist gar nicht bestimmt, die konvergente Validität zwischen allen Problemlöseindikatoren null. Damit handelt es sich bei den besagten Problemaufgaben (die Lohhausen-Anordnung bildet davon anscheinend eine Ausnahme) in der Tat um »single act«-Kriterien (Fishbein & Ajzen, 1974), deren Vorhersage wegen ihrer Unzuverlässigkeit gar nicht gelingen *kann,* und zwar auch nicht mit anderen, möglicherweise den Denkproblemen angemesseneren Verfahren. Die Parallele zu den Schwierigkeiten, die Varianz derartiger singulär-punktueller Indikatoren innerhalb des Persönlichkeitsbereiches im engeren Sinne aufzuklären (s. dazu auch Abschnitt 25), ist augenfällig. Von daher muss die Kritik von Dörner und Kreuzig (1983, S. 189) an der bisherigen Intelligenzforschung, deren Ergebnisse im Hinblick auf die komplexen Denkprobleme unzureichend sind und »böswillige Geister dazu verleiten (könnte), bei entsprechenden Problemen doch lieber auf den ›gesunden Menschenverstand‹, den Kaffeesatz oder die Astrologie zu rekurrieren als auf die Psychologie« (S. 189) als überzogen zurückgewiesen werden. Vielmehr muss der Hebel zunächst an den komplexen Denkaufgaben angesetzt und versucht werden, deren psychometrische Qualitäten den Intelligenzskalen auch nur halbwegs vergleichbar zu machen, etwa durch Aggregation (Rushton, Brainert & Presley, 1983) oder den Einbau von Übungs-, Eisbrecher- und Aufwärmaufgaben, um etwa den untypischen Erstmessungen begegnen zu können (zu diesen und weiteren Argumenten s. Wittmann, 1984). Nicht von ungefähr hat Funke (1983), dessen Ausführungen zur Bestimmung der Lösungsgüte als dem zentralen Kriterium bei vernetzten Denksituationen allein schon lesenswert sind, unter Verwendung einer anderen komplexen Problemaufgabe (der mittels eines Computers vorgegebenen »Schneiderwerkstatt«) nur für jene abhängige Variable (doch!) eine bedeutsame Korrelation mit allgemeiner Intelligenz gefunden, die sich in der Wiederholungsuntersuchung an einer Teilstichprobe als hochreliabel erwies (s. aber: Putz-Osterloh, 1983; Funke, 1984).

Keineswegs kann dieses bedeuten, dass die Reliabilitätsdefizite der Denkaufgaben *allein* verantwortlich sind für die niedrigen Zusammenhänge mit allgemeiner Intelligenz. Vielmehr hat die simultane Beschäftigung in Theorie und Experiment mit beiden Bereichen zu der Erkenntnis geführt, dass deren Anforderungen doch wesentlich weiter voneinander divergieren, als dieses zuvor plausibel erschien. So beinhalten Intelligenz-Items so genannte monotelische, die Denkprobleme hingegen häufiger polytelische Situationen, d. h., die Versuchsperson muss entweder nach *einem* korrekten Zustand suchen bzw. den Zustand zugleich *mehrerer* Variablen optimieren, die meist vernetzt und nicht selten miteinander unvereinbar sind (z. B. Wohnungssuche nach den Kriterien Preiswürdigkeit, Entfernung zum Arbeitsplatz, Nähe zu Erholungsgebieten). Im Verlauf des Denk- und Entscheidungsprozesses mag es zudem zur Neubewertung einzelner Variablen oder deren Gewichtung kommen. Anders als bei Intelligenz-Skalen erfordern die komplexen Denksituationen ein aktiv-exploratives Verhalten gegenüber dem Versuchsleiter (mit der Gefahr aller damit verbundenen mehr oder weniger zufälligen Einflussnahmen) oder dem Computer-System. Schließlich ist in den Problemsituationen, nicht aber den Intelligenztests das Ziel des Denkprozesses oft unklar, d. h., es bedarf erst der Aktivierung intellektueller Prozesse, um die »offenen« Ziele umzustrukturieren und eine Vorstellung darüber zu entwickeln, was gefordert und deshalb anzustreben ist (die vorgenannten Unterscheidungen nach Dörner & Kreuzig, 1983).

Insoweit der letztere Gesichtspunkt stichhaltig ist, müssten Intelligenztests bessere Prädiktoren für solche Denksituationen sein, in denen die Transparenz für die Versuchspersonen für die Bereitstellung entsprechender Informationen erhöht ist. Tatsächlich fanden Putz-Osterloh und Lüer (1981) nur unter transparenter, nicht aber unter der üblichen Standardinstruktion des »Schneiderwerkstatt»-Problems eine hochsignifikante Korrelation der Lösungsgüte zur allgemeinen Intelligenz sensu Raven-Test (Koeffizienten .31 bzw. .00). Sie ziehen daraus den Schluss, dass Intelligenz-Tests die Fähigkeit erfassen zur »Analyse von transparenten Informationen und dem erfolgreichen Einsetzen dieser Analyseergebnisse zur Lösung einer transparenten Problemsituation« (S. 331). Dazu fügen sich nahtlos die Resultate von Hörmann und Thomas (1987), die zwischen dem »Kerntest« für das Berliner Intelligenzstrukturmodell (s. Kap. 12.3.6) und der Problemlösegüte in der »Schneiderwerkstatt« signifikante Korrelationen um r = .40 fanden, dieses jedoch nur unter transparenter, nicht dagegen unter experimentell realisierter intransparenter Bedingung (wo die Korrelationen um null lagen). Mehr noch korrelierte, und zwar unter beiden Bedingungsvarianten, das *individuelle* System-Wissen (gleichsam als personalisiertes Analogon zu experimentell hergestellter Transparenz) in der Größenordnung von ca. .50 mit der Test-Intelligenz.

Der Hinweis auf die Transparenz von Problemstrukturen ist wichtig, die apodiktische Verengung von Test-Intelligenz allein auf diese Dimension nur im Hinblick auf das referierte Resultat verstehbar. Funke (1983) hat freilich eben diesen Befund unter Vornahme einiger Modifikationen nicht wieder einbringen können, von den anderen Korrelaten »der« Intelligenz, wie sie nachfolgend dargestellt werden, einmal ganz abgesehen.

Dörner und Kreuzig (1983) versuchen eine Integration der Test-Intelligenz und Problemlösefähigkeit insofern, als »Intelligenztests zwar vielleicht einige *notwendige* Bedingungen für intellektuelle Leistung erfassen, insbesondere die Verfügbarkeit über bestimmte mentale Operationen. Allerdings ist die Verfügbarkeit über einzelne mentale Operationen keinesfalls eine *hinreichende* Bedingung für intellektuelle Leistung (wie sie durch die komplexen Problemsituationen definiert wird; die Verfasser). Diese operative Fähigkeit (die beispielsweise die Reflexion über den eigenen Denkprozeß... mit einschließt), ist zur Lösung eines Intelligenzitems nicht erforderlich« (S. 190).

Es scheint reizvoll, Verfahren zu entwickeln, die diese so genannten operativen Fähigkeiten mit hinreichender Präzision erfassen. Nach Lage der Dinge kommen dafür eben die Problemsituationen am ehesten in Betracht. Allerdings beinhalten sie ihrerseits zahlreiche methodische Probleme: So variieren sie, wie Hörmann und Thomas (1987) zusammenfassend festhalten, gravierend hinsichtlich der Komplexität (Zahl der Variablen, Dynamik, Transparenz, Präzision der Zieldefinition), dem semantischen Kontext der Einbettung, der Nähe zu Alltagsproblemen (Funke, 1984; Eyferth, Schönmann & Widowski, 1986) und der Plausibilität sowie Reliabilität der verwendeten Leistungskriterien. Die geringe konvergente Validität zeigt sich an den oft niedrigen Interkorrelationen zwischen verschiedenen Problem-Aufgaben (Putz-Osterloh, 1986; Putz-Osterloh, Huber & Köster, 1989). Diesbezüglich wird man abwarten müssen, ob sich zukünftig positive Entwicklungen feststellen lassen. Aus heutiger Sicht scheint es jedoch abwegig, Intelligenz-Skalen nur deshalb als entwicklungsbedürftige psycho-diagnostische Methoden hinzustellen, weil sie im Unterschied zu ihrer Prädiktionskraft gegenüber zahlreichen anderen Kriterien nicht auch die besagten Situationen in befriedigendem Maße vorhersagen.

12.6.3 Intelligenz und Lernen

Da die ersten Intelligenztests, die diesen Namen verdienen, in Auftrag gegeben wurden, um die individuelle Bewährung in schulischen Situationen vorherzusagen, in Bezug auf die die Meinung verbreitet ist, sie würden zumindest partiell die Lernfähigkeit tangieren, liegt die Vermutung nahe, zwischen Intelligenz und Lernen bestehe ein Zusammenhang. Trotz der leichten Verfügbarkeit über Instrumente zur Intelligenzmessung einerseits und der traditionell vorrangigen Rolle des Lernens in der Experimentellen Psychologie andererseits sind gezielte Untersuchungen mit einer diesbezüglichen Fragestellung relativ selten. Einer der Gründe dafür mag darin liegen, dass differentialpsychologische Studien eine nur mäßige Korrelation von Größe und Geschwindigkeit des Lernfortschrittes bzw. Löschungswiderstandes zwischen verschiedenen Aufgabentypen ausgewiesen haben, ein Befund, der gleichermaßen für verbales wie motorisches Lernen zu gelten scheint (Allison, 1960). Dessen ungeachtet hat – von Ausnahmen abgesehen (s. Simrall, 1947) – die Mehrzahl der Untersuchungen bessere Lernleistungen der intelligenteren Probanden erkennen lassen. In einer frühen Arbeit konnten etwa Spence und Townsend (1930) an zwei Stichproben von je 10 hoch und niedrig intelligenten Versuchspersonen Unterschiede in der Zeit, der Zahl erforderlicher Wiederholungen und begangener Fehler beim Erlernen eines Fingerlabyrinthes registrieren. Kallenbach (1976) hat mit Hilfe einer moderneren Apparatur zwischen Maze-Learning und Faktoren der Intelligenz positive Korrelationen von $r = .01$ bis $r = .39$ gefunden.
Koch und Meyer (1959) gaben gegenüber Vorschulkindern ein Experiment zur Ausbildung eines »Learning-Set« als Spiel aus. Die Probanden konnten im Falle der richtigen Entscheidung Chips gewinnen, die später in Spielsachen eintauschbar waren, jedoch musste dafür die Art und Wertigkeit des jeweiligen Schlüsselreizes (farbige Karten unterschiedlicher Größe) herausgefunden werden. Die Resultate der 7 Probanden mit den höchsten Werten im Stanford-Binet sind in Abb. 12.17 jenen der 5 Versuchspersonen mit den niedrigsten IQs gegenübergestellt. Zu Vergleichszwecken sind die Lernraten einer Gruppe von Rhesusaffen ebenfalls aufgeführt, denen die geschilderte Aufgabe in vergleichbarer Weise vorgegeben worden war.
In ähnlich aufgebauten Versuchen zur Begriffsbildung fanden Osler und Fivel (1961) sowie Saltz und Hamilton (1969) an jugendlichen Personen verschiedenen Alters ebenfalls positive Zusammenhänge zwischen der geforderten Leistung und Intelligenz.
Eindeutig scheint auch in Experimenten zum Erlernen sinnloser Silben (Passi & Singh, 1972; Gakhar, Joshi & Passi, 1973) oder paarweiser Assoziationen (Gakhar & Luthra, 1973) die Überlegenheit der intelligenteren Versuchspersonen relativ zu den weniger leistungsfähigen zu sein. Bei detaillierterer Analyse zeigt sich zudem eine Wechselwirkung der Intelligenz mit Angst und den Bekräftigungsbedingungen des Lernens: Im Falle mittlerer und niedriger,

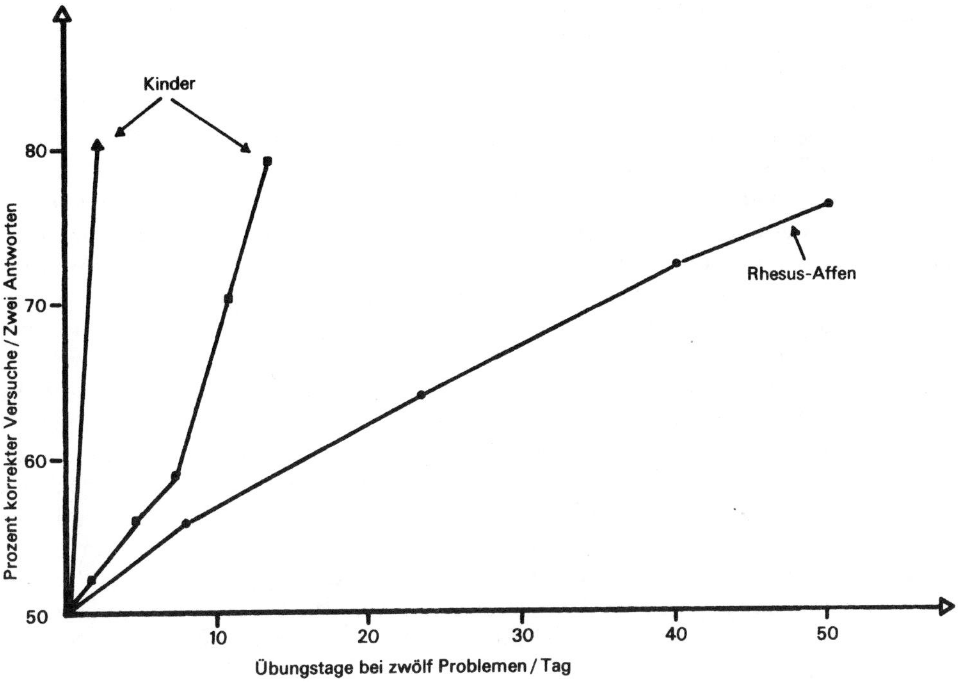

Abb. 12.17: Lernrate von Gruppen verschieden intelligenter Kinder im Vergleich zu derjenigen von Affen.

nicht aber hoher Intelligenz fanden Verma und Nijhawan (1976) einen Einfluss von habitueller Ängstlichkeit und Lob/Tadel auf die Lernleistungen. Den Beobachtungen von Skanes, Sullivan und Rowe (1974) zufolge sind es darüber hinaus vor allem die Probanden mit niedrigen Intelligenzquotienten, die von einer direkten Übung solcher Strategien profitieren, die für die Lösung komplexerer Probleme vonnöten sind. Wie wenig robust der Zusammenhang zwischen Intelligenz und Lernen gegenüber der jeweiligen experimentellen Ausgestaltung ist, zeigen die Resultate von Hughes (1983). Beim paarweisen Lernen mit einem von den Versuchspersonen selbst bestimmten Vorgabe-Tempo bestanden nur Korrelationen zur allgemeinen Intelligenz, wenn die Versuchspersonen ausdrücklich dazu instruiert worden waren, so genannte »Eselsbrücken« zu bauen, nicht aber unter der Normalinstruktion, bei der die Wahl einer Lernstrategie freigestellt war. Auch hier variierte die Höhe der Koeffizienten beträchtlich mit der Art der gewählten abhängigen Variable. Die höheren Korrelationen (r_{max} = .59) resultierten nicht bei Fehler-, sondern zeit-abhängigen Maßen, ein Befund, der indirekt wieder auf den Geschwindigkeitsaspekt der Ausführung kognitiver Operationen aufseiten hochintelligenter Personen zurückführt, im vorliegenden Kontext: Die Schnelligkeit, mit der die Versuchspersonen in der Lage waren, die sinnfreien Silben mit irgendeinem sinnvollen Konzept in assoziative Verbindung zu bringen.

Hingegen muss der Stellenwert von Intelligenz beim verbalen Konditionieren aufgrund der einander diametral widersprechenden Resultate von Javierto (1971) sowie Mohan und Dharmani (1976) noch als ungeklärt gelten. Vermutlich spielen bei diesem subtilen Phänomen die speziellen Details der Versuchsanordnung und Instruktion sowie der anschließenden Befragung der Versuchspersonen über die Kontingenzen des Experiments eine entscheidende Rolle.

12.6.4 Intelligenz und Schulerfolg

Fallen somit die Zusammenhänge von Intelligenz mit experimentalpsychologischen Lernmaßen zwar meist statistisch bedeutsam, doch nur in mäßiger Höhe aus, *liefern die Untersuchungen zum Vergleich von Punktwerten in Intelligenztests mit Kriterien für den schulischen Erfolg die höchsten Übereinstimmungen der psychologischen Diagnostik überhaupt.* Angesichts der Entstehungsgeschichte der Verfahren kann das nicht verwundern. Im Durchschnitt vieler Tests und Fächer dürfte die besagte Korrelation in der Grundschule etwa um r = .50 liegen (Lavin, 1965; Ingenkamp, 1964; s. außerdem die Manuale der gebräuchlichen Tests). Für weiterführende Schulen sind infolge der dort eingeschränkten Messwertvarianzen niedrigere Koeffizienten zu erwarten. Am niedrigsten, gewöhnlich aber immer noch statistisch signifikant, sind die Zusammenhänge verschiedener Intelligenzskalen mit dem Erfolg im Studium (s. Trost, 1975; Amelang, 1978; Hitpass, 1978; Trost & Bickel, 1979), und zwar einmal aufgrund der bei entsprechenden Probandenstichproben noch stärker reduzierten Leistungsvariabilität (wer nicht über ein Mindestmaß an Voraussetzungen verfügt, dürfte kaum die ersten Semester durchstehen), zum anderen wegen der besonders niedrigen psychometrischen Qualität der an Hochschulen vergebenen Noten (s. dazu Amelang, 1975). Schließlich wirken sich bei den nichtsdestoweniger besonders aussagekräftigen Längsschnittstudien die notwendigerweise langen Prognoseintervalle mindernd aus (Pawlik, 1979), und zwar deshalb, weil in der Zeit zwischen Intelligenztestung und dem Vorliegen des Kriteriumswertes außerordentlich viele Faktoren auf die Persönlichkeit einwirken und diese modifizieren (s. Amelang & Hoppensack, 1977a).

In Fällen, wo die in Betracht gezogene Varianzeinschränkung vom Ansatz her keine Rolle spielen kann, erreichen die Koeffizienten die Größenordnung von .70, so etwa, wenn die Höhe des erreichten schulischen Abschlusses (Hauptschule/Mittelschule/Oberschule usw.) mit Intelligenz korreliert wird (z. B. Wechsler, 1958). Auch nach Herauspartialisierung des sozioökonomischen Status, der als mögliche Drittvariable sowohl die Höhe der Intelligenz wie auch den Verbleib im Bildungsweg bestimmen mag, bleibt ein eigenständiger Beitrag der Intelligenz zur Aufklärung der Länge der Ausbildung übrig.

Ingesamt besteht eine Tendenz zu höheren Übereinstimmungen verbaler Tests mit schulischem Erfolg relativ zu nichtverbalen Skalen, was bei der vorwiegend sprachlichen Natur des Unterrichts zu erwarten ist. Des Weiteren sind mangels ausreichender Standardisierung von Unterricht und Notengebung starke Variationen über den jeweiligen geographischen Regionen zu beobachten (Meili, Aebi, Heizmann & Schoefer, 1977), schließlich eine Tendenz zu besserer Übereinstimmung beim weiblichen gegenüber dem männlichen Geschlecht (Amelang & Vagt, 1970; Amelang & Kühn, 1974; Kühn, 1977), Letzteres anscheinend deshalb, weil die Mädchen mehr als die Buben im schulischen Betrieb integriert sind und weniger außerschulischen Interessen nachgehen. Von der Vielzahl weiterer Moderatoren sei zum Schluss nur noch Ängstlichkeit erwähnt: Kanekar (1977) hat an 172 Studenten festgestellt, dass der Zusammenhang von Intelligenz (Raven-Test) und Studienerfolg bei hochängstlichen Probanden geringer war als bei den niedrigängstlichen, woraus eine Bestätigung des Konzeptes von Ängstlichkeit als Trieb gefolgert wurde.

Legt man die erwähnte Korrelation von .50 als grobe Schätzung für einen Mittelwert einmal zugrunde, so folgt daraus, dass Intelligenz zu einem nicht unerheblichen Teil (immerhin käme das 25% gemeinsamer Test-Kriteriums-Varianz gleich) dem entspräche, was Lehrer darunter verstehen, oder in einer anderen Wendung: der Fähigkeit, in der Schule gute Noten zu bekommen.

Nun ist ein solcher Zusammenhang allenfalls für den sekundären oder tertiären Bildungsbereich von praktischem Belang, da nur dort die Möglichkeit zur Beratung und Platzierung oder Selektion besteht; hingegen besteht geringere Relevanz für die Hauptschule, die jeder, der nur ein Minimum an Voraussetzungen aufweist, besuchen muss. Von daher wurden sehr bald Bemühungen unternommen, gesonderte Verfahren zu entwickeln, um eindeutiger den Erfolg pädagogischer Maßnahmen erfassen zu können, und zwar weniger abhängig von allgemeiner Intelligenz und mehr bezogen auf dasjenige, was spezifisch das Unterrichtsgeschehen abbildet. Solche Verfahren heißen im angloamerikanischen Sprachraum »Achievement Tests«. Ihnen entsprechen bei uns am ehesten die sog. Schulleistungstests (s. dazu Ingenkamp, 1962; Klauer, 1978). Im Unterschied zu den Ability-Tests, die eher die Summe unkontrolliert im Alltagsleben erworbener Erfahrungen erfassen, zielen die Achievement Tests mehr auf die Effekte der unter relativ standardisierten Bedingungen auf das Individuum einwirkenden Faktoren, wie etwa Unterricht in Mathematik oder Teilnahme an einem Sprachkurs. Auch Lesefertigkeit und Rechtschreibung zählen dazu. Letztlich bilden solche Skalen terminale Unterschiede nach einem Behandlungsprogramm ab: was jemand ziemlich fachspezifisch kann und was er nicht zu leisten imstande ist. Ability-Tests wird man demgegenüber zweckmäßigerweise zur Vorhersage der Leistung in noch nicht realisierten Situationen einsetzen, in denen gleichwohl eine gemeinsame Unterweisung stattfinden kann.

Vermutlich wirken erreichte Lernziele positiv auf die allgemeinen Voraussetzungen zurück, zukünftige Erfahrungen angemessen zu erwerben. Damit wäre eine Art Kreisprozess von wechselseitiger Befruchtung gegeben, der in dem regelmäßig gefundenen hohen Zusammenhang zwischen Fähigkeits- und Achievement-Tests eine gewisse Bestätigung findet. Um eine konzeptuelle Abhebung der Intelligenz vom schulischen Erfolg dennoch zu gewährleisten, sind Längsschnittuntersuchungen mit beiderlei Verfahren unter der Annahme durchgeführt worden, Ability-Scores müssten besser die Unterschiede in Achievement-Tests vorhersagen als umgekehrt. Crano, Kenny und Campbell (1972) fanden tatsächlich einen Zusammenhang von .73 zwischen einem Intelligenztest und einer zwei Jahre später vorgegebenen Batterie zu schulischen Fertigkeiten, aber nur eine Korrelation von .70 zur Vorhersage des Intelligenzquotienten aus den Achievement-Leistungen, wie sie zum Zeitpunkt der Ersterhebung festgestellt wurden (Differenz der Koeffizienten signifikant). An einer wesentlich kleineren und altersmäßig jüngeren Stichprobe hat Kellaghan (1973) allerdings keine Anzeichen zugunsten einer Kausalität in einer der beiden Richtungen festgestellt (s. auch Dyer & Miller, 1974, und die Problematisierung einer Unterscheidung von Ability bzw. Aptitude gegenüber Achievement als Kategorisierungsgesichtspunkt von Tests bei Humphreys, 1978).

Auf einen wichtigen Umstand weist die Arbeit von Wiedl und Herrig (1978) hin: Dort konnte gezeigt werden, dass die Güte der Schulerfolgsprognose durch einen Lern- bzw. Intelligenztest abhängig ist vom Grad der ökologischen Übereinstimmung zwischen lern- und leistungsrelevanten Merkmalen der Test- und Schulsituation. Bei jener Unterstichprobe von Schülern, die einem adaptiven Unterricht in Kleingruppen unterzogen wurden, korrelierte eine Lerntestvariante des Progressiven Matrizen-Tests von Raven höher als der CFT-Cattell (s. Weiß, 1971) mit dem Schulerfolg; hingegen stellten sich in einer Vergleichsgruppe, die herkömmlichen Unterricht erhielt, entgegengerichtete Befunde ein.

Keine Frage ist es im Übrigen, dass daneben auch Persönlichkeitsfaktoren im engeren Sinne den Schulerfolg zu prognostizieren erlauben (s. etwa Amelang, 1976; Amelang & Hoppensack, 1977b; Leino, 1972) oder den Zusammenhang von Intelligenz mit schulischen Leistungen moderieren (Wankowski, 1973). Einen besonderen Stellenwert schreibt man ihnen zudem beim Problem des Over- und Underachievement zu, d. h. der Beobachtung, dass gemessen an der Ausprägung von Intelligenzfaktoren einige Probanden systematisch zu gute bzw. zu schlechte Werte in Schulnoten oder Achievement-Tests erreichen (s. dazu Behrens & Vernon, 1978, mit weiterführender Literatur).

12.6.5 Intelligenz und Berufstätigkeit

Da die Höhe des erreichten schulischen Abschlusses bzw. die Dauer der Partizipation im Ausbildungsprozess positiv mit Intelligenz korreliert, ist auch eine enge Beziehung zwischen Intelligenz und Niveau der beruflichen Tätigkeit zu erwarten, und zwar schon deshalb, weil für den Eintritt in die sog. höheren Berufe im Regelfall der erfolgreiche Besuch einer Ober- oder gar Hochschule formell zur Voraussetzung gemacht wird.

Die Existenz solcher Hürden scheint immerhin verständlich, wenn man sich die Anforderungen der Berufstätigkeit etwa des Arztes, Ingenieurs, Architekten, Piloten oder Lehrers vergegenwärtigt. Traditionell bestehen denn Korrelationen um r = .80 für die Beziehung zwischen der von unabhängigen Ratern für ausgewählte Berufe als mindesterforderlich gehaltenen Intelligenz und dem Sozialprestige der jeweiligen Tätigkeit (s. Duncan, Featherman & Duncan, 1972).

In der Tat hat eine ganze Reihe von Autoren über entsprechende Intelligenzunterschiede der nach herkömmlichen Taxonomien klassifizierten Angehörigen verschiedener Berufsgruppen berichtet (darunter Simon & Levitt, 1950; Stewart, 1947; Amthauer, 1953, 1973).

Eine besonders aussagekräftige Studie stellt nach wie vor diejenige von Harrell und Harrell (1945) dar, da sie sich auf nicht weniger als 18 782 Rekruten der US Airforce stützen kann. Im Zuge der routinemäßigen Vorgabe des Army General Classification Tests erreichten die Vertreter typischer Mittelstandsberufe die durchschnittlich höchsten Werte, etwa Wirtschaftsprüfer einen mittleren IQ von 128,1, Rechtsbeistände (127,6), Ingenieure (126,6), Reporter (124,5), Lehrer (122,8) und Konferenzstenografen (121,0). Im Mittelbereich scorten Facharbeiter, etwa Werkzeugmacher (durchschnittlicher IQ 112,5), Maschinisten (110,1), Vormänner (109,8), Flugzeugmechaniker (109,3), Elektriker (109,0) und Autoreparateure (104,2). Die niedrigsten Gruppendurchschnittswerte wiesen Arbeiter mit unvollständiger oder gar keiner Ausbildung auf: Lastwagenfahrer (96,2), Friseure (95,3), Bauern (92,7) und Minenarbeiter (90,6).

Auffällig ist an den Resultaten, dass die Standardabweichungen mit wachsendem mittleren IQ abnehmen: Für die oben angegebenen, stichprobenartig aus ca. 75 Berufen herausgegriffenen Gruppen betragen die IQ-Streuungen 11,7 - 10,9 - 11,7 - 11,7 - 12,8 - 12,5 - 12,5 - 16,1 - 16,7 - 14,9 - 16,3 - 15,2 - 16,7 - 19,7 - 20,5 - 21,8 - 20,1, d. h., die interindividuellen Differenzen zwischen den Mitgliedern einer Berufsgruppe werden mit höherem Niveau der Tätigkeit geringer. Wie eine nähere Inspektion der Daten ergibt, ist dieses darauf zurückzuführen, dass bei nur unwesentlich verschobenen Höchstwerten in den einzelnen Klassen die aufgetretenen Mindestleistungen stark zunehmen, und zwar von IQ = 42 bei den Minenarbeitern auf 76 (!) im Falle der Lehrer und 100 bei den Reportern. Die Berufe, die im Durchschnitt von intelligenteren Personen ausgeübt werden, setzen also zunehmend hohe Mindestanforderungen voraus.

Ähnliche Befunde waren etwa bezüglich der Dienstränge innerhalb der Armee zu sichern (Yoakum & Yerkes, 1970; s. Abb. 12.18).

Auch bei solchen Resultaten ist nicht eindeutig zu entscheiden, ob die Heraufsetzung des unteren Grenzwertes auf einer mehr oder weniger administrativen Selektion der Jobanwärter beruht oder aber bedingt ist durch die Anforderungen der jeweiligen Berufstätigkeit selbst, denen Personen mit geringeren Intelligenzquotienten nicht entsprechen können, weshalb diese im Laufe der Zeit ausscheiden. Auch bleibt unklar, inwieweit die Intelligenzunterschiede Ursache oder Wirkung sind, die höheren Punktwerte der am Schreibtisch Tätigen vielleicht als Folge der dort intensiveren Anregungsbedingungen und verstärkten Übung in solchen Funktionen verstanden werden müssen, die dann auch wesentliche Bestandteile der Tests sind.

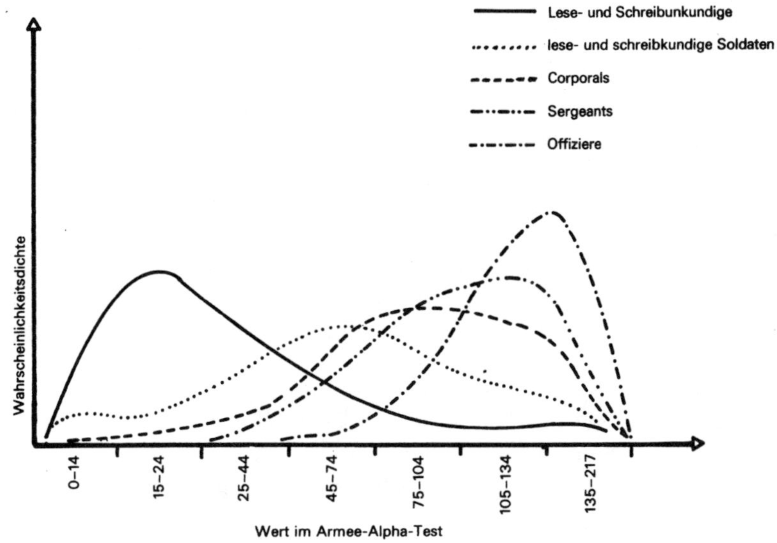

Abb. 12.18: Verteilung der Intelligenz-Punktwerte von unterschiedlichen Diensträngen innerhalb des US-Heeres während des Ersten Weltkrieges (nach Yoakum & Yerkes, 1970).

Einen gewissen Aufschluss, was das Problem der Verursachung angeht, können Querschnittsuntersuchungen liefern, in denen die formale Fremdselektion der herangezogenen Stichproben keine Rolle spielt. Ein Beispiel dafür sind Erhebungen an Erst- und Zweitsemestern verschiedener Studienrichtungen aus einer Zeit, als keine Zulassungsbeschränkungen bestanden. Solche Untersuchungen lassen eine fähigkeits- und persönlichkeitsspezifische Differenzierung erkennen, die weitgehend vorwissenschaftlichen Erwartungen entspricht, etwa die leistungsmäßige Überlegenheit von Mathematikern gegenüber den Studenten anderer Fachrichtungen, das ausgeprägte Interesse von Volks- und Betriebswirten für »Politik und Wirtschaft«, die hohe »Gefühlsbereitschaft« von Psychologen oder die extreme »Konventionalität« von Pädagogen (Amelang, Sommer & Bartussek, 1971; zum Vergleich der Intelligenzquotienten von Doktoranden verschiedener Fächer s. Harmon, 1961). Derartige Unterschiede, die sich im Laufe des Studiums z. T. weiter ausdifferenzieren (Amelang & Hoppensack, 1977), können als kombinierte Folge von erwartungsgeleiteter Selbstplatzierung und studienimmanentem Beanspruchungs- bzw. Selektionsdruck aufgefasst werden (s. auch die Versuche von Amthauer, 1953, 1973, für einige der »Berufstypischen Profile« vorberufliche Spezifität nachzuweisen). Eine Rückwirkung der spezifischen Tätigkeiten auf das allgemeine Fähigkeitsniveau und die Persönlichkeitsmerkmale ist hierbei (noch) nicht wahrscheinlich.

Eine solche rekursive Beeinflussung kann auf jeden Fall nicht der einzige Interpretationsgesichtspunkt für längsschnittliche Studien sein, in denen etwa demonstriert wurde, dass die zu einem frühen Zeitpunkt der Entwicklung ermittelte Intelligenz beträchtlich mit dem Prestige des zu einem späteren Zeitpunkt ausgeübten Berufes korreliert; Ball (1938) fand hier für zwei verschiedene Intervalle Koeffizienten von .57 und .71.

Längsschnitte bilden im Weiteren eine der Grundlagen der neuerdings sehr geschätzten hypothetischen Kausalmodelle. Im Hinblick auf eine Vielzahl miteinander korrelierender Messwertreihen werden dabei Hypothesen über die Richtung einer möglichen Beeinflussung

zwischen je zwei Variablen abgeleitet und einer Prüfung unterzogen, wobei als einer der wichtigsten Anhaltspunkte für die Spezifizierung der Modellannahmen die eherne Regel jeden Erklärens gilt (s. auch 7.6.5.), dass zeitlich Späteres nicht Früheres determinieren kann. Im Rahmen dieser sog. Pfadanalysen wird die Stärke einer – möglichst einseitig gerichteten – Beeinflussung durch Koeffizienten ausgedrückt, die denjenigen von Partialkorrelationen entsprechen, d. h., die Enge des Zusammenhanges wird bestimmt unter rechnerischem Konstanthalten der Wechselbeziehungen mit allen anderen Variablen (zur Methode s. Opp & Schmidt, 1976).
Duncan, Featherman und Duncan (1972) haben die Pfadanalyse auf zwei Datensätze angewandt, die mit identischen Variablen an unabhängigen Stichproben gewonnen wurden; im nachfolgenden Diagramm sind die dabei herausgearbeiteten Effekte wiedergegeben (s. Abb. 12.19).
Aus dem Pfadkoeffizienten von .08 wird die geringe Bedeutung einer direkten Auswirkung intellektueller Begabung auf den beruflichen Status ersichtlich. Offenkundig verläuft die Beeinflussung indirekt über die Höhe des Bildungsniveaus und erreicht dabei eine Effektivität, die größer ist als die direkte und mittelbare Beeinflussung von Seiten der Bildung und dem Sozialstatus des Vaters.
Ausgehend von der allgemein verbreiteten Vorstellung eines Zusammenhanges zwischen Sozialstatus des Vaters und erforderlicher Intelligenz liegt die Erwartung nahe, dass auch innerhalb der einzelnen Berufskategorien die Intelligenten die Erfolgreicheren sein würden. Die Untersuchungen dazu sind jedoch in ihren Resultaten extrem heterogen und nur schwer auf einen gemeinsamen Nenner zu bringen. Grund für die Uneinheitlichkeit ist zum einen sicherlich der Umstand, dass Kriterien für »den« Berufserfolg häufig sehr schwer festzulegen sind; man denke etwa an den Vergleich zweier Ärzte, von denen der eine eine allgemeine Praxis auf dem Lande betreibt, der andere als Facharzt in einer Universitätsklinik tätig ist. Soll der Erfolg an der Zahl behandelter oder geheilter Patienten, am Einkommen, dem Beitrag zum Fortschritt des Faches usw. gemessen werden? Ähnliches gilt für Psychologen, von

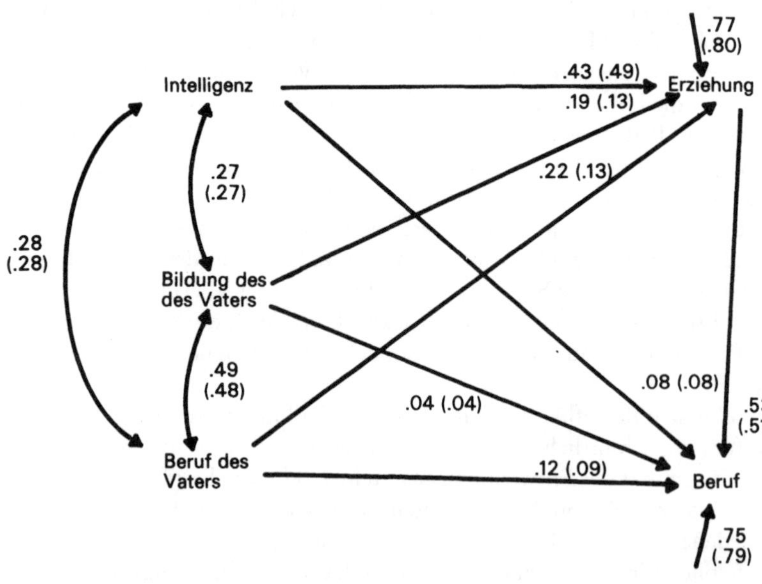

Abb. 12.19: Vereinfachte Form eines Pfadmodells zum Einfluss von Intelligenz und Bildung sowie dem Beruf des Vaters auf Beruf und Bildungsgrad.

denen einige in Erziehungsberatungsstellen, andere in Betrieben oder einem Arbeitsamt tätig sind. Es bereitet unerhörte Mühe, Kriteriendimensionen zu konstruieren, auf denen die vielfältigen Aspekte der beruflichen Tätigkeit zum Zwecke einer direkten Vergleichbarkeit adäquat und objektiv abgebildet werden können.

Darüber hinaus werden vielfach Untersuchungen zur Korrelation IQ/Berufserfolg angestellt für Tätigkeitsbereiche, innerhalb derer aufgrund der niedrigen intellektuellen Anforderungen ein Zusammenhang mit Intelligenz überhaupt nicht erwartet werden kann oder – wie etwa im Falle von Verkäufern – gerichtete Hypothesen ableitbar wären über andere Merkmale (z. B. Aufgeschlossenheit, Freundlichkeit u. Ä.), die viel eher als Prädiktoren in Frage kämen.

Andererseits fehlt namentlich in den höher bewerteten Berufen eine ausreichende Merkmalsvariation als Voraussetzung hinlänglich hoher korrelativer Beziehungen, eben weil für gehobene Laufbahnen der Besitz von Bildungsbescheinigungen unabdingbar erforderlich ist. Wegen dieser Selektion anhand IQ-korrelierter Kriterien ist auch der Zusammenhang von ungefähr r_{tc} = .20 zwischen Leistungstests und Maßen des Berufserfolges, den Ghiselli (1966) als ungefähren Mittelwert aus mehreren tausend Untersuchungen bestimmt hat, keineswegs zwangsläufig im Sinne einer beruflichen Inkompetenz der weniger intelligenten Personen zu deuten, wie dies etwa Herrnstein (1973) in erster Linie für die prestigeträchtigen Berufe postuliert hat. Vielmehr ist weiterhin die Denkmöglichkeit im Auge zu behalten, dass zumindest ein Teil der gemeinsamen Test-Kriteriums-Varianz lediglich eine Folge des Umstandes ist, dass ein geringerer IQ als Vehikel benutzt wird, Personen am Eintritt in einige Berufe zu hindern. Wie McClelland (1973) feststellt, waren im Mittelalter Lateinkenntnisse erklärte Voraussetzung für die Ausübung juristischer, medizinischer und theologischer Berufe, stellt weiße Hautfarbe heute einen Prädiktor für den Erfolg in Prestigeberufen dar, ohne dass deshalb hier wie dort daraus der Schluss gezogen werden dürfe, es handele sich bei den besagten Variablen um solche allgemeiner Fähigkeiten.

Unverkennbar spielen bei der Zu- oder Aberkennung von Erfolg normative Setzungen durch die in einer Gesellschaft jeweils dominierenden Gruppen eine gewisse Rolle. In den westlichen Gesellschaften herrscht eine gewisse Einmütigkeit darin vor, sich bei der Vergabe von Erfolgsinsignien an der Bewältigung verbaler, numerischer und konfiguralsymbolischer Probleme zu orientieren und für höhere Berufe nach diesen Kriterien zu selegieren. Vorstellbar sind jedoch auch andere Setzungen, z. B. die Akzentuierung musischer und künstlerischer Gesichtspunkte, spezifischer Fertigkeiten oder bestimmter Persönlichkeitsmerkmale wie Ehrlichkeit, Hilfsbereitschaft, Gefühlsbetontheit u. Ä., die teilweise bereits ein wesentliches Kennzeichen sog. »Alternativkulturen« darstellen.

Im Einzelnen ist der Anteil derartiger soziologischer Faktoren bei der Konstituierung eines Zusammenhanges zwischen Intelligenz und Berufserfolg schwer abzuschätzen. Sicher ist deren Stellenwert geringer, wenn anstelle komplexer Berufsbewährungskriterien, in denen häufig verbale Faktoren in Kommunikation und Prüfung eine wesentliche Rolle spielen, speziellere Maße (z. B. Fahrtauglichkeit oder die Qualität eines Werkstückes) herangezogen werden – in der Regel sofort begleitet von niedrigeren Validitätskoeffizienten!

Verbindlichen Aufschluss könnten letztlich nur solche Daten liefern, die in einer Gesellschaft erhoben würden, die ihre Mitglieder auf die vorhandenen Arbeitsplätze nach Zufall verteilt. Frei von Selektionsartefakten ließe sich die berufliche Tüchtigkeit auch der weniger intelligenten Personen abschätzen, die derzeit in einige Berufe gar nicht hineingelangen. So utopisch einstweilen ein solcher Versuchsplan erscheint, so sicher darf andererseits dennoch unterstellt werden, dass für das Führen eines Jets, die Steuerung eines Computers oder die Vornahme einer Organtransplantation Mindestgrenzen hinsichtlich der Intelligenz nicht unterschritten werden dürfen, soll das jeweilige Unternehmen nicht zu einem Fiasko geraten.

12.6.6 Intelligenz, Verhalten und Lebenslauf

Ohne die Diskussion des vorangegangenen Abschnittes noch einmal aufzugreifen, soll abschließend auf einige Korrelate der Intelligenz außerhalb der beruflichen Tätigkeit im engeren Sinne eingegangen werden. Auch hier erfolgt die Trennung einzelner Faktoren voneinander zunächst mehr konzeptuell-begrifflich als gerechtfertigt durch empirische Daten, da viele der nachfolgend erwähnten Leistungen aus einem Wirkungsgeflecht zahlreicher nur schwer differenzierbarer Faktoren und Lebensumstände entstanden sein dürften. So korrelierten Wallach und Wing (1969) für eine Stichprobe von College-Studenten die Punktwerte des Scholastic Aptitude Tests mit dem Engagement in 34 verschiedenen Tätigkeiten wie außercurricularen Diskussionen, Erhalt von Preisen, Musizieren usw. Ebenso wie Holland und Richards (1965) fanden sie kaum bedeutsame Zusammenhänge, im Unterschied zu Cogan und Pankove (1974), die bei etwas breiterer Merkmalsvariation Korrelationen bis zur Höhe von r = .66 zwischen Intelligenz und selbstberichteten außerschulischen Aktivitäten beobachteten. Wie indirekt hier und in anderen Fällen die Auswirkungen von Intelligenz sein mögen, lässt sich vielleicht aus der Feststellung erahnen, dass der IQ u. a. positiv mit »Future Time Orientation« zusammenhängt (s. Gjesme, 1979).

Für den Bereich außerhalb solcher studentischer Bildungs- und Lebenskreise hat vor allem die Längsschnittuntersuchung Termans einzigartiges Material geliefert. Wie unter 12.6.1 bereits kurz angedeutet wurde, ließ sich Terman in den Zwanzigerjahren von Lehrern zahlreicher Grundschulen in Kalifornien pro Klasse die drei intelligentesten und den jüngsten Schüler nennen. Im Zuge der wiederholten Vorgabe von Tests wurden 643 Probanden ausgewählt, deren durchschnittlicher IQ bei 151 lag. Um den Effekt auszugleichen, dass Lehrer möglicherweise einige Schüler nicht nannten, obwohl deren IQ jenseits von 135 lag (was tatsächlich in 10 bis 25% der Fälle zutraf), wurden gesonderte Reihenuntersuchungen mit allen Angehörigen von Schulklassen durchgeführt und die Testbesten ebenso in die Stichprobe mitaufgenommen wie Geschwister der von den Lehrern genannten Kinder. Dadurch umfasste die Ausgangsstichprobe letztlich 1 528 Kinder im Alter zwischen 3 und 19 Jahren (Mittel um 11). Der Testintelligenz nach handelte es sich dabei um das oberste ein Prozent der Verteilung. Seit der Ersterhebung (Terman, 1925) ist in weiteren vier Büchern über die in verschiedenen Lebensabschnitten bei diesen Personen festgestellten Besonderheiten berichtet worden (Burks, Jensen & Terman, 1930; Terman & Oden, 1947, 1959; Oden, 1968). Zu Beginn der Sechzigerjahre, als die bislang letzte Folgeuntersuchung vorgenommen wurde, lebten noch 1 188 Probanden. Eine kritische Würdigung der Terman-Studie gibt Sears (1984).

Nur in stark komprimierter Form sei nachfolgend das Wichtigste referiert: Schon in der Kindheit übertrafen die Begabten in Größe und Gewicht ihre Alterskameraden, hatten frühzeitig Gehen und Sprechen gelernt sowie schneller die Pubertät erreicht. Im Weiteren zeigten sie – entgegen weit verbreitetem Vorurteil – eine niedrigere Rate an physischen und psychischen Auffälligkeiten.

Während der Schulzeit waren sie nach Lehrermeinung ihren Klassenkameraden nicht nur in intellektueller, sondern auch in emotionaler, motivationaler und interessenmäßiger Hinsicht überlegen (ein Befund im Übrigen, der in derselben Weise auch im Marburger Hochbegabten-Projekt erhoben wurde, s. Freund-Braier, 2000); lediglich im sozialen Bereich bestanden keine Besonderheiten. Die relative Häufigkeit von Collegebesuch und erfolgreichem Abschluss lag später ebenso weit über dem Mittel wie die Zahl der erworbenen Doktorgrade. Die von den Männern ausgeübten Berufe waren meist diejenigen von Richtern oder Rechtsanwälten, Universitätsprofessoren, Ingenieuren und Ärzten einerseits, Managern in Industrie, Finanzverwaltung und Versicherungswesen andererseits. Von den etwa zur Hälfte vollberuflich tätigen Frauen waren die meisten Lehrerinnen.

Auf die gegenüber der Norm herabgesetzte Rate von Unfällen, Alkoholismus, Homosexualität und Delinquenz sei nur hingewiesen; dagegen muss erwähnt werden, dass schon Ende der Fünfzigerjahre die Mitglieder der Gruppe 60 Bücher und 2 000 technische wie wissenschaftliche Aufsätze geschrieben und 230 bezahlte Patente erworben hatte. Darüber hinaus lagen 33 Novellen, 375 Kurzgeschichten und 265 Artikel gemischten Inhalts vor. Entsprechend war die Repräsentanz der Begabten in »American Men of Science«, »Directory of American Scholars« und »Who's Who in America?« überzufällig hoch – eine insgesamt ohne Zweifel imponierende Bilanz, auch wenn die Absicht, den Probanden nichts über ihre Zugehörigkeit zur Gruppe der Extrembegabten mitzuteilen, sicher nicht stringent eingehalten werden konnte.

Dessen ungeachtet sprechen die Befunde doch dafür, dass allgemeine Intelligenz für sich ein sehr bedeutender, wenn nicht der erklärungsmächtigste Prädiktor späteren relativen Erfolges in schulischen und beruflichen Belangen sowie Situationen des Alltagslebens ist. In welche *Richtung* die Entwicklung jedes Einzelnen beeinflusst wird, ist damit zwar nicht vorherzusagen; dafür könnten Interessen- und Persönlichkeitsvariablen von Nutzen sein (s. unten). Aber das *Ausmaß* der sich manifestierenden Leistungen scheint über viele verschiedene Tätigkeiten und Berufe hinweg in gewissen Grenzen prognostizierbar zu sein – ein Anlass für Terman (1954, S. 224), die transsituative Konsistenz auf den Einfluss Spearmans *g* zurückzuführen.

Was den Einfluss von Persönlichkeits- und Temperamentsfaktoren angeht, so lagen zu Beginn der Studie zwar keine nach modernen Kriterien entwickelte Tests vor, doch hatte Terman die hochbegabten Kinder von ihren Eltern und Lehrern auf 25 Eigenschaftsdimensionen einschätzen lassen. Diese gruppierten sich in drei miteinander interkorrelierende Faktoren »Soziale Verantwortung« (darunter Gewissenhaftigkeit, Großzügigkeit, Aufrichtigkeit, Klugheit und Voraussicht, Fehlen von Eitelkeit), »Intellektualität« (Allgemeine Intelligenz, Common sense, Originalität, Selbstvertrauen, Wissensdrang) und »Soziabilität« (Populari-

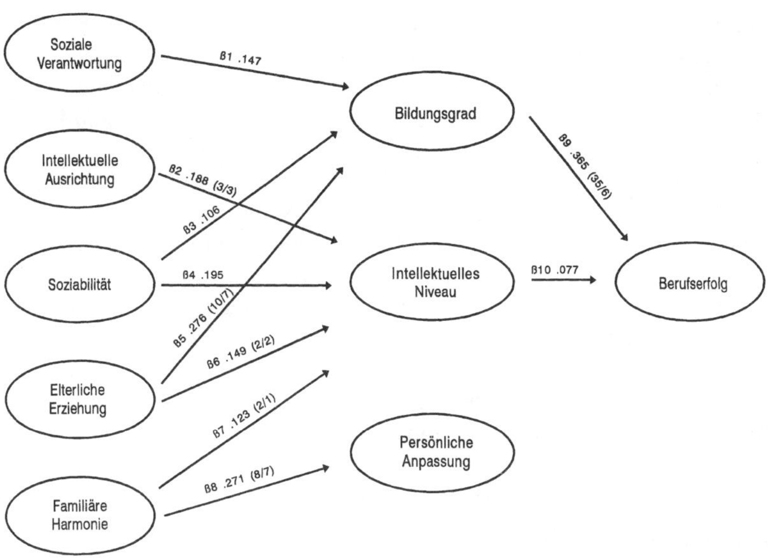

Abb. 12.20: Strukturmodell für die Pfade zwischen Prädiktoren und Kriteriumsmaßen. Die Werte in Klammern geben für die wichtigsten Pfade den gerundeten Prozentanteil aufgeklärter Varianz getrennt für Männer und Frauen an. (Nach Tomlinson-Keasy & Little, 1990, S. 450 u. 451).

tät, Vorliebe für Gruppen, Optimismus und Liebenswürdigkeit u. a.). Auf der Basis von 4 000 Variablen aus 21 Fragebögen, die bis 1986 von den Teilnehmern bearbeitet worden waren, bildeten Tomlinson-Keasy und Little (1990) vier Kriterien für den beruflichen Erfolg und die persönliche Anpassung. Die Vorhersagbarkeit dieser Maße durch die Persönlichkeitsvariablen ist in Abbildung 12.20 veranschaulicht.
Über einen Zeitraum von nicht weniger als 40 Jahren erweist sich somit für die persönliche Anpassung (selbstberichtete und extern dokumentierte psychische Gesundheit) die familiäre Harmonie als bedeutsamste Größe, und zwar in beiden Geschlechtern.
Verständlicherweise ist angesichts des damaligen Zeitgeistes, der den Bildungs- und Berufserfolg für die beiden Geschlechter in unterschiedlicher Weise moderierte, bei den Männern für die berufliche Position der Bildungsgrad mit 35 % erklärter Varianz wichtiger als bei den Frauen (6 %). Insgesamt sind die damit gesicherten Wirkfaktoren vor dem Hintergrund solch umwälzender Ereignisse wie Erster Weltkrieg und wirtschaftlicher Depression, die die individuelle Entwicklung und Planung Einzelner beeinträchtigt haben dürften, doch beachtlich; die besagten Erschütterungen liefern zugleich eine gewisse Erklärung dafür, warum bei ca. 15 % der Begabten der aufgrund der intellektuellen Leistungen erwartbare Erfolg ausgeblieben ist (zum Einfluss von Persönlichkeitsfaktoren auf den Lebenslauf bei Normalbegabten s. Block, 1971, 1981).
An der Terman-Studie ist u. a. kritisiert worden, dass die Familien der hoch-intelligenten Kinder wegen der herausragenden beruflichen Stellung ihres Vaters einen außerordentlich hohen sozioökonomischen Status repräsentieren würden und es deshalb schwer sei, die unabhängigen Beiträge von Sozialstatus und Intelligenz auf den Lebenserfolg zu ermitteln (Sears, 1984). Neuere Untersuchungen mit einem vergleichbaren Ansatz, aber gestützt auf eine um ca. 30 Jahre später erfasste Kohorte hoch-intelligenter Kinder, zudem aus einer anderen geographischen Region (s. Subotnik, Karp & Morgan, 1989), haben die fragliche Separierung ebenfalls nicht geleistet, wohl aber die allgemeine Botschaft von Intelligenz als einem starken Prädiktor für Produktivität in akademischen Berufen (nicht so sehr hingegen in Kunst und Politik) bestätigt; der größte Unterschied zu den früheren Beobachtungen ergab sich bei den Frauen: Hier hat die in der jüngeren Vergangenheit verbesserte Verfügbarkeit von Ausbildungs- und Berufsoptionen zu einer Verlagerung in der Lebenszufriedenheit und den Erfolgsbewertungen in einer Richtung geführt, die den Gegebenheiten bei den damaligen männlichen Terman-Probanden weitgehend entspricht.
Duncan und Dreger (1978) ist es gelungen, einen Fragebogen zu entwickeln, der auf der Basis von Verhaltensweisen *ohne* Leistungsbezug (z. B. »Shows signs of anger such as red face or raised voice in situations where others do not«, »Says another child did the things of which he is accused«, »Repeats some acts over and over« usw.) die Identifikation hochbegabter Kinder erlaubt; der Mindest-IQ einer Gruppe von »gifted children« betrug wie bei Terman 136, während die »Normal«-Gruppe als durchschnittlich angesehen wurde.
Ob man in einer Gesellschaft von der Vorhersagbarkeit in der einen oder anderen Weise durch Klassifikation und/oder Selektion Gebrauch macht oder davon absieht, ist keine mit wissenschaftlichen Argumenten entscheidbare Frage.

12.7 Praktische Intelligenz

Der ganz überwiegende Teil des in den vorangegangenen Abschnitten dargelegten Materials gilt einer Intelligenz, die sich hauptsächlich in Fertigkeiten manifestiert, die in der Schule vermittelt und ausgebildet werden. Dies lässt sich ganz unschwer an den Aufgaben erkennen, die zur Messung der allgemeinen Intelligenz (also »des« IQ) oder von Primär- und spezifischen Faktoren herangezogen werden: Das Lösen von Rechenaufgaben, wie sie sich in verschiedenen Schwierigkeitsstufen gewöhnlich in Skalen zum »Number«-Faktor finden, ist ebenso Gegenstand der schulischen Grundausbildung wie Rechtschreibung und Wortverständnis (»Verbal Comprehension«; s. Kap. 12.3.2). Auch die Prinzipien, nach denen Reihen fortzusetzen sind (»Reasoning«), werden als Logik mehr oder weniger implizit vereinbart. Schließlich erwirbt jedes Kind im Zuge des standardisierten Treatments schulischer Unterweisung alsbald Kenntnisse über die Abfolge der Ziffern im Zahlen-System und die Reihung der Buchstaben im Alphabet, was eine Grundvoraussetzung für das Fortsetzen von Reihen in Übereinstimmung mit den normierten Erwartungen (also: im Sinne von »objektiv« richtig) darstellt. Dieser Tatbestand ist einer der Gründe dafür, dass Intelligenz-Tests so hoch mit Maßen für schulischen Erfolg korrelieren; hier wie dort steht ein hoher Punktwert dafür, von der Vermittlung der Inhalte in besonderer Weise profitiert zu haben.

Neisser (1976) spricht in Bezug darauf von »academic intelligence«; den zu ihrer Erfassung benutzten Aufgaben sei gemeinsam, dass sie 1) von anderen Personen formuliert würden, 2) meist nur von geringem oder gar keinem intrinsischen Interesse seien, 3) alle benötigten Informationen von Beginn an zur Verfügung stellten und 4) von den allgemeinen Erfahrungen mehr oder weniger abgehoben seien. Wagner und Sternberg (1985) haben diesen Merkmalskatalog erweitert und festgehalten, die Aufgaben 5) seien gut strukturiert, 6) hätten meist nur eine richtige Antwort und 7) oftmals nur einen angemessenen Lösungsweg.

Der akademischen Intelligenz stellt Neisser (1976, S. 137) »intelligent performance in natural settings« gegenüber, nämlich das »angemessene Reagieren im Sinne der eigenen Kurz- und Langzeit-Ziele, die aktuellen Faktoren der jeweiligen Situation so hingenommen, wie man sie vorfindet.«

Dieses mag man gleichsetzen mit *praktischer* Intelligenz, die etwa Charlesworth (1976, S. 150) definiert als »Verhalten unter der Kontrolle von kognitiven Prozessen, eingesetzt zur Lösung von Problemen, die das Wohlbefinden, die Bedürfnisse, die Pläne und das Überleben des Einzelnen betreffen«.

Solche Probleme sind oft unstrukturiert; sie liefern nicht zugleich alle benötigten Informationen und keine Anhaltspunkte dafür, wann die Lösung erreicht ist. Die Umgebungsbedingungen und die Aufgaben ähneln meist nicht den Gegebenheiten in der Schule, wie auch die Probleme kaum in Multiple Choice-Form auftreten bzw. zu beantworten sind. Die Reaktionen darauf erklären sich nur selten aus dem Bestreben, die richtige Antwort zu finden, und die Leistung lässt sich in vielen anderen Dimensionen als etwa nur der Zahl korrekter Lösungen beschreiben (nach Frederiksen, 1986, S. 84).

Offensichtlich mangelt es den herkömmlichen IQ- und Faktoren-Tests an Aufgaben einer solchen Struktur, also an Items, die mit der Bewältigung alltäglicher Anforderungen außerhalb eines Rahmens zu tun haben, wie er durch die o. a. Punkte 1 bis 7 umrissen wird. Nicht von ungefähr vermissten denn auch 75,3% der 661 Experten aus dem Bereich der Testpsychologie, die von Snyderman und Rothman (1986) im Zuge der IQ-Kontroverse befragt wurden, »Anpassung an die jeweilige Umgebung« unter den Elementen, die sinnvollerweise von Intelligenz-Tests ebenfalls abgedeckt werden müssten; für 71,7% fehlte es an Berücksichtigung der Leistungsmotivation und für 64,1% an einer solchen der Zielgerichtetheit (Mehrfach-Nennungen waren möglich; zum Vergleich: Defizite in der sprachlichen und mathematischen Kompetenz sahen nur 14 bzw. 12%).

In welchem Ausmaß die fragliche Komponente am Verhalten in natürlichen Umwelten beteiligt sein mag, lässt sich vielleicht an den sehr niedrigen Korrelationen absehen, die zwischen herkömmlichen Intelligenz-Maßen auf der einen Seite und Maßen für den Berufserfolg (*innerhalb* einzelner Sparten, nicht zwischen ihnen!) andererseits bestehen. Den Zusammenstellungen von Ghiselli (1966) sowie Wigdor und Garner (1982) zufolge liegen diese im Mittel nur um r = .20. Hier besteht also immerhin ein erheblicher Spielraum, etwa durch Erfassung der praktischen Dimension(en) Verbesserung erzielen zu können.

12.7.1 Methoden zur Erfassung von alltagsnahen Kompetenzen

Ganz im Sinne der o. a. Defizit-Liste von Snyderman und Rothman (1986) geht ein Ansatz dahin, die *Motive* zu erfassen, die intellektuelle Leistungen in natürlichen Umwelten aktivieren und durch sie befriedigt werden. Im Mittelpunkt steht dabei die Leistungsmotivation. Allerdings litt die Methode, »need for achievement« mit Hilfe von TAT-Adaptationen (s.o.: 10.2) zu erfassen, unter den Unzulänglichkeiten, die ganz allgemein für projektive Verfahren typisch sind. Auch Fragebögen konnten keine wesentlichen Prädiktionsgewinne etwa gegenüber Kriterien des Studienerfolges erbringen.

Ein anderer Ansatz besteht in der sog. »*Critical Incident Technique*«. Bei dieser auf Flanagan (1954) zurückgehenden Methode werden Personen gebeten, solche Ereignisse eingehend zu beschreiben, mit denen sie entweder besonders gut und/oder nur sehr schlecht zurechtgekommen sind. Diese kritischen Ereignisse (etwa ein gelungener Verkaufsabschluss oder auch ein Arbeitsunfall) werden dann Inhalts-Analysen mit dem Ziel unterworfen, die förderlichen oder notwendigen Kompetenzen herauszufiltern. Die Beschränkung auf ungewöhnliche Ereignisse gewährleistet einerseits zwar Extremfälle mit einem guten »Figur-Grund-Kontrast«, beinhaltet andererseits aber wegen deren Seltenheit eine Reliabilitäts-Problematik. Grundsätzlich hängt der Erfolg dieser Technik von der Bereitschaft und der Fähigkeit der Befragungspersonen ab, (wirklich) kritische Ereignisse zu nennen, im Weiteren davon, ob die qualitative Analyse ausreicht, kognitive Kompetenzen aufzudecken.

Ein dritter Ansatz sieht die möglichst prototypische *Simulation* von Situationen vor, die repräsentativ für herausragende Anforderungen sind. Der »In Basket-Test« von Frederiksen (1966, s. auch den Erfahrungsbericht von 1986a) ist die wohl bekannteste Simulations-Probe. Dabei findet die Test-Person in einem Ablage-Kasten verschiedene Berichte, Briefe, Gesprächsnotizen und Merkzettel, die allesamt Entscheidungs-Handlungen verlangen, etwa in der Form, nachzufragen, Auskunft zu geben oder eine Aufgabe zu delegieren. Eine andere Variante stellt das sog. Assessment-Center dar, in dem Klein-Gruppen in mehreren Simulations-Situationen (etwa dem »In Basket«, fiktiven Interviews o. ä.) agieren müssen. Die Struktur dieser Simulations-Proben kommt den unter Kap. 12.6.2 diskutierten Problem-Löse-Aufgaben recht nahe; entsprechend sind auch die damit verbundenen Vor- und Nachteile (komplexe realitätsnahe Anforderungen in einem dynamischen Geschehen bzw. Unbestimmtheit des Lösungsoptimums sowie fragliche Reliabilität).

Der letzte hier in Anlehnung an die Darstellung bei Wagner und Sternberg (1986) referierte Ansatz beruht auf dem Vergleich von »Experten« und »Neulingen« in einem Fach hinsichtlich der *Kenntnisse,* die sie für die Bewältigung von Anforderungen mitbringen. Untersuchungen etwa des Schachspiels oder der Computer-Programmierung haben ergeben, dass die darin jeweils Erfahrenen sich eher im Umfang und der Organisation der auf das Problem bezogenen Kenntnisse von Unerfahrenen unterscheiden als hinsichtlich grundlegender kognitiver Fähigkeiten.

Ein wesentlicher Anteil an den für die Bewältigung von alltäglichen Anforderungen förderlichen Kenntnissen ist nach Wagner und Sternberg (1985) »tacit«, also still, und »tacit knowledge« sei 1) mehr praktisch als akademisch, 2) mehr informell als formell, und 3) es werde gewöhnlich nicht direkt gelehrt. Die Entscheidung eines Wissenschaftlers, bei welcher Zeitschrift er ein gerade erstelltes Manuskript zur Veröffentlichung einreichen soll, liefere

ein gutes Beispiel für Aufgaben zu jenem stillen Wissen. Mit der Wahl des Wortes wollten die Autoren nicht ausdrücken, dass das besagte Wissen etwa dem Bewusstsein nicht zugänglich, nicht artikulierbar oder nicht lehrbar sei, vielmehr gewöhnlich nur nicht direkt vermittelt würde.
Die Resultate, die mit dieser Methode erzielt werden können, sind ermutigend, hängen aber wie bei den anderen Ansätzen auch von der Beschaffenheit der untersuchten Funktionen ab. Ein recht erfolgreicher Versuch stammt aus dem universitären Bereich und soll nachfolgend exemplarisch vorgestellt werden (s. Kasten).

12.7.2 Weitere Aspekte von Praktischer Intelligenz

Die theoretischen und empirischen Perspektiven für Praktische Intelligenz sind sehr viel umfassender, als durch die vorangegangenen Ausführungen angedeutet werden konnte. Einen

Stille Kenntnisse in intelligentem Alltags-Verhalten

Wagner (1987) legte drei Gruppen von Personen, die innerhalb der akademischen Psychologie unterschiedlich erfahren waren, in schriftlicher Form berufsbezogene Problem-Situationen vor, die eine Abschätzung der stillen Kenntnisse erlauben sollten. Die Items waren etwa von folgendem Format:
»Nach zwei Jahren als wissenschaftlicher Assistent und der Publikation zweier empirischer Beiträge in angesehenen wissenschaftlichen Zeitschriften ist es Ihr Ziel, in die Gruppe der Top-Leute ihres Faches vorzudringen und eine Lebenszeit-Anstellung in Ihrem Institut zu bekommen. Nachfolgend sind verschiedene Aktivitäten aufgelistet, die während der nächsten zwei Monate entfaltet werden könnten – natürlich nicht alle auf einmal. Schätzen Sie die relative Wichtigkeit jeder der Optionen für das Erreichen Ihrer Ziele ein:
a) die Qualität der Lehre verbessern
b) einen guten Antrag auf Forschungsförderung stellen
c) eine Lang-Zeit-Untersuchung in Angriff nehmen, die zu einem größeren theoretischen Aufsatz führen kann
d) sich auf die Anwerbung von mehr Studenten konzentrieren
e) in einem Gremium mitarbeiten, das sich mit den Beziehungen innerhalb der Universität befasst
(...)
o) freiwillig den Vorsitz in der Kommission für das Vordiplom Curriculum übernehmen.«

Der Inhalt der Aufgaben war nach einer Gliederungs-Systematik für den Gegenstandsbereich ausgewählt worden, die die Faktoren »Inhalt« (Selbst, Andere, Aufgaben), »Kontext« (Lokal, Global) und »Orientierung« (Idealistisch, Pragmatisch) vorsah (mithin 3 x 2 x 2 Felder, von denen jedes einzelne durch die Faktoren beschrieben ist.)

Auf diese Weise war es möglich, für die einzelnen Aspekte (Inhalt, Kontext, Orientierung usw.) gesonderte Skalenwerte zu ermitteln. Den »Schlüssel« für die Ermittlung der individuellen Punktwerte, also die Festlegung der »richtigen« Antworten, hatten 11 herausragende Fachleute angesehener Universitäten als Experten mit ihren Antworten geliefert.
Die Mittelwerte von N = 90 Hochschullehrern und von N = 61 Graduate Students (vergleichbar etwa unseren Diplomanden) sowie N = 60 Undergraduates (vergleichbar etwa unseren Vordiplomanden) für tacit knowledge lauteten 215,9, 243,8 und 311,6 und unterschieden sich damit in vorhergesagter Richtung voneinander (hohe Werte stehen als Abweichung von den Prototypizitäts-Urteilen der Experten für niedrige Kenntnisse).
Die Korrelationen der Kenntnis-Scores mit kriterialen Maßen sind getrennt für jene beiden Gruppen, für die Kriterien vorlagen, in Tabelle 12.5 wiedergegeben.

Tab. 12.5: Korrelations-Koeffizienten für den Zusammenhang zwischen Tacit Knowledge Scores und Kriteriums-Maßen für Tätigkeiten in der Akademischen Psychologie (aus Wagner, 1987, S. 1241).

Kriteriums-Maß	n	*Tacit knowledge score* Actual total	Ideal total
	Fakultäts-Angehörige		
Von Fakultäts-Kollegen eingeschätzte Qualifikation als Hochschullehrer	77	–.48***	–.42***
Anzahl der Zitate	59	–.44***	–.43***
Anzahl der Publikationen	59	–.28***	–.03***
Prozentanteil an Zeit, aufgewendet für			
Lehre	79	.26***	.09**
Forschung	79	–.41***	–.34***
Verwaltung	79	.19***	.16***
Anzahl von Vorträgen	80	–.21****	–.03****
Alter	80	.22***	.06***
	Graduate Students		
Eingeschätzte wissenschaftl. Qualifikation	61	–.46***	–.24****
Anzahl der Publikationen	59	–.25***	–.16****
Anzahl der Vorträge	80	–.12***	–.11****
Prozentanteil an Zeit, aufgewendet für			
Lehre	79	.15**	.14***
Forschung	79	–.48***	–.13**
Anzahl fertig gestellter Forschungsprojekte	61	–.24***	–.15***
Dauer in der Graduierten-Ausbildung	61	–.07***	–.16***

* $p < .05$. ** $p < .01$. *** $p. < .001$.

Wie ersichtlich korrelieren also Kenntnisse mit der allgemeinen Reputation in einem Fach; im Einzelnen investieren die Kundigen mehr Zeit in die Forschung als in die Lehre oder Verwaltung, weil Forschung offenkundig für die Karriere sehr viel ausschlaggebender ist – ein Umstand, unter dem auch bei uns sicher schon viele Teilnehmer von Lehrveranstaltungen gelitten haben.
Konfirmatorische Faktorenanalysen ließen für die einzelnen Bereiche der fachbezogenen Kenntnisse nur einen globalen g-Faktor erkennen. Die Kenntnis-Punktwerte korrelierten in der Undergraduate-Stichprobe nur zu r = .30s mit dem verbalen Geschick. Eine gleichartig angelegte Untersuchung an Personen aus dem Business Management ergab ähnliche Resultate, wenngleich dort die Koeffizienten niedriger lagen.

guten Überblick vermitteln etwa die in dem Buch von Wagner und Sternberg (1986) zusammengestellten Beiträge. Auch dort werden allerdings zwei Bereiche nur sehr knapp bzw. gar nicht thematisiert, die durchaus zur Praktischen Intelligenz gehören, wenn man etwa die oben zitierte Definition von Charlesworth (1976) zugrunde legt: soziale und praktisch-technische Kompetenzen. Nur zu den Letzteren soll hier etwas gesagt werden (die Soziale Intelligenz kommt unter 12.8 zur Sprache).
Die Befassung mit praktisch-technischen Fähigkeiten und Fertigkeiten, zu denen auch räumliche und psychomotorische Faktoren gehören, hat international und namentlich in Deutschland eine lange Tradition (s. Sperber, 1982). Typische Aufgaben sind etwa mechanisch-technische Verständnis-Tests, manipulative Proben, aber auch Items zur Abschätzung

von planendem Denken, Regelwissen und organisatorischer Perspektive. Der Beitrag dieser Komponenten zur Bewältigung alltäglicher und beruflicher Anforderungen variiert natürlich stark mit der Art der überwiegend ausgeführten Tätigkeiten. Insoweit als die Erfassung relativ kriteriumsnahe Aspekte miteinbezieht wird auch dieser Bereich partizipieren an der in der letzten Zeit beobachtbaren Intensivierung von allen Forschungen, die mit Praktischer Intelligenz zu tun haben (s. Sperber, Wörpel, Jäger & Pfister, 1985).

Die referierten Desiderata und vorläufigen Befunde haben deutlich gemacht, dass Struktur-Modelle der Intelligenz in Zukunft ein sehr viel breiteres Spektrum an intelligentem Verhalten einschließen werden als bislang, um der Komplexität leistungsthematischen Verhaltens in Alltagssituationen gerecht zu werden. Aber die absehbare Entwicklung im Hinblick darauf ist selbst durch Komplexität gekennzeichnet: Wie Frederiksen (1986b) nach einer Sichtung der Resultate von Verfahren zur Simulation von Problemen in natürlichen Umwelten feststellt, hängen die darin affizierten kognitiven Prozesse nicht nur vom Format der Testaufgaben ab, sondern auch vom situativen Kontext, in dem die Verfahren vorgegeben werden, und von persönlichen Charakteristika wie etwa der Vertrautheit mit der Materie. Von daher »wird die Struktur der Intelligenz nicht notwendigerweise eine fest gefügte sein, sondern eine, die variiert in dem Maße, in dem die Menschen lernen und sich die Umstände ändern« (S. 451).

12.8 Weitere Konzepte von Intelligenz

Soziale Intelligenz (SI) als die Fähigkeit, andere zu verstehen und in zwischenmenschlichen Situationen klug zu agieren (nach Thorndike, 1920), ist seit jeher einer der Gegenstände sozial- und differentialpsychologischer Analysen. Wie in anderen Feldern haben gleichermaßen definitorische Eingrenzungen wie die Entwicklung von Verfahren zur Erfassung des Konstruktes eine vorrangige Rolle gespielt. Zu den Begriffsbestimmungen von SI zählen Stichworte wie Menschenkenntnis, Anpassungsfähigkeit, Einsicht in komplizierte soziale Situationen, Fähigkeit, mit Menschen umzugehen, diese vorhersagen und beeinflussen zu können, sowie Fähigkeit zur Übernahme fremder Perspektiven und Kenntnisse von Regeln des sozialen Lebens. Bei den Items zur Erfassung von SI handelte es sich besonders häufig um Cartoons oder verbale Beschreibungen von sozialen Situationen (s. dazu die Beispiele unter 9.3 und die behaviorale »Scheibe« im Structure of Intellect-Modell von Guilford unter 12.3.5). Die damit erhaltenen Ergebnisse sind ungeachtet einiger positiver Einzelbefunde mehrheitlich recht unbefriedigend. So hat Probst (1982) in seiner besonders sorgfältigen Arbeit weder eine konvergente Validität der eingesetzten Variablen, noch materialunabhängige Faktoren für SI beobachten können. In gleicher Richtung liegen die mit einer völlig anderen Instrumenten- und Personenstichprobe erhaltenen Resultate von Keating (1978). Demgegenüber fanden Ford und Tisak (1983) zwar unter anderem einen separaten Faktor, auf dem Maße für SI luden, im Weiteren auch Hinweise auf die Überlegenheit der SI-Maße bei der Varianzaufklärung eines behavioralen Kriteriums, doch sind die Befunde offenkundig durch Ähnlichkeiten der Messoperationen mitbedingt. Bestehen solche Überlappungen im Material nicht, sinken die Test-Kriteriums-Korrelationen häufig auf ein insignifikantes Niveau. Beispielsweise korrelierten in der Studie von Zoch (1974) sechs Guilford-Tests nur in einem durch Zufall erklärbaren Ausmaß mit verschiedenen soziometrischen Kriterien (wohl aber bestanden bedeutsame Beziehungen zu differentiellen Intelligenzmaßen). Desgleichen fielen in einer eigenen Untersuchung (s. Amelang, 1987) die Korrelationen zwischen 13 SI-Skalen und verschiedenen Fremdeinschätzungen für SI durchweg niedrig aus und verfehlten häufig das Signifikanzniveau. Das galt auch für jene Sub-Gruppe von Probanden, für die eine besonders hohe Beurteilerübereinstimmung bestand. Auch eine Optimierung des Antwortschlüssels nach externalen Konstruktionsprinzipien führte nicht zu einem durchschlagenden Erfolg.

Die damit exemplifizierten Unzulänglichkeiten von SI-Variablen in psychometrischer Hinsicht, also in Bezug auf interne Konsistenz, faktorielle Prägnanz und Eigenständigkeit sowie externe Validität, kontrastieren auffällig mit der immer wieder zitierten Intuition, wonach es so etwas »geben müsse« wie SI (nach Orlik, 1974, S. 380), und in der Tat haben in der bereits unter 12.1 erwähnten Befragung von Sternberg et al. (1981) Experten und Laien verschiedene Charakteristika für Intelligenz genannt, von denen sich einige zu einem Faktor für »Soziale Kompetenz« zusammenfügten. Einiges spricht dafür, dass die Anwendung des Handlungs-Häufigkeits-Ansatzes (»Act Frequency Approach«; AFA, s. 6.3.4) auf das SI-Konstrukt, also eine strikte Orientierung an konkret beobachtbaren Verhaltensweisen, zu substantiellen Fortschritten führt, was die psychometrischen Gütekriterien betrifft; jedenfalls konnte zwischenzeitlich die befriedigende Validität einer Liste von 40 Verhaltensweisen, die hoch prototypisch für SI waren, gegenüber Fremdeinschätzungen von SI gezeigt werden (s. Amelang, Schwarz & Wegemund, 1989). Weitere Untersuchungen unter Verwendung des AFA wären wünschenswert.

Das gilt verstärkt für die von Sternberg (1998) propagierte *Erfolgs-Intelligenz* (»successful intelligence«). Dabei handelt es sich um 20 Eigenschaften, die zusätzlich zu einem Basisniveau an Wissen, Bildung und Kreativität vorhanden sein müssen, damit sich im Leben beruflicher Erfolg einstellt. Nach Sternberg motivieren sich Menschen mit Erfolgsintelligenz selbst, kontrollieren ihre Impulse, wissen, wann sie durchhalten müssen, wissen das Beste aus ihren Fähigkeiten zu machen, setzen ihre Gedanken in Taten um, sind ergebnisorientiert, bringen ihre Aufgaben zu Ende, sind initiativ, haben keine Angst vor Fehlschlägen, schieben nichts auf die lange Bank, akzeptieren berechtigte Kritik, lehnen Selbstmitleid ab, sind unabhängig, überwinden persönliche Schwierigkeiten, konzentrieren sich auf ihre Ziele, kennen den schmalen Grat zwischen Über- und Unterforderung, können lange warten, können den Wald und die Bäume sehen, glauben an ihre Fähigkeit, die eigenen Ziele zu erreichen, und denken gleichermaßen analytisch, kreativ und praktisch.

Viele der aufgelisteten Komponenten erinnern an Eigenschaften, die bei anderen Autoren (und teilweise auch im vorliegenden Text) unter Begriffen wie Ausdauer, Selbstsicherheit, Impulsivität, Frustrationstoleranz, Bekräftigungsüberzeugung, Feldunabhängigkeit oder Belohnungsaufschub abgehandelt werden, also weniger zum Leistungs-, sondern mehr zum Temperamentsbereich gehören. Empirische Belege derart, dass die genannten »Zutaten des Erfolges« sich als Voraussetzungen und als *Syndrom* (und nicht nur hin und wieder jede der Eigenschaften für sich) tatsächlich bei erfolgreichen Menschen gehäuft finden lassen, stehen bislang aus – eine für die Forschungen von Sternberg ansonsten ganz ungewöhnliche Situation.

Demgegenüber fehlt es bei der sog. *Emotionalen Intelligenz* (z. B. Mayer & Salovey, 1993, 1995; Salovey & Mayer, 1990) als einem Konstrukt, das in der Öffentlichkeit auf ein besonderes Interesse gestoßen ist, keineswegs an empirischer Unterlegung, doch handelt es sich dabei (ebenfalls) um ein Konglomerat von Faktoren, die eher mit dem individuellen Gefühlsmanagement zu tun haben. Definiert wird Emotionale Intelligenz als »subset of social intelligence that involves the ability to monitor one's own and others' feelings and emotions, to discriminate among them and to use this information to guide one's thinking and actions« (Salovey & Mayer, 1990, S. 189).

Die Überlegenheit des Konzeptes der Emotionalen gegenüber der Sozialen Intelligenz soll in einer höheren diskriminanten Validität in Hinblick auf die Allgemeine Intelligenz bestehen

(Mayer & Salovey, 1993, S. 435) – eine Behauptung, für die jedoch keine empirischen Belege vorgebracht werden. So bleibt auch die Annahme von Goleman (1997, S. 56) reine Spekulation, der zufolge die Emotionale Intelligenz »eine Metafähigkeit (ist), von der es abhängt, wie gut wir unsere sonstigen Fähigkeiten, darunter auch den reinen Intellekt, zu nutzen verstehen«.

Davies, Stankov und Roberts (1998) gingen im Rahmen einer empirischen Studie der Frage nach, welche Beziehungen Emotionale Intelligenz zu traditionellen kognitiven Fähigkeiten (z. B. fluide und kristalline Intelligenz) sowie zu bestimmten Persönlichkeitsmerkmalen aufweist. Die Operationalisierung von Emotionaler Intelligenz erfolgte durch folgende drei Komponenten affektiver Informationsverarbeitung: a) Emotionsbewertung und -ausdruck (verbal und nonverbal) bei einem selbst und bei anderen, b) Emotionsregulation bei einem selbst und bei anderen, c) Funktionalisierung von Emotionen zur Erleichterung des Denkens (s. z. B. Salovey & Mayer, 1990). Zur Erfassung dieser Aspekte von Emotionaler Intelligenz wurden insgesamt 18 verschiedene, aus der Literatur stammende Erhebungsinstrumente (13 Self-Report-Skalen, 5 sog. objektive Maße, z. B. die Identifikation von Gefühlen aus Gesichtern) eingesetzt (s. Kasten mit Maßen zur Erfassung von Emotionaler Intelligenz).

Faktorenanalysen zufolge ergab sich kein eigenständiger Emotionaler Intelligenz-Faktor. Stattdessen luden insbesondere die Self-Report-Maße der Emotionalen Intelligenz hoch auf den etablierten Persönlichkeitsdimensionen Extraversion, Psychotizismus und Neurotizi-

Ausgewählte Maße zur Erfassung von Emotionaler Intelligenz
(nach Davies et al., 1998, S. 993–994; Übersetzung von den Verfassern)

EQ-Test:
Zu 10 verschiedenen Szenarien sollen die Pbn eine von 4 Alternativen wählen, z. B. »Stellen Sie sich vor, Sie gehen zur Schule und haben in einem bestimmten Fach auf eine Eins gehofft; im Zwischenzeugnis müssen Sie aber feststellen, dass Sie nur eine Drei minus bekommen haben. Wie reagieren Sie?«

a) Ich lege mir einen Plan zurecht, wie ich meine Note verbessern kann, und nehme mir vor, mich streng daran zu halten.
b) Ich nehme mir vor, in Zukunft bessere Noten zu erzielen.
c) Ich sage mir, dass es eigentlich gar keine Rolle spielt, wie ich in diesem Fach abschließe, und konzentriere mich stattdessen auf andere Fächer, in denen meine Noten besser sind.
d) Ich suche meinen Lehrer auf und versuche ihn zu überreden, mir eine bessere Note zu geben (Goleman, 1995).

Items zur Erfassung von Meta-Stimmungen:
- Aufmerksamkeit, z. B. »Ich kann am besten mit meinen Gefühlen umgehen, wenn ich sie voll erlebe.«
- »Repair«, z. B. »Wenn ich wütend werde, erinnere ich mich an die schönsten Dinge im Leben.«
- Klarheit, z. B. »Ich weiß fast immer genau, was ich gerade fühle.«

Items zur Erfassung von Emotionaler Kontrolle mit den Komponenten
- Nachdenken, z. B. »Ich überlege mir noch lange danach, wie ich es Personen, die mich wütend gemacht haben, heimzahlen kann.«
- Emotionale Hemmung, z. B. »Meine Gefühle auszudrücken macht mich ängstlich und verletzbar.«
- Kontrolle, z. B. »Fast alles, was ich tue, ist gut durchdacht.«
- Aggressions-Kontrolle, z. B. »Wenn mich jemand schubst, dann schubse ich zurück.«

Weitere Bereiche bzw. Item-Beispiele
- Schwierigkeiten bei der Identifikation von Gefühlen, z. B. »Wenn ich wütend bin, weiß ich nicht, ob ich traurig, erregt oder ärgerlich bin.«
- External ausgerichtetes Denken, z. B. »Ich rede mit Leuten lieber über ihre täglichen Aktivitäten als über ihre Gefühle.«
- Emotionale Empathie, z. B. »Ich neige dazu, in die Probleme von Freunden emotional involviert zu sein.«
- Affektive Kommunikation, z. B. »Ich kann Gefühle leicht am Telefon ausdrücken.«

Sog. objektive Tests
- Items zur Erfassung der Emotions-Wahrnehmung: Die Pbn bekommen unterschiedliche Materialien – und zwar Bilder von Gesichtern bzw. Farben sowie Ausschnitte aus Musikstücken – dargeboten, auf welche sie ihre Reaktion auf den Emotions-Skalen Glück, Trauer, Wut, Furcht, Überraschung und Ekel angeben sollen. Getrennt für die Materialarten werden gesonderte Punktwerte errechnet.

mus, was für eine fehlende divergente Validität im Sinne von Eigenständigkeit spricht. Demgegenüber wies kein einziger Aspekt von Emotionaler Intelligenz substantielle Ladungen auf den Faktoren kristalline bzw. fluide Intelligenz auf. Damit wird die Annahme, wonach es sich bei Emotionaler Intelligenz um eine *mental ability* handelt, zumindest in Frage gestellt. Zwei wesentliche Probleme mögen jedoch für die Befunde mit verantwortlich sein. Zum einen erwiesen sich einige der Self-Report-Skalen (darunter auch die Item-Liste von Goleman, 1995, zur Erfassung des EQ) als wenig reliabel. Zum anderen luden die Self-Report-Maße mit hinreichender Reliabilität auf bekannten Persönlichkeitsfaktoren, d. h., bei Verwendung dieser Skalen ist Emotionale Intelligenz nicht separierbar von herkömmlichen Traits. Von daher kommt es in Zukunft vor allem darauf an, objektive Tests (wie jene zur Erfassung von Emotions-Wahrnehmung) zu entwickeln, die neben faktorieller Eigenständigkeit auch hinreichend reliabel sind. Selbst wenn ein solches Vorhaben von Erfolg gekrönt sein sollte, würde sich das Konstrukt der Emotionalen Intelligenz höchstwahrscheinlich als sehr viel schmaler erweisen, als es seine Protagonisten derzeit annehmen.

Weiterführende Literatur zu Intelligenz:
Eysenck, 1979; Carroll & Maxwell, 1979; Horn, 1979; Sternberg, 1987; Kail & Pellegrino, 1988.

Fragen zu Kapitel 12:

1. Was versteht man unter einer operationalen Definition der Intelligenz, was sind die damit verbundenen Vorzüge?
2. Wie unterscheiden sich die Intelligenzquotienten aus Staffeltests nach dem BINET-Typ von solchen nach dem Muster der WECHSLER-Tests?
3. Wie unterscheiden sich die Geschlechter hinsichtlich allgemeiner Intelligenz?
4. Welche Alterseinflüsse auf die Ausprägung der allgemeinen Intelligenz wurden beobachtet?
5. Welche Arten und spezifischen Ausgestaltungen von Strukturmodellen der Intelligenz kennen Sie?
6. Welche Probleme ergeben sich in Bezug auf eine empirische Unterscheidung zwischen den einzelnen Strukturmodellen?
7. Nennen Sie Vor- und Nachteile der faktorenanalytischen Intelligenzforschung.
8. Welche gebräuchlichen Testsysteme im deutschsprachigen Raum beruhen auf welchen Intelligenzmodellen?
9. Inwieweit kann simultan sowohl von der Stabilität als auch der Inkonstanz der Intelligenz gesprochen werden?
10. Nennen Sie einige Ansätze und Ergebnisse zur Validierung von Intelligenztests!
11. Was versteht man unter Prozessanalysen der Intelligenz?
12. Welche physiologischen Korrelate der Intelligenz kennen Sie?
13. Definieren Sie Emotionale Intelligenz und sagen etwas über die empirische Befundlage aus.

13 Kreativität

13.1 Einführung und Begriffsbestimmung

Selten hat eine Teildisziplin innerhalb eines Faches einen so rapiden Aufschwung genommen wie gerade die Untersuchung kreativen, originalen, produktiven, divergenten oder imaginativen Denkens. Schon Frierson (1969) stellte seit den ersten Untersuchungen von Galton (1890) über schöpferische Begabung eine exponentielle Zunahme der publizierten Forschungsarbeiten auf diesem Gebiet fest, eine Entwicklung, die sich während der letzten Jahrzehnte, innerhalb deren eigene Zeitschriften für den besagten Bereich gegründet wurden, kaum verlangsamt haben dürfte.

Eine Schlüsselrolle in diesem Prozess kommt zwei Ereignissen von höchst unterschiedlichem Charakter zu: Wegweisend ist die Presidential Address von Guilford (1950) an die American Psychological Association gewesen, in der das lange Zeit verschüttet gewesene Reizwort »creativity« wieder aufgegriffen, der Mangel an kreativen Personen in Wissenschaft und Wirtschaft der USA beklagt und die Erforschung, Erfassung und Förderung der Kreativität nicht nur gefordert, sondern zugleich in integrierender Weise angeregt wurde. Das andere kritische Ereignis war wenige Jahre später (1957) der durch die Sowjets und ihren ersten erfolgreich ins Weltall geschossenen Satelliten hervorgerufene »Sputnik-Schock«. Zumindest auf naturwissenschaftlich-technischem Gebiet, bei der Öffnung neuer Dimensionen der Technologie, schien damit ein Defizit gegenüber der damaligen UdSSR evident. Um diesen Rückstand wettzumachen, wurden bekanntlich immense Anstrengungen unternommen, in deren Verlauf erhebliche Mittel auch der Kreativitätsforschung zuflossen. Mit der üblichen Verzögerung haben sich zwischenzeitlich auch andere Nationen dieses Untersuchungsfeldes bemächtigt, weshalb von dort nunmehr ebenfalls einschlägige Beiträge kommen, deren Orientierung an den bedeutsamen Arbeiten der »ersten Stunde« allerdings unverkennbar ist.

Obgleich in Detailfragen deutlich verschiedene Akzentuierungen erkennbar sind, standen begriffliche Festlegungen einer Intensivierung der Arbeit kaum im Wege: Für Barron (1965, S. 3) kann »Kreativität – ganz einfach – als die Fähigkeit definiert werden, etwas Neues zu schaffen«.

Mit dem Begriff des Neuen, der meist als Synonym mit originell gebraucht wird, ist bereits das am häufigsten angeführte Kriterium für Kreativität genannt. Gleichwohl bleibt in einer solchen Umschreibung das Problem offen, wer über die relative Originalität entscheidet, und ob statistische Seltenheit im Sinne der Abweichung von irgendwelchen Normen für sich selbst als notwendige und zugleich hinreichende Bedingung für kreative Objekte bzw. Personen erachtet werden kann. Stein (1953; deutsch 1973) hat diesen Überlegungen Rechnung getragen und festgehalten: »Ein kreatives Produkt ist ein neues Produkt, das von einer Gruppe zu irgendeinem Zeitpunkt als brauchbar oder befriedigend angesehen werden

kann«. Nicht Neuigkeit für sich, sondern der daraus resultierende Nutzen wird damit zur entscheidenden Größe.
Um auch den nichtmateriellen Produkten Raum zu geben, bezeichnet MacKinnon (1962, S. 485) Kreativität als »eine Antwort oder Idee, die neu ist oder im statistischen Sinne selten ... die sich ganz oder teilweise verwirklichen lässt. Sie muss dazu dienen, ein Problem zu lösen, einen Zustand zu verbessern oder ein vorhandenes Ziel zu vollenden.« Als Dimensionen kreativer Tätigkeit, die miteinander Beziehungen aufweisen, listet Johnson (1972, S. 276/77) neben Originalität, Ungewöhnlichkeit und Nützlichkeit zusätzlich Sensitivität gegenüber Problemen (Fähigkeit zum Identifizieren und Formulieren von Fragen), intellektuelle Führerschaft (Einfluss auf die Forschungsinhalte nachfolgender Wissenschaftler), Scharfsinn und Erfindergeist, Angemessenheit und Breite (der Verwendbarkeit bzw. des Einflusses) auf.
Solche gedanklichen Präzisierungen mögen gegenüber der bloßen Nennung des Wortes Kreativität zwar von einigem Wert für die theoretisch-begriffliche Ebene sein und die Kommunikation unter Forschern erleichtern; offenbar weisen sie aber nur eine geringe Bedeutung für den gleichsam selbstverständlichen Definitionsprozess bei Laien auf: Drevdahl (1956) ließ mehrere Lehrkräfte eine Gruppe von N=64 ihnen gut bekannten Studenten verschiedener Fachrichtungen hinsichtlich deren individueller Kreativität im Abstand von 14 Tagen wiederholt einschätzen. Im ersten Durchgang mussten sich die Beurteiler auf ihr eigenes Konzept von Kreativität stützen, beim zweiten Mal an der folgenden Umschreibung, die ihnen als Destillat mehrerer in der Literatur vorliegender Begriffsbestimmungen vorgegeben wurde:

»Kreativität ist die Fähigkeit des Menschen, Denkergebnisse beliebiger Art hervorzubringen, die im Wesentlichen neu sind und demjenigen, der sie hervorgebracht hat, vorher unbekannt waren. Es kann sich dabei um Imagination oder um eine Gedankensynthese, die mehr als eine bloße Zusammenfassung ist, handeln. Kreativität kann die Bildung neuer Systeme und neuer Kombinationen aus bekannten Informationen involvieren sowie die Übertragung bekannter Beziehungen auf neue Situationen und die Bildung neuer Korrelate. Eine kreative Tätigkeit muß absichtlich und zielgerichtet sein, nicht nutzlos und phantastisch – obwohl das Produkt nicht unmittelbar praktisch anwendbar, nicht perfekt oder gänzlich vollendet sein muß. Es kann eine künstlerische, literarische oder wissenschaftliche Form annehmen oder durchführungstechnischer oder methodologischer Art sein« (Drevdahl, 1956, S. 22).

Zwischen den beiden Instruktionsvarianten bestanden keine signifikanten Differenzen in den Beurteilungen (über die Korrelationen wird nichts mitgeteilt). Darüber hinaus zeigt sich in der Arbeit von Amabile (1982) zwischen den Beurteilern von Produkten (Collagen und kleinen Geschichten) hinsichtlich deren Gehalt an Kreativität eine Übereinstimmung von ca. .80, obwohl man den Versuchspersonen überhaupt keine explizite Instruktion gegeben hatte, sondern sie zur Verwendung einer eigenen subjektiven Definition aufgefordert worden waren. Das Ergebnis sieht die Autorin als Bestätigung eines gemeinsamen subjektiven Konstruktes der Kreativität an, das im Übrigen unabhängig von der (ebenfalls eingeschätzten) technischen Qualität und dem individuellen Geschmack war.
Unter Einbezug auch anderer Resultate zu Einschätzungen (s. Sprecher, 1964a,b) ist damit die vorsichtige Schlussfolgerung erlaubt, dass der Begriff der »Kreativität« (s. auch Landau, 1969, S. 10) zumindest außerhalb von Forschungszirkeln keiner weiteren Erläuterung bedarf, um hinreichend eindeutig verstanden zu werden (s. aber Grote et al., 1969). Ähnlich wie im Falle der definitorischen Abgrenzung der Intelligenz sind letztlich auch hier die für die wissenschaftliche Untersuchung des Phänomens wesentlichen Impulse zum geringeren Teil von verbalen Umschreibungen als mehr von der Konstruktion entsprechender Tests und den mit ihnen erhaltenen Resultaten ausgegangen.
Diese Verfahren sollen deshalb zunächst dargestellt werden.

13.2 Erfassung von Kreativität

13.2.1 Kreativität als Eigenschaft

Nur bei wenigen anderen Konstrukten der Persönlichkeitspsychologie werden die Grenzen des nomothetischen Ansatzes schneller offenkundig als im Falle der Kreativität: Wie die oben angeführten Umschreibungen gezeigt haben, ist der Begriff definiert an extrem seltenen und/oder herausragenden Leistungen/Produkten und/oder Personen, die diese erbringen. Dementsprechend geht die Beschäftigung mit Kreativität auf die Analyse bedeutender Persönlichkeiten und ihres Lebenswerkes zurück. Das Studium von Selbst- und Fremdbiografien sowie aller weiteren verfügbaren Materialien über berühmte Wissenschaftler, Künstler und Politiker sollte ein möglichst weitreichendes Verständnis für die Ursachen und Begleitfaktoren von deren Taten ermöglichen. Auch wenn letztlich versucht wird, über mehrere derartige Analysen hinweg die Resultate zusammenzufassen im Bestreben, wenigsten auf der verbalen Ebene zu einer gewissen Generalisierung der Aussagen zu gelangen, ändert dieses nichts an dem Umstand, dass zunächst unverwechselbare, in ihrem Werk einmalige Personen Gegenstand der Betrachtung sind, die mit anderen gerade wegen ihrer Einzigartigkeit kaum zu vergleichen sind (= idiographischer Ansatz).

Die historiometrische Analyse stellt eine Methode dar, die Leistungs- und Charaktermerkmale herausragender Persönlichkeiten unter Rückgriff auf biografisches Material, Briefe und Tagebücher, also »post mortem«, zu quantifizieren und damit einem Vergleich zugänglich zu machen: Von John Stewart Mill etwa war bekannt, daß er mit drei Jahren lesen konnte. Da üblicherweise erst die Sechs- bis Siebenjährigen lesen lernen (Intelligenzalter = 6), resultiert daraus eine Schätzung des IQ von 200. Des Weiteren ist herkömmlicherweise ein Verständnis für Algebra erst mit 14 Jahren vorhanden; bei Mill war dieses bereits im achten Lebensjahr der Fall, weshalb aus diesem Umstand der IQ auf 175 geschätzt werden kann. Als Mittel solcher Werte ergab sich ein IQ von 190 für die Kindheit Mills und ein solcher von 170 für dessen Jugend, und zwar im Zuge einer Sichtung des über 300 »eminent men« vorliegenden, von drei unabhängigen Psychologen unter Cox (1926) aufgearbeiteten Materials. Goethe, der im Alter von acht Jahren Gedichte auf lateinisch verfaßte, erhielt für die Kindheit einen IQ von 185, für die Jugend einen solchen von 200 zugeschrieben, Pascal insgesamt 180, Voltaire 175, Mozart 155 und Darwin ca. 145. Terman (1917) hatte schon zuvor nach ähnlichem Modus den IQ von Galton auf ca. 200 geschätzt. Die höchsten Werte erzielten im Durchschnitt die Philosophen, dann Dichter und Staatsmänner, Volks- und Betriebswissenschaftler, Musiker und Künstler. Das Schlußlicht bildeten berühmte Militärs mit einem durchschnittlichen IQ von 125 – eine angesichts der Verfügung und Verantwortung über Menschenleben und hochwertiges Gerät gerade in dieser Gruppe etwas bedrückende Einsicht. Aber vielleicht spiegelt die zitierte Rangreihe nur den Stellenwert von verbalen Erfordernissen in der Ausübung der jeweiligen Disziplinen wider.

Werden bei einem solchen Ansatz die sehr verschiedenartigen, aber doch in allen Fällen weit überdurchschnittlichen Leistungen kreativer Personen zum Zwecke der Vergleichbarkeit auf eine gemeinsame Dimension, nämlich Intelligenz, projiziert, ist es von hier doch noch ein erheblicher Schritt, Kreativität wie andere Konstrukte als kontinuierliche, normal verteilte Variable aufzufassen, die als Qualität allen Personen zukommt und in unterschiedlicher Ausprägung bei jedem gemessen werden kann. Implizit ergeben sich dabei Fragen nach der Reliabilität des Merkmals und dessen Expressivität: Was bedeutet es, wenn jemand zur großen Gruppe der Probanden mit durchschnittlichen Kreativitäts-Werten gehört? Werden dann nur hin und wieder im Laufe eines Lebens herausragende Leistungen zu erwarten sein oder aber solche von mittlerer Bedeutung, aber häufigem Auftreten? Ist es nicht sinnwidrig, wenn etwa Cooper und Richmond (1975) geistig behinderte Kinder in Bezug auf das Ausmaß ihrer Kreativität untersuchen, wo doch mehr das Ausmaß ihrer Beeinträchtigung und Schulungsfähigkeit interessieren sollte? Aufgrund solcher Probleme (s. dazu auch Dellas & Gaier, 1970; Albert, 1975) hat Nicholls (1972) für Kreativität den Verzicht auf den Trait-Ansatz gefordert und stattdessen vorgeschlagen, mehr als bisher die Beschäftigung auf kreative Produkte und die Bedingungen kreativer Tätigkeit zu konzentrieren (s. in diesem Sinne auch Amabile, 1982, die verschiedene künstlerische Produkte hinsichtlich ihrer Kreativität und anderer Faktoren wie neuartigen Materialgebrauch, Neuartigkeit der Ideen, Komplexität, Detail-Reichtum u. Ä. beurteilen ließ und darüber zu Bedingungen/Korrelaten der Kreativität gelangte).

Gerade das Letztere ist auch angezeigt, wenn es um die Bestimmung der externen Validität der als Kreativitätstests bezeichneten Verfahren geht; solche Skalen tragen ihren Namen nur insoweit mit einem gewissen Recht, als mit ihrer Hilfe die Differenzierung kreativer Menschen, die man als solche aufgrund kreativer Produkte identifizieren kann, erfolgreich möglich ist.

Auch dann wäre es aber verfehlt, worauf Krause (1972, S. 35) hinweist, die in den Tests hochscorenden Probanden als »kreativ« zu bezeichnen, weil hohe Werte in einem Kreativitätstest zwar notwendige, nicht aber zugleich hinreichende Bedingung für schöpferische Betätigung im Leben sein mögen; außer den kognitiven Faktoren sind Persönlichkeitsmerkmale und situative Bedingungen für die Erklärung des konkreten Verhaltens vonnöten.

Diesen Erwägungen entsprechend ist ein Modell der »4 P-U-Interaktion« (Urban, 1993, S. 163) formuliert worden: Die Konfiguration von Problem-Person-Prozess-Produkt im Rahmen der Umwelt, auf deren Seite Mikro- und Makro-Komponenten als anregende oder hemmende Faktoren zu unterscheiden sind (d. h. im Sinne der inflationären Verwendung des Begriffes »Kreativität« lässt sich dieser nicht nur Personen und Produkten, sondern auch Umwelten zuordnen; mehr dazu s. unten).

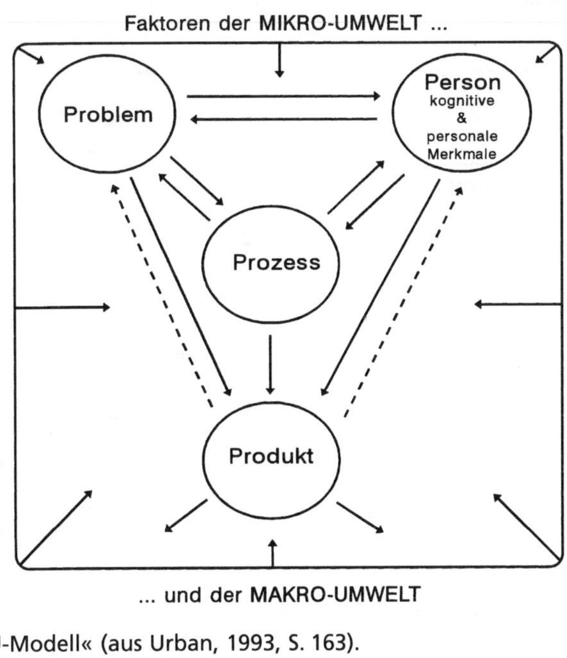

Abb. 13.1: »4 P-U-Modell« (aus Urban, 1993, S. 163).

Was die Probleme selbst angeht, so mögen diese von höchst unterschiedlicher Art sein. Den einen Extrempol markieren solche Probleme, die für sich klar strukturiert sind und für die es nur eine richtige Lösung gibt; der Gegenpol wird durch Aufgabenstellungen besetzt, die unbestimmbar sind, sich als Probleme mitunter »erst bei genauerem Hinsehen« erweisen, von Akteuren zunächst definiert oder redefiniert werden müssen, wegen ihrer unscharfen Konturen zudem verschiedene Lösungen erlauben, die sich in Funktionalität und Nutzen unterscheiden mögen. Für die Bewältigung der ersteren Kategorie von Aufgaben bedarf es konvergenten Denkens, während für den Umgang mit dem letzteren Problemtyp divergentes Denken vonnöten ist. Konvergentes Denken stand lange Zeit im Fokus von Intelligenztests, wohingegen divergentes Denken zunächst gleichgesetzt wurde mit Kreativität, eine Dichotomie allerdings, die nicht mehr beibehalten wird, wie noch darzulegen ist.
Die Zweckmäßigkeit des nomothetischen Ansatzes, dem abgesehen von psychoanalytischen und (Kreativitäts-)therapeutischen Ansätzen in der empirischen Kreativitätsforschung gefolgt wird, bemisst sich hauptsächlich nach dem Ertrag der daran ausgerichteten Verfahren bzw. den damit erhaltenen Untersuchungsergebnissen, weshalb diese zunächst vorgestellt werden sollen.

13.2.2 Allgemeines zur Kennzeichnung der Verfahren

Charlie-Aufgabe (Detektivgeschichte):
Wie allabendlich kommt Bill nach der Arbeit in sein Heim zurück. Als er die Wohnzimmertür öffnet, entdeckt er Charlie tot am Boden liegend. Er sieht außerdem eine Wasserpfütze und Glasscherben auf dem Fußboden. Milly kauert verstört auf dem Sofa. Als Bill die Szene sieht, weiß er sofort, was passiert ist. Wie ist Charlie zu Tode gekommen?

Lösung:
Das gläserne Aquarium mit dem Goldfisch Charlie war von der Katze Milly auf den Fußboden geworfen worden, wo es zerbrach und Charlie erstickte.

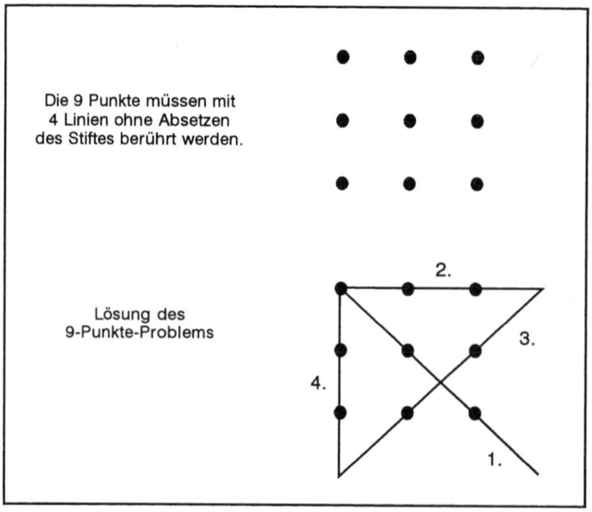

Die Hauptmethoden der Kreativitätsmessung bestehen in biografischen Methoden, Selbstbeurteilungsverfahren, Fremdbeurteilungsverfahren und psychometrischen Tests. Da nachfolgend nur eine eher kursorische Erwähnung stattfinden kann, sei auf Einzeldarstellungen wie diejenigen von Krampen (1993) ausdrücklich verwiesen.

In der Regel sehen die Items in Kreativitätstests eine ungebundene Form der Beantwortung vor, weil damit eher der Modus kreativen Verhaltens außerhalb der Untersuchungssituation nachempfunden werden kann. Eine Auswertung mittels Schablone ist dadurch allerdings unmöglich und die Objektivität vermindert. Die Qualität einer Antwort wird gewöhnlich mit hinlänglicher Übereinstimmung von entsprechend geschulten Beurteilern eingeschätzt (s. Meer & Stein, 1955; Taylor, 1958; negativ: Sprecher, 1959), die Originalität bemisst sich nach dem Ausmaß relativer Seltenheit (Guilford-Schule) bzw. absoluter Einzigartigkeit.

Die Reliabilität der Skalenwerte erreicht nicht das Niveau von allgemeinen Leistungstests, liegen die – meist nach der Splithalf-Methode bestimmten – Koeffizienten mehrfach doch nur zwischen .60 und .80. Wallen und Stevenson (1960) ließen im Verlauf mehrerer Wochen N=63 Schüler durchschnittlicher Intelligenz insgesamt vier Aufsätze mit verschiedener Themenstellung schreiben (»Frühling«, »Muttertag« u. a.). Fünf Lehrer beurteilten die Aufsätze nach dem Ausmaß der darin geäußerten Kreativität. Eine Diskussion nach dem ersten Beurteilungsdurchgang, in der auf die irrelevanten Gesichtspunkte des zugrunde gelegten Kreativitätsbegriffes gesondert eingegangen wurde, stellte eine Übereinstimmung zwischen den Beurteilern um r = .90 sicher; die Stabilität über der Zeit-Aufsatz-Kombination war immerhin so hoch, dass daraus auf Konstanz des Merkmals Kreativität geschlossen werden konnte.

Grundsätzlich stellt sich bei allen Verfahren das Problem, »ob ein kreativer Prozess durch einen bestimmten Reiz – wie ihn der Test ja bedeutet – ausgelöst werden kann« (Ulmann, 1968, S. 72). Mit Hilfe der Testsituation ist die für Kreativität zu fordernde Spontaneität nicht realisierbar, da den Probanden bestimmte Reize vorgegeben werden, auf die sie reagieren sollen. Um diesbezüglich die für einen kreativen Prozess günstigeren Voraussetzungen zu schaffen, stellten Wallach und Kogan (1965) eine entspannte Spielsituation her, in der keinerlei oder doch sehr großzügig bemessene Zeitbegrenzungen bestanden. Sehr eingehende Versuche von Gerlach, Schutz, Baker und Mazer (1964) haben indessen gezeigt, dass weniger liberale Bedingungen, unter denen den Versuchspersonen bedeutet wurde, es handele sich um einen Kreativitätstest und sie sollten sich bemühen, gute Ideen zu liefern bzw. sie müssten ihre Ideen anschließend selbst bewerten, die originellsten Einfälle bewirkten (s. dazu auch Parnes & Meadow, 1964). Im Sinne einer ausreichenden Vergleichbarkeit der individuellen Rohwerte sind also zusätzliche Hinweise zu geben, die Selbstinstruktionsvarianten vermeiden helfen.

Da die Versuchspersonen gewöhnlich in der Gruppensituation die Verfahren schriftlich bearbeiten, liegen dem Versuchsleiter, ähnlich den Gegebenheiten bei Intelligenztests, letztlich nur die Endergebnisse vor, nicht aber Anhaltspunkte über die Prozesse, die dazu geführt haben.

Obwohl einige der Kreativitätstests durch den Handel vertrieben werden, ist ihr routinemäßiger Einsatz vorerst außerhalb von Forschungsstudien nicht zweckmäßig, da zum einen keine altersmäßigen Standardisierungen, zum anderen nur Normen aus mehr oder weniger zufällig angefallenen Stichproben vorliegen.

13.2.3 Die Guilford-Tests

Wenngleich es auch schon vor dem 2.Weltkrieg Originalitätstests gegeben hat (s. Ulmann, 1968, S. 75–78), sind diejenigen des Begründers der modernen Kreativitätsforschung doch

besonders bekannt geworden. Basierend auf seinem Structure of Intellect-Modell, das bereits unter 12.3.5 ausführlicher dargestellt worden ist, konzeptualisierte der Arbeitskreis um Guilford Tests zur Kreativität, die vor allem in der Scheibe des divergenten Denkens, also »the kind that goes off in different directions« (Guilford, 1959, S. 381) angesiedelt werden. Diese Art von Denken liefert im Unterschied zum konvergenten nicht nur jeweils eine einzige, aufgrund unzweifelhafter Tatsachen und Regeln der Logik allein richtige Lösung, sondern mehrere verschiedene, die alle den vorgegebenen Anforderungen entsprechen mögen. Deren Zahl und Qualität sind Indikatoren zur Festlegung der relativen Merkmalsausprägung.
In allgemeiner Form sollen damit die folgenden Aspekte kreativen Denkens getroffen werden:
- Problemsensitivität: Erkennen, wo überhaupt ein Problem liegt
- Flüssigkeit: Rasche Produktion unterschiedlicher Ideen, Symbole und Bilder (z. B. Nennung möglichst vieler Verwendungsmöglichkeiten für einen Briefbeschwerer).
- Flexibilität: Verlassen gewohnter Denkschemata, Wechsel der Bezugssysteme, variable Verwendung vorhandener Information. (Die Neun-Punkte-Aufgabe gilt als Beispiel zur Erfassung dieser Fähigkeitskomponente.)
- Redefinition: Um- und Neuinterpretation bekannter Objekte oder Funktionen; Improvisation (Testitem z. B.: »Welche der folgenden Dinge oder Teile davon würden sich am besten zur Herstellung einer Nadel eignen? Bleistift, Schuh, Fisch, Blume«).
- Elaboration: Ausgestalten allgemeiner und unscharfer Plan-Konturen im Sinne von Realisierbarkeit und Praktikabilität. Dabei kann es erforderlich sein, dass die dafür maßgeblichen Beurteilungskriterien von Akteuren erst selbst gefunden und festgelegt werden (wie z. B. bei der »Detektivgeschichte«).
- Originalität: Seltenheit und vom Konventionellen abweichende Gedankenführung bzw. Denkresultate.

Es wäre jedoch falsch, die Kreativität sensu Guilford, wie dies vielfach geschieht, einfach gleichzusetzen mit den divergenten Tests. Vielmehr hat Guilford immer wieder darauf hingewiesen, dass auch konvergente Produktion und Bewertung für den kreativen Akt vonnöten sind (z. B. Guilford, 1966, 1976). Aus diesem Grunde sei es unzureichend, zur Erfassung der individuellen Kreativität sich etwa mit einer limitierten Stichprobe ausgewählter Skalen zu begnügen.

Beispiele für Guilford-Tests zur Erfassung von Kreativität

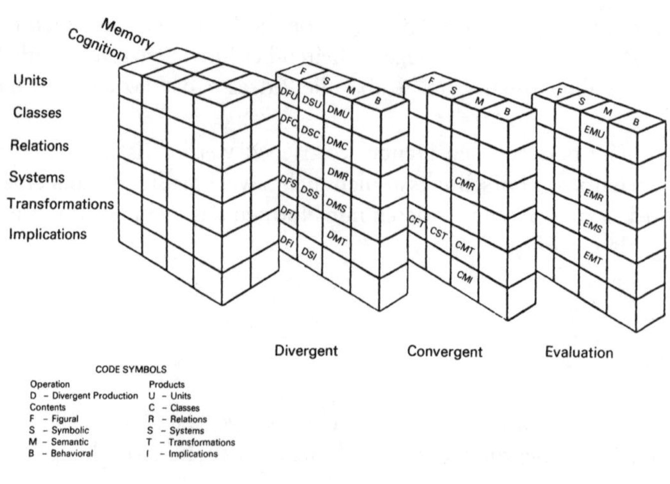

DSU	Wörter aufschreiben, die einen bestimmten Buchstaben enthalten oder mit einer bestimmten Silbe beginnen.
DMU	Gedanken aufschreiben, die zu einer gegebenen Überschrift (z. B. »Gleisarbeiten«) passen. Sachen aufzählen, die rund sind. Anwendungsmöglichkeiten eines normalen Backsteines nennen.
DMC	Ähnlich DMU; häufig entspricht der Punktwert jedoch nicht der Anzahl der Gegenstände oder Verwendungsmöglichkeiten, sondern der Anzahl der unterschiedlichen Klassen, in die die Lösungen fallen.
DMR	Synonyme Begriffe für mehrere vorgegebene Wörter aufschreiben. Ausfüllen einer Lücke in einem vorgegebenen Status mit passendem Wort.
DFS	Aus vorgegebenen Figuren und Linien bestimmte Gegenstände (z. B. »Lampe«) konstruieren.
DMS	Zu vorgegebenen Zahlenreihen eine Anzahl von verschiedenen Gleichungen konstruieren.
DSS	Mehrere Sätze aufschreiben, von denen jeder vier vorgegebene Wörter enthalten muss.
DFT	Von vorgegebenen Gebilden aus Streichhölzern sollen so viele Hölzer weggenommen werden, dass eine instruktionsgemäße Anzahl von Quadraten oder Dreiecken entsteht.
DMU/DMT	Einfache Symbole nennen, die bestimmte Aktivitäten oder Sachen repräsentieren.
DFI	Hinzufügen von dekorativen Linien und Markierungen zu Möbeln, die in Umrissskizzen vorliegen.
CMR	Bilder eines Comic Strip in eine sinnvolle Reihenfolge bringen.
CFT	Versteckte Gesichter in komplexen Bilddarstellungen finden.
CST	Den Namen eines Sportes oder Spielers finden, der sich in einem Satz versteckt, z. B. »I did not know what he was ailing«. Lösung: »sailing«.
EMS	Entscheiden, welche von vier Alternativenentscheidungen logisch aus zwei Prämissen folgt.
EMR	Nichtpassende Dinge herausfinden, die in jeder von vorgegebenen Kurzgeschichten über alltägliche Situationen vorkommen, z. B. Widersprüche, Teile.
ESU/EMU	Quantitative Schätzungen in Bezug auf Gebrauchsgegenstände wie Streichholzschachteln machen.
EMT	Notwendige Verbesserungen an Gebrauchsgegenständen wie Telefon und Toaster vorschlagen.

Im Kasten sind die »Steine« des SI-Modells mit Buchstabenkombinationen der Guilfordschen Nomenklatur ausgefüllt, für die bislang – ausschließlich mit Zeitbegrenzung vorgegebene – Skalen entwickelt bzw. Faktoren gesichert werden konnten. Die Auflistung kann keinen Anspruch auf Vollständigkeit erheben, weil einerseits durch laufende Forschungsarbeiten die »weißen« Stellen des Modells aufgefüllt werden, andererseits die Vorstellungen darüber, was als »gesichert« im Zusammenhang mit der Extraktion von SI-Faktoren zu gelten hat, auseinander gehen (s. dazu 12.3.5).
Guilford hat Gültigkeitsprüfungen für seine Faktoren nur im Sinne der inhaltlichen Validierung vorgenommen und ansonsten Unabhängigkeit der Kreativitätsskalen von den anderen Modellfaktoren nachzuweisen versucht. Im Sinne der postulierten Unabhängigkeit der einzelnen Skalenwerte wird die Bildung eines Gesamtwertes für Kreativität nicht als sinnvoll bezeichnet.
Dessen ungeachtet haben – darin ähnlich den Gegebenheiten zu den Intelligenzfaktoren im SI-Modell – Faktorisierungen u. a. auch Sekundärfaktoren erkennen lassen, und damit zu-

mindest partiell eine hierarchische Struktur nahe gelegt (Bachelor & Michael, 1991). Vergleiche mit externen Maßen ergaben sich eher inzidentell oder wurden von anderen Autoren angestellt. Die dabei ermittelten Validitäten waren niedrig, und zwar insbesondere dann, wenn etwa der Erfolg in konkreten Berufen anhand herausragender Leistungen und objektiver Kriterien (wie etwa Zahl und Qualität von Patenten) vorhergesagt werden sollte. Solche und weitere Beobachtungen förderten die Einsicht, dass für die Hervorbringung kreativer Produkte im Alltag und im Berufsleben auch konvergentes Denken und insbesondere der Rückgriff auf Wissensbestände unabdingbar notwendig sind.

13.2.4 Weitere Verfahren

Ungeachtet der zahlreichen alsbald erkennbaren Unzulänglichkeiten strahlten die oben erwähnten Kreativitätstests eine starke Vorbildwirkung aus. Die Skalen der Faktorengruppe DMC (Alternate Uses) finden sich in ähnlicher Form praktisch in allen Batterien anderer Autoren, so etwa auch im Untertest 2 »Ungewöhnliche Verwendungen« der Minnesota Tests of Creative Thinking von Torrance (1962). Dort werden die (kindlichen!) Versuchspersonen aufgefordert, sich möglichst viele interessante und gescheite sowie einmalige Verwendungsmöglichkeiten für eine Konservendose auszudenken. Die beiden anderen Untertests beinhalten »Verbesserungsvorschläge« (ein Spielzeughund soll gedanklich so verbessert werden, dass das Spielen mit ihm mehr Freude macht) und »Figuren-Ergänzen« in der Art des Wartegg-Zeichentests, wobei eine theoretische Begründung gerade des letzteren Verfahrens völlig aussteht (zu den Erfahrungen mit diesen Tests s. Kershner & Ledger, 1985).

Bei den Skalen der sehr bekannt gewordenen Untersuchung von Getzels und Jackson (1962; s. 13.3) handelt es sich neben einer Variante der »Verwendungsmöglichkeiten« um einen Kurzaufsatz »Fabel«, bei dem eine begonnene Story in dreierlei verschiedener Weise zu Ende geführt werden muss, des Weiteren um »Probleme konstruieren«, »Versteckte Figuren« in der Art des PSB-Untertests-9 und »Wortassoziationen« (zu vorgegebenen Wörtern sollen alle einfallenden Homonyme aufgeschrieben werden).

Assoziationen bilden auch den Kern zweier weiterer Systeme, die zudem eine akzeptable theoretische Verankerung aufweisen: Für Mednick (1962) stellt Kreativität die erfolgreiche Umformung assoziativer Elemente zu neuen Kombinationen dar, wobei die Zahl verfügbarer Assoziationen als Indikator für das Repertoire individueller Kognitionen gelten kann. Konkret sieht die Operationalisierung vor, zu drei vorgegebenen Wörtern, die untereinander nicht, wohl aber alle zu einem gemeinsamen weiteren Begriff in assoziativer Beziehung stehen, die vermittelnde Assoziation ausfindig zu machen (»Remote Association Test, RAT«). Wallach und Kogan (1965) griffen dieses Konzept auf und unterscheiden zwischen Reservoir und Hierarchie der individuellen Assoziationen. Die weniger Kreativen seien dadurch ausgezeichnet, dass sie zwar die auf ein Reizwort zu produzierenden Assoziationen anfänglich mit besonders großer Geschwindigkeit lieferten, ihr Speicher aber bald entleert sei (rasche Verfügbarkeit nur über wenige und eher konforme Assoziationen). Demgegenüber setze die Produktion der Hochkreativen mit verminderter Latenzzeit ein, halte aber länger und mit originelleren Ergebnissen an (s. Abb. 13.2).

Brown (1973) hat das Modell einer experimentellen Prüfung unterzogen. Die Hypothese ging dahin, dass Hochkreative wegen ihres flacheren Assoziationsgradienten eine geringere Differenz in der Lernrate zwischen starken und schwachen Assoziationen zeigen würden als Nichtkreative. Das Lernmaterial bestand aus Listen von paarweisen Assoziationen, bei denen die assoziative Verbindung zwischen R und S unterschiedlich stark war. Die Ergebnisse

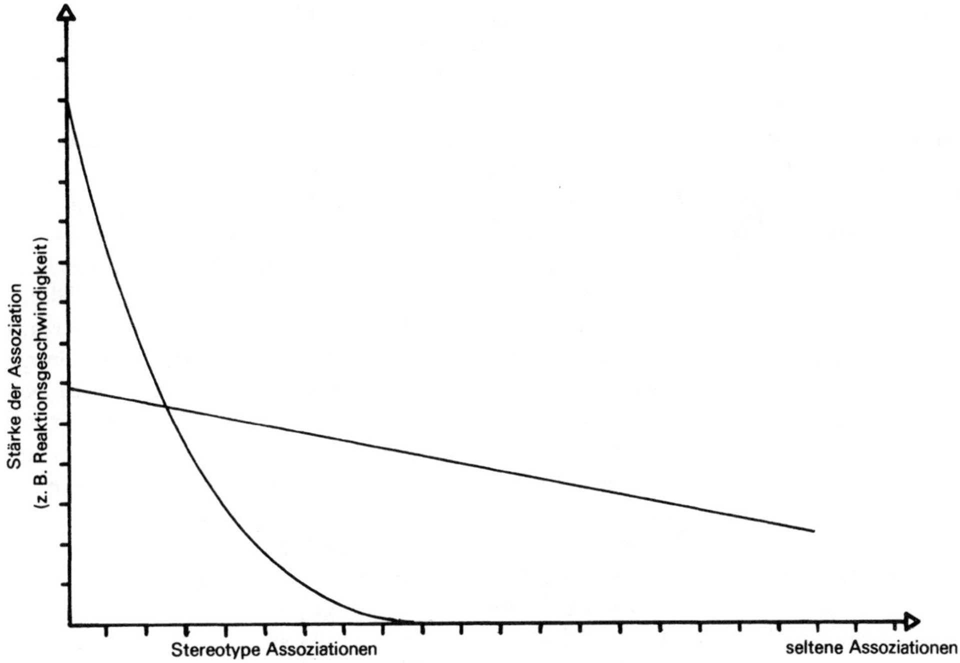

Abb. 13.2: Hypothetische Gradienten der Assoziationsstärke für Reaktionen auf ein Reizwort über dem Häufigkeits-/Seltenheitskontinuum.

an N = 30 studentischen Versuchspersonen, die mit Hilfe eines Kreativitätstests klassifiziert wurden, entsprachen den Erwartungen.

Ausgehend von diesem Konzept verlangen die Verfahren, darin psychoanalytischen Techniken nicht unähnlich, Assoziationen gegenüber vorgegebenen Dingen, Verwendungen, Mustern und Beziehungen.

Mit dieser kurzen Aufzählung kann keineswegs Vollständigkeit erreicht werden (s. dazu z. B. Ulmann, 1968, 1973; Seiffge-Krenke, 1974; Krause, 1972). Dieses ist schon deshalb unmöglich, weil in der weiter ansteigenden Flut von Publikationen nicht selten Autoren neue Verfahren propagieren, die freilich in der Regel nur Varianten eines der geschilderten Prinzipien darstellen (s. aber Raaheim, Kaufmann & Kaufmann, 1979).

Eine Ausnahme davon stellen Fragebogenmethoden dar, die im Sinne der Items von Persönlichkeitstests Zugang zu Kreativität nicht über direkt zu erbringende Leistungen versuchen. Ein erstes Instrument geht auf Gough (1962) zurück. Die Fragen laden auf Faktoren, die bezeichnet wurden mit »Intellektuelle Kompetenz« (z. B. »Ich arbeite nicht gern an einem Problem, wenn ich nicht ein klares und eindeutiges Ergebnis erwarten kann«), »Gewohnheit, Fragen zu stellen« (z. B. »Ich ärgere mich über Schriftsteller, die seltsame und ungewöhnliche Wörter gebrauchen«), »Kognitive Flexibilität« (z. B. »Wenn man alle Tatsachen zusammenträgt, gibt es meist für eine Frage nur eine richtige Antwort«), »Ästhetische Sensitivität« (z. B. »Ich würde gern einen großen Sänger in der Oper hören«) und »Wissen um den eigenen Wert« (z. B. »Ich hätte eine gute Idee, wie ich die nächsten 10 Jahre verbringen könnte«). Für dieses Instrument werden Übereinstimmungen mit einigen Produkt-Kriterien mitgeteilt. Noch besser fallen die Validitäten für die aus der »Adjective Check-List« entwickelten Kreativitätsskalen aus (Gough, 1979), bei denen also globale Eigenschaftszuschreibungen (»geistreich«,

»kompliziert«, »aufgeweckt« usw.) zu einem Score für individuelle Kreativität verrechnet wurden (für einen Validitätsvergleich zwischen solchen Listen s. Domino, 1994).
Mit derartigen Eigenschaftswörterlisten und auch mit den Guilford-Tests zum divergenten Denken korrelieren die Punktwerte der Skala »Openness to Experience« aus der 5-Faktoren-Batterie des NEO-PI-Tests in der Größenordnung um .35 (McCrae, 1987), was auf die Temperaments-Implikationen von Kreativität hinweist. Hingegen stehen Erfahrungen mit der Item-Liste von Holmes (1976; dort auch weitere Literatur), die teils denselben Ursprung, teils andere Quellen aufweist, noch aus. Auch biograpische Fragebögen oder solche zur Erfassung kreativer Aktivitäten wurden mit Erfolg eingesetzt (s. z. B. Taylor & Ellison, 1964; Hocevar, 1980; zur Verfälschbarkeit solcher Instrumente s. Ironson & Davis, 1979). Ein Beispiel dafür sind die von Richards, Kinney, Dennet und Merzel (1988) zur Erfassung von Alltags-Kreativität durchgeführten Interviews; die erhobenen Informationen wurden kategorisiert in die vier Komponenten, die sich aus der Kombination von Ausmaß an Engagement in kreativen Aktivitäten und der sog. Spitzenkreativität in jeweils beruflichem und außerberuflichem Bereich ergaben. Erfordert ein solcher Ansatz den intensiven Einsatz von Zeit und Personal, trifft das nicht zu für einen nach dem Act Frequency Approach entwickelten Fragebogen zur Erfassung von Kreativität in alltäglicher Situation (s. Amelang, Herboth & Oefner, 1989), der sich herkömmlichen Kreativitätstests mit Leistungscharakter bei der Vorhersage von Fremd-Ratings überlegen zeigte, was die Auffassung von Hocevar (1981) bestätigt, wonach Fragebogen sich zur Erfassung von Kreativität besonders gut eignen.
Der obige kurze Überblick über Verfahren, mit denen die einflussreichsten Untersuchungen angestellt wurden, soll es erleichtern, die nachfolgend referierten Studien und deren Ergebnisse angemessen einordnen und würdigen zu können.

13.3 Korrelate der Kreativität

13.3.1 Validierungs- und Kriterienproblematik

Um die Haltbarkeit eines Trait-Ansatzes für das Konstrukt Kreativität im Allgemeinen, die Validität der entwickelten Originalitätstests im Besonderen zu prüfen, bedarf es gezielter Untersuchungen unter Einbezug externer Kriterienmaße (s. dazu auch Shapiro, 1970). Bezeichnenderweise sind solche Untersuchungen vergleichsweise selten; von den während des Zeitraumes 1956 bis 1965 erschienenen Untersuchungen galten ganze 15% den Gütekriterien (Smith, 1968). Mag sein, dass dafür die junge Geschichte des Forschungsgegenstandes, vielleicht aber auch die mühsame Erhebung von Produkt- und Personenkriterien verantwortlich ist.
Auffällig ist weiterhin, dass von den vorliegenden Korrelationsstudien der zahlenmäßig mit Abstand größte Teil an Universitätsstudenten, Schulkindern und Jugendlichen durchgeführt wurde (s. etwa auch die Bibliografie von Arasteh & Arasteh, 1976; Smith, 1968). Das erscheint zwar nahe liegend wegen der leichten Zugänglichkeit zu größeren Probandenstichproben und Kriterien für Verhalten und Schulerfolg und ist auch sinnvoll in Bezug auf Ausgangspunkte und Zielvorgabe der Kreativitätsforschung, nämlich: das Potenzial kreativer Personen rechtzeitig zu erkennen zum Zwecke der Selektion und Platzierung sowie Förderung. Es muss andererseits aber doch befremden in einem Stadium, wo noch die Grundlagen elaboriert werden. Verschiedene Analysen sprechen jedenfalls dafür, dass die anhand »harter« Produktkriterien bestimmte Kreativität sich erst während des Erwachsenenalters deut-

lich manifestiert: Für die 100 wichtigsten Erfindungen seit 1800 lag das mittlere Lebensalter ihrer Schöpfer bei 37 Jahren (Alexander, 1945), ähnlich verhält es sich in der Philosophie mit bekannten Traktaten und in der Malerei mit der Entstehung berühmter Ölgemälde (Lehman, 1953, 1958; s. auch Botwinick, 1967). Allerdings verschiebt sich der genannte Mittelwert um 10 Jahre, wenn nur die Produkte jener Wissenschaftler und Künstler Berücksichtigung finden, die selbst ein bestimmtes Mindestalter erreichen (Lindauer, 1993; Dacey, 1989). Freilich dürfen andererseits bei solchen Untersuchungen die Umstände, die einer früheren Kristallisation kreativer Aktivitäten entgegenstehen (Ausbildung, Berufsfindung, Familiengründung u. a.), nicht übersehen werden.

Ein wesentliches Hindernis für die Validierung ist in der offenkundigen Vieldimensionalität von Kriterien für Kreativität zu sehen (s. Taylor, Smith & Ghiselli, 1964; Clark, 1957; Meyers, 1970). Damit ist aber vorab nicht zu entscheiden, welchem von mehreren Indikatoren für Kreativität der Vorzug zu geben ist, was jedes Validierungsunterfangen aufwendiger und möglicherweise zu einem Fehlschlag geraten lässt.

Dennoch fehlt es nicht an Untersuchungen, die Leistungs- und Persönlichkeitsmerkmale kreativer Personen denen der unauffälligen Norm gegenübergestellt haben, wobei gleichermaßen direkte Testadministrationen (z. B. Cattell & Drevdahl, 1955; Drevdahl & Cattell, 1958) wie eine post hoc-Einschätzung der Punktwerte herausragender Personen auf Standardskalen nach Maßgabe vorliegenden biografischen Materials vorgenommen wurden (z. B. Cattell, 1963). Als Folge solcher Studien liegt inzwischen eine Fülle von Material über die Besonderheiten kreativer Künstler und Wissenschaftler vor. So wurden diese als autonom und selbstgesteuert beschrieben, emotional stabil und hoch leistungsmotiviert mit einer Vorliebe für Praxisdenken und kognitive Beschäftigung, von hoher allgemeiner Intelligenz und mit weit gestreuten Interessen (s. Taylor & Barron, 1963; Cattell & Butcher, 1968). Untersuchungen aber, in denen die unter 13.2.3 und 13.2.4 aufgeführten Verfahren mit direkten Kreativitätsbeurteilungen kontrastiert wurden, stellen die Ausnahme dar.

Eine davon, bereits zu den »älteren« Untersuchungen zählend, ist jene von Barron (1955), in der an einer Stichprobe von N=100 Captains der US-Air Force mehrere Kreativitätstests mit einem im »Living Assessment«-Verfahren erhobenen Rating mehrerer Psychologen über Originalität verglichen wurde. Drei Guilford-Tests korrelierten damit lediglich im Mittel um r_{tc}= .33; die höchsten Validitäten mit r_{tc}= .45 wiesen Maße für Originalität aus dem TAT und solche aus einem Wort-Umordnungs-Test auf.

Noch häufiger zitiert wird die Studie von MacKinnon (1964). Dort mussten zunächst 10 Architekten je 40 kreative Kollegen nennen; aus der Liste der so entstandenen Namen wählte MacKinnon diejenigen 80 mit den häufigsten Nennungen aus und ließ sie – im Übrigen mit hoher Übereinstimmung – von den Herausgebern von Zeitschriften hinsichtlich ihrer Kreativität einschätzen. Von den auf diese Weise ermittelten kreativen 64 Architekten nahmen schließlich 40 an Untersuchungen teil. Neben einer Reihe hier weniger interessierender Charakteristika (die kreativen Architekten waren relativ unabhängig, individualistisch, enthusiastisch, sie beschrieben sich als aufrichtig, zuverlässig, verantwortungsbewusst usw.) ergab sich eine Korrelation von r_{tc}= .50 zwischen einem Maß für Ungewöhnlichkeit von Assoziationen und der Kreativität. Auch wenn es sich bei der Untersuchung um eine solche von Querschnittscharakter mit allen daraus resultierenden Nachteilen handelte (die Versuchspersonen wussten beispielsweise um ihre Prominenz und waren von daher eher gelassen und selbstsicher genug, um etwa auch Bizarr-Unsinniges zu sagen) und Hudson (1970) darauf hinweist, dass die Versuchspersonen weniger ungewöhnlich-seltene Assoziationen als mehr ziemlich übliche (nämlich solche mit einer Auftrittswahrscheinlichkeit zwischen einem und 10%) von großer Zahl geliefert hätten, können die Ergebnisse doch als Hinweis auf die Brauchbarkeit der verwendeten Kreativitätstests gewertet werden.

Analoges trifft zu für völlig andere Ansätze im Sinne einer Konstrukt-Validierung: Bennett (1973) berichtet, dass eine Gruppe hoch- gegenüber niedrigkreativer Kinder zwar bessere Leistungen in divergenten Produktionstests erzielte, hingegen in konvergenten Funktionen keine Unterschiede zwischen beiden Gruppen bestanden. Da auch konvergente Produktion mit Kreativität in Verbindung stehen soll, ist ein solches Resultat noch nicht absolut schlüssig, wohl aber ein wichtiger Hinweis im Sinne der von Campbell und Fiske (1959) konzipierten konvergenten und diskriminanten Validität, derzufolge für Validität zu fordern ist, dass bestimmte Skalen mit definierten Kriterien korrelieren müssen, andere es gerade nicht dürfen.

Gezielt diesem Gesichtspunkt hat Cegas (1976) Rechnung getragen, als er divergente Tests von Guilford N=106 Collegestudenten mit den Hauptfächern Englisch, Musik oder Kunst vorlegte und deren Punktwerte mit denen von Undergraduates anderer Fachrichtungen verglich. Die Englischstudenten sollten sich von der Kontrollgruppe bei semantischem, die Musikhauptfächler bei symbolischem und die Kunststudenten bei figuralem Inhalt der Tests unterscheiden, Hypothesen, die allesamt durch die Befunde bestätigt wurden.

Solche Studien müssen vermehrt durchgeführt werden, um dem allseits beklagten (s. auch Cronbach, 1970) Mangel an Kriteriums-Validierungen abzuhelfen. Nur wenn Übereinstimmungen mit externen Kriterien vorliegen, ist letztlich vorherzusagen, wie sich Individuen in einer spezifischen Situation verhalten werden.

13.3.2 Kreativität und Intelligenz

Um nützlich zu sein, muss sich Kreativität von anderen Konstrukten abheben lassen, müssen Verfahren zu Kreativität anderes messen als Intelligenztests, die für sich die bislang besten Prädiktoren überhaupt darstellen.

Bestehen, wie eingangs erläutert, auf verbal-definitorischer Ebene gegenüber Intelligenz durchaus Besonderheiten, wird Kreativität auch im Beurteilungsverfahren anders behandelt: Rossman und Gollob (1975) gaben Fremdeinschätzern Trait-Informationen über einzuschätzende, tatsächlich existierende Kunststudenten entweder in Form von (a) Leistungswerten, (b) Persönlichkeitsbeschreibungen oder (c) biografischen Daten vor; unter einer vierten Bedingung erhielten die Beurteiler den Gesamtsatz der vorhandenen Informationen ausgehändigt. Die Regressionsgleichungen unterschieden sich voneinander, je nachdem, ob Intelligenz oder Kreativität eingeschätzt werden sollte. Unter allen Versuchsbedingungen ergaben sich signifikante Varianzanteile, die spezifisch für Kreativität waren, also nicht durch Intelligenz erklärt werden konnten und umgekehrt. Diese Anteile waren allerdings viermal so hoch, wenn gegenüber den puren Leistungsdaten die Gesamtheit aller Anhaltspunkte zur Verfügung stand – ein Hinweis mehr auf die nichtintellektuellen Komponenten der Kreativität.

Die Art der Gewinnung und Verrechnung derartiger Befunde kann andererseits nicht darüber hinwegtäuschen, dass auch wesentliche Gemeinsamkeiten bestehen. In der Untersuchung von Getzels und Jackson (1962) an einer Stichprobe von N = 499 Schülern beiderlei Geschlechts mit einem durchschnittlichen IQ von nicht weniger als 132 (s = 15) bestanden innerhalb der Batterie von Kreativitätstests die in der nachfolgenden Tabelle 13.1 wiedergegebenen Interkorrelationen; die Zusammenhänge der Kreativitätstests mit IQ und Maßen des Schulerfolges sind in Tabelle 13.2 zusammengestellt.

In der besagten Stichprobe korrelieren die Kreativitätstests untereinander in ungefähr derselben Höhe wie mit dem IQ (ca. .27 bzw. .30 jeweils über die Geschlechter gemittelt), aber deutlich höher mit dem Schulerfolg im verbalen Bereich. McNemar (1964) hat für diese Da-

ten eine multiple Korrelation von R = .40 für den Zusammenhang zwischen Kreativitätsskalen und IQ geschätzt, ein Wert, der in etwa auch den von Rhipple und May (1962) gefundenen Beziehungen entspricht.
Im deutschsprachigen Bereich ergaben sich Intelligenz/Kreativitäts-Korrelationen von .48 und .44 in den Untersuchungen von Grote et al. (1969) bzw. Krause (1972).
Hasan und Butcher (1966) fanden gar Beziehungen zwischen .55 und .77 an einer weniger ausgelesenen Stichprobe schottischer Kinder. Cropley (1966) errechnet r=.51 für den Zusammenhang zwischen divergenten Tests.
Dennoch wäre es voreilig, aus diesen Befunden den *allgemeinen* Schluss abzuleiten, Intelligenz und Kreativität würden zu etwa 20–25% (als ungefährer Mittelwert aus mehreren Datensätzen) gemeinsame Varianzanteile aufweisen. Eine Aussage darüber hängt ganz offensichtlich stark von den verwendeten Verfahren und den herangezogenen Stichproben ab, deren Alter, Geschlecht, familiärer Status, Sozial- und Persönlichkeitsmerkmale – eine Aussage, die gegenüber den früheren Übersichtsdarstellungen (s. z. B. Ulmann, 1968; Johnson, 1972; Nijsse, 1973) durch weitere Studien mit uneinheitlichen Befunden bestätigt wurde (z. B. Popescu-Neveanu & Facaoru, 1972; Lindemann & Fullagar, 1975; Milgram & Milgram, 1976; Johnson, 1974; Hocevar 1980).
Eine entscheidende Bedeutung messen namentlich Wallach und Kogan (1965) den Vorgabebedingungen bei. Da ihrer Meinung nach Zeitdruck und Testcharakter Kovariationen er-

Tab. 13.1: Interkorrelationen zwischen Kreativitäts- und Intelligenztests.
Buben oberhalb der Diagonalen N = 292
Mädchen unterhalb der Diagonalen N = 241

Variable	Test	1	2	3	4	5	6
1	Wort-Assoziation		.36	.34	.30	.42	.37
2	Ungebräuchliche Verwendungen	.37		.20	.22	.17	.18
3	Verborgene Umrisse	.35	.19		.15	.41	.36
4	Fabeln	.32	.27	.15		.22	.13
5	Make-up-Probleme	.48	.27	.52	.26		.24
6	Intelligenzquotient	.37	.14	.30.	.11	.39	

Tab. 13.2: Interkorrelationen zwischen schulischen Leistungen und allgemeiner Intelligenz sowie Kreativitätsmaßen.

	Test	Verbale Schulleistungen		Numerische Schulleistungen	
		Buben (N = 292)	Mädchen (N = 241)	Buben (N = 292)	Mädchen (N = 241)
1	Wort-Assoziation	.54	.53	.40	.34
2	Ungebräuchliche Verwendungen	.19	.22	.21	.23
3	Verborgene Umrisse	.47	.42	.36	.30
4	Fabeln	.20	.33	.09	.17
5	Make-up-Probleme	.52	.60	.30	.40
6	Intelligenzquotient	.37	.40	.40	.25

Tab. 13.3: Mittlere Interkorrelationen innerhalb und zwischen den Verfahren zur Erfassung von Kreativität und Intelligenz.

	Gesamt (N = 151)	Buben (N = 70)	Mädchen (N = 81)
Zwischen Kreativitätstests (n = 45 r's)	.41	.34	.50
Zwischen Intelligenztests (n = 45 r's)	.51	.50	.55
Zwischen Kreativitäts- und Intelligenztests (n = 100 r's)	.09	.05	.13

zeugen, gaben sie die Verfahren in einer spielerischen Situation vor. Die Resultate (s. Tab. 13.3) belohnten ihre Mühe: relativ hohe Interkorrelationen zwischen den Kreativitätsskalen, was die Bildung eines Gesamtpunktwertes rechtfertigte, aber niedrige Beziehungen zu Intelligenz.

Während Kogan (1967) bei systematischer Variation des Charakters der Testsituation in vorhergesagter Richtung Auswirkungen auf die Kreativität/Intelligenz-Beziehung fand, verlief ein Replikationsversuch von Nijsse (1975) negativ; die Zeitbegrenzung wirkte sich hier lediglich auf die (dann niedrigeren) Mittelwerte und Varianzen aus. Hattie (1977) zufolge spricht insgesamt nur wenig gegen eine zeitbegrenzte, testartige Administration von Verfahren zur Kreativität.

In vielen Textbüchern wird als Fazit der Untersuchungen zum Zusammenhang Kreativität/ Intelligenz die folgende, bereits auf Guilford (1967) zurückgehende Beziehung angeführt (s. Abb. 13.3).

Damit wird explizit ein Schwellenmodell unterstellt, demzufolge hohe Intelligenz zwar nicht gleich bedeutend mit entsprechender Kreativität ist, hohe Kreativität aber eine überdurchschnittliche Intelligenz unabdingbar voraussetzt.

So allgemein akzeptiert diese Formel wegen ihrer Plausibilität ist (in diesem Sinne auch Haddon & Lytton, 1970), gibt es durchaus auch hier Befunde, die ihr entgegenstehen: Mednick und Andrews (1967) fanden an einer Stichprobe von 1 211 Probanden keine Unterschiede in der Höhe der Korrelation des Remote Association Test zur Intelligenz, wenn das Intelligenzkontinuum in fünf Abschnitte zergliedert wurde (s. auch Ginsburg & Whittermore, 1968).

Sinnvoll in die – wenigen! – vorliegenden theoretischen Konzeptionen fügen sich die Berichte von Crawford (1974) und Crawford und Nirmal (1976) ein, wonach die Resultate von Kreativitätstests mehr mit der crystallized als der fluiden Intelligenz in Beziehung stehen. Die Resultate der besonders sorgfältigen Untersuchung von Macioszek (1982) weisen in die gleiche Richtung: In einer komplexen Faktorenanalyse von 30 Kreativitätstests sowie einer Reihe von Intelligenz-, Interessen- und Persönlichkeitstests, erhoben an N = 298 Probanden, luden alle verbalen Kreativitätstests auf einer als »kristalliner Intelligenz« interpretierten Dimension. Dazu »passt« auch die Feststellung, dass in einer Untersuchung von Jacobs und Shin (1975) Intelligenz mehr mit den basalen Typen kognitiver Prozesse, Kreativität dagegen mehr mit den höheren Niveaus in Beziehung steht.

Trotz der vielfach berichteten Zusammenhänge mit Intelligenz kann aber doch festgehalten werden, dass Kreativität in gemeinsamen Faktorenanalysen eigenständige Faktoren aufweist (z. B. Cave, 1970; Hasan & Khan, 1976; Passi & Ialitha, 1975; Lloyd-Bostock, 1979). Auch in der bisher umfangreichsten Untersuchung im deutschsprachigen Raum fand König (1981) an N = 545 Berliner Abiturienten bei einer Simultan-Faktorisierung von 188 Leistungsvariablen, die das in der Kreativitäts- und Intelligenzforschung benutzte Aufgabenmaterial repräsentierten, neben den Faktoren Gedächtnis, Verarbeitungskapazität und Bearbei-

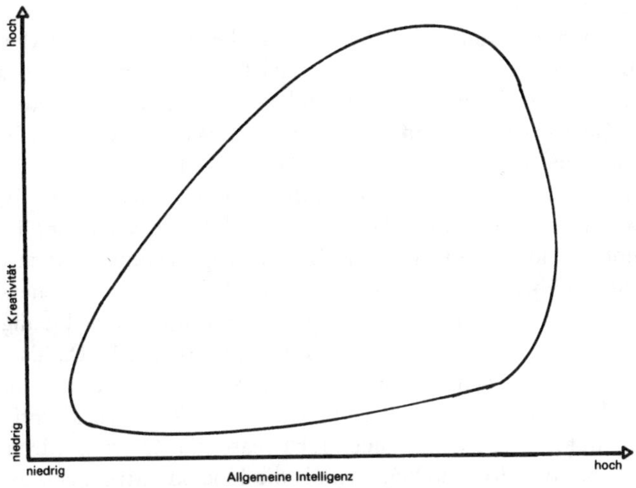

Abb. 13.3: Beziehungen zwischen Kreativität und allgemeiner Intelligenz.

tungsgeschwindigkeit eine generelle, reliable und reproduzierbare Dimension »Einfallsreichtum«, die sich bei einer Binnenstrukturanalyse in speziellere, teils material-, teils operationsspezifische Subeinheiten untergliederte. Wurden die kreativen und intelligenten Leistungen hingegen im Kontext von Motivations-, Temperaments-, Interessen- und Selbsteinschätzungsmerkmalen analysiert, bildeten Kreativität und Intelligenz eine als »allgemeine intellektuelle Leistungsfähigkeit« (König, 1981, S. 200) beschreibbare Einheit.
Mögen Resultate wie die referierten durch die Formateigenschaften zu erklären sein, erweist sich der spezifische Wert von Kreativitätstests doch bei der Voraussage von externen Leistungen.
Darüber wird im nächsten Abschnitt berichtet.

13.3.3 Kreativität und Schulleistung

Über den Zusammenhang zwischen Kreativität und Schulleistung waren erste Daten bereits in Tabelle 13.2 referiert worden. Befreit man in der besagten Untersuchung von Getzels und Jackson (1962), was die Autoren merkwürdigerweise an keiner Stelle ihres Buches tun, die Korrelation Kreativität/Schulleistung statistisch von dem Einfluss der mit beiden Variablen kovariierenden Intelligenz durch Berechnung von Partialkoeffizienten, resultiert über alle Tests und die beiden Geschlechter noch ein r von ungefähr .33 für die Aufklärung der verbalen Schulleistungen, d. h., in dieser Größenordnung leisten die Kreativitätsskalen einen vom IQ unabhängigen, »originalen« Beitrag.
Ebenfalls signifikant, wenngleich numerisch von geringerer Höhe, fielen die Partialkoeffizienten bei Krause (1972, r=.17) und Cicirelli (1965, r zwischen .07 und .30) aus. In multiplen Vorhersagen des Schulerfolges trugen die Kreativitätstests gleichfalls zu einer Verbesserung der Varianzaufklärung bei (z. B. Kline, Richards & Needham, 1963). Die von einer Reihe anderer Autoren berichteten Koeffizienten sind demgegenüber jedoch nur von mäßiger Höhe (z. B. Wallach & Kogan, 1965; Wallach & Wing, 1969).

Zusätzlich zu den im vorangegangenen Abschnitt schon erwähnten Faktoren müssen bei der Erörterung inkonsistenter Befunde zwischen verschiedenen Autoren die Methoden der Analyse einerseits, mögliche Wechselwirkungen mit der Kreativität des Lehrers andererseits mit ins Kalkül gezogen werden. Anstatt die geschilderten Partialkoeffizienten zu verwenden, beschränken sich Getzels und Jackson (1962) darauf, aus ihrer Gesamtstichprobe u. a. zwei Gruppen von Probanden auszuwählen, von denen die eine hochkreativ, aber (relativ!) wenig intelligent (IQ im Mittel immer noch bei 127), die andere hochintelligent (IQ bei 150), aber wenig kreativ war (zur Problematik dieser Gruppenbildung s. Barron, 1969, S. 47). Die mittleren Schulnoten beider Gruppen unterschieden sich nur unwesentlich voneinander, lagen jedoch bedeutsam über dem Durchschnitt der restlichen Schüler; hohe Kreativität befähigte also einen Teil der Probanden zu denselben Leistungen wie hohe Intelligenz eine andere Gruppe (analog auch Torrance, 1962, 1967; Yammamoto, 1964). Da als Kriterium Schüler*beurteilungen* zugrunde lagen, bedeutet das implizit, dass die Lehrer auf die je spezifischen Eigenarten der Schüler angemessen eingingen und diese berücksichtigten, das betreffende Schulsystem mit anderen Worten auch für Kreativität Raum ließ. Dennoch unterrichteten die Lehrer lieber die Hochintelligenten als die Hochkreativen, eine Beobachtung, die später auch Hasan und Butcher (1966) anstellten. Eine der Ursachen dafür mag das Verhalten kreativer Schüler sein, die lebhafter und weniger diszipliniert sind, zudem mehr Fragen zum Unterricht stellen, die den Lehrer daran hindern, im Stoff fortzufahren oder ihn in Verlegenheit bringen, wenn er sie nicht beantworten kann (Torrance, 1962a, 1964b). Da sich schöpferisches Denken insoweit gegen das System mit seiner Betonung des Korrekten, Normgemäßen und Angepassten gewissermaßen durchsetzen muss (Kemmler, 1969), ist eine Honorierung bei der Notengebung weniger wahrscheinlich, als es eigentlich angemessen wäre. Einige Null-Korrelationen erführen dadurch eine Erklärung.

Hinzu kommt, dass offenbar kreative Lehrer ihre kreativen Schüler mehr schätzen, hingegen die weniger kreativen (»dogmatischen«) Lehrer die konformen Schüler bevorzugen (Miller, 1960). Je nach der auftretenden Konstellation werden also spezifische Effekte zu gewärtigen sein, die aus der Kenntnis jeder einzelnen der Einflussgrößen für sich kaum prognostizierbar sind.

Angesichts solcher moderierender Faktoren ist eine gewisse Uneinheitlichkeit der Befunde von vornherein zu erwarten, je nachdem, welche Bedingungskombinationen im Einzelfall vorliegen. Davon abgesehen spricht, was den Schulerfolg angeht, die Mehrzahl der Untersuchungen für einen begrenzten Beitrag der Kreativität zur Aufklärung der Schulleistungsvarianz.

13.3.4 Kreativität und Persönlichkeit

Was oben von der Persönlichkeit kreativer Schüler angedeutet wurde, ist anhand des Materials von Getzels und Jackson (1962) weiter zu spezifizieren. Unter anderem ließen die Autoren ihre Versuchspersonen 13 kurze Beschreibungen des Verhaltens bzw. der Eigenschaften fiktiver Studenten (z. B. »Here ist the student, who is best of getting along with other people«, »Here is the student with the most pep and energy of anyone in the school«, »Here is the healthiest student in the school« usw.) viermal in eine Rangreihe bringen, und zwar nach dem Ausmaß, (a) wie man diese Personen als Mitschüler in der Klasse am liebsten hätte, (b) wie man sich selbst gern sähe, (c) wie der Lehrer sie am liebsten hätte und (d) wie es für den Lebenserfolg am besten wäre. Im Erfolgs- und Lehrer-Rating stimmten die hochkreativen mit den hochintelligenten Versuchspersonen fast vollständig überein ($r = 1.00$ bzw.

.98), hingegen korrelierten die Rangreihen der beiden Gruppen nur zu r = .41 hinsichtlich des Selbstbildes. Einzelkontraste innerhalb jeder der Extremgruppen ergaben das folgende Bild (Tab. 13.4):

Tab. 13.4: Rangkorrelationen zwischen idealem Selbstbild und Erfolgs- bzw. vermutetem Lehrerheterostereotyp in Gruppen unterschiedlicher Intelligenz.

	Personen	
Korrelationskomponenten	∅< IQ (N = 28)	∅< Kreativität (N = 26)
Ideales Selbstbild/Erfolgsheterostereotyp	.81	.10
Ideales Selbstbild/vermutetes Lehrerheterostereotyp	.67	–.25

Wie ersichtlich, stimmte bei den Hochintelligenten das ideale Selbstbild weitgehend mit dem Erfolgs- und auch noch hinlänglich mit dem vermuteten Lehrerurteil überein, während dieses bei den Hochkreativen keineswegs der Fall war; Letztere schätzten relativ stark »Humor« (Rangplatz 3, nach dem von allen Versuchspersonen auf den ersten Platz gesetzten Wunsch, mit anderen gut auszukommen, gefolgt von emotionaler Stabilität), während die Hochintelligenten Wert auf »gute Noten«, »hohe Intelligenz« und »Zielstrebigkeit« legten.

»In effect, the high IQ is saying ›I know what makes for success and what teachers like, and I want these qualities too‹, the high creative is saying ›I know as well as the high IQ what makes for conventional success and what teachers like, but these are not necessarily the qualities I want for myself‹« (Getzels & Jackson, 1962, S. 36).

Die Konsequenzen für das Verhalten in der Schule und wohl auch außerhalb liegen auf der Hand; die Ungebundenheit, wie sie unter 13.3.1 als Charakteristikum kreativer Personen bereits erwähnt wurde, findet sich hier in anderem Gewande wieder.

In ähnlicher Weise sind auch Wallach und Kogan (1965) verfahren, indem sie sowohl auf der Kreativitäts- wie Intelligenzdimension eine Dichotomisierung vornahmen. Eindeutige Verhaltensunterschiede waren allerdings nur beim weiblichen Geschlecht registrierbar, wo wiederum die Gruppe der hochkreativ/niedrigintelligenten Kinder weniger beliebt war, zu Einzelgängertum und unproduktiven Störungen des Schulunterrichts neigte. Kommt hohe Intelligenz zur hohen Kreativität, schlagen die meisten der negativen Ausprägungen ins Positive um.

Bosse (1979) ließ das Verhalten einer Gruppe hochintelligenter Schüler in der Klassensituation durch zwei Beobachter klassifizieren. Die kreativen Pbn zeigten gegenüber den nichtkreativen höhere Werte in den Dimensionen »Abenteuerlust«, »Frustrationstoleranz« und »Modellverhalten.«

In diesem Kontext muss schließlich erneut die bereits bei der Erörterung der Intelligenz (s. 12.6.6) zitierte Untersuchung von Wallach und Wing (1969) angeführt werden. Die per Post erreichten Probanden bearbeiteten in ihrer häuslichen Umgebung und ohne Gegenwart eines Versuchsleiters figurale Kreativitätstests, bei denen verbale Assoziationen zu liefern waren. Unterschiede in einer großen Zahl außerschulischer Aktivitäten waren beobachtbar, wenn Extremgruppen des oberen und unteren Drittels der Kreativitätsdimension miteinander verglichen wurden; namentlich Items aus dem Bereich von »leadership« (z. B. »Elected president or chairman of a student organization«), »art« (z. B. »Created art work such as painting, drawing, sculpturing, cartooning, photography (not as part of the course)«) und »writing« (z. B. »wrote original poems ...« usw.) differenzierten auf der Kreativitäts-, nicht aber der Intelligenzdimension.

Von besonderer Bedeutung ist die Untersuchung von Harrington (1975); dieser unterschied bei der Vorgabe des »Alternate Uses«-Test zwischen der Normalinstruktion und der Anweisung, kreative, d. h. neuartige und erwähnenswerte (worthwhile) Verwendungen zu liefern. Unter beiden Bedingungen wurden die Antworten der Probanden nach dem Kreativitätsgehalt beurteilt. Bei unveränderter Gesamtzahl aller Lösungen stieg unter der Zusatzinstruktion die Zahl kreativer Antworten zu Lasten unkreativer an; die so erhaltenen Kreativitätswerte, und nur diese, zeigten mit fast allen zugleich vorgegebenen Persönlichkeitsskalen signifikante Zusammenhänge. Auch blieb die Korrelation des Testwertes mit einem Kreativitäts-Selbstrating nach Herauspartialisierung von Leistungsmotivation und allgemeiner Intelligenz erhalten (s. auch die Replikation unter Einschluss eines weiteren Tests zum divergenten Denken bei Katz & Poag, 1979).

Gerade eine solche Partialisierung ist wichtig, um die Markanz des Kreativitätsfaktors besser abschätzen zu können. Unterblieben ist das etwa in der Studie von Aggarwal und Verma (1977), die einen positiven Zusammenhang zwischen Kreativität und internaler Bekräftigungsüberzeugung (Locus of Control, s. 18.2.3) fanden. Nicht befriedigen kann im Weiteren etwa der Verweis auf gleiche Schulnoten als »Ersatz« für eine Parallelisierung nach Intelligenz, wie dieses bei Sylvia, Clark und Monroe (1978) der Fall ist, die für die Traumberichte von Hoch- gegenüber Niedrigkreativen besonders viele inhaltliche Elemente, eine höhere Originalität und ein ungewöhnlicheres »setting« fanden. Ein multivariates Vorgehen wie dasjenige von Lohmann und Brandtstädter (1976), die die Intelligenz-und Kreativitätsfaktoren als Kriterium, Skalen des 16 PF erfolgreich als Prädiktoren benutzten, ist hingegen beispielhaft. Mit ähnlicher Methode konnte Lloyd-Bostock (1979) zeigen, dass die Faktorwerte für divergente Tests mit Kunst-, solche für konvergente Tests mit Wissenschaftsorientierung korrelieren. Unter Konstanthaltung der Intelligenz bestand für einige Kreativitätstests von Gundlach und Gesell (1979) auch eine Beziehung zur psychischen Differenzierung im Sinne von Witkins Feldabhängigkeit (s. dazu 20.2). König (1981, S. 200) beobachtete in seiner bereits erwähnten Untersuchung »enge und spezifische Beziehungen des (Kreativitätsfaktors; d. Verf.) Einfallsreichtum zu Persönlichkeitsmerkmalen (...), die nicht dem Leistungsbereich zuzurechnen sind: Geselligkeit und produktive Aktivität vs. Gehemmtheit auf der Ebene von Einzelvariablen; musisch-künstlerische, sprachlich-literarische und soziale Orientiertheit vs. mathematisch-technisches Interesse auf der Ebene von Faktor-Summenwerten«. Macioszek (1982) bildete Extremgruppen von Probanden auf der Basis von vier extrahierten Kreativitätstests und prüfte mit Hilfe von Diskriminanzanalysen, ob Persönlichkeitsvariablen zwischen den Gruppen zu differenzieren erlauben. Den Ladungsmustern der Trennfunktionen zufolge waren die Hoch-Kreativen eher extravertiert, leistungsmotiviert, unkonventionell, gefühlsbetont, ambiguitätstolerant- und vor allem intelligent.

Die Eliminierung des Intelligenzeinflusses ist deshalb so wichtig, weil in den meisten Untersuchungen, auch der von Wallach und Kogan (1965), die Korrelationen anderer Maße mit Kreativität relativ niedrig sind im Vergleich zu Intelligenz. Zudem erwiesen sich in der Untersuchung von Hocevar (1980) divergente Tests solchen zur Erfassung von Intelligenzfaktoren bei der Aufklärung von kreativer Aktivität nicht als überlegen. Insoweit trifft Shulmans spöttische Feststellung von 1966 (S. 367) auch heute noch in Grenzen zu: »Whether due to lower reliability or less relevance, the newly defined creativity variable is far less productive than the old workhorse, intelligence.«

13.4 Aufklärung testunabhängiger Kreativitätsvarianz

Im vorangegangenen Kapitel sind hauptsächlich solche Studien aufgeführt worden, in denen die Korrelate der durch speziell entwickelte Kreativitätstests definierten Unterschiede erfasst werden sollten. Auch der umgekehrte Ansatz ist natürlich möglich und bereits intensiv verfolgt worden, nämlich das Herausgreifen der durch Produktkriterien oder Fremdeinschätzung als kreativ angesehenen Personen und ihre Untersuchung mit Hilfe von herkömmlichen Tests, unter denen sich gleichwohl, wie in der bereits geschilderten Analyse MacKinnons (1962), Kreativitätstests befinden mögen.
Da auf den historiometrischen Ansatz unter 13.3.1 bereits verwiesen wurde, bleibt ein kurzer Überblick über die anderen Untersuchungen. Dort standen gewöhnlich herausragende Wissenschaftler oder Künstler, gelegentlich auch Manager aus Verwaltung und Industrie im Mittelpunkt des Interesses. Barron (1969, S. 74) hat mehrere solcher Untersuchungen, z. T. auf postalischem Wege, durchgeführt und die Profile des California Psychological Inventory von kreativen Architekten, Schriftstellern und weiblichen Mathematikern denjenigen von unauffälligen Berufskollegen gegenübergestellt. Da Angaben über die Streuungen fehlen, ist über die Signifikanz der (numerisch nur selten sechs oder sieben Einheiten übersteigenden) Differenzen nichts auszusagen. Andererseits werden jedoch zusätzlich die Korrelationen von Q-Sort-Items mit Kreativitätsratings mitgeteilt, die je nach Stichprobe und Verfahren z. T. um .60 liegen (z. B. »Thinks and associates to ideas in unusual ways; has unconventional thought processes«, »Is an interesting, arresting person«, negativ: »Judges self and others in conventional terms . . .«, »Is moralistic«). Im Falle der Manager konvergierten Selbst- und Fremdeinschätzung dahingehend, dass Selbstsicherheit, Stärke und Dominanz als wesentliche Kennzeichen der Kreativen festgehalten wurden. Inwieweit diese Effekte durch den Statusrahmen, die von den Betreffenden wahrgenommene Rolle und Funktion determiniert sind, kann vorerst nicht entschieden werden.
Noch bessere Prädiktoren kreativer Tätigkeit, nach Taylor und Holland (1964) die wertvollsten überhaupt, scheinen biografische Inventare zu sein, in denen neben Daten des Lebenslaufes und der Herkunft Interessen, Arbeitsgewohnheiten und weitere Voraussetzungen der manifesten Kreativität erfasst werden können. Schaefer und Anastasi (1968; s. auch Anastasi & Schaefer, 1969) berichten über Korrelationen solcher Instrumente mit künstlerischer Kreativität in Höhe von r = .64; mit wissenschaftlicher Originalität bestand noch ein Zusammenhang von r=.35. Gemäß der retrospektiven Sichtweise stammten die Probanden gegenüber Kontrollpersonen aus Familien, in denen eine besondere Akzentuierung intellektueller Aktivitäten vorlag, mit der Exposition gegenüber vielen und verschiedenen Anregungsbedingungen wie Lesen und Reisen; Sport und Geselligkeit spielten eine geringere Rolle, dafür war Tagträumen relativ häufig.
Auch außerhalb des Collegebereiches haben sich biografische Inventare als erfolgreich erwiesen: Unter Verwendung von Patenten und Ratings als Kriterien konnten etwa Smith, Albright und Owens (1961) die Kreativität von Wissenschaftlern der Petrol-Chemie in einer Höhe um r=.50 erklären, und zwar hauptsächlich durch »academic orientation«. Gleichartige Erfahrungen liegen zudem aus weiteren Sparten vor (s. Johnson, 1972, S. 297; Simonton, 1977).
Der entscheidende Nachteil dieser und weiterer, hier nicht detailliert erörterter Untersuchungen (z. B. Paramesh & Narayanan, 1976) ist im Querschnittsansatz zu sehen. Von einer Vorhersage der Kreativität kann deshalb keinesfalls gesprochen werden, vermutlich noch nicht einmal von einer Erklärung, da das Faktum eines Patentes oder einer guten Leistung innerhalb wie außerhalb des Colleges nicht Folge, sondern indirekt auch Ursache für einige

der Testwertdifferenzen sein mag. Vieles spricht dafür, dass beispielsweise eine Neuerung oder Anerkennung durch andere zu einer Erhöhung des Selbstwertgefühls und einer Intensivierung von Autonomiebestrebungen führt, die spätere Beschäftigung mit intellektuellen Aktivitäten auch die Erinnerung an die häusliche Umwelt bzw. dort ausgeübte gleichartige Interessen sensibilisiert. Auf einen längsschnittlichen Ansatz, bei dem allerdings Intelligenz (gleichfalls) nicht psychometrisch stringent kontrolliert wurde, bauen lediglich die Studien von Getzels und Csikszentmihalyi (1976) und Gough (1976) auf.

13.5 Zur Theorie der Kreativität

Wenn im vorliegenden Fall erst nach einer Präsentation verschiedener Messinstrumente und Untersuchungsbefunde zur Kreativität auf die für dieses Konstrukt einschlägigen Theorien eingegangen wird, so folgen wir damit dem Forschungsprozess, an dessen Anfang weniger präzise Vorstellungen über Struktur und Prozess der Kreativität als mehr entsprechende Tests gestanden haben. In der Zwischenzeit sind jedoch verschiedene theoretische Konzepte formuliert worden, die teils nur einzelnen Aspekten des Phänomens, teils aber auch dessen Ganzheit gelten; teils beziehen sich diese Vorstellungen auf Ereignisse, die eher die neurophysiologischen Grundlagen betreffen, teils sind sie eher »verrichtungsnah«. Bei einem Teil dieser Theorien handelt es sich um originär psychologische Entwicklungen, teils um Importe und Adaptationen aus anderen Wissenschaftsdisziplinen. Nachfolgend kann nur ein relativ enger – und das bedeutet: notgedrungen selektiver – Ausschnitt aus der einschlägigen Forschungsliteratur referiert werden. Im Sinne des oben angeführten 4 P-U-Modells zielt dieser in erster Linie auf die *Prozesse* ab, die kreatives Denken ausmachen. Für eine vertiefende Beschäftigung sei auf Darstellungen verwiesen, wie sie etwa Hany (1993), Heller (1992) und Urban (1993) gegeben haben.

13.5.1 Prozessmodelle

Schon vor geraumer Zeit hat Wallass (1926) ein Vier-Stadien-Schema propagiert, das für alle kreativen Abläufe kennzeichnend sein soll: Vorbereitung > Inkubation > Illumination (Inspiration, Erleuchtung) > Verifikation. Dabei stellt Inkubation eine Periode dar, in der zwar aufseiten der Person keine erkennbare Aktivität im Hinblick auf eine Lösung des Problems besteht, an deren Ende oder schon vorher aber doch definitive Anzeichen weiterer Bemühungen, manchmal verbunden mit substantiellen Fortschritten im Lösungsprozess, zu erkennen sind (s. Guilford, 1979, S. 1). Diese Periode der Inkubation mag zwischen einigen Minuten und mehreren Jahren andauern. Unterbindet man eine derartige Phase, führt dieses dementsprechend zu Leistungsminderungen oder umgekehrt: resultiert aus der Gewährung eines solchen Stadiums ein Mehr an kreativem Output gegenüber Kontrollbedingungen; jedenfalls haben solche Effekte z. B. Houtz und Frankel (1992) anhand der Bearbeitung von Anagrammen sichern können. Allerdings haben die Versuche, die Prozesse der Inkubation mit der Aktivität der rechten Hirnhemisphäre in Verbindung zu bringen im Unterschied zu der konvergenten Produktion der linken (Gowan, 1979), bislang zu keinem durchschlagenden Erfolg geführt (s. die Übersicht von Olton, 1979), und zwar ungeachtet ganz verschiedener Ansätze und immer wieder positiver Resultate (s. z. B. den Vergleich von »links-« und »rechtshemisphärischen« Tests bei Harpaz, 1990).

Viel wichtiger aber und von grundsätzlicher Bedeutung: Die ursprünglichen Annahmen, wonach

1.) die beiden Phasen Inkubation und Illumination unbewusst und nach ganz anderen Regeln ablaufen als denen des logischen Denkens und
2.) die darin ablaufenden Prozesse unspezifisch für die Bereiche oder Inhalte des Denkens sind,

lassen sich nicht mehr aufrechterhalten. Maßgeblich dafür sind die von Weisberg (1986) in seinem wegweisenden Buch ausgebreiteten Erwägungen. Danach handelt es sich bei den retrospektiven Berichten herausragender Persönlichkeiten über die Entstehung ihrer kreativen Produkte um keine wissenschaftlich verlässlichen Quellen, und die oft geäußerte Behauptung, die geniale Idee sei letztlich nachgerade »aus dem Nichts« gekommen, ganz plötzlich und ohne nennenswertes eigenes Zutun, perpetuiere nur einen Mythos. Sorgfältige Analysen würden stattdessen ergeben, dass kreative Leistungen meist das Ergebnis harter Arbeit sind und kreatives Denken im Wesentlichen nur eine Intensivierung der üblichen Wahrnehmungs-, Gedächtnis- und Problemlöseprozesse darstellt, mithin ein Denken auf anspruchsvollem Niveau, nicht aber eine spezifische und qualitativ andere Art des Denkens. Lediglich die Originalität und Bedeutsamkeit der Konsequenzen konstituierten die Sonderstellung. Insofern akzentuiert Weisberg die Ähnlichkeit zwischen analytisch-logischem Denken einerseits und dem kreativen Denken andererseits. Darüber hinaus zeigt er anhand einiger wissenschaftlicher und künstlerischer Glanzleistungen aus der Vergangenheit in überzeugender Weise, dass neuartige Erkenntnisse und bedeutsame Einsichten ohne aufgabenrelevantes Vorwissen schlicht undenkbar sind, kreatives Problemlösen mithin einer differenzierten Expertise bedarf und d. h.: der Verfügbarkeit über einen reichen, variabel organisierten und flexibel nutzbaren Wissensbestand (faktisches und prozedurales Wissen). So unbestreitbar diese Feststellungen sind, so schwach und ungesichert ist nach Weinert (1991, S. 35) die daraus gezogene Schlussfolgerung,

> »daß inhaltsspezifische Expertise nicht nur eine notwendige, sondern auch eine hinreichende Bedingung für herausragende Leistungen sei. (Denn:) Ist wirklich jeder, der über eine exzellente Wissensbasis verfügt, zu kreativem Denken auf dem gleichen hohen Niveau fähig? Was unterscheidet z. B. den Autor eines sehr guten Lehrbuches von einem kreativen Forscher? Nur das Wissen? Gewiss nicht! Weisberg hat also vermutlich einen Mythos dadurch zerstört, daß er ihn durch einen anderen Mythos ersetzt...«

Die Funktion der Aufmerksamkeit, die in der Polarität zwischen kontemplativer Inkubation und angestrengtem Nachdenken bereits implizit thematisiert wurde, steht im Zentrum anderer Ansätze: Mendelsohn (1976) vertritt die Auffassung, dass eine der Voraussetzungen für Kreativität die *Defokussierung* der Aufmerksamkeit sei, d. h. deren Verteilung auf einen weiten Bereich verschiedener Bewusstseinsinhalte und/oder zu den peripheren Merkmalen bestehender Aufgaben. So unbestreitbar eine Fokussierung der Aufmerksamkeit ist für hohe Effizienz bei der Lösung von Problemen, die klare Vorgaben, Strukturen und Randbedingungen aufweisen, so förderlich scheint umgekehrt deren Verteilung bei einer Hervorbringung kreativer Produkte zu sein, wo es häufig auf die Auflösung und Veränderung bestehender Strukturen ankommt und darauf, relativ schwachen Eingebungen oder geistigen »Pfaden« zum Durchbruch zu verhelfen. Jedenfalls sprechen verschiedene Befunde für eine positive Korrelation zwischen Aufmerksamkeitsumfang und Kreativität.

Andere Autoren haben den Akzent auf den *Wechsel* zwischen fokussierter und defokussierter Aufmerksamkeit als Voraussetzung bzw. Kennzeichen kreativen Denkens gelegt (Lesgold, 1989). Herausragende Leistungen wie diejenigen von Einstein beruhten genau auf dieser Alteration, d. h. darauf, einerseits das spezifische Wissen fokussiert in angestrengtem

Denken einzusetzen, sich andererseits während bestimmter Phasen von Problemen zu distanzieren und Muße walten zu lassen.

In der Breite des Aufmerksamkeitsumfanges kann auch die entscheidende Variable innerhalb des unter 13.2.4 erwähnten Ansatzes von Mednick (1962) gesehen werden. Dort wird von einem größeren Reservoir von Assoziationen heterogener Art aufseiten kreativer *Personen* ausgegangen; wegen der bei ihnen flacheren Assoziations-Hierarchie könnten sie leichter als unkreative Personen Verbindungen zwischen weit auseinanderliegenden Assoziationen herstellen.

Aus einer völlig anderen Warte hat Kris (1952) für die künstlerische Inspiration einen harmonischen Wechsel zwischen primären und sekundären Kognitionsprozessen angenommen. Erstere treten in Träumen und Tagträumen auf, des Weiteren in Hypnosen und Psychosen; sie sind autonom-autochthon, frei-assoziativ und bedienen sich eher konkreter Vorstellungsbilder. Demgegenüber kennzeichnen sekundäre Prozesse das abstrakte, logische und realitätsbezogene Denken. Verschiedene Befunde stützen diese These, so der leichtere Zugang kreativer Personen zu den Primär-Kognitionen, ihre stärkere Fantasietätigkeit und das bessere Erinnern nächtlicher Träume (s. zu diesen und anderen Resultaten Urban, 1993, S. 168–169).

Martindale (1989) versucht eine Integration dieser einander sehr ähnlichen Konzepte auf neurophysiologischem Niveau. Demzufolge ist Kreativität gebunden an die simultane Aktivierung möglichst vieler neuronaler Verschaltungen im Neocortex. Ein solcher Zustand aber stellt sich eher bei niedriger kortikaler Erregung ein als bei hoher (»*Low arousal theory*«), da dann sehr viele Knotensysteme in etwa gleichem Ausmaß aktiviert sind, während eine starke kortikale Erregung einzelner Zellverbände zu einer Hemmung der weniger aktivierten Systeme führt. Seiner Auffassung nach gehen Primärkognitionen, defokussierte Aufmerksamkeit und flache Assoziationshierarchien mit niedrigem kortikalem Arousal einher. Damit soll selbstverständlich nicht ein habituelles Charakteristikum kreativer Personen, sondern nur der momentane Zustand bei der Illumination oder Inspiration beschrieben sein. Die Verankerung kreativen Denkens in der je spezifischen Aktivität neuronaler Netzwerke kann allerdings nur dann überzeugen, wenn es gelingt, etwa über elektroenzephalographische Ableitungen, das Ausmaß sowie die Konzentration bzw. Diversifikation von Arousal unter Beweis zu stellen.

Aus Platzgründen, aber auch deshalb, weil die Implikationen für originär psychologische Untersuchungen begrenzt zu sein scheinen, soll es in Bezug auf die Anwendung der Katastrophen- und der Chaos-Theorie auf kreatives Denken bei der Nennung dieser Begriffe bleiben. Ähnliches gilt für die *Chance-Configuration-Theory* von Simonton (1988), derzufolge jeder kreative Prozess drei Phasen aufweist, nämlich

1) einen mehr oder weniger zufälligen Vorgang (Chance permutation) mit der Verknüpfung gedanklicher Elemente zu stabileren Mustern,
2) eine Transformation (Configuration formation), in deren Zuge diese Elemente semantisch kodiert und fixiert werden und
3) die Bewertung und Akzeptanz (Communication and acceptance).

Einzelheiten dazu finden sich bei Heller (1992) und Urban (1993).

Die Bedeutung von Umweltfaktoren wird von Rubenson und Runco (1992) dadurch unterstrichen, dass ihrer Konzeption zufolge Kreativität nicht nur ein *individuelles*, sondern in gewissem Umfang auch ein *gesellschaftliches* Phänomen darstellt. Damit wird die herkömmliche Perspektive, wonach die Kreativität einzelner Personen eingebettet ist in verschiedene Umweltfaktoren, ergänzt durch die Betrachtung eines größeren sozialen, kulturellen und politischen Milieus, mithin einen Rahmen, der den unmittelbaren Lebens- oder Aktionsraum des Einzelnen übersteigt. Die eingangs erwähnte Mobilisierung und Bünde-

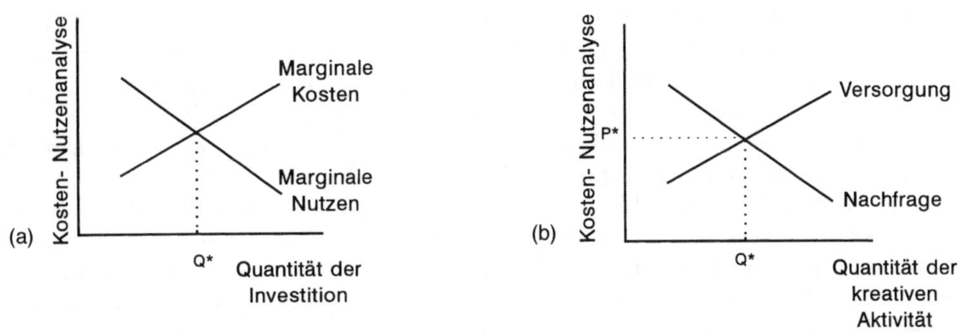

Abb. 13.4a + b: Individuelle Investitionen in das Kreativitätspotenzial (a), Markt für kreative Aktivitäten (b)

lung von Kräften in den USA Ende der fünfziger Jahre, um den technologischen Vorsprung der Russen in der Raumfahrt zu egalisieren, liefert ein ganz gutes Beispiel für die fraglichen Prozesse auf dem Aggregat-Niveau einer Gesellschaft.

Zentral für die Theorie der Autoren sind Begriffe und Erwägungen aus der Ökonomie, darunter die beinharte Formel: »*There's no such thing as a free lunch*«. Das bedeutet, dass Mahlzeiten und alle anderen Güter knapp sind, die Nachfrage also gewöhnlich deren Verfügbarkeit übertrifft. Weil eine Entscheidung zugunsten einer bestimmten Aktivität zugleich die Entscheidung impliziert, andere Aktivitäten nicht auszuüben, die auf denselben Ressourcen beruhen würden, können die Kosten einer bestimmten Aktivität gemessen werden in Terms der anderweitigen, und zwar nicht realisierten Optionen. In diesem Sinne berechnen sich die Kosten für einen »free lunch« u. a. nach dem Verlust der Gelegenheit, die Zeit dafür auf andere Weise nutzen zu können. Psychologienäher ist die Vorstellung, dass jedes Individuum ein gewisses Potenzial für kreative Handlungen hat; dieses ist teils Folge genetischer und umweltbedingter Faktoren (darunter Problemlösekompetenz und verschiedene Persönlichkeitsmerkmale wie Autonomie und Nonkonformität), teils aber auch Folge von *aktiven Investitionen* wie dem Lesen eines Buches über Kreativität, der Teilnahme an einschlägigen Trainingskursen oder der Vornahme bestimmter Übungen. Derartige Investitionen sind mit Kosten verbunden, etwa solchen pekuniärer Art (z. B. Geld für Bücher oder belegte Kurse), oder sie verlangen Zeit, d. h., es handelt sich um sog. »Gelegenheitskosten«, weil während der betreffenden Zeit nichts anderes getan werden kann. Schließlich ist auch an psychische Kosten zu denken, z. B. in Form der emotionalen Belastungen beim Erwerb neuer Fertigkeiten. Investitionen in kreatives Potenzial finden statt, wenn die voraussichtlichen Gewinne die tatsächlichen bzw. erwarteten Kosten übersteigen (s. Abbildung 13.4 a).

Dadurch erlangt Kreativität letztlich eine Funktion analog derjenigen von Kapital, das als knappe Ressource so eingesetzt wird, dass die Erträge maximiert werden. Höhere Investitionen sind dem Modell zufolge beispielsweise von Personen mit einer weiter reichenden Zukunftsperspektive zu erwarten, darunter jungen Menschen, des Weiteren solchen mit einem sicheren Anstellungsvertrag, niedrige dagegen etwa bei pessimistischen Personen oder solchen mit schlechtem Gesundheitszustand. Darüber hinaus spielen Angebot und Nachfrage für Kreativität auf den jeweiligen Märkten oder Marktsegmenten wie Wissenschaft, Kunst oder Wirtschaft eine große Rolle (s. Abbildung 13.4 b), wobei auch hier Mengen- und Werterwägungen in Geldwertäquivalenten quantifizierbar sind.

Wenngleich es auf diese Weise möglich wird, längs- und querschnittliche Fluktuationen von Kreativität in einer Gesellschaft (s. dazu auch Simonton, 1990), die anderenfalls unverstan-

den blieben, mit ökonomischen Prinzipien zu erklären, sagt das Modell entgegen dem explizit geäußerten Anspruch doch letztlich nichts über den Prozess aus, der spezifisch zu *kreativen* Produkten führt. Vielmehr liefern die Autoren nur ein Vorstellungsgerüst dafür, wie Personen ganz allgemein ihre begrenzten Ressourcen für konkurrierende Aktivitäten einsetzen (Simonton, 1992, S. 170). Konkret kann auch die inhaltliche Ausgestaltung der aktiven Investitionen (z. B. Kauf und Lektüre von Büchern über Kreativität) theoretisch nicht befriedigen, da deren Nutzen für kreative Produkte nicht erwiesen ist und offen bleiben muss, wie sich Kreativität erklärt, die ohne solche Investitionen aufgetreten ist (»Did Michelangelo or Newton read such matter? Had they done so, would they have been any more creative?«, Simonton, 1992, S. 170). Schließlich bereitet auch die Integration einiger empirischer Befunde erhebliche Probleme, so die Beobachtung des *»Schwanengesang-Phänomens«*, wonach Meisterleistungen häufig gerade kurz vor dem Tode der Akteure hervorgebracht wurden, die kurze verbleibende Lebenszeit mithin einen Konsum der Gewinne definitiv verhinderte (Simonton, 1989).
Dessen ungeachtet sind Modelle wie der *»psychoökonomische Ansatz«* wertvoll, weil sie die Perspektive von Kreativität von der individuellen auf die gesellschaftliche Ebene erweitern und ein utilitaristisches Menschenbild unterstellen, für dessen Angemessenheit es mannigfache Belege aus Alltag und Wissenschaft gibt.

13.5.2 Komponentenmodelle

Einige der vorgeschlagenen Theorien heben stärker auf die notwendigen Voraussetzungen für Kreativität im Sinne von »Ingredienzen« ab. Dazu zählt die von Sternberg und Lubart (1991) vorgestellte »Investment-Theorie«, die auf den bisherigen Erkenntnissen aufbaut und diese gleichsam retrospektiv bündelt, aber auch durchaus Implikationen für gezielte Überprüfungen in zukünftigen Studien aufweist.
Der Name wurde deshalb gewählt, weil kreativ sein im Grunde darauf hinauslaufe, sich in Analogie zu einem geschickten Investor oder Makler an der Börse zu verhalten nach der Devise *»Buy low and sell high«*. Konkret komme es darauf an, die eigenen Anstrengungen und Fähigkeiten in Ideen einzubringen, die neu und qualitativ hochwertig sind, dieses jedenfalls auf lange Sicht, wenngleich im Augenblick, weil asynchron zu Zeitgeist und Modetrends, vielleicht weniger geschätzt oder gar als abwegig bezeichnet. Wenn diese Ideen und daraus resultierende Produkte allgemein akzeptiert seien, von anderen also gleichsam nachgefragt würden, steige ihr Wert, und der Kreative »verkaufe« sie; während die große Masse der »Interessenten« nur die Details ausfüllten, wende sich die kreative Person einem anderen Gebiet mit momentan »unter Wert gehandelten« Ideen zu.
Innerhalb der Theorie werden vier Ebenen unterschieden: Ressourcen, Fähigkeiten, »Portfolios« (Entwürfe) und Evaluationen. Die Ressourcen gliedern sich in kognitive und affektiv-conative Ressourcen (Intelligenz und Wissen bzw. Persönlichkeits- und Motivationsfaktoren) mit einer Mittel- oder Mischkategorie intellektueller Stile sowie Ressourcen vonseiten der Umwelt.
Was die intellektuellen Ressourcen angeht, so denken die Autoren unter Rückgriff auf die »triarchische Theorie« (s. oben: 12.3.8) vor allem an die Prozess-Komponenten von Planung und Überwachung, von Problemlösen und Wissens-Erwerb. Kreativität beinhalte die Anwendung dieser Prozesse auf relativ neuartige Aufgaben und Situationen oder aber den Einsatz dieser Komponenten bei vertrauten Aufgaben und Situationen im Bestreben, die Umgebung auszuwählen bzw. gar umzugestalten.

Die Bedeutung von Wissen resultiere schon daraus, dass jemand nur dann in einem Gebiet kreativ sein könne, wenn er darüber und über anstehende Probleme informiert sei, sich jedoch nach Möglichkeit von den Einengungen solcher Kenntnisse frei mache.

Unter den kreativitäts-korrelierten Persönlichkeitsmerkmalen käme der Ambiguitätstoleranz (s. dazu unten: 26), Perseveration (also dem Willen und der Bereitschaft zur Überwindung von Widerständen), Risikofreude, Individualität und Offenheit gegenüber neuen Erfahrungen ein vorrangiger Stellenwert zu, unter den Motiven vor allem der Fokussierung auf die Aufgaben (Einbringen in Aktivitäten als Selbstzweck).

Im Hinblick auf die intellektuellen Stile sprechen Sternberg und Lubart (1991), wiederum in den Begriffen der triarchischen Intelligenz-Theorie, von der Notwendigkeit einer sog. »legislativen« Ausrichtung, d. h. einer Präferenz zur Artikulation allgemeiner Gesetze und Verhaltensregeln; im Weiteren sei für Kreativität ein mehr globaler im Unterschied zu lokalem und ein mehr progressiver relativ zu konservativem Stil von Vorteil. Auch greifen sie die Unterscheidung von Kirton (1976) zwischen sog. »Adaptoren« und »Innovatoren« auf; Personen des ersteren Typus versuchen Problemlösungen durch Adjustierungen und schrittweise Modifikationen unter Beibehaltung der grundlegenden Strukturen, also innerhalb bestehender Paradigmen. Demgegenüber bemühen sich Innovatoren um eine Umstrukturierung fundamentaler Elemente, mithin eher um einen Wechsel der Paradigmata selbst, was sich im Falle des Gelingens günstig im Sinne von Kreativität auswirke (zur Messung dieser Stil-Dichotomie liegt ein 32 Items umfassender Fragebogen mit den Sub-Dimensionen Originalität, Effizienz und Rollen-/Gruppen-Konformität vor, s. Kirton, 1987).

Die Umgebung schließlich wirke in dreierlei verschiedener Weise: Zum einen stellen die Stimuli aus der Umwelt häufig die Bausteine für kreative Produkte zur Verfügung. So wurde gefunden, dass Kinder in einem Raum voller verschiedener Gegenstände ein viel höheres Maß an gedanklicher Flüssigkeit zeigten als eine Vergleichsgruppe in einem leeren Zimmer. Zum anderen beeinflusst die Umgebung das allgemeine »Klima« für die Hervorbringung oder Unterdrückung kreativer Gedanken. Ferner und nicht zuletzt ist der Kontext maßgeblich für die Evaluation der Ideen oder Produkte.

Je nach den Anforderungen der Problemstellung und der relativen Stärke der Ressourcen bringen diese in Wechselwirkung miteinander die nächste Ebene innerhalb des Modells hervor, nämlich bereichsrelevante Fähigkeiten, wobei in Grenzen also eine gewisse wechselseitige Kompensation möglich sein soll. Das Ausmaß, in dem eine Ressource zu kreativer Leistung beiträgt, hängt aber nicht nur von dem Ausmaß ab, sondern auch von der funktionalen Beziehung zwischen Ressource und Kreativität, die von linearer oder umgekehrt U-förmiger Beschaffenheit sein kann.

Abbildung 13.5 veranschaulicht die vier Ebenen des Modells für eine hypothetische Person, die im Bereich 1 zwei verschiedene kreative Projekte zu realisieren sucht, ein Vorhaben im Bereich 3 und drei im Bereich 4.

Die Überprüfung des Modells erfordert einen breit gefächerten multivariaten Ansatz. Sternberg und Lubart (1991) ließen von N = 48 männlichen und weiblichen Erwachsenen je zwei Zeichnungen, kreative Geschichten, Anzeigen und wissenschaftliche Problemlösungen erarbeiten, deren Güte von unabhängigen Beurteilern eingeschätzt wurde. Für diese Kriteriums-Leistungen erwiesen sich im Mittel die intellektuellen Prozess-Variablen als die besten Prädiktoren, gefolgt von Wissen, intellektuellen Stilen, Persönlichkeits- und Motivations-Faktoren. In der Kombination aller Variablen resultierte ein multiples R = .81.

In einer zweiten Untersuchung an N = 44 Probanden (s. Sternberg & Lubart, 1992) bestätigte sich der positive Einfluss von Risikobereitschaft innerhalb der Investment-Theorie.

Sicher bedürfen die Resultate einer Kreuzvalidierung an einer größeren Stichprobe von Personen und der Überprüfung mit anderen Variablen. Soweit sprechen sie aber dafür, dass die

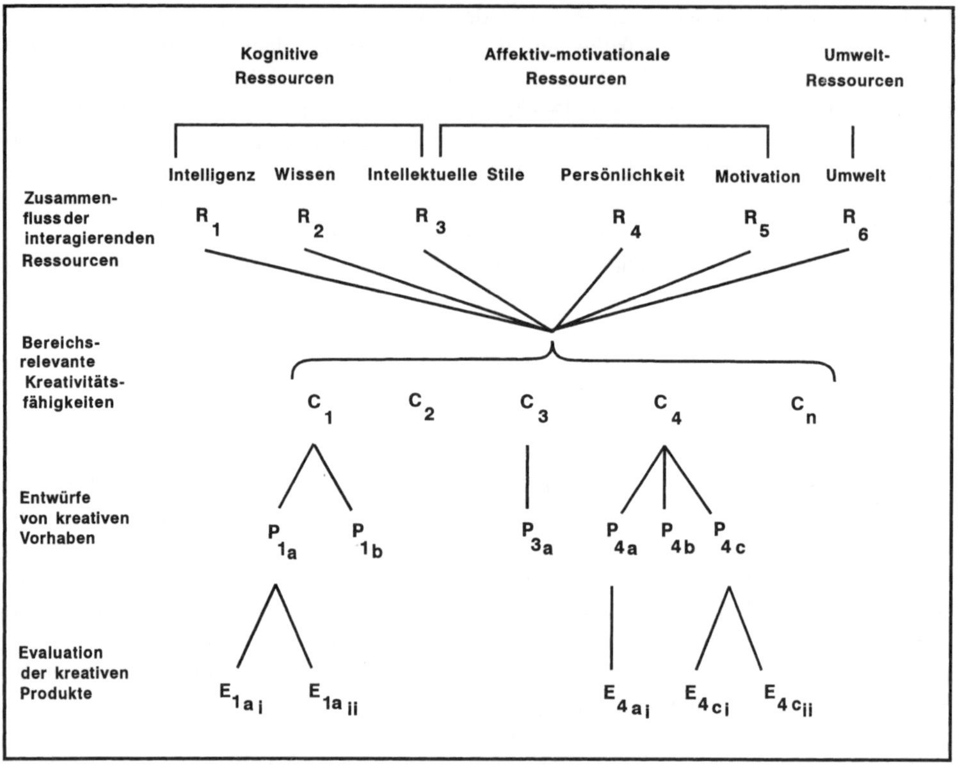

Abb. 13.5: Kreativitäts-Ressourcen und ihr Zusammenwirken, veranschaulicht für einen hypothetischen Probanden, der in den Bereichen C1, C3 und C4 spezifische Projekte zu verwirklichen sucht bzw. diese bearbeitet. Projekt 1 ist von 2 Beurteilern, Projekt 4 nur von einem Beurteiler evaluiert worden (aus Sternberg & Lubart, 1991, S. 5).

Theorie in hinlänglicher Weise dem Facetten-Reichtum der Kreativität gerecht zu werden scheint. Inwieweit damit auch die im Alltag auftretenden kreativen Problemlösungen abgedeckt sind, muss bis auf weiteres offen bleiben. Umweltvariablen waren nicht erhoben worden.

Das bedeutet insofern ein gewisses Defizit, als Umweltressourcen in dem Modell ausdrücklich vorgesehen sind und jüngeren Forschungen zufolge völlig zu recht eine immer stärkere Beachtung finden. Schon Amabile (1983) listet als kreativitätsfördernde Faktoren auf: Entscheidungsfreiheit, unerwartete Bekräftigungen, positives Innovations-Klima, stimulierendes physikalisches Milieu, »scope for playfulness« und Sicherheit der Anstellung; umgekehrt würden Druck vonseiten Gleichrangiger, vonseiten einer Supervision und einer erwarteten Evaluationen die Kreativität mindern.

Allerdings scheint die Wirksamkeit dieser Faktoren recht unterschiedlich und ihre theoretische Verankerung z.T. sehr komplex zu sein. So erwies sich in den Experimenten von Amabile, Goldfarb und Brackfield (1990) nur die Evaluationserwartung als Hemmnis bei der Anfertigung bestimmter Produkte, während die Gegenwart vs. Abwesenheit anderer Personen keine konsistenten Auswirkungen auf die Kreativität zeitigte. Auch Kuhmei (1991) fand in seinem Feldexperiment nur eine tendenzielle Bestätigung des Umweltfaktors »soziale Kontrolle«. Was die Rolle von Bekräftigungen angeht, kommen dazu behavioristisch und kognitivistisch orientierte Ansätze zu diametral verschiedenen Vorhersagen. Eisenberger und Selbst (1994) konnten an N=504 Schulkindern zeigen, dass Belohnungen nur dann wirksam waren im Sinne einer generalisierten Kreativität, wenn divergentes Denken verlangt wurde und die Bekräftigung sich nicht im Sichtfeld der Probanden befand; als Erklärung dafür schlagen sie ein Modell vor, das die beiden Komponenten »gelernte Betriebsamkeit« und »selektive Aufmerksamkeit« enthält.

Um das Kreativitäts-»Klima« des Tätigkeitsumfeldes ökonomischer erfassen zu können, wurde in Schweden ein Fragebogen mit 50 Items entwickelt, der den Dimensionen Herausforderung, Freiheit, Dynamik/Lebhaftigkeit, Offenheit/Vertrauen, Zeit für Ideen, Heiterkeit/Humor, Konflikte, Unterstützung von Ideen, Debatten und Bereitschaft zu Risiken gilt (s. dazu die Untersuchung von Isaksen & Kaufman, 1990). Obwohl primär für betriebliche Organisationen gedacht, haben viele dieser Aspekte augenscheinlich auch Relevanz für das allgemeine Lebensumfeld und sollten deshalb eine intensivere Beforschung in zukünftigen Arbeiten erfahren.

Obwohl insofern der bedeutsame Einfluss von Umweltfaktoren als nachgewiesen gelten kann, spielen diese in der Rahmentheorie von Eysenck (1993) nur eine nachgeordnete Rolle. Im Vordergrund steht vielmehr ein zentrales Persönlichkeitsmerkmal, nämlich Psychotizismus (s. dazu 15.3.2), in dessen Nähe Kreativität gerückt wird. Obwohl sicher gilt: »True madness makes true creativity impossible« (Amabile, 1993, S. 179), versucht Eysenck doch eine inhaltliche Verwandtschaft zwischen beiden Konstrukten und deren gemeinsame genetische Verankerung aufzuzeigen.

In der Konsequenz gäbe es fünf verschiedene Zugänge, um das Psychotizismus-Kreativitäts-Modell empirisch zu bestätigen, nämlich aufzuzeigen, dass

1) Personen, die genetisch bedingt zu Psychotizismus neigen, ungewöhnlich kreativ sind
2) Psychotizismus mit Test-Kreativität (Originalität) zusammenhängt
3) Psychotizismus Beziehungen aufweist zu kreativen Leistungen
4) kreative Personen oft an psychopathologischen Symptomen leiden
5) identische kognitive Stile charakteristisch sind für Psychotiker, Personen mit hohen Psychotizismus-Werten und kreativen Akteuren.

Zu jeder dieser Linien, wenngleich der vorliegenden Literatur zufolge gewiss recht unterschiedlich in Zahl und Qualität, referiert Eysenck empirisches Material, das geeignet ist, die These der Psychotizismus-Kreativitäts-Affinität zu unterstützen.

Die an einer solchen Sichtweise geäußerte Kritik ist vielschichtig. Einer der Einwände betrifft den Umstand, dass Eysenck offenkundig eine Verwechslung von allgemeinen Merkmalen mit Ursachen unterlaufen ist. Weil kreative Produkte in der Kunst oder »Quantensprünge« in der Wissenschaft oft ungewöhnliche Züge aufweisen, unterliegt Eysenck der Versuchung, ungewöhnliche Elemente direkt verantwortlich für die Hervorbringung der Produkte zu machen; ungewöhnliche Assoziationen sind ihm zufolge eine notwendige, wenn nicht gar hinreichende Bedingung (Rothenberg, 1993). Andere Autoren bemängeln, dass bislang konsistente Korrelationen zwischen individuellen Psychotizismus-Werten im Sinne der P-Skala (s. 15.3.2b) und Kreativitäts-Kriterien nicht ermittelt wurden (Gough, 1993), des weiteren direkte Evidenzen dafür ausstehen, dass hoch-kreative Probanden mit hohen P-Scores anhand objektiver Indikatoren auch in stärkerem Maße »overinclusive thinking« zeigen (Dudek, 1993), d. h. in die Begriffsbildung und die Problemlösung Denkinhalte mit einbeziehen, die mit ihr nur in einer peripheren Verbindung stehen (s. dazu Ruckstuhl, 1981, S. 255). Darüber hinaus weisen Waller, Bouchard, Lykken, Tellegen und Blackes (1993) auch darauf hin, dass in Untersuchungen an getrennt aufgewachsenen eineiigen Zwillingen das Merkmal Psychotizismus ganz andere Intra-Paar-Ähnlichkeiten habe erkennen lassen als

Kreativität, obwohl das eine doch das »Herzstück« vom anderen sei. Insgesamt muss deshalb der Versuch, Kreativität als Psychopathologie-nahes Phänomen darzustellen, infolge einiger wissenschaftstheoretischer Missgriffe und methodisch-empirischer Defizite als verfehlt angesehen werden.

13.6 Implikationen und Trainierbarkeit

Die euphorische Stimmung und hochgesteckten Erwartungen im Zusammenhang mit der Exploration eines bis dahin fast brachliegenden Forschungsfeldes sind zwischenzeitlich einer sachadäquaten, nüchternen Einstellung gegenüber der Kreativität gewichen. Helson und Mitchell (1978) sprechen gar von einer zunehmenden Ausdünnung bedeutender Forschungsbeiträge bis in die 70er Jahre hinein. Ideologische Argumente, wie sie von Mehlhorn und Mehlhorn (1977) in den Vordergrund gerückt werden, haben in diesem Prozess eine wesentlich geringere Rolle gespielt als psychometrische Gesichtspunkte.
Neue Item-Formate (s. auch Torrance, 1968) bedingten neue Interkorrelationsmuster. Da die Kreativitätstests – von den Fragebogenmethoden abgesehen – in der Mehrzahl von den Probanden eine Leistung verlangen, stehen sie, wenngleich abhängig von Stichprobenspezifität und jeweiligem Inhalt, auch mit anderen Verfahren in Beziehung, die Leistung in sehr allgemeiner Form erfassen: den Intelligenztests. Mehrere Untersuchungen sprechen dafür, dass ungeachtet dieser Gemeinsamkeit, deren Ausmaß größer zu sein scheint auf einem niedrigeren intellektuellen Niveau, die Kreativitätstests so viel Eigenständigkeit aufweisen, dass

(1) in gemeinsamen Faktorenanalysen gesonderte, konstruktspezifische Faktoren,
(2) bei der Vorhersage von schulischen und außerschulischen Leistungen unabhängige Beiträge zur Aufklärung von Kriteriumsvarianzen

anfallen.
Wenn diese Anteile, namentlich in Regressionsgleichungen, vom Ausmaß her noch hinter den Erwartungen zurückbleiben, ist dafür zum einen die offensichtliche Komplexität von Kreativitätskriterien verantwortlich, zum anderen die kurze Zeit intensiver Forschungsbemühungen: Mit Intelligenz beschäftigen wir uns nunmehr ein Jahrhundert lang, mit Kreativität weniger als die Hälfte dieser Zeit. Dabei stellen sich gerade bei Kreativität einige arttypische Hindernisse in den Weg: Reliabilität ist kaum im Sinne der andernorts als via regia angesehenen Re- oder Parallel-Testung anzugehen; das Konzept originaler Ideen ist inkompatibel mit deren Wiederholung. Die ermittelten Splithalf-Koeffizienten liegen andererseits zum größeren Teil noch nicht in befriedigender Höhe, zumal, wenn der Speed-Anteil vieler Verfahren in Rechnung gestellt wird. Also böte sich die Verlängerung der Tests an, doch gerät man damit auf ein ähnliches Gleis wie bei der Re-Testung, da die Items ja homogen sein müssen, was letztlich auf inhaltliche Ähnlichkeit hinausliefe. Dennoch ist das Dilemma unvermeidlich, da Skalenhomogenität für sich selbst nichts aussagt über zeitliche Stabilität des Merkmals.
Sei es, dass die geschilderte Problematik für eine wiederholte Administration der Verfahren ein Hinderungsgrund ist oder die kurze bislang zur Verfügung stehende Zeit: Langzeituntersuchungen zur Entwicklung und Stabilität von Kreativität existieren soweit fast nur im Querschnittsansatz – mit einem der Wachstumsfunktion der Intelligenz ähnlichem Resultat (Taylor, 1964; dort auch interkulturell vergleichende Daten von über 6 000 Kindern).

Eine bemerkenswerte Ausnahme stellt die Untersuchung von Magnusson und Backteman (1979) dar. Die Autoren gaben Kreativitätstests an ca. 1 000 unausgelesene Kinder im Alter von 14 bis 16 Jahren vor. Zur Vermeidung der o. a. Probleme handelte es sich dabei um verschiedene Skalen bei Test und »Re«-Test; aus diesem Grund wohl fehlen auch Mittelwertsangaben. Wichtig aber ist, dass trotz der Verschiedenheit der Verfahren die Kreativitätstests doch eine »Stabilität« von .42 bis .46 aufwiesen (gegenüber .80 bis .81 der Intelligenztests) und diese »Stabilitäts«-Koeffizienten sowohl für Kreativitäts- wie auch Intelligenztests stets höher waren als irgendwelche Korrelationen zwischen verschiedenen Variablen innerhalb und zwischen den Testzeitpunkten.
Darüber hinaus ist entschieden zu vermissen, dass es bislang, abgesehen von den im vorliegenden Abschnitt erwähnten beiden Ausnahmen, kaum echte Prädiktionsstudien gibt, solche also, in denen die Kreativität über Tests zunächst bestimmt und nach Ablauf einer gewissen Zeitspanne Produkt-Kriterien dafür erhoben werden. Solange hier vorerst weiter ein elementares Defizit besteht, kann kein verbindliches Urteil über den Wert des Konstrukts abgegeben werden. Ermutigend fallen immerhin die Resultate der Untersuchung von Harrington, Block und Block (1983) aus, die an N = 75 Kindern im Alter von 4 und 5 Jahren u. a. zwei Kreativitäts-Tests vorgaben und anhand eines spezifischen Indexes eine Korrelation von .45 mit den 6 bis 7 Jahre später erhobenen Lehrer-Ratings zur Kreativität fanden. Schon jetzt kann allerdings festgehalten werden, dass in den bisherigen Untersuchungen oftmals nur die Entwicklung immer neuer Verfahren von zweifelhafter oder fehlender theoretischer Begründung im Vordergrund stand (Smith, 1968, zählte 31 Skalen in 105 Untersuchungen), hingegen zu wenig Aufmerksamkeit dem Problem gewidmet wurde, bei der Konstruktion der Verfahren oder der post hoc-Analyse den Einfluss allgemeiner Intelligenz zu eliminieren. Als Folge davon sind viele Befunde kaum eindeutig zu interpretieren (s. auch die eingehende Kritik von Bollinger, 1981, die auf eine Verneinung der Frage hinausläuft, ob Tests zum divergenten Denken in der Lage sind, kreative Fähigkeiten im Sinne eines als Hochleistungskreativität umschriebenen Bereiches zu erfassen; noch allgemeiner plädiert Hocevar, 1981, nach der Würdigung von Reliabilität, diskriminanter und konvergenter Validität sowie der Dimensionalität für die Verwendung von Fragebogen zur Erfassung kreativer Aktivitäten, z. B. einen Preis bei einem künstlerischen oder wissenschaftlichen Wettbewerb gewonnen zu haben, als den am besten zu rechtfertigenden Verfahren).
Erst eine vergleichsweise kurze Zeit widmet man sich, darin den Entwicklungen innerhalb der Intelligenzforschung vergleichbar, den *Prozessen,* die der kreativen Leistung zugrunde liegen. Als ein wichtiger Abschnitt wurde vor allem die sog. »Incubation« beschrieben, die Guilford (1979, S. 1) als eine Periode definiert, in der zwar keine erkennbare Aktivität aufseiten des Individuums im Hinblick auf eine Lösung des Problems besteht, an deren Ende oder schon vorher aber doch definitive Anzeichen weiterer Bemühungen, manchmal verbunden mit substantiellen Fortschritten im Lösungsprozess, zu erkennen sind. Diese Periode der Inkubation mag zwischen einigen Minuten und mehreren Jahren andauern. In Versuchsreihen, in denen Probanden vor dem Problemlösen ein Inkubations-Intervall eingeräumt wurde, erwies sich dieses als sehr bedeutsam für die Bearbeitung von Anagrammen im Vergleich zu Kontrollbedingungen ohne eine derartige Phase (s. Houtz & Frankel, 1992). Allerdings haben die Versuche, die Aktivitäten der Incubation, die spekulativ mit der Vorstellungstätigkeit der rechten Hirnhemisphäre in Verbindung gebracht wurden im Unterschied zu der konvergenten Produktion der linken (Gowan, 1979), bislang zu keinem durchschlagendem Erfolg geführt (s. die Übersicht von Olton, 1979). Nach Mumford und Gustafson (1988) beruhen kreative Leistungen minderer Bedeutung auf der Anwendung bestehender kognitiver Strukturen, hingegen solche von höherem Rang auf deren Integration und Reorganisation.

Es entspricht allgemeinen Entwicklungstrends in der Differentiellen und Diagnostischen Psychologie, zunächst einen Phänomenbereich zu beschreiben und in einem zweiten Schritt ein Methodeninstrumentarium zu schaffen, um mit dessen Hilfe Zugang zum Untersuchungsgegenstand zu erlangen. Erst später kommt die Phase, in der Modifikationen des Beobachtungsgegenstandes in Abhängigkeit von einigen gezielt eingesetzten Größen erprobt werden. Angesichts der optimistischen Prognosen, die im Hinblick auf eine Nutzung der Kreativität und ihrer Förderung verbunden waren, überrascht nicht, dass auch bald Trainingskurse zu deren Schulung konzipiert wurden. Aber: »The advocates of creativity training are enthusiasts who tend to rely on anecdotal evidence, or whose experiments are rather poorly controlled« (Vernon, 1969, S. 399) – eine Feststellung, die letztlich auch für die sich gemeinhin höherer Wertschätzung erfreuende Haddon und Lytton-Studie (1970) zutrifft: Dort erzielten die Schüler »formeller, traditioneller« Schulen, in denen Wert auf konvergentes Denken und autoritatives Lernen gelegt wurde, bei gleichem mittleren IQ niedrigere Leistungen in Kreativitätstests gegenüber solchen Schülern, die aus progressiven, selbstinitiiertes Lernen und kreative Aktivitäten fördernden Schulen kamen. Andererseits bleibt zweifelhaft, ob die Entscheidung der Schüler (bzw. wahrscheinlicher: deren Eltern !) zugunsten des einen oder anderen Schultyps, wie für die intendierte Interpretation der Unterschiede als Folge des unterschiedlichen Unterrichts zu fordern, wirklich absolut nach Zufall geschah, die Effekte möglicherweise lediglich solche des Sozialstatus (der in der Untersuchung um .30 gleichermaßen mit Intelligenz wie Kreativität korreliert) oder damit verbundener Hintergrundfaktoren sind. Ganz in diesem Sinne kommt Bewing (1970) nach einer Sichtung verschiedenen Materials zu der Überzeugung, dass die wichtigsten Variablen zur Förderung hoher Kreativität bei Kindern ein nichtautoritäres Elternverhalten, intellektuelle Interessen und ein durch Unabhängigkeit gekennzeichnetes Eltern-Kind-Verhältnis sind. Zwar wird immer wieder über experimentalpsychologisch gesicherte Erfolge bei der Steigerung von Kreativität berichtet (z. B. Fontenot, 1993), doch muss hier wie in anderen Versuchen noch geklärt werden, inwieweit die Effekte nur auf einem unmittelbaren Üben der Testaufgaben im Gewande des Trainingskurses beruhen und ob die positiven Veränderungen, wenn es denn welche gibt, wirklich so lange anhalten, wie dieses Parnes und Meadow (1960) glauben machen wollen. In einer Untersuchung von Lissmann und Mainberger (1977, dort auch weitere Literatur zur Effektivität kreativitätsorientierter Trainingsprogramme), in der weitgehend inhaltliche Unabhängigkeit von Übungs- und Prüftätigkeit bestand, war nur in einem Kreativitätstest eine positive Auswirkung des erfolgten Trainings zu sichern; in einer anderen Skala schnitt jedoch die Experimentalgruppe sogar schlechter ab als die unbehandelte Kontrollgruppe. In einer umfassenden Würdigung der Literatur zur Evaluation von Trainingsprogrammen konstatiert und begründet denn auch Hany (1993) einen allgemeinen Niedergang organisierter Kreativitätsförderung in den letzten Jahrzehnten. Bis auf weiteres mag deshalb gelten: »Creativity cannot be forced, it can only be fostered« (Weininger, 1977, S. 118). Der härteste Test bestünde letztlich darin, trainierte und untrainierte Probanden in Bezug auf Kriterien der Kreativität längsschnittlich zu verfolgen. Auch hier erschließen sich reizvolle, theoretisch wie praktisch bedeutsame Forschungsmöglichkeiten.

Weiterführende Literatur:
Seiffge-Krenke, 1974; Caesar, 1981; Sternberg, 1988b; Cropley, 1995.

Fragen zu Kapitel 13:

1. Nennen Sie die wesentlichen Bestimmungsstücke des psychologischen Kreativitätsbegriffes!
2. Worin liegt das Grundproblem differentialpsychologischer Kreativitätsforschung?
3. Worin sehen Sie typische Kennzeichen von Kreativitätstests?
4. Nennen Sie einige Probleme der Verifizierung und Validierung des Kreativitätskonstruktes bzw. der darauf bezogenen Verfahren!
5. In welcher Beziehung stehen Intelligenz und Kreativität?
6. Welches sind die theoretischen Grundkonzepte für Kreativität?

Teil IV Individuelle Differenzen im Persönlichkeitsbereich

14 Typologien

14.1 Temperamentstypologien

Häufig sind es weniger Merkmale der intellektuellen Begabung und Leistungsfähigkeit, die für den Laien das »Wesen« der Persönlichkeit ausmachen oder den subjektiven Eindruck über einen Mitmenschen bestimmen, sondern mehr Gesichtspunkte der Persönlichkeit »im engeren Sinne«; darunter fallen gewöhnlich Faktoren des Temperaments und der Motivation, des emotionalen und sozialen Verhaltens – nicht wie gut jemand etwas tut, sondern die Art und Weise, in der dieses geschieht.

Seit altersher sind es deshalb nicht so sehr die Aspekte individueller Leistungsunterschiede, sondern mehr jene des spezifischen Charakters, die unerschöpflichen Stoff für Alltagsgespräche und die Vorlage zu allen Biografien und Romanen, Opern, Dramen und Lustspielen liefern; kaum etwas anderes vermag auf die Dauer eine derartige Faszination auszulösen wie die schillernde Vielfalt und augenfällige Individualität vergangener und gegenwärtiger, erdachter oder tatsächlich existenter Gestalten.

Es scheint, als habe man zudem bereits im Altertum die Eigentümlichkeiten im Verhalten zur Grundlage gezielter Selektionsprozesse gemacht, wie das unter 3.3 geschilderte Auswahlverfahren, eingesetzt vor dem Feldzug gegen die Midianiter, beweist. Auf jeden Fall reichen auch wissenschaftliche Bemühungen um eine Klassifikation der Persönlichkeitsunterschiede weit zurück: Schon Hippokrates (460–377 v. Chr.) gruppierte alle individuellen Varianten nach dem Vorherrschen einer der vier Körpersäfte (Blut, Schleim, gelbe und schwarze Galle) in Sanguiniker, Phlegmatiker, Choleriker und Melancholiker, d. h., die Vielzahl von Unterschieden in den diversen Erlebnis- und Verhaltensbereichen sollte letztlich einer der erwähnten einander ausschließenden Kategorien im Sinne von Typen, also einer speziellen Konstellation von Merkmalen, zuzuordnen sein.

Das Viererschema, das auf makrokosmischer Ebene mit den Elementen Luft, Wasser, Feuer und Erde in Verbindung gebracht wurde, hat sich bis in die Neuzeit gehalten. So finden sich bei Kant farbige Beschreibungen der Typen, wobei etwa aus der Beschreibung des »kaltblütig Phlegmatischen« deutlich wird, welche verschiedenen Verhaltensweisen unter die »vorwaltende Disposition psychischer oder psycho-physisch-neuraler Art, die einer Gruppe von Menschen in vergleichbarer Weise zukommt« (Stern, 1921) und sie als *Typen* auszeichnet, rubriziert werden:

»Phlegma als Schwäche ist Hang zur Untätigkeit, die Neigung gar nur auf Sättigung und Schlaf. Phlegma als Stärke ist dagegen nur die Eigenschaft: Nicht leicht und rasch, aber wenngleich langsam, doch anhaltend bewegt zu werden. Sein glückliches Temperament vertritt bei ihm die Stelle der Weisheit, und man nennt ihn selbst im gemeinen Leben oft den Philosophen. Er ist ein verträglicher Ehemann und weiß sich die Herrschaft über Frau und Verwandte zu verschaffen, indessen daß er scheint, allen zu Willen zu sein, weil er durch seinen unbeugsamen, aber überlegten Willen den ihrigen zu dem seinen umzustimmen versteht« (Kant, 1798).

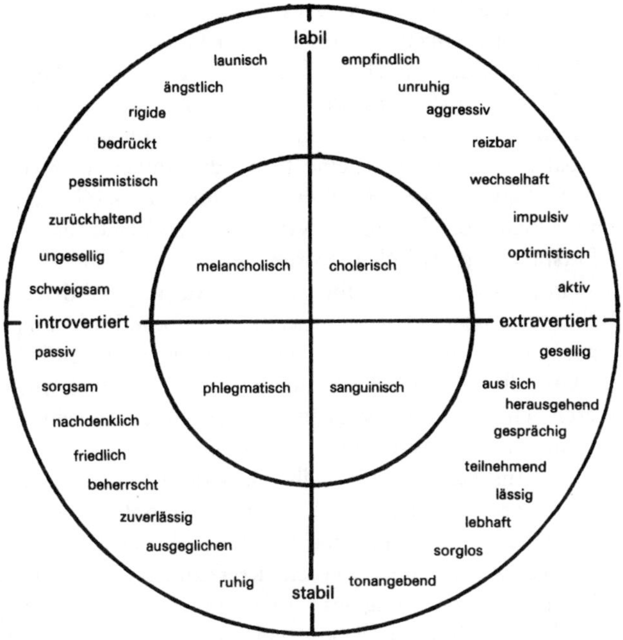

Abb. 14.1: Beziehung der vier Temperamente zueinander; in ringförmiger Anordnung die Primär-Eigenschaften (aus Eysenck, 1965a).

Zur Kennzeichnung der überwiegenden Affektlage übernahm auch Wundt (1903) die klassischen Typen, ordnete diese jedoch als besondere Ausprägungen in einem dimensionalen (gegenüber dem früher üblichen kategorialen) Modell mit den Beschreibungsachsen »Stärke der Gemütsbewegungen« und »Schnelligkeit des Wechsels der Gemütsbewegungen« an. Obgleich auch er zusammenfassende Beobachtungen über das Naturell der einzelnen Temperamente mitteilt, fehlte es doch an Methoden und Kriterien, um eine unzweideutige Platzzuweisung des Einzelnen vornehmen zu können – häufig die Crux aller Typologien.
Erst Eysenck (1965), der sich ebenfalls auf das Modell bezieht, kann seine Schlussfolgerungen auf individuelle Messungen mit Hilfe von Fragebogen und sog. Objektiven Tests stützen; allerdings heißen bei ihm die – faktorenanalytisch bestimmten – Dimensionen zur Abbildung der Affektivität nunmehr »Emotionale Stabilität« und »Introversion/Extraversion« (s. Abb. 14.1).
Später wird zu zeigen sein, dass diese beiden Dimensionen, die auf relativ hohem Abstraktionsniveau interindividuelle Unterschiede zu beschreiben erlauben, bis in die Gegenwart hinein ein Kernstück mehrerer Persönlichkeitstheorien darstellen.

14.2 Konstitutionstypologien

Fast ebenso alt wie die Beschäftigung mit Charakter- und Verhaltensunterschieden ist der Versuch, diese auf körperliche Merkmale zu beziehen, sie daraus zu erklären oder doch wenigstens über das Körperliche einen Zugang zum Psychischen zu erhalten: Aristoteles (384–

322 v. Chr.) wird – wohl fälschlich – eine griechische Sammlung »Physiognomica« zugeschrieben, in der sich Zuordnungen von bestimmten Gesichtsformen zu Charaktertypen finden, meist unter Hinweis auf Ähnlichkeit mit Tiergesichtern, ein Ansatz, der viel später von Porta (1540–1615) aufgegriffen und weiterentwickelt wurde. Für Sulzer (1720–1779), einem an Schauspiel und Rhetorik interessierten Kunsttheoretiker, ist »der Körper nichts anderes als die sichtbar gemachte Seele«, eine These, die ähnlich auch von Lavater (1741–1861) und dem Arzt C. G. Carus (1789–1869: »Die äußeren Gebilde verraten in gewisser Weise die Eigentümlichkeiten des Inneren«) vertreten wurde. Geleitet von solchen Vorstellungen über eine Entsprechung zwischen Körper und Seele versuchte Franz Joseph Gall (1758–1828), aus dem Äußeren des Schädels auf die Ausprägung der darunter liegenden Hirnareale, die als Sitz verschiedener Sinne für z. B. Farben und Frohsinn galten, Aufschluss zu erhalten. Die Phrenologie, wie die Schule bald genannt wurde, entbehrte jedoch schon deshalb gesicherter Grundlagen, weil die Beziehung zwischen der Form des Gehirns und derjenigen des äußeren Schädels keineswegs eng ist, gewisse Entsprechungen allenfalls vorliegen bei Extremvarianten wie Mikro- oder Hydrocephalus.

Beschränken sich solche Ansätze noch auf Teilbereiche der Persönlichkeit wie Schläue oder Mut, Furchtsamkeit oder Frohsinn, kann die Konstitutionstypologie von Kretschmer (1921, 1961) als ein alle Bereiche der Persönlichkeit und körperlichen Erscheinung umfassendes System einer *Totaltypologie* bezeichnet werden. Kretschmer übernahm die auf die alten Griechen zurückgehende Unterscheidung des Körperbaus nach *Habitus apoplecticus* (= dick und vollblütig, mit erhöhter Wahrscheinlichkeit, eines Tages am Schlaganfall zu sterben) und *Habitus phthisicus* (= lang und dünn, Schwindsuchtdisponiert), bezeichnete die betreffenden Körperbauten jedoch als *pyknisch* (kurzer und gewölbter Rumpf, Extremitäten relativ kurz, Kopf groß und rund, auf massivem Hals, breites, weiches Gesicht) bzw. *leptosom* (Rumpf und Extremitäten schlank und schmal, schmales, spitzes Gesicht, hageres, sehniges Oberflächenrelief). Als weitere Gruppe fügte er die *athletische* hinzu (trapezförmiger Rumpf, kräftiges Knochen- und Muskelrelief, große Hände und Füße, derbes konturenreiches Gesicht (s. Abb. 14.2).

Kretschmers Beobachtungen an psychiatrischen Patienten zufolge bestand eine Korrelation zwischen den drei Körperbautypen und der Art der psychischen Erkrankung in dem Sinne, dass Pykniker überzufällig häufig an manisch-depressivem Irresein, Leptosome eher an Schizophrenie erkrankten. Die Athletiker als dritte Kategorie sollten vor allem das Erscheinungsbild der Epilepsie aufweisen. Ganz offensichtlich handelt es sich bei dem postulierten Zusammenhang zunächst um ein kaum bestreitbares Faktum, denn eine später von Westphal (1931) durchgeführte Sichtung mehrerer Untersuchungen an insgesamt ca. 8 000 Patienten ließ die folgende Verteilung erkennen (s. Tab. 14.1):

Tab. 14.1: Prozentanteile von Schizophrenen, Manisch-Depressiven und Epileptikern, die auf verschiedene Körperbau-Kategorien entfallen (nach Westphal, 1931).

Körperbau	Schizophrene (N = 5 233)	Manisch-Depressive (N = 1 361)	Epileptiker (N = 1 505)
Pyknisch	13.7	64.6	5.5
Athletisch	16.0	6.7	28.9
Leptosom	50.3	19.2	25.1
Dysplastisch	10.5	1.1	29.5
Mischformen	8.6	8.4	11.0

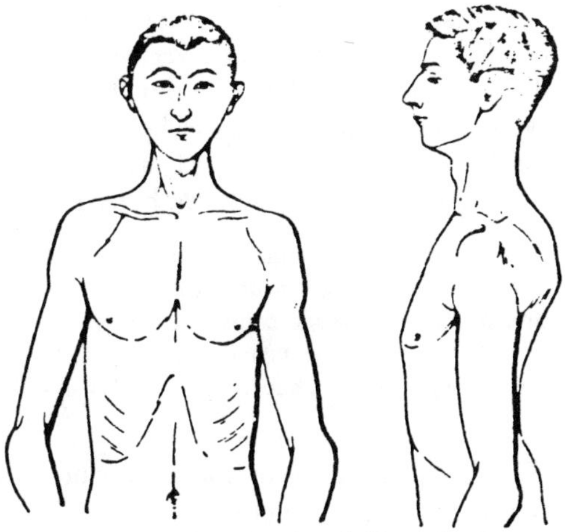

a Leptosomer (asthenischer) Typ (schematisch)

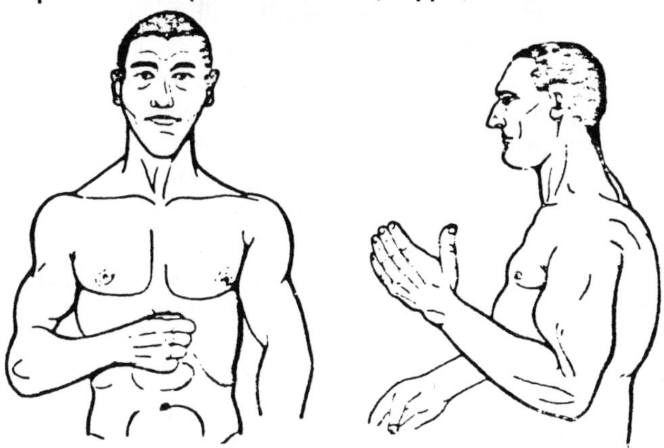

b Athletischer Typ (schematisch)

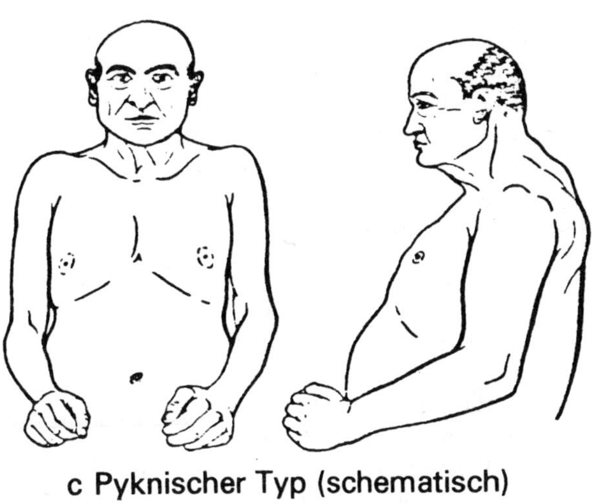

c Pyknischer Typ (schematisch)

Abb. 14.2: Körperbautypen nach Kretschmer.

Ausgehend von diesem empirischen Befund nahm Kretschmer an, Geisteskranke mit den erwähnten Diagnosen würden sich im Erleben und Verhalten von psychisch Unauffälligen nur quantitativ unterscheiden; Geisteskrankheit bestünde demnach lediglich in einer extremen Überzeichnung von Eigentümlichkeiten, welche sich als Spielarten in gemäßigter Ausprägung auch im Bereich des Normalen finden ließen. Die dort für Pykniker, Leptosome und Athletiker beobachtbaren Temperamente wurden bezeichnet als

»*zyklothym*« (gesellig, gutherzig, freundlich, gemütlich oder heiter, humoristisch, lebhaft und witzig, mitunter auch still und weich, ruhig und schwer nehmend),
»*schizothym*« (ungesellig und still, feinfühlig und empfindlich) bzw.
»*viskös*« (schwer bewegliche Affektivität, starre Beharrungstendenz, Neigung zu perseverativen und stereotypen Handlungsabläufen; detailliertere Schilderungen der Typen s. Originalliteratur oder Rohracher, 1965; Albonico, 1970).

Zunächst bemühte sich Kretschmer darum, sein Konzept dadurch zu bestätigen, dass er auf der Basis historischer Abbildungen Typendiagnosen berühmter Personen anstellte und diese mit der Berufstätigkeit der Betreffenden verglich. Bei einer solchen Methode ist freilich die experimentelle Unabhängigkeit beider Variablen deshalb nicht gegeben, weil in der Person des Diagnostikers alle Informationen zusammenlaufen, das Urteil über die Art des Typus möglicherweise durch die Kenntnis der Berufstätigkeit und explizite Hypothesen zur Korrelation von Beruf und Typus mitbestimmt wird. Erste ernsthafte Versuche einer »Verifikation« der typologischen Grundannahmen erfolgten in der sog. »Experimentellen Typenanalyse« mit Hilfe von speziell entwickelten Aufgaben, in denen sich die Typen, also jeweils Extremgruppen, nach Maßgabe der Theorie voneinander unterscheiden sollten. Etwa wurden Durchstreichtests eingesetzt, um den postulierten größeren Aufmerksamkeitsumfang der Pykniker gegenüber den Leptosomen zu objektivieren; in Mehrfachaufgaben sollte sich die geringere Spaltbarkeit der Pykniker erweisen, in Gedächtnis- und Sortierversuchen deren Neigung zum Farbsehen gegenüber der Tendenz zum Formsehen bei den Leptosomen usw. Die Mehrzahl dieser Experimente, die vorwiegend während der Dreißigerjahre durchgeführt wurden, führte zwar zu Resultaten, die sich durchaus in Einklang mit den Erwartungen befinden (s. Rohracher, 1965; Hofstätter, 1977); wiederholt kritisiert wurde jedoch der Verzicht auf jegliche Signifikanzprüfungen, die nichtrepräsentative Zusammensetzung der Versuchspersonenstichproben (die Leptosomen wiesen meist einen höheren sozioökonomischen Status auf) und das Fehlen einer ausreichenden Kontrolle des Alterseinflusses.
Vor allem aber ist bereits gegen den Ausgangspunkt der Typologie eingewandt worden, die Korrelation zwischen Art der psychischen Erkrankung und Körperbautypus sei überlagert durch systematische Altersunterschiede in dem Sinne, dass mit zunehmendem Lebensalter die Wahrscheinlichkeit sowohl für die Ausbildung eines pyknischen Körperbaus als auch die Erkrankung zirkuläres Irresein ansteige. Tatsächlich waren in einer Untersuchung von Burchard (1936) die Pykniker im Mittel ca. 50, hingegen die Leptosomen nur 31 Jahre alt. Darüber hinaus bestand innerhalb jeder der Körperbautypen anhand des Wertheimer-Hesketh-Index =

$$\frac{\text{Beinlänge x 1000}}{\text{Brustbreite x Brusttiefe x Rumpfhöhe}}$$

der wie vergleichbare Maße konzipiert wurde, um die nur eindrucksmäßige Kategorisierung der körperlichen Erscheinung durch ein objektives Kriterium zu ersetzen, eine Tendenz zu niedrigeren Werten (= pyknischem Habitus) mit wachsendem Alter. Bei konstant gehaltenem Alter traten zwischen den psychiatrischen Gruppen nur noch sehr mäßige Mittelwertsunterschiede in dem WH-Index auf – immerhin war eine Tendenz im Sinne eines schlankeren

Wuchses aufseiten der Schizophrenen noch zu erkennen, der Effekt also vorhanden, wenngleich numerisch erheblich abgeschwächt gegenüber altersmäßig nicht parallelisierten Gruppen.
Demgegenüber bestanden in der gut kontrollierten Untersuchung von Klineberg, Asch und Block (1934) an einer Stichprobe von ursprünglich 429 psychisch »unauffälligen« Studenten beiderlei Geschlechtes, aus der nach einem Körperbau-Index Extremgruppen selegiert wurden, keinerlei bedeutsame Persönlichkeitsunterschiede zwischen den morphologischen Typen – freilich in Fragebögen, deren Relevanz für die anstehende Thematik nicht gleichermaßen für alle Skalen als erwiesen anzusehen ist, von ihrer vermutlich geringen Validität ebenso abgesehen wie der Fragwürdigkeit jeder studentischen Stichprobe beim vorliegenden Untersuchungsgegenstand.
Nur aus Gründen einer gewissen Vollständigkeit soll noch verwiesen werden auf die Konstitutionstypologie von Sheldon, die dieser in den Jahren nach dem Zweiten Weltkrieg vortrug. Die Entsprechung hinsichtlich der Körperbautypen Kretschmers ist vollständig, wenngleich hier die Pykniker, Leptosomen und Athletiker – gemäß der jeweiligen Dominanz eines der drei Keimblätter während der Entwicklung – *»endomorphen«*, *»ektomorphen«* bzw. *»mesomorphen«* Wuchs zeigen (s. Abb. 14.3):

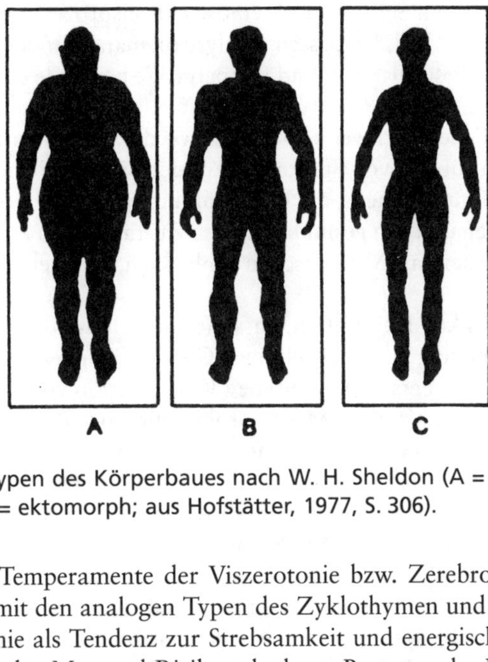

Abb. 14.3: Die drei Typen des Körperbaues nach W. H. Sheldon (A = endomorph, B = mesomorph, C = ektomorph; aus Hofstätter, 1977, S. 306).

Die »zugeordneten« Temperamente der Viszerotonie bzw. Zerebrotonie weisen ebenfalls Übereinstimmungen mit den analogen Typen des Zyklothymen und Schizothymen auf. Lediglich die Somatotonie als Tendenz zur Strebsamkeit und energischen Aktivität mit einer Bevorzugung von Macht, Mut und Risiko, als deren Prototyp der Handlungsmensch und Sportler angesehen wird, korrespondiert nicht mit einem der Kretschmer-Temperamente, etwa dem »noch freien« viskösen Typ.
Die anfänglich berichteten Korrelationen zwischen dem Körperbau (bestimmt nach einem Schätzverfahren anhand von Fotos, auf denen die Probanden von vorn, hinten und der Seite zu sehen waren) und Ratings von Temperamentseigenschaften lagen in der Größenordnung um .80 (!), waren in Nachuntersuchungen aber nicht replizierbar (s. Anastasi, 1966, S. 171–177). In dem Maße, in dem die Beurteilung des Körperbautyps unabhängig von der Kenntnis der Charaktereigenschaften erfolgte, die Persönlichkeitsmerkmale durch Tests anstelle von Ratings erfasst wurden (und dadurch mögliche Vorurteile der Rater gegenüber der Persön-

lichkeit von Personen mit einer bestimmten Gestalt nicht miteingehen konnten), konvergierten die Zusammenhänge Körperbau/Temperament gegen null.
Dennoch bleibt, namentlich im Zusammenhang mit der Konstitutionstypologie Kretschmers, ein substantieller, vom Ausmaß her allerdings geringer Effekt erklärungsbedürftig. Ohne es im Einzelnen zu explizieren, gehen diesbezüglich Konstitutionstypologien gewöhnlich von einer genetischen Determination des psychischen wie des physischen Bereiches durch einen Satz von Drittvariablen aus, die man sich als neurale oder drüsenmäßige Faktoren vorzustellen hat. Etwa kommen in Betracht die Hormone des Hypophysenvorderlappens, die einerseits direkt auf das Wachstum einwirken, andererseits über eine Steuerung der Nebenniere und der Schilddrüse für die Bildung weiterer Hormone (Adreno-cortico-tropes Hormon, ACTH, bzw. Thyrotropin, TSH) sorgen, die ihrerseits Affektivität und Erregbarkeit des Organismus modulieren.
Andererseits kann die gefundene Beziehung Folge des Umstandes sein, dass körperliche Faktoren das Psychische bedingen. Beispiele dafür sind Buben, die sich aufgrund von hoher Körperkraft sportlichen Aktivitäten zuwenden, weil sie darin Erfolg haben und Bestätigung erfahren, evtl. auch Streit anfangen und Bekanntschaft schließen mit Personen erhöhter Körperkraft. Kinder, denen gerade diese Voraussetzungen fehlen, engagieren sich vermutlich eher im literarisch-sprachlichen oder mathematischen Bereich und entwickeln in der Folge darin besondere Fertigkeiten. Selbst- und Fremdselektionsprozesse spielen eine wesentliche Rolle, wie z. B. beim Basketball, bei dessen Analyse niemand auf den Gedanken käme, zwischen dem Interesse für diese Disziplin und Körpergröße bestünde eine genetisch verankerte Beziehung.
Umgekehrt sind auch Fälle unschwer vorstellbar, wo das Verhalten das Körperliche prägt: Wiederum ist an die Ausübung von Sportarten auf der Basis »primärer« Interessen zu denken, an die Arme von Tennis-Cracks, die Beine von Fußballspielern oder Reitern, im Weiteren aber an das Aussehen und den gesundheitlichen Zustand von Bergleuten, die lange Jahre unter Tag gearbeitet haben, an Mitmenschen schließlich, die viel Stress oder Leid erleben mussten.
Als weitere Denkmöglichkeit bleibt offen, dass die Umwelt auf die spezifische Ausformung der körperlichen Erscheinung mit einer relativen Gleichförmigkeit antwortet und über diese Reaktion in den Betroffenen erst die »typische« Konstellation von Persönlichkeitsmerkmalen ausbildet. So scheint es, als wäre Mesomorphie mit einer Reihe von sozialen Vorteilen verbunden: Schon Cabot (1938) registrierte an Buben der High School, dass die eindeutig als Athleten klassifizierten Probanden relativ dominant und extravertiert waren, auch häufiger eine Führerrolle einnahmen. Darüber hinaus wurde ihnen ein höheres Ausmaß an Kreativität, Verantwortung und Einfluss auf ihre Kameraden zugeschrieben.
Ähnlich vorteilhaft schnitt der mesomorphe Typ in Experimenten von Brodsky (1954) und Hofstätter (1977) ab, wo den Versuchspersonen jeweils nur Silhouetten der Sheldon'schen Körperbauten (vgl. Abb. 14.3) vorgegeben wurden, zu denen – zwangsläufig in stereotypisierender Weise – bestimmte Fragen beantwortet (z. B. »Wer ist der Aggressivste?«) oder Konnotationen geliefert werden mussten. Gacsaly und Borges (1979) berichten aber auch über ein positives Image der Ektomorphen und eine relativ deutliche Abhängigkeit der Trait-Ratings von der miteinbezogenen Variable »Körpergröße«.
Auch solche Stereotype haben irgendeine Ursache. Vielleicht handelt es sich dabei um »unmittelbare« Ausdruckswirkungen, Anmutungen, die sich über der raschen Verarbeitung von Merkmalen wie rund oder eckig und deren unbewusste Gleichsetzung mit »analogen« Temperamentsqualitäten einstellen, wahrscheinlich unter Einbezug diffuser Sympathiereaktionen. Möglicherweise aber findet, nicht notwendigerweise völlig unabhängig von einem solchen Prozess, eine Generalisierung von wenigen Extremvarianten, deren zufällige Be-

kanntschaft jeder von uns irgendeinmal gemacht hat und bei denen der Zusammenhang erwiesenermaßen deutlicher in Erscheinung tritt, auf den ansonsten unbestimmten Mittelbereich statt, wo durch die differentielle Interaktion mit den Betreffenden die an den Extremen kennen gelernten Verhaltensmuster ausgebildet werden.
Bei alledem darf nicht aus den Augen verloren werden, dass der Befund eines Zusammenhanges körperlicher und psychischer Merkmale, um es zu wiederholen, bislang nur an Extremgruppen, nämlich den »reinen« Typen, mit einer gewissen Verlässlichkeit gesichert werden konnte. Ob solche im konkreten Einzelfall vorliegen, ist häufig weniger eindeutig zu bestimmen als gemeinhin angenommen wird. Zum einen weisen kaum jemals bei einem Individuum alle definierenden Merkmale in ein und dieselbe Richtung, zum anderen entzieht sich jede einzelne Variable entweder direkter Messung (wie etwa soll das »Oberflächenrelief« erfasst werden?) oder doch einer von anderen Merkmalen unabhängigen Einschätzung. Deshalb werden Typen häufig »geschaut«, d. h. intuitiv erfasst unter Einbezug einer begleitenden analytischen Kontrolle anhand einzelner Indikatoren.
Wären solche Faktoren, die die Beurteilerübereinstimmung bei der Typendiagnose im Mittelbereich empfindlich beeinträchtigen, noch zu verschmerzen, ist ein weiteres Handikap entscheidend und zugleich kennzeichnend für fast alle Typologien: Nur wenige Menschen fügen sich als reine Typen in das jeweilige System. Kretschmer selbst schätzt, dass dies für seine Konstitutionstypologie ca. 10% sind. Der große Rest, die überwiegende Zahl aller Messwertträger wie im Übrigen auch die Gruppe der Frauen, über die fast nichts ausgesagt wird, ist also »atypisch« – eine gewiss paradoxe Wendung der Vorstellungen über den Zusammenhang von Häufigkeit und Repräsentanz und möglicherweise einer der Gründe dafür, dass etwa Brengelmann (1952) in einer Reihenuntersuchung an N = 100 Probanden nur eine Korrelation von r = .14 zwischen persönlichem Tempo und Form-Farb-Sehen fand (s. auch Eysenck, 1960).
Jede Persönlichkeitstheorie ist nur von geringem Wert, wenn sie lediglich für eine eng umschriebene Zahl von vorausgelesenen Personen gilt. Aus dieser Sichtweise resultiert somit ein weiteres Argument für die dimensionale Betrachtung, die im vorliegenden Buch im Vordergrund steht. Wie Ekman (1951) gezeigt hat, kann jedes aus n Typen bestehende System mit Hilfe von höchstens n-1 Dimensionen abgebildet werden; für die geschilderten Konstitutionstypologien benötigte man von daher nicht mehr als zwei Faktoren. Dennoch wäre auch bei Einfügen solcher »Korsettstangen« einigen der vorgetragenen Kritikpunkten natürlich nicht abgeholfen. Entscheidend ist die Herleitung des Systems und die »Platzzuweisung« der einzelnen Messwertträger, die in dem wie auch immer definierten Mittelbereich sich nicht gleichsam auflösen dürfen, sondern noch sinnvoll darstellbar sein müssen.
Bei den nachfolgend zu besprechenden Systemen ist diesen Forderungen Rechnung getragen.

Fragen zu Kapitel 14:

1. Was postuliert die Konstitutionstypologie von Kretschmer?
2. Welches sind die sog. Verifikationsschritte der Konstitutionstypologie Kretschmers, welches dabei aufgetretene methodische Probleme?
3. Wie ist der – wenngleich anscheinend minimale – Zusammenhang zwischen körperlichen und psychischen Merkmalen erklärbar?

15 Faktorenanalytisch begründete Gesamtsysteme der Persönlichkeit

Ein vorrangiges Ziel der empirischen Persönlichkeitsforschung besteht darin, die Persönlichkeit nicht nur in all ihren Schattierungen und Verhaltensbereichen erfassen zu wollen, sondern darüber hinaus die Struktur und wechselseitige Abhängigkeit der Beschreibungsdimensionen aufzuzeigen. Im Forschungsprozess ist es freilich aufgrund ökonomischer Zwänge häufig unumgänglich, wegen methodischer Gesichtspunkte ratsam und im Hinblick auf theoretische Annahmen sinnvoll, zunächst eine Beschränkung auf einen überschaubaren Satz von Variablen vorzunehmen, sich zunächst etwa mit Leistungsmotivation oder Hilfsbereitschaft, Freundlichkeit oder Geiz u. Ä. allein zu beschäftigen, um die hier geltenden Antezedenzien, Korrelate und Konsequenz-Faktoren in etwa zu übersehen, ehe man die Einbettung der fraglichen Dimensionen in das Gefüge anderer untersucht.

Von diesem Regelfall hebt sich die Arbeitsweise der drei Forscher J. P. Guilford, H.J. Eysenck und R. B. Cattell zumindest den Intentionen nach insofern ab, als hier bereits aus den frühen Beiträgen erkennbar ist, dass es stets um das hochgesteckte Ziel geht, der Persönlichkeit in ihrer Gesamtheit gerecht zu werden. Verbunden damit ist eine nur noch schwer überschaubare Zahl von Einzelarbeiten aller drei Autoren zu Details und Kleindetails der jeweiligen Modelle, Untersuchungen, die häufig dazu dienen, Früheres zu konkretisieren und zu differenzieren. Verschiedentlich waren im Zuge des Forschungsprozesses auch Revisionen notwendig, die hier nur insoweit nachgezeichnet werden können, als sie von fundamentaler Bedeutung sind. In Bezug auf Einzelprobleme muss auf die Originalliteratur verwiesen werden.

Wenn nachfolgend die fraglichen »Gesamtsysteme«, von Herrmann (1976, S. 291) wohl deshalb in Anführungszeichen gebraucht, weil vermutlich auch darin nicht allen Gesichtspunkten entsprochen werden kann, an den Anfang der Darstellung gestellt werden, so geschieht das in der Überlegung, einen gewissen Überblick über die vorhandene Mannigfaltigkeit geben zu müssen. Eine Vertiefung in Teilbereichen erfolgt später anhand einzelner Konzepte.

Kennzeichnend für die Systeme der drei Autoren ist, dass zu Beginn der Entwicklungsarbeiten theoretische Vorstellungen nicht in nennenswerter Weise vorlagen, jedenfalls nicht in einem Ausmaß, wie dieses etwa für die noch zu besprechenden verhaltenstheoretischen oder psychodynamischen Konstrukte gilt; vielmehr waren die Theorien im Wesentlichen eine Folge des voranschreitenden Forschungsprozesses.

Der Stellenwert theoretischer Vorannahmen sowie das Ausmaß, in dem ausgehend von Beobachtungsdaten aus Tests und Ratings auch Inferenzen über neurophysiologische Strukturen und Erbfaktoren angestellt werden, ist maßgeblich für eine Darstellung mit der Sukzession Guilford-Cattell-Eysenck.

Darüber hinaus ergibt sich mit der erwähnten Abfolge eine gewisse Chronologie wenigstens bezüglich der ersten Arbeiten jedes der Autoren. Guilford wird nur kursorisch erwähnt; nähere Details finden sich in den früheren Auflagen des vorliegenden Buches.

15.1 Die Persönlichkeitstheorie von Guilford

15.1.1 Klassifikationen und Modelle

Im Unterschied zu seinen Vorstellungen zur Struktur des Leistungsbereiches weist der von Guilford (1974) für den Temperamentsbereich konzipierte Bauplan eine hierarchische Struktur auf, wie sie erstmals unter 6.3.3 erläutert und in Abbildung 15.1 veranschaulicht ist. Guilford bezieht sich dabei ausdrücklich auf Eysenck (1953), verwendet jedoch z. T. ein anderes Begriffsinventarium.

Das gilt vor allem für die »unterste Ebene der Persönlichkeitsstruktur, die kaum irgendeinen wesentlichen Grad von Generalisation aufweist, jenes Niveau …, auf dem wir Gewohnheiten mit einem relativ kleinen Spielraum antreffen« (Guilford, 1974, S. 92); dafür ist die Bezeichnung »Hexis-Niveau« vorgesehen (s. Abb. 15.1). Der Begriff ist dem Griechischen entlehnt und bedeutet eine konstante Disposition im Psychischen. Die Bevorzugung gegenüber »Gewohnheiten« erfolgt wegen der dort implizierten Einengung auf »Gelerntes«; Guilford möchte jedoch auf Hexis-Niveau ausdrücklich »auch Beiträge aus dem Erbgut zur Entwicklung der Wesenszüge« berücksichtigt wissen (Guilford, 1974, S. 93).

Als Traits im Hexis-Niveau nennt Guilford die folgenden Beispiele, deren vorangestellte Buchstaben mit denjenigen in der Abbildung korrespondieren:

(a) Gern Gesellschaftlichen Zusammenkünften beiwohnen
(b) Lieber mit anderen zusammenarbeiten als allein arbeiten
(c) Gern mit Fremden eine Unterhaltung beginnen
(d) Sich mit Vorliebe unter Massenansammlungen mischen
(e) Sich nicht von anderen beeindrucken lassen
(f) Gern in der Öffentlichkeit Reden halten
(g) Gern einen Posten in einer Organisation bekleiden
(h) Seine Rechte verteidigen können
(i) Bereitwillig fast jede Schwierigkeit anpacken
(k) Bei einer empfangenen Beleidigung die Angelegenheit sofort klären usw.

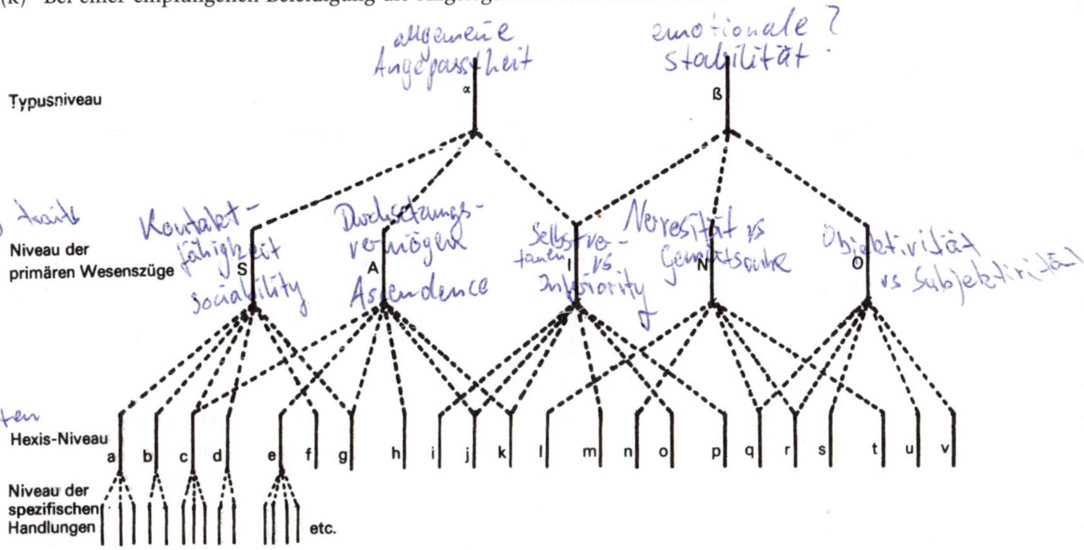

Abb. 15.1: Diagramm, das die Persönlichkeitsstruktur als eine Hierarchie von Wesenszügen verschiedener Allgemeinheitsgrade darstellt (nach Guilford, 1974).

Als Dispositionen müssen solche Wesenszüge aus konkreten Verhaltensweisen erschlossen werden, »spezifischen Handlungen, die charakteristisch für eine bestimmte Person sind« (Guilford, 1974, S. 93); sie stellen den Ausgangspunkt jeden empirischen Vorgehens dar und sind in Abbildung 15.1 noch unterhalb des Hexis-Niveaus eingetragen. Die Hexes werden ihrerseits durch die sog. »primären Wesenszüge (primary traits) determiniert« (1974, S. 93). Deren Interpretation bemisst sich nach den gemeinsamen Elementen aller jeweils in Frage kommenden Hexes, wobei Guilford zu folgenden Bezeichnungen gelangt:

S (shyness, sociability)	= Geselligkeit
A (ascendance)	= Durchsetzungsgrad, Selbstbehauptung
I	= Selbstvertrauen versus Inferioritätsgefühle
N	= Gemütsruhe versus Nervosität
O	= Objektivität versus Subjektivität

Noch über dem Niveau der primären Eigenschaften liegt dasjenige der Syndrom*typen*, die als stark verallgemeinerte Traits verstanden werden können.
Für den in Abbildung 15.1 schematisierten Fall, der nur ein Segment der Persönlichkeit darstellt, spricht Guilford von dem α-Typ als einem der »allgemeinen Angepasstheit«; der β-Typ sei selbstsicher, ruhig und sehe die Dinge realistisch (emotionale Stabilität?). Die Primäreigenschaften werden durch Faktorenanalysen der Hexes-Variablen ermittelt (andererseits aber »sind nicht alle auf diese Weise entdeckten Faktoren mit primären Wesenszügen gleichzusetzen«), (Guilford, 1974, S. 95), die Typen wiederum durch Faktorisierung der Primärtraits. In dem Maße, in dem auch zwischen den Typen noch Kovariationen auftreten – und α und β haben z. B. das Element I (= Selbstvertrauen) gemeinsam – sind Faktoren noch größeren Allgemeinheitsgrades vorstellbar. Auf einem derartigen Niveau, oberhalb von α und β, liegen etwa die Eysenckschen Faktoren Extraversion, Neurotizismus und Psychotizismus, eine Ansicht, über die es zu entschiedenen Auseinandersetzungen gekommen ist (s. unten).

15.1.2 Messinstrumente und Befunde

Seit Mitte der Dreißigerjahre hat Guilford zusammen mit verschiedenen Mitarbeitern eine Reihe von Fragebogen zur Erfassung verschiedener Temperamentsdimensionen entwickelt und darüber in zahlreichen Publikationen berichtet (Übersicht in Guilford, 1974, 1975; Angleitner, 1976). Ausgangspunkt für die Itemsammlung bildeten teils vorliegende Skalen, teils Beschreibungen von Persönlichkeitstypen wie diejenige von C. G. Jung zur Introversion/Extraversion, auf deren Basis dann der Text von Fragen formuliert wurde. Am Anfang der Skalenentwicklung standen somit deduktive Prinzipien, die darauf folgend durch faktorenanalytisch induktive ergänzt wurden. Insofern als Guilford erst in einem zweiten Schritt die zwischen den Skalen bestehenden Inter-Korrelationen und somit die Struktur des hierarchischen Systems ermittelte, kann diese Technik als »Bottom-up«-Faktorisierung bezeichnet werden (im Gegensatz zu »Top-down«-Analysen im Intelligenzbereich). Die Analysenstichproben waren meist studentische Versuchspersonen mit einer entsprechenden Homogenität in Alter, Ausbildung und Persönlichkeit.
In dem zum Guilford-Zimmermann-Temperament-Survey (GZTS) herausgebrachten Handbuch (Guilford, Zimmermann & Guilford, 1976) werden als Traits aufgeführt (in Klammern Reliabilitätskoeffizienten für 1 Jahres-Intervall):

G	General activity	(.67)
R	Restraint (Gegenpol des früheren Traits Rhathymia)	(.74)
A	Ascendance	(.53)
S	Sociability (früher »social extraversion«, Gegenpol »social introversion« oder Schüchternheit)	(.71)
E	Emotional Stability (Gegenpol zu einer Kombination der früheren Traits Cycloid disposition und	
D	Depressive Tendencies)	(.71)
O	Objectivity	(.64)
F	Friendliness (früher Ag Agreeableness)	(.65)
T	Thoughtfulness (früher I »Thinking Introversion«)	(.58)
P	Personal Relations (früher CO »Cooperativeness«)	(.64)
M	Masculinity	(.80)

Jeder der Faktoren wird durch 28 bis 30 Items abgedeckt, die auf dem Hexis-Niveau spezifische Komponenten erfassen (z. B. für G »Rapid pace of activities; energy; vitality; keeping in motion, production, efficiency; liking for speed; hurrying; quickness of action; enthusiasm«).
In einer Zusammenschau von 23 Arbeiten, in denen die Skalen des GZTS faktorisiert wurden, vertreten Guilford et al. (1976, S. 21–23) die Auffassung, dass auf dem Typusniveau sich drei Summenfaktoren als besonders replizierbar erwiesen hätten, und zwar:

(1) Soziale Aktivität (aus S = Sociability und A = Ascendance, häufig auch G = General Activity)
(2) Introversion/Extraversion (aus R = Restraint und T = Thoughtfulness)
(3) Emotionale Reife gegenüber Neurotizismus und paranoide Disposition (aus E = Emotional Stability, O = Objectivity, F = Friendliness und P = Personal Relations).

In anderem Zusammenhang stellt Guilford (1975; s. auch Guilford et al., 1976, S. 30) diese drei Summenfaktoren gemeinsam mit einem weiteren Sekundärfaktor (Pa, paranoid disposition) innerhalb eines hierarchischen Modells dar (s. Abb. 15.2). Die am Heidelberger In-

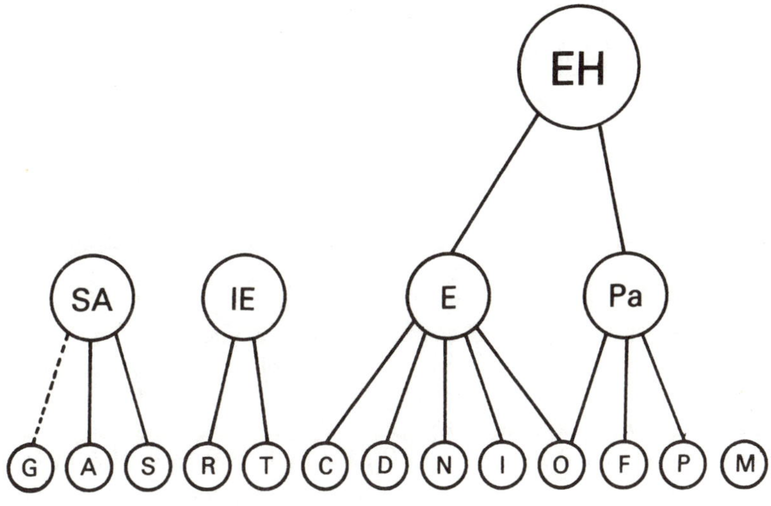

Abb. 15.2: Hierarchisches Modell für einige der Guilford-Faktoren. EH als Faktor dritter Ordnung bedeutet Emotional Health (aus Guilford, 1975).

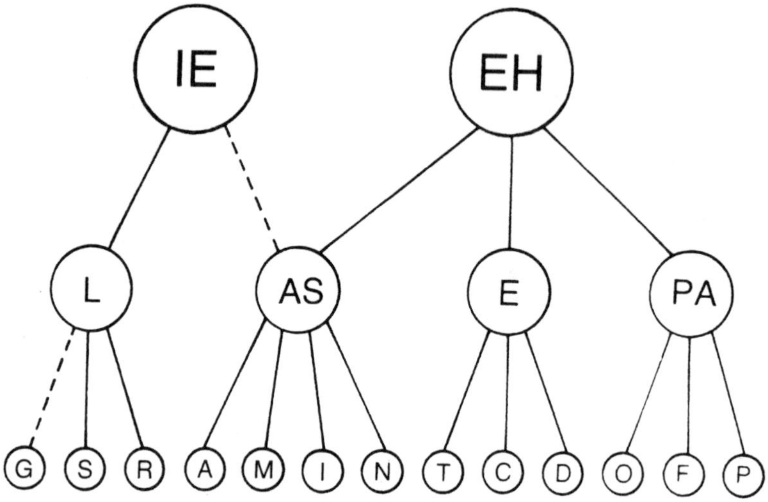

Abb. 15.3: Hierarchisches Modell für einige der Guilford-Faktoren, wie es durch die Ergebnisse einer im deutschsprachigen Raum vorgenommenen Überprüfung nahe gelegt wird. Erläuterung der Faktorennamen siehe Text (aus Amelang & Borkenau, 1982).

stitut von Amelang und Borkenau (1982) vorgenommene Überprüfung des Modells anhand der Testwerte einer größeren Versuchspersonenstichprobe (N = 424) ließ hingegen eine andere Struktur erkennen (s. Abb. 15.3). Wie ersichtlich fallen S und R entgegen Guilfords Annahmen in einen Faktor zusammen, was das Vorgehen von Eysenck rechtfertigt, bei der Entwicklung einer Extraversionsskala von einer gemeinsamen Stichprobe von R- *und* S-Items auszugehen (s. unten: 15.3.3 b). Nur am Rande sei erwähnt, dass ebenfalls im Unterschied zu der Auffassung von Guilford et al. (1976) der Gegenpol von Soziabilität nicht einfach Schüchternheit ist (s. o.: Faktor S) oder Soziabilität gleichgesetzt werden kann mit »Lack of Shyness«, sondern es sich dabei um zwei unabhängige Dimensionen handelt (Cheek & Buss, 1981).

Die Validität der einzelnen Skalen ist z. T. durch Korrelationen mit Außenkriterien abgesichert. Eine kurze Übersicht über die (vergleichsweise wenigen) weiteren Untersuchungen geben Guilford et al. (1976, 55–77).

Weitaus zahlreicher sind Arbeiten, die sich allein auf Binnenkriterien stützen und die faktorielle Struktur abzuklären versuchen. Dabei sind sehr verschiedene Wege beschritten worden (s. Guilford & Zimmermann, 1956; oder Bendig, 1962).

Auf Grund einer Bewertung der dabei enthaltenen Befunde nach einem strengen Maßstab (entsprechende Faktoren mussten in mindestens drei Studien aus mindestens zwei verschiedenen Instituten berichtet worden sein) gelangt French (1973) zu der Überzeugung, dass 11 der 13 Guilford-Faktoren, darunter *nicht* C und F, als »established« angesehen werden könnten. An N=457 Probanden bestätigten Andresen und Stemmler (1982) zumindest die Zwei-Faktoren-Struktur der Extraversion in Form von Komponenten der »Social Activity« und »Extraversion«, Letztere allerdings ohne R (deshalb »Selbstbesinnung, introvertierte kognitive Orientierung« genannt).

15.1.3 Offene Fragen

Der Temperamentsbereich ist nur einer von den Aspekten des Verhaltens, die zur Persönlichkeit gerechnet werden, allerdings jener neben der Intelligenz, auf den sich die Forschungsbemühungen von Guilford und seinen Mitarbeitern zentriert haben. Wenn hier eine hierarchische Ordnung postuliert wird, fragt es sich, ob eine solche Annahme auch innerhalb des Motivations- oder Einstellungsbereiches sinnvoll ist, und welche Beziehungen zwischen diesen Bereichen bestehen. Für Intelligenz hat Guilford, wie erinnerlich, eine völlig andere Struktur propagiert, doch sprachen gerade dort die empirischen Befunde keineswegs gegen ein hierarchisches Modell (s. 12.3.5).

Auch innerhalb des einen Bereiches von Temperamentsfaktoren bereitet die Identifikation der Ebene, für die einzelne Dimensionen beschrieben werden, gewisse Schwierigkeiten (s. dazu auch Levy, 1970). Als allgemeines Prinzip hat Guilford (1974, S. 96) festgehalten, dass »Faktoren gewöhnlich dem Niveau an(gehören), das in unserer Hierarchie unmittelbar über dem Niveau der beschreibenden Variablen, die miteinander korreliert wurden, seinen Platz hat«. Dem ist soweit gewiss zuzustimmen; wie aber wird die Ebene bestimmt für gerade erst formulierte Items? Gehört eine Frage mit relativ allgemeinem Inhalt bezüglich sozialer Aktivität (beispielsweise in der Art: »Würden Sie sich als einen Menschen mit zahlreichen sozialen Aktivitäten bezeichnen?«) zum Primär- oder doch schon Sekundärniveau? Bei der Lektüre von Guilford (1975, S. 807) gewinnt man den Eindruck, dass er es häufig selbst gewesen ist, der »letztinstanzlich« im Hinblick auf die Theorie entscheidet, ob Itemfaktoren aus ein und derselben Analyse zum primären, sekundären oder tertiären Level gehören. Eine solche Unbestimmtheit stellt letztlich eine Schwäche des Modelles dar, da es auf diese Weise kaum schlüssig zu widerlegen ist. Darüber hinaus führt es nahezu zwangsläufig zu Auseinandersetzungen wie derjenigen mit Eysenck (1977; Guilford, 1977), der »seinen« Extraversionsfaktor nicht auf dem Primär-, sondern dem Sekundärniveau angesiedelt sieht.

Unbefriedigend ist auch der Umstand, dass Guilford lange Zeit kaum Stellung bezogen hat zu den Zusammenhängen der Sekundärfaktoren untereinander, letztlich wohl deshalb, weil er darauf verzichtete, die Sekundärfaktoren konsequent aus den Interkorrelationen der Primärfaktoren zu extrahieren. Erst aus der Spätphase seines Schaffens werden von ihm Übersichten über die Zusammenhänge der Primärfaktoren untereinander (im Mittel .21 für männliche, .14 für weibliche Probanden, s. Guilford et al., 1976, S. 65) und sogar Formeln für die Ermittlung individueller Sekundärfaktorenwerte aus den Scores der Primär-Traits mitgeteilt.

Davon abgesehen stellen die Arbeiten von Guilford, das Modell ebenso wie die Sicherung der Faktoren, deren Replizierung und detaillierte Beschreibung wesentliche Beiträge zur Persönlichkeitsforschung dar. Einige aktuelle Untersuchungen anderer Autoren wären ohne Guilfords Vorleistungen schlechterdings nicht denkbar: Thurstones (1951) Temperament Schedule ist nichts anderes als das Resultat einer Simultan-Faktorisierung der drei Guilford-Tests STDCR, GAMIN und PI (!), und auch Eysenck (1959) stützt sein Maudsley Personality Inventory (MPI) hinsichtlich der Skala Extraversion völlig und in Bezug auf Neurotizismus fast ausschließlich auf Guilford-Items . . .

15.2 Persönlichkeitstheoretische Konzepte von Cattell

Persönlichkeit = alles dasjenige, was eine Vorhersage über das Verhalten einer Person in einer bst. Situation möglich macht.

15.2.1 Allgemeine Kennzeichen

Wie Guilford ist Cattell dem nomothetischen Traitansatz verpflichtet, wie dieser benutzt er als wichtiges Mittel des Erkenntnisgewinns die Faktorenanalyse, wenngleich mit anderen Prinzipien der Kommunalitätenschätzung (Einsen und Quadrat des multiplen Korrelationskoeffizienten aller anderen Variablen mit dem jeweils interessierenden Merkmal bei Cattell gegenüber höchster Korrelation pro Spalte bei Guilford), der Faktorenextraktion (Scree-Test gegenüber Guttman-I-Kriterium) und Rotation (schiefwinklig gegenüber orthogonal). Ähnlichkeiten zwischen beiden Autoren bestehen auch hinsichtlich der Akzentuierung von Primärfaktoren anstelle einer Orientierung an Dimensionen noch höherer Ordnung, wenngleich hier Cattell wesentlich weiter geht und Sekundär- oder gar Tertiäranalysen hin und wieder durchführt. Selbst in der Auffassung über »Persönlichkeit« sind gewisse Übereinstimmungen unverkennbar: Wie bereits unter 6.6 ausgeführt, versteht Cattell (1950) darunter die Gesamtheit nichtsituativer Verhaltensbedingungen oder dasjenige, »which permits a prediction of what a person will do in a given situation« (1950, S. 23), womit auch die bei Guilford im Falle der Eignungen hervorgehobene prognostische Komponente (s. 15.1.1) anklingt. Wenn demgegenüber an anderer Stelle festgehalten wird: »Persönlichkeit kann als das Verhalten eines Menschen in einer bestimmten Situation definiert werden« (Cattell, 1973, S. 29), so ist dieses vor allem zu verstehen vor dem Hintergrund der Cattellschen »Spezifikationsgleichung« und der darin vorgenommenen Gegenüberstellung von Verhalten auf der einen und den bei Individuen feststellbaren, situationsspezifisch zu gewichtenden Trait-Ausprägungen auf der anderen Seite. Soweit von solchen Gleichungen ausgehend Eigenschaften als Bedingungen oder gar Ursache des Verhaltens aufgefasst werden, erliegt Cattell einer Tendenz zu Kausalitätsinferenzen, die schon gegenüber Guilford zu kritisieren war.

Neben solchen Konkordanzen sind auch eine ganze Reihe von Divergenzen auszumachen, die sich zum einen um den Ausgangspunkt der Forschung, zum anderen um deren Zielperspektive zentrieren: Cattell beginnt seine Arbeiten mit Verhaltensratings und geht induktiv vor; Guilford hingegen stützt sich auf vorliegende oder selbstentwickelte Fragebogenitems und leitet deduktiv aus seiner Rahmenkonzeption Hypothesen ab, die dann mit Hilfe der Faktorenanalyse überprüft werden.

Beschränkt sich Guilford, von einigen Validitätsstudien abgesehen, auf das Medium der Fragebogen, versucht Cattell demgegenüber die in einem Datenbereich gefundenen Gesetzmäßigkeiten durch Vergleiche mit Beobachtungen anderer Herkunft auf eine breitere Basis zu stellen, etwa Informationen aus Fragebogen durch Lebenslaufdaten, physiologische Messungen und Punktwerte aus sog. Objektiven Tests zu stützen.

Als Folge davon ist der Ertrag der Forschungen in quantitativer und qualitativer Hinsicht beeindruckend, wenn nicht gar »erdrückend»: Cattell und seine Schüler produzieren in rascher Folge immer neue Konzepte, Daten und Analysen, sodass es faktisch unmöglich ist, auf wenigen Seiten dem Gesamtwerk auch nur annähernd gerecht zu werden. Nur das Grundsätzlich-Wesentliche kann deshalb nachfolgend referiert werden; in Bezug auf vertiefende Details sei auf die Originalliteratur verwiesen (s. auch Howarth, 1976; Schneewind, 1982, 243–289).

Induktion: Schluss von Besonderem auf Allgemeines oder von Beobachtungen auf Gesetzmäßigkeiten

Deduktion: nach den Regeln der formalen Logik mechanisch beweisbare Ableitung von Sätzen aus anderen gegebenen Sätzen.

15.2.2 Verhaltensdaten

a) Entwicklung des Systems

Wie bereits dargelegt wurde, klassifiziert Cattell (1950), darin Guilford ähnlich, vorab die Bereiche der Persönlichkeit in verschiedene Gruppen, nämlich Ability (A), Temperament (T, das »Wie« des Verhaltens oder dessen »Stil«) und Motivation oder Dynamik. Der letztere Bereich untergliedert sich in »Ergs«, »Sentiments« und »Attitudes« sowie »Roles«. Darüber hinaus sind die »Temporary Moods and other modulating States« zu unterscheiden. Innerhalb jeder dieser Kategorien ist eine Fülle von Beschreibungsdimensionen notwendig, um der Variabilität des Verhaltens gerecht zu werden. Dazu wird die Faktorenanalyse in verschiedener Weise eingesetzt. Da der Fähigkeitsbereich im Kapitel »Intelligenz« bereits angesprochen wurde, zu State-Faktoren andererseits relativ wenig Untersuchungen vorliegen, wird nachfolgend hauptsächlich auf die zeitstabilen Temperamente und später kurz auf die Motivations-Traits eingegangen.

Um zu diesen Dimensionen und deren Wechselbeziehungen zu gelangen, knüpft Cattell (1943a, 1943b, 1946a, b, c) an die Vorarbeiten von Allport und Odbert (1936) an, die im Zuge einer »psycholexikalischen Studie« aus einem Wörterbuch 17953 Begriffe zur Kennzeichnung von Eigenschaften herausgesucht hatten. Ausgehend im Wesentlichen von den ca. 4500 Termini der Kategorie »personal traits« (z. B. »aggressive« oder »sociable«) und 100 Begriffen der Kategorie »passing activities or temporary states« (z. B. »abashed« oder »rejoicing« oder »frantic«), wurde in einem mehrstufigen Reduktionsverfahren unter Aussonderung von Synonyma, unverständlichen und seltenen Begriffen sowie der Aufnahme einiger psychologisch nützlicher, in der ursprünglichen Literatur aber nicht enthaltener Begriffe auf rein semantischer Ebene letztlich ein Pool von 171 Variablen angelegt, die mehrheitlich in Form von Gegensatzpaaren angeordnet waren, z. B.

alert observant, vigilant omnipercipient	absent-minded dreamy, indefinite, depersonalized
antevert oriented to the future foreward looking	retrospective, oriented to childhood and family

Nach der vollständigen Liste (s. Cattell, 1946c, S. 219–232) wurden sodann 100 Erwachsene, die repräsentativ für die Bevölkerung sein sollten, von je zwei Bekannten eingeschätzt (alternative Urteile), wobei eine Beurteilerübereinstimmung zwischen .70 und .80 bestand. Die nach Thurstones Approximationstafeln bestimmten 14535 Koeffizienten der 171-mal 171-Matrix, die einen Ausdruck von 14 Fuß im Quadrat auf einem Tisch in Harvard füllten, dienten als Vorlage zu einem Inspektionsverfahren, bei dem nach bestimmten Kriterien (z. B. Höhe der Korrelationen, vermeintliche Wichtigkeit der Variable) mehrere Items ausgeschieden und die verbleibenden zu 60 Clustern gruppiert wurden (s. Cattell, 1943b, S. 500–503). Nach Maßgabe der wechselseitigen Überlappung der Cluster und deren Reliabilität, aber auch dem Ausmaß, in dem Hinweise auf die Existenz einer Itemgruppierung aus den Arbeiten externer Forschergruppen vorlagen, erfolgte eine weitere Reduktion auf 35 Variablen (s. Cattell, 1945), die als Vorlage in einen zweiten Beurteilungsversuch mit N = 208 männlichen Erwachsenen eingingen (13 Gruppen zu je 16 Probanden, und zwar Soldaten, Geschäftsleute, Künstler und andere beruflich miteinander bekannte Personen im Alter von durchschnittlich 30 Jahren). Bei der Faktorisierung der 35 Variablenmatrix entschied sich Cattell (1945) schließlich für eine Lösung mit 12 Faktoren, die wie folgt benannt wurden (s. Cattell, 1944):

Faktor A	Cyclothymia vs. Schizothymia
Faktor B	Intelligence, general mental capacity vs. mental defect
Faktor C	Emotionally mature, stable character vs. demoralized general emotionality
Faktor D	Hypersensitive, infantile, sthenic emotionality vs. phlegmatic frustration tolerance
Faktor E	Dominance (Hypomania) vs. submissiveness
Faktor F	Surgency vs. melancholic, cycloid desurgency
Faktor G	Positive character integration vs. immature dependent character
Faktor H	Charitable, adventurous Rhathymia vs. obstructive, withdrawn Schizothymia
Faktor I	Sensitive, imaginative, anxious emotionality vs. rigid, tough poise
Faktor J	Neurasthenia vs. rigorous »obsessional determined« character
Faktor K	Trained, socialized, cultured mind vs. boorishness
Faktor L	Surgent Cyclothymia vs. paranoid Schizothymia

Die Reihenfolge der Buchstaben richtet sich nach dem (abnehmenden) Varianzanteil der Faktoren; durch die schiefwinklige Rotation bestanden zwischen den Dimensionen Zusammenhänge zwischen r = .00 und .43 (B/K bzw. C/G) mit einem arithmischen Mittel von r = .18. Cattell versteht die aufgelisteten Faktoren als *Source-Traits,* d. h. eine Quelle von generalisierten fundamentalen Einflüssen, die zusammen variieren und speziellere Traits organisieren (Unterscheidung in first-, second- und third stratumsource traits nach dem ansteigenden Ausmaß an Verallgemeinerung). Konkret beobachtbar sind nur Verhaltensweisen, die insoweit, als zwischen ihnen Korrelationen bestehen, *»Surface Traits«* ausmachen und die Grundlage für die Erschließung der dispositionellen Source-Traits liefern.

b) Kontroverses

Obwohl Cattell wie kaum ein anderer Forscher die über die Befundlage hinausgehenden Schlüsse in weiteren Studien stets erneut empirischen Überprüfungen unterzieht, ist das Beschreibungssystem, wie es im vorangegangenen Abschnitt über L-Daten, also solchen aufgrund von Beurteilungen des bei Dritten wahrgenommenen Verhaltens, geschildert wurde, im Laufe der Jahre praktisch unverändert geblieben. Dieses stimmt umso bedenklicher, als im Zuge des erwähnten Variablenreduktionsprozesses einigen wenigen Personen eine relativ entscheidende Funktion zukam, sei es bei der Bestimmung von Synonymen und Itemgruppen durch einen Psychologie- und einen Sprachstudenten in Harvard, sei es bei der Festlegung, was als Gegensatz zu einem Attribut oder als Schlüsselbegriff zu einer Itemgruppierung gelten könne. Zudem war die Definition der Cluster willkürlich, und selbst wenn sich Cattell als »the world's most experienced and skilled visual rotator of factor solution« sieht (s. Howarth, 1976, S. 217), kann das eine subjektive Komponente natürlich nicht ausschließen. Auch die Zahl der Messwertträger bzw. der Rater in den Beurteilungsversuchen nimmt sich angesichts der daraus abgeleiteten Schlussfolgerungen als relativ bescheiden aus, von ihrer soziodemographischen Zusammensetzung ganz abgesehen.
Bereits Cattell (1947) selbst hat deshalb einen ersten Replikationsversuch angestellt und dabei den Eindruck gewonnen, 9 der ursprünglich 12 Faktoren wiedergefunden zu haben (C und D waren nicht replizierbar). Allerdings waren die Adjektive der ursprünglichen Untersuchungen zugunsten von paraphrasierenden Formulierungen ersetzt worden. Auf diesen Items fußen auch die neueren Studien von Norman (1963, 1969) unter Verwendung wechselseitiger Beurteilungen und die Rerotation der 1947er-Cattell-Daten von Howarth (1976) mit Hilfe eines analytischen Programms zur Erreichung von Einfachstruktur. Beide Autoren gelangen jedoch nur zu etwa halb so vielen Faktoren, unter denen »extraversion or surgencya« und »emotional stability« (Norman, 1963) beziehungsweise »extraversion (sociability)«, »emotional maturity« und »adjustment emotionality« (Howarth, 1976) die promi-

nentesten sind. Auch Digman (1972) konnte an Kindern, bei denen allerdings auf Grund der geringen Reife und Erfahrung möglicherweise die Persönlichkeit noch nicht genügend »ausdifferenziert« ist, gleichfalls weniger, nämlich nur 7 Faktoren finden, bei einer Reanalyse mehrerer, darunter auch der o. a. Cattell- und Norman-Arbeiten sogar nur 5, nämlich »Freundliches Entgegenkommen vs. feindliche Distanz« (mit Implikationen von Selbstbezogenheit gegenüber Altruismus), »Extraversion-Introversion«, »Ich-Stärke vs. emotionale Desorganisation«, »Leistungswillen« und »Intellekt« (möglicherweise mit einer Ausdifferenzierung in Komponenten der fluiden und kristallinen Intelligenz; s. Digman & Takemoto-Chock, 1981). Bei diesen Faktoren soll es sich in etwa um die Sekundärfaktoren der Dimensionen des 16-PF handeln (s. dazu folgenden Abschnitt).
Angesichts dieser Befunde spricht einiges dafür, dass Cattell im Bereich der L-Daten zu viele Dimensionen extrahiert hat.

15.2.3 Fragebogendaten

a) Entwicklungen und Konzeption

Ein besonderes Verdienst Cattells besteht darin, sich nicht mit Informationen aus einer Art von Datenquelle zufrieden zu geben. Freilich beinhaltet der simultane Rekurs auf Ratings und Fragebogen, Objektive Tests und physiologische Daten die Notwendigkeit und das Problem, Äquivalenz der jeweiligen Lösungen aufzuzeigen. Im Vordergrund der Bemühungen, Übereinstimmung mit der im vorangegangenen Abschnitt geschilderten Struktur von Fremdbeurteilungen (L-Daten) zu erzielen, steht ein Fragebogen, der aus demselben Arbeitskreis stammt: Der 16 Personality Factors Inventory (16 PF). Obgleich sich dieses Verfahren auch außerhalb der Schule Cattells einer außerordentlichen Beliebtheit erfreut – zwischendurch wurden Übersetzungen in die gängigsten Sprachen vorgenommen, darunter auch Japanisch und Hindu (Tsujioka & Cattell, 1965; Hundal & Singh, 1971) – bleibt seine Konstruktion weitgehend im Dunkeln, wobei es scheint, dass der 16 PF-Konstruktion eine Auswahl weniger Markierungsitems aus bereits vorliegenden Fragebogenanalysen vorausging.
Erschwert wird der Überblick auch durch den Umstand, dass Cattells zahlreiche Ausführungen nicht frei von Ungereimtheiten sind, verschiedentlich auch einer Diskussion die Grundlage durch den Hinweis entzogen werden soll, Einwände seien »invalid for the present 16 PF being based on the obsolete form, unpublished since 1966« (Cattell, 1974, S. 123). Auf die Gefahr hin, damit nur »... a contribution to the history of development, Not the validity of the present (1967 revision) 16 PF« zu liefern (Cattell, 1974, S. 123), kann dennoch auch auf die Arbeiten vor diesem Stichtag eingegangen werden, da das Allermeiste unverändert geblieben ist und auch die ersten Ergebnisse zum repräsentativen Bild gehören.
Unstreitig ist zunächst, dass vier Formen vorliegen; A und B umfassen je 187 Items und richten sich hauptsächlich an »newspaper-literate adults«. Die Versionen C und D sind vor allem für »average adults« bestimmt und beinhalten jeweils nur 105 Fragen, die geringere Anforderungen an das Verständnis stellen. Daneben existiert noch eine Form E mit 128 Items für »low-literate adults«, die aber im Forschungsprozess nur eine untergeordnete Rolle spielt. Ungeachtet der unterschiedlichen Zahl und Formulierung der Items sollen die Versionen als »parallel und äquivalent« gelten (Cattell, Schroeder & Wagner, 1968/69, S. 371).
Die individuellen Beantwortungen werden in 16 Skalen zusammengefasst; deren Namen und Inhalte sind im folgenden Kasten aufgelistet.

Übersicht über die Benennung und den Inhalt der 16 Primärfaktoren, die mit Hilfe des 16 PF erfasst werden sollen (z. T. nach Cattell & Kline, 1977, die fett gedruckten Bezeichnungen nach Schneewind, Schröder & Cattell, 1983).

Bezeichnung des Faktors	Niedriger Punktwert		Hoher Punktwert
A	**Sachorientierung** Sizia Schizothymie zurückhaltend, kühl, schweigsam, kritisch, feindselig, unflexibel	vs.	**Kontaktorientierung** Affectia Zyklothymie warmherzig, leichtlebig, anpassungsfähig, teilnehmend, vertrauensvoll, humorvoll
B	**Konkretes** Low intelligence niedrige Intelligenz	vs	**Abstraktes Denken** High intelligence hohe Intelligenz intelligent, nachdenklich, kultiviert, verlässlich
C	**Emotionale Störbarkeit** Low ego strength Neurotische Emotionalität unreif, wechselhaft, emotional, impulsiv	vs	**Widerstandsfähigkeit** Higher ego strength Ich-Stärke emotional stabil, realistisch, kontrolliert, ruhig, frei von neurotischen Symptomen
E	**Soziale Anpassung** Submissiveness Unterordnung unsicher, bescheiden, fügsam, ruhig	vs.	**Selbstbehauptung** Dominance Dominanz selbstsicher, aggressiv, willensstark, eigensinnig, wetteifernd
F	**Besonnenheit** Desurgency Pessimismus ernst, nüchtern, schweigsam, wortkarg	vs.	**Begeisterungsfähigkeit** Surgency Optimismus leichtlebig, fröhlich, enthusiastisch, gesprächig
G	**Flexibilität** Weaker superego strength Überichschwäche unreif, wechselhaft, sorglos, impulsiv, normenüberschreitend	vs.	**Pflichtbewußtsein** Stronger superego strength Überichstärke gewissenhaft, zweckmäßig, praktisch, verantwortungsbewusst, rücksichtsvoll, normenbewusst
H	**Zurückhaltung** Threctia scheu, furchtsam, zurückgezogen	vs.	**Selbstsicherheit** Parmia abenteuerlustig, ungehemmt, forsch
I	**Robustheit** Harria hartherzig, selbstbezogen	vs.	**Sensibilität** Premsia weichherzig, sanftmütig, empfindsam, überbehütet, abhängig

L	**Vertrauensbereitschaft** Alaxia vertrauensvoll, sozial angepasst	vs.	**Skeptische Haltung** Protension misstrauisch, eigensüchtig, einsam
M	**Pragmatismus** Praxernia praktisch und logisch, »mit beiden Beinen auf der Erde«, beteiligt, interessiert	vs.	**Unkonventionalität** Autia einbildungsreich, unbekümmert, exzentrisch, nach eigenen Gesetzen lebend
N	**Unbefangenheit** Artlessness Naivität gerade heraus; unverfälscht, aber sozial ungeschickt; anspruchslos	vs.	**Überlegtheit** Shrewdness Gewandtheit scharfsinnig, schlau, listig, sozial geschickt
O	**Selbstvertrauen** Untroubled adequacy Selbstsicherheit selbstsicher, gelassen, selbstgefällig, ruhig	vs.	**Besorgtheit** Guilt proneness Neigung zu Schuldgefühlen besorgt, ängstlich, selbstbeschuldigend, unsicher, bekümmert
	Sicherheitsreserven	vs.	**Veränderungsbereitschaft**

Die 16 Skalen sind als solche zur Erfassung von Primärfaktoren gedacht; insoweit liegen sie auf derselben Ebene wie die 12 ursprünglichen Ratingfaktoren, über die lediglich die Dimensionen Q_1 bis Q_4 als »questionnaire specific« hinausgehen.

Da während der Entwicklung vor allem nach Einfachstruktur getrachtet wurde, bestehen zwischen den Primärfaktoren auch Wechselbeziehungen, die bis zur Größenordnung von r = .60 und darüber gehen. In der Untersuchung von Cattell, Eber und Tatsuoka (1970, S. 113) korrelierten bei 423 männlichen Versuchspersonen beispielsweise C und O zu r = .70, C und Q_4 zu r = .71. Solche Zusammenhänge gaben Anlass zur Durchführung von Sekundäranalysen (s. Übersicht bei Pawlik, 1968, S. 381; außerdem Cattell & Nesselroade, 1965; eine besonders sorgfältige Studie zu insgesamt N = 1652 Vpn stammt von Gorsuch & Cattell, 1967; s. auch Bartussek, 1974). Zwar sind deren Resultate nicht völlig konsistent, doch wurden meist extrahiert Faktoren der »*Extraversion*« oder »Exvia« (mit Ladungen von A Affectia, F Surgency, H Parmia und Q_2-Self-Sufficiency), »*Anxiety*« (mit Ladungen von C Ego Strength, L Protension, paranoid suspiciousness, O Guilt Proneness und Q_4 Ergic Tension; »emotionale Anpassung« oder »Neurotizismus« treffen wohl Vergleichbares) und »*Unabhängigkeit der Meinungsbildung*« (mit E Dominance, M Autia, Q_1 Radicalism). Des Weiteren sind verschiedentlich »*Premsia*« (entspricht: Gefühlsbetontheit mit M, I und A) sowie »*Character Strength*« (mit G und Q_3) gefunden worden (s. auch Wilde, 1977). Trotz der weiter im Fluss befindlichen Arbeiten kann daraus tentativ das in Abbildung 15.4 veranschaulichte Temperaments-Modell erschlossen werden.

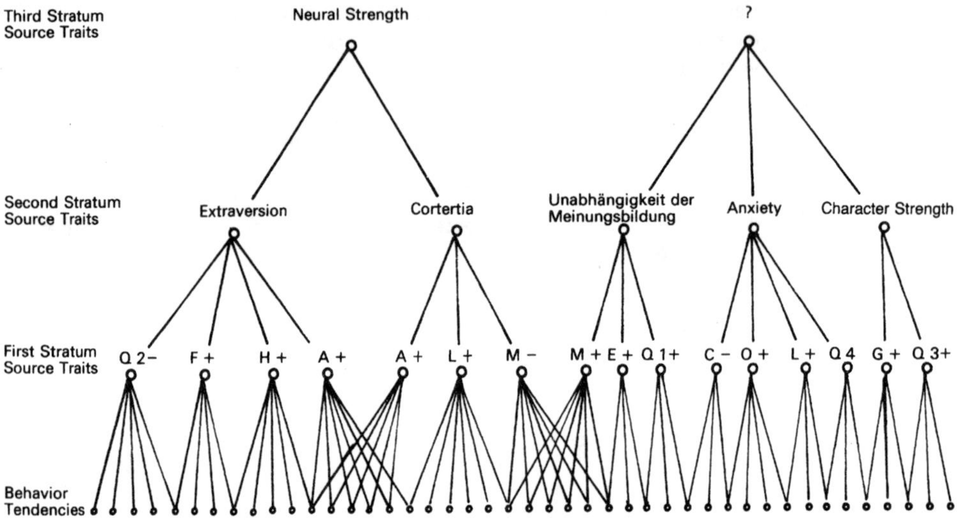

Abb. 15.4: Cattells hierarchisches Persönlichkeitsmodell, erstellt nach verschiedenen Befunden.

Der 16 PF ist in zahlreichen Forschungsuntersuchungen als Prädiktor und Kriterium für andere Skalen sowie zur Bestimmung seiner eigenen faktoriellen Validität eingesetzt worden. Auch kann eine gewisse Bewährung und Differenzierungsfähigkeit im Personal- und Beschäftigungswesen (z. B. Tseng, 1970) sowie bei Beratung (z. B. McLain, 1968), Erziehung (z. B. Schaie, 1962), Bildung (z. B. Start, 1966) und der Vorhersage des Erfolges in verschiedenen Berufen (Mershon & Gorsuch, 1988) als erwiesen gelten. Allerdings ist nicht immer sicher, inwieweit aufgetretene Unterschiede schon vor dem jeweiligen Treatment bestanden oder nur Folge desselben sind. Das trifft z. B. auf die Untersuchung von Cattell und Nesselroade (1967) zu, in der für N=102 stabile Ehen häufiger positive Korrelationen der Partner in den Skalenwerten auftraten, für N=37 unstabile hingegen mehrfach auch negative zu beobachten waren (s. Tab. 15.1).

Da die Tests nicht schon vor der Eheschließung vorgegeben wurden, ist nicht entscheidbar, ob die Unähnlichkeit der Partner in unstabilen Ehen Ursache oder Folge des ehelichen Scheiterns ist (s. zur Fragestellung der Ähnlichkeit von Ehepartnern auch Antill, 1983, mit weiterer Literatur und anderen Skalen, aber z. T. dem gleichen Interpretationsproblem).

Schon aus der Namensgebung für die Sekundärfaktoren ist erschließbar, dass inhaltliche und korrelative Beziehungen zu anderen Skalen, etwa denjenigen von Guilford und Eysenck, bestehen (s. Becker, 1961; Eysenck & Eysenck, 1969).

Weiterhin ist die Ähnlichkeit in der Benennung einiger Fragebogenskalen mit den im vorigen Abschnitt skizzierten L-Faktoren augenfällig; andere Namen stellen allerdings Wortneuschöpfungen dar, mit denen u. a. eine Abhebung von alltagssprachlichen Begriffen und den Befunden anderer Autoren erreicht werden sollte. Guilford (1975, S. 810) unterstellt jedoch, dass maßgeblich für die Schaffung der Neologismen vor allem die Komplexität der Variablen gewesen sei, die aus der erheblichen Heterogenität von Attributen resultiere, wie sie etwa im Faktor C (Character Strength, conscientious, persistent und dergl.) auch fraglos vorliegt.

Sind solche Dispute über die Herkunft und Attribuierung von Namen für Dimensionen nur schwer entscheidbar, muss doch festgehalten werden, dass bei der einen wie der anderen

Tab. 15.1: Übereinstimmungen zwischen den Partnern von stabilen und unstabilen Ehen (nach Cattell & Nesselroade, 1967).

Variable		102 stabile Ehen	37 unstabile Ehen
Zyklothymie	A	.16	–.50*
Intelligenz	B	.31	.21
Emotionale Stabilität	C	.32	.05
Selbstsicherheit	E	.13	.31
Optimismus	F	.23	–.40*
Überichstärke	G	.33	.19
Abenteuerlust	H	.23	.12
Weichherzigkeit	I	–.15	–.13
Mißtrauen	L	.18	–.33*
Einbildungsreichtum	M	.22	–.01
Gewandtheit	N	.18	.27
Schuldgefühle	O	.11	.36
Radikalismus	Q1	.27	.34
Selbstgenügsamkeit	Q2	.15	–.32*
Selbstkontrolle	Q3	.27	–.02
Konfliktspannung	Q4	.16	–.11

* Differenz zwischen den Koeffizienten signifikant.

Gruppe von Faktoren die Übereinstimmung mit den Ratingdimensionen insgesamt eher enttäuschend ist: Äußern sich etwa Cattell und Saunders (1950, 1954) noch optimistisch (»...vergleicht man aber nun die Beobachtungsbereiche als Gesamtheiten und nicht Faktor für Faktor, so zeigt sich doch eine recht befriedigende Übereinstimmung«, 1954, S. 353; s. auch Cattell, 1968), beurteilt Cattell (1973) aus zeitlicher Distanz dieselben Befunde als wenig aussagefähig. Aber auch die von ihm (1973, S. 226–267) neu präsentierten Daten aus Testwerten und Ratings einer Stichprobe von 90 Personen können nicht voll überzeugen: Der Ratingfaktor A lädt am höchsten auf der 16 PF-Dimension N, die Ratings für H streuen über G, H und Q_4. Zudem lädt Q_4 relativ hoch in den Ratings, dürfte aber doch nur fragebogenspezifische Varianzen aufweisen. Auch sind die neuerdings berichteten Resultate (Cattell, Pierson & Finkbeiner, 1976), die sich auf ein ausgefeilteres Ratingverfahren und den 16 PF stützen, voller »Ausreißer«. Schon vorher hatte Becker (1960, S. 203) im Hinblick auf das bis damals vorliegende Material festgestellt: »When the 13 factors are examined, in no case do both a Q-factor and a BR (behavior rating)-factor load on the same factor.«

b) Kontroverses

Angesichts der soweit nicht befriedigenden Befundsituation sind auch die psychometrischen Eigenschaften des 16 PF einer differenzierten Kritik unterworfen worden (zusammenfassend und vertiefend s. Howarth, 1976, und Angleitner, 1976).

Einwände beziehen sich vor allem darauf, dass es häufig nicht möglich war, die faktorielle Struktur auf Skalenebene zu replizieren (Timm, 1968; Eysenck, 1972). Mehr noch ließen Analysen auf Itemebene (Eysenck & Eysenck, 1969; Greif, 1970; Bartussek, 1974; Burdsal & Vaughn, 1974; Howarth & Browne, 1971; Karson & O'Dell, 1974), denen sich Cattell zunächst sperrte, die er aber später selbst durchführte (Cattell, 1972), die erwartete Dimensionalität nicht erkennen. Z. T. liegt das daran, dass vielfach die Items mit dem Skalenwert »fremder« Dimensionen höher korrelieren als mit denjenigen ihrer eigenen Skala. Auch die Retest-Reliabilität der Primärskalen scheint an der unteren Grenze des eben noch Vertretbaren zu liegen (z. B. Gaensslen & Mandl, 1974); andererseits werden selbst für sehr lange Intervalle noch befriedigende Stabilitäten berichtet (s. Costa & McCrae, 1978).

Angesichts solcher Resultate ist behauptet worden, die Primärfaktoren seien »half arbitrary, half accidental conglomerations of items sharing functional equivalence only to a limited degree, and thus quite unfitted to bear the burden imposed upon them by their originators« (Eysenck & Eysenck, 1969, S. 331).

Cattell hat demgegenüber mehrfach die besagten Itemeigenschaften als Vorteil gegenüber der herkömmlichen Testkonstruktion nach »item-metrics« gepriesen, weil damit eine Kumulation spezifischer Varianzanteile vermieden werde und am ehesten externe Validität zu erzielen sei. In erster Linie komme es vor allem auf die Korrelation einer Itemformation mit dem jeweiligen Faktor an (Prinzip der *»Structural psychometrics«*, Cattell & Radcliffe, 1962). Höhere Koeffizienten in diesem Sinne ließen sich auch dann erzielen, wenn die mittleren Iteminterkorrelationen nur sehr niedrig ausfallen, wie das mit Werten von $r = .011$ bis $r = .115$ bei den Skalen M, N, O und Q_3 der Fall sei (Cattell, 1974, S. 125). Veranschaulichen lässt sich das von ihm als *»Suppressor«* bezeichnete Prinzip in folgendem nach Cattell (1973) modifizierten Diagramm (s. Abb. 15.5).

Obwohl die beiden Variablen X_1 und X_2 orthogonal zueinander sind, korrelieren sie gemeinsam mit dem Faktor A. Hingegen neutralisieren sich ihre Ladungen in B.

So plausibel eine solche Erklärung auch klingt, erfährt sie doch durch eine Nullkorrelation zwischen Items allein noch keine Rechtfertigung. Zudem: Was für zwei Items konzeptuell und für die Zwecke der Demonstration keine Schwierigkeiten bereitet, gerät für eine danach

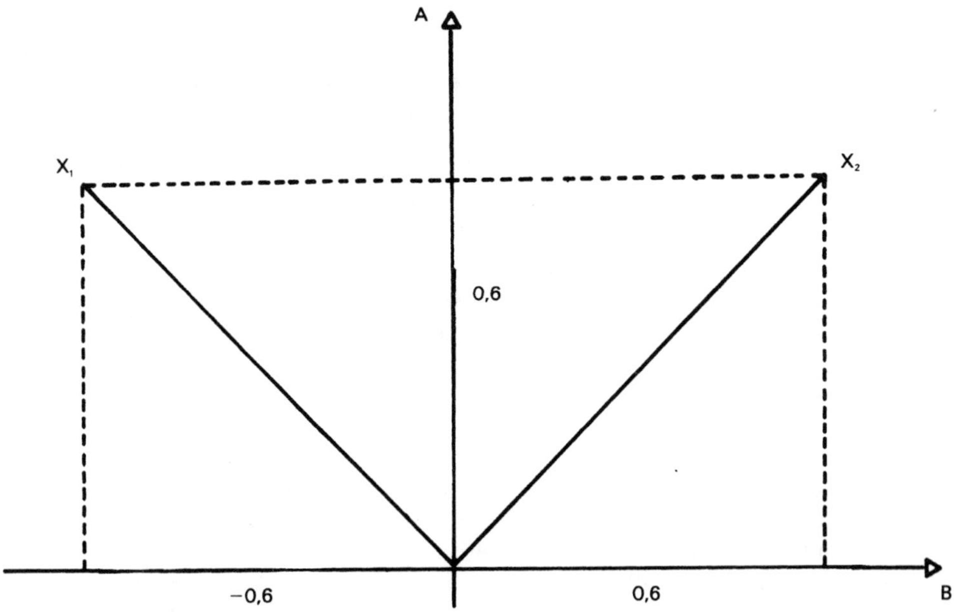

Abb. 15.5: Veranschaulichung einer hypothetischen Suppressorwirkung: hohe Validität der Items trotz Orthogonalität.

vorab konzipierte und auf alle anderen Faktoren abgestimmte (!) Liste von Items zum unlösbaren empirischen und allgemein-methodischen Problem (Greif, 1970; Howarth, Browne & Marceau, 1972; s. auch Meyer, Arnold, Freitag & Balck, 1977, mit einer nur sehr beschränkten Annäherung ihrer Ergebnisse an die Ideale des Testautors betreffend Pufferung oder Suppression, sowie Saville & Blinkhorn, 1981, im selben Sinne), dies besonders dann, wenn die Suppressorwirkung erst über alle Parallelformen des Verfahrens hinweg als ausbalanciert hingestellt wird (Cattell & Nesselroade, 1965, S. 513). Angesichts solcher grundsätzlicher Problematik mögen die Unzulänglichkeiten beim Versuch, die Struktur des 16 PF als invariant gegenüber dem jeweiligen Sprach- bzw. Kulturkreis zu erweisen, als peripher erscheinen.

Schneewind (1977) hat deshalb für eine deutsche Übersetzung jener Form, auf die sich auch Cattell et al. (1969) stützen, die Skalen von Grund auf neu zusammengestellt: Ausgehend von den Beantwortungen der vier Formen A-D mit insgesamt 564 Items durch 3280 erwachsene Testpersonen wurden nach Maßgabe von Trennschärfen, Schwierigkeiten und möglichst niedrigen Korrelationen mit »fremden« Summenscores 16 Skalen zu je 12 Items neu gebildet. Die Interkorrelationen zwischen diesen Primärfaktoren liegen im Mittel bei r = .17, die Retest-Reliabilitäten für ein Intervall von einem Jahr durchschnittlich bei r = .61. Zielrotationen ergaben hypothesenkonform hohe Ladungen der Subskalen auf den für sie indikativen Faktoren. Es muss abgewartet werden, ob die Bevorzugung konventioneller Konstruktionsprinzipien die Validität gegenüber externen Kriterien beeinträchtigt; einstweilen scheint der »Versuch zur ›Rettung des 16 PF‹« (Schneewind, 1977, S. 188) durchaus kein Fehlschlag zu sein (s. auch das Test-Manual, Schneewind, Schröder & Cattell, 1983; insgesamt zurückhaltend über die deutsche Neukonstruktion äußert sich allerdings Bartussek, 1988).

Um den vergleichsweise großen Zeitbedarf zur Bearbeitung des 16 PF abzukürzen, hat Brandstätter (1988) zweimal 16 Paare von Eigenschaftswörtern (Formen A und B) zusammengestellt (s. Tab. 15.2) und ist damit gleichsam zum Ausgangspunkt der Cattellschen Forschungen zurückgekehrt, die mit Eigenschaftswörtern begonnen hat. Die Selbsteinschätzung erfolgt in 9-fach abgestufter Weise. Auf Primärskalenniveau lagen die Übereinstimmungen mit den Skalen des 16 PF zwischen r = .05 und r = .66 (mit einer Massierung der Koeffizienten um .45). Auf dem Niveau der fünf gebildeten Sekundärfaktoren variierten die entsprechenden Koeffizienten mit einer Ausnahme um .60; zudem waren die Sekundärfaktoren kaum weniger stabil als diejenigen des 16 PF. Die relativ einfachen Selbstbeurteilungen leisteten damit nahezu dasselbe wie die aufwendig konstruierten Persönlichkeitstests – zu wesentlich niedrigeren Kosten.

Tab. 15.2: Adjektiv-Skalen zur Erfassung der 16 Persönlichkeitsfaktoren von Cattell. In der jeweils zweiten Zeile die Items der Form B, zum Zwecke der besseren Übersichtlichkeit hier gespiegelt (nach Brandstätter, 1988, S. 385 u. 391).

A	sachbezogen	–	kontaktfreudig
	schweigsam	–	redselig
B	langsam im Denken	–	schnell im Denken
	ungeübt im Nachdenken	–	geübt im Nachdenken
C	leicht zu beunruhigen	–	seelisch stabil
	seelisch wenig belastbar	–	seelisch widerstandsfähig
D	anpassungsbereit	–	eigenwillig
	zur Unterordnung bereit	–	auf Selbstbehauptung bedacht

Tab. 15.2: Fortsetzung.

E	ruhig	–	lebhaft
	stillebedürftig	–	erlebnishungrig
F	sorglos	–	gewissenhaft
	leichtlebig	–	prinzipientreu
G	schüchtern	–	draufgängerisch
	scheu	–	selbstsicher
H	dickfellig	–	feinfühlig
	derb	–	zartbesaitet
I	gutgläubig	–	mißtrauisch
	nachsichtig	–	kritisch
J	realistisch	–	träumerisch
	nüchtern	–	phantasievoll
K	unbefangen	–	überlegt
	impulsiv	–	vorsichtig
L	mit mir zufrieden	–	an mir zweifelnd
	unbeschwert	–	ängstlich besorgt
Q 1	am Gewohnten festhaltend	–	für Veränderungen aufgeschlossen
	am Bewährten orientiert	–	experimentierfreudig
Q 2	anlehnungsbedürftig	–	eigenständig
	gerne mit anderen	–	gerne unabhängig
Q 3	unbeherrscht	–	diszipliniert
	wechselhaft	–	selbstbeherrscht
Q 4	ausgeglichen	–	reizbar
	gelassen	–	angespannt

Über die andauernden Diskussionen hat Cattell (1964, S. 126) eine gewisse Revision seines Standpunktes vorgenommen und geht nunmehr von ca. 20–25 Primärfaktoren aus, von denen die varianzsstärkeren im 16 PF und dem für Highschool-Mitglieder bestimmten HSPQ enthalten sein sollen. In der bemerkenswerten Sekundär-Analyse von Mershon und Gorsuch (1988) erklären diese 16 Faktoren im Durchschnitt 110% mehr Varianz von Berufserfolgskriterien auf als die Sekundär-Faktoren Exvia, Anxiety, Cortertia, Independence, Intelligence und Super-Ego-Strength – unter dieser Perspektive erfährt die Frage nach der »angemessenen« Zahl von Persönlichkeitsfaktoren eine eindeutige Antwort, und zwar im Sinne Cattells.

15.2.4 Objektive Tests

Wenn als drittes Medium persönlichkeitsrelevanter Informationen kurz die Tests erörtert werden, so handelt es sich dabei teils um herkömmliche Leistungsprüfverfahren, teils um solche Skalen, die zur Vermeidung von Fehlerquellen wie soziale Erwünschtheit, Akquieszenz und absichtliche Verstellung die Messintention dem Probanden gegenüber verschleiern. Beispielsweise wird eine Aufgabe mit vermeintlichem Leistungscharakter vorgegeben, aber persönlichkeitsspezifisch ausgewertet (s. Fahrenberg, 1964). Schmidt (1975, S. 19) klassifiziert Objektive Tests wie folgt:

»Objektive Tests (T-Daten) zur Messung der Persönlichkeit und Motivation sind Verfahren, die unmittelbar das Verhalten eines Individuums in einer standardisierten Situation erfassen, ohne daß dieses sich in der Regel selbst beurteilen muß. Die Verfahren sollen für den Probanden keine mit der Meßintention übereinstimmende Augenscheinvalidität haben. Das kann durch die Aufgabenwahl oder bestimmte Auswertungsmethoden erreicht werden. Um als Test zu gelten, müssen auch die objektiven Verfahren den üblichen Gütekriterien psychologischer Tests genügen.«

Cattell ist nicht der Einzige oder Erste, der sich solcher Techniken bedient, aber gewiss derjenige, der den Ansatz am konsequentesten verfolgt hat (s. Fahrenberg, 1964).
In der Mehrzahl der Fälle handelt es sich um Fragebogen, die häufig in verschiedener, vom Herkömmlichen abweichender Weise ausgewertet werden: Etwa wird die Entscheidungszeit pro Item oder die Präferenz für extreme Beantwortungen geprüft. Die unter der Instruktion »Was würden Sie lieber machen?« von den Probanden paarweise miteinander verglichenen Tätigkeiten werden vom Versuchsleiter nur danach durchgesehen, inwieweit die Versuchspersonen dazu neigen, Wettbewerbssituationen aufzusuchen bzw. zu vermeiden. Aus den Stellungnahmen zu Zielen aus verschiedenen Lebensbereichen werden Punktwerte für Opferbereitschaft einerseits, individuelle Zufriedenheit andererseits abgeleitet, Kurzaufsätze nicht nach dem Inhalt, sondern der Zahl produzierter Wörter bewertet usw.
Ausführliche Darstellungen der verwendeten Tests finden sich bei Hundleby, Pawlik und Cattell (1965), sowie Cattell und Warburton (1967). Einen zusammenfassenden Überblick über die bisherigen Forschungen geben Cattell und Kline (1977, S. 125–157). Seit einiger Zeit laufen Adaptationsarbeiten im Deutschsprachigen, die von Schmidt (1975) bzw. Häker, Schmidt, Schwenkmezger und Utz (1975) betreut werden (zur Validität s. Amelang & Zielinski, 1997). In der letztgenannten Arbeit finden sich auch Faktorenumschreibungen (für die Cattell die Abkürzungen Universal Index, U. I., wählt) der am besten replizierten 21 T-Dimensionen, darunter neben Namen, die aus dem L- und Q-Bereich bereits bekannt sind (z. B. »Cortertia« - Cortical Alertness, »Exvia«-Extraversion, »Anxiety« und »Independence« - Unabhängigkeit der Meinungsbildung), neue Dimensionen wie »Überschwänglichkeit«, »skeptische Zurückhaltung«, »Ungeschicktheit«, »Gleichmut« und »kulturelle Konformität«. Auch wenn Cattell anderen Autoren vorwirft zu »unterextrahieren«, dürfte die Zahl der U. I.-Faktoren, namentlich der halbwegs replizierten, zu hoch gegriffen sein. Auch Cattell beschränkt sich in seiner HSOA-(Highschool Objective Analytic) Battery auf 10 Faktoren (s. Schuerger & Cattell, 1971).

Maßgeblich sind dafür allerdings auch ökonomische Gesichtspunkte: Die Durchführung der zahlreichen Einzeltests und mehr noch deren Auswertung erfordert einen erheblichen Zeitaufwand. Dennoch scheinen die »Skalen«, die häufig nur aus einem Wort bestehen, zu kurz zu sein, weil die Reliabilitäten der T-Daten deutlich unter derjenigen aus anderen Bereichen liegen. Möglicherweise sind dafür auch die zahlreichen Selbstinstruktionen verantwortlich, für die die Ambiguitäten der Testsituation Raum eröffnen und valide Persönlichkeitsdifferenzen überlagern.

Entsprechend unübersichtlich ist auch das von den einleitend erwähnten Kompendien über Objektive Tests vermittelte Bild. Weder sind die Faktoren klar strukturiert noch unter Variation der Materialspezifität hinreichend repliziert (s. besonders die umfangreiche Arbeit von Howarth, 1972, der überhaupt nur drei von acht U. I.-Faktoren bedingt replizieren konnte). Zudem bereitet die Benennung der Dimensionen wegen der hier noch größeren Variablenheterogenität und der Unsicherheit über das, was mit den einzelnen Skalen eigentlich gemessen wird, stärkeres Kopfzerbrechen. Die von Pawlik und Cattell (1964) für einige T-Faktoren registrierte Verwandtschaft zu Dimensionen von Eysenck schafft weitere Unsicherheiten, da es sich bei Ersteren ja um Primär-, bei den Letzteren jedoch um Sekundär- oder gar Tertiärfaktoren handelt (s. dazu auch Cattell & Birkett, 1980).
Im »harten« Simultanvergleich der gemeinsamen Faktorisierung von Daten aus allen drei Medien sind die Übereinstimmungen bzw. gemeinsamen Ladungen von L-, Q- und T-Variablen auf einem Faktor relativ selten (s. Cattell & Saunders, 1954). Beckers Reanalyse von 1960 zufolge belief sich die höchste Übereinstimmung zwischen L- und Q-Faktoren nur auf .22. In der am Heidelberger Institut durchgeführten Untersuchung bestanden zwischen den Punktwerten in einigen objektiven Tests auf der einen Seite, anderen Skalen (darunter der 16 PF) und externen Beurteilungen auf der anderen nur unbedeutende Beziehungen (Amelang & Borkenau, 1982; s. auch Schuerger, Feo & Nowak, 1981). Ungeachtet dieser unbefriedigenden externen Validität und auch der fragwürdigen faktoriellen Struktur (s. Schmidt & Schwenkmezger, 1994) scheinen sich die Objektiven Tests immerhin zur Trennung zwischen klinischen Gruppen (Neurotikern, Alkoholikern und Schizophrenen) und Kontrollpersonen zu eignen; jedenfalls diskriminierten sie in einer Studie von Schmidt, Häcker und Schwenkmezger (1985) in etwa gleich gut, teils sogar etwas besser als Fragebogen.
Trotz der bislang wenig ermutigenden Resultate muss doch mit Nachdruck auf dem Gebiet der Objektiven Tests weitergearbeitet werden, da es ernst zu nehmende Hinweise darauf gibt, dass L- und Q-Daten massiven Verfälschungen durch Beobachtungsfehler und Responsesets einerseits, sowie schwerwiegenden Restriktionen vonseiten der Semantik andererseits unterliegen: Jackson und Messick (1967) glauben, die Beantwortungsunterschiede in den ca. 500 Fragen des MMPI allein auf die Tendenzen »Social Desirability« und »Akquieszenz« zurückführen zu können. Peterson (1965) bringt die wenigen konsistent replizierten Faktoren mit den drei Osgood-Dimensionen »Activity«, »Evaluation« und »Potency« der konnotativen Wortbedeutung in Verbindung. Diese Schlussfolgerung entspricht weitgehend dem Fazit von Cohen (1969), der in Beurteilungen der Persönlichkeit, des Fotos und der Handschrift von Bezugspersonen durch ihnen bekannte Personen mittels eines 15 Items umfassenden Polaritätsprofiles stets nur die drei Faktoren »Dominanz« (interessant, tatkräftig, führend), »Beliebtheit« (hilfsbereit, gelassen, sympathisch) und »Gewissenhaftigkeit« (konzentriert, ordentlich und selbstkritisch) fand.
Inwieweit Objektive Tests gegenüber solchen Störfaktoren resistent sind, muss sich erst noch erweisen. Den Untersuchungen von Häcker, Schwenkmezger und Utz (1979) zufolge war zumindest die behauptete Undurchschaubarkeit nur bei einem Teil der Skalen gewährleistet; Verfälschungen betrafen vor allem solche Tests, die sich von traditionellen Fragebogen formal nur wenig unterscheiden und inhaltlich »kulturelle Konformität vs. Objektivität« und »Angst« markieren.

15.2.5 Motivationsbereich

Bislang sind nur Traits zur Sprache gekommen, die der Cattell'schen Einteilung entsprechend dem Temperamentsbereich angehören. Zu erörtern wäre noch der gesamte Komplex der motivationalen Eigenschaften. Diese beziehen sich nicht auf die das »Wie« kennzeichnenden Unterschiede der funktionalen Variablen, sondern auf das »Was« des durch vorgestellte Kräfte bewirkten Geschehens. Da im vorliegenden Buch auf die differentiellen Momente der Motivation generell nicht eingegangen wird, muss an dieser Stelle der Hinweis auf die Sammeldarstellungen von Cattell und Horn (1963), Cattell und Kline (1977) sowie Cattell und Child (1975) genügen (s. auch Cattell & Birkett, 1980). Eine deutsche Adaptation des »Motivation Abilities Test (MAT)« haben Janssen und Mommer (1975) vorgelegt.

15.2.6 Abschließende Würdigung

In der Breite seines Vorgehens findet Cattell innerhalb der Persönlichkeitsforschung nicht seinesgleichen; kaum ein Gebiet, zu dem er nicht originelle Beiträge geleistet hätte, von der Intelligenz- bis zur Motivationsforschung, von der Anlage/Umwelt-Kontroverse bis zu wissenschaftstheoretisch/philosophischen Betrachtungen. Vielleicht gerade deshalb hat Cattell zahlreiche Gegner, wenngleich sich diese angesichts von Ruf und Forschungspotenzial Cattells hin und wieder schwer tun, im selben Ausmaß rezipiert zu werden. Dennoch entbehren die Einwände, wie an einzelnen Punkten aufgezeigt, keineswegs einer seriösen Grundlage. Mehrfach scheint Cattell sich nicht in der gebotenen Strenge an den Befunden selbst zu orientieren (s. z. B. Cattell & Nesselroade, 1965, wo laufender Text und Inhalt der Tabellen divergieren) oder zu rasch über die Daten hinauszugehen, Vorstellungen im Visier, die empirisch noch nicht genügend abgesichert sind, wenn er bereits den zweiten Schritt unternimmt. Die empirische Persönlichkeitsforschung hat von den Aktivitäten eines derartigen Forschers viel profitiert. Viele seiner Anregungen in allen Bereichen haben andere Arbeiten stimuliert, wenngleich wie etwa Howarth (1976, S. 214) im Hinblick auf die Struktur der L-Daten meint, »relatively few of his factors will long survive in the face of present-day technological advances« – selbst wenn dem so sein sollte, was abzuwarten bleibt, gebührt Cattell das entscheidende Verdienst, die Basis lediglich nur eines Datenmediums überwunden zu haben.

15.3 Die Persönlichkeitstheorie von Eysenck und deren Umfeld

15.3.1 Allgemeine Kennzeichnung

Wie in den Arbeitskreisen um Guilford und Cattell stellt auch bei Eysenck die Faktorenanalyse ein wichtiges Instrument zum Auffinden der Beschreibungsdimensionen für die Persönlichkeit dar, die umschrieben wird als »mehr oder weniger feste und überdauernde Organisation des Verhaltens, des Temperaments, des Intellekts und der Physis eines Menschen«, die »seine einzigartige Anpassung an die Umwelt (determiniert)« (Eysenck, 1953a, S. 2). Der Faktorenanalyse kommt jedoch insofern ein etwas anderer Stellenwert zu, als sie nur eine von mehreren Techniken im Zuge der von Eysenck propagierten »hypothetico-deductive method« darstellt.

Gewiss wirken auch bei Guilford und Cattell Befunde auf die Theorienbildung zurück, welche ihrerseits Anlass zu neuen Untersuchungen mit geänderten Items, Versuchspersonenstichproben oder Bezugsgrößen liefert, doch ist der Untersuchungsansatz dort meist ein empirisch-multivariater, hier aber gekennzeichnet zusätzlich durch experimentelle Analysen.

Begnügen sich Guilford und Cattell in der Regel mit einer Erfassung der vorgefundenen Mannigfaltigkeit, versuchen sie die aufgetretenen inter- und intraindividuellen Unterschiede zu beschreiben und ein System von Faktoren zu finden, das gleichermaßen differenziert wie sparsam ist, unterwirft Eysenck seine Versuchspersonen darüber hinaus experimentellen Versuchsanordnungen zur Überprüfung aufgefundener Regeln und gelangt damit zu Aussagen, die über das mittels L-, Q- oder T-Daten Erfassbare hinausgehen. Im kontinuierlichen Prozess des hypothetico-deduktiven Vorgehens, in dem die Faktorenanalyse je nach Ausgangspunkt und Stoßrichtung aktueller Forschungen mal hypothesengenerierende, mal hypothesentestende Funktionen wahrnimmt, verbindet Eysenck wie kein anderer Persönlichkeitstheoretiker die Allgemeine mit der Differentiellen Psychologie. Dabei sieht er die Hauptaufgaben beider Disziplinen in der Analyse der Dynamik einerseits bzw. der Struktur von Personen andererseits. Folgerichtig wird davon ausgegangen, dass die Experimentell-Allgemeine Psychologie nur insoweit den Fortschritt innerhalb der Differentiellen Psychologie begünstigen kann, als sie sich zuvor deren Erkenntnisse zunutze macht (z. B. Eysenck, 1967, S. 1–33). Das Zusammenspiel bzw. Ineinanderwirken der andernorts häufig unver-

In einem Experiment von Jensen (1962) mussten die Versuchspersonen sinnfreie Silben nach einem Verfahren der paarweisen Zuordnung lernen. Die Darbietungsrate für ein Paar-Element betrug entweder 4 oder 2 Sekunden. Die Resultate lagen insofern in erwarteter Richtung, als unter der für die Vpn leichteren Bedingung (= lange Expositionszeit) im Durchschnitt weniger Fehler gemacht, d. h. mehr gelernt wurde. Allerdings war die Varianz der Fehlerraten sehr groß, ließ sich aber anhand der Werte des zuvor administrierten MPI, d. h. der darin enthaltenen Skalen für Extraversion und Neurotizismus weiter fraktionieren, und zwar in der folgenden Weise: Die Vpn mit niedrigen N-Werten zeigten von der leichten zur schweren Bedingung keine Zunahme der Fehlerzahlen, diejenigen mit hohen E-Werten eine mittlere, die Vpn mit hohen N- und jene mit niedrigen E-Werten eine starke Zunahme (s. Abb. 15.6):

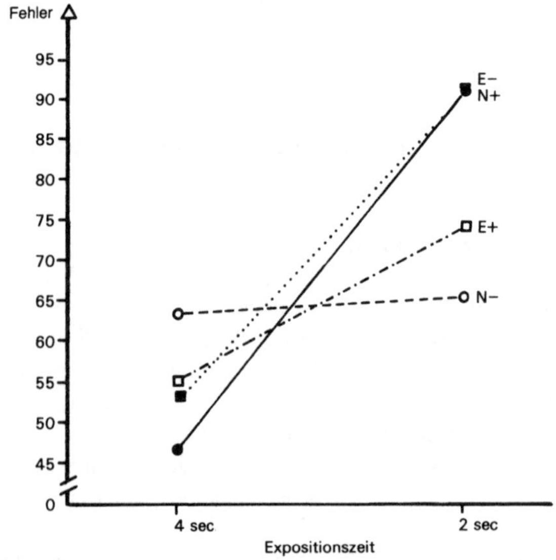

Abb. 15.6: Mittlere Fehlerzahlen im serialen Lernen als Funktion der Expositionszeit der Lernelemente und Ausprägung von Persönlichkeitsmerkmalen (N = Neurotizismus) (nach Eysenck, 1967, S. 7).

Eysenck interpretiert den Befund unter Rekurs auf das aus der Allgemeinen Psychologie bekannte Yerkes-Dodson-Gesetz, wonach eine umgekehrt U-förmige Beziehung zwischen dem Ausmaß an psychischer Aktivation oder »drive-level« und der Höhe der erzielten Leistungen bei komplexen Aufgaben besteht (bei leichteren Aufgaben geht die Funktion zunehmend in eine lineare Beziehung über, und umgekehrt liegt das Aktivationsoptimum mit ansteigendem Komplexitätsgrad immer niedriger). Werde Neurotizismus mit dem *habituellen* drive-level gleichgesetzt, lasse sich das Geschehen wie folgt veranschaulichen (s. Abb. 15.7):

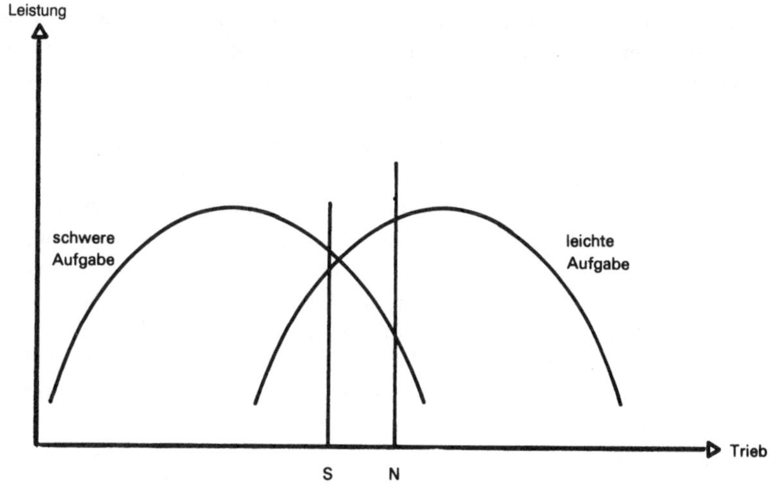

Abb. 15.7: Hypothetisches Leistungsverhalten von emotional stabilen (S) und neurotischen (N) Vpn-Gruppen in leichten und schweren Aufgaben.

Für die niedrig neurotischen oder emotional stabilen Versuchspersonen ist ihre Leistung in der schweren Aufgabe ungefähr gleich derjenigen in der leichten. Hingegen lernen die Versuchspersonen mit hohen N-Werten bei langsamer Darbietung deutlich besser als bei schneller. Auch sind sie weniger erfolgreich als die niedrig neurotischen Versuchspersonen, wenn man nur die schwere Aufgabe betrachtet – was die Befunde auch ergaben.
Eine aus der Experimentalpsychologie bekannte und dort weithin bestätigte Theorie erweist sich somit als brauchbar für die Erklärung interindividueller Differenzen, und umgekehrt trägt ein Experiment zum Verständnis persönlichkeitsspezifischer Verhaltensunterschiede bei. Da es sich im vorliegenden Fall um eine post hoc-Erklärung handelt und die Schnittpunkte von »stable« und »neurotic« mit der Abszisse zunächst so gelegt wurden, dass die intendierte Erklärung auch »passt«, müssen nunmehr weitere Versuche andere auf dem Drive-Konzept fußende Vorhersagen prüfen.

bundenen Betrachtungsweisen demonstriert Eysenck gelegentlich an dem Beispiel der Untersuchung von Jensen (1962, s. Kasten).
Voraussetzung für einen solchen Forschungsansatz sind Theorien, die drei Kriterien genügen müssen (s. Brody, 1972, S. 40–42):

(1) Die jeweiligen theoretischen Konzepte müssen so präzise und explizit sein, dass es möglich ist, eindeutige Vorhersagen über das abzuleiten, was unter spezifischen Bedingungen geschehen wird.
(2) Die Bedingungen, die im Rahmen der Vorhersagen eine Rolle spielen, müssen empirisch realisierbar sein.

(3) Die Theorie muss auch die Ableitung von ungewöhnlichen, nicht offenkundigen oder jedem Laien vertrauten Tatbeständen ermöglichen.

Liefern hypothesenkonforme Resultate nach und nach das Material, auf dem der Bestätigungsgrad einer Theorie fußt, lassen Falsifikationen zwei Möglichkeiten offen: Entweder ist die Theorie falsch, aus der die geprüfte Hypothese abgeleitet wurde, oder aber die Operationalisierungen waren unzureichend. Letzteres wird bei negativen Ergebnissen vor allem gegen die Instrumente zur Erfassung interindividueller Differenzen, gewöhnlich also Objektive Tests oder Fragebogen, ins Feld geführt. Daraus ist zugleich eine gewisse Schwäche des hypothetico-deduktiven Verfahrens ersichtlich: Eine Falsifikation kann durch den Verweis auf die fragwürdige Validität der Messinstrumente neutralisiert und die betreffende Theorie damit von Belastungen freigehalten werden.

Soweit wurde angedeutet, dass die Persönlichkeitsforschung durch den Einsatz experimentalpsychologischer Anordnungen eine wesentliche Bereicherung erfährt und sich dadurch in besonderer Weise Möglichkeiten eröffnen, über die Deskription von individuellen Differenzen hinausgehend zu deren Erklärung vorzustoßen. Auf jeden Fall ist ein solcher Ansatz der ausschließlichen Verwendung von empirischen Daten und den dort gegebenen Voraussetzungen des Erklärens (s. 7.6.5) überlegen. In der Tat hat Eysenck nicht nur nach Beschreibungsdimensionen gesucht, sondern sehr bald und in einer Cattell deutlich übertreffenden Weise auch nach Ursachen geforscht und dafür verschiedentlich physiologische oder biologisch-genetische Grundlagen angenommen. Das rief, namentlich im Hinblick auf die Thesen zur Vererbung der Intelligenz, z. T. entschiedene Kritiker auf den Plan. Vor einer Darstellung dieser Positionen im Einzelnen kann jedoch allgemein festgehalten werden, dass die Thesen von Eysenck in der Mehrzahl so präzise sind, dass sie tatsächlich einer empirisch-experimentellen Prüfung zugeführt werden können, andererseits so einfach, dass sie zum Widerspruch herausfordern. Dies wird nachfolgend detaillierter zu zeigen sein.

Vorher noch der Hinweis, dass Eysenck, darin Cattell nicht unähnlich, am Ausgangspunkt seiner Forschungen Verhaltensratings erhob und diese mit Daten aus Objektiven Tests und Fragebogen in Verbindung brachte. Im Unterschied zu Guilford und Cattell rekrutierten sich die ersten Stichproben jedoch aus psychiatrischen Fällen, und wesentliche Bemühungen galten der Frage, ob die dort extrahierten Faktoren auch anwendbar wären auf psychisch unauffällige Probanden, beide Gruppen also vielleicht auf denselben Dimensionen abgebildet werden könnten. Hingegen haben Guilford und auch Cattell mit Stichproben »Normaler« begonnen und ihre Inventare später auf Extremgruppen angewendet oder für diese adaptiert.

Das Resultat ist indessen bei allen drei Forschern insofern ähnlich, als jeweils ein hierarchisches Modell der Persönlichkeit postuliert wird, das bei Eysenck die Ebenen Spezifische Reaktionen – Habituelle Reaktionen – Trait-Niveau und Type-Niveau aufweist (s. Abb. 6.3 unter 6.3.3). Unabhängige Untersuchungen mit neuen Variablen-Stichproben gelangen allerdings zu den gleichen Resultaten (s. Zuckerman, Kuhlman & Camac, 1988).

Ist dieses System bei Guilford und Cattell noch relativ offen insofern, als die Zahl und Art von Sekundärfaktoren nur näherungsweise fixiert sind und ausdrücklich von weiteren Untersuchungen abhängig gemacht werden, hat sich Eysenck definitiv festgelegt: Seiner Ansicht nach lassen sich drei und nur drei orthogonale »Types« unterscheiden, nämlich Psychotizismus, Neurotizismus und Introversion/Extraversion. Alle von Eysenck durchgeführten Arbeiten gelten der näheren Abklärung dieser Dimensionen oder werden doch auf deren Hintergrund bezogen; in Sekundäranalysen des Materials auch anderer Autoren treten regelmäßig nur die »Super-Faktoren« P, E und N auf (Eysenck, 1978). Auch die wegen ihrer Beziehung zu Koronarerkrankungen immer häufiger vorgenommene Klassifizierung des Verhaltens nach A-

bzw. B-Typ, je nachdem, ob die Konfiguration von Aggressivität, Ehrgeiz, Wettbewerbsgeist, Zeitdruck, Ungeduld, Geschäftsfähigkeit und Einbindung in berufliche Ziele vorliegt oder nicht (s. Wright, 1988), soll lediglich die Kombination hoher Extraversions- und Neurotizismus-Werte widerspiegeln (Eysenck & Fulker, 1983; Llorente, 1986).
Nachfolgend wird eine kurze Darstellung von Herleitung, Messung und Bedeutung dieser Sekundärfaktoren gegeben, wobei wiederum eine Reihung nach ansteigendem theoretischem Gehalt vorgesehen ist.

15.3.2 Psychotizismus

a) Herleitung

Kennzeichnend für die frühen Arbeiten von Eysenck (1947, 1952) ist ein Anknüpfen an und Auseinandersetzen mit der Typologie Kretschmers bzw. dem dort unterstellten Kontinuum normal-psychotisch. Eine solche Dimension wäre dann als haltbar anzusehen, wenn jene Verfahren, die zwischen Stichproben von Normalen und Psychotikern differenzieren, auch innerhalb der Gruppe psychisch unauffälliger Versuchspersonen allein positive Korrelationen aufwiesen und darüber hinaus die hier extrahierbaren Faktoren mit der Diskriminierungsfähigkeit der einzelnen Variablen in Beziehung stünden.
Zur Prüfung dieser Annahme wurden 100 normalen Probanden und je 50 nach Psychiaterurteil schizophrenen sowie manisch-depressiven Patienten 20 Testaufgaben von überwiegend experimentellem Charakter vorgegeben (Längenschätzung, Tapping, Spiegelzeichnen, Suggestibilität, daneben Schreib- und Lesezeiten, aber auch soziale Einstellungen). Die Ladungszahlen der innerhalb der Normalstichprobe extrahierten beiden (unrotierten!) Faktoren korrelierten hoch mit den »zugehörigen« der Psychotikerstichprobe. Außerdem ergaben sich Übereinstimmungen um $r = .90$ mit der Abfolge der Validitätskoeffizienten zur Trennung der Psychotiker- von der Normalgruppe, von denen allerdings keiner den Wert von $r = .41$ überschritt (s. Eysenck, 1952, S. 218). Aufgrund dieser Befunde glaubt Eysenck, eine gemeinsame Dimension zur Abbildung von Normalen und Psychotikern annehmen zu können – einen Faktor des Psychotizismus, der unabhängig von anderen Dimensionen sei, und auf dem, da ein gesonderter weiterer Faktor zur Unterscheidung der Manisch-Depressiven von den Schizophrenen nicht identifizierbar war, eine Abfolge der Gruppen in der Reihung Normale/Schizophrene/Manisch-Depressive bestehe.

b) Messung

Erst sehr viel später haben Bemühungen eingesetzt, die Psychotizismusdimension mit Hilfe von Fragebogen zu erfassen, die wegen ihrer Ökonomie in Durchführung und Auswertung sowie ihrer hohen Augenscheinvalidität sehr beliebt sind. Geleitet wurden die Konstruktionsarbeiten von Eysenck und Eysenck (1968) von der Erfahrung anderer Autoren, dass selbst sehr heterogen zusammengesetzte Gruppen von Psychotikern sich untereinander in gebräuchlichen Skalen vergleichsweise wenig unterscheiden, hingegen markante Unterschiede zu neurotischen Probanden bestehen; darüber hinaus sind jene Tests, die Neurotiker von Normalen und Neurotiker von Psychotikern differenzieren, häufig nicht geeignet, Psychotiker von Normalen zu trennen.
Die Zusammenstellung der Items orientierte sich an den beiden Forderungen a) einer Diskriminierung der Psychotikergruppen von Normalen und auch Neurotikern sowie b) der Unabhängigkeit sowohl von Extraversion als auch Neurotizismus. Die nach verschiedenen Analyseschritten ermittelten 20 brauchbaren Fragen bezogen sich schließlich auf die Attri-

bute bzw. Verhaltensweisen eigenständig, sich nicht um andere Leute kümmernd, störend/lästig, nicht anpassungsbereit, grausam/inhuman, gefühlsarm/unempfindlich, sensation-seeking/»arousal jag«, feindselig/aggressiv, Freude an ungewöhnlichen und bizarren Dingen, Nichtbeachtung von Gefahr, andere in Verlegenheit bringen/sie aufregen. In einer späteren Arbeit umschreiben Eysenck und Eysenck (1972, S. 54) den P-Pol mit »cold, impersonal, hostile, lacking in empathy, unfriendly, untrustful, rude, immanered, unhelpful, unemotional, and lacking in human feeling«.
Bei Eysenck und Eysenck (1987) findet sich die in Abb. 15.8 wiedergegebene Veranschaulichung.

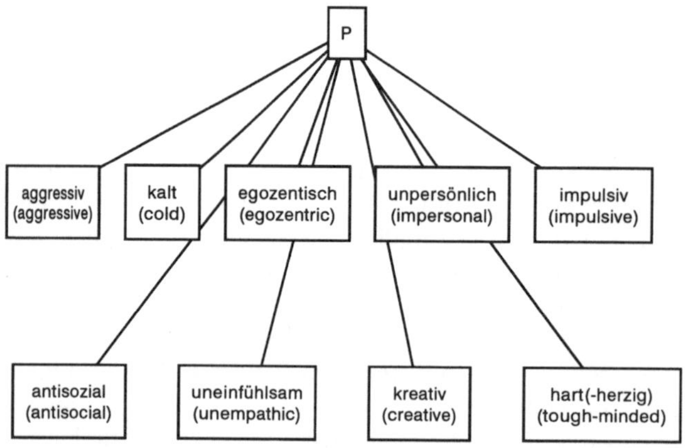

Abb. 15.8: Eigenschaften für den Begriff des Psychotizismus (aus Eysenck & Eysenck, 1987, S. 16).

Die entsprechende Skala wurde vorrangig innerhalb der Delinquenzforschung eingesetzt, nachdem einige psychiatrische Beobachtungen für eine Affinität von Psychose und Kriminalität zu sprechen schienen. Tatsächlich differenzierten die P-Items in der Arbeit von Eysenck und Eysenck (1968) eine Gruppe von 603 Strafgefangenen wesentlich besser als die Extraversions- und Neurotizismusskalen von verschiedenen Kontrollgruppen, und dieses, obwohl die Reliabilitäten nicht höher als r_{tt} = .60 ausfielen.
Konsistente Differenzen über verschiedenen Altersgruppen wies die P-Skala auch in einer Untersuchung an N=2 070 Gefangenen und N=2 442 Kontrollpersonen aus (Eysenck & Eysenck, 1977).
Bei der Übersetzung der P-Items ins Deutsche fanden Baumann und Dittrich (1975) nur 14 der original 20 Statements als brauchbar im Sinne ihrer Kriterien (z. B. »Ich habe Feinde, die mir schaden wollen«, »Ich habe mehr Schwierigkeiten als die meisten Leute«, »Ich habe bisher schon sehr viel Pech gehabt« usw.). Allerdings stützten sie sich auf eine orthogonale im Unterschied zu der von Eysenck benutzten schiefwinkligen Rotation. Auch die neuerliche Überprüfung der von Eysenck und Eysenck (1976) überarbeiteten P-Items durch Baumann und Rösler (1981) ließ zwar leichte Verbesserungen in den Test-Werten erkennen, doch handelt es sich nach Meinung der Autoren bei Psychotizismus aufgrund der hohen durchschnittlichen Itemschwierigkeit (p = .26) und inhaltlicher Gesichtspunkte eher um eine klinische Dimension, die faktorenanalytisch nur unscharf auszumachen war (s. auch die gegenüber Extraversion und Neurotizismus erniedrigten Reliabilitäten für P in der englisch-deutschen Vergleichsstudie von S. Eysenck, 1982). Durch Hinzufügen von 7 neuen Items konnten S. Eysenck, Eysenck und Barrett (1985) die Verteilungs-Kennwerte und internen Konsistenzen für britische Stichproben verbessern.

c) Offene Fragen

Eine explizite Theorie zur P-Dimension im Sinne der Fragebogenscores, die mit dem Faktor der früheren N-Werte kaum noch vergleichbar sein dürfte, liegt vonseiten Eysencks bislang nicht vor. Verschiedenen Untersuchungen zufolge scheinen Beziehungen zu bestehen zu Antigen-Systemen, Enzymen und Neurotransmittern, wie sie speziell beim Vergleich von Schizophrenen mit unauffällig-normalen Personen gefunden wurden (s. Eysenck, 1994, S. 189–190). Gleichwohl wird bereits auf eine wesentliche genetische Determination aus der Beziehung der P-Werte zum männlichen Geschlecht, zu sozial abweichendem Verhalten und dem Auftreten von XYY-Chromosomen geschlossen (s. auch Eaves & Eysenck, 1977). Die Untersuchungen von inhaftierten Personen mit irgendwelchen Tests, besonders aber Fragebogen, birgt jedoch eine Fülle von methodischen Problemen (s. u. a. Amelang & Rodel, 1970). Ausgerechnet in jenem Fall, wo für eine Gruppe von Rückfalltätern die situativen Bedingungen während der Testvorgabe denjenigen einer Vergleichsgruppe von Nichtrückfälligen vergleichbar waren, differenzierte jedoch die P-Skala nicht (wohl aber gegenüber dem Kriterium der Rückfälligkeit, Eysenck & Eysenck, 1974). Für derartige Fragestellungen sind Eysenck und Eysenck (1971) denn auch schon frühzeitig dazu übergegangen, ohne Rücksicht auf faktorielle Reinheit eine gesonderte »criminal propensity«-Skala zusammenzustellen, deren Kreuzvalidierung freilich noch aussteht.

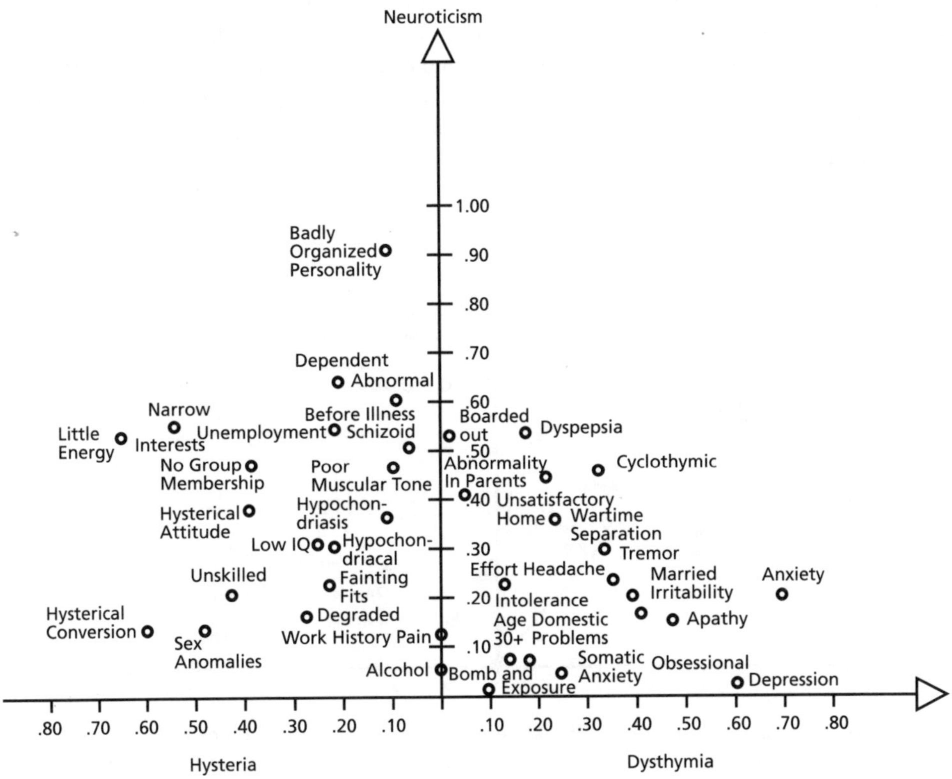

Abb. 15.9: Ladungsmuster von 37 Variablen im zweidimensionalen Raum mit den Dimensionen »Neuroticism« und »Hysteria/Dysthymia« (N=700, aus Eysenck, 1947, S. 34).

Sind insofern keineswegs alle Erwartungen hinsichtlich der Validität erfüllt, hat sich auch der Anspruch auf Eigenständigkeit der P-Dimension nicht absolut aufrechterhalten lassen (s. aber die Monographie von Eysenck & Eysenck, 1976): Mit Neurotizismus bestehen offenkundig Zusammenhänge um r = .40, was die Frage von Davis (1974, S. 165) umso berechtigter erscheinen lässt, ob P nicht nur Psychopathie oder bloß eine Tendenz erfasst, sich und andere negativ zu bewerten (s. auch Jamison, 1980).

15.3.3 Neurotizismus und Extraversion

a) Herleitung

Grundlage für die Ableitung der Dimensionen Neurotizismus und Extraversion stellt eine Untersuchung von Eysenck (1944) dar, in der zu 700 neurotischen Soldaten, die einer Klinik zur Diagnose und Therapie überwiesen worden waren, Ratings von Psychiatern, Krankenschwestern, Sozialarbeitern und Familienangehörigen anhand von 37 Items eingeholt und die jeweilige Information in alternativer Form festgehalten wurde (z. B. »modal civil occupation: unskilled and semiskilled vs. skilled, administrative, or professional«, oder »abnormality in parents or siblings [psychosis, epilepsy, mental deficiency, neurosis or psychopathic personality: present vs. absent«]). Zusammen mit den zusätzlichen Variablen Intelligenz (Progressive Matrices Test, über-/unterdurchschnittlich) und Alter wurden die Ratings interkorreliert und 4 Faktoren extrahiert, die zusammen (nur) 40% der Gesamtvarianz aufklärten. Der erste Faktor wurde von Eysenck als »lack of personality integration« oder *Neurotizismus*, der zweite, auf dem im Unterschied zum ersten sowohl positive wie negative Ladungen auftraten, als »Hysteria vs. Dysthymia« oder *Extraversion/Introversion* interpretiert. Die Lokalisation der Variablen im zweidimensionalen Faktorraum der Ursprungsarbeit ist aus Abbildung 15.9 ersichtlich.

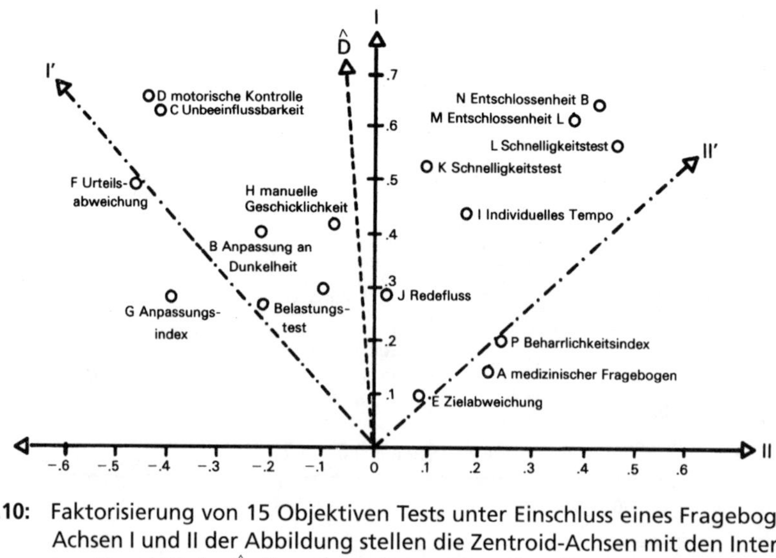

Abb. 15.10: Faktorisierung von 15 Objektiven Tests unter Einschluss eines Fragebogens. Die Achsen I und II der Abbildung stellen die Zentroid-Achsen mit den Interpretationen N und E/I dar, D̂ die rotierte Hauptachse, I' und II' den Versuch, Einfachstruktur zu erhalten, was aber zu uninterpretierbaren Ergebnissen führt (aus Eysenck, 1952a, S. 75).

Zur weiteren Konsolidierung der vorgenommenen Interpretation, die angesichts des vorgefundenen Ladungsmusters keineswegs frei von Spekulation ist, bezog sich Eysenck auf literarische Ausführungen von Jung und McDougall einerseits, statistische Untersuchungen aus dem Arbeitskreis Spearmans andererseits, ohne damit die Unzulänglichkeiten der Daten selbst (verschiedene Rater mit personenspezifischen Beurteilungskonzepten, ungewisse Reliabilität der Urteile, Fragwürdigkeit der Variablen- und Personenstichproben, geringe Prägnanz der dimensionalen Struktur) kompensieren zu können. Unabhängig von solchen Erwägungen hat im übrigen Howarth (1973) bei einer Reanalyse des Datenmaterials und Anwendung anderer Extraktions- und Rotationstechniken weder einen Neurotizismus- noch einen Extraversionsfaktor erkennen können und stattdessen die zwei Dimensionen »Intelligence« und »Adjustment Emotionality« postuliert.

Nachfolgende Arbeiten dienten der Bestätigung der aufgezeigten Dimensionen, wobei vor allem auch Gruppen von Normalpersonen eingeschlossen und Testverfahren anstelle der Ratings benutzt wurden. So berichtet Eysenck (1952) in seinem Buch, das besonders der N-Dimension gewidmet ist, von einer Untersuchung an 93 normalen und 105 nach Psychiaterurteil neurotischen Versuchspersonen, die neben einem Fragebogen (s. 15.3.3 b)) 15 Objektive Tests bearbeiteten. Die Faktorisierung aller Variablen ergab das in Abbildung 15.10 wiedergegebene Ladungsmuster mit Faktoren, die als »Neurotizismus« und »Extraversion/Introversion« interpretiert wurden.
Die Ergebnisse werden hier deshalb gesondert angeführt, weil daraus deutlich wird, welche Interpretationsschwierigkeiten häufig bei der Verwendung Objektiver Tests bestehen und wie spekulativ im vorliegenden Fall die Benennungen der Dimensionen mit den Begriffen N und E/I ausfallen.
In einer weiteren Studie wurden von mehr als 200 Normalen und ca. 120 Neurotikern (die Angaben über das N sind auch im Originaltext nicht präziser) 76 Variablen erhoben, eine Prozedur, die pro Versuchsperson zwei volle Tage in Anspruch nahm (z. B. Intelligenz, Fragebogen zu annoyances, social attitudes, worries, dislikes und Tests zu dexterity, tapping, speed of decision, body sway suggestibility). Eine für die beiden Kriteriumsgruppen getrennte Dimensionsanalyse und der Nachweis der Homogenität der potentiellen Faktoren fehlen. In der an 28 nach Validitäten ausgesuchten Skalen vorgenommenen Faktorisierung der Gesamtstichprobe schien zwangsläufig ein »Neurotizismus«-Faktor auf (der dennoch nur zu .40 mit der Abfolge der Kriteriumsvaliditäten korrelierte). Hingegen war ein E/I-Faktor nicht zu finden.

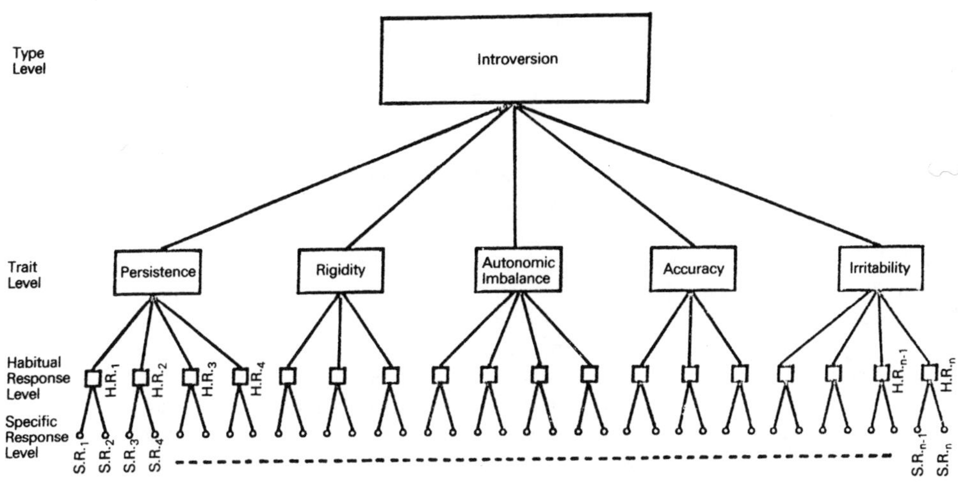

Abb. 15.11: Schematische Darstellung des hierarchischen Aufbaus der Persönlichkeit am Beispiel des Introversionspoles (nach Eysenck, 1947, S. 29).

Schon in den ersten Arbeiten (s. Eysenck, 1947, S. 29) finden sich Veranschaulichungen für das von Eysenck angenommene hierarchische Modell der Persönlichkeit, das von dem Fortgang der Untersuchungen ersichtlich nicht grundlegend berührt wurde (s. auch Eysenck, 1967). Nachdem bereits in Abbildung 6.3 das Modell für den Extraversions-Pol vorgestellt wurde, zeigt Abbildung 15.11 die inhaltliche Ausgestaltung für den Introversions-Pol. Der Vergleich beider Abbildungen lohnt deshalb, weil nicht nur gegensätzliche Begriffe aufscheinen.
Entsprechende Explikationen für die N- (und auch P-)Dimension, für die gleichfalls von einem hierarchischen Aufbau ausgegangen wird, finden sich erst bei Eysenck und Eysenck (1985, 14–15). Im Falle von N werden die primären Traits mit den Begriffen »ängstlich«, »depressiv«, »Schuldgefühle«, »geringes Selbstwertgefühl«, »gespannt«, irrational«, »scheu«, »launisch« und »emotional« beschrieben.

b) Messung

Sowohl Neurotizismus als auch E/I sind anfänglich, wie dargestellt, mit Hilfe von Ratings und Objektiven Tests identifiziert worden (Literatur zu den Letzteren: s. Fahrenberg, 1964). Aus den bereits in anderem Zusammenhang genannten Gründen sprach vieles dafür, zur raschen Erfassung der individuellen Ausprägung in jeder der beiden Dimensionen auch hier Fragebogen zu entwickeln.
Für *Neurotizismus* hat Eysenck (1947, 1952, 1953c) zunächst das »Maudsley Medical Questionnaire (MMQ)« konzipiert, einen Fragebogen mit 40 Items vorwiegend medizinischer Thematik (z. B. »Manchmal kriege ich Herzklopfen«, »Gelegentlich zittere ich oder habe Schüttelanfälle« usw.), der nach Eysenck (1947, S. 66) zwischen .43 und .48 mit dem Psychiaterurteil hinsichtlich »badly organized personality« korreliert (deutsche Version unter Einschluss einer aus dem MMPI adaptierten Lügenliste s. Eysenck, 1953c).
Um für Personen im Normbereich ein Instrument mit mehr psychischen als medizinischen Merkmalslisten verfügbar zu haben, das darüber hinaus neben Neurotizismus die Dimension E/I enthalten sollte, wurde später das Maudsley Personality Inventory (MPI) konzipiert (Eysenck, 1956, 1959; Eysenck & Eysenck, 1969). Ausgangspunkt dafür bildete ein Pool von ca. 250 Items, der hauptsächlich aus den Guilford-Skalen S, D, C, R, G und A sowie dem MMQ zusammengestellt worden war. Das Konstruktionsziel sah bei geringstmöglicher Zahl von Items Orthogonalität der beiden Dimensionen vor und das Fehlen geschlechterspezifischer Differenzen, vor allem aber für Neurotizismus eine hohe Korrelation mit C, für Extraversion eine solche mit R.

Für Normalstichproben kann gewöhnlich von Interkorrelationen der Skalen E und N des MPI um null oder nur leicht negativen Werten ausgegangen werden. Hingegen korrelieren die Skalen in Gruppen neurotischer Probanden in der Größenordnung von –.3 bis –.4 (Eysenck, 1959a).
Um auch diese Korrelationen zu eliminieren, haben Eysenck und Eysenck (1969) je 24 Items zu den Skalen E/I und N des Eysenck-Personality-Inventory (EPI) neu zusammengestellt. Eine deutsche Bearbeitung davon stammt von Eggert (1971, 1974). Später folgte das »Eysenck Personality Questionnaire« (EPQ; Eysenck & Eysenck, 1975) mit der Erweiterung des Messbereiches durch Hinzufügung einer Psychotizismus-Skala. Schon zuvor hatten Reanalysen von Howarth (1976) für die Skalen E und N jeweils mehrere Primärfaktoren erkennen lassen. Im Hinblick darauf war es nur folgerichtig, dass schließlich in Gestalt des Eysenck Personality Profiler (EPP, s. Eysenck & Wilson, 1991) ein Instrumentarium entwickelt wurde, das sich explizit an den Primärfaktoren orientierte, die sich wiederkehrend in schematischen Darstellungen zur Veranschaulichung der konstitutiven Elemente von E, N und P finden (s. Abb. 6.3 und 15.8). In der 630 Items umfassenden Urfassung standen für Neurotizismus der Begriff »Emotionalität« und für Psychotizismus die Bezeichnung »Toughmindedness«; Letzteres änderte sich

in der revidierten Form mit nur noch 440 Items zu »Adventurousness«. (Daraus mögen die Schwierigkeiten erkennbar sein, P als einen hinlänglich konsistenten Trait im Normalbereich zu konzipieren bzw. zu erfassen.) Zu E, N und »Adventure/Caution« gab es jeweils 7 Primärskalen (z. B. active – inactive, inferiority – self esteem, risk taking – careful) mit je 20 Items (dazu noch 20 Items zu Dissmulationstendenzen). Faktorenanalysen zufolge trugen die Primärkomponenten im Wesentlichen nur zu dem Type-Niveau bei, zu dem sie konzeptuell gehörten; auch waren die Subskalen überwiegend intern konsistent und reliabel. Für die deutschsprachige Adaptation (EPP-D) entfielen infolge der gewählten Selektionskriterien einige Primärfaktoren (s. Bulheller & Häcker, 1998). Die verbliebenen, unterschiedlich langen Subskalen sind in Abbildung 15.12 aufgeführt. Dort ist auch erkennbar, dass anstelle von P nunmehr die für den Normalbereich nicht-psychiatrischer Personen zutreffendere Bezeichnung »Risikoneigung« gewählt wurde.

Erste Faktorenanalysen konnten die klare Struktur der englischsprachigen Ausgabe nicht replizieren. Bei hinreichender Reliabilität der Subskalen bestanden überwiegend erwartungskonforme Korrelationen zu anderen Fragebogensystemen. Moosbrugger, Fishbach und Schermelleh-Engel (1999) haben sich eingehender mit der Konstrukt-Validität des EPP-D befasst.

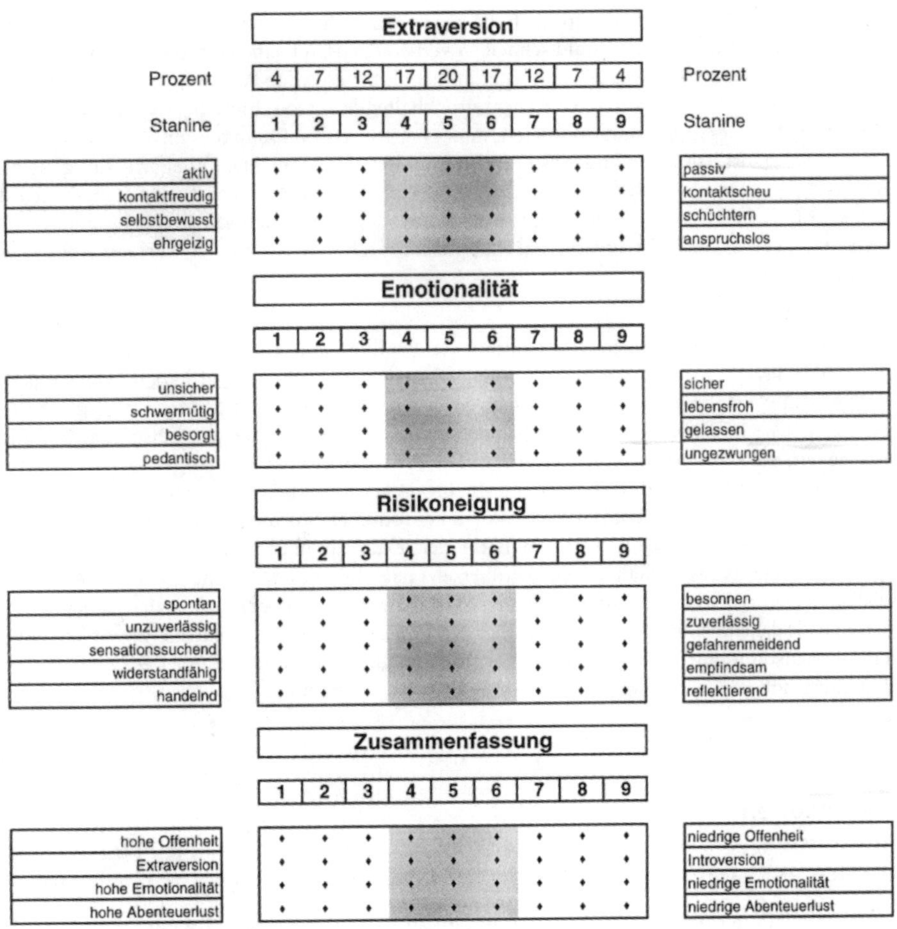

Abb. 15.12: Auswertungsprofil des EPP-D.

Wie aus diesen knappen Ausführungen zur Entwicklung der Fragebogen ersichtlich ist, orientierte sich diese nicht mehr an den Symptomen der klinischen Ausgangsstichproben oder den dort gefundenen Dimensionen. Auch basiert sie keineswegs auf der von Eysenck häufiger propagierten »criterion analysis«, bei der von unterschiedlichen Probandengruppierungen und der Differenzierungsfähigkeit einzelner Variablen diesen gegenüber ausgegangen wird. Vielmehr ließ man es praktisch mit Binnenkriterien und der Korrelation zu bzw. der Unabhängigkeit von anderen Skalen bewenden. Das muss nicht gleich bedeutend sein mit unzureichender Differenzierungsfähigkeit der so erhaltenen Skalen; im Gegenteil lässt eine Zusammenschau mehrerer Erhebungen eine ausreichende Unterscheidung verschiedener Stichproben, und zwar meist in erwarteter Richtung, erkennen (s. z. B. Eysenck, 1967, S. 38) Die nach den Fragebogen bestimmten Personen mit extremen Messwerten sind nach Eysenck und Eysenck (1968) wie folgt zu charakterisieren:

Extraversion-Introversion

»Der typische Extravertierte ist gesellig, mag Veranstaltungen gern, hat viele Freunde, braucht Menschen, mit denen er sprechen kann, und ist nur ungern allein. Er sehnt sich nach Anregung, nutzt günstige Gelegenheiten stets aus, agiert oft spontan, wagt viel und ist allgemein impulsiv. Er mag handfeste Späße, hat immer eine schnelle Antwort und liebt allgemein Veränderungen; er ist sorglos, leichtmütig, optimistisch, lacht gern und ist gern fröhlich. Er neigt dazu, sich andauernd zu bewegen und Dinge zu tun, aggressiv zu sein und seine Geduld schnell zu verlieren; zusammengefaßt sind seine Gefühle nicht immer unter enger Kontrolle, und er kann nicht immer als zuverlässige Person gekennzeichnet werden. Der typische Introvertierte ist ruhig, eine eher zurückhaltende Person, introspektiv, liebt Bücher mehr als Menschen; er ist reserviert und distanziert, außer bei sehr engen Freunden. Er neigt dazu, Pläne im voraus zu machen, ist behutsam und mißtraut den Impulsen des Moments. Er liebt die Erregung nicht, nimmt die Dinge des täglichen Lebens mit gewisser Ernsthaftigkeit auf und schätzt einen gut geordneten Lebensstil. Er hält seine Gefühle unter enger Kontrolle, verhält sich selten aggressiv und verliert seine Geduld nicht leicht. Er ist zuverlässig, eher pessimistisch und legt großen Wert auf ethische Normen« (aus Eggert, 1974, S. 11).

Neurotizismus

»Hohe N-Werte sind ein Zeichen von emotionaler Labilität und abnormer Reaktionsbereitschaft. Hochscorende Personen tendieren zu emotionaler Überempfindlichkeit und haben Schwierigkeiten, nach emotionalen Erfahrungen zur Normallage zurückzukehren. Solche Individuen beklagen häufiger diffuse somatische Beschwerden geringen Schweregrades wie Kopfschmerzen, Verdauungsstörungen, Schlaflosigkeit, Rückenschmerzen etc. Darüber hinaus berichten sie über viele Sorgen, Ängste und andere unangenehme Gefühle. Sie sind zur Entwicklung neurotischer Krankheiten unter Stress disponiert, doch dürfen solche Dispositionen nicht mit einer akuten neurotischen Störung verwechselt werden; jemand mag hohe Werte in N aufweisen und doch im Beruf, der Sexualität, in Familie und gesellschaftlichen Angelegenheiten angepasstes Verhalten zeigen« (übersetzt nach Eysenck & Eysenck, 1968, S. 627).
Ganz allgemein gilt, dass die trait-definierenden Merkmale für E/I leichter im sozialen Verhalten zu erkennen sind als diejenigen für N, woraus für Extraversion im Vergleich zu Neurotizismus nicht nur eine bessere Übereinstimmung zwischen den Urteilen von Fremdeinschätzern (s. Funder & Dobroth, 1987), sondern auch höhere Korrelationen zwischen Selbst- und Fremdeinstufungen resultieren (s. Costa & McCrae, 1988).

15.3.4 Theorien

a) Allgemeines

Die theoretischen Konzepte von Eysenck haben zu jeder der beiden Dimensionen N und E/I im Laufe der vergangenen Jahre eine Differenzierung und inhaltliche Umgestaltung erfahren. Generell ist eine Abkehr von ausschließlich lerntheoretischen Vorstellungen und eine

Hinwendung zur Verankerung in neuroanatomischen Systemen erkennbar, die besonders mit dem Erscheinen des 1967er-Buches ihren Ausdruck findet. Zwangsläufig verbunden damit ist eine Akzentuierung genetischer Komponenten.
Ohne auf die entscheidenden Wirkungsgrößen oder vermittelnde Variable im Einzelnen einzugehen, geschieht auch ein Rekurs auf astrologische Faktoren (s. Mayo, White & Eysenck, 1978; Gauquelin, Gauquelin & Eysenck, 1979) mit der These, dass Personen, die unter ungeradzahligen, »positiven« Tierkreiszeichen geboren sind (z. B. Widder, Zwillinge, Löwe usw.), stärker extravertiert seien als die unter geradzahligen Sternbildern (Stier, Krebs, Jungfrau usw.) Geborenen. Weiterhin sollen Personen mit »Wasser-Zeichen«, die von den Astrologen traditionell mit Emotionalität in Verbindung gebracht werden, höhere N-Werte aufweisen. Neben Replikationen der Eysenckschen Befunde in der südlichen Hemisphäre (Jackson, 1979), die somit klimatische Faktoren als Erklärung für die beobachteten Auffälligkeiten ausschließen, liegen aber auch unschlüssige Befunde vor (Veno & Pamment, 1979). Die Beobachtungen von Pawlik und Buse (1979) legen für die Zusammenhänge der Persönlichkeitsdaten mit Sternbildern eine attributionstheoretische Erklärung nahe, da die fraglichen Effekte vor allem bei solchen Probanden auftraten, die sich mit Horoskopen intensiver beschäftigten, weshalb die Kenntnis astrologischer Deuteregeln ihr Beantwortungsverhalten beeinflusst haben mag (im selben Sinne und mit negativen Resultaten auch Russell & Wagstat, 1983). Aus diesem Grunde soll der Hinweis auf diese Entwicklung hier genügen und nachfolgend hauptsächlich auf die postulierten neuronalen Grundlagen eingegangen werden.

b) Neurotizismus

Neurotisches Verhalten besteht hauptsächlich aus starken Reaktionen des autonomen Nervensystems auf externe Reize von zunächst unbedingtem, in der Folgezeit aber bedingtem Charakter (Eysenck, 1966a). Die biologische Grundlage dafür wird in jenem Verband von Zellen gesehen, der als Viscerales Hirn oder Limbisches System bezeichnet wird und sich aus den Einzelstrukturen Hippocampus, Amygdala, Cingulum und Hypothalamus zusammensetzt (s. gestrichelte Substanz in Abb. 15.13).

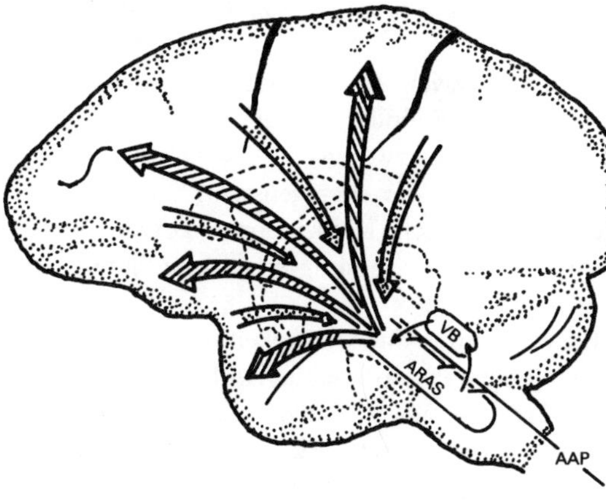

Abb. 15.13: Schematischer Querschnitt durch das Gehirn. Gestrichelte Umrisse bezeichnen die Ausdehnung und Lage des Limbischen Systems (VB). AAP = Aufsteigende Afferente Bahnen, ARAS = Aufsteigendes Retikuläres Aktivierendes System. Die Pfeile veranschaulichen die wechselseitigen Beeinflussungen; direkte Aktivationswirkungen vonseiten des VB sind nicht eingezeichnet (aus Eysenck, 1967, S. 231).

Bei der besagten Struktur, ursprünglich als Riechhirn bezeichnet, handelt es sich um den phylogenetisch ältesten Teil der Hirnrinde; sie ummäntelt bzw. überlagert Zwischen- und Stammhirn. Durch zahlreiche Querverbindungen ist das Limbische System mit anderen Hirnzentren verschaltet, vor allem dem Thalamus, der als eine Relaisstelle zur emotionalen »Einfärbung« von Informationen angesehen wird, dem Neo-Cortex, und zwar namentlich dessen Frontal- und Temporallappen, und schließlich der Formatio Reticularis. Diese Retikulärformation stellt einen Verbund von dichtgepackten Neuronen im verlängerten Rückenmark (Medulla oblongata) dar, der Collaterale von allen sensorischen, pyramidalen und extrapyramidalen Bahnen empfängt und für jegliche Aktivation des Cortex verantwortlich ist.
Eine Reizung des Limbischen Systems führt zu Reaktionen in den erwähnten Strukturen, wobei für neurotische Personen von einer besonders niedrigen, für emotional stabile Personen von einer hohen Erregungsschwelle ausgegangen wird. Unter sonst gleichen Bedingungen zeigen emotional Labile also bereits bei niedriger Intensität von Reizen ein Ansprechen des Limbischen Systems und dementsprechend »limbische, autonome Aktivation« sowie alle Folgereaktionen, während es dazu aufseiten emotional Stabiler höherer Stimulusstärken bedarf.

c) Extraversion/Introversion

Die Theorie zur E/I-Dimension knüpft an die Konzepte der Erregung und Hemmung an, wie sie erstmals Pawlow (1927) postuliert und Hull (1943) differenziert hat. Im Wesentlichen beinhaltet sie die Vorstellung, dass alle zentralnervösen Prozesse durch ein genetisch determiniertes, interindividuell unterschiedliches Verhältnis von nervösen Erregungs- zu Hemmungsprozessen gekennzeichnet sind. Bei der Entstehung von S-R-Verbindungen erfolgen stets sowohl positive, exzitatorische oder erleichternde als auch negative, inhibitorische oder hemmende Veränderungen in den Nervenbahnen, die für die Leitung der Impulse zuständig sind. Während exzitatorische Prozesse für Konditionierung und Lernen maßgeblich sein sollen, sind inhibitorische Veränderungen gemäß der Theorie für Verlernen, Vergessen und Löschung verantwortlich. Für beide Vorgänge wird ein über der Zeit unterschiedlicher Verlauf insofern postuliert, als sich Inhibition im Verlauf der Zeit rasch verliere, Exzitation dagegen nicht (Eysenck, 1957).
Aufseiten der Inhibition müssen zwei Prozesse unterschieden werden, nämlich zum einen die *»Reaktive Hemmung«* im Sinne Hulls, d. h. ein ermüdungsähnlicher Vorgang, der mit dem Ablauf jedes nervösen Prozesses zwangsläufig verbunden ist und einer erneuten Ausführung etwa derselben Handlung aktiv entgegensteht, andererseits *»Konditionierte Hemmung«*, die sich durch die raum-zeitliche Koinzidenz von externen Stimuli und der durch die reaktive Hemmung bewirkten Verlangsamung oder Beendigung von Nervenprozessen ergibt.
Extravertierte sind nach Eysenck nun dadurch gekennzeichnet, dass sie zur Ausbildung nur schwacher exzitatorischer Potenziale, aber schnell aufgebauter, intensiver und langsam abklingender inhibitorischer Prozesse neigen; Introvertierte sollen umgekehrt starke exzitatorische Potenziale, aber nur langsam einsetzende, schwache Inhibitionsprozesse aufweisen.
Als neurophysiologisches Korrelat der »excitation-inhibition-balance« wird die Erregungsschwelle des aufsteigenden aktivierenden Retikulärsystems gesehen, und zwar mit einer bei Introvertierten leichteren, Extravertierten erschwerten Affizierbarkeit. Die Feuerungsrate der Formatio reticularis bzw. des aufsteigenden retikulären aktivierenden Systems (ARAS) wird dabei, in Anlehnung an ein Modell von Sokolov (1960), als Ausmaß der Übereinstimmung zwischen einem neu ankommenden Reiz und den neuralen Spuren eines vorangegan-

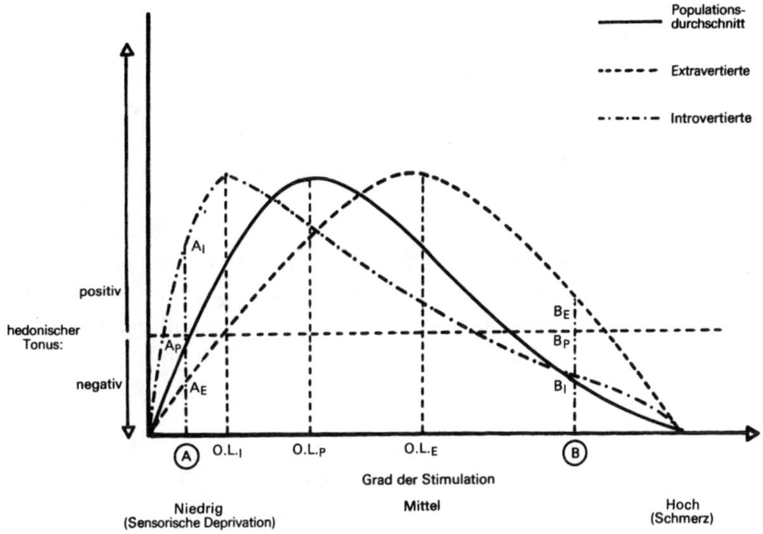

Abb. 15.14: Beziehung zwischen Ausmaß an sensorischer Stimulation und subjektiver Bewertung des dadurch bewirkten Zustandes nach den Qualitäten »angenehm/unangenehm« in Abhängigkeit von dem Merkmal Extraversion/Introversion (nach Eysenck, 1967, S. 109).

genen gesehen, d. h., bei Diskrepanzen kommt es zu einer besonders intensiven Arousal-Reaktion.

Allerdings ist die Beziehung zwischen kortikalem Arousal und retikulärem Bombardement monoton und positiv nur bis zu jenem Punkt, an dem *Transmarginale Hemmungen* im Sinne einer Schutzfunktion einsetzen und einer weiteren Aktivierung entgegenwirken. Jenseits dieses Punktes ist das Arousal-Niveau paradoxerweise bei solchen Personen höher, die habituell weniger erregbar sind oder auch das »stärkere Nervensystem« aufweisen: den Extravertierten. Schematisch ist dieser Vorgang in Abbildung 15.14 dargestellt, und zwar unter gleichzeitigem Anführen der mit den einzelnen Erregungszuständen verbundenen Erlebnisqualitäten.

Mit zunehmender Reizintensität kommt es ab Punkt A, bei dem die Introvertierten die Stimulation als angenehm, die Extravertierten als unzureichend und deshalb unangenehm erleben, zu einem Ansteigen des Arousal-Niveaus, das für die Introvertierten bei der Reizstärke O. $L._I$ ein Optimum erreicht. Zugleich mit dem Rückgang der subjektiv angenehmen Tönung setzen Transmarginale Hemmungen ein, sodass jenseits von Punkt O. $L._P$ das Arousal – und auch die positive Besetzung – aufseiten der Extravertierten stärker ist als bei den Introvertierten.

Daraus kann u. a. die Hypothese abgeleitet werden, dass Extravertierte ganz allgemein gegenüber Introvertierten ein höheres Maß an Stimulation bevorzugen, was in Form von »sensation seeking« (s. Eysenck & Zuckerman, 1978) und »Variations-Motivation« (s. Fischer & Wiedl, 1973) oder der Bevorzugung eines höheren Geräuschpegels während geistig beanspruchender Tätigkeiten (Geen, 1984) tatsächlich gesichert werden konnte. Im Weiteren ist etwa die Vorhersage möglich, dass Extravertierte höhere Schmerzreize tolerieren als Introvertierte. Zwar ist die Befundlage diesbezüglich nicht völlig einheitlich, doch befindet sich die Mehrzahl der publizierten Studien in Einklang mit der Theorie (Barnes, 1975; Bartol & Costello, 1976; s. aber Hentschel, 1977; Amelang & Ullwer, 1991a).

Eine zweite Hypothese gilt den unterschiedlichen Arousal-Niveaus von Extravertierten und Introvertierten, je nachdem, ob eine niedrige oder hohe Stimulation vorliegt. Nur im ersteren Fall sollten Introvertierte stärker aroused sein als Extravertierte, wohingegen sich bei intensiver Stimulation die Gegebenheiten umkehren müssten. Bei einer experimentellen Überprüfung dieser Ableitung aus der Theorie müsste sich eine signifikante Wechselwirkung zwischen Ausmaß der Stimulation und Maßen für das corticale Arousal sichern lassen (s. dazu auch Abb. 15.7: Je nachdem, an welcher Stelle die Senkrechten S und N auf der Abszisse errichtet werden, resultieren unterschiedliche Schnittpunkte mit den beiden umgekehrten U-Funktionen. Im Fall der Jensen-Studie wurden die Senkrechten *post hoc* so eingefügt, dass sie zum Ergebnis des Experimentes optimal »passten«.). Unter Verwendung von weißem Rauschen unterschiedlicher Intensität als Reiz-Variable und der Flimmerverschmelzungsfrequenz als Reaktions-Variable war ein solcher Effekt indessen nicht zu sichern (s. Amelang & Ullwer, 1990; 1991b). Auch anhand von EEG-Maßen ergaben sich keine eindeutigen Befunde (Matthews & Amelang, 1993).

Eine dritte Hypothese unterstellt demgegenüber eine höhere Arousability von Introvertierten im Vergleich zu Extravertierten, d. h. eine stärkere Sensitivität und physiologische Reaktivität gegenüber physischer Stimulation. Der Literaturübersicht von Stelmack und Green (1992) zufolge, in deren Mittelpunkt elektrodermale Maße und ereigniskorrelierte Potenziale stehen, befinden sich die vorliegenden Befunde zu den physiologischen Korrelaten von Extraversion in Einklang mit dieser Annahme, wobei die Art der neurologischen Vermittlungs-Mechanismen noch weiterer Beforschung bedürfe. (Ausführlicher, aber auch einseitiger ist der Überblick von Eysenck, 1994.)

Neben diesen stabilen typologischen Arousal-Unterschieden zwischen extravertierten und introvertierten Personen nimmt Eysenck (1981) auch aktivierende Situations-Faktoren an, die etwa mit der auszuführenden Tätigkeit in Verbindung stehen. Brocke und Battmann (1985) bezeichnen in ihrer ausgezeichneten systematischen Darstellung und partiellen Rekonstruktion der Gesamt-Konzeption von Eysenck diesen Teil als »Theorie der situativen Erregung«. Leistung und Verhalten resultieren demzufolge aus der Interaktion zwischen dem persönlichkeitsspezifischen Arousal-Ausmaß, der situativen Erregung und dem optimalen hedonistischen Erregungsniveau. Dadurch lassen sich zwar einige theorie-inkompatible Befunde post hoc »erklären«, doch werden die Vorhersagen auch sehr viel komplizierter (über ein Experiment in diesem Sinne mit allerdings nur teilweise erwartungstreuen Resultaten berichten Brocke & Liepmann, 1985).

Durch die enge Verflechtung von Limbischem System und Retikulärformation ist von vornherein eine absolute Unabhängigkeit von limbischer Aktivation und retikulärem Arousal nicht zu erwarten. Eysenck geht in Bezug darauf davon aus, dass retikuläres Arousal nicht zwangsläufig die limbische Aktivation beeinflusse, umgekehrt jedoch die limbische Aktivation notwendigerweise eine Erhöhung sowohl des retikulären als auch des corticalen Arousal bewirke.

Ungeachtet solcher Detailprobleme handelt es sich bei der so weit vorgestellten Arousal-Theorie doch um ein weitgehend *eindimensionales* Konzept. Jüngeren Erkenntnissen zufolge lassen sich hingegen beispielsweise im ARAS gesonderte arousal-bezogene neuroanatomische Regionen identifizieren, die neurochemisch durch verschiedene Neurotransmitter wie Acetylcholin, Serotonin, Noradrenalin oder Dopamin (DA) charakterisiert sind. Neueren Befunden zufolge scheint insbesondere das dopaminerge Neurotransmittersystem als biologische Grundlage der Extraversion in Frage zu kommen. Maßgeblich dafür sind mehrere Beobachtungen: Zum einen gehören DA-Neurone zu den wichtigsten Bestandteilen der Retikulärformation. Zum anderen vermitteln tierexperimentellen Untersuchungen zufolge Unterschiede in der Responsivität dopaminerger Neurone die interindividuellen Unter-

schiede im Verhalten. Darüber hinaus nehmen DA-Neurone – darin unterschiedlich zu Neuronen anderer Neurotransmittersysteme – weniger eine Rolle als Vermittler hochspezifischer Funktionen ein als mehr eine solche der generellen Aktivierungsregulation in verschiedenen Verhaltensbereichen. Das DA-System wiederum gliedert sich in zwei anatomisch separierbare Subsysteme: Das mesostriatale DA-System kontrolliert beispielsweise Funktionen wie die Aktivierung motorischer Reaktionen oder die Ausführung gelernter motorischer Programme; hingegen beeinflusst das mesolimbocorticale DA-System zum Beispiel aktives Vermeidungslernen, Belohnung und Anreizmotivation, assoziatives Lernen sowie kognitive Prozesse und Funktionen des Arbeitsgedächtnisses (nach Rammsayer, 1997, S. 825). Vor dem Hintergrund solcher Feststellungen müssen letztlich multiple Arousal-Systeme angenommen werden. Deren Wirkung kann experimentell durch die Applikation spezifischer Psychopharmaka beeinflusst werden (s. Rammsayer, Netter & Vogel, 1993). So hemmt beispielsweise Remoxipride die dopaminergen Neurone in der ventral-tegmentalen Region, die Projektionen in das limbische System und in kortikale Regionen aufweisen. Dementsprechend stellte sich in den Experimenten von Rammsayer (1998) hypothesengerecht eine Wechselwirkung zwischen diesem Präparat und Extraversion in einer Reaktionsaufgabe ein.
Einem Teil dieser Befunde ist sicher noch eine gewisse Vorläufigkeit eigen, weshalb es verfrüht sein könnte, sie als Lehrbuchwissen darzustellen. Wenn hier gleichwohl kursorisch darauf eingegangen wurde, so deshalb, um einen Eindruck davon zu vermitteln, dass durch die rasante Entwicklung der Neurowissenschaften von Forschungen dieser Provenienz in Zukunft wohl die wesentlichsten Beiträge zu den biologischen Grundlagen des Verhaltens zu erwarten sind.

15.3.5 Verhaltenskorrelate

Die Rückführung von Neurotizismus auf das Limbische System hat bislang keine weiter reichenden Konsequenzen gehabt, von einer Ausnahme abgesehen: Die gerade angesprochene Beziehung des Visceralen Hirns zur Retikulärformation ließe nämlich die negative Korrelation zwischen N und E bei Probanden mit höheren N-Werten unschwer erklären. Gerade deshalb ist nachgerade unverständlich, warum Eysenck in der erwähnten Neuentwicklung des EPI ausgerechnet Orthogonalität beider Dimensionen erreichen will, die im Falle des MPI nur unzureichend gewährleistet ist. Die Richtigkeit der Theorie einmal unterstellt, führt dieses zwangsläufig zu einer Verzerrung der »eigentlich wahren« Gegebenheiten.
In Untersuchungen des Freiburger Instituts, die hinsichtlich der Stichproben von Personen, Parametern und Situationen ohne Beispiel sind, erwies sich allerdings schon die konzeptuell vorgeordnete Annahme einer relativ konsistenten Dimension oder eines kohärenten Musters von autonomer Labilität als unhaltbar. Fahrenberg (1987) spricht sich deshalb für die Entwicklung von Multikomponenten-Modellen der Aktivierung und einer darauf ausgerichteten Strategie zur Erfassung von Reaktions-Mustern und deren möglicherweise hierarchischer Organisation aus.
Demgegenüber hat sich die Theorie für Extraversion/Introversion als außerordentlich fruchtbar erwiesen und Anlass zu einer Fülle von Untersuchungen gegeben, die von hochspeziellen experimentellen Aufgaben über Kurz- und Langzeitgedächtnis zu sozialen und politischen Einstellungen, pharmakologischer und psychotherapeutischer Reagibilität reichen. Nicht einmal näherungsweise, sondern allenfalls exemplarisch, kann dem erarbeiteten Material an dieser Stelle in etwa Rechnung getragen werden, aus dem Eysenck (1970a,

1971a, b, c; 1973, 1976a) in mehreren Readern Stichproben zusammengestellt hat (s. auch Morris, 1979; Bartussek, 1985).
Kennzeichnend für nahezu alle diese Studien, die nicht nur aus der Schule von Eysenck stammen, ist zunächst die Bestimmung des Extraversionsgrades mehrerer Personen mit einem der Fragebogen. Gewöhnlich folgt diesem Schritt die Bildung von Extremgruppen hochextra- und hochintrovertierter Versuchspersonen, deren Verhalten schließlich in anderen Variablen miteinander verglichen wird. Insoweit sich dabei bedeutsame Differenzen sichern lassen, kommt dieses – wie unter 15.3.1 schon erwähnt – einer simultanen Bestätigung der zugrunde gelegten Theorie *und* einer Validierung der vorgenommenen Operationalisierung gleich.
Um eine Vorstellung über die angestellten Untersuchungen zu vermitteln, sollen nachfolgend einige Beispiele herausgegriffen werden, an denen sich einerseits die Eindeutigkeit der prüfbaren Hypothesen, andererseits die Probleme bei der konkreten Gestaltung einzelner Anordnungen aufzeigen lassen. Eine umfassende Darstellung findet sich bei Eysenck und Eysenck (1985).

a) Pharmakologische Beeinflussung

Herkömmlicher Denkungsart entspricht die Meinung, durch die Einnahme stimulierender Pharmaka wie Coffein und Amphetamin aufgeweckter oder extravertierter, durch sedierende Präparate wie Barbiturate und Hypnotika dagegen ruhiger und introvertierter zu werden. Die Eysenck'sche Theorie macht demgegenüber gerade diametral entgegengesetzte Voraussagen: Die durch aufputschende Substanzen erzeugte Stimulation führt zu einer Erhöhung des retikulären und damit corticalen Arousals, was gleich bedeutend ist mit Veränderungen in introvertierter, nicht aber extravertierter Richtung. Umgekehrt müssten ruhig stellende Pharmaka die inhibitorischen Potenziale erhöhen und damit das Erregungs-Hemmungs-Gleichgewicht in Richtung auf Extraversion verschieben (= »*Drogen-Postulat*«). Dies soll selbstredend weniger für die subjektiven Reaktionen auf Fragebogenitems gelten als zuerst für solche Prozesse, die Rückschluss auf das wechselseitige Verhältnis von Exzitation und Inhibition erlauben, z. B. Schwankungen in der Pupillengröße, Bewegungsnachbilder, motorische Reaktionen und die Wahrnehmung aufeinander folgender, nahezu ähnlich großer Reize.
Eine besonders eindeutige Variable scheint die Sedationsschwelle zu sein, also der Punkt, ab dem ein Proband infolge verabreichter sedierender Substanzen wie z. B. Alkohol Wirkung zu zeigen beginnt, was anhand motorischen oder verbalen Ausdrucks objektiviert werden kann. Gemäß der Theorie müssten Extravertierte schon eher auf geringe Dosierungen ansprechen als Introvertierte. Besonders deutliche Unterschiede sind für Vergleiche der jeweiligen Extremvarianten, also Hysteriker und Dysthymiker zu erwarten. Die Befunde von Shagass und Naiman (1956) sowie Eysenck (1963) liegen in dieser Richtung (s. Abb. 15.15 als Veranschaulichung typischer Reaktionsmuster).
Weiterhin müsste die Leistung in Daueraufmerksamkeitsversuchen (Vigilanz), wo zwischen zahlreichen sukzessiv dargebotenen Reizen Vereinzelte »kritische« mit veränderter Beschaffenheit herauszufinden sind, durch stimulierende Drogen verbessert, durch sedierende vermindert werden; entsprechende Unterschiede zwischen Extra- und Introvertierten wurden mehrfach beobachtet (z. B. Treadwell, 1960).
Oder: Die Flimmerverschmelzungsfrequenz (FVF), d. h. jener Punkt, ab dem bei weiterer Erhöhung der Stromfrequenz der Sinneseindruck von einem flackernden Lichtreiz in einen kontinuierlich leuchtenden übergeht, hängt vermutlich ab von der corticalen Wachheit und der Sensitivität der Sinnesrezeptoren. Stimulierende Drogen müssten das Auflösungsvermögen des Zentralnervensystems durch gesteigerte Erregung erhöhen und damit die kritische FVF erhöhen (s. Holland, 1960).

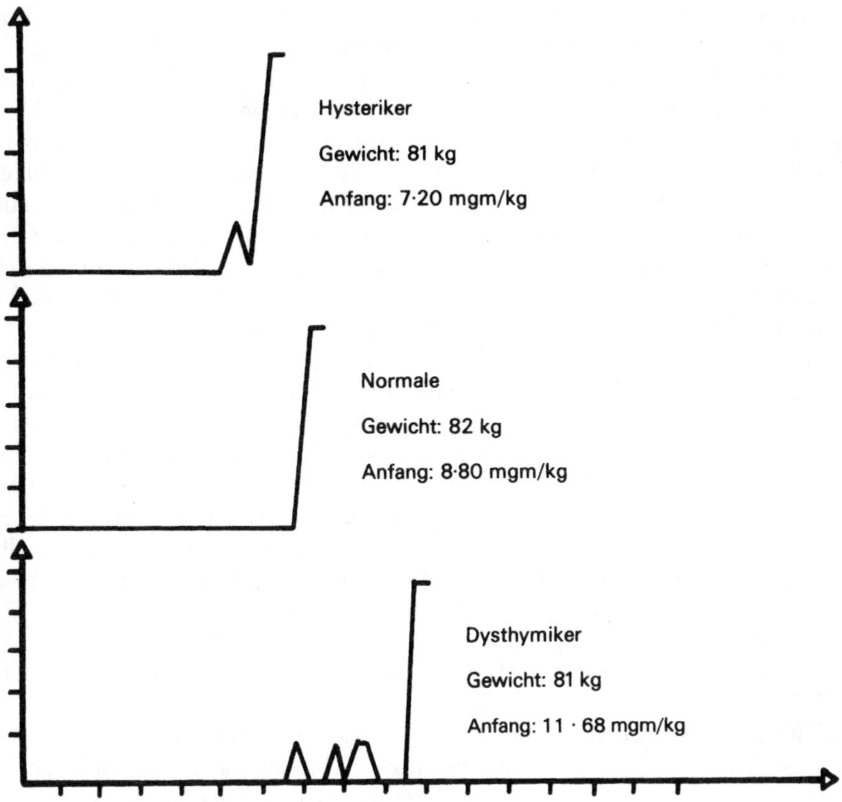

Abb. 15.15: Typische Zunahme von Fehlern in dem »Claridge-Herrington Sedation Threshold Test« bei je einem hysterischen, normal-unauffälligen und dysthymischen Probanden (aus Eysenck, 1967, S. 283).

Eine große Zahl weiterer gleichartiger Experimente ist in einer Übersicht von Eysenck und Rachman (1968) zusammengestellt (s. auch Eysenck, 1994).
Die Erregungs-Hemmungs-Theorie ist deshalb von besonderem Wert, weil sie differenzierte Vorhersagen über die Präparatwirkung in Abhängigkeit von der Ausprägung des Persönlichkeitsmerkmals Extraversion/Introversion zu machen erlaubt. Mit ihrer Hilfe finden vermeintlich paradoxe Effekte, die in der Vergangenheit in verschiedenen Stichproben beobachtet wurden, eine konzise Erklärung (s. Eysenck, 1963; zur Wechselwirkung von Pharmaka mit der Persönlichkeitsdimension emotionale Stabilität s. Janke, 1964). Legewie (1968) hat allerdings den Wert des Drogenpostulates durch den Verweis auf Zirkelschlüsse und durch die Ergebnisse eigener Untersuchungen in Frage gestellt.

b) Motorische Aufgaben

Eysenck (1967, S. 84–86) berichtet von den Experimenten einer Doktorandin, die jeweils 5 extrem extra- und introvertierte Versuchspersonen, ausgewählt mit Hilfe des MPI aus einer Stichprobe von ursprünglich 90 »working class subjects«, mit einem Stift auf einer Metallplatte für eine Minute lang schnelles Tapping ausführen ließ. Das Konzept der reaktiven Hemmung legt die Hypothese nahe, dass Extravertierte, die der Theorie zufolge mehr zur

Ausbildung inhibitorischer Potenziale neigen, stärker als Introvertierte sog. unwillentliche Ruhepausen erkennen lassen, d. h. kurze Verzögerungen im erneuten Ausführen der geforderten einfachen Bewegung. Bei der Geschwindigkeit, mit der die einzelnen Taps aufeinander folgen, bedarf es zur Objektivierung des kritischen Phänomens komplizierter Messoperationen. Die Resultate bestätigen eindrucksvoll die Erwartungen (s. Abbildung 15.16).
Einen anderen motorischen Vollzug verlangt der Pursuit-Rotor. Gewöhnlich handelt es sich dabei um ein dem Plattenspieler vergleichbares Gerät mit einem Metallplättchen an der Peripherie des Plattentellers, mit dem die Versuchspersonen während der Rotationen über einen Stab Kontakt halten müssen. Für die Quantifizierung der erreichten Leistung steht die während der Dauer der Drehungen insgesamt erzielte Kontaktzeit zur Verfügung; seltener wird auch auf die Zahl der Kontaktunterbrechungen zurückgegriffen.
Meist zeigt die über einzelnen Zeitabschnitten abgetragene Übungskurve einen negativ beschleunigten Verlauf. Fügt man bei beginnender Abnahme der Leistungszuwächse eine Pause von ca. 5 bis 10 Minuten ein, ist gewöhnlich ein Reminiszenzeffekt zu beobachten, d. h., während der ersten Durchgänge nach der Pause liegt die Leistung höher als während der letzten Versuche davor. Das Abflachen der Lernkurve lässt sich unschwer durch den Aufbau reaktiver Hemmungen erklären, die Reminiszenz durch deren Abbau während der Pause. Die Extravertierten, bei denen diese Prozesse stärker ausgeprägt sind, sollten deshalb eine größere Vor-Nach-Pausen-Differenz in der Pursuit-Rotor-Leistung zeigen. Die Abbildung 15.17 liefert ein Beispiel für experimentelle Resultate in diesem Sinne.
Ein signifikanter Zusammenhang von r = .29 zwischen Pursuit-Rotor-Reminiszenz und Extraversion war schon vorher in einer Untersuchung von Eysenck (1956b) beobachtet worden.
Analoge Resultate wurden von Lynn (1960) gefunden, der seine Versuchspersonen rückwärts das Alphabet schreiben und Pausen von je zwei Minuten Dauer einlegen ließ; auch hier zeigten die Extravertierten gegenüber den Introvertierten nach der Pause eine größere Fertigkeit.

c) Gedächtnis: Fortentwicklung einer Theorie

Zu der o. a. Erklärung über den Aufbau bzw. die Zerstreuung reaktiver Hemmung hat Eysenck (1952, 1966b) alternative Modellvorstellungen entwickelt; diese knüpfen an jenen perseverativen neuralen Prozessen an, die nach dem Aufhören der Wirkung externer oder interner Reize noch andauern und seit Müller und Pilzecker (1900) als Voraussetzung für jedes längerfristige Behalten angesehen werden.
Es spricht für die Existenz der besagten Prozesse, die eine Verfestigung oder Konsolidierung der Gedächtnisspuren sicherstellen, dass Gedächtnisinhalte umso weniger Störungen – etwa in Form eines cerebralen Traumas, eines Elektroschocks oder einer psychisch beanspruchenden Tätigkeit – unterliegen, je länger zurück der Zeitpunkt des Einprägens liegt, d. h., je älter die Gedächtnisspuren sind. Die »Engramme« – so die Modellvorstellung – werden durch Kreisen der ursprünglichen Erregung in bestimmten Nervenzellverbänden (reverberatory circuits) erzeugt.
Während der Konsolidierungsprozesse ist nach Walker (1959) die sofortige Reproduktion gegenüber einer späteren Wiedergabe etwas beeinträchtigt, da die Ausbildung eines neuralen Gedächtniskorrelates gegenüber möglichen Störungen geschützt werden soll. Darüber hinaus gehe ein höheres Maß von *aktuellem* Arousal einher mit verstärkter Intensität der aktiven Spurenfestigungsprozesse (Walker & Tarte, 1963). Das Ausmaß dieses momentanen, zeitlich relativ eng limitierten Arousals wurde von Kleinsmith und Kaplan (1963) über die Art des Lernmaterials (emotional ansprechend vs. neutral) variiert, durch weißes Rauschen

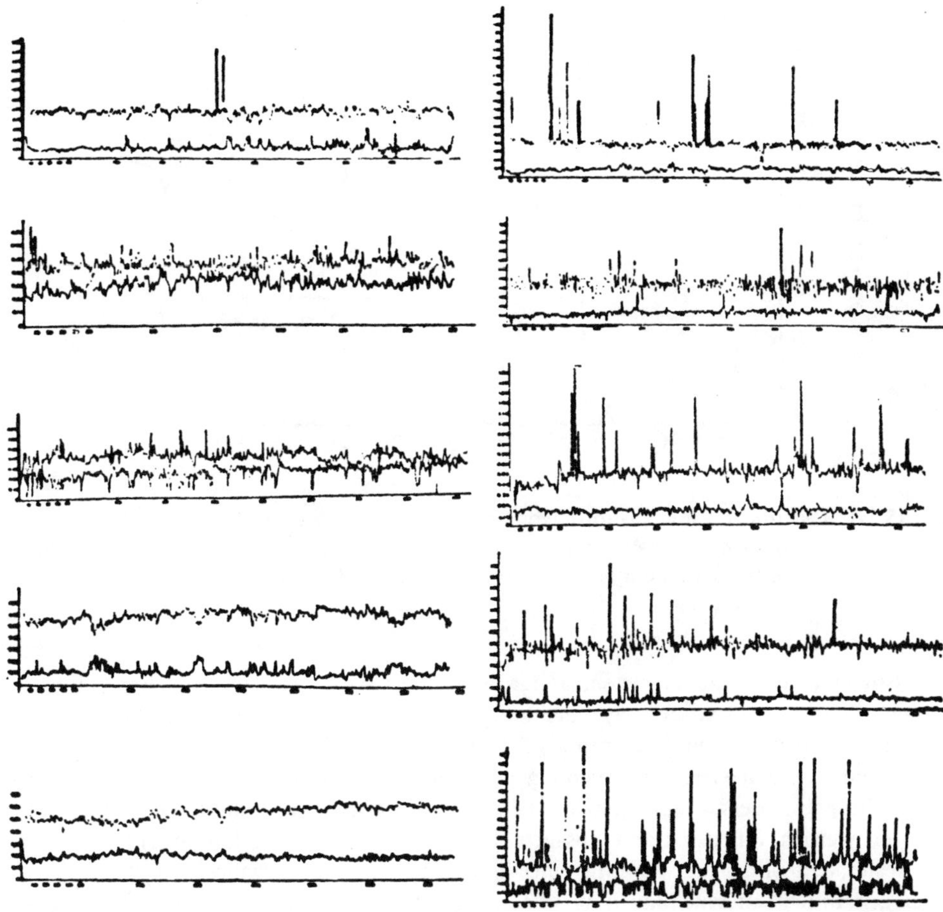

Abb. 15.16: Dauer von unwillentlichen Ruhepausen beim Ausführen von fortlaufendem Tapping während einer Minute. Links die Ergebnisse von 5 introvertierten, rechts diejenigen von 5 extravertierten Versuchspersonen. Die jeweils obere Linie bezieht sich auf die Zeiten zwischen aufeinander folgenden Berührungen der Grundplatte, die untere auf die Zeiten des Kontaktes mit der Unterlage (aus Eysenck, 1967, S. 85).

unterschiedlicher Intensität von McLean (1969) und Drogen verschiedener Qualität von Batten (1967). In allen Fällen war hypothesenkonform anhand der Reproduktionsleistungen eine Wechselwirkung zwischen dem Ausmaß des induzierten Arousals und dem Zeitpunkt der Wiedergabe zu registrieren.

Eysenck geht nun davon aus, dass die Effekte des durch externe Faktoren wie Art des Lernmaterials, Drogen, weißes Rauschen usw. hervorgerufenen Arousals gleichgesetzt werden können mit solchen durch *habituelle* Arousal-Differenzen, wie sie zwischen Introvertierten und Extravertierten bestehen sollen (wobei Extravertierte im Vergleich zu Introvertierten durch ihr niedrigeres und kürzer andauerndes Arousal charakterisiert werden). Unter Einbezug der Auffassung von Walker ist damit zu erwarten, dass Extravertierte in verbalen Lernaufgaben schwächere Konsolidierungsprozesse zeigen als Introvertierte. Da bei Extravertierten somit die Spurenfestigung gering ist, sind einerseits keine guten Leistungen beim

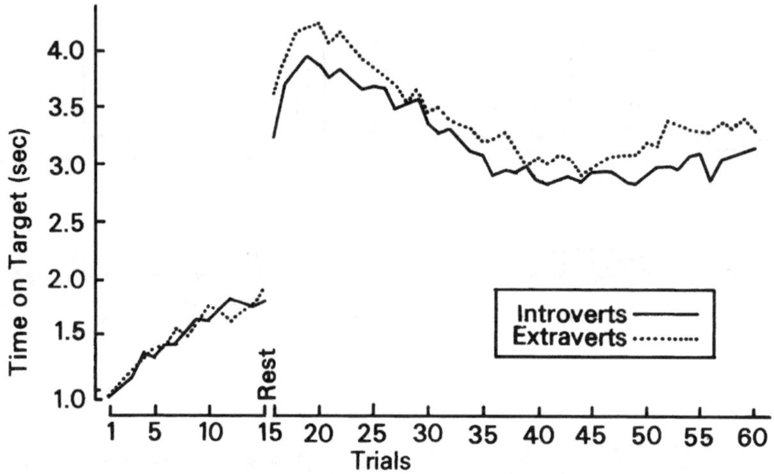

Abb. 15.17: Leistung im Pursuit-Rotor von 90 extravertierten und 110 introvertierten Versuchspersonen. Deutlich ist der größere Reminiszenzeffekt aufseiten der Extravertierten zu erkennen (aus Eysenck, M. W. 1977, S. 281).

langfristigen Behalten zu erwarten, andererseits aber wird eine sofortige Reproduktion kaum beeinträchtigt, was zur Folge haben müsste, dass Extravertierte bei kurzen Behaltensintervallen bessere Leistungen zeigen als Introvertierte.

In einer ganzen Reihe von Untersuchungen, unter denen diejenige von Howarth und Eysenck (1968) besonders bekannt geworden ist, konnte die damit postulierte Wechselwirkung verifiziert werden. Bartussek und Nüssgen (1975, dort auch weitere Literatur) fanden analoge Resultate auch bei Verwendung eines längeren Behaltensintervalles (s. Tab. 15.3).

In den genannten Untersuchungen wies das verwendete Lernmaterial stets zwei Funktionen auf: Einerseits sollten damit die angenommenen Konsolidierungsprozesse in Gang gesetzt werden, andererseits diente das Material bzw. die sich daran manifestierenden Reproduktionsleistungen auch dazu, etwas über die Intensität eben dieser Vorgänge zu erfahren. Um diese Konfundierung aufzulösen, führten Amelang, Wendt und Fründt (1977) ein Experiment durch, bei dem während des Behaltensintervalls eine Einfachreaktion (Tasterdruck auf Lichtreiz) ausgeführt werden musste. Die Verzögerung der Reaktionszeit gegenüber der Bedingung »ohne vorherige Darbietung von Lernmaterial«, die regelmäßig unter einer solchen Anordnung festzustellen ist (s. Mührer, Moog & Amelang, 1973), kann auf die laufenden Konsolidierungsprozesse zurückgeführt werden. Die Resultate des Versuches sind in Abbil-

Tab. 15.3: Behaltensleistung (Anzahl behaltener minus Anzahl erlernter Silben) in Abhängigkeit von Extraversion und Abprüfzeit (aus Bartussek & Nüssgen, 1975).

	Abprüfzeitpunkt nach Ende des Lernexperiments 10 Minuten	1 Stunde	2 Tage
Extravertierte	–0.65	–0.85	–1.90
Ambivertierte	–0.65	–0.90	–0.90
Introvertierte	–0.25	–0.35	+0.70

dung 15.18, getrennt für zwei Extremgruppen extravertierter und introvertierter Versuchspersonen, veranschaulicht.

Wie vorhergesagt, sind offenkundig die Konsolidierungsvorgänge bei den Extravertierten unmittelbar nach der Exposition des Lernmaterials von geringerer Intensität, da die Reaktionszeitverzögerung gegenüber dem Kontrollversuch ohne Einspeicherung von Lernmaterial geringer ausfällt als bei den Introvertierten, wohingegen sich die Verhältnisse mit wachsendem Abstand von der Einprägungsphase umkehrten. (Über weitere Untersuchungen zum Zusammenhang von Gedächtnisprozessen und Extraversion s. M. W. Eysenck & M. Eysenck, 1979; M. W. Eysenck, 1981; negative Resultate: Wosinska, 1976.)

Die hier skizzierte Konsolidierungstheorie (s. auch Eysenck, M. W., 1977) weist für die motorischen Aufgaben wie den Pursuit-Rotor dann umso mehr Implikationen auf, wenn dort zunehmend komplexe Informationen verarbeitet werden müssen, für die eine Konsolidierung gleichfalls förderlich ist. In einem solchen Fall ist bei kurzen Pausenintervallen mit einem größeren Reminiszenzeffekt aufseiten der Extravertierten zu rechnen, da diese durch Konsolidierungsvorgänge weniger beeinträchtigt werden. Bei langen Pausen hingegen müssen die Introvertierten überlegen sein.

Auch wenn Eysenck und Frith (1977, S. 294) hinsichtlich der Länge des Pausenintervalles Optimalwerte für einen positiven Zusammenhang Extraversion/Reminiszenz nennen, steht eine umfassende Prüfung dieses Konzeptes noch aus.

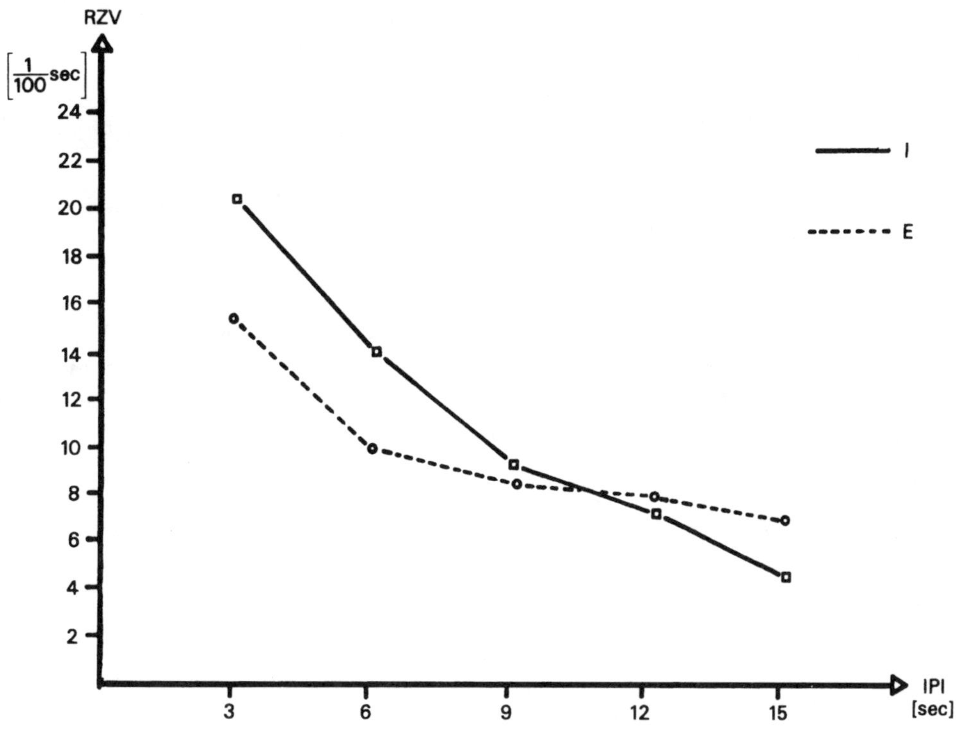

Abb. 15.18: Mittlere Reaktionsverzögerung gegenüber einem Kontrollversuch ohne Darbietung von Lernelementen. IPI (= Interpolationsintervall) bezeichnet die Zeit, zu der während des Behaltensintervalles das Lichtsignal für die Einfachreaktion exponiert wurde. E = extravertierte, I = introvertierte Versuchspersonen (aus Amelang, Wendt & Fründt, 1977, S. 530).

d) Gehirnelektrische Prozesse

Natürlich lag die Überlegung nahe, das in der Extraversionstheorie postulierte Erregungs-Hemmungs-Verhältnis werde einen Ausdruck finden in der Intensität gehirnelektrischer Vorgänge, wie sie mit Hilfe des Elektroencephalogrammes (EEG) erfassbar sind. Zumindest sollten aktuelle Veränderungen des Arousal-Niveaus abgebildet werden können.
In dem unter (c) schon erwähnten Experiment von Amelang, Wendt und Fründt (1977) wurden EEG-Ableitungen während der 30 Sekunden andauernden Behaltensintervalle vorgenommen. Aus der Theorie war ein für Introvertierte gegenüber Extravertierten steilerer Verlauf von Alpha über der Zeit als Indikator für die anlaufenden Konsolidierungsvorgänge zu erwarten. Abbildung 15.19 enthält für einen Schwierigkeitsgrad des verwendeten Lernmaterials die erhaltenen Ergebnisse. Wie ersichtlich, kommt es auch hier zu einer Wechselwirkung und Überschneidung der als Arousal-Verläufe interpretierbaren Linienzüge.
Ansonsten ist die Literatur keineswegs einheitlich in dem Sinne, dass für die Introvertierten, die der Theorie zufolge ein höheres Arousal-Niveau aufweisen müssten, regelmäßig etwa geringere Alpha-Anteile im EEG gesichert worden wären. Gale (1973) hat die sehr widersprüchlichen Untersuchungen zur Beziehung zwischen EEG und Extraversion post hoc nach dem Vorliegen von »high«, »moderate« und »very low arousal« geordnet.

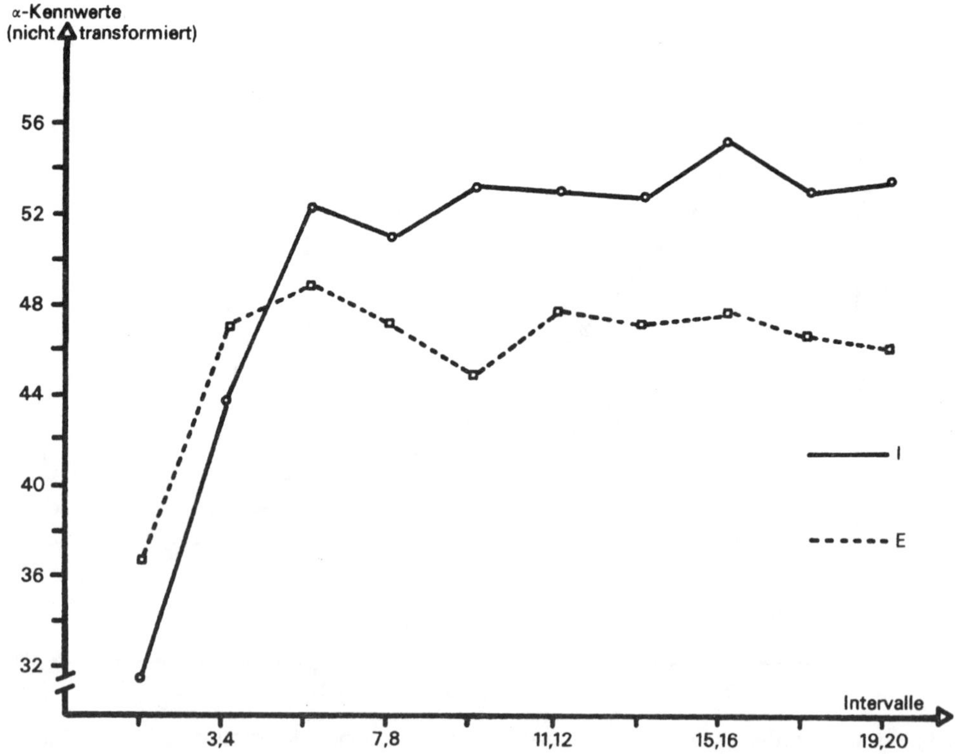

Abb. 15.19: Mittere alpha-Band-Kennwerte der Extravertierten (E) und Introvertierten (I) bei optischer Darbietung des Lernmaterials (aus Amelang, Wendt & Fründt, 1977, S. 540).

Seiner Einteilung zufolge befinden sich alle Arbeiten, in denen ein mittleres Arousal-Niveau für die Versuchspersonen realisiert wurde, in Einklang mit der Theorie. Allerdings konnte die Klassifizierung der Untersuchungen nach dem Arousal-Niveau nicht mehr völlig unabhängig von deren jeweiligen Resultaten erfolgen.

Im Einzelnen nimmt Gale an, dass Extravertierte dann ein gegenüber Introvertierten höheres Ausmaß an Arousal aufweisen, wenn sie entweder durch die experimentelle Anordnung stark gelangweilt oder aber zu sehr gefesselt werden. Im ersteren Fall würden selbststimulierende Prozesse einsetzen (z. B. das Beschäftigen mit Vorstellungsbildern), die ihrerseits das EEG beeinflussen. Bei zu starker Einbindung in das Experiment führe andererseits die intensive Beschäftigung mit der Aufgabe zu einem hohen Arousal-Niveau. Lediglich bei »moderately arousal tasks« könnten sich die Extravertierten den allgemeinen Instruktionen optimal unterwerfen und »keep (their) mind clear« (S. 245). In Übereinstimmung damit zeigten theorienkonform die Extravertierten gegenüber den Introvertierten in der Untersuchung von Deakin und Exley (1979) durchschnittlich höhere Alpha-Amplituden; die Anordnung sah ruhiges Dösen mit wiederholtem Öffnen und Schließen der Augen vor, doch wurden die EEG-Maße nicht im üblichen Einzelversuch, sondern in Gruppensitzungen abgeleitet, wodurch vermutlich bei extravertierten Versuchspersonen sehr angenehmes, also mittleres Arousal induziert wurde.

Solche Details werden mit Bedacht hier aufgeführt, weil damit gezeigt wird, wie diffizil die Prüfung auch einer vermeintlich einfachen Theorie im konkreten Fall eines Experimentes ist und welche Faktoren für eine angemessene Operationalisierung zu bedenken sind (siehe dazu die ausführliche Analyse von Bartussek, 1984).

Dies gilt insbesondere für einen weiteren Aspekt, der im Zusammenhang mit EEG-Befunden diskutiert werden muss, aber von grundsätzlicher Bedeutung und vermutlich die Ursache für viele inkonsistente Befunde zur E/I-Dimension ist: Limbische Aktivation soll zu retikulärem und corticalem Arousal führen, aber nicht umgekehrt. Extraversion wird von Eysenck mit der Erregungsschwelle des retikulären, Neurotizismus mit derjenigen des limbischen Systems in Verbindung gebracht. Diesen Modellannahmen entsprechend können interindividuelle Differenzen in psychophysiologischen Maßen oder Verhaltenskriterien freilich nur dann auf das der Extraversion zugrunde liegende Arousal-Niveau der Retikulärformation zurückgeführt werden, wenn das limbische System nur mit einer niedrigen Rate feuert, im Idealfall: unerregt ist. Dieses ist umso eher der Fall, je weniger störende oder emotional affizierende Stimuli vorliegen. In allen anderen Fällen muss ein beobachtetes kortikales Arousal aus den sich überlagernden, vermutlich interagierenden Wirkungen von Retikulärformation und limbischem System erklärt werden. Der Einfachheit halber ein additives Modell unterstellt, sind bei einem gegebenen, als »Stressor« fungierenden Reiz Zustände höchsten corticalen Arousals bei der Kombination niedrig E/hoch N, solche niedrigen Arousals bei hoch E/niedrig N zu erwarten.

Da die Definition und empirische Festlegung von »Stress« außerordentlich schwierig ist, gebietet es sich für Untersuchungen des E/I-Kontinuums, entweder zweifelsfrei emotional »neutrale« Situationen zu realisieren oder – in diesem Sinne spricht sich Gale (1973) aus – nur Versuchspersonen mit niedrigen Neurotizismuswerten heranzuziehen (siehe auch die systematischen Bewertungen aller vorliegenden Untersuchungen zu EEG und Extraversion von Gale, 1981, 1983 und Bartussek, 1984).

Das ist bislang höchst selten gewesen. So fielen bei der Ermittlung von Partialkorrelationen (also dem rechnerischen Konstanthalten von Neurotizismus- und Psychotizismus-Unterschieden) die Korrelationen zwischen EEG-Maßen und Fragebogen-Werten für Extraversion in einigen Fällen tatsächlich etwas höher aus als die unkorrigierten Koeffizienten (s. Matthews & Amelang, 1993), und in derselben Studie war der Zusammenhang zwischen

Schmerzschwelle und Extraversions-Punktwerten hypothesengerecht positiv nur bei emotional stabilen Personen, also solchen mit niedrigen N-Scores (Amelang & Ullwer, 1991a), dieses allerdings nur bei männlichen Personen und nicht auch bei einer anderen psychophysiologischen Variablen. Ungeachtet der nicht ganz konsistenten Befunde versprechen solche Ansätze doch verlässlichere Anhaltspunkte über die Haltbarkeit der Theorie als die Heranziehung extremerer Stichproben.

e) Weitere Variablen

Die angeführten Beispiele mögen genügen, um die Art der Ableitung und Prüfung von Hypothesen zu demonstrieren. Auch wenn eine Theorie die Formulierung präziser Vorhersagen erlaubt, ergeben sich im konkreten Fall diffizile Probleme der Ausgestaltung einzelner Versuchsanordnungen, sodass am Ende nur schwer beurteilt werden kann, inwieweit die Theorie belastet ist und ggfs. zumindest teilweise zugunsten anderer Konzepte aufgegeben werden sollte.

Diese Frage stellt sich nicht zuletzt in Bezug auf die behaupteten habituellen Unterschiede in der *Konditionierbarkeit* zugunsten der Introvertierten, die ursprünglich eine große Rolle innerhalb der Theorie spielten. Von den anfänglich positiven Resultaten werden immer wieder diejenigen von Franks (1956) zitiert, die nachfolgend deshalb wiedergegeben werden sollen, weil sie sich auf Versuchspersonen von extremer Merkmalsausprägung stützen, nämlich auf Dysthymiker als übersteigert Introvertierte und Hysteriker als psychisch kranke Extravertierte (s. Abbildung 15.20).

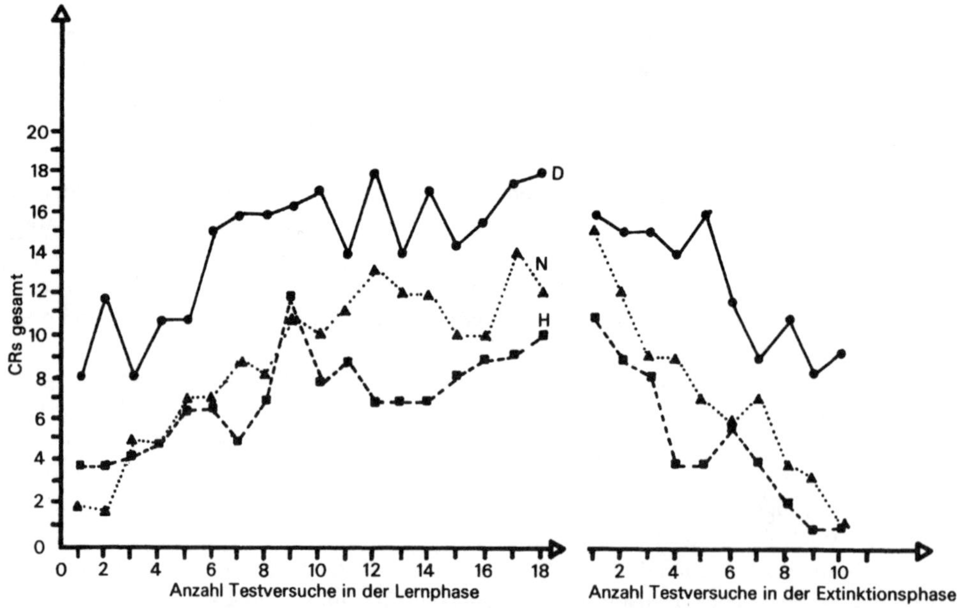

Abb. 15.20: Mittlere Zahl von konditionierten Lidschlagreaktionen bei drei Gruppen von Versuchspersonen während verschiedener Phasen des Experimentes. N jeweils 20. D = Dysthymiker, N = Normale, H = Hysteriker (nach Franks, 1956).

Freilich konnte Franks (1963) selbst seine Resultate nicht replizieren. Dafür ist nach Eysenck (1965c) der Umstand verantwortlich, dass nicht mit partieller Bekräftigung gearbeitet wurde. Nur unter dieser Bedingung sei eine bessere Konditionierung der Introvertierten zu erwarten, eine Behauptung, die inkonsistent mit der sonstigen Argumentation ist (s. Brody, 1972, S. 53). In der einzigen Untersuchung, die sich mit dieser zentralen These beschäftigt, nämlich derjenigen von Levey (1966; s. auch Eysenck & Levey, 1967), bildeten zwar Introvertierte unter partieller Bekräftigung und Extravertierte unter vollständiger Bekräftigung rascher eine konditionierte Lidschlagreaktion aus, doch fiel eben diese Differenz statistisch nicht bedeutsam aus. Zudem war der empirisch relativ große Einfluss der Intensität des UCS aus der Theorie nicht herleitbar (Einzelheiten s. Brody, 1972, S. 54–59).
Daran anknüpfend hat Oswald (1978) auf weitere Ungereimtheiten der Theorie aufmerksam gemacht. Ihren Argumenten zufolge lässt sich die Konditionierungshypothese weder aus der lerntheoretischen Fundierung der Persönlichkeitsdimensionen noch aus der später erfolgten Identifikation der Dimensionen mit neurophysiologischen Strukturen herleiten. Es muss deshalb überraschen, dass unter den seltener werdenden persönlichkeitspsychologischen Konditionierungsstudien immer wieder auch solche mit positiven Befunden gegenüber Extraversion sind (z. B. Clark & Albino, 1975).
Vieles spricht allerdings dafür, dass derzeit die Grundlagen der Technik eingehender erforscht und damit u. a. eine veränderte Ausgangsposition geschaffen wird: Gegenüber den traditionellen Häufigkeitsmaßen (z. B. relative Zahl bedingter Reaktionen) haben Martin und Levey (1965) erstmals auch andere Maße definiert, etwa die Relation der Amplituden von CR und UCR, um darüber die Effizienz der CR zur Vermeidung des US bestimmen zu können. In Verbindung mit späteren Arbeiten (Levey & Martin, 1968, 1974) sind daraus theoretisch äußerst fruchtbare Ansätze erwachsen, um die Topographie der bedingten Lidschlagreaktionen als Folge der Interaktion von Latenz, Amplitude, Anstieg und Dauer eingehender zu analysieren. Bereits jetzt hat das zu wesentlichen Fortschritten im Verständnis der Klassischen Konditionierungsprozesse geführt (s. auch Hellige & Grant, 1974; Zajano & Grant, 1974; Kadlac & Grant, 1977), ohne bisher differentialpsychologisch berücksichtigt worden zu sein. Zusammenfassend diskutiert werden die theoretischen und messtheoretischen Fragen ebenso wie die vorliegenden Resultate in der Übersichtsdarstellung von Levey und Martin (1981).
Was bereits im Labor, wo mögliche Störgrößen noch relativ leicht ausgeschaltet werden können, erhebliches Kopfzerbrechen bereitet, ist im sozialen Kontext mit seinem Geflecht schwer entwirrbarer Einflussfaktoren kaum leichter zu handhaben: Gemeint ist *abweichendes, delinquentes oder gar kriminelles Verhalten,* das nach Eysenck (1976b) eine Folge von unzureichenden Konditionierungsprozessen und dadurch mangelhafter Ausbildung eines Gewissens von hinlänglicher Stärke darstellt (s. auch Eysenck & Eysenck, 1970). Da Extravertierte der Theorie zufolge schlechter lernen, sind sie, besonders dann, wenn zugleich hohe Neurotizismuswerte vorliegen, für sozial abweichendes Verhalten stärker prädestiniert als Introvertierte. Deshalb müssten sich in Gruppen von Norm-Devianten und Straftätern besonders viele Personen mit hohen E-Werten finden lassen.
Eine Arbeit von Eysenck und Eysenck (1977) an zusammen ca. 4 000 Personen, die schon kurz unter 15.3.2 b) erwähnt wurde, weist jedoch Mittelwertsdifferenzen zwischen Gefangenen und Kontrollpersonen in der E-Skala nur bei den älteren Probanden aus. Hingegen unterscheiden sich N- und P-Skalen konsistent in allen Altersgruppen (s. Abb. 15.21).
Solche Ergebnisse sind für die Befundsituation insgesamt nicht untypisch (s. z. B. Buikhuisen & Hemmel, 1972; Eysenck & Eysenck, 1971; Burgess, 1972; Trautner, 1977; Lösel & Wüstendörfer, 1976; Amelang & Rodel, 1970). Mit Ausnahme der Eysenck und Eysenck-Studie von 1974 und des außerordentlich wertvollen und originellen Beitrags von Rother (1970;

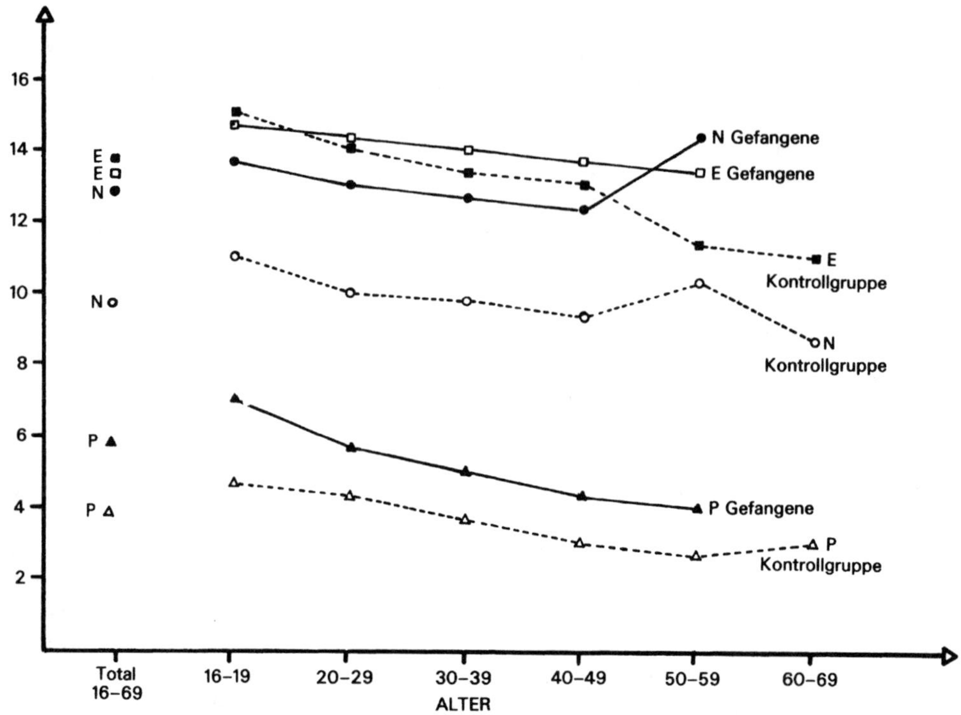

Abb. 15.21: Psychotizismus-, Extraversion- und Neurotizismus-Scores von Straftätern und Kontrollpersonen, getrennt für verschiedene Altersklassen (aus Eysenck, S. B. G. & Eysenck, H. J., 1977).

vgl. Kasten) handelt es sich dabei ausschließlich um Querschnittsuntersuchungen mit allen damit verbundenen Mängeln, was den Einfluss der Inhaftierungssituation auf die Bearbeitung von Fragebogen betrifft. Nicht nur muss mit reaktiven Veränderungen der Probanden durch die Isolierung und Beschämung gerechnet werden, sondern auch damit, dass viele Items namentlich der Extraversionsskala von Strafgefangenen als Verhöhnung empfunden werden müssen, jedenfalls nicht mehr adäquat zu beantworten sind (z. B. »Gehen Sie gern auf Partys?«, »Wären Sie sehr unglücklich, wenn Sie auf häufigen geselligen Verkehr verzichten müssten?« oder »Sind Sie in der Gegenwart des anderen Geschlechts leicht schüchtern?«).

Schließlich fehlt es in allen Untersuchungen an einer stringenten Erfassung der Umwelt, in der die Probanden aufgewachsen sind. Eine gute Lernfähigkeit bei Introvertierten würde im Falle einer schädlichen Umgebung gerade die Internalisierung abweichender Normen, bei Extravertierten hingegen das Nichtlernen devianter Verhaltensmuster bedeuten. Auch jene Arbeiten jedoch, wo diesbezüglich Kontrollen vorgenommen wurden (Literatur s. Amelang & Rodel, 1970), sind unschlüssig (s. auch Raine & Venables, 1981).

So bestechend der Umstand ist, dass es die Theorie gestattet, für ganz verschiedene Verhaltensbereiche Hypothesen zu formulieren, muss offenkundig zur Präzisierung von Vorhersagen mehr als bislang sozialen und anderen kontextuellen Faktoren Rechnung getragen werden. Mit Hilfe der E/I-Dimension sind zwar Varianzanteile des Verhaltens zu erfassen, doch stellen diese nur einen relativ geringen prozentualen Anteil von der Gesamtvariation dar.

Eine Untersuchung zur persönlichkeitsspezifischen Determination von abweichendem Verhalten:

Rother (1970, Anführungszeichen beziehen sich auf wörtliche Zitate daraus) hat eine Studie vorgelegt, die zahlreiche Nachteile von Untersuchungen zum Zusammenhang von abweichendem Verhalten und Persönlichkeitsmerkmalen vermeidet. Um Fragebogen angemessen einsetzen zu können, »wurden nur solche Personen aufgenommen, die sich zwar abweichend verhalten, aber nicht mit Gefängnis bestraft« worden waren. Da es um den Vergleich von Erst- mit Rückfalltätern ging, es sich andererseits als schwierig erwies, überhaupt Personen zu finden, die sich ein- bzw. zweimal in der gleichen Weise abweichend verhalten hatten, »blieb nicht viel Auswahlmöglichkeit übrig. Selbst die Möglichkeit, die dann genutzt wurde, konnte nur auf ›abweichende‹ Weise verwirklicht werden, so daß wir außerstande sind, ins einzelne gehende Erläuterungen dazu abzugeben ...

Soviel kann gesagt werden, daß es sich bei den ausgewählten Personen um solche handelte, die von einer bestimmten Behörde eine gewisse Zeit lang finanzielle Unterstützung wegen eines Einkommensausfalles erhielten. Wurden bestimmte von der Behörde auferlegte Verhaltensmaßregeln nicht eingehalten, so wurde diese Unterstützung zeitweilig eingestellt. Selbstverständlich kannten unsere Personen diese Regelung, sie war ihnen schriftlich und meist auch noch mündlich bekannt gemacht worden, der Grund der Strafe war ihnen also bekannt. In der Einstellung der Leistung und in dem Verstoß gegen die vorgeschriebene Verhaltensmaßregel ist dabei die Sanktion, das Erziehungsmittel bzw. das abweichende Verhalten, zu sehen. Die Differenzierung nach Erst- und Wiederholungs-›tätern‹ ergab sich dabei ziemlich einfach aus den Unterlagen. Allerdings war der Berichtszeitraum der uns zugänglichen Unterlagen nur etwa vier Jahre, so daß nicht festgestellt werden konnte, ob sich etwa eine Person, die als Ersttäter klassifiziert wurde, nicht schon vorher einmal in der betreffenden Weise abweichend verhalten hatte.«

Außer dem MPI, der in Form eines Interviews unter dem Vorwand, es handele sich um eine wissenschaftliche Umfrage des Soziologischen Institutes, durchgeführt wurde, beantworteten die Probanden eine Reihe von Fragen, die sich auf die »Güte der Sanktion« bezogen, d. h. Angstgehalt der Zahlungseinstellung, deren Wertigkeit, Durchsichtigkeit, Häufigkeit und Zuverlässigkeit der Folge Tat/angsterregende Sanktion sowie Abstand Tat/Konsequenzen, soweit diese Faktoren nicht aus den Akten bereits ersichtlich waren.

Die Ergebnisse lagen mehrheitlich in Richtung der gegenüber Eysencks Version explizierten Theorie, fand sich doch folgende Verteilung der Messwerte:

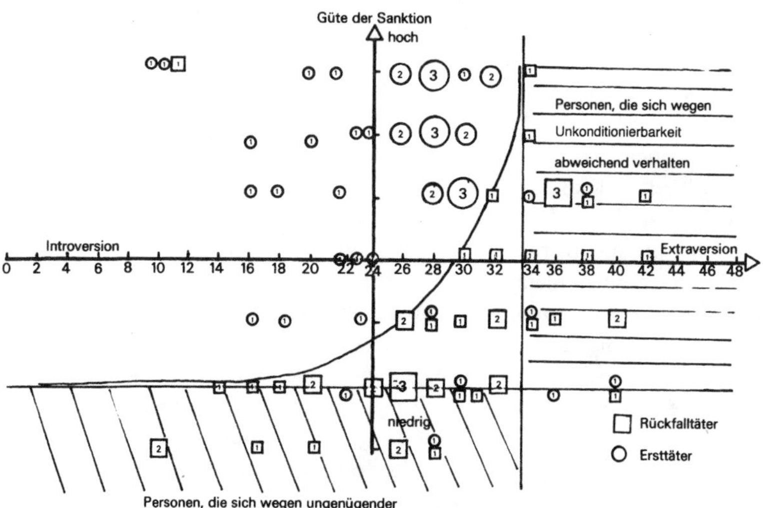

Abb. 15.22: Verteilung der Probanden nach ihrer Extraversion und der »Güte der Sanktion« (Ziffern in Kreisen bzw. Quadraten stehen für die Zahl der Fälle).

Das gilt auch für jene Aspekte des Verhaltens, mit denen sich Eysenck gleichfalls intensiv beschäftigt hat, auf die hier aber nur pauschal hingewiesen werden kann: *Soziale und politische Einstellungen* (Eysenck, 1954, 1971), *Rauchen* (Eysenck, 1986) und *Sexualverhalten* (Eysenck, 1977a). Ausgehend von den bei Extravertierten angenommenen stärkeren Hemmungsprozessen wird auch für diese Verhaltensbereiche eine aktive Suche nach intensiveren Stimuli postuliert, was letztlich auf eine Neigung zu Drogen im weitesten Sinne, also auch Nikotin, hinauslaufen soll und auf variantenreichere Sexualgewohnheiten mit wechselnden Partnern. Im Einstellungsbereich seien durch die bei ihnen unzulänglich ablaufenden Konditionierungsprozesse weniger soziale Haltungen anzutreffen, die Einstellungen mehr gekennzeichnet durch *Tough Mindedness* (Befürwortung von Prügel- und Todesstrafe, leichteren Scheidungsgesetzen, Abtreibung, Probeehe, schweren Strafen für Gesetzesübertretungen usw.) gegenüber der *Tendermindedness* der Introvertierten. In allen angesprochenen Gebieten konnten teils frühere Befunde von Eysenck nicht hinreichend repliziert werden, teils kam es zu entschiedenen theoretischen Auseinandersetzungen, die hier aber nicht nachgezeichnet werden können. Eine umfassende Darstellung der Korrelate von Extraversion (und der anderen Eysenck-Dimensionen) mit Indikatoren sozialen Verhaltens gibt Wilson (1981; in Teilbereichen s. außerdem Spielberger & Jacobs, 1982, Smith & Kirkham, 1981; Furnham, 1981).
Schließlich stellt Eysenck (1987a, b) auch eine Verbindung zwischen Extraversion (sowie Neurotizismus und Psychotizismus) auf der einen Seite und schweren Erkrankungen auf der anderen Seite her. Während die Kombination E + /N + hinter dem Typ A-Verhalten stehe und zu koronaren Leiden disponiere, sei das Muster N +, E –, P + eine Art Puffer gegen Krebs, der im Übrigen nicht durch chronischen, sondern durch aktuellen Stress begünstigt werde.
Weniger gravierend sind für die davon Betroffenen sicher die Auswirkung von Karies. Da der Theorie zufolge Extravertierte wegen der zentralnervösen Hemmungen eine geringere Speichelmenge sezernieren (s. Deary, Ramsey, Wilson & Miad, 1988), ist für sie über diesen Vermittlungsweg ein höheres Risiko für Zahnerkrankungen zu hypothetisieren. Knorring et al. (1987) berichten über gesicherte Befunde in genau diesem Sinne, wobei die zusätzliche Rolle vonseiten eines unterschiedlichen Gesundheitsverhaltens nicht ausgeschlossen wird.

15.3.6 Modifikationen

Aus den uneinheitlichen Befunden im Zusammenhang von Extraversion mit Konditionierung sind verschiedene Konsequenzen gezogen worden.
Eysenck (1965c, 1966b) hat, wie bereits erwähnt, die Bedingungen spezifiziert, unter denen eine höhere Lernrate introvertierter Personen allein zu erwarten sei. Ganz abgesehen von den erwähnten Unzulänglichkeiten in theoretischer Hinsicht (s. Oswald, 1978), stehen solche Spezifikationen im Widerspruch zu der ursprünglich und in weiteren Arbeiten immer noch stillschweigend angenommenen »universellen« und invarianten Beziehung zwischen Konditionierbarkeit und Extraversion. Wie sonst wären etwa auch die zahlreichen Arbeiten von Eysenck selbst zur Korrelation zwischen Extraversion und abweichendem Verhalten zu verstehen, die allesamt Bezug nehmen auf die geringe Konditionierbarkeit der Extravertierten, wo doch im alltäglichen Leben die Bekräftigungskontingenzen beim Erwerb von Normen im Nachhinein, wenn Täter mit Unauffälligen auf der E-Skala verglichen werden, kaum schlüssig zu ermitteln sind.
Andere Autoren haben von vornherein nicht in der Extraversionsdimension die für eine Aufklärung individueller Differenzen in Konditionierungsprozessen entscheidende Größe

gesehen, sondern in Neurotizismus oder manifester Angst (z. B. Spence, 1964), ohne dass die dazu durchgeführten Experimente zu konsistenten Aussagen berechtigen würden (z. B. Spence & Spence, 1966).

In Abwandlung der originalen Theorie von Eysenck hat Gray (1971, 1973, 1981a, 1983) die Auffassung geäußert, Extravertierte seien nicht grundsätzlich schwerer zu konditionieren als Introvertierte, vielmehr seien sie unempfindlicher gegenüber Strafe oder deren Androhung (auf die in Form der unangenehmen Luftstöße oder elektrischen Schläge bei Klassischer Lidschlag- oder PGR-Konditionierung üblicherweise zurückgegriffen wird), stattdessen zunehmend orientiert an und sensitiv für Lohn bzw. jegliche positive Bekräftigung. Mit wachsendem Neurotizismusgrad gehe hingegen eine ansteigende Empfänglichkeit gegenüber Strafe einher. Im Einzelnen werde die besagte Beziehung moderiert durch die Ausprägung auf der jeweils anderen Dimension in der in Abb. 15.23 veranschaulichten Weise.

Jede der Diagonalen repräsentiert den jeweils steilsten Anstieg in der Sensitivität gegenüber Straf- bzw. Belohnungsreizen und wird von Gray als Angst bzw. Impulsivität gedeutet. Diese beiden Dimensionen würden bei der Messung von N bzw. E als konfundierte Größen miterfasst.

Grays Theorie weist den Vorteil auf, individuelle Differenzen in N und E innerhalb *eines* Bezugsrahmens, nämlich der Sensitivität gegenüber Straf- und Bekräftigungsreizen, zu begreifen. Mit ihr sind sehr viele Resultate der Literatur post hoc in Einklang zu bringen. Normabweichendes Verhalten als Zeichen von unzureichender Sozialisation wird besonders wahrscheinlich bei der Kombination hoch N/hoch E wegen der Abhängigkeit von positiven Bekräftigungen, die im alltäglichen Leben eher selten sind; demgegenüber ist gute Anpassung zu erwarten bei der Kombination hoch N/niedrig E. Damit ist eine sparsamere Erklärung geliefert als die von M. Eysenck (1976).

Gezielte Experimente zur Extraversionstheorie von Gray wurden mit vorwiegend positiven Ergebnissen von mehreren Autoren durchgeführt: Gray und Nicholson (1974), Seunath (1975), Gupta (1976), Gupta und Nagpal (1978), Kantarowitz (1978), Nagpal und Gupta (1979) sowie Nichols und Newman (1986). Die meisten dieser Experimente konnten zeigen,

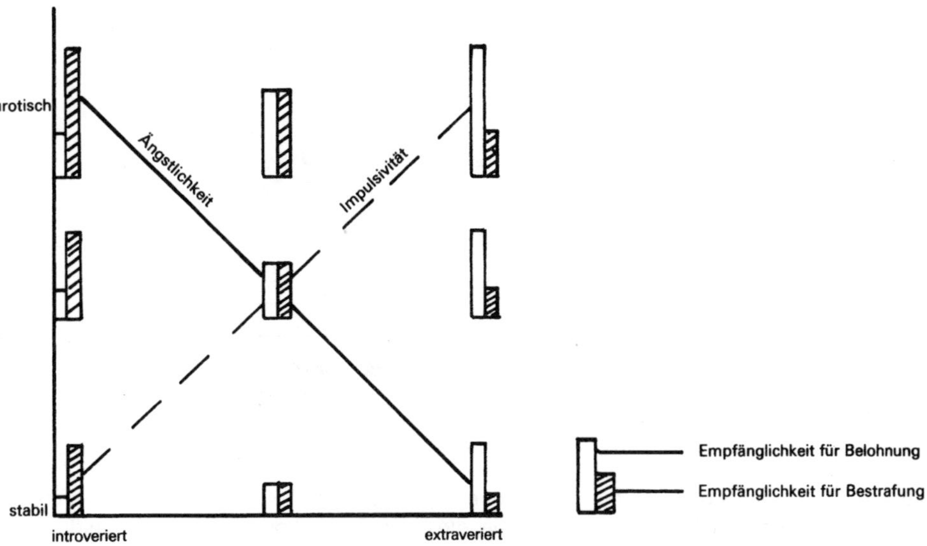

Abb. 15.23: Grays Modell von N und E als Funktion von Belohnung und Strafe (aus Gray, 1973).

dass Extravertierte, wie vorausgesagt, mit positiven Reinforcements (Belohnungssignalen) besser lernen als mit negativen Reinforcements (Bestrafungssignalen) und dass dies für Introvertierte umgekehrt ist. Jedoch haben schon Seunath (1975) und später auch Eysenck (1983, S. 372–378; siehe auch Boddy, Carver & Rowly, 1986) darauf hingewiesen, dass diese Ergebnisse auch durch unterschiedlich starke corticale Aktivierung Extravertierter und Introvertierter durch die Reinforcements erklärt werden können. Sie stellten daher keine eindeutige Stütze der Gray'schen Extraversionstheorie dar und könnten auch im Rahmen der Eysenck'schen Theorie erklärt werden.

Eine bessere Stütze der Gray'schen Theorie müsste ein Experiment liefern können, in dem die Empfindlichkeit für Belohnungs- und Bestrafungssignale direkter erfasst würde als über Lernerfolgsmaße. Ein solches Experiment wurde von Bartussek, Diedrich, Naumann und Collet (1993; s. dazu auch die Diskussion von Eysenck, 1994, S. 174–175) durchgeführt. Als Maß für die Empfindlichkeit gegenüber Belohnungs- und Bestrafungssignalen verwendeten sie das erreigniskorrelierte Hirnrindenpotenzial (EKP), ein spezielles bioelektrisches Potenzial, das auf bestimmte zeitlich, physikalisch und psychologisch definierte Ereignisse aus dem Elektroenzephalogramm extrahiert werden kann. Als Ereignisse wurden hier Belohnungs- und Bestrafungssignale in einem simulierten Glücksspiel verwendet: Physikalisch leicht unterscheidbare Töne signalisierten den Versuchpersonen, ob sie gerade einen Geldbetrag gewonnen (Belohnung) oder verloren (Bestrafung) hatten. Es zeigte sich, dass Extravertierte auf Gewinne mit höheren Amplituden im EKP reagierten als auf Verluste, während Introvertierte nach Verlusten höhere EKP-Amplituden aufwiesen als nach Gewinnen. Abbildung 15.24 veranschaulicht die entsprechende signifikante Wechselwirkung (zum Zusammenhang zwischen Extraversion und EKP siehe auch Bartussek, 1984; Bartussek, Diedrich & Naumann, 1994).

Im Rahmen eines Symposiums diskutiert Gray (1987) die Existenz von neuronalen Strukturen, die als Bestrafungs- und Belohnungs-System fungieren; die Dimension Extraversion-Introversion spiegele möglicherweise die Balance zwischen diesen Systemen wider.

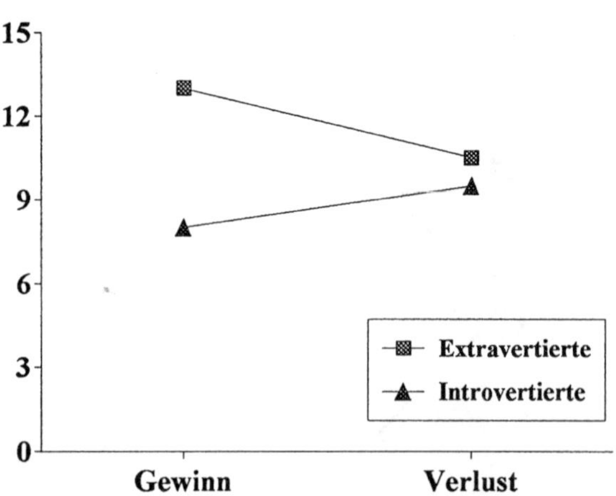

Abb. 15.24: Amplitude (in Microvolt µV) der zweiten positiven Komponente (P2) im ereigniskorrelierten Potenzial auf Töne, die einen Gewinn oder Verlust von Geldbeträgen signalisierten in Abhängigkeit von Extraversion vs. Introversion (nach Bartussek et al., 1993).

15.3.7 Extensionen

Zentrierten sich die bislang vorgestellten Untersuchungen um die Prüfung von Hypothesen, wobei als Maß für Extraversion gewöhnlich ein Fragebogen herangezogen wurde, soll nachfolgend kurz auf alternative Zugangsweisen hingewiesen werden. Diese haben zugleich die Persönlichkeitsforschung auf z. T. empirisch originelle Weise in Grenzbereiche vorgetragen, die ansonsten eher eine Domäne ganz anderer Wissenschaftsdisziplinen sind.

Chamove, Eysenck und Harlow (1972, s. auch Eysenck, 1976a) beobachteten 168 jugendliche Affen (Macaca mulatta), die unter speziellen Bedingungen aufgewachsen waren (u. a. Trennung von der Mutter gleich nach der Geburt), in verschiedenen standardisierten Gruppensituationen. Die Häufigkeit und Zeitdauer bestimmter Verhaltensweisen, die auf neun Klassen entfielen (»nonsocial play«, »social play«, »positive contact«, »social exploration« usw.), wurde mit recht guter Beurteilerübereinstimmung registriert und anschließend faktorisiert. Die erhaltenen Faktoren ließen sich interpretieren als »affiliative, hostile and fearful«; bei nur geringen Interkorrelationen zwischen ihnen »these factors . . . resembled the extroversion, psychoticism, and emotionality factors frequently found in humans« (Eysenck, 1976a, S. 11).

Ganz ohne Frage stellen sich bei derartigen Untersuchungen besondere Probleme. Sie fangen mit den gebildeten Verhaltensklassen und deren Besetzung an, betreffen das Vorverständnis der Beobachter und ihre praktisch nicht überprüfbaren Äquivalenzsetzungen gegenüber humanem Verhalten und enden bei der Interpretation von Faktoren, die schon von den Variablen her allenfalls eine entfernte Ähnlichkeit mit solchen des Humanbereiches aufweisen können. Immerhin ist mit der Studie, die nur eine von mehreren ähnlich gelagerten ist, ein Hinweis darauf gegeben, wie die Beschreibung interindividueller Differenzen auch auf den animalischen Bereich ausgedehnt werden kann. Schon seit langem sind darüber hinaus stabile und genetisch determinierte Unterschiede von Ratten im Open Field-Test beobachtet worden, die als Varianten einer Angst- oder Labilitätsdimension interpretiert werden (s. Royce, 1977). Gestützt auf mehrere Experimente, darunter solche mit pharmakologischer Beeinflussung und Konditionierungsanordnungen, spricht Garcia-Sevilla (1984) direkt von »Extraversion und Neurotizismus bei Ratten«.

Weder auf Selbst- oder Fremdbeobachtung noch irgendwelchen individuellen Testwerten, sondern der Erhebung objektiver demographischer und volkswirtschaftlicher Daten beruhen Untersuchungen, wie sie besonders von dem Arbeitskreis um Lynn zum Vergleich verschiedener Nationen durchgeführt werden. Lynn und Hampson (1975) erhoben 12 Kriterien, die ihrer Ansicht nach indikativ für die durchschnittliche Ausprägung von Neurotizismus und Extraversion in einem Land sind (z. B. Alkoholismus und Selbstmordrate als Anzeichen für hohen, Kalorien- und Koffeinverbrauch als Hinweis für niedrigen Neurotizismus, starker Zigarettenkonsum und hohe Scheidungsrate als Extraversionskriterien u. Ä.). Die Begründungen für Auswahl und Zuordnung der einzelnen Variablen ergaben sich mehr oder weniger direkt aus vorliegenden Einzeluntersuchungen (s. auch Lynn, 1973) und müssen hier nicht im Einzelnen wiedergegeben werden, erfahren sie doch durch die Befunde eine nachhaltige Bestätigung: Die über 18 westliche Industrienationen miteinander korrelierten Maße ließen die Extraktion dreier Faktoren zu, von denen zwei als »Neurotizismus« und »Extraversion« interpretiert wurden. Die Ladungen der Indikatoren im Faktorraum sind in Abb. 15.25(a), die nach den Faktorwerten vorgenommene Platzierung der Nationen in Abb. 15.25(b) ersichtlich.

Die Befunde bedürfen keiner weiteren Erläuterungen. Da gezielte Reihenuntersuchungen in diesem Feld unter Verwendung von Tests, deren Parallelität für die miteinander verglichenen Sprach- und Kulturräume gesichert wäre, erst nach und nach durchgeführt werden (s. Bar-

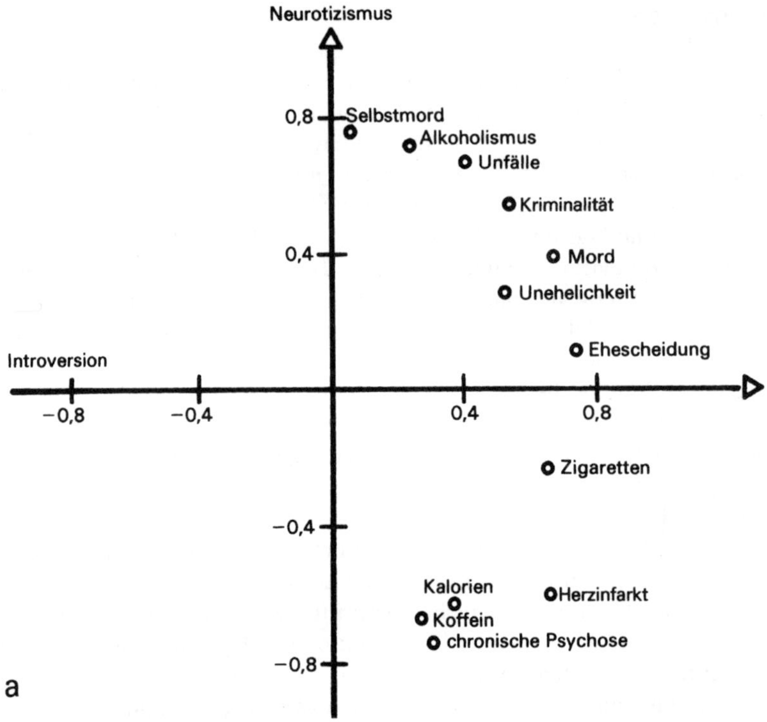

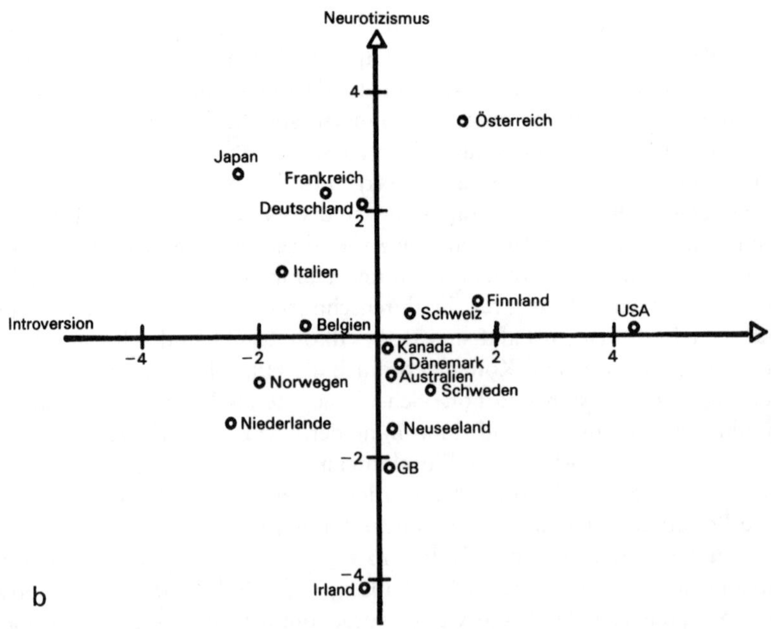

Abb. 15.25(a) und (b): Soziodemographisch bestimmte Indikatoren (a) und Nationen (b) im Koordinatennetz von »Neurotizismus« und »Extraversion« (aus Lynn & Hampson, 1975).

rett & Eysenck, 1984), sind dies erste Anhaltspunkte, die immerhin, was etwa die Platzierung der USA oder Japans angeht, Common-Sense-Erwartungen nicht zuwiderlaufen. Die Akzeptanz bemisst sich letztlich nach dem Grad der interindividuellen Übereinstimmung der herangezogenen Maße mit »klassischen« Indikatoren für N und E. Wie die Literatur erweist, sind beispielsweise die Korrelationen von Zigarettenkonsum mit Extraversion, wenn solche überhaupt beobachtet werden, nur von mäßiger Höhe (s. z. B. Arnold-Krüger, 1971; Lasogga, 1977), sodass es gewagt ist, gerade Rauchen als Markiervariable für Extraversion heranzuziehen. Immerhin spricht es zumindest nicht gegen die angemessene Interpretation des Neurotizismusfaktors, wenn für diejenigen Nationen, die im 2. Weltkrieg besiegt wurden (Deutschland, Österreich, Japan) oder doch vorübergehend zu den Besiegten und/oder Besetzten zählten (Frankreich, Italien, Dänemark, Norwegen und Holland), im Zeitraum zwischen 1935 und 1950 eine starke Zunahme der Werte im Sinne einer Neurotisierung registrierbar ist, ein solcher Effekt aber aufseiten der Siegernationen (USA, Kanada, Großbritannien usw.) nicht auftritt (Lynn & Hampson, 1977). Darüber hinaus korrelieren die demographischen Indikatoren für Neurotizismus bzw. Ängstlichkeit und Extraversion über die Nationen hoch ($r = .70$ bzw. $.84$) mit den mittleren Testpunktwerten für diese Dimensionen aus Reihenuntersuchungen. Als Ursachen diskutiert Lynn (1982), aus dessen Sammeldarstellung diese letzteren Ergebnisse stammen, für Neurotizismus einen in den verschiedenen Nationen unterschiedlich stark ausgeprägten Stress, für Extraversion teils Aspekte des Lebensstandards, teils genetische Faktoren.

Im Kontext des Vergleiches verschiedener Nationen einige Bemerkungen zu den Unterschieden zwischen verschiedenen *Rassen*: Rushton (1985) hat die in ethnischen Gruppen beobachteten persönlichkeits-spezifischen Besonderheiten systematisiert und auf den evolutionären Mechanismus der Reproduktions-Strategie bezogen. Seiner differentiellen K-Theorie zufolge (das Symbol kommt aus der Populations-Biologie) sind Personen umso höher K, je mehr sie ihre reproduktiven Aktivitäten hinauszögern, weniger Kinder zeugen und sich intensiver um diese kümmern. Begleitfaktoren sind Intelligenz, Altruismus, Gesetzes-Konformität und behaviorale Zurückhaltung oder Kontrolle. Daraus leitet sich die Hypothese einer nach K geordneten Abfolge von Mongoloiden > Kaukasoiden > Negroiden ab. Unter Bezugnahme auf die Impulsivitäts-Hemmungs-Dimension in Grays Modell (s. Abb. 15.23) lässt sich behaviorale Kontrolle als Kombination von niedrigen E- und hohen N-Werten indizieren. In einer Sekundär-Analyse der Testwerte von ca. 26 000 Personen aus verschiedenen ethnischen Gruppen ergab sich tatsächlich eine Abfolge derart, dass mongoloide Stichproben am stärksten und negroide am geringsten gehemmt waren (niedrig E/ hoch N bzw. hoch E/niedrig N), während die kaukasischen Gruppen in der Mitte lagen. Allerdings sind diese Analysen auf heftige Kritik gestoßen (s. Zuckerman & Brody, 1988, und die Erwiderung von Rushton, 1988).

15.3.8 Abschließende Bemerkungen

Eine zusammenfassende Würdigung der persönlichkeitstheoretischen Vorstellungen von Eysenck in großen Zügen verbietet sich. Zu different stellt sich die Präzision von Hypothesen einerseits, die Konsistenz der Befundlage andererseits in einzelnen Forschungsbereichen dar, sodass nur eine Kritik im Detail, wie sie am Beispiel des EEG angedeutet wurde, dem Schaffen Eysencks gerecht zu werden verspräche. Ohne in stark pauschalierende und damit falsche Feststellungen zu verfallen, dürfen dennoch einige Bemerkungen unterschiedlichen Generalisierungsgrades gemacht werden, die über das bereits Erläuterte hinausgehen.

Ganz ohne Frage liegt ein wesentliches, wenn nicht das entscheidende Verdienst Eysencks darin, in unvergleichlicher Weise theoretische Vorstellungen und mehr noch experimentelle und empirische Untersuchungen angeregt zu haben, und zwar gleichermaßen bei Anhängern wie entschiedenen Gegnern, womit der Fundus der Persönlichkeitsforschung in methodischer und inhaltlicher Hinsicht nachhaltig bereichert wurde.

Andererseits ist unverkennbar, dass innerhalb der Gesamtarbeit zu viele Einzelstudien gleichsam atomisiert nebeneinander stehen, verbunden nur durch die gemeinsame Theorie, höchst selten aber durch eine Überlappung gemeinsamer Variablen. Das gängige Schema experimenteller Untersuchungen sieht die Klassifikation von Messwertträgern mit Hilfe der N-, E- oder P-Skala und den Vergleich mit deren Werten in einer abhängigen Variable vor. Unter den von Eysenck (1971b) zusammengestellten 64 Untersuchungen befinden sich lediglich zwei (nämlich diejenigen von Holmes, 1967, und Lynn, 1960), in denen mehr als eine experimentelle Variable an ein und derselben Gruppe von Versuchspersonen erhoben wurde. Nur bei simultanem Einbezug mehrerer abhängiger Variablen ist es aber möglich, deren Beziehungen untereinander zu ermitteln. Solche Zusammenhänge, von der Theorie gefordert, müssten aufzeigbar sein, sind bislang aber nicht gesichert; im Zuge einer umfassenden Überprüfung der Eysenck'schen Theorie ließen sich meist nicht einmal die Beziehungen zwischen Fragebogen-Scores auf der einen Seite und experimentalpsychologischen sowie psychophysiologischen Variablen auf der anderen replizieren (s. Amelang, 1987; Amelang & Ullwer, 1990, 1991b). Ferner ist nur bei simultanem Einbezug mehrerer experimenteller Variablen die Frage zu prüfen, welche der erfassten Merkmale dem postulierten Erregungs-Hemmungs-Gleichgewicht besonders »nahe« stehen und welche durch den Einfluss intervenierender Variablen nur auf indirekte Weise mit (Fragebogen-) Extraversion in Verbindung stehen. Dieses Problem ist mittels eines Vergleiches über verschiedene Untersuchungen hinweg bei der Verschiedenheit von Versuchspersonenzusammensetzung und deren relativer Extremität, Art des experimentellen Vorgehens usw. nicht schlüssig zu beantworten.

Eysenck und Eysenck (1969, 141–149) sprechen selbst von der »Dual Nature« der Fragebogendimension für E, da Faktorenanalysen auf Itembasis zwei zu ca. .45 miteinander korrelierende Faktoren »Sociability« und »Impulsiveness« ergaben; dennoch gelten alle späteren Analysen fast ausschließlich der Gesamtdimension, und dieses, obwohl zu erwarten steht, dass die Erregungs-Hemmungs-Relation, deren Auswirkungen im Pursuit-Rotor, beim Tapping und dergl. untersucht werden, nicht gleich gut von jedem der beiden Primärfaktoren getroffen wird. Eine Bestätigung für diese Vermutung stellt die Untersuchung von Amelang und Breit (1983) dar. Dort mussten zwei Gruppen von Versuchspersonen, die nach Maßgabe ihrer extremen Werte auf der EPI-E-Dimension ausgewählt worden waren, für die Dauer von 2 Minuten möglichst rasch eine Morsetaste betätigen. Die pro 10-Sekunden-Intervall gemittelten Kontakt-Öffnungs- und Schließzeiten bildeten die abhängige Variable. Wie vor dem Hintergrund der Theorie erwartet, zeigten die extravertierten Personen (allerdings nur anhand der Öffnungszeiten) eine geringere Tapping-Fertigkeit als die Introvertierten, wobei die Differenz mit Fortdauer des Versuches infolge einer weiteren Verlangsamung aufseiten der Extravertierten weiter zunahm. Dieser Effekt stand, wie eine Aufdifferenzierung der Extraversion-Skala ergab, in statistisch bedeutsamer Weise nur mit der Impulsivitäts-, nicht aber der Soziabilitäts-Komponente in Beziehung (s. Abb. 15.26; zur Aufspaltung der E-Dimension in Impulsivity und Sociability s. auch Campbell, 1983). Nach Robinson (1986) hat die Soziabilitäts-Impulsivitäts-Dualität mit Sensitivitäts- und Synergie-Aspekten der thalamo-corticalen Erregbarkeit zu tun. Wie komplex die Probleme sind, ist aus den Beiträgen von Newman (1987), Matthews (1987) und Eysenck (1987) entnehmbar.

Zudem kann man bereits über die Zweckmäßigkeit und die Berechtigung einer Zusammenfassung beider Komponenten, die den Faktoren R und S von Guilford ähnlich sind, durchaus

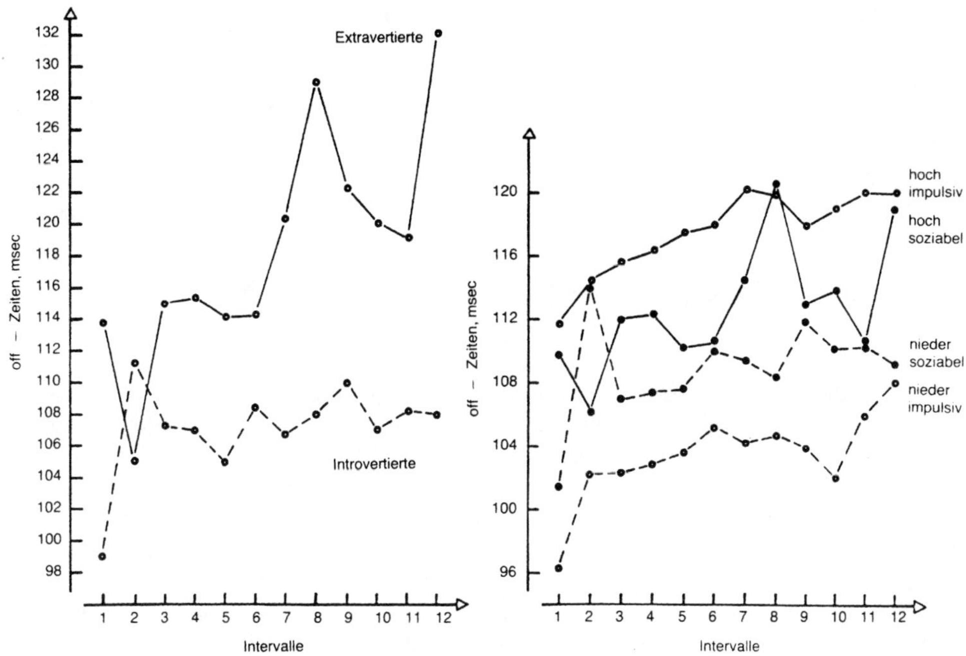

Abb. 15.26: Links: Mittlere Off-Zeit für Extravertierte und Introvertierte während aufeinanderfolgender Abschnitte der Ausführung der Tapping-Aufgabe. Rechts: Wie links, aber Aufteilung der Versuchspersonen nach den E-Subfaktoren Impulsivität und Soziabilität (aus: Amelang & Breit 1983, S. 104).

unterschiedlicher Meinung sein, wie die sehr dezidierte Kontroverse zwischen Guilford (1977) und Eysenck (1977b) beweist. Während Guilford diesbezüglich von einer »shot gunwedding« und Howarth (1976) von einem »humpty dumpty, i. e. hard to put together again« spricht, fanden Green und Walkey (1980) an N = 392 Versuchspersonen unter Verwendung einer nonmetrischen multivariaten Analysetechnik ein fast perfektes Clustering der EPI-Items in die Dimensionen E (und zwar ohne jede Binnendifferenzierung!), N und L (s. auch Barrett & Kline, 1980, sowie Hammond, 1987).

Es gereicht Eysenck nicht zum Vorwurf, wenn man festhält, dass die heute zur Verfügung stehenden mathematischen Modelle und Computerprogramme die Homogenität der an psychiatrischen und normalen Probanden extrahierten Faktoren präziser zu untersuchen erlauben, als dieses seinerzeit mit bescheideneren Mitteln möglich war, im Weiteren vermutlich einige Aussagen zu den ersten Befunden aus den vierziger Jahren nicht länger haltbar sind. Entschieden kritisiert werden muss allerdings, dass viele Untersuchungsbefunde aus singulären Studien als unumstößliches Faktum hingestellt, aber keine Replikationen versucht werden. Um dafür ein Beispiel zu geben: Die unter 15.3.5(b) erwähnte Untersuchung der Doktorandin Spielman zu den unwillkürlichen Ruhepausen nimmt eine zentrale Stellung innerhalb der Beweiskette ein, wird immer wieder von Eysenck oder seinen Schülern in ganz verschiedenem Zusammenhang zitiert, und zwar unter Fortlassung des Hinweises, dass es sich bei den präsentierten Daten (s. o.: Abb. 15.16) nur um solche aus einem Vorversuch handelt und bei der Auswahl bereits die Ergebnisse in der abhängigen Variablen selbst eine Rolle spielten (s. Jakob, 1984) – und dieses, obwohl lediglich *eine* ernsthafte Replikation unternommen wurde.

Diese an sich selbstverständliche Forderung wird nur deshalb gesondert erwähnt, weil zum einen andere Autoren trotz ähnlicher Anordnungen häufiger mit weit weniger positiven Ergebnissen aufwarten mussten als der Eysenck'sche Arbeitskreis; zum anderen verschiedentlich nicht recht entscheidbar ist, was eine gelungene post hoc-Interpretation (s. z. B. Eysenck, 1967, S. 97) und was gezielte Vorhersage darstellt.

15.4 Das Fünf-Faktoren-Modell der Persönlichkeit

In den achtziger Jahren herrschte der Eindruck vor, dass fünfzig Jahre faktorenanalytischer Persönlichkeitsforschung nur ein Bild der Verwirrung und kaum Konsistenzen in der Befundlage erbracht hätten (Kline & Barrett, 1983; Kline 1987; Becker, 1988b). Wie viele und welche Faktoren sollten nun tatsächlich eine umfassende Beschreibung der Persönlichkeit ermöglichen können? Die unterschiedlichen Ergebnisse verschiedener Forscher ergaben sich hauptsächlich aus der Analyse solcher Befunde, die mit Hilfe von Fragebogendaten gewonnen worden waren.
Seit Beginn der neunziger Jahre jedoch findet man vermehrt die Hoffnung und die Überzeugung, dass eine Konvergenz verschiedener faktorenanalytisch begründeter Gesamtsysteme der Persönlichkeit gefunden und in einem Modell aus fünf breiten Persönlichkeitsfaktoren höherer Ordnung beschrieben werden könnte (Digman, 1989, 1990; John, 1990a, 1990b; Ostendorf, 1990; McCrae & John, 1992; Wiggins & Trapnell, im Druck, zusammenfassend s. Bartussek, 1991, 1996). Es handelt sich um folgende fünf Faktoren (deutsche Bezeichnungen nach A. Angleitner, persönliche Mitteilung):

I *Extraversion,*
II *Verträglichkeit,*
III *Gewissenhaftigkeit,*
IV *Emotionale Stabilität vs. Neurotizismus* und
V *Offenheit für Erfahrungen.*

Die Forschungsgeschichte und die psychologische Bedeutung dieser fünf breiten Persönlichkeitsfaktoren höherer Ordnung (»Big Five«, Goldberg, 1981b) sollen hier dargestellt werden.
In erster Linie entstand diese Forschung aus dem so genannten »lexikalischen Ansatz«, erst später wurden auch Fragebogen zur Erfassung der mit Hilfe des lexikalischen Ansatzes gewonnenen fünf Faktoren konstruiert.

15.4.1 Der lexikalische Ansatz – Entwicklung des Fünf-Faktoren-Modells der Persönlichkeit im L-Datenbereich

Der lexikalische Ansatz stellt den Versuch dar, durch die Analyse der in der natürlichen Sprache vorkommenden Beschreibungsbegriffe zu einer Taxonomie der Persönlichkeit zu gelangen. Er steht in einer langen Tradition, die bis auf die Arbeiten von Klages (1926) zurückgeht und in der Folgezeit von verschiedenen Wissenschaftlern weitergeführt wurde (s. dazu John, 1990a). Der lexikalische Ansatz beruht auf der Grundannahme, dass diejenigen Persönlichkeitsmerkmale, die besonders wichtig für den sozialen Umgang der Menschen

miteinander sind und deshalb auch deutlich wahrgenommen werden, eine Repräsentation in der Sprache finden: Je wichtiger ein solches Merkmal ist, umso eher werden sich ein oder mehrere eigene Wörter dafür in der Sprache finden. Aus diesem Grund erwartet man von einer Analyse der Sprache (= lexikalischer Ansatz) das Auffinden der wichtigsten Persönlichkeitsdimensionen der Gesamtpersönlichkeit.
Dieser Ansatz erscheint einleuchtend, hat jedoch auch Grenzen. Zunächst ist das Kriterium für die Wichtigkeit eines Persönlichkeitsmerkmales unklar. Es ist denkbar, dass einige individuelle Unterschiede, die aus psychologischer Sicht wichtig und interessant erscheinen, im Alltagsleben nicht offensichtlich genug sind, um in den allgemeinen Sprachgebrauch Eingang zu finden. Probleme könnten auch mögliche Unterschiede zwischen verschiedenen Sprachgemeinschaften bezüglich der ihnen eigenen Beschreibungsbegriffe bereiten oder auch der Wandel von Sprache über die Zeit. Beide Aspekte betreffen das Problem der Generalisierbarkeit lexikalisch gewonnener Persönlichkeitstaxonomien, dem jedoch empirisch nachgegangen wird.

a) Studien im Anschluss an Cattells L-Datensatz

1936 suchten Allport und Odbert im Rahmen einer »psycholexikalischen Studie« aus »Webster's New International Dictionary« (1925er-Ausgabe) alle persönlichkeitsrelevanten Begriffe heraus; insgesamt fanden sie 17953 solcher Begriffe. Diese teilten die Forscher in mehrere Kategorien auf, von denen zwei, nämlich die ca. 4500 Wörter umfassende Gruppe der »personal traits« und die etwa 100 Begriffe starke Kategorie »passing activities and temporary states« als Grundlage für Cattells (1943b) Studien zur Entwicklung seines Modells der Persönlichkeit dienten (siehe Kap. 15.2.2).
Cattell reduzierte diesen großen Variablensatz in mehreren, zum Teil recht subjektiven Schritten, bis er schließlich 35 Cluster von Variablen mit jeweils 6 bis 12 Elementen erhielt. Diese Cluster dienten ihm als empirische Variablen zur Fremdbeurteilung (L-Daten) und führten schließlich zur Entwicklung der 12 Cattell'schen Faktoren.
Genau diese Cattell-Variablen stellen auch die Grundlage vieler nachfolgender Untersuchungen anderer Wissenschaftler dar, die die ursprünglichen 35 Cluster jedoch häufig etwas modifizierten.
Bereits 1949 erhielt Fiske mit einer Auswahl von 22 der 35 Cluster Cattells, die in modifizierter Form als Beurteilungsvariablen dienten, in drei verschiedenen Faktorenanalysen fünf Faktoren.
Den eigentlichen Ausgangspunkt der heutigen Fünf-Faktoren-Taxonomie bildeten jedoch die Studien von Tupes und Christal (1958, 1961). Ihr klassischer Bericht von 1961 im Rahmen eines Forschungsprogramms der U.S. Air Force wurde in einer Sonderausgabe des Journal of Personality neu abgedruckt (Tupes & Christal, 1992) und somit einer breiten Öffentlichkeit zugänglich gemacht. Die Autoren nahmen Reanalysen der Korrelationsmatrizen von acht verschiedenen Stichproben vor. Zwei dieser Stichproben stammten von Cattell (1947, 1948), zwei von Fiske (1949) und vier waren eigene Stichproben, ebenfalls Fremdbeurteilungen mit den 35 Cattell'schen Variablen. Obwohl die Daten aus ganz verschiedenen Personenstichproben stammten, die von verschiedenen Beurteilern eingeschätzt worden waren, fanden Tupes und Christal (1992, p. 250) in allen Analysen immer wieder fünf gemeinsame Faktoren (»five relatively strong and recurrent factors and nothing more of any consequence«). Dieses Ergebnis überraschte sie offensichtlich selbst, was in dem folgenden Zitat zum Ausdruck kommt: »In vielerlei Hinsicht erscheint es bemerkenswert, dass eine solche Stabilität gefunden werden sollte auf einem Gebiet, das bislang alles, nur keine konsistenen Ergebnisse erbrachte. Ohne Zweifel war die Konsistenz immer da, aber sie war ver-

steckt durch die Inkonsistenz faktorenanalytischer Techniken und Grundannahmen, dem Mangel an Replikationsstudien mit identischen Variablen und durch Uneinigkeit zwischen den Faktorenanalytikern bezüglich der Faktornamen« (1992, S. 246; Übers. d. Verf.).
Die von Tupes und Christal gefundenen Faktoren wurden später von Goldberg (1981b) die »Big Five« genannt, was zum Ausdruck bringt, dass sie sehr breite Aspekte der Persönlichkeit auf einem relativ hohen Abstraktionsniveau umschreiben. Die Benennung der fünf Faktoren durch Tupes und Christal (1961) ähnelte schon sehr der späteren Bezeichnung durch Norman (1963, siehe unten). Die Autoren nahmen außerdem eine Nummerierung der extrahierten Faktoren von I bis V vor, wodurch die Varianzstärke der Faktoren repräsentiert wird. Unterschiedliche Varianzstärke bedeutet aber lediglich, dass die varianzstärksten Faktoren I »Surgency« (Extraversion) und II »Agreeableness« (Verträglichkeit) mit deutlich mehr Wörtern aus der natürlichen Sprache als Variablen in der Studie repräsentiert waren; sie bedeutet hingegen nicht, dass diese beiden Faktoren auch stärkere Unterschiede zwischen den Menschen beschreiben als die anderen drei Faktoren.
Norman (1963) wählte aufgrund der Ergebnisse von Tupes und Christal (1961) für jeden der fünf Faktoren die besten vier Rating-Variablen aus dem Variablensatz Cattells aus. Mit diesen Variablen und mit der Methode der Fremdbeurteilung konnte er die Fünf-Faktoren-Struktur in vier unabhängigen Stichproben bestätigen, wobei er allerdings einen Faktor (Faktor III) etwas anders interpretierte als Tupes und Christal (1961). Die Benennung der Faktoren durch Norman und ihre Definition durch die vier jeweils zugeordneten Rating-Skalen lässt sich der folgenden Übersicht entnehmen:

Faktor I:	»*Extraversion/Surgency*« (Extraversion/Überschwänglichkeit):		
	gesprächig	–	schweigsam,
	freimütig	–	verschlossen,
	unternehmungslustig	–	zurückhaltend,
	gesellig	–	zurückgezogen;
Faktor II:	»*Agreeableness*« (Verträglichkeit):		
	gutmütig	–	grantig,
	wohlwollend	–	missgünstig,
	freundlich	–	starrköpfig,
	kooperativ	–	feindselig;
Faktor III:	»*Conscientiousness*« (Gewissenhaftigkeit):		
	sorgfältig	–	nachlässig,
	zuverlässig	–	unzuverlässig,
	genau	–	ungenau,
	beharrlich	–	sprunghaft;
Faktor IV:	»*Emotional Stability*« (Emotionale Stabilität):		
	ausgeglichen	–	nervös,
	entspannt	–	ängstlich,
	gelassen	–	erregbar,
	körperlich stabil	–	wehleidig;
Faktor V:	»*Culture*« (Kultiviertheit, Bildung):		
	kunstverständig	–	kunstunverständig,
	intellektuell	–	ungebildet,
	kultiviert	–	ungeschliffen,
	phantasievoll	–	phantasielos.

Diese 20 Rating-Skalen wurden von vielen Autoren als repräsentativ für die Gesamtpersönlichkeit angesehen und in einer Großzahl von Untersuchungen verwendet (Zusammenstellung in Ostendorf, 1990, S. 11).

In vielen solcher Studien mit Cattell'schen Variablen konnte, auch in nicht-englischsprachigen Ländern, fünffaktorielle Strukturen gefunden werden (z. B. Guthrie & Bennett, 1971; Bond, Nakazato & Shiraishi, 1975; Bond, 1979; Borkenau & Ostendorf, 1989; Smith, 1967; Digman & Inouye, 1986; Digman & Takemoto-Chock, 1981).

Es stellt sich allerdings die wichtige Frage, ob die gute Replizierbarkeit der Fünf-Faktoren-Struktur eventuell hauptsächlich auf die große Ähnlichkeit der in den verschiedenen Studien verwendeten Beschreibungsvariablen zurückzuführen ist. Diese wurden ja alle aus den 35 Variablenclustern Cattells abgeleitet, welche aufgrund des subjektiven Vorgehens Cattells bei der Variablenreduktion nicht unbedingt repräsentativ für die gesamte Breite der Persönlichkeit, so wie sie durch die natürliche Sprache beschrieben wird, sein müssen. Außerdem ist es, wie Ostendorf und Angleitner (1994a) bemerken, nicht hinreichend für eine Bestätigung der Universalität der »Big Five«, Variablen aus der Liste Cattells einfach in andere Sprachen zu übersetzen, um dann festzustellen, dass man mit den übersetzten Skalen auch fünf Faktoren erhält. Nach dem lexikalischen Ansatz muss eine Taxonomie der Persönlichkeit aus der Analyse des individuellen Vokabulars einer Sprachgemeinschaft hervorgehen.

b) Studien mit von Cattell unabhängigen Datensätzen

Es ist also wichtig zu betrachten, ob auch in Untersuchungen mit anderen L-Datensätzen, die von dem Variablenpool Cattells unabhängig sind und auch in Hinblick auf andere Untersuchungsziele, bei denen keine Bestätigung des Fünf-Faktoren-Modells angestrebt wird, ähnliche wie die fünf Faktoren Normans gefunden werden können.

Zu nennen sind hier zum einen Studien, die Variablensätze zur Beschreibung verwendeten, die auf die Zeit vor den Arbeiten Cattells zurückgehen. So fand Conley (1985) mit Variablen, die von Lowell Kelley bereits vor 1935 gesammelt worden waren, also sogar älter als die Liste von Allport und Odbert sind, fünf Faktoren, die allerdings keine genaue Entsprechung zu den fünf Norman-Faktoren aufweisen. Auch Field und Millsap (1989) erhielten aus Analysen von Ratings mit einem 50 Jahre alten Variablensatz fünf Dimensionen der Persönlichkeit, von denen vier direkt den »Big Five« entsprachen. Diese sowie weitere Studien mit anderen Datensätzen (z. B. Borgatta, 1964; Amelang & Borkenau, 1982) können mit ihrer Variablenauswahl jedoch ebenfalls keinen Anspruch auf Repräsentativität für die Gesamtpersönlichkeit erheben. Auch lässt die starke Überlappung der Variablensätze verschiedener Autoren keinen klaren Schluss über die Generalisierbarkeit der Ergebnisse über verschiedene Variablenauswahlen zu.

Neuere Persönlichkeitstaxonomien versuchen deshalb, dem Anspruch auf Repräsentativität besser gerecht zu werden. Von besonderer Bedeutung sind in diesem Zusammenhang die Arbeiten Normans, später Goldbergs und Peabodys.

Norman (1967) erstellte eine neue, umfassende Liste persönlichkeitsbeschreibender Wörter. Sein Ziel war es, eine Trait-Taxonomie zu erstellen, die erschöpfend, präzise und gut strukturiert sein sollte, weil er annahm, dass eine wirklich repräsentative Stichprobe englischer Beschreibungswörter zur Aufdeckung weiterer Dimensionen, über die »Big Five« hinaus, führen würde. Als Grundlage diente ihm das 1961er »Webster's Third New International Dictionary«, aus dem er alle Persönlichkeitsbegriffe heraussuchte. Dabei stellte sich heraus, dass zu der Liste von Allport und Odbert von 1936 nur 127 neue Begriffe hinzugefügt werden mussten, sodass eine Liste aus 18 125 Wörtern resultierte. Nun erfolgte in mehreren Schritten die Elimination unpassender Begriffe. Durch das Ausschließen von wertenden, mehrdeutigen, unbekannten und auf den Körper bezogenen Wörtern wurde die ursprüngliche Liste um mehr als die Hälfte auf nunmehr 8 081 Begriffe reduziert. Diese Liste Normans von 1967 stellt die Grundlage für viele der nachfolgenden Taxonomien dar, da das Aus-

schließen oder Aufnehmen von Variablen nach ganz bestimmten, explizit festgelegten Kriterien und nach dem Konsens von vier unabhängigen Urteilern geschah.
Die resultierenden Begriffe wurden sodann in folgende drei Kategorien sortiert: Erstens »stabile Traits«, zweitens »vorübergehende Zustände (states) und Aktivitäten« und drittens »soziale Rollen und Beziehungen«. Auf diese Weise erhielt Norman schließlich 1566, auf stabile Persönlichkeitsmerkmale bezogene Wörter. Diese sortierte er in zehn breite Klassen, wobei jede Klasse je einen Pol eines der »Big Five«-Faktoren repräsentieren sollte. Fast alle Variablen ließen sich einem solchen Pol zuordnen, zum Teil mit Hilfe der Ergebnisse aus alten Faktorenanalysen. Eine Besonderheit, die im Zuge dieser Klassifizierung offensichtlich wurde, ist, dass die »Big Five« offenbar nicht gleich große englische Sprachanteile repräsentieren. So konnte Norman beispielsweise nur 64 Wörter dem Neurotizismus-Pol zuordnen; dagegen fanden sich 274 Wörter zur Beschreibung von »Disagreeableness« (bei einem Durchschnitt von 155 Begriffen pro Pol). Zu ähnlichen Ergebnissen kamen später auch Peabody und Goldberg (1989).
Die Begriffe innerhalb jedes der zehn Faktor-Pole wurden von Norman nochmals in engere semantische Kategorien aufgeteilt, wobei sich natürlich unterschiedlich viele Gruppen pro Faktor ergaben. Insgesamt resultierten auf diese Weise 75 solcher Kategorien auf mittlerer Abstraktionsebene, die eine Mittelstellung zwischen den breiten, unspezifischen Faktoren auf der übergeordneten Ebene und den Variablen (Synonymgruppen) auf der spezifischsten Stufe einnehmen, womit eine hierarchische Struktur gegeben war. Diese Klassifikation Normans kann allerdings, ebenso wie diejenige Cattells, vor allem aufgrund des Vorsortierens auf die zehn Pole des Fünf-Faktoren-Modells, als zu willkürlich kritisiert werden; allerdings stellen die resultierenden 75 Beschreibungskategorien einen sehr viel breiteren Variablensatz dar als die 35 Cluster Cattells.
Goldberg (1980, 1981a, b, 1989, 1990) verwendete die Norman-Liste, um herauszufinden, ob die »Big Five« – »and nothing more of any consequence« sich auch mit diesem breiten Variablen-Pool als Grundlage ergeben würden. Zu diesem Zweck führte er verschiedene Studien durch. In einer Selbstbeurteilungsstudie mit den 75 (leicht veränderten und ergänzten) Kategorien konnten mit verschiedenen Faktorenextraktions- und -rotationsmethoden die fünf Faktoren Normans gut repliziert werden. Auch in weiteren Studien, bei denen Goldberg (1982) verschiedene Auswahlen von Wörtern aus Normans Liste vornahm und diese dann in 131 differenziertere Kategorien aufteilte, ergab sich bei Selbst- und Fremdbeurteilungen eine ganz ähnliche Fünf-Faktoren-Struktur. In den verschiedenen Untersuchungen zeigten sich – bei Anwendung verschiedener Extraktions- und Rotationsmethoden – immer wieder fünf stabile, invariante Faktoren. Der Hauptunterschied der Faktoren Goldbergs im Vergleich zu denen Normans betrifft den Faktor V: Hier findet eine Bedeutungsverschiebung von »Culture« zu »Intellect« oder »Intellectual Interest« statt, was den Aspekt »Culture« mit einschließt.
Auch andere Forscher nahmen Untersuchungen mit von Cattell unabhängigen Variablen vor. Zu ihnen zählen McCrae und Costa, die 1985 unter Verwendung von 40 Skalen Goldbergs sowie von 40 eigenen Skalen, die ihre Interpretation der »Big Five« darstellen sollten, ebenfalls eine Fünf-Faktoren-Struktur erhielten. Der Faktor V wurde von ihnen mit »Openness to Experience« bezeichnet und ging unter diesem Namen auch in den von Costa und McCrae (1985) entwickelten Fragebogen zum Fünf-Faktoren-Modell der Persönlichkeit ein (siehe dazu Kapitel 15.4.2 a).
Ebenso wie Norman suchte auch Peabody (1987), unabhängig vom Cattellschen Datensatz, nach einer repräsentativen Variablenstichprobe zur Beschreibung der Persönlichkeit. Sein Vorgehen unterschied sich aber von demjenigen Normans und Goldbergs: Peabody suchte Variablen, die eine adäquate, aber limitierte Repräsentation der üblichen englischen Trait-

Adjektive darstellen sollten. Zu diesem Zweck klassifizierte er a priori eine große Anzahl von Beschreibungswörtern, die vorher verschiedene Forscher in ihren Befunden genannt hatten. Diese teilte er in 57 Skalen aus je zwei gegensätzlichen Variablen ein, welche er anschließend in verschiedenen Studien zur Beschreibung verwendete. Dabei ergab sich unter verschiedenen Bedingungen eine Bestätigung der Fünf-Faktoren-Struktur (z. B. Peabody & Goldberg, 1989). Im Rahmen dieser Untersuchungen kamen Peabody und Goldberg (1989) zu einem weiteren interessanten Ergebnis: Beim Vergleich ihrer Variablenauswahl mit derjenigen Cattells stellten sie fest, dass die Bereiche »Conscientiousness« und »Impulse Control« (Faktor III) sowie »Intellect« (eine Facette des Faktors V) in den Cattell-Variablen gegenüber ihrem Vorkommen in der natürlichen Sprache unterrepräsentiert sind, während das Gegenteil für die Aspekte »Neurotizismus« (Faktor IV) und »Culture« (kleinere Facette der Faktoren III und V) gilt. Dies dürfte nicht der Fall sein, wenn die Variablen Cattells wirklich einen repräsentativen Datensatz zur Beschreibung der Persönlichkeit aus der natürlichen Sprache heraus darstellen würden. Peabody und Goldberg bringen außerdem die fünf Faktoren Normans mit bestimmten Verhaltensbereichen (»Stärke«, »Liebe«, »Arbeit«, »Affekt«, »Intellekt«) in Verbindung, wie Tabelle 15.4 zeigt.

Ostendorf und Angleitner (1994a) weisen darauf hin, dass immer, wenn Forscher – wie in den bisher dargestellten Studien – umfassende Variablenstichproben nach inhaltlichen Gesichtspunkten vorsortieren, der Verdacht besteht, dass die impliziten Modellvorstellungen der Sortierer die Ergebnisse beeinflussen. Sie plädieren daher für eine »repräsentative Variablenauswahl«, bei der eine Zufallsstichprobe aus der Population aller persönlichkeitsbeschreibenden Begriffe gezogen wird. So verwendeten beispielsweise Tellegen und Waller (1987) in ihrer Studie nur solche Adjektive zur Selbstbeschreibung, die auf bestimmten, nach dem Zufallsprinzip ausgewählten Seiten eines amerikanischen Wörterbuchs standen. Ein weiteres Beispiel für ein solches Vorgehen stellt die holländische Taxonomie von Hofstee, De Raad und Mitarbeitern (Brokken, 1978; De Raad, 1992; De Raad, Hendriks & Hofstee, 1992) dar, denn auch diese basiert auf einer repräsentativen Auswahl von 551 Begriffen aus 8 690 möglichen persönlichkeitsbeschreibenden Adjektiven.

Neben den lexikalischen Studien im englischen Sprachraum sind weiterhin Untersuchungen zur Replizierbarkeit des Fünf-Faktoren-Modells im nicht-englischsprachigen Ausland von Interesse. Diese ist laut John, Goldberg und Angleitner (1984) ein wichtiges Kriterium für die Bewertung von Persönlichkeitstaxonomien, welche über mehrere Sprachräume generalisierbar sein und nicht nur Phänomene beschreiben sollten, die sich auf die Situation in einer Sprachgemeinschaft beschränken.

Im deutschen Sprachraum scheint sich das Fünf-Faktoren-Modell der Persönlichkeit bisher gut zu bewähren, wie umfangreiche Studien von Ostendorf (1990) mit verschiedenen Versuchspersonenstichproben, Beurteilergruppen, Variablensätzen, Ratingverfahren und Faktorenanalysemethoden zeigen (siehe auch Angleitner & Ostendorf, 1989; Angleitner, Ostendorf & John, 1990; Ostendorf & Angleitner, 1994a). Ostendorf und Angleitner (1994a) berichten außerdem Befunde zu aktuellen taxonomischen Studien aus dem niederländischen, italienischen, ungarischen, russischen und polnischen Sprachraum, in denen sich das Fünf-Faktoren-Modell zum Teil gut replizieren ließ; allerdings wurden in einigen Untersuchungen auch weniger und etwas anders interpretierte Faktoren als die »Big Five« gefunden.

c) Zu einer einheitlichen Beschreibung der »Big Five«

Bei der Betrachtung von Tabelle 15.4 wird deutlich, dass die Benennung und Beschreibung der von verschiedenen Autoren im Rahmen des lexikalischen Ansatzes gefundenen fünf Faktoren recht uneinheitlich ist. Soll man zum Beispiel unter Faktor III nun »Dependability«

Tab. 15.4: Übersicht über die Ergebnisse von Faktorenanalysen verschiedener Autoren und deren Faktorenbenennungen.

Autoren	Faktorennummern nach der Nummerierung von Norman (1963)				
	I	II	III	IV	V
Fiske (1949)	Confident Self-Expression	Social Adaptability	Conformity	Emotional Control	Inquiring Intellect
Tupes & Christal (1961)	Surgency	Agreeableness	Dependability	Emotional Stability	Culture
Norman (1963)	Surgency/ Extraversion	Agreeableness	Conscientious-ness	Emotional Stability	Culture
Borgatta (1964)	Assertiveness	Likeability	Task Interest	Emotionality	Intelligence
Digman & Ta-kemoto-Chock (1981)	Extraversion	Friendly Compliance	Will to Achieve	Ego Strength vs. Anxiety	Intellect
Goldberg (1981b, 1990)	Surgency	Agreeableness	Conscientious-ness	Emotional Stability	Intellect
Amelang & Bor-kenau (1982)[1]	Extraversion	Dominanz (–)	Selbstkontrolle	Neurotizis-mus (–)	Unabhängigkeit der Meinungs-bildung
McCrae & Costa (1985)	Extraversion	Agreeableness	Conscientious-ness	Neuroticism (–)	Openness to Experience
Conley (1985)	Social Extraver-sion	Agreeableness	Impulse Control	Neuroticism (–)	(Intellectual Interests)[2]
De Raad et al. (1988)	Extraversion	Agreeableness vs. Cold-Heartedness	Conscientious-ness	Emotional Instability (–)	Culture
Botwin & Buss (1989)	Extraverted	Agreeablestable	Conscientious	Dominant-Assured	Intellectance-Culture
Field & Millsap (1989)	Extraversion	Agreeableness		Satisfaction	Intellect
Peabody & Goldberg (1989)	Power	Love	Work	Affect	Intellect
Ostendorf (1990)	Surgency/ Extraversion	Agreeableness	Conscientious-ness	Emotional Stability	Culture[3]

Anmerkung: (–) bedeutet, dass ein Faktor gegenüber der entsprechenden Faktorenbezeichnung nach Norman (1963) umgekehrt gepolt ist.

[1] Die verwendeten Eigenschaftsskalen wurden nicht nach Repräsentativitätsgesichtspunkten zusammengestellt, sondern um Faktoren zweiter Ordnung aus den Systemen von Guilford, Eysenck und Cattell zu validieren.

[2] Dieser Faktor fand sich nur in Conleys männlicher Stichprobe.

[3] Für diesen Faktor finden sich in den sehr umfangreichen Untersuchungen auch andere Interpretationen.

im Sinne Tupes und Christals (1961), »Conscientiousness«, wie verschiedene Autoren es vorschlagen, oder »Selbstkontrolle« (nach Amelang & Borkenau, 1982) verstehen? Es stellt sich die Frage, inwieweit die verschiedenen Fünf-Faktoren-Lösungen überhaupt übereinstimmen, was John (1990a, S. 78) treffend mit der Frage formuliert: »*which* Big Five?« Zur empirischen Beantwortung dieser Frage legte John (1989; 1990a) eine Studie vor. Zehn Fachleute lasen acht der in Tabelle 15.4 aufgeführten Arbeiten und charakterisierten die darin beschriebenen fünf Faktoren mit Hilfe von Eigenschaftswörtern aus der »Adjective Check List« (ACL) von Gough und Heilbrunn (1983). Für alle Faktoren zeigte sich eine hohe Beobachterübereinstimmung (von r= .90 für Faktor IV bis zu r= .94 für Faktor V). Von den 300 Adjektiven der »Adjective Check List« wurden von den Beurteilern insgesamt 112 verwendet und den je fünf Faktoren aus den acht Arbeiten zugeordnet. Danach wurden 280 Versuchspersonen mit diesen 112 Adjektiven beurteilt. Eine Faktorenanalyse dieser Beurteilungen ergab eine Fünf-Faktoren-Lösung, die dem Fünf-Faktoren-Modell mit nur geringen Abweichungen gut entsprach. Die Abweichungen bezogen sich wieder hauptsächlich auf Faktor V, der mit dem Begriff »Culture« offensichtlich zu eng charakterisiert ist. Bis auf eine Ausnahme lud jedes Item in der erwarteten Richtung auf dem ihm vorab hypothetisch zugeordneten Faktor; außerdem luden 98 der 112 verwendeten Adjektive auch am höchsten auf dem entsprechenden Faktor. Tabelle 15.5 stellt einen Auszug aus der vollständigen Liste dieser 112 Adjektive dar (John, 1990a, S. 80, frei übersetzt von den Verfassern) und vermittelt einen Eindruck über die so festgestellten Bedeutungen der fünf Faktoren.

Tab. 15.5: Auswahl aus 112 Adjektiven, die übereinstimmend von zehn Psychologen aus 300 Adjektiven der Eigenschaftswörterliste von Gough und Heilbrunn (1983) entsprechend dem Fünf-Faktoren-Modell ausgesucht wurden und mit denen 280 Versuchpersonen beurteilt wurden. Die Zuordnung zu den fünf Faktoren resultiert aus einer Faktorenanalyse dieser Beurteilungen (frei übersetzt von den Verfassern, nach John, 1990a).

Faktor I: **Extraversion**	positive Ladungen:	gesprächig, bestimmt, aktiv, energisch, offen, dominant, enthusiastisch, sozial, abenteuerlustig;
	negative Ladungen:	still, reserviert, scheu, zurückgezogen;
Faktor II: **Verträglichkeit**	positive Ladungen:	mitfühlend, nett, bewundernd, herzlich, weichherzig, warm, großzügig, vertrauensvoll, hilfsbereit, nachsichtig, freundlich, kooperativ, feinfühlig;
	negative Ladungen:	kalt, unfreundlich, streitsüchtig, hartherzig, grausam, undankbar, knickrig;
Faktor III: **Gewissenhaftigkeit**	positive Ladungen:	organisiert, sorgfältig, planend, effektiv, verantwortlich, zuverlässig, genau, praktisch, vorsichtig, überlegt, gewissenhaft;
	negative Ladungen:	sorglos, unordentlich, leichtsinnig, unverantwortlich, unzuverlässig, vergesslich;
Faktor IV[1)] **Neurotizismus**	positive Ladungen:	gespannt, ängstlich, nervös, launisch, besorgt, empfindlich, reizbar, furchtsam, selbst bemitleidend, unstabil, mutlos, verzagt, emotional;
	negative Ladungen:	stabil, ruhig, zufrieden;
Faktor V: **Offenheit**	positive Ladungen:	breit interessiert, einfallsreich, fantasievoll, intelligent, originell, wissbegierig, intellektuell, künstlerisch, gescheit, erfinderisch, geistreich, weise;
	negative Ladungen:	gewöhnlich, einseitig interessiert, einfach, ohne Tiefgang, unintelligent.

Anmerkung 1): Dieser Faktor wurde gegenüber dem Ergebnis von John (1990) umgepolt.

Die Ergebnisse dieser Studie lassen laut John (1990a) den Schluss zu, dass den von den einzelnen Forschern teilweise recht uneinheitlich interpretierten Faktoren fünf breite, robuste Dimensionen zugrunde liegen. Nach Ansicht des Autors lässt sich die Heterogenität in den Bezeichnungen und Beschreibungen vielfach darauf zurückführen, dass die Wissenschaftler ihre Analysen auf verschiedene Komponenten oder Facetten der gesamten Bedeutungsbreite der fünf Faktoren konzentriert haben (John, 1990a, S. 81).
Ostendorf und Angleitner (1994a) weisen darauf hin, dass gewisse Voraussetzungen gegeben sein müssen, damit die »Big Five« in faktorenanalytischen Studien überhaupt aufgefunden werden können. Wichtig sei vor allem, dass *unselegierte* Variablenstichproben mit *sehr breitem Inhalt* verwendet würden.

15.4.2 Fünf-Faktoren-Modelle in Persönlichkeitsfragebogen (Q-Daten)

Sowohl für die theoriegeleitete Forschung als auch für die psychologische Praxis ist es von großer Bedeutung, dass Persönlichkeitsfragebogen zur Operationalisierung und Erfassung wichtiger psychologischer Konstrukte zur Verfügung stehen. Im Rahmen des Fünf-Faktoren-Modells wurde ein solches Messinstrument erst relativ spät von Costa und McCrae (1985, 1989, 1992c; McCrae & Costa, 1983a) entwickelt.

a) Der NEO-Fragebogen von Costa und McCrae

Anfang der 1980er-Jahre suchten Costa und McCrae nach neuen wichtigen Faktoren im Fragebogenbereich, die über die zwei gut etablierten Faktoren Eysencks Extraversion (E) und Neurotizismus (N) hinausgehen sollten. Im Zuge dieser Untersuchungen fanden sie eine weitere Dimension neben E und N, die sie als »open versus closed to experience« interpretierten (Costa & McCrae, 1985). Aufgrund dieses Befundes entwickelten die Autoren einen Fragebogen, das »NEO-Inventory« (Costa & McCrae, 1980; McCrae & Costa, 1983a). Dieser beinhaltet für jeden der drei Faktoren sechs Unterskalen (Facetten), die sich aus jeweils acht Items zusammensetzen, sodass 48 Items zur Erfassung jedes Faktors resultieren. Aufgrund der aktuellen Befundlage zum Fünf-Faktoren-Modell und den Ergebnissen ihrer eigenen Untersuchung mit den 40 Variablen von Goldberg und 40 eigenen Variablen (s. Kap. 15.4.1 b) erweiterten Costa und McCrae (1985) das NEO-Inventory zum »NEO-Personality-Inventory« (NEO-PI), indem sie zwei Skalen für die Erfassung von »Agreeableness« und »Conscientiousness« mit jeweils 18 Items ohne weitere Facettenuntergliederung aufnahmen. Später wurden auch die Facetten für A und C vervollständigt (Costa, McCrae & Dye, 1991) sowie kleinere Veränderungen an den Original-Items der Skalen für N, E und O vorgenommen. Der so überarbeitete Fragebogen liegt seit 1992 als »Revised NEO Personality Inventory« (NEO-PI-R; Costa & McCrae, 1992c) vor.
Das NEO-PI-R stellt ein Messinstrument zur Erfassung der fünf Faktoren im Fragebogenbereich dar. Diese werden als breite Merkmalsbereiche auf einer hohen Abstraktionsebene aufgefasst und von den Testautoren als »domains« bezeichnet. Den »domains« sind hierarchisch jeweils sechs Unterskalen (»facets«) zugeordnet, die eine differenziertere Beschreibung der Persönlichkeit ermöglichen sollen. Das NEO-PI-R enthält 240 Items in Aussagenform (48 für jede »domain«, 8 für jede Facette), die auf einer fünfstufigen Antwortskala (strongly disagree – disagree – neutral – agree – strongly agree; bzw. völlig unzutreffend – unzutreffend – weder noch – zutreffend – völlig zutreffend) beantwortet werden. Die Bezeichnungen der Faktoren (»domains«) und ihrer Facetten mit entsprechenden Itembeispielen sind in der folgenden Übersicht dargestellt.

Darstellung der im revidierten NEO-Persönlichkeitsinventar (NEO-PI-R) von Costa und McCrae (1992c) gemessenen Faktoren mit zugehörigen Facetten und Beispielitems.
(Deutsche Übersetzung der Skalenbezeichnungen von Angleitner und Ostendorf, persönliche Mitteilung, 1996)
Die mit (N) gekennzeichneten Items sind negativ verschlüsselt.

N: Neuroticism (Emotionale Labilität)
N1: Anxiety (Ängstlichkeit)
 61. Ich empfinde selten Furcht oder Angst. (N)
N2: Angry Hostility (Reizbarkeit)
 6. Ich ärgere mich oft darüber, wie andere Leute mich behandeln.
N3: Depression (Depression)
 191. Manchmal erscheint mir alles ziemlich düster und hoffnungslos.
N4: Self-Consciousness (Soziale Befangenheit)
 166. In Gegenwart meiner Chefs oder anderer Autoritäten fühle ich mich wohl. (N)
N5: Impulsiveness (Impulsivität)
 231. Ich bin stets in der Lage, meine Gefühle unter Kontrolle zu halten. (N)
N6: Vulnerability (Verletzlichkeit)
 86. Wenn ich unter starkem Stress stehe, fühle ich mich manchmal, als ob ich zusammenbräche.

E: Extraversion (Extraversion)
E1: Warmth (Herzlichkeit)
 62. Ich bin als herzliche und freundliche Person bekannt.
E2: Gregariousness (Geselligkeit)
 37. Ich habe gerne viele Leute um mich herum.
E3: Assertiveness (Durchsetzungsfähigkeit)
 12. Ich bin dominant, selbstsicher und durchsetzungsfähig.
E4: Activity (Aktivität)
 107. Ich habe oft das Gefühl, vor Energie überzuschäumen.
E5: Excitement-Seeking (Erlebnishunger)
 172. Ich liebe die Aufregung von Achterbahnfahrten.
E6: Positive Emotions (Frohsinn)
 117. Manchmal sprudele ich vor Glück über.

O: Openness to Experience (Offenheit für Erfahrungen)
O1: Fantasy (Offenheit für Fantasie)
 33. Ich versuche, mit meinen Gedanken bei der Realität zu bleiben und vermeide Ausflüge ins Reich der Fantasie. (N)
O2: Aesthetics (Offenheit für Ästhetik)
 68. Es langweilt mich, einem Ballett oder modernem Tanz zuzuschauen. (N)
O3: Feelings (Offenheit für Gefühle)
 223. Ungewöhnliche Dinge wie bestimmte Gerüche oder die Namen ferner Länder können starke Stimmungen in mir erzeugen.
O4: Actions (Offenheit für Handlungen)
 108. Ich probiere oft neue und fremde Speisen aus.
O5: Ideas (Offenheit für Ideen)
 53. Ich finde philosophische Diskussionen langweilig. (N)
O6: Values (Offenheit des Normen- und Wertesystems)
 88. Ich glaube, dass wir bei ethischen Entscheidungen auf die Ansichten unserer religiösen Autoritäten achten sollten. (N)

A: Agreeableness (Verträglichkeit)

A1: Trust (Vertrauen)

64. Ich glaube, dass man von den meisten Leuten ausgenutzt wird, wenn man es zulässt. (N)

A2: Straightforwardness (Freimütigkeit)

69. Ich könnte niemanden betrügen, selbst wenn ich es wollte.

A3: Altruism (Altruismus)

44. Ich versuche, zu jedem, dem ich begegne, freundlich zu sein.

A4: Compliance (Entgegenkommen)

19. Ich würde lieber mit anderen zusammenarbeiten, als mit ihnen zu wetteifern.

A5: Modesty (Bescheidenheit)

84. Ich bin besser als die meisten Menschen und das weiß ich auch. (N)

A6: Tender-Mindedness (Gutherzigkeit)

149. Menschliche Bedürfnisse sollten immer Vorrang vor wirtschaftlichen Überlegungen haben.

Conscientiousness (Gewissenhaftigkeit)

C1: Competence (Kompetenz)

185. Ich bin eine in vielem kompetente Person.

C2: Order (Ordentlichkeit)

130. Ich werde wohl niemals fähig sein, Ordnung in mein Leben zu bringen. (N)

C3: Dutifulness (Pflichtbewusstsein)

135. Wenn ich eine Verpflichtung eingehe, so kann man sich auf mich bestimmt verlassen.

C4: Achievement Striving (Leistungsstreben)

110. Ich arbeite hart, um meine Ziele zu erreichen.

C5: Self-Discipline (Selbstdisziplin)

115. Ich habe Schwierigkeiten, mich dazu zu bringen, das zu tun, was ich tun sollte. (N)

C6: Deliberation (Besonnenheit)

90. Gelegentlich handele ich zuerst und denke dann erst darüber nach. (N)

Das NEO-PI-R liegt in zwei parallelen Formen (Form S und Form R) vor, die sich lediglich durch die Formulierung der Items einmal in der ersten Person (z. B. »Ich empfinde...«) bzw. in der dritten Person (z. B. »Er/Sie empfindet...«) unterscheiden. Somit kann dieser Fragebogen für die Erhebung von Selbst- und Fremdbeurteilungen eingesetzt werden.

Es existiert weiterhin eine Kurzform des NEO-PI-R, das »NEO Five Factor Inventory« (NEO-FFI), welches eine Beschreibung der Persönlichkeit alleine auf der Ebene der fünf breiten Faktoren höherer Ordnung (»domains«), hingegen nicht auf der spezifischeren Ebene der Facetten ermöglicht. Es besteht aus 60 Items, die alle aus dem NEO-PI-R übernommen sind, und liegt nur in der Form S zur Selbstbeschreibung vor. Das NEO-FFI wurde von Borkenau und Ostendorf (1991, 1993) für den deutschen Sprachraum übersetzt. Auch für das NEO-PI-R ist eine deutsche Bearbeitung in Vorbereitung (Ostendorf & Angleitner, in Vorbereitung).

Bei der Konstruktion der Skalen ihres Fragebogens ließen sich McCrae und Costa stets gleichzeitig von rational-theoretischen sowie faktorenanalytischen Überlegungen leiten. An erster Stelle stand die theoretisch begründete Auswahl der zu erfassenden Konstrukte, für die passende Item-Sets entwickelt wurden. Diese wurden auf große Stichproben angewandt und danach einer Faktorenanalyse unterzogen. Auf dieser Grundlage wurden die einen Faktor bzw. eine Facette am besten erfassenden Items ausgewählt und in Skalen zusammengestellt.

Diese neu entwickelten Skalen wurden auf konvergente und diskriminante Validität getestet, was unter Umständen zu einer Neuinterpretation der gemessenen Konstrukte führen konnte. Hieran musste sich wiederum eine neue Auswahl entsprechender Items anschließen usw.

Aufgrund der Beobachtung, dass unter den verschiedenen Forschern mehr Übereinstimmung bezüglich der breiteren Dimensionen der Persönlichkeit bestehe als hinsichtlich der sie konstituierenden spezifischeren Merkmale (Costa & McCrae, 1992c; siehe auch Briggs, 1989), konzentrierten sich Costa und McCrae bei der Testentwicklung zunächst auf die Absicherung der fünf »domains« (Faktoren höherer Ordnung) und beschäftigten sich erst später mit der Facettenstruktur. Die Facetten wurden unter dem Gesichtspunkt ausgewählt, dass sie wichtige und unterschiedliche Aspekte der »domains« repräsentierten.

Zur Testauswertung werden die jeder Itemantwort zugeordneten Zahlenwerte jeweils für die einzelnen Facetten bzw. »domains« aufsummiert. Die Werte für die fünf großen Merkmalsbereiche N, E, O, A und C können außerdem aus einer Linearkombination aller 30 Facettenwerte berechnet werden. Diese Methode führt zu etwas genaueren Ergebnissen und wird bei der Ergebnisauswertung mit Computern durchgeführt.

Die Darstellung der im Test erzielten Ergebnisse erfolgt bei den amerikanischen Originalversionen des NEO-PI-R und NEO-FFI mit Hilfe von Profilen, in die die normierten Skalenwerte einer Person eingetragen werden und deren Ausprägungen so anschaulich interpretiert weden können. Die dafür notwendigen Normen wurden für verschiedene Populationen erhoben. So gibt es unterschiedliche Profilbögen für verschiedene Altersklassen, für Männer und Frauen und für Selbst- bzw. Fremdbeurteilungen. Die Interpretation der Werte erfolgt in fünf Abstufungen (sehr niedrige – niedrige – durchschnittliche – hohe – sehr hohe Ausprägung), die nach Ansicht der Testautoren eine ausreichend differenzierte Persönlichkeitsbeschreibung ermöglichen.

Costa und McCrae (1992c) berichten für das NEO-PI-R Reliabilitätskoeffizienten (interne Konsistenzen) für die Facettenskalen von r_{tt}= .56 bis r_{tt}= .81 bei Selbstbeurteilungen und von r_{tt}= .60 bis r_{tt}= .90 bei Fremdbeurteilungen. Die Reliablilitäten der »domain«-Skalen liegen mit r_{tt}= .86 bis r_{tt}= .92 für Form S und r_{tt}= .89 bis r_{tt}= .95 für Form R erwartungsgemäß höher.

Die entsprechenden Werte für N, E, O, A und C des amerikanischen NEO-FFI werden mit r_{tt}= .68 bis r_{tt}= .86 angegeben; für die deutsche Form liegen sie in einer Gesamtstichprobe von 2 112 Versuchspersonen bei r_{tt}= .71 bis r_{tt}= .85 (Borkenau & Ostendorf, 1993, S. 13). Nicht ganz so günstige Werte werden für die Retest-Reliabilitäten berichtet (Costa & McCrae, 1992c), die aber dennoch auf ein »erhebliches Maß an Stabilität hinweisen« (Borkenau & Ostendorf, 1993, S. 15).

Da von den Testautoren des NEO-PI-R eine bestimmte hierarchische Struktur von »domains« und Facetten angenommen wird, bei der jede Facette eindeutig einem bestimmten Faktor zugeordnet wird, ist es wichtig, die Faktorenstruktur des Tests zu betrachten. Costa und McCrae (1992c) berichten über eine Studie, bei der die Korrelationen der einzelnen Skalen des NEO-PI-R untereinander analysiert werden. Es zeigt sich eine recht klare Faktorenstruktur, denn jede Facette lädt am höchsten auf dem ihr zugeordneten Faktor, und es gibt nur wenige große Zweitladungen auf anderen Faktoren. Diese faktorielle Validität scheint über verschiedene Teilstichproben gegeben zu sein (Costa, McCrae & Dye, 1991).

Beim Versuch, die faktorielle Struktur des NEO-PI bzw. NEO-PI-R durch konfirmatorische Faktorenanalysen (vgl. Abschnitt 7.3.9) zu bestätigen, sind alle bisherigen Ansätze (Borkenau & Ostendorf, 1990; Parker, Bagby & Summerfeldt, 1993; Panter, Tanaka & Hoyle, 1994; Vassend & Skrondal, 1995; McCrae, Zonderman, Costa & Bond, 1996; Vassend & Skrondal, 1997) gescheitert. Erst wenn die geforderten Restriktionen der Einfachstruktur unter den Facetten und die Unkorreliertheit innerhalb der fünf Domains aufgegeben würden, erhielten die Autoren der zitierten Arbeiten eine ausreichende Passung der analysierten Daten.

In der noch unveröffentlichten deutschen Übersetzung des NEO-PI-R (Ostendorf & Angleitner, in Vorbereitung) lässt sich die angestrebte Faktorenstruktur allerdings nicht so eindeutig nachweisen (Ostendorf & Angleitner, 1994a, 1994b). Vor allem mit Daten aus Fremdbeurteilungen ergibt sich kein so klares Ladungsmuster. Insbesondere die Facetten für Extraversion und Agreeableness laden zum Teil höher auf dem jeweils anderen Faktor.

McCrae und Costa (1987) haben mehrfach versucht, ihren Test durch den Vergleich von Selbst- und Fremdbeurteilungen auf der einen Seite und den Vergleich mit verschiedenen Messinstrumenten auf der anderen Seite zu validieren. Von besonderem Interesse ist dabei die Frage, in welchem Ausmaß die mit Hilfe des Tests erfassten Merkmalsbereiche überhaupt mit den »Big Five« aus dem lexikalischen Ansatz übereinstimmen. Exemplarisch sei hier eine Studie herausgegriffen, in der an über 200 Personen Selbst- und Fremdbeurteilungen mit dem NEO-PI und mittels Eigenschaftswörterlisten, die sich auf Persönlichkeitseigenschaften bezogen, erhoben wurden. Die Faktorenanalyse der Eigenschaftswörterliste ergab fünf Faktoren, die inhaltlich den Skalen des NEO-PI entsprachen. Die Ergebnisse sind in Tabelle 15.6 dargestellt:

Tab. 15.6: Korrelationen von Selbst– und Fremdbeurteilungen anhand von Adjektivlisten und den Skalen des NEO–Personality Inventory (nach McCrae & Costa, 1987).

	Selbstbeurteilungen									
	Adjektive					NEO–PI				
	N	E	O	A	C	N	E	O	A	C
Fremdbeurteilungen										
Adjektive										
N	**.50**	.00	.02	.05	–.10	**.38**	.06	.08	.01	–.09
E	.19	**.48**	.01	.09	–.07	.08	**.40**	.16	.04	–.03
O	.01	–.01	**.49**	–.01	–.08	.02	.11	**.43**	–.06	–.11
A	–.05	–.14	**–.18**	**.49**	**–.20**	–.08	**–.26**	–.02	**.28**	–.19
C	–.09	–.08	–.12	–.08	**.40**	–.11	–.02	–.09	.11	**.40**
NEO–PI										
N	**.44**	–.03	.00	–.03	–.15	**.42**	.02	.02	–.11	–.14
E	.06	**.45**	.16	.00	.06	–.04	**.47**	**.25**	.02	.02
O	.07	.08	**.45**	.13	–.07	.03	.13	**.57**	.02	–.13
A	–.06	–.11	–.15	**.45**	–.10	–.12	**–.25**	–.03	**.30**	–.12
C	–.11	–.05	–.10	–.09	**.39**	–.14	–.02	–.08	.08	**.43**

N: Neurotizismus; E: Extraversion; O: Openness; A: Agreeableness; C: Conscientiousness.
Fettgedruckte Korrelationen sind mit $p < 0.01$ signifikant.

Die Tabelle 15.6 zeigt nicht nur die relativ hohe Übereinstimmung zwischen Selbst- und Fremdbeurteilung (»consensual validity«) sowie zwischen der Beurteilung anhand von Adjektivlisten und mittels Fragebogen (konvergente Korrelationen in den Hauptdiagonalen der Tabellen), sondern auch die relativ geringen Zusammenhänge zwischen unterschiedlichen Faktoren (diskriminante Korrelationen). Die Autoren sehen in diesen Befunden einen deutlichen Beleg für die Universalität und Validität des von ihnen vorgeschlagenen Fünf-Faktoren-Modells der Persönlichkeit.

Costa und McCrae (1992c) nennen neuere Studien zur inhaltlichen Validierung ihres Fragebogens, in denen die Skalen des NEO-PI-R auch mit anderen externen Kriterien verglichen wurden. So wurden die NEO-PI-R-Skalen nicht nur mit Adjektivlisten, sondern auch mit Skalen aus anderen Persönlichkeitsfragebogen korreliert. Es zeigt sich, dass N, E, O, A und C den fünf Faktoren aus dem lexikalischen Ansatz inhaltlich gut entsprechen.
Ebenso wurde die konvergente und diskriminante Validität der einzelnen Facetten mit Hilfe von gemeinsamen Faktorenanalysen mit anderen Fragebogenskalen untersucht. Die Ergebnisse sprechen für gute Validitäten der Facetten (Costa & McCrae, 1992c, S. 45 ff.).
Als Hinweis auf die Konstruktvalidität der mit dem NEO-PI-R gemessenen Merkmalsbereiche wird von Costa und McCrae (1992c) weiterhin auf die zum Teil recht gute Vorhersage anderer psychologischer Kriterien durch die fünf »domains« verwiesen. Die Autoren nennen unter anderem Zusammenhänge von N, E, O, A und C zu Maßen des psychischen Wohlbefindens, Bewältigung und Abwehr, Bedürfnissen und Motivation, Jung'schen Typen, interpersonalen Traits, Kreativität und divergentem Denken und anderen.
Unlängst haben McCrae, Costa, Ostendorf, Angleitner, Caprara, Barbaranelli, de Lima, Semoes, Marusic, Bratko, Chae und Piedmont (1999) eine beeindruckende Reanalyse von NEO-PI-R-Daten ($N = 7363$) aus fünf verschiedenen Gesellschaften (Deutschland, Italien, Portugal, Kroatien und Korea) vorgelegt, um die Universalität der aus anglo-amerikanischen Daten (Costa & McCrae, 1989, 1994) berichteten Alterseffekte zu untersuchen. Ihren Ergebnissen zufolge können in allen fünf betrachteten Gesellschaften die zuvor bereits gefundenen Alterseffekte unabhängig vom Geschlecht sowohl auf der Ebene der fünf Domain-Faktoren als auch auf Facetten-Niveau hinreichend gut repliziert werden. Da sich die untersuchten Staaten substantiell in ihrer Kultur und Geschichte unterscheiden, sprechen die Ergebnisse nach Meinung der Autoren dafür, dass es sich bei den beobachteten Effekten um einen universellen, reifungsbedingten, möglicherweise sogar genetisch determinierten Entwicklungsprozess der Persönlichkeit mit zeitlicher Erstreckung bis zum Ende des Jugendalters handelt.
Die Fragebogen NEO-PI-R und NEO-FFI können zur Persönlichkeitsbeschreibung von Erwachsenen und Jugendlichen ab 17 Jahren verwendet werden. Nach Auskunft der Autoren eignen sie sich zum Einsatz bei psychologischer Beratung, in der klinischen Psychologie sowie für die psychiatrische Diagnose. Einzelne Skalen sollen im Bereich der Verhaltensmedizin, Gesundheitspsychologie, Berufs- und Erziehungsberatung nützliche Informationen liefern und Vorhersagen ermöglichen können. Von großem Nutzen sind diese Fragebogen für die Persönlichkeitsforschung (siehe dazu Borkenau & Ostendorf, 1993, S. 22 ff.).

b) Weitere Fragebogen zum Fünf-Faktoren-Modell der Persönlichkeit

Die oben dargestellten NEO-Fragebogen NEO-PI-R und NEO-FFI sind die aktuell bedeutendsten Messinstrumente zur Erfassung des Fünf-Faktoren-Modells der Persönlichkeit. Sie wurden von den Autoren speziell zur Erfassung der »Big Five«, die aus der lexikalischen Tradition hervorgehen, entwickelt und in zahlreichen Studien eingesetzt. Andere Tests sollen daher hier nur kurz genannt werden.
Das »Hogan Personality Inventory« (HPI; Hogan, 1986) ist zwar in seiner dimensionalen Struktur auf dem Fünf-Faktoren-Modell begründet, sein konzeptueller Ursprung liegt aber in Hogans sozioanalytischer Theorie (Hogan, 1983; Smither & Hogan, im Druck). Es misst die sechs Merkmalsbereiche (mit ihrer Entsprechung im Fünf-Faktoren-Modell) »Intellectance« (O), »Adjustment« (N), »Prudence« (C), »Ambition« (E), »Sociability« (E) und »Likeability« (A), die nach Hogans Auffassung gut arbeitsbezogene Kriterien vorhersagen sollen.
Von Kline und Lapham (1990) wurde das »Professional Personality Questionnaire« (PPQ) entwickelt, das die »Big Five«, so wie sie von McCrae und Costa beschrieben werden, spe-

ziell für den arbeits- und berufspsychologischen Bereich erfassen und laut Kline und Barrett (1994) insbesondere bei der Personalauswahl eingesetzt werden soll. Die Skalen tragen die Bezeichnungen »Insecurity versus Confidence«, »Introversion versus Extraversion«, »Conventionality versus Openness to Experience«, »Tender-Mindedness versus Tough-Mindedness« und »Conscientiousness versus Irresponsibility«.

Ostendorf und Angleitner (1994a, 1994b) kommen bei einer Studie zum Vergleich verschiedener Persönlichkeitsfragebogen und Adjektivlisten zu dem Schluss, dass nur das NEO-PI-R als umfassender Fragebogen zur Erfassung des Fünf-Faktoren-Modells angesehen werden kann. Das PPQ hingegen schätzen sie als ungeeignet für die Erfassung der »Big Five« ein; auch das HPI misst ihrer Ansicht nach faktoriell komplexe Skalen.

Einen Fragebogen speziell zur Erfassung des Fünf-Faktoren-Modells in der italienischen Sprache legten Caprara und seine Mitarbeiter vor (Caprara, Barbaranelli, Borgogni, Perugini, 1993).

Eine europäische Forschergruppe (Hendriks, Hofstee, De Raad & Angleitner, in Vorbereitung) befasst sich zurzeit mit der Entwicklung eines Fragebogens zur Erfassung der »Big Five«, der auf einem anderen Item-Format beruht: Ausgehend von der Überzeugung, dass die in der Regel benutzten Trendformulierungen (»...neigt zu...«, »tut gewöhnlich...«, »hat gern...« usw.) oder Eigenschaftswörter von den Probanden bei der Bearbeitung eine idiosynkratische Interpretation der Item-Bedeutung verlangen, aus der wahrscheinlich Fehlerquellen erwachsen, wurden insgesamt 914 kurze Aussagen über konkret beobachtbare Verhaltensweisen entworfen (ganz im Sinne des Act Frequency Approach, s. oben: 6.3.4). Beispiele für die jeweils in der dritten Person formulierten Feststellungen sind etwa »Sondert sich ab«, »Kommandiert Menschen herum«, »Handelt ohne Plan«, »Redet sich Probleme ein« oder »Übernimmt die Führung«. In einem mehrschrittigen Auswahlverfahren wurden jene 100 Items selegiert, die hohe Korrelationen zwischen Selbst- und Fremdeinschätzungen aufwiesen, wenig redundant zu den übrigen waren, niedrig in Bezug auf soziale Erwünschtheit und hoch hinsichtlich der Beobachtbarkeit eingestuft wurden. Eine Faktorisierung ergab 5 Dimensionen, auf denen je 20 Items luden: Extraversion, Verträglichkeit, Gewissenhaftigkeit, emotionale Stabilität und Intellekt/Autonomie (in dieser Reihenfolge sind die obigen Beispiel-Items geordnet). Mit Ausnahme des zuletzt genannten Faktors, der nicht mit Openness korreliert, lagen die Übereinstimmungen mit den NEO-Faktoren ansonsten um $r =$ .70 und darüber; die Selbsturteile korrelierten mit Fremdeinschätzungen ebenfalls um .70 und darüber, wiederum mit Ausnahme von Intellekt/Autonomie. Zusätzlich zu den fünf breiten Dimensionen können 40 Facetten erfasst werden, die Mischungen der »Big Five« darstellen. Damit kann sowohl dem Konstruktionsansatz als auch dem erhaltenen außerordentlich ökonomischen Instrument ein hervorragendes Zeugnis bescheinigt werden. Dieses »Five Factor Personality Inventory« (FFPI) wird gleichzeitig in den Sprachen Deutsch, Englisch und Holländisch konstruiert und soll leicht in andere Sprachen zu übersetzen sein.

c) Ein alternatives Fünf-Faktoren-Modell: Der Fragebogen von Zuckerman und Kuhlman (ZKPQ)

Seit einem halben Jahrhundert bildet Eysencks »Big-Three-Paradigma« ein Rahmenkonzept für experimentelle und korrelative Persönlichkeitsforschung auf psychobiologischer Basis. Für die Mehrzahl der Forscher stehen Extraversion und Neurotizismus im Vordergrund. Mitte der 70er-Jahre wurde von Eysenck mit dem Psychotizismus-Konstrukt eine dritte Dimension in die Standardfragebögen eingeführt, für die schnell auch ein theoretisches Modell entwickelt wurde (vgl. Kap. 15.3). Dieser Herausforderung – »What's beyond E and N ?« – folgt auch das Modell der »Alternative Five« von Zuckerman, Kuhlman, Joireman,

Zur psychometrischen Erfassung der »Alternative Five« haben Zuckerman et al. (1993) ein Fragebogenverfahren, das *Zuckerman-Kuhlman-Personality-Questionnaire (ZKPQ)*, entwickelt und erprobt. Nach mehrfacher Überarbeitung liegt nun die dritte Revision (ZKPQ-III) vor; das Verfahren besteht aus 99 Items, welche sich zu 6 Skalen gruppieren:

1. *Impulsiver Erlebnishunger (Impulsive Sensation Seeking)* (19 Items)
Die Impulsivitätsitems erfassen die Tendenz zu ungeplantem Handeln und impulsivem Verhalten ohne nachzudenken. Die Iteminhalte sind nicht situationsspezifisch, sondern sehr allgemein formuliert, sie können als Erfassung von Erlebnissuche und Risikobereitschaft verstanden werden.
Item-Beispiele:* *Meistens fange ich mit einer neuen Arbeit an, ohne lange vorher darüber nachzudenken, wie ich sie erledigen werde.*
Normalerweise denke ich darüber nach, was ich tun werde, bevor ich es in Angriff nehme.

2. *Emotionale Labilität und Ängstlichkeit (Neuroticism-Anxiety)* (19 Items)
Diese Items beschreiben emotionale Aufgewühltheit und Spannung, Furchtsamkeit, Beunruhigung, quälende Unentschlossenheit, Mangel an Selbstvertrauen und Empfindlichkeit gegenüber Kritik.
Item-Beispiele: *Ich mache mir über unwichtige Dinge keine Sorgen.*
Ich habe nicht viel Vertrauen in mich und meine Fähigkeiten.

3. *Aggression und Feindseligkeit (Aggression-Hostility)* (17 Items)
Etwa die Hälfte der Items erfasst die Bereitschaft zum Ausdruck verbaler Aggression, die anderen erfragen rüdes, unbedachtes und antisoziales Verhalten, Rachsüchtigkeit und Trotzigkeit. Personen mit hohen Werten geben schnelle Gereiztheit und Ungeduld im Umgang mit anderen zu.
Item-Beispiele: *Ich sehe gerne zu, wenn jemand, an dem mir nichts liegt, öffentlich lächerlich gemacht wird.*
Wenn ich verärgert bin, sage ich hässliche Dinge.

4. *Aktivität (Activity)* (17 Items)
Die eine Hälfte der Items beschreibt das Bedürfnis nach Aktivität und eine Unfähigkeit, sich zu entspannen und nichts zu tun, wenn sich die Gelegenheit bietet (ähnlich der »Typ-A-Persönlichkeit«). Die andere Hälfte beschreibt eine Vorliebe für harte und herausfordernde Arbeiten, ein aktives, ausgefülltes Leben und hohes Energieniveau.
Item-Beispiele: *Ich verschwende nur ungern Zeit darauf, lediglich herumzusitzen und auszuruhen.*
Ich mag anspruchsvolle Aufgaben, die viel Anstrengung und Konzentration erfordern.

5. *Soziabilität (Sociability)* (10 Items)
Diese Items befassen sich etwa mit der Anzahl der Freunde, die eine Person hat, dem Maß an Zeit, die man mit ihnen verbringt (z. B. Ausgehen auf Partys), und einer Präferenz, lieber in Gesellschaft anderer als alleine zu sein.
Item-Beispiele: *Normalerweise bin ich derjenige, der auf Partys eine Unterhaltung beginnt.*
Alleine auszugehen macht mir nichts aus und ist mir gewöhnlich sogar lieber, als mit einer großen Gruppe unterwegs zu sein.

6. *Kontrollskala (Infrequency)* (10 Items)
Hierbei handelt es sich um eine Sammlung von Items, denen mit einer Wahrscheinlichkeit von nur 4% zugestimmt wird und die in erster Linie dazu dienen, z. B. sozial erwünschte Antworttendenzen zu identifizieren.
Item-Beispiele: *Ich bin noch nie einem Menschen begegnet, den ich nicht mochte.*
Ich sage stets die Wahrheit.

* Die Beispielitems entstammen einer deutschen Bearbeitung des ZKPQ III von Angleitner, Ruch, Jennings, Harrow und Spinath (1992).

Teta und Kraft (1993). Der Ansatz erwuchs aus Ergebnissen der simultanen Faktorisierung einer Anzahl von Persönlichkeits- und Temperamentsskalen, die alle im Bereich der psychobiologischen Persönlichkeitsforschung Anwendung fanden. Aus mehreren umfangreichen Datensätzen wurden Sechs-, Fünf- und Vier-Faktoren-Lösungen berechnet, wobei sich die Gruppe um Zuckerman letztlich für eine Fünf-Faktoren-Lösung entschied:
Der erste Faktor »*Impulsive Sensation Seeking*« wird markiert durch hohe positive Ladung der Skalen zur Erfassung von Psychotizismus, Sensation Seeking, Autonomie und einer Skala zur Messung von Monotonie-Vermeidung.
Der zweite Faktor »*Aggression-Hostility*« ist gekennzeichnet durch hohe Ladungen der Skalen zur Erfassung von Aggression (aggression), Feindseligkeit (hostility), Ärger (anger) und Mangel an hemmender Kontrolle (lack of inhibitory control). Skalen zur Messung sozialer Erwünschtheit sowie »Lügen-Skalen« zeigen hohe negative Ladungen.
»*Activity*« als dritter Faktor wird markiert durch hohe positive Ladungen verschiedener Skalen zur Messung von Aktiviertheit und Energie-Niveau.
Der »*Sociability*«-Faktor zeichnet sich durch hohe positive Ladungen der Skalen zur Messung von sozialer Orientierung (affilliation, social participation und sociability) sowie hohe positive Ladungen der Extraversionsskalen aus.
Der letzte Faktor »*Neuroticism-Anxiety*« wird markiert durch hohe positive Ladungen von Skalen zur Messung von Angst, Furcht, genereller Emotionalität, Psychasthenie und Ärgerunterdrückung.
Zuckerman et al. (1993) berichten zur Reliabilität der Skalen α-Werte von .72 (Activity) bis .86 (Neuroticism-Anxiety); diese differieren nicht signifikant zwischen den Geschlechtern. Substantielle Geschlechtsunterschiede zeigen sich jedoch in den Mittelwerten der Skalen Neuroticism-Anxiety (Frauen haben höhere Werte als Männer) und Infrequency (höhere Werte bei den Männern).
Die ZKPQ-Skalen sind mäßig bis gering interkorreliert, die meisten Korrelationskoeffizienten liegen unter .20; nur die Korrelationen zwischen *Impulsive Sensation Seeking* und *Aggression-Hostility* bzw. *Sociability* sowie *Aggression-Hostility* und *Sociability* liegen etwas höher.
Simultane Faktorenanalysen des EPQ-R, des NEO-FFI und des ZKPQ-III (Zuckerman et al., 1993) (unter Validierungsaspekten) lassen eine Drei- bzw. Vier-Faktoren-Lösung zu:

Tab. 15.7: Faktorladungsmatrix der varimaxrotierten Drei-Faktor-Lösung (63% Varianzaufklärung; nach Zuckerman et al., 1993).

Skala	Faktor 1	Faktor 2	Faktor 3
NEO Extraversion	**.89**	–.17	–.07
EPQ Extraversion	**.76**	–.35	.23
ZKPQ Sociability	**.75**	–.19	.71
ZKPQ Activity	**.60**	.00	–.11
NEO Openness	.35	.11	–.21
ZKPQ N-Anx	–.10	**.93**	–.03
NEO Neuroticism	–.13	**.90**	.17
EPQ Neuroticism	–.12	**.92**	.03
EPQ Psychoticism	–.12	–.11	**.80**
NEO Agreeableness	.06	–.06	**–.72**
NEO Conscientiousness	.14	–.03	**–.68**
ZKPQ Impulsivity-Sensation Seeking	.46	.02	**.65**
ZKPQ Aggression-Hostility	.27	.32	**.63**

Tab. 15.8: Faktorenladungsmatrix der varimaxrotierten Vier-Faktoren-Lösung (74% Varianzaufklärung; nach Zuckerman et al., 1993).

Skala	Faktor 1	Faktor 2	Faktor 3	Faktor 4
NEO Extraversion	**.88**	–.14	–.05	.17
EPQ Extraversion	**.79**	–.32	.17	–.08
ZKPQ Sociability	**.76**	–.16	.10	–.07
ZKPQ Activity	**.60**	.01	–.18	.02
ZKPQ N-Anx	–.13	**.92**	–.01	.08
NEO Neuroticism	–.15	**.90**	.10	–.11
EPQ Neuroticism	–.16	**.91**	–.04	–.08
NEO Conscientiousness	.15	–.07	**–.86**	–.02
EPQ Psychoticism	–.09	–.08	**.80**	–.28
ZKPQ Impulsivity-Sensation Seeking	.48	.08	**.74**	–.02
NEO Agreeableness	–.04	–.07	–.31	**.81**
ZKPQ Aggression-Hostility	.35	.34	.24	**–.72**
NEO Openness	.27	.14	.18	**.67**

Die Ergebnisse lassen sich im Sinne des Eysenck'schen P-E-N Modells interpretieren: Der erste Faktor stellt Extraversion dar, wobei Sociability aund Activity im Sinne von Binnenkomponenten interpretiert werden können; der zweite Faktor bezeichnet das Eysenck'sche Neurotizismus-Konstrukt. Im dritten Faktor vereinen sich Aggressivität, Impulsivität, Sensation Seeking, mit umgekehrtem Vorzeichen Verträglichkeit und Gewissenhaftigkeit sowie Eysencks Psychotizismus als Markiervariable mit höchster Ladung. Als einziges Konstrukt ist »Offenheit« keinem der drei Faktoren eindeutig zuzuordnen.

Eine varimaxrotierte Vier-Faktoren-Lösung des gleichen Datensatzes hat die folgende Gestalt (s. Tabelle 15.8).

Die ersten beiden Faktoren bezeichnen Extraversion und Neurotizismus. Der breite P-Faktor der ersten Analyse scheint hier gleichsam in zwei Teile zu zerbrechen: Faktor 3 wird gebildet durch NEO-Gewissenhaftigkeit, Eysencks Psychotizismus und die Impulsity-Sensation Seeking Skala von Zuckerman et al.; der vierte Faktor ist durch Verträglichkeit und Offenheit (NEO) sowie Aggression-Hostility aus dem ZKPQ gekennzeichnet.

Innerhalb von Fünf- bzw. Sechs-Faktoren-Lösungen spalten sich die Activity-Komponenten aus der Extraversiondimension und die Openness-Variable aus dem Aggression/Hostility vs. Agreeableness-Faktor ab. Zuckerman et al. (1993) führen diesen Umstand darauf zurück, dass beide Variablen nur durch eine einzige Skala innerhalb der drei Modelle repräsentiert wurden. Sie faktorisierten daher die Skalen des EQP, des ZKPQ sowie die der revidierten Form des NEO-PI simultan; da nun die Openness-Dimension mit sechs Skalen (entsprechend den sechs Facetten im NEO-PI) und Activity als Facette von Extraversion gemessen wurde, sollte eine Entscheidung darüber möglich sein, ob es sich um separate Dimensionen oder Subkomponenten anderer Faktoren handelt.

Die Faktorisierung erbrachte nach Varimax-Rotation folgende Fünf-Faktoren-Lösung: Faktor 1 wird durch die Neurotizismus und Anxiety-Skalen markiert. Faktor 2 wird an einem Pol gebildet durch die sechs Conscientiousness-Facetten, am anderen Pol durch Impulsivity-Sensation Seeking (ZKPQ), Psychotizismus (EPQ) und Impulsivity (NEO). Faktor 3 erscheint klar als Extraversion; Faktor 4 wird als Agreeableness vs. Aggression-Hostility bezeichnet. Faktor 5 wird hauptsächlich durch die sechs Openness-Facetten des NEO-PI gebildet, während Eysencks P-Skala keine substantielle Ladung auf diesem Faktor zeigte.

Dieses Ergebnis lässt sich im Sinne des Vergleichs der verschiedenen Persönlichkeitsmodelle (vgl. Kapitel 15.4.3) interpretieren: Die ersten Faktoren entsprechen im Wesentlichen den Eysenck'schen N-, E- und P-Faktoren. Der vierte und fünfte Faktor scheinen Dimensionen zu erfassen, die vom Eysenck'schen System unabhängig sind und eher eine Affinität zum Fünf-Faktoren-Modell von Costa und McCrae (1985) haben (vgl. dazu auch Kap. 15.4.3).
Im Vergleich zum Fünf-Faktoren-Modell von Costa und McCrae (1985) bzw. Norman (1963), das sich aus dem lexikalischen Ansatz (s.o.) herleitet, begründet sich Zuckermans Fünf-Faktoren-Modell auf eine psychobiologische Basis, d. h., Zuckerman et al. (1993) postulierten für die von ihnen gefundenen Faktoren eine biologische Grundlage im Sinne der biologischen Theorien zu Extraversion und Neurotizismus (vgl. Kapitel 15.3) oder Sensation Seeking (vgl. Kapitel 16.1).

15.4.3 Stellenwert des Fünf-Faktoren-Modells

Wie die oben dargestellten Studien zeigen, bemühen sich die Vertreter des Fünf-Faktoren-Modells immer wieder, die postulierte fünffaktorielle Struktur sowohl im alltagssprachlichen Bereich, als auch mit Fragebögen zu bestätigen. Diesem Zweck dient auch der Vergleich dieses Modells mit anderen Systemen zur Beschreibung der Persönlichkeit. So ließen beispielsweise McCrae, Costa und Busch (1986) 403 Erwachsene den California Q-Set (CQS; Block, 1961) bearbeiten. Bei dieser Erhebungsmethode handelt es sich um 100 Aussagen, die in neun Kategorien von »am wenigsten charakteristisch« bis »am meisten charakteristisch« eingeordnet werden sollen. Eine Faktorenanalyse ergab fünf Faktoren, die inhaltlich etwa den fünf Faktoren des NEO-PI entsprechen. Die konvergenten Korrelationen zwischen den CQS-Faktoren und den entsprechenden Skalen des NEO-PI betrugen .73 für Neurotizismus, .70 für Extraversion, .62 für Openness, .36 für Agreeableness und .31 für Conscientiousness. Alle fünf Korrelationen sind mit $p < .001$ signifikant. Die übrigen, divergenten Korrelationen zwischen den Faktoren des CQS und inhaltlich verschiedenen NEO-PI-Skalen lagen zwischen .00 und .23. Lediglich zwei wurden signifikant auf dem 1-Prozent-Niveau. In einer zweiten Studie (Costa, Busch, Zonderman & McCrae, 1986) verglichen die Autoren MMPI-Faktoren mit den fünf Skalen des NEO-PI. Im MMPI ließen sich vier der fünf Faktoren, nämlich Extraversion, Neurotizismus, Openness und Agreeableness identifizieren, die hypothesenkonform mit den entsprechenden Skalen des NEO-PI korrelierten.
Auch mit anderen gut etablierten Tests unterschiedlichster theoretischer Fundierungen wurden das NEO-PI(-R) und meist auch Eigenschaftsratingskalen als Markiervariablen korrelationsstatistisch oder faktorenanalytisch verglichen (zusammenfassend siehe z. B. McCrae, 1989; Costa & McCrae, 1989, 1992c; John, 1990a; McCrae & John, 1992). Auf diese Weise soll gezeigt werden, dass das Fünf-Faktoren-Modell allumfassend ist in dem Sinne, dass die fünf Faktoren (eventuell zuzüglich einer Leistungsdimension »Intelligenz«) genügen, um die mit den verschiedenen Tests gemessenen Merkmalsbereiche zu erfassen. Demnach würden diese Tests entweder nur Ausschnitte aus der Gesamtpersönlichkeit, anders »rotierte« Merkmale (eventuell auf differenzierterer, weniger abstrakter Ebene) oder einfach ähnliche Faktoren unter anderem Namen erfassen. Das Fünf-Faktoren-Modell wird also als »Referenzmodell« aufgefasst, mit dessen Hilfe Forschungsergebnisse aus verschiedenen Traditionen der Persönlichkeitsforschung untereinander vergleichbar gemacht und somit integriert werden können.
Dieser optimistischen Auffassung bezüglich des Stellenwerts des Fünf-Faktoren-Modells stehen jedoch andererseits verschiedene Probleme dieses Ansatzes entgegen, aufgrund derer

er von einigen Autoren stark kritisiert wird. Zu ihnen zählen Eysenck (1991, 1992a, 1992b), Pervin (1994), McAdams (1992) und Becker (1995).

Ein Teil der Kritik am Fünf-Faktoren-Modell bezieht sich auf die Anzahl der als bedeutsam erachteten Persönlichkeitsfaktoren. Verschiedene Forscher bezweifeln, dass genau fünf Faktoren eine adäquate, das heißt umfassende und ökonomische Persönlichkeitsbeschreibung ermöglichen und stellen ihre eigenen Lösungen dem »Big Five»-Ansatz entgegen (z. B. Eysenck, 1991, 1992a, 1992b; Becker, 1995; zusammenfassend Bartussek, 1991, 1996). Die Frage nach der »richtigen« Anzahl der zu extrahierenden Faktoren lässt sich dabei nicht allein durch Anwendung der Faktorenanalyse beantworten, sondern verlangt auch eine theoretische Grundlegung, so zum Beispiel aus den biologischen Grundlagen, die den Persönlichkeitsfaktoren zugrunde liegen könnten (siehe z. B. Eysenck & Eysenck, 1985; Zuckerman, 1991).

Ein weiterer Kritikpunkt betrifft die inhaltliche Interpretation der fünf Faktoren. Die einzelnen Forscher stimmen bezüglich der Bezeichnung und Beschreibung der »Big Five« nicht genau überein (siehe dazu Kap. 15.4.1 c und Kap. 15.4.2), worauf auch Becker (1995) hinweist. Insbesondere hinsichtlich der Spezifikation des Faktors V gibt es stark divergierende Auffassungen (siehe oben Tabelle 15.4), was unter anderem in der Herausgabe eines Sonderhefts des »European Journal of Personality« (De Raad & Van Heck, 1994) zum Ausdruck kommt, in welchem ausschließlich die Bedeutung dieses Faktors diskutiert wird. Eine abschließende, konsensfähige Definition scheint noch nicht möglich, jedoch tendieren einige der Autoren dazu, den fünften Faktor als relativ breites, nicht nur auf »Kultur« bezogenes Konstrukt aufzufassen, das insbesondere Aspekte von Kreativität und Fantasie mit einschließt.

Johnson und Ostendorf (1993) versuchten, das Fünf-Faktoren-Modell mit Hilfe des »Abridged Big Five Dimensional Circumplex« (AB5C; Hofstee, De Raad & Goldberg, 1992) inhaltlich zu klären. Die Skalen verschiedener Messinstrumente zur Erfassung der »Big Five« (Fragebogenskalen und Adjektivlisten) wurden aufgrund verschiedener Analysen mit einem »standard AB5C designation code« versehen und dadurch hinsichtlich ihrer inhaltlichen Bedeutung vergleichbar gemacht. Die Autoren fanden auf diese Weise heraus, dass die überwiegende Zahl der Persönlichkeitsskalen zur Erfassung der »Big Five« nicht genau die betreffenden Faktoren, sondern heterogene Faktormischungen repräsentieren und sich überdies zwischen den einzelnen Forschergruppen unterscheiden. Johnson und Ostendorf (1993) schlagen aus diesem Grund vor, zur inhaltlichen Beschreibung der fünf Faktoren nur die faktorreinen Begriffe heranzuziehen, da diese die Gemeinsamkeiten der in der Studie verwendeten unterschiedlichen Konzeptualisierungen des Fünf-Faktoren-Modells widerspiegeln. Auf diese Weise gelangen sie zu einer Interpretation der Faktoren als (I) »Social Communicativeness« (sozial mitteilsam), (II) »Softness« (Weichheit), (III) »Constraint« (Zwanghaftigkeit), (IV) »Freedom From Negative Affect« (frei von negativen Affekten) und (V) »Creativity« (Kreativität).

Keine Konvergenz gibt es bis heute bezüglich der Frage nach der hierarchischen Ordnung, das heißt nach Modellen über die Unterbereiche (Facetten, Faktoren erster Ordnung) jedes der fünf breiten und relativ abstrakten Faktoren. Bislang legten nur Costa und McCrae (1992c; siehe auch Costa, McCrae & Dye, 1991) mit ihrem Fragebogen NEO-PI-R ein hierarchisches Modell vor, bei dem den »Big Five« je sechs Skalen systematisch untergeordnet sind, die dadurch auch zur Charakterisierung der fünf erfassten Merkmalsbereiche herangezogen werden können (siehe Kap. 15.4.2 a). Eysenck (1992a, 1992b) und mit anderen Argumenten auch Becker (1995) zweifeln an, dass alle fünf Faktoren Konstrukte auf einer sehr hohen Abstraktionsebene darstellen. Eysenck (1992a, 1992b) ist der Auffassung, dass »Agreeableness« und »Conscientiousness« Faktoren erster Ordnung entsprechen, die beide auf dem Eysenckschen Faktor »Psychotizismus« (als Sekundärfaktor) laden. Becker (1995) hingegen legt dar, dass die »Big Five« keine unkorrelierten Faktoren hoher Ordnung sind,

sondern sich den von ihm postulierten beiden Faktoren »Seelische Gesundheit« und »Verhaltenskontrolle« hierarchisch unterordnen lassen.
Das Fünf-Faktoren-Modell kann auch in anderer Hinsicht kritisch betrachtet werden. Als eine aus dem lexikalischen Ansatz hervorgegangene Taxonomie ist es auf induktivem Wege quasi »entdeckt« worden (Ostendorf & Angleitner, 1994a). Die »Big Five« sind somit keine theoretisch verankerten Konstrukte, sondern globale, voneinander relativ unabhängige Dimensionen zur Beschreibung von Persönlichkeitsunterschieden auf einer hohen Abstraktionsstufe. Dass es sich dabei nicht um »entdeckte« Naturgegebenheiten, sondern um Konstruktionen handelt, darauf weist Becker (1995) zu Recht hin. In diesen Konstruktionen stecken nicht nur (die recht willkürlichen – wenn auch ökonomischen) Annahmen der faktorenanalytischen Methode, sondern auch die möglicherweise recht oberflächlichen »Konstruktionen« unseres Alltagsdenkens über unsere Mitmenschen (McAdams, 1992), wie sie in die Umgangssprache Eingang gefunden haben. Deshalb hält McAdams (1992) das Fünf-Faktoren-Modell nicht für ein integratives »Referenzmodell« für viele andere Persönlichkeitsmodelle.
Dass sich über die Adäquatheit des Fünf-Faktoren-Modells trefflich streiten lässt, haben Eysenck (1992a, 1992b) und Costa (Costa & McCrae, 1992b, 1992c) in ihren aus einem Symposium an der Universität Oxford im Jahre 1991 hervorgegangenen Publikationen lehrreich vorgeführt. Die Kritik Eysencks bezieht sich dabei vor allem auf das hierarchische Modell der Faktoren, den Mangel an ihrer theoretischen Einbindung sowie den fehlenden Bezug zu biologischen Grundlagen. Dem hält Costa die Robustheit und Universalität der Faktoren entgegen. Doch bleibt die Frage, ob diese im Verhalten der (beurteilten) Menschen oder im Kopf der Beurteiler entstehen.
Vergleicht man das Fünf-Faktoren-Modell (Norman, 1963; McCrae & Costa, 1985) mit dem Persönlichkeitssystem von Eysenck (vgl. Kap. 15.3), so besteht ein hoher Grad von Ähnlichkeit: Extraversion und Neurotizismus (bzw. Ängstlichkeit oder das Gegenteil Emotionale Stabilität) tauchen sowohl bei Eysenck wie auch im Fünf-Faktoren-Modell auf. Neuere korrelations- und faktorenanalytische Untersuchungen (Avia, Sanz, Sanchez-Bernados, Martinez-Arias, Silva & Grana, 1995; Costa & McCrae, 1995; Draycott & Barret, 1994; Zuckerman, Kuhlman, Joireman, Teta & Kraft, 1993) lassen folgende Schlüsse zu: »Agreeableness« (Verträglichkeit) und »Conscientiousness« (Gewissenhaftigkeit) laden hoch negativ auf einem Faktor, der durch die Eysencksche Psychotizismus-Variable markiert wird. Der »Openness«-Faktor des Fünf-Faktoren-Modells scheint eine von den Eysenckschen Faktoren unabhängige Dimension darzustellen.
Vergleicht man die beiden dargestellten Fünf-Faktoren-Modelle und das Modell von Eysenck, so ergibt sich bei simultaner Faktorisierung des NEO-FFI, des ZKPQ und des EPQ (Zuckerman et al., 1993) eine Vier-Faktoren-Lösung: Der erste Faktor wird gebildet durch die NEO-Skala Extraversion und die ZKPQ-Skalen »Sociability« und »Activity«. Der zweite Faktor wird markiert durch die NEO-Neurotizismus-Skala und die ZKPQ-Skala »Neuroticism-Anxiety«. Ein dritter Faktor wird gebildet durch eine negative Ladung der NEO-Conscientiousness-Skala und der Impulsive-Sensation Seeking Skala des ZKPQ (wobei auch die P-Skala des EPQ eine sehr hohe Ladung aufweist). Als vierter Faktor ergibt sich die Kombination aus den NEO-Skalen »Agreeableness« und »Openness« sowie der ZKPQ-Skala »Aggression-Hostility«. Die ersten drei Faktoren besitzen wiederum starke Affinität zu den Eysenck'schen Superfaktoren, während der letzte Faktor etwas davon Unabhängiges repräsentiert. Auffällig ist, dass mit Zuckermans »Sociability« und »Activity« offenbar zwei Binnenkomponenten von Extraversion identifiziert worden sind.

Fragen zu Kapitel 15:

Abschnitt 15.1: Guilford

1. Welches sind die wichtigsten Elemente der Persönlichkeitstheorie von Guilford?
2. Welcher Instrumente bedient sich Guilford?
3. Nennen Sie Probleme des Persönlichkeitsmodells von Guilford!

Abschnitt 15.2: Cattell

4. Umreißen Sie die Grundzüge der Persönlichkeitstheorie von Cattell!
5. Welches sind die von Cattell besonders häufig benutzten Verfahren zur Erfassung der Persönlichkeitsunterschiede?
6. Nennen Sie einige Probleme der Cattell'schen Persönlichkeitstheorie!

Abschnitt 15.3: Eysenck

7. Umreißen Sie die Grundzüge der Persönlichkeitstheorie von Eysenck!
8. Welches sind die von Eysenck besonders häufig benutzten Verfahren zur Erfassung der Persönlichkeitsunterschiede?
9. Nennen Sie einige Probleme der Eysenck'schen Persönlichkeitstheorie!

Abschnitt 15.4: Das Fünf-Faktoren-Modell

10. Wie heißen die fünf Faktoren in diesem Modell? Charakterisieren Sie diese kurz!
11. Charakterisieren Sie die fünf Faktoren des »Alternativen Fünf-Faktoren-Modells«!
12. Wie hängen die fünf Faktoren der beiden Fünf-Faktoren-Modelle mit Eysencks drei Faktoren zusammen?

16 Biopsychologisch begründete Persönlichkeitsmerkmale

In der empirisch orientierten Persönlichkeitsforschung spielen einige Persönlichkeitskonstrukte eine immer bedeutendere Rolle, die nicht im Rahmen faktorenanalytisch begründeter Gesamtsysteme der Persönlichkeit oder daraus alleine konzipiert wurden, sondern im Rahmen biopsychologischer Persönlichkeitstheorien entwickelt wurden. Diese Persönlichkeitsmerkmale sollen hier besprochen werden. Einige von ihnen zeigen vor allem zur Extraversion eine nahe Verwandtschaft, einem Merkmal also, das in jedem faktorenanalytisch begründeten Gesamtsystem der Persönlichkeit vorkommt und dem ja auch eine biopsychologische Theorie zugrunde liegt (siehe oben Kapitel 15.3.4c und 15.3.6), sodass auch ein Vergleich der hier besprochenen biopsychologisch begründeten Persönlichkeitsmerkmale mit denen aus faktorenanalytischen Gesamtsystemen gegeben werden soll. Besprochen werden hier die Merkmale oder Merkmalsbereiche des »Sensation Seeking« von Zuckerman inklusive des Konzeptes des »Augmenting – Reducing« nach Buchsbaum, die »Eigenschaften des Nervensystems« mit ihren Beziehungen zu »Temperamentsmerkmalen« nach Pawlow sowie die Merkmale aus der daraus hervorgegangenen Theorie des Temperaments von Strelau.

16.1 Sensation Seeking

In den 1960er-Jahren beschäftigte sich Zuckerman mit der Erforschung interindividueller Unterschiede in der Reaktion auf sensorische Deprivation (zusammenfassend Zuckerman, 1979b, 1994). Der theoretische Ausgangspunkt für diese Studien war – ähnlich wie Eysencks Konzept der Abhängigkeit eines optimalen hedonischen Tonus von einem bestimmten Arousal-Niveau (siehe Abb. 15.14) – die Vorstellung, dass es systematische interindividuelle Unterschiede im Bedürfnis nach Stimulation gibt, die notwendig sind, um sich wohl zu fühlen (hedonischer Tonus), sodass Personen unterschiedlich stark nach solcher Stimulation suchen. »Sensation Seeking« und nicht »Stimulation Seeking« nennt Zuckerman sein Konzept deshalb, weil es die Sinneseindrücke (sensations), die Effekte von Stimulationen also sind, die positiven Verstärkungswert für das Individuum haben und nicht die Stimulationen selber, und weil dieser Verstärkungswert nur zum Teil von der Stärke der Stimulation abhängt, zu einem Großteil jedoch von ihrer Komplexität, Ungewöhnlichkeit oder Neuheit. Die Persönlichkeitseigenschaft »Sensation Seeking« bezieht sich demnach auf die Tendenz, neue, verschiedenartige, komplexe und intensive Eindrücke zu bekommen oder Erfahrungen zu machen und dafür auch Risiken in Kauf zu nehmen (Zuckerman, 1979b, 1994).

16.1.1 Die Messung von Sensation Seeking: Die Sensation-Seeking Skalen (SSS)

Zur Messung von Sensation Seeking entwickelte Zuckerman (Zuckerman, Kolin, Price & Zoob, 1964) eine erste Sensation Seeking Scale (SSS), die später vielfach weiterentwickelt wurde (siehe Zuckerman, 1994, p. 30 ff.). Obwohl die ersten Formen der SSS so konstruiert wurden, dass damit ein allgemeines Sensation Seeking Maß gewonnen werden sollte, ergaben Faktorenanalysen dieser SS-Skalen immer wieder vier Unterfaktoren (Faktoren erster Ordnung) des allgemeinen Sensation Seeking, die in der Fünften SSS-Version, der SSS-V (Zuckerman, Eysenck & Eysenck, 1978; Zuckerman, 1979b, S. 397–400) als Subskalen mit jeweils zehn Items repräsentiert sind. Diese vier Unterfaktoren wurden wie folgt benannt und beschrieben:

1. *Thrill and Adventure Seeking, TAS:* Die Neigung oder der Wunsch, Spannung und Abenteuer durch riskante, aufregende Aktivitäten wie schnelles Fahren, riskante Sportarten und dergleichen zu erleben. Da die meisten dieser Tätigkeiten nicht allgemein verbreitet sind (Tauchen, Fallschirmspringen, schnelles Motorradfahren), wird in den Items nach Wünschen und Intentionen gefragt: »Ich würde gerne .....«.
2. *Experience Seeking, ES:* Die Neigung, neue Eindrücke zu bekommen oder neue Erfahrungen zu machen, z. B. durch Reisen, ungewöhnliche Kunst, nonkonformistische Lebensweisen oder durch den Umgang mit sozial auffälligen oder randständigen Gruppen (Künstlern, Aussteigern, Homosexuellen).
3. *Disinhibition, Dis:* Die Tendenz, sich Stimulation durch soziale Aktivitäten (z. B. Party), durch Enthemmung mit Hilfe sozialen Trinkens oder auch durch sexuelle Kontakte zu verschaffen.
4. *Boredom Susceptibility, BS:* Intoleranz gegenüber sich wiederholenden Erfahrungen jeder Art wie Routinearbeiten oder auch gegenüber langweiligen Menschen. Diese Anfälligkeit für Langeweile drückt sich in einer Abneigung gegenüber monotonen Situationen und durch Ruhelosigkeit in solchen Situationen aus.

Die vier Subskalen der SSS-V korrelieren miteinander zwischen .14 (TAS x BS) und .41 (Dis x BS), wobei die restlichen vier Korrelationen (TAS x Dis, TAS x ES, ES x BS und ES x Dis) um .30 liegen (Zuckerman, 1994, p. 52). Es stellt sich deshalb die Frage, welches das richtige Eigenschaftsmodell für Sensation Seeking ist: Eine allgemeine Eigenschaft, vier unabhängige Eigenschaften oder eine allgemeine Eigenschaft, bestehend aus vier spezielleren Eigenschaften? Zuckerman gibt darauf eine klare Antwort: Entgegen der Kritik von Eysenck (1983a; Eysenck & Eysenck, 1985, S. 70–72), der die vier Sensation Seeking Faktoren nicht als Primärfaktoren einer einheitlichen (unitary) Eigenschaft »Sensation Seeking« sieht, sondern als voneinander relativ unabhängige komplexe Kombinationen von Extraversion und Psychotizismus mit anderen Eigenschaften niedrigerer Ordnung, vertritt Zuckerman (1984, 1994, S. 52 ff.) das »eins plus vier«-Modell. Danach sind die vier oben genannten Faktoren des Sensation Seeking als Primärfaktoren (im Sinne speziellerer Aspekte) des allgemeinen Sensation Seeking (als Sekundärfaktor) aufzufassen. Deshalb wird die SSS-V auch so ausgewertet, dass ein allgemeiner (globaler) SS-Wert und vier Werte für die vier SS-Unterskalen ermittelt werden können.

Als Stütze für das »eins plus vier«-Modell zitiert Zuckerman (1994) zwei LISREL-Studien (Björk-Akesson, 1990; Horvath & Zuckerman, 1993; zur LISREL Methode siehe o. Kapitel 7.3.9), die die beste Datenpassung jeweils für das Modell eines allgemeinen Sensation Seeking Faktors erbrachten, der aus den vier genannten SS-Unterfaktoren besteht und auf dem auch noch andere, ähnlich spezielle Maße (»New Experience Seeking«, »Outgoingness«

oder verschiedene Risikobereitschaftsmaße) luden. Die zu diesem Modell konkurrierenden Modelle zeigten die schlechteren Datenpassungen.
Zuckerman (1994) berichtet für den Gesamtpunktwert der SSS-V auf der Grundlage mehrerer Untersuchungen interne Konsistenzen von .83 bis .86 und eine Retest-Reliabilität für den Zeitabstand von drei Wochen von .94 (Zuckerman, 1984). Die internen Konsistenzen der Subskalen liegen für TAS zwischen .77 und .82, für ES zwischen .61 und .67, für Dis zwischen .74 und .78 und für BS zwischen .56 und .65.
Die 1978 publizierte Form V der SSS (SSS-V) ist die auch heute (2000) noch am meisten benutzte Form, auch die Vorgängerformen II und IV werden noch benutzt. In diesen Formen wurde das »forced-choice«-Format verwendet: Die Versuchsperson muss wählen, welche von zwei Aussagen A oder B auf sie eher zutrifft (z. B.: A: Ich liebe »wilde«, ungehemmte Partys. B: Ich finde ruhige Partys mit guter Konversation angenehm.). Weil diese Aussagen so gewählt wurden, dass sie sich in ihrer Sozialen Erwünschtheit (siehe o. Kap 9.4.3 b) nicht unterscheiden, sollte sich diese als Fehlerquelle bei der Beantwortung nicht auswirken.
Weitere neue Formen der SSS wurden entwickelt (Zuckerman, 1994, S. 37 ff.). In der Form VI (SSS-VI) wird getrennt nach Wünschen oder Intentionen bezüglich bestimmter TAS- und Dis-Tätigkeiten auf der einen Seite (»intention section«) und nach tatsächlichen Erfahrungen mit solchen Aktivitäten auf der anderen Seite (»experience section«) gefragt. Damit sollte untersucht werden, ob sich Sensation Seeking mehr in Intentionen (nach denen in den älteren SSS vorwiegend gefragt wird) oder auch in tatsächlichen Erfahrungen niederschlägt. Es zeigte sich, dass es eine gute Korrespondenz zwischen »experience«- und »intention«-Maßen von Dis gibt. Für TAS gilt dies auch, wenn auch eingeschränkt: Hier sind die Korrelationen niedriger, da die »experience«-Werte verständlicherweise recht eingeschränkt variieren: Nicht jeder, der gerne tauchen würde, war auch schon einmal tauchen, während die Dis-Erfahrungen (Partys, Trinken, Sex), die man gerne macht, eben auch schon oft tatsächlich gemacht wurden.
In einer experimentellen »stimmt – stimmt nicht«-Version der SSS (Zuckerman, 1994, S. 43 ff.) wurde das »forced-choice«-Format der SSS ersetzt durch Feststellungen, die mit »stimmt – stimmt nicht« zu beantworten sind, um diese »stimmt – stimmt nicht«-Version gemeinsam mit anderen Fragebogen gleicher Formate, z. B. hinsichtlich ihrer Faktorenstruktur, untersuchen zu können (Zuckerman, Kuhlmann, Joireman, Teta & Kraft, 1993).
Es gibt eine Kurzform und eine Kinderversion der SSS (Zuckerman, 1994) sowie Übersetzungen vor allem der SSS-V in verschiedene Sprachen, so auch in Deutsch (Andresen, 1986).
Als Beleg für die Validität der SSS-V führt Zuckerman (1984) u. a. eine positive Korrelation von .55 zwischen der Beurteilung der Versuchspersonen durch andere Personen und dem Gesamtpunktwert der SSS an. Es bestehen Korrelationen des SSS-Gesamtpunktwertes mit (zum Teil von den Versuchspersonen selbst berichteten) Verhaltensweisen wie sexueller Aktivität, illegalem Drogenkonsum, der Vorliebe für stark gewürzte Speisen und mit dem Interesse an riskanten, gefährlichen Aktivitäten. In gefährlichen Berufen wie bei Feuerwehrleuten oder Rennfahrern finden sich deutlich mehr Sensation Seeker als in Vergleichsgruppen (zusammenfassend siehe Brody, 1988, S. 179 ff.).
Die sehr umfangreiche Bestandsaufnahme von Zuckerman (1994) über Unterschiede zwischen Personen mit niedrigem und hohem Sensation Seeking zeigt eine Fülle gut gesicherter Ergebnisse, die hier nur ganz grob tabellarisch zusammengefasst werden sollen:

Tätigkeitsbereich	Sensation Seeking niedrig	hoch
Risikobereitschaft	niedriger, höhere Einschätzung eines Risikos, größere Angst vor Unbekanntem	höher, niedrigere Einschätzung eines Risikos, weniger Angst vor Unbekanntem
Präferenz für bestimmte Sportarten	lehnt riskantere Sportarten eher ab,	bevorzugt riskantere Sportarten
	kein Unterschied bei risikoarmen Sportarten mit hohem Trainingsaufwand	
Berufe	bevorzugt Berufe mit vorhersagbaren Anforderungen; Frauen ergreifen lieber konventionelle Frauenberufe	bevorzugt Berufe mit Abwechslung und Herausforderungen; Frauen ergreifen gerne Männerberufe
Sozialverhalten	zu nahe und zu lange Sozialkontakte werden als unangenehm erlebt	suchen Sozialkontakte, sind offen, dominant, erwarten Offenheit
Partnerschaft	erfolgreicher, wenn Partner einander in Sensation Seeking ähneln	
Sexualverhalten	eher auf dauerhafte Partnerschaft gerichtet	auch als Spiel ohne strenge Regeln betrieben
Präferenzen für verschiedene Arten von Kunst	liebt die ruhige, spannungsarme Kunst und Musik	bevorzugt komplexe, abstrakte, spannungsreichere Kunst und intensive (laute) Musik
Humor	bevorzugt Witze, die auf der Auflösung von Missverständnissen beruhen	mag »nonsense«-Witze und frivolen Humor
Rauchen	eher weniger	eher mehr
	kein Unterschied in der Einschätzung des Gesundheitsrisikos	
Alkohol- und Drogenkonsum	geringer	höher

Dies ist nur ein grober Überblick, der moderierende Einflüsse anderer Variablen, die gut erforscht sind, außer Acht lässt und auch nicht darauf eingeht, mit welcher Unterskala der SSS der jeweilige Zusammenhang besonders stark oder auch alleine besteht.

16.1.2 Sensation Seeking, Extraversion und Psychotizismus

Um den Zusammenhang von Sensation Seeking mit Extraversion und Pychotizismus (siehe o. Kapitel 5.3) zu untersuchen, führte Zuckerman (Zuckerman, Kuhlman & Camac, 1988) eine Studie durch. 271 Versuchspersonen bearbeiteten dafür mehrere Persönlichkeitsfragebogen, darunter auch die SSS-V und das Eysenck-Personality-Questionnaire (EPQ). Eine Faktorenanalyse ergab eine dreifaktorielle Lösung, deren Faktoren durch die drei Persönlichkeitsdimensionen Extraversion, Neurotizismus und Psychotizismus markiert sind. Die EPQ- und SSS-Subskalen wiesen die in Tabelle 16.1 wiedergegebenen Ladungsmuster auf. Dieses Ergebnis zeigt, dass die Subskalen der SSS hauptsächlich auf den durch Psychotizis-

Tab. 16.1: Faktorenladungen von EPQ und SSS in einer dreifaktoriellen Lösung (nach Zuckerman, Kuhlman & Camac, 1988). Die fett gedruckten Ladungen (von den Autoren hervorgehoben) legen die Interpretation der Faktoren nahe.

Skala	Faktoren: I	II	III
EPQ-Extraversion	**.86**	.21	.30
EPQ-Psychotizismus	.00	**.60**	.06
EPQ-Neurotizismus	– .33	.10	**.75**
SSS-TAS	.43	.43	.32
SSS-ES	.19	.54	.20
SSS-Dis	.32	.48	.08
SSS-BS	.19	.62	– .02-

mus markierten Faktor laden. Lediglich die TAS- und in geringerem Umfange die Dis-Subskala weisen auch Ladungen auf dem Extraversionsfaktor auf. Bei der Interpretation muss jedoch berücksichtigt werden, dass im EPQ Aspekte der Impulsivität in der Psychotizismus-Skala und nicht mehr wie früher im EPI auch in der Extraversions-Skala enthalten sind. Auch andere in dieser Untersuchung verwendeten Impulsivitätsskalen laden auf dem durch Psychotizismus markierten Faktor.

Ein ähnliches Ergebnis erhielten auch Zuckerman, Kuhlman, Thornquist und Kiers (1991), die Faktorenanalysen von 33 Persönlichkeitsskalen so durchführten, dass sie die Stabilität über verschiedene Personenstichproben von Sechs-, Fünf-, Vier- und Dreifaktorenlösungen dieser 33 Variablen betrachteten, wobei sich die Dreifaktoren- und die Fünffaktorenlösungen als am stabilsten erwiesen. Auch hier zeigte sich, dass alle vier SSS-Unterskalen ihre höchsten Ladungen auf einem Faktor »Psychotizismus – impulsives, unsozialisiertes Sensation Seeking« (P-ImpUSS) aufweisen, sich aber in ihren Ladungen auf weiteren Faktoren unterscheiden, wie das Tabelle 16.2 veranschaulicht (siehe dazu oben das »Alternative Fünf-Faktoren-Modell« von Zuckerman und Kuhlman, Kapitel 15.4.2c).

Danach lädt SSS-ES am reinsten auf P-ImpUSS.

Tabelle 16.2: Ausschnitt aus der Fünffaktorenlösung der Faktorenanalyse von 33 Persönlichkeitsskalen (nach Zuckerman, Kuhlman, Thornquist & Kiers, 1991; Ladungen kleiner .20 wurden weggelassen).

Skala	Faktoren: P-ImpUSS	N-Anx	Agg-Host	Sy	Activity
EPQ-Extraversion	.47			**.53**	.35
EPQ-Psychotizismus	**.66**		.32		
EPQ-Neurotizismus		**.80**	.26		
SSS-ES	.69				
SSS-Dis	.54		.34	.28	
SSS-TAS	.50	– .20			.22
SSS-BS	.48		.29		

P-ImpUSS: Psychotizismus – impulsives, unsozialisiertes Sensation Seeking
N-Anx: Neurotizismus – Anxiety (Ängstlichkeit)
Agg-Host: Aggression – Hostility (Feindseligkeit)
Sy: Sociability (Geselligkeit)
Activity: Aktivität

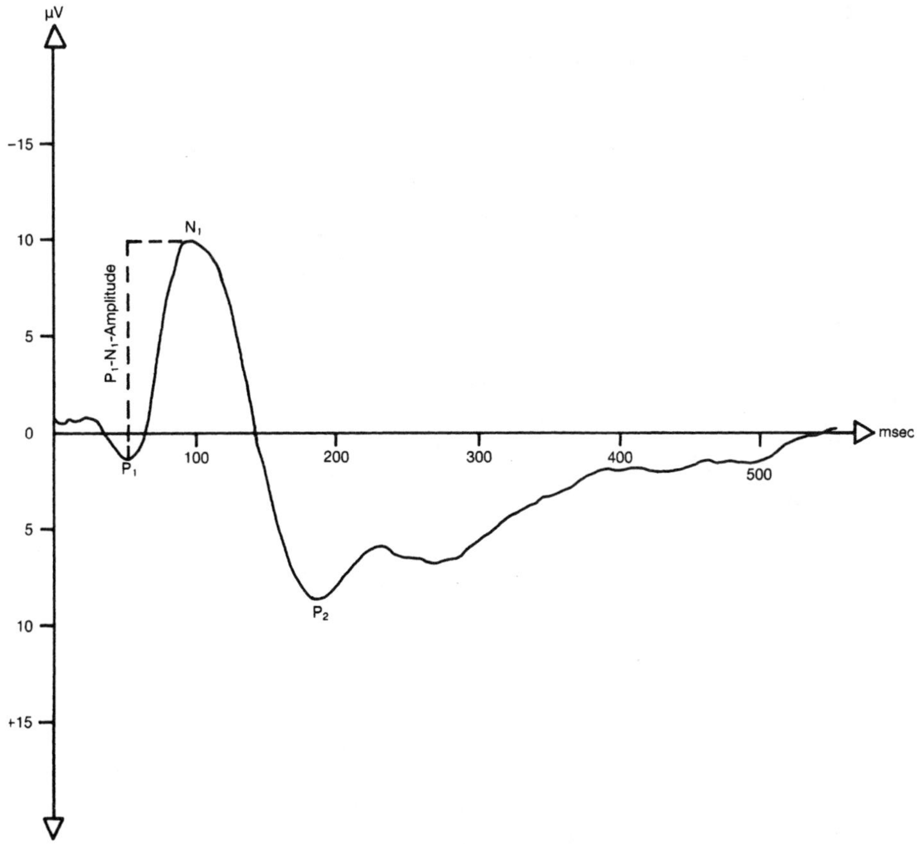

Abb. 16.1: Gemitteltes ereigniskorreliertes Potenzial (EKP) auf einem kurzen, wiederholt vorgegebenen Reiz, ermittelt über die oftmalige Reizdarbietung bei einer Versuchsperson. Die Mittelung bewirkt, dass das spontane EEG ausgemittelt wird und das EKP als Reizantwort sichtbar wird (nach Zuckerman, 1984, S. 417).

SSS-Dis korreliert darüber hinaus auch leicht mit Geselligkeit (Sy) und mit Feindseligkeit (Agg-Host). Da der Faktor Agg-Host auch durch Soziale Erwünschtheit negativ geladen wird, also auch etwas mit fehlender sozialer Angepasstheit zu tun hat, wird die Ungehemmtheit in sozialen Situationen, die für hohe SSS-Dis typisch ist, damit gut abgebildet.
SSS-TAS korreliert auch mit fehlender Ängstlichkeit und mit Aktivität, was ja die Abenteuerlust hoher SSS-TAS charakterisiert.
Dass **SSS-BS** auch mit Feindseligkeit (sozialer Unangepasstheit) korreliert, könnte mit der Ungeduld zu tun haben, die hohe SSS-BS mitcharakterisiert.

16.1.3 Sensation Seeking und »Augmenting-Reducing«

Ähnlich wie Eysenck zur Extraversion, so bemüht sich auch Zuckerman, zum Sensation Seeking eine biologisch fundierte Theorie aufzustellen. Wichtig dafür ist der Befund, dass Sensation Seeking offenbar auch eine starke genetische Komponente hat (Fulker, Eysenck & Zuckerman, 1980). Zuckerman sieht seine Theorie, dass Sensation Seeking eine biologische Ba-

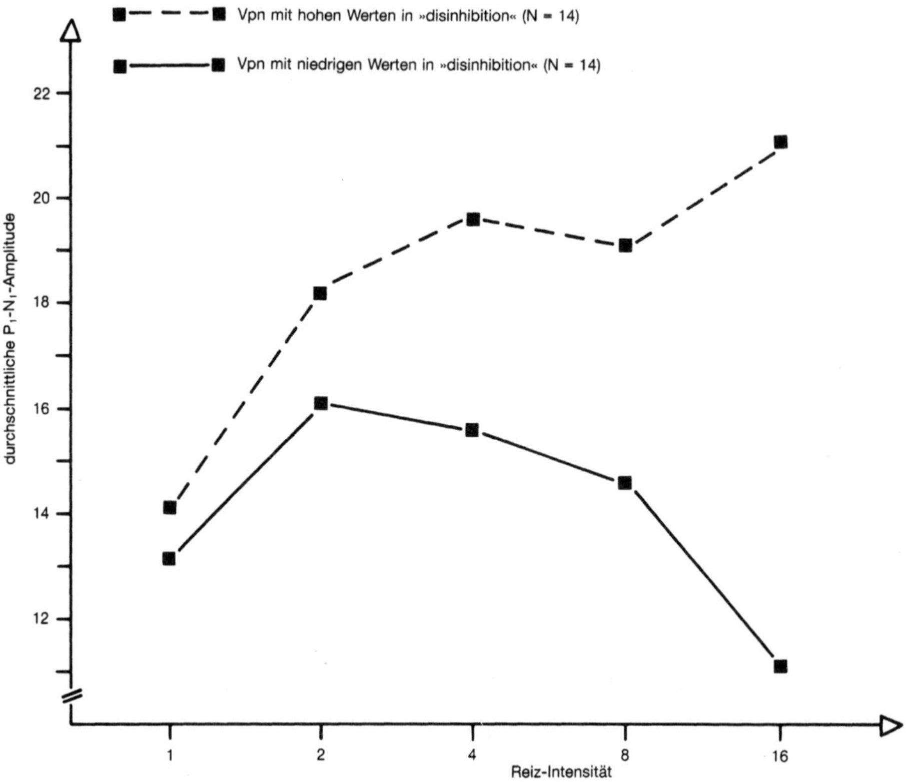

Abb. 16.2: Sensation Seeking (Disinhibition) und Augmenting-Reducing. Die Abhängigkeit der Veränderung der P_1-N_1-Amplitude mit zunehmender Reizintensität vom Persönlichkeitsmerkmal Disinhibition. Der monotone Zuwachs der P_1-N_1-Amplitude entspricht dem Augmenting, die Abnahme der P_1-N_1-Amplitude bei hohen Reizintensitäten dem Reducing.

sis haben muss, unter anderem auch dadurch gestützt, dass es Befunde über einen Zusammenhang zwischen Sensation Seeking und dem psychophysiologisch definierten Persönlichkeitsmerkmal »Augmenting-Reducing« gibt. Dieses wird wie folgt gemessen: Bei einer wiederholten Stimulation mit identischen, kurzen Reizen lassen sich aus dem spontanen Elektroenzephalogramm (EEG) so genannte ereigniskorrelierte Potenziale (EKP) extrahieren, die die Reaktion des zentralen Nervensystems auf diese Reize widerspiegeln (vgl. Abb. 16.1). Die frühen Komponenten (P1, N1) variieren systematisch mit der Reizstärke: Die Potenzialdifferenz zwischen P1 und N1 (P1-N1-Amplitude) nimmt mit zunehmender Reizintensität zu. Ab einer bestimmten Reizstärke treten jedoch interindividuelle Unterschiede auf: Augmenter zeigen auch bei sehr intensiven Reizen einen weiteren Anstieg der P1-N1-Amplitude, während diese Amplitude bei Reducern ab einer bestimmten Reizstärke mit zunehmender Reizintensität wieder geringer wird (vgl. Abb. 16.2). Der Reducing-Effekt wird als Schutzhemmung des Zentralnervensystems gegen übermäßige Stimulation interpretiert. Das Konzept des corticalen Augmenting-Reducing geht zurück auf Buchsbaum und Silverman (1968; vgl. auch Buchsbaum, Haier & Johnson, 1983), die diese von Petrie (1960) ursprünglich im Bereich der Schmerzwahrnehmung definierte Persönlichkeitsdimension mit Hilfe des EKP operationalisieren konnten. Zuckerman (1984; 1994, S. 337 ff.) zitiert Befunde, die einen deutlichen positiven Zusammenhang zwischen dem corticalen Augmenting und Sensation Seeking, v. a. der Dis-Subskala, nachweisen konnten. Sensation Seeker zeigen eher Augmenting, d. h., das zentrale Nervensystem reagiert auch auf sehr intensive Reize nicht mit einer Schutzhemmung, sie können intensive Stimulation gut aushalten, während Nicht-Sensation-Seeker allzu intensive Stimulation nicht ertragen können und deshalb mit corticalen Hemmungsprozessen reagieren.

16.1.4 Sensation Seeking und neurochemische Befunde

Eine weitere Stütze der Theorie, dass Sensation Seeking ein biologisch fundiertes Persönlichkeitsmerkmal ist, stellt der in mehreren Untersuchungen gefundene negative Zusammenhang zwischen Sensation Seeking und der Konzentration von Monoaminooxidase (MAO) im Blut dar. MAO ist ein Enzym, das im zentralen Nervensystem verschiedene Neurotransmitter, u. a. auch die Katecholamine, wie z. B. das Noradrenalin, abbaut. Deshalb könnte man erwarten, dass Sensation Seeking positiv mit dem Vorkommen, z. B. von Noradrenalin, korreliert. Überraschenderweise wurde jedoch eine negative Korrelation von –0.51 zwischen Sensation Seeking und der Noradrenalinmenge in der zerebrospinalen Flüssigkeit gefunden. Der Widerspruch, der hierin zu liegen scheint, lässt sich zurzeit wohl nicht aufklären. Man weiß zu wenig darüber, wie die im Blutplasma messbare MAO-Konzentration mit der im Gehirn wirkenden MAO-Menge zusammenhängt.

In seiner aktuellen Theorie zum Sensation Seeking postuliert Zuckerman (1984, 1994), dass Sensation Seeker entweder generell eine zu geringe Noradrenalin-Aktivität im limbischen Gehirn aufweisen oder dass ihr noradrenerges System unempfindlicher gegenüber Stimulation ist. Um eine als angenehm empfundene, mittlere Aktivität des noradrenergen Systems zu erreichen, suchen Sensation Seeker nach Stimulation, um die zu niedrige noradrenerge Aktivität zu kompensieren.

Auf der Basis von tierexperimentellen Befunden formuliert Zuckerman (1984, 1994) eine Theorie, in der die Zusammenhänge zwischen der Aktivität des Katecholaminsystems und ihren psychologischen Auswirkungen postuliert wird. Sie ist in Tabelle 16.3 zusammengefasst.

Tab. 16.3: Zusammenhang zwischen Katecholaminaktivität und ihren psychologischen Auswirkungen (nach Zuckerman, 1994, S. 376).

Katecholamin-aktivität	Stimmung	Aktivität	soziale Interaktion	klinisch
sehr niedrig	Depression (Angst)	minimal	Rückzug feindlich	Depression
niedrig	Langeweile Apathie	begrenzt	introvertiert	normal
optimal	positiv	aktiv	soziabel	normal
erhöht	Euphorie	hyperaktiv	hypersoziabel	Zyklothymie Hypomanie
hoch	Angst	ziellos begrenzt	unsoziabel	Angststörung
sehr hoch	Panik	stereotyp	aggressiv feindlich	Paranoia

Im Rahmen dieser Theorie sind Sensation Seeker Personen mit einer habituell niedrigen Katecholaminaktivität. Sie müssen über das Suchen von neuen Eindrücken (Sensation-Seeking) versuchen, in den mittleren Bereich der obigen Tabellenübersicht (dritte Zeile) zu kommen, um sich wohl zu fühlen, während Nicht-Sensation-Seeker sich bereits ohne starke Stimulation dort befinden. Zusätzliche Stimulation würde sie in der Tabelle weiter nach unten verschieben, weswegen sie Stimulation eher vermeiden müssen.

16.1.5 Würdigung

Zuckerman kann beeindruckende Belege sowohl für die Validität des Sensation Seeking-Konstruktes als auch für die Zusammenhänge zwischen komplexen sozialen Verhaltensweisen einerseits und physiologischen und neurochemischen Variablen andererseits vorlegen. Seine Theorie zum Sensation Seeking-Konstrukt geht in ihrem Bezug auf neurochemische Prozesse im zentralen Nervensystem weiter als alle anderen biologisch fundierten Persönlichkeitstheorien. Jedoch ist an der Sensation Seeking-Forschung in mehrfacher Hinsicht Kritik geübt worden:
Die Zusammenhänge zwischen den vier Komponenten und dem allgemeinen Trait ist nicht ganz klar. So zeigt sich, dass die Dis-Subskala höher mit biologischen Variablen korreliert als die anderen drei Subskalen oder auch der Gesamtscore. Wohlwill (1984) kritisiert, dass Zuckerman zwei unabhängige Aspekte, nämlich die Bevorzugung neuer und komplexer Reize auf der einen Seite und die Bevorzugung intensiver Reize auf der anderen Seite miteinander konfundiert, was zu Inkonsistenzen in der theoretischen Argumentation führt. Brody (1988, S. 182 ff.) weist darauf hin, dass sich Zuckermans Hypothesen über die psychologischen Wirkungen des katecholaminergen Systems als Grundlage für das Sensation Seeking überwiegend auf tierexperimentelle Studien stützen, obwohl das Modell der tierexperimentellen Verhaltensweisen für das menschliche Verhalten nicht angemessen erscheint: Zuckerman betrachtet v. a. das Explorationsverhalten von Tieren als Entsprechung der menschlichen Verhaltensweisen, die mit Sensation Seeking in Zusammenhang stehen. Exploratives Verhalten bei Tieren hängt jedoch nicht nur von der Reaktion auf neue Reize ab, sondern ist auch in hohem Maße von Furcht beeinflusst. Sensation Seeking soll jedoch von Furcht unabhängig sein. Brody (1988, S. 184) folgert hieraus, dass hier die unterstellte Entsprechung wohl eher nicht gegeben sein dürfte.
Am schwierigsten sind die Befunde zur Neurochemie zu bewerten. Neben dem Widerspruch, dass Sensation Seeking negativ sowohl mit dem MAO-Spiegel als auch mit der Noradrenalin-Konzentration korreliert, besteht ein prinzipielles Problem darin, dass die Messung der interessierenden Stoffe entweder im Blut oder in der zerebrospinalen Flüssigkeit vorgenommen wurden. Der Zusammenhang zwischen peripheren Konzentrationen und den neurochemischen Verhältnissen im Gehirn ist jedoch nicht vollständig geklärt. MAO hat darüber hinaus im zentralen Nervensystem an verschiedenen Stellen eine unterschiedliche Wirkung auf verschiedene Neurotransmitter, nicht nur auf Katecholamine. Hier sind vielfältige Interaktionen möglich, die sich in unterschiedlichsten exzitatorischen und inhibitorischen Einflüssen ausdrücken können. Auch bezüglich der Wirkungen und Funktionen der Katecholamine im zentralen Nervensystem besteht Unklarheit. Die Befunde der Neurowissenschaften legen jedoch den Schluss nahe, dass das komplexe Zusammenwirken verschiedenster Faktoren im Gehirn direkte Zusammenhänge zwischen isolierten Neurotransmittersystemen und spezifischen Verhaltensweisen zumindest sehr unwahrscheinlich macht (zum Stand der Psychoendokrinologie siehe z. B. Voigt & Fehm, 1986; Zuckerman, 1991, S. 172 ff.).

In der Forschung zum Augmenting-Reducing zeigen sich ebenfalls Befunde, die nicht durch die Theorie erklärt werden können. So sollte der Augmenting-Reducing-Effekt unabhängig von der Sinnesmodalität der dargebotenen Reize sein. Stenberg, Rosen und Risberg (1988) fanden den postulierten Zusammenhang jedoch nur für visuelle, nicht aber für auditive Reize. Como, Simons und Zuckerman (1984) hingegen fanden eine signifikante Korrelation zwischen Augmenting-Reducing und Sensation Seeking in der akustischen Modalität, jedoch nur bei einem kurzen Interstimulusintervall (ISI) von einer Sekunde zwischen den einzelnen Reizdarbietungen, nicht aber bei einem ISI von 17 Sekunden. Bei visuellen Reizen fand sich der Zusammenhang nur bei dem langen und nicht bei dem kurzen ISI. Diese Befunde problematisieren das für die Sensation Seeking-Forschung so wichtige Augmenting-Reducing-Konzept oder seine Operationalisierung mit Hilfe des Ereigniskorrelierten Potenzials (EKP). Nach den Befunden von Stenberg, Rosen und Risberg (1988, Stenberg, Risberg, Warkentin & Rosen, 1990) spielen für den Zusammenhang des EKP-Augmenting-Reducing-Maßes mit Persönlichkeitsmaßen offensichtlich sehr spezielle Unterschiede in der Aufmerksamkeitsverteilung zwischen verschiedenen Persönlichkeitsgruppen eine große Rolle. Auch die jeweilige EEG-Ableitstelle verändert den EKP-Persönlichkeitszusammenhang (Lukas, 1987). Diese Befunde können jedenfalls im Rahmen der Sensation Seeking-Theorie nicht erklärt werden.

16.2 Temperamentsmerkmale nach Pawlow und seinen Schülern

Pawlow (1953a) führte nach Entdeckung des Prinzips der klassischen Konditionierung zu Beginn des Jahrhunderts umfangreiche Konditionierungsexperimente v. a. an Hunden durch. Dabei bemerkte er, dass bei der Geschwindigkeit des Erwerbs konditionierter Reaktionen, bei ihrer Stabilität und ihrer Lösungsresistenz deutliche interindividuelle Unterschiede bestehen, die er auf die unterschiedliche Ausprägung verschiedener stabiler Eigenschaften des Nervensystems zurückführte. Aus der Kombination verschiedener Ausprägungen dieser Eigenschaften des Nervensystems entwickelte er schließlich vier Typen des Nervensystems, die verschiedene Verhaltensstile bedingen und auch beim Menschen nachweisbar sein sollen. In seiner Schrift »Die gemeinsamen Typen der höheren Nerventätigkeit der Tiere und Menschen« von 1935 (deutsch: Pawlow, 1953a, 2. Halbband, S. 492–511) unterscheidet er drei Eigenschaften des Nervensystems.

16.2.1 Eigenschaften des Nervensystems nach Pawlow

a) Die Stärke des Nervensystems im Hinblick auf Erregungsprozesse (oder allgemein: Stärke des Nervensystems)

Diese Eigenschaft beschreibt die funktionelle Kapazität der Nervenzellen, langdauernde, heftige oder sich ständig wiederholende Stimulation ohne Eintreten einer protektiven Hemmung zu ertragen. Je größer die Stärke des Nervensystems ist, desto längere und stärkere Stimulation kann es ertragen. Das aktuelle Erregungsniveau des Nervensystems hängt nicht nur von der Intensität der augenblicklichen Stimulation sowie vom »Tonus« des Cortex, also vom bereits bestehenden Erregungsniveau, z. B. durch Müdigkeit oder Motivation,

ab, sondern eben auch von der Eigenschaft der Stärke des Nervensystems. Bei gleichem Tonus führen gleich intensive Reize bei Individuen mit einem starken Nervensystem zu einem geringeren Grad an Erregung. Individuen mit einem schwachen Nervensystem reagieren mit stärkerer Erregung des Nervensystems.
Die Stärke des Nervensystems kann z. B. über klassische Konditionierungsparadigmen erfasst werden: Individuen mit einem schwachen Nervensystem erwerben die konditionierte Reaktion (CR) bei Reizen niedriger Intensität wegen der stärkeren erregenden Prozesse schneller, die CR ist beständiger und löschungsresistenter als bei Individuen mit einem starken Nervensystem und schwachen erregenden Prozessen (Strelau, 1983, S. 3–5).

b) Balance (Äquilibrium) der nervlichen Prozesse

Von der Stärke des Nervensystems in Bezug auf Erregungsprozesse unterscheidet Pawlow die Stärke des Nervensystems in Bezug auf Hemmungsprozesse. Das Konzept von Hemmungsprozessen wurde von Pawlow mehrmals geändert und nie ganz klar ausformuliert. In seinen letzten Schriften bezieht er es auf konditionierte Hemmung. Die Stärke des Nervensystems im Hinblick auf inhibitorische Prozesse selbst wird von Pawlow nicht als entscheidende Eigenschaft des Nervensystems gesehen. Wichtig für das Verhalten ist jedoch die Balance zwischen Erregungs- und Hemmungsprozessen, die sich als das Verhältnis von Stärke der Erregungsprozesse und Stärke der Hemmungsprozesse ausdrücken lässt.

c) Mobilität der nervlichen Prozesse

Diese erst später hinzugefügte Eigenschaft des Nervensystems bezieht sich auf die Geschwindigkeit, mit der – falls erforderlich – die Reaktion auf einen Reiz inhibiert werden kann, um eine andere Reaktion auf einen anderen Reiz zu erbringen. Pawlow betont die Bedeutung der Mobilität, da diese Eigenschaft durch die sich ständig ändernde Umwelt besonders gefordert wird. Die Mobilität der nervlichen Prozesse kann als Dimension verstanden werden, die zwischen ihren Extrempolen Trägheit und Labilität variieren kann.
Gemessen wird die Mobilität über die Geschwindigkeit des Wechsels zwischen Erregungs- und Hemmungsprozessen. Ein experimentelles Paradigma ist der Wechsel der Signalbedeutung zweier Reize: Eine Reaktion wird auf einen Reiz S1 verstärkt, auf einen ähnlichen Reiz S2 nicht. Nachdem diese Reiz-Reaktionsverbindungen etabliert sind, d. h. das Verhalten auf S1 gezeigt und auf S2 unterlassen wird, wird die Signalbedeutung vertauscht: Eine Verstärkung erfolgt nun, wenn die Reaktion auf S2 gezeigt wird, eine Reaktion auf S1 bleibt unverstärkt. Je weniger Reizdarbietungen bis zur Umstellung nötig sind, desto höher ist die Ausprägung der Mobilität der nervlichen Prozesse.

16.2.2 Temperamentstypen nach Pawlow

Dem damaligen Trend in der Persönlichkeitspsychologie folgend betrachtete Pawlow diese drei Eigenschaften des Nervensystems nicht als Persönlichkeits*dimensionen*, sondern dichotomisierte sie, um Temperaments*typen* bilden zu können, wobei sich vier Typen unterscheiden lassen, die entsprechend den klassischen Temperamentstypen von Hippokrates (siehe dazu Kap. 14.1) als Melancholiker, Sanguiniker, Phlegmatiker und Choleriker interpretiert wurden. Die Abb. 16.3 zeigt den Zusammenhang zwischen den Eigenschaften des Nervensystems und den Temperamentstypen.
Die vier Temperamentstypen werden wie folgt beschrieben:

a) Der schwache Typ (Melancholiker)

Konditionierte Reaktionen entstehen langsam und sind leicht durch Distraktoren zu stören, da Reize mittlerer Intensität bereits eine übermäßige Erregung bewirken und eine protektive Hemmung auslösen. Individuen mit einem schwachen Nervensystem sind nach Pawlow wenig belastbar, anfällig für Krankheiten und Neurosen und insgesamt den Anforderungen des Lebens kaum gewachsen.

b) Der starke, balancierte und mobile Typ (Sanguiniker)

Er ist aktiv und lebhaft in einer stimulierenden Umgebung, neigt jedoch zu Müdigkeit und Schlaf, wenn die äußere Stimulation fehlt. Positive wie inhibitorische konditionierte Reaktionen werden schnell entwickelt. Nach Pawlow gelingt es diesem Typ am besten, ein Gleichgewicht zwischen dem eigenen Organismus und der Umgebung aufrecht zu erhalten.

c) Der starke, balancierte und langsame Typ (Phlegmatiker)

Es gilt das für den Sanguiniker Gesagte mit dem Unterschied, dass dieser Typ Schwierigkeiten hat, sich an schnell wechselnde Bedingungen anzupassen. Dennoch betrachtet Pawlow diesen Typ als einen, der ebenfalls gut mit den Erfordernissen des Lebens zurechtkommt.

d) Der starke, unbalancierte Typ (Choleriker)

Dieser Typ bildet schnell positive konditionierte Reflexe aus, während sich inhibitorische konditionierte Reaktionen nur schlecht etablieren. Hieraus ergibt sich für diesen Typ die Schwierigkeit, Aktivitäten gegebenenfalls zu unterbrechen. In entsprechenden Situationen,

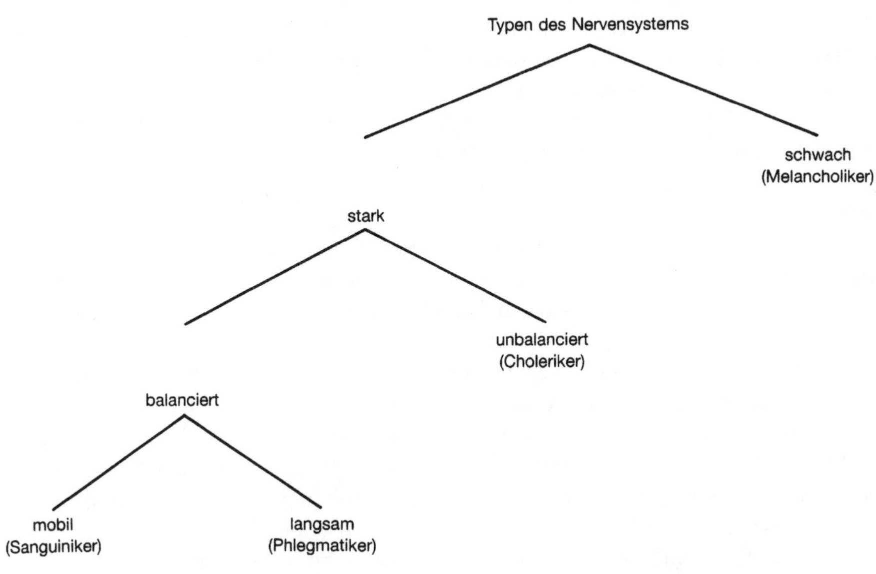

Abb. 16.3: Die Eigenschaften des Nervensystems und die vier Temperamentstypen nach Pawlow (nach Strelau, 1983, S. 11).

die starke Inhibition erfordern, reagieren Individuen dieses Typs entweder depressiv und schläfrig oder aggressiv und unbeherrscht. Nach Pawlow ist dieser Typ zur Ausbildung neurotischer Zustände disponiert.

16.2.3 Erweiterungen des Pawlow'schen Konzepts

Die persönlichkeitspsychologische Forschung in der Tradition Pawlows wurde außer von der Gruppe um Merlin (= Uralgruppe: Merlin, 1973, zitiert nach Strelau, 1983) vor allem von der Moskauer Gruppe um Teplow (1972) und Nebylitsyn (1972) weiter betrieben. Sie ist durch eine Abkehr vom Konzept der Temperaments*typen* hin zu der Betrachtung der Eigenschaften des Nervensystems gekennzeichnet. Als wichtigster Zugangsweg wird der experimentelle Ansatz im Gegensatz zur Verhaltensbeobachtung oder der Verwendung von Fragebögen gesehen. Neben der Erforschung von individuellen Differenzen im Zusammenhang mit Konditionierungsprozessen wird in weitem Umfang auf allgemeine psychophysiologische Messverfahren, insbesondere auf das EEG, zurückgegriffen. Die bei Pawlow enthaltene Wertung der verschiedenen Eigenschaften des Nervensystems wird abgelehnt. Es wird betont, dass die spezifischen Ausprägungen verschiedener Eigenschaften des Nervensystems mit Anpassungsmechanismen des Organismus auf der Verhaltensebene verbunden sind. Einer der wesentlichen Beiträge der Moskauer Gruppe besteht in dem Nachweis des engen Zusammenhangs zwischen den beiden wichtigsten Komponenten, der Stärke des Nervensystems und der Erregungsstärke (Nebylitsyn, 1972): Individuen mit einer hohen Sensitivität schwachen Reizen gegenüber zeigen auf Reize gleicher Intensität eine größere Erregungsstärke als Individuen mit geringer Sensitivität. In der Pawlow'schen Terminologie bedeutet dies, dass Personen mit einem schwachen Nervensystem sensitiver gegenüber schwachen Reizen sind, auf Reize höherer Intensität stärkere Erregungsprozesse zeigen und dass es schon bei weniger intensiven Reizen zu einer protektiven Hemmung kommt, als dies bei Personen mit einem starken Nervensystem der Fall ist.
Die Forschungen von Teplow und seinen Schülern zeigen, dass das Mobilitätskonzept von Pawlow zwei unabhängige Komponenten konfundiert. Sie unterscheiden Mobilität im engeren Sinne, erfassbar über das oben dargestellte Paradigma des Wechsels der Signalbedeutung und Labilität als die Geschwindigkeit, mit der nervliche Prozesse eingeleitet und beendet werden (Nebylitsyn, 1972). Pawlow sah darin ebenfalls ein Zeichen für Mobilität. Diese Differenzierung ist jedoch später kritisiert worden (Strelau, 1983). Darüber hinaus wurden weitere unabhängige, von Pawlow nicht berücksichtigte Eigenschaften des Nervensystems beachtet:
Mit »*Dynamik nervlicher Prozesse*« wird von Nebylitsyn (1972) die Leichtigkeit und Geschwindigkeit jener Prozesse bezeichnet, die zur Herausbildung einer konditionierten Reaktion erforderlich sind. Wichtig ist die Balance zwischen der Dynamik exzitatorischer und inhibitorischer Prozesse.
Borisova (1972, 1977) untersuchte eine Eigenschaft des Nervensystems, die sie als »*concentratability*« bezeichnet. Gemeint ist damit die Leichtigkeit, mit der sich nervliche Prozesse auf eine spezielle Anforderung konzentrieren können. Gemessen wird diese Eigenschaft über die Diskriminationsschwelle, die interindividuell deutlich variiert, intraindividuell über verschiedene Sinnesmodalitäten hoch korreliert und unabhängig ist von den Indikatoren der anderen Eigenschaften des Nervensystems. »*Aktivierbarkeit*« (Golubewa, 1980) entspricht dem Begriff der Erregbarkeit oder Arousability etwa im Sinne von Gray (1964) und bezieht sich auf das Gleichgewicht zwischen unkonditionierten exzitatorischen und inhibitorischen Prozessen. Das von Pawlow als »Balance« bezeichnete Gleichgewicht zwischen unkondi-

Tab. 16.4: Klassifikation der Eigenschaften des Nervensystems nach Golubewa (1980)

	konditionierte Erregung und Hemmung	unkonditionierte Erregung und Hemmung
(1) Stärke des Nervensystems	Dynamik	Stärke des NS im Sinne Pawlows
(2) Balance nervlicher Prozesse	Balance der Dynamik	Aktivierbarkeit
(3) Mobilität nervlicher Prozesse	Mobilität im engeren Sinne	Labilität im Sinne Teplows

tionierten exzitatorischen und inhibitorischen Prozessen wird über die »*Balance der Dynamik*« im Sinne von Nebylitsyn erfasst. Golubewa (1980) schlug eine Klassifikation der Eigenschaften des Nervensystems vor, die Pawlows System differenzierend weiterführt. Sie ist in Tabelle 16.4 dargestellt.
Im Gegensatz zu der Schule Teplows beschäftigt sich die Uralgruppe um Merlin weniger mit den Grundlagen der einzelnen Eigenschaften des Nervensystems, sondern untersucht die Zusammenhänge zwischen diesen Eigenschaften und psychologisch definierten Temperamentseigenschaften. An die Stelle der Betrachtung isolierter Eigenschaften des Nervensystems wie Mobilität oder Aktivierbarkeit tritt die Untersuchung des Zusammenspiels der verschiedenen Eigenschaften des Nervensystems. Der wichtigste Beitrag dieser Forschergruppe liegt in der Entwicklung des Begriffs des Handlungsstils. Nach Merlin (1973, zitiert nach Strelau, 1983) wird der Handlungsstil vom Typ des Nervensystems determiniert: Bei Personen mit einem schwachen Nervensystem dominieren die vorbereitenden über die ausführenden Handlungen, während bei starken oder mobilen Typen ein Gleichgewicht beider Handlungsarten oder ein Überwiegen der ausführenden Handlungen besteht. Die Entwicklung eines dem Temperament angepassten Handlungsstiles erlaubt dem Individuum die optimale Anpassung an die Anforderungen der Umwelt. Der Typ des Nervensystems wird dabei als Grundlage des Temperaments gesehen, der jedoch Inhalt oder Richtung des Verhaltens nicht direkt beeinflusst.

16.3 Temperamentsmerkmale nach Strelau

Auch der Warschauer Psychologe Strelau (1982, 1983, 1986, 1993, 1999) kann in die persönlichkeitspsychologische Tradition von Pawlow eingeordnet werden, von der er sich aber weiter entfernt als die oben genannten russischen Forscher. Ganz im Unterschied zu diesen bemüht sich Strelau intensiv um eine Integration seiner persönlichkeitspsychologischen Forschung mit ähnlichen westlichen Ansätzen, wie vor allem mit denen von Eysenck, Zuckerman oder Buchsbaum. Strelau unterscheidet Persönlichkeit, die sich auf das beobachtbare, durch viele soziale Einflüsse mitdeterminierte Verhalten bezieht und Temperament, das stärker genetisch determiniert ist. Temperament bezieht sich auf »grundlegende, relativ stabile Persönlichkeitseigenschaften, die sich hauptsächlich auf die formalen Aspekte von Reaktionen und Verhalten beziehen (energetische und zeitliche Merkmale)« (Strelau, 1993, S. 117, 1999). Trotz seiner überwiegend genetischen Determination kann sich das Temperament durch Reifungsprozesse und personenbezogene Genotyp-Umwelt-Interaktion auch verändern. Im Rahmen seiner »regulativen Theorie des Temperaments« (RTT), deren

Grundgedanken bereits aus den Siebzigerjahren stammen (Strelau, 1974) und die 1983 erstmals ausführlich dargestellt wurde (Strelau, 1983), stellt Strelau den verhaltensregulierenden Einfluss des Temperaments auf die Persönlichkeit dar.
In der ursprünglichen Fassung der Theorie sind dabei zwei Temperamentseigenschaften von besonderer Bedeutung:

1. *Reaktivität:* Sie ist eine »Eigenschaft, die die Intensität und das Ausmaß der für ein Individuum charakteristischen Reaktionen determiniert und relativ stabil ist« (Strelau, 1986, S. 202, 1999). Sie reicht von extremer Beständigkeit bei starker Stimulation (= niedrige Reaktivität) bis zu extremer Sensibilität (= hohe Reaktivität). Reaktivität entspricht so im umgekehrten Sinne ungefähr *Pawlows Stärke des Nervensystems,* die sich jedoch nur auf zentralnervöse Prozesse bezieht, während Reaktivität allgemeiner konzipiert ist als Eigenschaft all jener biologischen Funktionseinheiten, die die Reaktionen eines Individuums mitsteuern und sich auf globales menschliches Verhalten bezieht. Experimentell messbar ist Reaktivität über den so genannten *Reizverarbeitungskoeffizienten* (RVK), der sich auf das Verhältnis von Reaktionsstärke zu Reizintensität bezieht: Eine hochreaktive Person besitzt einen hohen RVK. Bereits wenig intensive Reize rufen eine erkennbare Reaktion hervor oder reichen aus, um eine Reaktion zu unterbrechen. Eine protektive Hemmung (im Sinne des »Reducing«, siehe Kap. 16.1(b) tritt bereits bei nicht allzu intensiven Reizen auf. Umgekehrt zeigen Individuen mit niedriger Reaktivität eine geringe Sensibilität und hohe Beständigkeit. Sie tendieren zu relativ schwachen Reaktionen bei stärkeren Reizen. Schutzhemmungen treten erst bei sehr intensiven Reizen auf.

2. *Aktivität:* »Aktivität ist definiert als Temperamentseigenschaft, die sich auf Häufigkeit und Intensität der Handlungen eines Individuums bezieht.
Sie dient dazu, den stimulierenden Gehalt von Verhalten, Situationen oder beidem in solcher Weise zu regulieren, daß das Bedürfnis des Individuums nach Stimulation befriedigt wird« (Strelau, 1999).
Aktivität »ist eine der Quellen und Regulatoren des Erregungsniveaus. Aufgrund des Einflusses passender Stimuli ist es möglich, ein optimales Erregungsniveau aufrecht zu erhalten« (Strelau, 1974).

Die beiden dargestellten Temperamentseigenschaften beeinflussen unter anderem den individuellen Handlungsstil, die Auswahl von Situationen und Verhaltensweisen mit bestimmtem stimulierenden Wert sowie die »psychophysiologischen Kosten« von Aktivität unter hoch stimulierenden Anforderungen. Ein Überblick über empirische Ergebnisse findet sich in Strelau (1983, 1985). Für die Herausbildung von Handlungsstilen und typischen Verhaltensweisen ist vor allem das Temperamentsmerkmal der Reaktivität erforscht worden und hat sich als entscheidend erwiesen: So überwiegen bei Hochreaktiven z. B. vorbereitende Handlungen, während Niedrigreaktive häufiger »primäre« Handlungen zeigen, die direkt zum Ziel führen. Korrektivhandlungen bei der Durchführung von Arbeiten und Kontrollhandlungen werden häufiger bei Hochreaktiven beobachtet, während Kontrollhandlungen nach Beendigung einer Aufgabe bei Hoch- und Niedrigreaktiven gleich häufig auftreten. Niedrigreaktive zeigen häufiger kontinuierliche, Hochreaktive häufiger intermittierende Handlungen. Auch in der Bevorzugung von Handlungen und Situationen mit unterschiedlicher Stimulationswirkung zeigen sich die zu erwartenden Unterschiede:
Niedrigreaktive zeigen häufiger als Hochreaktive risikobetontes Verhalten bei Entscheidungsspielen, sie bevorzugen häufiger Berufe und Aktivitäten mit hohem Stimulationswert und finden sich eher bei sportlichen Aktivitäten, die starke Konkurrenzsituationen mit sich bringen.

16.3.1 Das »Pawlow Temperament Survey« (PTS), früher »Strelau Temperament Inventory« (STI)

Die Arbeitsgruppe von Strelau hat bisher stärker als andere in der Pawlow'schen Tradition stehende Forschergruppen versucht, die wichtigsten Eigenschaften des Temperaments unter anderem auch mit Hilfe eines Fragebogens zu messen, der als Strelau Temperament Inventory (STI) entwickelt (Strelau, 1972, 1983; Strelau, Angleitner, Bantelmann & Ruch, 1990; Ruch, Angleitner & Strelau, 1991) und später in Pawlow Temperament Survey (PTS) umbenannt wurde (Strelau & Angleitner, 1994). Es handelt sich um einen Test, der in der Pawlow'schen Tradition konstruiert wurde und drei Eigenschaften des Nervensystems auf Verhaltensebene zu messen versucht, nämlich »Stärke der Exzitation«, »Stärke der Inhibition« und »Mobilität nervlicher Prozesse«.

»Stärke der Exzitation« (SE) stellt den wichtigsten Aspekt von Reaktivität im oben umschriebenen Sinne dar: Je größer SE ist, umso weniger sensibel ist das Individuum gegenüber Stimulation, sodass hohe SE mit niedriger Reaktivität einhergeht: Die Items der SE-Skala beziehen sich auf die Bereitschaft zu Aktivität und die Beharrlichkeit der Aktivität in hoch stimulierenden Situationen. Viele Items der SE-Skala fragen z. B. nach der Fähigkeit, unter schwierigen und ablenkenden Bedingungen effizient und ausdauernd arbeiten zu können, nach Risikobereitschaft und anderen Aspekten relativer Unempfindlichkeit für emotionale oder sensorische Stimulation. Typische Items sind z. B.: »Auch schwierige und anstrengende Tätigkeiten ermüden mich nicht«, »Mir machen Tätigkeiten Spaß, die sehr aufwendig sind und meine ganze Kraft erfordern« oder »Die Güte meiner Arbeit bleibt auch unter extremen Lärmbedingungen unverändert«.

»Stärke der Inhibition« (SI) bezieht sich auf die Leichtigkeit, mit der konditionierte Hemmungen ausgebildet oder aufrechterhalten werden können: Die SI-Skala erfasst die Fähigkeit, Handlungen zu unterbrechen oder zu verzögern und Zurückhaltung auf motorischer, verbaler und emotionaler Verhaltensebene üben zu können. Typische Items sind: »Ich kann ruhig weiter diskutieren, auch wenn ich mich aufrege«, »Wenn es erforderlich ist, kann ich mich zurückhalten, um keine sozialen Regeln zu verletzen« oder, mit umgekehrter Polung, »Wenn ich jemanden um die Erledigung einer Arbeit gebeten habe, fällt es mir schwer zu warten, bis sie fertig ist«.

»Mobilität nervlicher Prozesse« (M) ist die Fähigkeit, schnell und adäquat auf Änderungen in der Umwelt reagieren zu können. Die Items der M-Skala erfassen die Fähigkeit, schnell zu reagieren und die Flexibilität in der Anpassung an sich ändernde Umstände. Typische Items sind »Gespräche mit Mitreisenden anzuknüpfen fällt mir leicht«, »Ich verkrafte Änderungen in meinem Tagesablauf schnell« oder »Es fällt mir leicht, mich von einer fesselnden Sache loszureißen, wenn es erforderlich ist«.

Das PTS bzw. STI wird aktuell in mehreren Sprachen und Kulturräumen weiterentwickelt. Die Items der verschieden langen Testformen stammen alle aus einem gemeinsamen Pool von 252 Items, aus denen aufgrund empirischer Studien für jeden Sprachraum eine Auswahl getroffen wird. Eine Darstellung der Entwicklung des Tests und Untersuchungen bezüglich seiner Reliabilität finden sich bei Strelau und Angleitner (1994), Ruch et al. (1991) und Strelau et al. (1990). Das PTS liegt unter der alten Bezeichnung STI-R auch in einer Fassung in deutscher Sprache vor (Strelau et al., 1990), die aus 166 Items besteht. Eine Kurzform davon (STI-RS) enthält 84 Items. Jedes Item wird auf einer vierstufigen Skala von »trifft sehr zu« bis »trifft gar nicht zu« beantwortet. Die Retest-Reliabilitäten des STI-R lagen für alle drei Skalen bei .91 (Strelau et al., 1990).

In einer Validitätsstudie (Daum, Hehl & Schugens, 1988) wurden Reaktionszeiten auf akustische Reize unterschiedlicher Intensität erhoben. Nach dem Konzept der Stärke des

Nervensystems bezüglich Erregung war zu erwarten, dass Personen mit starkem Nervensystem auf Reize geringerer Intensität langsamer reagieren als Personen mit schwachem Nervensystem. Tatsächlich ergab sich eine signifikante Korrelation zwischen der SE-Skala und der Abnahme der Reaktionszeit mit zunehmender Reizintensität ($r = -.28$, $p < .05$). Weitere Hinweise auf die Validität des PTS bzw. STI bietet der Vergleich mit anderen Persönlichkeitskonstrukten, zum Beispiel mit Konzepten Eysencks. Dieser Zusammenhang wird unten in Kapitel 16.4.1 (b) dargestellt.

16.3.2 Weiterentwicklung der Theorie Strelaus

Strelau modifiziert und revidiert seine »regulative Theorie des Temperaments« (RTT) ständig (siehe Strelau, 1983, 1985, 1989, 1993, 1996, 1999; Strelau & Plomin, 1992) und scheint sich dabei immer weiter von der Pawlow'schen Tradition zu entfernen. Neben dem Pawlow'schen Ansatz waren bislang insbesondere Aspekte der Handlungstheorie aus der russischen Tradition (Vygotsky, 1962; Leontev, 1978) sowie Konzepte des »Arousal« (Hebb, 1955; Gray, 1964) für die Theoriebildung von Bedeutung (siehe dazu Strelau, 1993, 1996). Die Modifikation der RTT bezieht sich weniger auf eine Veränderung der wesentlichen Grundannahmen der Theorie, welche in verschiedenen »Postulaten« festgelegt sind (siehe z. B. Strelau, 1993, 1996). Vielmehr betrifft sie die Revision der Sicht der Struktur des Temperaments; es gibt also neuere Auffassungen darüber, wie viele und welche Temperamentseigenschaften im Rahmen der Theorie als bedeutsam erachtet werden müssen.
In der ursprünglichen Fassung der RTT wurde neben den oben dargestellten Eigenschaften »Reaktivität« und »Aktivität«, die sich auf energetische Aspekte von Verhalten beziehen, ein dritter Trait »Mobilität« postuliert. Er wird verstanden als »Fähigkeit, Verhalten zu wechseln als Antwort auf Veränderungen in der Umgebung« (Strelau, 1993, S. 118), bezieht sich auf zeitliche Merkmale des Verhaltens und weist viele Gemeinsamkeiten mit dem Pawlow'schen Konzept der Mobilität des Nervensystems auf (vergleiche Kap. 16.2). Aufgrund eigener empirischer Forschung gelangte Strelau zu der Überzeugung, dass die drei Eigenschaften Reaktivität, Aktivität und Mobilität nicht ausreichen, um die gesamte Variation energetischer und zeitlicher Verhaltensmerkmale erschöpfend zu beschreiben (Strelau, 1993, S. 110). Die Revision der RTT zielt daher darauf ab, die im Rahmen dieser Theorie als grundlegend angenommenen formalen Charakteristika des Verhaltens zu vervollständigen. Dabei wurde in zwei Schritten vorgegangen: In einem ersten Schritt wurden die Temperamentseigenschaften aufgrund empirischer Befunde und theoretischer Überlegungen – basierend auf den Grundannahmen der RTT – zu zwölf Eigenschaften ausdifferenziert, von denen sich fünf auf zeitliche und sieben auf energetische Verhaltensaspekte beziehen. Diese zwölf Charakteristika wurden in einem zweiten Schritt in einer großen empirischen Studie an über 2 000 Versuchspersonen als Ausgangsvariablen verwendet (Strelau, 1993). Aufgrund verschiedener itemmetrischer und psychometrischer Analysen und einer Reihe faktorenanalytischer Studien (Strelau & Zawadzki, 1993, 1995) wurden von den Forschern schließlich sechs Temperamentseigenschaften als grundlegend identifiziert, von denen zwei zu den zeitlichen Charakteristika des Verhaltens zählen und vier sich auf den energetischen Bereich beziehen. Es handelt sich um die Eigenschaften »Briskness«, »Perseverance«, »Sensory Sensitivity«, »Emotional Reactivity«, »Endurance« und »Activity«, die von Strelau und Zawadzki (1993, S. 327) wie folgt sinngemäß beschrieben werden:
»Briskness« (BR): Tendenz, schnell zu reagieren, bei der Ausübung von Aktivitäten ein hohes Tempo beizubehalten und leicht von einem Verhalten zu einem anderen zu wechseln (als Reaktion auf Veränderungen in der Umgebung);

»Perseverance« (PE): Tendenz, Verhalten zu wiederholen oder fortzusetzen (nach der Beendigung von Bedingungen, die dieses Verhalten hervorrufen);
»Sensory Sensitivity« (SS): Fähigkeit, auf schwache sensorische Reize zu reagieren;
»Emotional Reactivity« (ER): Tendenz, intensiv auf emotionale Reize zu reagieren; findet Ausdruck in hoher emotionaler Sensitivität und in geringer emotionaler Belastbarkeit;
»Endurance« (EN): Fähigkeit, in Situationen, die lang andauernde oder hoch stimulierende Aktivitäten erfordern, sowie unter intensiver externer Stimulation adäquat zu reagieren;
»Activity« (AC): Tendenz, stark stimulierende Aktivitäten auszuüben oder sich starke Stimulation von der Umgebung zu verschaffen.

Diese sechs Temperamentseigenschaften werden aktuell innerhalb der RTT als die relevanten formalen Charakteristika des Verhaltens betrachtet, die maßgeblich an der Regulation der Beziehung zwischen dem Menschen und seiner Umwelt beteiligt sind.
Vorübergehend behielt Strelau (1993) neben den dargestellten Eigenschaften zusätzlich »Mobility« (Mobilität) als separate, auf den zeitlichen Bereich bezogene Temperamentseigenschaft bei, da diese auf den beiden Eigenschaften »Briskness« und »Perseverance« etwa gleich hoch lädt und ihr außerdem in früheren Studien (siehe Strelau, 1983) eine gewisse funktionale Bedeutung zugeschrieben wurde. In neueren Arbeiten (z. B. Strelau, 1996; Strelau & Zawadzki, 1993) wird sie jedoch nicht mehr als einzelner Trait berücksichtigt.
Zur Erfassung der sechs oben dargestellten Merkmale (ohne »Mobility«) wurde im Rahmen der genannten Studie (Strelau, 1993) auch ein Fragebogen mit dem Namen »Formal Characteristics of Behaviour-Temperament Inventory« (FCB-TI, Strelau & Zawadzki, 1993, 1995) entwickelt, der auf der RTT basiert und in mehrere Sprachen übersetzt wurde.
Die neueren Temperamentsmerkmale aus der RTT Strelaus wurden mehrfach mit anderen Temperaments- und Persönlichkeitskonstrukten verglichen. Zu diesem Zweck wurden zum einen Skalen verschiedener Fragebogen miteinander korreliert und zum anderen gemeinsame Faktorenanalysen aus verschiedenen Skalen vorgenommen. Einige Ergebnisse zum Vergleich der FCB-TI-Skalen mit Konstrukten Eysencks aus der Studie von Strelau und Zawadzki (1995) werden unten im Kapitel 16.4.1 (b) vorgestellt.
Der Zusammenhang zwischen den sechs Eigenschaften der RTT und den drei oben vorgestellten Pawlow'schen Konstrukten »Stärke der Exzitation«, »Stärke der Inhibition« und »Mobilität nervlicher Prozesse« kann der in Tabelle 16.5 dargestellten Korrelationsmatrix entnommen werden.
Strelau und Zawadzki (1995) sehen in diesem Ergebnis ihre Vorhersagen über Zusammenhänge zwischen den Pawlow'schen Konstrukten und den FCB-TI-Skalen bestätigt. So erklären sie beispielsweise den recht hohen Zusammenhang von EN mit SE dadurch, dass »Endurance« den verhaltensmäßigen Ausdruck von »Stärke der Exzitation« erfassen soll.

Tab 16.5: Über mehrere Stichproben gemittelte Korrelationen der FCB-TI-Skalen mit den Skalen »Stärke der Exzitation« (SE), »Stärke der Inhibition« (SI) und »Mobilität nervlicher Prozesse« (M) des PTS (aus Strelau & Zawadzki, 1995).

	BR	PE	SS	ER	EN	AC
SE	.50	– .41	.02	– .64	.62	.41
SI	.24	– .22	.12	– .33	.37	– .01
M	.46	– .25	.12	– .44	.43	.42

In Weiterentwicklungen der RTT Strelaus sollen nach Meinung des Autors (Strelau, 1996) zukünftige Untersuchungen vorrangig die innerhalb der RTT postulierte funktionale Bedeutung der sechs Temperamentseigenschaften abklären.

16.4 Zusammenhänge zwischen den Persönlichkeitsmerkmalen von Strelau und von Zuckerman mit denen von Eysenck

Die drei biologisch fundierten Theorien der Persönlichkeit – Eysencks Extraversionstheorie, Zuckermans Sensation Seeking und Strelaus Konzept der Reaktivität – weisen sowohl Unterschiede als auch Gemeinsamkeiten auf.
Unterschiede bestehen in dem zugrunde gelegten physiologischen Substrat der Persönlichkeit: Eysenck führt Extraversion auf die Empfindlichkeit des aufsteigenden retikulären Aktivierungssystemes (ARAS) zurück. Zuckerman erklärt Unterschiede im Sensation Seeking mit der Aktivität monoaminer Neurotransmitter. Strelau spricht von Unterschieden im zentralen und autonomen Nervensystem sowie im endokrinen System, bezieht sich aber auch auf Pawlow, der in Persönlichkeitsunterschieden den Ausdruck unterschiedlicher Arbeitsweisen der Nervenzellen sah.
Die wichtigste Gemeinsamkeit aller drei Theorien ist das zugrunde liegende Konzept der unterschiedlichen Erregbarkeit (Arousability): Nach Eysenck führt derselbe Reiz bei Extravertierten aufgrund ihrer geringeren Empfindlichkeit des ARAS zu einem geringeren kortikalen Erregungsniveau als bei Introvertierten. Zuckerman postuliert bei Sensation Seekern eine geringe Aktivität oder eine geringe Empfindlichkeit des noradrenergen Systems gegenüber Stimulation. Nach der Theorie von Strelau schließlich weisen Niedrigreaktive (entspricht dem starken Nervensystem in der Terminologie Pawlows) einen niedrigen Reizverarbeitungskoeffizienten (RVK) auf, was eine weniger starke Reaktion auf gleich intensive Reize bedeutet als bei Hochreaktiven.
Allen drei Theorien ist gemeinsam, dass sich Individuen in der Intensität ihrer Reaktionen auf definierte Reize unterscheiden. Extravertierte, Sensation Seeker und Niedrigreaktive tendieren zu schwachen Reaktionen. Intensivere Reize erhöhen ihr »Erregungsniveau« in demselben Maße wie weniger intensive Reize bei Introvertierten, bei Personen ohne Sensation Seeking oder Hochreaktiven. Letztere tendieren zu relativ starken Reaktionen. In der Terminologie von Strelau (1982, 1986) weisen sie einen hohen Reizverarbeitungskoeffizienten auf. Verhaltensunterschiede werden in allen drei Theorien darauf zurückgeführt, dass ein mittleres Arousal als angenehm erlebt wird, was bei Personen mit einem hohen Reizverarbeitungskoeffizienten zur Vermeidung intensiver Stimulation, bei Personen mit einem niedrigen RVK hingegen zur Suche intensiver Stimulation führt (zur Darstellung weiterer Integrationsversuche siehe Strelau & Eysenck, 1987). Strelau postuliert keine eigenschaftsspezifischen biologischen Korrelate, sondern geht davon aus, dass Verhalten aus der Interaktion von physiologischen und biochemischen Mechanismen resultiert, die einen Einfluss auf beispielsweise das Erregungsniveau haben (Strelau, 1999, S. 166). Temperament als »neuroendokrine Individualität« (Strelau, 1999, S. 167), bestimmt durch personengebundene Anordnungen neurologischer und endokriner Systeme, welche die energetischen und zeitlichen Komponenten des Verhaltens regulieren.

16.4.1 Empirische Befunde

Auch auf empirischer Ebene wurden zwischen den verschiedenen biologisch begründeten Persönlichkeitsdimensionen Gemeinsamkeiten gefunden. Die Ergebnisse stützen die Hypothese, dass zwischen den Persönlichkeitskonstrukten Extraversion, Sensation Seeking und Reaktivität bzw. Stärke des Nervensystems Zusammenhänge bestehen.

a) Zusammenhänge zwischen den Persönlichkeitsmerkmalen von Eysenck und Zuckerman

Auf diese Zusammenhänge wurde oben (Kapitel 16.1.2) bereits eingegangen (siehe vor allem Tab. 16.1). Danach zeigen alle Unterskalen der SSS-V Zusammenhänge mit Psychotizismus (Faktorenladungen zwischen .43 und .62). Mit Extraversion hängen hingegen nur SSS-TAS und SSS-Dis zusammen, wobei TAS mehr mit der Aktivitätskomponente, Dis mit der Soziabilitätskomponente zu tun zu haben scheinen (siehe Tab. 16.2). Dass Sensation Seeking und seine Komponenten zwar mit Eysencks Psychotizismus zusammenhängen, darüber hinaus aber von Extraversion und Psychotizismus unabhängige Aspekte miterfassen, zeigen Befunde von Costa und McCrae, die als persönliche Mitteilung an Zuckerman von diesem zitiert werden (1994, p. 86): Danach korreliert Sensation Seeking (Gesamt-Punktwert der SSS-V) mit den NEO-Skalen (siehe o. Kapitel 15.4.2a) Extraversion zu .22, mit Conscientiousness und Agreeableness (Gewissenhaftigkeit und Freundlichkeit, nach Eysenck zwei Aspekte niedrigen Psychotizismus) zu – .21 und – .31, mit Openness to Experience (Offenheit für Erfahrungen, ein von Extraversion, Neurotizismus und Psychotizismus relativ unabhängiger Persönlichkeitsfaktor) aber zu .45, wobei dieser Zusammenhang vor allem für SSS-ES besonders hoch ist (= .54).

b) Zusammenhänge zwischen den Persönlichkeitsmerkmalen von Eysenck und Strelau

Den Zusammenhang der ursprünglich von Strelau postulierten Temperamentseigenschaften »Stärke der Exzitation«, »Stärke der Inhibition« und »Mobilität nervlicher Prozesse« mit den Eysenck'schen Persönlichkeitsdimensionen untersuchte Richards (1986). Er ließ 79 Versuchspersonen u. a. das PTS (= STI) und das Eysenck Personality Questionnaire EPQ (Eysenck & Eysenck, 1975) ausfüllen und erhielt die in Tabelle 16.6 dargestellte Korrelationsmatrix.

Tab. 16.6: Korrelationen der PTS (= STI)-Skalen untereinander und mit Skalen Psychotizismus (P), Extraversion (E), Neurotizismus (N) und der Lügenskala (L) des EPQ (nach Richards, 1986).

	P	E	N	L	SE	SI
E	.04					
N	.10	– .23				
L	– .20	– .11	– .24			
SE	– .09	**.49**	**– .50**	.03		
SI	**– .43**	.03	**– .40**	.27	**.40**	
M	– .02	**.59**	**– .33**	.00	**.54**	.23

Fett gedruckte Koeffizienten sind mit $p < 0.001$ signifikant.

Tab. 16.7: Zusammenhänge zwischen den Dimensionen Eysencks und den Skalen des PTS (= STI). Angegeben ist in der jeweils ersten Zeile die über zehn Studien gemittelte Korrelation sowie darunter die jeweils kleinste/größte Korrelation in den zehn Studien (nach Corulla, 1989).

	Extraversion	Neurotizismus	Psychotizismus
PTS-SE	.34	– .42	– .02
	.07/ .49	– .55/– .13	– .20 / .16
PTS-SI	– .11	– .28	– .30
	– .32/ .04	– .52/– .02	– .54/– .03
PTS-M	.45	– .21	.00
	.15/ .69	– .33/– .03	– .17/ .13

PTS (= STI)-SE: Stärke der Exzitation; PTS (= STI)-SI: Stärke der Inhibition; PTS (= STI)-M Mobilität nervlicher Prozesse.

Dieses Ergebnis zeigt zum einen, dass die Persönlichkeitseigenschaften Extraversion und Neurotizismus hohe Zusammenhänge mit den vom PTS (= STI) erfassten Eigenschaften des Nervensystems haben. Zum anderen weisen die hohen Interkorrelationen der Skalen des PTS (= STI) untereinander darauf hin, dass die Struktur des PTS (= STI) einer näheren Klärung bedarf.
Strelau, Angleitner, Bantelmann und Ruch (1990) fanden ähnliche Korrelationen zwischen den STI-R-Skalen an einer Stichprobe von 506 Versuchspersonen. Alle drei Skalen korrelierten jedoch relativ hoch mit Maßen der Sozialen Erwünschtheit, sodass nach Auspartialisierung der Sozialen Erwünschtheit lediglich zwischen SE und M eine substantielle Korrelation verblieb, die Strelau als vereinbar mit der Pawlow'schen Theorie ansieht.
Corulla (1989) fasst zehn Studien, die die Eysenck'schen Faktoren mit den Skalen des Strelau Temperament Inventory (STI) korrelierten, zusammen: Tabelle 16.7 enthält die aus diesen zehn Studien ermittelten durchschnittlichen Korrelationen sowie die zugehörigen jeweils niedrigsten und höchsten Korrelationskoeffizienten.
Extraversion zeigt konsistent positive Korrelationen mit SE und M. Neurotizismus korreliert negativ mit allen drei Skalen des PTS (= STI). Psychotizismus weist einen negativen Zusammenhang nur mit SI auf. Auch faktorenanalytische Untersuchungen (Daum, Hehl & Schugens, 1988; Richards, 1986) bestätigen Gemeinsamkeiten zwischen Extraversion, SE und M sowie zwischen Psychotizismus und SI.

Tab 16.8: Über mehrere Stichproben gemittelte Korrelationen der **FCB-TI**-Skalen mit den Skalen »Extraversion« (E), »Neurotizismus« (N), »Psychotizismus« (P) und »Lügenskala« (L) des **EPQ-R** (aus Strelau & Zawadzki, 1995).

	BR	PE	SS	ER	EN	AC
E	.31	– .11	.02	– .34	.20	.72
N	– .39	.60	.00	.71	– .49	– .18
P	.01	– .22	– .17	– .13	.09	.17
L	.11	– .12	.05	– .14	.13	– .13

Neuere Studien zum Vergleich des PTS mit anderen Persönlichkeits- und Temperamentsinventaren stellen Ruch et al. (1991) vor, die unter anderem auch Korrelationen des STI-R mit Eysencks EPQ-R und dem NEO-PI berichten.
Auch die neueren Temperamentsmerkmale Strelaus, die aus der Modifikation seiner RTT hervorgingen (siehe Kapitel 16.3), wurden mehrfach mit anderen Temperaments- und Persönlichkeitsmerkmalen verglichen. Den Zusammenhang dieser sechs Eigenschaften mit Eysenck'schen Konstrukten untersuchten Strelau und Zawadzki (1995). Sie ließen mehrere Versuchspersonen-Stichproben unter anderem das FCB-TI und den EPQ-R bearbeiten. Die Korrelationen zwischen den einzelnen Fragebogen-Skalen lassen sich der Tabelle 16.8 entnehmen.
Das Ergebnis zeigt, dass die Persönlichkeitseigenschaften Extraversion und Neurotizismus teilweise recht hohe Zusammenhänge mit einzelnen FCB-TI-Skalen aufweisen. So korreliert beispielsweise Neurotizismus hoch mit »Perseverance« und »Emotional Reactivity«; Extraversion hat einen starken Zusammenhang mit »Activity«. Die Autoren sehen in diesem Ergebnis eine Bestätigung ihrer Vorhersagen über Zusammenhänge zwischen den FCB-TI-Skalen mit den Eysenck'schen Konstrukten und werten es als einen Hinweis auf konvergente Validität.

16.4.2 Abschließende Bewertung

Aus der Gemeinsamkeit der drei Theorien von Eysenck, Strelau und Zuckerman, nämlich der Annahme unterschiedlich starker Reagibilität auf externe oder interne Stimulation, lassen sich Zusammenhänge zwischen den von diesen Autoren definierten Persönlichkeits- und Temperamentsmerkmalen herleiten, die sich wenigstens teilweise, bei durchaus bestehenden Eigenständigkeiten, auch empirisch nachweisen lassen. Dies lässt eine Integration der unterschiedlichen Konzepte der drei Autoren als möglich erscheinen (siehe dazu den Versuch von Robinson, 1982).
Schwierig ist jedoch die Bewertung der Theorien im Hinblick auf die jeweils postulierten physiologischen Grundlagen der Persönlichkeit. Brody (1988) kommt nach einer ausführlichen Diskussion zu dem Schluss, dass »keine der biologisch fundierten Persönlichkeitstheorien, die es gegenwärtig gibt, den biologischen Grundlagen der Persönlichkeit vollkommen befriedigend Rechnung tragen kann« (S. 186). Auch sei keine dieser Theorien konsistent und widerspruchsfrei durch die Forschung gestützt. Dennoch bleibt die Suche nach biologischen Grundlagen der Persönlichkeit weiterhin von großer Bedeutung. Brody (pp. 187–188) führt hierfür fünf Gründe an:

1. Es gibt Belege für einen genetischen Einfluss auf die Persönlichkeit, dem biologische Strukturen des Organismus zugrunde liegen müssen.
2. Es finden sich Zusammenhänge zwischen Persönlichkeitseigenschaften und biologischen Variablen, die auf biologische Grundlagen der Persönlichkeit hinweisen.
3. Die biopsychologische Forschung liefert ständig neue Erkenntnisse über Zusammenhänge zwischen biologischen Vorgängen und psychologischen Variablen. Neuere Ansätze einer biologisch orientierten Persönlichkeitsforschung werden diese komplexen Zusammenhänge berücksichtigen müssen, um zu sinnvollen Aussagen zu kommen.
4. Die Befunde im Zusammenhang mit Extraversion, Sensation Seeking oder Reaktivität zeigen, dass sich Individuen in ihren biologisch determinierten Reaktionen unterscheiden, und dass diese Unterschiede Auswirkungen auf das soziale Verhalten haben. Ein volles Verständnis von Persönlichkeitsunterschieden wird ohne Rückgriff auf biopsychologische Konzepte nicht möglich sein.

5. Schließlich können gerade biologisch orientierte Persönlichkeitstheorien die Wechselwirkungen zwischen Situations- und Persönlichkeitsmerkmalen genauer spezifizieren, sodass validere Verhaltensvorhersagen aufgrund von Persönlichkeitsmerkmalen so eher möglich werden.

Diese Gründe zeigen, dass trotz der Schwierigkeiten und Unklarheiten, die sich dabei ergeben, die Suche nach den biologischen Ursachen der Persönlichkeit weiterhin von größter Bedeutung ist. Eine Persönlichkeitspsychologie, die interindividuelle Differenzen nicht nur beschreiben, sondern auch erklären will, muss auch an der biologischen Basis des Verhaltens ansetzen.

Fragen zu Kapitel 16:

1. Erläutern Sie das Konzept des Sensation Seeking und die Erklärungstheorien dazu!
2. Welche Eigenschaften des Nervensystems definierte Pawlow, und wie sind diese der alten Temperamentstypologie von Hippokrates zugeordnet?
3. Welche Temperamentseigenschaften postuliert Strelau in seiner älteren Theorie, und wie hängen diese mit den im PTS (früher STI) gemessenen Eigenschaften zusammen?
4. Welche Temperamentseigenschaften postuliert Strelau in seiner neueren Theorie?
5. Wie hängen die Persönlichkeitsfaktoren von Eysenck mit Sensation Seeking, mit Augmenting-Reducing und mit den Strelau'schen Temperamentseigenschaften zusammen?

17 Emotionspsychologische Persönlichkeitskonstrukte

Persönlichkeitseigenschaften, wie sie beispielsweise durch faktorenanalytische Forschung definiert werden (siehe Abschnitt 7.3), werden meist als relativ stabile Verhaltensdispositionen aufgefasst. In diesem Sinne handelt es sich bei vielen Persönlichkeitsfaktoren um eher statische Eigenschaftskonstrukte. Im Unterschied dazu wurden schon sehr früh persönlichkeitstheoretische Ansätze entwickelt, die eine starke Betonung auf intrapsychische Prozesse legen und beobachtbares Verhalten als Ergebnis einer derartigen intrapsychischen Dynamik auffassen. Es waren vor allem psychodynamisch – tiefenpsychologisch orientierte Ansätze wie die Psychoanalyse von Sigmund Freud oder die in seiner Nachfolge formulierten Theorien, aus denen die ersten emotionspsychologischen Persönlichkeitskonstrukte entwickelt wurden.

Aus diesem Grunde sollen in diesem Abschnitt solche Konstrukte behandelt werden, deren ursprüngliche theoretische Konzeption und empirische Erforschung durch psychoanalytische Vorstellungen wesentlich mitbeeinflusst wurden, wenn auch neuere Theorien oder Befunde zu diesen Konstrukten von den ursprünglichen psychoanalytischen Konzepten zum Teil stark abweichen. Es sind die Persönlichkeitsmerkmale »Repression versus Sensitization« (Abschnitt 17.2), »Ängstlichkeit« (17.3) und »Aggressivität« (17.4), zu denen auch in jüngster Zeit empirische Forschung betrieben wird und die deshalb hier besprochen werden. Zuvor wird ein kurzer Abriss der Freud'schen Psychoanalyse gegeben, soweit sie für die Persönlichkeitspsychologie relevant erscheint.

17.1 Die Psychoanalyse Freuds als Persönlichkeitstheorie

Das Wort Psychoanalyse wird in mehrfacher Bedeutung verwendet. Zum einen wird damit jene von Freud entwickelte tiefenpsychologische Therapieform bezeichnet – auch analytische Psychotherapie genannt –, die sich eine Heilung psychischer Störungen durch das Bewusstmachen unbewusster Ängste, Wünsche und Konflikte verspricht. Für dieses Bewusstmachen werden Techniken verwendet, wie die Deutung von Träumen, von freien Assoziationen, von Fehlleistungen, von neurotischen Symptomen und auch von kulturellen Leistungen. Diese Techniken werden auch als Forschungsmethode zur Erforschung des Unbewussten im Freud'schen Sinne verstanden, sodass das Wort Psychoanalyse zum anderen auch eine Forschungsmethode bezeichnet. Zum Dritten schließlich stellt die psychoanalytische Lehre eine Persönlichkeitstheorie im weitesten Sinne dar, durch welche die psychoanalytischen Therapie- und Analysetechniken theoretisch fundiert und begründet werden.

Freuds Psychoanalyse wird von interessierten psychologischen Laien sehr oft mit Psychologie schlechthin gleichgesetzt. Im Gegensatz zur Popularität, der sich Freud'sches Gedankengut heute erfreut, stellt die Psychoanalyse in der wissenschaftlichen, empirisch orientierten Psychologie nur eine unter vielen Theorien dar. Weiter unten wird kurz darauf hinzuweisen sein, dass sich viele der Freud'schen Annahmen und Formulierungen im Rahmen einer empirischen Psychologie als nicht haltbar erweisen. Dies ändert aber nichts an der Tatsache, dass kaum eine andere Theorie so großen Einfluss auf so viele Teilgebiete der Psychologie und darüber hinaus auf andere Bereiche der Wissenschaft und Kunst ausgeübt hat wie die Psychoanalyse.

Um diesen Einfluss speziell auf die empirische Persönlichkeitsforschung aufzeigen zu können, sollen abrisshaft und in aller Kürze zunächst das allgemeine Menschenbild sowie die wichtigsten strukturellen und dynamischen Konzepte der Freud'schen Psychoanalyse als Persönlichkeitstheorie skizziert werden. Niedergelegt sind diese persönlichkeitstheoretischen Überlegungen Freuds in seinem u. a. vom Fischer Verlag in 18 Bänden herausgegebenen umfangreichen Gesamtwerk (Freud, 1952–1968), vor allem in seiner »Traumdeutung« (1900), in der »Psychopathologie des Alltagslebens« (1904), in den »Vorlesungen zur Einführung in die Psychoanalyse« (1917), in »Das Ich und das Es« (1923), in der »Neuen Folge der Vorlesungen zur Einführung in die Psychoanalyse« (1933) und im »Abriss der Psychoanalyse« (1938). Freud hat seine theoretischen Überlegungen im Laufe seines Lebens immer wieder geändert. Wie aus der umfangreichen Biografie Freuds von Ernest Jones (1953, 1955, 1957) hervorgeht, wurde so manche theoretische Konzeption durch persönliche Erfahrungen und Schwierigkeiten sowie durch zeitgeschichtliche Ereignisse (1. Weltkrieg, Antisemitismus) stark beeinflusst. Ein konsistentes, in sich geschlossenes und völlig widerspruchsfreies Theoriengebäude hat Freud, der noch im 83. Lebensjahr bis zu seinem Tode im Jahre 1939 an der Weiterentwicklung der Psychoanalyse arbeitete, nicht vorgelegt. Erst später wurden zum Beispiel von David Rapaport (1959a, b) Systematisierungen der Freud'schen Lehre durchgeführt.

17.1.1 Das allgemeine Menschenbild der Psychoanalyse

Während sich viele psychoanalytische Konzepte von Freud im Laufe seines Lebens änderten, blieb seine Grundauffassung von der Natur des Menschen stabil. Dieses Freud'sche Menschenbild lässt sich in folgenden Punkten zusammenfassen:

Der Mensch als Energiesystem: Beeindruckt von den Erkenntnissen der zeitgenössischen Physik, speziell von dem 1847 von H. v. Helmholtz aufgestellten Satz der Erhaltung der Energie, hat Freud den Menschen als System aufgefasst, das über eine bestimmte Energiemenge verfügt. Jede Aktivität verbraucht Energie, die dann für andere Aktivitäten nicht mehr zur Verfügung steht (»Abreagieren«, »Ausleben«). Die vorhandene psychische Energie kann in die verschiedensten Formen umgewandelt werden und sich in unterschiedlichsten Aktivitäten niederschlagen.

Angeborene Triebe als Energie: Ursprünglich nahm Freud an, dass jede psychische Energie aus dem angeborenen Sexualtrieb (Libido = sexuelle Triebenergie) stamme, sodass jedes Verhalten letztendlich sexuell determiniert sei. Durch die verschiedenen Instanzen der Persönlichkeit (s. u. 17.1.2) und die Anforderungen der sozialen Umwelt können sexuelle Triebimpulse in sozial erwünschtes, kulturell bedeutsames Verhalten umgewandelt werden (Sublimierung). Später, hauptsächlich aufgrund der schmerzlichen und auch persönlich bitteren Erfahrung in Folge des 1. Weltkrieges, nahm Freud noch einen zweiten angeborenen Trieb, den Todes- oder Aggressionstrieb an. In einer Handlung können auch beide Triebe sublimiert befriedigt werden, so etwa wenn ein Chirurg eine Operation durchführt, bei der

der Aggressionstrieb durch den chirurgischen Eingriff, der Sexualtrieb durch Bemühen um Wiederherstellung des Patienten befriedigt werden.
Determiniertheit des Verhaltens: Nach Freud ist jedes Verhalten durch Triebimpulse determiniert. Es gibt kein zufälliges Verhalten. Sehr oft bleiben die Verhaltensursachen dem handelnden Individuum selbst aber unbewusst. Die allgemein bekannten sog. Freud'schen Fehlleistungen (Versprecher, Vergessen, Verlesen u. dgl.), so etwa wenn ein Herr ein hübsches Fräulein auf der Straße fragt: »Darf ich Sie begleit-digen?« (Gesammelte Werke, Band IV, 1955), sind Beispiele Freuds dafür, wie unbewusste Motive im Verhalten zum Tragen kommen können. Mit seiner Annahme der unbewussten, triebgesteuerten Verhaltensdetermination bezog Freud bewusst Gegenposition zum zeitgenössischen Menschenbild, nach dem der Mensch in erster Linie ein vernunftgeleitetes Wesen sei.
Lustprinzip: In psychoanalytischer Sicht ist jedes Verhalten durch Triebenergie determiniert. Der Organismus drängt zur Entladung dieser Energie durch Triebbefriedigung.
Dies führt zur Reduktion der als unangenehm erlebten Triebspannung. Die Triebreduktion selbst hingegen wird als lustvoll erlebt. Jedem Verhalten liegt die Tendenz zur Spannungsreduktion und das damit verbundene Streben nach Lustgewinn zugrunde. Dieses *»Lustprinzip«* muss aber mit gesellschaftlichen Anforderungen in Konflikt geraten, da diese es dem Individuum verbieten, jederzeit seinen Triebimpulsen nachzugeben. Der Mensch ist ständig gezwungen, diesen Konflikt in der einen oder anderen Form zu lösen. Es sind die dynamischen Persönlichkeitskonzepte der Psychoanalyse (s. u. 17.1.3), mit deren Hilfe die Konfliktbewältigung erreicht wird. Diese kann zu höchsten kulturellen Leistungen führen, aber auch zu neurotischer Erkrankung.

17.1.2 Strukturelle Konzepte der psychoanalytischen Persönlichkeitstheorie: Es, Ich und Über-Ich

In seinen älteren Schriften unterschied Freud nur drei Ebenen des Bewusstseins, nämlich das Bewusste, das Vorbewusste und das Unbewusste, wobei das Unbewusste eines der bedeutendsten Freud'schen Konzepte darstellt. Das Unbewusste umfasst alle psychischen Inhalte, wie Wünsche, Vorstellungen, Erlebnisse und Gefühle, die nicht oder nur durch die speziellen Techniken der Psychoanalyse wie das freie Assoziieren oder die Traumdeutung bewusst gemacht werden können. Es ist alogisch, ohne Zeitkontinuum und räumliche Konsistenz und drückt sich durch Symbolsprachen aus. Das Unbewusste ist teilweise deckungsgleich mit dem später konzipierten Es.
Das Vorbewusste umfasst alle jederzeit willentlich ins Bewusstsein hebbaren Inhalte, alle reproduzierbaren Gedächtnisinhalte. Das Bewusstsein selbst ist das zu einem bestimmten Zeitpunkt subjektiv klar Gegebene.
In seiner Schrift »Das Ich und das Es« (1923) spielt das Unbewusste nicht mehr die Hauptrolle. Es werden die drei Instanzen des Es, des Ich und des Über-Ich eingeführt, die als strukturelle Konzepte der Persönlichkeit nicht nur inhaltliche, sondern auch funktionelle Aspekte umfassen.
Das Es: Das Es repräsentiert u. a. das biologische Substrat des Menschen. Es beinhaltet die psychische Repräsentation der gesamten Triebenergie des Sexualtriebes und des Aggressionstriebes (ursprünglich Unbewusstes). Ein weiterer wichtiger Inhalt des Es sind vom Ich ins Unbewusste verdrängte, früher bewusste Wünsche, Vorstellungen, Erinnerungen und Affekte (verdrängt Unbewusstes). Alle Inhalte des Es sind unbewusst, auch die Funktionen des Es. Dennoch ist das Unbewusste nicht identisch mit dem Es, da es auch unbewusste Teile des Ich und des Über-Ich gibt.

Funktion des Es ist es, die in ihm gestaute Triebspannung durch Triebbefriedigung zu lösen und dadurch das physiologische Gleichgewicht des Organismus zu bewahren oder wieder herzustellen. Das Es funktioniert dabei irrational und ausschließlich nach dem Lustprinzip, es ist impulsiv und sucht seine Triebwünsche oder verdrängten Wünsche ohne Rücksicht auf die äußere Realität, auf moralische, ethische, logische oder soziale Hindernisse direkt und ohne Zeitaufschub zu erfüllen. Dabei kann es auch zu Konflikten zwischen verschiedenen unbewussten Wünschen im Es kommen, sodass Freud das Es als unorganisiert und als »Chaos« (Freud, 1933) bezeichnet hat.

Das Es besteht und funktioniert von Geburt an. Im Laufe einer normalen Entwicklung tritt es Teile an das Ich ab, sein Einfluss, der nach der Geburt am größten ist, verringert sich später.

Das Ich: Das Ich entwickelt sich aus der Rindenschicht des Es, indem diese mit der Außenwelt über die Sinnesorgane direkt in Kontakt tritt. Die bewusste Wahrnehmung der äußeren Realität durch das Ich unterwirft immer größere Bezirke und tiefere Schichten des Es (Freud, 1938).

Die primären Funktionen des Ich sind neben der Wahrnehmung das Denken, das Erinnern, das Fühlen und die Willkürbewegungen. Seine Aufgabe ist, mit Hilfe dieser Funktionen zwischen den impulsiven Wünschen des Es und der Realität zu vermitteln und dabei den moralischen, perfektionistischen Forderungen des Über-Ich gerecht zu werden. Mit Hilfe von Blockierung, Verteilung oder Verzögerung der Triebbefriedigung sucht das Ich die Konflikte zwischen Es, Realität und Über-Ich zu lösen. Es ist dabei kompromissbereit, frustrationstolerant und funktioniert nach dem Realitätsprinzip, indem es rational und logisch nach realistischen Lösungen sucht.

Das Über-Ich: Auch das Über-Ich entwickelt sich aus dem Es, doch später als das Ich, etwa ab dem dritten Lebensjahr, indem zunächst die Gebote und Verbote der Eltern und ihr Vorbild verinnerlicht werden. Im Laufe des späteren Lebens kommen andere übernommene Vorstellungen von Gut und Böse und andere Vorbilder hinzu. Zwei Über-Ich-Instanzen werden unterschieden: Das *Gewissen,* das den bestrafenden, versagenden und verfolgenden Teil, also eine einschränkende und verbietende Instanz darstellt auf der einen Seite und das *Ich-Ideal* auf der anderen Seite, das an Vorbildern, hauptsächlich am Vorbild der Eltern orientiert ist und dem Ich Lob und Anerkennung erteilt, wenn es dem Ich-Ideal gerecht wird.

Das Über-Ich kontrolliert das Ich bei seiner Auseinandersetzung mit dem Es und mit der realen Umwelt: Es sucht verbotene Impulse aus dem Es zu verhindern, versucht moralische Zielsetzungen durchzusetzen und strebt nach perfektionistischem Verhalten. Es bestraft unmoralisches, verbotenes oder dem Ich-Ideal nicht entsprechendes Verhalten durch Schuld- und Minderwertigkeitsgefühle oder auch durch unbewusste Strafbedürfnisse, und es belohnt mit den Gefühlen des Stolzes und der Selbstliebe die Erfüllung seiner Ansprüche.

Das Über-Ich kann auf einer primitiven Ebene funktionieren in Form undifferenzierten, realitätsfernen, intoleranten Schwarz-Weiß-Denkens, aber auch verständnisvoll und flexibel sein. Je nach der Art der Über-Ich-Funktion sowie der Stärke des Ich und auch der Impulsivität des Es werden Menschen sich in typischer Weise in ihrem Verhalten unterscheiden.

Insoweit haben die psychoanalytischen Konzepte der Persönlichkeitsstruktur, das Es, Ich und Über-Ich ähnliche Konsequenzen wie eigenschaftsorientierte Persönlichkeitstheorien: Hier wie dort wird die Annahme gemacht, dass es konsistentes, relativ situationsunabhängiges Verhalten gibt, das eine Person charakterisiert.

Im Unterschied zu so manchem eigenschaftsorientierten Ansatz aber erklärt die Psychoanalyse beobachtbare Verhaltensweisen und damit auch interindividuelle Unterschiede durch Prozesse, die zwischen den Instanzen des Es, Ich und Über-Ich ablaufen und mit Hilfe der dynamischen Persönlichkeitskonzepte der Psychoanalyse beschrieben werden.

17.1.3 Dynamische Persönlichkeitskonzepte der Psychoanalyse

Die drei Instanzen der Persönlichkeit stehen ständig miteinander in Konflikt. Dies stellt die Grundlage der psychoanalytischen Persönlichkeitsdynamik dar: Sie besteht aus dem dauernden Kampf zwischen den Es-Impulsen, dem um Anpassung an die Realität bemühten Ich und den Über-Ich-Ansprüchen. Jedes Verhalten ist durch Triebimpulse und die ihnen entgegengerichteten Ich- und Über-Ich-Kräfte motivational determiniert.

Es sind vor allem zwei Konzepte der Psychoanalyse, die persönlichkeitstheoretisch relevant erscheinen und bei der genannten Konfliktdynamik eine große Rolle spielen: das Konzept der Angst und die Konzeption von Abwehrmechanismen.

Angst: Freud hat seine theoretische Auffassung des Phänomens Angst im Laufe seiner wissenschaftlichen Arbeit öfter geändert. In der Literatur (Bally, 1961; Herrmann, 1976; Krohne, 1976) werden zwei Angsttheorien Freuds unterschieden:

Die ältere Auffassung (Freud, 1895) geht davon aus, dass unterdrückte sexuelle Triebregungen in Angst umgewandelt werden. Diese wird als Gefühl erlebt und zeigt physiologisch ganz ähnliche Reaktionen (z. B. Erhöhung der Puls- und Atemfrequenz) wie der Zustand sexueller Erregung.

In dieser Auffassung ist Angst umgewandelte Sexualenergie als Folge der Unterdrückung entsprechender Triebimpulse.

Anders verhält es sich bei der neuen Angstauffassung, die Freud im Anschluss an die Instanzenlehre von Es, Ich und Über-Ich entwickelt hat (Freud, 1926). In ihr wird Angst als Gefahrensignal verstanden, das das Ich vor der entsprechenden Gefahr warnt (»Signaltheorie der Angst«). Diese Angst entsteht automatisch immer dann, wenn das Ich durch einen Ansturm von Reizen überwältigt wird, der nicht beherrscht werden kann. Diese Reize können aus der realen Umwelt kommen und dort eine objektive oder vermeintliche Gefahr anzeigen. In diesem Fall wird von *Realangst* gesprochen. Von *neurotischer Angst* spricht Freud, wenn verbotene Wünsche und Triebreize aus dem Es das Ich überfluten, das diesen Trieben aus moralischen Gründen nicht nachgeben kann. Die Gefahr, die durch die daraus entstehende Angst signalisiert wird, wird im Verlust des Penis (Kastrationsangst), im Verlust sozialer Anerkennung und Zuneigung (Angst vor Liebesverlust) oder wichtiger sozialer Bezugspersonen selbst (Angst vor Objektverlust) gesehen, die als Strafen auf das vom Es gewünschte Verhalten antizipiert werden. Die Antizipation gerade dieser Gefahren geht auf frühkindliche Angsterfahrungen zurück, z. B. auf den Geburtsvorgang, der als erstes Verlusterlebnis primäre Angst erzeugte, von Freud auch als »Urangst« bezeichnet, oder auf die Entstehung der Kastrationsangst während der ödipalen Konfliktsituation im 3. Lebensjahr (auch phallische Phase). Diese frühen Angsterlebnisse kommen als unbewusste Anteile in der neurotischen Angst wieder zum Tragen.

Ähnliche Verlustgefahren werden auch durch die *Über-Ich-Angst* oder moralische Angst signalisiert, die dann entsteht, wenn das Ich sich nicht in Einklang mit den Ge- und Verboten des Über-Ich sieht.

Da Angst ein schmerzhafter Zustand ist, der nicht längere Zeit ertragen werden kann, in der Konfliktdynamik zwischen Es, Ich und Über-Ich aber unvermeidbar immer wieder entstehen würde, wehrt sich das Ich gegen Angst durch die so genannten Abwehrmechanismen.

Die Abwehrmechanismen: Der persönlichkeitstheoretisch wichtigste Abwehrmechanismus, mit dem Freud sich auch als Erstes und am meisten beschäftigt hat, ist die *Verdrängung:* Bewusstseinsinhalte wie Gedanken, Erinnerungen, Wahrnehmungen, Triebimpulse oder Wünsche werden vom Ich aus dem Bewusstsein in das Unbewusste, in das Es, verdrängt, wenn sie als Gefahrensignale entsprechend der zweiten Angsttheorie Freuds im Ich Angst auslösen. Die Verdrängung erfolgt selbst unbewusst, erfordert aber dauernd Kräfte des Ich, die stärker sein müssen als die der verdrängten Triebe und der mit ihnen verknüpften Vorstellungen, wenn die Verdrängung erfolgreich sein und bleiben soll. Diese Kräfte fehlen dem Ich für andere Funktionen wie Denken, Erinnern, Wahrnehmen oder willkürliches Handeln und dergleichen. Bei herabgesetzter Ich-Stärke, wie etwa im alkoholisierten Zustand oder

Tab. 17.1: Zusammenstellung der Abwehrmechanismen des Ich (nach Ruch & Zimbardo, 1974, S. 368).

Emotionale Isolierung:	Vermeidung traumatischer Erlebnisse durch Rückzug in Passivität.
Identifikation:	Erhöhung des Selbstwertgefühls durch Identifikation mit einer Person oder Institution von hohem Rang.
Introjektion:	Einverleibung äußerer Werte und Standardbegriffe in die Ich-Struktur, sodass das Individuum sie nicht mehr als Drohungen von außen erleben muss.
Isolierung:	Abtrennung emotionaler Regungen von angstbeladenen Situationen oder Trennung unverträglicher Strebungen durch straffe gedankliche Zergliederung. (Widersprüchliche Strebungen werden zwar beibehalten, treten aber nicht gleichzeitig ins Bewusstsein; man nennt das auch Kompartmentbildung.)
Kompensation:	Verhüllung einer Schwäche durch Überbetonung eines erwünschten Charakterzuges. Frustration auf einem Gebiet wird aufgewogen durch übermäßige Befriedigung auf einem anderen Gebiet.
Phantasie:	Befriedigung frustrierter Wünsche durch imaginäre Erfüllung (zum Beispiel »Tagträume«).
Projektion:	Übertragung der Missbilligung eigener Unzulänglichkeiten und unmoralischer Wünsche auf andere.
Rationalisierung:	Der Versuch, sich einzureden, dass das eigene Verhalten verstandesmäßig begründet und so vor sich selbst und vor anderen gerechtfertigt ist.
Reaktionsbildung:	Angstbeladene Wünsche werden vermieden, indem gegenteilige Intentionen und Verhaltensweisen überbetont und diese als »Schutzwall« verwendet werden.
Regression:	Rückzug auf eine frühere Entwicklungsstufe mit primitiveren Reaktionen und in der Regel auch niedrigerem Anspruchsniveau.
Sublimierung:	Befriedigung nicht erfüllter sexueller Bedürfnisse durch Ersatzhandlungen, die von der Gesellschaft akzeptiert werden.
Ungeschehenmachen:	Sühneverlangen für unmoralische Wünsche und Handlungen, um diese damit aufzuheben.
Verdrängung:	Verhinderung des Eindringens unerwünschter oder gefährlicher Impulse ins Bewusstsein.
Verleugnung:	Schutz vor einer unangenehmen Wirklichkeit durch die Weigerung, sie wahrzunehmen.
Verschiebung:	Entladung von aufgestauten, gewöhnlich feindseligen Gefühlen auf Objekte, die weniger gefährlich sind als diejenigen, welche die Emotion ursprünglich erregt haben.

bei Ich-schwachen Personen können verdrängte Es-Inhalte in ihrer impulsiven Form aus dem Es ausbrechen und zu unkontrollierten Handlungen, wie z. B. aggressiven Wutausbrüchen führen. Auch im Schlaf ist die Ich-Stärke herabgesetzt, sodass Es-Inhalte in Form von Symbolen im Traumgeschehen ins Bewusstsein treten können.

Aber auch bei vollständiger Verdrängung können die Es-Inhalte unbewusst bleibende Wirkungen in Form von Fehlleistungen, neurotischen oder psychosomatischen Symptomen erzielen.

Freud hielt die Verdrängung für den weitaus wichtigsten Abwehrmechanismus und für eines der wichtigsten psychoanalytischen Konzepte überhaupt. Verdrängung liegt teilweise auch anderen der vielen weiteren Abwehrmechanismen zugrunde, die Freud konzipierte. Einen groben Überblick über diese Abwehrmechanismen gibt Tabelle 17.1.

Auch in Freuds Theorie der psychosexuellen Entwicklung und ihrer Bedeutung für die Persönlichkeit des Erwachsenen spielen Abwehrmechanismen eine Rolle: Kann ein Konflikt zwischen einem Triebwunsch und der Forderung seiner Nichterfüllung nicht gelöst werden, wird eine Ersatzlösung vom Ich dadurch angestrebt, dass die Triebbefriedigung entsprechend einer ontogenetisch früheren Entwicklungsstufe erfolgt und durch diesen Abwehrmechanismus der *Regression* die Angst aus dem ungelösten Konflikt vermieden wird.

Psychosexuelle Entwicklung und Charaktertypen

Freud unterschied drei Stufen der frühkindlichen Entwicklung nach den für die sexuelle Triebbefriedigung des Kindes bevorzugten Körperzonen (erogene Zonen). Entwicklungsstörungen können auftreten, wenn die Triebbefriedigung in einer dieser Phasen zu kurz kommt oder auch zu intensiv möglich war. Dies führt zur *Fixierung* in einer Entwicklungsphase, zur Beibehaltung der phasentypischen Befriedigungswünsche und -techniken, die noch im Erwachsenenalter unbewusst wirken und zu bestimmten Charakterformen führen.

In der *oralen Phase (1.* Lebensjahr) erfolgt die sexuelle Triebbefriedigung mit Hilfe der Schleimhäute der Mundzone durch Saugen, Beißen und Kauen. Durch Regression auf diese oder Fixierung auf dieser Entwicklungsstufe entstehen orale Charakterzüge beim Erwachsenen, die dem unselbständigen, selbstbezogenen, »narzistischen«, immer nur (Nahrung) fordernden Kind des 1. Lebensjahres direkt oder symbolisch entsprechen: Der orale Charakter ist passiv und abhängig, immer nur fordernd, nie gebend, sicherheitsbedürftig und selbstbezogen, aber auch »bissig« im Sinne von sarkastisch. Übermäßiger Nahrungsgenuss, Rauchen und Drogenmissbrauch werden als orale Ersatzbefriedigungen angesehen.

In der *analen Phase (2.-3.* Lebensjahr) steht die Reinlichkeitserziehung im Vordergrund. Der Anus wird zur erogenen Zone. Sexueller Lustgewinn erfolgt zunächst durch das Ausscheiden, später durch Zurückhalten von Kot. Je nach der Art der Reinlichkeitserziehung und der Lösung der ersten Konflikte mit den Eltern, die in dieser Phase entstehen, führt Fixierung oder Regression zu einem grausamen, destruktiven, ungestümen und unordentlichen (entsprechend der ersten analen Phase: Lustgewinn durch Kotausscheidung) oder einem zwanghaft ordentlichen, pedantischen und geizigen Charakter (entsprechend der zweiten analen Phase: Lustgewinn durch das Zurückhalten von Kot).

In der *phallischen oder ödipalen Phase (3.-5.* Lebensjahr) beschäftigt sich das Kind mit seinem Körper, speziell mit seinem Genitale als erogener Zone. Es entdeckt den anatomischen Unterschied zwischen den Geschlechtern. Der Ödipuskonflikt, in dem die Beziehung des Knaben zur Mutter eine sexuelle Komponente bekommt, der Vater als Rivale erlebt wird, was Schuldgefühle und Angst (Kastrationsangst durch Entdeckung des weiblichen Genitales) auslöst, beherrscht die phallische Phase. Die Ödipussituation wird dadurch gelöst, dass der Knabe die Mutter als Sexualobjekt aufgibt und sich mit dem Vater identifiziert, was durch Introjektion (Übernahme) der väterlichen Normen zur Über-Ich-Bildung führt. Bei den Mädchen verläuft diese Phase weniger dramatisch, da die Angst vor der Mutter als Rivalin geringer ist, die Kastrationsangst fehlt und die Aufgabe des Vaters als Sexualobjekt leichter fällt. Dadurch entstehen die Unterschiede zwischen dem männlichen und weiblichen Charakter. Eine Regression auf die phallische Phase oder Fixierung in ihr führen beim Mann zum phallischen Charakter mit seinen übertriebenen Männlichkeitsbedürfnissen, seiner Neigung, sich selbst und anderen seine Potenz zu demonstrieren (Kompensation der Kastrationsangst), sowie übertriebenem Erfolgsstreben (Bedürfnis, den Vater zu übertreffen). Aber auch Impotenz und Erfolglosigkeit können aus den Schuldgefühlen gegenüber dem Vater in der Ödipussituation resultieren

Mit der folgenden *Phase der Latenz* (6. Lebensjahr bis zur Pubertät) und der *genitalen Phase* (Pubertät bis zum reifen Erwachsenenalter) hat Freud sich selbst weniger beschäftigt.

Neben den hier skizzierten persönlichkeitstheoretischen Ansätzen der Psychoanalyse liegen die Hauptbemühungen Freuds auf den Gebieten der Psychopathologie und Psychotherapie, auf die hier nicht näher eingegangen werden kann. Auch soll nur darauf hingewiesen werden, dass zu den theoretischen Vorstellungen Freuds von ehemaligen Freunden wie C. G. Jung (1875–1961; einführend s. dazu Jacobi, 1962) und A. Adler (1870–1937; einführend s. dazu Ansbacher & Rowena, 1956) tiefenpsychologische Gegenpositionen bezogen wurden, die sich vor allem gegen Freuds Pansexualismus richteten, aber ebenso wie Freud unbewusste Kräfte für bewusstes Erleben und Handeln verantwortlich machten (zusammenfassend s. z. B. Correll, 1976, S. 38–68). Auch auf die große Zahl von Freuds Nachfolgern, oft als Neo-Psychoanalytiker zusammengefasst, die Freuds Lehre in vielen Aspekten änderten oder ergänzten, kann nur verwiesen werden, wie z. B. auf E. Fromm (1941, 1947), der die sozialen Komponenten und die Kompetenzmotivation in der menschlichen Entwicklung stärker betont, oder auf E. Erikson (1963, 1968), der Freuds Entwicklungstheorie geändert und um Entwicklungsstufen mit ihren jeweils typischen psychosozialen Krisen erweitert hat, die bis ins reifere, hohe Erwachsenenalter reichen, oder die so genannten Ich-Psychologen (Hartmann, Kris & Loewenstein, 1947; Rapaport, 1951), die der Instanz des Ich mehr Eigenständigkeit, eigene Energiequellen und nicht nur die Aufgabe, Konflikte zu lösen, zuschreiben. Damit sind nur einige Namen willkürlich herausgegriffen.

Allen tiefenpsychologischen Theorien ist bei all ihren Unterschieden gemeinsam, dass sie einer streng wissenschaftlichen Kontrolle im Sinne empirischer Überprüfbarkeit nur schwer zugänglich sind. Diese Schwierigkeiten sollen an einigen Beispielen aus der Psychoanalyse im Folgenden aufgezeigt werden.

17.1.4 Die Überprüfung psychoanalytischer Annahmen

Soll eine Theorie als wissenschaftlich fundiert und nicht nur als spekulatives Gedankengebäude gelten, muss sie empirisch überprüft werden und so ihre Richtigkeit im Sinne der Übereinstimmung mit Beobachtungsdaten plausibel gemacht sein. Dass diese Forderung durch die Psychoanalyse nur sehr unzulänglich erfüllt erscheint und teilweise kaum erfüllt werden kann, soll hier kurz dargelegt werden.

Die Überprüfbarkeit der Psychoanalyse

Voraussetzung für die empirische Überprüfbarkeit einer Theorie ist, dass die Begriffe in ihr sowie die Relationen zwischen ihren Begriffen möglichst eindeutig und unmissverständlich definiert sind. Nur bei präziser Definition der Begriffe ist eine Beziehung dieser theoretischen Begriffe zu beobachtbaren Sachverhalten herstellbar, die Grundlage jeder empirischen Überprüfung sein müssen. Darüber hinaus ist die Eindeutigkeit der theoretischen Relationen innerhalb der Theorie zwischen ihren Begriffen notwendig: Nur so können wiederum eindeutige Vorhersagen über beobachtbare Sachverhalte aus der Theorie abgeleitet werden, deren Richtigkeit an Beobachtungsdaten überprüft werden kann.

Es ist mehrfach darauf hingewiesen worden, dass diese Präzisions- und Eindeutigkeitsforderungen von der Psychoanalyse nicht erfüllt werden (so z. B.: Hook, 1959; Perrez 1972; Popper, 1963; Shakow, 1969). Zwar lässt sich fast jedes Verhalten psychoanalytisch »erklären«, das heißt interpretieren, aber immer nur im Nachhinein. Wird zum Beispiel aufgrund psychoanalytischer Überlegungen erwartet, dass jemand Aggressivität zeigen müsste, so würde nicht nur aggressives Verhalten, sondern auch sein Ausbleiben mit der Psychoanalyse übereinstimmen, denn es kann ja auch Verdrängung stattgefunden haben. Abraham Kaplan (1964, p. 100) drückt dieses Problem in Bezug auf die Reaktionsbildungshypothese so aus:

> »Die psychoanalytische Doktrin der Reaktionsbildung scheint die Theorie gegen Falsifikation zu sichern, indem sie sie tautologisch macht. Jungen fühlen sich sexuell zu ihren Müttern hingezogen; geben sie diesem Gefühl Ausdruck, gut (für die Theorie); verhalten sie sich dagegen so, als ob sie ihre Mütter abscheulich fänden, zeigt dies lediglich eine Reaktionsbildung gegen ihre eigenen verbotenen Wünsche an, und auch so stimmt die Theorie; sie ist wahr, was immer passiert« (Übers. v. d. Verf.).

Nicht nur diese Vieldeutigkeit der Ableitungen aus der psychoanalytischen Theorie, sondern auch die meist bildhafte Umschreibung an Stelle eindeutiger Definitionen der verwendeten Begriffe macht viele Teile der Theorie unüberprüfbar, von den vielen Änderungen solcher Umschreibungen im Laufe der Arbeit Freuds an seinen Theorien ganz abgesehen: Die Theoriensprache der Psychoanalyse ist von der Beobachtungssprache, von der Beschreibung der relevanten beobachtbaren Sachverhalte zu weit entfernt, um sie empirisch überprüfen zu können.

In anschaulicher Weise demonstriert Eysenck (1985) in seinem Buch »Sigmund Freud: Niedergang und Ende der Psychoanalyse« für die Bereiche der psychoanalytischen Therapie, der psychoanalytischen Entwicklungstheorie und der Traumdeutung die Unwissenschaftlichkeit psychoanalytischer Theorienbildung. Er zeigt darüber hinaus die Schwierigkeiten einer experimentellen Prüfung psychoanalytischer Hypothesen auf. Aufgrund des umfangreichen Materials zu den genannten Bereichen kommt er zu dem Schluss, dass aus keinem dieser Gebiete eine empirische Stütze für die Psychoanalyse Sigmund Freuds erwächst.

Worin die Probleme einer Überprüfung der Psychoanalyse als Theorie bestehen, sei im Folgenden für zwei Bereiche kurz aufgezeigt.

Überprüfung durch klinisch-psychologische Erfahrung

Grundlage der Freud'schen Formulierungen waren hauptsächlich Beobachtungen an Patienten. Auch heute wird die subjektive Evidenz der Richtigkeit psychoanalytischer Interpretationen von analytischen Psychotherapeuten oft als Beleg für die Brauchbarkeit der Psychoanalyse angeführt. Doch können subjektive, selektive und wenig reliable Beobachtungen, wie sie an klinisch-psychologischen Fällen angestellt werden, keine empirische Grundlage im Sinne einer Überprüfung der Psychoanalyse bilden, so wie das Gefühl der subjektiven Evidenz der Richtigkeit kein wissenschaftlich brauchbares Kriterium darstellen kann. So weist Grünbaum (1984, 1986) darauf hin, dass gerade die Beobachtungen an Einzelfällen keine valide Prüfung zum Beispiel des Erfolges einer Therapie darstellen können, da sie in höchstem Maße durch die sich selbst erfüllenden

Erwartungen des Therapeuten beeinflusst werden. Hauptproblem psychoanalytischer Fallbeschreibungen aber ist, dass sie keine Kriterien für die Richtigkeit der psychoanalytischen *Interpretation* der angestellten Beobachtungen liefern können. So schreibt einer der prominentesten modernen Vertreter der Psychoanalyse (Rapaport, 1959, p. 141–143): »Viele Belege für die Theorie bleiben phänomenologisch und anekdotisch, auch wenn ihre Offensichtlichkeit und ihre Masse den Anschein objektiver Gültigkeit verleiht... Die umfangreichen klinischen Belege... sind nicht schlüssig im Sinne der üblichen Kriterien von Wissenschaftlichkeit, weil es keinen *feststehenden Kanon für die Interpretation klinischer Beobachtungen gibt«* (kursiv im Original; Übers. v. d. Verf.).

Auch die Behauptung, die Psychoanalyse sei doch durch die Erfolge ihrer Therapie hinlänglich bestätigt, ist nicht stichhaltig, da genau diese Erfolge bis heute nicht belegt werden konnten. Eysenck (1952c) hat als Erster durch eine systematische Literaturzusammenstellung abzuschätzen versucht, wie erfolgreich psychoanalytische Therapie ist. Er fand, dass 44–64% der langjährig behandelten Psychoanalysepatienten Besserungen ihrer Symptome zeigten, während 72% einer Gruppe von Patienten vergleichbare Besserungen aufwiesen, obwohl sie keine systematische Psychotherapie erhalten hatten. Fast ein Jahrzehnt nach dieser Veröffentlichung (Eysenck, 1961) stellte sich die Situation trotz besserer und umfangreicherer Daten nicht anders dar: Behandelte wie unbehandelte Personen zeigten in etwa die gleichen Verbesserungen psychischer Symptome; die *»spontane Remissionsrate«* wird durch die Rate der Verbesserungen bei therapierten Patienten nicht überschritten. Ähnliche Ergebnisse wurden auch von Bergin (1966) und von Malan (1973, siehe auch Rachman, 1974) berichtet. Auch Rachmann und Wilson (1980) kommen nach einer kritischen Sichtung jüngeren Materials zu dem Schluss, dass es keinen Grund gibt, die von Eysenck genannten Zahlen zu revidieren. Strupp, Hadley und Gomes-Schwartz (1977) weisen darauf hin, dass es sogar beträchtliche Evidenzen für nachteilige Wirkungen der psychoanalytischen Therapie gibt.

Aufschlussreich ist eine Meta-Analyse (Matt, 1987) von 76 deutschsprachigen, kontrollierten Psychotherapieeffektstudien aus den Jahren 1971 bis 1982, die insgesamt 85 auswertbare Behandlungsvergleiche umfasst. Um die Behandlungserfolge vergleichbar zu machen, wurde das folgende Maß der Effektstärke (ES) einer Therapie definiert: ES ergibt sich aus der Mittelwertsdifferenz (im jeweils verwendeten Messinstrument) zwischen Therapie- und Kontrollgruppe nach Beendigung der Therapie, dividiert durch die Standardabweichung dieses Messinstrumentes. Die Ergebnisse der Studie zeigen nicht nur, dass nach wie vor ein Mangel an kontrollierten Studien zur Effektivität psychoanalytischer Therapien besteht, sondern auch, dass die analytisch orientierten Verfahren (zusammen mit den klientenzentrierten) die geringste Wirksamkeit aufweisen: Aus den sieben (von 85) Studien zu psychoanalytischen Therapieformen ergab sich ein Effektstärkenmaß für diese Therapieformen von ES = .32 und für klientenzentrierte Verfahren (22 Studien) von ES = .25. Im Vergleich dazu war das Effektstärkenmaß für Verhaltenstherapien unterschiedlichster Art (45 Studien) ES = .50.

Die Eindeutigkeit solcher Befunde ist vielfach in Frage gestellt worden (Bergin, 1971; Kiesler, 1966; Mears & Gatchel, 1979; Rosenzweig, 1954). Es wurden auch für die Psychoanalyse positive Ergebnisse berichtet (Sloane, Staples, Yorkston, Cristol & Whipple, 1974; Staples, Sloane, Whipple, Cristol & Yorkston, 1976; Marshall, 1980). Eine ausführliche Dokumentation und Diskussion der Problemlage findet man in Grawe, Donati und Bernauer (1994; siehe auch Deutsche Gesellschaft für Psychologie, 1992). Nach allem scheint unbekannt zu sein, was – wenn schon Effekte der Therapie bestehen sollten – denn solche Effekte bedingt (Korchin, 1976; Luborsky & Spence, 1978): Wenn dies aber nicht klar ist, können vorhandene Therapieeffekte nicht als empirische Stütze für das psychoanalytische Lehrgebäude herangezogen werden.

Experimentelle Überprüfung psychoanalytischer Hypothesen

Über klinische Beobachtungen und Erfahrungen hinausgehend, gibt es heute eine große Zahl empirischer und auch experimenteller Untersuchungen im engeren Sinne, die spezielle Hypothesen aus der Psychoanalyse gezielt zu überprüfen versuchten. Sehr oft wurden die Ergebnisse solcher Untersuchungen als Belege für die Richtigkeit Freud'scher Hypothesen an gesehen. Es kann hier nicht annähernd versucht werden, einen Überblick über die empirischen Kontrolluntersuchungen zu Freud'schen Thesen zu geben (siehe dazu Kline, 1972; Kiener, 1978) oder auch nur auf neuere Schwerpunktforschungen zu diesem Themenbereich einzugehen (siehe dazu Masling, 1983). Vielmehr soll an einigen ausgewählten klassischen Untersuchungen (Brody, 1972, p. 254–280; Eysenck & Wilson, 1973; Gatchel & Mears, 1982, p. 130–154) illustriert werden, wie schwierig es ist, empirische Untersuchungen zu psychoanalytischen Annahmen mit der notwendigen internen und externen Validität zu planen (ein sehr gelungenes neueres Beispiel einer experimentellen Untersuchnug einer ganz zentralen psychoanalytischen Annahme, nämlich der des Ödipuskomplexes, ist das Buch »Der Untergang des Ödipuskomplexes« von Roos und Greve, 1996, in dem gezeigt wird, dass sich die Ödipus-Konflikt-Theorie empirisch nicht fundieren lässt).

In einer Studie von Goldman-Eisler (1948) sollte die Hypothese geprüft werden, dass geringe Triebbefriedigung in der oralen Phase durch zu kurze Stillperioden (weniger als 5 Monate) zu oraler Fixierung und damit zu einem oral-pessimistischen Charakter (Pessimismus, Passivität, Zurückgezogenheit und verbaler Aggressivität) führe, während lange Stilldauer (länger als 5 Monate) oral-optimistische Charaktere (Optimismus, Lebensfreude, Geselligkeit, Fürsorglichkeit) hervorbrächte. An 100 Erwachsenen wurden Selbstbeurteilungen auf 19 Skalen zur Erfassung des Oralcharakters erhoben. Die Mütter dieser Personen wurden über die Stilldauer befragt. Es zeigte sich, dass jene Versuchspersonen, die weniger als 5 Monate gestillt worden waren, zu oral-pessimistischen Charakterzügen neigten, während länger Gestillte oralen Optimismus zeigten. Die Autorin interpretiert ihr Ergebnis als Beleg für die Richtigkeit der Fixierungshypothese der Psychoanalyse, eine Interpretation, die sich auch in Lehrbüchern wiederfindet (Pervin, 1970). Sie mag richtig sein, gestützt wird sie durch die Untersuchung allerdings nicht, denn es sind eine ganze Fülle von Unterschieden zwischen lange stillenden und kürzer stillenden Müttern denkbar und wahrscheinlich, sodass die Charakterunterschiede bei den Versuchspersonen mit gleicher Wahrscheinlichkeit auf andere Bedingungen als die Stilldauer zurückgeführt werden können: So mag es sein, dass länger stillende Mütter allgemein mehr Zuwendung zum Kind zeigen, ein besonders positives Emotionalklima schaffen und mehr Förderung realisieren, was alleine zur entsprechenden Charakterentwicklung beitragen könnte, ohne dass das Ausmaß oraler Befriedigung eine Rolle dabei spielt. Aber selbst wenn es diese Unterschiede zwischen länger und kürzer stillenden Müttern nicht gäbe, bliebe völlig offen, ob es die Stilldauer ist, die Einfluss auf die Charakterentwicklung hat und nicht vielleicht das Ausmaß an Körperkontakt, der nichts mit oraler Befriedigung zu tun hat. Diese letztgenannte Interpretation legen zum Beispiel die Untersuchungen von Harlow (1958) an Affenkindern nahe, in denen demonstriert wurde, dass der Körperkontakt zu Mutterattrappen größeren Einfluss auf die emotionale Entwicklung der Affenkinder hatte als die Funktion des Stillens.

Die fehlende interne Validität der Goldman-Eisler-Untersuchung für die psychoanalytische Fixierungshypothese ist charakteristisch für Quasi-Experimente und Ex-postfacto-Untersuchungen (s. 7.6), die wegen ihrer wenig eindeutigen Interpretierbarkeit nur unzulängliche Belege für Bedingungshypothesen liefern können. Dabei wurde die externe Validität der verwendeten Variablenoperationalisierungen (Beurteilungsskalen zum oralen Charakter, Befragung der Mutter nach der Stilldauer) hier noch gar nicht in Frage gestellt (s. auch O'Dell, 1980).

Dass für die Beurteilung der Aussagekraft experimenteller Untersuchungen oft gerade die externe Validität der Variablenoperationalisierungen ein kritisches Problem darstellt, verdeutlicht eine Untersuchung zur Freud'schen Kastrationsangsthypothese. Nach ihr entwickelt der Knabe im 4. oder 5. Lebensjahr im Anschluss an die Behinderungen und Bedrohungen des Interesses an der eigenen Sexualität und des sexuellen Interesses an seiner Mutter die Angst, seine Sexualorgane zu verlieren. Diese Kastrationsangst kann mehr oder weniger stark entstehen. Sie wird im Verlaufe der weiteren Entwicklung ins Unbewusste verdrängt. Sarnoff und Corwin (1959) wollten die Hypothese experimentell überprüfen, dass bei Männern mit starker verdrängter Kastrationsangst durch sexuelle Reize diese unbewusste Kastrationsangst aktiviert wird und sich auf bewusstes Erleben auswirkt. Sie wählten das Ausmaß an »Todesangst« als Beispiel dafür.
Drei Konstrukte werden in der Untersuchung angesprochen: Die Organismusvariable »unbewusste Kastrationsangst« und die Reizvariable »sexuelle Stimulation« als unabhängige Variablen sowie die Veränderung (als Differenzmaß) in »Todesangst« von vorexperimentellen zu nachexperimentellen Werten als abhängige Variable.
Die unbewusste Kastrationsangst wurde mit Hilfe einer Karte aus einem projektiven Test (s. 10.1), dem »Blacky-Test« (Blum, 1949), erfasst. Der Versuchsperson wurde die Karte vorgelegt, auf der zwei Hunde dargestellt sind. Der eine Hund hat verbundene Augen. Über ihm ist ein Messer zu sehen, das ihm den Schwanz abzuschneiden droht. Der andere Hund beobachtet den ersten. Außerdem wurden der Versuchsperson mehrere Sätze vorgegeben, die den Gefühlszustand des beobachtenden Hundes beschreiben könnten. Die Versuchsperson sollte jene Sätze auswählen, die ihr zutreffend erschienen. Versuchspersonen, die dem beob-

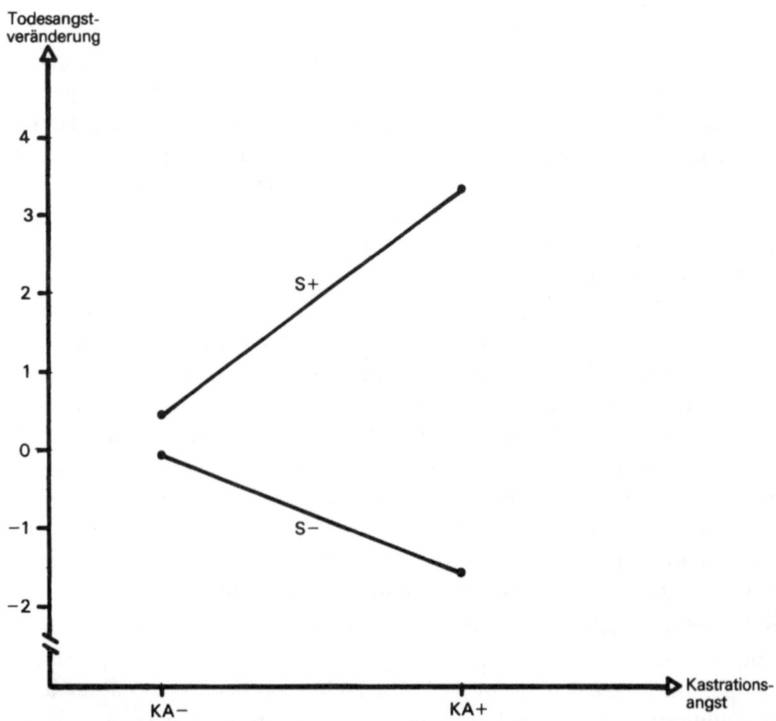

Abb. 17.1: Todesangstveränderung in Abhängigkeit von Kastrationsangst (KA) und sexueller Stimulation (S – versus S +) (nach Sarnoff & Corvin, 1959, S. 381).

achtenden Hund auf diese Art starke Erregung über seine Beobachtung zuschrieben, wurden als hoch in Kastrationsangst angesehen (KA +), bei der Wahl neutraler Sätze wurde niedrige Kastrationsangst (KA –) angenommen.
Die sexuelle Stimulation erfolgte über die Darbietung von Bildern nackter Frauen (S +), einer Kontrollgruppe wurden Bilder bekleideter Frauen (S–) gezeigt.
Die Todesangst erfasste man mit einem Fragebogen vor und nach der Bilderdarbietung. Er beinhaltete fünf Feststellungen wie »Ich mache mir beim Autofahren Gedanken über den Tod« oder »Ich bin verstört, wenn ich denke, wie kurz das Leben ist«. Die Versuchspersonen hatten auf sechsstufigen Skalen anzugeben, wie sehr die Feststellungen auf sie zutrafen.
Abb. 17.1 zeigt das Ergebnis der Untersuchung. Danach erhöht sich bei KA + Personen in der S + Bedingung die Todesangst im Schnitt um 3.36 Testpunkte, das ist signifikant mehr als bei den KA – Personen in derselben Bedingung (Zunahme um 0.45 Testpunkte), während in der S – Bedingung die Testwerte eher abnahmen (– 1.11 für KA +, – 0.05 für KA – Differenz nicht signifikant). Die Autoren interpretieren das Ergebnis als Stütze für die Kastrationsangsttheorie von Freud. In einer umfangreichen Monographie über empirische Untersuchungen zu Hypothesen aus der psychoanalytischen Theorie Freuds stellt Kline (1972) zu der Untersuchung von Sarnoff und Corwin (1959) fest, dass sie nicht anders interpretiert werden kann als im Rahmen der Freud'schen Kastrationsangsttheorie.
Die Frage, wie weit dies richtig ist, entspricht der Frage nach der externen Validität der Untersuchung. Man wird die Antwort auf diese Fragen hier vor allem davon abhängig machen müssen, für wie valide man die Operationalisierungen der drei Variablen in der Untersuchung hält. Wird das, was die verwendeten Tests messen, durch die intendierten Konstrukte am plausibelsten beschrieben? Manipuliert die Variable »nackte versus bekleidete Frauen« tatsächlich das Ausmaß sexueller Stimulation?
Eysenck und Wilson (1973) haben in einer ausführlichen Diskussion zu einigen von Kline (1972) referierten empirischen Untersuchungen Freud'scher Hypothesen gezeigt, dass die von den jeweiligen Autoren gegebenen Interpretationen und damit die externen Validitäten dieser Untersuchungen doch sehr in Frage gestellt werden können.
So könnte der »Blacky-Test« ebenso gut allgemeine Ängstlichkeit erfassen, der Todesangstfragebogen möglicherweise nur die Tendenz, vorgelegten Feststellungen zuzustimmen (»Akquieszenz«, s. 9.4.3 c), da alle fünf Feststellungen so formuliert waren, dass Zustimmung als Aussage im Sinne hoher Todesangst aufgefasst wurde. Die experimentelle Variation der dargebotenen Bilder (nackte versus bekleidete Frauen) schließlich beeinflusste vielleicht gar nicht so sehr das Ausmaß an sexueller Stimulation als vielmehr die Art, wie die Versuchspersonen die Situation erlebten, eher formell und steif (S –) oder informell, entspannt (S +).
Interpretiert man die beteiligten Variablen in diesem Sinne, bedeutet das Ergebnis in Abb. 17.1 lediglich Folgendes:
Ängstliche Personen (KA +) stimmen in informellen, entspannten Situationen (S +) vorgelegten Feststellungen eher zu als nichtängstliche (KA –) und als Personen in formelleren Situationen (S –).
Aber selbst, wenn man die beteiligten Variablen so interpretiert wie die Autoren, mit dem Unterschied, dass der »Blacky-Test« die durchaus bewusste und natürliche Sorge um das eigene Genitale anspricht und so etwas wie das Interesse an der eigenen Sexualität erfasst, ließe sich das Ergebnis von Sarnoff und Corwin recht plausibel so interpretieren: Der erhöhte Todesangst-Wert bei sexuell Interessierten (KA +) nach dem Betrachten nackter Frauen (S +) bedeutet, dass die Bilder bei diesen Männern die Lebensfreude und das sexuelle Interesse erhöht haben, was mit der Erinnerung an den Tod interferiert und ihn düsterer erscheinen lässt, als wenn diese Lebensfreude nicht angesprochen wird (S -) oder kein Interesse an ihr besteht (KA –).

Wie schwierig die experimentelle Überprüfung Freud'scher Konzepte ist, demonstriert Brody (1972, p. 254–280) sehr anschaulich am Beispiel des Begriffes des »Unbewussten«. Er fordert von einem Phänomen, das einen Beleg für *die Existenz des »Unbewussten«* darstellen soll, die Demonstration, »dass ein externer Reiz oder ein interner Zustand, die nicht bewusst wahrgenommen werden, aber bewusst wahrgenommen werden könnten, Einfluss auf das Verhalten haben, der anders ist als er wäre, wenn der externe Reiz oder interne Zustand wahrgenommen würden« (p. 254, Übers. v. d. Verf.). Brody analysiert eine Reihe von Untersuchungen, die oft als Belege für das »Unbewusste« zitiert werden, ob sie den genannten Forderungen gerecht werden. Er zeigt, dass das Phänomen der verbalen Konditionierung das »Unbewusste« hinreichend demonstrieren würde, wenn Versuchspersonen jene Klasse von Wörtern, die vom Versuchsleiter z. B. durch Kopfnicken verstärkt werden, ohne dass dies den Versuchspersonen bewusst wird, immer häufiger gebrauchten als am Beginn des Experimentes. Die von Brody analysierten Untersuchungen (Greenspoon, 1955; DeNike, 1964; Spielberger & De Nike, 1966) legen allerdings nahe, dass ohne bewusstes Erkennen des Verstärkungsplanes des Versuchsleiters verbale Konditionierung gar nicht auftritt. In einer Untersuchung (Dixon & Oakes, 1965) jedoch schien verbale Konditionierung auch ohne Erkennen des Verstärkungsplanes vorzukommen, allerdings so, dass sich Versuchspersonen, die den Verstärkungsplan durchschauten, im Ausmaß der Konditionierung nicht unterschieden von denen, die den Plan nicht durchschauten. Damit würde auch diese Untersuchung der aufgestellten Forderung unterschiedlicher Wirkung bewusster und unbewusster Reize nicht gerecht werden.

Eine generelle Schwierigkeit der Demonstration des Unbewussten wird an diesen Beispielen sehr klar, nämlich, dass das Kriterium, ob ein Reiz unbewusst geblieben ist oder nicht, oft nur durch den Verbalbericht der Versuchsperson definiert ist. Aus diesem Grunde sind auch *Experimente zur Wirkung der Hypnose* und von posthypnotischen Aufträgen (Orne & Evans, 1965; Orne, Sheehan & Evans, 1968; Bowers, 1966) keine Belege für das »Unbewusste«, weil unklar bleibt, wie weit hypnotische und posthypnotische Aufträge von Versuchspersonen tatsächlich unbewusst waren oder sie dies nur so berichteten, um der gegebenen Instruktion im Sinne der »demand characteristic« (s. 7.6.4 b) gerecht zu werden.

Barber und Calverley (1966; s. auch Barber, 1969b) konnten jedenfalls zeigen, dass die Instruktion, gelerntes Material zu vergessen, bei hypnotisierten wie nicht hypnotisierten Versuchspersonen zur Verringerung der Reproduktionsraten des Gelernten führte, obwohl alle Versuchspersonen das nicht reproduzierte Material, vermischt dargeboten mit anderem vergleichbaren Material, richtig wiedererkennen konnten. Dies legt nahe, dass die Suggestion einer posthypnotischen Amnesie (Suggestion, den posthypnotischen Auftrag zu vergessen) möglicherweise die Ehrlichkeit der Versuchspersonen beim Verbalbericht über die Bewusstheit des posthypnotischen Auftrages beeinflusst und die Versuchspersonen so im Sinne der von ihnen unterstellten Versuchsleitererwartung Unbewusstheit berichten, ohne dass sie gegeben war.

Die meisten experimentellen Untersuchungen zu psychoanalytischen Konzepten wurden zur *Verdrängungstheorie* Freuds angestellt. Viele dieser Experimente konnten demonstrieren, dass emotional negativ besetztes Lernmaterial schneller vergessen wird als neutrales Lernmaterial. So konnte Rosenzweig (1941) zeigen, dass die Erinnerungsleistungen bezüglich gelöster und ungelöster Aufgaben unter neutralen und unter angstauslösenden Bedingungen (Suggestion, dass das Lösen oder Nichtlösen der Aufgaben Rückschlüsse über die Versuchsperson ermögliche) die Verdrängungstheorie offenbar bestätigen: Während unter der neutralen Bedingung kein Unterschied in der Erinnerung an gelöste und ungelöste Aufgaben gefunden wurde, erinnerten die Versuchspersonen unter der Angstbedingung die ungelösten Aufgaben schlechter als die gelösten.

Ähnliche Ergebnisse erzielten auch Glucksberg und King (1967), die ihre Versuchspersonen lernen ließen, 10 sinnvolle Wörter (B-Wörter) auf 10 sinnlose Silben (A-Wörter) zu assoziieren, bis alle Assoziationen richtig gekonnt wurden. In einem zweiten Experiment mussten dieselben Versuchspersonen eine Liste von 10 sinnvollen Wörtern (D-Wörter) lernen, die zu den sinnvollen Wörtern (B-Wörter) des ersten Lernexperimentes eine indirekte Sinnverbindung hatten. Diese Sinnverbindung bestand in einem vermittelnden Wort (C-Wort), das aber in keinem der Experimente vorkam. Tabelle 17.2 gibt das Originalmaterial des Versuches wieder:

Tab. 17.2: Lernlisten (A- und B-Wörter) des ersten und (D-Wörter) des zweiten Lernexperimentes sowie die vermittelnden Wörter (C-Wörter), die in den Experimenten nicht vorkamen (aus Glucksberg & King, 1967, S. 518).

1. Lernexperiment		vermittelnde Wörter	2. Lernexperiment
A-Wörter	B-Wörter	C-Wörter	D-Wörter
cef	stem	flower	smell
dax	memory	mind	brain
yov	soldier	army	navy
vux	trouble	bad	good
wab	wish	want	need
gex	justice	peace	war
jid	thief	steal	take
zil	ocean	water	drink
laj	command	order	disorder
myv	fruit	apple	tree

Die Liste mit den D-Wörtern wurde so lange dargeboten, bis die Versuchspersonen richtig vorhersagen konnten, welche drei der 10 D-Wörter regelmäßig mit einem Elektroschock gemeinsam vorgegeben wurden (für jede Versuchsperson waren das andere drei Wörter). Danach wurde den Versuchspersonen noch einmal die Assoziationsaufgabe des 1. Lernexperimentes vorgegeben und registriert, welche B-Wörter sie noch richtig assoziieren konnten. Die Häufigkeit richtig genannter B-Wörter wurde getrennt für indirekt über die C- und D-Wörter schockassoziierten und nicht-schockassoziierten B-Wörter ausgewertet. Es zeigte sich, dass von den nicht-schockassoziierten B-Wörtern 6.3% vergessen wurden, von den schockassoziierten hingegen 29.2%. Ein Ergebnis, das im Sinne der Verdrängungstheorie interpretiert wurde.

Dass solche Interpretationen keine eindeutigen Belege dafür darstellen, dass derartige Ergebnisse mit der Verdrängungstheorie am besten erklärt werden, demonstrierte Holmes (1972, 1974): Er argumentiert, dass Verdrängung nur dort eine sinnvolle Erklärung darstelle, wo nur negativ-emotionale Assoziationen und nicht auch positiv-emotionale Assoziationen die Gedächtnisleistungen verschlechtern.

Um einen solchen differentiellen Effekt von negativ- und positiv-emotionalen Assoziationen zu untersuchen, bot Holmes seinen Versuchspersonen in einer 1. Phase seines Experimentes 40 Wörter je zweimal dar und stellte fest, wie viele davon behalten wurden. In der 2. Phase bekamen die Versuchspersonen die 10 Tafeln des Rorschach-Tests (s. 10.2) so vorgegeben, dass zu jeder Tafel jeweils 4 der 40 Wörter aus der 1. Phase mit vorgegeben wurden und die Versuchsperson jenes der vier Wörter anstreichen sollte, das zu der jeweiligen Rorschach-

Tafel ihrer Meinung nach am besten passte. Am Ende dieser 2. Phase sagte man einem zufällig ausgewählten Drittel aller Versuchspersonen, dass die Auswertung der Wortwahlen zu den Rorschach-Tafeln ein sehr negatives Persönlichkeitsbild der Versuchspersonen ergeben hätte (Ich-bedrohende Rückmeldung), einem anderen Drittel, dass sich ein sehr positives Persönlichkeitsbild ergeben hätte (Ich-erhöhende Rückmeldung), und dem letzten Drittel gab man eine neutrale Rückmeldung. Nach dieser Rückmeldung wurden die 40 Wörter ein zweites Mal abgefragt und für jede Versuchsperson die Differenz richtig erinnerter Wörter zur Anzahl richtig erinnerter Wörter in der 1. Phase bestimmt. Nachdem den Versuchspersonen gesagt wurde, dass die Rückmeldungen aus dem Rorschach-Test fingiert waren (3. Phase), wurden die 40 Wörter ein drittes Mal abgefragt und wieder die Differenz zur Leistung in der 1. Phase bestimmt.

Abbildung 17.2 zeigt diese Differenzmaße der Gedächtnisleistungen getrennt für die neutrale, Ich-erhöhende und Ich-bedrohende Rückmeldungsbedingung:

Abbildung 17.2 zeigt sehr deutlich, dass nicht nur die negativ-emotionale Assoziation mit dem Lernmaterial, sondern in ganz ähnlicher Weise auch eine positiv-emotionale Assoziation zur Reduktion der Gedächtnisleistung gegenüber der neutralen Rückmeldungsbedingung führt, was durch die Verdrängungstheorie nicht erklärt wird. Deshalb schlägt Holmes vor, die in solchen oder ähnlichen Experimenten gefundenen »Verdrängungseffekte« lieber als Ablenkungs- oder Interferenzeffekte zu interpretieren: Solange die Versuchsperson an die Rückmeldung, die negative wie die positive, glaubt, beschäftigt sie sich gedanklich mit dieser Rückmeldung, was mit der geforderten Reproduktionsleistung interferiert und sie so ver-

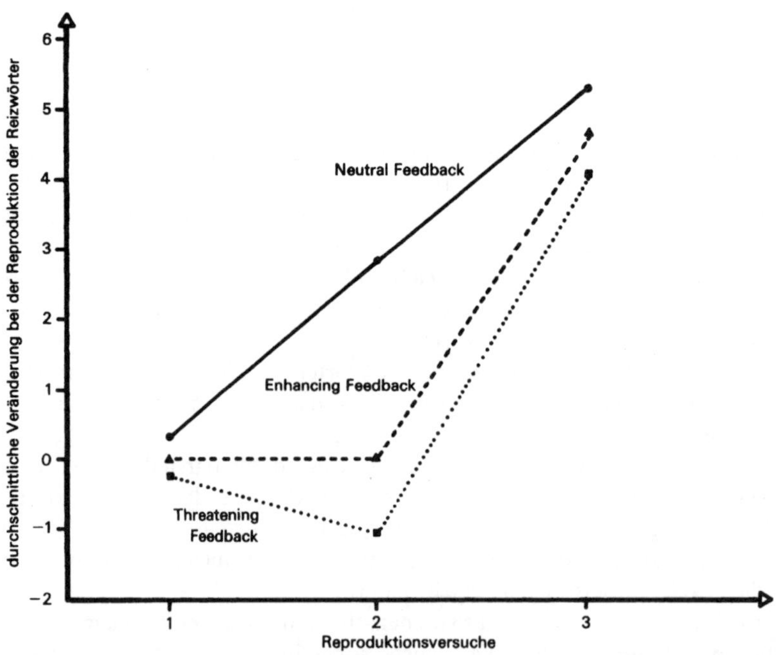

Abb. 17.2: Durchschnittliche Änderungen richtig reproduzierter Wörter in neutraler, Ich-erhöhender und Ich-bedrohender Rückmeldungsbedingung nach der Rückmeldung (2. Phase) und Aufhebung der Rückmeldung (3. Phase) im Vergleich zur Ausgangsleistung (1. Phase: Nulldifferenz) (nach Holmes, 1972, S. 166).

schlechtert. Ist diese Interferenz nach Rücknahme oder Rückmeldung aufgehoben, sind die Leistungen in allen drei Gruppen wieder in etwa gleich.
Die dargestellten Beispiele haben verdeutlicht, wie schwer psychoanalytische Konzepte und Hypothesen empirisch sauber zu fundieren sind, sodass heute sehr oft andere Konzepte und Erklärungsansätze bevorzugt werden. Dies schmälert aber nicht das Verdienst der Psychoanalyse, zu einer Fülle von persönlichkeitspsychologischen Konzeptbildungen und Forschungsansätzen angeregt zu haben, von denen in den folgenden Abschnitten Beispiele gegeben werden.

17.2 Das Persönlichkeitsmerkmal »Repression versus Sensitization«

17.2.1 Umschreibung des Konstruktes

In diesem Abschnitt soll ein Persönlichkeitsmerkmal besprochen werden, das als kontinuierlich variierendes Merkmal aufgefasst wird und durch die Bezeichnung der beiden Extreme mit den englischsprachigen Begriffen »Repression« und »Sensitization« umschrieben wird. Mit diesen beiden Polen des Merkmales »Repression versus Sensitization« (im Folgenden einfach R-S genannt) werden zwei als einander entgegengesetzt aufgefasste Arten bezeichnet, mit angstauslösenden Reizen oder Situationen fertig zu werden.
Die theoretischen Vorstellungen über die beiden Arten der Angstverarbeitung stammen aus der Psychoanalyse und beziehen sich auf die dort als Abwehrmechanismen bezeichneten Ich-Funktionen zur Angstbewältigung (s. oben 17.1.3, Tab. 17.1).
Nach psychoanalytischer Vorstellung besteht eine Möglichkeit mit Angstsituationen umzugehen darin, die angstauslösenden Reize nicht zur Kenntnis zu nehmen, sie abzuwehren, zu verleugnen und angstauslösende Situationen zu vermeiden. Dieser Angstverarbeitungsmechanismus entspricht dem Pol der *»Repression«* des R-S-Merkmales. Eine Person, die auf dem R-S-Kontinuum in der Nähe dieses Poles zu lokalisieren wäre, wird auf Englisch *»Repressor«* genannt (Herrmann, 1976, verwendet die Termini »Vermeider« und »Abwehrer«, wir wollen die eingedeutschte Form »Represser« verwenden). Represser wären demnach Personen, die im weitesten Sinne angstauslösende, also peinliche, konfliktgeladene, bedrohliche, allgemein emotional negativ assoziierte Reize oder Situationen möglichst nicht zur Kenntnis nehmen oder zu vermeiden suchen.
Die andere Möglichkeit, mit emotional negativ assoziierten Reizen und Situationen umzugehen – entsprechend der Theorie –, mit der damit verbundenen Angst fertig zu werden, besteht offenbar darin, sich diesen Reizen und Situationen besonders zuzuwenden, ihnen verstärkt Aufmerksamkeit zu widmen, sich ihnen gegenüber besonders empfänglich und sensibilisiert zu verhalten. Diese Möglichkeit entspricht dem Pol der *»Sensitization«* des R-S-Kontinuums. Personen in der Nähe dieses Poles werden *»Sensitizer«*genannt (Herrmann, 1976: »Zuwender« oder »Sensibilisierer«).
Die beiden Mechanismen der Repression und der Sensitization umfassen die verschiedenen freudschen Abwehrmechanismen, die von Charles Eriksen (1950) in seiner Dissertation an der Stanford-Universität erstmals nach ihrer Ähnlichkeit gruppiert wurden. Gordon (1957) führte im Anschluss daran die Begriffe »repressor« und »sensitizer« ein. Die Zuordnung der Freud'schen Abwehrmechanismen kann nach Krohne (1974, S. 239; 1975, S. 58) wie folgt geschehen:

Repression:	*Sensitization:*
Verdrängung	Isolierung
Verleugnung	Intellektualisierung
Reaktionsbildung	Kompensation
Verschiebung	Depression (Selbstaggression)
Sublimierung	Projektion
Identifikation (Reaktion im Sinne sozialer Erwünschtheit)	Fantasien und Tagträume
Rationalisierung	Zwangsneurotische Reaktionen
Psychosomatische Störungen	

Das Persönlichkeitsmerkmal »Repression versus Sensitization« stellt ein deskriptives Persönlichkeitskonstrukt dar. Es soll Personen danach beschreiben, in welchem Ausmaß oder mit welcher Wahrscheinlichkeit sie – gesehen über viele Situationen – mit emotional belastenden Situationen dadurch fertig zu werden suchen, dass sie sich mit den Gegebenheiten dieser Situation besonders beschäftigen (Sensitization) oder sie zu vermeiden suchen (Repression).
Eine mittlere Ausprägung des R-S-Merkmales würde demnach bedeuten, dass bei einer entsprechenden Person beide Strategien ungefähr gleich häufig vorkommen.

17.2.2 Die Entwicklung des R-S-Konstruktes

Die Konzeptualisierung einer Dimension verschiedener Angstbewältigungsstrategien resultierte in den Vierzigerjahren aus der damaligen Wahrnehmungsforschung zum »new look in perception«. Dieser bestand in der Entdeckung, dass Wahrnehmungsprozesse als adaptives Verhalten aufgefasst werden müssen und nicht nur als rein sensorische, neurale Abläufe. So fand man, dass Bedürfnisse, Einstellungen und Wertungen der wahrnehmenden Person in Form von Selektionsprozessen, Akzentuierungen und der Fixierung früherer Wahrnehmungen eine bedeutende Rolle spielen (Bruner & Postman, 1947a). Eine Forschergruppe an der Harvard Universität beschäftigte sich in diesem Zusammenhang mit der Untersuchung des so genannten »*perceptual-defense*«-Phänomens (Wahrnehmungsabwehr), der Beobachtung nämlich, dass emotional besetzte Wörter wie Tabuwörter (Penis, Hure u. dgl.) oder angstassoziierte Wörter (Raub, Tod u. dgl.) höhere Erkennungsschwellen im tachistoskopischen Wahrnehmungsversuch hatten als neutrale Wörter gleicher Länge und Vorkommenshäufigkeit: In einem derartigen Versuch (s. z. B. McGinnies, 1949, dargestellt in Mischel, 1976, p. 418ff.) werden die emotionalen und neutralen Wörter in einer Zufallsreihenfolge den Versuchspersonen mit sehr kurzen Darbietungszeiten (beginnend bei ca. 0.1 sec) im so genannten Tachistoskop vorgegeben und die Darbietungszeiten von einem zum nächsten Durchgang jeweils erhöht. Festgestellt wird, bei welcher Darbietungszeit die Versuchsperson das dargebotene Wort zum ersten Mal richtig nennen kann.
In einer Untersuchung zu diesem Phänomenbereich stellten Bruner und Postman (1947b) fest, dass es in ihrer Versuchspersonenstichprobe nicht nur Personen gab, die das bekannte »perceptual defense«-Phänomen zeigten: Für diese stiegen die Erkennungszeiten im Tachistoskop mit zunehmender Emotionalität der Reizwörter an, nachdem für jede Versuchsperson aus insgesamt 99 Wörtern mit Hilfe des Jung'schen Assoziationsversuchs (s. dazu Hiltmann, 1964) die sechs mit der längsten Assoziationszeit als emotionale Reizwörter, sechs mit mittlerer und weitere sechs mit der kürzesten Assoziationszeit 14 Tage vor dem Tachistoskopversuch ausgesucht worden waren.

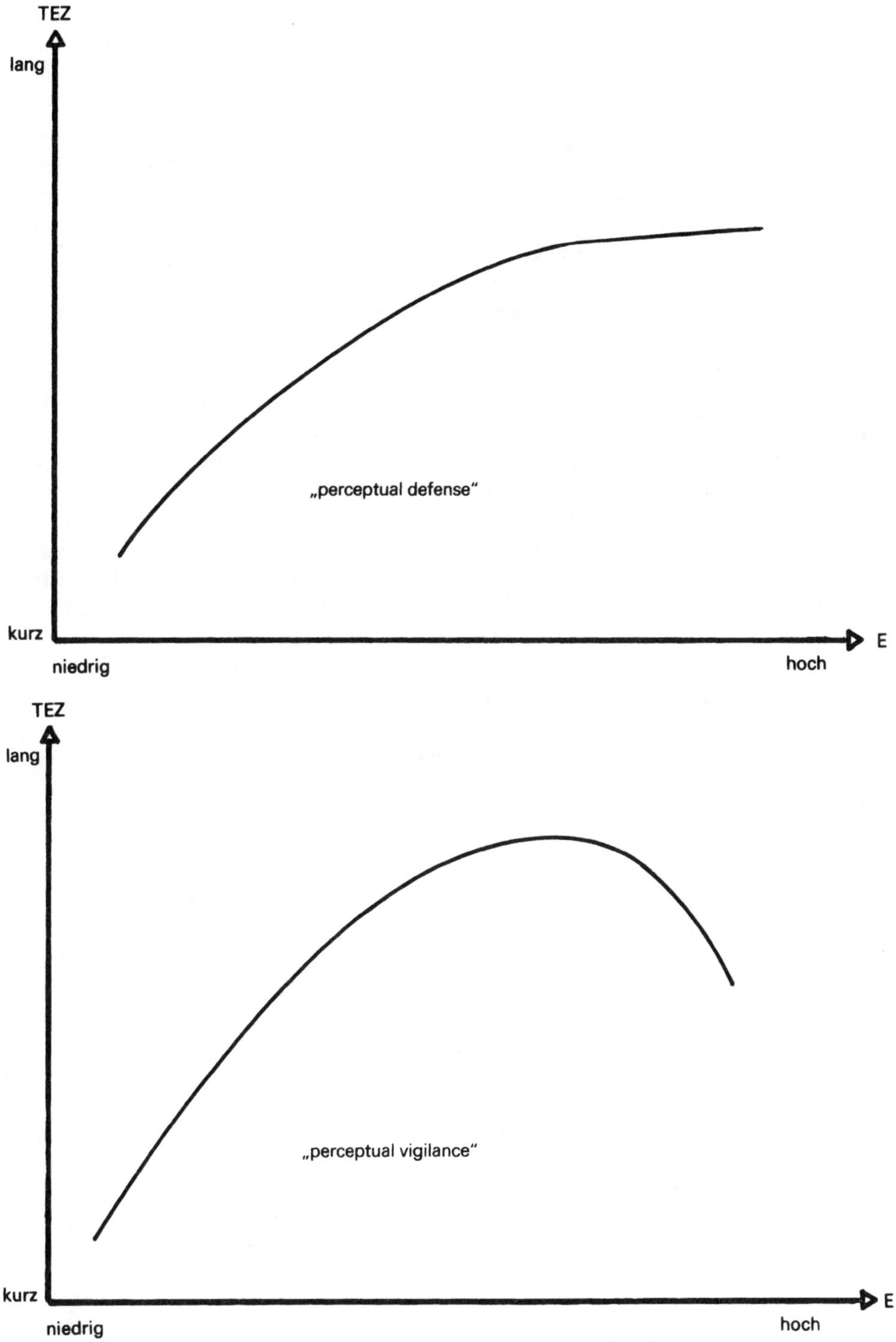

Abb. 17.3 a + b: Schematisierter Zusammmenhang zwischen dem Ausmaß (negativer) Emotionalität E von Reizwörtern und ihren tachistoskopischen Erkennungszeiten TEZ (nach Bruner & Postman, 1947b, S. 77).

Ein anderer Teil völlig vergleichbar behandelter Versuchspersonen zeigte das gegenteilige Ergebnis im Tachistoskopversuch: Für diese Versuchspersonen war die tachistoskopische Erkennungszeit für die emotionalsten Reizwörter (mit der längsten Assoziationszeit) kürzer als für die Wörter mit mittlerer Assoziationszeit, sie zeigten statt »perceptual defense« das, was in anderem Zusammenhang »perceptual vigilance« genannt wurde, also bessere Erkennungsleistungen (bereits bei kürzeren Expositionszeiten). Das Phänomen der »perceptual vigilance« war bis dahin nur für besonders interessante, bedürfnisrelevante, wertvoll erscheinende Reize bekannt gewesen (Bruner & Goodman, 1947; Postman, Bruner & McGinnies, 1948) und nicht für angstbesetzte Reize.
Abb. 17.3 gibt die beiden von Bruner und Postman (1947b) gefundenen Zusammenhangsformen zwischen der Emotionalität der Reizwörter und den tachistoskopischen Erkennungszeiten für diese Reizwörter in schematisierter Weise wieder.
In den Fünfzigerjahren verbreitete sich die »perceptual-defense«-Forschung sehr stark. Es wurden die verschiedensten visuellen und auditiven Reize verwendet, deren Wahrnehmbarkeit auf unterschiedlichste Art erschwert wurde (durch tachistoskopische Exposition, schwache Beleuchtung, Geräuschmaskierung u. dgl. m.). In vielen dieser Untersuchungen fand man ähnliche interindividuelle Wahrnehmungsunterschiede wie in der Bruner-Postman-Studie; außerdem wurden diese systematisch auf interindividuelle Unterschiede in anderen Bereichen bezogen (s. dazu Byrne, 1964a, S. 171ff.): Die Versuchspersonen wurden nach verschiedenen Methoden (mit projektiven Tests, s. dazu 10.1, durch klinisch-psychologische Beurteilungen, mit Hilfe von Fragebogen oder bestimmten Gedächtnisleistungen für emotionales und neutrales Material) in Gruppen eingeteilt, von denen für angstassoziierte Wörter »perceptual defense« bzw. »perceptual vigilance« gegenüber neutralen Wörtern erwartet wurde. In den meisten Untersuchungen konnte diese Erwartung bestätigt werden.
Obwohl die allgemeinpsychologische Forschung zum »perceptual-defense«-Problem wegen methodologischer und interpretativer Schwierigkeiten an Bedeutung verlor und kaum noch weitergeführt wurde (Blum, 1955; Eriksen, 1954a, b; Goldiamond, 1958), entwickelte sich aus der differentialpsychologischen Betrachtung dieses Phänomens die über viele Jahre aktuelle Forschung zum Konstrukt »Repression versus Sensitization« (Byrne, 1964a; Bell & Byrne, 1978). Die allgemeinpsychologische Forschung zum »perceptual-defense«-Phänomen führte im Verlauf der Fünfzigerjahre zu heftigen Kontroversen darüber, ob es sich bei diesem Phänomen tatsächlich um unterschwellige, vorbewusste Wahrnehmungs- und Abwehrprozesse handelt oder um bewusst gesteuerte Reaktionsverfälschungen oder Methodenartefakte (Blum, 1955; Brown, 1961; Eriksen, 1954a, b, 1960; Goldiamond, 1958).
Unabhängig von verschiedenen neueren Forschungsansätzen zum »perceptual-defense«-Problem und zu anderen vorbewussten Informationsverarbeitungsprozessen (zusammengefasst bei Dixon, 1981, siehe auch Lazarus-Mainka & Rose, 1980), die heute nahe zu legen scheinen, dass unterschwellige, vorbewusste »Wahrnehmungsprozesse« tatsächlich angenommen werden müssen, entwickelte sich Anfang der Sechzigerjahre aus der differentialpsychologischen Betrachtung der ursprünglichen »perceptual-defense«-Forschung die Beschäftigung mit dem Persönlichkeitskonstrukt »Repression versus Sensitization«, das mit seinen Erweiterungen bis heute beforscht wird (Bell & Byrne, 1978; Byrne, 1964a; Krohne, 1975, 1978, 1996b, c; Krohne & Rogner, 1982).

17.2.3 Die Messung des R-S-Konstruktes

Zunächst lag es nahe, das R-S-Konstrukt experimentell über das »perceptual-defense«-Phänomen selbst zu erfassen. Doch zeigte sich, dass dafür die Reliabilität zu gering war (Byrne &

Holcomb, 1962). Es folgten mehrere Versuche, aus Items bzw. Unterskalen des MMPI (s. 9.4.1) ein Maß für das R-S-Konstrukt zu definieren, das Represser und Sensitizer diskriminieren sollte, die mit Hilfe klinischer Fallgeschichten unterschieden wurden (Ullmann, 1962). Auch aus mehreren MMPI-Unterskalen zusammengesetzte R-S-Maße wurden entwickelt: Dabei sollten hohe Lügenwerte, defensive Selbstdarstellung und hysteroide Symptome Repression anzeigen, wohingegen Depression, Psychasthenie und Angst Sensitization repräsentieren sollten (Altrocchi, Parsons & Dickoff, 1960). Eriksen (1954a, 1954b) fasste als Erster die Antworten auf Items verschiedener Unterskalen des MMPI zu einem einzigen Score zusammen, wodurch R-S konzeptuell als eindimensionales, bipolares Konstrukt festgelegt wurde. In der Folgezeit wurde eine Vielzahl von MMPI-Skalen und Skalenkombinationen zur Erfassung dieses Persönlichkeitsmerkmals vorgeschlagen (siehe dazu Byrne, 1964a; Krohne, 1996b). Diese Skalen wiesen jedoch einige psychometrische Unzulänglichkeiten auf (mehrfaches Vorkommen und mehrfache, zum Teil widersprüchliche Auswertung von Items). Byrne (1961) überarbeitete deshalb diese Skalen und vermied ihre Mängel. Die resultierende R-S-Skala wurde einer statistischen Itemanalyse unterzogen und von weniger geeigneten Items bereinigt (Byrne, Barry & Nelson, 1963: Jedes Item musste in zwei unabhängigen Versuchspersonenstichproben hoch signifikant mit dem Testpunktwert der R-S-Skala korrelieren). Diese endgültige R-S-Skala umfasste 127 Items und zeigte eine Retest-Reliabilität (3 Monate Retest-Intervall) von $r_{tt} = .82$ sowie eine Interne Konsistenz von $r_{tt} = .94$.
Erste Validierungsstudien der neuen revidierten R-S-Skala (Byrne, Barry & Nelson, 1963) zeigten, dass diese R-S-Skala die psychiatrisch und klinisch-psychologisch erwarteten Symptome von Repressern und Sensitizern so erfasste, wie das von Klinikern erwartet würde (Tempone, 1964a). In einer experimentellen Studie konnte Carroll (1972) zeigen, dass mit der R-S-Skala diagnostizierte Represser im Vergleich zu Sensitizern weniger gut verbale Beschreibungen von unangenehmen visuellen Vorlagen geben konnten. Represser vermeiden es offenbar, belastendes Reizmaterial wie zum Beispiel einen Film über Unfälle in der Industrie (Haley, 1974) genauer zu betrachten, während Sensitizer kein solches Vermeidungsverhalten zeigen. Weitere Validierungsstudien konnten mit wenigen Ausnahmen (Van Egeren, 1968) auch den differentiellen Effekt für Represser und Sensitizer in »perceptual-defense«-Experimenten wiederfinden, wie er nach dem Bruner-Postman-Experiment zu erwarten war (Hutt, 1965; Tempone, 1964b; Schill & Althoff, 1968).
Es liegt auch eine deutsche Bearbeitung der R-S-Skala vor (Krohne, 1974). Ihr liegt die revidierte R-S-Skala von Byrne, Barry und Nelson (1963) zugrunde, und sie umfasst 106 der 127 Items in der Übersetzung des MMPI-Saarbrücken von Spreen (1963, s. dazu 9.4.1).
Einen Eindruck vom Inhalt der R-S-Skala vermittelt die folgende Zusammenfassung der 106 Items zu 16 Themengruppen (Tab. 17.3):

Tab. 17.3: Themengruppen der 106 Items aus der deutschen Form der R-S-Skala. Sensitizer geben die genannten Verhaltensweisen und -auffälligkeiten in stärkerem Maße an als Represser (nach Krohne, 1974, S. 245).

Schüchternheit	Zugeben von Fehlern
Mangelndes Selbstvertrauen	Abhängigkeit
Körperliche Symptome	Depression
Sorgen um den Verstand	Negatives Selbstbild
Müdigkeit	Angst und Sorge
Stimmungslabilität	Misstrauen
Ruhelosigkeit	Bizarres, zwanghaftes Denken und Handeln
	Soziale Sensibilität

Tab. 17.4: Unterschiede zwischen Repressern und Sensitizern (Extremgruppen, gebildet mit der deutschen R-S-Skala) in verschiedenen Tests und experimentellen Variablen (nach Krohne, 1974, S. 252).

Sensitizer zeigen höhere Werte in folgenden Variablen:
Subjektive Ungewissheit bei komplexen Entscheidungen
Differenziertheit von Fremdbeurteilungen
Differenziertheit der Selbstbeurteilung
Ängstlichkeitstestwerte
Emotionale Labilität
Leistungsminderung durch Angst
Zugeben von Aggressionsakten
Dominanz
Schilderung der eigenen Person als missmutig, selbstunsicher, reizbar, gehemmt
Selbstkritik

Represser zeigen höhere Werte in folgenden Variablen:
Positive Valenz der Selbstbeurteilung
Beurteilungskonformität mit einer Bezugsgruppe
Tendenz zum Reagieren im Sinne sozialer Erwünschtheit
Ableugnen eigener Schwächen
Schilderung der eigenen Person als kontaktfreudig, gut gelaunt, ruhig, selbstbewusst, aktiv und frei von körperlichen Beschwerden
Leistungsförderung durch Angst

Auch für die deutsche Form liegen befriedigende Reliabilitätsschätzungen vor: Die Retest-Reliabilität beträgt (vier Wochen Retest-Intervall) $r_{tt} = .83$, die Interne Konsistenz $r_{tt} = .94$ (Krohne, 1974).
Als Validitätshinweise konnte Krohne (1974) eine Reihe von Unterschieden in Tests und in experimentellen Variablen zwischen extremeren Gruppen von Repressern und Sensitizern aufzeigen, über die Tab. 17.4 im Überblick informiert.
Kein Unterschied zwischen Repressern und Sensitizern ergab sich in einem Intelligenztest (Intelligenz-Struktur-Test von Amthauer, 1953) sowie in Tests der Feldabhängigkeit (s. dazu 20.2).
Das Vorliegen eines reliablen, objektiv auswertbaren und ökonomisch durchführbaren Tests zum R-S-Konstrukt hat eine Vielzahl empirischer Untersuchungen zu weiteren Unterschieden zwischen Repressern und Sensitizern angeregt, von denen im Folgenden exemplarisch einige aufgeführt werden sollen.

17.2.4 Unterschiede zwischen Repressern und Sensitizern

Neben den im Rahmen der Darstellung der R-S-Skalenentwicklung bereits aufgezeigten Unterschieden zwischen Repressern Sensitizern im Bereich der emotionalen Angepasstheit, der Selbst- und Fremdbeurteilung, der Ängstlichkeit und in anderen Persönlichkeitsbereichen wie z. B. der Aggressivität sowie im Wahrnehmungsbereich (»perceptual defense« versus »perceptual vigilance« bezüglich angstassoziierter Reize) sind eine Fülle weiterer Verhaltensbereiche untersucht worden, für die Erwartungen über Unterschiede zwischen Repressern und Sensitizern aus dem R-S-Konstrukt abgeleitet wurden (s. dazu Bell & Byrne, 1978; Byrne, 1964a; Krohne, 1974, 1975, 1996b, c). Auf einige dieser Forschungsbereiche zum R-S-Konstrukt soll im Folgenden eingegangen werden.

a) Physiologische Reagibilität

Emotionale Reaktionen auf bedrohliche Reize gehen einher mit messbaren physiologischen Erregungsprozessen wie gesteigerter Herz- und Atmungsfrequenz, erhöhtem Blutdruck und gesteigerter Hautleitfähigkeit. Aus dem R-S-Konstrukt könnte man ableiten, dass Sensitizer wegen ihrer geringeren Abwehrhaltung gegenüber bedrohlichen Reizen auf diese stärkere physiologische Reaktionen zeigen als Represser. Erstaunlicherweise legen einige Untersuchungen das Gegenteil nahe, obwohl in diesen das R-S-Konstrukt nicht direkt gemessen wurde (Lazarus & Alfert, 1964; Schachter & Latane, 1964; Valins, 1967). Doch auch bei Verwendung der R-S-Skala fand man stärkere physiologische Reaktionen auf Stressreize bei Repressern. So informierte z. B. Hare (1966) in einer Untersuchung seine Versuchspersonen darüber, dass sie immer dann einen Elektroschock über Fingerelektroden erhalten würden, wenn der Sekundenzeiger einer für sie sichtbaren Uhr die 30 sec-Marke erreichen würde. Während des Experimentes wurde die Hautleitfähigkeit der Versuchspersonen gemessen. Als Ergebnis zeigte sich, dass Versuchspersonen mit höheren R-S-Werten niedrigere Hautleitfähigkeit aufwiesen als Versuchspersonen mit niedrigen R-S-Werten. Sensitizer zeigten in dieser bedrohlichen Situation also weniger physiologische Reagibilität als Represser.
Scarpetti (1973) konnte in einem ähnlichen Experiment mit gleichen Ergebnissen zeigen, dass es bei Repressern auch länger dauerte, bis diese autonome Reaktion wieder gelöscht war, nachdem keine Elektroschocks mehr verabreicht wurden. Interessant an dieser Untersuchung ist auch, dass die subjektive Angst, gemessen über Fragebogen zur augenblicklich empfundenen Gefühlslage, bei den Repressern trotz der stärkeren physiologischen Reaktion geringer war als bei den Sensitizern.
Ähnliche inverse Beziehungen zwischen physiologischer und verbal berichteter Erregtheit infolge bedrohlicher Situationen fanden auch andere Autoren (Parsons, Fulgenzi & Edelberg, 1969; Weinstein, Averill, Opton & Lazarus, 1968; Otto & Bösel, 1978). Danach fühlten sich Represser trotz höherer physiologischer Reaktionen durch diese Situationen weniger subjektiv betroffen, während sich Sensitizer trotz relativ niedriger physiologischer Erregung subjektiv für sehr erregt hielten. Walschburger (1981) wies darauf hin, dass die Diskrepanz zwischen physiologischen und verbalen Angstindikatoren im Vergleich zwischen Repressern und Sensitizern als Hinweis für unterschiedliche Angstverarbeitungsmechanismen gewertet werden dürfen, allerdings nur dann, wenn sich Represser und Sensitizer nicht nur im verbalen (Fragebogen), sondern auch im physiologischen Indikator wirklich unterschieden. Dies ist jedoch bei Weinstein, Averill, Opton und Lazarus (1968) sowie bei Otto und Bösel (1978), die Differenzmaße zwischen physiologischen und verbalen Indikatoren auswerteten, nicht der Fall gewesen: Die unterschiedlichen Differenzmaße zwischen Repressern und Sensitizern resultierten aus unterschiedlichen verbalen Angstmaßen und nicht auch aus unterschiedlichen physiologischen Indikatoren, sodass diese beiden Untersuchungen keine Klärung der Frage bringen, ob Represser tatsächlich Angst verdrängen oder einfach nur weniger ängstlich sind (siehe dazu Asendorpf, Wallbott & Scherer, 1983 und unten 17.2.5).
Dass die Abwehr bestimmter Wahrnehmungen (so vielleicht auch des eigenen subjektiven Erregungszustandes) bei den Repressern gerade durch ihre Wahrnehmung des eigenen physiologischen Erregungszustandes determiniert sein könnte, legt eine interessante Studie von White und Wilkins (1973) nahe: Diese Autoren gaben ihren Versuchspersonen fingierte Rückmeldungen über ihren physiologischen Erregungszustand, während sie ihnen tachisto-

skopisch emotional neutrale Wörter darboten, um deren Erkennungszeiten zu bestimmen. Es ergab sich, dass Represser bei jenen Wörtern erhöhte Erkennungszeiten zeigten, die mit fingierten erhöhten physiologischen Erregungsrückmeldungen gekoppelt waren, während Sensitizer für diese Wörter eine Reduktion der Erkennungszeit aufwiesen, in beiden Fällen verglichen mit den Erkennungszeiten für jene Wörter, die nicht mit erhöhten sondern normalen physiologischen Erregungsrückmeldungen gekoppelt waren.
Trotz der Konsistenz der genannten Befunde gibt es hierzu auch widersprüchliche Ergebnisse (Baldwin, 1972; Pagano, 1973; Simal & Herr, 1970; Snortum & Wilding, 1971). Eine Erklärung dafür könnten die Ergebnisse einer sehr ausführlichen Studie zu diesem Themenbereich von Boucsein und Frye (1974) liefern, die zeigen konnten, dass der Zusammenhang zwischen physiologischer Reagibilität und dem R-S-Maß von situativen Bedingungen abhing, die vermutlich die Stärke des Stresserlebnisses beeinflussten. Sie fanden auch, dass nur in einem von mehreren physiologischen Indikatoren, nämlich in der Frequenz spontaner Hautwiderstandsänderungen, entsprechende Zusammenhänge mit dem R-S-Maß bestanden. Auch Epstein und Fenz (1967) sowie Stein (1971) fanden, dass nur unter extreme Angst auslösenden Bedingungen Represser höhere physiologische Reagibilität zeigen als Sensitizer. Bei weniger starken Angstbedingungen bestehen keine oder umgekehrte Beziehungen zwischen physiologischer Reagibilität und dem R-S-Merkmal (einen Überblick zu diesem Thema gibt Kohlmann, 1993).

b) Reaktionen auf sexuelle Reize

Viele Untersuchungen zum Konzept Repression-Sensitization beschäftigten sich mit individuellen Unterschieden in den Reaktionen auf sexuelle Reize, ausgehend von der Annahme, dass es sich dabei um bedrohliche Stimuli handelt, auf die Represser und Sensitizer folglich unterschiedlich reagieren müssten. Galbraith und Lieberman (1972) konnten die Hypothese bestätigen, dass bei zweideutigen Wörtern Assoziationen mit sexuellen Inhalten bei Sensitizern eher auftreten als bei Repressern. Sowohl unter neutralen als auch unter sexuell erregenden Bedingungen gaben Sensitizer häufiger sexuelle Assoziationen an.
In einer Folgeuntersuchung (Galbraith & Wynkoop, 1976) ergab sich zwar, dass der Unterschied der Assoziationsreaktionszeiten auf zweideutige Wörter (auf die einmal mit sexuellen, zum anderen mit asexuellen Assoziationen reagiert werden musste) für sexuelle und asexuelle Assoziationen bei Repressern und Sensitizern gleich groß war, doch zeigten Represser über alles etwas längere Reaktionszeiten als Sensitizer ($p(\alpha) = 0.08$).
Einen anderen Zugang wählten Byrne und Sheffield (1965), deren Versuchspersonen erotische Literaturstellen vorlesen mussten und anschließend gebeten wurden, ihre Gefühle, die sie dabei hatten, einzuschätzen. Es zeigte sich, dass Represser und Sensitizer gleichermaßen erregt waren, Represser diese Erregung jedoch eher mit negativen Gefühlen wie Abscheu in Verbindung brachten, während Sensitizer eher positive Gefühle verspürten.
Dass für den Zusammenhang zwischen dem R-S-Merkmal und den Reaktionen auf sexuelle Reize das Geschlecht der Versuchspersonen eine wesentliche Rolle spielt, darauf wurde öfter hingewiesen (Byrne & Lamberth, 1971). Danach scheint dieser Zusammenhang bei Frauen stärker zu sein als bei Männern. Der Grund hierfür ist wahrscheinlich, dass sexuelle Reize von Frauen allgemein stärker angstassoziiert erlebt werden als von Männern.
In die gleiche Richtung weist auch das Ergebnis einer Untersuchung von Burns und Tylor (1976), auf die im Kapitel 7.5.4 (s. Abb. 7.22) bereits hingewiesen wurde.
Die Autoren untersuchten die Frage, ob es Unterschiede gibt zwischen Repressern und Sensitizern bezüglich der Einschätzung des Humors von Zeichenwitzen mit sexuellen und mit neutralen Inhalten. Ausgehend von der Annahme, dass man die Pointe eines sexuellen Wit-

zes nur dann verstehen kann, wenn man den sexuellen Konnotationen Aufmerksamkeit schenkt, stellten sie die Hypothese auf, dass Represser sexuelle Witze weniger lustig finden als neutrale, Sensitizer hingegen, von denen erwartet wird, dass sie die sexuellen Inhalte eher beachten würden, sollten diese Witze lustiger finden als die neutralen.
Die 60 Versuchspersonen wurden ausgewählt aufgrund ihrer Werte in der R-S-Skala und in Represser und Sensitizer eingeteilt. Sie hatten die Aufgabe, sich selbst Bilder aus zwei verschiedenen Projektoren darzubieten und diese bezüglich ihres Humors auf einer 8-stufigen Ratingskala einzuschätzen. Der erste Projektor enthielt 40 neutrale, der zweite 20 neutrale und 20 sexuelle Zeichenwitze in gemischter Reihenfolge. Die Wahl der Versuchspersonen konnte dem Versuchsleiter durch entsprechend aufleuchtende Lämpchen mitgeteilt werden. Dadurch, dass die Versuchsperson selbst verantwortlich war für die Wahl, die sie traf, sollte gewährleistet werden, dass die sexuellen Witze auch wirklich Stressoren darstellten. Die Zeichenwitze waren zuvor von unabhängigen Beurteilern bezüglich ihres Humors und ihrer sexuellen Inhalte eingeschätzt worden. Es zeigten sich jene Ergebnisse, die bereits in Abb. 7.22 grafisch wiedergegeben wurden (s. S. 118).
Neben einem signifikanten Haupteffekt, dem zufolge neutrale Witze von allen Versuchspersonen als lustiger eingeschätzt wurden, zeigte sich die hier interessierende Wechselwirkung zwischen dem Merkmal R-S, der Art der Witze (neutral/sexuell) und dem Geschlecht der Versuchspersonen. Danach besteht der erwartete Unterschied zwischen den Beurteilungen sexueller und neutraler Witze nur bei Frauen: Sensitizer finden sexuelle Witze lustiger als Represser, was für die Männer aber nicht gilt. Dieses Ergebnis wird zum Teil darauf zurückgeführt, dass Männer mit den sexuellen Zeichenwitzen vertrauter gewesen sein dürften und dass sie diese deshalb als weniger bedrohlich erlebten als die weiblichen Versuchspersonen. Wie oben gesagt scheinen geschlechtsspezifische Unterschiede im Zusammenhang zwischen »Repression versus Sensitization« und der Reaktion auf sexuelle Reize allgemein gegeben zu sein.

c) Aufmerksamkeit gegenüber eigenen Krankheiten

Ob sich Represser und Sensitizer hinsichtlich ihrer allgemeinen physischen Gesundheit unterscheiden sollten, lässt sich aus dem R-S-Konstrukt nicht ableiten. Wohl aber darf erwartet werden, dass Sensitizer möglichen Krankheiten mehr Aufmerksamkeit schenken und deshalb möglicherweise auch mehr medizinische Versorgung in Anspruch nehmen.
Dieser Frage gingen Byrne, Steinberg und Schwartz (1968) nach. Sie gaben den R-S-Fragebogen zwei großen Stichproben von Studenten niedriger Semester vor, die darüber hinaus einen umfangreichen Gesundheitsfragebogen ausfüllen mussten. In diesem wurden sie nach der Häufigkeit somatischer und psychosomatischer Beschwerden und Krankheiten gefragt, sollten angeben, wie oft sie Medikamente zu sich nahmen und einen Arzt aufsuchten. Für jede dieser Fragen wurde getrennt in beiden Stichproben die Korrelation zu den R-S-Fragebogenwerten berechnet. Die in beiden Stichproben mindestens auf dem 5%-Signifikanzniveau bedeutsamen Korrelationen gibt Tab. 17.5 wieder.
Das Ergebnis zeigt zwar niedrige Korrelationen, die jedoch alle positiv sind. Danach berichten Sensitizer signifikant mehr Krankheiten als Represser.
Um der Frage nachzugehen, ob dies bedeutet, dass Sensitizer lediglich mehr Krankheiten zugeben als Represser, werteten die Autoren für einen Teil ihrer Stichprobe II Akten des Universitäts-Gesundheitszentrums aus und stellten fest, dass zumindest für die männlichen Studenten gilt, dass Sensitizer das Gesundheitszentrum tatsächlich öfter besuchten als Represser, während für Studentinnen die Differenz zwischen Repressern und Sensitizern nicht signifikant war.

Tab. 17.5: Korrelationen zwischen R-S-Fragebogenwerten und Angaben über Krankheiten (nach Byrne, Steinberg & Schwartz, 1968).

Variable	Korrelation mit R-S-Fragebogen	
	Stichprobe I	Stichprobe II
Spannungskopfschmerzen (Häufigkeit)	.30	.18
Erkältungen (Häufigkeit)	.20	.18
Übelkeit vor oder nach dem Essen		
Häufigkeit	.18	.12
Schwere	.17	.11
Emotionale Schwierigkeiten und Probleme		
Häufigkeit	.42	.18
Schwere	.35	.12
Herzklopfen (Häufigkeit)	.23	.15
Häufigkeit von Krankheiten	.35	.11
Häufigkeit von Unfällen	.34	.16
Häufigkeit von Arztbesuchen	.21	.13
Gesamtzahl psychosomatischer Beschwerden	.37	.11
Gesamtzahl von Beschwerden	.38	.12

Mit Hilfe von Unterlagen der Mayo-Klinik konnte in einer zweiten Studie (Schwartz, Krupp & Byrne, 1971) gezeigt werden, dass Patienten dieser Klinik unterschiedliche Wahrscheinlichkeiten für rein organische versus psychosomatische Erkrankungen in Abhängigkeit vom R-S-Merkmal hatten: Sensitizer wurden öfter wegen psychosomatischer, Represser öfter wegen organischer Krankheiten behandelt.
Dieser Befund stimmt überein mit einer Vielzahl von Untersuchungen, die zeigen, dass Sensitizer zu emotionaler Fehlangepasstheit neigen, was auch oben schon betont wurde. Widersprüchlich sind allerdings die Ergebnisse zu der Frage, ob auch extreme Represser bestimmtes Fehlanpassungsverhalten zeigen, sodass eine kurvilineare Beziehung zwischen dem R-S-Merkmal und Fehlanpassung angenommen werden muss (Literatur dazu bei Bell & Byrne, 1978).

d) Unterschiede im Elternhaus von Repressern und Sensitizern

In diesem Zusammenhang würde die Frage sehr interessieren, inwieweit erwachsene Represser und Sensitizer als Kinder unterschiedlichen Umweltbedingungen, vor allem im Elternhaus und durch verschiedene Erziehungsmaßnahmen, unterworfen waren. Hierzu liegen nur wenige Untersuchungen vor (Byrne, 1964b; Mehrbaum & Kazaoka 1967; Weinstock, 1967), die nahe legen, dass Represser vor allem in einem warmen, entspannten, ausgeglichenen und freundlichen Familienklima aufgewachsen sind. Sensitizer beschreiben ihre Familien hingegen eher als unterdrückend, belastend und distanziert, sie erfuhren mehr Kritik und waren öfter unglücklich.
Unklar bleibt aufgrund dieser Ergebnisse, ob diese Unterschiede im Elternhaus tatsächlich bestanden haben oder im Sinne unterschiedlicher Abwehrmechanismen von Repressern und Sensitizern nur verschieden erinnert oder berichtet werden.
Neben den hier dargestellten Forschungsbereichen bezüglich erwarteter Unterschiede zwischen Repressern und Sensitizern wurde eine große Zahl weiterer Bereiche untersucht, auf

die hier nicht näher eingegangen werden kann. Nur zwei sollen exemplarisch noch genannt sein: So hat man z. B. vermutet, dass es Unterschiede in Gedächtnisleistungen für angstassoziiertes Lernmaterial gibt (s. z. B. Markowitz, 1969) oder Unterschiede hinsichtlich der Inhalte und der Funktion von Träumen (s. z. B. Pivik & Foulkes, 1966). Die zum Teil positiven Ergebnisse zu diesen Hypothesen blieben jedoch nicht unwidersprochen (Bergquist, Lerwinsohn, Sue & Flippo, 1968; Foulkes, Pivik, Ahrens & Swanson, 1968; Pivik & Foulkes, 1968).
Zu den hier erwähnten und auch weiteren Zusammenhängen zwischen R-S auf der einen Seite und verschiedenen Verhaltensindikatoren auf der anderen Seite merkt Krohne (1996b) jedoch kritisch an, dass eine große Zahl von Studien keine oder nur schwache Assoziationen zwischen der R-S-Skala und bestimmten theoretisch relevanten Verhaltensindikatoren nachweisen konnten.

17.2.5 Kritik am »Repression-Sensitization«-Konstrukt

Unzweifelhaft hat die Formulierung des R-S-Konzeptes sowie die Entwicklung der R-S-Skala eine Fülle empirischer Forschung angeregt, die speziell aus der auf Freud zurückgehenden theoretischen Vorstellung unterschiedlicher Abwehrstrategien von Repressern und Sensitizern resultierte. Dabei wurden empirische Beziehungen entdeckt, die ohne diese theoretische Grundlage des Konstruktes kaum gesucht worden wären. Dies ist das Verdienst der Konzeptualisierung des R-S-Konstruktes.
Allerdings wird die Frage gestellt, ob gerade diese Konzeptualisierung auf dem Hintergrund der vorhandenen Daten die sinnvollste und ökonomischste ist. Auch angesichts der methodischen Schwierigkeiten und der empirischen Befunde aus Untersuchungen zu psychoanalytischen Konzepten allgemein, die oben (17.1) erläutert wurden, scheint diese Frage aktuell. So zieht Mischel (1976, p. 422 ff.) es vor, statt von Unterschieden in unbewussten Abwehrmechanismen lieber von individuellen Unterschieden in erlernten Verhaltensmustern zu sprechen, die für die Zuwendung zu oder Abkehr von angstbesetzten Reizen verantwortlich sind (s. auch Early & Kleinknecht, 1978).
Unwidersprochen scheint die Befundlage zu sein, dass die R-S-Skala mit allen Fragebogentests zur Ängstlichkeit, zur emotionalen Labilität oder zum Neurotizismus so hoch korreliert, wie das bei den bekannten Reliabilitäten überhaupt möglich ist. Dies wurde auch für deutschsprachige Tests gezeigt (Boucsein & Frye, 1974). Danach erhebt sich die Frage, ob das R-S-Konstrukt und die mit ihm verknüpften theoretischen Vorstellungen nicht durch theoretisch und empirisch zumindest gleich gut etablierte Konzepte zum Neurotizismus (s. 15.3.3) oder zur Ängstlichkeit (s. 17.3) ersetzt werden könnten (siehe dazu Krohne, 1996b, c).
Ein Fortschritt im wissenschaftlichen Bemühen um das Verständnis jener Phänomene, die mit den Begriffen Ängstlichkeit, emotionale Labilität, Neurotizismus und »Repression-Sensitization« umschrieben werden und verknüpft sind, könnte erwartet werden, wenn es gelänge, konkurrierende theoretische Vorstellungen aus diesen Bereichen gezielt in Entscheidungsexperimenten zu überprüfen mit dem Ziel, die weniger brauchbaren Konzepte zugunsten der empirisch besser bewährten aufzugeben. So könnte eine Integration der Forschungsbemühungen zu diesen verwandten Konzepten erreicht werden.
Einen ersten Schritt in diese Richtung haben Lazarus-Mainka, Bähr und Opitz (1981) versucht, die Sensitizer (die zugleich hoch Ängstliche waren) mit Repressern (die zugleich niedrig Ängstliche waren) hinsichtlich ihrer Reaktionen auf bedrohliche und entspannende Bildinhalte verglichen. Die Bildvorlagen (Dias) wurden der Hälfte der Versuchspersonen lange

(30 sec), der anderen Hälfte kurz (0.1 sec) dargeboten. Aus der Repression-Sensitization-Theorie leiteten die Autoren die Hypothese ab, dass Represser und Sensitizer sich in ihren Reaktionen auf bedrohliche Reize nicht unterscheiden dürften, wenn die Bildinhalte nur kurz dargeboten werden, da die entsprechenden Abwehrmechanismen so schnell nicht wirken könnten, wohl aber bei längerer Darbietungsdauer. Spiegelt die R-S-Skala jedoch nur Ängstlichkeitsunterschiede wider, müssten nach der Ängstlichkeitstheorie von Spielberger (1972c, siehe unten 17.3.3) Represser und Sensitizer sich auch bei kurzzeitiger Bilddarbietung in ihren Reaktionen auf bedrohliche Bildinhalte unterscheiden.
Die Autoren interpretieren ihre Ergebnisse als Stütze der R-S-Theorie und als im Widerspruch stehend mit Spielbergers Angsttheorie: Tatsächlich reagieren Sensitizer in der 30-Sekundenbedingung mit signifikant mehr negativen Assoziationen auf bedrohliche Bildinhalte als Represser, während der entsprechende Unterschied in der 0.1-Sekundenbedingung nicht signifikant wird. Auch im Ausmaß an unangenehmen Gefühlen als Reaktion auf die bedrohlichen Bilder, angezeigt durch die Länge des Druckes auf eine Taste, fanden sich signifikante Unterschiede zwischen Repressern (kurze Tastendruckzeiten) und Sensitizern (lange Tastendruckzeiten) nur in der 30-Sekundenbedingung und nicht in der 0.1-Sekundenbedingung.
So suggestiv diese Ergebnisse scheinbar für die R-S-Theorie sprechen, so wenig eindeutig sind sie jedoch: Das Hauptproblem der Interpretation dieser Ergebnisse liegt darin, dass die R-S-Theorie durch das Beibehalten der Nullhypothese (kein signifikanter Unterschied zwischen Repressern und Sensitizern) in der 0.1-Sekundenbedingung gestützt werden soll. Dies ist aus der Logik der klassischen Signifikanztests heraus jedoch unzulässig (die Richtigkeit der Nullhypothese ist ohne explizite Kontrolle des β-Fehlers prinzipiell nicht belegbar, siehe dazu oben Abschnitt 7.4).
Darüber hinaus drängt sich bei genauerer Betrachtung der Daten die Vermutung auf, dass die Unterschiede in den Reaktionen zwischen Repressern und Sensitizern in der 0.1-Sekundenbedingung möglicherweise nur deshalb kleiner sind als in der 30-Sekundenbedingung, weil das Ausmaß an Bedrohlichkeit in dieser kurzen Zeit kaum erkannt werden kann.
Das Hauptproblem in dem Versuch von Lazarus-Mainka, Bähr und Opitz (1981), zwischen theoretischen Vorstellungen zum R-S-Konstrukt und zur Ängstlichkeit im Sinne von Spielberger (1972c) zu trennen, liegt darin, dass die beiden Konstrukte bereits auf der Ebene ihrer empirischen Erfassung völlig konfundiert wurden, was von den Autoren mit der hohen Korrelation zwischen R-S-Skala und Ängstlichkeitsskalen begründet wurde.

17.2.6 Zweidimensionale Erfassung des »Repression-Sensitization«-Konstruktes

Will man annehmen, dass sowohl das R-S-Konstrukt wie das Ängstlichkeitskonstrukt sinnvolle Beschreibungsdimensionen im Persönlichkeitsbereich darstellen, so können niedrige Werte in der R-S-Skala sowohl aufgrund habitueller Verdrängungstendenzen ängstlicher Personen in bedrohenden Situationen als auch aufgrund niedriger Ängstlichkeit dieser Personen zustande kommen. In analoger Weise können hohe R-S-Skalenwerte sowohl habituelle Sensitivierungstendenzen für mäßig ängstliche Personen oder hohe Ängstlichkeit dieser Personen bedeuten. Daraus folgt – immer unter der Annahme, dass sowohl das R-S-Konstrukt wie das Ängstlichkeitskonstrukt sinnvolle, unterscheidbare theoretische Konstruktionen darstellen –, dass weder die R-S-Skala noch die herkömmlichen Fragebogentests zur Ängstlichkeit (siehe unten 17.3.2) valide (im Sinne diskriminanter Validität) sein können, da R-S und Ängstlichkeit damit immer nur konfundiert gemessen werden können.

Diese Problematik kann nur gelöst werden, wenn getrennte empirische Indikatoren für R-S und Ängstlichkeit verwendet werden. Krohne und Rogner (1985; Krohne, 1996b, c) sprechen daher auch von »Mehrvariablenansatz«. Asendorpf, Wallbott und Scherer (1983) schlugen vor, diese Trennung durch Verwendung einer Skala zur Messung defensiver Vermeidung negativer Affekte zusätzlich zu einer Ängstlichkeitsskala zu vollziehen: Aufgrund der vorliegenden Literatur (Crowne & Marlowe, 1960; Millham & Jacobson, 1978) halten sie die »Social Desirability Scale« (SDS) von Crowne und Marlowe (1960; deutsche Fassung von Lück & Timaeus, 1969; siehe dazu »Soziale Erwünschtheit« 9.4.3 b) für eine geeignete Skala zur Messung dieser Tendenz zur defensiven Vermeidung negativer Affekte. Demnach wird das R-S-Konstrukt neu operationalisiert: Represser sind danach Personen, die nicht nur niedrige Ängstlichkeitswerte in der R-S-Skala oder anderen Ängstlichkeitsfragebogen wie z. B. in der MAS von Taylor (1953, siehe dazu oben 9.4.1 und unten 17.3.2) aufweisen, sondern zusätzlich hohe Werte in der SDS haben. Niedrig Ängstliche lassen sich von Repressern durch die Kombination niedriger Ängstlichkeitswerte mit niedrigen SDS-Werten unterscheiden.

Entsprechend wird eine Unterscheidung in Defensiv-Hochängstliche (hohe Ängstlichkeits- und hohe SDS-Werte) und Hochängstliche (hohe Ängstlichkeits- und niedrige SDS-Werte) vorgeschlagen, wobei hier allerdings noch offen bleibt, ob und wie sich damit das Konzept des Sensitizers verknüpfen lässt. Diese Frage wird von Krohne und Rogner (1985) aufgegriffen. Sie konzeptualisieren Repression versus Sensitization als zwei mögliche Formen der Angstbewältigung. In Anlehnung an Asendorpf, Wallbott und Scherer (1983) unterscheiden sie Ängstlichkeit und Angstleugnung als interindividuell variierende Merkmale, wobei Letzteres ebenfalls über die SDS von Crowne und Marlowe (1960) operationalisiert wird. In ihrem System werden vier Dispositionen der Angstbewältigung entsprechend der folgenden Einteilung unterschieden:

	Angstleugnung hoch	Angstleugnung niedrig
Ängstlichkeit niedrig	repressive Angstbewältigung	nichtdefensive Angstbewältigung
Ängstlichkeit hoch	erfolglose Angstbewältigung	sensitive Angstbewältigung

Represser sind danach Personen, die bei hoher Angstleugnung geringe Ängstlichkeit zeigen, während Sensitizer bei hoher Ängstlichkeit nur eine geringe Tendenz zur Angstleugnung aufweisen. Die nichtdefensive Angstbewältigung entspricht dabei den Niedrig-, die erfolglose Angstbewältigung den Hochängstlichen in dem Konzept von Asendorpf, Wallbott und Scherer (1983). Eine der Konzeption Krohnes und Rogners (1985) sehr ähnliche Typologie haben Weinberger und Schwartz (1990) vorgelegt, die Ausprägungen in den beiden Merkmalen »distress« (»negative Affektivität«) und »restraint« (»Affekthemmung«) gemeinsam betrachten.

Dass die oben genannte operationale Unterscheidung zwischen Repressern, Niedrigängstlichen und Hochängstlichen auch mit den theoretischen Vorstellungen zur Persönlichkeit des Repressers in empirischer Übereinstimmung steht, haben Asendorpf und Scherer (1983) in einem Experiment, das sich an Weinberger, Schwartz und Davidson (1979) anlehnt, demonstrieren können: Entsprechend den theoretischen Erwartungen fanden sie, dass Niedrigängstliche trotz mittelhoher verbal berichteter Ängstlichkeit in Angst auslösenden Situationen nur niedrig ausgeprägte physiologische Angstindikatoren (Herzrate) aufwiesen, während Represser im neudefinierten Sinne bei niedriger verbal berichteter Angst eine mittelhohe Herzrate zeigten. Hochängstliche hingegen hatten sowohl im verbalen wie im physiologischen Angstmaß hohe Werte in diesen Situationen. Weitere empirische Belege für die Theorierelevanz der Unterscheidung zwischen Repressern und Niedrigängstlichen mit Hilfe der genannten Operationalisierungen liefern Untersuchungen von Davis (1987) und Davis und Schwartz (1987), die zeigen konnten, dass nur Represser, nicht aber Niedrigängstliche eine verminderte Reproduktionsleistung für emotional negativ getönte Gedächtnisinhalte aufweisen, wenn sich diese Gedächtnisinhalte auf das eigene Erleben oder die eigene Person beziehen.

Krohne (1996b, c) bemängelt, dass bei der zweidimensionalen Erfassung von R-S offen bleibt, ob die beiden Klassifikationsvariablen für R-S (Ängstlichkeit und Soziale Erwünschtheit) additiv im Sinne von Haupteffekten oder nicht additiv in Form einer Wechselwirkung zusammenwirken.

17.2.7 Weiterentwicklung des »Repression-Sensitization«-Konstruktes: Differentialpsychologische Konstrukte der Angstbewältigung

Trotz der empirischen Hinweise auf die Bewährung der neuen Definition von Repression-Sensitization im Zweivariablenparadigma kritisieren Krohne und Mitarbeiter (Krohne, 1986, 1988, 1996b, c; Krohne, Wigand & Kiehl, 1985) die Messung der oben genannten Angstbewältigungsdispositionen mit herkömmlichen Persönlichkeitsfragebögen zur Ängstlichkeit auf der einen Seite und zur Defensivität (Angstleugnung, Soziale Erwünschtheit) auf der anderen Seite als zu global und zu wenig situationsbezogen und befürchten, dass mit Hilfe dieser Verfahren kaum Vorhersagen auf konkretes Verhalten und interindividuell unterschiedliche Bewältigungsstrategien (z. B. fluktuierend, flexibel) möglich sein würden. Es wird daher gefordert, interindividuelle Unterschiede im Bewältigungsverhalten im Rahmen neuerer, stärker kognitionspsychologisch ausgerichteter Theorien zu analysieren und entsprechende diagnostische Instrumente zu entwickeln (Krohne, 1996b, c).

Krohne selbst legt mit seinem Modell der Bewältigungsmodi (Krohne, 1986, 1989, 1993) einen Ansatz vor, der in diese Richtung weist. Das Modell befasst sich mit der Analyse von Prozessen der Aufmerksamkeitsausrichtung in bedrohlichen Situationen. Die zentralen Konstrukte »Vigilanz« und »kognitive Vermeidung« sind inhaltlich eng verwandt mit dem R-S-Konstrukt: Als »vigilant« werden Strategien bezeichnet, die auf eine verstärkte Aufnahme und Verarbeitung bedrohlicher Informationen abzielen, während »kognitive Vermeidung« der Abkehr von bedrohlichen Reizen entspricht. Eine Besonderheit von Krohnes Ansatz ist, dass diese beiden Konstrukte konzeptuell und operational als separate Persönlichkeitsdimensionen aufgefasst werden: Eine Person kann demnach beispielsweise sowohl vermehrt vigilante als auch vermeidende Strategien anwenden; diese schließen einander nicht aus. Das Modell der Bewältigungsmodi geht auch in anderer Hinsicht über verwandte Ansätze wie das R-S-Konzept oder ähnliche kognitiv ausgerichtete Modelle wie die »Monitoring-Blunting-Hypothese« von Miller und Mitarbeitern (Miller, 1989; Miller, Combs & Kruus, 1993) hinaus. Es wird nämlich versucht, die deskriptiven Konstrukte Vigilanz und kognitive Vermeidung auf eine explikative Basis zu beziehen: Nach den Annahmen des Modells gibt es zwei generelle Reaktionen, die Menschen in bedrohlichen Situationen zeigen, nämlich körperliche Erregung einerseits und das Erleben von Unsicherheit andererseits. Personen sollen sich nun dispositionell darin unterscheiden, ob sie die Erregung oder aber die Unsicherheit weniger ertragen können. Diese »Intoleranz gegenüber Erregung« beziehungsweise »Intoleranz gegenüber Unsicherheit« zieht Krohne als erklärende persönlichkeitspsychologische Konstrukte heran, die in folgender Weise mit den deskriptiven Konzepten verknüpft werden: Ist eine Person intolerant gegenüber Unsicherheit, jedoch recht unempfindlich gegenüber körperlicher Erregung, wird sie in bedrohlichen Situationen wahrscheinlich ein besonders aufmerksames, vigilantes Verhalten zeigen, um die Situation richtig einschätzen zu können. Eine solche Person wäre in der Terminologie des R-S-Konzeptes als »Sensitizer« zu bezeichnen. Kann jemand hingegen Unsicherheit recht gut ertragen, ist jedoch intolerant gegenüber Erregung, wird er versuchen, sich bedrohlichen Hinweisreizen gar nicht erst auszusetzen, um der Erregung, die eine Konfrontation mit ihnen bedeuten würde, zu entgehen. Er handelt kognitiv vermeidend, ist also ein »Represser«. Wieder anders wird eine Person vorgehen, die habituell weder Unsicherheit, noch körperliche Erregung gut ertragen kann. Sie kann sich zwischen vigilanten und vermeidenden Strategien im Umgang mit bedrohlichen Reizen nicht entscheiden, da beide für sie Nachteile bergen. Aus diesem Grunde wird sie wahllos zwischen vigilantem und vermeidenden Verhalten hin und her wechseln, was Krohne als »fluktuierendes Bewältigungsverhalten« bezeichnet. Dieses Verhalten kennzeichnet die »erfolglosen Bewältiger«, die wirklich ängstlichen Personen. Eine letzte Personengruppe ist nach den Vorstellungen des Modells relativ tolerant sowohl der Unsicherheit in angstauslösenden Situationen als auch körperlicher Erregung gegenüber. Diese Dispositionen ermöglichen es den betreffenden Individuen, sowohl vigilante, als auch vermeidende Strategien, je nach den Erfordernissen der aktuellen Situation, planvoll einzusetzen (denn beide Strategien können adaptiv sein). Ein solches Verhalten bezeichnet Krohne als »flexibles Bewältigungsverhalten«. Es wird von den »Nichtdefensiven«, den Nichtängstlichen eingesetzt.

Zur empirischen Erfassung dieser konsistenten (über Situationen hinweg stabilen) Angstbewältigungsdispositionen entwickelten Krohne und Mitarbeiter einen entsprechenden Fragebogen, den sie ABI (Angstbewältigungsinventar) nennen und den es in einer Form für Kinder (Krohne, Wigand & Kiehl, 1985) und in einer Form für Erwachsene gibt (Krohne, Kürsten & Hübel, 1987). Das ABI ist nach dem Prinzip der Situations-Reaktions-Inventare (Stimulus-Response-Inventar von z. B. Endler, Hunt & Rosenstein, 1962, s. dazu Kap. 17.3.3) aufgebaut: Für mehrere vorzustellende und gegebenenfalls eine bevorstehende reale Angstsituation (z. B.: »Wenn ich beim Zahnarzt im Wartezimmer sitze, dann . . .«) sollen jeweils 18 kognitive Bewältigungs-Reaktionen danach beurteilt werden, ob sie von der Versuchsperson in der jeweiligen Situation gezeigt würden. Von den 18 möglichen Reaktionen stellen neun vigilante, die anderen neun stellen kognitiv vermeidende Reaktionen dar (z. B.: ». . . macht mir das nichts aus.«). Diese beiden Tendenzen zu sensitiver und zu repressiver Angstbewältigung werden für jede vorgegebene Situation mit Hilfe der jeweils neun einschlägigen Antworten getrennt quantifiziert, sodass für jede Situation je ein Wert für vermeidende und für vigilante Angstbewältigungstendenzen resultiert. Die vier oben unterschiedenen Dispositionen zur Angstbewältigung lassen sich nun genauer definieren: Zunächst muss jede der beiden Tendenzen über die vorgegebenen Situationen hinweg ungefähr gleich stark sein, damit überhaupt eine Disposition zu einer Angstbewältigungsart vorliegt. Die jeweilige Angstbewältigungsart ergibt sich sodann aus der getrennten Betrachtung der Tendenzen zu vermeidender und zu vigilanter Angstbewältigung in folgender Weise (nach Krohne, 1986, S. 221):

	Tendenz zu vermeidender Angstbewältigung Situationen	Tendenz zu vigilanter Angstbewältigung Situationen
Angstbewältigungsart	1 2 3 4	1 2 3 4
nichtdefensiv (flexibel)	niedrig	niedrig
repressiv	hoch	niedrig
sensitiv	niedrig	hoch
erfolglos (fluktuierend)	hoch	hoch

Krohne (1986) konnte zeigen, dass diese theoretisch geforderten Reaktionsmuster tatsächlich gehäuft vorkommen, dass es darüber hinaus aber auch vereinzelt Personen gibt, die davon abweichen, also keine eindeutige Angstbewältigungsdisposition aufweisen. Erste Untersuchungen zur Zuverlässigkeit des ABI für Erwachsene und für physisch bedrohliche Situationen als Angstsituationen (Krohne, Rösch & Kürsten, 1989) erbrachten zufrieden stellende Werte der internen Konsistenz und Retest-Reliabilität. Hinweise zur Konstruktvalidität bestehen in der faktorenanalytisch gezeigten Unabhängigkeit zwischen der Tendenz zu vigilanten und der zu kognitiv vermeidenden Bewältigungsdispositionen: Über die Situationen gemittelte Werte für jede der 18 Reaktionen ergaben zwei orthogonale Faktoren, von denen der eine durch die neun vigilanten, der andere durch die neun vermeidenden Reaktionen geladen wurde. Das lässt die Bestimmung getrennter Summenwerte (summiert über die jeweils neun zusammengehörenden Reaktionen) als Maße für sensitive bzw. repressive Angstbewältigungstendenz berechtigt erscheinen. Krohne, Rösch und Kürsten (1989) fanden als weiteren Validitätshinweis zum ABI, dass die für jede einzelne Situation bestimmten Maße für die jeweils gleiche (vigilante bzw. vermeidende) Bewältigungstendenz untereinander relativ hoch (.40 bis .60) korrelierten. Wichtig ist weiterhin das Ergebnis, dass beide Maße für die Angstbewältigungsdispositionen nur sehr niedrig mit einem Maß für Ängstlichkeit (STAI von Laux, Glanzmann, Schaffner & Spielberger, 1981; s. Kap. 17.3.3) korrelierten.

Mit Hilfe des ABI ist es auch möglich, zwischen *Angstbewältigungsdispositionen,* die hier bisher alleine besprochen wurden, und *aktuellem* Angstbewältigungs*verhalten*, das sich auf *eine* konkret bevorstehende Situation bezieht, auf operationaler Ebene zu unterscheiden: Während Dispositionen durch Mittelung über die vorgestellten Situationen definiert werden, wird das aktuelle Angstbewältigungsverhalten durch die auf die eine aktuelle Angstsituation bezogenen Repression- und Sensitizationwerte definiert.

Diese Unterscheidung kann für die angewandte Forschung relevant sein. So fanden beispielsweise Krohne und Hindel (1988), dass der Erfolg von Spitzenspielern in kritischen Situationen im Tischtennis unter anderem mit einer niedrigen sensitiven Bewältigungs*disposition* zur selben Zeit, aber vermehrten aktuellen repressiven Angstbewältigungs*verhaltensweisen* einhergeht, die sich auf die spezielle Situation bezogen. Auch an Patienten, die vor einer Operation standen, zeigten dispositionelle wie aktuelle Angstbewältigungsstrategien in unterschiedlicher Weise Einflüsse auf verschiedene Arten von Stressreaktionen (Krohne, Kleemann, Hardt & Theisen, 1988).

Nach Krohne (1996b, c) entfernt sich die Forschung innerhalb der Tradition des R-S-Konstruktes insgesamt von der Betrachtung des ursprünglich eindimensional konzipierten, psychoanalytisch verankerten Konzepts. Die neueren Forschungsansätze und theoretischen Entwicklungen gehen eher hin zu einer allgemeineren, stärker kognitionspsychologischen

Betrachtung interindividueller Unterschiede im Bewältigungsverhalten generell. Ein Ziel ist es, diese Persönlichkeitsmerkmale auch auf wichtige anwendungsbezogene Fragestellungen vorwiegend im medizinisch-klinischen Bereich zu beziehen.

17.3 Ängstlichkeit

Im Unterschied zu vielen anderen Persönlichkeitsmerkmalen wie z. B. »Repression versus Sensitization« (siehe 17.2), »Kontrollüberzeugungen« (siehe 19.2.3) oder »Feldabhängigkeit« (siehe 20.2) scheint der Begriff »Ängstlichkeit« ohne psychologisches Fachwissen sofort verständlich zu sein: Es scheint klar zu sein, dass er unmittelbar mit dem Phänomen Angst zu tun hat, das ebenso jedermann bekannt ist und scheinbar keiner näheren begrifflichen Bestimmung bedarf.
Ganz im Gegensatz zu diesem ersten Eindruck lehrt die psychologische Fachliteratur, dass die psychologisch-wissenschaftliche Beschäftigung mit dem Phänomen der Angst und Ängstlichkeit in den letzten Jahrzehnten eine Vielzahl verschiedener theoretischer und empirischer Zugänge zu diesem Bereich gewählt hat und dass mit den Begriffen Angst, Ängstlichkeit und verwandten Bezeichnungen eine komplexe Vielfalt von Erlebnisweisen, Verhaltenskomponenten und äußeren Bedingungen angesprochen wird, die wissenschaftlich schwer zu integrieren ist.
Dabei ist die psychologische Angstforschung so umfangreich, dass sie kaum noch überblickt werden kann, und das Thema ein eigenes Lehrbuch rechtfertigen könnte. Bereits 1966 (Spielberger, 1966b) wurden die in den 14 Jahren zwischen 1950 und 1963 erschienenen Monographien und Zeitschriftenartikel zum Schlagwort »anxiety« auf 3 500 geschätzt. Nach einer von uns durchgeführten Recherche in der Datenbank PsychLit der American Psychological Association, die zwar die wichtigsten, aber nicht alle psychologischen Fachzeitschriften weltweit auswertet, sind in den 17 Jahren von 1982 bis 1999 alleine in den erfassten Zeitschriften (und nur in Zeitschriften, ohne Monographien und Beiträgen in Herausgeberwerken) 35 334 Publikationen zum Thema »anxiety« erfasst. Auch Laux und Glanzmann (1996) stellen fest, dass diese rege Forschungs- und Publikationstätigkeit zum Thema Angst und Ängstlichkeit unvermindert anhält und verweisen auf die Fülle von Monographien und Sammelwerken des letzten Jahrzehnts alleine aus dem nicht klinisch-psychologischen Bereich (z. B. Bedersdorfer, 1988; Booth-Butterfield, 1991; Krohne 1996c; Schwarzer, 1987; Schwenkmezger, 1985).
In dieser Situation kann hier nur ein grober Eindruck von der Vielfalt der Ansätze zur psychologischen Angstforschung vermittelt werden. Dies soll in Form einer knappen Übersicht im Folgenden geschehen. Danach wird auf einige differentialpsychologisch bedeutsame Forschungsbemühungen und -ergebnisse etwas näher eingegangen.

17.3.1 Die Vielfalt psychologischer Angstforschung

In einer groben Klassifizierung lässt sich die Vielfalt der psychologischen Bemühungen um den Phänomenbereich Angst in drei Gruppen unterteilen, die sich mehr oder weniger parallel zueinander entwickelten, wenn auch Ansätze der ersten Gruppe auf die der anderen besonders starke Einflüsse ausübten: Diese erste Gruppe kann als *klinisch-psychologische, angewandte Perspektive* bezeichnet werden, ihr wichtigster Repräsentant ist die Psychoanalyse Freuds mit ihren Angsttheorien und Ansätzen zur Therapie von Angstneurosen. Die zweite, recht heterogene Gruppe umfasst die *allgemeinpsychologisch-experimentellen Forschungsbemühungen,* von den ersten streng behavioristisch-lerntheoretisch orientierten Angstauffassungen bis hin zu den neueren kognitiven Theorien der Angst. Die dritte Gruppe schließlich wird von den *differentialpsychologischen Ansätzen* gebildet, die sich vor allem mit der Beschreibung und Messung von interindividuellen Unterschieden in der Angstneigung beschäftigen, zum Teil auch mit der Erklärung solcher Unterschiede.

a) Die klinisch-psychologische, angewandte Perspektive

Es ist unbestritten, dass die wohl wichtigsten Anstöße zur psychologisch-wissenschaftlichen Auseinandersetzung mit dem Phänomenbereich Angst aus dem Bereich der klinisch-psychologischen, angewandten Forschungsbemühungen kamen und dass unter diesen Bemühungen vor allem die Beobachtungen und Theorien Freuds (1895, 1926; siehe o. 17.1, speziell 17.1.3) den bis heute nachhaltigsten Einfluss auf die psychologische Angstforschung hatten (Fröhlich, 1965; Herrmann, 1976).
In welcher Weise Freud'sche Gedanken die nicht-klinisch-psychologische, nicht am pathologischen Einzelfall orientierte, sondern um Repräsentativität und psychometrische Exaktheit bemühte Differentielle Psychologie nachhaltig beeinflussten, wird beispielsweise deutlich an den faktorenanalytischen Arbeiten zur Ängstlichkeit von Cattell (siehe o. 15.2; besonders in Cattell & Scheier, 1961), auf die unten (17.3.3) noch eingegangen wird.
Dennoch ist die Einordnung des Themas Ängstlichkeit unter die psychodynamischen Persönlichkeitskonstrukte recht willkürlich und einseitig, allenfalls historisch gerechtfertigt. Ganz im Gegensatz zum Persönlichkeitsmerkmal »Repression versus Sensitization« (siehe 17.2), bei dem auch die neueste Forschung auf Freud'sche Hypothesen bezogen blieb, hat sich die empirische Forschung zur Angst von tiefenpsychologischen Vorstellungen wegentwickelt und immer mehr an verhaltenstheoretischen sowie kognitionspsychologischen Theorien orientiert, sodass unser Thema auch in diese Kategorien (Kapitel 19 »Verhaltenstheoretische Persönlichkeitskonstrukte« oder Kapitel 20 »Kognitive Persönlichkeitskonstrukte«) eingeordnet werden könnte, wenn auch ebenso willkürlich und einseitig. Kennzeichnend für die klinisch-psychologische, angewandte Perspektive der Beschäftigung mit Angst im Sinne Freuds und neuerer theoretischer Ansätze war die Orientierung am psychopathologischen Einzelfall. In dieser Tradition entstanden viele über Freud hinausgehende Angsttheorien (siehe z. B. Epstein, 1972, S. 292–302). So fasst Sullivan (1953) Angst als wahrgenommene Geringschätzung durch bedeutsame Personen auf, Goldstein (1939) als einen Zustand völliger Desorganisation und Desorientierung, den er »catastrophic reaction« nennt, Rogers (1951) als Bedrohung des Selbstkonzeptes oder May (1950) als Existenzbedrohung, während Mandler (1972; Mandler & Watson, 1966) den Zustand der Hilflosigkeit (helplessness) in den Vordergrund stellt.
Problematisch aus der Sicht einer empirischen Wissenschaft sind viele dieser Theorien nicht nur wegen ihrer Orientierung am therapeutischen Einzelfall, sondern auch wegen oft geringer Präzision ihrer Begriffe und fehlendem Bezug zu exakten Einzelbeobachtungen.

b) Die allgemeinpsychologisch-experimentelle Perspektive

Vor allem der Versuch, auf der Grundlage experimenteller oder anderer möglichst systematischer empirischer Untersuchungen zu Aussagen über Gesetzmäßigkeiten im Phänomenbereich Angst zu kommen, charakterisiert diese Perspektive, die inhaltlich sehr verschiedene

Orientierungen umfasst. Es sind dies vor allem unterschiedliche lerntheoretische Ansätze sowie neuere kognitionspsychologische Bemühungen.

Bei seinen Konditionierungsexperimenten mit Hunden entdeckte Pawlow (1927; siehe auch 6.2) ein Phänomen, das er »experimentelle Neurose« nannte und für ein Analogon menschlicher Angstzustände hielt: Um den Prozess des Diskriminationslernens zu erforschen, bot Pawlow nach erfolgter klassischer Konditionierung des Speichelreflexes auf eine Kreisvorlage als konditionierten Reiz seinen Versuchstieren elliptische Vorlagen gleicher Größe an. Die Tiere sollten zwischen Kreis und Ellipsen diskriminieren lernen. Ab einer bestimmten Ähnlichkeit zwischen Kreis und Ellipse versagten die Versuchstiere hinsichtlich ihrer Diskriminationsleistungen plötzlich und zeigten ein auffälliges Verhalten in Form von Beißen, Winseln, Unruhe und dem Versuch, sich aus der Versuchsapparatur zu befreien, eben die »experimentelle Neurose«. Ähnliche Beobachtungen konnten auch an Schafen gemacht werden (Liddell, 1944).

Unabhängig davon demonstrierten Watson und Rayner (1920) Entstehungsmechanismen von Angst: Sie induzierten bei dem 11 Monate alten kleinen Albert künstlich Furcht vor einer zahmen, zunächst neutralen, weißen Ratte, indem sie jedes Mal, wenn Albert die Ratte berührte, ein lautes Geräusch erzeugten. Bald zeigte Albert Furcht vor der Ratte. Diese hatte die Funktion eines konditionierten Angstreizes bekommen. Auch vor anderen ähnlichen Tieren und vor Pelzgegenständen zeigte Albert daraufhin Furcht (Generalisierung; siehe dazu auch Schorr, 1988, und die dort wiedergegebenen Aufnahmen vom Verhalten des Kindes).

Dass sich derartige Ängste auch wieder systematisch dekonditionieren lassen, zeigte Jones (1924) an einem dreijährigen Kind mit bestehender Furcht vor Ratten.

In welcher Weise moderne verhaltenstherapeutische Techniken auf diesen Prinzipien des klassischen Konditionierens aufbauen, haben Rizley und Reppucci (1974) in einer theoretischen Analyse gezeigt (siehe auch Birbaumer, 1977a).

Aber nicht erst die moderne Verhaltenstherapie versucht die ursprüngliche Kluft zwischen klinisch-psychologischen und experimentalpsychologischen Ansätzen der Angstforschung zu überbrücken. Bereits Mowrer (1939) war dies ein Anliegen. Er bemühte sich um eine Reinterpretation Freud'scher Konzepte mit Hilfe des Paradigmas der klassischen Konditionierung: Danach wäre Angst als eine innere Reaktion aufzufassen, die mit Hilfe der klassischen Konditionierung (1. Prozess) gelernt werden kann. Dies setzt voraus, dass angeborene Furchtreaktionen, zum Beispiel auf Schmerzreize oder überstarke sensorische Stimuli, mit zunächst neutralen Reizen zusammen mehrmals ausgelöst werden, bis die neutralen Reize alleine die Furchtreaktion oder ähnliche Reaktionen nach sich ziehen. Über instrumentelle Konditionierungsprozesse (2. Prozess) wird sodann eine Vermeidungsreaktion gelernt, sodass das Individuum über die Vermeidung des klassisch konditionierten Angstsignals mit seiner Angst umzugehen lernt (Zweiprozesstheorie, Mowrer, 1950, 1960; siehe auch Krohne, 1976).

Auch Dollard und Miller (1950) haben bestimmte Freud'sche Vorstellungen in lerntheoretische Konzepte übersetzt. Vor allem der Bedeutung von Konflikten für die Entstehung von Angstzuständen und Verhaltensstörungen haben sie ihr Augenmerk gewidmet. Konflikte entstehen dann, wenn mehrere, ungefähr gleich starke Verhaltenstendenzen vorhanden sind, die einander ausschließen, wie z. B. beim Annäherungs-Vermeidungskonflikt. Bei diesem wird ein Ziel sowohl angestrebt als auch gefürchtet, wie beispielsweise eine Prüfung, wodurch Angst entsteht, weil auf die wahrgenommenen Gefahrenreize des erstrebten Zieles nicht adäquat, etwa durch Flucht, reagiert werden kann. Dass diese »Reaktionsblockierung« als Angstauslöser fungiert, wurde unabhängig von Dollard und Miller auch von anderen Autoren betont (Epstein, 1972; Mandler, 1972; Mandler & Watson, 1966, siehe dazu Krohne, 1976).

So wie Mowrer (1950) betonen auch Dollard und Miller (1950), dass zunächst neutrale Reize per Konditionierung zu Angstreizen werden können, und in diesem Sinne Angst oder Furcht gelernt werden kann. Sie zeigen darüber hinaus, dass gelernte Furcht wie ein (»sekundäres« = erworbenes) Motiv wirkt, indem es sowohl bereits gelernte Verhaltensweisen wie Fluchtverhalten auslösen, als auch zum Erlernen neuer Verhaltensweisen führen kann. So lernten etwa Albinoratten sehr schnell, die Tür eines unterscheidbaren Käfigteils (konditionierter Reiz) zu öffnen, in dem sie zuvor oftmals Elektroschocks (unkonditionierter Reiz) erhalten hatten, um in den anderen nicht schockassoziierten Käfigteil zu fliehen, obwohl die Elektroschocks nicht mehr gegeben wurden. Dieses neu erlernte (instrumentell konditionierte) Verhalten (Türe öffnen) wurde in den 16 Prüfdurchgängen dieses Experimentes (Miller, 1948) immer schneller gezeigt. Es fand in diesem Sinne ein Lernfortschritt statt. Theoretisch gesehen wurde dieser durch die Bekräftigung erzielt, die aus der Vermeidung der (auf den entsprechenden Käfigteil) konditionierten Furchtreaktion bestand.

Derartige instrumentell konditionierte Vermeidungsreaktionen erklären auch vermutlich die vielfach berichtete hohe Löschungsresistenz von situationsspezifischen Angstreaktionen: So hatten die Ratten von Miller (1948) gar keine Möglichkeit, die inzwischen gegebene Harmlosigkeit des gefürchteten Käfigteiles zu erfahren, da sie spontan aus ihm in den anderen, immer schon harmlosen Käfigteil flüchteten (siehe dazu Krohne, 1976, S. 47ff).

Die Auffassung, dass Angst wie ein Motiv oder Trieb (»drive«) wirke, wurde in den Fünfziger- und Sechzigerjahren vor allem von K. W. Spence (1956, 1958, 1964) und Janet Taylor Spence (Taylor, 1956, 1958; Spence & Spence, 1966) vertreten und in empirischen Untersuchungen gestützt. Ihre theoretischen Überlegungen basieren auf der Lerntheorie Hulls (1943, 1952), aus der sie vor allem die Konzepte der »Habitstärke« H, der »Triebstärke« D (für »drive«) und des »Reaktionspotenzials« E (»excitatory potenzial«) übernahmen. Vereinfacht wiedergegeben besagt die Theorie, dass die Stärke einer gelernten Reaktion auf einen bestimmten Reiz, das Reaktionspotenzial, von dem Produkt aus der Habitstärke dieser Reaktion als dem Ausmaß, in dem die Reaktion bisher gelernt wurde, und dem allgemeinen Triebzustand des Individuums abhänge:

$E = f\ (H \times D)$.

In der Hull'schen Theorie steht D als allgemeiner Triebzustand (Triebstärke) für die Stärke eines das Verhalten energetisierenden Triebes, Motives oder Bedürfnisses und wird meist im Tierexperiment über die Dauer der Nahrungsdeprivation oder die Stärke eines schädigenden Reizes operationalisiert. Spence und Taylor waren nun der Auffassung, dass Ängstlichkeit als Persönlichkeitsmerkmal einen vergleichbaren allgemein motivationalen, energetisierenden Effekt habe. Sie folgerten aus dieser Annahme und der Hull'schen Gleichung $E = f\ (HxD)$, dass hochängstliche Personen (hoher D-Wert) in einfachen Lernaufgaben bessere Leistungen erbringen müssten als niedrigängstliche Personen (niedriger D-Wert): Bei einfachen Lernaufgaben gäbe es kaum konkurrierende Reaktionstendenzen zu den richtigen Reaktionen, sodass das größere Produkt HxD bei ängstlichen Personen zum stärkeren Reaktionspotenzial E führen müsste. Diese Hypothese wurde am Beispiel der klassischen Konditionierung des Lidschlagreflexes gut gestützt (zusammenfassend siehe Spence, 1964; Spence & Spence, 1966), auch mit anderen einfachen, zum Beispiel verbalen Lernaufgaben, konnten die erwarteten Zusammenhänge gefunden werden (siehe Krohne, 1976, S. 56ff.).

Für komplexere Lernaufgaben, bei denen es zu den richtigen Reaktionen konkurrierende Reaktionstendenzen gibt, erwarten Spence und Taylor, dass das höhere D der Ängstlichen vergleichsweise mehr falsche Reaktionstendenzen auslöst, sodass hier die Ängstlichen den Nichtängstlichen unterlegen sein müssten, zumindest solange die Aufgaben nicht gut gelernt sind (»Response Interference Hypothesis«, Spence & Spence, 1966). Auch diese Hypothese scheint empirisch gestützt zu sein, wenn auch nicht alle Untersuchungen mit ihr in Einklang stehen. Die Analyse widersprüchlicher Befunde legt jedoch nahe, dass es jene Untersuchungen sind, die die Hypothese nicht stützen, in denen keine oder nur wenig situative Angst ausgelöst wurde. So scheint Ängstlichkeit als Persönlichkeitsmerkmal die in der Spence-Taylor Theorie formulierte Triebcharakteristik nur dort aufzuweisen, wo situative Angstreize zum Tragen kommen. Die Ängstlichen wären demnach dadurch charakterisiert, dass diese Angstreize bei ihnen eher situative Angst und die mit ihr verknüpften motivationalen Zustände auslösen als bei den Nichtängstlichen (Krohne, 1976, S. 62f.).

Die Theorien und Untersuchungen, die in der Nachfolge von Pawlow und Watson, von Mowrer, Dollard, Miller und in gewissem Sinne auch von Spence und Taylor Beiträge zur allgemeinpsychologischen Angstforschung erbrachten, werden in neuerer Zeit immer mehr durch so genannte kognitive Theorien ergänzt oder abgelöst. Diese kritisieren den allzu mechanistischen Ansatz der behavioristischen Theorien und unterstellen, dass man dem Phänomenbereich der Angst nur durch kognitive Konzepte wie *Erwartungen* bestimmter Ereignisse oder Verhaltenskonsequenzen oder *Bewertungen* solcher Ereignisse gerecht werden kann.

So versucht beispielsweise Epstein (1967, 1972) in einem eklektischen Ansatz, Modelle der Konfliktforschung, wie die von Dollard und Miller (1950), physiologische Konzepte der Aktivierung und Erregung (arousal, siehe dazu auch 15.3.4) und kognitive Konzepte, wie vor allem das der Erwartung (expectancy), miteinander in einer Theorie zu verknüpfen. Nach Epstein entsteht Angst immer dann, wenn eine Furcht auslösende Gefahrensituation durch eine Fluchthandlung nicht gemieden werden kann (»Reaktionsblockierung«). Dies ist vor allem dann der Fall, wenn eine Bedrohung nicht genau erkannt werden kann (Stimulusunsicherheit) oder für eine erkannte Gefahr keine eindeutigen Reaktionsmöglichkeiten gefunden werden können (Reaktionsunsicherheit). Auch bei Verzögerung einer adäquaten Reaktion auf eine Bedrohung entsteht Angst (siehe oben bei Dollard & Miller). Angst ist immer von Erregungsprozessen begleitet, die von den Gefahrensignalen ausgelöst werden und das Individuum in die Lage versetzen sollen, sinnvoll zu reagieren. Bei wiederholter Konfrontation mit denselben Gefahrenreizen reduziert sich aufgrund von Gewöhnungsprozessen die ausgelöste Erregung. Die Gefahrenreize erhalten aber dadurch Hinweis-(cue-)funktionen, die *Erwartungen* beim Individuum wecken. Diese Erwartungen aufgrund solcher Hinweise auf eine Gefahr übernehmen nun die Auslösung von Erregungen. Werden diese Erregungszustände zu intensiv, dienen sie nicht mehr der Aufmerksamkeitssteigerung, sondern reduzieren die Aufmerksamkeit und produzieren unangenehme Erlebnisse. Diese führen zu *Abwehrreaktionen* im Sinne der *Hemmung von Erregung*. Die Erregungshemmung kann verhaltensmäßig-motorisch (z. B. durch Fluchtverhalten) oder durch kognitive Prozesse erreicht werden, wie durch selektive Wahrnehmung und einseitige Hypothesenbildung, durch Hemmung angstauslösender Reaktionen, wie z. B. durch Abbruch bestimmter Gedankengänge oder durch Ausübung von Handlungen, die mit Angst unvereinbar sind und dergleichen mehr (siehe dazu Krohne, 1976, S. 19f.). Je erfahrener ein Individuum mit bestimmten Gefahrensituationen und den dazugehörigen Hinweisreizen ist, umso besser und differenzierter gelingt ihm auch die Hemmung zu starker Erregung meist mit kognitiven Strategien (»moduliertes Angstkontrollsystem«), während Unerfahrene zunächst sehr starke Erregung und Angst erleben, die dann undifferenziert durch Flucht oder über physiologische Notfallreaktionen (z. B. Ohnmacht) oder höchstens mit sehr einfachen psychologischen Mechanismen (z. B. durch Verleugnung) möglichst vollständig reduziert wird. Epstein nennt dies ein unmoduliertes bzw. Alles-Oder-Nichts-Angstkontrollsystem, das auch im pathologischen Bereich, zum Beispiel bei Neurotikern, zu finden ist.

Da Individuen, die mit einer zeitlich-räumlichen Sequenz von Gefahrenreizen Erfahrung haben, über ihr moduliertes Angsthemmsystem ihre Erregung bei Annäherung an die Gefahr

mit differenzierten Hemmungsstrategien erfolgreich unter Kontrolle bringen können, wird bei ihnen der zeitliche Erregungsverlauf relativ niedrig sein und sein Maximum relativ früh auftreten, während bei Unerfahrenen ein relativ hohes Erregungsniveau in großer Nähe zur eigentlichen Gefahr erwartet werden muss.
Die Abbildungen 17.4 und 17.5 zeigen die Verläufe der Angstwerte (Selbsteinschätzungen) und der Atemfrequenzwerte als physiologischen Erregungsindikator von erfahrenen und unerfahrenen Fallschirmspringern aus zwei verschiedenen Untersuchungen im zeitlichen Verlauf vor einem Fallschirmabsprung.
Epstein (1967) interpretiert diese Erregungsverläufe auf dem Hintergrund seiner hier skizzierten kognitiven Theorie der Angst- und Erregungshemmung.
Eine der einflussreichsten kognitiven Theorien zum Bereich Angst stammt von Lazarus (1966, 1967, 1969, 1991) und Mitarbeitern (Lazarus & Opton, 1966; Lazarus, Averill & Opton, 1969, 1970; Lazarus & Averill, 1972), die sich vornehmlich mit Stress als externer Bedingung und als Reaktion auf solche Bedingungen beschäftigten und ihre Überlegungen auch auf das Phänomen Angst anwendeten. Im Mittelpunkt ihrer Überlegungen stehen Prozesse der *Beurteilung* (»appraisal«) angstauslösender Bedingungen und der *Angstverarbeitung* (»coping«). Angst entsteht, wenn ein Individuum eine Situation als bedrohlich *beurteilt* (»primary appraisal«) und in diesem mehrphasigen Beurteilungsprozess keine Möglichkeiten zur Vermeidung oder Beseitigung der Bedrohung findet (»secondary appraisal«). Verar-

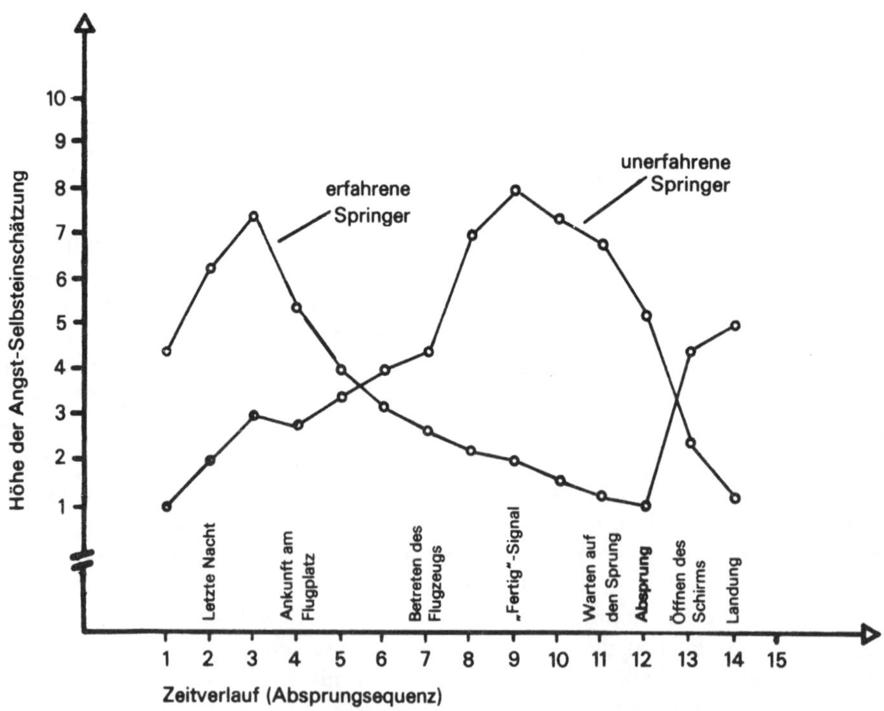

Abb. 17.4: Angstselbsteinschätzungen erfahrener und unerfahrener Fallschirmspringer als Funktion der Annäherung an den Zeitpunkt des Absprunges. Wegen der Subjektivität der Angstwerte sind nur die Kurvenverläufe, nicht die absoluten Höhen der beiden Kurven vergleichbar (aus Epstein, 1967, S. 20).

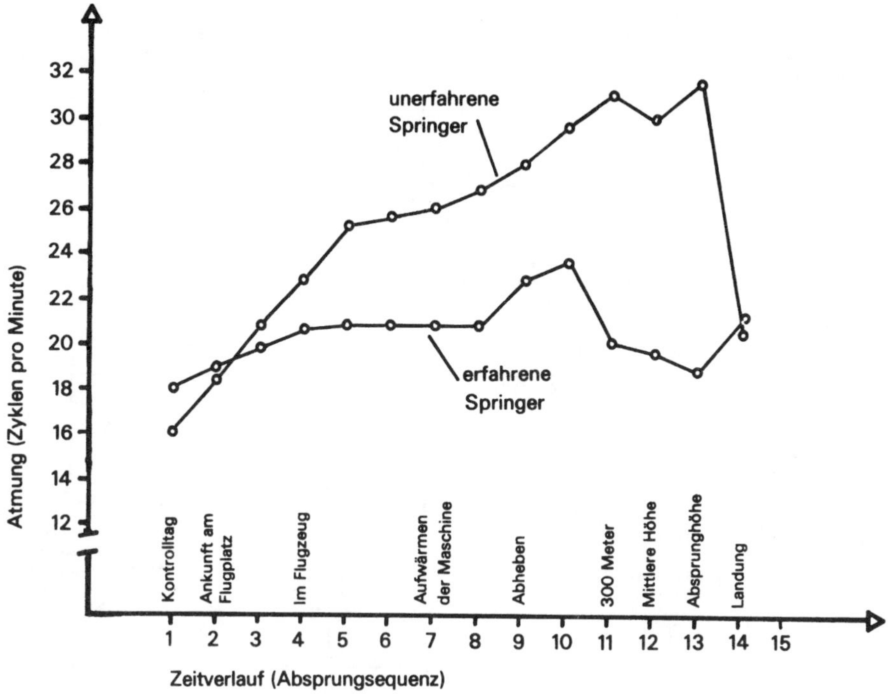

Abb. 17.5: Atemfrequenz erfahrener und unerfahrener Fallschirmspringer als Funktion der Annäherung an den Zeitpunkt des Absprunges: Erfahrene Springer zeigen insgesamt eine niedrigere Erregung als unerfahrene Springer (aus Epstein, 1967, S. 25).

beitet wird die so entstandene Angst (»coping«) durch innerpsychische Prozesse, die den Konflikt zwischen der Bedrohungsbeurteilung (»primary appraisal«) und dem Urteil fehlender Maßnahmen (»secondary appraisal«) lösen sollen. Solche innerpsychischen Prozesse resultieren in einer *Aufmerksamkeitsveränderung,* die zu einer verstärkten Beschäftigung *(Vigilanz,* Aufmerksamkeitserhöhung) mit der Bedrohung oder aber auch zu einer Abwendung *(Vermeidung)* von der Bedrohung führen kann. Dadurch entsteht eine dritte Beurteilungsphase, die zu einer *Neubewertung* (»reappraisal«) der Ausgangssituation führen und möglicherweise durch direkte Aktionen (aktive Beseitigung der Bedrohung oder Flucht) den ursprünglichen Konflikt lösen kann.

Abb. 17.6 gibt eine schematische Darstellung des Modells von Lazarus (siehe dazu auch Lazarus & Averill, 1972, S. 243 und Krohne, 1976, S. 86).

Das Verdienst der Theorie von Lazarus besteht in dem Hinweis, welche Vielfalt externer und interner Bedingungen und Prozesse mit den Phänomenen Stress und Angst verknüpft sind, vor allem welche Rolle dabei kognitive Prozesse bei der Bewertung und Neubewertung dieser Bedingungen spielen. Auf empirischer Basis wurden bisher allerdings nur Einzelaspekte der Theorie untersucht, so etwa der Einfluss bestimmter experimentell manipulierter Situationsvariablen auf die Beurteilungsprozesse (primary und secondary appraisals).

So konnte in mehreren Untersuchungen gezeigt werden, dass die Dauer der Antizipation eines bedrohenden Ereignisses (z. B. erwarteter Elektroschock) das Ausmaß an Angst und physiologischer Erregung wesentlich beeinflusst (Lazarus & Averill, 1972, S. 270ff.). In ei-

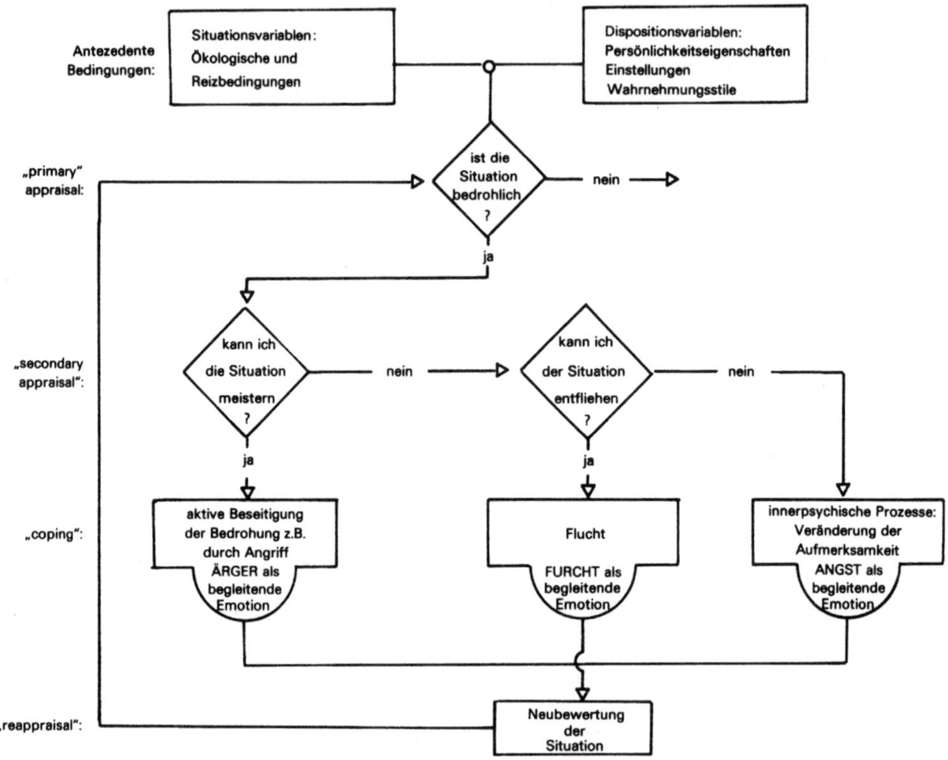

Abb. 17.6: Beurteilungsprozesse (»appraisal«) und Angstverarbeitungsstrategien (»coping«) in der Theorie von Lazarus.

ner Untersuchung von Folkins (1970) stiegen verschiedene Angstindikatoren (subjektive und physiologische) von 5 über 30 Sekunden bis zu einer Minute Antizipationszeit an. Bei 3 und 5 Minuten Wartezeit hingegen zeigten sich wieder niedrigere Angstwerte, die erst bei 20 Minuten noch einmal leicht anstiegen. Auf dem Hintergrund der Theorie von Lazarus wird dieses Ergebnis so interpretiert, dass erst bei Antizipationszeiten um eine Minute die primären und sekundären Beurteilungsprozesse im Sinne des Flussdiagramms in Abb. 17.6 zur Angstentstehung führen können, da sie diese Zeit benötigen, um ablaufen zu können. Bei längeren Wartezeiten können die dann einsetzenden »coping«-Strategien zur Angstreduktion führen.

Dass dieser Verlauf wesentlich von der erwarteten Sicherheit versus Unsicherheit des Eintretens eines bedrohlichen Ereignisses abhängt, wurde in einem Experiment von Monat, Averill und Lazarus (zitiert nach Lazarus & Averill, 1972, S. 273 ff.) deutlich gezeigt, in dem Versuchspersonen in einem Dreiminuten-Antizipationsintervall auf einen Elektroschock warteten. Ein Drittel der Versuchspersonen wusste, dass der Schock mit Sicherheit nach drei Minuten gegeben würde (Ereignis- und Zeitsicherheit). Einem weiteren Drittel wurde gesagt, dass der Schock mit einer Wahrscheinlichkeit von 50% nach drei Minuten zu erwarten sei (Ereignisunsicherheit und Zeitsicherheit). Dem letzten Drittel sagte man, dass sie mit Sicherheit irgendwann in den nächsten 6 Minuten einen Elektroschock bekämen (Ereignissi-

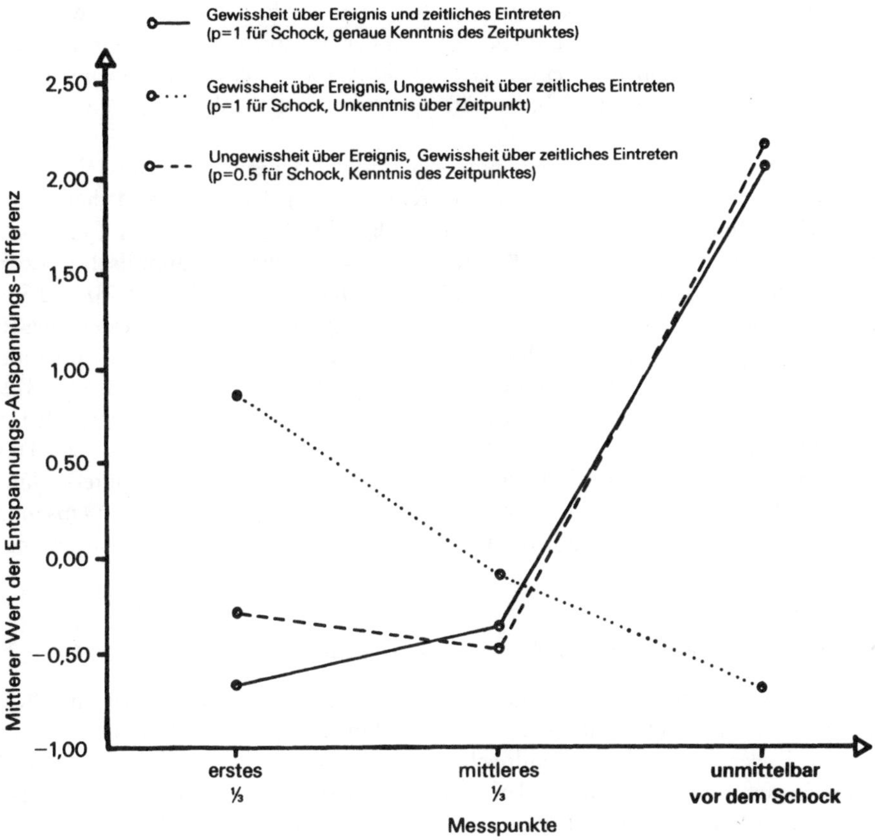

Abb. 17.7: Subjektive Anspannungswerte während einer dreiminütigen Antizipation eines Elektroschocks für drei verschiedene Sicherheitsbedingungen: Aufgetragen wurden die Werte während des Experimentes minus die präexperimentellen Anspannungswerte.

cherheit und Zeitunsicherheit). Abb. 17.7 zeigt den Verlauf der subjektiven Anspannung über die drei Minuten getrennt für die drei Sicherheitsbedingungen.
Die Abnahme der Anspannung bei den Versuchspersonen mit Zeitunsicherheit wird von den Autoren so interpretiert, dass bei zeitlicher Unsicherheit die Angstverarbeitung (»coping«) besser gelingt, während bei Zeitsicherheit die Aufmerksamkeit auf das erwartete Ereignis gebunden bleibt und so die Angstverarbeitung hemmt.

17.3.2 Die differentialpsychologische Perspektive

Geht es bei der allgemeinpsychologischen Angstforschung darum, allgemeine Gesetzmäßigkeiten der Entstehung und Verarbeitung sowie der Konsequenzen von Angst zu erforschen, so besteht die differentialpsychologische Perspektive darin, interindividuelle Unterschiede in der Disposition zu Angstreaktionen zu untersuchen. Eine derartige Disposition wurde vielfach angenommen und als *Angstneigung* (Herrmann, 1976), *Ängstlichkeit (z.* B. Krohne, 1975) oder *Angstbereitschaft* (Cohen, 1971) bezeichnet. Gemeint ist damit ein Per-

sönlichkeitskonstrukt, das Unterschiede zwischen Personen hinsichtlich ihrer Wahrscheinlichkeit, mit Angst zu reagieren *(Häufigkeitsaspekt* der Ängstlichkeit), oder hinsichtlich der Stärke ihrer Angstreaktionen *(Intensitätsaspekt* der Ängstlichkeit) beschreiben soll, wobei meist zwischen Häufigkeits- und Intensitätsaspekt der Ängstlichkeit nicht unterschieden wird (Cohen, 1971).
Bereits in der vorangehenden Darstellung der Ansätze einer allgemeinpsychologischen Angstforschung fand sich ein Beispiel der theoretischen Berücksichtigung solcher interindividuellen Unterschiede im Modell von Lazarus (siehe Abb. 17.6), der den Einfluss von Dispositionsvariablen auf den primären Beurteilungsprozess (»primary appraisal«) bezüglich einer Gefahrensituation betont. Und vor Lazarus waren es Taylor (1956, 1958) und Spence (1958, 1964), die ihre aus der Hull'schen Lerntheorie abgeleitete Triebtheorie der Angst über ein differentialpsychologisches Forschungsvorgehen zu überprüfen suchten: Sie operationalisierten die Triebstärke D (»drive«) mit Hilfe der aus dem MMPI von Taylor (1953) konstruierten »Manifest Anxiety Scale« (MAS), einem Fragebogen, der interindividuelle Unterschiede der Ängstlichkeit (»manifesten Angst«) erfassen soll (siehe dazu oben 9.4.1). Obwohl rational-spekulativ konstruiert, wurde die MAS in vielen empirischen Untersuchungen zur Ängstlichkeit und ihrem Zusammenhang mit Leistungsverhalten eingesetzt (zusammenfassend siehe Brody, 1972, S. 71ff.; Byrne, 1974, S. 182ff.; zur deutschen Bearbeitung der MAS siehe Spreen, 1961).

a) Ängstlichkeit als faktorenanalytisch definiertes Persönlichkeitsmerkmal

Wie sinnvoll es ist, ein dimensional gedachtes Persönlichkeitskonstrukt der Ängstlichkeit anzunehmen, wurde von Cattell und Scheier (1961) in einer groß angelegten Monographie untersucht, in der die Ergebnisse zahlreicher faktorenanalytischer Studien zu diesem Fragenkomplex zusammengetragen wurden. Empirische Grundlage aller dieser Studien ist der oben in 15.2 ausführlich beschriebene Datengewinnungs- und Datenanalyseansatz von Cattell, der durch die Berücksichtigung von Verhaltensdaten (L-Daten), Fragebogendaten (Q-Daten) und objektiven Tests (T-Daten) einerseits und der faktorenanalytischen Auswertung dieser Daten andererseits charakterisiert ist, wobei Cattell über die schiefwinklige Rotation resultierender Faktoren ein hierarchisches Modell von Faktoren erster, zweiter und vereinzelt auch höherer Ordnung erhält (siehe dazu 15.2.3; zur Methode siehe 7.3, speziell 7.3.6). Um über diesen Ansatz speziell die Frage zu untersuchen, ob »Ängstlichkeit« als faktorenanalytische Persönlichkeitsdimension identifizierbar ist, definieren Cattell und Scheier (1961, p. 38ff.) zwei Interpretationskriterien für resultierende Faktoren. Das erste dieser beiden Kriterien nennen Cattell und Scheier *»trait definition«:* Dieses Kriterium ist erfüllt, wenn ein Faktor von jenen Variablen möglichst rein geladen wird, die auch von Ärzten und klinischen Psychologen als Bestandteile oder Merkmale von Ängstlichkeit bezeichnet werden.
Das zweite Kriterium wird als *»type definition«* bezeichnet. Es ist dann erfüllt, wenn die Faktorwerte des zu interpretierenden Faktors (als Maß für die Ausstattung von Versuchspersonen mit diesem Faktor) mit externen Ängstlichkeitsindikatoren, wie z. B. einer psychiatrischen Diagnose oder einem anderen Ängstlichkeitstest wie der MAS, korrelieren. »Type definition« wird dieses Kriterium vor allem deshalb genannt, weil diese Korrelationen vorwiegend an dichotomisierten Patientengruppen (»types«) mit diagnostizierter hoher versus niedriger Angst bestimmt werden.
Im Bereich der Fragebogen- (Q-) und Verhaltensdaten (L-Daten) ist es ein Faktor 2. Ordnung, der diese beiden Kriterien erfüllt und der, weil er in den zugrunde liegenden Einzeluntersuchungen meist als zweiter Faktor zweiter Ordnung (nach einem »Extraversionsfaktor«)

resultierte, von Cattell und Scheier (1961) FQ II genannt wird (siehe dazu oben 15.2.3). Dieser Faktor ist durch die Cattell'schen Primärfaktoren Q_4 (Triebspannung), O (Neigung zu Schuldgefühlen), Q_3- (fehlende Willenskontrolle), C- (fehlende Ichstärke), L (Misstrauen) und H (Furchtsamkeit) definiert und den verfügbaren Evidenzen gut repliziert. Zur näheren Erläuterung dieser Faktoren siehe oben 15.2.3.

Nach Freud sind verbotene Triebimpulse, im Überich stark ausgeprägte Normen und ein schwaches Ich Ursachen von Angst, physiologische Prozesse ihre Begleiterscheinungen. Drei dieser Gesichtspunkte lassen sich in Cattells FQ II wiederfinden: Eine Disposition zu starken Triebimpulsen könnte zu erhöhter Triebspannung (Q_4), ein starkes Überich zu Schuldgefühlen (O) führen. Der Faktor C wurde von Cattell geradezu nach Freuds Ich-Instanz benannt. Vor diesem Hintergrund wird verständlich, dass Ärzte und klinische Psychologen diese Merkmale dem Angstbereich zuordneten und so die »trait definition« erfüllten.

Die »type definition« ist durch den nachgewiesenen Zusammenhang nicht nur mit psychiatrischen Diagnosen (Cattell & Scheier, 1961, S. 53), sondern auch mit anderen Ängstlichkeitsfragebogen erfüllt: So korreliert der FQ II mit der MAS zu über 0.80, was praktisch auf Identität der gemessenen Disposition schließen lässt. Ähnlich hohe Korrelationen zu anderen Fragebogenmaßen, wie zum Beispiel der *Neurotizismusskala* von Eysenck (siehe oben 15.3, speziell 15.3.3) oder auch der Repression-Sensitization-Skala von Byrne (siehe oben 17.2 und Boucsein & Frye, 1974) belegen, dass Cattels FQ II ein allgemeines Persönlichkeitskonstrukt erfasst, das mit dem Begriff Ängstlichkeit sinnvoll charakterisiert ist.

Zu den Faktoren des Guilford'schen Persönlichkeitssystems gibt es ebenfalls konsistente Beziehungen (Guilford, Zimmermann & Guilford, 1976, S. 35ff., siehe auch Pawlik, 1968, S. 368): Vor allem mit den Guilford-Faktoren E- *(fehlende emotionale Stabilität,* zusammengesetzt aus den früheren Faktoren C: Zykloide Disposition und D: Depressive Tendenzen), O- *(fehlende Objektivität* im Sinne von Hypersensitivität und Misstrauen) und P*(fehlende Toleranz* im Sinne von überkritischer Einstellung gegenüber Personen, früher Faktor Co) korrelieren die Variablen des Faktors FQ II hoch und konsistent (siehe auch Cattell & Kline, 1977, S. 103f.).

Auch im Bereich der objektiven Tests im Sinne Cattells wollen Cattell und Scheier (1961) einen Faktor, hier einen Faktor 1. Ordnung gefunden haben, der die Cattell'sche Universal-Index-Nummer UI 24 trägt (Cattell & Warburton, 1967, siehe auch 15.2.4) und der den Kriterien der »trait definition« und »type definition« genügen (Cattell & Scheier, 1961, S. 58ff.), also Ängstlichkeit erfassen soll.

Über 50 verschiedene objektive Tests wurden in unterschiedlichen Zusammensetzungen in den zahlreichen Replikationsstudien verwendet: Maße für die Zustimmungstendenz zu verschiedenen Äußerungen, für die Störbarkeit, für fehlendes Selbstvertrauen bei neuen Leistungen, für die Emotionalität von Kommentaren zu Ereignissen, für den Schreibdruck (negative Ladung), für die Reaktionsgeschwindigkeit (negative Ladung), um nur einige zu nennen. Dass der Faktor UI 24 gut gesichert wäre, ist den Daten aus Cattell und Scheier (1961, p. 87f.) allerdings nicht sehr klar zu entnehmen, sodass die von Cattell dazu vielfach gemachten Äußerungen (siehe z. B. Cattell & Kline, 1977, S. 150) wohl als sehr optimistisch eingeschätzt werden müssen (siehe dazu auch Schmidt, 1975, S. 89ff.).

Auf der Ebene von Fragebogen- und Beurteilungsdaten jedenfalls scheint eine breite und allgemeine Persönlichkeitsdimension der »Ängstlichkeit« als Faktor zweiter Ordnung sehr gut gesichert. Sie beschreibt Unterschiede zwischen Personen hinsichtlich der Häufigkeit und Intensität, mit der sie Angst erleben. Näher präzisiert wird dieses faktorenanalytisch fundierte Persönlichkeitskonstrukt durch seine Korrelationen mit spezielleren Ängstlichkeitsfaktoren (Faktoren 1. Ordnung) aus den Persönlichkeitssystemen von Cattell (siehe Kapitel 15.2) und von Guilford (Kap. 15.1). Auch der Faktor Neurotizismus in den Systemen von

Eysenck (Kapitel 15.3) und im Fünf-Faktoren-Modell (15.4) haben mit Ängstlichkeit zu tun, doch unterscheiden sich hier die Auffassungen leicht, wie Neurotizismus und Ängstlichkeit zusammenhängen: Während Eysenck (Eysenck & Eysenck, 1985, p. 289ff.) und auch Gray (1981a) Ängstlichkeit als Kombination von Neurotizismus mit niedriger Extraversion (also Introversion) auffassen, ist für Costa und McCrae (1985, 1992c) Ängstlichkeit ein Unterfaktor (eine Facette) von Neurotizismus. Zuckerman, Kuhlman, Joireman, Teta und Kraft (1993) zeigen jedoch sehr deutlich, dass vier der sechs Facetten der Neurotizismusskala des NEO-PI (Costa & McCrae, 1985, 1992c), allen voran Depressivität und Ängstlichkeit (wie auch Verletzlichkeit und Gehemmtheit) gemeinsam mit Neurotizismus-Ängstlichkeit des Zuckerman-Kuhlman-Persönlichkeits-Fragebogens (ZKPQ, siehe 15.4.2c) und der Neurotizismus-Skala des Eysenck-Persönlichkeits-Fragebogens (EPQ, siehe 15.3.3b) allerhöchste Ladungen (.82 bis .89) auf einem gemeinsamen Faktor aufweisen. Dies kann als deutlicher Hinweis darauf gewertet werden, dass Ängstlichkeit und Neurotizismus identische oder doch zumindest sehr ähnliche Persönlichkeitsunterschiede auf einem hohen, allgemeinen Abstraktionsniveau beschreiben.

b) Ängstlichkeit und negative Affektivität

Watson und Clark (1984) gehen aufgrund einer umfangreichen Analyse vorliegender Studien noch einen Schritt weiter und postulieren ein noch allgemeineres, eindimensionales Persönlichkeitskonstrukt, das sie als negative Affektivität (NA) bezeichnen und das Eigenschaften wie Neurotizismus, Ängstlichkeit, Repression-Sensitization, soziale Erwünschtheit und andere umfasst. Einen Beleg für diese These liefert die Beobachtung, dass die zur Messung dieser einzelnen Persönlichkeitszüge eingesetzten Tests im Bereich ihrer Reliabilitäten sehr hoch miteinander korrelieren. NA umfasst in der Konzeption der Autoren neben Ängstlichkeit auch noch Tendenzen, mit Ärger, Zorn, Selbstunzufriedenheit und ähnlichen negativen Affekten zu reagieren. Personen mit hoher NA berichten in allen, also auch in nicht angstauslösenden Situationen, über negativere Affekte und haben eine negativere Grundeinstellung sich selbst und anderen gegenüber. Sie werden als introspektiver, stärker auf negative Seiten sowohl von sich selbst als auch von anderen fixiert, feindseliger, misstrauischer, zurückhaltender, unabhängiger und rebellischer beschrieben, während Personen mit niedriger NA konformistischer und geselliger sind und als sympathischer und beliebter beurteilt werden.

c) Umweltbedingungen der Ängstlichkeit

Obwohl es auch widersprüchliche Meinungen gibt (siehe z. B. Tunner, 1978; Becker, 1975, 1980), kann es als gesichert gelten, dass ein allgemeiner Ängstlichkeitsfaktor zur Beschreibung interindividueller Unterschiede der Angstneigung angenommen werden kann. Dies stellt ein Hauptergebnis der differentialpsychologischen Perspektive in der Angstforschung dar. Akzeptiert man dieses Ergebnis, ist als Nächstes die differentialpsychologische Frage nach den Entstehungsbedingungen für Ängstlichkeit zu stellen. Bei der Darstellung der allgemeinpsychologischen Angstforschung wurde bereits auf bestimmte Lernmechanismen, wie die klassische Konditionierung, bei der Entstehung von Angstreaktionen auf ursprünglich neutrale Reize hingewiesen. Die Zweifaktorentheorie von Mowrer (1960) erklärt die Aufrechterhaltung angstbedingten Vermeidungsverhaltens. Sie stellt die bisher am besten untersuchte Theorie der Entstehung, Aufrechterhaltung und Reduktion von Angstreaktionen dar, wenn auch gegen sie Kritik geäußert wurde (Birbaumer, 1977a, 1977b; Rachman, 1976; Seligmann & Johnston, 1973; Tunner, 1975). Dass auch das Beobachtungslernen

(Bandura, 1969, 1977) für den Erwerb von Angstreaktionen von Bedeutung sein kann, darauf hat Rachman (1977) hingewiesen. Welche Rolle kognitive Prozesse dabei spielen, wurde im Zusammenhang mit den Theorien von Epstein und von Lazarus angedeutet. Alle diese theoretischen Überlegungen und die mit ihnen verknüpften Befunde zeigen auf einer relativ molekularen Ebene, dass Ängstlichkeit als Persönlichkeitsmerkmal als erlernte generalisierte Verhaltensdisposition gedacht werden kann.

Auf molarer Ebene wurde über verschiedene Ansätze versucht, unterschiedliche Lernumwelten zu untersuchen, die Einfluss auf die Entstehung von Ängstlichkeitsunterschieden haben könnten. In einer Zusammenfassung entsprechender Untersuchungen berichtet Krohne (1975, S. 35ff.) von fünf solchen Ansätzen: Er referiert Untersuchungen zum Einfluss (1) des *Geschlechtes* auf Ängstlichkeit, wonach Jungen im Allgemeinen niedrigere Angstwerte zeigen, die zudem gegenüber den Mädchen über das Alter hinweg auch noch stärker abnehmen, wobei diese Unterschiede zwischen Jungen und Mädchen noch in Wechselwirkung mit ihren Schulleistungen und mit ihrer sozialen Herkunft stehen. Interpretiert werden diese Ergebnisse als Effekt unterschiedlicher Rollenerwartungen gegenüber Jungen und Mädchen.

Auch der (2) *sozioökonomische und ethnische Status* scheint sich auf die Ängstlichkeit auszuwirken: Unterschichtsangehörige und ethnische Minoritäten zeigen allgemein höhere Ängstlichkeitswerte, was zum Teil auf weniger und einfachere Angstverarbeitungsmechanismen in diesen Gruppen zurückgeführt wird. Hinsichtlich der (3) *familialen Sozialisation* ist es das Merkmal der elterlichen Strenge, das zu höheren Ängstlichkeitswerten bei den Erzogenen führt. Die Gründe für diesen Zusammenhang sind sicherlich sehr komplex. Die Erfahrung häufiger Bestrafung sowie die durch Strafmaßnahmen gehemmte Aggressivität als Möglichkeit der Angstabfuhr (siehe dazu Herrmann, 1976, S. 249ff.) werden hier als Erklärungen genannt.

Die (4) *Stellung in der Geschwisterreihe* zeigt einen Zusammenhang mit Ängstlichkeit in dem Sinne, dass Spätergeborene eher zur Angst neigen. Die Erklärung dieses Zusammenhanges ist widersprüchlich, Wechselwirkungen mit elterlichen Erziehungsstilvariablen werden angenommen.

Dass (5) auch *frühe Schulerfahrungen* vor allem hinsichtlich des Erfolges oder Misserfolges in der Schule Einflüsse auf die Ängstlichkeit haben können, leuchtet ein: Tatsächlich fand man negative Korrelationen zwischen Leistungen im Erstleseunterricht und Ängstlichkeitswerten im vierten Schuljahr. Die Bedingungsrichtung dieses Zusammenhanges bleibt jedoch unklar (Literatur zu diesen fünf Ansätzen bei Krohne, 1975).

d) Biologische Grundlagen der Ängstlichkeit

Dass nicht nur die genannten und viele weitere Umweltbedingungen die Ängstlichkeit eines Individuums determinieren, sondern dass darüber hinaus auch vererbte Unterschiede in den neurophysiologischen Grundlagen der Angstneigung eine Rolle spielen, darauf haben H.J. Eysenck (so z. B. 1967, 1975, 1977, 1994), M.W. Eysenck (1992a, 1992b; H.J. Eysenck & M.W. Eysenck, 1985; siehe auch Zuckerman, 1991) und Gray (1971, 1973) vielfach hingewiesen (siehe oben 15.3.3). Die Überlegungen und Befunde zum Neurotizismus sind hier relevant, weil dieser mit Ängstlichkeit im Sinne des Cattell'schen FQ II hoch korreliert. Nach Eysenck entwickeln sich Individuen mit ererbter niedriger Erregungsschwelle des limbischen Systems und des autonomen Nervensystems, die die neuroanatomische Grundlage des Neurotizismus darstellen, deshalb leichter zu habituell ängstlichen Personen, weil bei ihnen bereits relativ schwache unkonditionierte Angstreize zu einer hohen autonomen Erregung (»activation«) führen und Angst erzeugen, sodass diese Angst dann auch leichter, schneller und dauerhafter konditioniert wird und generalisieren kann, vor allem, wenn sie introvertiert sind. Voraussetzung für die Entstehung von Ängstlichkeit ist natürlich, dass derartige Personen mit entsprechenden unkonditionierten Angstreizen konfrontiert werden, sodass nicht die Erbanlage als solche, sondern ihre Wechselwirkung mit Umwelteinflüssen Grundlage der Ängstlichkeit oder des Neurotizismus darstellt.

Die zentrale These dieser Neurotizismus- und Ängstlichkeitstheorie ist, dass hoch Ängstliche schnellere, stärkere und länger andauernde psychophysiologische Reaktionen auf emotionale (auch starke, schmerzhafte, plötzliche oder unerwartete) Reize zeigen müssten. In einem ausführlichen Überblick über psychophysiologische Forschungsbefunde zum Neurotizismus und zur Ängstlichkeit kommt Fahrenberg (1992) jedoch zu dem Ergebnis, dass die »...Psychophysiologie des Neurotizismus (der Emotionalität) und der Ängstlichkeit trotz intensiver und extensiver Forschungsaktivitäten bis jetzt keine konsistente Befundbasis oder allgemein akzeptierte theoretische Fundierung erreicht...« hätte. Er führt eine Reihe von Gründen dafür an. Der wichtigste scheint das Problem der »response fractionation« zu sein, das Problem nämlich, dass verschiedene psychophysiologische Reaktionsmaße auf dieselbe Reizsituation nicht miteinander korrelieren, das Konzept einer allgemein erhöhten psychophysiologischen Reagibilität so also empirisch nicht fundiert erscheint.

Eine genauere Theorie über die neurophysiologische Grundlage der Ängstlichkeit hat Gray (1976, 1978, 1981b, 1982, 1983) sehr ausführlich beschrieben: Aufgrund einer Fülle von Forschungsergebnissen über die Wirkung angsthemmender Drogen bei Tieren definiert Gray (zusammenfassend 1983) auf dem Hintergrund lerntheoretischer Überlegungen den Angstzustand durch das *gemeinsame Auftreten* von bestimmten Ereignissen in der Umwelt eines Subjektes (eines Tieres oder einer Person) *und* bestimmten Verhaltensweisen dieses Subjektes: Zu den Ereignissen gehören (1) *»sekundäre Strafreize«* (»secondary punishing stimuli«: Reize, die mit unkonditionierten aversiven Reizen assoziiert sind), (2) *»sekundär frustrierende Reize«* (»secondary frustrating stimuli«: Reize, die mit dem Nichtauftreten erwarteter Belohnung assoziiert sind), (3) *»neue Reize«* oder (4) *»artspezifische Furcht auslösende Reize«* (»species specific fear stimuli« wie Schlangen oder bestimmte Arten gestischen oder mimischen Ausdrucks). Unkonditionierte Strafreize sowie unkonditionierte frustrierende Reize lösen keine Angst aus.

Zu den auf diese Reize folgenden Verhaltensweisen, die den Angstzustand mit definieren, gehören (1) Unterbrechung oder *Hemmung des gerade gezeigten Verhaltens*, (2) *erhöhte Erregung* (arousal), sodass das nun folgende Verhalten besonders stark auftritt und (3) *erhöhte Aufmerksamkeit* gegenüber den Umweltreizen. Verhaltensweisen aus diesen drei Verhaltensklassen treten meist gemeinsam auf.

Die diese Verhaltensweisen steuernden neuralen Strukturen nannte Gray (1976) *»behavioural inhibition system«* (BIS; Verhaltenshemmsystem). Das Konzept dieses Verhaltenshemmsystems resultierte unter anderem ebenfalls aus der Erforschung der Effekte angsthemmender Drogen auf das Verhalten von Tieren. Diese Drogen reduzieren die Aktivität bestimmter Strukturen im Gehirn, die auf diese Weise mit dem Konzept des Verhaltenshemmsystems in Verbindung gebracht werden konnten: Nach Grays Auffassung sind vor allem das Septum und der Hippocampus, die zum limbischen System gezählt werden, sowie benachbarte Strukturen die Steuerzentren für Angst. Dieses septo-hippocampale System vergleicht ständig das *tatsächliche* Umweltgeschehen mit dem vom Subjekt *erwarteten* Geschehen. Kommt es zu einer Nichtübereinstimmung oder werden Ereignisse erwartet, die mit unkonditionierten aversiven (Strafreize oder Frustrationen) Reizen assoziiert sind, übernimmt das septo-hippocampale System die Kontrolle über das Verhalten, und es kommt zu den oben genannten Angst definierenden Verhaltensweisen.

Verstärkt wird die Aktivität des septo-hippocampalen Verhaltenshemmsystems einmal durch aufsteigende monoaminergische (noradrenergische und serotonergische) Bahnen aus dem Stammhirn. Diese Bahnen werden ihrerseits vor allem durch Reize von biologischer Bedeutung aktiviert, besonders unter Stressbedingungen. Zum anderen – vor allem bei Primaten – sind es absteigende Bahnen aus dem frontalen Neocortex, die eine verstärkende Wirkung auf das septo-hippocampale Verhaltenshemmsystem haben: Beim Menschen dürften es diese Bahnen sein, die der Wirkung verbal kodierter Information auf Angstzustände zugrunde liegen. Diese Bahnen werden durch angsthemmende Drogen kaum beeinflusst, was die Unwirksamkeit pharmakotherapeutischer Interventionen bei bestimmten pathologischen Angstzuständen erklären könnte (zusammenfassend Powell, 1979).

Interindividuelle Unterschiede in der Ängstlichkeit (trait-anxiety) resultieren nach Gray aus der unterschiedlichen Intensität, mit der der septo-hippocampale Vergleichsmechanismus die Umwelt nach angstauslösenden Reizen absucht und/oder mit der er das septo-hippocampale Verhaltenshemmsystem und die dadurch gesteuerten Angstreaktionen aktiviert.

Da das septo-hippocampale System eine Einheit darstellt, schlug Gray (1971, 1981b) vor, die Persönlichkeitsdimension »Ängstlichkeit« ebenfalls als einheitliches Persönlichkeitsmerkmal aufzufassen und nicht wie Eysenck (1967) als eines, das aus Extraversion und Neurotizismus zusammengesetzt gedacht werden soll (siehe oben 15.3.3). Aus Grays Theorie folgt, dass es relativ konsistente Unterschiede in der Angstneigung zwischen Personen geben müsste, wie es durch faktorenanalytische Ergebnisse ja nahe gelegt wurde. Aber auch die Differenzierungen in situationsspezifische Angstneigungen (siehe unten nächster Abschnitt 17.3.3) stehen nicht in Widerspruch zu Grays Theorie: Es sind ja *konditionierte* Reize, auf die das septo-hippocampale System anspricht, sodass unterschiedliche Lernerfahrungen auch zu unterschiedlichen situationsspezifischen Ängstlichkeiten führen müssen.

Der Angsttheorie von Gray wurde vorgeworfen (M.W. Eysenck, 1992a, 1992b), dass sie alleine aus Tierexperimenten hergeleitet wurde, die Übertragbarkeit auf den Menschen fraglich sei. Tatsächlich gibt es nur wenige Experimente im Humanbereich zu Grays Angsttheorie. In einem solchen Experiment (Wölwer, 1993) wurde die Annahme geprüft, dass Hoch- und Niedrigängstliche sich in der Sensitivität des Verhaltenshemmsystems (BIS) unterscheiden. Als Indikatoren für die Aktivität des Verhaltenshemmsystems wurden in Anlehnung an die Tierexperimente von Gray Reaktionen in einem Konfliktparadigma erfasst, das die passive Vermeidungstendenz bei antizipierter Bestrafung erfassen konnte. Als Kontrollbedingungen wurden eine reine Belohnungsbedingung, eine aktive Vermeidungsbedingung und eine Bedingung ohne Verstärkungen realisiert. Das Ergebnis entsprach weitgehend den Vorhersagen aus Grays Theorie. Auch bei Lösungsversuchen einer unlösbaren Problemaufgabe, die Verhalten bei erwartetem Misserfolg bzw. frustrierender Nichtbelohnung im Sinne der Gray-Theorie abbilden sollten, konnten theoriekonforme Ergebnisse erzielt werden. Interessant an den Experimenten von Wölwer (1993; Wölwer & Erdmann, 1989) ist drüber hinaus, dass ganz im Sinne der Gray-Theorie auch eine differentielle Wirkung von Alkohol als Angst reduzierende Droge auf Hoch- und Niedrigängstliche gezeigt werden konnte.

Einen anderen Zugang zur Prüfung der Gray'schen Theorie stellt das oben schon zitierte Experiment von Bartussek, Diedrich, Naumann und Collett (1991b) dar (siehe Kapitel 15.3.6, Abb. 15.24), in dem als Maß für die Empfindlichkeit gegenüber Belohnungs- und Bestrafungssignalen die Komponente P3e im ereigniskorrelierten Hirnrindenpotenzial (EKP) verwendet wurde, das ist eine ca. 300 msec nach Darbietung der Straf- oder Belohnungsreize auftretende kurzdauernde Positivierung von ca. 7 bis 20 mV im Elektroenzephalogramm, die umso größer wird, je stärker die Reaktion auf die Reize ist. Bartussek et al. (1993; siehe auch Bartussek, Diedrich, Naumann & Becker, 1994; Bartussek, Becker, Diedrich, Naumann & Maier, 1996) konnten zeigen, dass Versuchspersonen besonders stark auf Belohnungsreize (Geldgewinne) reagieren, wenn sie hoch in Neurotizismus und Extraversion sind (das entspricht nach Gray den Hochimpulsiven). Die Hochängstlichen (nach

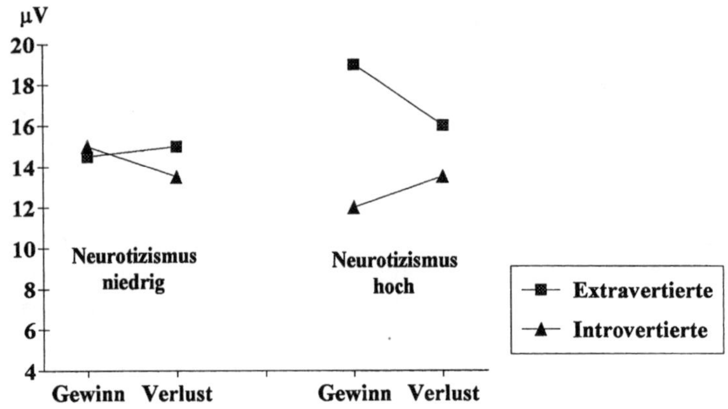

Abb. 17.8: P3e-Amplituden im EKP auf Gewinn- (Belohnung) und Verlustsignale (Bestrafung) von Versuchspersonen mit hohen und niedrigen Extraversions- und Neurotizismuswerten: Hochängstliche (niedrige Extraversion und hoher Neurotizismus) reagieren stärker auf Verlustsignale als auf Gewinnsignale (nach Bartussek, Diedrich, Naumann & Collett, 1993).

Gray Versuchspersonen, die hoch in Neurotizismus und niedrig in Extraversion sind) reagieren zwar stärker auf Bestrafungssignale als auf Belohnungen, jedoch nicht so stark wie die Impulsiven. Die in Abbildung 17.8 dargestellten Ergebnisse stimmen mit den Vorhersagen aus der Gray-Theorie also nur teilweise überein: Die beiden Geraden im rechten Teil der Abbildung 17.8 müssten sich eigentlich kreuzen. Das Ergebnis zeigt aber, dass es bei solchen Experimenten wichtig ist, nicht nur Neurotizismus (oder Ängstlichkeit), sondern auch die Extraversion zu variieren. Die Effekte in Abb. 17.8 würden verschwinden, wenn man die beiden Gruppen der Introvertierten und Extravertierten mittelte.

e) Kognitionspsychologische Aspekte der Ängstlichkeit

Seit den achtziger Jahren ist es vor allem M. W. Eysenck (1992a, 1992b) der in empirisch-experimentellen Forschungsprogrammen die Theorie zu untermauern sucht, dass Ängstliche und Nichtängstliche sich in kognitiven Funktionen unterscheiden. Daraus würden Verhaltensunterschiede zwischen diesen Gruppen erklärbar. Er nannte seine Theorie»Hypervigilanztheorie«. In ihr wird die Auffassung vertreten, dass das zentrale Merkmal hochängstlicher Personen eine stark überhöhte Aufmerksamkeit (»Hypervigilanz«) ist, die den zentralen Bestandteil eines kognitiven Vulnerabilitätsfaktors darstellt. Dieser kommt aber nicht nur in bedrohlichen Situationen, sondern generell bei Aufmerksamkeitsprozessen zum Tragen.

In einer neueren Theorie, der »Vier-Faktoren-Theorie der Ängstlichkeit«, die viel den Ansichten von Parkinson (1994, 1995) verdankt, werden diese obigen Annahmen von Eysenck (1997) teilweise differenziert oder verworfen.

Ausgangspunkt dieses Ansatzes ist die Annahme, dass die Hauptfunktion der Angst von biologischer Bedeutung für den Menschen ist. Sie dient als Warnsystem und soll die Entdeckung von Gefahr in einer potentiell gefährlichen Umwelt erleichtern.

Wichtige Annahmen der »Vier-Faktoren-Theorie« sind in Abb. 17.9 dargestellt. Hauptannahme ist, dass das emotionale Erleben von Angst von kognitiven, physiologischen und Verhaltenssystemen und deren Wechselwirkungen beeinflusst wird.

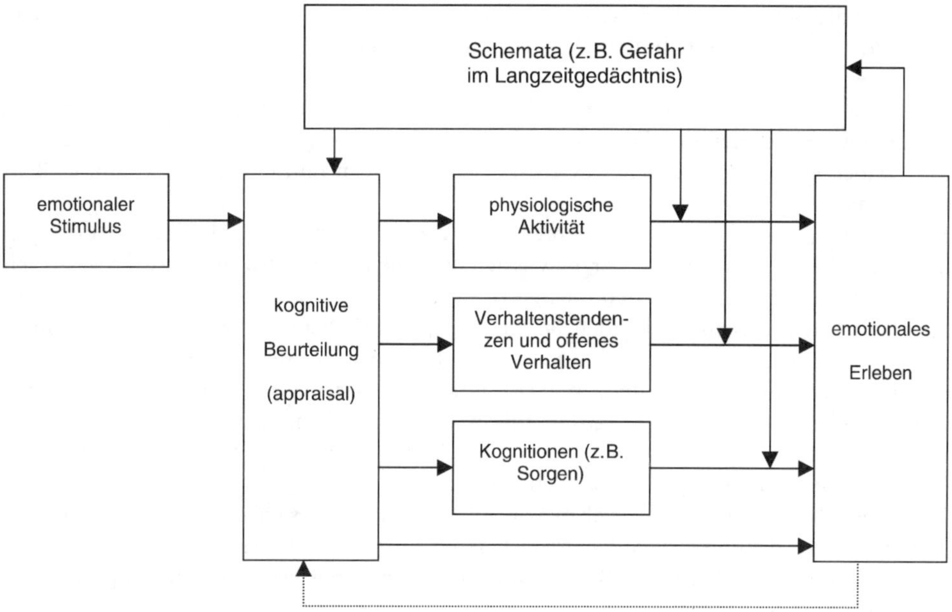

Abb. 17.9: Einflussrichtungen der unterschiedlichen Informationsquellen nach der »Vier-Faktoren-Theorie« von M. W. Eysenck (nach Eysenck, 1997).

Wichtigste Determinante für das Erleben von Angst ist die kognitive Beurteilung (appraisal) einer Situation. Dieses Konzept ist entlehnt von Lazarus (1966, 1991).
Die übrigen drei Faktoren hängen nur indirekt mit der kognitiven Beurteilung zusammen. Das Ausmaß der physiologischen Aktivität wird beeinflusst von der kognitiven Beurteilung der Situation. Trotzdem hängt die Wirkung der physiologischen Aktivität auf die erlebte Emotion von zwei weiteren kognitiven Prozessen ab: zum einen von der selektiven Aufmerksamkeit, die auf die physiologische Aktivität gerichtet sein kann oder von ihr weg, zum anderen von der Interpretation der wahrgenommenen physiologischen Aktivität. Die wahrgenommene Aktivität kann als bedrohlich oder als nicht bedrohlich interpretiert werden. Wie bei Schachter und Singer (1962) hängt die Wirkung der physiologischen Aktivität auf die erlebte Emotion von den Gründen ab, die mit ihr in Verbindung gebracht werden. Allerdings redet M. W. Eysenck von der wahrgenommenen physiologischen Aktivität und nicht von der tatsächlichen wie Schachter und Singer.
Eine weitere Informationsquelle für das Erleben von Emotionen sind Informationen aus dem Langzeitgedächtnis. Zum Beispiel sind Sorgen gerade in Bezug auf Angst sehr wichtige Kognitionen. Ausschlaggebend sind hierbei nicht so sehr die Anzahl der Sorgen und ähnlicher Kognitionen oder Schemata aus dem Langzeitgedächtnis, sondern vielmehr die Neigung, solche Informationen selektiv wahrzunehmen in Verbindung mit deren Interpretation.
Die vierte Quelle der Informationen, die das Erleben von Emotionen beeinflusst, basiert auf den Verhaltenstendenzen und dem offenen Verhalten des Individuums. Im Sinne der Theorie wird Verhalten als ein sehr weiter Begriff definiert. Zu Verhalten zählen alle sichtbaren Äußerungen, die von einem Außenstehenden herangezogen werden können, um auf das Ausmaß der Angst bei einem Individuum schließen zu können. Verhalten beinhaltet also den Gesichtsausdruck, wie andere non-verbale Äußerungen, genauso wie verbale Äußerungen und Handlungen.

Hier mag die Theorie der Verbesserung bedürfen. So hat zum Beispiel Parkinson (1995) angemerkt, dass eine Unterteilung in Ausdruck (expressions) und Handlungen (actions) angebracht sei.

Der letzte Aspekt der »Vier-Faktoren-Theorie« betrifft die Linie vom emotionalen Erleben zur kognitiven Beurteilung. Diese ist gestrichelt, da die Befundlage weder eindeutig zeigt noch widerlegt, dass emotionales Erleben einen generellen Einfluss auf die kognitive Beurteilung hat.

Der Einfluss von selektiven und interpretativen Verzerrungen auf die vier Informationsquellen geschieht meist unterhalb der bewussten Wahrnehmung, obwohl diese Prozesse sehr wohl nicht automatisch ablaufen müssen (Eysenck, 1997, S. 42). Die Stärke des Einflusses hängt ab von der vorherrschenden Situationsangst. Die Verzerrungen haben mit zunehmender situativer Angst mehr Einfluss auf die Informationsquellen. Dies ermöglicht eine positive Rückkopplungsschleife, was als Erklärung für extreme Angstzustände dienen kann. Des Weiteren spielen im Langzeitgedächtnis gespeicherte Schemata eine entscheidende Rolle bei der Funktion der kognitiven Verzerrungen. Somit beeinflussen Schemata auch die vier Faktoren, die zum emotionalen Erleben beitragen.

Individuelle Unterschiede im Erleben von Emotionen lassen sich mit der »Vier-Faktoren-Theorie« durch die unterschiedlichen Stärken der einzelnen Faktoren und den daraus resultierenden unterschiedlichen Einflüssen auf andere Faktoren erklären. Für empirische Befunde hierzu siehe Eysenck (1997).

Die »Vier-Faktoren-Theorie« ist angelegt, um auf vier Gruppen von Individuen angewandt werden zu können. Hierbei handelt es sich um Niedrigängstliche, Unterdrücker, Hoch ängstliche und defensiv Hochängstliche (nach der Terminologie von Weinberger et al., 1979; siehe auch Asendorpf et al., 1983, oder Kapitel 17.2.6). Wobei Niedrigängstliche und Unterdrücker niedrige Werte in Ängstlichkeit haben (gemessen z. B. mit Taylors Manifest Anxiety Scale oder Spielbergers State-Trait-Anxiety-Inventory) und Hochängstliche und defensiv Hochängstliche hohe Werte. Die Werte für soziale Erwünschtheit (gemessen mit der Social Desirability Scale von Crowne und Marlowe, 1960; deutsche Fassung von Lück & Timaeus, 1969; siehe auch »Soziale Erwünschtheit« 9.4.3 b) hingegen sind hoch bei Unterdrückern und defensiv Hochängstlichen und niedrig bei Niedrigängstlichen und bei Hochängstlichen.

Die »Vier-Faktoren-Theorie« erwartet für Hochängstliche eine selektive Aufmerksamkeits- und Interpretations-Verzerrung, die dazu führt, dass die Bedrohlichkeit externer und interner Reize überschätzt oder übertrieben wird. Außerdem wird angenommen, dass Unterdrücker eine entgegengesetzte selektive Aufmerksamkeits- und Interpretations-Verzerrung haben, die dazu führt, dass die Bedrohlichkeit von externen und internen Reizen minimiert wird.

Niedrigängstliche haben im Allgemeinen weder kognitive Verzerrungen noch entgegengesetzt kognitive Verzerrungen. Aussagen über die defensiv Hochängstlichen werden kaum gemacht, da diese Gruppe die kleinste ist und oft in Untersuchungen vernachlässigt wird und daher kaum Befunde vorliegen.

Eysenck führt einige Untersuchungen auf, die die von ihm gemachten Annahmen zumeist unterstützen (Genaueres in Eysenck, 1997).

So zum Beispiel eine Untersuchung von Derakshan und Eysenck (1997, Abb. 17.10). Die Versuchspersonen wurden anhand von Fragebögen in Niedrigängstliche, Unterdrücker, Hochängstliche und defensiv Hochängstliche eingeteilt. Die Versuchspersonen wurden aufgefordert, eine etwa vierminütige Rede vor einem kleinen Publikum zu halten. Die Rede wurde auf Video aufgezeichnet. Diese Videoaufnahmen dienten sowohl für die Versuchspersonen als auch für die (zwei) externen Beobachter als Grundlage für die Verhaltensbe-

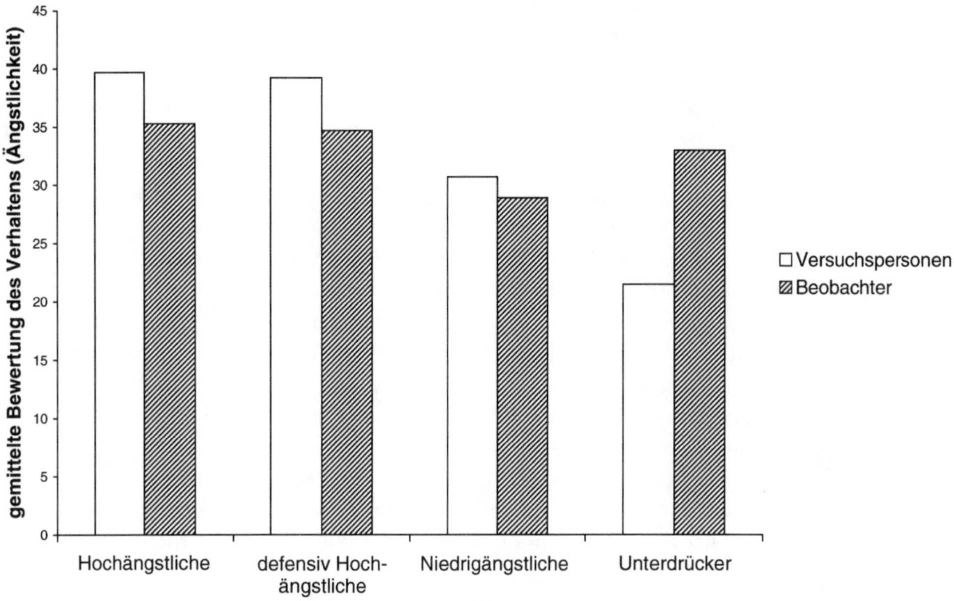

Abb. 17.10: Gemittelte Bewertung von Versuchspersonenverhalten in stressreichen Situationen (nach Derakshan & Eysenck, 1997).

wertung der Versuchsperson. Als Bewertungmaßstab diente die Timed Behavioral Checklist (Paul, 1966). Die Versuchspersonen wurden explizit aufgefordert, für ihr Urteil ausschließlich das Video zu benutzen und Gedanken, die sie eventuell während der Rede gehabt hatten, zu ignorieren.

Die Analyse der Daten beinhaltete einen Vergleich zwischen (gemittelten) Werten der Beobachter und der Versuchspersonen auf der Timed Behavioral Checklist. Wie in Abbildung 17.10 zu erkennen, beurteilten Hochängstliche und defensiv Hochängstliche ihr Verhalten als ängstlicher, als dies die Beobachter taten. Unterdrücker beurteilten ihr Verhalten als weniger ängstlich als die Beurteiler.

Diese Ergebnisse entsprechen den Vorhersagen der »Vier-Faktoren-Theorie«. Hochängstliche neigen dazu, interne und externe Reize als eher bedrohlich einzuschätzen. Sie stufen also ihr eigenes Verhalten als ängstlicher ein, als dies andere tun. Sie zeigen eine Interpretations-Verzerrung.

Unterdrücker hingegen sehen ihr eigenes Verhalten als weniger ängstlich als die Beobachter. Sie interpretieren interne und externe Reize als eher weniger bedrohlich oder neutral. Sie zeigen eine entgegengesetzte Interpretations-Verzerrung.

f) Ängstlichkeit und Leistung

Die Frage, ob Ängstlichkeit als Persönlichkeitsmerkmal die Leistungsfähigkeit von Personen beeinträchtigt oder fördert, wurde erstmals – wie schon oben erwähnt – von Taylor (1956, 1958) und Spence (1958, 1964) im Rahmen der Hull'schen Lerntheorie untersucht, indem sie Ängstlichkeit mit dem *Triebbegriff (drive) von Hull* gleichsetzten. Eines ihrer Hauptergebnisse war, dass leichte Aufgaben von Ängstlichen besser bearbeitet werden als von

Nichtängstlichen, dass sich dieser Effekt aber für schwierige Aufgaben umkehrt. Erklärt wird diese Wechselwirkung zwischen Ängstlichkeit und Aufgabenschwierigkeit damit, dass höhere Ängstlichkeit im Sinne höherer Motivation (= drive) stärkere Reaktionen auslöst, die bei leichten Aufgaben meist richtig sind und so die Leistung erhöhen, bei schweren Aufgaben aber oft falsch sind und so zu einer Leistungsminderung der Ängstlichen führen (Spence, J.T. & Spence, K.W., 1966; zusammenfassend siehe Brody, 1972; Byrne, 1974).

H. J. Eysenck (1973; siehe dazu auch M.W. Eysenck, 1979, 1992a; Krohne, 1980; Eysenck & Eysenck, 1985, S. 289ff.) hat in diesem Zusammenhang darauf hingewiesen, dass die von Taylor (1956, 1958) und Spence (1958, 1964) verwendete »Manifest Anxiety Scale« (MAS, Taylor, 1953) aber sowohl mit Neurotizismus als auch – negativ – mit Extraversion korreliert, sodass der Leistungsvorteil Ängstlicher auf deren höhere Introversion (verglichen mit den Nichtängstlichen) und die damit einhergehende höhere corticale Erregung (siehe oben Kapitel 15.3.4c) zurückgeführt werden kann, während sich bei schwierigen Aufgaben die höhere autonome Aktivierung, die mit hohem Neurotizismus einhergeht, stärker und damit leistungsmindernd auswirke.

Diese Idee, dass sich Ängstlichkeit aus zwei (oder mehreren) Komponenten zusammensetzt, die sich auf Leistungsanforderungen unterschiedlich stark oder sogar gegenteilig auswirken, ist in verschiedenen Theorien über den Zusammenhang zwischen Ängstlichkeit und Leistung zu finden.

Eine solche *Zweikomponenten-Theorie* ist die auf Liebert und Morris (1967) zurückgehende und später erweiterte (Morris, Davis & Hutchins, 1981; siehe dazu M.W. Eysenck, 1992a, S. 99–123) Theorie, dass Angst und Ängstlichkeit aus den zwei Komponenten *Emotionalität* (Aufgeregtheit im physiologischen Sinne) *und Besorgtheit* (»worry«) als kognitiver Komponente bestehen. Korrelationsstudien, in denen diese beiden Komponenten getrennt gemessen wurden, legen die Vermutung nahe, dass es die Besorgtheitskomponente und nicht die Emotionalitätskomponente (die sogar leistungsfördernd sein kann: Hodapp, 1982) ist, die z. B. bei akademischen Prüfungsleistungen zu Defiziten führt (Seipp, 1991). Allerdings ist die Interpretationsrichtung hier nicht eindeutig: Es könnten ja auch realistische Erwartungen schlechter Prüfungsleistungen zu höherer Besorgtheit führen.

Auch in der *kognitiven Interferenz-Theorie von Sarason* (1984, 1988) wird die Besorgtheitskomponente vor allem für Prüfungsängste betont: Hier ist es die Sorge über die erwartete Beurteilung (worry over evaluation), aber auch die Neigung, sich zu sehr mit sich selbst zu beschäftigen (proneness to selfpreoccupation), die mit der für die zu erbringende Leistung notwendigen Aufmerksamkeit interferiert. Sarason (1984, 1988) kann eine Reihe von Befunden vorlegen, die diese Aussage stützen: Er konnte experimentell zeigen, dass die Erwartung einer Beurteilung, verglichen mit einer Kontrollbedingung sowie hohe Komplexität und Schwierigkeit der zu erbringenden Leistung (höhere Aufmerksamkeitsanforderung) den Einfluss von Prüfungsängstlichkeit im Sinne einer Leistungsminderung verstärken, also mit Aufmerksamkeit interferieren. Jedoch gibt es auch Befunde, bei denen trotz höherer Besorgtheit (Calvo & Ramos, 1989; Calvo, Alamo & Ramos, 1990) oder vermehrter negativer Gedanken über sich selbst (Blankstein, Toner & Flett, 1989) die hoch Prüfungsängstlichen keine schlechteren Leistungen zeigten.

M. W. Eysenck (1992a; Eysenck & Calvo, 1992) kritisiert an der Interferenztheorie von Sarason, dass sie außer Aufmerksamkeitsprozessen keine anderen kognitiven Informationsverarbeitungsprozesse, auf die sich die Ängstlichkeit auswirken könnte, berücksichtigt und verweist auf die komplexere *Informationsverarbeitungstheorie* von Humphries und Revelle (1984), in der neben Vermeidungsmotiven Hochängstlicher auch ein schlechteres Kurzzeitgedächtnis Hochängstlicher für kognitive Leistungseinschränkungen verantwortlich gemacht wird. Diese Annahme könnte auch die oben genannte Wechselwirkung zwischen

Ängstlichkeit und Aufgabenschwierigkeit erklären, wenn man annimmt, dass schwierigere Aufgaben mehr Anforderungen an das Kurzzeitgedächtnis stellen.
In seiner *Theorie der Verarbeitungseffizienz* (processing efficiency theory) hat Eysenck (1992a; Eysenck & Calvo, 1992) der Annahme einer stärkeren Auslastung des Arbeitsgedächtnisses bei Hochängstlichen z.B durch Besorgtheitsgedanken (worry), aber auch durch andere kognitive Prozesse großes Gewicht gegeben und diese Annahme weiter ausdifferenziert (Unterscheidung verschiedener Komponenten des Arbeitsgedächtnisses, auf die sich Ängstlichkeit unterschiedlich stark auswirkt). Vor allem aber bemühte sich M. W. Eysenck (1992a; Eysenck & Calvo, 1992) um eine Erklärung dafür, dass Leistungsunterschiede zwischen Ängstlichen und Nichtängstlichen nicht immer auftreten und oft sehr klein sind. Er bietet in seiner *Theorie der Verarbeitungseffizienz* dafür eine Erklärung an, indem er zwischen Verarbeitungseffizienz (processing efficiency), Leistungseffektivität (performance effectivity) und Anstrengung (effort) unterscheidet, die zueinander in folgender Beziehung stehen sollen:

$$\text{Verarbeitungseffizienz} = \frac{\text{Leistungseffektivität}}{\text{Anstrengung}}.$$

Darin bedeutet Leistungseffektivität praktisch die effektiv erbrachte Quantität oder Qualität der geforderten Leistung, während unter Anstrengung der dafür investierte (kognitive oder physiologische) Aufwand gemeint ist. Während in anderen Theorien zum Einfluss von Ängstlichkeit auf Leistungen und entsprechenden Experimenten nur die tatsächlich erbrachte Leistung, also die Leistungseffektivität, betrachtet wird und die dafür investierte Anstrengung außer Acht bleibt, wird hier auch die dafür aufgewendete Anstrengung als bedeutend erachtet: Gleiche Leistungen, die mit unterschiedlicher Anstrengung zustande kommen, unterscheiden sich demnach in der Verarbeitungseffizienz – je weniger Anstrengung nötig ist, umso höher ist die Verarbeitungseffizienz. In der Theorie der Verarbeitungseffizienz wird nun postuliert, dass sich Ängstlichkeit sehr unterschiedlich auf die Leistungseffektivität und die Verarbeitungseffizienz auswirken können. In allen anderen Theorien zum Einfluss von Ängstlichkeit auf Leistungen wird diese Annahme nicht gemacht und direkt oder indirekt von der Leistung auf die Effizienz geschlossen. Im Besonderen nimmt die Verarbeitungseffizienz-Theorie an, dass Hochängstliche für die zu erbringende Leistung mehr Aufwand betreiben, sich in diesem Sinne also mehr anstrengen, wodurch die Verarbeitungseffizienz schlechter wird, die effektive Leistung aber gegenüber Niedrigängstlichen gleich bleiben kann.
Für die empirische Prüfung dieser Theorie ergibt sich das Problem, wie Verarbeitungseffizienz oder Anstrengung unabhängig von der Leistungseffektivität gemessen werden können. M. W. Eysenck (1992a; Eysenck & Calvo, 1992) hat dazu verschiedene Ansätze referiert.

(1) Eine benutzt *psychophysiologische Maße*. So konnte beispielsweise mit Hilfe elektromyografischer Registrierungen gezeigt werden (Weinberg & Hunt, 1976), dass Ängstliche in einer Ballwurfaufgabe nicht schlechter sind als Nichtängstliche, aber dafür einen viel höheren muskulären Aufwand betreiben.

(2) Auch Maße *der subjektiven Anstrengung* zeigten, dass Ängstliche, die sich von Nichtängstlichen beim Lösen kognitiver Aufgaben mit niedriger und solchen mit hoher mentaler Belastung nicht unterscheiden, bei hoher mentaler Belastung (z. B. große für die Aufgabenlösung zu berücksichtigende Informationsmenge) deutlich höhere erlebte Anstrengungen berichten als Nichtängstliche (Dornic, 1977; 1980).

(3) Interessant erscheint in diesem Zusammenhang auch die Methode, den Versuchspersonen zusätzlich zur gestellten Hauptaufgabe eine *Nebenaufgabe* zu geben. Unter der

Annahme, dass höhere Anstrengung bei der Bearbeitung der Hauptaufgabe weniger Kapazität für die Lösung der Nebenaufgabe frei lässt, müssten Ängstliche bei gleich guten Leistungen in der Hauptaufgabe in der Nebenaufgabe schlechtere Leistungen zeigen als Nichtängstliche. In einer Literaturübersicht berichtet Eysenck (1982), dass dies in 11 von 16 Experimenten der Fall war.

(4) Den Nachteil, dass diese Ergebnisse auch mit eingeschränkter Aufmerksamkeit Ängstlicher erklärt werden können, vermeidet die so genannte *»probe technique«*, bei der, eingestreut in die Bearbeitung einer Hauptaufgabe, Reize (probes) gegeben werden, auf die die Versuchspersonen möglichst schnell reagieren sollen. Höhere Anstrengung, also das Einsetzen vermehrter kognitiver Prozesse für das Lösen der Hauptaufgabe, müsste zu Reaktionszeitverlängerungen führen. Tatsächlich konnte eine solche Reaktionszeitverlängerung bei Hochängstlichen gezeigt werden (Eysenck, 1989; siehe jedoch auch Calvo & Ramos, 1989).

(5) Mit Hilfe der *Methode des Leseverständnisses* konnte gezeigt werden, dass Ängstliche und Nichtängstliche zu lesende Texte gleich gut verstehen, dass Ängstliche aber für das Wort für Wort Lesen des Textes (erreicht über eine Technik, bei der die einzelnen Wörter in einem Fenster dargeboten wurden) längere Wortdarbietungszeiten brauchen (Calvo & Carreiras, 1993) oder vermehrt zusätzliche Techniken (wie Mitartikulieren des Gelesenen) benutzten, sodass ihre Leseeffizienz schlechter als die Nichtängstlicher ist. (Zum Zusammenhang zwischen Angst/Neurotizismus und Leistung siehe auch die Beiträge von Mathews & Dorn, 1995 und von Endler & Summerfeldt, 1995; im International Handbook of Personality and Intelligence, Saklofske & Zeidner, 1995.)

Nicht nur in der Theorie der Verarbeitungseffizienz und in der kognitiven Interferenz-Theorie, sondern auch in anderen Theorien zum Einfluss von Ängstlichkeit auf Leistungen wird betont, dass sich Ängstlichkeit (als Persönlichkeitsmerkmal) vor allem in Angst auslösenden Situationen (im Zustand der Angst also) auf Leistungen auswirkt. Auf diese Unterscheidung zwischen Ängstlichkeit (trait anxiety) und Angst (state anxiety) wird im Folgenden näher eingegangen.

17.3.3 Differenzierungen des Ängstlichkeitskonstruktes

a) Spielbergers Trait-State-Angstmodell

Im Bereich der psychologischen Angstforschung werden Begriffe wie Furcht, Angst, Erregung, Stress und Ängstlichkeit nicht immer streng auseinander gehalten und oft auch von verschiedenen Autoren unterschiedlich verwendet. So erscheinen die Begriffe *Furcht* und *Angst* manchmal als Synonyme. Vielfach werden sie definitorisch unterschieden, so etwa von Lazarus entsprechend der oben zu seiner Theorie gegebenen Abbildung (Abb. 17.6) oder von Epstein (1972, S. 309ff.) in dem Sinne, dass Furcht sich auf eine bekannte, Angst auf eine dem Individuum unbekannte Gefahrenquelle bezieht, wobei das Gemeinsame an Angst und Furcht die als unangenehm erlebte (physiologische) *Erregung* darstellt, die als Oberbegriff für viele Emotionen aufgefasst werden kann. Etwas anders unterscheidet Spielberger (1972c, p. 30): *Furcht* (threat) bezieht sich nach ihm auf das Erkennen einer physischen oder psychischen Gefahr, einer Reizkonstellation also, die er mit *Stress* bezeichnet. *Angst* definiert Spielberger als emotionale Reaktion auf das Erkennen oder vermeintliche Erkennen einer Gefahr, unabhängig davon, ob diese Gefahr auch objektiv gegeben ist. Viele dieser Unterscheidungen (siehe dazu z. B. Becker, 1980; Krohne, 1975, S. 10ff.; Pongratz,

1973, S. 81) sind theoretischer Art und kaum empirisch verankerbar im Sinne operationaler Definitionen (siehe dazu auch Schwarzer, 1983).
Etwas anders steht es mit der Unterscheidung von *Angst* (oder Furcht) als Zustand (»anxiety state«) und *Ängstlichkeit* (»anxiety trait«) als Persönlichkeitsmerkmal, die gerade für die Differentielle Psychologie zentral ist. Die definitorische Abgrenzung ist klar: *Angst* bezeichnet ein aktuelles Geschehen von relativ kurzer Dauer, *Ängstlichkeit* eine als überdauernd angesehene Disposition dafür, vergleichsweise leicht, oft und intensiv in Angstzustände zu geraten. Diese zunächst definitorisch-theoretische Unterscheidung wurde von Cattell (siehe z. B. Cattell & Scheier, 1961; Cattell, 1966b, 1973) faktorenanalytisch mit Hilfe der P- und der differentiellen R-Technik im Vergleich zur R-Technik empirisch verankert (zur Unterscheidung von P- und R-Technik der Faktorenanalyse siehe Kap. 4.1, Abb. 4.1 und Tab. 4.2): Während bei der R-Technik von Ängstlichkeitsmaßen *interindividuelle* Unterschiede (Korrelation von Variablen über Versuchspersonen) in vielen Variablen zu einem Ängstlichkeitsfaktor (anxiety-trait-factor) zusammengefasst werden, analysieren die P- und die differentielle R-Technik *intraindividuelle* Unterschiede: Die P-Technik analysiert an jeweils einer Person erhobene Variablen aus vielen Situationen (Korrelation von Variablen über Situationen), die differentielle R-Technik Differenzen zwischen den zwei Werten in jeder Variable aus zwei Situationen (Korrelation der Differenzwerte der Variablen über Versuchspersonen). Die aus P- und differentieller R-Technik resultierenden Faktoren gruppieren die Variablen nach ihrer gemeinsamen Veränderung in der Zeit oder über verschiedene Situationen und definieren so Zustandsfaktoren. Mit Hilfe dieser Techniken konnte Cattell nachweisen, dass sich auch ein Angstfaktor im Sinne eines Zustandsfaktors neben einer Reihe anderer Zustandsfaktoren definieren lässt (zur ökonomischen Messung von acht dieser Cattell'schen state-Faktoren liegt eine deutsche Bearbeitung des Eight-State-Questionnaires-8SQ von Curran & Cattell, 1975, vor: Gräser, 1979). Dieser Angstfaktor wird sowohl von Selbstbeurteilungs-(Q-) wie von objektiven Test-(T-)Daten geladen, so beispielsweise von Maßen der Atemfrequenz, von Blutplasmawerten, der Herzfrequenz, fehlendem Vertrauen auf die eigene Leistung in ungewohnten Aufgaben, Zustimmungstendenz, Ablenkbarkeit und anderem (siehe z. B. Cattell, 1966b, S. 35).

Das State-Trait-Anxiety-Inventory (STAI)

Konstruktionsprinzip: Aus Angstitems verschiedener Fragebogen wurden nach der Höhe ihrer Interkorrelationen ($r_{xy} > .50$) 177 Items für eine Testvorform ausgewählt, die als **Anxiety-state-Skala** (A-state) einmal danach beantwortet werden sollten, wie den Pbn **im Augenblick** zumute war. Dafür wurde eine vierstufige Antwortskala nach **Intensitätsstufen** (überhaupt nicht – ein wenig – ziemlich – sehr) vorgesehen. Als **Anxiety-trait-Skala** (A-trait) sollten die Items zum anderen danach beantwortet werden, wie sie **im Allgemeinen** zutrafen. Die Beantwortung erfolgte ebenfalls auf einer vierstufigen Skala, die nach Häufigkeiten (fast nie – manchmal – oft– fast immer) abgestuft war.
Für den endgültigen Test wurden jene 20 Items der Testvorform in die A-state-Skala aufgenommen, die bei guten Interkorrelationen am besten zwischen verschieden starken Angstsituationen differenzierten, während für die A-trait-Skala die 20 Items mit den besten Retestreliabilitäten und geringer Situationsvarianz ausgewählt wurden (Spielberger, 1972c).

STAI-A-State-Skala

Instruktion: »... geben Sie an, wie Sie sich jetzt, das heißt in diesem Moment, fühlen.«

Item-Beispiel:	überhaupt nicht	ein wenig	ziemlich	sehr
3. Ich fühle mich angespannt	1	2	3	4
10. Ich fühle mich wohl	1	2	3	4

STAI-A-Trait-Skala

Instruktion: »... geben Sie an, wie Sie sich im Allgemeinen fühlen«

Item-Beispiel:	fast nie	manchmal	oft	fast immer
34. Ich mache mir Sorgen über mögliches Missgeschick	1	2	3	4
38. Enttäuschungen nehme ich so schwer, dass ich sie nicht vergessen kann	1	2	3	4

Die **Auswertung** erfolgt über die angekreuzten Zahlen, deren Wertigkeit entsprechend der Itempolung bei ungefähr der Hälfte der Items gespiegelt wird (Ich fühle mich wohl . . . 4 = sehr, wird mit 1 verrechnet!). Daraus resultiert je ein Summenwert für A-state und einer für A-trait.

Als **Reliabilitätsschätzungen** geben die Testautoren interne Konsistenzkoeffizienten zwischen $r_{tt} = .83$ und $r_{tt} = .92$ für die A-state-Skala an, für die A-trait-Skala liegen die Retestreliabilitäten (Wiederholung zwischen einem und 104 Tagen) zwischen $r_{tt} = .76$ und .77.

Als **Validitätshinweise** für die A-state-Skala werden Experimente berichtet, in denen die Situationsabhängigkeit der A-state-Skala sowie die Situationsunabhängigkeit der A-trait-Skala demonstriert wird, wobei Versuchspersonen mit hohen A-trait-Werten im Schnitt auch in den A-state-Werten höher liegen. Ein Beispiel dafür stellt die Untersuchung von Lamb (1973) dar. Dieser ließ seine Versuchspersonen zu vier Zeitpunkten den STAI ausfüllen: (1) in einer Ruhepause, (2) vor einer zu improvisierenden Rede, (3) nach dieser Rede und (4) nach der Aufforderung, einen Luftballon bis zum Platzen aufzublasen. Abb. 17.11 gibt die mittleren A-state- und A-trait-Werte aus dem STAI getrennt für die vier Situationen und für Personen mit hohen versus niedrigen Werten in einem weiteren Ängstlichkeitstest wieder.

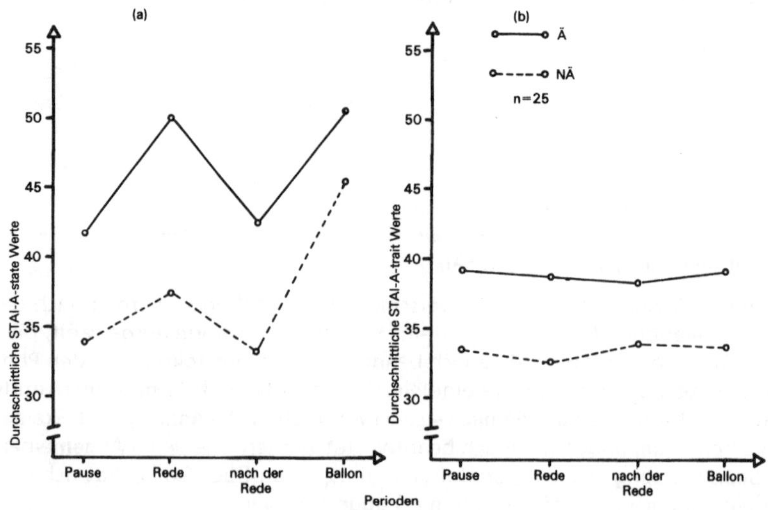

Abb. 17.11: STAI-state- und STAI-trait-Werte von ängstlichen (Ä) und nichtängstlichen (NÄ) Versuchspersonen in Abhängigkeit von vier Situationen (nach Lamb, 1973).

In Anschluss an diese Ergebnisse von Cattell entwickelten Spielberger, Gorsuch und Lushene (1970; Spielberger, 1983) das inzwischen weit verbreitete State-Trait-Anxiety-Inventory (STAI), das in viele Sprachen übersetzt wurde (Spielberger & Diaz-Guerrero, 1976) und auch in einer deutschen Bearbeitung vorliegt (Laux, Glanzmann, Schaffner & Spielberger, 1981).

Über eine Vielzahl von Forschungsarbeiten mit dem STAI, so etwa zum Zusammenhang zwischen A-state, A-trait und verschiedenen Leistungsvariablen, gibt Lamb (1978) eine ausführliche Übersicht. Dabei zeigt sich, dass Angst, Ängstlichkeit und angstauslösende Bedingungen als Determinanten von Leistungsunterschieden in mehrfacher Wechselwirkung zueinander stehen: Hodges (1973) zum Beispiel zeigte, dass Leistungsunterschiede in computerunterstützten Lernprogrammen zwischen Hoch- und Niedrigängstlichen nur unter leichten Stressbedingungen auftreten. Wenn die Zustandsangst stark ansteigt, verschwinden diese Unterschiede zwischen Hoch- und Niedrigängstlichen (zum Zusammenhang von Angst/Ängstlichkeit und Leistungen im pädagogischen Bereich siehe Gaudry & Spielberger, 1971).

Spielberger (1966b, 1972c, 1985) entwickelte zur Unterscheidung von A-state und A-trait eine Theorie, die sich wie folgt in sechs Punkten zusammenfassen lässt:

(1) Der Angstentstehung geht die **Einschätzung einer Situation** als bedrohlich voraus, unabhängig davon, ob eine Gefahr gegeben ist oder nicht. Auch innere Gegebenheiten (Gedanken, Erinnerungen, Erwartungen) können Angst entstehen lassen. Die entstehende A-state-Reaktion wird als unangenehm erlebt.

(2) Die **Stärke einer A-state-Reaktion** ist proportional der Stärke der wahrgenommenen Bedrohung.

(3) Die **Dauer der A-state-Reaktion** hängt von der Dauer der Wahrnehmung einer Bedrohung ab.

(4) Personen mit hohem **A-trait** nehmen Situationen eher als bedrohlich wahr als Personen mit niedrigem A-trait.

(5) Hohe A-states haben Reiz- und Triebcharakteristiken, die sich direkt im **Verhalten** (z. B. Vermeidung oder Veränderung der Situation) niederschlagen **oder** zur **Angstabwehr** (Umdeutung oder Neubewertung der Situation als weniger bedrohlich) führen, je nach den bisherigen Erfahrungen des Individuums.

(6) Bezüglich **oft erlebter Stressbedingungen** entwickelt man spezifische Abwehrmechanismen oder Bewältigungsreaktionen (coping-responses), die zur Reduktion der A-state-Reaktion führen.

Die Verwandtschaft dieser Formulierungen zu den Theorien von Taylor-Spence sowie denjenigen von Epstein und Lazarus sind augenfällig.

Wichtig für die Differentielle Psychologie erscheint der Satz (4) in Zusammenhang mit den Sätzen (1), (2) und (3): Danach erleben Ängstliche öfter, intensiver und länger Angst als Nichtängstliche. Auslöser dafür sind aber immer situative Gegebenheiten.

An diesem Konzept ist jedoch von verschiedener Seite Kritik geübt worden. Im Rahmen des State-Trait-Modells der Ängstlichkeit sollte man nämlich erwarten, dass die aktuelle Angst in nicht angstauslösenden Situationen bei Niedrig- und Hochängstlichen gleich gering ist und dass sie mit zunehmendem Bedrohungsgehalt der Situation bei Hochängstlichen steiler ansteigt als bei Niedrigängstlichen. Dieser Zusammenhang zwischen (Trait-) Ängstlichkeit und (aktueller oder State-) Angst sollte sich varianzanalytisch in einer signifikanten Wechselwirkung zwischen dem Bedrohungsgehalt der Situation und der Ängstlichkeit der Probanden zeigen. Lazarus-Mainka (1985) weist jedoch auf Befunde hin, die eher dafür sprechen, dass der Unterschied in der aktuellen Angst zwischen Hoch- und Niedrigängstlichen unabhängig vom Bedrohungsgehalt der Situation gleich ist und die Hochängstlichen generell eine höhere

State-Angst zeigen. In den von ihr berichteten Studien, in denen der Bedrohungsgehalt der Situation systematisch variiert wurde, ergaben sich jeweils hochsignifikante Haupteffekte für Situation und Ängstlichkeit, die Wechselwirkung zwischen den beiden Faktoren wurde jedoch nicht signifikant. Die Autorin führt diesen Befund darauf zurück, dass die Ergebnisse sowohl von Trait- als auch von State-Ängstlichkeitstests stark vom Sprachstil der Probanden im Hinblick auf den Umgang mit emotional negativ getönten Aussagen beeinflusst werden. Dieser Befund ließe sich aber auch im Rahmen des Konzeptes der Negativen Affektivität (NA, siehe Kap. 17.3.2) von Watson und Clark (1984) interpretieren: Im Unterschied zu dem eher reaktiven, die Situation betonenden Ängstlichkeitskonzept, würde man für Personen mit hoher NA (und damit auch für Hochängstliche) erwarten, dass sie in allen Situationen, also auch in Situationen, die keine Angst auslösen, negativere Emotionen erleben als Personen mit niedriger NA: Im Ängstlichkeitstest, der ja emotionale Aussagen über Situationen und die eigene Person verlangt, werden so Personen mit hoher NA unabhängig von der Situation höhere Ängstlichkeitswerte erzielen als Personen mit niedriger NA.

b) Situationsspezifische Angstneigungen

Auf das Problem des Zusammenhanges zwischen Situation und Disposition haben bereits vor Spielberger Endler, Hunt und Rosenstein (1962) hingewiesen: Sie wollten der Frage nachgehen, ob Situationen oder Dispositionen den größeren Varianzanteil an der beobachteten Verhaltensvarianz im Angstbereich erklären. Sie konstruierten dafür das so genannte »Situation-Response-Inventory« der Ängstlichkeit (S-R-Inventory of Anxiousness), bei dem die Versuchspersonen auf einigen mehrstufigen Reaktionsskalen das Ausmaß verschiedener Angstreaktionen angeben sollten, und dies öfter für jeweils verschiedene gedachte Situationen. In vielen Untersuchungen mit diesem S-R-Inventory und ähnlichen Weiterentwicklungen (siehe z. B. Endler & Okada, 1975) konnten Endler und Mitarbeiter über ein varianzanalytisches Schätzverfahren zeigen, dass weder die Dispositions- (ca. 5%) noch die Situationsvarianz (ca. 8%), sondern die Wechselwirkungsvarianzen zwischen Disposition (Personen) und Situationen (ca. 10%) sowie jene zwischen diesen beiden Faktoren (im varianzanalytischen Sinne) und den Responsemodi (ca. 30%) den größten Varianzanteil an der Gesamtvarianz ausmachen (siehe z. B. Endler, 1975; zu einer deutschen Form der S-R-Inventories siehe Angleitner, Bierhoff & Rudinger, 1975), ein Befund, der in der Situationismus-Dispositionismus-Kontroverse und dem so genannten Interaktionismus (siehe dazu unten Teil VI, speziell 24.2) eine große Rolle spielte (zur Problematik des varianzanalytischen Ansatzes von Endler siehe auch Golding, 1975; Olweus, 1976; Furnham & Jaspars, 1983; Rorer & Widiger, 1983, S. 446–449).
Die Wechselwirkung zwischen Personen und Situationen aber bedeutet, dass verschiedene Personen in ganz unterschiedlichen Situationen jeweils besonders ängstlich reagieren, eine konsistente Vorhersage von A-states aufgrund von A-traits also nicht für jede Situation gleich möglich ist. Dies widerspricht dem Schluss, den man aus der Abb. 17.11 (Lamb, 1973) zu ziehen geneigt ist, nämlich, dass Hochängstliche, gemessen mit der STAI-A-trait-Skala, in *allen* Angstsituationen zu höherem STAI-A-state neigen. Auf faktorenanalytischem Weg konnten Endler et al. (1962) auch tatsächlich zeigen, dass sich die von ihnen verwendeten Situationen zu drei Situationsarten zusammenfassen ließen: (1) soziale Situationen: Umgang mit anderen Menschen, (2) Situationen mit physischer Bedrohung (Schmerz, Verletzung etc.) und (3) ungewisse, mehrdeutige Situationen. Dieses Ergebnis scheint durch Nachfolgeuntersuchungen prinzipiell bestätigt zu sein (Ekehammar, Schalling & Magnusson, 1975; Magnusson & Ekehammar, 1975). In den später daraus entwickelten Endler Multidimensional Anxiety Scales (EMAS) wird noch eine vierte Situationsklasse (4) »Alltägliches« hin-

zugefügt, die Angstbereitschaft in ungefährlichen alltäglichen Routinesituationen erfassen soll. Kritik geäußert wurde über den Endlerschen Ansatz hinsichtlich faktorenanalytisch-methodischer Details und bezüglich der verwendeten Daten (Cooper, 1981): Inwieweit die ja nur vorgestellten und nicht real erlebten Situationen valide sind und die verwendeten Angstindikatoren reliable und valide Angstmaße darstellen, muss offen bleiben.

Interessant ist, dass Endler, Edwards & Vitelli (1991) in den EMAS, gegenüber dem älteren S-R-Inventory (Endler & Okada, 1975), in dem die (situative) Angst (im Sinne von State-Angst) in den verschiedenen Situationen nur eindimensional erfasst wurde, State-Angst nun zweidimensional konzipieren und kognitive (Besorgnis-) Reaktionen von autonomen (Aufgeregtheits-) Reaktionen getrennt erfragen (zur Unterscheidung von Besorgtheit oder »worry« und Aufgeregtheit oder Emotionalität siehe auch oben, 17.3.2f.).

Aus den faktorenanalytisch gewonnenen Situationsklassen, die sich ja auf identische Reaktionsvariablen beziehen, wurde der Schluss gezogen, dass es notwendig ist, *situationsspezifische Angstneigungen* als »traits« zu unterscheiden (zur Definition spezieller »trait«-Konzepte, vor allem in der Stress-Forschung, siehe Laux & Vossel, 1981; Laux, 1983). Eine Reihe von Befunden deutet darauf hin, dass beispielsweise die MAS sowie die STAI-A-trait-Skala tatsächlich nur die A-state-Reaktionen für Situationen voraussagen, in denen die subjektive Gefahr besteht, sein Selbstwertgefühl zu verletzen oder sich selbst zu blamieren (soziale Situationen), dieses jedoch nicht für physisch gefährliche Situationen (Endler, 1975), doch scheint die Befundlage dazu nicht völlig konsistent zu sein (zusammengefasst bei Lamb, 1978, p. 64ff., siehe auch Spielberger, 1977, 1980; Spielberger, Lushene & McAdoo, 1977; Mellstrom, Zuckerman & Cicala, 1978).

Laux und Glanzmann (1985) haben darauf hingewiesen, dass in einer Reihe von Studien die prädiktive Validität allgemeiner A-trait-Maße für A-state-Werte aus entsprechenden Situationen höher war als die prädiktive Validität allgemeiner A-trait-Maße (Lamb, 1973, 1976; Paul, 1966).

In zwei Situationen jedoch (Mellstrom, Cicala & Zuckerman, 1976; Mellstrom, Zuckerman & Cicala, 1978) wiesen allgemeine A-trait-Maße scheinbar gleich hohe prädiktive Validitäten auf wie die entsprechenden situationsspezifischen A-trait-Maße, was von Laux und Glanzmann (1985) in einem Replikationsexperiment jedoch auf die unterschiedlichen Längen der verwendeten situationsspezifischen und allgemeinen Ängstlichkeitstests zurückgeführt werden konnte, sodass die Überlegenheit situationsspezifischer Ängstlichkeitsmaße für die Vorhersage von Angst in bestimmten Situationsklassen wohl als gesichert angesehen werden kann (zum allgemeinen Problem der Bedeutung von »traits« und Situationen in der Persönlichkeitspsychologie siehe die Zusammenfassung von Rorer & Widiger, 1983, S. 444–446).

Vor diesem Hintergrund erscheint es nur konsequent, der Frage nach der Bereichsspezifität von Angstneigungen systematisch nachzugehen, ein Vorhaben, das von Becker (1975, 1980, 1982) realisiert wurde und das über faktorenanalytische Untersuchungen zur Konstruktion eines Fragebogens führte, der sechs situative Ängstlichkeitsbereiche erster Ordnung unterscheidet:

(1) Angst vor physischer Verletzung
(2) Angst vor »Auftritten«
(3) Angst vor Normüberschreitung
(4) Angst vor Erkrankungen
(5) Angst vor Selbstbehauptung
(6) Angst vor Abwertung und Unterlegenheit

Auf einem höheren Abstraktionsniveau (Faktoren 2. Ordnung) resultierten die Angstbereiche

(7) Angst vor physischen und psychischen Angriffen
(8) Angst vor Bewährungssituationen.

Diese acht Bereiche werden mit dem von Becker entwickelten, etwas irreführend (wegen des Bezugs zu den von Endler und Mitarbeitern herausgestellten varianzanalytischen Interaktionen zwischen Personen und Situationen) Interaktions-Angst-Fragebogen (I-A-F) genannten Test erfasst (Becker, 1982).
In einer Übersicht über Methoden zur Messung von Angst und Ängstlichkeit kommt Glanzmann (1989) zu dem Schluss, dass zumindest die grobe Unterscheidung in »Ängstlichkeit in Bezug auf Selbstwertbedrohung« und »Ängstlichkeit in Bezug auf physische Bedrohung« als empirisch gut abgesichert gelten kann, wobei diese beiden Ängstlichkeitsbereiche den Faktoren höherer Ordnung (7) »Angst vor physischen und psychischen Angriffen« und (8) »Angst vor Bewährungssituationen« aus dem IAF von Becker (1982) ungefähr entsprechen.
Krohne und Kohlmann (1989) kommen aufgrund faktorenanalytischer Untersuchungen zur Unterscheidung von Ängstlichkeiten in den Bereichen »Soziale Bewertung«, »Interpersonale Situationen«, »physische Gefährdung« und »Alltagsroutine«.
Neben dem IAF von Becker (1982), der wohl die systematischste Situationsklassifizierung beinhaltet, wurden auch andere bereichsspezifische Ängstlichkeitstests vorgelegt, die von Becker (1984) als *Einbereichstests* (Lück, 1971: Angst in sozialen Situationen; Groffmann, Zschintzsch & Kornfeld, 1978: Prüfungsangst; Wieczerkowsky, Nickel, Janowski, Fittkau & Rauer, 1975: Angst von Schülern) und *Mehrbereichstests* (Ullrich & Ullrich de Muynck, 1978: Unsicherheitsfragebogen für verschiedene soziale Situationen; Taj Al Deen, Mehl & Wolfram, 1974; Mack & Schröder, 1977; Seidenstücker & Weinberger, 1978: Angstlisten zur Erfragung von Situationen und Objekten, die Angst auslösen, und die oben schon genannten EMAS von Endler, Edwards & Vitelli, 1991) bezeichnet wurden (zur situationsspezifischen Angstdiagnostik siehe auch Laux & Glanzmann, 1985; Schwarzer, 1987; Zuckerman, 1976, 1979).
So scheint sich neben der Differenzierung des Angstkonzeptes in Angst als »state« und Ängstlichkeit als »trait« nunmehr auch eine situationsspezifische Differenzierung des »trait«-Konzeptes der Ängstlichkeit durchzusetzen (siehe dazu auch Rost & Schermer, 1989a; Rost & Schermer, 1989b zu Leistungsängstlichkeit).

c) Differenzierung des Angst-State-Konzeptes

Dass über die situationsspezifische Differenzierung des »trait«-Konzeptes der Ängstlichkeit hinaus auch eine Differenzierung der Angstreaktion im Sinne eines Angst-State sinnvoll wäre, erscheint auf theoretischer wie auf empirischer Grundlage angebracht: Seit langem ist bekannt, dass Angstreaktionen auf drei Ebenen ablaufen, (1) der neurophysiologischen, (2) der subjektiv-psychologischen (kognitiven) und (3) der motorisch-verhaltensmäßigen Ebene. Für jede Ebene gibt es recht unterschiedliche Zugänge der Messung (siehe dazu Krohne, 1975, S. 23ff.). Dass diese drei Ebenen auch jeweils unterschiedliche Prozesse und Aspekte der Angst erfassen, ergibt sich aus den oft recht niedrigen Korrelationen zwischen den Indikatoren verschiedener Ebenen (Birbaumer, 1977a, S. 2ff., zusammenfassend Lamb, 1978, S. 52ff.; Fahrenberg, 1992). Einer der Hauptgründe dieser mangelnden Kovariation, die ein Hauptproblem auch der klinisch-psychologischen Angstbehandlung darstellt, liegt in der zeitlichen Verschiebung der Prozessabläufe auf diesen drei Ebenen. Interessanterweise scheinen die Prozesse umso eher simultan abzulaufen, je stärker die Angst ist, sodass in extremen Stresssituationen die Kovariation von Maßen verschiedener Ebenen größer ist als in geringen Stresssituationen. Darüber hinaus gibt es auch Hinweise dafür, dass die Reaktionen auf den drei Ebenen in verschiedenen Situationen unterschiedlich stark sein können.
Alle diese Befunde legen es nahe, auch eine systematische Differenzierung im Bereich der Messung von A-States vorzusehen. Von mehreren Autoren wurden dazu bereits Vorschläge

und Ergebnisse berichtet, wie dies auch ohne komplizierte elektrophysiologische Messtechniken geschehen könnte: Bereits in der ersten Arbeit über das S-R-Inventory der Ängstlichkeit zeigten Endler et al. (1962), dass sich auch bei den Antwortkategorien (response modes) faktorenanalytisch drei Reaktionsweisen unterscheiden lassen, nämlich (1) *vegetative Reaktionen* (»autonomic arousal«: Kopfschmerzen, Handschweiß, Herzklopfen, trockener Mund), (2) *Muskelspannung* (Rücken- und Genickschmerzen, Handzittern, Sprachstörungen) und (3) *Angstgefühle* (»feelings of fear«: besorgt, deprimiert, unsicher). In ihren Endler Multidimensional Anxiety Scales (EMAS) erfragen – wie oben erwähnt – Endler, Edwards und Vitelli (1991) allerdings nur Besorgtheits- und Aufgeregtheitsreaktionen, die den aus der Prüfungsangstforschung bekannten Komponenten entsprechen (siehe oben 17.3.2f.).
Auch Lushene (1970) konnte mit Hilfe der Selbstbeurteilungsmethode zeigen, dass drei Komponenten der Zustandsangst (A-state), nämlich eine autonome, eine motorische und eine kognitive zwischen verschiedenen Stressbedingungen zu differenzieren vermögen: Obwohl sich alle drei Komponenten sowohl in physischen wie in psychologischen Stressbedingungen erhöhten, war die Erhöhung bei physischem Stress im autonomen Bereich größer als in den anderen Komponenten. Ähnliche Ergebnisse brachten auch Morris und Liebert (1973, S. 312) ein: Unter psychologischen Stressbedingungen reagierte nur die Besorgtheitskomponente (worry), unter physischen Stressbedingungen die Aufgeregtheitskomponente (emotion; siehe dazu Schwarzer, 1983, S. 150–151). Rost und Schermer (1987) führen Belege für eine entsprechende Differenzierung in »selbstwertbedrohende Kognitionen« (worry) und »Wahrnehmung körperlicher Erregung« (emotionality) auch im Bereich der Leistungsangst in Prüfungssituationen (Test-Anxiety) an. Diese Unterscheidung wird z. B. im Test-Anxiety-Inventory (TAI) von Spielberger (1980) umgesetzt. Empirische Ergebnisse mit diesem Test sowie einer experimentellen deutschen Form davon (Hodapp, Laux & Spielberger, 1982) zeigen jedoch eine hohe Korrelation der beiden Unterskalen. Sarason (1984) nimmt eine weiter gehende Unterteilung in die Komponenten »Anspannung«, »Besorgtheit«, »aufgabenirrelevante Kognitionen« und »Wahrnehmung körperlicher Reaktionen« vor.
Auch für Angstzustände wurden ähnliche Differenzierungen vorgeschlagen, so zum Beispiel von Oswald (1980), der ein ökonomisches Verfahren zur Messung zweier state-Komponenten vorgeschlagen hat, die den »worry«- und »emotionality«-Komponenten entsprechen. Getrennte Skalen zur Erfassung einer motorischen, einer emotional-kognitiven und einer physiologischen Komponente von Angstzuständen wurden von Sedlmayr (1980) entwickelt.
Welche praktischen Implikationen Wechselwirkungen zwischen Situationsbedingungen und Reaktionsweisen im klinisch-psychologischen Bereich beispielsweise haben, darauf haben Morris, Spiegler und Liebert (1974) hingewiesen: Sie fanden, dass eine Angsttherapie mit Hilfe des Modelllernens einen bedeutsamen Effekt im Sinne der Angstreduktion nur im kognitiven, nicht aber im physiologischen Bereich erzielte. Auch hier mögen verschiedene Therapietechniken differentielle Effekte auf die unterschiedlichen Komponenten der Angst haben.

17.4 Aggression und Aggressivität

17.4.1 Zur Bedeutung von Aggression

Eine besondere Bedeutung für den Einzelnen und die Menschheit als Ganzes haben jene Verhaltensweisen, die in die Kategorie von Aggressionen fallen. Immer wieder nämlich wird das soziale Leben durch aggressives Verhalten von Individuen oder organisierten Gruppen

nachhaltig gestört, immer wieder kommt es zu schwerwiegenden Beeinträchtigungen des harmonischen Zusammenspiels. »Dabei sieht es so aus, als bestünde ein kontinuierlicher Übergang von feindseligen Bemerkungen bis zum Mord, von ablehnenden Vorurteilen bis zum Krieg« (Merz, 1965, S. 569). Ausgehend von der biblischen Geschichte über Kain und Abel bis zum letzten Krimi im Fernsehen am gestrigen Abend ist die Geschichte der Menschheit eine Chronologie von Mord und Totschlag, Folter, Unterdrückung, Raub und Verfolgung, Stammes- und Familienfehden, Heiligen und Kalten Kriegen.
Schon die alten Ägypter machten sich denn angesichts der zunehmenden Häufung krimineller Akte in ihren Straßen beträchtliche Sorgen um die Zukunft; ungleich höher aber ist das Potenzial der Bedrohung in der Gegenwart: Nach Schätzungen von Richardson (1960) wurden in der Zeit zwischen 1820 und 1946 nicht weniger als 59 Millionen Menschen in Kriegen und anderen Streitigkeiten getötet. Bereits Anfang der Siebzigerjahre betrugen im Mittel aller Länder die Ausgaben für die Ausbildung eines Soldaten ca. 7 800 Dollar gegenüber nur ca. 200 Dollar zur schulischen und beruflichen Ausbildung jedes Kindes. Umgelegt auf die Gesamtbevölkerung entsprach das Potenzial der angelegten Vernichtungsenergie bereits in den sechziger Jahren ca. 20 Tonnen TNT (s. Johnson, 1972) – ohne Frage sind die Menschen die mit Abstand aggressivsten Tiere, die als einzige Spezies überhaupt nicht nur ihre Zukunft planvoll in vielerlei Hinsicht zu gestalten versteht, sondern seit jeher auch Ansätze zu ihrer eigenen Ausrottung systematisch betreibt.
Mit Recht ist argumentiert worden, die Potenz für aggressives Verhalten weise vermutlich einen Wert für die Erhaltung der Art auf, weil sie anderenfalls bereits der Evolution anheim gefallen wäre. Die rasche Entwicklung der Lebensbedingungen und mehr noch: hochwirksamer Waffensysteme kann freilich diesen Faktor leicht neutralisiert haben, sodass ohne Frage berechtigte Zweifel angebracht sind, was die Zukunftsaussichten der Menschheit angeht.
Daran ändert sich auch nichts, wenn statt einer Betrachtung auf institutionellen Ebenen wie Staat, Technik oder Wirtschaft eine Analyse auf individueller Basis vorgenommen wird: Einhergehend mit Faktoren wie höherer Wohn- und Bevölkerungsdichte, anderen Einstellungs- und Wertsystemen, geänderten Freizeit- und Kommunikationsangeboten ist ein generelles Ansteigen der Kriminalitätsrate in fast allen Ländern zu verzeichnen (s. Göppinger, 1973, S. 341–344; Nietzel, 1979). Die Zunahme an Delinquenzbelastung ist bei Jugendlichen und Gewaltdelikten besonders drastisch. In Philadelphia als einer Stadt mit etwa 2 Millionen Einwohnern ereigneten sich in den Achtzigerjahren ebenso viele Morde wie während derselben Zeit in England, Schottland und Wales zusammen mit einer Bevölkerung von ca. 45 Millionen. Extrapoliert man diese Zahlen vor dem Hintergrund der Regel, dass mit einer gewissen Verzögerung viele Erscheinungen in den USA auch in Europa auftreten, eröffnen sich daraus denkbar unerfreuliche Perspektiven.
Mehr als in der Vergangenheit hängt deshalb der Fortbestand des menschlichen Geschlechts davon ab, inwieweit es gelingt, seine aggressiven Verhaltensweisen zu kontrollieren; wesentliche Elemente der moralischen und religiösen Erziehung sowie des Rechtssystems dienen dieser Aufgabe. Auch die Psychologie hat besondere Programme einer entsprechenden Verhaltensmodifikation entwickelt. Nur im Hinblick auf sie sind halbwegs gesicherte Aussagen über die relative Wirksamkeit von Versuchen einer Aggressionseindämmung möglich (Details s. unten).

17.4.2 Definitionsprobleme

Obwohl jedermann eine klare Vorstellung darüber zu haben scheint, was mit dem Begriff der Aggression gemeint ist, bestehen diesbezüglich im Bereich der empirischen Erforschung des

Phänomens zwischen einzelnen Autoren doch beträchtliche Auffassungsunterschiede. Diese rühren hauptsächlich aus dem Umstand, dass einige Forscher nach Möglichkeit nur direkt beobachtbare Gegebenheiten als Gegenstand von Untersuchungen zulassen wollen. In diesem Sinne definiert z. B. Buss (1961, S. 1) Aggression als »eine Reaktion (response), bei der einem anderen Organismus Schäden (noxious stimuli) zugefügt werden«. Auch in der Umschreibung von Bandura und Walters (1964) steht das Faktum der Schädigung im Vordergrund: »Aggression mag definiert werden als eine Klasse von schmerzzufügenden Verhaltensweisen oder als Handlungen, die verletzen oder zerstören könnten, sofern sie auf ein verwundbares Objekt gerichtet sind.«

Solche »behavioralen« Begriffsbestimmungen werfen mehr Probleme auf, als sie durch die strikte Fassung des Schadens zu umgehen suchen.

So etwa sind nicht ohne weiteres unbeabsichtigte von intendierten Verletzungen zu unterscheiden. Auch finden jene Schädigungen keine unmittelbare Berücksichtigung, die in einer sozialen Rolle zugefügt werden im guten Glauben, damit letztlich Positives zu bewirken (Spritze oder Operation des Arztes, Schläge des Erziehers u. Ä.). Um solchen Besonderheiten gerecht zu werden, sind zusätzliche Erläuterungen nötig, die z. B. bei Buss den Erlebnissen des Handelnden und der Art der Verhaltensweise insofern gelten, als synonym zu »Aggression« auch der Terminus »Attack« gebraucht werden könne.

Damit aber sind gerade solche subjektiven Prozesse konstitutiver Bestandteil der Gegenstandsbestimmung, die zunächst ausgeschlossen werden sollten. Von daher kommt jenen Definitionsversuchen kein prinzipiell anderer Status zu, in denen von vornherein die Erlebnisse und Motive des Akteurs eine zentrale Rolle spielen. So umfasst nach Merz (1965, S. 571) die Aggression »jene Verhaltensweisen, mit denen die direkte oder indirekte Schädigung eines Individuums, meist eines Artgenossen, intendiert wird«.

Der Wert einer derartigen Umschreibung liegt in der Möglichkeit einer Unterscheidung zwischen absichtlichen und zufälligen Schäden. Auch zählen damit solche Verhaltensweisen zu Aggressionen, die durch eine plötzliche Änderung der Situationsbedingungen nicht die schädigenden oder zerstörenden Einflüsse zur Folge haben, die üblicherweise eintreten (z. B. Schlag ins Leere, weil der Gegner den Kopf zur Seite bewegte). Werbik (1971) hat darauf hingewiesen, dass es zur eindeutigen Feststellung der Intentionen des Handelnden letztlich unumgänglich ist, den Akteur zu befragen, wenn das Verfahren ökonomisch sein soll. Damit liegen die Probleme auch einer solchen Definition auf der Hand. Hinzu kommt, dass auch bei Kenntnis der Intentionen eines Akteurs die Klassifikation seiner Verhaltensweisen als aggressiv oder nichtaggresiv von den Kontextbedingungen und dem Wertesystem der Beobachter abhängt. Tedeschi, Smith und Brown (1974) berichten über einige Versuche, die das eindrucksvoll belegen. In einer Anordnung bewertete eine Versuchsperson A zunächst die Qualität des Kurzaufsatzes einer ihr gegenübersitzenden Versuchsperson B, indem sie dieser entweder einen oder sieben elektrische Schocks verabreichte. B gab sodann ein Urteil über A ab in Form von zwei oder sechs Schocks. A wurde von externen Beurteilern als aggressiver eingeschätzt, wenn er sieben- anstelle nur einmal schockte. B galt dann als aggressiv, wenn er sechs Schocks applizierte, aber nur einen Stromstoß erhalten hatte. Hingegen wurde B als gleichermaßen nichtaggressiv wahrgenommen, wenn er mit zwei oder sechs Schocks auf sieben erhaltene antwortete. Ganz offensichtlich rechtfertigt also eine Art Reziprozitätsregel aufseiten der Beurteiler die Vergabe vieler Schocks, wenn man selbst zahlreiche erhalten hat. Ganz ähnlich fielen die Resultate bei der Einschätzung von Filmszenen aus. Darin schlug ein Gast nach einem anderen, der in einem Restaurant einen Sitzplatz für seine Freundin frei hielt, verfehlte ihn aber. Dieser reagierte je nach Bedingung entweder mit einer Drohung, einem wirkungslosen oder einem sehr festen Schlag in den Magen des Angreifers. Unter allen Bedingungen wurde der Angreifer als aggressiv eingeschätzt; das »Opfer« erschien demgegenüber immer als gleich wenig aggressiv, egal ob es überhaupt in Zank verwickelt war oder seine Schläge die einzigen waren, die Schaden herbeiführten. Der Kontext bestimmt also mehr als die Handlung selbst darüber, ob eine Aggression vorliegt oder nicht. Die Qualität »aggressiv« setzt einen Akt der Zuschreibung oder Attribution durch Beurteiler voraus nach Gesichtspunkten, die in der Verhaltensweise selbst nicht enthalten sind. Für Tedeschi et al. (1974), die Aggressionen in die übergeordnete Kategorie von Zwang und Nötigung rubrizieren, müssen deshalb drei Voraussetzungen erfüllt sein, soll eine Handlung als aggressiv klassifiziert werden:

(1) Die Verhaltensweise beinhaltet die Einschränkung der Verhaltensalternativen oder -konsequenzen eines Gegenübers (meist durch den Gebrauch von gewalthaftem Zwang).
(2) Ein Beurteiler nimmt die Verhaltensweise als gegen die eigenen Interessen oder diejenigen der Zielperson gerichtet wahr, er hält sie für intendiert, bösartig oder selbstsüchtig, und zwar unabhängig davon, ob der Akteur wirklich Schaden anrichten will.
(3) Die Handlung wird von dem Außenstehenden als »anti-normativ« oder ungesetzlich aufgefasst, z. B. wenn sie nicht provoziert und offensiv ist oder in keiner angemessenen Relation zum auslösenden Moment steht.

Die Angemessenheit einer solchen attributionstheoretischen Betrachtung der Aggression wird vielleicht zusätzlich klar an einem Beispiel aus der internationalen Politik: Eine der Supermächte hilft einem kleinen Land aus dessen Schwierigkeiten. Obwohl die Unterstützungsaktion relativ uneigennützig ist, beengt sie vielleicht den Spielraum diplomatischer Maßnahmen einer dritten Nation dem kleinen Land gegenüber (etwa in Form von Einfluss) und wird deshalb von dieser als indirekte Aggression wahrgenommen. Wichtig ist somit auch die Kenntnis der Situationsinterpretation des Aggressors (Rule, 1978).
Darüber hinaus spielen weitere »Täter«- und »Opfer«-Merkmale sowie die Beziehung zwischen den beteiligten Personen für die Beurteilung der Schwere einer Aggression und der Angemessenheit von Vergeltungsreaktionen eine Rolle. In den Experimenten von Harris (1991) schätzten die Beurteiler aggressive Handlungen von Männern und solche gegen Frauen als besonders negativ ein, Frauen tolerierten Aggressionen gegenüber Geschwistern eher als solche gegenüber Freunden und Fremden, und zwar im Unterschied zu Männern.
Die Etikettierung mit dem Attribut »aggressiv« geschieht nach weitgehend denselben Prinzipien, die auch dem »Labeling Approach« als Theorie zur Erklärung der Entstehung kriminellen Verhaltens zugrunde liegen (s. Lamnek, 1977). Weil solche attributionstheoretischen Ansätze in letzter Zeit generell an Bedeutung gewonnen haben, wurde auf die Definitionsproblematik ausführlicher und exemplarisch auch für andere Verhaltensbereiche eingegangen (zur Begriffsbestimmung von Aggressionen im Detail s. Hilke & Kempf, 1976; Jüttemann, 1978, 1979; Mummendey, 1979; Zillmann, 1979; die meisten »klassischen« Arbeiten finden sich auf Deutsch in den beiden Readern von Kornadt, 1981, 1992).

17.4.3 Aggressivität als Folge von Trieben und Instinkten

Angesichts der Ubiquität von Aggressionen und der verheerenden Ereignisse des 1. Weltkrieges nahm Freud neben der Libido auch den antagonistisch dazu wirkenden Thanatos an. Dieser Aggressions- oder Todestrieb bzw. die darin gebundene Energie muss zur Vermeidung der Selbstvernichtung (letztlich obsiegt Thanatos im natürlichen Tod auf jeden Fall) in Form von Aggressionen über den nervösen und motorischen Apparat nach außen abgeführt werden. Aufgrund bestehender Normen und aus Angst vor andernfalls zu gewärtigenden Strafen der Umwelt unterliegt er dabei Hemmungen. Dadurch staut sich Triebenergie auf, die dem Über-Ich zugeführt wird und sich von dort aus dem Ich gegenüber in Gestalt quälender Schuldgefühle äußert.

Am Rande sei erwähnt, dass grundsätzlich die Hypostasierung von Trieben als Ursache für bestimmte Verhaltensweisen keinerlei Erklärungswert aufweist und gewöhnlich einen logischen Zirkelschluss enthält. Bereits im Zusammenhang mit der Unterscheidung in existentielle und konstruierte Traits (s. 6.3.1) wurde erläutert, dass es einer Tautologie gleichkommt, wenn kausale Interpretationen mit Hilfe von Dispositionen versucht werden (z. B. jemand stiehlt, »weil er ein Gewohnheitsverbrecher ist«); denn als Ursache für ein Verhalten werden damit Umstände herangezogen, die erst aus dem Verhalten erschlossen wurden (das Etikett des Gewohnheitsverbrechers ergibt sich erst aus Tatbeständen wie wiederholtem Stehlen, Einbrechen u. ä.). Dann (1967) hat zudem ausgeführt, dass auch das Postulat von der arterhaltenden Funktion der Aggressivität auf zirkulärer Argumentation beruht. Von nicht wesentlich anderer Qualität sind im Weiteren alle Instinkttheorien der Aggressivität. Sie unterscheiden sich von Triebkonzepten vorwiegend durch den spezifischen Bezug auf angeborene auslösende Mechanismen, die bei der Präsenz bestimmter Stimuli in der Umwelt »automatisch« und relativ invariant ein spezifisches Verhaltensmuster aktivieren (z. B. Fluchtverhalten von Hühnern, wenn vogelartige Attrappen mit dem Merkmal kurzer Hälse über sie hinweggezogen werden; Kampfgebaren von sexuell aktiven Stichlingsmännchen bei der Konfrontation mit Figuren, die wie sie selbst eine rote Unterseite aufweisen usw.).

Folgt man triebtheoretischen Auffassungen, so besteht im Hinblick auf die im sexuellen oder aggressiven Bereich feststellbare Energie allein die Möglichkeit, diese einzudämmen oder umzuleiten und zu kanalisieren; jeder Abbau von Handlungsmotivation ist nur durch Ausleben und Gewährung in der einen oder anderen Form denkbar. Im Sinne der häufig gebrauchten Analogie mit dem Dampfkessel-Modell steigt der Druck im System ständig durch die Zufuhr neuer Energie an; hin und wieder muss ein Ventil geöffnet werden, um die Gesamtanlage vor Schaden zu bewahren. Nach dem Abfluss von Energie ist der Druck und damit die Motivation zu neuerlichem gleichartigen Verhalten zunächst reduziert *(Katharsis-Hypothese)*.
Von dieser allgemeinen Auffassung wurden zahlreiche Untersuchungen angeregt, die häufig gleichwohl nur in loser Verbindung mit der Tiefenpsychologie Freuds stehen. Die Arbeiten zentrieren sich gleichsam um den Ein- und Ausgang des Energiesystems, d. h., einerseits wird nach Faktoren gesucht, die den Druckbehälter »aufladen«. Dafür kommen verschiedene genetische und physiologische Faktoren in Betracht. Andererseits interessiert die Frage, inwieweit Abfuhr von Triebenergie die Auftrittswahrscheinlichkeit von Verhaltensweisen reduziert. Nachfolgend sollen nur einige der einschlägigen Untersuchungen exemplarisch geschildert werden. Hauptsächliches Kriterium für die Auswahl war die Relevanz für differentialpsychologische Aspekte. Hier wie auch im gesamten Aggressions-Kapitel kann schon aus Raumgründen nicht Vollständigkeit oder auch nur Repräsentativität gewährleistet werden. In Bezug darauf sei etwa auf die gut zugänglichen deutschsprachigen Sammeldarstellungen verwiesen (Merz, 1965; Selg, 1972; Lischke, 1973; Michaelis, 1976; Kempf, 1978; Heckhausen, 1980; Schneider & Schmalt, 1980). Insgesamt wird bei der Lektüre der erwähnten Autoren der Leser jedoch die Feststellung von Heckhausen (1978, S. 5) bestätigt finden, dass »die Aggressionsforschung bisher fast ausschließlich Situationsfaktoren differenziert und Personenfaktoren vernachlässigt hat«.

a) Biologische Faktoren

In vielen Tiergattungen sind die Männchen aggressiver als die Weibchen. In der Regel führt dieses innerhalb des männlichen Geschlechts zu Vorteilen im Paarungsverhalten: Häufig hat nur das stärkste Tier innerhalb eines Territoriums oder Sozialverbandes eine Fortpflanzungschance. Auf lange Sicht wird dadurch der genetische Bestand im Sinne aggressionskorrelierter Faktoren verändert. Im Humanbereich neigt man gleichfalls zu der Ansicht einer höheren Aggressionsrate des männlichen gegenüber dem weiblichen Geschlecht, wenngleich hier für verschiedene Situationsfaktoren und Verhaltensweisen differenziert werden muss (s. Frodi, Macaulay & Thome, 1977).

Angesichts der zumindest früher wahrgenommenen Konsistenz der Geschlechterunterschiede in aggressivem Verhalten lag die Vermutung nahe, die männlichen Sexualhormone würden als eine der primären Ursachen für eine Erhöhung der Aggressionsrate verantwortlich sein. In der Tat kann man etwa feststellen, dass die Kastration von männlichen Tieren zu einer Reduktion der Aggressionsneigung, die nachfolgende Behandlung mit männlichen Keimdrüsenhormonen nach einer gewissen Latenz wieder zu deren Anstieg führt (z. B. Bevan, Daves & Levy, 1960). Erhalten weibliche Tiere unmittelbar nach der Geburt Testosteroninjektionen, gleicht sich ihr späteres Aggressionsverhalten gleichfalls demjenigen der normalen Männchen an (Edwards, 1968).

Gleichwohl wäre es voreilig, aus solchen und ähnlichen Befunden auf eine Bestätigung für das in sich geschlossene Drucksystem zu schließen. Ganz offensichtlich spielen neben derartigen konstitutionell-biologischen Faktoren solche sozial- und lernpsychologischer Art eine wichtige Rolle. Das Kampfverhalten von Mäusen etwa unterscheidet sich wesentlich, ob unter sonst gleichen Bedingungen verwandte oder fremde Tiere in den Käfig gegeben werden; Geschwister werden so gut wie nie angegriffen. Berkowitz (1962) hat darüber hinaus im Hinblick auf die o. a. Resultate von Bevan et al. (1960) gezeigt, dass die Kampferfahrung aus vorangegangenem Training von wesentlich größerem Einfluss war als der Androgenspiegel. In der Zusammenschau ist deshalb die Interpretation berechtigt, »daß das Sexualhormon sich *nicht* durch direkte Aktivierung bestimmter ›Aggressionszentren‹ auf das Kampfverhalten auswirkt, sondern daß es durch häufige Herbeiführung des Ereignisses ›Bedürfnis nach Sexualbetätigung bzw. Sexualpartner‹ zu vermehrter Kampferfahrung und demzufolge zu einer aggressiven Ausformung des Verhaltens führt« (Michaelis, 1976, S. 25). Andere Autoren erachten daneben eine hormonbedingte Senkung der Schwelle für schmerzhafte Umweltreize als möglich.

Eine den Sexualhormonen vergleichbare Wirkung scheint die Konzentration von Adrenalin bzw. Noradrenalin im Blut zu haben. Beide Stoffe wirken als reizübertragende Substanzen im sympathischen Teil des autonomen Nervensystems. Aufgrund vorliegender Untersuchungen scheint es, als würde in Zuständen erhöhter Angst vorwiegend Adrenalin, in solchen verstärkter Wut hauptsächlich Noradrenalin freigesetzt. Umgekehrt kann durch Zufuhr von Adrenalin Angst ausgelöst werden. Bei Tieren, die sich durch Furchtsamkeit und Furchttendenz auszeichnen (z. B. Antilopen und einige Nager), fand man relativ höhere Adrenalinspiegel, bei Raubtieren hingegen eher höhere Adrenalin- und Noradrenalinanteile. Im Humanbereich ergaben sich Adrenalinunterschiede zwischen den Angehörigen von Eishockeymannschaften in Abhängigkeit davon, ob die Spieler hauptsächlich angreifen oder verteidigen mussten (s. Übersicht bei Lischke, 1972). Für viele dieser Befunde steht eine Replikation noch aus; völlig abgesehen davon ist auch hierbei eine »blind-energetische« Wirkung der Hormone nicht zu erwarten. Schachter und Singer (1962) haben in einem berühmten Experiment zeigen können, dass ein durch Zufuhr von Präparaten induzierter Zustand erhöhter Aktivation von den Versuchspersonen nach Maßgabe der jeweiligen Umweltgegebenheiten subjektiv gedeutet wird. Chemische Substanzen wie Hormone äußern sich deshalb nur in Wechselwirkung mit kognitiven Prozessen.

Vermutlich ist auch die Wirkung von Chromosomenanomalien eine sehr indirekte: Bekanntlich kommt in Stichproben institutionalisierter Strafgefangener wesentlich häufiger als in der Normalbevölkerung die Chromosomenkombination XYY vor (z. B. Telfer, Baker, Clark & Richardson, 1968; Kahn et al., 1976), die durch einen Fehler während der Reduktionsteilung (zwei männliche Geschlechtschromosomen gelangen in eine Keimzelle) verursacht wird. Solche Individuen fallen durch Hochwuchs und Minderbegabung auf. Da Verhaltensweisen im Unterschied zu einigen morphologischen Merkmalen niemals direkt auf der unmittelbaren Wirkung eines oder mehrerer Gene beruhen, muss auch im Hinblick auf die Delinquenz eine indirekte Verursachungskette angenommen werden. Möglicherweise erregen XYY-Individuen wegen ihres Aussehens mehr Furcht und erhalten deshalb leichter das Etikett »kriminell«; denkbar ist auch eine andere Sozialisationsgeschichte oder die Entstehung von Aggressionen als »unbeabsichtigte Folge einer ungehemmten Bewegung« (Schultz-Hencke, 1947) im Zuge des mit dem geänderten Hormonspiegel einhergehenden erhöhten Aktivationsniveaus. Bei alledem darf jedoch nicht außer Acht gelassen werden, dass das Phänomen selbst noch der Klärung bedarf, da die Stichproben gewöhnlich klein und die Kontrollgruppen nicht adäquat zusammengesetzt waren. Auch bereitet die Bestimmung der Chromosomenstruktur durchaus noch Probleme (Kessler & Moos, 1970). Den vorliegenden Anhaltspunkten zufolge ist die Beziehung alles andere als perfekt, d. h., der bei weitem größere Teil der Straftäter ist chromosomal unauffällig, ebenso wie es zahlreiche Mitmenschen gibt, die trotz XYY niemals kriminell werden. Für diesen Kreis von Personen bzw. ihre Verhaltensweisen müssen also andere als genetische Faktoren von Bedeutung sein.

Eindeutiger lokalisieren lässt sich der Ausgangspunkt von Verhalten in Anordnungen mit externer elektrischer, chemischer oder thermischer Stimulation. Reizt man im Tierversuch Teile des Mittel- und Zwischenhirns, namentlich Bestandteile des Limbischen Systems (15.3.4), sind je nach Intensität und Lokalisation der Stimuli emotionale und motorische Reaktionen beobachtbar, die zum Teil als Wut- und Aggressionsverhalten verstanden werden können (Hess, 1954; v. Holst & v. St. Paul, 1960).

Ein interpretatives Problem besteht insofern, als es sich bei solchen Phänomenen möglicherweise nur um ein »intensiviertes« Fressverhalten handelt, da die entsprechenden Reaktionen z. T. leichter bei hungrigen als bei gesättigten Tieren hervorzurufen sind und das Nahrungserwerbverhalten erst mit stärkeren Stromstößen in Aggressionen überzugehen scheint. Erfahrungsmomente beeinflussen über die Verschaltung der besagten Zentren mit anderen Hirnteilen auch hier den Äußerungsmodus des Verhaltens. Andererseits gelingt die Provokation gezielter Angriffe und erfolgreichen Tötungsverhaltens auch bei solchen Tieren, die von Geburt an völlig isoliert sind, soziale Erfahrungen also nicht vorliegen können. Insgesamt sprechen diese Forschungen dafür, dass das Gehirn über angeborene Organisationsformen verfügt, die destruktives Verhalten auch ohne spezifische Vorerfahrungen ermöglichen. Der Umstand einer genetischen Festlegung solcher Strukturen sagt weder etwas darüber aus, wie oft die fraglichen Strukturen benutzt werden, noch schließt er aus, dass ihre Aktivierung durch Erfahrung modifiziert wird.

Alle diese Untersuchungen zum Stellenwert von Hormonen, Chromosomenanomalien und spezifischen Hirnzentren bei der Entstehung aggressiven Verhaltens lassen den Einfluss genetischer Faktoren erkennen. Damit sind in erster Linie jene Wirkungen gemeint, die für alle Angehörigen einer Spezies oder größeren Gruppe von Personen gleich sind; aber selbst für den Unterschied zwischen den Geschlechtern ist noch nicht zweifelsfrei erwiesen, ob Männer aufgrund ihrer anderen physischen Ausstattung aggressiver sind als Frauen: »Befunde aus der Ethologie und der Psychophysiologie machen deutlich, daß selbst hormonelle Einflüsse nicht unabhängig von psychosozialen Randbedingungen wirksam werden« (Bornewasser, 1993, S. 51). Um die Binnenvariabilität aufzuklären, reicht häufig die Präzision und der Differenzierungsgrad der jeweiligen Methoden bzw. der ermittelten Befunde nicht aus. Wenn hoch- und niedrigaggressive Tiere selektiv gezüchtet werden (z. B. Guhl, Craig & Mueller, 1960), bleibt in aller Regel unklar, worauf die Unterschiede im Einzelnen zurückgehen. Eindeutig ist nur, dass es biologische Grundlagen dafür geben muss. Die Existenz von

Trieben, deren Stärke interindividuell variiere, ist damit nicht nachgewiesen, sondern lediglich aufgezeigt, dass externe Stimuli in Verbindung mit bestimmten organisch-physiologischen Faktoren das Verhalten, also auch Aggressionen, hervorbringen.

b) Katharsis-Hypothese

Wie bereits erwähnt, sieht die Katharsis-Hypothese allgemein eine Spannungsreduktion durch Affektabfuhr vor. Im Hinblick auf das hier interessierende Verhalten bedeutet das speziell: Im Anschluss an Aggressionen ist die Auftretenswahrscheinlichkeit weiterer aggressiver Akte zunächst vermindert, weil in Gestalt der ausgeübten Verhaltensweise Triebenergie abgeführt wurde, die erst wieder im Organismus erzeugt werden muss.
Wie viele andere Elemente der tiefenpsychologischen Theorienbildung haben auch diese Vorstellungen Eingang in vorwissenschaftliche Überzeugungen gefunden: Jedermann »weiß«, dass ein gelegentliches »Aus-der-Haut-Fahren« und »Dampf-Ablassen« notwendig ist, um das seelische Befinden und die psychische Leistungsfähigkeit wieder herzustellen.
So einfach die Hypothese ist, bereitet es doch erhebliche Probleme, sie empirisch zu überprüfen. Aus der Fülle der vorliegenden Untersuchungen sollen nachfolgend nur einige herausgegriffen werden, die sich in Bezug auf Anordnung und Ergebnisse voneinander unterscheiden.
Besonders »prominent«, d. h. in der einschlägigen Literatur regelmäßig erwähnt, ist die Studie von Feshbach (1955). Dieser Autor ließ zunächst seine Versuchspersonen durch verletzende Bemerkungen ärgern, um damit die Tendenz zu Aggressionen zu erhöhen. Im Anschluss an die Provokation erzählte ein Teil der Versuchspersonen auf vorgegebene TAT-Karten (s. insgesamt 10.2) Geschichten (Gruppe I), während ein anderer Teil (die Kontrollgruppe, II) einen Fähigkeitstest bearbeitete. Eine dritte Stichprobe von Versuchspersonen (III) dachte sich wie I Geschichten aus, war aber zuvor nicht geärgert worden. Am Schluss des Versuches wurden Maße für Aggressivität mit Hilfe eines Satzergänzungstests, des TAT und eines Fragebogens erhoben, der sich auf Einstellungen gegenüber dem Versuchsleiter und dem Experiment bezog. Die geärgerten Versuchspersonen bekundeten in allen Fragen eine stärkere Geringschätzung gegenüber VL und Experiment. Auch waren die Inhalte der von I erdachten Geschichten von aggressiverer Natur als bei III. Damit war die Wirksamkeit der Behandlung unter Beweis gestellt. Darüber hinaus zeigten die Kontrollpersonen (II, Bearbeitung des Leistungstests) in dem Satzergänzungstest eine größere Aggressivitätstendenz als diejenigen Versuchspersonen, die in Gestalt der Bilder zwischenzeitlich ihrem aufgestauten Ärger hatten Luft machen können (I). Schließlich bestand eine Korrelation von $r = .25$ zwischen aggressivem Gehalt in den Geschichten und den Satzergänzungen bei der Gruppe I. Damit sah Feshbach (1955), wie übrigens nahezu regelmäßig auch im Zusammenhang mit dem Einfluss der Gewaltdarstellung in den Medien (s. 17.4.4. c), die Wirksamkeit einer kathartischen Abfuhr von aggressiven Triebimpulsen bei dem Ausdenken von Geschichten als erwiesen an.
Dieser Schluss ist fragwürdig in mehrerer Hinsicht: Eine Aggressionshandlung im eigentlichen Sinne, die deutlich gegen den VL gerichtet ist und von diesem auch als solche verstanden wird, fehlt. Somit wird nur untersucht, ob das Fantasieren die Abfuhr von Aggressionsenergie erlaubt. Noch schwerer wiegt die geringe Vergleichbarkeit der Tätigkeit von I und II im Anschluss an die Provokation. Im Idealfall sollten sich die Aktivitäten nur in dem einen Aspekt unterscheiden, dass die Tätigkeit von I aggressiv ist, diejenige von II dagegen nicht. Im vorliegenden Fall aber war die Bearbeitung des Leistungstests deutlich anstrengender und weniger interessant als das Geschichtenerzählen, weshalb die Unterschiede zwischen I und II vielleicht auf der bei II erhöhten Unwilligkeit, nicht aber einem kathartischen Ausleben bei I beruhen. Schließlich konnte Hornberger (1959) mit ähnlicher Anordnung die Ergebnisse nicht bestätigen.

Aufgrund der o. a. Überlegungen sind viele und z. T. äußerst sophistizierte Versuchspläne realisiert worden. Besonders umsichtig und präzise ist Zumkley (1978) vorgegangen. Das Grundmuster seiner Anordnung bestand darin, eine Stichprobe von Versuchspersonen zunächst dadurch in willkürlicher Weise zu frustrieren, dass ihnen für eine kurze Rechentätigkeit 5,– DM in Aussicht gestellt, der Betrag aber dann doch einbehalten wurde, obwohl die Versuchspersonen den Instruktionen voll entsprochen hatten. Im Anschluss an die Frustration erfolgte eine unterschiedliche Behandlung mit dreifach abgestufter Zielerreichung, und zwar deshalb, weil Gegenstand der Analyse die Neufassung der Aggressions-Katharsis von Kornadt (1974, S. 571) als »eine nach Zielerreichung auftretende Desaktivierung« war: Einer Gruppe wurde zugesichert, definitiv alles zu tun, um die Auszahlung des Versuchspersonenhonorares doch noch sicherzustellen. Eine zweite Gruppe erhielt vage Zusagen, dass sich die Sache noch erledigen werde. Bei einer dritten Gruppe ging der Versuchsleiter mit keinem Wort auf die ganze Angelegenheit ein. Eine weitere Stichprobe von Versuchspersonen, die nicht frustriert wurde, fungierte als Kontrollgruppe. Die insgesamt N = 68 männlichen Versuchspersonen wurden nach den individuellen Punktwerten in vier Skalen eines Persönlichkeitstests auf die Bedingungen des Planes verteilt. Mit Hilfe eines Formdeuteverfahrens und einer TAT-Variante wurden die Aggressionsfantasien, über fortlaufende Pulsregistrierungen das aktuelle Aktivationsniveau registriert. Außerdem lieferten die Versuchspersonen auf einem »Ärgerthermometer« Schätzurteile über ihre momentane Befindlichkeit.

Die wichtigsten Resultate sind in Abbildung 17.12 wiedergegeben.

Darüber hinaus zeigte sich eine monotone Zunahme der Verbalaggressionen über die Gruppen K, VZ, TZ und OZ, wenn die Versuchspersonen nach dem vermeintlichen Abschluss der Experimente noch einmal mit dem Frustrator zusammentrafen (s. Abb. 17.13). Die Ergebnisse sprechen somit »gegen einen instinkttheoretischen oder triebdynamischen

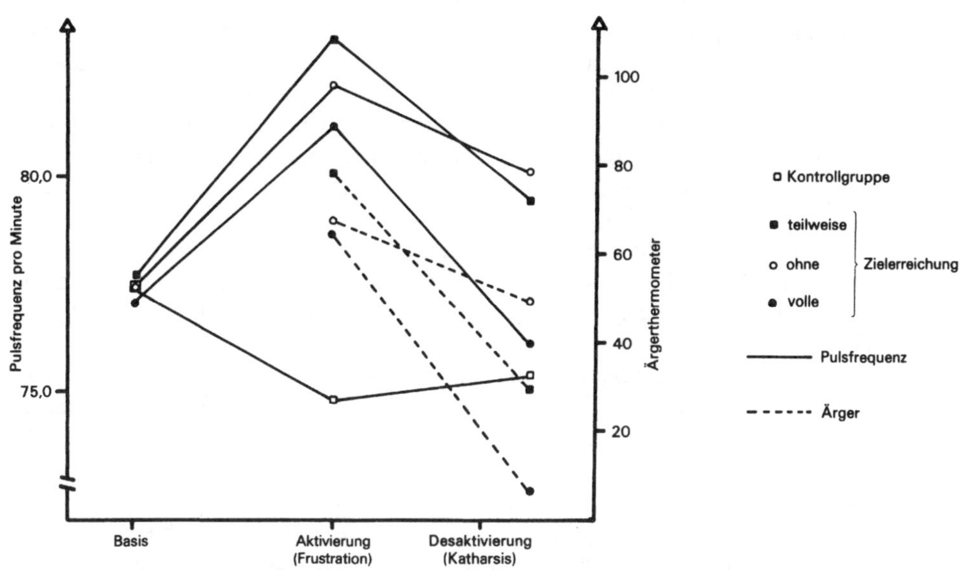

Abb. 17.12: Pulsfrequenzwerte von drei experimentellen Versuchspersonengruppen im Vergleich zu der Kontrollgruppe vor und nach der Frustration und nach verschiedenen Graden der Zielerreichung (Desaktivierung). Die gestrichelten Linien geben das durchschnittliche Ausmaß erlebten Ärgers an (aus Zumkley, 1978, S. 103).

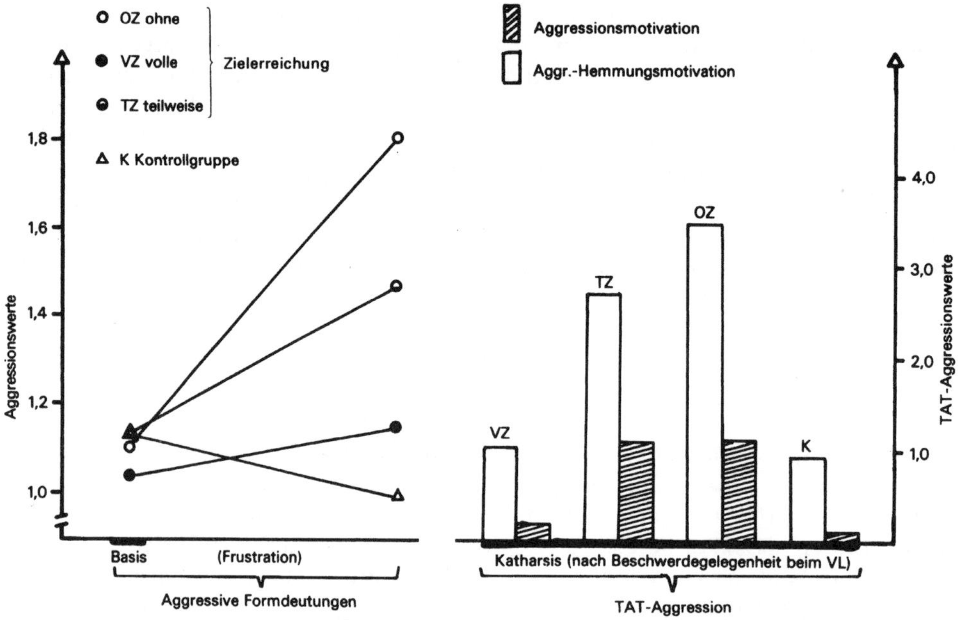

Abb. 17.13: Phantasie-Aggressionswerte in einem Formdeute- und einem TAT-Verfahren während verschiedener Abschnitte des Versuches (vor und nach Frustration) in Abhängigkeit vom Ausmaß der Zielerreichung (aus Zumkley, 1978, S. 105).

Mechanismus einer blinden Entladung aggressiver Triebenergie, denn ein Aggressions-›ersatz‹ (hier: Phantasie-Aggression) hatte bei einer nur teilweisen oder fehlenden Aggressionszielerreichung keine desaktivierende Wirkung auf eine nachträgliche Aggressionsgelegenheit; ein zielbezogenes aggressives Handeln erfolgte dennoch« (Zumkley, 1978, S. 125).
Die Ergebnisse stehen soweit in nachgerade idealtypischer Übereinstimmung mit den Erwartungen: Von 13 Hypothesen wurden nicht weniger als 12 bestätigt bzw. nicht falsifiziert. Auch wenn die Beurteilerübereinstimmungen bei den verschiedenen Materialien alle um .90 liegen und damit ungewöhnlich günstige Messvoraussetzungen gegeben waren, muss abgewartet werden, inwieweit die Resultate replizierungsfähig sind.
Ein weiterer wertvoller Beitrag zur Haltbarkeit triebdynamischer Vorstellungen der Aggressivität stammt von Dann (1972). Weder aggressives Verhalten noch das subjektive Befinden, sondern ein Leistungsmaß diente als abhängige Variable. Anlass dafür war die psychoanalytisch begründete Überlegung, dass der Stau nicht abgeführter Triebenergie die Funktion des Ich störe, was an verminderten intellektuellen Leistungen erkennbar sei. Von daher sollte die Gewährung eines aggressiven Verhaltens zu unbeeinträchtigtem Leistungsablauf, die Unterdrückung von Aggressionen zu verminderten Leistungen führen. Diese Arbeitshypothese musste insofern differenziert werden, als generell nur dann eine Leistungsreduktion zu erwarten ist, wenn die aufgestauten Triebe für das Individuum eine Bedrohung darstellen. Davon ist etwa in Fällen auszugehen, wo die Absicht zu einer »gerechtfertigten« Aggressionshandlung besteht, deren Verwirklichung aber momentan verwehrt ist. Weiterhin liegt eine Bedrohung auch dann vor, wenn sich jemand aggressiv verhält, dieses aber seinen Prinzipien zuwiderläuft; in einem solchen Fall muss mit Selbstbeschuldigungen und Rechtfertigungen gerechnet werden, die ebenfalls die Leistung beeinträchtigen.

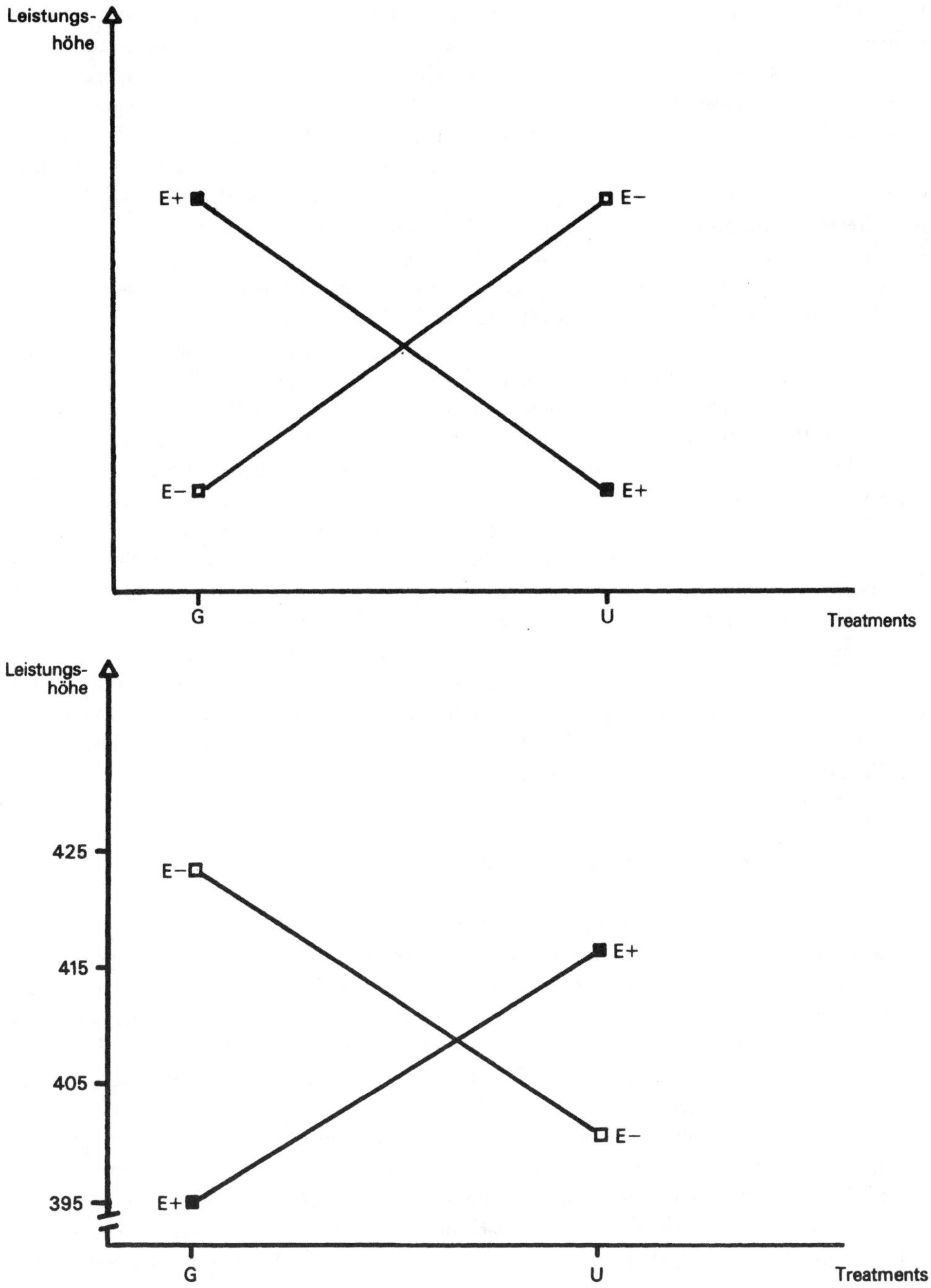

Abb. 17.14: Vorhersage (a) und empirisches Ergebnis (b) für die Interaktion zwischen den Variablen »Gewährung vs. Unterbindung aggressiven Verhaltens« (G/U) und der Variablen »negative bzw. positive Einstellung zum situationsspezifischen Aggressionsverhalten« (E-/E+) (aus Dann, 1972, S. 99 und 141).

Dann (1972) erfasste zunächst die Einstellung gegenüber Aggressionsabfuhr mit Hilfe der Frage: »Wenn mich jemand sehr geärgert hat, dann halte ich es durchaus für gerechtfertigt, ihm auch mal stark beleidigende Dinge ins Gesicht zu sagen« (fünfstufige Antwortmöglichkeit, für die Auswertung dichotomiert in positive und negative Einstellung gegenüber Aggressionsabfuhr, E+ bzw. E-). Nach einer Frustration bestand nur für einen Teil der Versuchspersonen Gelegenheit zu Aggressionen gegenüber dem Frustrator. Schließlich musste eine Konzentrationsaufgabe bearbeitet werden. Die erwarteten und die empirisch beobachteten Testleistungen sind in Abbildung 17.14 einander gegenübergestellt.
Die Resultate dieses außerordentlich sorgfältig kontrollierten Experimentes stehen damit in diametralem Gegensatz zu den Vorhersagen, ohne dass sich im Nachhinein plausible Gründe für die Diskrepanz finden ließen. Kathartische Prozesse im Aggressionsbereich sind anscheinend, so könnte eine vorsichtige Schlussfolgerung lauten, ein sehr subtiles Phänomen, das allenfalls unter spezifischen Gesichtspunkten zu objektivieren ist. Eine solche Feststellung wird auch der sehr uneinheitlichen Befundliteratur insgesamt gerecht, in Bezug auf die Weiss (1969) und Bramel (1969; s. auch Dann, 1971) nur eine mäßige Bestätigung der Katharsis-Hypothese feststellen. Quanty (1976, S. 125) kommt zu dem Schluss, dass Aggressionen arousal-reduzierend wirken können, aber nur dann, wenn sie in der Vergangenheit bekräftigt wurden. Wie die einzelnen Untersuchungsansätze erkennen lassen, sind im Zuge der empirischen Erforschung die ursprünglich sehr einfachen Konzepte entscheidend weiterentwickelt worden. Die Auslegung von Kornadt (1974) von Aggressionsabfuhr als Desaktivierung in Abhängigkeit von unterschiedlichem Ausmaß der Zielerreichung ist ein prominentes Beispiel dafür. Zu Recht ist die Psychoanalyse als dogmatisch, nicht falsifizierbar und damit für die empirische Persönlichkeitspsychologie als von zweifelhaftem Wert bezeichnet worden. Teilelemente erwiesen sich jedoch als äußerst fruchtbar und entwicklungsfähig. Die vorangegangene Darstellung diente u. a. dem Ziel, eine solche Feststellung für die kathartische Aggressionsentladung zu illustrieren.

17.4.4 Aggression als Folge von Lernprozessen

Die im vorangegangenen Kapitel angeführten triebdynamischen (und auch instinkttheoretischen) Konzepte sind für die Aufklärung von Aggressionsunterschieden nur von begrenztem Wert. Auch wenn man auf biologische und physiologische Faktoren abhebt, von denen aus häufiger eine Brücke zu den Triebtheorien zu schlagen versucht wird, und darüber hinaus Effekte einer differentiellen Energieableitung in Betracht zieht, bleiben erhebliche Anteile der Verhaltensvarianz erklärungsbedürftig. Die Annahme ist deshalb berechtigt, dass aggressives Verhalten gelernt wird.
Mit dieser Auffassung hat sich besonders die behavioristische Richtung der experimentellen Psychologie beschäftigt und tatsächlich eine große Zahl überzeugender Belege eingebracht. Nachfolgend sollen davon exemplarisch einige wiedergegeben werden. Eine allgemeine Einordnung des verhaltenstheoretischen Forschungsansatzes und namentlich dessen Implikationen für die Persönlichkeitspsychologie erfolgt später an anderer Stelle (s. unten Kapitel 18). Wenn ein Teil der lerntheoretisch inspirierten Untersuchungen gleichwohl bereits hier erörtert wird, so deshalb, weil sich am Beispiel aggressiver Verhaltensweisen die Wirksamkeit von Lernprinzipien in besonders augenfälliger Weise demonstrieren lässt, Aggressionen aufgrund der motivationalen Implikationen aber mehr zu »dynamischen« Konstrukten zu zählen sind und unter diesem Aspekt auch anfänglich erforscht wurden. Das schließt selbstverständlich nicht aus, dass ein Verhaltensbereich simultan unter mehreren verschiedenen Gesichtspunkten betrachtet werden kann (was hier geschieht) und die wichtigeren Beiträge

zwischenzeitlich von anderen Forschungsansätzen stammen als denjenigen, die die längste Tradition aufweisen.

a) Klassische Konditionierung

Im Vergleich zu anderen Faktoren scheint ein auf die eigene Person wahrgenommener Angriff der bedeutsamste und zuverlässigste Auslöser von Aggressionen zu sein (Buss, 1961). Fast automatisch reagieren wir auf das Erleben von psychischem Leid oder körperlichem Schmerz mit einer aggressiven Abwehr der scheinbaren Verursachungsquelle. Selbst offen stehende Türen, herausragende Schubladen oder andere Gegenstände, an denen wir uns stoßen, geraten auf diese Weise hin und wieder zu Objekten unserer schmerzbedingten Aggression. Erhalten Tiere, die allein in einem Käfig weilen, stärkere Elektroschocks, reagieren sie mit Vermeidungs- und Fluchtverhalten; in Gegenwart von Artgenossen fallen sie hingegen unter denselben Bedingungen wechselseitig übereinander her (Ulrich, 1966). Zumindest im Humanbereich besteht eine direkte Entsprechung zwischen empfundenem Schmerz und Intensität der davon ausgehenden Aggression: In Experimenten von Taylor und Pisano (1971) sollte jeweils eine von zwei Versuchspersonen, die miteinander um die schnellere Reaktionszeit wetteiferten, der anderen (»unterlegenen«) einen Elektroschock in einer von ihr frei gewählten Intensität verabreichen. Die Anordnung war so gestaltet, dass in einer bestimmten Abfolge jede der Versuchspersonen sich in etwa gleich häufig als »Sieger« und »Besiegte« wähnte. Die Stärke der ausgeteilten Schocks stieg monoton mit derjenigen der empfangenen an. Hingegen war kein Effekt vonseiten einer zusätzlich realisierten Frustration zu beobachten (zum Begriff und der Fruchtbarkeit des Frustrationsansatzes s. Stäcker, 1977), weshalb die Autoren anregen, das Hauptaugenmerk weniger darauf als auf die Effekte tatsächlicher oder wahrgenommener Angriffe zu richten.
An der unbedingten Auslösung von Aggressionen durch Schmerzreize setzt eine ganze Reihe von Untersuchungen an: Wird zusammen mit dem Schmerzreiz Tieren wiederholt ein bis dahin neutraler weiterer Stimulus vorgegeben (z. B. ein Lichtblitz), tritt nach mehreren Versuchen das Kampfverhalten auch bei alleiniger Exposition des zusätzlichen Reizes auf (s. Vernon & Ulrich, 1966, und Adler & Hogan, 1963). Die von dem unbedingten Auslöser »Schmerzreiz« (UCS) bewirkte »Aggressionshandlung« (UCR) ist auf den neutralen Reiz »Licht« (CS) konditioniert worden und wird in einem solchen Fall als »bedingte Aggression« (CR) bezeichnet.
Thompson und Sturm (1965) konditionierten in sehr origineller Weise bei Siamesischen Kampffischen das aggressive Verhalten, das bei der Wahrnehmung ihres eigenen Spiegelbildes reflexartig ausgelöst wird, auf ein grünes Licht als diskriminativen Reiz gegenüber einem roten Signal.
Im Humanbereich kommt als Folge etwaiger Konditionierungsprozesse nur eine Aktivierung lernabhängiger Verhaltensmuster in Betracht. Die zeitlichen Kontiguitäten zwischen UCS und CS mögen dabei als Folge alltäglicher Erfahrungen entstanden sein: In einem Experiment von Berkowitz und Le Page (1967) zeigten jene Versuchspersonen, die zuvor geärgert worden waren, gegenüber ihrem Peiniger dann besonders starke Aggressionen, wenn im Versuchsraum ein Revolver und ein Gewehr herumlagen. Dabei war es ohne Bedeutung, ob die Waffen mit dem Gegner assoziiert wurden oder nicht. Zumindest in Fällen, wo sich Personen als Folge von Beleidigung, Ärger und Frustration in einem Zustand erhöhten emotionalen Arousals befinden, scheinen damit aggressive Hinweisreize (Cues) eine aggressionsbahnende Funktion zu übernehmen, was für die Gestaltung unserer Umwelt weitreichende Konsequenzen hat (s. aber die kritische Würdigung des geschilderten Versuches und aller weiteren Experimente zum »Waffeneffekt« bei Schmidt & Schmidt-Mummendey, 1974).

Zwischen Waffen und aggressiven Handlungen besteht ganz allgemein eine assoziative Beziehung, die die Auslösung des kritischen Verhaltens bewirkt bzw. begünstigt. Wichtig ist, dass sich zwischen ansonsten unverbundenen Elementen unschwer funktional gleichwertige Assoziationsbrücken herstellen lassen: In Anlehnung an das Vorgehen bei Berkowitz und Geen (1966) ließen Eckert, Schwartz und Bastine (1971) vor den Versuchspersonen, die gerade den Film »Saat der Gewalt« gesehen hatten, einen Versuchsleiter als Frustrator auftreten, der dem Hauptdarsteller des Streifens in Beruf und Namen entweder ähnlich war oder nicht. Bei hoher relativ zu niedriger Ähnlichkeit waren in mehreren Maßen die Versuchspersonen besonders aggressiv.
Gewiss sind die Resultate solcher Experimente nicht direkt auf die Verhältnisse außerhalb der Laboratorien zu übertragen. Nur präzis kontrollierte Anordnungen erlauben aber das Herausarbeiten der jeweiligen Wirkungsgrößen und Gesetzmäßigkeiten. Sie lassen die folgenden allgemeinen Aussagen zu: Aggressive Handlungen und die ihnen gewöhnlich vorausgehenden/sie begleitenden psychischen Zustände von emotionaler Verärgerung und physiologischer Aktiviertheit treten in spezifischem Kontext auf. Durch die zeitliche Kontiguität der Situationsfaktoren mit dem Verhalten erhöht sich die Wahrscheinlichkeit für das Auftreten der jeweiligen emotionalen und motorischen Reaktionen, wenn sich die fraglichen Situationsfaktoren erneut einstellen. Durch Reizgeneralisierung entlang objektiv registrierbarer oder nur subjektiv repräsentierter Ähnlichkeitsdimensionen findet eine Verallgemeinerung auf Klassen von Umweltmerkmalen statt. Wer ein- oder zweimal nach Art des bekannten Buchbinders Wanninger während eines Ferngespräches mit einer Verwaltungsbehörde von den betreffenden Beamten wegen Unzuständigkeit immer weiter verbunden wurde und schließlich erfolglos in der Leitung hängen blieb, wird eine Abneigung nicht nur gegen die Beamten hegen, die sich als nicht zuständig erklärten, sondern die ganze Verwaltung ablehnen. Analog dazu ist die Auslösung von Ärgerreaktionen durch entsprechende Hinweisreize bei solchen Personen wahrscheinlich, die Opfer einer Schlägerei oder Nötigung, einer Demonstration oder eines Polizeieinsatzes waren. Nicht nur die betreffenden Individuen werden in solchen Fällen aggressiv abgelehnt, sondern Kategorien wie »Ausländer«, »Polizisten«, »Studenten« und dergl. (s. Berkowitz, 1970).

b) Instrumentelle Konditionierung

Im animalischen Bereich besteht der weitaus größte Teil von Aggressionen aus instrumentellem Verhalten zur Erlangung von Nahrung, Schutz des Territoriums oder Beseitigung von Nebenbuhlern. Nach Erlangen der jeweiligen Bekräftigung (Geschlechtspartner, Sicherung des Nestes u. Ä.) hören aggressive Akte sofort auf; deren Funktion besteht somit offenkundig nicht im Kampf selbst, sondern der Erreichung irgendeines anderen übergeordneten Zieles. Durch differentielle Steuerung und Exposition von Verstärkern ist deshalb ganz allgemein die Aggressionsrate zu kontrollieren. Folgen auf aggressive Verhaltensweisen bestimmte Bekräftigungen, erhöht sich die Wahrscheinlichkeit dieser Handlungen unter vergleichbaren Bedingungen: Im Tierversuch können Ratten, Tauben und Mäuse durch Bekräftigung mit Futter, Geschlechtspartnern oder die Beseitigung aversiver Stimuli dazu gebracht werden, miteinander zu kämpfen. Für menschliche Aggressionen und deren Abhängigkeit von Reinforcement sind namentlich solche Experimente von illustrativem Wert, in denen die »Aggressionsmaschine« von Buss (1961) verwendet wurde. Bei dieser Anordnung wähnen sich die Versuchspersonen in der Rolle eines »Lehrers«, der anderen Versuchspersonen (in Wirklichkeit Mitarbeitern des Untersuchungsleiters) eine bestimmte Lern- oder Begriffsbildungsaufgabe dadurch beibringen muss, dass nach Fehlern der »Schüler« diese mit elektrischen Schlägen bestraft werden. Gewöhnlich befinden sich die »Schüler« in einem anderen

Raum und erhalten in Wirklichkeit keine Schocks, was die »Lehrer« aber nicht wissen. Je nach »Geschick« wählen die Lehrer Stromstärken einer bestimmten Intensität; diese werden als Aggressivitätswerte interpretiert.

Geen und Pigg (1970) bekräftigten bei einem Teil ihrer Versuchspersonen höhere Stromstärken durch Kommentare des Versuchsleiters wie »That's good« oder »You are doing fine«. Erwartungsgemäß bevorzugten die auf diese Weise bekräftigten Versuchspersonen bei der »Unterweisung« ihrer Gegenüber nach einigen Durchgängen durchschnittlich wesentlich stärkere Schocks. Anschließend mussten die Versuchspersonen zu einer Reihe vorgegebener Wörter die ihnen zuerst einfallenden Assoziationen aufschreiben. Dabei ergab sich, dass die zuvor bekräftigten Versuchspersonen sehr viel häufiger Wörter aggressiver Thematik assoziierten als die nicht bekräftigten; die Effekte einer Verstärkung physisch-motorischer Aggressionen waren also auf den verbalen Bereich generalisiert.

Auch Verallgemeinerungen in der umgekehrten Richtung finden statt. Gentry (1970) bekräftigte zunächst Antworten aggressiven Inhalts in der projektiven »Picture Frustration Study«. Die so behandelten Versuchspersonen wählten in einem anschließenden Versuch mit der Aggressionsmaschine wesentlich höhere Stromstärken als Kontrollpersonen.

Gleichsinnige Befunde hat auch Lövaas (1961) berichtet: Kinder, die zunächst für verbal aggressives Verhalten gegenüber einer Puppe bekräftigt worden waren, bevorzugten im Anschluss daran wesentlich häufiger als zuvor ein aggressives Spielzeug. Umgekehrt war bei Kindern mit vorangegangener Bekräftigung nichtaggressiver Wörter eine Präferenz für nichtaggressives Spielzeug zu beobachten. Sowohl die eine wie die andere Gruppe hatte also gelernt, eine bestimmte Klasse von Verhaltensweisen als erfolgversprechend anzusehen; aus dem verbalen Bereich wurde sodann die verallgemeinerte Hypothese in das nichtverbale Handlungsfeld transponiert.

Die Implikationen solcher Erkenntnisse für die Beseitigung von störenden Aggressionen in Erziehung und Therapie (Kornadt, 1966; Bandura & Walters, 1973) liegen auf der Hand: Es kommt entscheidend darauf an, die Verbindung zwischen Handlung und daran anschließendem Reinforcement nachhaltig aufzulösen und damit die Erwartung des Akteurs zu löschen, mit aggressivem Verhalten Erfolg zu haben. Das gerät häufig deshalb zu einem besonders schwierigen Unterfangen, weil Aggressionen in unserer Gesellschaft meist erfolgreich sind. Verschiedentlich stellt bei Kindern schon die mit Trotz und Destruktion bewirkte Zuwendung eines geliebten Elternteiles oder einer sonstigen Bezugsperson die gewünschte Bekräftigung dar.

Erhöhen diverse Belohnungen die Aggressionsrate, eignen sich Strafen nicht im selben Ausmaß dafür, Aggressionen zu unterbinden; eher das Gegenteil scheint der Fall zu sein: In einem Versuch von Pisano und Taylor (1971) unter Verwendung der Interaktionsaufgabe (s. vorangegangenen Abschnitt) wurden die naiven Versuchspersonen mit verschiedenen Gruppen von Opponenten konfrontiert. Einige der Gegenüber reagierten stets mit der Schockstärke, die sie zuletzt selbst erhalten hatten (»matching«), andere regelmäßig mit der höchst möglichen (»punitive opponent«), eine weitere Gruppe stets mit der niedrigst möglichen Schockintensität (»passive opponent«). Am effektivsten für die Reduktion von Aggressionen war das »Matching« (»Auge um Auge«), gefolgt von der Strategie, auf eine erfahrene Aggression mit der schwächst-möglichen Gegenaggression zu reagieren. Am ungünstigsten erwies sich die »punitive« Vorgehensweise. Im Erziehungsalltag dürfte körperliche Strafe, neben der ärgererhöhenden Wirkung jeder Schmerzzufügung, zusätzlich deshalb ungünstig wirken, weil der Erzieher mit seinem Verhalten gerade ein Modell dafür liefert, wie mit Schlägen, obgleich diese für den Erzogenen untersagt sind, erfolgreich negative Erlebniszustände bei anderen hervorgerufen werden können. Insoweit ergibt sich das Paradoxon, dass Aggressionen als Delikt verboten sind, aber vom Erzieher als Sanktion gebraucht werden.

c) Beobachtungslernen

Mit den letzten Bemerkungen ist übergeleitet zu einem weiteren Prinzip, mit dem eine Verhaltensweise in das Repertoire von Akteuren übernommen oder die Auftrittswahrscheinlichkeit bereits vorhandener wesentlich verändert werden kann: durch Nachahmung oder Lernen am Modell. So erfolgreich operantes Konditionieren ist bei der Ausformung spezifischer Verhaltensweisen (»shaping of behavior«) und durch differentielle Bekräftigung etwa Tauben dazu gebracht werden können, Rollschuh zu laufen oder Ping-Pong zu spielen, Enten auf das Einschalten eines Lichtes ein Klavier zu betätigen usw., versagt das Prinzip doch in solchen Fällen, wo komplexe Verhaltensweisen sehr rasch übernommen werden, eine gesonderte Bekräftigung einzelner Komponenten aber gar nicht erfolgen konnte.

Wenngleich Nachahmung als Lernprinzip seit altersher bekannt sein dürfte, erfolgt die wissenschaftliche Erforschung erst seit relativ kurzer Zeit und mit besonderen Impulsen vonseiten der Forschergruppe um Bandura (s. z. B. 1976; eine deutschsprachige Übersichtsdarstellung gibt z. B. Zumkley-Münkel, 1976). Eine der geradezu »klassischen« Studien stammt von Bandura, Ross und Ross (1961). Diese Autoren frustrierten zunächst Kinder im Vorschulalter in maßvoller Weise. Anschließend bestand für die Kinder Gelegenheit, einem Erwachsenen zuzuschauen, wie dieser mit einigen Spielsachen hantierte. In einer nichtaggressiven Bedingung benahm sich der Erwachsene ruhig und angemessen. Dagegen zeigte er unter einer anderen Bedingung zahlreiche und sehr verschiedenartige Aggressionen, hauptsächlich gegen eine clownartige Puppe, und artikulierte wiederholt feindselige Bemerkungen. Als die Kinder später in eine neue Situation gebracht wurden, in der der Erwachsene anwesend war, zeigten sie ein dem Vorbild ganz ähnliches Verhalten. Sie vollführten signifikant häufiger als Kontrollpersonen ohne ein Vorbild die gesehenen neuen Aggressionsakte. Am wenigsten aggressiv waren Kinder, die einem nichtaggressiven Modell zugeschaut hatten. Ein wichtiger weiterer Befund geht dahin, dass das Modell nicht nur *formend* im Sinne des Aufzeigens neuer Verhaltensweisen wirkte, sondern darüber hinaus *enthemmend* insofern, als aggressive Handlungen gehäuft auftraten, die bereits zum Repertoire der Kinder gehört haben mussten, vom Modell jedenfalls nicht vorgemacht worden waren. Schließlich traten solche Effekte selbst dann auf, wenn die Modellperson später im neuen Kontext gar nicht anwesend war.

Generell begünstigen einige situative und persönliche Faktoren die Übernahme aggressiven Verhaltens durch Nachahmung. So steigt die Wahrscheinlichkeit des sozialen oder Beobachtungslernens, wenn das aggressive Verhalten des Modells intensiv ist und belohnt wird, das Modell bestimmte Eigenschaften aufweist (Geschlecht, Sozialprestige, Kompetenz u. a.) und die Situationen von Beobachtung und späterer Nachahmung eng miteinander assoziiert sind. Wichtig ist, dass ein Verhalten von Modellpersonen zwar bereits in das Repertoire der Beobachter Eingang gefunden haben mag, aber nur unter spezifischen Bedingungen (z. B. Aufforderung, Wegfall von Hemmungen oder Schuldgefühlen usw.) aktiviert wird (zu den Untersuchungen im Einzelnen sowie Sammeldarstellungen s. Bandura & Walters, 1973; Berkowitz, 1965; Bergius, 1969; Bandura, 1973).

Wie massiv die Effekte einer Vorbildwirkung im konkreten Fall ausfallen können, belegt z. B. das Experiment von Baron (1973). Dort wurden, wie üblich, die Versuchspersonen zunächst beleidigt und geärgert, doch bestand für sie später Gelegenheit, sich an dem Frustrator zu rächen. Bevor die Versuchspersonen an der Aggressionsmaschine Platz nahmen, sahen sie entweder ein aggressiv agierendes Modell (Verwendung hoher Schockintensität) oder einen nichtaggressiven »Lehrer«. Die Wahrscheinlichkeit einer Bestrafung des eigenen aggressiven Verhaltens wurde dadurch variiert, dass den Versuchspersonen gesagt wurde, (a) nach der Lehraufgabe sei der Versuch vorbei, (b) einer der beiden Lehrer werde später mit dem »Schüler« den Platz tauschen, (c) sie müssten nach dem Versuch mit ihrem »Schüler«

definitiv den Platz wechseln. Die Variation in der Anordnung einer Bestrafung erwies sich jedoch dann als unerheblich, wenn die Versuchspersonen vorher ein aggressives Modell beobachtet hatten.

Das soziale Lernen von Aggressionen weist natürlich erhebliche Implikationen für die Evaluation der Wirkung von Medien wie Film und Fernsehen auf. Angesicht der Fülle von Gewalt und Kriminalität im Programm der Fernsehanstalten (s. Stein-Hilbers, 1977) sind hier nachgerade verheerende Wirkungen zu befürchten, zumal sogar vermeintlich harmlose Familienserien ein erhebliches aggressives Potenzial besitzen (Imgrisch, 1991). Kein Zweifel kann daran bestehen, dass die dargestellten Szenen hohen informativen Wert aufweisen und deshalb das kognitive Potenzial zur Ausübung gleichartiger Handlungen aufseiten der Beobachter erheblich anreichern; häufig genug kommt es dann auch zur Aktivierung der bereitgestellten Handlungsmuster. Diese reichen von einer erhöhten Aggressionsrate im freien Spiel von Kindern oder deren sozialen Interaktionen mit Erwachsenen (Wood, Wong & Chachere, 1991) über ansteigende Mordziffern nach der Ausstrahlung von Boxkämpfen um die Weltmeisterschaft im Schwergewicht (Miller, Heath, Molcan & Dugoni, 1991) bis zu exakten Nachahmungen des gesehenen Verhaltens (so kam es im Anschluss an die Sendung »Tod eines Schülers« bei der modellnächsten Altersgruppe der 15–16jährigen männlichen Jugendlichen zu einer besonders starken Zunahme der Eisenbahnsuizide; s. Schmidtke & Häfner, 1986). Sowohl kontrollierte Labor- als auch präzise Feldexperimente gelangen freilich nicht immer zu völlig konsistenten Resultaten (Milgram & Shotland, 1973; Helmer & Stein, 1975; Krebs, 1973; Geen, 1983). Mehrheitlich sprechen die vorliegenden Untersuchungen jedoch dafür, dass Gewalt in den Medien die Aggressionsrate in sozialen Interaktionen bedeutsam erhöht (Wood et al., 1991).

Immer wieder wird freilich auch über kathartische Effekte von Aggressionsdarstellungen berichtet (Feshbach & Singer, 1974), wenngleich diese eine nur seltene Ausnahme darstellen (s. Russell, 1993). Gesichert ist auf jeden Fall die positive Korrelation zwischen dem Konsum von TV-Gewalt und individueller Aggressivität; weiterhin diskutiert wird allerdings deren Wirkungsrichtung: Während Freedman (1984) in seiner Übersicht zu der Überzeugung gelangt, eher führe hohe Aggressivität zu einer Präferenz entsprechender Programme als umgekehrt, ermittelt Lukesch (1989) an $N = 807$ Schülern aus 7.–9. Klassen aller Schularten gegenteilige Ergebnisse, d. h., Gewaltkonsum in Medien kann als kausal für die Aggressivitätsgenese angesehen werden. In die gleiche Richtung weisen die Analysen von Scheungrab (1991) an $N = 305$ männlichen Berufsschülern, die deshalb weiterführend sind, weil – insofern der Komplexität der sozialen Realität besser entsprechend – TV- und Video-Konsum getrennt betrachtet, familiäre Variablen mit aufgenommen und die Aggressionsbereitschaft in Form der Akzeptanz illegitimer Mittel operationalisiert wurde. Wie die in Abb. 17.15 veranschaulichten Resultate zeigen, führen von der Präferenz für violente TV- bzw. Video-Filme nicht nur direkte Pfade zur Aggressivität, sondern auch indirekte über die niedrige Akzeptanz konformer Normen und die Ausbildung eines subjektiv geringen Delinquenzrisikos.

Aufgrund längsschnittlich angestellter Beobachtungen von Wiegmann, Kuttschreuter und Baarda (1992) sind in diesem Problemfeld allerdings zusätzlich erhebliche nationale Besonderheiten zu berücksichtigen. Zudem verschwanden die registrierten Effekte fast vollständig, wenn die Unterschiede in Intelligenz herauspartialisiert wurden – einer Variable mithin, auf deren Bedeutung bereits ausführlich hingewiesen wurde.

Was aber diese Korrelation und deren angemessene Interpretation angeht, so sind dabei Hintergrundfaktoren wie Geschlecht und Bildung sowie ethnische Herkunft von erheblichem Belang: Wenn, wie dieses beispielsweise in der Untersuchung von Harris (1992) der Fall war, jede dieser Variablen mit der Präferenz für gewalttätige Sendungen korreliert und auch mit Aggression in Beziehung steht, muss gefragt werden, was an Effektstärke nach de-

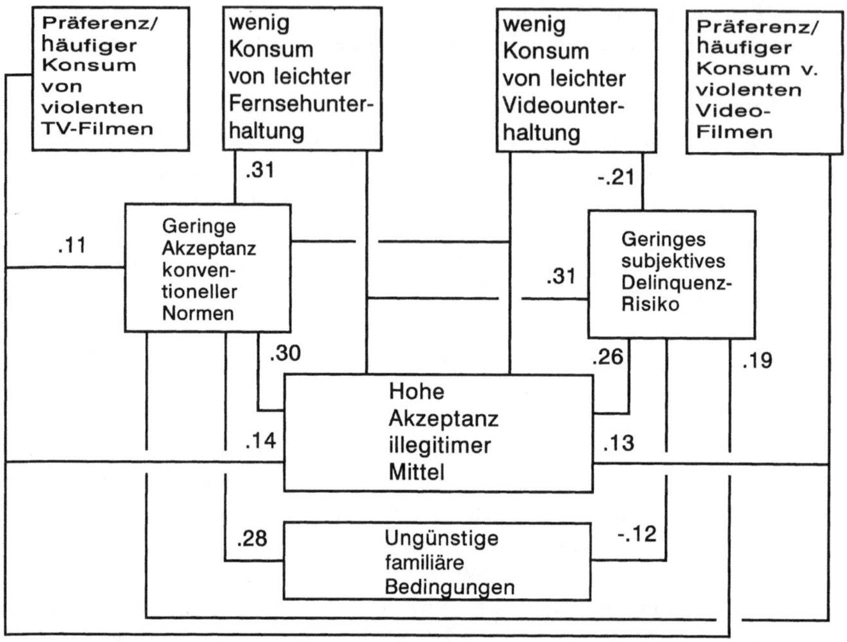

Abb. 17.15: Ergebnisse pfadanalytischer Modelltestungen zur Abhängigkeit von Aggressionsbereitschaft (= »Hohe Akzeptanz illegitimer Mittel«) von anderen Variablen. Eingetragen sind nur Beta-Koeffizienten > .10 (nach Scheungrab, 1991, S. 317 und 319).

ren Herauspartialisierung übrig bleibt. Sehr wahrscheinlich spielen die persönliche Vorliebe für Sendungen mit Gewalt (also eine differentialpsychologische Variable) und der Inhalt der Sendungen (das »Treatment«, mithin eine experimentelle Komponente) gleichermaßen eine Rolle. So wiesen die Betrachter eines gewalttätigen Filmes in dem Feldexperiment von Block und Bieven (1992) vorher und nachher höhere Aggressions-Werte auf als Kontrollpersonen, die einen gewaltfreien Streifen gesehen hatten, wobei die Betrachtung der Gewaltszenen noch zusätzlich die individuelle Aggressivität erhöhte.

Die wenigen referierten Untersuchungen mögen einen Eindruck darüber vermittelt haben, wie vielseitig die Ausformung aggressiven Verhaltens durch Lernprinzipien vonstatten geht. Je nachdem, in welche Situationen ein Individuum gerät und welche Beobachtungen von ihm dort angestellt werden, wird sein eigenes Verhalten Beeinflussungen und Veränderungen unterworfen. In Abhängigkeit spezifischer Vorerfahrungen ist alsbald auch ein Aufsuchen und aktives Gestalten von Kontextbedingungen wahrscheinlich; wer viel Aggression erfahren hat, wird sie andernorts mit höherer Sensibilität wahrnehmen und darauf wieder mit Gewalt reagieren usw. Zusätzlich tangiert aggressives Verhalten andere Erlebnis- und Erfahrungsbereiche. So haben Huesmann, Eron und Yarmel (1987) in einer Längsschnitt-Studie zeigen können, dass Aggressionen die intellektuelle Entwicklung beeinträchtigen, wie umgekehrt niedrige Intelligenz das Erlernen von aggressivem Verhalten wahrscheinlicher macht. Individuelle Verhaltensunterschiede sind im Rahmen solcher Modellvorstellungen Folge einer jeweils individualspezifischen Geschichte von Lernerfahrungen und Bekräftigungsbedingungen. Darüber hinaus bietet der lerntheoretische Ansatz über den gezielten Einsatz von Techniken der Reiz- und Bekräftigungskontrolle die Aussicht, das Verhalten in einer gesellschaftlich erwünschten Richtung zu modifizieren.

Kein Zweifel besteht daran, dass die soziale Lerntheorie im Vergleich zu instinktiven oder ethologischen Konzepten und der Frustrations-Aggressions-Hypothese der Diversität und Komplexität menschlicher Aggression am besten gerecht wird (Okey, 1992).
Was hier für eine Klasse von Verhaltensweisen exemplarisch demonstriert wurde, gilt weitgehend auch für alle anderen Kategorien, darunter auch Einstellungen und Werthaltungen.

17.4.5 Aggressivität als Trait

a) Beispiele gebräuchlicher Verfahren

Dem eigenschaftstheoretischen Ansatz gemäß wird versucht, aus verschiedenen Indizes Verhaltensunterschiede vorherzusagen. Mit einem solchen Ziel ist eine lerntheoretische Auffassung keineswegs unvereinbar, denn in Bezug auf Aggressivität wird eingeräumt, dass es sich dabei um einen Trait oder doch um eine trait-ähnliche Verhaltenstendenz handele, da das Erlernen von Aggressionen über Situationen, Typen und die Zeit generalisiert (s. vorangegangene Ausführungen und Eron, 1980, S. 244). Der Variantenreichtum von diagnostischen Methoden ist im Aggressionsbereich besonders beeindruckend. Allerdings spricht einiges dafür, dass die Vielzahl z. T. Folge negativer Erfahrungen mit bestimmten Techniken ist.
Die bereits mehrfach erwähnte Aggressionsmaschine gehört zu der Gruppe der Verhaltensstichproben. Hierbei zeigen die Versuchspersonen in der Situation der Untersuchung selbst das interessierende Verhalten, sind also mehr oder weniger aggressiv. Andere Methoden prüfen, inwieweit Versuchspersonen Ballons platzen, Türme einstürzen lassen und dergl. Dem Ursprung solcher Verfahren entsprechend werden sie nahezu ausschließlich eingesetzt zur Erforschung von experimentell realisierten Antezedenzfaktoren.
Nur spärlich sind dagegen differentialpsychologische Aussagen. So berichtet etwa Buss (1961), dass männliche Versuchspersonen stärkere Schläge als weibliche austeilten, den weiblichen »Opfern« gegenüber aber den Kavalier spielten und sie besonders rücksichtsvoll behandelten (im selben Sinne auch die Verhaltensbeobachtungen in natürlicher Umgebung von Barrett, 1979). Selg (1968) beschreibt einige Versuche der Entwicklung einer Aggressionsmaschine in Deutschland, die z. T. darunter litten, dass die Anordnung in der Öffentlichkeit bereits bekannt war. Auch wenn das Verfahren als solches zum »Einfühlungs- und Vorstellungsvermögen« deklariert wurde, bestanden keine überzufälligen Geschlechtsunterschiede. Die Korrelationen mit einem Fragebogenmaß (s. unten) waren nur bei männlichen Versuchspersonen von null verschieden. In einer Untersuchung an Kindern, die glauben gemacht wurden, sie könnten damit einen Hund dressieren, korrelierte die »apparative« Aggressionstendenz mit der von Lehrern und Freunden eingeschätzten sogar negativ (s. die allgemeine Problematisierung der Aggressionsmaschine bei Hilke, 1977).
Von den zahlreichen projektiven Tests erweisen sich solche nach dem Prinzip des TAT anscheinend dann als brauchbar, wenn besondere Vorkehrungen getroffen werden. Olweus (1978) fand eine theoretisch abgeleitete Moderatorfunktion aggressionshemmender Tendenzen gegenüber der Validität: Für eine Stichprobe von Kindern zwischen 12 und 14 Jahren korrelierten projektive Aggressionsvariablen mit dem Verhalten zu null. In der Untergruppe von Buben mit starker Aggressionshemmung waren dagegen die Koeffizienten hoch positiv, in derjenigen mit geringer Aggressionshemmung dagegen negativ (s. auch Kornadt, 1974).
Eine maßgebliche Rolle spielt weiterhin der »Hand-Test«. Dieses Verfahren besteht aus einem Satz von Fotos, auf denen jeweils eine Hand in bestimmter Haltung abgebildet ist. Die Versuchspersonen müssen sagen, was die Hand gerade tun könnte (z. B. »Sie schlägt«, »Sie erbittet Hilfe«, »Sie ist verkrüppelt« usw.). In einigen Untersuchungen differenzierte der Test zwischen Stichproben von Strafgefangenen und Unauffällig-Nichtbestraften (zu den Details

s. die Monographie von Selg, 1968; eine weitere Arbeit zu dem Test stammt von Panek, Wagner & Suen, 1979).

Am häufigsten eingesetzt werden dürfte im deutschen Sprachraum der »Freiburger Aggressions-Fragebogen« (FAF; s. Selg, 1968, und Fahrenberg & Selg, 1970). Grundlage der Konstruktionsarbeiten bildeten die 75 Items der Skala von Buss und Durkee (1957) sowie geeignet erscheinende Fragen aus diversen anderen Inventarien. Nach Maßgabe von Streuung und Trennschärfe in verschiedenen Gruppen verblieben 88 Fragen. Ein aus 58 Items gebildeter Summenwert korrelierte substantiell mit Neurotizismus und dem Geschlecht (höhere Mittelwerte der männlichen Probanden). Selbst- und Fremdaggression standen in positiver korrelativer Beziehung zueinander, was psychoanalytischen Erwartungen zuwiderläuft. Faktorenanalysen auf Itemebene ließen eine Binnenstrukturierung in 5 gut interpretierbare Dimensionen der Aggressivität erkennen. Faktoren waren z. B. »Spontane Aggression« (mit Fragen wie »Es macht mir offen gestanden manchmal Spaß, andere zu quälen« oder »Gelegentlich kann ich einen Drang, anderen weh zu tun, nicht beherrschen«), »Reaktive Aggressionen« (z. B. »Wird einer aus meinem Freundeskreis gequält, so besorgen wir gemeinsam die Strafe« oder »Ein Pferd, das nicht gut zieht, soll die Peitsche spüren«), »Erregbarkeit, niedrige Frustrationsschwelle« und »Selbstaggression«.

Darüber hinaus erweist es sich als zweckmäßig, konzeptuell und empirisch von der Richtung sowie der Modalität einer aggressiven *Handlung* die damit einhergehende oder sie begünstigende spezifische *Emotion* des Ärgers zu trennen. Ärger (Anger) kann als emotionales Motiv verstanden werden, das Aggression auslöst oder diese begünstigt (Hodapp, Bongard, Heinrichs & Oltmanns, 1993, S. 11); gleichwohl gibt es bestimmte Arten von »instrumenteller« Aggression, wo die Schädigung im Dienste anderer Motive steht und der Ärgeraffekt nicht auftritt. Die Feindseligkeit (Hostility) schließlich betrifft mehr Einstellungen und kognitive Orientierungen (AHA-Syndrom: *A*nger-*H*ostility-*A*ggression).

Schwenkmezger, Hodapp und Spielberger (1992) haben mit dem sog. State-Trait-Ärgerausdrucks-Inventar (STAXI) ein Verfahren vorgestellt, das die individuellen Unterschiede in der Ärger-Emotion und ihrem Ausdruck präziser zu erfassen erlaubt. Neben je 10 Items zu Ärger als Zustand (State-Anger; Beispiele etwa: »Ich bin wütend« oder »Ich bin schlecht gelaunt«) und Ärger als Disposition (Trait-Anger; Beispiele: »Ich werde schnell ärgerlich«, »Ich bin ein Hitzkopf«) zielt dieses Instrument auf nach innen und nach außen gerichteten Ärger (Anger In bzw. Anger Out; Beispiele: »Ich fresse Dinge in mich hinein« bzw. »Ich fahre aus der Haut«) sowie die Kontrolle von Ärger-Emotionen (Anger Control; Beispiel: »Nach außen bewahre ich die Haltung« oder »Ich kann mich selbst daran hindern, wütend zu werden«). Anger In und Anger Out korrelierten in einer Repräsentativstichprobe schwach positiv (um $r = .20$), Anger Out und Anger Control negativ (Koeffizienten um $r = -.55$), wobei zwischen den Geschlechtern keine Mittelwertsunterschiede in den Skalenwerten bestanden.

Um eine jüngere Entwicklung handelt es sich bei dem von Buss und Perry (1992) vorgestellten Aggressions-Fragebogen. Maßgeblich für die Neu-Konstruktion war u. a. die Beobachtung, dass die nach rationalen Prinzipien (s. 9.2) zusammengestellten Skalen aus dem Jahre 1957 keine robuste faktorielle Struktur aufwiesen; einer der Gründe dafür mochte das Beantwortungsformat »richtig/falsch« sein, mit dem Probanden häufig mehr Probleme haben als mit mehrfach abgestuften Antworten, denen deshalb der Vorzug gegeben wurde. Als Resultat verschiedener Analyseschritte erhielten die Autoren einen nur 29 Items umfassenden Fragebogen, dessen Binnen-Struktur vier Subfaktoren aufweist (s. Kasten nächste Seite). Aufgrund der Korrelationen zwischen den Subfaktoren (r um .40) stellt Ärger gleichsam die Brücke zwischen den drei anderen Komponenten dar.

Insofern kann man nicht mehr allgemein von »der« Aggressivitätstendenz sprechen, sondern muss näher differenzieren, welchen Verhaltensaspekt man im Einzelnen meint.

Vier Aggressions-Faktoren (nach Buss und Perry, 1992, S. 454)

Körperliche Aggression:

1. Manchmal kann ich dem Verlangen, eine andere Person zu schlagen, nicht widerstehen.
2. Wenn ich nur entsprechend gereizt werde, kann ich jemand anderen durchaus schlagen.
3. Wenn mich jemand schlägt, schlage ich zurück.
4. Ich werde häufiger in Schlägereien verwickelt als andere.
5. Wenn es sein muss, verteidige ich meine Rechte auch mit Gewalt.
6. Manche Leute haben mich schon soweit gebracht, dass wir uns geprügelt haben.
7. Ich kann mir keinen Grund vorstellen, weshalb ich jemals eine andere Person schlagen würde. *)
8. Ich habe schon Leute bedroht, die ich gut kenne.
9. Ich bin schon so ausgerastet, dass ich Gegenstände zerschlagen habe.

Verbale Aggression:

1. Ich sage es meinen Freunden offen, wenn ich anderer Meinung bin als sie.
2. Es passiert mir oft, dass ich mit anderen nicht übereinstimme.
3. Wenn mich Leute verdrießen, sage ich ihnen, was ich über sie denke.
4. Wenn andere mit mir nicht übereinstimmen, kann ich mich nicht zurückhalten, mit ihnen darüber zu streiten.
5. Meine Freunde sagen, ich sei etwas streitlustig.

Ärger/Zorn:

1. Ich rege mich schnell auf, aber mein Ärger verraucht auch wieder schnell.
2. Wenn ich frustriert bin, zeige ich meine Verärgerung.
3. Manchmal fühle ich mich wie ein Pulverfass, jederzeit bereit zu explodieren.
4. Ich bin eine ausgeglichene Person. *)
5. Einige meiner Freunde halten mich für einen Hitzkopf.
6. Ich brause manchmal wegen Nichtigkeiten auf.
7. Es fällt mir schwer, meinen Zorn zu kontrollieren.

Feindseligkeit:

1. Manchmal verzehrt mich Eifersucht.
2. Manchmal spielt mir das Leben übel mit.
3. Glück scheinen immer nur die anderen zu haben.
4. Ich frage mich, warum ich manchmal so verbittert bin.
5. Ich weiß, dass meine »Freunde« hinter meinem Rücken über mich reden.
6. Gegenüber allzu freundlichen Fremden bin ich misstrauisch.
7. Manchmal habe ich das Gefühl, dass andere hinter meinem Rücken über mich lachen.
8. Wenn Leute besonders nett zu mir sind, frage ich mich, was sie von mir wollen.

*) Umgekehrte Polung

b) Allgemeine Resultate; einige aktuelle Forschungstrends

Die »alte« Skala von Buss und Durkee (1957) korrelierte mit Intensität von verabreichten Schocks an der Aggressionsmaschine (Scheier, Buss & Buss, 1978). Außerdem wiesen etwa Männer, die gegenüber Familienmitgliedern gewalttätig geworden waren, höhere Werte in einigen Subskalen auf als unauffällige Kontrollpersonen (Maiura, Kahn, Vitaliano, Wagner & Zegree, 1988). Für die »neue« Skala konnten Buss und Perry (1992) eine Korrelation von r = .31 (Summen-Score) mit den Fremdurteilen von College-Bewohnern ermitteln; die höchste Übereinstimmung der Selbsteinstufung mit dem Urteil der Außenstehenden bestand in Bezug auf körperliche Aggressivität (r = .45), die niedrigste auf der Dimension verbale Aggressivität (r= .20).

Ein Großteil der testunterstützten Aggressionsforschung hat einen Hinweis auf die Validität der Verfahren darin erblickt, wenn die erfolgreiche Differenzierung straffälliger von nichtbestraften Personen gelang. Das ist in der weit überwiegenden Zahl von Untersuchungen auch der Fall (z. B. Lösel & Wüstendörfer, 1976), wenngleich die erheblichen Probleme einer Testvorgabe unter den Bedingungen der Inhaftierung nicht zu übersehen sind. Auch fehlt es an einer zuverlässigen Unterscheidung zwischen Tätern verschiedener Deliktkategorien (s. McCreary, 1977; Hoppe & Singer, 1977). Einige Autoren fanden darüber hinaus im Rahmen der Überprüfung spezifischer Theorien bedeutsame Unterschiede zwischen anderen Personengruppen (z. B. Polizisten vs. Studenten bei Schmidt-Mummendey, 1972).
Weniger belastet von den Unwägbarkeiten einer durch unterschiedliche Situations- oder Sozialisationsfaktoren bedingten unterschiedlichen Bearbeitung der Verfahren stellen sich Längsschnittuntersuchungen dar, in denen zu einem früheren Zeitpunkt die Aggressivität und später ggf. auftretende Kriminalität gemessen wird. In der Studie von Roff (1992), die einem derartigen Plan folgt, erwies sich an N = 711 männlichen Jugendlichen die während der Kindheit ermittelte Aggressivität als stärkster Prädiktor für später gerichtlich aktenkundig gewordene Delinquenz, gefolgt vom sozioökonomischen Status als einer weiteren erklärungsmächtigen Vorhersage-Variablen.
Zunehmende Aufmerksamkeit findet Ärger als eine Aggressionen vorausgehende und begleitende Reaktion. Der Frustrations-Aggressions-Hypothese zufolge sollte jede Form von negativem Affekt die Wahrscheinlichkeit von Aggressionen erhöhen. Im Unterschied dazu interpretiert der Soziale Interaktions-Ansatz manche Aggressionshandlungen als Ausdruck von Missvergnügen und informeller sozialer Kontrolle. In zwei Studien unter Heranziehung verschiedener Personengruppen, darunter ehemaligen psychiatrischen Patienten und entlassenen Strafgefangenen, sprachen die Resultate von Felson (1992) eher für die letztere Auffassung. Ärger scheint demzufolge einen ebenso starken Einfluss auf aggressives Verhalten wie auf verschiedene Formen von Delinquenz auszuüben, was im Weiteren impliziert, dass manche Spielarten von Delinquenz, die üblicherweise nicht mit Aggression in Verbindung stehen, gleichwohl aggressive Ziele haben mögen.
Im Zusammenhang mit einem spezifischen Delikt, nämlich der Vergewaltigung, interessiert eine andere Komponente innerhalb der Aggressionsgenese, nämlich Sexual-Motivation. Diesbezüglich stellt sich die Frage, inwieweit Vergewaltigungen, verkürzt dargestellt, primär sexuelle Handlungen darstellen, zu deren Verübung bzw. Durchsetzung Gewalt angewendet wird, oder aber – die sog. »feministische Position« (Brownmiller, 1978) – primär Gewaltakte sind, bei deren Ausübung gleichsam als Tatwerkzeug das männliche Genital benutzt wird. Um darauf überhaupt sinnvolle Antworten geben zu können, müssen bei diesem Delikt Vergewaltigungen mit und ohne eine zuvor bestandene Täter-Opfer-Bekanntschaft getrennt betrachtet werden, desgleichen innerhalb des extrem heterogenen Kreises bestrafter Vergewaltiger separierbare Subgruppen, für die unterschiedliche Wirkungsmodelle zu gelten scheinen (s. Prentky & Knight, 1991), und zwar nach der jeweiligen Konstellation der wichtigsten Determinanten, nämlich physiologisch-sexuelles Arousal, Aggressionen begünstigende Kognitionen, Mangel an affektiver Kontrolle und Persönlichkeitsmerkmale (Hall & Hirschman, 1991). Im Hinblick auf diese Determinanten unterscheiden andere Autoren (s. Barbaree & Marshall, 1991) zwischen »States« (Zustände, die während der Verübung der Tat auftreten) und »Traits« (überdauernde Unterscheidungs-Charakteristika zwischen Tätern und anderen Männern), im Weiteren zwischen Erklärungsmodellen, die entweder eine Kontrolle der Stimuli oder eine solche der Reaktionen akzentuieren. Für College-Studenten, die sich gegenüber Frauen entweder sexuell, nicht-sexuell oder auf beiderlei Weise aggressiv verhalten hatten, berichten Malamuth, Sockloskie, Koss und Tanaka (1991) ein Wirkungsgefüge, demzufolge Kindheitserfahrungen feindseliger Thematik über zwei Pfade

zu den Verfehlungen geführt haben: (1) Feindselige Einstellungen und Persönlichkeitsmerkmale begünstigen Nötigungsverhalten und (2) sexuelle Promiskuität, die insbesondere in Interaktion mit Feindseligkeit sexuelle Aggressionen hervorbringt. Diese nur kurze Erörterung einiger Modelle und Ergebnisse wird deutlich gemacht haben, dass Aggressivität nur in Verbindung mit einer Vielzahl anderer auslösender, modulierender und interagierender Faktoren außer- und innerhalb des Individuums als Erklärung für sexuelle Übergriffe in Betracht kommt.

Vermehrt wird nach Zusammenhängen der habituellen und aktuellen Aggressionstendenz mit Kreislauf-Maßen gesucht (van Dijl, 1978; Carver & Glass, 1978; negativ: Weyer & Hodapp, 1977). Der Übersicht von Vögele und Steptoe (1993) zufolge rufen sowohl Ärgerunterdrückung als auch häufiges Ärgererleben und dessen Äußerung kardiovaskuläre Hyperreaktivität hervor, was im Laufe jahrelanger Wiederholungen zur Entstehung von kardiovaskulären Krankheiten (Essenzielle Hypertonie bzw. Koronare Herzerkrankungen) führen kann. In dem Material von Otten (1993) war hingegen ein genereller Zusammenhang zwischen Anger Out und kardiovaskulärer Reaktivität nicht zu sichern; wohl aber fand sich eine Korrelation zwischen Ärgerausdruck und Blutdruck bei Männern mit hypertonen Blutdruckwerten, wobei nicht Anger In als blutdrucksteigernde, sondern Anger Out als blutdruckmindernde Dimension bedeutsam war. Auch in der Laborstudie von Schwenkmezger und Hank (1995) korrelierte nur Anger Out mit systolischem und diastolischem Blutdruck. Entgegen einer weit verbreiteten Hypothese unterscheiden sich zudem auf der Anger In-Dimension offenbar Psychosomatiker *nicht* von anderen klinischen Gruppen (Schwenkmezger, Schmidt & Stephan-Hembach, 1994), d. h., eine Tendenz zu Ärger-Unterdrückung ist anscheinend nicht spezifisch für Psychosomatiker, sondern ein Merkmal mehrerer klinischer Stichproben (Schizophrene, Neurotiker, Alkoholiker und Patienten mit Affektstörungen) im Vergleich zu gesunden Kontrollpersonen.

Den Befunden von Buss und Perry (1992) zufolge zeigten Männer im Vergleich zu Frauen etwas höhere Werte in verbaler Aggressivität und Feindseligkeit, sehr viel höhere Mittelwerte in körperlicher Aggressivität. Auch den an britischen Zwillingen von Rushton et al. (1986) erhobenen Daten zufolge haben Frauen niedrigere Werte als Männer; über dem Lebensalter gehen die Punktwerte in beiden Geschlechtern zurück (allerdings: Querschnittsansatz!). Gespiegelt dazu stellen sich die Gegebenheiten bei Altruismus dar. In beiden Dimensionen lag die Korrelation innerhalb eineiiger Paare um .45, innerhalb zweieiiger um .10 (s. dazu Kap. 21 und 22).

Ebenfalls auf Querschnittsdaten beruht die Beobachtung, wonach in der Kindheit und Jugend zwar physische Aggressionen bei Jungen sehr viel häufiger vorkommen als bei Mädchen, dass aber ab etwa dem 10. Lebensjahr bei den Mädchen indirekte Aggressionen überwiegen (Bjorkqvist, Lagerstedt & Kaukiainen, 1992). Deren Auftreten hängt ab vom individuellen Reifezustand und dem Vorliegen eines sozialen Netzwerkes: Freundschaftliche Beziehungen werden dabei als ein Element aggressiver Strategien eingesetzt, d. h., Mädchen scheinen da zu manipulieren, wo Buben eher kämpfen.

In einer Längsschnittuntersuchung über ca. 10 Jahre registrierten Eron, Walder, Huesmann und Lefkowitz (1978; s. auch Eron, 1980) eine Stabilität von fremdbeurteilter Aggressivität von $r_{tt} = .47$. MMPI-Skalen zur Aggressivität korrelierten mit den Fremdratings zu $r = .39$, d. h., die Fragebogeninformation weist Entsprechungen mit den Wahrnehmungen unabhängiger Beurteiler auf. Die gewichtigsten Prädiktoren für die Aggressivität im Alter von 19 Jahren waren in der Gruppe der Buben (N=128) die Präferenz für Gewaltdarstellung im Fernsehen und hohe Mobilität der Eltern. Darüber hinaus waren der IQ, die Identifikation mit der Mutter und Aussprachemöglichkeit mit den Eltern von Gewicht. Die Resultate bei den Mädchen befanden sich nur in teilweiser Übereinstimmung damit. Zu einem späteren

Zeitpunkt (Eron, 1987) war das Beobachtungsintervall auf 22 Jahre angewachsen. Dabei bestanden sehr deutliche Korrelationen zwischen der im Alter von acht Jahren von den Mitschülern angegebenen Aggressionsneigung (z. B. »Wer rempelt andere Kinder an?«) bzw. der Tendenz zu prosozialem Verhalten (z. B. »Wer sagt: ›Entschuldige‹, auch wenn er/sie gar nichts Böses getan hat?«) und der Häufigkeit aggressiver Handlungen im Alter von 30 Jahren (Verurteilungen für Straftaten; von Ehepartnern berichtete, auf sie zielende aggressive Handlungen; Härte der von Kindern angegebenen Strafen). Was die Ursachen dieser bemerkenswerten Stabilität angeht, so neigt Eron (1987) zu der Auffassung, dass die Regeln und Fähigkeiten für Handlungen, die den sozialen Verhaltensweisen zugrunde liegen, bereits sehr früh in besonders sensiblen Phasen der Entwicklung gelernt werden und danach relativ änderungsresistent sind. Dabei komme der häufigen Konfrontation mit erfolgreich (!) gewalttätigen Akteuren in den Medien, insbesondere dem Fernsehen, eine zentrale Bedeutung zu.

Andere Autoren haben mit anderen Forschungsansätzen zum Teil wesentlich andere Ergebnisse erzielt (s. Berkowitz, 1962; s. auch Hartup & DeWitt, 1978; die Bibliografie von Sawin & Sawin; 1978, das Sammelreferat über Persönlichkeitsfaktoren von Dengerink, 1976; und insbesondere die Darstellung von Zumkley, 1996).

Fragen zu Kapitel 17:

Abschnitt 17.1: Die Psychoanalyse Freuds als Persönlichkeitstheorie

1. Welches sind die wichtigsten persönlichkeitstheoretischen Konzepte der Psychoanalyse?
2. Welche Bedeutung haben die verschiedenen kindlichen Entwicklungsphasen nach Freud für die Entstehung von Charaktertypen?
3. Worin liegen die Schwierigkeiten einer empirischen Überprüfung der Psychoanalyse?

Abschnitt 17.2: Das Persönlichkeitsmerkmal »Repression versus Sensitization«

1. Aufgrund welcher Beobachtung entwickelte sich das Konstrukt »Repression vs. Sensitization«, und wie wird es heute gemessen?
2. Welche theoretische Bedeutung und empirischen Korrelate sind mit dem Konstrukt »Repression vs. Sensitization« verknüpft?

Abschnitt 17.3: Ängstlichkeit

1. Mit Hilfe welcher lerntheoretischen Prinzipien hat man den Erwerb von Angstreaktionen auf ursprünglich neutrale Reize sowie die Aufrechterhaltung solcher Reiz-Reaktions-Verknüpfungen erklärt?
2. Welche Prozesse werden in kognitiven Theorien der Angst und Angstkontrolle angenommen?
3. Welche empirischen Indikatoren und Befunde verleihen dem Konstrukt Ängstlichkeit als Persönlichkeitsmerkmal seine Bedeutung?
4. Welche biologischen Grundlagen der Ängstlichkeit werden angenommen?
5. Wodurch wird der – oft leistungsmindernde – Einfluss von Ängstlichkeit auf Leistung zu erklären versucht?
6. Welche Differenzierungen des Angst- und Ängstlichkeitskonstruktes hat man vorgeschlagen?

Abschnitt 17.4: Aggression und Aggressivität

1. Nennen Sie einige wesentliche Beiträge von psychodynamischem, behavioralem und eigenschaftstheoretischem Ansatz innerhalb der Aggressionsforschung!

18 Gesundheitsbezogene Persönlichkeitskonstrukte

Die Erörterung von Persönlichkeitskonstrukten im vorliegenden Text orientiert sich weitgehend an den dabei maßgeblichen theoretischen Überlegungen oder grundlegenden Modellen. In die dafür vorgenommene Gliederung lassen sich allerdings jene Konstrukte nur mit Mühe einordnen, deren wesentliche Gemeinsamkeit darin besteht, auf die Unterschiede zwischen körperlicher Gesundheit und Krankheit abzuheben. Bei der Suche nach den psychologischen Faktoren, die für die Erhaltung von Gesundheit bzw. die Entstehung von Krankheiten bedeutsam sind, handelt es sich fraglos um ein besonders wichtiges Forschungsgebiet. Aus diesem Grunde ist nicht nur überprüft worden, inwieweit bekannte trait- oder verhaltenstheoretische sowie tiefenpsychologische Konstrukte (wie beispielsweise Neurotizismus, Bekräftigungsüberzeugung oder Repression vs. Sensibilisierung) mit der Gesundheits-Krankheitsdimension korrelieren, sondern es wurden im Hinblick auf die Unterscheidung »gesund vs. krank« auch eigenständige und gegenstandsspezifische Theorien entworfen, die den Rahmen für die Entwicklung weiterer Persönlichkeitskonstrukte lieferten. Nachfolgend soll ein kursorischer Überblick über die betreffenden Arbeiten gegeben werden; eine detailliertere Erörterung der einschlägigen Konstrukte, methodischer Probleme und möglicher Wirkungsmechanismen findet sich bei Schwenkmezger (1994).

18.1 Gegenstandsunspezifische Persönlichkeitskonstrukte

Den Annahmen von Eysenck (1985) zufolge korrelieren die breiten *eigenschaftstheoretischen* Persönlichkeitsmerkmale Neurotizismus (N) und Psychotizismus (P) positiv, hingegen Extraversion (E) negativ mit koronaren Herzerkrankungen (KHK), wohingegen das korrelative Muster für den Zusammenhang mit Krebs genau spiegelbildlich dazu sei (negative Korrelationen von N und P, hingegen positive mit E). Im Rahmen einer Metaanalyse überprüfte Myrtek (1998) unter Heranziehung von ausschließlich prospektiven Studien den Stellenwert von N bei Herz- bzw. Krebserkrankungen. Den Ergebnissen zufolge zeigte sich in der Tat ein signifikanter Zusammenhang zwischen N (einschließlich Depression/Angst) und KHK. Allerdings war die Effektstärke mit P = 0.00835 als Mittel aus den sechs analysierten Studien nicht eben groß; zudem ließ die Schwankungsbreite von 0.136 bis –0.069 über die einzelnen Untersuchungen hinweg eine unbefriedigende Inkonsistenz der Ergebnisse erkennen. Darüber hinaus konnte die erwartete negative Korrelation zwischen N (Depression/ Angst) und Krebs auf der Basis der dazu vorliegenden zwei Studien nicht aufgezeigt werden. Eine Untersuchung aus dem Heidelberger Institut (s. Matthews, Amelang, Yousfi, Schmidt-Rathjens & Feldt, 2000) an einer Stichprobe von $N = 5\,133$ Männern und Frauen lieferte Hinweise darauf, dass N bzw. emotionale Labilität nicht nur einen bedeutenden Risikofaktor für KHK darstellt, sondern auch für andere Krankheiten (sowie multiple Erkrankungen) maßgeblich ist. Logistischen Regressionen zufolge waren dabei einige der Effekte (z. B. für KHK, Leber-, Magen- und Bronchialerkrankungen) vergleichbar mit denjenigen etablierter Risikofaktoren wie Alter und Geschlecht. Diese und weitere Befunde sprechen dafür, dass N oder »negativer Affektivität« die Rolle eines generellen Risikofaktors zukommt (Kirmayer, Robbins & Paris, 1994).

Im Unterschied zu N nehmen E und P in der gesundheitspsychologischen Forschung einen eher randständigen Stellenwert ein. Eysenck (1985) führt einige Befunde an, die für den von ihm postulierten Zusammenhang zwischen E und Krebs sprechen. Demgegenüber wiesen in einer Untersuchung von Kulessa et al. (1989) Patienten mit Bronchialkarzinom niedrigere Werte auf der E-Skala auf als Patienten mit gutartigen (= benignen) Bronchialerkankungen sowie Gesunde. Da es sich hierbei jedoch um ein retrospektives Forschungsdesign handelt, bleibt offen, ob die introvertierte Haltung eine ursächliche Bedeutung bei der Krankheitsentstehung hat oder lediglich eine Reaktion auf die Diagnose darstellt.

Friedman und Booth-Kewley (1987a) gingen in einer Metaanalyse dem Stellenwert von Extraversion bei weiteren Erkrankungen nach. Den Ergebnissen zufolge korrelierte Extraversion positiv mit KHK und Kopfschmerzen, negativ mit Asthma, Magengeschwüren und Arthritis, wobei die Koeffizienten im Einzelnen zwar signifikant, aber von nur geringer numerischer Höhe waren. Weitere Befunde deuten darauf hin, dass Extraversion auch mit einem positiven Krankheitsverlauf einhergeht (z. B. Knieling et al., 1998; Wenderlein, 1982).

In der Zusammenschau kann der Zusammenhang zwischen N und KHK sowie weiteren Erkrankungen als am besten bestätigt gelten. Was die Kausalität dieser Wechselbeziehung angeht, so sind ganz verschiedene Hypothesen denkbar (s. dazu Matthews et al., 2000). Eine Annahme geht davon aus, dass Persönlichkeitsfaktoren zum Bereich von Emotionaler Labilität bzw. Neurotizismus (z. B. Depression oder Angst) möglicherweise mit Beeinträchtigungen des Immunsystems (z. B. erniedrigtes sIgA-Level; s. hierzu Hennig, Pössel & Netter, 1996) einhergehen. Dieses hätte eine generell erhöhte Vulnerabilität zur Folge. Eine andere Deutung geht davon aus, dass eines der konstitutiven Elemente von emotionaler Labilität in Stress zu sehen ist, d. h., die Selbsteinschätzungen von Neurotizismus spiegeln das Erleben der Probanden wider, häufig gestresst zu sein (Hennig & Netter, 1997). Unter einer solchen Perspektive wären die Beeinträchtigungen des Immunsystems die Folge einer Exposition gegenüber Stress. Allerdings sind die Ergebnisse dazu widersprüchlich (Koh, 1998; Netter, Müller, Hennig & Rohrmann, 1999). Einer weiteren Interpretation zufolge tendieren neurotische Personen besonders stark zur verbalen Bekundung körperlicher Beschwerden. So konnten Stone und Costa (1990) zeigen, dass Neurotizismus stärker mit subjektiven Symptomen als mit objektiven Gesundheitsmaßen zusammenhing. Sicher besteht eine der vordringlichen Aufgaben zukünftiger Forschungsarbeiten darin, das unverbindliche Nebeneinander der geschilderten Kausalitätshypothesen im Sinne einer stärker gerichteten Sichtweise zu verändern.

Aus dem Bereich der *verhaltenstheoretischen* Persönlichkeitskonstrukte ist v. a. die Bedeutung von Kontrollüberzeugungen (s. 18.2.3) im Rahmen gesundheitspsychologischer Fragestellungen überprüft worden. Wie bereits dargelegt, lassen sich generalisierte, bereichssowie situationsspezifische Kontrollüberzeugungen unterscheiden. Gesundheit/Krankheit stellt einen Bereich dar, für den ein Individuum spezifische Kontrollüberzeugungen entwickeln kann (Lohaus, 1992). Dabei geht es um die Frage, »inwieweit der Einzelne annimmt, dass der eigene Gesundheitszustand durch eigenes Handeln, fremdes Handeln (Ärzte, Pflegepersonal etc.) oder Zufall bzw. Schicksal beeinflusst wird, wobei sich diese Annahmen nicht ausschließen müssen (...)«. Untersuchungen zum Zusammenhang von Kontrollüberzeugungen mit Variablen, die für das Gesundheitsverhalten von Bedeutung sind (wie Patientencompliance, Bewältigungshandeln, Informationssuche und Informiertheit sowie präventives Handeln), waren bereits dargestellt worden (s. S. 503 f.). Die substantielle Bedeutung von Kontrollüberzeugungen für Gesundheit/Krankheit steht demnach völlig außer Zweifel. Ein *psychodynamisches* Konstrukt, dem eine Bedeutung bei der Entstehung von Krankheiten zugesprochen wird, stellt u. a. Alexithymie dar. Kirmayer, Robbins und Paris (1994, S. 127) verstehen darunter ein allgemeines Fähigkeitsdefizit, Emotionen als solche wahrzunehmen und symbolisch zu repräsentieren. Dies führe zu Schwierigkeiten bei der Unterscheidung von Emotionen und körperlichen Empfindungen sowie tendenziell zu konkretem, externalem Denken und Problemlösen. Neben der ätiologischen Bedeutung wird vermutet, dass Alexithymie auch einen Einfluss auf die Tendenz einer Person hat, somatische Empfindungen auf somatische Erkrankungen anstatt auf emotionale oder interpersonale Konflikte zu attribuieren. Eine ausführliche Darstellung weiterer psychodynamischer Krankheitskonzepte bietet beispielsweise Uexküll (1996).

18.2 Gegenstandsspezifische Persönlichkeitskonstrukte

(1) Typ C

Auf Temoshok (1987) geht ein Modell zurück, das es ermöglicht, scheinbar unverbundene und partiell sogar widersprüchliche Beobachtungen zum Zusammenhang von psychischen Faktoren mit Krebs zu integrieren. Zentral darin ist die Annahme, dass eine bestimmte Konstellation von psychosozialen Faktoren bei einigen Menschen die Entstehung und den Verlauf von Krebserkrankungen beeinflusst. Zu diesen Faktoren zählen

a) bestimmte Persönlichkeitseigenschaften oder Coping-Stile wie Stoizismus, Nettigkeit, Fleiß, Perfektionismus, Geselligkeit, Konventionalität sowie rigide Abwehrmechanismen,
b) die Schwierigkeit, Gefühle auszudrücken sowie
c) Hilf- und Hoffnungslosigkeit.

Eine Person mit diesem Merkmalsprofil gehöre zum Typ C (= Cancer) und wäre demnach kooperativ, besänftigend, nicht durchsetzungsfähig, geduldig sowie Autoritäten gegenüber unterwürfig. Aufgrund von Lernerfahrungen in der Kindheit wäre so jemand bemüht, negative Emotionen (insbesondere Ärger) zu unterdrücken (»chronically blocked expressions of needs and feelings«) und würde auf diese Weise versuchen, eine angenehme zwischenmenschliche Atmosphäre herzustellen bzw. zu bewahren. Aus diesem Grund würde die besagte Person auch von ihren Mitmenschen als nett, freundlich und hilfsbereit angesehen werden. Infolge der andauernden Zurückstellung der eigenen Bedürfnisse und Wünsche entwickele sich allmählich das Gefühl von Hilf- und Hoffnungslosigkeit, was jedoch hinter der Fassade, die u. a. durch emotionale Kontrolle gekennzeichnet sei, versteckt werde. Ein sehr starker Stressor (z. B. die Diagnose einer Krebserkrankung) könne bewirken, dass diese Fassade zusammenbricht und Hilf- und Hoffnungslosigkeit zu Tage treten.
Unterstützung erhält die Annahme von Temoshok durch die Untersuchung von Watson et al. (1991) an $N = 359$ Frauen mit Brustkrebs in einem Frühstadium. Die Patientinnen bearbeiteten ein bis drei Monate nach der Diagnosestellung verschiedene Fragebogen, anhand derer u. a. die individuelle Tendenz zur Kontrolle negativer Emotionen (Ärger, Angst, Depression) als zentraler Bestandteil des Typ C sowie die psychische Reaktion auf die Krebserkrankung (z. B. Hilf- und Hoffnungslosigkeit, Kampfgeist, Fatalismus) erfasst wurde. Gemäß den Hypothesen von Temoshok ließ sich ein signifikanter Zusammenhang zwischen der Kon-

trolle emotionaler Reaktionen und einer fatalistischen bzw. hilfosen Einstellung gegenüber der Krebserkrankung nachweisen.
In dieser und den zahlreichen anderen Untersuchungen zum Typ C, der für eine ungünstige Prognose steht, lässt sich die oftmals unbefriedigende Operationalisierung der psychologischen Variablen kritisieren, darüber hinaus vor allem auch das Fehlen von prospektiven Studien. Weitaus die meisten Studien gelten dem Verlauf von Krebserkrankungen in Abhängigkeit von Typ C (Temoshok, 1985, 1987; Sanderman & Ranchor, 1997; Temoshok & Fox, 1984). Die theoretischen Erklärungen der angestellten Beobachtungen zentrieren sich um die Veränderung neuroendokriner und immunologischer Faktoren sowie insbesondere eine immunosuppressive Wirkung unter dem Einfluss von Typ C.
Für eine ursächliche Bedeutung von Typ C auf die Entstehung von Krebs liegen (noch) keine empirisch gesicherten Anhaltspunkte vor.

(2) Typ A

Die Forschung zur Rolle von psychologischen Faktoren bei der Entstehung von KHK hat sich überwiegend auf das Typ A-Verhaltensmuster konzentriert, welches erstmals von Friedman und Rosenman (1959) beschrieben wurde. Die beiden Autoren definierten das Typ A-Verhalten als einen »(...) action-emotion complex that can be observed in any person who is aggressively involved in a chronic, incessant struggle to achieve more and more in less and less time, and if required to do so, against the opposing efforts of other things or other persons« (Friedman & Rosenman, 1974, p. 37). Im Wesentlichen soll das Verhalten einer Typ A-Person durch Merkmale wie Ungeduld und Zeitdruck, ehrgeiziges Leistungsstreben, Feindseligkeit sowie berufliche Distanzierungsunfähigkeit gekennzeichnet sein (s. z. B. Rosenman, 1996). Eysenck (1994, S. 176) beschreibt das Verhalten einer Typ A-Person durch die »AHA«-Trias aus Anger, Hostility und Aggression, womit es im krassen Gegensatz zur gefühlsunterdrückten Persönlichkeit des Typ C (s. o.) stehe. Auch wenn hier wie dort von der jeweiligen Konstellation als »Verhalten« gesprochen wird, handelt es sich doch um nichts anderes als eine spezifische Kombination von Trait-Merkmalen.
Die wichtigsten Erfassungsmethoden des Typ A-Verhaltens sind das Strukturierte Interview (SI; Rosenman, 1978) und der Jenkins Activity Survey (JAS; Jenkins, Zyzanski & Rosenman, 1979). Das SI wird als Stressinterview unter Provokationsbedingungen durchgeführt, wobei neben inhaltlichen Aspekten auch nonverbale und emotionale Reaktionen der Probanden erfasst werden. Bei dem JAS handelt es sich um einen Paper und Pencil-Test, der den Befragungspersonen Informationen zu den drei Subskalen »Eile und Ungeduld« (Speed and Impatience), »Arbeitseinsatz« (Job Involvement) sowie »Rivalitäts- und Konkurrenzdenken« (Hard-Driving Competitiveness) abverlangt.
Zwei großen Untersuchungen zufolge weisen Typ A-Personen eine Prädisposition für Herzerkrankungen auf: In der sog. Western Collaborative Group Study (Ragland & Brand, 1988a) an $N = 3\,154$ männlichen Personen im Alter von anfänglich 39 bis 59 Jahren (Beschäftigte verschiedener Betriebe) wiesen die mit dem SI ermittelten Typ A-Probanden nach 9 bis 10 Jahren längsschnittlicher Beobachtung ein relatives Risiko für KHK von ca. 2.0 auf, nachdem der Einfluss anderer Risikofaktoren herausgerechnet worden war (s. auch Rosenman et al., 1975; Frank, Heller, Kornfeld, Sporn & Weiss, 1978). Ein ähnlicher Koeffizient ergab sich in der Framingham Heart Study an $N = 1\,674$ Personen im Alter zwischen 45 und 77 Jahren. Die Typ A-Zugehörigkeit wurde mit 10 Items eines Fragebogens (self-report) zu Wettbewerbsmotivation, Zeitnot und die Wahrnehmung von Arbeitsbelastungen erfasst. In multivariaten Analysen erwies sich der Typ A-Einfluss als unabhängig von den traditionellen Risikofaktoren für KHK wie Rauchen, Übergewicht und Bewegungsmangel. Bei den Männern galt das relative Risiko von ca. 2 für Typ A- Personen nur für die sog. »white collar

workers« (s. Haynes et al., 1978). Nachfolgende Untersuchungen konnten diese überzeugenden Resultate nicht immer bestätigen; so belief sich in der Metaanalyse von Myrtek (1998) die Effektgröße für den Zusammenhang von Typ A-Verhalten und KHK nur auf r = 0.009. Dafür mögen methodische Probleme (s. von Boxberg & Rüddel, 1995) und die Verwendung unterschiedlicher Erhebungsmethoden in den jeweiligen Studien verantwortlich sein. So scheint das SI ganz allgemein ein besserer Prädiktor von KHK zu sein als das JAS, und zwar vermutlich deshalb, weil darin der Aspekt des emotionalen Ausdrucksstiles einer Person mit berücksichtigt wird (Friedman & Booth-Kewley, 1987b). Als Folge der inkonsistenten Befunde hat das Typ A-Konzept in der letzten Zeit »an Glaubwürdigkeit verloren« (Myrtek, 1998, S. 320), zumal Typ A sogar mit einer besseren Prognose nach einem Infarkt in Verbindung gebracht wurde (Ragland & Brand, 1988b). Die Kritik verschärft sich durch weitere Probleme, die mit dem Typ A verbunden sind, wie z. B. die atheoretische Konzeption und die inhaltliche Heterogenität des Konstrukts. Darüber hinaus bemängeln Friedman und Booth-Kewley (1987b), dass bislang der Schwerpunkt bei der Erforschung der psychologischen Risikofaktoren der KHK ungerechtfertigterweise auf »hurry sickness« lag. Außer Acht gelassen wurde dabei, dass viele Studien auch die Bedeutung von Depression und/oder Angst für KHK erwiesen hatten. Möglicherweise folgt »(...) coronary proneness (...) from a general chronic disturbance in personal functioning rather than from hurry sickness« (Friedman & Booth-Kewley, 1987b, p. 785). Diese Überlegung steht in Einklang mit den bereits oben berichteten Befunden zum empirisch nachgewiesenen Zusammenhang zwischen Neurotizismus und KHK.

Angesichts dieser Probleme hat in den letzten Jahren zunehmend eine Abkehr vom globalen Typ A-Konzept hin zu den spezifischen Subkomponenten stattgefunden, wobei sich das Forschungsinteresse insbesondere auf Feindseligkeit (Hostility) richtete. Mittag (1999, S. 62) kommt zu dem Schluss, dass »Hostilität bzw. Zynismus einen zumindest wahrscheinlichen Risikofaktor darstellen (...)«. Darüber hinaus berichtet er auch über Hinweise, wonach Feindseligkeit mit der Schwere der KHK in Verbindung steht. Aber auch in Bezug auf Feindseligkeit und KHK stellt sich die Frage der praktischen Bedeutsamkeit: So errechnete Myrtek (1999) unter Berücksichtigung der vorliegenden Studien nur ein relatives Risiko von 1.08 für feindselige Personen, später an KHK zu erkranken (im Vergleich zu dem relativen Risiko von 1.00 für nicht feindselige Personen).

(3) Kohärenzsinn

Gleichsam als Gegenbewegung zu den soweit geschilderten Faktoren, die das Risiko einer Erkrankung erhöhten, wurde in den letzten Jahren zunehmend das Augenmerk auf solche Persönlichkeitskonstrukte gerichtet, die theoretischen Überlegungen zufolge einen Schutz vor Krankheit darstellen. In diesem Zusammenhang fand das Konstrukt Kohärenzsinn (Sense of Coherence, SOC) von Antonovsky (1987) weite Beachtung; dieses puffert den Organismus gegen potentiell krankmachende Faktoren aus der Umgebung. Dem folgerichtig als »salutogenetisch« bezeichneten Modell zufolge kommt bei der Bewältigung des durch Stressfaktoren hervorgerufenen Spannungszustandes zwei individuellen Ressourcen eine wichtige Funktion zu, nämlich zum einen den sog. Generalisierten Widerstandsquellen (z. B. Wohlstand, Wissen, Intelligenz, soziale Unterstützung), zum anderen einer hohen individuellen Ausprägung auf der habituellen Persönlichkeitsdimension SOC. Antonovsky definiert Kohärenzsinn als »eine globale Orientierung, die zum Ausdruck bringt, in welchem Umfang man ein generalisiertes, überdauerndes und dynamisches Gefühl des Vertrauens besitzt, dass die eigene innere und äußere Umwelt vorhersagbar ist und dass mit großer Wahrscheinlichkeit die Dinge sich so entwickeln werden, wie man es vernünftigerweise erwarten kann« (Übersetzung von Becker, 1982, S. 19). Drei Subkomponenten sind dabei zu unterscheiden:

»Verstehbarkeit« (Eindruck der Geordnetheit, Überschaubarkeit und Vorhersagbarkeit von externen und internen Reizen bzw. Entwicklungen; *comprehensibility*), »Handhabbarkeit« (optimistisches Vertrauen, aus eigener Kraft oder mit fremder Unterstützung künftige Lebensaufgaben meistern zu können; *manageability*) und »Bedeutsamkeit« (Freude am Leben und Überzeugung, dass das Leben einen Sinn hat; *meaningfulness*). Eine Person mit einem hohen Ausmaß an Kohärenzsinn sieht ein lebensveränderndes Ereignis eher als verstehbar, beeinflussbar und bedeutsam an als jemand mit einer niedrigen Ausprägung. Ein individuell stark ausgeprägter Kohärenzsinn soll der Theorie gemäß vor dem Auftreten stressbedingter Krankheiten schützen, weil die Person dadurch befähigt ist, Ressourcen zu mobilisieren, um sowohl mit positiven als auch negativen Stressoren zurechtzukommen.
In verschiedenen Untersuchungen konnten korrelative Beziehungen von SOC zu selbstberichteten und objektiv registrierten Gesundheitsmaßen nachgewiesen werden (Antonovsky, 1993; Bowman, 1996; Feldt, 1997; Frenz, Carey & Jorgensen, 1993; Larsson & Setterlind, 1990; Milanesi, Colby, Cesario, Mishra & Kennedy (1998); Ryland & Greenfeld, 1991; Struempfer, 1997; Williams, 1990). Solche Befunde entsprechen insoweit zwar den Vorhersagen, erlauben aber aufgrund der querschnittlichen Erhebungsform keine Aussagen darüber, ob eine niedrige Ausprägung in SOC das Ausbrechen von Krankheiten begünstigt oder eine umgekehrte Wirkungsrichtung anzunehmen ist. Allerdings liegen auch erwartungswidrige Befunde vor (s. z. B. Fiorentino & Pomazal, 1998). In der längsschnittlich angelegten Studie von Coe, Romeis und Hall (1998) korrelierte SOC zwar mit Gesundheitsmaßen, nicht aber mit der Überlebensrate. Ein wesentliches konzeptionelles Problem stellt die Tatsache dar, dass empirischen Hinweisen zufolge SOC sehr stark bestimmt ist durch »negative affectivity« (Mlonzi & Struempfer, 1998; Struempfer, Gouws & Viviers, 1998; s. auch Larsson & Kallenberg, 1999). Die hohe (negative) Korrelation mit Neurotizismus (Frommberger et al., 1999; Gibson & Cook, 1996) bzw. mit Maßen für psychologischen Distress (Depression und State-Angst, s. Drory & Florian, 1998) begründen ernsthafte Zweifel an einem eigenständigen Gültigkeitsbereich von Kohärenzsinn (in diesem Sinne auch Geyer, 1997). So zeigten denn auch die Befunde von Schmidt-Rathjens, Benz, van Damme, Feldt und Amelang (1997), dass die Mittelwertsunterschiede in den SOC-Skalen zwischen Gesunden, Herz- und Krebskranken allein durch die Unterschiedlichkeit der Depressions- und Neurotizismuswerte erklärbar waren; dementsprechend fielen bei der Diskriminierung der drei Probandengruppen die Effektstärken für Neurotizismus und Depression etwa doppelt so hoch aus wie diejenigen für Kohärenzsinn. In einer Untersuchung von Amelang und Schmidt-Rathjens (2000) erwies sich der im Vergleich zu Neurotizismus eigenständige Beitrag von Kohärenzsinn bei der Aufklärung von Gesundheits-/Krankheitsunterschieden als vergleichsweise gering, was angesichts der weitflächigen Überlappungen der Operationalisierungen von SOC mit breiten klinisch-psychologischen Konstrukten nicht erstaunlich ist (s. Schmidt, 1998, S. 173). In theoretischer Hinsicht stellen gerade die zuletzt genannten Befunde die Nützlichkeit von SOC als einer salutogenetischen Variable ernsthaft in Zweifel; dies gilt umso mehr, als sich entgegen den Erwartungen keine Wechselwirkung zwischen SOC und kritischen Lebensereignissen ergab, d. h. die vorgeblich puffernde Wirkung von SOC hätte sich gravierender an den relativ stark gestressten im Vergleich zu den weniger gestressten Personen zeigen müssen.

(4) Hardiness

Bei Hardiness handelt es sich um ein Merkmal, für das ebenfalls eine salutogenetische Funktion behauptet wird. Kobasa (1979a) versteht darunter die Trias von Verpflichtung, Herausforderung und Kontrolle (Commitment, Challenge und Control). In einer der ersten Untersuchungen zu diesem Konstrukt (Kobasa, 1979b) wurden Personen miteinander ver-

glichen, die retrospektiven Selbstberichten zufolge sich alle starkem Stress ausgesetzt sahen, jedoch in unterschiedlichem Ausmaß unter Krankheiten litten; die relativ gesunden Befragungspersonen galten dementsprechend als stressresistent. In sechs der eingesetzten 19 Persönlichkeitsvariablen, die indikativ für die drei Primär-Konstrukte sein sollten, ergaben sich signifikante Mittelwertsdifferenzen zwischen den Gruppen, und zwar in Selbst-Entfremdung (als Maß für Commitment), Nihilismus und externaler Kontrollüberzeugung (Control) sowie Machtlosigkeit, Vegetativeness und Abenteuerlust (Challenge). Die späteren Arbeiten (s. z. B. Kobasa, Maddi & Kahn, 1981) stützten sich dann unverständlicherweise meist nur auf die drei Variablen Selbst-Entfremdung, Kontrollüberzeugung und Machtlosigkeit (Ausnahme: die Studie von Ganellen & Blaney, 1984). In der Zusammenschau handelt es sich den vorliegenden Befunden nach bei Commitment und Kotrollüberzeugung um hinreichend brauchbare Prädiktoren von Gesundheitsmaßen, während in Bezug auf Challenge die Ergebnisse recht widersprüchlich sind (Hull, Van Treuren & Virnelli, 1987).
Die fehlende Eindimensionalität des Konstruktes verdient ebenso Kritik wie der Umstand, dass von dem Arbeitskreis um Kobasa ganz unterschiedliche Fragebogen zur Erfassung zum Einsatz gelangten und dass diese zudem mehrheitlich negative Indikatoren thematisieren. Im Hinblick darauf haben Younkin und Betz (1996) nach deduktiv-rationalen Gesichtspunkten eine Psychologische Hardiness Skala entwickelt (Beispiele für Items: »Oftmals habe ich Schwierigkeiten, meine Angelegenheiten zu erledigen, wenn ich von der Rolle bin«, »Ich falle leicht auseinander«, »Ich gehöre zu jenen Leuten, die stets funktionieren, egal was passiert«). Diese Skala korrelierte nicht nur sehr hoch mit einer Kognitiven Hardiness Skala, sondern auch mit Selbstwertgefühl (.56), Depression (-. 59) und einer 53 Items umfassenden Liste für psychiatrische und medizinische Symptome (-.64). In einer Regressionsgleichung trugen Stress und Hardiness etwa gleich viel zur Aufklärung der Symptomvarianz bei, doch war (auch hier) keine Interaktion zwischen beiden Prädiktoren feststellbar, was nicht für die postulierte Pufferfunktion spricht.

18.3 Zusammenfassende Diskussion

Ein wiederkehrendes Problem bei der Beforschung der psychologischen Faktoren von chronischen körperlichen Erkrankungen besteht in der häufig genug nur geringen Effektstärke der einzelnen Persönlichkeitsfaktoren oder ihrer Kombinationen sowie der Inkonsistenz der Ergebnisse über verschiedene Studien hinweg. Noch gravierender ist der Umstand, dass es sich, von wenigen Ausnahmen abgesehen, meist nur um retrospektive oder querschnittlich angelegte Studien handelt, bei denen nahezu unüberwindliche Probleme im Hinblick auf die Kausalitätsketten bestehen. Zudem prüfen viele der durchgeführten Untersuchungen nur eine Krankheit und deren Zusammenhang mit wenigen ausgewählten Persönlichkeitsmerkmalen (Ausnahme: Matthews et al., 2000). Einiges spricht für die Hypothese von Friedman und Booth-Kewley (1987a), wonach es eine krankheitsanfällige Persönlichkeit (disease-prone personality) gibt, die im Wesentlichen durch negative Affektivität (Depression, Angst, Feindseligkeit, Ärger und Aggression) gekennzeichnet ist.

Fragen zu Kapitel 18:

1. Erläutern Sie das Typ A-Konzept und sagen etwas über die empirische Befundlage.
2. Definieren Sie das Konstrukt Kohärenzsinn und dessen empirische Bewährung.

19 Verhaltenstheoretische Persönlichkeitskonstrukte

19.1 Gemeinsamkeiten und einzelne Ansätze verhaltenstheoretischer Persönlichkeitsforschung

Unter dem Begriff »Verhaltenstheorien« werden jene Ansätze zur Beschreibung und Erklärung menschlichen oder tierischen Verhaltens zusammengefasst, die im Rahmen oder im Anschluss an den von Watson (1919, siehe Kap. 6.2) begründeten Behaviorismus entwickelt wurden. Sie werden deshalb als behavioristisch oder neo-behavioristisch bezeichnet.
Trotz dieser zusammenfassenden Bezeichnung unterscheiden sich die einzelnen Verhaltenstheorien in ihren Grundannahmen beträchtlich. Auf diese Verschiedenheiten kann hier nicht eingegangen werden. Einen groben Eindruck vermittelt die folgende Zusammenstellung aus Bergius (1977), wo auch die Unterschiedlichkeit der einzelnen verhaltenstheoretischen Ansätze zur Persönlichkeitsforschung dargestellt wird.
Trotz dieser Verschiedenheiten verbindet alle Verhaltenstheorien die gemeinsam zentrale Betonung von Lernvorgängen. Sie werden deshalb auch »Lerntheorien« genannt, obwohl sie sich nicht nur mit dem Erlernen von Verhalten, sondern ebenso mit dem Aufrechterhalten und der situationsspezifischen Steuerung des Verhaltens beschäftigen.
Forschungsgegenstand aller Verhaltenstheorien ist das konkret beobachtbare, objektiv registrierbare Verhalten in möglichst genau definierten Situationen. Die Forschungsmethode ist das präzis kontrollierte Experiment.
Die Annahme, dass neben einigen wenigen angeborenen Reaktionen (unbedingte Reflexe; Pawlow) und mehr oder weniger zufälligen spontanen Aktivitäten (emitted responses, operants; Skinner) alles Verhalten gelernt ist und hauptsächlich durch Umweltreize oder -reizkonstellationen gesteuert wird (elicited responses; Skinner), ist die wichtigste Gemeinsamkeit aller Verhaltenstheorien. Ihr gemeinsames Anliegen besteht im Nachweis und der theoretischen Erklärung von Grundmechanismen des Erlernens spezifischer Verhaltensweisen, wie z. B. dem klassischen und operanten Konditionieren, sowie darüber hinaus der Erforschung von Gesetzmäßigkeiten einer Verknüpfung verhaltenssteuernder Reize mit den entsprechenden Verhaltensweisen.
Obwohl im Rahmen dieser Zielsetzung meist – mit Ausnahme der Vertreter des »Sozialen Behaviorismus« (s. Tabelle 19.1) – sehr elementare, simple Verhaltensweisen oft an Tieren, wie Ratten oder Tauben, unter exakt definierten Laborbedingungen untersucht werden, wird dieser Forschungsansatz von der Überzeugung getragen, dass sich das sehr komplexe Verhalten des Menschen in seiner komplizierten materiellen und sozialen Umwelt letztlich über die gefundenen Lernmechanismen und -gesetzmäßigkeiten erklären, vorhersagen und beeinflussen lässt.
Die Grundauffassung der meisten, vor allem älteren Verhaltenstheoretiker zum Forschungsgegenstand der Differentiellen und der Persönlichkeitspsychologie besteht in einer Ablehnung

Tab. 19.1: Die Unterarten des Behaviorismus (nach Bergius, 1977, S. 766).

a) Primärer (»primitiver«) Behaviorismus:
J. B. Watson (1878–1958) E. R. Guthrie (1886–1959)
(Erklärungsmechanismus: Assoziations-Reflex, klassisches Konditionieren nach Pawlow)

b) Deskriptiver Behaviorismus
B. F. Skinner (* 1904)
(Keine Erklärung – Beschreibung des Zusammenhangs zwischen antezedenten Ereignissen, Responses und Folgen der Verstärkung oder Nichtverstärkung; Operantes Konditionieren)

c) Neo-Behaviorismus

1. Generation:

S-R-Verstärkungs-Theorie C. L. Hull (1884–1952) K. W. Spence (1907–1967) (Acht Erklärungsmechanismen, zurückzuführen auf das Homöostase-Prinzip und auf das instrumentelle Konditionieren – Lernen am Erfolg	S-S-Theorie des Zeichen-Gestalt-Lernens E. C. Tolman (1886–1959) (Erklärungsmechanismus: Erwartung und Bestätigung statt »Habit« und Verstärkung: Kognitivistisch-feldtheoretischer Einfluss: K. Lewin (1890–1947)

2. Generation

Liberalisierte S-R-Verstärker-Theorie J. Dollard (* 1900) N. E. Miller (* 1903) R. R. Sears (* 1908) (Ausweitung des Erklärungsprinzips »instrumentelles Konditionieren« auf psychoanalytische Begriffe)	Sozialer Behaviorismus J. B. Rotter R. A. Bandura (* 1925) R. H. Walters W. Mischel L. Krasner (* 1924) L. P. Ullmann (* 1930) u. a. (Beobachtungs- oder Modell-Lernen – Wiederaufnahme des Zeichen-Gestalt-Lernens im Zusammenhang mit kognitivistischen Erklärungen der Selbstkontrolle)

Aktivierungstheorien
Neugier-Verhalten (Berlyne)
D. O. Hebb (* 1904)
Eysenck (* 1916)

dispositioneller Konstrukte (wie z. B. Eigenschaften oder Erbanlagen) und anderer persönlichkeitspsychologischer Strukturbegriffe (wie etwa derjenigen des Ich oder Unbewussten). Verhalten gilt als situationsabhängig und nicht als dispositionsbedingt, interindividuelle Unterschiede werden ausschließlich auf unterschiedliche Lernerfahrungen zurückgeführt.

Von daher verwundert es auch nicht, dass von den Verhaltenstheoretikern keine Persönlichkeitstheorien im engeren Sinne erstellt wurden. Persönlichkeitspsychologie wird als Teilgebiet der Allgemeinen Psychologie aufgefasst. Dieser Standpunkt kommt in dem folgenden Zitat (Lundin, 1961, S. 254, übers. v. d. Verf.) deutlich zum Ausdruck: »Es gibt keinen Grund anzunehmen, dass sich bei der Erforschung der Persönlichkeit irgendwelche neuen oder eigenen Probleme für die Psychologie ergeben. Wir können die Persönlichkeitsforschung als ein Teilgebiet der allgemeinen Lernpsychologie betrachten, die die für eine Anpassung des Menschen bedeutsamen Prozesse im Einzelnen erforscht.«

Wenn dennoch von verhaltenstheoretischer Persönlichkeitsforschung gesprochen wurde, liegt das daran, dass sich einzelne Verhaltenstheoretiker inhaltlicher Problembereiche angenommen haben, die vielfach zur Persönlichkeitspsychologie gerechnet werden. Diese Problembereiche wurden jedoch im Sinne allgemeinpsychologischer Fragestellungen und Forschungsansätze lerntheoretisch angegangen.
So haben z. B. Dollard und Miller (1950, s. auch Miller, 1944) versucht, verschiedene Konzepte der Psychoanalyse von Freud wie das des »Neurotischen Konfliktes« oder der »Verdrängung« in verhaltenstheoretischen Begriffen zu analysieren und experimentell im Tierversuch zu verankern.
Sie verwendeten dabei hauptsächlich Konzepte der Hull'schen Lerntheorie, die eine Reihe intervenierender, motivationaler Variablen berücksichtigt.
Die Hull'sche Lerntheorie sowie die Freud'schen Konzepte wurden von anderen für die Persönlichkeitspsychologie wichtigen Verhaltenstheoretikern, wie z. B. Bandura und Walters (1963; Bandura, 1969, 1971, 1973), abgelehnt. Auch das Tierexperiment halten sie im Rahmen persönlichkeitsbezogener Forschung für inadäquat, so wie sie die Prinzipien des klassischen und operanten Konditionierens allein für die Erklärung menschlichen, sozialen Verhaltens für ungenügend erachten. In vielen Untersuchungen hauptsächlich an Kindern konnten sie zeigen, dass das Lernen durch Beobachtung eine mindestens ebenso bedeutende Rolle spielt und dass sich so wichtige Verhaltensphänomene wie das der Aggressivität im Rahmen ihrer »Sozialen Lerntheorie« theoretisch und empirisch sinnvoller erforschen lassen (Bandura, 1973) als in anderen, bisher verwendeten theoretischen Bezügen.
Im Grunde handelt es sich auch bei diesen Ansätzen um allgemeinpsychologische und nicht um differentialpsychologische Forschung.
Ein direkter Bezug zur differentialpsychologischen Persönlichkeitsforschung wurde in völlig unterschiedlicher Weise von zwei Verhaltenstheoretikern hergestellt, die sich trotz jeweils verschiedener theoretischer Schwerpunkte ebenso wie Bandura als Vertreter der »Sozialen Lerntheorie« bezeichnen: Rotter und Mischel.

19.2 Die soziale Lerntheorie der Persönlichkeit von Rotter

Im Folgenden soll zunächst als ein verhaltenstheoretischer Ansatz die soziale Lerntheorie von J. B. Rotter (1954) erläutert werden. Lange vor der Situationismus-Dispositionismus-Kontroverse und deren Auflösung im Interaktionismus (s. 19.3 und 24) hat sie empirische Persönlichkeitsforschung angeregt, die »interaktionistische« Züge trägt, also Wechselwirkungen berücksichtigt, die häufig zwischen Dispositionen und situativen Kontextbedingungen bei der Manifestation bestimmten Verhaltens auftreten. Mit den theoretischen Vorstellungen von Mischel (1973,1976) hat die soziale Lerntheorie von Rotter die Betonung kognitiver Variablen gemeinsam. Ihre Bedeutung für die empirische Persönlichkeitsforschung liegt unter anderem darin, dass sie die zahlreichen Forschungsarbeiten zum Persönlichkeitsmerkmal »internale versus externale Kontrollüberzeugung« (locus of control) angeregt hat, auf die unten kurz eingegangen wird.

19.2.1 Grundsätzliche Annahmen

Persönlichkeit ist für Rotter (Rotter & Hochreich, 1979, S. 104ff.) ein Gefüge von Möglichkeiten zur Reaktion in bestimmten sozialen Situationen. Untersuchungseinheit ist – ganz im Sinne des späteren Interaktionismus – »die Interaktion des Individuums mit seiner bedeutsamen Umgebung«, wobei dieses Verhalten als Endprodukt aller persönlichen Erfahrungen des Individuums angesehen und als zielorientiert aufgefasst wird. Zentral ist für die Theorie der Begriff der »Verstärkung«, worunter Handlungen, Zustände oder Ereignisse verstanden werden, die das zielgerichtete Verhalten einer Person beeinflussen. Der Einfluss kann verhaltensfördernd (positive Verstärkung, wie Belohnungen im weitesten Sinne) oder verhaltenshemmend sein (negative Verstärkung, wie Bestrafungen oder der Entzug von Belohnungen).

19.2.2 Grundkonstrukte

Die Rotter'sche Theorie ist auf zwei unterschiedlichen Komplexitätsniveaus formuliert. Auf dem elementaren Niveau, das hier kurz vorgestellt werden soll, werden die vier Grundkonzepte »Verhaltenspotenzial« (VP), »Erwartung« (E), »Verstärkungswert« (VW) und psychologische, d. h. die vom Individuum erlebte »Situation« (S) eingeführt. In folgender Formel werden diese Konzepte miteinander verknüpft:

$$VP_{x,s_1v_a} = f(E_{x,v_as_1} \times VW_{a,\,s_1})$$

Das Verhaltenspotenzial VP_{x,s_1v_a} bedeutet darin die Wahrscheinlichkeit dafür, dass die Verhaltensweise x in der Situation s_1 mit Aussicht auf eine Verstärkung v_a auftritt. Dieses Verhaltenspotenzial ist nun nach der Theorie eine Funktion f sowohl der Erwartung E_{x,v_as_1}, dass die Verhaltensweise x in der Situation s_1 zur Verstärkung v_a führt, als auch des Verstärkungswertes VW_{a,s_1}, den die Verstärkung v_a in der Situation s_1 für das Individuum besitzt. In einer Situation s_1, in der das *Ziel* verfolgt wird, verschiedene Verstärkungen v_a zu erreichen, wird demnach jene Verhaltensweise x das größte Verhaltenspotenzial und damit die größte Auftretenswahrscheinlichkeit haben, für die die Erwartung, mit x v_a zu erreichen, und auch der Wert von v_a am größten sind. Jene Verhaltensweise x, von der ein Individuum erwartet, dass damit v_a nicht erreichbar ist, wird dementsprechend wenig wahrscheinlich sein. Ebenso wird x kaum auftreten, wenn damit zwar v_a erreicht werden könnte, v_a für das Individuum aber keinen Wert hat.

Ein Schüler, der weiß, dass er am nächsten Tag in der Schule geprüft werden soll (s_1), wird sich auf diese Prüfung vorbereiten (x), wenn er erwartet, dass dies zu einer guten Benotung (v_a) führt *und* für ihn diese gute Benotung einen hohen Wert (VW_{a,s_1}) darstellt. Ist ihm die Prüfungsnote gleichgültig ($VW_{a,s_1} = 0$) *oder* glaubt er nicht daran, dass seine Prüfungsvorbereitung die Benotung der Prüfung beeinflusst ($E_{x,v_as_1} = 0$), wird er wahrscheinlich auf die Vorbereitung verzichten ($VP_{x,s_1v_a} = 0$).

Diese Formulierungen und das Beispiel zeigen, dass nach der Theorie von Rotter die *kognitiven Variablen* »Erwartung einer Verstärkung« und »Verstärkungswert« die verhaltensdominierenden Variablen darstellen.

Interindividuelle Unterschiede im Verhalten können also aus unterschiedlichen Erwartungen in Bezug auf die Konsequenzen des eigenen Verhaltens und aus verschiedenen Einstellungen zu diesen Verhaltenskonsequenzen (Verstärkungen) resultieren. Beide Bereiche müssten demnach das Forschungsgebiet der Persönlichkeitspsychologie nach Rotter ausmachen.

Bislang ist vor allem auf dem Gebiet der Erwartungen empirisch geforscht worden. Für die Persönlichkeitsforschung spielen dabei generalisierte Erwartungen eine besondere Rolle, die auf Grund von Erfahrungen in einer Vielzahl spezieller Situationen gebildet werden und über diese speziellen Situationen hinaus in neuen Situationen zum Tragen kommen können.

Erwartungen bezüglich der Konsequenzen des eigenen Verhaltens bilden sich nach Rotter aufgrund entsprechender Erfahrungen in bestimmten Situationen. Neben Erwartungen, die sich auf sehr spezielle, eng umschriebene Situationen und sehr konkrete Verhaltensweisen beziehen und deshalb *spezifische Erwartungen* darstellen, entstehen auch verallgemeinerte oder *generalisierte Erwartungen* gleichsam als Zusammenfassung einer Vielzahl von Erfahrungen in verschiedenen Situationen für relativ breite Klassen von Verhaltensweisen und Verhaltenskonsequenzen. Solche generalisierten Erwartungen werden vor allem in neuen, von der Person nicht genau einschätzbaren Situationen eine Rolle spielen. Es sind diese generalisierten Erwartungen, die persönlichkeitspsychologisch besonders interessieren, weil sich Personen darin systematisch unterscheiden können und diese Unterschiede Verhaltensvorhersagen für eine Vielzahl von Situationen ermöglichen müssten. Dass solche Vorhersagen nie vollkommen sein können, geht aus Rotters Theorie direkt hervor: Es sind ja nicht nur generalisierte, sondern auch spezifische Erwartungen sowie die entsprechenden Verstärkungswerte, die ein bestimmtes Verhaltenspotenzial determinieren.

Inhaltlich wurden zwei generalisierte Erwartungshaltungen unterschiedlicher Breite in den letzten Jahren intensiver erforscht: Die Erwartung bezüglich des *»locus of control of reinforcement«* (Rotter, 1966), im Deutschen meist mit »Kontrollüberzeugung« (Krampen, 1980; Mielke, 1979; Schneewind, 1976) übersetzt, bezieht sich auf eine sehr breite Vielfalt von Verhaltensweisen und -konsequenzen. Die generalisierte Erwartung *»interpersonal trust«* ist weniger breit konzipiert und steht für das Ausmaß an Vertrauen, das man im Bereich sozialer Kontakte bereit ist, anderen entgegenzubringen. Darüber hinaus beschreibt Krampen (1987) im Rahmen einer handlungstheoretisch orientierten Persönlichkeitspsychologie, die das ziel- und wertorientierte Handeln von Personen in den Mittelpunkt stellt (»Erwartungs-Wert-Modelle«), eine große Zahl weiterer generalisierter Erwartungshaltungen und verwandter Konstrukte, wie Hoffnungslosigkeit, Selbstkonzepte, Verantwortungszuschreibungstendenzen und ähnliche.

Die beiden wichtigsten Erwartungshaltungen sollen im Folgenden kurz besprochen werden (Abschnitte 19.2.3 und 19.2.5). Im letzten Abschnitt (19.3.1) wird auf ein lerntheoretisches Persönlichkeitskonstrukt hingewiesen (»delay of gratification«), das in jüngster Zeit Beachtung fand, theoretisch aber anders einzuordnen ist als die generalisierten Erwartungshaltungen.

19.2.3 Kontrollüberzeugungen

a) Vorbemerkungen

Wie oben bemerkt, wird im Deutschen oft die Übersetzung »Kontrollüberzeugung« für das hier zu besprechende Merkmal benutzt. Da diese Übersetzung wenig präzise ist, soll im Folgenden der englischsprachige Originalterminus in seiner kurzen Form »Locus of Control« verwendet werden. Es darf aber nicht vergessen werden, dass es sich dabei um eine *Erwartung* bezüglich der *Instanz* (»Locus«) handelt, die verantwortlich sein soll (»Control« für Konsequenzen [»Reinforcements«] des eigenen Verhaltens). Diese Instanz würde in der handelnden Person selbst gesehen, wenn die Verursachung für die entsprechenden Verhaltenskonsequenzen dem eigenen Verhalten zugeschrieben wird. Dies soll als *»internale Kontrollüberzeugung«* bezeichnet werden. Erwartet man, dass die Instanz für diese Ereignisse außerhalb der eigenen Einflussmöglichkeiten liegt, diese Ereignisse z. B. durch Zufall, Glück, Leute mit mehr Macht oder andere externale Bedingungen verursacht werden, entspräche dies der Erwartung einer *»externalen Kontrollüberzeugung«*. Rotter (1966, p. 1, übersetzt von Schneewind, 1976) beschreibt dies so:

»Erlebt ein Individuum eine Bekräftigung, die auf eine Handlung folgt, als nicht völlig abhängig von dieser Handlung, dann wird diese Bekräftigung in unserem Kulturbereich gewöhnlich als das Ergebnis von Glück, Zufall oder Schicksal erlebt. Es kann auch sein, daß diese Bekräftigung als ein Ereignis betrachtet wird, das unter der Kontrolle einflußreicher anderer Personen steht bzw. wegen der Komplexität der Umweltbedingungen nicht vorhersagbar ist. Wenn ein Individuum ein bekräftigendes Ereignis in der genannten Weise interpretiert, bezeichnen wir dies als externale Kontrollüberzeugung. Wenn eine Person ein bekräftigendes Ereignis in Abhängigkeit von seinem eigenen Verhalten oder seiner eigenen relativ überdauernden Eigenschaften erlebt, bezeichnen wir dies als eine internale Kontrollüberzeugung.«

Das Merkmal »Kontrollüberzeugung«, das als Persönlichkeitsmerkmal Unterschiede in der generalisierten Erwartung bezüglich des »Locus of Control of Reinforcement« beschreibt, ist als dimensionales, kontinuierlich variierendes Merkmal wie andere Persönlichkeitseigenschaften auch konzipiert. Mit den Begriffen »externale Kontrollüberzeugungen« bzw. »internale Kontrollüberzeugungen« werden die beiden Pole auf dieser Dimension bezeichnet. Personen, denen entsprechend extreme Positionen auf dieser Dimension zugeschrieben werden können, sollen verkürzt »Externale« bzw. »Internale« genannt werden. Dies stellt jedoch nur eine vereinfachte Sprachregelung dar, mit der *kein* typologisches Konzept eingeführt werden soll (s. auch Rotter, 1975, p. 62).
Seit Beginn der Forschung zu »Kontrollüberzeugungen« als Persönlichkeitsmerkmal in der Mitte der Sechzigerjahre ist eine kaum noch überschaubare Fülle von bereits mehr als 2 000 (Krampen, 1982) Arbeiten entstanden, die Zusammenhänge von Kontrollüberzeugungen mit verschiedenen Verhaltensbereichen sowie Determinanten und Veränderungsmöglichkeiten von Kontrollüberzeugungen untersuchten. Sie sind zusammengefasst in mehreren Bibliografien und Sammelreferaten (Hill, Chapman & Wuertzer, 1974; Joe, 1971; Lefcourt, 1966, 1972; Mac Donald, 1973; Phares, 1973, 1978; Prociuk & Lussier, 1975; Rotter, 1966, 1975; Strickland, 1973b, 1977; Throop & Mac Donald, 1971; Crowne, 1979, pp. 184–217) sowie in mehreren Monographien (Lefcourt, 1976; Phares, 1976; Krampen, 1982; Mielke, 1982). Das Buch von Krampen (1982) gibt einen Überblick über die enorm rasche Entwicklung und Differenzierung der Forschung über »Kontrollüberzeugungen« und verwandte allgemeinpsychologische und differentialpsychologische Konzepte sowie die angewandte Forschung zum Locus of Control in den letzten Jahren. Der interessierte Leser wird auf dieses Buch verwiesen. Hier kann nur eine kurze Einführung in die Entstehung des »Kontrollüberzeugungs«-Konzeptes gegeben werden und einige wenige Forschungsfragen dazu exemplarisch herausgegriffen werden.

b) Experimentell induzierte Kontrollüberzeugungen

In den ersten einschlägigen Untersuchungen (Holden & Rotter, 1962; James, 1957; Phares, 1957; James & Rotter, 1958; Rotter, Liverant & Crowne, 1961) wurden nicht generalisierte Erwartungen bezüglich des Locus of Control als Persönlichkeitsmerkmal, sondern situationsspezifische, experimentell erzeugte Erwartungen untersucht. Externale Kontrollüberzeugungen wurden meist erzeugt, indem die Versuchspersonen in der allgemeinen Instruktion den Hinweis erhielten, dass die gestellte experimentelle Aufgabe nur mit Glück oder durch Zufall (chance-situation) gelöst werden könne. Entsprechend sollte die Bemerkung, dass die Lösung der gestellten Aufgabe nur vom Geschick der Versuchsperson abhinge (skill-situation), internale Kontrollüberzeugungen erzeugen.

Phares (1957) stellte seinen Versuchspersonen die Aufgabe, 13-mal hintereinander 10 verschiedene Farbvorlagen mit Hilfe von Vergleichsvorlagen zu identifizieren, wobei die richtige Zuordnung wegen der verschiedenfarbigen Hintergründe der Farbvorlagen sehr erschwert war. Jede Versuchsperson musste in einer vergleichbaren Prozedur auch noch 13 ebenso schwierige Zuordnungen von unterschiedlich langen, auf Karten aufgeklebten Balken zu entsprechenden Vorlagen treffen, entweder vor oder nach den Farbzuordnungsaufgaben. Für jede Versuchsperson wurde eine der beiden Aufgabenreihen mit der »Chance«-Instruktion und die andere mit der »Skill«-Instruktion vorgegeben. Aufgabenreihenfolge und Instruktion wurden systematisch permutiert. Vor jeder Zuordnung musste die Versuchsperson in Form einer Wette (Setzen von Spielmarken im Rahmen eines Gewinnspieles) ihre Erwartung für einen Erfolg mitteilen. Die Rückmeldung über Erfolg oder Misserfolg wurde nach einem festen Plan unabhängig vom tatsächlichen Erfolg gegeben. Ausgewertet wurde das Wettverhalten in Abhängigkeit von »Chance«- oder »Skill«-Instruktion und der Erfolgs- oder Misserfolgsrückmeldung. Es zeigte sich, dass die Zunahme in der Anzahl gesetzter Spielmarken nach einer Erfolgsrückmeldung sowie die Abnahme der Anzahl gesetzter Spielmarken nach einer Misserfolgsrückmeldung in der »Skill«-Bedingung signifikant größer waren als in der »Chance«-Bedingung. Dies demonstriert sehr anschaulich die Wirkung des situativen Locus of Control (Chance- versus Skill-Instruktion) auf die Reinforcement-Erwartung (Setzen von Spielmarken im Gewinnspiel).

James (1957) konnte zeigen, dass unter Skill-Bedingungen solche Reinforcement-Erwartungen eher aufgebaut und auch stärker auf andere Aufgaben generalisiert werden als unter Chance-Bedingungen. Interessant sind die Ergebnisse von Untersuchungen zum Löschungswiderstand solcher Reinforcement-Erwartungen (James & Rotter, 1958; Rotter et al. 1961; Holden & Rotter, 1962), in denen im Experiment unter partiellen (50%) oder totalen (100%) Reinforcement-Bedingungen erworbene Reinforcement-Erwartungen gelöscht werden sollten. Es zeigte sich, dass nur unter Chance-Bedingungen, wie aus der Lernpsychologie allgemein bekannt (Foppa, 1965), die Löschung nach 100% Reinforcement schneller erfolgte als nach partiellem Reinforcement. In Skill-Bedingungen waren die Verhältnisse genau umgekehrt: Nach 100% Reinforcement wurde die Reinforcement-Erwartung länger aufrecht erhalten als nach partiellem Reinforcement.

Danach scheint der Internale (Skill-Bedingung) im Anschluss an den vermeintlichen Erfolg (100% Reinforcement) weniger leicht akzeptieren zu können, dass ihn sein Geschick (Skill) für die Lösung der gestellten Aufgabe plötzlich verlassen haben soll, als der Externale (Chance-Bedingung) akzeptieren kann, dass ihn sein großes Glück (100% Reinforcement) verlassen hat.

Nach der partiellen Bekräftigungsbedingung ist es der Externale, der in der Löschungsphase noch länger an das Wiederauftreten des Glücks zu glauben scheint, während der Internale seine Erfolgserwartung aufgrund seines vermeintlich nicht sehr hohen Geschickes (50% Bekräftigung) offenbar früher aufgibt.

In den genannten Untersuchungen wurde die Bedeutung von Kontrollüberzeugungen als *situative Erwartung* experimentell demonstriert. Die Ergebnisse legten die Annahme nahe, dass in Situationen, die von sich aus keine oder nur sehr unbestimmbare Erwartungen bezüglich des Locus of Control auslösen, die entsprechende *generalisierte Erwartungshaltung* als Persönlichkeitsmerkmal mit vergleichbaren Effekten zum Tragen kommen würde.

Um empirische Forschung zu dieser Annahme durchführen zu können, war es zunächst notwendig, ein Messinstrument zur Erfassung interindividueller Unterschiede im Locus of Control als generalisierte Erwartung zu entwickeln.

c) Die Messung von Kontrollüberzeugungen als Persönlichkeitsmerkmal

Rotter (1966) veröffentlichte den ersten systematisch konstruierten Fragebogen zu Kontrollüberzeugungen als Persönlichkeitsmerkmal im Sinne einer generalisierten Erwartungshaltung (Rotter I-E-Skala). Sie ging hervor aus den früher im vorigen Abschnitt besprochenen experimentellen Arbeiten. Der Fragebogen ist aus Items aufgebaut, die aus je zwei Feststellungen bestehen, von denen eine jeweils einen externalen, die andere einen internalen Locus of Control repräsentieren soll. Die Versuchsperson hat bei der Beantwortung dieser Rotter I-E-Skala jene Feststellung eines Items zu wählen, der sie eher zustimmen kann. Von den 32 Items der Skala werden 23 bei der Auswertung berücksichtigt, die restlichen 9 sollen als Füllitems den Zweck des Tests verschleiern. Die 23 bei der Auswertung berücksichtigten Items wurden aus einer großen Zahl von Items einer Testvorform ausgewählt. Sie erfüllten die Kriterien, mit dem Rohwert dieser Testvorform zu korrelieren und nur niedrige Korrelationen zur Marlowe-Crowne Social Desirability-Skala (Crowne & Marlowe, 1960) zu zeigen, die die Tendenz misst, Persönlichkeitsfragebögen eher nach der sozialen Erwünschtheit einer Antwortalternative als nach dem Zutreffen einer Antwort auf die eigene Person zu beantworten (s. 9.4.3 b). Außerdem zeigte jedes der 23 Items eine Beziehung zu mindestens einer von zwei Kriteriumsvariablen, nämlich dem in der oben genannten Arbeit von Rotter et al. (1961) untersuchten Löschungswiderstand von experimentell induzierten Reinforcementerwartungen und dem an Tuberkulose-Patienten beobachteten Bemühen, ihre Krankheit zu verstehen und Bedingungen für eine Heilung aktiv mitzugestalten (Seeman & Evans, 1962). Folgende Itembeispiele aus einer deutschen Übersetzung (Mikula, 1975) illustrieren die Rotter I-E-Skala:

Item-Nr.:

12. a) Wenn ich mir etwas vornehme, dann bin ich im Allgemeinen sicher, dass ich es auch in die Tat umsetzen kann.
    b) Es ist nicht immer richtig, weit voraus zu planen – einiges hängt ja auch davon ab, ob man Glück hat oder nicht.
25. a) Was mit mir geschieht und was mir passiert, hängt nur von meinem eigenen Verhalten ab.
    b) Manchmal habe ich das Gefühl, dass ich selbst zu wenig bestimmen kann, wie mein Leben verläuft.

Bei beiden Beispielen entspricht die Wahl der Alternative a) einer internalen, die der Alternative b) einer externalen Kontrollüberzeugung. Eine publizierte deutsche Übersetzung der I-E-Skala von Rotter hat Piontkowski (1989) vorgelegt.

Die Rotter I-E-Skala liegt den meisten empirischen Arbeiten aus dem anglo-amerikanischen Sprachraum zu Kontrollüberzeugungen zugrunde. Die Brauchbarkeit der Skala wurde in mehreren Studien untersucht. Dabei resultierten mittlere bis gute Reliabilitätskoeffizienten (Rotter, 1966; Hersch & Scheibe, 1967), die allerdings bei großen Retest-Intervallen von bis zu 9 Monaten auf $r_{tt} = 0.26$ absinken (Kiehlbauch, 1967). Der Zusammenhang der I-E-Skala mit »Social Desirability« scheint gering zu sein (Rotter, 1966; Strickland, 1965; Tolor, 1967). Die berichteten Korrelationen mit Intelligenztests sind unbedeutend (Hersch & Scheibe, 1967; Kiehlbauch, 1967; Rotter, 1966). Auch mit Extraversion weist die I-E-Skala keine Zusammenhänge auf, sie korreliert jedoch in mittlerer Höhe (um 0.35) mit Ängstlichkeit und mit Neurotizismus (Meyers & Wong, 1988).

Kritisiert wurde die Rotter I-E-Skala von Nowicki und Duke (1974) hinsichtlich der Ver-

ständlichkeit ihrer Items, die sich stark auf Studenten und Personen mit hoher Schulbildung beziehen. Nowicki und Duke (1974) konstruierten deshalb einen für breitere Personengruppen brauchbaren »Kontrollüberzeugungs«-Fragebogen. Dieser liegt auch in einer deutschen Bearbeitung von Schneewind (1976, 1988) vor. Auch die von Nowicki und Strickland (1973) entwickelte Form für Kinder und Jugendliche im Alter von 8 bis 18 Jahren ist für deutsche Verhältnisse bearbeitet worden (Schneewind, 1973, 1974, 1988).
Die Eindimensionalität des »Kontrollüberzeugungs«-Konzeptes wurde von mehreren Autoren in Frage gestellt (Collins, 1974; Gurin, Gurin, Lao & Beattie, 1969; Hersch & Scheibe, 1967; Levenson, 1972; Pfrang, 1989; Sanger & Alker, 1972; s. auch Rotter, 1975).
Faktorenanalysen von »Kontrollüberzeugungs«-Skalen erbrachten einfaktorielle (Walk & Hardy, 1975), zweifaktorielle (Mirels, 1970; Reid & Ware, 1973), dreifaktorielle (Levenson, 1972; Levenson & Miller, 1976; Mirels, 1970; Reid & Ware, 1973; Rost-Schaude, Kumpf & Frey, 1975) sowie mehrfaktorielle Ergebnisse (Collins, 1974; Rost-Schaude et al., 1975). Coombs und Schroeder (1988) nahmen eine Metaanalyse von neunzehn faktorenanalytischen Studien zu den I-E-Skalen von Rotter (1966), Collins (1974) und Nowicki und Strickland (1973) vor. Unter der Hypothese, dass es sich bei dem Konstrollüberzeugungs-Konstrukt um eine *generalisierte* Erwartung handelt, sollten ihrer Meinung nach Faktorenanalysen einen allgemeinen, varianzstarken Faktor ergeben, der auch auf verschiedene Versuchspersonenpopulationen generalisierbar sein sollte. Alle Studien, außer einer, fanden jedoch mehrere Faktoren, wobei die jeweils ersten, varianzstärksten Faktoren nur zwischen 8% und 16% der Gesamtvarianz aufklärten. Eine nähere Analyse zeigte darüber hinaus eine relativ geringe Überlappung der die Faktoren konstituierenden Items in verschiedenen Populationen. Nach ihrer Ansicht ist die Hypothese der Eindimensionalität des Konstruktes deshalb nicht haltbar.
Die Diskussion über mögliche Differenzierungen des »Kontrollüberzeugungs«-Konzeptes ist damit sicherlich noch nicht abgeschlossen (vgl. Krampen, 1989a). Im deutschen Sprachraum hat der Differenzierungsvorschlag von Levenson (1972) Beachtung gefunden und zu zwei unabhängig voneinander durchgeführten deutschen Bearbeitungen der IPC-Skalen dieser Autorin geführt (Krampen, 1979, 1980, 1981, 1989b; Mielke, 1979). Mit den IPC-Skalen werden die drei von Levenson (1972) vorgeschlagenen Faktoren von Kontrollüberzeugungen gemessen, wobei I für »internal control orientation« (»Erwartung internaler Kontrolle«) steht, P für »powerful others external control orientation« (Erwartung externaler Kontrolle durch mächtigere Personen) und C für »chance-control orientation« (Erwartung externaler Kontrolle, weil – extrem gesagt – im Leben nichts vorhersagbar, alles für Zufall, Glück oder Schicksal gehalten wird). Die drei Skalen sind weitgehend unkorreliert und sollen in manchem Verhaltensbereich bessere Vorhersagen erlauben als globale »Kontrollüberzeugungs«-Maße (Krampen, 1980). Jede Skala umfasst acht Items. Im Folgenden werden für jede der drei Skalen zwei Itembeispiele aus der Originalfassung von Levenson und Miller (1976, abgedruckt auch in Strickland, 1977) gegeben (frei übers. v. d. Verf.; die Itemnummern entsprechen den Nummern aus dem Gesamtfragebogen):

»Internal Scale«

18. Ich habe ziemlich großen Einfluss auf das, was in meinem Leben passiert.
21. Wenn ich erreiche, was ich mir wünsche, verdanke ich das normalerweise meiner eigenen harten Arbeit. (Zustimmung zu diesen Feststellungen spricht für Internalität)

»Powerful Others Scale«

11. Mein Leben wird hauptsächlich durch andere Leute mit mehr Macht beeinflusst.
15. Ich kann nur erreichen, was ich mir wünsche, wenn ich übergeordneten Leuten gefalle. (Zustimmung zu diesen Feststellungen spricht für Externalität im Sinne der Erwartung, von mächtigen Anderen abzuhängen)

»Chance Scale«

7. Wenn ich erreiche, was ich mir wünsche, ist das normalerweise Glückssache.
14. Es ist nicht gut für mich, allzu weit vorauszuplanen, weil vieles vom Zufall abhängt. (Zustimmung zu diesen Feststellungen spricht für Externalität im Sinne der Erwartung, dass alles vom Zufall abhängt und nichts vorhersagbar ist)

Eine große Zahl weiterer Messverfahren für Kontrollüberzeugungs-Variablen wurden entwickelt. Krampen (1982, S. 100–119) gibt eine Übersicht über 42 englischsprachige Fragebögen für Erwachsene und 11 englischsprachige Verfahren (Fragebogen und Interviewverfahren) für Kinder und Jugendliche sowie 11 deutschsprachige Fragebögen für Erwachsene und 5 für Kinder und Jugendliche. Die Übersicht zeigt, dass das Konzept der Kontrollüberzeugungen weitere Differenzierungen nach Konstruktdimensionen und nach Lebensbereichen erfährt, in denen Kontrollüberzeugungen eine Rolle spielen. Auch im deutschen Sprachraum wurde inzwischen eine ganze Reihe verschiedener, zum Teil recht spezieller, auf bestimmte Problembereiche bezogener Tests für Kontrollüberzeugungen entwickelt und in der Forschung eingesetzt (s. Krampen, 1989a; 1989a).

d) Neuere Entwicklungen

Da Rotter (1978, 1980) sich auch in späteren Arbeiten auf die einfache Aufzählung verschiedener Konstrukte generalisierter Erwartungshaltungen beschränkt, ohne deren Beziehungen zu situations- und handlungsspezifischen Konstrukten in der Theorie zu spezifizieren, bleibt sein Ansatz konzeptuell unscharf, gleichsam eine offene, weitgehend unverbindliche Liste von Persönlichkeitsvariablen, die für Persönlichkeitsbeschreibungen und Verhaltensvorhersage relevant sein können, aber nur lose mit dem theoretischen Hintergrund selbst verbunden sind. Krampen (1987) differenziert den Rotterschen Ansatz weiter aus und entwickelt ein theoretisch elaboriertes Beschreibungs- und Vorhersagemodell für Handlungsintentionen und Handlungen, das sog. »Handlungstheoretische Partialmodell der Persönlichkeit (HPP)« (Krampen, 1987), das in der folgenden Abbildung wiedergegeben wird.

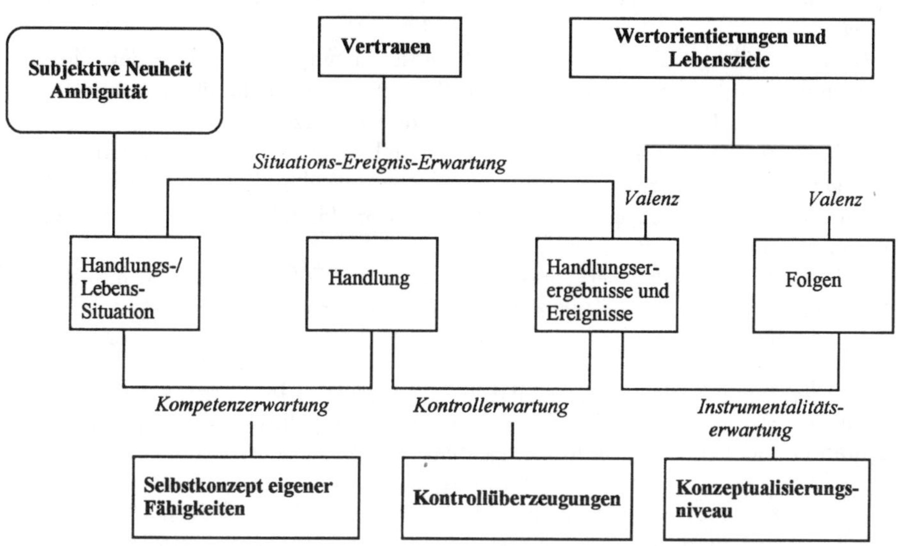

Abb. 19.1: Das »Handlungstheoretische Partialmodell der Persönlichkeit« von Krampen (1987).

Wie aus Abbildung 19.1 zu ersehen ist, werden Handlungen und Handlungsintentionen in diesem Modell zurückgeführt auf:

(1) *Situations-Ereignis-Erwartungen* als die subjektiven Erwartungen einer Person darüber, dass ein bestimmtes Ereignis in einer gegebenen Handlungs- oder Lebenssituation auftritt oder verhindert wird, ohne dass die Person selbst aktiv wird und handelt;
(2) *Kompetenz-Erwartungen* als subjektive Erwartungen darüber, dass in der gegebenen Situation der Person Handlungsalternativen – zumindest aber eine Handlungsmöglichkeit – zur Verfügung stehen;
(3) *Kontingenz-Erwartungen* als subjektive Erwartungen darüber, dass auf eine Handlung bestimmte Ereignisse folgen oder nicht folgen;
(4) *Instrumentalitätserwartungen* als subjektive Erwartungen darüber, dass bestimmten Ergebnissen oder Ereignissen bestimmte Konsequenzen folgen;
(5) die subjektiven Bewertungen (*Valenzen*) der Handlungsergebnisse und
(6) die subjekive Bewertungen (*Valenzen*) der Folgen.

Es wird nun davon ausgegangen, dass auf allen Konstruktebenen Generalisierungen stattfinden, die zu unterscheidbaren, situativ und zeitlich stabilen Persönlichkeitsvariablen im Sinne von Traits führen, anhand deren Personen und interindividuelle Unterschiede beschrieben werden können:
Zu (1): Situations-Ereignis-Erwartungen, die sich auf situationsgebundene Erwartungen beziehen, dass bestimmte Ereignisse in einer gegebenen Handlungs- oder Lebenssituation ohne eigene Aktivität auftreten, können dahingehend generalisiert werden, dass in vielen Situationen darauf vertraut wird, dass auch ohne eigenes Zutun positiv bewertete Ereignisse auftreten bzw. negativ bewertete Ereignisse verhindert werden. Die Person vertraut oder misstraut der Situationsdynamik. Der für dieses Persönlichkeitskonstrukt gewählte Terminus, der soziale und physische Aspekte umfasst, ist *Vertrauen.*
Zu (2): Kompetenzerwartungen, die sich auf situative Erwartungen beziehen, dass eine oder mehrere Handlungsmöglichkeiten individuell verfügbar sind, finden ihre Generalisierung in der Aussage, dass man sich in vielen Situationen kompetent und handlungsfähig erlebt. Das entsprechende Persönlichkeitskonstrukt wird als *Selbstkonzept eigener Fähigkeiten* bezeichnet.
Zu (3): Kontingenzerwartungen, die subjektive Erwartungen über die Kontrollierbarkeit von Ereignissen enthalten, welche die zur Verfügung stehenden Handlungen betreffen, werden in ihrer Generalisierung als *Kontrollüberzeugungen* bezeichnet.
Zu (4): Instrumentalitätserwartungen, die situative Folge-Erwartungen beinhalten, werden in ihrer generalisierten Form als *Konzeptualisierungsniveau* bezeichnet, womit das Ausmaß der kognitiven Durchdringung sowie das Verstehen von Handlungs- und Lebenssituationen und ihrer Dynamik bezeichnet wird.
Zu (5): Die auf die Handlungsergebnisse, Ereignisse und Folgen bezogenen situationsspezifischen Valenzen finden ihre Generalisierung in den allgemeinen *Wertorientierungen und Lebenszielen* der Person.

Das Modell postuliert, dass die deskriptive und prognostische Bedeutung der entsprechenden Persönlichkeitsvariablen (s. Abb. 19.1) mit der Güte der Strukturierung und kognitiven Repräsentation einer Handlungs- und Lebenssituation kovariiert. In bekannten, d. h. gut strukturierbaren Situationen ist der Wert situations- und handlungsspezifischer Kognitionen, die (auf subjektiver Ebene) in ausreichendem Maße vorliegen, größer, als der der Persönlichkeitseigenschaften. In Situationen, für die weder individuelle noch kollektive (i. S. sozialer Normen) Erfahrungen und Repräsentationen in hinreichendem Maße vorliegen, ist der deskriptive und prognostische Wert der handlungstheoretischen Persönlichkeitsvariablen dagegen hoch.

Mit dem sog. »Handlungstheoretischen Partialmodell der Persönlichkeit« liegt demnach ein Ansatz vor, der unter funktionaler Perspektive interaktionistische Vorstellungen (vgl. Kap. 25.2) mit der Möglichkeit verbindet, Aussagen über den relativen deskriptiven und prognostischen Wert von Persönlichkeitsvariablen und situationsspezifischen Personvariablen zu machen. Damit impliziert das HPP auch Messhinweise für diagnostische und wissenschaftliche Untersuchungen: Je nach Ausprägung und der Art der Situationsstrukturierung sind situationsspezifische, bereichsspezifische oder generalisierte Konstruktoperationalisierungen indiziert. Ein entsprechendes Verfahren zur Erfassung der im Modell von Krampen postulierten Variablen liegt mit dem »Fragebogen zu Kompetenz- und Kontrollüberzeugungen« (FKK) (Krampen, 1989a) vor.

e) Unterschiede zwischen Personen mit internalen und externalen Kontrollüberzeugungen

Es gibt kaum einen Merkmalsbereich des Erlebens oder Verhaltens, der mit Kontrollüberzeugungen als Persönlichkeitsmerkmal nicht in Zusammenhang gebracht wurde. In einigen dieser Bereiche zeichnen sich recht gute Übereinstimmungen mit den vorliegenden empirischen Befunden ab. Es kann hier nur ein grober Überblick über diese Ergebnisse gegeben werden.

Der Untersuchungsansatz in den vielen empirischen Arbeiten ist meist der gleiche: Aufgrund der Rotter I-E-Skala oder eines anderen Fragebogens zu Kontrollüberzeugungen als »unabhängige Variable« werden die Versuchspersonen nach ihren Testwerten in eher externale oder eher internale Versuchspersonen aufgeteilt. Dabei dient der Mittelwert oder Median der Testwerte als Trennwert. Manchmal werden auch vom Mittelwert nach oben und unten entferntere Trennwerte verwendet. Die so bestimmten Gruppen von Externalen und Internalen werden dann im interessierenden Merkmal, der abhängigen Variable, verglichen.

Soziale Beeinflussbarkeit

Sehr früh schon (Crowne & Liverant, 1963) untersuchte man so die Hypothese, dass sich Externale durch sozialen Druck stärker beeinflussen lassen als Internale: Verwendet wurde dazu ein typisches Konformitätsexperiment nach dem bekannten Paradigma von Asch (1958). Bei diesem muss die Versuchsperson bestimmte Schätzaufgaben lösen: In der Untersuchung von Crowne und Liverant (1963) zum Beispiel war die Entscheidung zu treffen, welche von zwei kurzzeitig projizierten Punktwolken die größere war. Derartige Schätzaufgaben sind so konstruiert, dass die richtige Lösung leicht erkennbar ist. Bevor die Versuchsperson ihre Schätzung abgibt, hört sie jedoch Schätzungen anderer Versuchtsteilnehmer. Diese sind – ohne dass die Versuchsperson das weiß – instruierte Mitarbeiter des Versuchsleiters und geben immer wieder gezielt falsche Schätzurteile ab. Untersucht wird, wie weit sich die Versuchsperson durch diese Falschurteile im Sinne konformen Verhaltens beeinflussen lässt.

Crowne und Liverant (1963) untersuchten zusätzlich zum Schätzverhalten ihrer internalen und externalen Versuchspersonen auch noch, wie sicher sich diese in ihren Urteilen waren: Die Versuchspersonen konnten aus einem vorgegebenen Betrag von $ 10,- über die Richtigkeit ihrer Urteile Wetten abschließen mit der Chance, bis zu insgesamt $ 3,- bei richtigem Urteilsverhalten zu gewinnen. Es zeigte sich, dass – wie erwartet – Externale die Falschurteile der instruierten Falschschätzer öfter übernahmen als Internale. Externale verwetteten auch mehr Geld auf diese übernommenen Falschurteile als auf nicht konforme, aber richtige Urteile, während sich Internale offensichtlich auch mit größerer Sicherheit auf das eigene Urteil verließen.

Eine große Zahl von Untersuchungen konnte mit verschiedenen experimentellen Ansätzen das Ergebnis bestätigen, dass Externale Versuchsleitereinflüssen oder sozialem Konformi-

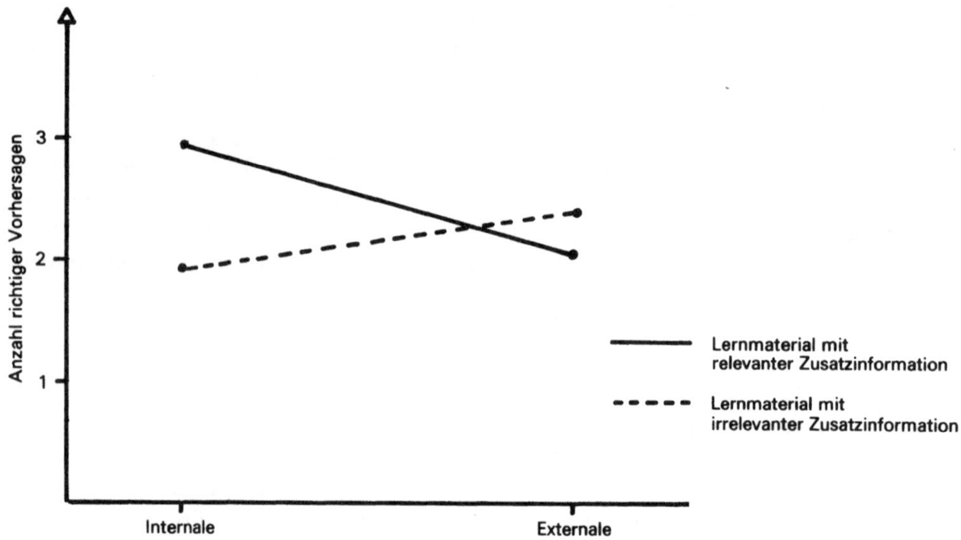

Abb. 19.2: Anzahl richtig antizipierter Lernelemente in einer seriellen Lernaufgabe nach einmaliger Darbietung einer Lernliste mit 12 Elementen in Abhängigkeit von Kontrollüberzeugung und der Relevanz einer Zusatzinformation (nach Pines & Julian, 1972, S. 412).

tätsdruck stärker nachgeben als Internale. Dies beispielsweise wurde in Experimenten zur verbalen Konditionierung (Strickland, 1970; Getter, 1966; Doctor, 1971; s. jedoch auch Baron, 1969; Lichtenstein & Crain, 1969) gefunden, wie auch in Experimenten zur Einstellungsänderung durch suggestive Informationen oder Äußerungen von angesehenen Personen (Ritchie & Phares, 1969; Ryckman, Rodda & Sherman, 1972; Biondo & Mac Donald, 1971; Sherman, 1973). Während Externale sich durch Prestigesuggestionen beeinflussen lassen, scheinen Internale vorwiegend auf den Inhalt der gegebenen Informationen zu achten und daraus Schlüsse für das eigene Verhalten zu ziehen.

Informationssuche
Die Erwartung der Internalen, Konsequenzen des eigenen Verhaltens selbst steuern zu können, dürfte auch der Grund dafür sein, dass Internale gezielter und kompetenter Informationen zur Lösung von Aufgaben und Problemen zu suchen und auszuwerten in der Lage sind. Seeman (1963) stützte diese Hypothese als Erster mit einer Untersuchung an Strafgefangenen. Die Internalen unter ihnen behielten Informationen über Vorschriften im Gefängnis und Möglichkeiten für eine Entlassung trotz gleicher Intelligenz besser als Externale. Pines und Julian (1972) fanden, dass Internale in einer Lernaufgabe zusätzliche Informationen im Lernmaterial für eine Verbesserung ihrer Leistung auszunutzen verstanden, während Externale diese Zusatzinformation nicht auszuwerten schienen. Irrelevante Zusatzinformation verschlechterte die Leistung Internaler, nicht aber diejenige von Externalen, was darauf schließen lässt, dass die Internalen die Relevanz der Zusatzinformation zu prüfen versuchten und dies zunächst ihre Lernleistung schmälerte (s. Abb. 19.2).
Interessant ist an den Ergebnissen von Pines und Julian (1972) auch, dass die Anwesenheit versus Abwesenheit des Versuchsleiters vor allem die Externalen in ihrer Leistung beeinflusste: Sie zeigten bessere Leistung bei Anwesenheit des Versuchsleiters. Die Internalen werden dadurch eher, aber unbedeutend, in der umgekehrten Richtung beeinflusst (s. Abb. 19.3).

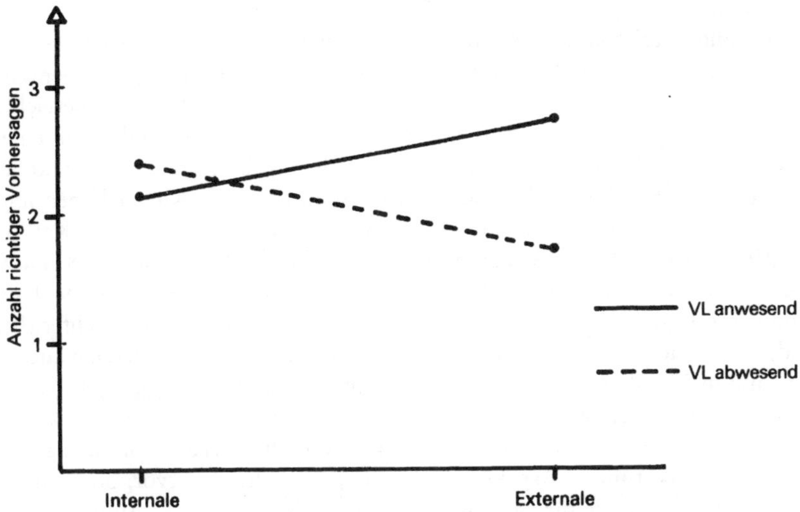

Abb. 19.3: Anzahl richtig antizipierter Lernelemente in einer seriellen Lernaufgabe (s. Abb. 15.22) in Abhängigkeit von Kontrollüberzeugungen und der sozialen Situation (nach Pines & Julian, 1972, S. 412).

Mehrere Autoren fanden, dass Internale bei Anwesenheit weiterer Personen schlechtere Leistungen zeigten als in isolierten Arbeitsbedingungen, während die Anwesenheit von Menschen bei Externalen zur Leistungserhöhung führt (Baron, Cowan, Ganz & McDonald, 1974; Baron & Ganz, 1972; Fitz, 1971; Lefcourt, Hogg & Sordoni 1975).
Dass Internale beim Problemlösen offenbar stärker problembezogene Informationen und Reize zu beachten und zu verarbeiten suchen als Externale, zeigt sich auch darin, dass Internale über schwierige Geschicklichkeits- oder Denkaufgaben länger nachdenken als Externale (Gozali, Cleary, Walster & Gozali, 1973; Julian & Katz, 1968; Lefcourt, Lewis & Silverman, 1968; Rotter & Mulry, 1965).
In vielen weiteren Verhaltensbereichen scheint es konsistente Unterschiede zwischen Internalen und Externalen zu geben, von denen exemplarisch noch einige genannt werden sollen.

Kausalattribuierungstendenz
Darunter versteht man die Tendenz, bestimmte Ereignisse bestimmten Ursachen zuzuschreiben. Kausalattribuierungstendenzen scheinen den theoretischen Erwartungen entsprechend (de Charms, 1968) mit Kontrollüberzeugungen korreliert zu sein. So neigen Externale dazu, Unfälle eher den Umständen, Internale eher den Unfallbeteiligten anzulasten (Hochreich, 1972; Phares & Wilson, 1972; Schiavo, 1973; Sosis, 1974).
In Bezug auf eigenen Erfolg oder Misserfolg neigen Externale dazu, ihren Misserfolg dem Zufall zuzuschreiben, während Internale vor allem ihren Erfolg auf eigene Fähigkeiten zurückführen (Davis & Davis, 1972; Gilmore & Minton, 1974; Lefcourt, Hogg, Struthers & Holmes, 1975; Sobel, 1974).
Wird dieser Erfolg allerdings extrem hoch und daher subjektiv sehr unwahrscheinlich, wie in einem Experiment von Krovetz (1974), so meinen auch Internale, dass sie Glück gehabt haben müssen, da die eigene Fähigkeit so hohen Erfolg nicht erklären könne.

Leistungsverhalten

Auch der Leistungsbereich fand im Zusammenhang mit der Kontrollüberzeugungs-Forschung starke Beachtung. Nach den vorliegenden Ergebnissen zeigen Internale gegenüber Externalen eine stärkere Leistungsorientierung und höhere Leistungen in verschiedenen Bereichen.

Trotz der Verschiedenheit der verwendeten Kontrollüberzeugungsverfahren in einer Reihe von Untersuchungen über den Zusammenhang von Kontrollüberzeugungen und Schulleistungen stimmen die Ergebnisse dazu sehr gut überein: Internale Kinder haben im Durchschnitt die besseren Schulnoten (Bottinelli & Weizmann, 1973; Crandall, Katkovsky & Crandall, 1965; Gruen, Korte & Baum, 1974; McGhee & Crandall, 1968; Nowicki & Strickland, 1973). Auch für den Hochschulbereich werden positive Zusammenhänge zwischen Studienerfolgsmaßen und verschiedenen Maßen für Internalität berichtet (Brown & Strickland, 1972; Lao, 1970; Prociuk & Breen, 1974,1975), doch liegen dazu auch weniger eindeutige und insignifikante Ergebnisse vor (Eisenman & Platt, 1968; Hjelle, 1970; Massari & Rosenblum, 1972; Wareheim, 1972; Wolfe, 1972).

Worauf die höheren Leistungen der Internalen zurückgeführt werden könnten, geht aus Untersuchungen über bestimmte Aspekte des Leistungsverhaltens hervor: So konnte Waters (1972) zeigen, dass Internale für das Lösen schwieriger, zeitraubender Aufgaben mehr Ausdauer aufbrachten als Externale, wenn Begabung (»Skill«-Instruktion) für den Lösungserfolg als wichtig erachtet wurde, während Externale unter »Chance«-Instruktion mehr Zeit investierten.

Dass die Internalen die besseren Strategien besitzen, relevante Informationen für Problemlösungen zu suchen, konnten Ludwigsen und Rollins (1972) zeigen.

Vor allem aber scheint die Bereitschaft zum Belohnungsaufschub (»delay of gratification«) als mögliche Bedingung für Leistungserfolge mit Kontrollüberzeugungen zusammenzuhängen: Danach sind die Internalen eher bereit, eine kleinere Belohnung zugunsten einer größeren, die aber erst später erreichbar ist, zurückzustellen (Bialer, 1961; Miller, 1978; Mischel, Zeiss & Zeiss, 1974; Strickland, 1972, 1973a; Walls & Smith, 1970; s. aber auch Walls & Miller, 1970; Zytkoskee, Strickland & Watson, 1971). Zwar wurden alle Untersuchungen zu dieser Frage als Laborexperimente durchgeführt, doch konnte der gefundene Zusammenhang sehr eindrucksvoll auch in einer echten Lebenssituation demonstriert werden (Erikson & Roberts, 1971): Erwachsenen Delinquenten einer Besserungsanstalt wurde die Gelegenheit geboten, eine öffentliche Schule außerhalb der Besserungsanstalt zu besuchen, wenn sie dafür in Kauf nahmen, erst später aus der Anstalt entlassen zu werden (Belohnungsaufschub). Den Personen, die von dieser Möglichkeit Gebrauch machten, wurden wesentlich mehr und stärkere internale Kontrollüberzeugungen zugeschrieben als jenen Personen, die vorzogen, früher entlassen zu werden.

Krampen (1982, S. 157–160) kommt aus seiner Literaturübersicht zu dem Schluss, dass auch zwischen Schulleistungen und Internalität vielfach Zusammenhänge gefunden wurden, die nur zum Teil auf die höhere Intelligenz der Internalen zurückgeführt werden können. So scheinen auch motivationale Unterschiede zwischen Externalen und Internalen dafür verantwortlich zu sein (Krampen, 1982, S. 160–164).

Gesundheitsbezogenes Verhalten

Der Befund, dass die Kontrollierbarkeit der Lebensumstände im Allgemeinen und der Gesundheit im Speziellen einen Einfluss auf physische (und auch psychische) Gesundheit hat, kann als gesichert angesehen werden (Grewe & Krampen, 1991). Der folgende Abschnitt befasst sich daher mit der Bedeutung von Kontrollüberzeugungen für die Analyse von Gesundheitsverhalten. Grundsätzlich können dabei folgende Forschungskomplexe differenziert werden:

(1) In wieweit können Kontrollüberzeugungen als Korrelate von Gesundheit und Krankheit verstanden werden?
(2) Moderieren Kontrollüberzeugungen (sowohl allgemeine als auch gesundheitsbezogene) den Einfluss von Stressoren auf die eigene Gesundheit?
(3) In welchem Ausmaß tragen Kontrollüberzeugungen zur Vorhersage und Erklärung gesundheitsbezogenen *Verhaltens* bei?
(4) Unter welchen Bedingungen und Einflussfaktoren entwickeln sich Kontrollüberzeugungen im Krankheitsfall?

Methodisch müssen zuvor einige Anmerkungen gemacht werden.
Zum einen müssen bei der Erfassung von Kontrollüberzeugungen im Bereich des Gesundheitsverhaltens drei Ebenen unterschieden werden:
1. Ebene: Generalisierte Kontrollüberzeugungen,
2. Ebene: Gesundheitsbezogene Kontrollüberzeugungen sowie
3. Ebene: Auf spezielle Krankheiten oder Gesundheitsbereiche bezogene Kontrollüberzeugungen.

Für jeden dieser Bereiche existiert eine Vielzahl von Verfahren (vgl. Krampen, 1982; Grewe & Krampen, 1991). Die Heterogenität dieser Instrumente und die unterschiedliche Verwendung innerhalb der vorliegenden Studien ist mit großer Sicherheit eine Quelle für die Widersprüchlichkeit und Divergenz der gewonnenen Befunde. Wenn im Folgenden die Rede von Kontrollüberzeugungen ist, bedeutet dies, dass die erste Ebene (s.o.) erfasst wurde. Bei Verwendung spezieller Verfahren (zweite und dritte Ebene) wird dieser Umstand entsprechend hervorgehoben.
Zum anderen ist zu den von Lohaus (1992) vorgelegten Befunden kritisch anzumerken, dass auf der Basis von vorwiegend korrelativen Befunden eine Interpretation von gerichteten Ursache-Wirkungszusammenhängen, hier von Erkrankung und Kontrollüberzeugung, immer problematisch ist.
Zu (1): Kontrollüberzeugungen als Korrelate von Krankheit und Gesundheit
Allgemein findet sich ein Zusammenhang zwischen Kontrollüberzeugungen und (objektiver sowie selbst eingeschätzter) Gesundheit derart, dass Personen mit externalen Kontrollüberzeugungen mehr über gesundheitliche Probleme berichten (Brothen & Detzner, 1983; Seeman & Seeman, 1983) und möglicherweise sogar ein höheres Sterberisiko aufweisen (Peterson und Seligman, 1987). Personen mit geringen Kontrollmöglichkeiten berichten, wie Pennebaker und Mitarbeiter (1977) experimentell zeigen konnten, häufiger über physische Symptome und sind anfälliger für Schmerz (Arntz & Schmitt, 1989). Ein entsprechender Zusammenhang zeigt sich auch für die psychische Gesundheit: Internal orientierte Personen sind allgemein zufriedener, weniger depressiv (Wolf & Reicherts, 1986; Wood & Letak, 1982), weniger neurotisch (Donham et al., 1983) und weniger ängstlich (Mineka & Kelly, 1989). Der Zusammenhang zwischen aktuellen gesundheitsbezogenen Kontrollüberzeugungen und der eigenen Gesundheitsentwicklung ist dagegen weniger prägnant (Petermann et al., 1987; Wallston & Wallston 1982).
Zu (2): Kontrollüberzeugungen als Moderatoren von Stressauswirkungen
Eine moderierende Wirkung von Kontrollüberzeugungen (sowohl allgemeiner als auch gesundheitsbezogener Art) auf den Zusammenhang zwischen Stressbedingungen, die nicht unmittelbar durch den Verlust an objektiver Kontrolle gekennzeichnet sind, und Bewältigungsverhalten ist häufig nachgewiesen worden (zum Überblick siehe Krampen, 1982). So zeigt sich etwa, dass Internale weniger unter Stress leiden bzw. andere Copingstrategien verwenden. Negative Veränderungen der Lebenssituation wirken sich vorrangig bei external orientierten Personen im Sinne erhöhter Depressivität und Ängstlichkeit aus. In der Reak-

tion auf positive Veränderung der Lebenssituation unterscheiden sich die Gruppen dagegen nicht (Johnson & Saranson 1978; Lefcourt et al. 1981).

Zu (3): Vorhersagewert von Kontrollüberzeugungen für das Gesundheitsverhalten

Die Mehrzahl der vorliegenden Studien beschäftigt sich unmittelbar mit gesundheitsbezogenem Verhalten. So zeigt sich etwa, dass internal orientierte Menschen weniger rauchen oder es leichter aufgeben können (Gutkin et al., 1985; Frey und Maas, 1985; Strickland, 1978), insbesondere, wenn sich die (spezifische) Kontrollüberzeugung auf ein ungeborenes Kind bezieht (Labs & Wurtele 1986). Im Zusammenhang mit AIDS verringern internal orientierte Personen aktiver das Ansteckungsrisiko (Lohaus, Gaidatzi & Hagenbrock, 1988). Internale achten mehr auf Empfängnisverhütung (Strickland 1978; Wallston & Wallston, 1978, 1982) und bereiten sich im Schwangerschaftsfall - etwa durch Kurse oder gymnastische Übungen - aktiver auf die Geburt vor (Labs & Wurtele, 1986). Bei einer entsprechenden Indikation oder Intention nehmen sie leichter ab bzw. wiegen weniger als external orientierte Personen (Salzer, 1978). Die Befunde zum Zusammenhang zwischen internalen Kontrollüberzeugungen und der Häufigkeit von Arztbesuchen bzw. dem Befolgen ärztlicher Anweisungen sind uneinheitlich (Wallston & Wallston, 1978, 1982). Bei Jugendlichen finden sich sogar negative Zusammenhänge (Schmitt, Lohaus & Salewski, 1989). Erwartungsgemäß liegen zwischen gesundheitsbezogenen Kontrollüberzeugungen und dem Wunsch nach Kontrolle über die Gesundheitsvorsorge deutliche Zusammenhänge vor (Wallston et al., 1983). Internal orientierte Personen wissen schließlich auch mehr über Krankheiten und entsprechendes Verhalten bzw. seine Konsequenzen und suchen stärker nach solchen Informationen (Lohaus, Gaidatzi & Hagenbrock 1988; Seeman und Evans 1962; Wallston et al. 1976). External orientierte Personen vermeiden - unabhängig von der Bewertung - solche Informationen eher (Wallston, Maides & Wallston, 1976; Wallston & Wallston, 1982).

Die Vermutung, dass internale Kontrollüberzeugung die Vorhersage präventiven gesundheitsbezogenen bzw. -verbessernden Verhaltens erlauben, kann demnach insgesamt als gut bestätigt gelten. Bei external orientierten Personen ist es offenbar wichtiger, dass die soziale Umwelt einen entsprechenden Einfluss ausübt (Abella & Heslin, 1984).

Personen mit internalen Kontrollüberzeugungen sind motivierter zur Krankheitsbewältigung (Wiedebusch et al., 1989) und optimistischer bezüglich der Wirksamkeit von Hilfe (Seeman & Seeman, 1983). So gibt es Hinweise, dass sich internal orientierte Personen aktiver (und erfolgreicher) an der Behandlung beteiligen. Sie fühlen sich dann auch an schwierige Entscheidungen gebunden (Taylor, 1979).

Zu (4): Entstehung von Kontrollüberzeugungen im Krankheitsfall

Lohaus (1992) sieht in *Art, Häufigkeit, Dauer* und *Schweregrad von Erkrankungen* wichtige Faktoren für die Entstehung von Kontrollüberzeugungen im Falle bestehender Krankheiten:

a) Erkrankungsart

   Die Bedeutung der Art der Erkrankung für die Entstehung von Kontrollüberzeugungen konnte in mehreren Untersuchungen nachgewiesen werden. Etwa in der Untersuchung von Unnewehr und Basler (1989), bei der ein Vergleich von Patientinnen mit Magersucht (Anorexia nervosa) und Ess-Brech-Anfällen (Bulimia nervosa) realisiert wurde. Entsprechend den Unterschieden hinsichtlich der Impulskontrolle, die zwischen den beiden Gruppen zu beobachten sind, zeigen sich bei Magersüchtigen stärkere internale Kontrollüberzeugungen, während bei Patienten mit Ess-Brech-Anfällen die externen Kontrollüberzeugungen (sowohl soziale als auch fatalistische) erhöht waren. Ähnliche stützende Befunde erbrachte auch die Studie von Schmitt, Lohaus und Salewski (1989), in der Patienten mit Diabetes mellitus, Asthma und kreisrundem Haarausfall bezüglich ihrer Kontrollüberzeugungen untersucht wurden.

b) Erkrankungshäufigkeit
Aus dem Kontrollüberzeugungskonzept lassen sich für die Erkrankungshäufigkeit positive Beziehungen zur sozialen Externalität ableiten. In der Untersuchung von Tolor (1978) konnte diese Erwartung allerdings nur für weibliche Teilnehmer bestätigt werden. (Zur Interpretation des Befundes können Interaktionen mit den Geschlechtsrollenstereotypen angenommen werden). Zusammenhänge in der erwarteten Richtung zeigten sich auch in der Studie von Lohaus und Schmitt (1989), in der das Ausmaß aktueller Beschwerden mit den drei Dimensionen der Kontrollüberzeugung korreliert wurde. Hier zeigten sich signifikant positive Bezüge nur zur sozialen Externalität.

c) Erkrankungsschweregrad
Befunde zur Auswirkung des Schweregrads von Erkrankungen auf die Kontrollüberzeugungsdimensionen lassen sich einer Studie von Wiedebusch, Volle, Lohaus und Schmitt (1989) entnehmen: Innerhalb dieser Untersuchung an Patienten mit rheumatischen Erkrankungen zeigte sich, dass die Internalität bei Zunahme der Bewegungsbeeinträchtigung abnimmt, während die beiden Externalitätswerte zunehmen. Nimmt der Schweregrad der Erkrankung (und damit das Ausmaß der Bewegungsbeeinträchtigung) zu, dann sinkt (in der Regel entsprechend der tatsächlichen Abnahme von Kontrollmöglichkeiten) die Wahrnehmung eigenkontrollierter Anteile an der Erkrankung.

d) Erkrankungsdauer
Mit der Dauer einer Erkrankung ist eine Zunahme der sozialen Externalität zu erwarten. Vielfach repliziert wurde der Befund, dass chronisch erkrankte Patienten (weitgehend unabhängig von der Art der Erkrankung) erhöhte sozial-externale Kontrollüberzeugungen aufweisen. Der langandauernde Krankheitsprozess bedingt eine verstärkte soziale Abhängigkeit, die sich in höheren sozial-externalen Kontrollüberzeugungsausprägungen manifestieren. Diese Hypothese konnte in der oben genannten Studie von Wiedebusch et al. (1989) gestützt werden.

Zusammenfassend kommen Grewe und Krampen (1989) zu dem Ergebniss, dass der Spezialfall gesundheitsbezogener Kontrollüberzeugungen z. B. innerhalb des sog. »Handlungstheoretischen Partialmodells der Persönlichkeit« (Krampen, 1987) einen theoretischen Stellenwert besitzt, der nicht unterschätzt werden sollte. Auch der Umstand, dass im Bereich der Gesundheitspsychologie Kontrollüberzeugungen eine Rolle spielen (vgl. Weber, 1994), spricht für deren theoretischen aber auch praktischen Stellenwert.

f) Die Entstehung von Kontrollüberzeugungen

Im Verhältnis zur Zahl der Untersuchungen über Unterschiede zwischen Internalen und Externalen gibt es relativ wenige Untersuchungen über die Entstehung von Kontrollüberzeugungen. Die meisten dieser Untersuchungen gingen der Frage nach, welches Erziehungsverhalten internale Kontrollerwartungen begünstigt. Die Ergebnisse zu dieser Frage sind widersprüchlich: In Untersuchungen an Erwachsenen, die retrospektiv Auskunft über das Erziehungsverhalten ihrer Eltern gaben, fand man immer wieder, dass internale Erwachsene angeben, als Kinder mit einem warmen, positiven, konsistenten, akzeptierenden und fürsorglichen Erziehungsstil erzogen worden zu sein, ohne Feindseligkeit und Überbesorgtheit bei geringer Kontrolle und viel Lob für Eigenständigkeit (Berzins, 1973; Chance, 1972; Cromwell, 1963; Davis & Phares, 1969; Epstein & Komorita, 1970; Mac Donald, 1971; Nowicki & Segal, 1974; Patsula, 1969; Shores, 1968, Tolor, 1967, Tolor & Jalowiec, 1968; Wichern & Nowicki, 1976).
Auch an Kindern selbst fand man einen Zusammenhang zwischen Internalität und beobachteten Interaktionsweisen zwischen Eltern und Kindern: Die Eltern von internalen Kin-

dern zeigten mehr Wärme, Unterstützung und lobendes Verhalten sowie weniger Kontrolle, Kritik und Dominanz (Katkovsky, Crandall & Good, 1967; Solomon, Houlihan, Busse & Parelius, 1971).
Stephens (1971, 1972, 1973; Stephens & Delys, 1973) hingegen konnte keine eindeutige Beziehung zwischen Kontrollüberzeugungen und konkreten elterlichen Verhaltensweisen finden. Erst auf einer abstrakten Stufe der Beschreibung mütterlichen Erziehungsverhaltens kam er zu ähnlichen Ergebnissen wie in den oben genannten Untersuchungen.
Am interessantesten für die Frage nach der Entstehung von Kontrollüberzeugungen ist zweifellos die Längsschnittuntersuchung von Crandall (1973): In ihr konnten Mutter-Kind-Interaktionen, die über die Altersstufen 0–3, 3–6 und 6–10 Jahre beobachtet worden waren, mit den Kontrollüberzeugungen der Versuchspersonen im jungen Erwachsenenalter in Beziehung gesetzt werden. Crandall fand, dass Internale früh zur Selbständigkeit angehalten worden waren. Widersprüchlich waren ihre Ergebnisse allerdings hinsichtlich der Wärme und Unterstützung im mütterlichen Erziehungsverhalten: Zumindest internale Frauen waren als Kinder eher kühl, wenig liebevoll und mit Kritik und Strafen von ihren Müttern erzogen worden. Für internale Männer sind diese Zusammenhänge ähnlich, aber nicht so deutlich. Die Vater-Kind-Interaktionen wurden nicht beobachtet. Vermutlich führte dieser weniger liebevolle Erziehungsstil dazu, dass die Internalen als Kinder stärkere Kontakte zu Gleichaltrigen bekamen und auch andere Umweltbedingungen bewusster kennen lernten. Dies könnte zu der größeren Zuversicht geführt haben, die eigenen Lebensumstände selbst beeinflussen zu können, dem Hauptmerkmal einer internalen Kontrollüberzeugung.
Um die Frage abzuklären, welche Erziehungsmaßnahmen mit größter Wahrscheinlichkeit zur Internalität führen, sind sicher noch weitere Forschungen notwendig. Dass dabei eine Reihe differenzierender Merkmale, wie das Geschlecht der Erzogenen und der Erzieher, sowie wahrscheinlich auch ein differenzierteres Kontrollüberzeugungs-Konstrukt in Rechnung gestellt werden müssten, darauf hat Levenson (1973) mit ihren Ergebnissen zu dieser Frage deutlich hingewiesen.
Aufgrund seiner ausführlichen Literaturübersicht kommt Krampen (1982, S. 138–142) zu dem Schluss, dass im Rahmen der familiären Erziehung hohe (wahrgenommene) Bewegungs- und Handlungsfreiheit für den Erzogenen, verbunden mit emotional positivem Erziehungsverhalten der Eltern, wenn es zwischen den Eltern und über die Zeit konsistent ist, mit Internalität in Zusammenhang steht. Eine eindeutige Dependenz-Interpretation lassen die ausgewerteten Querschnittuntersuchungen aber nicht zu.
Dass Internalität im Großen und Ganzen auch mit besseren akademischen Leistungen einhergeht, haben Findley und Cooper (1983) durch eine systematische Literaturübersicht wieder gezeigt, wenn der Zusammenhang auch nur von höchstens mittlerer Stärke ist und von einer Reihe von Variablen (z. B. Geschlecht: Der Zusammenhang ist bei Männern größer) beeinflusst wird.

19.2.4 Zwischenmenschliches Vertrauen (Interpersonal Trust, IPT)

Innerhalb der generalisierten Erwartungen misst Rotter neben der Kontrollüberzeugung eine besondere Bedeutung dem zwischenmenschlichen Vertrauen (IPT) zu. Darunter versteht er weder eine Art basalen Vertrauens, das aus psychoanalytischer Sicht ein Grundmerkmal jeder intakten Persönlichkeit ist, noch den Glauben an das Gute im Menschen, sondern die Erwartung eines Individuums oder einer Gruppe, sich auf Worte und Versprechen, mündliche oder schriftliche Äußerungen anderer oder einer Gruppe verlassen zu können (Rotter, 1967, S. 651; 1971, S. 444).

Das erhebliche Gewicht dieses Konstruktes rührt nach Rotter aus dem Umstand, dass nahezu alle Entscheidungen des Zusammenlebens im Alltag Vertrauen anderen gegenüber beinhalten: der Kauf von Benzin nicht weniger als das Entrichten von Steuern, der Gang zum Arzt ebenso wie die Beauftragung eines Rechtsanwaltes oder einer Bank usw. Insofern beruht in der Tat unsere soziale Ordnung auf diesem Vertrauen, das insofern eine risikobehaftete Handlung darstellt, als es enttäuscht werden kann. Bei dessen Schwinden muss es zu Störungen kommen, die sich momentan etwa im Verhältnis zwischen verschiedenen Gruppen der Bevölkerung einerseits (z. B. Bürgerinitiativen) und den politischen Parteien, der Kirche und der Judikative andererseits andeuten. Vertrauensverlust bedeutet in einem Extremfall wie jenem des Börsenkraches vom »Schwarzen Freitag« im Jahre 1929, der zusätzlich von Wetterunbilden und Unzulänglichkeiten der Fernschreiber begünstigt wurde, gar völligen wirtschaftlichen Zusammenbruch. Darüber hinaus hat Osgood (1960) befürchtet, jegliche Abrüstung sei unmöglich, wenn nicht das Vertrauen zumindest auf einer der beteiligten Seiten zunehme, eine Einsicht, die immerhin der Rede Kennedys vom Juni 1963 vor der American University zugrunde gelegen haben mag, mit der eine Abwendung vom Kalten Krieg eingeleitet wurde (s. Etzioni, 1967).

Von daher besteht unter den obwaltenden Umständen ein essentieller Bedarf vonseiten der Gesellschaft wie jedes Einzelnen an einem Optimum von Vertrauen. Innerhalb dieses Konstruktes lassen sich vorab verschiedene Komponenten unterscheiden (s. Abbildung 19.4). Erworben wird IPT als generalisierte Erwartung direkt im Umgang mit Eltern, Lehrern, Freunden und Bekannten, im Weiteren aus verbalen Feststellungen über andere von prominenten Personen oder Kommunikationskanälen wie Zeitungen, Funk und Fernsehen; Misstrauen gegenüber ganzen Gruppen der Bevölkerung kann gelernt werden ohne jede unmittelbare Erfahrung in einer solchen Richtung, wenn etwa Personen, denen wir vertrauen, eben dieses Misstrauen lehren (Rotter, 1967, S. 653).

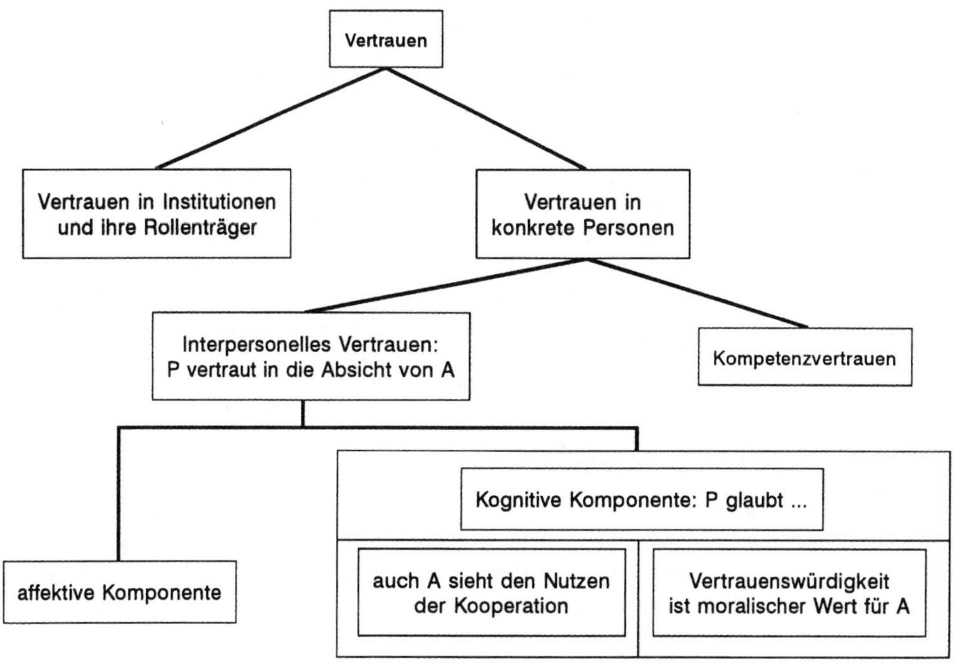

Abb. 19.4: Komponenten des Vertrauens (aus Oswald, 1993, S. 8).

a) Messung von IPT

Zwar nicht die erste Skala überhaupt, doch jene, die aufgrund der Einbettung in ein theoretisches System später am häufigsten benutzt wurde, konstruierte Rotter (1967). Bei der rationalen Vorauswahl der Items stand das Ziel im Vordergrund, einen möglichst breiten Bereich von sozialen Objekten zu erfassen, damit eine Versuchsperson ihr Vertrauen gegenüber Eltern, Lehrern, Ärzten, Politikern, Richtern, Klassenkameraden, Freunden und dergl. angeben kann. Zusätzlich zu diesen spezifischen sollten einige allgemeiner formulierte Fragen aufgenommen werden, die den Optimismus gegenüber der Gesellschaft abdecken. Schließlich wurden Füllitems formuliert, um die Spezifität der Messintention zu verschleiern.
Als Analysenstichprobe fungierten insgesamt 547 Versuchspersonen beiderlei Geschlechts, und zwar Psychologiestudenten niederer Semester, denen außerdem die Marlowe-Crowne-Social-Desirability-Skala (SD) sowie Fragen zum sozioökonomischen Status, dem religiösen Bekenntnis jedes der Elternteile, der Geschwisterposition usw. vorgelegt wurden. Nach der Itemselektion, die sich an der Trennschärfe und der möglichst niedrigen Korrelation mit den SD-Werten sowie der Verteilung der Antworten über die fünf vorgegebenen Antwortstufungen orientierte, verblieben 25 IPT-Statements, von denen 12 positiv und 13 negativ formuliert waren, z. B.:

»In dealing with strangers, one is better off to be cautious until they have provided evidence that they are trustworthy.«
»Parents usually can be relied upon to keep their promises.«

Die Splithalf-Reliabilität betrug $r_{tt} = .76$, die an zwei unterschiedlichen Stichproben und variierten Bedingungen bei Erst- und Zweittestung ermittelte Wiederholungszuverlässigkeit $r_{tt} = .56$ (7 Monate Intervall) und $r_{tt} = .68$ (3 Monate Intervall). Für die 248 männlichen Studenten korrelierte IPT mit SD zu $r = .21$, für die 299 weiblichen zu $r = .38$. Die Beziehungen zu den Ergebnissen von College-Entrance-Tests waren insignifikant.
Faktorenanalytische Untersuchungen von Wright und Tedeschi (1975) an insgesamt N = 3 633 studentischen Versuchspersonen haben für die Items eine Binnengliederung in drei orthogonale Dimensionen »political trust« (einschließlich Medien), »paternal trust« (verschiedene Autoritäten wie Eltern, Experten, Idealisten und Verkäufer) und »trust of strangers« ergeben.
In autorisierten Adaptations- und Erweiterungsarbeiten am Heidelberger Institut (Amelang, Gold & Külbel, 1984) erwiesen sich gleichfalls an Stichproben von Studierenden einige der originalen Items wegen Mangels an Trennschärfe und/oder Streuung als ungeeignet. Eine Ergänzung des Fragenpools durch zusätzliche Bereiche war zweckmäßig. Die faktorielle Struktur lässt ebenfalls eine objektbezogene Differenzierung erkennen. Darin spiegelt sich u. a. die unterschiedliche Distanz bzw. die Art des direkten Kontaktes wider, die wir gegenüber Personen und Institutionen unserer Umgebung haben.

Der Rückgriff auf studentische Versuchspersonen innerhalb der IPT-Forschung erscheint im Übrigen weniger verwerflich seit Rotters (1971, S. 424) Feststellung, daß es sich dabei um einen Kreis von Personen handele, »not only as our most available subject population, but also because they represent the future policy makers of our society«.

Einige der allgemeiner formulierten IPT-Items weisen eine inhaltliche Verwandtschaft mit Fragen auf, die Wrightsman (1964, 1974) ausgehend von einem völlig anderen Ansatz zu einer »Philosophies of Human Nature Scale« (PHN) zusammenstellte (z. B. »Hypocrisy is on the increase in our society«-IPT, »Most people will speak out for what they believe in«-PHN) im Bestreben, die Einstellung über die Vertrauenswürdigkeit der Mitmenschen im Allgemeinen zu erfassen. Wie die Iteminterkorrelationen zeigten, gruppieren sich die Fest-

stellungen in solche mit positivem und andere mit negativem Inhalt; Zustimmung zu den Trustitems drückt den Glauben aus, dass die Menschen im Großen und Ganzen gut und vertrauenswürdig sind, Bejahung der übrigen (z. B. »Most people would tell a lie, if they could gain by it«), für die Wrightsman (1974) die Bezeichnung »Cynicism« gebraucht, ist gleich bedeutend mit der Überzeugung, dass die Mitmenschen gewöhnlich lügen, stehlen und betrügen. Bemerkenswerterweise korrelieren T- und C-Scores nur in mäßiger Höhe miteinander (zwischen – .27 und – .61).
Den Untersuchungen von O'Connor (1970) und Chun und Campbell (1974) zufolge stehen dagegen die PHN- und IPT-Werte in enger korrelativer Beziehung (r um .70).
Diese und weitere Skalen würdigt Wrightsman (1991) in seiner Übersicht, die neben Machiavellismus und den »Philosophies of Human Nature« sowie einigen Fragebogen zur Erfassung mehr allgemeinerer Komponenten (wie »Trust in People«, »Faith in People« oder »Acceptance of Others«) auch solchen mit einem spezifischeren Messbereich gilt (z. B. Vertrauen in intime zwischenmenschliche Beziehungen). Ausgehend von den Rotter-Items haben Krampen, Viebig und Walter (1982) kurze Subskalen für »soziales Misstrauen« vorgeschlagen. Die Skalen von Buck und Bierhoff (1986) gelten der Erfassung von Vertrauen in eine konkrete Person, und zwar differenziert nach Vertrauenswürdigkeit als einer emotionalen Qualität und Verlässlichkeit in instrumenteller sowie praktischer Hinsicht.

b) Korrelate von Vertrauen

Stack (1978) und Rotter (1980) haben eine Sammeldarstellung über die Probleme und Ergebnisse zu Vertrauen gegeben. Die Herausgaben von Schweer (1997 a, b) gliedern die Korrelate von Vertrauen unter anderem nach Bereichen wie Liebe, Arbeitsorganisationen und Arzt-Patienten-Beziehung; in der Bibliografie einschlägiger Titel (s. Schweer, 1998) findet eine Kategorienbildung nach den Teildisziplinen der Psychologie statt. Es kann deshalb genügen, nachfolgend exemplarisch verschiedene Untersuchungen herauszugreifen, teils auch einiges Material nachzutragen, um einen Eindruck von der Forschung in diesem Verhaltensbereich zu vermitteln. Dabei werden zunächst empirische, später experimentell gewonnene Befunde erörtert.
Einer der wichtigsten Belege für die unmittelbare Validität der IPT-Differenzierung stammt aus den frühen Untersuchungen von Rotter (1967) selbst: In einem soziometrischen Verfahren korrelierten die Fremdurteile von männlichen und weiblichen Mitgliedern studentischer Verbindungen mit den IPT-Werten zu r = .37, mit einem Selbstrating zu Trust, das einen Vergleich mit dem »mittleren Collegestudenten« erforderte, zu r = .39. Wichtig in dieser Studie war darüber hinaus die Feststellung, dass im Sinne der diskriminanten Validität Übereinstimmungen der IPT-Skala bzw. der Trustratings mit den soziometrischen Urteilen zu anderen Eigenschaften fast ausschließlich niedriger waren.
In der Erhebung von Amelang, Gold und Külbel (1984) ergaben sich neben Korrelationen mit Fremdeinschätzungen hypothesenkonforme Mittelwertsunterschiede im mittleren Vertrauen von Pfarrern und Psychologen (höchste Werte) vs. Bankangestellte (mittlere Werte) vs. Rechtsanwälte und Polizisten (niedrigste Werte).
Relativ hohe Korrelationen (um r = – .65) bestehen zu Machiavellismus, also der Tendenz, andere im Sinne der eigenen Ziele zu manipulieren (s. Christie & Geis, 1970). Dagegen interkorrelieren IPT und internale Bekräftigungsüberzeugung nur mäßig positiv (Rotter, 1971), wenngleich dabei anscheinend Geschlechtsunterschiede bestehen (Massari & Rosenblum, 1972). Garske (1976) brachte IPT mit dem 16 PF in Verbindung und fand Zusammenhänge nur mit solchen Skalen, die eine »soziale Orientierung und adaptive Funktion« aufweisen (C, F, H, L, O, Q_1, Q_2, Q_4; s. 15.2.3).

Hamsher, Geller und Rotter (1968) berichten über niedrigere IPT-Werte jener Studenten, die den Schlussfolgerungen der von Präsident Johnson eingesetzten Warren-Kommission, es gäbe keinerlei Anzeichen für eine Verschwörung beim Tode von Kennedy, nicht glauben konnten. Lotsof und Grot (1973) fanden ganz Ähnliches in Bezug auf die Zustimmung bzw. Ablehnung des Walker-Reports über die Störungen des Demokratischen Parteikonvents 1968 in Chicago.

Ein Befund schließlich, der alarmierend wirken muss: Die jährlich von neuen Studienanfängern bearbeitete IPT-Skala zeigt von 1964 auf 1969 einen drastischen Abfall der Mittelwerte (Hochreich & Rotter, 1970), desgleichen die PHN-Skala einen solchen von 1962 zu 1968, um von da bis 1971 unsystematisch zu schwanken (Baker & Wrightsman, 1974). Nachuntersuchungen zufolge beruht dieser Effekt hauptsächlich auf den Items zu Politik und den Kommunikationsquellen. Ein derartiger Trend ist für die jüngste Vergangenheit auch in Deutschland festgestellt worden. Hier ging zwischen 1984 und 1993 das Vertrauen in die regierungspolitischen Institutionen gravierend zurück, während die Verwaltungsinstitutionen deutlich geringere Vertrauenseinbußen erlebten (Pickel & Walz, 1996), ein Effekt, der sich durch das Aufdecken der Parteispendenaffäre gegen Ende des letzten Jahrhunderts noch verstärkt haben dürfte. Dabei hat sich das kurz nach der Wiedervereinigung registrierte West-Ost-Gefälle im Institutionenvertrauen reduziert; vielfach geht diese Annäherung jedoch auf einen Vertrauensverlust im Westen und weniger auf einen Vertrauenszuwachs im Osten zurück (Walz, 1996).

Im Labor ist besonders das Verhalten in sog. Nicht-Null-Summen-Spielen nach dem Modell des Prisoner's Dilemma untersucht worden, doch resultierten dabei sehr widersprüchliche, meist insignifikante Resultate (s. auch Mac Donald, Kessel & Fuller, 1972). Die Ursache dafür liegt wohl in dem Umstand, dass es für die im Spiel aktivierte Kooperationsbereitschaft außer Vertrauen zum Partner noch andere Ursachen gibt wie Risikofreude, Wahrnehmung der Strategie des Gegenüber usw. In anderen Spielen war dagegen nachweisbar, dass Personen mit hohen IPT-Werten sich vertrauensvoller und in Übereinstimmung mit ihren Hinweisen verhielten (Schlenker, Helm & Tedeschi, 1973), doch ist dieser Befund noch nicht repliziert (s. auch Fontaine & Lubow, 1977, zur intervenierenden Rolle von IPT auf die Erfolgserwartung in Spielen). Gleiches gilt für die Beobachtung einer längeren Reaktionszeit von Versuchspersonen mit niedrigen IPT-Werten bei der Instruktion, sich nach rückwärts in die Arme einer fangbereiten Person fallen zu lassen (Cash, Stack & Luna, 1975). Für die von Rotter (1971) berichtete Tendenz von IPT-niedrig scorenden Versuchspersonen, in einem vermeintlich unbeobachteten Moment in Unterlagen Fremder Einsicht zu nehmen, gibt es immerhin an Kindern ein gleichsinniges Ergebnis (Doster & Chance, 1976; s. auch Cooper & Peterson, 1980, unter Verwendung einer Machiavellismus-Skala). Erwähnung verdient schließlich die Untersuchung von Gurtman und Lion (1982), in der die Autoren eine bessere tachistoskopische Erkennungsleistung der Personen mit niedrigen relativ zu denjenigen mit hohen IPT-Werten vor allem bei Wörtern mit negativen Konnotationen fanden. Ein weiteres behaviorales Kriterium für Vertrauen bestand u. a. in der Entscheidung, einen Fragebogen an den Untersuchungsleiter zurückzusenden (s. dazu die Übersicht von Wrightsman, 1991).

Interessante Hypothesen für die Intensität informationsverarbeitender Prozesse lassen sich aus der Konzeption von Luhmann (1973) ableiten, wonach Vertrauen ein wichtiges Mittel zur Reduktion von Komplexität darstellt. Vertrauenssituationen zeichnen sich dadurch aus, dass die damit in Verbindung stehenden Probleme eine geringere Verarbeitungstiefe erlauben als Misstrauenssituationen oder umgekehrt: Situationen des Misstrauens machen zahlreiche Kontroll- und Prüftätigkeiten notwendig, und zwar einfach deshalb, um die Glaubwürdigkeit des Partners oder Gegenübers anhand der vorhandenen oder noch zu schaffender Indikatoren zu prüfen, seine Absichten kritisch zu analysieren, die Folgen eigener Handlungen auf den Partner abzuwägen usw. Oswald (1993a; s. auch 1993b) referiert einige empirische Befunde, die dafür sprechen, dass Personen bereits in solchen Kontexten eine intensivere Informationsverarbeitung vornehmen, die das Eintreffen oder Vorliegen von negativ bewerteten Ereignissen signalisieren; solche Situationen sind für die Akteure bedrohlich und verlangen, um Schäden zuverlässig abzuwenden, ein effektives Handeln, das seinerseits angemessene Urteile erfordert. Möglicherweise stellt insofern das Aufbringen von Vertrauen anderen gegenüber auch eine individuelle *Strategie* dar, um das informationsverarbeitende System zu entlasten.

c) Antezedente Faktoren von IPT

Katz und Rotter (1969) ermittelten über eine postalische Befragung die IPT-Werte der Elternteile solcher Studenten, die zuvor nach ihren extremen Messwerten auf der Skala ausgewählt worden waren. Nur im Falle der Vater-Sohn-Relation, nicht aber im Vergleich von Mutter und Tochter, Vater und Tochter sowie Mutter und Sohn ergaben sich substantielle Beziehungen zwischen den zugeordneten Trust-Werten der verschiedenen Generationen.
Rotter (1967) hat im Weiteren an seiner Analysenstichprobe einen Geschwisterreihungseffekt in dem Sinne gefunden, dass die jüngsten Kinder im Mittel die niedrigsten IPT-Werte aufwiesen und sich darin von den in der Geschwisterreihe mittleren unterschieden. Besser zu interpretieren ist aber seine darüber hinaus angestellte Beobachtung, dass die Kinder von Elternpaaren, die im religiösen Bekenntnis übereinstimmen, wesentlich höhere IPT-Werte zeigten als Kinder von Eltern, die diesbezüglich dissonant waren. Angehörige jüdischen Glaubens scorten schließlich höher als diejenigen anderer Konfessionen, Katholiken niedriger als Protestanten, doch mögen diese Effekte durch überlagernde sozioökonomische Differenzen bedingt sein. In Bezug auf den Sozialstatus, der bei Rotter (1967) einen insgesamt positiven Einfluss hatte, liegt ansonsten widersprüchliches Material vor. Theoretisch ableitbar und empirisch gesichert sind im Durchschnitt niedrigere Werte von Farbigen gegenüber Weißen, da Erstere aufgrund der ihnen durch die Gesellschaft bereiteten Schwierigkeiten und nur unzulänglich gewährter Unterstützung wenig Anlass zu einem besonderen Vertrauen haben dürften.
Der differentiellen Theorie von Schweer (1997) zufolge entwickelt sich das Vertrauen in Abhängigkeit von der individuellen Vertrauenstendenz und der individuellen impliziten Vertrauenstheorie, wobei spezifische Merkmale der jeweiligen Situation als Moderatoren auf Art und Ausmaß der Vertrauensentwicklung wirksam werden.

d) Würdigung

Wie bei vielen »modernen« Konstrukten sind unter den Arbeiten, die sich ihrer sogleich bemächtigen, auch einige, deren theoretische Verankerung fragwürdig ist (z. B. Hollon & Gemmill, 1977). Von denjenigen mit präzisen Hypothesen hat die Mehrzahl Resultate erbracht, die im Sinne der Vorhersagen waren. Dabei muss allerdings auch an eine indirekte Itemüberlappung gedacht werden, wie sie etwa im Falle der Meinungen zu den Berichten von Untersuchungskommissionen gewiss vorliegen, da die Frage danach ebenso gut bereits ein Item innerhalb der Skalen hätte sein können und es in ähnlicher Form auch schon ist. Schließlich fehlen bei vielen Befunden jegliche Replikationsversuche; zumindest einer widerspricht schließlich diametral jeder Erwartung: Pasewark, Fitzgerald, Sawyer und Fossey (1973) fanden an hospitalisierten Paranoikern höhere Trust-Werte als an gleichaltrigen »Normalen«, und zwar gleichermaßen in beiden Geschlechtern. Ob hier die unterschiedliche Situation der Bearbeitung eine Rolle gespielt hat, bleibt einer Klärung vorbehalten.

In Zukunft wird es verstärkt darauf ankommen, die generalisierte Erwartung IPT, die bislang als Konstrukt wie viele andere nur isoliert behandelt wurde, mit anderen Elementen der sozialen Lerntheorie in Verbindung zu bringen und die wechselseitigen Abhängigkeiten der Variablengruppen zu untersuchen.

19.3 Persönlichkeitstheoretische Positionen von Mischel

Während die älteren, behavioristischen Lerntheoretiker als reine »Situationisten« die dispositionell orientierte, eigenschaftstheoretische Persönlichkeitsforschung »Dispositionismus« kaum zur Kenntnis nahmen, setzt sich Walter Mischel (1968) mit dem Dispositionismus kritisch auseinander (Situationismus-Dispositionismusstreit, s. Kap. 25.1 in diesem Buch). Seine Kritik richtet sich gegen die Annahme eigenschaftstheoretischer Persönlichkeitsforschung, dass menschliches Verhalten genügend hohe Konsistenzen zwischen verschiedenen Situationen zeige, um die Annahme von Verhaltensdispositionen wie Eigenschaften zu rechtfertigen. Hohe intersituative Verhaltenskonsistenz müsste sich darin zeigen, dass die Richtung der *Unterschiede* zwischen Personen in einem interessierenden Verhaltensbereich wie z. B. Ängstlichkeit in verschiedenen, unterschiedlich starke Angst auslösenden Situationen gleich bleibt – wenn auch das absolute Angstausmaß jeder Person sich von Situation zu Situation ändern mag. Mischel (1968) meinte, dass die empirische Forschung den Beleg für die Annahme solcher Verhaltenskonsistenzen nicht erbracht hätte. Daher sei die Annahme, dass Verhalten situationsspezifisch variiere und nicht dispositionsabhängig sei, eher gerechtfertigt.
Diese verhaltenstheoretische, situationistische Kritik an der eigenschaftsorientierten Persönlichkeitsforschung führte zu jener Synthese zwischen Situationismus und Dispositionismus, die heute als »interaktionistische Persönlichkeitsauffassung« (Mischel, 1973, 1976; Bowers, 1973; Endler & Magnusson, 1976a, b; s. auch 25.2 in diesem Buch) bezeichnet wird. Sie besteht im Wesentlichen in der Einsicht, dass es sehr oft die Wechselwirkungen (Interaktionen) zwischen situationsspezifischen Reizen und individuellen Gegebenheiten einer Person sind, die das Verhalten dieser Person in der jeweiligen Situation bedingen. Als solche individuellen, personenspezifischen Gegebenheiten betrachtet Mischel (1973) vor allem Kognitionen wie die subjektive Auffassung einer Situation durch die jeweilige Person.
Persönlichkeitsforschung müsste sich demnach mit interindividuellen Unterschieden der kognitiven Repräsentation von Situationen und ihren verhaltensdeterminierenden Wirkungen befassen (Krohne, 1977, S. 346ff.), wenn sie nomothetisch bleiben und sich nicht mit jeweils einmaligen, interindividuell nicht systematisch vergleichbaren Situationskognitionen befassen will, was letztlich einen ideographischen Ansatz darstellen würde.
Nomothetisch betriebene »interaktionistische« Persönlichkeitsforschung würde systematische Klassifikationssysteme für Situationen und für kognitive und andere Variablen voraussetzen, die mit Situationen in Wechselwirkung stehen. Ein solches systematisches Klassifikationssystem gibt es bis heute nicht. Interaktionistische Persönlichkeitsforschung hat so gesehen heute weitgehend noch den Stand eines Forschungsprogramms, das heftig diskutiert wird (s. 25.2).
Trotzdem gibt es eine Fülle theoriegeleiteter empirischer Forschungsansätze in der Persönlichkeitspsychologie, die – ohne sich dem Programm interaktionistischer Persönlichkeitsauffassung explizit verschrieben zu haben – genau das tun, was der Interaktionismus for-

dert: Sie untersuchen theoretische Vorhersagen über unterschiedliches Verhalten bestimmter Personengruppen in verschiedenen, experimentell definierten Situationen (z. B. die Extraversionsforschung, die Ängstlichkeitsforschung). Alle diese Forschungsansätze resultieren aus anderen als verhaltenstheoretischen Ansätzen.

19.3.1 Belohnungsaufschub (Delay of Gratification)

a) Inhalt, Herleitung und Bedeutung

Seit dem Ende der fünfziger Jahre beschäftigt sich Mischel (1958, s. vor allem 1974, 1976) mit einem Konstrukt, dessen zentrale Operationalisierung aus Versuchen besteht, in denen die Versuchspersonen zwischen weniger wertvollen, sofort verfügbaren und höherwertigen, aber erst später erhältlichen Objekten wählen müssen. Eine typische Anordnung sieht etwa Präferenzentscheidungen von Kindern zwischen einer kleinen Süßigkeit sofort oder einer wesentlich größeren eine Woche später vor. Die Entscheidung für die wertvollere Alternative (= die größere »Belohnung« oder »Bekräftigung«) in derartigen Situationen unter Inkaufnahme einer längeren Wartezeit wird als »Delay of Gratification« beschrieben. Jones und Gerard (1967, S. 95) erläutern diesen Begriff als »capacity to delay acting for immediate rewards in order to avoid subsequent punishment or to obtain subsequent reward of greater value than the ones forgone«.

Die Verankerung eines solchen Konzeptes in der sozialen Lerntheorie Rotters (1954) und damit die Anknüpfung an die in den vorausgegangenen Abschnitten geschilderten generalisierten Erwartungshaltungen ist augenfällig. Aus der Theorie ist ableitbar, dass das individuelle Wahlverhalten zum einen eine Funktion des Bekräftigungswertes, zum anderen der subjektiven Erwartung ist, dass die fragliche Verstärkung oder die antizipierten Ereignisse auch tatsächlich eintreten. Befunde aus verschiedenen Studien sprechen für die Haltbarkeit einer solchen Auffassung:

In dem Maße, in dem das Belohnungsintervall experimentell verkürzt wird, nehmen »Delay«-Entscheidungen zu (Mischel & Metzner, 1962). Darüber hinaus ist Verhalten im Sinne des Bekräftigungsaufschubes häufiger, wenn der Wert des verzögerten Objektes (Grusec, 1968) oder die Wahrscheinlichkeit von dessen Erhalt (Mischel & Grusec, 1967) zunehmen.

Wesentliche Anregungen zur Erforschung von Belohnungsaufschub gehen im Weiteren auf die Psychoanalyse zurück. Freuds Auffassung zufolge entwickelt sich aus der Konfrontation des Organismus mit den Anforderungen der Umwelt das Ich; als Instanz der Realitätskontrolle kommt ihm die Aufgabe zu, Impulse zu kanalisieren und – sofern das die Umstände erfordern – diese zurückzudrängen und umzuformen, bis sich geeignete Zeitpunkte einer Triebbefriedigung einstellen. Unter diesem Blickwinkel stellt die Fähigkeit zum Belohnungsaufschub ein wesentliches Element der Kontrolle und Steuerung des Selbst dar. Dabei müssen auch nach psychoanalytischer Sichtweise Kognitionen eine wesentliche Rolle spielen, da gemäß der tiefenpsychologischen Theorie Vorstellungen und Gedanken nichts anderes sind als ein Transformations-Substitut der nicht direkt ins Körperliche ableitbaren Impulse. Auf diesen Gesichtspunkt und seinen Stellenwert bei der Selbstkontrolle wird gesondert unter den »Kognitiven Persönlichkeitstheorien« eingegangen (s. Kapitel 20).

Auf jeden Fall stellt selbstauferlegter Belohnungsaufschub eine unerlässliche Voraussetzung unseres sozialen Lebens dar. Auch in einfachen Kulturverbänden ist es dem Einzelnen nicht gestattet, zu jeder Zeit und Gelegenheit seinen primären Bedürfnissen nachzugehen (wie z. B. Wünschen nach Geschlechtspartnern und Besitztümern); vielmehr bedarf es dafür geeigneter Umstände und gesonderter Vorkehrungen. Diese werden erlernt im

Zuge von Prozessen, die von der Reinlichkeitserziehung bis zur Berufsausbildung reichen. Nur in dem Ausmaß, in dem dabei die Regeln von unterschiedlichem Belohnungsaufschub übernommen werden, ist ein Erlangen der von der Gesellschaft bereitgehaltenen Annehmlichkeiten durch den Einzelnen möglich: Wem etwa das Warten auf einen Studienplatz in Medizin nichts ausmacht und wer darüber hinaus die Mühen und Entbehrungen des Studiums auf sich nimmt (das aber gewiss auch positive Aspekte aufweist!), den belohnt das System nach geraumer Zeit mit den finanziellen und sozialen Segnungen des Arztberufes auch heute noch. Umgekehrt lässt sich der relativ seltene Aufstieg von Angehörigen der »Arbeiterklasse« in höhere Schichten mit deren Wunsch nach rascher Gratifikation in Verbindung bringen (Funder, Black & Black, 1983). Darüber hinaus basieren alle Religionen auf dem Prinzip eines – allerdings extrem langen – »Delay of Gratification«, verheißen sie doch jedem, der sich unter Hintanstellung seiner unmittelbaren Bestrebungen an die geltenden Gebote hält, den höchstmöglichen Lohn überhaupt: ewiges, und zwar angenehmes Leben nach dem Tode.

Umgekehrt scheint es, als würden zahlreiche Schwierigkeiten des zwischenmenschlichen Lebens wie Aggressionen und sozial abweichendes Verhalten, Scheitern im Beruf und mangelnde Perspektive in der Lebensgestaltung mit der unzureichenden Selbstkontrolle Einzelner, ihrem Defizit an Belohnungsaufschub oder, was gleich bedeutend ist, ihrem Unvermögen zu selbstauferlegten Frustrationen zusammenhängen oder daraus zu erklären sein. Von daher ist eine detailliertere Befassung mit diesem Konzept angezeigt.

b) Erfassung des Konstruktes; Korrelate

Ausgangspunkt der Erfassung ist gewöhnlich das konkrete Verhalten in der Entscheidungssituation zwischen unmittelbar zugänglichen Objekten geringerer und später verfügbaren Gegenständen höherer Wertigkeit, also ein behaviorales Kriterium. Insofern bestehen gewisse Unterschiede zu den meisten anderen Konstrukten, die häufig auf Befragungen beruhen bzw. aus diesen erschlossen werden.

Schon in den ersten Untersuchungen hat aber auch Mischel (1961) geprüft, ob das reale Entscheidungsverhalten mit den Antworten auf vorgestellte Wahlsituationen übereinstimmt. Die Items seines »Fragebogens« lauteten: »I would rather get ten Dollars now than have to wait a whole month and get thirty Dollars then« und »I would rather wait to get a much larger gift much later rather than get a smaller one now«. Zur Wahl standen ein kleines »Zuckerl« sofort bzw. ein größeres später. Die Übereinstimmungen der Antworten untereinander und mit den Verhaltensdaten ist aus Tab. 19.2 zu ersehen.

Tab. 19.2: Konsistenz in der Präferenz für sofortige bzw. verzögerte Belohnung. Beziehung der aktuellen Wahlen zu Antworten im Fragebogen. In den Feldern absolute Häufigkeiten von Kindern (nach Mischel 1976).

Aktuelle Wahl	Bevorzugungen für Belohnungen, ermittelt über den Fragebogen		
	konsistent sofort	konsistent verzögert	inkonsistent
sofort, ein kleineres Stück Zucker	12	4	15
verzögert, ein größeres Stück Zucker	4	19	16

Angesichts des punktuellen Charakters solcher Wahlentscheidungen, den dabei auftretenden zufälligen Momenten und situativen Faktoren muss die Korrelation mit den Fragen, für die gleichfalls nur eine geringe Reliabilität unterstellt werden kann, bereits als bemerkenswert angesehen werden. Es scheint nachgerade aussichtslos, solch singuläre Ereignisse, die außerordentlich fehlerbehaftet sein dürften (s. Epstein, 1979, auf dessen wertvollen Beitrag unter 26 näher eingegangen wird), zum Ausgangspunkt eines umfassenden persönlichkeitstheoretischen Systems zu machen.

Dennoch sind als Korrelate von »Delay«-Entscheidungen soziale Verantwortung, Leistungsmotivation, persönliche Anpassung, Alter und Reife, Intelligenz und Widerstand gegenüber Versuchungen gefunden worden, kurz eine »puritanische Charakterstruktur«, wie sie sich vor allem als »protestantische Ethik« bei Angehörigen der Mittel- und Oberschicht findet (s. Mischel, 1974, S. 253). Der Gegenpol ist durch Impulsivität (hier bestehen Verbindungen zu kognitiven Stilen als eine andere Variante möglicher Steuerungssysteme, s. 19.3) und Orientierung mehr an der Gegenwart als der Zukunft sowie Indizes von geringerer sozialer und kognitiver Kompetenz gekennzeichnet. In Bezug auf Kontrollüberzeugungen sind die berichteten Zusammenhänge widersprüchlich (Walls & Smith, 1970; Bialer, 1961; Zytkoskee, Strickland & Watson, 1971).

Die Zusammenhänge mit dem IQ sind gemäß der o. a. Definition von Jones und Gerard (1967) sowie derjenigen von Mischel, Shoda und Peake (1988, S. 694) zu erwarten, in denen von Delay-Entscheidungen als »capacity« bzw. »ability (gestützt auf) »cognitive and social competencies and meta-cognitive insight« gesprochen wird. Funder (1998) verweist aber auf den Umstand, dass Korrelationen von Belohnungsaufschub mit dem IQ nur dann zu beobachten sind, wenn die Bekräftigungen einen eher geringen Wert aufweisen. Im Falle höherer Wertigkeiten der Bekräftigungen (und nicht Kindern als den Versuchsteilnehmern) bestünden hingegen Beziehungen zu *Ich-Kontrolle* und Ego Resiliency (was so viel bedeutet wie Spannkraft und ein Anpassungs-Konzept darstellt).

In einer der wenigen multivariaten Untersuchungen verrechnete Macbeth (1974) die Entscheidungen in 25 Wahlsituationen (z. B. »85 Cents today or 1,5 Dollar in two weeks«) von ungefährer Gleichwertigkeit zu einem Gesamtscore für »direct choices«. Die Wahlen wurden schriftlich abgegeben, wiesen aber insofern Realitätsnähe auf, als ein den Versuchspersonen zunächst nicht bekanntes Item eine tatsächliche Konsequenz gemäß der getroffenen Wahlen nach sich ziehen sollte. Darüber hinaus wurden als Maß für Delay of Gratification der psychoanalytischen Tradition gemäß die Bewegungsantworten im Rorschach herangezogen, da postuliert worden ist, dass ein Aufschub motorischer Impulse zu entsprechenden Vorstellungen und Fantasien führen müsse. Außerdem wurden eine »Planning Self-Rating-Scale« und mehrere Fragebögen zu »self-control«, »impulsion« und »deliberation« vorgegeben. Schließlich mussten die Versuchspersonen Zeitstrecken schätzen und den Porteus-Labyrinth-Test bearbeiten. Im Unterschied zu anderen Studien, die sich vorwiegend auf Kinder stützen, fungierten hier Erwachsene als Versuchspersonen (N zwischen 68 und 109), allerdings ausschließlich Studenten, womit hinsichtlich des untersuchten Merkmals wohl extreme Homogenität vorlag. Die Delay-Entscheidungen korrelierten mit der individuellen Zukunftsorientierung (planning, $r = .17$), Impulsivität (-.25), Bedachtsamkeit (.26) und dem Porteus-TQ-Maß (.29). Die von der Autorin im Titel ihres Aufsatzes provokativ gestellte Frage, ob Delay of Gratification ein Trait sei oder nicht, wird aufgrund der Resultate in dem Sinne beantwortet, dass es sich dabei offensichtlich um ein »multidimensionales Konstrukt« handele. Dafür scheint allerdings die starke Situations- und Materialspezifität der Itemformulierungen verantwortlich zu sein (»Halber Apfel heute oder ein ganzer morgen?«), denn mit mehr allgemeinen Trendfragen (z. B. »Haben Sie mehr Spaß an Sachen, auf die Sie länger warten und für die Sie mehr planen müssen?«, »Verstehen Sie sich mehr auf das Sparen oder das Ausgeben von Geld?«, »Stimmen Sie mit der Lebensphilosophie überein: ›Iss, trink und sei glücklich, denn morgen können wir alle tot sein!‹«) konnten Ray und Najman (1985) eine Skala von 12 Items mit befriedigender interner Konsistenz erstellen, d. h., bei geeigneter Erfassung scheint auch eine breitere Generalisierung von Belohnungsaufschub gegeben zu sein.

In die gleiche Richtung weisen die Resultate von Utz (1979), die dieser mit einer Skala von 20 Items erhalten hat (Beispiele: »Ich finde es besser, von der Hand in den Mund zu leben, als längerfristig auf etwas zu sparen« oder »Wenn ich gern etwas haben möchte, fällt es mir schwer, längere Zeit darauf zu warten«). Die interne Konsistenz belief sich auf .79. Ungeachtet dieser durchaus befriedigenden Reliabilität fanden Eid, Klusemann und Schwenkmezger (1996) für eine Teilmenge von 8 Items Hinweise auf eine Binnenstruktur im Sinne der Item-Polung, nämlich »Verzichtbereitschaft für längerfristige Ziele« und »Bedeutung kurzfristiger Wunscherfüllung«. Beide Faktoren korrelierten zum Teil unterschiedlich mit Intentionalitätsmaßen zum Sonnenschutz.

c) Situative und kognitive Faktoren

Mischel selbst hat den Begriff »Trait« im Hinblick auf Selbststeuerung und »Delay of Gratification« vermieden und stattdessen die Situationsspezifität des Bekräftigungsaufschubes herausgestellt sowie auf die Interaktionen äußerer Faktoren mit Personenvariablen bei dessen Entstehung hingewiesen. Dabei konnte etwa in Untersuchungen zur Erfolgserwartung in leistungsthematischen Aufgaben gezeigt werden, dass präexperimentell bestehende interindividuelle Unterschiede in der Erfolgserwartung gegenüber Variationen der Versuchsbedingungen völlig in den Hintergrund traten, die entscheidenden Faktoren für Delay-Wahlen somit eher in den spezifischen Erfahrungen zu suchen waren, die während des Experimentes gemacht wurden. Lediglich in solchen Fällen, wo die situativen Reize schwach oder mehrdeutig waren, beeinflussten allgemeine Erwartungen das Wahlverhalten in bedeutsamer Weise (Mischel, 1974, S. 257/58).

Als eine wesentliche Größe für die individuellen Entscheidungen zwischen »wenig/sofort und viel/später« erwiesen sich entsprechend agierende Modelle oder Vorbilder. Um dieses zu demonstrieren, bildeten Bandura und Mischel (1965) in Vorversuchen zunächst Extremgruppen von Kindern mit »Immediate«- bzw. »Delay«-Verhalten. Während einer Treatmentphase beobachteten sodann die Probanden, wie Erwachsene eine Reihe von Entscheidungen nach dem Delay-of-Gratification-Paradigma zu treffen hatten. Die Modelle zeigten konsistent ein Verhalten, das dem der Kinder diametral entgegengesetzt war; sie begleiteten ihre Entscheidungen zudem mit Kommentaren und Begründungen. Im unmittelbaren Anschluss daran und noch einmal einen Monat später mussten die Kinder in jeweils etwas verändertem Situationskontext analoge Entscheidungen vornehmen. Für die Beobachtung von Modellen mit systematischen »Immediate«-Wahlen sind die Ergebnisse in der nachfolgenden Abbildung (s. Abb. 19.5) zusammengestellt.

Wie ersichtlich, wird über Beobachtungslernen das eigene Entscheidungsverhalten wesentlich beeinflusst, und zwar auch dann, wenn das Vorbild nur in »symbolischer« Form vorliegt (Textversion angeblich erfolgter Wahlen). In analoger Weise waren auch Delay-Wahlen bei ursprünglich »immediate« bevorzugenden Versuchspersonen hervorzurufen (s. auch Yates, 1974).

In der Zusammenschau solcher und ähnlicher Anordnungen ergibt sich, dass als Determinanten von Aufschub-Entscheidungen vor allem die Wertigkeit der hinausgeschobenen Belohnung eine Rolle spielt (s. auch Crooks, 1977) und die Erwartung, dass sie tatsächlich erhaltbar sein wird. Von daher kommt dem Vertrauen der Versuchspersonen eine große Be-

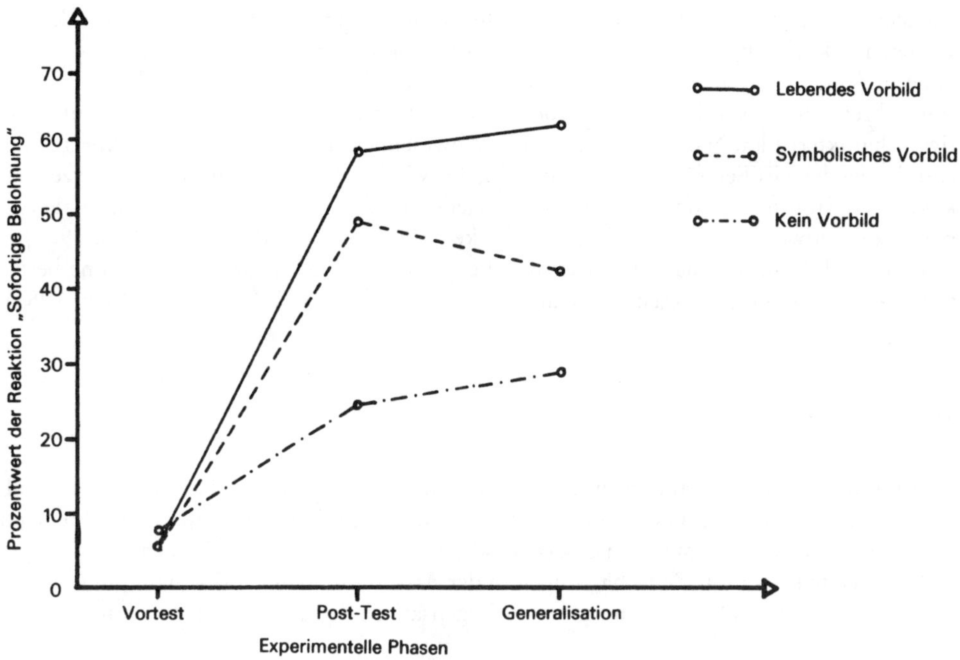

Abb. 19.5: Phasen eines Experimentes zur Beeinflussung des Entscheidungsverhaltens (nach Bandura & Mischel, 1965).

deutung zu, das wiederum abhängt von den in der Vergangenheit gemachten Erfahrungen in Bezug auf das Einhalten von Versprechen durch andere (s. Price-Williams & Ramirez, 1974; Weller & Berkowitz, 1975) und den erhaltenen Bekräftigungen für planvolles, zielgerichtetes Verhalten. Darüber hinaus kommen Intelligenz und Schulleistung (Weller, 1977; Le Sure, 1977), individuelle Leistungsmotiviertheit, das Alter und die Reihenfolge von Modellen (Kroh-Püschel & Wender, 1978) ebenso in Betracht wie der emotionale Gehalt von Erfahrungen, die unmittelbar vor dem Wahlverhalten gemacht werden (zusammenfassend Mischel, 1974, S. 261; zum letzteren Punkt s. auch Moore, Clyburn & Underwood, 1976; Schwarz & Pollack, 1977). Anscheinend hängen Delay-Entscheidungen auch davon ab, inwieweit die Versuchspersonen der Tendenz zu einer Reaktion im Sinne sozialer Erwünschtheit folgen; jedenfalls zeigten die 8- bis 13-jährigen Versuchspersonen von Granzberg (1977) dann einen längeren Bekräftigungsaufschub, wenn ihre Entscheidungen vor den Augen ihrer Klassenkameraden und nicht nur denen des Versuchsleiters erfolgten.

Mischel (1974) hat in einem Zwei-Stufen-Modell des Belohnungsaufschubes von den Determinanten der Wahl, wie sie eben aufgeführt wurden, jene Faktoren abgehoben, die es dem Einzelnen ermöglichen, im Falle einer Verzögerungs-Entscheidung die Wartezeit zu überbrücken. Dafür kommen hauptsächlich kognitive Prozesse in Betracht. Wie eine ganze Reihe von Experimenten ergab, ist bei selbst auferlegter Frustration, also verzögerter Belohnung, eine gedankliche Beschäftigung mit den Bekräftigungen dem längeren Warten gerade abträglich. Dieser Befund steht im Gegensatz zu psychoanalytischer Lehrmeinung, derzufolge die vorstellungsmäßige Vergegenwärtigung von Triebzielen eine halluzinatorische Ersatzbe-

friedigung darstellen kann. Vielmehr ist es hilfreich, kognitiv oder motorisch von den erwarteten Bekräftigungen abzulenken, im Detail nicht an deren »konsumatorische« Merkmale zu denken, was nur zu stärkerem motivationalem Arousal und damit höherer Frustration führen würde, sondern mehr an deren »nicht-konsumatorische« (abstrakte, informative) Charakteristika. Nicht Gegenwart oder Abwesenheit der präferierten Objekte sind die entscheidenden Größen für die Überbrückung der Wartezeit, sondern die daran ansetzenden kognitiven Transformationen, die ihrerseits wiederum mehr situative als dispositionale Abhängigkeit aufweisen sollen (s. Mischel & Baker, 1975; Moore, Mischel & Zeiss, 1976).
Eine von Puhlheim, Karman und Seidenstücker (1978) veröffentlichte Untersuchung bestätigte diese Konzeption weitgehend (s. auch Toner & Smith, 1977; Karniol & Miller, 1983).

19.3.2 Würdigung

Im Unterschied zu anderen Persönlichkeitskonstrukten stützt sich die Forschung innerhalb von »Delay of Gratification« ganz überwiegend auf Stichproben von Kindern. Anscheinend gelingen hier die vorgenommenen Operationalisierungen besser als bei Erwachsenen: Delay-Wahlen zeigten etwa mit Zeitschätzungen in der Arbeit von Rozek, Wessman und Gorman (1977) konvergente Validität, und zwar im Gegensatz zu den Beobachtungen von Macbeth (1974).
Deshalb ist weiterhin die Frage offen, welche Anteile an interindividuellen Differenzen im Bekräftigungsaufschub in verschiedenen Aufgaben durch eine simultane Überlagerung in Gestalt von Entwicklungs- und Reifeunterschieden erklärt werden müssen.
Ein weiteres Problem besteht insofern, als praktisch nur ein Verhaltenskriterium, auch wenn dieses der Summenwert aus mehreren gleichartigen Wahlen sein mag, die Grundlage der Theorie darstellt. Bei einer solchen Spezifität aber sind von vornherein die Aussichten begrenzt, korrelative Zusammenhänge mit (anderen) Dispositionen nachzuweisen. Solche Beziehungen und auch interkulturelle Differenzen (s. Price-Williams & Ramirez, 1974) sind dennoch gefunden worden. Ein Teil der als »situativ« wirkenden Faktoren kann auch im Sinne von Antezedenzfaktoren für überdauernde Veränderungen interpretiert werden, etwa Erziehungsstile der Eltern (Weller & Berkowitz, 1975), die Erfahrungen im Umgang mit Modellen und Personen, das entwickelte Vertrauen und dergl. Die hohe Situationsabhängigkeit von Delay of Gratification nicht in Abrede gestellt, darf damit doch wohl von einem, wenngleich sehr spezifischen »Trait« gesprochen werden, der mit den jeweils realisierten experimentellen Kontextbedingungen in Interaktion zu stehen scheint.
Das Argument von der Spezifität des Traits lenkt den Blick auf die zum Fähigkeits- oder Kompetenz-Konzept alternative Auffassung von Funder und Block (1989), wonach es sich bei einer sofortigen oder verzögerten Entscheidung nur um eine von vielen behavioralen Manifestationen des Konstruktes der *Ich-Kontrolle* handele, das vom Pol der Unterkontrolle bis zu jenem von Überkontrolle reiche. Zwar erscheinen Personen mit verzögerten Entscheidungen häufiger als die klügeren und besser angepassten, doch ist andererseits auch unverkennbar, dass sie sozusagen unfähig sind, die Ich-Kontrolle zu vermeiden, sie sich also überkontrolliert und unnötig gehemmt verhalten. Auch sei damit eine Umkehrung der Kausalität verbunden: Nicht die Delay-Entscheidungen würden zu den mit der Hemmung motivationaler Impulse oftmals einhergehenden negativen Konsequenzen im kognitiven, affektiven und Verhaltensbereich führen (s. dazu Polivy, 1998), sondern es gelte dann:»Some of those who tend toward the overcontrol of motivational impulse may already have problems« (Funder, 1998, S. 212).

Angesichts der Vielzahl vorliegender Untersuchungen verwundert der Umstand, dass praktische Prüfungen der Reliabilität des Verhaltenskriteriums fehlen – anscheinend zwangsläufige Folge des Tatbestandes, dass sich Mischel hauptsächlich für den Nachweis der situativen Abhängigkeit des Entscheidungsverhaltens interessiert und dabei eine hohe Stabilität eher hinderlich wäre.
Verstärkt müssten in Zukunft die Begleiteffekte tatsächlicher oder nur – was den Regelfall darstellt – hypothetischer Wahlen untersucht werden. Desgleichen scheint eine Ausdifferenzierung des Entscheidungsverhaltens in mehrere vorab unterscheidbare Klassen vielversprechend, wie dies Koriat und Misan (1977) getan haben: Diesen Autoren zufolge mag etwa eine Sofort-Entscheidung rational oder motivational determiniert sein; je nach dem Vorliegen eines solchen Grundmusters bei Versuchspersonen dürften sich daraus verschiedene Konsequenzen bzw. Hypothesen in Bezug auf Korrelate ergeben.
Im Vordergrund der bisherigen Arbeiten hat vorwiegend der selbst auferlegte Belohnungsaufschub gestanden. Die dabei beobachteten Prozesse sind nur teilweise identisch mit von außen aufgezwungenen Verzögerungen (s. Miller & Karniol, 1976). Dies gilt vermutlich ebenfalls, wenn »Delay of Gratification« mit dem bislang noch kaum untersuchten »Delay of Punishment« direkt verglichen würde.

Fragen zu Kapitel 19:

1. Welchen Standpunkt bezieht der Behaviorismus oder Neobehaviorismus gegenüber der Persönlichkeitspsychologie?
2. Welche Grundannahmen charakterisieren die Soziale Lerntheorie von Rotter?
3. Was charakterisiert externale gegenüber internalen Kontrollüberzeugungen?
4. Schildern Sie den theoretischen Hintergrund, die Messverfahren, antezedente Faktoren und Korrelate von interpersonalem Vertrauen!
5. Schildern Sie den theoretischen Hintergrund, die Messverfahren, antezedente Faktoren und Korrelate von Belohnungsaufschub!

20 Kognitive Persönlichkeitskonstrukte

20.1 Gemeinsamkeiten kognitiver Ansätze

Wie erinnerlich, war unter Kapitel 19 für die dort erörterten verhaltenstheoretischen Konstrukte als ein wesentliches Charakteristikum der Versuch bezeichnet worden, die Steuerung und Veränderung jeglichen Verhaltens durch Lernprozesse (z. B. klassische und instrumentelle Konditionierung) zu erklären. In der liberalen Ausgestaltung und Fortentwicklung behavioristischen Gedankengutes, wie sie sich etwa bei Rotter oder Mischel findet, zählen zu Verhalten nicht nur die offenen Reaktionen von Muskeln, Drüsen und dergleichen, sondern auch die verschiedenen Formen inneren Verhaltens wie Motive und Emotionen, Vorstellungen und Gedanken. Die Konzeptualisierung solcher Größen als Verbindungsglieder zwischen Stimuli und Responses in der »black box« des Organismus war zweckmäßig, weil die Annahme etwa einer Vergegenwärtigung von bestimmten, physisch nicht präsenten Objekten oder diejenige eines Vertrauens in deren späteren Erhalt die Ergebnisse von Experimenten zum Belohnungsaufschub zu interpretieren half. Weiterhin erklärten Konstrukte wie generalisierte Erwartungen hinsichtlich des Eintretens spezifischer Ereignisse wesentliche Anteile der Personen- und Interaktionsvarianz in verschiedenen Anordnungen (s. oben: Kapitel 19). Ganz allgemein hatte man damit die naive Vorstellung, die Stimuli der Umgebung träfen jeweils auf »leere« Organismen, aufgegeben zugunsten der Auffassung, dass die physikalisch-objektiven Situationsparameter der Außenwelt eine subjektive Repräsentation im »Inneren« erführen. Maßgeblich für den Umstand, ob gegebene Situationen vom Einzelnen als für ihn wichtig oder belanglos kategorisiert werden, ist eine Reihe von kognitiven Personenvariablen, die Mischel (1973) wie folgt gruppiert:

(1) Kognitive und Verhaltenstendenzen
(2) Kodierungsstrategien und persönliche Konstrukte
(3) Erwartungen über Verhaltens- und Stimulusfolgen (Erfolge)
(4) Subjektive Stimuluswerte
(5) Selbstregulierende Systeme und Pläne

»Die Verhaltenstheorie Mischels hat durch die Aufnahme solcher kognitivistischen Züge von dem Stimulus-Response-Mechanismus zurückgefunden . . . U. a. bedeutet dieser theoretische Wandel, daß man der Person wieder eine gewisse ›Freiheit‹ zusprechen kann ... Allein die Möglichkeit der kognitiven Umformung der Bedingungen, soweit die intellektuellen Kompetenzen sie erlauben, ist Grund genug für die Annahme einer relativen Freiheit« (Bergius, 1977, S. 819–820, 821–822).

Dieses klarzustellen ist wichtig; trotz der Berücksichtigung kognitiver Elemente und der damit vorgeblich erreichten »Humanisierung« des Persönlichkeitsbegriffes kommt deswegen den erwähnten spezifischen Ausgestaltungen der Verhaltenstheorien noch kein prinzipiell anderer Status zu. Die Bezeichnung »kognitive Persönlichkeitstheorie« als Oberbegriff für die nachfolgend zu besprechenden Auffassungen ist vielmehr reserviert für eine Gruppe von gänzlich anderen Konzepten, die sich in mehrfacher Hinsicht von den kognitiven Verhaltenstheorien unterscheiden.

Ihr wesentliches Kennzeichen besteht darin, die *Persönlichkeit als informationenverarbeitendes dynamisches System* zu verstehen.

Anlass zu einer solchen Betrachtungsweise waren einerseits die bald erkennbaren Unzulänglichkeiten von S-R-Theorien, insbesondere die Vernachlässigung der individualtypischen Perzeption und Gestaltung der Außenwelt; erst Bowers (1973) musste feststellen, dass Situationen ebenso gut eine Funktion der Person sind, wie das Verhalten der Person eine Funktion der Situation ist. Andererseits gingen Impulse vom raschen Fortschritt der Computertechnologie aus, die eine Simulation menschlicher Denkabläufe möglich macht und darüber Einsichten in die Strukturen und Prozesse des Psychischen zu liefern verspricht (s. dazu Loehlin, 1968; Suedfeld, 1971; Ückert & Rhenius, 1979).

Als Folge der zunehmenden Orientierung an der Computerlogik sowie der intensiveren Beachtung von Prozessen der Strukturbildung wird das Attribut »kognitiv« mehr und mehr gleichgesetzt mit der Aufnahme und Verarbeitung von Information: »Kognitiv sind danach alle Prozesse, die dem Individuum Informationen über die Umwelt liefern (Wahrnehmung) oder die die Speicherung (Konzeptualisierung, Kategorisierung, Gedächtnisorganisation) und Transformation der Erfahrung, wie z. B. sprachliche Kodierung, betreffen« (Köstlin-Gloger, 1974, S. 20).

An diesen »klassischen« Bereichen von Wahrnehmung und Gedächtnis, Sprache und Denken setzen die kognitiven Persönlichkeitstheorien an. Im Unterschied zur allgemeinpsychologischen Tradition, darin inhaltliche Aspekte zu untersuchen, kommt es ihnen jedoch auf die *formalen* Besonderheiten und die interindividuellen Varianten der Informationsverarbeitung an – nicht was oder wie viel verarbeitet wird, sondern auf welche individualtypische Weise, in welchem »Stil« dieses geschieht, steht im Vordergrund des Interesses.

Diese »Stile« bilden eine von mehreren Klassen sog. kognitiver Kontrollen (Gardner et al., 1959), mit deren Hilfe eine allgemeine Bewältigung von Anforderungen der Umwelt geleistet wird; Synonyma sind etwa »Denkstile«, »Denktypen«, »Conceptual Styles«, »Strategien der Begriffsbildung«, »kognitive Strategien« oder auch »Coping Styles« (zur Terminologie und Abgrenzung s. Kagan & Kagan, 1970).

Als eine Art Oberbegriff ist demgegenüber jener der »kognitiven Struktur« zu verstehen. Er steht für »eine Vielzahl psychologischer Konstrukte und Alltagsbegriffe, mit denen man aus der Masse menschlicher Lern- und Denkvorgänge bestimmte Einheiten herauszugreifen sucht, z. B. komplexe Wahrnehmungsvorgänge, Problemlösungen auf der Handlungsebene, Vorstellungen, Begriffe. . .« (Seiler, 1979, S. 27) oder, wie es an anderer Stelle heißt: ». . . können wir jetzt den Begriff der kognitiven Struktur definieren als relativ überdauerndes, in sich geschlossenes und interferenz-resistentes Tätigkeits- oder Reaktionsmuster eines Organismus, das seiner erkennenden Umweltbewältigung dient, das selber durch Differenzierung und Integration schon vorhandener Strukturen entwickelt wurde, und von ihm nach Bedarf aktiviert werden kann« (Seiler, 1979, S. 29).

Letztlich handelt es sich sowohl bei den Stilen als auch den Strukturen um nichts anderes als Persönlichkeitsmerkmale, deskriptive Konstrukte, die die »individuum-spezifische, stabile und situationsübergreifend wirksame Art (. . .) der Informationsverarbeitung betreffen« (Köstlin-Gloger, 1978, S. 52). Nach Tiedemann (1984) beschreiben Stile die für das Individuum bevorzugte Form der Informationsverarbeitung; sie sind im Unterschied zu den auf die intellektuellen und motorischen Leistungen ausgerichteten Kompetenz-Konstrukte als Präferenz-Konstrukte konzipiert. Eine systematische Unterscheidung zwischen Fähigkeiten und

Stilen nimmt Messick (1984) anhand von sieben Kriterien vor, wobei er zwischen die Extrem-Varianten noch zusätzlich die »Zwitter-Konstrukte« von »stilistischen Fähigkeiten« und »kognitiven Kontrollen« platziert (s. Abb. 20.1).
Unterschiede gegenüber den zahlreichen anderen in diesem Buch besprochenen Variablen bestehen in zweierlei Hinsicht: Einzelne der Strukturmerkmale beanspruchen

(1) eine »Legierung« oder Kombination motivationaler, affektiver und kognitiver Vorgänge in einer Variable abzubilden (s. dazu Heckhausen, 1966, S. 106),
(2) weniger statische als mehr dynamische Aspekte zu erfassen.

Insbesondere der Punkt (2) verspricht eine wesentliche Bereicherung an Erkenntnissen, werden damit doch Hoffnungen geweckt, sich den Prozessen (gar den Ursachen?) zu nähern, die mit dem Zustandekommen interindividueller Differenzen in den (End-) Produkten der intellektuellen Leistungen verbunden sind, wie sie am Beispiel von Intelligenz und Kreativität bereits ausführlich geschildert wurden. Insofern führt die Beschäftigung mit kognitiven Theorien gewissermaßen zu Intelligenz und Kreativität zurück und leitet über zu den im nächsten Teil besprochenen Ursachen und Begleitvariablen.
Es gehört mit zum allgemeinen Charakteristikum kognitiver Persönlichkeitstheorien, dass darin an Unterschieden der Wahrnehmungs- und Denkleistungen angeknüpft und sodann versucht wird, deren Generalität über verschiedene kognitive Bereiche nachzuweisen, schließlich Verhaltenskorrelate im nichtintellektuellen Bereich aufzuzeigen. Persönlichkeit beruht sozusagen »auf den für das betreffende Individuum spezifischen kognitiven Strukturen und Struktursystemen, die es im Laufe seiner Lebensgeschichte aufgrund innerer und äußerer Einflüsse und Gesetzlichkeiten entwickelt hat. Kognitiven Persönlichkeitstheorien ... ist gemeinsam, daß sie Persönlichkeit als das Insgesamt aller kognitiven Struktursysteme eines

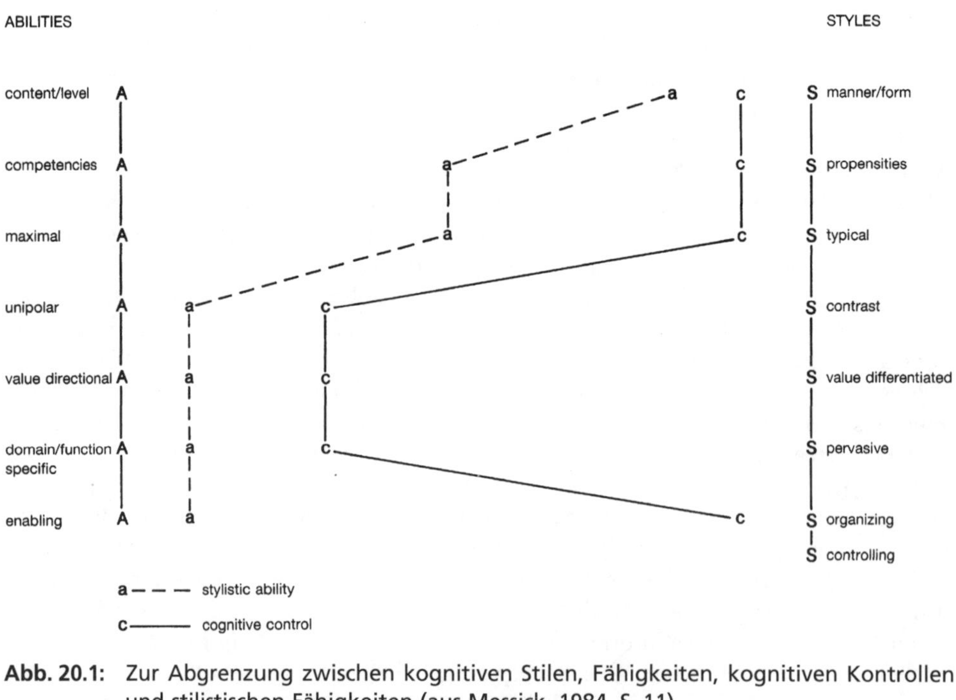

Abb. 20.1: Zur Abgrenzung zwischen kognitiven Stilen, Fähigkeiten, kognitiven Kontrollen und stilistischen Fähigkeiten (aus Messick, 1984, S. 11).

Individuum setzen« (Seiler, 1979, S. 43–44). Der Terminus »Struktur« hebt dabei nicht auf dimensionale Implikationen ab (etwa eine faktorenanalytisch in zwei Stichproben von Ober- und Volksschülern gefundene unterschiedliche »Struktur« der Interkorrelationsmatrix), sondern bezeichnet letztlich den Differenzierungsgrad der Informationsverarbeitung, wie er auf *einem* Kontinuum abbildbar ist. Wie Seiler (1973, S. 31–35) deutlich gemacht hat, stellt »Differenziertheit« einen weiteren wesentlichen Gesichtspunkt in kognitiven Stiltheorien dar, wenngleich sich gerade dieser Gesichtspunkt eher zufällig ergeben zu haben scheint.
Schon aus Platzgründen kann der nachfolgende Überblick nur äußerst knapp ausfallen. Auch einzelne Mängel der theoretischen Abgrenzung und Präzision auf der einen, Unzulänglichkeiten vorgenommener Operationalisierungen auf der anderen Seite gebieten eine gewisse Zurückhaltung bei der Darstellung. Da diese Probleme trotz der unterschiedlichen Grundpositionen doch in groben Zügen vergleichbar sind, soll exemplarisch einer der fraglichen Theorien (Feldabhängigkeit sensu Witkin) etwas mehr Raum eingeräumt werden, da diese nachgerade Pate gestanden hat für das heute entwickelte Konzept Kognitiver Stile (Petzold, 1985); ansonsten muss eine stichwortartige Schilderung genügen, um den Leser wenigstens mit den jeweiligen Begriffen und Rahmengedanken vertraut zu machen.

20.2 Feldabhängigkeit/Feldunabhängigkeit

20.2.1 Entwicklung der Theorie

Die Forschungsarbeiten zum Konstrukt der Feldabhängigkeit/-unabhängigkeit von Witkin et al. (1954, 1972) sind besonders zahlreich. Bereits Mitte der Siebzigerjahre wiesen die einschlägigen Bibliografien ca. 2 000 Titel auf (Witkin, Cox & Friedman, 1976); inzwischen ist deren Zahl weiter gestiegen. Im Zuge dieser Akkumulierung von experimentellem und empirischem Befundmaterial hat das Konzept bedeutsame inhaltliche Veränderungen erfahren.
Ursprünglich verstand die Gruppe um Witkin darunter lediglich die relative Bedeutung vestibulärer und somästhetischer Empfindungen gegenüber visuellen Sinneseindrücken bei dem Versuch, die Senkrechte im Raum zu bestimmen. Grundlage dafür sind mehrere Tests, die durch ihre spezifische Gestaltung einen Konflikt zwischen den Informationen aus den verschiedenen Sinneskanälen hervorrufen. Je nach Verarbeitung der inkompatiblen »Cues« kommt es zu mehr oder weniger markanten Beurteilungsfehlern: In einem verdunkelten Raum soll etwa ein schräg gestellter Leuchtstab in einem gekippten, quadratischen Leuchtrahmen (s. Abb. 20.2 (a)) von der Versuchsperson, die zusätzlich in einem seitlich verschieden stark abgekippten Stuhl sitzt, senkrecht gestellt werden (Rod-and-Frame-Test, RFT). In dem Ausmaß, in dem es der Versuchsperson gelingt, den Wahrnehmungskonflikt zugunsten der vestibulären Informationen zu lösen, wird sich die Justierung des Leuchtstabes der Gravitationsvertikalen annähern. Ein hohes Fertigkeitsniveau in diesem Sinne, das nur erreichbar ist durch Absehung von den Reizen des visuellen Feldes, galt als ein Indikator der Feldunabhängigkeit.
Ein anderes Verfahren sieht ein Zimmer vor, das als Ganzes nach rechts oder links gekippt werden kann, und zwar unabhängig von den ebenfalls variierbaren Winkeln des Stuhles, auf dem die Versuchsperson sitzt. Je nach Instruktion besteht die Aufgabe darin, entweder den Stuhl oder den Raum in die Senkrechte zu bringen (Body-Adjustment-Test, BAT bzw. Til-

(a)

(b)

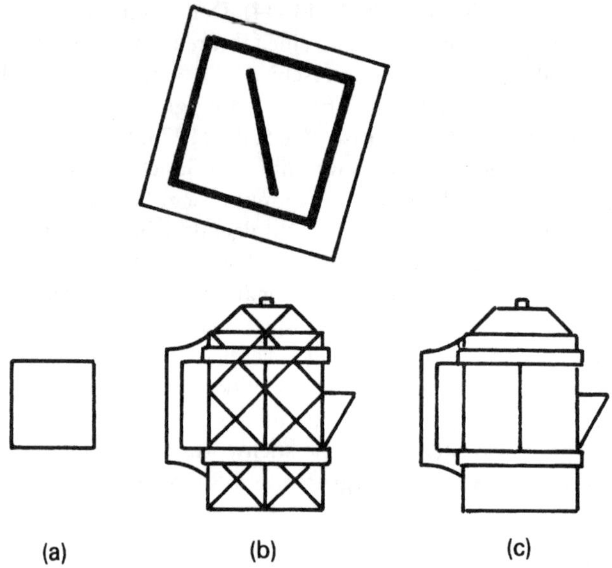

Abb. 20.2 (a) und (b): Zu (a): Rod and Frame. Anordnung, wie sie von den Versuchspersonen im Dunkelraum wahrgenommen wird.
Zu (b): Prototyp einer Aufgabe des Embedded Figures Tests. Die Aufgabe besteht darin, das Quadrat unter (a) in der Kaffeekanne (b) wiederzufinden. In (c) ist die Lösung verdeutlicht.

ting-Room-Tilting-Chair-Test, TRTC). Schließlich kann diese Anordnung auch noch in karussellartige Bewegungen versetzt werden (Rotating-Room-Test, RRT, s. Witkin et al., 1954, 1972).

Die individuellen Punktwerte in jedem dieser Verfahren waren zeitlich hinreichend stabil (s. Witkin et al., 1962). Die Interkorrelationen zwischen den aus den einzelnen Durchgängen für jeden Raumorientierungstest gebildeten Indexwerten betrugen r = .64 ss (RFT/TRTC), r = –.25 ns (RFT/RRT) und r = –.51 ss (RRT/TRTC) für männliche Versuchspersonen. Für weibliche lagen sie in vergleichbarer Höhe (s. Witkin et al., 1954, S. 66).

Soweit stellte Feldabhängigkeit als die Summe der Leistungen in den geschilderten Aufgaben lediglich die relative Dominanz visueller Empfindungen gegenüber somästhetischen und vestibulären dar.

Ein *zweites Stadium* in der Entwicklung des Konzeptes ist durch die Hinzunahme des Embedded Figures Test (EFT) in die Batterie von Wahrnehmungsaufgaben gekennzeichnet (s. Witkin et al., 1954, 1972). Dabei handelt es sich um Items nach dem Muster der Gottschaldt-Aufgaben, bei denen in einer komplexen Wahrnehmungsvorlage mit zahlreichen Strichen und Schattierungen eine einfachere Figur identifiziert werden muss (Abb. 20.2. (b) mit der Veranschaulichung des Prinzips). Gemessen wird die Lösungszeit für die Bearbeitung einer ganzen Serie. An einer Stichprobe von N=46 Männern korrelierte der EFT mit den Indexmaßen der Raumorientierungstests zu .64 (RFT), .60 (TRTC) und .66 (RRT); die Korrelationen für eine praktisch gleich große Stichprobe von Frauen betrugen .21, .51 und .46. In einer gemeinsamen Faktorenanalyse verschiedener Raumorientierungsprüfungen, der Wechsler-Subskalen und weiterer intelligenztestartiger Aufgaben schien neben zwei Faktoren, die als »Verbal Comprehension« und »Attention Concentration« interpretiert wurden, eine weitere Dimension auf, die durch Ladungen von RTF-Maßen (.74 und .69), TRTC (.43), EFT (.69), aber auch WISC-Bilder-Ergänzen (.52), Mosaik-Test (.50) und Figuren-Legen (.33) markiert wurde (Stichprobe: 10-jährige Kinder; bei einer Gruppe Zwölfjähriger waren die Gegebenheiten ähnlich).

Aus der Addition von Maßen des RFT, TRTC und EFT wurde ein sog. »Perceptual Index« (PI) gebildet, der wiederum für das Konstrukt »Feldabhängigkeit« steht. Dessen Bedeutung hat sich allerdings gegenüber der anfänglichen Version insofern geändert, als darunter – ausgehend von den Anforderungen des EFT und dem Umstand, dass bei dessen Bearbeitung die Beteiligung vestibulärer Informationen unwahrscheinlich ist – allgemeiner die Fähigkeit verstanden wird, Items aus einem Kontext herauszulösen, in dem sie eingebettet sind.

Zugleich wird Feldabhängigkeit im geschilderten Sinne als ein Aspekt eines allgemeinen kognitiven Stiles begriffen, der neben Wahrnehmung auch intellektuelle Leistungen sowie neurophysiologische Funktionen umfasst und zwischen den Polen »differenziert/analytisch« und »global« variiert. Differenzierung bedeutet nach Witkin, Dyk, Faterson und Goodenough (1962, S. 9–10) Spezialisierung und Funktionssteuerung, Separierung verschiedener psychologischer Bereiche wie Fühlen und Wahrnehmen, Denken und Handeln. Differenzierung erlaubt spezifische anstelle diffuser Reaktionen auf spezifische Stimuli, weiterhin die Abhebung einzelner Wahrnehmungsdetails von ihrem Hintergrund, mit dem sie im Falle geringer Differenzierung verschmolzen sind, schließlich die Kanalisierung und Kontrolle von Impulsen im Unterschied zu ihrer bloßen »Ausschüttung« (zum aktuellen Stand des Differenzierungskonzeptes s. Witkin, Goodenough & Oltman, 1979).

Zuletzt hat der Begriff der Feldabhängigkeit eine weitere Verallgemeinerung erfahren:

»The dimension reflects the degree to which people function autonomously of the world around them. People at one extreme of the dimension are likely to have internal frames of reference available to them that they use in articulating incoming information. People located at this extreme are said to be *field independent*. People at the opposite extreme are likely to use external frames of reference and are less active in processing incoming information. They are said to be *field dependent* (Goodenough, 1978, S. 165).

Vermutlich wird die Berechtigung für die abermalige Bedeutungserweiterung von »Feldabhängigkeit« aus den Resultaten der zahlreichen Begleituntersuchungen abgeleitet. Dort konnte etwa beobachtet werden, dass Feldabhängige mehr als Feldunabhängige zu undifferenzierten Abwehrmechanismen tendieren, in TAT-Geschichten Aggressionen direkt und unkontrolliert ausdrücken, über weniger Träume berichten und eine stärkere Beeinflussung im autokinetischen Versuch zeigen. Begriffsbildungsexperimente lieferten Anhaltspunkte dafür, dass feldunabhängige Versuchspersonen mehr eine hypothesentestende, feldabhängige dagegen mehr eine intuitive Methode bevorzugten. Weiterhin fanden sich Korrelationen zum Fahrverhalten im Straßenverkehr und den Unfallhäufigkeiten, dem verbalen Verhalten in verschiedenen sozialen Situationen und dergleichen. Schließlich hat sich auch eine unterschiedliche Studien- und Berufswahl sichern lassen: Feldunabhängige neigen stärker zu Fächern wie Physik, Mathematik, Kunst, Experimentelle Psychologie, Ingenieurwissenschaften und Architektur, hingegen Feldabhängige mehr zu Sozialarbeit, Klinischer Psychologie und Lehre in der Grundschule.

Dieser Ausschnitt aus der Fülle des Befundmaterials kann hier genügen; in Bezug auf Details, darunter auch die Berücksichtigung pathologischer Varianten und interkultureller Vergleiche, sei auf systematische Sammeldarstellungen verwiesen (Karp, 1977; Goodenough, 1978; s. auch O'Connor & Blowers, 1980; Lopez, Clark & Winer, 1979).

20.2.2 Kritik und Würdigung

Die zuletzt gegebene stichwortartige Erwähnung einiger Forschungsresultate muss eine Antwort auf die Frage dringlich erscheinen lassen, ob nicht zumindest ein Teil der Befunde durch bereits bekannte Konstrukte der Persönlichkeitsforschung, wie z. B. Intelligenz, seine Erklärung findet. Diesen Fall vorausgesetzt, wäre allerdings zweifelhaft, ob es sich bei Feldabhängigkeit wirklich um einen kognitiven Stil im behaupteten Sinne handelt.

Ausgehend von den z. T. hohen Korrelationen des Perceptual Index mit verbaler und sprachfreier Intelligenz gelangt Zigler (1963) zu der entschiedenen Überzeugung, dass es sich bei Feldabhängigkeit lediglich um ein Maß für nichtverbale fluide Intelligenz handele (s. auch Vernon, 1969; Case & Globerson, 1974). Maßgeblich für eine solche Bewertung ist weiterhin die Beobachtung, dass in der Untersuchung von Witkin et al. (1962) nicht nur der Perceptual Index, der allein als Maß der Differenziertheit gilt, sondern auch der »Verbal Index« (praktisch die sprachlichen Subskalen des Wechsler-Tests) mit einer Reihe von Drittvariablen (z. B. »Cognitive Clarity«, »Rorschach-Percept Analysis«) in Beziehung stand. Mit einer solchen Auffassung von Feldunabhängigkeit bzw. Differenzierung als »g« wären im Übrigen unschwer die Geschlechterunterschiede zu vereinbaren (größere Feldunabhängigkeit der Männer), da männliche Probanden gewöhnlich in sprachfreien Verfahren den weiblichen überlegen sind (s. oben: 12.2.2 b).

Nachgerade unverständlich ist deshalb, warum die Schule um Witkin sich nicht nachhaltig um eine experimentelle oder statistische Kontrolle von »g« oder anderen Intelligenzmaßen als mögliche Einflussgrößen bemüht. Auch in den jüngeren und oben erwähnten Sammelreferaten fehlt jeder Hinweis auf dieses Problemfeld. Immerhin wird zugestanden (Goodenough, 1978, S. 182), dass eine umfassende multivariate Analyse unter gleichzeitiger Berücksichtigung von apparativen und Paper-and-Pencil Tests noch aussteht; Musahl (1976) hat in simultanen Faktorenanalysen von RFT-, Leistungs- und Persönlichkeitsfaktoren keinen gemeinsamen Faktor gefunden. Der außerordentlich sorgfältigen Erörterung von Missler (1986) zufolge besteht denn auch das Feldabhängigkeits-/unabhängigkeits-Kontinuum aus zwei verschiedenen Dimensionen. Jeder der Pole habe adaptiven Wert; ob es zur Manifestation von feldabhängigem oder feldunabhängigem Verhalten komme, hänge vom situativen Kontext ab. Eine der wenigen Untersuchungen, in der Intelligenz durch Herauspartialisierung kontrolliert und weiterhin ein eigenständiger Beitrag von Feldabhängigkeit gesichert werden konnte, ist diejenige von Minard und Mooney (1969; weniger überzeugend: Satterly, 1979).

Brody (1972, S. 121) bemängelt, dass das Konstrukt der Differenzierung zu vage sei, um die Grenzen seiner Anwendung genauer festlegen zu können; es bereite Schwierigkeiten, Situationen zu definieren, in denen Differenzierung zum Tragen komme oder nicht. Damit aber werde es unmöglich, die Theorie zu falsifizieren. Als besonders kritisch müsse das Faktum gelten, dass einzelnen Untersuchungen zufolge die Leistungen in Wahrnehmungsaufgaben ähnlich denjenigen des PI entgegen der Erwartung *nicht* mit Anagramm-Versuchen korrelierten; das Prinzip des Herauslösens aus einem Kontext spiele aber gerade beim Umstellen von Wörtern und Buchstaben eine zentrale Rolle. Zigler (1963) spricht deshalb vom PI nur als einem Maß der »Spatial Decontextualization«.

Spätestens in diesem Zusammenhang muss auch auf die hohe formale und korrelative Ähnlichkeit des EFT-Witkins mit Thurstones Raumfaktor »Flexibility of Closure« verwiesen werden (s. dazu Goodenough & Karp, 1961). Insgesamt ist deshalb der Standpunkt vertretbar, Witkin habe gar keine neue Persönlichkeitsdimension nachgewiesen, sondern in Form der apparativen Tests lediglich neue Operationalisierungen für eine bekannte Verhaltensdimension vorgenommen (in diesem Sinne Schulte, 1974). Eine solche Auffassung liegt

deshalb nahe, weil in den neueren Untersuchungen aus Ökonomiegründen die Feldabhängigkeit häufig allein mit dem EFT gemessen, durch diesen Test also definiert wurde.
In seiner vernichtenden Kritik stellt Schulte (1974) zudem fest, dass der Anspruch Feldabhängigkeit/Feldunabhängigkeit dynamisch als einen ›Funktionsfaktor‹ zu interpretieren, der nicht Auskunft über Eigenschaften oder Leistungsfähigkeit gibt, sondern über bestimmte perzeptiv-kognitive Prozesse ..., spekulativ bleibe« (S. 207), da eine solche Interpretation nicht durch theorieangemessene Methoden überprüft worden sei. Dafür bedürfe es vermehrt experimenteller Bedingungsanalysen. Schulte hat deshalb u. a. den RFT mit einer »Objektiv-« und einer »Phänomenal-Instruktion« vorgegeben. Die Testleistungen waren weitgehend abhängig von der Vorgehensweise der N=32 Versuchspersonen:

»Beim RFT erweist sich ein möglichst kognitives, beim EFT – zumindest bei leichten Aufgaben – ein möglichst anschauliches Vorgehen als günstig. Die große Varianz der Testergebnisse hat ... nichts mit ›Wahrnehmung‹ zu tun, sondern ist bedingt durch den behindernden Einfluß verunsichernder Faktoren auf den kognitiven Lösungsweg ... Schließlich konnte nachgewiesen werden, daß der Zusammenhang zwischen den Leistungen in den ›Feldabhängigkeitstests‹ und der Persönlichkeitsvariable ›Angst‹ nicht als Hinweis auf ein tieferliegendes Persönlichkeitsmerkmal (›Differenziertheit‹) angesehen werden kann, sondern nur zeigt, daß ängstliche Versuchspersonen durch ungünstige Bedingungen stärker verunsichert werden als nichtängstliche Versuchspersonen« (Schulte, 1974, S. 208/209).

Aufgrund der geschilderten und weiterer Gesichtspunkte sieht auch Tiedemann (1984) in Bezug auf Feldabhängigkeit allenfalls eine Kompetenz-, nicht aber die für kognitive Stile vorgeblich charakteristische Präferenz-Komponente bestätigt (s. auch Tiedemann, 1996).
Da schließlich der Einfluss motivationaler Komponenten fraglich ist (s. Köstlin-Gloger, 1978, S. 58/59), bleibt an Witkins Theorie hauptsächlich ihr heuristischer Wert: Eine Vielzahl von Untersuchungen, namentlich solche zum Zusammenhang intellektueller Variable mit Persönlichkeitsmerkmalen im engeren Sinne, und die daraus gezogenen Erkenntnisse wären ohne das Konzept der Feldabhängigkeit zweifellos nicht möglich gewesen.

20.3 Reflexivität/Impulsivität; analytischer vs. funktionaler Stil

Von der Forschergruppe um Kagan (1965; Kagan, Moss & Sigel, 1963) stammt der Anstoß zur Untersuchung und Abgrenzung des kognitiven Stiles »Reflexivität/Impulsivität« (R-I). Dabei handelt es sich um eine Dimension, entlang derer die »konsistente Tendenz eines Kindes, in Problemsituationen mit hoher Antwortsicherheit langsame oder schnelle Entscheidungen aufzuweisen« (Kagan, 1965), abgebildet werden kann.
Typischerweise werden zur Erfassung von R-I Aufgaben vorgegeben, bei denen aus einer Reihe von bildlichen Vorlagen, die sich nur in Kleindetails voneinander unterscheiden, dasjenige Element herausgefunden werden muss, welches mit einem ebenfalls dargebotenen Standardreiz als einziges in allen Einzelheiten übereinstimmt. Abbildung 20.3 veranschaulicht dieses Prinzip anhand eines Übungsitems aus dem nahezu ausschließlich verwendeten »Matching Familiar Figures Test« (MFF-T; zu den psychometrischen Qualitäten von Original-und Parallelform s. Egeland & Weinberg, 1976).
Um das Individuum zu kennzeichnen, werden gewöhnlich die leicht negativ interkorrelierenden Variablen Lösungszeit (Reaktionszeit bis zur ersten Antwort) und Fehlerzahlen auf der Grundlage der Werte einer Personenstichprobe dichotomisiert; die (relativ) reaktionsschnellen und fehlerreichen Probanden gelten als impulsiv, die langsam aber fehlerarm vor-

Abb. 20.3: Stichprobenbeispiel aus dem Matching Familiar Figures Test zur Bestimmung von Reflexivität und Impulsivität bei Kindern im schulpflichtigen Alter. Hier entspricht keiner der Vergleichsreize dem Standardreiz.

gehenden als reflexiv. Auf die Probleme, die mit einem solchen Vorgehen verbunden sind (typologische Betrachtung eines dimensionalen Konzeptes, Verlust an Information, Berücksichtigung nur von ca. einem Drittel der Probanden, extreme Stichprobenabhängigkeit der Klassifikation und Ähnliches) kann hier nur verwiesen werden.
Auf die Generalität von R-I wird aus den mäßigen bis hohen Korrelationen des MFF-T zu zwei weiteren Verfahren geschlossen, die ebenfalls zur Messung des Konstruktes herangezogen werden (s. Kagan et al., 1964): Sowohl bei dem »Delayed Recall Test« (DRT) als auch dem »Haptic Visual Matching Test« (HVMT) werden die geometrisch-optischen bzw. die nur taktil erfassbaren dreidimensionalen Standardreize nach einer gewissen Zeit der Exposition weggenommen; aus den im Anschluss daran dargebotenen Vergleichsreizen muss die richtige Lösung unter Zuhilfenahme der Erinnerung an den Standard gefunden werden.
Mehrere Untersuchungen lassen eine korrelative Beziehung von R-I zu einem anderen Stil erkennen, den Kagan, Moss und Sigel (1963) als »Analytic vs. Relational Conceptual Style« bezeichnen (Kagan, 1965, 1966; Sigel et al., 1967). Zu dessen Erfassung bilden nicht Wahrnehmungsitems, sondern begriffliche Kategorisierungsaufgaben die Grundlage. Den Versuchspersonen werden drei Elemente (Wörter, Ereignisse, Objekte und dergl.) zusammen mit der Frage vorgegeben, worin sich zwei davon einander ähnlich seien. Die Antworten lassen sich in solche gruppieren, die vorwiegend analytische, am Äußeren und der Struktur orientierte Kategorien, oder solche der Funktion erkennen lassen. Kinder mit einer Präferenz für analytische Konzepte zeigen häufig längere Reaktionszeiten bei der Abgabe ihrer Lösungen als Probanden mit funktionalem, globalem Stil; unter diesem Gesichtspunkt besteht eine vordergründige Ähnlichkeit zu R-I. Zwar liegt es nahe, daraus auf eine umfassende und grundlegende motivationale Reaktionstendenz der Persönlichkeit im Sinne von vorsichtigem, zurückhaltendem Abwägen hier, schnellem Urteilen ohne langes Überlegen dort zu schließen. Da eine solche Generalisierungsfähigkeit andererseits erst zu beweisen ist, geht Seiler (1973, S. 34) davon aus, dass »eine analytische Versuchsperson deswegen länger zögert, weil sie über mehr alternative Reaktionsweisen verfügt und deswegen für den Ent-

scheidungsprozeß mehr Zeit benötigt«. Stellt man den Versuchspersonen per Instruktion anheim, mehr Zeit zu beanspruchen, wächst tatsächlich die relative Zahl analytischer Lösungen (Kagan et al., 1963), ohne dass umgekehrt bei präexperimentell bereits analytisch vorgehenden Kindern durch die Aufforderung zu schnelleren Reaktionszeiten die analytischen Kategorien Einbußen erleiden würden.

Über die verschiedenen Korrelate von R-I zu anderen Persönlichkeitsmerkmalen, dem Problemlösen, der Aufmerksamkeitszuwendung, dem moralischen Verhalten, sozialer Schicht, Alter, Körperbau und dergl. berichtet Messer (1976) in seinem Sammelreferat (s. auch Köstlin-Gloger, 1978, 1979). Es mag deshalb an dieser Stelle genügen, auf die positiven Beziehungen von Reflexivität zu Feldunabhängigkeit zu verweisen – und besonders auf jene zu Intelligenz: In der Untersuchung von Hall und Russel (1974) korrelierten die Reaktionszeiten des MFF-T mit solchen des sprachfreien Raven-Test in einer Höhe von r=.54. Brannigan, Ash und Margolis (1980) berichten über positive Korrelationen von Reflexivität zu Skalen des Wechsler-Tests (Ausnahmen: Verbales Verständnis und Wortschatz), Genser, Häfele und Häfele (1978) über Zusammenhänge mit Primärfaktoren der Intelligenz. Für Tiedemann (1983, S. 71) stellt deshalb der MFF-T »keine Operationalisierung eines kognitiven Stils dar (. . .), sondern einen klassischen Leistungstest (. . .), der mithin eindeutig dem Fähigkeitskonzept verbunden ist« – nicht aber einem Präferenzkonzept, wie es für kognitive Stile zu fordern wäre.

Auch im Hinblick auf die Übereinstimmungen mit Schulleistungsmaßen stellt sich deshalb ähnlich wie im Fall der Feldabhängigkeit die Frage, ob hier nicht nur ein sprachfreier Intelligenzfaktor (etwa Thurstones p in höherem Komplexitätsgrad?) mit neuem Namen belegt wird. Nicht vergessen werden darf auch das Faktum, dass die Studien bislang fast ausschließlich an Kindern durchgeführt wurden, bei denen mit einer Überlagerung der Effekte durch entwicklungsbedingte Differenzen und damit eine artifizielle Überhöhung der Korrelation gerechnet werden muss (zu den wenigen Ausnahmen s. Kendall, Hook, Rymer & Finch, 1980, deren Beitrag auch in theoretischer Hinsicht bedeutungsvoll ist, sowie Glow, Lange, Glow & Barnett, 1983, die an ca. 20-jährigen Versuchspersonen nur sehr niedrige Korrelationen von RI- zu Fragebogen-Maßen für Impulsivität fanden).

Zelniker und Jeffrey (1976, s. auch Zelniker, Bentler & Reunau, 1977) führen die R-I-Differenzen auf Unterschiede der Informationsverarbeitung zurück, wobei die Reflexiven mehr eine Strategie des Details, die Impulsiven mehr eine solche der Globalanalyse bevorzugen sollen.

Sehr nahe gelegt wird ein solcher Schluss aus begleitenden Forschungen zum Prozesscharakter von R-I, zugleich ein Bereich, in dem der Stand der entsprechenden Erkenntnisse etwa beim Konstrukt Feldabhängigkeit deutlich übertroffen werden konnte: Durch Kontrolle der Augenbewegungen während des Problemlöseverhaltens war festzustellen, dass die Reflexiven mehr Informationen über die Reizvorlagen sammeln, d. h. schnellere und häufigere Augenbewegungen bei systematischem Fixieren von Vergleichsreizen und dem Standard zeigen und damit zu einer höheren Zahl von Vergleichen gelangen (Drake, 1970; Wagner & Cimiotti, 1975; Cegalis & Ursino, 1979, fanden demgegenüber eine niedrigere Wiedererkennungsschwelle bei Impulsiven relativ zu Reflexiven).

Gerade die erwähnte Strategie ist jedoch nur bei solchen Typen oder Schwierigkeitsgraden von Aufgaben besonders effizient, die eine Berücksichtigung von Kleindetails unumgänglich machen. Fanden Bush und Dweck (1975), dass Reflexive sich im Unterschied zu Impulsiven flexibel an die Erfordernisse der jeweiligen Aufgaben anpassen, so lassen auch die Ergebnisse von Grimm und Meyer (1976) eine unterschiedliche Situationsangemessenheit der beiden Extremvarianten erkennen: Mit zunehmender Aufgabenschwierigkeit bleibt nur bei den Impulsiven (nicht aber den Reflexiven) die Reaktionszeit relativ invariant, was fast not-

wendigerweise zu einer Zunahme der Fehlerrate führen muss. Bei leichten Aufgaben waren zwischen R und I hingegen keine wesentlichen Unterschiede in den Fehlerhäufigkeiten zu beobachten. Insofern ist der Nachweis von Differenzen in der Informationsverarbeitung abhängig von der Itemschwierigkeit – erneuter Fall einer Wechselwirkung zwischen Persönlichkeits- und Kontextvariablen (mehr darüber s. Teil 25.2).
Ähnlich der Feldabhängigkeit spricht auch die entwicklungsbedingte Zunahme an Reflexivität bzw. analytischem Stil für eine Interpretation der Dimension als Abstufungen unterschiedlichen Differenzierungsgrades.
Die Altersabhängigkeit von Reaktionszeit und Fehlerhäufigkeit, die unterschiedliche Reliabilität dieser beiden Variablen und vor allem ihr je spezifisches Interkorrelationsmuster mit Drittvariablen bilden im Übrigen für Köstlin-Gloger (1978) die Grundlage für den schwierigen Versuch, die kognitiven Stile R-I und Feldabhängigkeit von Fähigkeit abzuheben. Dafür wird im Anschluss an Messer (1976) ein Zweikomponenten-Modell vorgeschlagen, in dem Fähigkeiten notwendige, nicht aber hinreichende Voraussetzungen für Stile darstellen. Kognitive Fähigkeiten wären danach als Entwicklungsvoraussetzungen für kognitive Stile anzusehen. Letztlich liefe das auf einen Zusammenhang zwischen Fähigkeiten und Stilen hinaus, wie er zwischen Intelligenz und Kreativität mehrfach gefunden wurde (s. Abb. 13.3) – doch steht diese Prüfung bislang ebenso noch aus wie die Kreuzvalidierung multivariater Ansätze.

20.4 Kognitive Steuerung und Kontrolle

Bedeutsame Beiträge zur Kognitiven Persönlichkeitstheorie resultieren aus dem Bemühen, psychoanalytische Vorstellungen über den Aufbau der Person in die Termini von Reiz-Reaktions-Beziehungen zu transformieren und dadurch einer empirischen Bearbeitung zugänglich zu machen. Kennzeichnend für diese Ansätze ist die dem Ich als Sitz des Selbsterhaltungstriebes zugeschriebene zentrale Rolle bei der Anpassung an die Erfordernisse der Umwelt. Das Ich übt die Realitätsprüfung aus; dazu gehört die Kontrolle über Wahrnehmung und Motilität sowie die Verteilung der in den Vorstellungsbildern gebundenen Energie. Letztlich ist das Ich die Instanz, der nicht nur die Kanalisation der aus dem Es stammenden Libido obliegt, sondern auch die Regulierung der aus dem eigenen Triebreservoir kommenden Motive zur Selbsterhaltung. Bei der schwierigen Aufgabe, die besagten Regungen untereinander und mit den Anforderungen der Außenwelt in Einklang zu bringen, bedient sich das Ich verschiedener Hilfsmittel. Je nachdem, ob die Lösung eines Konfliktes oder die Erbringung einer Anpassungsleistung im Vordergrund steht, handelt es sich dabei um Abwehr- bzw. Steuerungsstrukturen (zu den Details s. Rapaport, 1951, 1957, 1959).
Klein und Schlesinger (1949) sowie Gardner, Jackson und Messick (1959, 1960; s. auch die Darstellung bei Graumann, 1966) beschreiben neben Feldabhängigkeit fünf weitere faktorenanalytisch gesicherte Strukturen, Dimensionen oder Prinzipien kognitiver Steuerung, die nachfolgend kurz wiedergegeben werden:

Leveling/Sharpening (Nivellierung/Pointierung)
Dedifferenzierung eines kognitiven Feldes vs. Differenzierung; Angleichung oder Assimilation neuer Stimuli an die vorhandenen Strukturen oder Organisationsformen; geringe Strukturierung des Reizfeldes vs. Akzentuierung der Neuartigkeit von Reizen, Betonung von Details und Besonderheiten, Reaktion auf graduelle Veränderungen.

Operationalisierung: Schätzung der Größe und Klassifizierung von Unterschieden bei einfachen geometrischen Vorlagen; Gewichtschätzungen im Sukzessivvergleich unter willentlicher Ausschaltung (= Assimilationsverweigerung) eines zwischengeschalteten kinästhetischen Störreizes.

Scanning/Nonscanning (Fokussierung)
Breite Ausrichtung der Aufmerksamkeit auf alle Details des Wahrnehmungsfeldes vs. Einengung auf wenige Gesichtspunkte.
Operationalisierung: Die Größe von Scheiben, die jeweils in die Hand der Versuchsperson gelegt werden, muss im Simultanvergleich auf einem Wandschirm eingestellt werden (Wahrnehmungsaspekt); Sortieren von Bildern unterschiedlichen Inhalts nach dem emotionalen Gehalt in drei Kategorien (»like«, »dislike«, »no feeling«; emotionaler Aspekt). Die Zahl der Bilder in der indifferenten Kategorie bildet den Punktwert für Fokussierung als Ausdruck der Vermeidung von affektiven Empfindungen.

Equivalence-Range (Äquivalenzumfang und konzeptuelle Differenzierung)
Feine vs. grobe Reiz- und Urteilskategorisierung.
Operationalisierung: Sortieraufgaben; Größen-Konstanz-Prüfungen.

Tolerance for unrealistic experience (Toleranz gegenüber unrealistischen Erfahrungen)
Ausmaß, in dem eine Prüfung der Realität ein rigides Festhalten an bereits bekannten Qualitäten erfordert; Akzeptieren von Erfahrungen oder Eindrücken trotz des Wissens um deren fehlende Grundlage in der Realität.
Operationalisierung: Scheinbewegungen bei tachistoskopischen Darbietungen und Wahrnehmungsverzerrungen durch aniseokonische Linsen bei voller Information über das Prinzip der Versuche.

Constricted vs. flexible control (Koartierte vs. flexible Steuerung)
Störanfälligkeit vs. Bewältigung von starken, aber irrelevanten Reizen; differenziertes Reagieren auf verschiedene Aspekte der Anforderungen unter Hintanstellung gewohnter, aber situativ unangemessener Verhaltenstendenzen.
Operationalisierung: Stroop-Farb-Wort-Test.

Aus der Kombination dieser und weiterer Steuerungsprinzipien ergeben sich nach Klein (s. Gardner et al., 1959, S. 115) die kognitiven Stile, die damit ein höheres Organisationsniveau aufweisen sollen: »Gegenüber den Steuerungsprinzipien ist Stil also genereller, komplexer und vor allem individueller« (Graumann, 1966, S. 1047).
Die Forschung hat sich jedoch, was die oben angeführten Steuerungsprinzipien angeht, kaum auf dem Integrationsniveau der Stile bewegt bei dem Versuch, Verhaltenskorrelate nachzuweisen. Dieses scheint für Leveling/Sharpening von relativem Erfolg gewesen zu sein (Beziehungen zu Gedächtnisorganisation und verschiedenen Lernversuchen; nur niedrige Korrelationen gegenüber allgemeiner Intelligenz, s. Satterly, 1979). Hinsichtlich der Fokussierung sind vor allem die Experimente zur Kontrolle der Augenbewegungen zu nennen. Eine besonders intensive Beschäftigung fand mit der Dimension »koartierte/flexible Steuerung« statt, die als »Interferenzneigung« besser bekannt sein dürfte (s. dazu Hörmann, 1960; im Weiteren auch Herrmann, 1976, S. 203–215).
Gemeinsam an den Steuerungsprinzipien ist wiederum der Tatbestand, dass sie sich auf eine allgemeine Dimension der Differenzierung zurückführen lassen.

20.5 Kognitive Komplexität

Die soziale Interaktion als Element der Auseinandersetzung mit der Umwelt steht im Vordergrund der Betrachtungen von Kelly (1955). Diesem Autor zufolge beherzigt gleichsam jeder Mitmensch in einer individualtypischen Ausgestaltung die Prinzipien der empirischen

Persönlichkeitsforschung insofern, als er – ausgehend von wahrgenommenen Ereignissen im sozialen Umfeld – zunächst Abstraktionen bildet, Interpretationen oder Hypothesen über konkrete Ereignisse und Situationen, die als Ordnungsinstrument und Prädiktoren für zukünftiges Geschehen dienen. Anhand dieser Konstruktionen werden zum einen die eingetretenen Ereignisse auf ihre Stimmigkeit, zum anderen die gebildeten Konstrukte auf ihre Brauchbarkeit geprüft und nötigenfalls modifiziert. Mithin erfährt die Wirklichkeit ihre theoretische Einbettung und Interpretation in Gestalt der persönlichen Konstrukte, denen wiederum ihre Willkürlichkeit und Unverbindlichkeit durch die ständige Kontrolle am tatsächlichen Geschehen genommen wird.

Eine Person ist kognitiv umso komplexer, je mehr persönliche Konstrukte sie zur Kategorisierung und begrifflichen Unterscheidung ihrer sozialen Umwelt benutzt. Diese Konstrukte bestehen nach Kelly aus Ähnlichkeit und Kontrast, deshalb bedarf es zu ihrer Bildung auch zumindest dreier Elemente: Nur wenn wenigstens zwei Objekte, Personen, Situationen und dergleichen vorhanden sind, besteht die Möglichkeit, gemeinsame Merkmale in beiden zu erkennen. Spezifische Bedeutung erhält die abstrahierte Gemeinsamkeit aber erst durch ihren Kontrast gegenüber einem Gegensatz oder genauer: Einem Element, das das fragliche Merkmal nur in niedriger Ausprägung aufweist. Etwa wird man das Konstrukt »Dominanz« für zwei Personen nur bilden können, wenn man bei beiden beobachtet hat, wie diese das Verhalten anderer bestimmen, nur ihre eigene Meinung gelten lassen und dergl.; die spezifische Einordnung eines solchen Verhaltens ist indessen erst dann möglich, wenn mindestens eine andere Variante in Form des Gegenpols »Submissivität« vorhanden ist.

Ausgehend von diesen Überlegungen und der Überzeugung, alle Konstrukte seien von dichotomer Natur, entwarf Kelly den »Role Construct Repertory-Test (REP-Test)«, mit dessen Hilfe ermittelt werden soll, über wie viele verschiedene Konstrukte ein Individuum bei der Kategorisierung seiner sozialen Umwelt verfügt. Aus Gründen einer gewissen Vergleichbarkeit wird mit Rollen gearbeitet (z. B. »self«, »mother«, »rejected teacher«, »ethical person« usw.). Das Verfahren liegt in zwei Versionen vor: In der *List*-Form erhält die Versuchsperson eine Reihe von Rollen mit kurzen Erläuterungen ihrer Funktion vorgegeben. Nach der Zuordnung je einer ihr bekannten Personen zu jeder Rolle bildet der Versuchsleiter Triple, zu denen die Versuchsperson die Konstrukte nach dem Prinzip der Ähnlichkeit und Kontraste bilden muss. Der Inhalt der produzierten Konstrukte und deren Zahl erlaubt Rückschlüsse auf die kognitive Struktur bzw. die wichtigsten Kategorien bei der Organisation der Wahrnehmung.

In der bekannten *Grid*-Form des Tests (s. Abb. 20.4) liegt der Versuchsperson ein Raster mit den Rollen bzw. Figuren und den zu vergleichenden Triple vor. Nach der Bildung des Konstruktes für die erste Dreiergruppe muss für alle übrigen Figuren mittels Symbolen vermerkt werden, ob für sie Ähnlichkeit oder Unähnlichkeit mit dem gebildeten Konstrukt besteht. In analoger Weise wird für alle nachfolgenden Zeilen des Gitters verfahren (Einzelheiten s. Fransella & Bannister, 1977; Adams-Webber, 1979). Kelly interessierte sich in erster Linie für den *Inhalt* der auf die beschriebene Weise ermittelten persönlichen Konstrukte, um damit psychische Störungen modifizieren zu können, die als Folge überdauernder Anwendung invalider Konstrukte verstanden werden. Im Unterschied dazu bediente sich Bieri (1961, 1966, 1971) der Methode des REP-Grids vorwiegend, um den *Grad* der individuellen kognitiven Komplexität festzustellen, wofür der Konstruktinhalt ohne Belang war. Gewöhnlich wurden die Konstruktdimensionen vom Versuchsleiter vorgegeben, um die Auswertung zu vereinfachen; diese sah teils Maße der Variabilität bei der Verwendung von Skalenstufen, teils faktorenanalytische Techniken vor. Kognitive Komplexität als Gegenpol zur Simplizität ist gleich bedeutend mit dem Differenzierungsgrad bei der Verwendung von Beurteilungsdimensionen.

○ Vom VL vorgegebene Triple
● Wahrnehmung von Ähnlichkeit durch VP
× Nominierung weiterer Personen auf Grund des jeweiligen Ähnlichkeitskriteriums

	FAMILY				INTIMATES				VALENCES				AUTHO-RITIES			VALUES				CONSTRUCTS	
	self	mother	father	brother	sister	spouse	ex-flame	pal	ex-pal	rejecting person	pitied person	threatening person	attractive person	accepted teacher	rejected teacher	boss	successful person	happy person	ethical person			
SORT NO.	1	2	3	4	5	6	7	8	9	10	11	12	13	14	15	16	17	18	19	SORT NO.	EMERGENT POLE	IMPLICIT POLE
1							×					×					●	●	○	1	Don't believe in God	Very religious
2				×	×			×						●	●	○	×			2	Same sort of education	Completely different education
3	×		×	×	×	×			×	●	○	×	●	×			×			3	Not athletic	Athletic
4		×				●	●	○					×							4	Both girls	A boy
5	×	●	●	○	×	×		×						×	×	×	×	×	×	5	Parents	Ideas different
6				×	○			×						●	×			●		6	Understand me better	Don't understand at all
7		●	×	×					○					●	×	×				7	Teach the right thing	Teach the wrong thing
8		×		×										×		●	×	×	×	8	Achieved a lot	Hasn't achieved a lot
9				×	×			×		○				×	●		×	×		9	Higher education	No education
10					●		×			●					○					10	Don't like other people	Like other people
11	×	×	×		●	×		×			○	×		×	×		×	×	●	11	More religious	Not religious
12	×	×	×	●			×	×	○	×	×	●	×	×	×	×	×	×	×	12	Believe in higher education	Not believing in too much education
13		×	×			○				×	×	●		×		×		●		13	More sociable	Not sociable
14		○				●	●						×							14	Both girls	Not girls
15		×	○			●	●						×	×	×		×	×	×	15	Both girls	Not girls
16	×	×	×	×	×			●	○				●							16	Both have high morals	Low morals
17	●			●	○	×		×		×		×	×	×	×			×	×	17	Think alike	Think differently
18				×	×										×	●	●	×	○	18	Same age	Different ages
19		●	●		×						×	○		×	×	×	×	×	×	19	Believe the same about me	Believe differently about me
20					×		×	●	●	×	×	×	○							20	Both friends	Not friends
21								×						●	●	×	×	×	×	21	More understanding	Less understanding
22	●			×		○	×	×					×		×		×		×	22	Both appreciate music	Don't understand music

Abb. 20.4: Ein Beispiel für einen vollständigen Role Construct Repertory-Test (aus Kelly, 1955, S. 270).

Mit Kellys Theorie der persönlichen Konstrukte, den Annahmen über deren Entstehung, Organisation und Veränderung sowie den schwierigen Operationalisierungsfragen haben sich Bonarius, Angleitner und John (1984) eingehend auseinander gesetzt; auf diese ausgezeichnete Analyse kann hier aus Platzgründen nur hingewiesen werden.
Eine umfassende Würdigung und kritische Aufbereitung des Konstruktes »Kognitive Komplexität« findet sich bei Mandl und Huber (1978). Speziell mit den psychometrischen Eigenschaften der Messinstrumente und den beobachteten Verhaltenskorrelaten im Bereich der Informationsverarbeitung beschäftigt sich die Sammeldarstellung von Bonarius (1965; s. auch Vannoy, 1965; Bavelas, Chan & Guthrie, 1976; Köstlin-Gloger & Rottmair, 1979; Stringer & Bannister, 1979). Mit Hilfe der kanonischen Korrelationsanalyse hat Werner (1972) Beziehungen zu traditionellen Leistungs- und Persönlichkeitsvariablen herausgearbeitet. In einer Untersuchung von Laucht und Krohne (1978) an N=75 Psychologiestudenten wies keines der drei eingesetzten REP-Test-Maße hinreichend enge Zusammenhänge mit konstruktnahen Außenkriterien auf, desgleichen stellten Köstlin-Gloger und Rottmair (1979) nur Nullkorrelationen mit Reflexivität/Impulsivität fest. Hingegen konnte etwa Heather (1979) zeigen, dass eine Stichprobe delinquenter Jugendlicher in Bezug auf einige Konstrukte wie »Violent«, »Steals«, »Will be successful in life« bei gleicher Struktur des Wertesystems eine stärkere Ausprägung in sozial-abweichenden Komponenten gegenüber einer Kontrastgruppe aufwies. Ein weiteres Beispiel für positive Befunde und von besonderem Belang für die Theorie, da hier deren Ausgangspunkt lag, ist die Beobachtung von Bieri et al. (1966), dass komplexe Individuen besser als simple das Verhalten ihnen bekannter Personen vorhersagen können; auch sind sie eher imstande, ihre eigene Persönlichkeit und deren Unterschiede zu anderen herauszuarbeiten – kognitive Komplexität: »the capacity to construe social behavior in a multi-dimensional way« (1966).

20.6 Kognitive Strukturiertheit

Im Unterschied zu Kelly und Bieri beschränken sich Harvey, Hunt und Schroder (1961; s. auch Harvey, 1963, 1966; Schroder, Driver & Streufert, 1967) bei ihrer Theorie, mit der sie die in den vorangegangenen Abschnitten dargestellten Variablen in einem System zu vereinigen suchen, nicht auf den sozialen Bereich. Vielmehr wird davon ausgegangen, dass Wahrnehmungen und Denkoperationen sowie alle bei der Informationsverarbeitung zum Tragen kommenden Funktionen, darunter auch Einstellungen und Motive, nach dem Ausmaß von Strukturiertheit klassifiziert werden können.
Strukturiertheit bezieht sich nicht auf den Inhalt, sondern die Art und Weise der Behandlung einer spezifischen Information. Die Analyse der Struktureigenschaften basiert auf den Begriffen der Differenziertheit, Diskriminiertheit und Integriertheit. Differenziertheit kann dabei etwa gleichgesetzt werden mit der Zahl von Hauptkategorien in Beurteilungsvorgängen, Diskriminiertheit mit der Binnenstruktur eben dieser Kategorien. Integration wird definiert als die Zahl der möglichen Verbindungen der einzelnen Urteilsdimensionen oder auch als die Zahl der möglichen Kombinationen aller begrifflichen Unterscheidungen und Einordnungen (zu den Details s. Seiler, 1973, S. 37–38).
Alle drei Struktureigenschaften sollen unabhängig voneinander variieren können, mit der Einschränkung, dass hohe Ausprägungen in Differenziertheit und Diskriminiertheit notwendige, aber nicht hinreichende Voraussetzungen für Integration darstellen. Die Vereini-

gung der drei Dimensionen führt zur Dimension der »Strukturiertheit« oder »Strukturierung«, verschiedentlich auch als »Konkretheit vs. Abstraktheit« bezeichnet.
Obgleich es sich bei dieser Dimension um ein Kontinuum handelt, sind doch von den Autoren häufiger vier Abschnitte daraus als besonders ausgezeichnete Integrationsniveaus herausgegriffen und näher beschrieben worden. Es handelt sich dabei, ähnlich wie bei den bereits kurz dargestellten Konzepten, um Differenzierungsstadien, die gleichermaßen längsschnittlich-entwicklungspsychologisch wie querschnittlich-differentiell zu beobachten sind. Der Einfachheit halber sind nachfolgend nur einige Stichworte zu den beiden extremen Polen zusammengestellt (nach Angleitner, 1980, S. 94/95):

»Low Complex (System 1); Sehr konkrete Konzepte, sehr bestimmte Ansichten, absolutistisch, Veränderungen werden abgelehnt. Gläubige Anhänglichkeit an Autoritätsfiguren, hohe Bewertung von eigener Gruppe und eigenem Land, Abneigung gegen Fremde, d. h. Ethnozentrismus; keine alternativen Urteilsmöglichkeiten.
High complex (System 4): Eine System 4-Person ist sehr abstrakt in ihrem konzeptuellen Funktionieren, hat klar artikulierte Ansichten, die aber bei neuen Informationen offen für Revisionen sind, sie ist flexibel und besitzt eine Art ›Relativitätstheorie‹. Ihre Beurteilung-Standards sind relativ unabhängig von externalen Kriterien und sozialen Normen. Auch gefühlsmäßig ist so eine Person relativ unabhängig und akzeptiert nicht blind vorherrschende soziale Ordnung, d. h. unabhängig, aufgabenzentriert, zeigt exploratives Verhalten, Risikobereitschaft, intrinsische Motivationen, vorherrschend hohe Toleranz für Mehrdeutigkeiten.«

In dieser Auflistung ist die große Heterogenität der für ein hohes Integrationsniveau maßgeblichen Gesichtspunkte erkennbar. Zur Klassifizierung von Merkmalsträgern entlang der postulierten Strukturiertheitsdimension sind mehrere Verfahren entwickelt worden. Das am häufigsten benutzte besteht aus einem projektiven Satzergänzungstest, bei dem die Versuchspersonen unter Zeitbegrenzung ihre Meinung in mindestens zwei Sätzen aufschreiben sollen. Die Auswertung erfolgt durch mehrere Rater nach verschiedenen Gesichtspunkten (Komplexität, Abhängigkeit, Absolutheit). Aus dem Verfahren wurde später ein Fragebogen entwickelt, auf den mit abgestufter Zustimmung/Ablehnung geantwortet wird. Außerdem wurden der REP-Test mit modifizierter Auswertung, ein Objekt-Sortier-Test und die mehrdimensionale Skalierung eingesetzt. Bei der Letzteren stellt die Zahl der resultierenden Faktoren das Maß für die Differenziertheit der Person dar. Eine Besprechung der Verfahren im Einzelnen sowie der damit gemachten Erfahrungen findet sich bei Greif und Seiler (1973).
Über die Korrelate der kognitiven Strukturiertheit hat besonders die Forschergruppe um Harvey und Schroder selbst gearbeitet. Einige deutschsprachige Untersuchungen sind in dem von Seiler (1973) herausgegebenen Buch abgedruckt. Ihnen zufolge steht kognitive Strukturiertheit u. a. mit Kreativität (r = .54) und Maßen der Intelligenz (r um .30) sowie auch einigen Persönlichkeitsskalen des Freiburger Persönlichkeitsinventars (FPI; Fahrenberg & Selg, 1970) in korrelativer Beziehung (z. B. Nervosität: –.25, Extraversion .23). Aufgrund ihrer hohen Interkorrelationen waren Integriertheit und Differenziertheit kaum voneinander zu trennen; andererseits standen die Tests für kognitive Strukturiertheit nur in mäßiger Beziehung zueinander (s. auch Bower & Anderson, 1970).
Insgesamt müssen die Gestaltung der Tests und deren psychometrische Qualitäten vor dem umfassenden Geltungsanspruch der Theorie enttäuschen. Der Satzergänzungstest bezieht sich fast ausschließlich doch wieder nur auf den sozialen Bereich. Unvereinbar mit dem theoretischen Rahmen ist zudem die »Bereichsspezifität« der kognitiven Strukturiertheit, wonach jemand beim religiösen Bereich komplex, im sozialen aber simpel, im Hinblick auf seine beruflichen Verpflichtungen komplex, hinsichtlich der familiären Belange dagegen simpel ist und dergl. (s. Seiler, 1973, S. 44).

20.7 Denkstile

Vieles spricht dafür, dass die Beforschung kognitiver Stile durch die Arbeiten von Sternberg (1994 a, b, 1996) zu »Thinking Styles« neue Impulse erhalten wird. Im Unterschied zu den oben dargestellten *kognitions*-zentrierten Konzepten, in Abhebung auch zu den Klassifikationen auf der Basis von Merkmalen der *Persönlichkeit* wie Extraversion – Introversion (Jung, 1923), analytisch vs. ganzheitlich, objektiv vs. subjektiv und emotional stabil vs. labil (Miller, 1991), versteht Sternberg seinen Ansatz als *aktivitäts*-zentriert.
Ihre herausragende Bedeutung erlangen die von ihm konzipierten Denkstile, bei denen es sich ausdrücklich um Präferenz- und nicht um Kompetenz-Unterschiede handeln soll, durch zwei Besonderheiten: Zum einen sind sie primär auf Stile des Lernens und Lehrens gerichtet. Das mag zwar gegenüber einer Reihe anderer kognitiver Stile eine gewisse Einbuße an Generalisierung(s-Anspruch) mit sich bringen, doch eröffnen sich damit wertvolle Anwendungsperspektiven, was ansonsten innerhalb der kognitiven Stile-Forschung allenfalls einen nachrangigen Faktor darstellt. Zum anderen – und der potentiellen Anwendung zusätzlich förderlich – handelt es sich bei den Methoden zur Erfassung der Denkstile nicht um spezifische Aufgaben mit experimenteller Charakteristik, sondern um Fragebogen, die in den verschiedenen Bereichen des Bildungswesens leicht einsetzbar sind. Darüber hinaus erhebt Sternberg den Anspruch einer umfassenden Integration auch der »früheren« Ansätze.
Als theoretischer Rahmen dient dabei die »Theory of Mental Self-Government« (Sternberg, 1988 d), deren Grundgedanke darin besteht, dass Menschen – ebenso wie Gesellschaften – sich selbst organisieren oder regieren und ihre kognitiven Alltags-Aktivitäten steuern müssen. Diese Theorie gilt fünf größeren Bereichen, nämlich Funktionen, Formen, Ebenen, Ausrichtung (scope) und Haltungen oder Einstellungen (leanings). Hinsichtlich jedes dieser Aspekte lassen sich stilistische Unterscheidungen vornehmen (die nachfolgende Darstellung orientiert sich z.T. an Grigorenko und Sternberg, 1996):

Funktionen: Analog dazu, wie Regierungen legislative, exekutive und judikative Funktionen ausführen, operiert auch der Intellekt. Die *legislative* Funktion beinhaltet (Er-)Schaffen, Formulieren, Vorstellen und Planen, die *exekutive* Ausführung und Handeln, die *judikative* Urteilen, Bewerten und Vergleichen. Da die zentrale Idee dahingeht, dass Personen sich charakterisieren und messen lassen in Bezug auf solche Stilmerkmale, würde demgemäß eine legislative Person ganz allgemein ihre eigenen Aktivitäten gern selbst bestimmen, ein exekutiver Mensch lieber Tätigkeiten ausüben, die durch andere vorgegeben sind und eine judikative Person vorzugsweise die Aktivitäten und Ergebnisse anderer oder diese selbst bewerten.

Formen: In Bezug auf die Regierungs-Form – und auch mentale Steuerung – sind u. a. Monarchie, Hierarchie, Oligarchie und Anarchie unterscheidbar. Bei der *monarchischen* Form überwiegt ein einzelnes Ziel oder die Art und Weise, wie Dinge erledigt werden. Demgemäß tendieren monarchische Personen dazu, sich in der verfügbaren Zeit nur auf ein Ziel oder Bedürfnis zu konzentieren. Demgegenüber erlaubt die *hierarchische* Form multiple Ziele, von denen jedes eine verschiedene Priorität aufweisen mag. Individuen mit einem solchen Stil erledigen gern mehrere Dinge zur gleichen Zeit, wobei sie die Wichtigkeit jeder einzelnen Aufgabe differenziert abstufen. Die *oligarchische* Form lässt ebenfalls Raum für multiple Ziele, von denen allerdings jedes gleich wichtig ist. Eine Person mit oligarchischem Stil tut deshalb gleichfalls vieles auf einmal, hat dabei aber gewisse Probleme, die Prioritäten zu setzen. Die *anarchische* Form schließlich ist antisystematisch. Menschen mit diesem Stil vermeiden oder scheuen Regeln, Prozeduren und formale Systeme. Als eine Konsequenz davon haben sie häufig Probleme, sich an den schulischen Betrieb anzupassen.

Ebenen: So wie Regierungen sich auf unterschiedlichen Ebenen mit den Problemen der Gesellschaft befassen müssen, verhalten sich auch die Menschen. *Lokale* Personen bevorzugen mehr Details und konkrete Belange, *globale* Individuen mehr den großen Rahmen und die Abstraktion. Während bei einer lokalen Person die Gefahr besteht, vor lauter Bäumen den Wald nicht zu sehen, mag ein globales Individuum angesichts des Waldes die ihn konstituierenden Bäume nicht mehr wahrnehmen.

Scope: Regierungen müssen sich sowohl mit internen oder heimischen als auch externen oder auswärtigen Angelegenheiten befassen. Ähnlich verhält es sich mit der mentalen Selbst-Organisation, die sich auf *internale* oder *externale* Probleme richten kann. Personen mit einem internalen Stil neigen zu Introversion, Aufgabenorientierung und Einzelgängertum; sie sind interpersonell vergleichsweise unsensitiv und arbeiten gern allein. Sie wenden ihre Intelligenz vorzugsweise auf Dinge oder Ideen losgelöst von anderen Leuten an. Externale Personen weisen entgegengesetzte Merkmale auf, arbeiten also gern mit anderen zusammen und bevorzugen Probleme, die entweder die Einbindung anderer Menschen beinhalten oder diese selbst zum Gegenstand haben.

Haltungen: Menschen können – wie Regierungen – eine mehr *liberale* oder mehr *konservative* Grundeinstellung aufweisen. Individuen mit einem liberalen Stil haben es gern, Dinge auf neuartige Weise anzugehen und Abwechslung in ihrem Leben zu erfahren; demgegenüber bevorzugen Personen mit konservativem Stil Tradition und Stabilität.

Sternberg (1996) setzt den Akzent auf die sozialisationsbedingte Ausbildung dieser Stile und deren mögliche Entwicklung sowie Variation im Laufe des Lebens. Darüber hinaus sei keiner der Denkstile im absoluten Sinne »gut« oder »schlecht«. Vielmehr gelte es, den für bestimmte Situationen jeweils »optimalen« Stil zu finden oder zu entwickeln. Letztlich handele es sich dabei um eine Art Puffer zwischen internalen Charakteristika wie Fähigkeits- und Persönlichkeitsmerkmalen auf der einen Seite und den externen Gegebenheiten auf der anderen.
Zur Erfassung der Denkstile dienen zwei Fragebogen. Der *»Mental Self-Government General Thinking Styles Questionnaire« (TSQ)* besteht aus 104 Items, und zwar je 8 Feststellungen zu jeder der 13 Stil-Skalen. Beispiele davon sind in Tabelle 20.1 aufgelistet, zusammen mit einer Kurz-Charakterisierung der Stile. Wie ersichtlich, erreichen die Reliabilitäten der Skalen zur Erfassung des oligarchischen und anarchischen Stiles keine befriedigenden Werte. Allerdings »passen« hier die Items vergleichsweise schlecht zu der Charakterisierung der beiden Stile, d. h., hier müssen in erster Linie noch weitere Konstruktionsarbeiten vorgenommen werden.
In dem anderen Fragebogen, dem *»Set of Thinking Styles Tasks for Students« (STS)*, müssen sich die Probanden bei der Bearbeitung für eine der vorgegebenen Alternativen entscheiden. Eines dieser Items lautet beispielsweise sinngemäß:
»Wenn ich Literatur bearbeite, ziehe ich es vor,
a) mir meine eigene Story zurechtzulegen *(legislativ)*,
b) den Stil und die Ideen des Autors sowie die Handlungen der Akteure zu bewerten *(judikativ)*,
c) den Rat des Lehrers und dessen Interpretationen der Positionen des Autors zu folgen *(exekutiv)*,
d) etwas anderes zu tun (bitte diese Präferenzen nachfolgend auflisten).«
Mit Hilfe der einzelnen Skalen kann somit das Denkstil-*Profil* einer Person ermittelt werden, d. h., Messung und Kategorisierung erfolgen nicht ipsativ oder wechselseitig ausschließend, sondern normativ; im Prinzip könnte zumindest im TSQ ein Proband in nahezu allen Skalen hohe oder mittlere oder niedrige Werte aufweisen.

Tab. 20.1: Denkstile und ihre Charakterisierung sowie Beispiel-Items.
In der letzten Spalte die Reliabilitätskoeffizienten der betreffenden Skalen, erhoben an einer Stichprobe von 277 Probanden (nach Sternberg, 1994, S. 38, und Grigorenko & Sternberg, 1996)

Bereich	Stil	Charakterisierung	Beispiel-Item	Cronbach-α
Funktionen	Legislativ	Erschafft, erfindet, entwirft; erledigt die Dinge auf seine/ihre eigene Art	»Mit einem Problem konfrontiert, benutze ich meine eigenen Ideen und Strategien für eine Lösung«	.81
	Exekutiv	Hat es gern, Direktiven zu befolgen, die von anderen vorgegeben sind	»Bevor ich eine Aufgabe oder ein Vorhaben angehe, versuche ich festzustellen, welche Methode oder welches Verfahren angewendet werden soll«	.83
	Judikativ	Bewertet und beurteilt gern Personen und Sachen	»Ich arbeite gern an Aufgaben, die das Analysieren, Bewerten und Vergleichen von Objekten beinhalten«	.73
Formen	Monarchisch	Erledigt gern eine Sache auf einmal, wobei darauf fast die gesamte Energie und alle Ressourcen verwendet werden	»Ich konzentriere mich gern auf eine Aufgabe«	.84
	Hierarchisch	Erledigt gern mehrere Dinge gleichzeitig, dabei die Prioritäten in Bezug auf die Abfolge und den Einsatz von Zeit und Energie selbst setzend	»Wenn ich über Ideen rede oder diese schriftlich fixiere, habe ich es gern, wenn die Probleme hinsichtlich ihrer Wichtigkeit strukturiert sind«	.81
	Oligarchisch	Erledigt gern mehrere Dinge gleichzeitig, hat aber Probleme, die Prioritäten zu setzen	»Ich bevorzuge Aufgaben, die von meinen Freunden akzeptiert und geschätzt werden«	.54
	Anarchisch	Bevorzugt das Zufallsprinzip bei der Lösung von Problemen; mag keine Systeme, Richtlinien und Einengungen	»Wenn viele wichtige Dinge anstehen, versuche ich, soviel davon zu erledigen, wie mir Zeit dafür zur Verfügung steht«	.55
Ebenen	Global	Beschäftigt sich gern mit den großen Zügen, mit Generalisierungen und Abstraktionen	»Mir liegt mehr am allgemeinen Effekt als an den Details einer Aufgabe, mit der ich zu tun habe«	.83
	Lokal	Beschäftigt sich gern mit den Details, Spezifikationen und konkreten Beispielen	»Ich sammle gern detaillierte oder spezifische Informationen über Vorhaben, an denen ich gerade arbeite«	.66
Ausrichtung	Internal	Arbeitet gern allein, ist auf das Innere zentriert; selbstgenügsam	»Ich habe Vorhaben gern, die ich unabhängig von anderen erledigen kann«	.81
	External	Arbeitet gern mit andern, ist auf Äußeres zentriert; abhängig von anderen	»Ich habe Situationen gern, in denen ich mit anderen interagiere und jeder mit anderen zusammenarbeitet«	.84
Haltung	Liberal	Hat es gern, Dinge auf neuartige Weise anzugehen; stellt Konventionen infrage	»Ich ändere gern Routinen, um die Art und Weise zu verbessern, in der Aufgaben erledigt werden«	.88
	Konservativ	Hat es gern, die DInge auf erprobte und bewährte Weise zu erledigen; folgt Konventionen	»Ich schätze Situationen, in denen ich Routinen anwenden kann«	.83

Bei einer gemeinsamen Faktorisierung von TSQ und STS fanden Grigorenko und Sternberg (1996), dass liberal und konservativ ebenso wie global und lokal die Gegenpole von je einer Dimension bilden. Die verbleibenden Stile korrelierten nicht mit Geschlecht und Intelligenz; wohl aber trugen die Denkstile zur Aufklärung des Schulerfolges bei in dem Sinne, dass damit legislativer und judikativer Stil positiv, exekutiver dagegen negativ korrelierte, und zwar unabhängig von dem Beitrag, den Intelligenz-Unterschiede bei der Varianzaufklärung leisteten. In weiteren Arbeiten (siehe Sternberg, 1994 a, b; Sternberg & Grigorenko, 1995) bearbeiteten auch Lehrer eine entsprechend adaptierte Form des Fragebogens. Dabei zeigte sich u. a., dass

- ältere Lehrer mehr exekutiv, lokal und konservativ sind als jüngere,
- sich in Abhängigkeit von dem vermittelten Fach die Denkstile unterscheiden,
- der Stil der Lehrer weithin der Ideologie ihrer Schule entspricht,
- Korrelationen zwischen dem Stil der Lehrer und ihren Schülern bestehen und
- diejenigen Schüler die besseren Noten aufwiesen, deren Stil demjenigen der Lehrer entsprach.

Namentlich die letzteren Beobachtungen sprechen dafür, dass ein hinreichendes Verstehen des Erfolges von Schülern (und vielleicht auch desjenigen von Erwachsenen im Beruf) nur möglich ist, wenn für die Aufklärung des nomologischen Netzwerkes gleichsam das Bindeglied zwischen Fähigkeits- und Persönlichkeitsmerkmalen mit herangezogen wird, eben derartige kognitive Präferenz-Unterschiede, im vorliegenden Fall also Denkstile.

20.8 Zusammenfassende Kritik

Die kognitiv orientierten Theorieansätze können nicht losgelöst von den Verfahren diskutiert werden, die als Operationalisierung der jeweiligen Konstrukte entworfen wurden. Beim direkten Vergleich der theoretischen Aussage mit dem jeweils gewählten methodischen Zugang ist der Eindruck allerdings zwingend, dass die Gewichte höchst unterschiedlich verteilt sind und die Tests den zwangsläufig an sie gestellten Anforderungen kaum entsprechen können: Bereits im Hinblick auf das Prinzip der Verfahren entstehen gewöhnlich Zweifel, ob sich die Formatierung der Items und der Testentwurf wirklich an Hypothesen orientieren, die aus der Theorie ableitbar sind. Besonders augenfällig mag dieses im Falle der Theorie der kognitiven Komplexität sein, wo der äußerst sophistizierten Theorie ein projektives Verfahren gegenübersteht, das lediglich *irgendwelche* verbalen Äußerungen provozieren soll. Die aus der Bewertung der Aussagen angestellten Rückschlüsse könnten in vergleichbarer Weise fast ebenso gut aus Interviewdaten, Meinungsbefragungen oder gar Kurzgeschichten zu vorgegebenen Bildern erhalten werden – Theorie und Operationalisierung stehen nur in loser Verbindung zueinander.

Die Verfahren mit Leistungscharakter werden darüber hinaus allenfalls Teilbereichen *aller* Prozesse der Informationsverarbeitung gerecht; häufig handelt es sich lediglich um *einen* Aspekt der visuellen Wahrnehmung oder der verbalen Artikulation. Generalisationen über verschiedene Sinnesmodalitäten wurden allein im Falle der Interferenzneigung (s. Hörmann, 1960) systematisch untersucht. Von einer Verallgemeinerung über die einzelnen Abschnitte des Informationsverarbeitungsprozesses kann keine Rede sein. Ansonsten sind schon die Beziehungen zwischen verschiedenen Skalen zu ein und demselben Konstrukt niedrig, wohl mit ein Grund dafür, dass meist nur auf ein Verfahren zurückgegriffen wird, das dann als

Referenz für die Theorie gilt und nahezu als gleich bedeutend mit ihr verstanden wird. Die Erfahrungen mit den leider allzu oft sehr niedrigen und nicht kreuzvalidierten Validitäten müssten gerade das verbieten, stellt Seiler (1973) in Bezug auf den Satzergängzungstest zur Erfassung der kognitiven Strukturiertheit doch fest, »daß wir nicht mit Sicherheit sagen können, was die Strukturiertheittests eigentlich messen...« (S. 205). Die Beschränkung auf ein Verfahren, in der Regel das besonders ökonomische, trägt damit den Erkenntnissen zur begrenzten Generalität in keiner Weise Rechnung.

Noch fragwürdiger ist die Behauptung über den *Prozess*-Charakter der abgebildeten Unterschiede. Von wenigen Ansätzen bei Feldabhängigkeit und Reflexivität-Impulsivität abgesehen ist hier die Forschung in den Anfängen stecken geblieben. Was erarbeitet wurde, sind Traits im üblichen Sinne. Weniger deren begriffliche, wohl aber empirische Abhebung von den traditionellen Fähigkeitsfaktoren ist bislang nicht überzeugend gelungen (s. auch Köstlin-Gloger, 1974, S. 43–48). Bei vielen Stilen und Steuerungssystemen spielt Intelligenz erwiesenermaßen oder doch sehr wahrscheinlich eine wesentliche Rolle; auf jeden Fall ist ein schwerwiegendes Versäumnis der allermeisten Arbeiten darin zu erblicken, Intelligenzfaktoren nicht in dem gebotenen Maße miteinbezogen zu haben.

Überhaupt fehlt es entscheidend an theoretischen und empirischen Analysen zu den Gemeinsamkeiten und Wechselbeziehungen zwischen den einzelnen Ansätzen; wo multivariate Untersuchungen stattfanden (s. Gardner et al., 1959; Neuthard, 1973; König & Schrell, 1973), waren die Versuchspersonen- und – wichtiger noch – die Variablenstichproben zu klein und homogen. Als Folge dieses Umstandes liegen nur schüttere Anhaltspunkte über das nomologische Netzwerk vor, das die Verfahren und Verhaltenskorrelate verbinden könnte. Offen bleibt deshalb auch die Frage nach dem Einfluss von Motivationsfaktoren, die in einigen Konstrukten (RI, kognitive Strukturiertheit) anscheinend eine größere Rolle spielen als in anderen (Feldabhängigkeit, kognitive Komplexität).

Auch wenn »viel dafür spricht, ein spezifisches Konstrukt Kognitiver Stile nicht weiter aufrechtzuerhalten« (Petzold, 1985, S. 175), wäre es doch voreilig, angesichts der geschilderten Unzulänglichkeiten die erwähnten Ansätze etwa als »gescheitert«, »überholt«, »nicht weiterführend« oder dergl. zu bezeichnen. Die angemessene Strategie muss vielmehr darin bestehen, die theoretischen Vorarbeiten nutzbringend in die Konstruktion der Verfahren einzubringen, auf Leistungstests beispielsweise zu verzichten, da diese keine adäquaten Operationalisierungen für Präferenzkonzepte sind (Tiedemann, 1988), ggfs. auch das theoretische Abstraktionsniveau und das darin enthaltene »Surplus Meaning« zu reduzieren und auf ein empirisch prüfbares Format zurückzuschrauben. Auf diese Weise könnten Bausteine für das bereits einleitend zitierte Paradigma gesicherter Methoden und Befunde im Bereich kognitiver Persönlichkeitstheorien geformt werden. An der Notwendigkeit einer Weiterführung dieser Forschungen kann kein Zweifel bestehen, denn kognitive Ansätze sind es, die – wie sagte doch Bergius – der Person die Freiheit zurückbringen.

Fragen zu Kapitel 20:

1. Nennen Sie einige Gemeinsamkeiten kognitiver Persönlichkeitskonstrukte!
2. Was erscheint Ihnen am Konzept der Feldabhängigkeit/Feldunabhängigkeit problematisch?
3. Welche Denkstile unterscheidet Sternberg?

Teil V Determinanten interindividueller Unterschiede

21 Genetische Faktoren

21.1 Einführende Bemerkungen

Wenn in den vorangegangenen Kapiteln auf die Theorien und Befunde zu interindividuellen Differenzen in den verschiedenen Verhaltensbereichen eingegangen wurde, war es z. T. unumgänglich, wenigstens ein paar Worte auf deren mögliche Entstehung und Verursachung zu verwenden. So wird deutlich geworden sein, dass lerntheoretische Konzepte der Persönlichkeit wie dasjenige von Rotter (1954) stärker umweltmäßige Gesichtspunkte in den Vordergrund rücken; in der extremen Sichtweise des Behaviorismus sind die zufälligen oder systematischen Kontingenzen von Stimuli und Reaktionen, unbedingten Auslösern und Bekräftigungen die alleinige Ursache für Unterschiede im Verhalten:

»Give me a dozen healthy infants, well formed, and my own specified world to bring them up in and I'll guarantee to take any one at random and train him to be any kind of specialist I might select – regardless of his talents, penchants, tendencies, abilities, vocations, and race of his ancestors« (Watson, 1930, S. 104).

Demgegenüber müssen Theorien wie jene von Eysenck, die interindividuelle Differenzen auf neuroanatomische Systeme (Formatio reticularis und Limbisches System) zurückführen, zwangsläufig mehr genetischen Faktoren Rechnung tragen, da von vornherein eine umweltmäßige Beeinflussung solcher struktureller Merkmale, wie sie im Weiteren etwa auch bei Bezahnung, Blutgruppe, Behaarung und Körpergröße vorliegen, kaum in Betracht kommt. Schließlich ist an Vorstellungen wie diejenigen der Psychoanalyse zu denken. Nach Freuds Auffassungen stellt das Es einen Fundus angeborener Triebe dar, die sich jedoch erst im Zusammenwirken mit der Umwelt manifestieren und unter dem Einfluss des Über-Ich, das als Instanz der internalisierten Normen einer Gesellschaft gilt, sublimiert, verdrängt und verschoben werden. Erbe und Umwelt stehen danach in einem komplizierten Beziehungsgeflecht zueinander, sie bedingen sich gegenseitig – eine durchaus moderne, die einzig angemessene Betrachtungsweise.

Freilich ist eine solche These letztlich nur gleich bedeutend mit der Feststellung, dass ein Organismus überhaupt lebt, denn die Existenz eines Lebewesens in einem ansonsten nicht vorhandenen und ihn damit nicht affizierenden Lebensraum ist schlichtweg nicht vorstellbar.

Kann insoweit die globale Auffassung von einer allgemeinen Anlage/Umwelt-Interaktion als weithin akzeptiert angesehen werden, gilt es, die Details des besagten Zusammenwirkens zu präzisieren. Vereinzelt ist in diesem Zusammenhang geäußert worden, es sei letztlich uninteressant, nach der Gewichtung der einzelnen Bereichsfaktoren zu fragen, da man inzwischen wisse, dass verschiedene Merkmale sowohl genetisch als auch umweltmäßig beeinflusst würden (Merz, 1979). Auch besteht zweifellos die Gefahr zu voreiligen und ungerechtfertigten Schlussfolgerungen auf der Basis verhaltensgenetischer Forschungen, die, wie die Vergangenheit lehrt, häufig eine fragwürdige Rechtfertigung für die verschiedensten Ideologien geliefert haben.

Demgegenüber ist unstreitig, dass die Vererbungsproblematik zu außerordentlich originellen methodischen Ansätzen, einem Bestand hochsophistizierter Analysetechniken und einer Fülle aufschlussreicher Resultate geführt hat. Insgesamt konnte damit das Wissen über die Ursachen der Unterschiedlichkeit entscheidend vertieft werden. Eine ausführliche Wiedergabe der umfangreichen Literatur erübrigt sich angesichts aktueller Sammeldarstellungen (z. B. Amelang, 2000; Borkenau, 1993b), auf die in Bezug auf Details verwiesen werden muss. Andererseits ist eine ausschnitthafte Darstellung dieses Forschungsfeldes deshalb unerlässlich, weil nach der Präsentation weiteren Materials das Verständnis für einige wesentliche Konstrukte der Differentiellen Psychologie verbessert und die Ausführungen in Teil III und IV damit abgerundet werden können. Missverständnissen und Fehldeutungen muss gesondert entgegengetreten werden (s. unten 21.4.1 und 21.4.2).

21.2 Art und Ausmaß der Erbbedingtheit

Die Untersuchung der Erblichkeit von Merkmalen gliedert sich in zwei Aspekte, (a) einen qualitativen mit der Frage nach der Art der Vererbung und (b) einen quantitativen nach dem Ausmaß derselben (Knussmann, 1979).

Ad (a): Die erste Frage zielt auf die Erforschung von *Erbgängen* für solche Merkmale, die unter dem Einfluss genetischer Faktoren zu stehen scheinen; diesbezüglich werden »genetische Hypothesen« formuliert und an dem vorliegenden Material zum Verhalten einer Parental- und möglichst vieler Filial-Generationen empirisch geprüft (s. Fuller & Thompson, 1960; Merz & Stelzl, 1977). Auf diese Weise ist etwa wahrscheinlich gemacht (»bewiesen«) worden, dass die Geschmacks-»Blindheit« für Phenylthio-carbamid (PTC) durch ein einziges rezessives Gen verursacht wird, das anscheinend relativ eigenständig und unbeeinflusst durch andere Gene wirkt. Im Weiteren ist ein rezessives Gen auch für die Phenylketonurie verantwortlich, eine Krankheit, die eine Auftretenswahrscheinlichkeit von 1:10 000 aufweist und bei der es, wenn nicht beim Säugling sofort mit einer phenylalaninarmen Diät begonnen wird, zu schwerer geistiger Behinderung, Krämpfen und Ekzemen kommt.

Nicht weniger als ca. 1500 Krankheiten und Varianten beruhen in diesem Sinne auf einem Gen (s. McKusick, 1968). Davon liegen mehr als 120 auf dem X-Chromosom und sind rezessiver Natur. Dadurch kommt es nur dann zur Manifestation im Phänotypus, wenn sich auf dem anderen X-Chromosom am selben Locus ebenfalls ein »mutiertes« Gen befindet oder aber ein Ausgleich durch ein normales Allel deshalb nicht möglich ist, weil dem X- ein Y-Chromosom gegenüberliegt. Phänomene, die diesen Gesetzen gehorchen (z. B. Rot-Grün-Blindheit, Hämophilie oder progressive Muskeldystrophie), treten von daher beim männlichen Geschlecht sehr viel häufiger auf als beim weiblichen.

Ungeachtet der o. a. Zahl handelt es sich dennoch um Besonderheiten und Ausnahmen oder eindeutig qualitativ unterscheidbare Typen; die weit überwiegende Mehrzahl der anatomischen und physiologischen Merkmale ist hingegen kontinuierlich quantitativ abgestuft und abhängig von der Wirkung zugleich mehrerer Gene. Dabei wird die Analyse des Erbganges durch den Umstand erschwert, dass zum einen mehrere Gene auf ein phänotypisches Merkmal wirken können (Polygenie), zum anderen ein Gen simultan mehrere Merkmale zu beeinflussen vermag (Polyphänie).

Im Falle einiger polygen determinierter Charakteristika ist deren Auftreten selbst wieder abhängig vom Vorliegen weiterer Faktoren; sind diese nicht im Sinne notwendiger Voraussetzungen vorhanden, kann es nicht zur Ausbildung des betreffenden Merkmals kommen.

Ein Beispiel dafür ist die jeweilige Färbung der Iris, die von der Gegenwart mehrerer Faktoren abhängt. Hat ein Individuum allerdings von beiden Elternteilen den (rezessiven) Albinofaktor erhalten, wird die Färbung völlig ausfallen, ungeachtet der ansonsten vorhandenen Genkombination, deren Effekte im Falle von Albinismus völlig neutralisiert werden.
Das damit gegebene hoch differenzierte Wirkungsgefüge wird zusätzlich kompliziert durch die an verschiedenen Punkten des Entwicklungsprozesses und dessen Produkten ansetzenden Umweltfaktoren. Bislang ist es nicht gelungen, dieses multifaktorielle Netzwerk in hinlänglicher Weise aufzuklären; »die Frage nach der Vererbungsweise normaler morphologischer und psychologischer Merkmale muß deshalb mehr oder weniger unbeantwortet bleiben bzw. es läßt sich nur konstatieren, daß diese Merkmale ... Endprodukte multifaktorieller Entwicklungssysteme darstellen« (Knussmann, 1979).
Ad (b): Es bleibt der quantitative Aspekt bzw. die Frage nach dem *Ausmaß* der Erbbedingtheit von Merkmalen. Aufgrund des verfügbaren Methodenarsenals kommt dafür allein die Heranziehung der Variabilität von Merkmalsausprägungen und eine Aufgliederung derselben nach vorwiegend erblichen oder umweltmäßigen Anteilen in Betracht. Jene Merkmale sind mithin einer Analyse zugänglich, in denen sich Individuen voneinander unterscheiden. Andererseits ist für die Kennzeichen, hinsichtlich derer eine absolute oder doch fast vollständige Uniformität besteht (z. B. Zahl der Zähne und Extremitäten, Behaarung des Kopfes usw.), aufgrund ihrer Artspezifität sowieso eine genetische Verankerung anzunehmen.
Auch die besagte Zerlegung der Varianz (Details s. unten 21.4) ist keineswegs frei von vielerlei Problemen. So steht der Messfehler, der bei der Erfassung der jeweiligen Variablen unvermeidbar ist, einer vollständigen Aufklärung der Varianz entgegen. Im Weiteren und schwerwiegender gehen in die Anwendung dieser Technik eine ganze Reihe von Annahmen ein (»some discredited, some untested, and some untestable«, Elston & Boklage, 1978, S. 198), sodass allenfalls mit sehr verschiedenen Datenquellen ein gewisser Fehlerausgleich zu erhoffen ist.
Bevor darauf im Einzelnen eingegangen wird, müssen zunächst einige grundlegende Vorstellungen erläutert werden.

21.3 Allgemeine Vorstellungen über Erbe und Umwelt

Letztlich besteht das Erbgut jedes Individuums aus der Gesamtheit der im doppelten Chromosomensatz lokalisierten Information. Sprechen wir von der genetischen Determination eines Merkmals, Faktors oder Charakterzuges, so impliziert dies stets, dass dessen Manifestationen auf die Wirkung eines oder mehrerer Gene und deren Kombination untereinander zurückgeführt werden können.
Dennoch wäre es falsch, wollte man die im Genotyp enthaltene Information als fixe Größe und losgelöst von irgendwelchen Umweltwirkungen betrachten, denn die fraglichen Informationen können nur durch Stimulation vonseiten der Umwelt irgendeine Wirksamkeit entfalten und durch die spezifischen Umwelteinflüsse erst objektiviert werden. Um dafür ein oft zitiertes Beispiel zu geben: Bereits Hoge (1915) hat zeigen können, dass bei der Drosophila melanogaster ein defektes Gen, das für Schäden an den Gliedmaßen sorgt, unter bestimmten Temperaturbedingungen über Generationen hinweg vererbt werden kann, ohne dass es phänotypisch zum Auftreten der Anomalie käme. Werden dagegen zu irgendeinem Zeitpunkt reguläre Temperaturen hergestellt, treten sogleich mehr Gliedmaßen oder Teile davon auf als »serienmäßig« angelegt sind. Daraus wird deutlich, wie eine genetische Information zur Expressivität auf die Wirkung spezifischer Umweltreize angewiesen ist.

Umgekehrt ist auch die Gesamtheit von Umwelteinflüssen nicht als eine für sich existente Größe vorstellbar. Zwar ist sie in Grenzen physikalisch erfassbar, entspricht im Sinne eines Zusammenwirkens mit dem Genotyp jedoch nicht dieser »Reizmenge«, weil weitgehend der Organismus selbst darüber entscheidet, was als Stimulation in Frage kommt. Insofern besteht der Paratyp als umweltbedingter Anteil am Phänotyp nur in einer Einflussnahme auf die Realisierung der im Genotyp programmierten Möglichkeiten (Knussmann, 1979); er bestimmt lediglich innerhalb der von den Genen gesteckten Grenzen über die Ausprägung des phänotypischen Merkmales, die Reaktion des Organismus kann nur innerhalb dessen genetisch determinierter Grenzen erfolgen (Reaktionsnorm).
Kurzum: Organismus und Umwelt benötigen einander; weder das eine noch das andere ist ohne das jeweilige Pendant biologisch wirksam. Die Manifestation des Genotyps im Phänotyp geschieht im Zuge einer komplexen Wechselbeziehung.
Stellt sich der Wirkungsmechanismus im Falle einiger physiologischer Größen wie der Blutgruppe, einer Farbenblindheit oder Störungen des Lipoid-Stoffwechsels noch als relativ direkt dar, muss bei allen psychologischen Variablen von einer »Kette von Indirektheiten« ausgegangen werden, die zu der Feststellung berechtigt, dass kein psychologisches Merkmal als solches vererbt wird (Anastasi, 1966). Anlagemäßig verankert kann ein Hör- und Sehschaden sein, die Anfälligkeit für körperliche Krankheiten mit der Folgeerscheinung langwieriger gesundheitlicher Beeinträchtigung oder aber Hautfarbe, Bau und Gestalt des Körpers. Inwieweit sich aufgrund dieser primären Faktoren allerdings sekundär Störungen der Sprachentwicklung und Interaktion, intellektuelle Defizite, Minderwertigkeitsgefühle oder besondere Charakteristika wie Freundlichkeit und Hilfsbereitschaft entwickeln, hängt von der eigenen Reaktion und namentlich jener der Umwelt auf eben diese »primären« Merkmale ab.

21.4 Erblichkeitsschätzungen aufgrund von Varianzzerlegung

21.4.1 Elemente

Die in der Grundgesamtheit bzw. bei repräsentativen Stichproben bestehende Varianz eines jeden Traits kann konzeptuell in einzelne Komponenten zerlegt werden, die sich zur Gesamtvarianz addieren. Die Erblichkeit oder *Heritabilität* bemisst sich jeweils nach der Summe jener Varianzquellen (bzw. deren prozentualem Anteil an der Gesamtvarianz), die genetischen Faktoren zugeschrieben werden können. Modifiziert nach Jensen (1969) ist

$$V_P = \underbrace{(V_G + V_{AM}) + V_D + V_i}_{\text{Erbanteil}} + \underbrace{V_E}_{\text{Umweltanteil}} + 2 \cdot \mathrm{Cov}(H,E) + V_I + V_e$$

V_p = phänotypische Varianz in der Population
V_G = genische (oder additive) Varianz
V_{AM} = Varianz aufgrund von »assortative mating«, also gezielter Partnerwahl
V_D = Varianz aufgrund von Dominanzabweichung
V_i = Varianz aufgrund von Epistase, d. h. Interaktion zwischen Genen an zwei oder mehreren Loci
V_E = Umweltvarianz
$\mathrm{Cov}(H,E)$ = Kovarianz von Erbe und Umwelt
V_I = Varianz aufgrund statistischer Interaktion zwischen genetischen und Umweltfaktoren
V_e = Messfehler (durch mangelnde Zuverlässigkeit)

Die *Phänotyp-Varianz* steht für die in einem Merkmal wie Intelligenz, Extraversion oder Repression-Sensitization mit Hilfe von Test- oder Schätzverfahren ermittelte Variabilität.
Genische oder additive Varianz stellt jene Variabilität dar, die durch die interindividuell unterschiedliche Wirkung von Genen an einem oder mehreren Loci erzeugt wird, und zwar unabhängig von derjenigen des oder der Allele, mit denen die fraglichen Gene zufällig gepaart sind. Auf dem Einfluss der additiven Gene beruht weitgehend die Ähnlichkeit zwischen Eltern und Kindern. Enthielte die phänotypische Merkmalsvarianz nämlich ausschließlich V_G, wäre der Mittelwert aller Nachkommen, die von einem Elternpaar geboren werden können, genau gleich dem Durchschnittswert der Eltern, d. h., additive Gene befinden sich nicht an Loci, von wo aus ihre Wirkung rezessiv sein könnte.
Üblicherweise wird die *Varianz zu Lasten gezielter Partnerwahl* (assortative mating) mit zur additiven Komponente gerechnet, kann aber auch davon unabhängig geschätzt werden. Sie entsteht dann, wenn in der Population nicht wie im Falle von Blutgruppen und Fingerabdrücken eine zufällige, sondern eine hinsichtlich bestimmter Merkmale systematische Paarung der Partner im Sinne höherer Ähnlichkeit zwischen ihnen stattfindet. Unter 15.2.3 waren für die vom 16 PF-Cattell erfassten Persönlichkeitsmerkmale bereits einige Paar-Korrelationen mitgeteilt worden. Für allgemeine Intelligenz kann im Mittel verschiedener Gruppen von einer Korrelation von .50 zwischen den Ehepartnern ausgegangen werden (s. Spuhler, 1968; Vandenberg, 1972).
Solche Korrelationen führen dazu, dass die Kinder von Ehepaaren einander und auch den Eltern ähnlicher sind als bei zufälliger Partnerwahl zu erwarten wäre, d. h., die Varianz zwischen den Familien steigt zu Lasten derjenigen innerhalb der Familien bzw. zwischen den Familienangehörigen. Darüber hinaus muss die Varianz des jeweiligen Merkmals in der Generation der Nachkommen größer sein als in der Parental-Generation.
Ausgehend von dieser Überlegung ist etwa für das untere Ende der Intelligenzverteilung gefolgert worden, dass hier gezielte Partnerwahl auch entsprechend mehr Leute in den Bereich IQ < 75 dränge, wo aber nach den Untersuchungen von Bajema (1963, 1966) sowie Higgins, Reed und Reed (1962) die Fortpflanzungschancen geringer sind. Auf lange Sicht dürfte deshalb gezielte Partnerwahl eine eugenische Wirkung insofern ausüben, als dadurch das allgemeine Intelligenzniveau der Bevölkerung verbessert wird (Jensen, 1969, zu weiteren Details s. vor allem Jensen, 1978).
Gestützt auf eine Reihe von Untersuchungen schätzen Loehlin, Lindzey und Spuhler (1975) für allgemeine Intelligenz die Varianzanteile von additiven und Partnerwahl-Effekten auf 52% bzw. 12%, d. h., die Relation beläuft sich auf etwa 4 : 1.
In derselben Untersuchung, die allerdings keine Kovarianzen und Interaktionen zwischen Erbe und Umwelt berücksichtigt (s. auch Vernon, 1979, S. 191), wurde der Anteil zu Lasten *von Dominanzabweichung* auf 11% geschätzt.
Damit ist jene Komponente der Populationsvarianz gemeint, die in der systematischen Diskrepanz zwischen den Durchschnittswerten der Eltern in einem Merkmal und dem Mittelwert ihrer Nachkommen besteht. Verursacht wird diese Abweichung durch den Umstand, dass einige Gene rezessiver Natur sind und sich deshalb die in ihnen enthaltene Information nicht im Phänotyp manifestiert, es sei denn, ihnen liegt auf dem entsprechenden Locus im allelen Chromosom ebenfalls ein rezessives Gen gegenüber. Auf diese Weise treten nicht alle phänotypisch registrierbaren Merkmale der Eltern bei den Nachkommen auf, wie sich umgekehrt nicht alle aufseiten der Nachkommen feststellbaren Eigenschaften auch bei den Eltern finden lassen müssen. Die Grundlage für eine Schätzung der Dominanzabweichung bilden gewöhnlich Inzucht-Untersuchungen.
Auch *Epistase* erklärt einen Teil der mangelnden Übereinstimmung zwischen Parental- und Filialgenerationen, der dadurch zustande kommt, dass innerhalb des Genotyps eines Indi-

viduums Wechselwirkungen auftreten, d. h. die Wirkung von Genen an verschiedenen Loci im Hinblick auf die Ausprägung eines Merkmals nicht-additiv ausfällt.

Unter *Umweltvarianz* werden gewöhnlich alle systematischen Effekte zusammengefasst, die nicht-genetischer Herkunft sind, also biologische, soziale und kulturelle Faktoren, prä- und postnatale Einflüsse.

Die *Erbe-Umwelt-Kovarianz* ($2\ r\ HE\sqrt{V_H \times V_E}$) bezieht sich auf den Effekt, der daraus entsteht, dass verschiedene Genotypen verschiedenen Umwelteinflüssen ausgesetzt werden. Nach Plomin, De Fries und Loehlin (1977) lassen sich diesbezüglich drei Arten unterscheiden: Der *passive* Typ einer Erbe-Umwelt-Kovariation liegt dann vor, wenn Eltern ihren Kindern sowohl vorteilhafte (bzw. nachteilige) Gene wie auch günstige (bzw. ungünstige) Umweltbedingungen vermitteln. Das dürfte etwa im Falle der Intelligenz zutreffen, wo aufseiten überdurchschnittlich begabter Eltern die Wahrscheinlichkeit von null verschieden sein dürfte, dass sie zum einen ihren Kindern solche Gene vererben, die für eine höhere Ausprägung des Merkmals förderlich sind, zum anderen Umweltbedingungen realisieren, die in derselben Richtung wirken. So plausibel diese Annahme auch ist, stehen doch empirische Belege für deren Richtigkeit noch aus (Merz & Stelzl, 1977, S. 68; s. auch Plomin, De Fries & Loehlin, 1977).

Der *reaktive* Typ ist gegeben, wenn die Umwelt differentiell auf wahrgenommene Talente und Entwicklungspotenziale reagiert (die freilich immer schon Resultate vorangegangener Erbe-Umwelt-Kovariationen und -Interaktionen darstellen), etwa ein ausreichend musikalisches Kind zusätzlich angeregt, ein lernbehindertes durch Fachkräfte speziell gefördert oder die Aggressionstendenz eines Dritten gezielt gelöscht wird.

Der *aktive* Typ umfasst jene Fälle, in denen sich ein Individuum die für seine genetische Ausstattung optimal stimulierende Umwelt selbst aussucht bzw. herstellt, etwa ein hochbegabtes Kind zusätzliche Aktivitäten entfaltet, die wiederum auf seine Intelligenz positiv rückwirken.

Im konkreten Fall vorliegender Variablen oder Stichproben von Merkmalsträgern wird eine eindeutige Bestimmung nach dieser Typologie sicher kaum möglich sein, da die Erbe-Umwelt-Kovarianz in der Regel wohl einen Mischeffekt aus allen Konstellationen darstellt. Den Ergebnissen Cattells (1957) zufolge besteht darüber hinaus nicht nur eine Abhängigkeit in Richtung und Höhe der Erbe-Umwelt-Korrelation von der sozialen Erwünschtheit des Merkmals, wie oben schon an Beispielen angedeutet, sondern auch von dem Umstand, ob die Schätzung über eine Anordnung innerhalb oder zwischen den Familien erfolgt: Für sensumotorische Wachheit ergab sich eine Korrelation Erbe/Umwelt innerhalb der Familien von $r = .50$, aber eine solche von $-.80$ zwischen den Familien. Hingegen fielen die Koeffizienten bei anderen Variablen wie sozialem Konformismus und nervöser Belastbarkeit mit Werten um $-.50$ recht ähnlich aus.

Im Falle eines »reinen« Typus von aktiver Erbe-Umwelt-Kovariation, der allerdings selten vorliegen dürfte, wird man dazu tendieren können, den entsprechenden Varianzanteil der Heritabilität zuzurechnen, im Falle absoluter Abhängigkeit von externen Faktoren, wie sie allenfalls in tierexperimentellen Anordnungen vorstellbar ist, entsprechend der Umweltwirkung. Insofern kann, da die erwähnten Extreme im Humanbereich unrealistisch sind, eine Zuordnung des Terms in befriedigender Weise nicht geschehen.

Streng zu unterscheiden von der Kovarianz zwischen Erbe und Umwelt ist die *Interaktion* zwischen beiden Bereichsfaktoren, die in der o. a. Elementen-»Gleichung« noch zusätzlich aufgeführt werden müsste. Darunter wird der Tatbestand verstanden, dass verschiedene Genotypen in verschiedener Weise auf identische Umweltbedingungen reagieren. So hat etwa schon Hogden (1939) aufgezeigt, dass die Variation der Temperatur, unter der die Larven der Drosophila gehalten werden, bei einem bestimmten Genotyp ganz entscheidend für die Ausbildung der Facettenzahl im Auge maßgeblich ist, hingegen bei einem anderen Genotyp praktisch keine Variation erzeugt. Im Verhaltensbereich zeigten Rattenstämme, die nach dem Ausmaß ihrer Leistungsfähigkeit in Lauflabyrinthen ausgewählt und gezüchtet worden waren, ganz unterschiedliche Fehlerraten, je nachdem, ob sie unter einer schwach, mittel oder stark stimulierenden Umgebung aufwuchsen (s. Abb. 21.1):

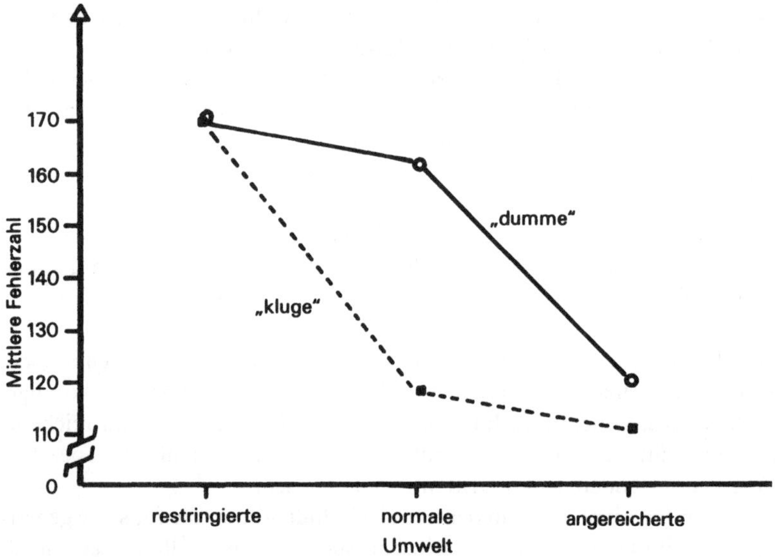

Abb. 21.1: Illustration einer echten Genotyp/Umwelt-Interaktion für Fehlerwerte im Labyrinthlernen von Ratten, die in restringierter, normaler und angereicherter Umwelt aufgezogen wurden (nach Cooper & Zubek, 1958).

Hinsichtlich der Intelligenz sprechen Befunde dafür, dass bei Kindern mit durchschnittlichem gegenüber solchen mit niedrigem IQ sowohl die Intelligenz als auch die Schulleistungen höher mit Umweltfaktoren in Beziehung stehen (s. Wiseman, 1964, 1966). Negative Resultate unter Verwendung von Daten aus den Adoptionsstudien anderer Autoren erhielten jedoch Plomin, De Fries und Loehlin (1977), d. h., in dem fraglichen Material hat die positive gegenüber der weniger anregenden Umwelt keinen stärkeren Effekt bei den Kindern, die von relativ intelligenten Eltern abstammen, als bei solchen, die von weniger intelligenten Eltern abstammen. An 74 farbigen und gemischtrassigen Adoptivkindern gelangen Scarr und Weinberg (1976) zu derselben Feststellung, wohingegen Fischbein (1980) eine Interaktion zwischen Erbe und sozialem Status belegen kann.

Wie dem auch sei: Soweit solche Wechselwirkungen existieren, verbietet es sich, die einfache Frage, in welchem Ausmaß ein Merkmal erbbedingt sei, mit einer bestimmten und einzigen Prozentzahl zu beantworten, denn je nachdem auf welche Segmente des Umweltspektrums man sich stützt, muss die Antwort verschieden ausfallen, wie umgekehrt auch die Frage nach dem Ausmaß der Umweltwirkung präzis nicht unabhängig von der Spezifität des Genotpys beantwortbar ist. Pauschale Angaben etwa zur Erblichkeit der Intelligenz stützen sich lediglich auf einen fiktiven Mittelwert über die Kontinua der Intelligenz und aller möglichen Umweltwirkungen und negieren die besagten Interaktionen. Tatsächlich fanden Jinks und Fulker (1970) in ihren außerordentlich sorgfältigen Analysen nur geringe Anhaltspunkte für substantielle Erbe-Umwelt-Interaktionen, doch stützten sie sich dabei vor allem auf Daten, gegenüber deren Seriosität und Verlässlichkeit ernsthafte Zweifel angebracht sind (s. unten: 21.4.2 a)).

21.4.2 Vorgehensweisen, Formeln, Implikationen

Ziel einschlägiger Untersuchungen muss es sein, über geeignete Anordnungen nach Möglichkeit zu Schätzungen der einzelnen Varianzanteile zu gelangen oder wenigstens Anhaltspunkte über die nicht näher aufgeschlüsselten Größen der Erb- bzw. Umwelt-Varianzen zu erhalten.
Im einfachsten Fall stützt man sich dabei auf die Unterschiede, die zwischen den Paarlingen eineiiger Zwillinge (EZ) einerseits, denjenigen zweieiiger Zwillinge (ZZ) andererseits im jeweils untersuchten Merkmal bestehen. Holzinger (1929) verglich die entsprechenden Varianzen nach der Formel

(1) $$H^2 = \frac{s_{ZZ}^2 - s_{EZ}^2}{s_{ZZ}^2} \text{ od. } \frac{r_{EZ} - r_{ZZ}}{1 - r_{ZZ}}$$

Vandenberg (1966) bildet in einer seiner Formeln lediglich den Quotienten

(2) $$F = \frac{s_{ZZ}^2}{s_{EZ}^2} \left(= \frac{1}{1 - H^2} \right)$$

Falconer (1960) ermittelt die Erblichkeit nach:

(3) $$h^2 = 2 \cdot (r_{EZ} - r_{ZZ}).$$

Dabei stellen die Korrelationskoeffizienten solche der Intraklassenkorrelation dar:

(4) $$r = \frac{\text{Varianz zwischen} - \text{Varianz innerhalb}}{\text{Varianz zwischen} + \text{Varianz innerhalb}}$$

(Zu den Unterschieden zwischen diesen und weiteren Formeln s. Merz & Stelzl, 1977, zur Problematik derartiger Erblichkeitsschätzungen die Kontroverse zwischen Stelzl, 1982; Formann & Fischer, 1982.)
Gleichsam das »Gegenstück« zur Heritabilität ist die Umweltbedingtheit oder der Einfluss der gemeinsamen Umgebung (»common« oder auch »shared environment«). Dieser wird gewöhnlich errechnet nach dem Ausdruck:

(5) $$c^2 = 2\, r_{ZZ} - r_{EZ}$$

Für die Gleichung gelten diesselben Implikationen wie für (1) bis (4) (s. dazu unten). Wie ersichtlich, ergeben sich für die Ermittlung dann Probleme, wenn die EZ- im Vergleich zur ZZ-Korrelation mehr als doppelt so groß ist. Das ist beispielsweise der Fall für die von Nichols (1978) zusammengestellten Daten von Persönlichkeitstests (s. die letzten Zeilen von Tabelle 21.2). Die Werte von .23 und .48 in Formel (5) eingesetzt führen zu einem Wert von c = 0. Das bedeutet, dass die gemeinsame Umwelt, die Kinder in einer Familie erleben, nichts zur Ähnlichkeit zwischen ihnen beiträgt, sondern die individuellen Merkmalsausprägungen im Wesentlichen eine Folge genetischer Faktoren und spezifischer oder individueller Umwelter-

fahrungen sind – was ein durchgängiges Resultat der neueren Forschungen darstellt (s. Amelang, 2000).
Setzt man in die Gleichung (1) die von Erlenmeyer-Kimling (1963) über mehrere Untersuchungen verschiedener Autoren gemittelten Werte von r = .88 für die Übereinstimmung der allgemeinen Intelligenz bei gemeinsam aufgewachsenen eineiigen Zwillingen und r = .53 als entsprechenden Wert für zweieiige Zwillinge ein, resultiert ein H^2 von .74; die Erblichkeit, der Anteil phänotypischer Varianz, der auf genetische Variation zurückgeht, beliefe sich damit auf 74%.
Die Beschaffenheit des Koeffizienten und die Art der verwerteten Information führt eindringlich vor Augen, dass eine solche Prozentzahl sich stets auf den relativen Anteil der in der jeweiligen Stichprobe beobachteten *Gesamt-Varianz* bezieht; sie gibt lediglich an, in welchem Ausmaß die vorgefundenen *Unterschiede* durch *Unterschiede* in Erb- oder Umweltfaktoren aufgeklärt werden können. Solche Koeffizienten bzw. die damit erhaltenen Resultate sind deshalb abhängig von der Größe der beobachteten Variationen, in die u. a. auch der Messfehler der Verfahren eingeht. Daraus resultiert eine Abhängigkeit von der jeweils gezogenen Merkmals- und Personenstichprobe. Plomin und De Fries (1980) konnten denn auch zeigen, dass die neueren gegenüber den häufiger zitierten älteren Untersuchungen eine geringere Erblichkeit des IQ erkennen lassen, wofür genetische, umweltmäßige oder auch methodische Veränderungen maßgeblich sein mögen.
Den Untersuchungen von Fischbein (1980) zufolge fällt die Heritabilität für Personen mit hohem Sozialstatus größer aus als für solche mit niedrigem – paradox auf den ersten Blick, dass Gleichheit der Bildungsmöglichkeiten mit optimalen Anregungsbedingungen für jedermann zu einem besonders großen Anteil der genetischen Varianz in Intelligenztestunterschieden führt. Insoweit aber für alle Mitglieder einer Population idealtypische Umweltfaktoren wirksam sind, müssen die dann noch zwischen den Individuen bestehenden Unterschiede genetisch bedingt sein. Aus diesem Grunde müssen auch Versuche zur Beseitigung umweltmäßiger Benachteiligungen und Handikaps die Heritabilität ansteigen lassen: »Hohe Heritabilität kann als Index sozialer Gerechtigkeit gesehen werden« (Scarr, 1995, S. 2). Dennoch sollten die Zusammenstellungen von Plomin und De Fries (1980) nicht den umgekehrten Schluss rechtfertigen, dass die sozialen Unterschiede immer größer geworden sind. Auf jeden Fall aber ist eine Anwendung der Prozentzahlen auf individuelle Werte (etwa in der Art: »Bei 60% Erblichkeit sind von einem IQ = 120 72 Punkte durch Vererbung, der Rest durch die Umwelt bedingt . . .«) absolut sinnfrei und damit unstatthaft. Da sich Erblichkeitsschätzungen in diesem Sinne auf Unterschiede, nicht aber auf mittlere Ausprägungen beziehen, steht eine rechnerisch hohe Erblichkeit für ein gegebenes Merkmal keinesfalls zwangsläufig einer möglichen Veränderung desselben durch Training, Übung oder Behandlung entgegen; darauf wird in Kapitel 22 näher eingegangen.
In all diesen Fällen (eine ausführliche Diskussion s. Jensen, 1973a), wo die Varianzen bzw. Intraklassenkorrelationen eineiiger und zweieiiger Zwillinge miteinander verglichen werden, lautet die Hypothese, dass die Korrelationen der EZ bei absoluter Erblichkeit zweimal so hoch sein müssen wie die der ZZ, da Erstere doppelt so viele identische Gene aufweisen. Ferner fließen als Annahmen mit ein, dass die Paarung der Eltern nach Zufall erfolgt, nur additive Varianzen für das Auftreten der Korrelationen verantwortlich sind und die Umwelt eineiiger Zwillinge nicht ähnlicher ist als die zweieiiger Zwillinge (s. Willerman, 1979, S. 110).
Gerade gegen die letztere Voraussetzung scheint allerdings eine Vielzahl von Befunden zu sprechen. Danach spielen EZ längere Zeit miteinander, sind nahezu immer gemeinsam in der Schule, werden häufiger ähnlich behandelt und gekleidet, öfters miteinander verwechselt usw. (s. Anastasi, 1966, S. 287ff.). Die entscheidende Frage freilich, ob diese unzweifelhaft

größere Ähnlichkeit der Umwelt auch tatsächlich zu Konsequenzen im Verhalten, hier speziell im Leistungsbereich führt, ist erst relativ spät eingehender bearbeitet worden. Loehlin und Nichols (1976) analysierten innerhalb einer Stichprobe von insgesamt 850 Zwillingen die eineiigen Paare danach, ob jene Paarlinge, die häufiger gemeinsam spielten und die Schule besuchten sowie gleich gekleidet wurden usw., auch in ihren Testleistungen einander ähnlicher waren als die übrigen, bei denen geringere Übereinstimmungen in der Umwelt vorlagen. Dabei waren lediglich Null-Korrelationen zu beobachten zwischen den Unterschieden in der Behandlung durch andere und den Differenzen in den Leistungsscores. Von daher gesehen fehlt zunächst eine Berechtigung, die höheren Testwertediskrepanzen zweieiiger Zwillinge auf die größeren Unterschiede in denselben Umweltvariablen zurückzuführen, wie dies regelmäßig geschieht (in diesem Sinne auch Loehlin, 1978, S. 72).

Im Weiteren konnte Scarr (1969) an einer allerdings sehr kleinen Stichprobe von insgesamt 21 Paaren irrtümlich fehlklassifizierter Zwillinge beiderlei Geschlechts zeigen, dass diese sich entgegen dem Glauben der Mütter gemäß ihrer tatsächlichen Zygosität verhielten, d. h., die als ZZ erachteten Paare waren einander in den untersuchten vier Persönlichkeitsmerkmalen *ähnlicher* als die für EZ gehaltenen. Wenngleich eine signifikanzstatistische Absicherung dieser Effekte fehlt und sicher auch die spätere Eiigkeitsdiagnose einige Probleme aufwirft (zur Diagnose der Zygosität s. Lykken, 1978), ist daraus doch dem vorsichtigen Schluss von Scarr (1969, S. 604) zuzustimmen, dass Unterschiede in der Behandlung, die Zwillinge durch ihre Eltern erfahren, mehr eine Funktion ihrer genetischen Ähnlichkeit sind als der elterlichen Ansicht über ihre Zygosität. Umweltmäßige Determinanten von Ähnlichkeiten und Unterschieden zwischen EZ und ZZ weisen demnach allgemein eine geringere Bedeutung auf als vielfach angenommen.

Angesichts der Unzulänglichkeit der ersten Erblichkeitsschätzungen hat Cattell (1960) die sog. »Multiple Abstract Variance Analysis (MAVA)« entwickelt, die im Prinzip die Information aus vier Bereichen von Varianzquellen bezieht, nämlich Varianz innerhalb der Familien zu Lasten a) genetischer und b) umweltmäßiger Faktoren sowie solche zwischen den Familien zu Lasten c) genetischer und d) umweltmäßiger Determinanten. Berücksichtigt man allein alle möglichen Kovarianzen zwischen diesen Bereichen, ergibt sich bereits ein Satz von 10 abstrakten Varianzkomponenten, zu denen noch weitere kommen (eine knappe Darstellung findet sich bei Merz & Stelzl, 1977). Dennoch fehlt die Einbeziehung von Erbe-Umwelt-Interaktionen, obwohl dieses im Sinne von Moderatoren, also Produkten zwischen einzelnen Terms, möglich wäre. Bereits ohne diese übersteigt die Zahl von Unbekannten in dem System die Zahl unabhängiger Gleichungen. Lösungen sind deshalb nur insoweit möglich, als einige der Kovarianzen gleich null gesetzt werden. Damit aber verliert das Modell einen wesentlichen Teil seiner Vielseitigkeit. Selbst dann bereitet die empirische Ausfüllung durch die Notwendigkeit, sehr verschiedene, spezifischen Bedingungen gehorchende Stichproben von großem Umfang zu erheben, fast unlösbare Schwierigkeiten (zur Kritik s. Loehlin, 1965, 156–161).

In den wenigen Fällen, wo das Modell dennoch angewendet wurde, hat Cattell (1971) in Übereinstimmung mit seiner Theorie für die fluide Intelligenz eine genetische Varianzkomponente von ca. 80%, für kristallisierte Intelligenz noch immer eine solche von ca. 70% errechnet.

Loehlin (1978, S. 73–76) berichtet über eine Reihe weiterer Modelle von »Combined Analysis«, die vorwiegend pfadanalytische Techniken verwenden (s. dazu z. B. Opp & Schmidt, 1976); aus den von der sog. Birmingham-Gruppe (Jinks, Fulker, Eaves) ermittelten Familien-Korrelationen schätzt er die Heritabilität von allgemeiner Intelligenz auf 68%, in einer neueren Arbeit (s. Loehlin, 1989) auf 72 %, sofern Dominanzabweichung hinzugerechnet wird – ein weiteres Beispiel dafür, wie auch aus völlig anderer Sichtweise einige Anhalts-

punkte für eine starke genetische Determinierung von Intelligenz sprechen. Im Übrigen gelangt auch Gourlay (1979) zu einer Schätzung von 75% Heritabilität, wobei er als weitere Differenzierung gegenüber allen bisherigen Ansätzen davon ausgeht, dass die genische oder additive Varianz V_G eine Funktion des Lebensalters und der Fähigkeit ist (s. aber Scarr & Weinberg, 1979b, mit wesentlich vorsichtigeren Aussagen).
Ein allgemeines Kennzeichen solcher Simultananalysen, die hier im Einzelnen nicht darzustellen sind, besteht darin, dass auf rechnerischem Wege über die fiktive Konstanthaltung des Einflusses anderer Variablen der Varianzanteil jeder einzelnen Komponente herauspartialisiert wird. Die Vielzahl möglicher Einflussgrößen erfordert einen hohen Differenzierungsgrad der Konzepte (s. etwa Gourlay, 1979), der andererseits je nach Annahmen über die Art des verwendeten Korrelationskoeffizienten, Ausmaß an selektiver Platzierung, gezielter Partnerwahl und Dominanzabweichung zu sehr verschiedenen Resultaten führt. Letztlich soll post hoc an empirisch vorgefundenem Material ein Beziehungsgeflecht zergliedert werden, das idealiter in experimentellen Anordnungen untersucht werden müsste. Aus nahe liegenden Gründen verbieten sich Letztere im Humanbereich; durch verschiedene Umstände bedingt existieren hier jedoch im »Natural Setting« einige Konstellationen, die dem Erfordernis der isolierten Variation von Bedingungen sehr nahe kommen und dadurch Analysen von ausgesprochen hoher »Power« ermöglichen. Drei Fälle sind in Bezug darauf zu nennen, die letztlich auch den Kern jeder anspruchsvollen Varianzfraktionierung bilden:

(1) Konstanthaltung des Erbes bei Variation der Umwelt ≙ Untersuchung von getrennt aufgewachsenen eineiigen Zwillingen,
(2) Kontrastierung von Erb- und Umwelteinflüssen ≙ Untersuchung von Adoptivkindern, Vergleich mit leiblichen und Pflegeeltern,
(3) Konstanthaltung der Umwelt bei Variation des Erbes ≙ Untersuchung von Heim- und Waisenhauskindern.

Die Anordnungen unter (1) und (2) werden nachfolgend besprochen, auf (3) wird unter 22.2.2 gesondert eingegangen.

a) Getrennt aufgewachsene eineiige Zwillinge (EZ)

Herkömmlicherweise wird davon ausgegangen, dass EZ-Paarlinge vollständig identisches Erbgut aufweisen; Differenzen im Verhalten zwischen den »Illingen« können deshalb auf nicht-genetische Faktoren zurückgeführt werden. Da bei gemeinsam aufgewachsenen Zwillingen, wie bereits erwähnt, eine besondere Ähnlichkeit der auf sie einwirkenden Umweltbedingungen vorliegt – und deshalb eine weitgehende Übereinstimmung zwischen den Paarlingen nicht zweifelsfrei auf entweder die Erb- oder die Umwelteinflüsse zurückgeführt werden kann –, sind vor allem jene Fälle kritisch und interessant, wo es gerade zu einer Auflösung dieser Konfundierung beider Einflussgrößen, zu einem Auseinanderklaffen möglicher Wirkungsrichtungen kommt. Dies trifft dann zu, wenn, durch irgendwelche Faktoren verursacht, eineiige Zwillinge nach ihrer Geburt voneinander getrennt werden und in verschiedenen Familien/Umwelten aufwachsen.
Aus forschungstechnischen Gründen mag man bedauern, dass diese Konstellation sehr selten vorkommt; noch seltener sind natürlich jene Fälle, die im Zuge psychologischer Untersuchungsprogramme bislang erfasst werden konnten. Die nachfolgende Tabelle zeigt, dass – abgesehen von einigen hier nicht berücksichtigten Fallstudien (s. Burks & Rose, 1949) – lediglich N = 117 Paare den genannten Anforderungen entsprechen. Sie wurden vorwiegend mit Hilfe von Intelligenztests untersucht, weshalb dieses Merkmal nachfolgend im Vordergrund der Betrachtungen steht (s. Tab. 21.1).

Tab. 21.1: Zusammenstellung der IQ-Untersuchungen getrennt aufgewachsener EZ.

Autor	N(Paare)	Mittlerer IQ	SD	d	$r_{intraclass}$
Newman, Freeman & Holzinger (1937)	19	95,7	13,0	8,21	.67
Shields (1962)	38	93,0	13,4	6,72	.78
Juel-Nielsen (1965)	12	106,8	9,0	6,64	.68
Bouchard et al. (1990)	48	108,1	10,8	–	.75
Zusammen	117	101,0	11,8	7,09	.76

Die Untersuchungen stammen aus drei verschiedenen Ländern (USA, Großbritanien und Dänemark); verschieden waren darüber hinaus die altersmäßige und sozioökonomische Zusammensetzung der Stichproben sowie Mittelwert und Varianz der Zeitdauer des frühkindlichen Zusammenlebens. Selbst die Tests waren immer andere (Stanford-Binet bzw. eine Kombination aus Ravens Mill Hill Vocabulary und dem nicht-verbalen Dominoe-Test bzw. Wechsler-Bellevue bzw. Wechsler + Mill Hill + Raven Matrizen), desgleichen die Behandlung der erhaltenen Rohwerte. (Bei Bouchard et al., 1990, handelt es sich bei der Intraklassenkorrelation um das Mittel aus mehreren Testungen. Legt man dieses, soweit verfügbar, auch bei den anderen Autoren zugrunde, verändert sich das gewogene Mittel zu r = .74.) Umso mehr muss die relative Invarianz der Intraklassenkorrelationen und die geringe durchschnittliche Höhe der Differenzwerte (d) zwischen den Paarlingen beeindrucken, zumal die Reliabilität der Tests, administriert an denselben Personen, nur bei .90 liegen dürfte und Terman und Merrill (1937) an ihrer Eichstichprobe eine mittlere intraindividuelle Differenz von 4,68 IQ-Einheiten bei der Vorgabe der parallelen Formen L und M des Stanford-Binet an ein und dieselben Probanden fanden. Insoweit wäre von einer Erblichkeit für den IQ von ca. 70% auszugehen (Jensen, 1971).

Ganz auf dieser Linie liegen auch die Resultate, die Burt (1966) an weiteren 53 EZ-Paarlingen ermittelt hat. Da aber Zweifel an der sorgfältigen Berechnung der Kennwerte bestehen (z. B. waren in mehreren aufeinander folgenden Untersuchungen trotz wachsender Stichprobenumfänge die Korrelationskoeffizienten auf die dritte Stelle invariant), sogar unklar ist, wie und ob überhaupt Erhebungen stattgefunden haben, soll das besagte Material hier außer Acht gelassen werden (s. Kamin, 1974, 1978; Joynson, 1990; Fletcher, 1990; eine gedrängte Darstellung von Anschuldigungen und Entlastungen findet sich bei Green, 1992).

Auch die in Tabelle 21.1 zusammengestellten Untersuchungsbefunde sind in mehrfacher Hinsicht angreifbar. So stellt sich bei Newman et al. die grundsätzliche Problematik einer Vorgabe des Binet-Tests an Erwachsene; außerdem sind Mängel bei der Zygositäts-Diagnose zu kritisieren (im Weiteren auch die geringe Vergleichbarkeit der getrennt aufgewachsenen EZ mit den gemeinsam aufgewachsenen EZ in Bezug auf Alter und Herkunft). Alterseffekte mögen bei Juel-Nielsen die unstandardisierten Testbefunde überlagert haben. Kamin (1974) meint, in den Erhebungen von Shields (1962) einen Versuchsleitereffekt insofern gefunden zu haben, als die von Shields selbst untersuchten Paarlinge testwertemäßig einander ähnlicher wären als die von Kollegen erhobenen (s. dazu aber Shields, 1978). Des Weiteren hat er darauf aufmerksam gemacht, dass ein Großteil der getrennten Zwillinge in solchen Familien aufwuchsen, die mit einem Elternteil verwandt waren. Nichtverwandte Familien waren zudem häufig Freunde der Mutter.

Das Moment der Separiertheit erfährt hierdurch gewiss eine starke Relativierung; von einer strikten Unabhängigkeit der Umwelten kann kaum noch gesprochen werden, wenn sich, wie geschehen, die getrennten Paarlinge vielfach in der Schule trafen und auf dem Spielplatz zusammen waren. Eine gesonderte Berechnung durch Kamin (1974) ergab denn auch, dass die Korrelation zwischen den in verwandten Familien aufgewachsenen Zwillingen r = .83, diejenige der in nichtverwandten Familien lebenden nur r = .51 betrug – was für einen deutlichen Umwelteinfluss spräche. Auch Shields (1978) hat jedoch eine Reanalyse vorgenommen und nach objektiven Kriterien Extremgruppen von Paaren gebildet, die entweder in »most similar« bzw. »least similar environments« aufgezogen worden waren; im Unterschied zu Kamin resultiert bei ihm nur eine geringfügige Differenz zwischen den entsprechenden Korrelationen (r = .87 bzw. .84). Unter Anwendung einer »Constructive Replication»-Technik, bei der bislang nicht verrechnete, in den Publikationen aber mitgeteilte Testwerte den Gegenstand der Untersuchung bilden, kommt Bouchard (1983) für die Newman et al. sowie Juel-Nielsen-Studien auf mittlere Koeffizienten von r = .67 und .70 für starke bzw. minimale Ähnlichkeit der Umwelten. An einer schwedischen Stichprobe von N = 34 ZZ-Paaren waren die spät voneinander getrennten »Illinge« einander im IQ sogar *un*ähnlicher als die früh getrennten (Pedersen, McClearn, Plomin & Friberg, 1985). Bei Rose, Koskenvou, Kaprio, Sarna und Langinvaino (1988) nahmen die Intra-Paar-Differenzen mit abnehmendem Kontakt zwischen den Paarlingen nur unwesentlich zu. Bouchard, Lykken, McGue, Segal und Tellegen (1990) erfassten mit einem aufwendigen Instrumentarium verschiedene Umweltfaktoren (darunter Bildung und sozioökonomischen Status der Adoptiv-Eltern, bei denen die N = 48 EZ-Paare getrennt aufwuchsen, physische und kulturelle Ressourcen sowie den retrospektiv von den Probanden eingeschätzten elterlichen Erziehungsstil) und korrelierten damit die IQ-Werte der Zwillinge. Im günstigsten Fall betrug der Beitrag der Platzierungsunterschiede zur Korrelation zwischen den Paarlingen nur .03 (= Produkt aus der EZ-Ähnlichkeit von .402 in Bezug auf materielle Besitztümer und der Korrelation zwischen IQ und dieser Platzierungsvariablen von .279).

Von den geschilderten Untersuchungen an getrennt aufgewachsenen Zwillingen kommt der sog. Minnesota-Studie unter Leitung von Lykken und Bouchard aus mehreren Gründen die größte Bedeutung zu. Zum einen stützt sie sich mittlerweile auf den größten Stichprobenumfang von Personen, nachdem bis zum Ende der Achtzigerjahre bereits 48 Zwillings-Paare erfasst worden waren. Zum anderen ist auch die Stichprobe der Variablen ohne jedes Beispiel: Die Zwillinge absolvieren, wenn sie in irgendeinem Land der Erde »entdeckt« und in die USA geflogen werden, ein ca. einwöchiges Untersuchungs-Programm. Im Vergleich zu den drei anderen Stichproben der Literatur wurden sie zudem sehr viel früher nach der Geburt getrennt (durchschnittlich nach 3,6 Monaten) und sehr viel später wieder vereinigt (durchschnittlich im Alter von 27,9 Jahren; Details s. Bouchard, 1987). Vor allem aber hatte ca. die Hälfte aller Probanden und Probandinnen zeit ihres Lebens keinen Intra-Paar-Kontakt, wurden doch einige von ihnen tatsächlich erst wieder im Institut zusammengeführt (s. Bouchard, Lykken, Segal & Wilcox, 1986). Insofern stellt sich hier das Problem der (partiell) gemeinsamen Umwelten in sehr viel weniger gravierender Form.

So sehr der Vergleich separierter Zwillinge auf den ersten Blick als via regia imponiert, steht und fällt der Wert der Methode doch damit, dass es gelingt, zusätzlich die jeweiligen Umwelten zu erfassen und wenigstens für Untergruppen zu randomisieren. Von Unabhängigkeit der Umwelt kann beispielsweise keine Rede sein, wenn die Paarlinge in verschiedenen Zweigen einer Familie betreut werden. In dieser Hinsicht können die bislang vorliegenden Untersuchungen keineswegs befriedigen, und zumindest ein Teil der hohen Übereinstimmungen zwischen den getrennten Paarlingen geht wohl auch auf korrelierende Umwelten zurück. Ein gewisses Problem besteht auch darin, dass in Zwillings-Untersuchungen ganz allgemein männliche und zweieiige Zwillinge unterrepräsentiert sind (Lykken, McGue & Tellegen, 1987). Insofern sind die Koeffizienten allenfalls als grobe Anhaltspunkte für eine obere Grenze der Erblichkeit zu werten.

Dies gilt nicht zuletzt im Hinblick auf die gleichfalls nicht ausschaltbaren Einflüsse der gemeinsamen intrauterinen Entwicklung, die als erste Phase von Umwelteinflüssen als »angeboren«, aber eben nicht ererbt, Erblichkeitskoeffizienten erhöhen dürfte (Jensen, 1970). Mehreren Studien zufolge (z. B. Marsh, 1980) bestehen in der Tat bedeutsame Korrelationen zwischen den Geburtsgewichts- und IQ-Differenzen eineiiger Zwillinge, was dic Wirksamkeit des intrauterinen Milieus beweist, wenngleich noch nicht im Einzelnen erklärt.
Zu Vergleichszwecken: Die mittlere Intra-Klassen-Korrelation für ZZ in allgemeiner Intelligenz betrug im Mittel von 30 Untersuchungen r = .59 (Nichols, 1978).
In Tabelle 21.2 werden die Intraklassenkorrelationen wiedergegeben, die in verschiedenen Untersuchungen für einige *Persönlichkeitsmerkmale* von gemeinsam und getrennt aufgewachsenen EZ ermittelt wurden.
Obwohl die Befunde nicht absolut konsistent und die Koeffizienten insgesamt z. T. wegen der geringen Reliabilitäten und Validitäten niedriger als bei Intelligenz sind, spricht die mittlere Korrelation von ca. .50 für getrennt aufgewachsene EZ doch für eine Heritabilität der »großen« Persönlichkeitsfaktoren von ca. .50. Auffälligerweise ist die Ähnlichkeit der gemeinsam aufgewachsenen Paarlinge in einigen Untersuchungen *geringer* als die der getrennt aufgewachsenen. Daran ändert sich nichts Grundlegendes, wenn im Falle der Canter-Studie zusätzlich alle Korrelationen für die Einzelskalen des 16 PF einbezogen werden. Möglicherweise bestätigt dies frühe Beobachtungen (s. von Bracken, 1939), wonach es bei gemeinsam aufwachsenden Zwillingen zu einer Rollendifferenzierung beispielsweise in dem Sinne kommt, dass ein »führender Illing« eine dominante Position bei der Vertretung des Paars nach außen einnimmt, regelmäßig rechts vom anderen Partner sitzt usw. Im Falle einer Trennung entfällt diese durch Aufgabenteilung und Konkurrenz bedingte Differenzierung, was die höhere Ähnlichkeit erklären könnte.
Zu Vergleichszwecken wurden in Tabelle 21.2 (unterste Zeilen) die Daten zu EZ und ZZ aus der Zusammenschau von Nichols (1978) mit aufgenommen. Im Sinne der Falconer-Formel (s. Kap. 21.4.2) resultiert aus der Differenz r_{EZ}-r_{ZZ} ein Wert für h^2 von ca. .50, was trotz des anderen Ansatzes und z. T. anderer Skalen dem o. a. Wert aus den Untersuchungen an getrennt aufgewachsenen EZ in bemerkenswerter Genauigkeit entspricht.
Mit dem ungleich sophistizierteren Ansatz des »Model-Fitting« gelangt Loehlin (1989) für Extraversion und Neurotizismus zu der (ähnlichen) Feststellung, wonach ungefähr die Hälfte der Varianz genetisch erklärt ist; die andere Hälfte kann auf rudimentäre Effekte der Umgebung und der Messfehler zurückgeführt werden, fast nichts aber auf die Umgebung, die den Zwillingen gemein ist.
Für zwei weitere der sog. »Big Five«-Faktoren, nämlich Verträglichkeit und Gewissenhaftigkeit, scheinen hingegen andere Gesetzmäßigkeiten zu gelten (s. Abb. 21.2). Jedenfalls fanden Bergeman, Chipuer, Plomin, Pedersen et al. (1993) an N = 552 EZ- und ZZ-Paaren, die teils gemeinsam, teils getrennt lebten, für diese beiden Dimensionen nur niedrige Korrelationen bei getrennt aufgewachsenen EZ, aber Werte um r = .45 bei gemeinsam aufgewachsenen Paarlingen (und praktisch Null-Koeffizienten bei ZZ-Paaren), während Offenheit gegenüber Erfahrungen eine Heritabilität wie Extraversion und Neurotizismus aufweist.
Die aus der Ähnlichkeit ableitbare Heritabilität einiger Persönlichkeitsmerkmale bedeutet keineswegs, dass einige Gene direkt für die Ausprägung von etwa Soziabilität oder dergl. verantwortlich sind. Nicht nur denkbar, sondern wahrscheinlich ist eine mittelbare Wirkung über Variablen wie Körperbau, Attraktivität des Äußeren, die ihrerseits erblich sind und aufseiten der Umwelt konsistente Reaktionen hervorrufen. Andererseits ist zu vermerken, dass Loehlin und Nichols (1976) mit dem bereits o. a. Untersuchungsansatz auch im Persönlichkeitsbereich keine Anhaltspunkte dafür ausmachen konnten, dass ein ähnlicheres

Tab. 21.2: Ähnlichkeitsbeziehungen für eine Reihe von Merkmalen bei Gruppen von gemeinsam und getrennt aufgewachsenen eineiigen Zwillingen sowie zusammenaufgewachsenen zweieiigen Zwillingen.

Autor	EZ getrennt N	EZ zusammen N	Merkmal	EZ getrennt Korrelationen	EZ zusammen Korrelationen
Newman et al. (1937)	19	50	Woodworth-Matthews (Neurotizismus)	.58*	.56*
Shields (1962)	42	43	Maudsley Extraversion	.61*	.42*
			Maudsley Neurotizismus	.53*	.38*
Wilde (1964)	38 (5 Jahre)	50	Amsterdam Neurotizismus (psychisch)	.52*	.55*
			Amsterdam Neurotizismus (körperlich)	.75	.46
			Amsterdam Extraversion	.19	.58*
			Amsterdam Maskulinität	.44	.45
Canter (1973)	15 (5 Jahre)	25	EPI Neurotizismus	.18	.53*
		25	EPI Extraversion	.67*	.10
		25	EPI Geselligkeit	.91*	.51*
		25	EPI Impulsivität	.20	–.03
		23	16 PF Neurotizismus (Sek.)	.37	.37*
		23	16 PF Ängstlichkeit (Sek.)	.27	.56*
		23	16 PF Extraversion (Sek.)	.85*	.29
Price (1969)	57 (5 Jahre)	45	EPI Neurotizismus	.69*	.45*
			EPI Extraversion	.57*	.29*
Bouchard (1987)	44	174	11 Skalen des Multidimensional Personality Questionnaire (Tellegen, 1982)	.54*	.52*
Bouchard et al. (1990)	38	99	18 Skalen des California Psychological Inventory	.48*	.49*
	52	> 116	23 Strong Campbell Interest Inventory Skalen	.39*	.48*
Pedersen, Plomin, Nesselroade, McClearn & Friberg (1988)	95	150	Extraversion	.30*	.54*
	95	151	Neurotizismus	.25*	.41*
	92	141	Impulsivität	.40*	.45*
	94	145	Monotonie-Vermeidung	.20*	.26*
Nichols (1978)		EZ	verschiedene Skalen aus 106 Studien		Mdn. .48
		ZZ	verschiedene Skalen aus 106 Studien		Mdn. .23

* statistisch signifikant

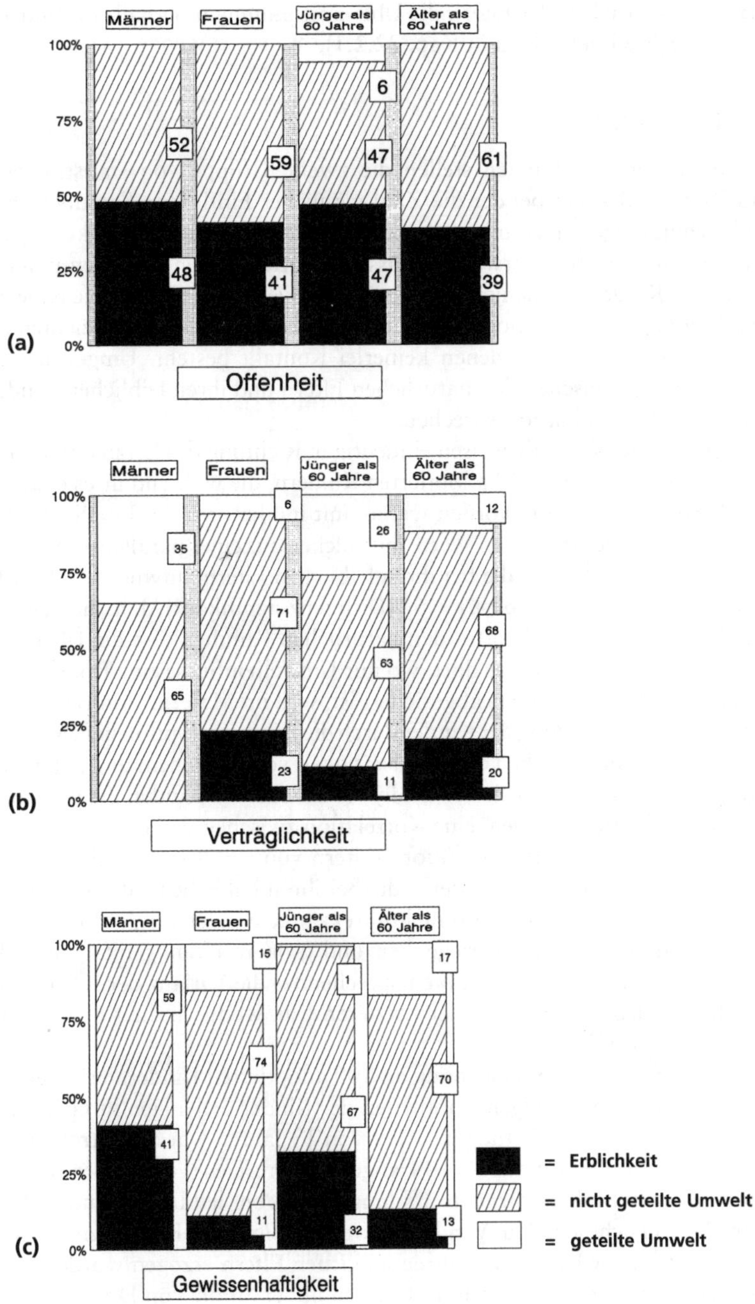

Abb. 21.2 (a), (b) und (c): Grafische Veranschaulichung der relativen Varianzanteile, die bei Offenheit gegenüber Erfahrungen, Verträglichkeit und Gewissenhaftigkeit durch Erbe, gemeinsame Umgebung und nicht-gemeinsame Umwelten erklärt werden, getrennt für Alters- und Geschlechtsgruppen (aus Bergeman et al., 1993, S. 172).

Erziehungsverhalten der Eltern die Übereinstimmung innerhalb EZ und ZZ substantiell beeinflusst hätte (mehr dazu in Kap. 22.2.1).

b) Adoptionsstudien

Adoptions-Untersuchungen stellen die zweite Gruppe von statistischen Analysen hohen Präzisionsgrades dar, bei der die Zahl möglicher Einflussgrößen überschaubar ist und deshalb Schlussfolgerungen mit großer Sicherheit angestellt werden können. Aus umwelttheoretischer Sicht wäre zu erwarten, dass die Korrelationen zwischen psychologischen Merkmalen der Kinder und denjenigen ihrer Adoptiveltern, bei denen sie nahezu die gesamte Zeit seit ihrer Geburt leben, hoch sind, und zwar höher als die Koeffizienten zu Merkmalen der biologischen Eltern, mit denen keinerlei Kontakt besteht. Umgekehrt würden hohe Zusammenhänge zwischen den natürlichen Eltern und ihren leiblichen Kindern für eine starke genetische Determination sprechen.

Die empirischen Befunde weisen eindeutig in Richtung des Letzteren: Erstmals Burks (1928) hat die Intelligenz von 178 adoptierten Kindern, die während ihres ersten Lebensjahres von den Müttern abgegeben worden waren, mit Indikatoren der Intelligenz ihrer Adoptiveltern korreliert und die erhaltenen Werte mit solchen aus einer parallelisierten Kontrollgruppe von 105 Kindern verglichen, die bei ihren leiblichen Eltern aufwuchsen. Im Mittel ergaben sich Koeffizienten von $r = .20$ bzw. $r = .52$ (Differenz signifikant), d. h., dort, wo Erb- und Umweltfaktoren zusammenwirken (in den natürlichen Familien), ist die Übereinstimmung Eltern/Kinder wesentlich höher als dort, wo nur Umwelteinflüsse eine Rolle spielen – eine Feststellung, die deshalb besonders abgesichert ist, weil im Material von Burks keine Anzeichen für eine selektive Platzierung der Kinder durch die mit der Adoption befassten Behörden zu finden sind (Korrelation zwischen der Berufstätigkeit von leiblichem und Adoptivvater $r = .02$).

Mit gleichem Design errechnete Leahy (1935) für 177 Kinder, die im Alter von spätestens 6 Monaten adoptiert wurden, eine Korrelation zwischen deren IQ und Maßen der intellektuellen Leistungsfähigkeit ihrer Adoptiveltern von $r = .18$ gegenüber $r = .60$ für die Eltern-Kind-Beziehung von 175 Kindern, die bei ihren leiblichen Eltern aufwuchsen. Die Koeffizienten sind allerdings deshalb nicht direkt miteinander vergleichbar, weil es Hinweise auf eine sozioökonomische Überlegenheit und größere Homogenität der Adoptiv- gegenüber den Kontrollfamilien gibt und (»entsprechend«) die Varianz der IQs in der ersteren Gruppe signifikant kleiner gegenüber der Letzteren war, wodurch die Korrelation artifiziell erniedrigt worden sein kann.

In einer Längsschnittuntersuchung an 100 adoptierten Kindern erhoben Skodak und Skeels (1949) neben den Intelligenzquotienten der Kinder diejenigen ihrer leiblichen Mütter; zum Zeitpunkt der letzten Testung im Alter von 13 Jahren war die betreffende Korrelation kontinuierlich von $r = .00$ auf $r = .44$ angewachsen. Den Verlauf der Koeffizienten zwischen Kind-IQ und Maßen für den Bildungsgrad von leiblichen und Adoptiveltern ist aus Abb. 21.3 ersichtlich. Zu Vergleichszwecken sind die Koeffizienten einer Untersuchung aufgeführt, in der Kinder von ihren leiblichen Eltern erzogen wurden.

Ähnliche Resultate finden sich im Übrigen in der Studie von Horn, Loehlin und Willerman (1975), wo die IQs der Mütter und diejenigen ihrer zur Adoption weggegebenen Kinder zu $r = .32$ ($N=192$) korrelierten. Zu den Adoptiveltern bestanden Beziehungen der Kind-IQs in Höhe von .09 (Vater) und .15 (Mutter; $N = 228$ bzw. 236).

Legen solche Befunde die Annahme einer starken genetischen Komponente nahe, fehlen doch Angaben über die Homogenität der Adoptivfamilien. Zudem haben bereits Skodak und Skeels (1949) selbst auf Fälle von selektiver Platzierung der Kinder intelligenter Mütter in bessere Familien bzw. weniger intelligenter in ungünstigere Umgebung hingewiesen (s.

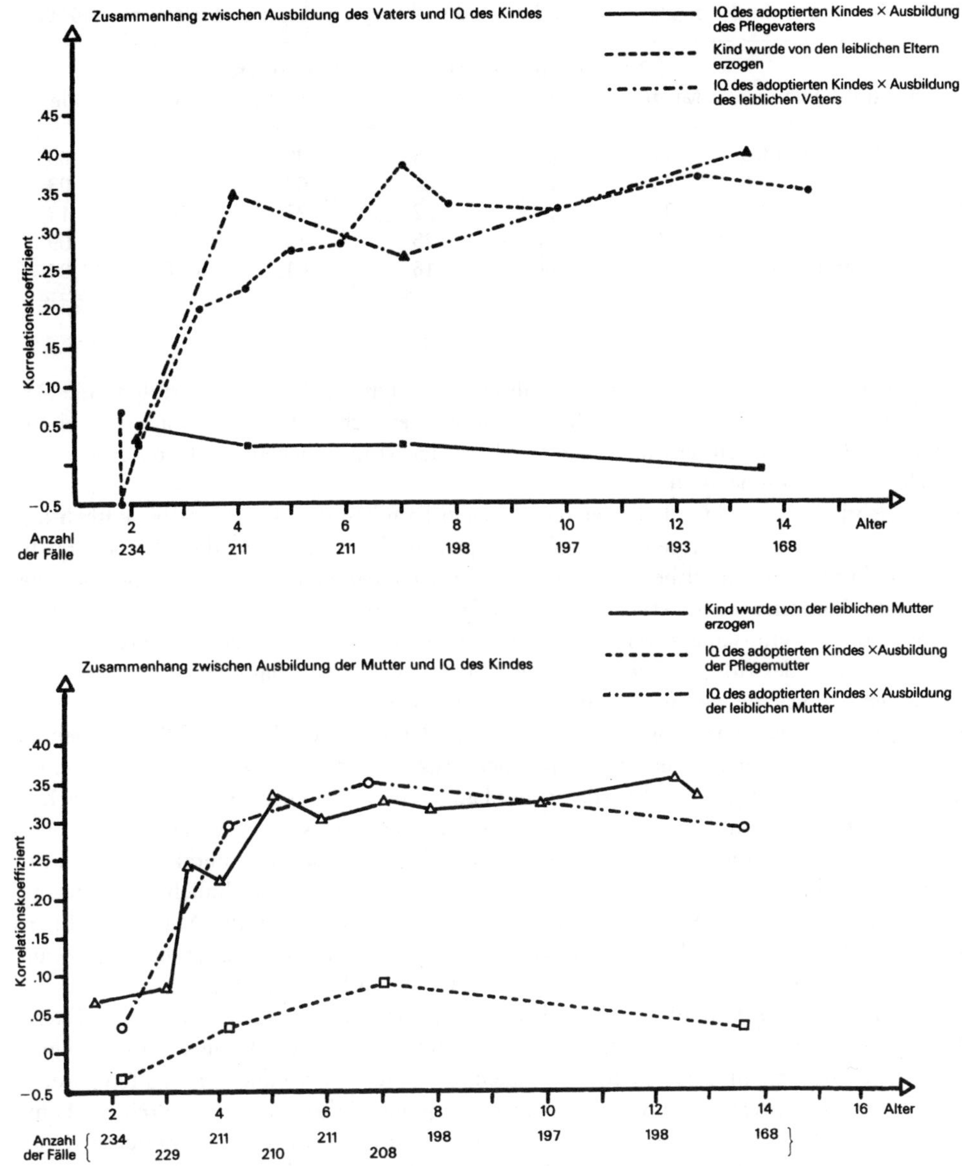

Abb. 21.3: Korrelationen zwischen IQ der Kinder und Bildungsgrad von Adoptivvater bzw. Adoptivmutter (nach Honzik, 1957).

auch Jensen, 1973b). Auch bei Leahy (1935) korrelierten der Bildungsgrad von leiblicher und Adoptivmutter in jener Unterstichprobe, von der dazu Daten vorlagen, zu .25. Jede selektive Platzierung muss aber den Effekt einer artifiziellen Erhöhung sowohl der Adoptiveltern/Kind- wie auch der leiblichen Eltern/Kind-Korrelation zeigen, da die Adoptiveltern unter solchen Umständen ähnliche Charakteristika wie die leiblichen Eltern aufweisen.
Selektive Platzierung führt auch zu einem – allerdings sehr geringen – Bias zugunsten der genetischen Komponente in der Untersuchung von Scarr und Weinberg (1979a). Dort wur-

Tab. 21.3: Eltern-Kind-Korrelationen in der Untersuchung von Scarr und Weinberg (1979a).

	Biologische Familien			Adoptivfamilien		
Gesamt-IQ von	Mutter	Vater	Kindern	Mutter	Vater	Kindern
Gesamt-IQ des Kindes	.41	.40	.35	.09	.16	–.03
Arithmetic	.24	.30	.24	–.03	.07	–.03
Vocabulary	.33	.39	.22	.23	.24	.11
Block Design	.29	.32	.25	.13	.02	.09
Picture Arrangement	.19	.06	.16	–.01	–.04	.04

den 150 Jugendliche, deren Adoption während des ersten Lebensjahres erfolgte, mit 237 Kontrollpersonen in deren »natürlichen« Familien verglichen. Die wichtigsten Korrelationen der Werte im Wechsler-Intelligenz-Test bzw. den vorgegebenen vier Untertests sind in Tabelle 21.3 zusammengestellt.

Wie ersichtlich, liegen innerhalb der biologischen Familien die Werte stets wesentlich und statistisch bedeutsam über denjenigen der Adoptivfamilien, wo hinsichtlich des Gesamt-IQ nur Beziehungen im Zufallsbereich bestehen. Die sich darin manifestierende Erblichkeit des IQ, die die Autoren grob auf etwa .46 schätzen (Scarr & Weinberg, 1979a, S. 72), muss wohl etwas niedriger veranschlagt werden, da zwischen dem Bildungsgrad der biologischen Mutter und dem IQ des Adoptivvaters bzw. der Adoptivmutter Korrelationen von .10 bzw. .20 bestanden (somit eine geringe selektive Platzierung vorlag).

Bezeichnenderweise war lediglich im Wortschatz-Untertest eine überzufällige Beziehung zwischen Eltern und Kind der Adoptivfamilien festzustellen (alle sozioökonomischen Indikatoren wie Beschäftigung und Verdienst der Familie usw. korrelierten mit dem IQ des Kindes im Übrigen zu null, was eine nur geringe Wirksamkeit solcher Variablen andeutet). Zweifellos ist die Sprache ein besonders wichtiges Feld der sozialen Interaktion, und es ist wahrscheinlich, dass Personen, die zusammenleben, diesbezüglich ähnliche Begriffe und Fertigkeiten entwickeln. Nicht verwunderlich auch, dass das Assortative Mating der Eltern sich wesentlich stärker am Wortschatz orientiert (Korrelation Vater/Mutter in Adoptiv- und anderen Familien ca. .38) als am Gesamt-IQ (Korrelation hier nur ca. .28)!

Die Resultate einer gleichfalls durchgeführten Adoptionsstudie mit gemischtrassigen Eltern-Kind-Konstellationen weisen in die gleiche Richtung (s. Scarr & Weinberg, 1983). Unter zusätzlicher Bezugnahme auf die Korrelationen mit Geschwistern und die Effekte vonseiten des Lebensalters sprechen die Autoren von einer in jungen Jahren höheren, durch den Familienkontext geförderten wechselseitigen Ähnlichkeit der Kinder. Diese verliere sich im Laufe der Entwicklung, während derer die adoptierten Kinder ihren leiblichen Eltern ähnlicher würden, und zwar deshalb, weil die Heranwachsenden aufgrund ihrer genetischen Ausstattung sich zunehmend eigene Nischen bauen im Sinne der unter 21.4.1 bereits erwähnten aktiven Genotyp-Umwelt-Kovariation.

Noch etwas niedriger als in der eben erwähnten Untersuchung fielen die Heritabilitätsschätzungen in einem umfassenden Projekt von Horn, Loehlin und Willerman (1979) aus, einem Vorhaben, das sich dadurch auszeichnet, dass die IQs der ledigen Mütter wie jene der Adoptiveltern und deren leiblichen Kindern ermittelt wurden. Die Korrelationen sind nachfolgend aufgeführt (s. Tab. 21.4; die generell geringe Höhe erklärt sich zum Teil aus drastischen Varianzeinschränkungen in den IQ-Verteilungen der beteiligten Erwachsenen-Personen, s. Horn, 1983, wo infolge anderer Stichprobenumfänge auch Koeffizienten mitgeteilt werden, die von den hier wiedergegebenen zum Teil etwas abweichen):

Tab. 21.4: Eltern-Kind-Korrelationen für Wechsler-IQ, in Klammern die Fallzahlen (nach Horn et al., 1979).

	Ledige Mutter	Adoptiv-mutter	Adoptiv-vater	Kinder
IQ der adoptierten Kinder	.07 (40)[1]	.19 (455)	.17 (457)	.22[2] (167)
IQ der leiblichen Kinder	.32 (53)	.23 (162)	.42 (162)	.35[3] (46)

[1] Dieser Koeffizient bezieht sich auf die Ähnlichkeit zwischen lediger Mutter und (weiteren) Adoptivkindern in jenen Familien, in denen auch ihr leibliches Kind aufwächst.

[2] Alle adoptierten Kinder innerhalb einer Familie.

[3] Alle leiblichen Kinder innerhalb einer Familie.

Wie ersichtlich, besteht zwischen den IQs der Mütter und der Intelligenz ihrer zur Adoption weggegebenen Kinder eine Beziehung von r = .32, die auf dem 5%-Niveau gesichert ist. Im Wert von r = .07 deutet sich wiederum eine gewisse, allerdings sehr geringe selektive Platzierung an; diese tritt etwas stärker hervor im Vergleich der IQs von ledigen Müttern und Adoptivmüttern (.21) bzw. Adoptivvätern (.22). Generell lagen die IQs der Adoptiveltern mit ca. 112 wesentlich höher als diejenigen der ledigen Mütter (106). Im Übrigen sind die Ähnlichkeiten der leiblichen Kinder zu ihren Eltern stets größer als diejenigen der adoptierten Kinder zu ihren Pflegeeltern. Darin mag der Einfluss genetischer Komponenten gesehen werden. Andererseits gilt für alle referierten Studien, dass die Beziehung von Eltern, deren Aufmerksamkeit und emotionale Zuwendung zu adoptierten Kindern qualitativ anders beschaffen sein kann als diejenige zu ihren leiblichen Kindern. Viele der in den Untersuchungen erfassten Kinder wussten um den Umstand ihrer Adoption, woraus sich spezifische Einstellungen entwickelt haben mögen, die das gesamte Erziehungsgeschehen beeinflussten. Von daher wäre nicht notwendigerweise alles an den Unterschieden zwischen natürlichen und Adoptivfamilien auf genetische Faktoren zurückzuführen, wenngleich andererseits gezeigt werden müsste, dass die fraglichen Besonderheiten der Eltern-Kind-Interaktion, soweit sie sich überhaupt sichern lassen, auch leistungsrelevant sind.

Welch subtile Faktoren immerhin eine Rolle spielen können, wird aus dem Material der Horn et al.-Studie deutlich: Ansetzend an dem unerwartet niedrigen Koeffizienten von .23 für die Beziehung Mutter/leibliches Kind (s. oben Tab. 21.4) wurde gemutmaßt, dass vielleicht in Familien hin und wieder die Absicht, ein Kind zu adoptieren, nach der Geburt eines leiblichen Kindes entsteht, zu dem nur geringe emotionale Bindungen aufgebaut werden können. Interessant wären demnach jene Fälle, in denen ein adoptiertes Kind älter ist als mögliche leibliche Kinder. In der Tat belief sich für N = 74 solcher Mutter/leibliches Kind-Beziehungen die Korrelation auf r = .39 und war damit wesentlich höher als der Koeffizient für alle Mutter/Kind-Dyaden unter Absehung der Geburtenabfolge (s. Willerman, 1979, S. 118).

Außer dem Rekurs auf Korrelationen sind für das geschilderte Projekt natürlich auch die erzielten Mittelwerte in den Tests einer differenzierten Auswertung unterzogen worden (s. Horn, 1983). Einen Ausschnitt daraus enthält Tabelle 21.5.

Die erste Zeile im linken sowie die zweite und dritte Zeile im rechten Teil spiegeln nur die vorgenommenen Klassifikationen wider. Die nur unerheblichen Differenzen in den Reihen (2), (3) und (4; jeweils linkes Feld) zeigen an, dass die von niedrig- bzw. hochintelligenten Müttern zur Adoption weggegebenen Kinder in etwa gleich-qualitativer Umgebung aufwachsen. Dennoch folgen die IQs der Adoptiv-Kinder den Differenzen bei den ihnen unbekannten Müttern. Im rechten Feld, das die Variation der Familien-Umgebung wiedergibt,

Tab. 21.5: Mittlere IQ der aufgeführten Personengruppen bei einer Dichotomisierung der Stichprobe entweder nach dem IQ der ledigen Mütter oder dem für beide Adoptiveltern gemittelten IQ. Werte in Klammern = N (nach Horn, 1983, S. 272).

	Ledige Mütter		Mittelwert d. Adoptiveltern	
	niedrig	hoch	niedrig	hoch
(1) Ledige Mütter	100,1 (106)	114,5 (173)	108,0 (153)	109,6 (182)
(2) Adoptiv-Mütter	110,8 (95)	113,4 (145)	107,6 (136)	116,5 (156)
(3) Adoptiv-Väter	114,9 (93)	115,7 (148)	110,0 (136)	119,6 (156)
(4) »Natürliche« Kinder	113,2 (52)	111,8 (74)	107,8 (55)	114,6 (87)
(5) Adoptiv-Kinder	108,0 (125)	114,7 (144)	110,0 (175)	113,1 (221)

bilden die »natürlichen« Kinder mehr die Unterschiede zwischen ihren Eltern ab, mit denen sie Gene und die Umwelt gemeinsam haben, während die Adoptiv-Kinder, bei denen der Einfluss geringer ist, mit diesen nur die ökologische Komponente teilen und die beiden Gruppen geringere Diskrepanzen erkennen lassen. Horn (1983) sieht diese Ergebnisse in Übereinstimmung mit einer Position, der zufolge die Erbfaktoren für die Ausbildung individueller Differenzen eine erhebliche Bedeutung aufweisen, ohne dass deshalb Umwelt-Faktoren nur von geringem Belang wären.

Eine solche Bewertung gilt anscheinend auch für zwei weitere Bereiche: Allgemeine Leistungen und Persönlichkeitsmerkmale.

In der Scarr und Weinberg (1983)-Studie korrelierten die Leistungen biologischer Geschwister sowohl in verschiedenen Aptitude- als auch Achievement-Tests (s. zur Terminologie oben: 12.6.4) in einer Größenordnung von .33 miteinander; hingegen betrugen die Geschwister-Koeffizienten nur .09 bzw. –.03 im Falle von fehlender Verwandtschaft, d. h., der Effekt ein- und derselben Familie, Nachbarschaft und Schule auf eine mögliche Ähnlichkeit war absolut unerheblich, sofern die Betreffenden keine gemeinsamen Erbanlagen besaßen. Waren die Kinder in den bisher referierten Untersuchungen zur Intelligenz überwiegend recht jungen Alters, gilt das nicht länger für die seit Mitte der Achtzigerjahre vorliegenden Arbeiten aus dem sog. Texas Adoption Project. Dort wurden ca. 200 adoptierte und ca. 80 »biologische« Kinder (die Zahlen variieren stark über den erhobenen Variablen, d. h., in einigen Skalen wurden sehr viel mehr Probanden und Probandinnen erhoben als in anderen) im Alter von ca. 17 Jahren in den Skalen des MMPI, des 16 PF, des CPI und weiteren Maßen mit ihren Adoptiv-Eltern sowie anderen in der Adoptiv-Familie lebenden Kindern bzw. (die »biologischen« Kinder) mit ihren leiblichen Eltern verglichen. Die Resultate sind über die eingesetzten Tests recht konsistent und stehen in bemerkenswertem Kontrast zu dem Intelligenzbereich: Die Ähnlichkeit zwischen Adoptiv-Eltern und -Kindern und diejenige zwischen Adoptiv-Geschwistern ist sehr gering (im Mittel um r = .05). Sofern eine biologische Verbindung vorlag, stiegen die Werte nur geringfügig an (auf ca. r = .15; s. Loehlin, Willerman & Horn, 1985). In jenen Fällen, wo Vergleiche möglich waren zwischen Müttern und ihren zur Adoption weggegebenen Kindern (zu denen zeitlebens keinerlei Kontakte bestanden), waren die Korrelationen mit r = .18 sogar etwas höher als bei der Korrelation Adoptiv-Mütter x Adoptiv-Kinder (r = .00) oder den Fällen, wo Erb- und Umweltfaktoren kovariierten (Kinder, die bei ihren leiblichen Müttern aufwuchsen, r = .12; jeweils Mittel über die Skalen des MMPI, s. Loehlin, Willerman & Horn, 1987).

Gegenüber Intelligenz sind alle diese Koeffizienten ganz wesentlich erniedrigt. Die verminderte Reliabilität und Validität von Persönlichkeitsfragebögen kommt dafür ebenfalls teilweise in Betracht. Begründeter ist jedoch die Auffassung, dass die Ausbildung der Temperamentsfaktoren nach anderen Prozessen erfolgt und etwa Epistase eine bedeutendere Rolle spielt (s. dazu die Bemerkungen am Ende des nächsten Abschnittes). Die Beobachtung, dass »natürliche« Kinder anderen Mitgliedern ihres Familienverbandes ähnlicher sind als adoptierte (s. auch Scarr, Webber, Weinberg & Wittig, 1981; Loehlin, Horn & Willerman, 1981) spricht nur für die Wirksamkeit genetischer Faktoren unter der Voraussetzung völlig vergleichbarer Erziehungsmuster in beiden Typen von Familien. Freilich: Der bei weitem größte Varianz-Anteil bei Interessen- und Persönlichkeits-Variablen bleibt unaufgeklärt sowohl durch Erb- als auch Umwelt-Faktoren, liegt also nicht *zwischen* den Familien, sondern *innerhalb* derselben (s. dazu McCall, 1983). Deshalb wird diesem Faktor zunehmende Beachtung gewidmet (s. Kap. 22.2.3).

c) Schwächere Designs: Vergleich EZ/ZZ

Neben den in den beiden vorangegangenen Kapiteln geschilderten quasi-experimentellen Versuchsanordnungen sind weitere Ansätze verfolgt worden, um etwas über die Erblichkeit von Traits in Erfahrung zu bringen. An erster Stelle stehen hierbei die Untersuchungen von EZ und ZZ, eine Methode, auf die trotz der unter 21.4.2 bereits erwähnten Schwächen noch einmal zurückgekommen werden muss, weil damit ein erheblicher Teil des Befundmaterials zu Persönlichkeitsmerkmalen im engeren Sinne gewonnen wurde.
Zusätzlich zu der schon aufgelisteten Kritik ist anzuführen, dass der Vergleich jeweils gemeinsam aufgewachsener EZ- und ZZ-Paare nur Familien-Binnenvarianz beinhaltet, die Varianz *zwischen* den Familien dagegen unberücksichtigt lässt, was von vornherein zu Fehlern führen muss. Sodann muss davon ausgegangen werden, dass die unter 21.4.2 (a) geschilderte Rollendifferenzierung erst im Laufe der Jugendzeit einsetzt, davor sich aber jeder der EZ- und auch ZZ-Paarlinge den anderen zum Vorbild nimmt. Auch wird wohl häufiger eine besonders ähnliche Umwelt auf die ZZ-Paarlinge einwirken, weil sie – bei gleichem Geschlecht – aufgrund ihres identischen Alters vielleicht irrtümlich für EZ gehalten werden. Schließlich muss eine größere pränatale Konkurrenz der EZ- gegenüber ZZ-Paarlingen unterstellt werden, da einige Strukturmerkmale wie Geburtsgewicht bei EZ häufiger Diskrepanzen zeigen. All diese Faktoren beeinflussen in einer nicht mehr präzis entwirrbaren Weise Verhaltensmerkmale, sodass alle Erblichkeitsschätzungen nach dem Prinzip der Formeln (1) bis (3) unter 21.4.2 recht unsichere Anhaltspunkte liefern, von der fragwürdigen Übertragbarkeit der an Zwillingen als einer abgehobenen Gruppe mit unzweifelhaften Besonderheiten (s. Zazzo, 1978) ermittelten Ergebnisse völlig abgesehen.
Gleichwohl: Wie schon in Tabelle 21.2 dargelegt wurde, zentrieren sich bei umfangreichen Personengruppen und weithin erprobten Skalen die Geschwister-Korrelationen bei EZ um .50 und ZZ um .25 (s. Loehlin & Nichols, 1976; auch Goldsmith, 1983). Die umfangreichste Studie überhaupt stammt von Floderus-Myrhed, Pederson und Rasmusson (1980) und stützt sich auf nicht weniger als rund 5 000 EZ- und nahezu 8 000 ZZ-Paarlinge, die Kurzformen des EPI (s. o.: 15.3.3 b) bearbeiteten. Für Neurotizismus und Extraversion waren die Geschwister-Korrelationen sehr ähnlich und betrugen bei EZ .50 bzw. .51 und bei ZZ .23 bzw. .21. Daraus wurde auf eine Heritabilität von .50 bzw. .51 für Neurotizismus und Extraversion geschlossen, was gut mit den entsprechenden Schätzungen von Eaves und Young (1981) in Höhe von .47 und .55 übereinstimmt (s. auch Rose et al., 1988). Folgt man den auf eigene Erhebungen gestützten Analysen von Price, Vandenberg, Iyer und Williams (1982), die unter Anwendung eines komplexen Modells nur zu Maximal-Schätzungen von h^2 in einer Höhe von .41 für N und .37 für E gelangen, sind dafür praktisch keine additiven, sondern fast ausschließlich interaktive Gen-Effekte im Sinne von Epistase (s. o. 21.4.1) verantwortlich.

Desgleichen berichten Tellegen et al. (1988) für ein Design, in dem erstmals überhaupt simultan jeweils getrennt *und* gemeinsam aufgewachsene EZ *und* ZZ untersucht wurden (N_{tot} = 402; darunter N = 44 getrennt aufgewachsene EZ) über epistatische Effekte, dieses jedoch nur in drei der insgesamt 14 Skalen eines Persönlichkeitsfragebogens. Diese zeigten sich hauptsächlich daran, dass die Regel, wonach Geschwister im Allgemeinen einander halb so ähnlich sind wie EZ (und Enkel ihren Großeltern etwa halb so ähnlich wie ihren Eltern usw.) durchbrochen war und innerhalb der ZZ-Paare nur Korrelationen um null auftraten. Die Autoren prägen dafür den Neologismus »*Emergenesis*« und bezeichnen damit »jedes Merkmal, das aus dem Zusammenwirken oder der Konfiguration zweier oder mehrerer unabhängiger Eigenschaften hervorgeht, die selbst genetisch bestimmt sind« (Lykken & Bouchard, 1983/84, S. 98). Ein geläufiges Beispiel dafür ist etwa die Stimme, die von den Proportionen der Resonanzräume in Kopf und Rachen, den Merkmalen der Stimmbänder usw. abhängt. EZ haben gewöhnlich sehr ähnliche Stimmen, während sich Geschwister meist sehr verschieden anhören. Das liegt daran, dass der Klang nicht aus der einfachen Summe der für sich erblichen anatomischen Artikulations- und Resonanzmerkmale resultiert, sondern aus deren einzigartiger *Kombination;* schon das Fehlen einer Teilkomponente (bei einem »normalen« Geschwister oder Nachkommen wahrscheinlich, nahezu ausgeschlossen jedoch bei einem EZ-Paarling) kann das Ergebnis vollständig verändern. »Offenbar arbeiten in der Genfabrik nicht alle Fließbänder nach dem additiven Prinzip, bei dem jeder Arbeiter dasselbe tut. (Es) werden nicht einfach gleichartige Elemente zusammengefügt, es müssen vielmehr zahlreiche verschiedene Bestandteile in einer genau vorgegebenen Reihenfolge arrangiert werden . . . Fehlt an einem solchen Fließband einer der Arbeiter, dann wird nicht das typische Produkt (z. B. Auge oder Molekül) erzeugt, nur etwas kleiner als normal, sondern etwas qualitativ völlig Anderes« (Lykken & Bouchard, 1983/84, S. 96).
Mit Emergenesis erklären denn auch Tellegen et al. (1988) die Differenz zwischen den Koeffizienten aus Zwillingsstudien und den (numerisch sehr viel niedrigeren) Korrelationen aus Eltern-Kind- und Geschwister-Untersuchungen, die im vorangegangenen Abschnitt zur Sprache kamen.
Gleich ob mit oder ohne Epistase: auch bei Tellegen et al. (1988) resultierte relativ invariant für die einzelnen Primärfaktoren eine Erblichkeit von 50%. Da auf die restlichen 50% neben den umweltmäßigen Varianz-Komponenten auch solche des Mess-Fehlers und kurzzeitiger (State-)Einflüsse entfallen, schlussfolgern die Autoren, dass die Unterschiede im Persönlichkeitsbereich stärker durch genetische als durch umweltbedingte Unterschiede verursacht sind. Rose (1988) gelangt bei einer Analyse von neun MMPI-Skalen (s. Kap. 9.4.1) zu gleichsinnigen Resultaten, weist aber darauf hin, dass in manchen Dimensionen die Erblichkeit durch das Alter der Personen oder deren Geschlecht sowie der Wechselwirkung zwischen diesen beiden Variablen moduliert wird.
Überlegungen von Allen (1970) zum Wechselspiel zwischen Heritabilität und Selektion im Laufe der Evolution liefern eine mögliche Erklärung dafür, warum die Erblichkeit mit .50 in einem mittleren Bereich liegt und darin über verschiedene Dimensionen hinweg eine relative Invarianz besteht: Die genetische Komponente der Variation in Traits nehme so lange zu, bis der Prozess der natürlichen Auslese diesen Anteil vor dem Hintergrund umweltbedingter Variation »sehe« und daran ansetzen könne. Wenn Trait-relevante Umwelt-Unterschiede abnähmen, komme es vorübergehend zu einer Erhöhung der Heritabilität, was zugleich der Selektion einen effizienteren Eingriff in die genetische Variation des Traits verschaffe und dadurch diese (einschließlich der Erblichkeit) wieder reduziere. Dadurch werde eine Art Gleichgewicht zwischen Erblichkeit und Selektion gewährleistet. Darüber hinaus lassen diese spekulativen Überlegungen vermuten, dass sich die Bedeutung verschiedener Eigenschaften für die reproduktive Fitness (d. h. das Anreichern der eigenen Gene in zukünftigen

Generationen) grundsätzlich im Ausmaß der Gesamt-Variation widerspiegelt und nicht so sehr im jeweiligen Mischungsverhältnis von Erb- und Umweltanteilen. Ein Trait mit essentieller Wichtigkeit für die Fortpflanzung wird nur geringe Variation zwischen Individuen zeigen, ein unbedeutender hingegen viel, obgleich die Erblichkeiten in etwa gleich sein mögen – »ein Grund vielleicht dafür, weshalb sexuelles Begehren und Kinderliebe so weit verbreitet sind, während Vorliebe für Statistik stark nur bei wenigen von uns ausgeprägt ist« (Nichols, 1978, S. 169).

21.5 Schlussfolgerungen

Angesichts des beschränkten Platzes konnten die meisten Themen nur angesprochen, kaum aber ausreichend vertieft werden. Auf weitere Ansätze wie Inzuchtstudien, Stammbaum- und Familienuntersuchungen wurde deshalb nicht eingegangen, weil sie gegenüber den erwähnten methodischen Zugängen noch größere Interpretationsprobleme aufwerfen. Des Weiteren musste auf die Darstellung gezielter Züchtungen im Tierexperiment verzichtet werden wegen der größeren Distanz zur vorliegenden Thematik. Das interessante Feld der Erblichkeit spezieller Faktoren im Sinne Thurstones muss ebenfalls mit einem Hinweis abgetan werden (s. Vandenberg, 1965; Loehlin & Vandenberg, 1968).

Die Untersuchung getrennt aufgewachsener Zwillinge ebenso wie die Adoptionsstudien und auch die »einfache« Zwillingsmethode (s. 21.4.2 c) belegen das Faktum der Erblichkeit menschlicher Merkmale *als solches*. »A prudent person has no alternative but to reject the hypotheses of zero heritability of tested cognitive ability« (De Fries & Plomin, 1978, S. 501). Intelligenz scheint dabei in stärkerem Maße durch genetische Faktoren erklärbar zu sein als Persönlichkeitsmerkmale im engeren Sinne; die geringere Reliabilität von Fragebogen mag daran beteiligt sein. In *welchem Ausmaß* genau die phänotypische Varianz von Intelligenz- und mehr noch Persönlichkeitstests durch Erbfaktoren determiniert ist, wird weiter Gegenstand entschiedener Kontroversen sein. Angesichts der zahlreichen Probleme, die aus selektiver Platzierung, der Varianz von Umwelt- und Individualmerkmalen, der Vergleichbarkeit von Experimental- und Kontrollgruppen, den erheblichen Diskrepanzen zwischen den einzelnen Untersuchungen hinsichtlich der zugrunde liegenden Modelle und Annahmen usw. resultieren, ist es voreilig, im Falle der Intelligenz die Intraklassenkorrelation von durchschnittlich .72 für getrennt aufgewachsene EZ (s. 21.4.2 a) und jene von ca. .20 für die IQ-Korrelationen zwischen Adoptiveltern und -kindern als fast ideale gegenseitige Ergänzung anzusehen, letztlich 69% Erb- und 31% Umweltvarianz anzunehmen (s. Eysenck, 1979, S. 133) und das Problem damit als gelöst zu betrachten. Schon die Beobachtung, dass ältere Untersuchungen höhere Heritabilitätskoeffizienten liefern als jüngere (s. Plomin & De Fries, 1980), lässt eine vermeintlich genaue Zahlenangabe als unangemessen erscheinen vor dem Hintergrund der Komplexität des Gegenstandes. Auch der Umstand, dass wir uns zwischenzeitlich bereits auf einige (keineswegs viele) Untersuchungen stützen können, verhindert jedoch nicht, dass Störgrößen wie die gezielte Platzierung stets in derselben Richtung wirken und deshalb ein Fehlerausgleich über mehrere Vorhaben hinweg kaum zu erhoffen ist. Scarr und Weinberg (1979b) schätzen deshalb die IQ-Heritabilität viel vorsichtiger auf einen Wert zwischen .40 und .70.

Insgesamt deutlich niedriger liegen die Erblichkeitsschätzungen für die Varianz von Persönlichkeitstests, wenngleich das keineswegs Anlass dafür sein sollte, genetische Faktoren innerhalb persönlichkeitstheoretischer Konzepte außer Acht zu lassen, da deren Einfluss über

In methodischer und inhaltlicher Hinsicht besonders bedeutungsvoll ist die Studie von Riemann, Angleitner und Strelau (1997), weil darin erstmals die Ausprägungen in den Persönlichkeitsvariablen nicht nur durch Selbsteinschätzungen, sondern zusätzlich auch durch Fremdeinschätzungen ermittelt wurden. Damit ließ sich u. a. dem Problem nachgehen, ob in allen bisherigen Untersuchungen die ZZ-Ähnlichkeit möglicherweise deshalb unterschätzt worden ist, weil zweieiige Zwillinge sich (vielleicht) bei ihren Antworten auf die Fragen in Persönlichkeitstests (z. B. »Übernehmen Sie bei gemeinsamen Aktionen gern die Führung?«) nicht am Durchschnitt der Gesamtbevölkerung, sondern an ihrem Geschwister und dessen diesbezüglichem Verhalten orientieren. Etwa mag ein Proband die Frage bejahen, weil er oder sie relativ zum Geschwister zu Führungsverhalten neigt, im Vergleich zur Normgruppe aber eher ein »Mitläufer« ist, was die Antwort »Nein« zur Folge haben müßte. Ein solcher Kontrasteffekt würde notwendigerweise zu einer Unterschätzung der Bedeutung der geteilten Umgebung führen (siehe Borkenau, 1993, S. 134).
Riemann et al. (1997) gaben den NEO-FFI (siehe oben: 15.4.2.a) an 660 EZ- und 304 ZZ-Paare vor. Zu jedem der Probanden lieferten je zwei Bekannte oder Verwandte Fremdeinschätzungen auf den »Big Five«-Dimensionen. Die Ergebnisse sind in Tabelle 21.6 zusammengestellt.

Tab. 21.6: Einflüsse von Erblichkeit (additive Genwirkung, a^2) und spezifische Umgebung (e^2) in 5 Merkmalen auf der Basis von Selbst- bzw. Fremdurteilen (nach den Tabellen 3 und 5 von Riemann et al., 1997).

	Grundlage der Schätzungen			
	Selbsteinstufungen		Fremdeinschätzungen	
	a^2	e^2	a^2	e^2
Neurotizismus	.52	.48	.61	.39
Extraversion	.56	.44	.60	.40
Offenheit für Erfahrungen	.53	.47	.81	.19
Verträglichkeit	.42	.58	.57	.43
Gewissenhaftigkeit	.53	.47	.71	.29
Mittel	.51	.49	.66	.34

Im Großen und Ganzen bestätigen die Resultate die bisherige Forschung; die erwähnten Kontrasteffekte spielen keine Rolle. Allerdings steigen die Schätzungen der erwähnten Heritabilität, wenn an Stelle der Selbsteinstufungen die Urteile von Bekannten herangezogen werden, und zwar offenbar deshalb, weil bei den Fremdurteilen Fehlervarianz von den Effekten ungeteilter Umgebung abgezogen werden kann. Gemeinsame Umwelt ist im Vergleich zu spezifischen Umweltfaktoren offenkundig nur von geringer Bedeutung.

Methoden, Traits und Altersgruppen als gesichert gelten kann. Von geringer gegenüber der ansonsten eher mittleren Erklärungskraft bei Persönlichkeitsdimensionen sind genetische Komponenten im jungen Lebensalter, bei Eigenschaften, die an der Nahtstelle zu sozialen Einstellungen liegen, und für behaviorale Indikatoren relativ niedrigen Aggregationszustandes (Goldsmith, 1983).
Wie richtig diese Einschätzung ist, mag die Arbeit von Plomin, Foch und Rowe (1981) belegen, in der für aggressives Verhalten gegenüber der in der Forschungsliteratur berühmten Bobo-Clown-Puppe keinerlei Hinweise auf genetische Determination gefunden wurden.
Wichtig ist, dass Erblichkeitsschätzungen nach den geschilderten Prinzipien nichts über die Wirkung möglicher Fördermaßnahmen aussagen (s. Formann & Fischer 1982, S. 65), wes-

halb es zukünftig mehr darauf ankommt, die Auswirkung einer geänderten Umwelt bei gegebener genetischer Ausstattung einer bestimmten Person zu ermitteln und daraus Konsequenzen für die Praxis oder Bildungspolitik abzuleiten (in diesem Sinne Fischer & Formann, 1981, zugleich mit dem Vorschlag einer Formalisierung).
Bedeutender als eine weitere Eingrenzung des Heritabilitäts-Mutungsbereiches wird zukünftig die Frage sein, welche neuroanatomischen Strukturen und physiologischen Prozesse es sind, die die Voraussetzung jeder Erblichkeit bilden. Hier ist zuerst an Nervenleitgeschwindigkeit und Speicherkapazität, evozierte Potenziale und die Ausbildung bedingter Reaktionen (synaptischer Verbindungen?) und anderes zu denken (s. dazu Bouchard, 1984). Parallel zu dem hier allein diskutierten Trait-Modell der Erblichkeit könnte nach weiteren Fortschritten vermutlich auch ein mehr gen-orientierter Ansatz forciert werden, wie er etwa beim Auftreten von Chromosomenanomalien und deren Begleiterscheinungen üblich ist.

Weiterführende Literatur:
Einen aktuellen Überblick über Methoden und Ergebnisse der Verhaltensgenetik gibt Borkenau, 1993, desgleichen Loehlin, 1992. Einzelne Aspekte werden vertiefend behandelt von Farber, 1981; Merz & Stelzl, 1977; Bouchard, 1982; Bouchard & Propping, 1993; Plomin, 1986; Loehlin, Willerman & Horn, 1988.

Fragen zu Kapitel 21:

1. Was bedeuten Erbe-Umwelt-Kovariation und Erbe-Umwelt-Interaktion?
2. Nennen Sie eine Untersuchung, die Implikationen für die Frage besitzt, ob ähnliche Umwelten innerhalb von Paaren eineiiger Zwillinge auch zu höheren Persönlichkeitsähnlichkeiten führt!
3. Nennen Sie die Ergebnisse und einige Probleme der Intelligenzuntersuchungen an getrennt aufgewachsenen eineiigen Zwillingen!
4. Nennen Sie die zentralen Ergebnisse und einige Probleme der Adoptionsstudien zur Intelligenzentwicklung!
5. Welche Besonderheiten ergeben sich beim Vergleich eineiiger und zweieiiger Zwillinge im Persönlichkeits- relativ zum Intelligenzbereich?

22 Umwelteinflüsse

Auch wenn das vorangegangene Kapitel sich in erster Linie mit den Auswirkungen genetischer Faktoren auf die Entwicklung von Intelligenz und Persönlichkeitsmerkmalen befasste, war es doch an mehreren Stellen unumgänglich, bereits einige Worte auf den Einfluss von Umweltbedingungen zu verwenden. Dieses ergibt sich notwendigerweise aus der Natur der Sache insofern, als einleitend schon festgestellt wurde, dass die beiden Bereiche nicht losgelöst voneinander gesehen werden können, da sie sich in ihrer Entwicklung gegenseitig bedingen und aufeinander angewiesen sind. Von daher ist jede strikte Dichotomie »Erbe/Umwelt« bzw. ein krasses »Entweder/Oder« letztlich unangemessen und nur gleichsam vorübergehend aus begrifflichen und didaktischen Gründen legitim. Wenn nachfolgend das Hauptaugenmerk auf Umweltreize gerichtet wird, geschieht dieses lediglich im Sinne der Perspektive einer Betrachtung.

22.1 Dimensionierung der Umwelt

Schon Peters (1925, S. 338) hat davon abgeraten, »die Umwelt wie einen großen, groben, ungeformten Block zu behandeln, der als Ganzes gut oder schlecht, günstig oder ungünstig wirkt«. Vielmehr müssen differenzierte Faktoren und spezifische Funktionen unterschieden werden. Gewöhnlich wurden deshalb beispielsweise für den Sozialstatus einzelne Indikatoren herausgearbeitet wie Einkommen und Beruf des Vaters und diese gleichermaßen separat wie zu einem Globalwert kombiniert in die Analysen eingebracht. So ist in der Studie von Burks (1928) die Korrelation der »Anzahl von Büchern im Hause« mit dem IQ der adoptierten Kinder ($r = .16$) neben derjenigen eines »Culture Index«, bestehend aus eben der Bücherzahl der Eltern, deren Wortschatz, Bildungsgrad, kulturellen Interessen und künstlerischen Vorlieben, ($r = .25$) gesondert ausgewiesen.

Eine Kombination und Gewichtung dieser Indikatoren nach Maßgabe ihrer wechselseitigen Interkorrelationen anstelle einer bloßen Addition würde empirisch Zusammengehöriges vereinigen und Redundanzen vermeiden. Die Faktorenanalyse stellt diesbezüglich die Methode der Wahl dar.

Erst mit Beginn der 70er Jahre mehren sich jedoch die Versuche, die Dimensionalität der Umwelt oder spezifischer Situationen zu bestimmen (s. Craik, 1971; Frederiksen, 1972). Dabei sind zwei Arten von Vorhaben zu unterscheiden: Eine Gruppe von Forschern bemüht sich um die Kategorisierung physikalischer Charakteristika. So hat etwa Wohlwill (1970) Dimensionen sensorischer Stimulation und Deprivation sowie deren Zusammenhang mit Gesundheit und individueller Entwicklung aufgezeigt. Andere Arbeitseinheiten konzentrieren sich mehr auf die sozialen und verhaltensmäßigen Aspekte typischer Umweltsituationen.

Insel und Moos (1974) beschreiben etwa Dimensionen zwischenmenschlicher Beziehungen, solche der persönlichen Entwicklung und Stilorientierung sowie Faktoren der Beibehaltung bzw. Veränderung eines Systems. Grundsätzlich zählen hierzu auch jene Studien, in denen zunächst über Ähnlichkeitsskalierungen spezifische Umwelten zu Gruppen zusammengefasst werden. Magnusson und Ekehammar (1975) haben dies beispielsweise für die Hochschulen getan und Konstellationen unterschieden, die durch Belohnung (z. B. »Man war fähig, eine schwierige Frage in einer Übung zu beantworten«), Frustrationen (z. B. »Man kann eine einfache Frage nicht beantworten«), Entspannung (z. B. »Man hat Pausen zwischen den Vorlesungen«), Interaktionen (z. B. »Mittagsessen mit Kommilitonen«) oder individuelle Arbeit (z. B. »Man sitzt allein zu Hause und erledigt seine Hausaufgaben«) gekennzeichnet sind. Einen relativ hohen Stand haben zwischenzeitlich namentlich die Forschungen zur Klassifikation des Verhaltens von »Vorgesetzten« im breitesten Sinne erreicht, also Eltern (s. unten 22.3.3), Lehrern, Richtern, Managern und dergl. Eines der in der augenblicklichen Forschung am meisten gebräuchlichen Instrumente zur Erfassung von Umwelt-Differenzen ist Caldwells »Home-Inventory«, mit dessen Hilfe sich sechs Dimensionen kindlicher oder vorschulischer Umgebungsfaktoren abbilden lassen (Elardo & Bradley, 1981; bzw. Bradley & Caldwell, 1981). Darüber hinaus liegt noch eine Reihe mehr oder weniger standardisierter Verfahren vor, die noch spezifischer die Kodierung unmittelbarer Beobachtungen und nicht so sehr die Quantifizierung relativ globaler Eindrücke gestatten (s. Wachs 1983, S. 398).

Von besonderem Wert sind die besagten Untersuchungen dann, wenn es gelingt, faktoriell herausgearbeitete Umweltdifferenzen mit individuellen Verhaltensunterschieden in Beziehung zu setzen und das Erleben verschiedener Situationen als zusätzlichen Prädiktor oder aber Moderator bei der Aufklärung von Kriteriumsvarianzen einzusetzen. In Verfolgung des ersteren Weges gelang es etwa Kahl, Buchmann und Witte (1977), die Schulleistungen von Schülern der 6. Klasse durch deren Beurteilung von Lernsituationen, die sich in Faktoren gliederten wie »Kohäsion« (z. B. »Die Schüler vertragen sich sehr gut miteinander«), »Identifikation mit der Unterrichtsarbeit« (z. B. »Die Arbeit in der Klasse gefällt den Schülern gut«) und »Leistungsanforderungen im Unterricht« (z. B. »Von den Schülern wird ständig viel verlangt«), als zusätzliche Prädiktoren zu den üblichen Leistungsvariablen verstärkt aufzuklären.

Schon früher hat Wolf (1966) den Komplex des sozioökonomischen Status aufdifferenziert und gefunden, dass der Anregungsgehalt zur Entwicklung von Leistungsmotivation, die Art und Intensität erfahrener Hilfen bei der Überwindung von schulischen Schwierigkeiten, Arbeitsgewohnheiten, die Aktivitäten und das intellektuelle Niveau der Personen in der individuellen Umgebung gute Prädiktoren in der akademischen Leistung, hingegen Anregungen zur geistigen Entwicklung, besonders Schulung des Verbalen und Vermittlung allgemeiner Lernerfahrung in verschiedenem Kontext, solche des Intelligenzquotienten waren. Craik (1976) berichtet analog dazu über Zusammenhänge zwischen Persönlichkeitsvariablen und physischer Umgebung. Die Bedeutung solcher Arbeiten liegt darin, Variablen interindividueller Differenzen mit solchen der unterschiedlichen Umwelt in Verbindung zu bringen, wenngleich der Zusammenhang dabei lediglich deskriptiv über den Korrelationskoeffizienten erfasst wird. Auch leidet gewiss die Aussagekraft, wenn die Daten zu den Persönlichkeits- und Umweltdimensionen, wie es häufig der Fall ist, von ein- und denselben Personen geliefert werden, diesbezüglich also keine experimentell unabhängigen Quellen vorliegen. Generell sind sehr globale oder nur retrospektiv bearbeitete Instrumente von nur geringem Wert für einen Umwelttheoretiker, der daran interessiert sein muss, *was* aus den vorliegenden Reizen und *auf welche Weise* im Zusammenspiel mit Anlagefaktoren für die Entwicklung der Persönlichkeit wirksam ist. Die diesbezüglich niedrigste Stufe stellt die Konzeptualisierung der Umwelt bei zahlreichen Verhaltensgenetikern dar, die etwa im Falle von Adop-

tiv-Kindern, Bewohnern von Heimen oder getrennt aufgewachsenen eineiigen Zwillingen meist nur von »gleichen« oder »verschiedenen« Umwelten sprechen, *ohne eine direkte oder indirekte Messung vorgenommen zu haben!* Auch bei Loehlin und Nichols (1976) geschah die Kategorisierung der Umweltmerkmale nur retrospektiv. Ein derartiger Ansatz ist jedoch nicht nur einseitig und wenig fruchtbar im Sinne des Erkenntnisprozesses, sondern behindert auch den wichtigen Kommunikationsprozess zwischen Verhaltensgenetikern und Umwelttheoretikern. Nicht zuletzt beinhaltet er die Gefahr einer drastischen Überschätzung der genetisch bedingten Varianz zuungunsten umweltmäßiger Determinanten (nach Wachs, 1983, aus dessen außerordentlich bedeutsamem Aufsatz die letzteren Argumente rühren). Nur insofern, als eine reliable, spezifische und multidimensionale Erfassung der Umweltfaktoren wenigstens versucht wird, kann überhaupt der Umwelttheorie entsprochen werden.
Die nachfolgend (unter 22.2) zu besprechenden Forschungsuntersuchungen müssen auch an diesem Kriterium gemessen werden, das allerdings, um es vorweg zu sagen, nur sehr selten erfüllt ist. Die Differentielle Psychologie hat sich in der Vergangenheit ganz überwiegend mit interindividuell stabilen Unterschieden und deren präziser Erfassung beschäftigt, darüber aber die Klassifizierung der entwicklungs- und handlungsrelevanten Kontext-Variablen vernachlässigt (wie gewaltig etwa ist die Variabilität umweltmäßiger Faktoren innerhalb jeder der üblichen drei oder vier Stufen von sozio-ökonomischem Status!). Von daher ist ein gewisser Bias gegen die umwelttheoretische Erklärung gegeben, der nur durch Konstruktionsbemühungen für entsprechende Instrumente und deren gezielten Einsatz zu neutralisieren ist.
Buss (1977) hat einen anderen Schritt unternommen und für die Umwelt ein hierarchisches Modell der Dimensionierung vorgestellt, das isomorph zu solchen der Persönlichkeit ist (z. B. dem Intelligenzmodell von Vernon, s. 12.3.2, oder dem Persönlichkeitsmodell von Eysenck, s. 15.3.3 a)); Umwelt- und Persönlichkeitsunterschiede werden in denselben Begriffen beschrieben und wechselseitig aufeinander bezogen. Das »Bindeglied« oder »Gemeinsame« sollen differentielle Prozessvariablen des Lernens sein. Insoweit als solche prozessualen Lernvariablen in unterschiedlichen Umweltsituationen eine verschiedene Rolle spielen, produzieren sie interindividuelle Differenzen, und zwar je nach Betrachtungsweise Differenzen innerhalb und zwischen den Kulturen. Um ein Beispiel dafür aus dem *Leistungsbereich* zu geben: Von Eskimos ist bekannt, dass sie im Durchschnitt hohe Werte in Raumvorstellungs- und Wahrnehmungsaufgaben erzielen. Die natürliche Umwelt der Eskimos erfordert u. a. Fähigkeiten, die den Erfolg beim Jagen sicherstellen; dazu aber gehören zweifellos die Faktoren der Wahrnehmung. Entsprechend werden diese Bereiche mehr geübt als in Kulturen, die auf Ackerbau oder Viehzucht beruhen. Ein interkultureller Vergleich im Hinblick auf Lernsituationen für Raumwahrnehmung könnte somit die *Umweltvariablen* für räumliche Beziehungen identifizieren und gleichzeitig den Unterschieden Rechnung tragen, die in eben dieser Variable aufseiten der *Personen,* also in dem Trait »Raumwahrnehmung« bestehen.
Für den *Persönlichkeitsbereich* im engeren Sinne erwähnt Buss (1977, S. 200) u. a. Extraversion. Ungeachtet der möglichen genetischen Verankerung wären auch hier bedeutsame Lernprozesse aufzeigbar, die aktiviert werden in Abhängigkeit von Situationen mit unterschiedlicher Gelegenheit oder Notwendigkeit für »Aus-Sich-Herausgehen«, verschiedenem Nachdruck auf Selbstbehauptung und Selbstsicherheit und dergl. Insofern sei ein situativer Umweltfaktor gedanklich auszumachen, zu dem ein Pendant im Individualbereich bestehe. So bestechend der zugrunde liegende Gedanke einer solchen Betrachtungsweise auch ist, darf nicht übersehen werden, dass eine Elaboration der Konzeption im Detail noch aussteht. Was für den Vergleich zweier Kulturen gilt, muss auch auf weitere zutreffen, in denen etwa ebenfalls Jagd oder weitere Tätigkeiten, die Raumwahrnehmung erfordern, eine wichtige Rolle spielen. Im Weiteren müsste zudem, was noch größere Probleme bereitet, nachgewiesen werden, dass auch die Binnendifferenzierung innerhalb eines Kulturverbandes denselben

Gesetzmäßigkeiten gehorcht, etwa Extravertierte von Anfang an ein anderes Lernschicksal aufgrund situationsspezifischer Anforderungen erfahren als Introvertierte.
Etwas über das Programmatische hinaus sind Bem und Funder (1978) gegangen. Von ihnen stammt ein Ansatz, um unter Verwendung der Q-Sort-Methode sowohl die Merkmale der Umwelt oder Situationen, als auch diejenigen der darin agierenden Personen in einem gemeinsamen Beschreibungssystem abzubilden: So wurde in einem Experiment zum Belohnungsaufschub (»Delay of Gratification«) an einer Stichprobe von Kindern registriert, wie lange diese auf das bevorzugte zweier vor ihnen liegender Geschenke warten konnten oder stattdessen die weniger gut schmeckende Süßigkeit sofort haben wollten. Mit der Verzögerungszeit wurde jedes einzelne von 100 Items eines Q-Sorts korreliert, den die Eltern über die Kinder geliefert hatten (z. B. »Has high standards of performance for self«, r = .48, »Appears to have high intellectual capacity«, r = .62). Auf diese Weise bilden die zunächst nur für die Beschreibung der Personen gedachten Items auch eine Grundlage zur Kennzeichnung einer Situation; besonders relevant sind die Aussagen mit hohen Korrelationskoeffizienten und (individuell, also ipsativ) hoher Ausprägung. Vergleicht man korrelativ den individuellen Q-Sort mit dem durch dieselben Items gekennzeichneten, nach Varianz und korrelativer Ähnlichkeit mit dem Kriteriumsverhalten gewichteten durchschnittlichen Q-Sort (der letztlich die Situation in Begriffen einer sich darin idealtypisch verhaltenden Person beschreibt), ist eine Aussage darüber möglich, welches Verhalten ein Individuum im fraglichen Kontext zeigen wird – ein wegweisender Ansatz, um für Gruppen von Personen und Klassen von Situationen eine gemeinsame Beschreibungsgrundlage zu schaffen und jegliche Vorhersage zu verbessern. Darauf wird später zurückzukommen sein (s. 25). Zunächst sollen verschiedene Faktoren in ihrer Ausbildung für interindividuelle Differenzen erörtert werden, die auch ohne eine gezielte Analyse der Umwelt jedermann bekannt sind.

22.2 Allgemeine Milieu- und Anregungsfaktoren

22.2.1 Zwillingsuntersuchungen

Newman, Freeman und Holzinger (1937), die für ihre getrennt aufgewachsenen EZ eine IQ-Korrelation von r = .67 gefunden hatten (s. Tab. 21.1 unter 21.4.2 a)), ermittelten für jedes ihrer 19 Zwillingspaare auch die Unterschiedlichkeit der Anregungsbedingungen, unter denen die einzelnen Partner groß geworden waren. Die Intrapaar-Differenz von Schulbildung und Erziehung korrelierte mit der Unterschiedlichkeit im IQ zu r = .79, die sozialen Umstände mit der IQ-Differenz zu .51 – eine Studie mithin, die einmal mehr simultan die Wirksamkeit genetischer wie auch umweltmäßiger Bedingungen demonstriert. Dabei impliziert weder die Signifikanz noch die beträchtliche Höhe der Koeffizienten einen Widerspruch, da die IQ-Ähnlichkeit sich auf die Varianz zwischen, der Zusammenhang mit Umweltdifferenzen auf jene innerhalb der Paare bezieht. Im Extremfall wären deshalb durchaus noch höhere Kennwerte vorstellbar.
Die einzige weitere Untersuchung mit einem vergleichbaren Ansatz ist jene von Burt (1966), doch kommt ihr wegen der Unklarheiten in Bezug auf Datenerhebung und -verrechnung (s. auch Dorfman, 1978) kaum noch Gewicht zu.
Ein Beispiel für die nachgerade mustergültige Verknüpfung von längsschnittlicher Erfassung der intellektuellen Leistungsfähigkeit ein- und zweieiiger Zwillinge unter Kontrolle der

häuslichen Umgebung und elterlicher Bildungs- sowie Temperamentsfaktoren stellt die Arbeit von Wilson (1983, Wilson & Matheny, 1983) dar. Eine große Anzahl von Beobachtungen und Einschätzungen vonseiten eines Sozialarbeiters bei Hausbesuchen wurde zunächst faktorenanalytisch auf vier Dimensionen reduziert, nämlich Temperament, Intellekt und Sozial-Geschick der Mutter sowie Angemessenheit der häuslichen Umwelt. Zusammen mit dem zuvor bestimmten sozio-ökonomischen Status und Bildungsgrad der beiden Elternteile fungierten diese Dimensionen als Prädiktoren für die Intelligenz der Kinder (N = 494 Zwillinge, dazu noch mehr als N = 350 Geschwister aus denselben Familien). Die Vorhersagen gelangen umso besser, je älter die Kinder (und damit auch: Je länger die Vorhersageintervalle!) waren, was zum Teil mit der zunehmenden Reliabilität der Kriteriumswerte zu tun hat. Die Kombination der o. a. Untersuchungsvariablen führte zu einem multiplen R von .62, wenn die Leistungsvarianz im 6. Lebensjahr aufgeklärt werden sollte. Das beweist die Wirksamkeit häuslicher und familiärer Hintergrundvariablen.

Bildungsgrad von Vater und Mutter sowie deren Sozialstatus fügten sich aber ebenfalls zu R = .59 zusammen. Getrennt für die einzelnen Altersabschnitte trugen die Prädiktoren-Gruppen auf die in Abbildung 22.1 veranschaulichte Weise zur Varianzaufklärung bei.

Auffällig an den Resultaten ist der nicht nur relative, sondern auch absolute Rückgang in der Vorhersagekraft der häuslichen Skalen ab dem 2. Lebensjahr. Dieses spricht gegen eine kumulativ-gleichsinnige Wirkung von Umweltfaktoren. Zudem wurden die EZ einander mit zunehmendem Alter immer ähnlicher, die ZZ hingegen fielen von anfänglich gleichem Konkurrenzniveau auf die Ähnlichkeit ab, wie sie zwischen nicht gleichaltrigen Geschwistern entsteht, d. h., die uniformierenden Lernerfahrungen der frühen Jahre halten nicht an (aufgrund der für die Umwelt immer deutlicher werdenden Verschiedenheit im Aussehen?) Das alles ist für Wilson (1983) Anlass dafür, von einem genetischen Grundplan für die Entwicklung auszugehen, in deren Verlauf ökologische Faktoren eine Verstärkerwirkung aufweisen.

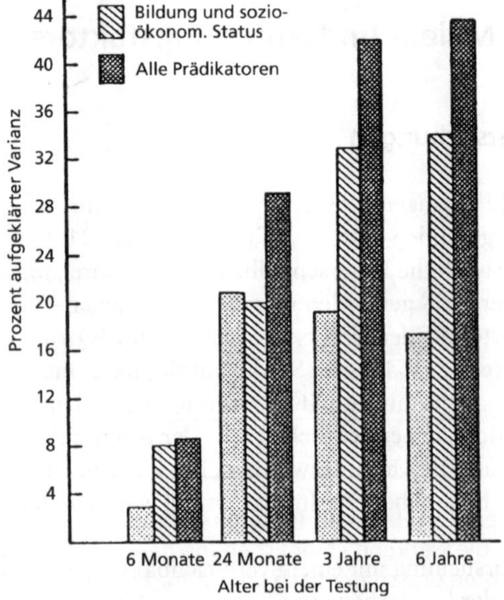

Abb. 22.1: Aufklärung der Intelligenz-Punkte-Varianz durch drei Gruppen von Prädiktoren während unterschiedlicher Entwicklungszeitpunkte (aus Wilson & Matheny, 1983, S. 211).

Eine für die umwelttheoretische Position zentrale Erwägung geht dahin, dass solche Personen einander relativ ähnlicher sein müssten, die vergleichsweise engen Kontakt miteinander haben. Die Überprüfung dieser Annahme ist nicht nur im Hinblick auf Intelligenz erfolgt, wo die Resultate widersprüchlich ausfielen (s. oben: 21.4.2a), sondern auch für Persönlichkeits- und Verhaltensmerkmale. Ein zentraler Stellenwert kommt dabei den Erhebungen von Kaprio, Koskenvuo und Rose (1990) aus zwei Gründen zu: Zum einen können sich die Autoren dieser finnischen Zwillingsstudie auf außergewöhnlich große Stichprobenumfänge stützen, die in ihrer Gesamtheit ca. 14000 Personen umfassen (in separaten Analysen aber auch wesentlich kleinere Gruppen beinhalten); zum anderen basiert die Untersuchung, was sie von allen anderen in positiver Weise abhebt, auf einem längsschnittlichen Ansatz.

Eine Sub-Stichprobe von N = 540 EZ, die zum Zeitpunkt der Erst-Untersuchung zwischen 19 und 25 Jahre alt waren und zusammenlebten, wurde 6 Jahre später erneut mit den Skalen Extraversion und Neurotizismus des Eysenck Personality Inventory getestet. Desgleichen wurde der Alkohol-Konsum registriert. Zurzeit des Retests lebten ungefähr 24 % der Paare noch zusammen. 64% hatten täglichen oder wöchentlichen Kontakt und 12 % sahen einander nur einmal im Monat oder noch weniger. Die Intra-Klassen-Korrelationen für Neurotizismus sind in Abbildung 22.2 grafisch veranschaulicht. Für Alkoholkonsum fielen die Resultate genauso aus.

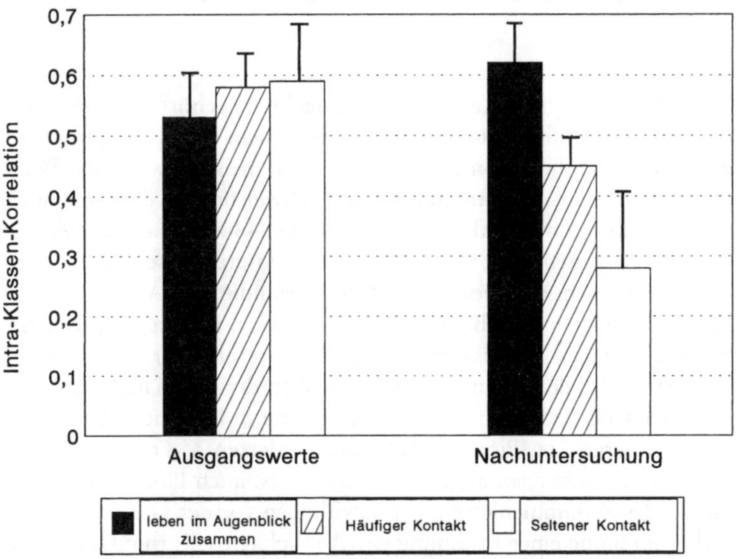

Abb. 22.2: Intra-Klassen-Korrelationen (plus/minus Standardfehler) für Neurotizismus bei EZ-Paaren, die während einer Erhebung der Base-Line-Daten im Jahre 1975 zusammenlebten und später nach der Häufigkeit ihres wechselseitigen Kontaktes im Jahre 1981 kategorisiert wurden (häufig = täglicher oder wöchentlicher Kontakt, selten = Kontakt nicht häufiger als einmal pro Monat).
Die Daten beziehen sich auf männliche und weibliche Geschwister (aus Kaprio et al., 1990, S. 271).

Wie ersichtlich, geht mit abnehmendem späterem Kontakt eine abnehmende wechselseitige Ähnlichkeit der Zwillinge einher – anscheinend ein glänzender Beleg für die These, wonach häufigere Kontakte zu größeren Ähnlichkeiten führen. Gleichsam auf den zweiten Blick muss allerdings eingeräumt werden, dass die Anti-These (»Abnehmende Ähnlichkeit hat eine geringere Kontaktdichte zur Folge«) nicht minder plausibel ist und durch die obigen Resultate nicht ausgeschlossen wird. Etwa mag es sein, dass nach dem Auszug aus dem Elternhaus einer der heranwachsenden Zwillinge begonnen hat, dem Alkohol zuzusprechen, und sich als Konsequenz dieses Verhaltens der andere befremdet gefühlt und den Kontakt zum Geschwister abgebrochen hat. Weil es sich um EZ handelt, müssen die Ursachen für die Intra-Paar-Diskrepanzen im Trinkverhalten und der über die N-Skala erfassten emotionalen Labilität sozialisationsbedingt sein, wobei die potentiellen Ursachen dafür von perinatalen Schädigungen bis zu nicht-gemeinsamen Umwelterfahrungen reichen, wie z. B. einer gescheiterten Liebesbeziehung, dem Verlust des Arbeitsplatzes oder einer Krankheit. Lykken, McGue, Bouchard und Tellegen (1990) haben solche Überlegungen zudem empirisch untermauert, und zwar in mehrfacher Weise: In dem Datenmaterial der Minnesota-Studie findet sich nur eine minimale Korrelation zwischen Kontaktdichte und Ähnlichkeit, die in keiner Variable mehr als 1% der gemeinsamen Varianz erklärte. Darüber hinaus verlange die strenge Formulierung der Hypothese, wonach intensiver Kontakt zu größerer Ähnlichkeit führe, dass bei älteren Zwillingen, die entweder längere Zeit in häufigem Kontakt oder – bei getrenntem Aufwachsen – allein verbracht haben, eine höhere Ähnlichkeits-Kontakt-Korrelation auftreten müsste als bei jüngeren; genau das Gegenteil trete aber gewöhnlich auf. Schließlich müssten auch die Intra-Paar-Korrelationen bei Eheleuten mit wachsender Dauer der Beziehung ansteigen, was empirisch jedoch ebenfalls nicht der Fall sei. Lykken et al. (1990) vertreten denn die Auffassung, dass sich speziell die EZ der wechselseitigen Gegenwart deshalb erfreuen, *weil* sie einander so ähnlich sind in Einstellungen, Interessen und Persönlichkeit.

Was generell die Messung von Umweltfaktoren angeht, so gehört es zu den aufregenden Erkenntnissen der achtziger Jahre, dass diese selbst unter dem Einfluss genetischer Faktoren zu stehen scheinen. In der Studie von Rowe (1981) war beispielsweise die Wahrnehmungs-Ähnlichkeit der elterlichen Akzeptierung vs. Zurückweisung an den untersuchten 46 EZ-Paaren mit r = .74 sehr viel höher als mit r = .21 bei den 43 ZZ-Paaren. Gleichsinnige Resultate werden für die Wahrnehmung von kritischen Lebensereignissen und sozialer Unterstützung aus der schwedischen Adoptions- und Zwillingsstudie zum Altern berichtet (Pedersen, McClearn, Plomin, Nesselroade, Berg & DeFaire, 1991). Hingegen sprechen die Befunde nur für einen sehr geringen Einfluss genetischer Faktoren bei der Einschätzung des elterlichen Erziehungsstiles. Da der IQ und die Persönlichkeit der Eltern nicht als Ursachen für die Wirksamkeit genetischer Faktoren auf die Punktwerte in derartigen Umweltskalen in Betracht kommen (s. Bergeman, Plomin, McClearn, Pedersen & Friberg, 1988), müssen die Ergebnisse weiterer Forschungen abgewartet werden (s. auch Plomin, 1991).

Ob der Umstand des Zusammenlebens von Zwillingen vor der Geburt in einem gemeinsamen Uterus eher im Sinne einer Erhöhung der Ähnlichkeit wirkt und damit einen Bias zugunsten des Erblichkeitskoeffizienten hervorruft oder eher eine Differenzierung zur Folge hat, muss einstweilen der Spekulation überlassen bleiben. Einerseits liegen Anhaltspunkte dafür vor, dass Gestagen als ein Bestandteil des mütterlichen Hormonspiegels (der ja beide Partner in gleicher Weise berührt) die spätere körperliche Entwicklung und auch die Intelligenz beeinflusst (Dalton, 1968). Andererseits ist verschiedentlich beobachtet worden, dass EZ-Paare häufiger Unterschiede in der Händigkeit zeigen (zwischen 11,5 und 31,6% der Fälle, s. von Bracken, 1969, S. 440/441), der eine Partner einen körperlichen Defekt wie Beeinträchtigung der Seh- oder Hörleistung, Asphyxie u. Ä. aufweist, was möglicherweise durch die Konkurrenz im Uterus begünstigt wird. Beim Fehlen ausreichenden Materials und einer hinreichenden Abschätzung der Bedeutung solcher Faktoren für die Ausbildung von Intelligenz und Persönlichkeitsmerkmalen begeht man vermutlich den geringsten Fehler, bis auf weiteres von einem ungefähren Ausgleich und einer gegenseitigen Neutralisierung der im Sinne von Uniformierung einerseits, Differenzierung andererseits wirkenden pränatalen Faktoren auszugehen.

Ungelöst ist auch die Frage, inwieweit die regelhaft gefundene Minderleistung von durchschnittlich ca. 4 IQ-Punkten eineiiger Zwillinge gegenüber parallelisierten »Normal-Kindern« (s. etwa Husen, 1960) durch pränatale oder erst nach der Geburt wirkende Faktoren bedingt ist, da zum einen gewöhnlich die EZ nach der Geburt auch gemeinsam aufwachsen und deshalb eine Trennung der konfundierten Faktoren nicht möglich ist, zum anderen die geringe Zahl der getrennt aufgewachsenen EZ keine schlüssige Beantwortung erlaubt. In einer interessanten Analyse haben im Hinblick darauf Record, McKeown und Edwards (1970) die Verbal-Reasoning-Leistungen 11-jähriger Kinder, die als Zwillinge geboren, deren Partner aber während oder kurz nach der Geburt gestorben waren, mit allein Geborenen sowie auch mit Zwillingen verglichen, bei denen beide Partner noch lebten. Differierten die vollständigen Zwillingspaare von den Einzelkindern um die üblichen 4 bis 5 IQ-Punkte, waren die überlebenden »Zwillinge« den Einzelkindern nur noch um 1,3 Punkte unterlegen. Demgegenüber berichten aber Myrianthopoulos, Nichols, Broman und Anderson (1971), gestützt auf eine ganz ähnliche Anordnung, dass die alleingebliebenen Partner Leistungen zeigten, die identisch sind mit denjenigen typischer Zwillingspaare. Gestützt auf eine längsschnittliche Untersuchung gelangen Lytton, Watts und Dunn (1987) zu der Überzeugung, dass in frühen Lebensjahren die verminderten verbalen Fähigkeiten eher mit geringer Sprachstimulierung jedes Zwillings-Paarlings durch die Eltern wegen der »Twoness« der Kinder zusammenhängt und nicht mit einem biologischen Handikap oder dem mütterlichen Bildungsgrad. Weitere Untersuchungen müssten hier die Widersprüche beseitigen.

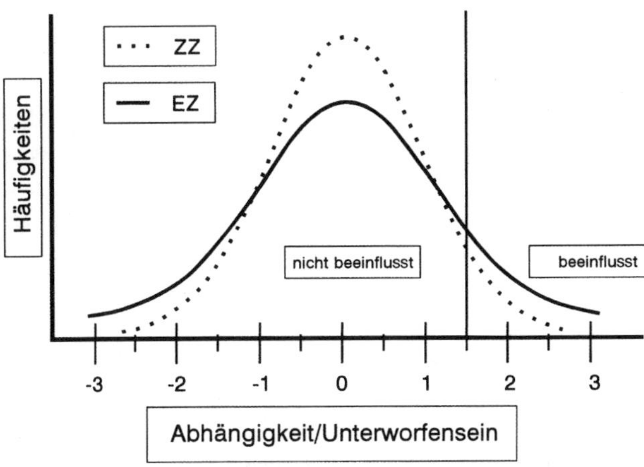

Abb. 22.3: Hypothetische Verteilung von phänotypischer Abhängigkeit bei monozygotischen (EZ) und gleichgeschlechtlichen dizygotischen Zwillingen (ZZ) sowie die Anteile der von Imitation betroffenen Personen bei einer Dichotomisierung des Traits an der Schwelle, die hier bei +1,5 angenommen wird (nach Carey, 1992, S. 20).

Forschungsdefizite bestehen noch in einer ganz anderen Hinsicht: Die bisherigen Ansätze machen für die Ähnlichkeit zwischen Geschwistern deren gemeinsames Erbe verantwortlich. Hingegen findet die wechselseitige Imitation der Geschwister keine Beachtung. Erst Carey (1992) hat ein Modell entworfen, in dem die Imitation von zentraler Bedeutung ist und eine Art eskalierenden Kreisprozess in Gang setzt, dem zugrunde liegt, dass das eine Geschwister vom anderen dessen (positive und negative) Verhaltensweisen übernimmt, die dann ihrerseits, etwas intensiviert, Vorbildwirkung auf das ursprüngliche Modell ausüben usw. Weil davon ausgegangen werden kann, dass derartige Imitationen bei EZ eine größere Rolle spielen als bei ZZ, müssten in der ersteren Gruppe die Merkmals-Varianzen größer sein als in der letzteren (was anhand des publizierten Materials nicht leicht zu überprüfen ist, weil dort in der Regel nur die Intra-Paar-Korrelationen interessieren). Eine Implikation dieser Hypothese besteht darin, dass an den Extrempunkten der Verteilung die Fallzahlen vermehrt und im Mittelbereich vermindert sein müssten (s. Abbildung 22.3).
Nun lässt sich beispielsweise Kriminalität als eine kontinuierliche Variable konzeptualisieren (etwa mit dem Gegenpol: Normenkonformität), bei der es ab einem bestimmten Grenzwert von Häufigkeit und/oder Schwere zu einem Einschreiten der staatlichen Instanzen kommt. Dieses vorausgesetzt, erlaubt das Modell die Vorhersage einer höheren Kriminalitätsrate bei EZ im Vergleich zu ZZ, wobei in der letzteren Gruppe noch einmal eine Reduktion von den gleich- zu den gegengeschlechtlichen Geschwistern zu erwarten ist. Tabelle 22.1 gibt die aus den dänischen Statistiken entnommenen Raten wieder.

Tab. 22.1 Prävalenz offiziell registrierter Kriminalität bei dänischen Zwillingen (aus Carey, 1992, S. 21).

Zygosität	N	Männliche Zwillinge % Kriminell	N	Weibliche Zwillinge % Kriminell
Eineiige Zwillinge	730	13,42	694	2,59
Gleichgeschlechtl. Zwillinge (ZZ)	1400	12,29	1380	2,17
Gegengeschl. Zwillinge (ZZ)	2073	9,55	2073	1,47

Die Differenzen zwischen den Zeilen sind statistisch bedeutsam, was die Vorhersage des Modells bestätigt. Entsprechende Analysen müssten für Phänomene wie psychische Abnormitäten und Drogenabhängigkeit als diskrete Merkmale auf dem negativ bewerteten Extrempunkt der jeweiligen Konstrukt-Dimensionen ebenso angestellt werden wie für herausragende kooperative und konstruktive Aktivitäten als Elemente des positiven Poles.

22.2.2 Untersuchungen an Heim- und Adoptivkindern; Stimulation und Deprivation

Sofern nichtverwandte Pflege- und Waisenkinder, die gemeinsam in Heimen aufwachsen, einander ähnlicher sind als zufällig aus der Bevölkerung herausgegriffene Kinder, kann dieses auf den Effekt der für sie ähnlicheren Umgebung zurückgeführt werden – freilich nur unter der Voraussetzung, dass die Pflegekinder und Waisen ebenfalls eine Zufallsstichprobe darstellen. Davon ist jedoch kaum auszugehen. Das ergibt sich schon aus der Alltagserfahrung,

dass es Eltern mit besonderen Einstellungen und Sozialmerkmalen sind, die ihre Kinder in Heime geben, zudem häufig veranlasst durch körperliche Anomalien oder Verhaltensauffälligkeiten derselben. Auch ist die Aussicht auf die Vermittlung von Adoptiveltern stark von der Vorgeschichte der leiblichen Mutter und der psycho-physischen Unauffälligkeit des Kindes abhängig; sind diesbezüglich ungünstige Anzeichen zu registrieren, öffnet sich vielfach fast zwangsläufig der Weg in ein Heim. Aus diesen Gründen wäre eine verminderte Varianz von Pflegekindern gegenüber der Grundgesamtheit nicht im Sinne einer Homogenität der in Heimen wirkenden Umweltbedingungen interpretierbar; frühe Untersuchungen (s. Woodworth, 1941) haben jedoch sogar beträchtliche Leistungsvarianzen ergeben – und gegenüber der Norm im Durchschnitt deutlich verminderte Mittelwerte. Bei einem Vergleich von vier in der Literatur vorliegenden Arbeiten zur Ähnlichkeit biologisch nicht verwandter, aber in gleicher Umgebung aufgewachsener Kinder (s. dazu Jencks et al., 1972, S. 266–319) resultierten Koeffizienten, die von .17 bis .72 reichten ($N_{tot} = 165$), bei einem Mittelwert von r = .50, was insofern eine ungefähre Schätzung für die Umweltkomponente darstellen könnte.
Eindeutigeren Aufschluss, weil weniger durch Störfaktoren der erwähnten Art beeinträchtigt, liefern Studien zur Ähnlichkeit mehrerer adoptierter, nicht miteinander verwandter Kinder in Pflegefamilien. Jencks et al. (1972) errechneten auf der Basis der seinerzeit in den USA vorliegenden Untersuchungen einen Mittelwert von r = .32 für die Korrelation der Intelligenz zwischen solchen Adoptivkindern. In seiner in der psychologischen Fachliteratur leider wenig beachteten Ableitung schätzt Layzer (1974) demgegenüber den fraglichen Mittelwert nach einer Streuungskorrektur, aber auch einer Reliabilitäts-Minderungsschätzung auf ca. r = .50 und setzt damit E^2 als den umweltmäßigen Anteil an der Gesamtvarianz der Intelligenz gleich. So überzeugend im Übrigen die Beweisführung dieses Astronomen ist, der zeigen kann, dass die genetische Varianz nicht verlässlich zu schätzen ist, weil dafür im Falle substantieller Kovarianzen sowie Interaktionen von Genotyp und Umwelt mehr Unbekannte als Gleichungssysteme bestehen, muss doch vermerkt werden, dass die in der Zwischenzeit erschienenen weiteren Untersuchungen (s. oben 21.4.2 b) eine Tendenz zu deutlich niedrigeren Werten erkennen lassen. Dies mag bedingt sein durch die nunmehr, im Vergleich zu früher, etwas ausgeglicheren Lebens- und Bildungsmöglichkeiten in den USA. Andererseits stellen die resultierenden Koeffizienten wohl allesamt insofern Minimalschätzungen dar, als Eltern, die nacheinander mehrere Kinder adoptieren, nicht repräsentativ sein mögen, bei ihnen vielleicht generell ein besonderes pädagogisches Bemühen und das Bestreben vorliegt, die Kinder relativ ähnlich nach dem elterlichen Selbstbild zu erziehen. Von daher und aufgrund der Erfahrung, dass eher Eltern aus der Mittel- und Oberschicht an einer Adoption interessiert sind, wäre mit Varianzeinschränkungen der Erziehungs-und Umweltfaktoren zu rechnen, was die Koeffizienten reduzieren müsste. Dennoch scheinen die Korrelationen insgesamt eindrucksmäßig im Mittel nicht weit von jenen entfernt zu liegen, die Vernon (1979) nach der Sichtung der Literatur für die Korrelation zwischen den – gleichfalls nicht miteinander verwandten – Pflegeeltern und Adoptivkindern angibt, nämlich r = .23.
Vereinbar mit den obigen Anmerkungen zu den angenommenen Beweggründen von Pflegeeltern ist das Faktum, dass der mittlere IQ von Adoptivkindern gewöhnlich über dem Durchschnitt liegt: Schon in der Studie von Skodak und Skeels (1949) lag der mittlere IQ der Mütter bei 86, derjenige ihrer in Pflegefamilien aufgezogenen Kinder zwischen 107 und 117, je nachdem, in welchem Alter sie untersucht wurden. Wenngleich die Intelligenz der Mütter, gemessen an ihrem Bildungsgrad, wohl etwas unterschätzt wurde und diejenige der Väter nicht bekannt ist, manifestiert sich darin doch ein erheblicher Effekt von Schulung und Erziehung durch die weit überdurchschnittlichen Adoptiveltern.
Über ähnliche Resultate berichten auch Scarr und Weinberg (1979). Der mittlere IQ von 50 Pflegeeltern als Durchschnittswert von Vater und Mutter lag bei 120, derjenige ihrer leibli-

Tab. 22.2: Mittlerer IQ adoptierter Kinder in Abhängigkeit vom Bildungsgrad ihrer biologischen Mutter und dem für die Adoptiv-Eltern gemittelten Intelligenzquotient. Werte in Klammern = N (nach Scarr & Weinberg, 1983, S. 265).

Adoptiv-Eltern	Schulbildung in Jahren (biol. Mutter)			
	11	12	> 12	Mittel-Werte
Unteres Drittel	98,8 (16)	107,0 (22)	106,7 (18)	104,8
Mittleres Drittel	106,2 (14)	107,8 (33)	105,8 (12)	107,0
Oberes Drittel	106,5 (8)	106,6 (31)	110,2 (18)	107,7
Mittelwerte	103,6	107,2	107,8	

chen Kinder bei 118,5 Punkten. Die Adoptivkinder, überwiegend Mischlinge von Schwarzen und Weißen, erreichten einen IQ von ca. 108, und dieses, obwohl ihre leiblichen Eltern nur durchschnittliches Bildungsniveau aufwiesen (IQ-Untersuchungen waren nicht vorgenommen worden) und nach Schätzung der Autoren die Kinder deshalb kaum höhere IQs als ca. 95 erreicht haben dürften (s. auch Scarr & Weinberg, 1979b). Für ihre »Adolescent Adoption Study« teilen die Autoren in einer neueren Arbeit die in Tabelle 22.2 wiedergegebenen Durchschnittswerte mit.

Mit Ausnahme der jeweiligen Mittel-Kategorie ist neben dem genetischen auch ein Effekt von positiven Umweltbedingungen für die Ausbildung der Intelligenz ersichtlich. Den Befunden von Leahy (1935) zufolge scheinen sich Anregungsfaktoren im Übrigen bei leiblichen Kindern stärker auszuprägen als bei adoptierten, woraus auf eine Genotyp-Umwelt-Interaktion geschlossen werden kann.

Fehlen andererseits solche fördernden Bedingungen, muss umgekehrt mit nur unzureichender Ausbildung bei länger anhaltender Anregungsdeprivation gar mit einem Rückgang der Intelligenz über der Zeit gerechnet werden: Jensen (1977) hat an einer Stichprobe von N = 135 weißen und N = 826 farbigen Kindern aus Georgia unter Anwendung von Geschwistervergleichen zeigen können, dass es vom 6. zum 12. Lebensjahr bei den Farbigen, nicht aber den Weißen zu einem linearen Abfall der IQ-Punkte um ca. eine Standardabweichung kam. Der Effekt ist vermutlich Folge der aufseiten der Schwarzen kumulierten sozialen Beeinträchtigungen, da in einer vergleichbaren früheren Untersuchung vom selben Autor entsprechende Resultate in Kalifornien, wo die Schwarzen weniger benachteiligt sind, nicht gefunden werden konnten (wenngleich Jensen letztlich auch eine genetische Hypothese für den Intelligenzrückgang der Farbigen nicht zwingend ausschließen kann; einen Überblick über mehrere solcher Studien zur Defizitthese der Intelligenzentwicklung von Farbigen gibt u. a. Wolff, 1979).

Befunde wie diese sind bereits seit geraumer Zeit die Grundlage für Trainingsprogramme zur Schulung der Intelligenz und anderer Leistungen. Besondere Beachtung davon hat das Projekt »Head Start« gefunden. In vielen dieser Vorhaben konnte die methodische Qualität (s. dazu Jones, 1954) nicht mit dem finanziellen und personellen Aufwand Schritt halten, weshalb die Befunde mitunter schwer zu interpretieren sind und der Wert der Programme noch immer umstritten ist. Es scheint jedoch, als versprächen sie besonders dann Aussicht auf Erfolg, wenn sie sich an Kinder richten, für die die Anregungsbedingungen bis dahin unterhalb einer als Minimum anzusehenden Schwelle liegen (Jensen, 1969, S. 59–60), der Inhalt der Programme klar strukturiert ist und mehr auf den Erwerb kognitiver als sozial-emotionaler Funktionen abzielt (Weikart, 1972; Clarke & Clarke, 1976). Ein entscheidendes Problem liegt darin, kurzzeitige Trainingseffekte über den Zeitpunkt des Schuleintritts hinaus zu erhalten (s. Miller & Dyer, 1975, mit negativen Befunden). Immerhin konnten Mc Kay et al.

(1978) für ein Programm, das ernährungsmäßige, gesundheitliche und erzieherische Faktoren kombinierte und die Kluft zwischen »chronisch deprivierten« und »privilegierten« Kindern einer Stadt bedeutsam verringerte, einen gesicherten Effekt auch noch ein Jahr nach dem Ende der Aktion nachweisen.

Neben solchen Versuchen, Intelligenz – meist in jungen Jahren – durch geeignete Techniken zu steigern, werden gegenwärtig verstärkt Bemühungen unternommen, deren vermeintlichen Abfall im höheren Lebensalter aufzuhalten. So ermunterten Birkhill und Schaie (1975) ihre durchschnittlich 73 Jahre alten Versuchspersonen, bei der Bearbeitung der Primary Mental Abilities-Thurstone (s. 12.3.3) dort zu raten, wo sie eine Aufgabe nicht regulär lösen könnten. In Verbal Comprehension, Space und Reasoning resultierten dadurch Mehrleistungen. Verschiedentlich für ältere Personen berichtete Minderleistungen (s. 12.2.2 c)) mögen aus der Perspektive solcher Befunde ein Artefakt von wahrgenommener Vorsicht oder Zurückhaltung sein. Demgegenüber muss der Erfolg eines Vorhabens von Plemons, Willis und Baltes (1978), die fluide Intelligenz alter Menschen durch Vorgabe von Aufgaben mit figuralen Beziehungen zu verbessern, vorerst sehr zurückhaltend beurteilt werden.

Um die Darstellung einer Auswirkung von Adoption nicht auf Intelligenz zu beschränken, soll abschließend ein Merkmal erneut exemplarisch aufgegriffen werden, das in Form von staatlichen Registrierungen dichotom abgestuft vorliegt und sozial unerwünscht ist: Kriminalität (s. auch das vorangegangene Kapitel). Die bislang umfangreichste Studie wurde von Mednick, Gabrielli und Hutchings (1983) in Dänemark durchgeführt und stützt sich auf nicht weniger als N = 14427 Adoptionen, die zwischen 1924 und 1947 vorgenommen worden waren, und zwar in aller Regel unmittelbar nach der (überwiegend unehelichen) Geburt der Kinder. Anhand von Strafregisterauszügen war die Kriminalität von leiblichen und Adoptiveltern bestimmbar sowie diejenige der »Kinder« (in Anführungszeichen deshalb gesetzt, weil diese zum Zeitpunkt der Nacherhebung zwischen 20 und 65 Jahre alt waren). Da die weiblichen Adoptierten sehr viel weniger Bestrafungen aufwiesen als die männlichen, werden nachfolgend nur die Ergebnisse für die letztere Gruppe wiedergegeben (s. Tabelle 22.3).

Wie aus der Tabelle zu entnehmen ist, beträgt die »Basisrate« von Bestrafungen 13,5%. Sie erhöht sich auf 14,7%, wenn ein Kind von Eltern ohne offizielle Strafen bei Adoptiveltern aufwächst, die strafrechtlich auffällig werden (was gewöhnlich erst nach der Adoption der Fall ist, da die Behörden versuchen, Kinder nur an normenkonforme Familien zu vermitteln). Darin zeigt sich ein (allerdings recht schwacher) Effekt vonseiten der Umwelt. Im Falle von Kriminalität eines oder beider leiblicher Elternteile betragen die Häufigkeiten jedoch 20,0% und 24,5% und liegen damit erheblich über den vorgenannten Raten, d. h. der Einfluss genetischer Faktoren ist deutlich und bei dem angestellten Vergleich offenkundig stärker als der von Umweltvariablen. Wie später vorgenommene Detailanalysen für Eigen-

Tab. 22.3: Prozentanteile von adoptierten Söhnen, die wegen krimineller Handlungen bestraft wurden (nach Mednick et al., 1983).

		Ja	Kriminalität der biologischen Eltern	Nein
Kriminalität der Adoptiveltern	ja	24,5% (N = 143)		14,7% (N = 204)
	nein	20,0% (N = 1226)		13,5 % (N = 2492)

tumsdelikte zeigten (Baker, Mack, Moffitt & Mednick, 1989), war dabei der genetische »Pfad« vonseiten der Mutter mit einem Koeffizienten von b = .75 signifikant stärker als der vom Vater (b = .43). Andere Analysen am selben Material untersuchten den Einfluss des sozioökonomischen Status von biologischen und Adoptiveltern auf die Kriminalität und gelangen dabei zu einer ausgeglicheneren Gewichtung von Erb- und Umweltfaktoren (van Dusen, Mednick, Gabrielli & Hutchings, 1983). Die somit gegebene Befundsituation im Sinne des »sowohl als auch« macht neben der Erfahrungsabhängigkeit delinquenter Tendenzen auch eine biologische Komponente wahrscheinlich, wie sie für zahlreiche andere psychologische Variablen ebenfalls gefunden wurde. Da die Definition der Strafbarkeit eines spezifischen Verhaltens abhängig ist von national-räumlichen und temporären Faktoren und da in anderen Ländern oder zu anderen Zeiten z.T. völlig andere Handlungen das Kriterium »kriminell« erfüllen als etwa in unserem Staatsverband der Gegenwart, kommen von vornherein dafür nur höchst indirekte Erbgänge in Betracht. Allenfalls ist an die Erblichkeit von Variablen zu denken, die als vermittelnde Bindeglieder die Internalisation konformer Normen erschweren (wie z. B. die Tendenz zum Aufbau reaktiver Hemmungen im Nervensystem) oder die Verübung von Straftaten begünstigen (z. B. hohe Körperkraft oder Impulsivität). Denkbar ist auch die genetische oder vorgeburtliche, vielleicht auch perinatale Einwirkung von Faktoren, die das Äußere mitbedingen, und an der äußeren Erscheinung (also nicht notwendigerweise am Verhalten) differente Reaktionen der Umwelt ansetzen, denen zufolge etwa Personen mit körperlichen Missbildungen oder einer allgemein reduzierten physischen Attraktivität bestimmte Ausbildungs- und Berufschancen vorenthalten und sie damit ins Abseits getrieben werden.

22.2.3 Der Sonderfall: Persönlichkeitsmerkmale in Familien-Untersuchungen

Die in Kapitel 21 erörterten Anordnungen und Befunde hatten eine gegenüber Intelligenz deutlich herabgesetzte Heritabilität der Persönlichkeitsmerkmale erkennen lassen (H^2 um 50%; s. 21.4.2). Besonders aus dem Rahmen fielen die nur wenig über null liegenden Korrelationen aus Eltern/Kind- und Geschwister-Vergleichen. Das legte eine Erklärung im Sinne von Epistase oder aber Umweltfaktoren nahe, die nicht *zwischen* den Familien differenzierten, sondern *innerhalb* derselben: Weil etwa Adoptiv-Geschwister innerhalb einer Familie einander nicht ähnlicher sind als zufällig gebildete Paare von Kindern aus verschiedenen Familien, kommt kaum eine andere Interpretation in Betracht.

Tab. 22.4: Mittlere Intra-Klassen- und Umwelt-Korrelationen für verschiedene Trait-Gruppen (aus Nichols, 1978, S. 167 und 170).

	EZ	ZZ	Diff.	Umwelt-Korrelationen
Allgemeine Bildung	.86	.62	.24	.75
Spezifische Leistungsfaktoren	.74	.52	.22	.66
Aktivitäten	.64	.49	.15	.89
Interessen (Strong-Skalen)	.53	.27	.26	.06
Persönlichkeit (27 CPI-Skalen)	.50	.28	.22	.10
Ziele und Ideale	.37	.20	.17	– .02
Selbst-Konzept	.34	.10	.24	– .27

Nichols (1978) hat dieses in seiner Literaturübersicht von Zwillingsuntersuchungen sehr eindrucksvoll vor Augen geführt, indem er aus der Heritabilität verschiedener Gruppen von Traits die Umwelt-Einflüsse errechnete (s. Tabelle 22.4).
Auf die Details der Berechnung der Werte in der letzten Spalte kann hier nicht eingegangen werden. Die Koeffizienten stehen für das Ausmaß, in dem Umweltfaktoren (was immer das auch sei), die individuelle Differenzen in einem Trait produzieren, diese auch denselben Effekt auf die beiden »Illinge« eines Zwillings-Paares haben.
Während dieses für Leistungen und Aktivitäten weitgehend der Fall ist, streuen die Koeffizienten für die Persönlichkeitsvariablen doch um null, m. a. W.: Die Gegebenheiten der Umwelt, die für Variabilität zwischen den einzelnen Merkmalsträgern verantwortlich gemacht werden können (ohne dass diese hier im Einzelnen spezifiziert worden wären!), sorgen *nicht* für eine größere Ähnlichkeit auch der Zwillings-Paarlinge zueinander. Das aber bedeutet, dass die Umweltgegebenheiten in der gleichen Familie verschieden wirken. Von daher müssten, wie bereits oben angedeutet wurde (s. Schlussbemerkungen Kap. 21.4.2 b), verstärkt die innerhalb einer Familie auftretenden Differenzen in das Zentrum des Interesses rücken.
Die dafür maßgeblichen Faktoren lassen sich wie folgt gruppieren (s. Tabelle 22.5).
Grundsätzlich stehen zur Erfassung solcher Faktoren Self-Reports und objektive Beobachtungs-Methoden zur Verfügung. Zu der Ersteren gehört beispielsweise das Sibling Inventory of Differential Experience (SIDE; Daniels & Plomin, 1985). Jedes der 73 Items verlangt einen Vergleich der idiosynkratischen Erfahrungen eines Geschwisters mit denjenigen des anderen (z. B. »Wer hat mehr Verständnis für den anderen aufgebracht?«, 1 = mein Geschwister, 5 = ich selbst). Subskalen gelten den geschwisterlichen Interaktionen (Antagonismus, Eifersucht, Fürsorgeverhalten und Nähe), dem elterlichen Erziehungsverhalten (mütterliche sowie väterliche Zuwendung und Kontrolle) und Freunden (College-Orientierung, Delinquenz, Popularität). Die Ergebnisse von Daniels et al. (1985) zeigen, dass solcherart erhobene *Erfahrungs*-Unterschiede in der Tat korrelieren mit *Verhaltens*-Differenzen, die von Außenstehenden wie Eltern und Lehrern registriert wurden.
Untersuchungen mit derartigen Fragestellungen sind nicht zuletzt deshalb zu begrüßen, weil sie Umwelt als potentiellen Wirkungsfaktor aus der Sichtweise des Betroffenen definieren. Dieses ist vernünftig, denn bereits alltägliche Lebenserfahrungen lehren, dass mitunter ein- und dieselben oder doch sehr ähnliche Kontextbedingungen von verschiedenen Personen

Tab. 22.5: Kategorien von Umwelteinflüssen, die zur Verschiedenheit von Kindern innerhalb ein und derselben Familie führen können (nach Rowe & Plomin, 1981).

Kategorie	Beispiele
Messfehler	Test-Retest-Unzuverlässigkeit
Nicht-gemeinsame Umwelt[1]	
Unsystematisch	Unfälle, Krankheiten, Verletzungen
Systematisch	
Familien-Konfiguration	Geburtenabfolge, Geschlechts-Unterschiede
Geschwister-Interaktion	Unterschiedliche Behandlung
Elterliches Erziehungsverhalten	Unterschiedliches Erziehungsverhalten
Außerfamiliale Netzwerke	Freunde, Lehrer, Fernsehen

[1] Der im angloamerikanischen Sprachraum dafür übliche Terminus lautet »nonshared environment«.

sehr unterschiedlich wahrgenommen werden – mit allen daraus für das Erleben und Verhalten resultierenden Konsequenzen. Insoweit müssen alle Ansätze aus der Erbe-Umwelt-Forschung zu kurz greifen, die nicht auch die subjektiven Repräsentationen objektiver Bedingungen mit einschließen.

Unterschiedliche Wahrnehmungen betreffen mitunter auch nur selektiv ganz bestimmte Aspekte der Umgebung. Rowe (1983) legte einen Fragebogen zum elterlichen Erziehungsverhalten insgesamt N = 180 EZ und ZZ sowie N = 236 gleich- und gegengeschlechtlichen Geschwistern vor. In der Dimension »Restriktivität-Permissivität« erklärte jenes Modell die Intra-Paar-Korrelationen am besten, dem zufolge die Gleichheit der Behandlung den Geschwistern gegenüber zur wechselseitigen Übereinstimmung in der Wahrnehmung führt. Im Gegensatz dazu sprachen die Resultate in Bezug auf »Akzeptanz-Zurückweisung« eher für ein genetisches Modell, auf Grund dessen die Wahrnehmung dieser Variablen ebenso abhängt von erblichen Traits wie von der aktuellen Behandlung durch die Eltern.

Auch Brodzinsky (1987) spricht sich in einer kritischen Würdigung der vorliegenden Arbeiten zu den psychischen Charakteristika von Adoptiv-Kindern für eine Berücksichtigung der Wahrnehmung aus. Adoptiv-Kinder seien auf Grund von genetischen und pränatalen Vulnerabilitäten, des Weiteren wegen adoptions-abhängiger intrapersonaler, familialer und soziokultureller Stressoren in einigen emotionalen und schulischen Problembereichen verletzbarer als nicht-adoptierte Kinder.

Daneben sind aber verstärkt auch *direkte* Messungen von Umweltvariablen zu fordern. Für die Persönlichkeitsentwicklung kommen dafür hauptsächlich die folgenden Kategorien in Betracht: 1) Prä- und perinatale Schädigungen, 2) Eltern-Kind-Interaktionen, 3) die Vater-Mutter-Kind-Triade und 4) Charakteristika der Kameraden- und Freundesgruppe.

Der Beobachtung und Analyse des Verhaltens (u. a. mit Hilfe von Videos) bedienten sich beispielsweise Dunn et al. (1985, 1986). Den Resultaten dieser Autoren zufolge verhalten sich Mütter gegenüber ihren Kindern, die ein bestimmtes Alter erreicht haben, recht konsistent; allerdings muss dieses querschnittlich erhaltene Ergebnis (zunächst wurden Verhaltensstichproben gezogen, als das erste Kind z. B. 3 Jahre alt war, und dieses Verfahren wiederholt, wenn das 2. Kind dasselbe Alter erreicht hatte) stark relativiert werden durch die längsschnittliche Begleitung von Familien. Dabei zeigte sich, dass Mütter auf die Entwicklungsschritte der Kinder sehr unterschiedlich reagieren, woraus inner-familial eine unterschiedliche Behandlung der Kinder resultieren mag.

Um noch detaillierter in die Methodik und Befundlage dieses ebenso jungen wie faszinierenden Gebietes einzugehen, steht hier nicht ausreichend Platz zur Verfügung. Deshalb müssen die obigen Ausführungen und der Hinweis auf die vertiefende Behandlung bei Plomin und Daniels (1987) genügen. Dort wird im Übrigen die Auffassung vertreten, dass die »nonshared environments« nicht primär etwa genetische Unterschiede zwischen den Kindern innerhalb einer Familie widerspiegeln. Damit ist zugleich die für die weitere Forschung zentrale Frage angeschnitten: Handelt es sich bei der nicht-gemeinsamen Umwelt um eine systematische Varianzquelle? Die oben referierten Arbeiten haben hier jedenfalls nur relativ kleine Anteile aufklären können (s. dazu auch Plomin & Rende, 1991).

22.2.4 Untersuchungen an weiteren Personengruppen (darunter solchen verschiedener ethnischer Zugehörigkeit)

Die Wirkung von Milieufaktoren im weitesten Sinn kann auch an unausgelesenen Personengruppen erforscht werden, wenn in ausreichendem Maße soziodemographische Variablen für deren Kennzeichnung zur Verfügung stehen. Lynn (1979) hat, gestützt auf Intelligenzmessungen, die an ca. 5 000 Kindern im Alter von 8 bis 11 Jahren und ca. 100 000 Rekruten vorgenommen worden waren, den mittleren IQ der Bewohner von elf verschiedenen Regionen Großbritanniens geschätzt. Für London-South-Eastern errechnete sich ein Wert von 102,1, Eastern 101,7 usw., während Scotland nur 97,3 erreichte. Die auf diese Weise erstellte Rangreihe korrelierte hoch positiv mit Maßen der intellektuellen Leistungsfähigkeit, wie sie im Durchschnitt für die fraglichen Distrikte bestimmbar waren (z. B. in Form von Mitgliedschaften in der Royal Society, First class honours degree u. Ä.), im Weiteren mit Einkommen, Verstädterung und auch Kriminalität, hoch negativ hingegen mit Arbeitslosigkeit und Kindersterblichkeit. Freilich ist gerade bei einer derartigen Methode die Wirkungsrichtung von Einflussfaktoren besonders schwer zu bestimmen, weshalb der Interpretation, die Effekte seien z. T. Folge selektiver Einwanderung vom Lande nach London (nicht aber Auswirkung des innerhalb einer Großstadt höheren Anregungsgehaltes der Umwelt) nur bedingt gefolgt werden kann.

Üblicher sind Studien an Personenstichproben, deren »mikrobiotische« Umwelt direkter erfasst werden kann: Bradley, Caldwell und Elardo (1977) sowie Trotman (1977) fanden dabei ökologische Variablen höher als den Sozialstatus mit dem IQ von Kleinkindern bzw. Jugendlichen korreliert. Außerordentlich theorienkonform sind die Resultate einer Erhebung von Kellaghan (1977) an benachteiligten Kindern: Indikatoren der häuslichen Umwelt wiesen die höchsten Korrelationen mit Schulleistungen auf, etwas niedrigere mit Maßen der kristallisierten und die geringsten mit solchen der fluiden Intelligenz.

Das komplexe Zusammenspiel von Variablen, die sich auf die familiäre und schulische Umwelt beziehen, ist bei der Aufklärung von intellektuellen und motivationalen Unterschieden namentlich von Marjoribanks (1979) untersucht worden. Für den Intelligenzquotienten erwiesen sich an N = 250 Zwölfjährigen vor allem die Faktoren »Parent-Child involvement in family« (Kenntnis der Eltern über erziehungsbedingte Fortschritte des Kindes, Engagement in erzieherischen Aktivitäten) und »Punitive nature of school environment« (Eindruck, dass die Schüler häufiger bestraft werden für Dinge, die sie nicht getan haben

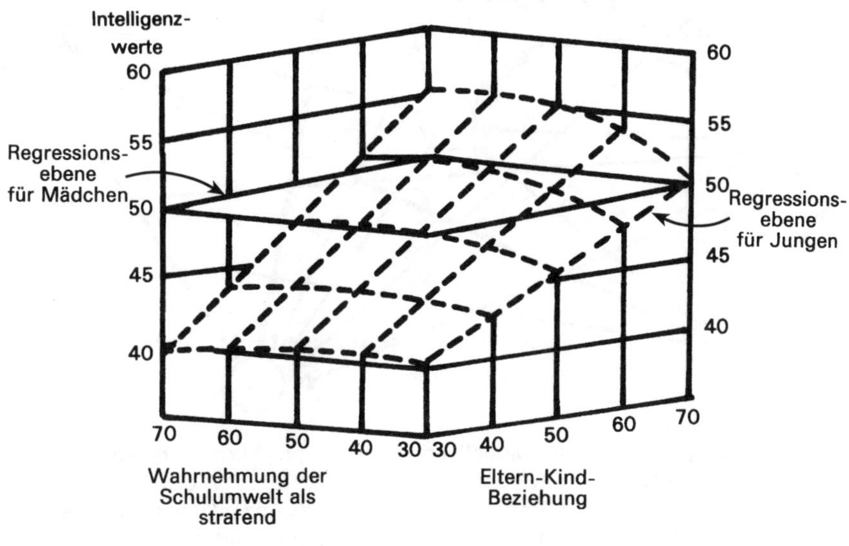

Abb. 22.4: Angeglichene Intelligenzpunktwerte in Abhängigkeit von »Eltern-Kind-Beziehung« und »Wahrnehmung der Schulumwelt vonseiten der Kinder als strafend«, getrennt für die Geschlechter (nach Marjoribanks, 1979).

oder ohne überhaupt den Grund zu wissen, wahrgenommene Ungeduld der Lehrer usw.) als relevant. Die Interaktion dieser Hintergrundfaktoren war darüber hinaus bei Jungen und Mädchen sehr unterschiedlich (s. Abb. 22.4).

Solche Resultate machen deutlich, dass vielfach unklar bleiben muss, ob ein bestimmter Faktor – und mehr noch: was daran im Einzelnen – wirksam ist. Vor einer vereinfachenden Erklärung muss in jedem Fall gewarnt werden.

Dies gilt auch im Hinblick auf andere Beobachtungen: Brandtstädter (1976) hat im Rahmen einer Re-Analyse der Majoribanks-Daten von 1972 für eine Stichprobe von 185 Schülern im Alter von 11 Jahren nachweisen können, dass ökopsychologische Prozessvariablen generell einen höheren entwicklungsprognostischen Wert aufweisen als sozioökonomische Indikatoren. Für das Merkmal »Sprachliche Fähigkeit« besaß das Konstrukt »Anforderung an Leistung« das bei weitem höchste Gewicht, wie aus Abbildung 22.5 zu ersehen ist.

Den sehr instruktiven Resultaten von Vandenberg und Hakstian (1978) zufolge variiert die Wertigkeit ökologischer Anregungsfaktoren und diejenige des Sozialstatus außerordentlich stark zwischen verschiedenen Kulturkreisen: So korrelierte ein Maß für kulturelle Stimulation (Bildungsgrad der Familienmitglieder, Zahl von Büchern und Zeitschriften zu Hause usw.) zwar bei Eskimos, Indianern und Bewohnern der Hebriden mit verbaler Intelligenz, nicht aber bei Ugandern. Nur bei den Afrikanern stand hingegen regelmäßiger Schulbesuch mit dem Verbalgeschick in Beziehung. Es fehlen allerdings Angaben über die Streubreiten der Kulturindices in den miteinander verglichenen Gruppen; auch müsste durch kulturverglei-

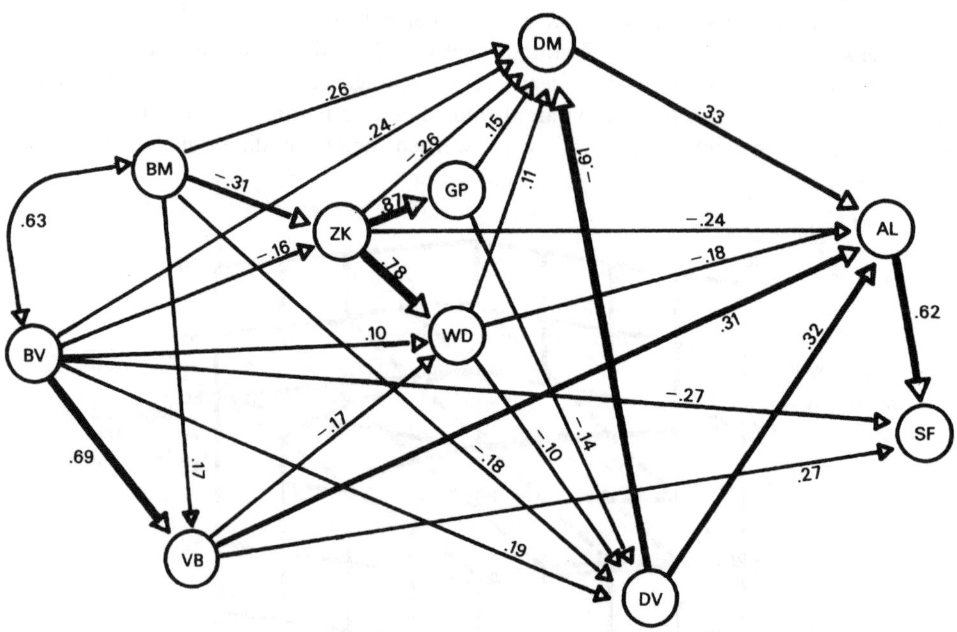

Abb. 22.5: Pfadanalytische Lösung. Modellvariablen: SF=Sprachliche Fähigkeit, AL=Anforderung an Leistung, DM=Dominanz der Mutter, DV=Dominanz des Vaters, WD=Wohndichte, GP=Geschwisterpositition, ZK=Anzahl der Kinder, VB=Beruf des Vaters, BM=Bildungsgrad der Mutter, BV=Bildungsgrad des Vaters. (Vereinfachte Pfaddiagrammdarstellung. Pfade mit Koeffizienten </.10/ wurden eliminiert, Pfade mit Koeffizienten >/.30/ (>/.60/) sind grafisch hervorgehoben (nach Brandtstädter, 1976).

chende Studien zunächst der Stellenwert der benutzten Variablen innerhalb jeder Sozietät evaluiert und funktionale Äquivalenz vorab sichergestellt werden, ehe aus Befunden wie den referierten etwa auf Erbe-Umwelt-Interaktionen geschlossen wird (eine Übersicht zu interkulturellen Persönlichkeitsunterschieden gibt Draguns, 1979).

Mit der Erwähnung interkulturell vergleichender Untersuchungen ist hingeleitet zu den Unterschieden zwischen *Angehörigen verschiedener Rassen.* Diesen gilt seit jeher das rege Interesse eines breiten Publikums. Die Tradition der Beforschung reicht zurück bis zu frühen Reisebeschreibungen und anekdotischen Berichten über das Zusammentreffen mit exotischen Menschen; weitere markante Stationen sind etwa die »Völkerpsychologie« Wilhelm Wundts (1914), die eingehenden Beobachtungen und Schilderungen von Ethnologinnen wie Margaret Mead und Ruth Benedict aus den dreißiger Jahren, die erstmalige statistische Behandlung des Kulturvergleichs von G.P. Murdoc (1949) und schließlich die zahllosen Reihenuntersuchungen an größeren Personengruppen mit standardisierten Instrumenten aus der jüngeren Vergangenheit. Die nationalsozialistischen Machthaber haben in beispielloser Weise Teile der Forschungsergebnisse, darunter vor allem solche höchst fragwürdiger Seriosität, als vorgeblich wissenschaftliche Rechtfertigung für ihre Menschen verachtende Politik gegenüber Minderheiten benutzt. In der Tat besteht bis in die Gegenwart hinein die latente Gefahr einer missbräuchlichen Argumentation mit Ergebnissen aus interethnisch vergleichenden Studien; deshalb aber solche Untersuchungen für tabu zu erklären, wäre sicher abwegig.

In seiner evolutionsgeschichtlichen Analyse des Sozialverhaltens verschiedener ethnischer Gruppen unterscheidet Rushton (1990) zwischen den Reproduktions-Strategien r vs. K, auf die schon unter 15.3.7 eingegangen worden war. Die beiden Buchstaben stehen für die Pole eines Kontinuums, das die Relation zwischen der Produktion von Eizellen einerseits und der elterlichen Fürsorge andererseits abbildet. Beispielsweise produzieren Austern etwa 500 Mio. Eizellen pro Jahr, ohne weitere Investitionen in die Aufzucht der Nachkommen vorzunehmen; sie repräsentieren damit prototypisch die r-Strategie. Im Unterschied dazu zeugen die großen Affen nur alle 5 oder 6 Jahre ein Baby, um das sie sich dann intensiv kümmern. Diese Reproduktionsstrategien gehen Hand in Hand mit verschiedenen Merkmalen der Reifungsgeschwindigkeit und Lebensdauer, des sozialen Systems und der Siedlungsart.

Von den drei üblicherweise unterschiedenen rassischen Gruppen sind die Negroiden eher einer Art r-, die Mongoloiden eher den Prinzipien der K-Strategie zuzuordnen, während die Caucasoiden (=Weißen) eine Mittelstellung einnehmen.

Dem von Rushton (1990) gesammelten Material zufolge bestehen systematische Unterschiede in der Größe und dem Gewicht des Gehirns; im Mittel verschiedener Stichproben unterschiedlichen Alters und aus verschiedenen zeitlichen Perioden soll die Kranial-Kapazität 1 448, 1 408 und 1 334 ccm, das Gehirngewicht 1 351, 1 336 und 1 286 Gramm betragen, und zwar jeweils für Mongoloide, Caucasoide und Negroide. In einer jüngeren Arbeit (s. Rushton, 1994) sind die Zahlen wegen größerer Stichproben etwas anders, doch bleibt die Relation in etwa gleich. Damit einhergehen würden ca. 13 767 bzw. 13 665 bzw. 13 185 Milliarden corticale Neurone und mittlere Intelligenz-Quotienten von 107, 100 und 85, im Weiteren Mittelwertsunterschiede in Persönlichkeitsdimensionen wie Aktivität, Aggressivität, Dominanz, Impulsivität und Soziabilität (zur Kritik an diesem Ansatz s. Zuckerman & Brody, 1988; Brand, 1995; zur Kritik an der Empirie s. Gorey & Cryns, 1995, und die Replik von Rushton, 1995).

Auf die erwähnte Differenz von ca. 15 IQ-Punkten zwischen Weißen und Schwarzen in allgemeiner Intelligenz hat sich die Diskussion sehr zentriert. Parallelisiert man die erfassten Stichproben nach dem sozioökonomischen Status und dem allgemeinen Milieu, reduziert sich der Unterschied auf etwa die Hälfte (s. Shuey, 1966; Reynolds & Gutkin, 1981).

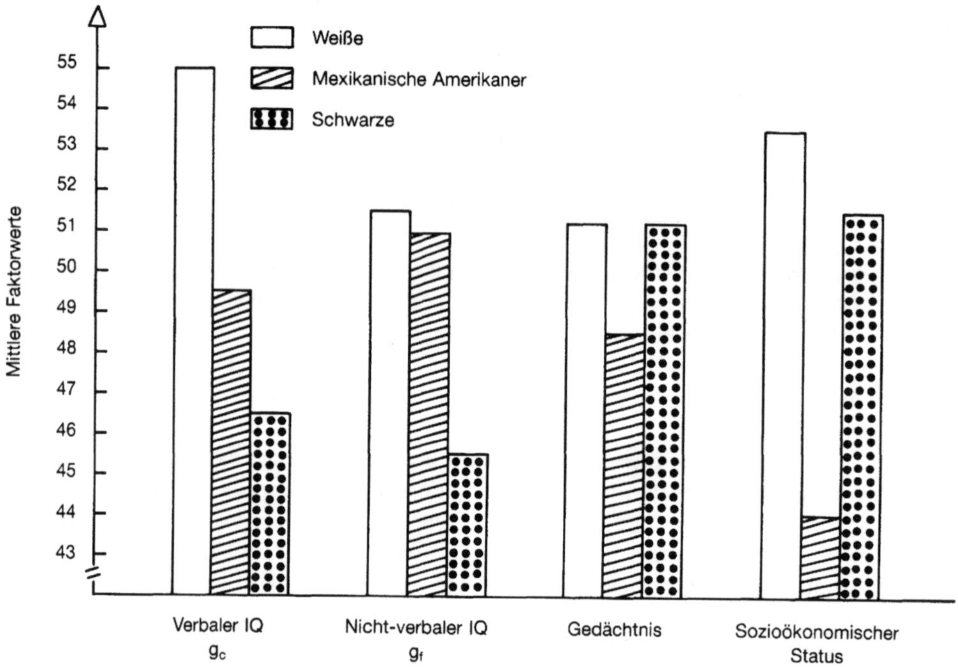

Abb. 22.6: Mittlere Faktor-Werte (M = 50, s = 10) für vier Variablen von weißen, schwarzen und mexiko-amerikanischen Kindern. Die Faktorwerte sind orthogonal, d. h., die Scores in jeder Dimension geben Unterschiede zwischen Personen wieder, die statistisch auf den drei anderen Faktoren gleichgesetzt wurden (aus Jensen, 1985, S. 251).

Die dann noch bestehende Leistungsdiskrepanz beruht der Auffassung von Jensen (1974) zufolge nicht so sehr auf sog. Level I-Fähigkeiten (wie Kurz-Zeit-Gedächtnis und mechanisches Lernen), sondern auf Faktoren des Niveaus II (schlussfolgerndes Denken, Abstraktion, Problemlösen). Als Beleg dafür dienen Beobachtungen wie die in Abb. 22.6 wiedergegebenen.
In einer umfassenden Aufbereitung der vorliegenden Literatur gelangt Jensen (1985) zu der Schlussfolgerung, dass die Differenz zwischen Schwarzen und Weißen direkt abhängt von der Ladung der jeweiligen Test-Skalen auf Spearmans g-Faktor der Intelligenz (»Spearman's Hypothesis«, die allerdings von Schönemann, 1997, mit Hilfe empirischer, numerischer, geometrischer und algebraischer Demonstrationen als psychometrisches Artefakt bezeichnet wird). Demgegenüber sehen Borkowski und Krause (1983), in der Auswahl ihrer Tests stark beeinflusst von den Prozess-Analysen der Intelligenz (s. Kap. 12.3.8), die größeren Unterschiede in Meta-Gedächtnis, Einsatz von Strategien und allgemeinem Wissen, also Komponenten ausführender Systeme, wohingegen – allerdings an recht kleinen Stichproben – geringere Differenzen in der perzeptuellen Effizienz auftraten. Auch gegenüber methodischer Kritik haben diese Feststellungen Bestand (s. auch Borkowski, Krause & Maxwell, 1985).
Worin auch immer die hauptsächlichen Unterschiede bestehen: Heftig umstritten ist nach wie vor die Interpretation der mittleren IQ-Differenz; einmal mehr stehen sich genetische und umwelttheoretische Erklärungen gegenüber, wobei im fraglichen Kontext der Kontroverse eine unerhörte gesellschaftspolitische Brisanz zukommt (s. Jensen, 1975; Williams, 1975; Herrnstein, 1973; Eysenck, 1975).

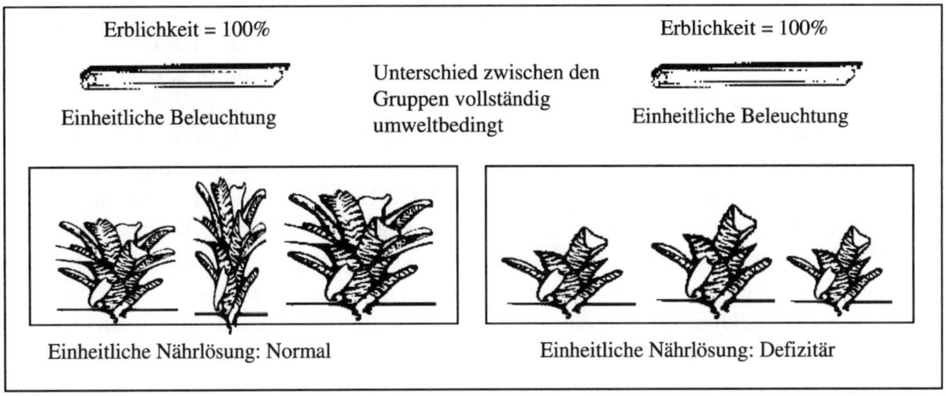

Abb. 22.7: Veranschaulichung des Umstandes, dass die Erblichkeit innerhalb jeder von 2 Gruppen selbst dann hoch sein kann, wenn die Unterschiede zwischen den Gruppen vollständig durch Umwelteinflüsse verursacht sind (nach Lewontin, 1970).

Diese weitreichenden Implikationen sowie die Komplexität des Forschungsfeldes verbieten eine geraffte Darstellung. Da zahlreiche Sammeldarstellungen vorliegen (s. auch Willerman, 1979, S. 432–476), ist eine nochmalige Zusammenfassung jedoch entbehrlich; es kann vielmehr genügen, jene Untersuchungen hier zu erwähnen, die sich neuerer Methoden bedienen. Die Ergebnisse werden außerdem erkennen lassen, warum der Bereich rassischer Unterschiede unter der Überschrift »Umwelteinflüsse« behandelt wird.

Ein entscheidendes Problem für die Erklärung der zwischen Rassen bestehenden IQ-Differenzen bildet der Umstand, dass mit den biologischen Unterschieden im Phänotyp in aller Regel solche des soziokulturellen Milieus einhergehen. Dann aber mögen selbst bei 100%iger Heritabilität eines Merkmals *innerhalb* von Gruppen (und die Probanden in den verhaltensgenetischen Studien waren ganz überwiegend Weiße) die Unterschiede *zwischen* ihnen vollständig durch Umgebungseinflüsse bedingt sein, was die Gegebenheiten in Abbildung 22.7 vor Augen führen.

Wegen der gewöhnlich gegebenen Ungleichverteilung von ethnischen Faktoren auf sozioökonomische Niveaus sind von besonderer Bedeutung solche Studien, in denen die Konfundierung der beiden Einflussgrößen nach einem quasi-experimentellen Untersuchungsansatz aufgehoben wird. Das ist z. B. dort der Fall, wo farbige Kinder in weißen Adoptivfamilien aufwachsen.

Scarr und Weinberg (1976) stellten an den schwarzen und gemischtrassigen Adoptivkindern ihrer bereits erwähnten Untersuchung einen mittleren IQ von ca. 108 fest. Dieser Wert lag zwar niedriger als derjenige der leiblichen Kinder in denselben Familien, aber wesentlich über dem Erwartungswert, der sich aus dem Bildungsgrad der leiblichen Eltern der zur Adoption weggegebenen Kinder schätzen lässt. Zudem deckt sich der beobachtete Mittelwert weitgehend mit dem Durchschnitt weißer Adoptivkinder, die in vergleichbaren Familien aufwachsen. Von daher ist es unwahrscheinlich, dass genetische Faktoren den Hauptanteil an der Leistungsdiskrepanz zwischen Schwarzen und Weißen erklären. Gleichwohl sprachen mehrere Anhaltspunkte auch für einen genetischen Einfluss, da beispielsweise der

Bildungsgrad der farbigen Eltern mit dem IQ ihrer in anderen Familien adoptiert aufwachsenden Kinder zu ca. r = .40 korrelierte. Zusätzlich kompliziert wird der Sachverhalt durch die Beobachtung, dass im Alter von 18 die IQs der adoptierten farbigen Kinder hinter denjenigen von weißen oder asiatischen Adoptivkindern in denselben Familien zurückblieben (Weinberg, Scarr & Waldman, 1992). Im Einzelnen lagen die IQs von Adoptiv-Kindern, deren leibliche Eltern beide schwarz waren, nicht nennenswert über der Leistung von farbigen Jugendlichen, die in schwarzen Familien aufwuchsen. Über die angemessene Interpretation dieser Resultate hat es eine entschiedene Debatte gegeben (Waldman, Weinberg & Scarr, 1994; Levin, 1994; Lynn, 1994). Nach Auffassung von Scarr (1995) erlaubt die Studie eine Deutung sowohl im Sinne von sozialer Diskrimination als auch eine solche von genetisch bedingten Rassen-Unterschieden, da die absinkenden Punktwerte der schwarzen Adoptiv-Kinder eine primäre Folge jedes dieser Faktoren sein können – oder auch deren gleichzeitiger Wirkung.

Ein anderer Ansatz bedient sich der Schätzung rassischer Zugehörigkeit auf der Basis der Blutgruppen bzw. der diese bedingenden Gene. In einer Reihe von Genarten bestehen nämlich zwischen Farbigen und Weißen relativ deutliche Unterschiede. Je nach dem Vorliegen oder Fehlen eines bestimmten Alleles kann die Wahrscheinlichkeit ermittelt werden, mit dem der betreffende Faktor von der eigenen bzw. der anderen Rasse ererbt wurde; die Methode liefert letztlich eine Schätzung der »Reinrassigkeit« hinsichtlich der Blutgruppenfaktoren. Aufgrund solcher Analysen ist beispielsweise wahrscheinlich gemacht worden, dass bei US-Bürgern, die sich als Schwarze bezeichnen, der Anteil weißer »Beimischung« etwa 20% beträgt, und in analoger Weise haben auch selbst-definierte Weiße gemischt-rassige Vorfahren. In keiner der vorliegenden Untersuchungen, die sich dieser Methode bedienen (Loehlin, Vandenberg & Osborne, 1973; Scarr, Pakstis, Katz & Barker, 1977), korrelierte jedoch das Vorhandensein eines der Faktoren *innerhalb* der Gruppe der Farbigen bedeutsam mit den Ergebnissen von Leistungstests, d. h. genetische Elemente der Weißen bedeuten für Farbige keinerlei Vorteil in leistungsmäßiger Hinsicht. Oder umgekehrt: Ein Mehr an afrikanischer Herkunft korreliert nicht mit niedrigen Testpunktwerten. Aus diesem Grunde kann nach Ansicht von Scarr (1995, S. 7) afrikanische Herkunft keine Erklärung für die IQ-Differenzen zwischen Schwarzen und Weißen liefern.

So ingeniös die Methode erscheint, haftet ihr allerdings der Nachteil an, dass die untersuchten Faktoren möglicherweise sehr »leistungsdistant« sind und vielleicht nur in einem für intellektuelle Funktionen völlig irrelevanten Gesichtspunkt zwischen den Rassen differenzieren. Freilich: Wie sollen »direkt« die definitiv leistungsdeterminierenden gefunden werden?

Eyferth (1961) hat die unehelichen Kinder weißer und farbiger US-Soldaten mit deutschen Müttern nach dem Zweiten Weltkrieg in der Bundesrepublik Deutschland untersucht. Hinsichtlich des IQ bestand zwischen weißen und Mischlingskindern kein konsistenter Unterschied über das Geschlecht der Kinder und das Alter bei der Untersuchung hinweg. Wenn nicht unterstellt wird, dass die farbigen Väter im Durchschnitt intelligenter waren als die weißen (eine Hypothese, die durchaus nicht abwegig erscheint), sprechen diese Befunde nicht für einen genetischen Einfluss der andernorts beobachteten Leistungsunterschiede in Abhängigkeit von der ethnischen Herkunft.

Das gilt ferner auch für die Untersuchung von Scarr und Barker (1978) an weißen und farbigen EZ und ZZ. Die farbigen Kinder zeigten in allen kognitiven Tests niedrigere Leistungen als die weißen, doch fielen die Differenzen besonders drastisch in den kulturabhängigen Funktionen aus. Außerdem waren die Ähnlichkeiten zwischen den ZZ bei den Farbigen wesentlich höher als bei den Weißen (r ca. .39 gegenüber .23, jeweils Mittelwert über mehrere Tests). Die Autoren interpretierten diese Befunde als Folge einer aufseiten der Farbigen in den USA insgesamt verminderten Vertrautheit mit den in den Tests erforderlichen Fertigkeiten; einige Familien würden jedoch die Ausbildung der benötigten Kenntnisse und Funktionen unterstützen, andere dagegen nicht. Auch daraus leitet sich ab, dass genetische Faktoren nicht die rassischen Leistungsdifferenzen erklären könnten (s. auch Scarr, 1978). Die letztere Untersuchung, die zu Heritabilitätsschätzungen von 0,2 bis 0,5 in der Gruppe der Schwarzen führt, ist allerdings weniger aussagekräftig, da das Erziehungsverhalten im Einzelnen nur ungenügend kontrolliert wurde.

Damit ist hingeleitet zu den Sozialisationsfaktoren; weil diese für verschiedene ethnische Gruppen häufig einfach gleichgesetzt wurden, ergab sich notgedrungen ein etwas schiefes Bild. Helms (1992) aber hat in einer einfühlsamen Analyse deutlich gemacht, dass sich Farbige in den Vereinigten Staaten, ungeachtet der geographischen und zeitlichen Distanz zu ihren afrikanischen Wurzeln, eine Vielzahl von Elementen der afrikanischen Kultur bewahrt haben. Dazu zählen (1) »Spiritismus«, d. h. eine stärkere Geltung von immateriellen Kräften im Alltagsleben relativ zum linearen, an Fakten ausgerichteten Denken, (2) die Organisation des persönlichen Verhaltens-Stiles durch Bewegung und (3) die Messung der Zeit durch sozial bedeutungsvolle Ereignisse und Bräuche. Jedes dieser Elemente mag mit der Ausbildung von Kenntnissen oder Motiven zum »Bestehen« von Tests interferieren. So ist leicht vorstellbar, dass eine Präferenz für soziale Zeit sich nicht gut verträgt mit den engen Festlegungen von zeitbegrenzten IQ-Tests, für deren Bearbeitung Zeit ein wertvolles Gut darstellt.

Hand in Hand mit der Bewahrung und Ausbildung solcher, im Grunde genommen positiver kultureller Traditionen wie den genannten mögen unfreiwillige Minoritäten als Reaktion auf die erfahrene soziale Diskriminierung auch destruktive Einstellungen und Verhaltensweisen entwickeln. Weil sie etwa den Glauben an die Fähigkeit verlieren, in den Bildungsinstitutionen der Mehrheit (z. B. den Schulen) erfolgreich mit der weißen Majorität mithalten zu können, kommt es zu Verlust an Motivation und einer Substitution der konformen Wege zum Erfolg durch illegitime Mittel, wie etwa Delinquenz und Kriminalität.

Auf empirische Weise haben Rowe, Vazsonyi und Flannery (1994) die Prozesse untersucht, die der Entwicklung oder Ausbildung der unterschiedlichen »Produkte« (Schulleistungen, Delinquenz u.Ä.) in verschiedenen ethnischen Gruppen zugrunde liegen. Als Prozessvariablen standen häusliche Faktoren, das Verhalten von Gleichaltrigen, Selbstwertgefühle, Verhaltenskontrolle u. a. zur Verfügung. Das bemerkenswerte Resultat ging dahin, dass die Interkorrelationsmatrizen dieser Variablen zwischen den miteinander verglichenen Gruppen nicht voneinander abwichen, d. h., die Entwicklungsprozesse von Weißen, Schwarzen und Latinos folgen denselben Prinzipien. Die unterschiedlichen Produkte oder Endwerte müssen somit als Folge unterschiedlicher Ausgangsbedingungen verstanden werden – für die die o.a. kulturellen Elemente Beispiele sein könnten.

Da die Befundlage auch nicht annähernd vollständig wiedergegeben werden konnte, muss sich eine Zusammenfassung auf die Feststellung beschränken, dass hinsichtlich allgemeiner Intelligenz genetische Komponenten auch innerhalb der Schwarzen gesichert wurden; ihr Stellenwert im Einzelnen bei der Aufklärung der durchschnittlichen Zwischen-Rassen-Differenz bedarf weiterer Untersuchungen. Von großer Bedeutung dabei wären gewiss Forschungsarbeiten, die dazu beitrügen, die Ursachen der Minderleistungen von Schwarzen zu verstehen und diese zu beheben (s. Sternberg, 1985, S. 244).

Für großes Aufsehen hat das Buch von Herrnstein und Murray (1994) wegen einer Reihe provokativer Thesen gesorgt. Eine davon lautet, daß die zunehmende Chancengleichheit, insbesondere der verbesserte Zugang zu höherer Bildung, im Begriff ist, eine völlig neue Klassenstruktur zu schaffen, deren Hierarchie sich auf Unterschiede in der Intelligenz gründet. Führend sei eine »kognitive Elite« mit IQs höher als 115, die sich mehr und mehr von der breiten Masse der kleinen Leute abhebe, ebenso wie eine kognitive Unterschicht mit IQs von 85 und darunter, die in sozialem Unglück festgehalten werde. Bei dieser Entwicklung spielten Hochschulen und Universitäten eine entscheidende Rolle.
Andere Erwägungen gelten den Unterschieden zwischen ethnischen Gruppen und deren Ursachen – ein traditionell gleichermaßen sensibles wie umstrittenes Thema. Weil die Autoren zudem auch Vorschläge für eine geänderte Sozialpolitik anfügen, stieß ihr Buch auf fast durchgängige Ablehnung durch führende Journalisten und auch einige Wissenschaftler – allerdings gestützt auf z.T. unrichtige Argumente (s. dazu Gordon, 1995).
Um das damit in der Öffentlichkeit entstandene schiefe Bild zurechtzurücken, publizierten 52 führende Intelligenz-Forscher im *Wallstreet Journal* am 13. Dezember 1994 insgesamt 25 Feststellungen zu »Mainstream Science on Intelligence«. Einige davon, die relevant sind für die im vorangegangenen Abschnitt besprochene Thematik, sind nachfolgend wiedergegeben (Übersetzung von den Verfassern):
(21) »Die Gründe dafür, dass sich Schwarze in der Intelligenz voneinander unterscheiden, sind prinzipiell die gleichen wie die Gründe für die Unterschiede bei Weißen (oder Asiaten oder Latinos). Sowohl Umgebung als auch Vererbung sind beteiligt.«
(22) »Es gibt keine eindeutige Antwort auf die Frage, warum die glockenförmigen IQ-Verteilungen verschiedener ethnisch-rassischer Gruppen voneinander abweichen. Die Gründe für diese IQ-Unterschiede zwischen Gruppen mögen gänzlich andere sein als die Gründe für die Unterschiede zwischen Individuen innerhalb einer Gruppe. In der Tat ist es unrichtig, davon auszugehen (wie es viele tun), dass der Grund dafür, dass Individuen in einer Bevölkerung hohe IQs und andere niedrige IQs haben, der gleiche sein müsse wie der Grund dafür, dass einige Bevölkerungen mehr Individuen mit hohen bzw. niedrigen IQs aufweisen. Die meisten Experten glauben, dass die Umgebung wichtig dafür ist, die Glockenkurven zu verschieben, aber sie glauben auch, dass genetische Faktoren ebenfalls beteiligt sind.«

Weiterführende Literatur:
Kommentare zu Jensen (1985, pp. 218–246); Segal (1993), Plomin (1994); und im Besonderen das Buch von Herrnstein und Murray (1994).

22.3 Spezifische Faktoren

22.3.1 Ernährung und Krankheit

Untersuchungen aus den USA (s. Birch & Gussow, 1970) lassen erkennen, dass die perinatale Mortalitätsrate bei Angehörigen der Oberschicht wesentlich geringer ist als bei solchen aus sozioökonomisch schlechter gestellten Kreisen und dass Schwarze davon stärker betroffen sind als Weiße. Fasst man den Tod als extreme Auswirkung eines Bündels ungünstiger Faktoren auf, liegt die Vermutung auf der Hand, dass weniger drastische Effekte eine ähnliche Verteilung zeigen und sich später in Struktur- und Verhaltensmerkmalen nachteilig auswirken.

Als eine mögliche Determinante aus diesem Netzwerk kommt zuerst die Ernährung in Frage. Aufgrund des vorliegenden Befundmaterials muss dabei offenbar zwischen prä- und postnataler Phase unterschieden werden. Stein, Susser, Saenger und Marolla (1972) suchten aus den Karteien der Routinetestungen für den Wehrdienst die Raven-Protokolle aller jener 19-jährigen Probanden heraus, die während einer Hungersnot im damals von den Deutschen besetzten West-Holland geboren oder ausgetragen wurden. Gruppen aus anderen Zeiträumen und Distrikten, die nicht von der Hungersnot betroffen waren, bildeten die Vergleichsbasis. Die Testwerte der miteinander verglichenen Stichproben zeigten keine substantiellen Differenzen, woraus geschlossen werden kann, dass auch erhebliche Nahrungsdefizite schwangerer Mütter nicht die spätere Intelligenzentwicklung der Kinder beeinträchtigen. Dieses gilt, obwohl die Neugeborenen seinerzeit durchschnittlich mindergewichtig waren. Unberührt davon ist allerdings das Problem, dass die Ernährungsmängel möglicherweise die prä- und perinatale Mortalität affiziert haben, doch erlaubt die Anlage der Untersuchung keine Beantwortung dieser Frage.

Allerdings hatte die mütterliche Mangelernährung und insbesondere deren Zeitpunkt offenkundig einen Einfluss auf das spätere Gewicht ihrer Söhne: Hatten die Mütter nur während des ersten Drittels ihrer Schwangerschaft hungern müssen, kamen die Kinder normalgewichtig zur Welt und neigten später zu Übergewicht. Hingegen blieben jene Männer im Erwachsenenalter meist normalgewichtig, deren Mütter nur im letzten Drittel der Schwangerschaft an Unterernährung litten. Für den ersten Effekt ist daran zu denken, dass während der prägenden frühen Monate der Schwangerschaft der Körper auf eine Art »Sparmodus« umschaltet mit dem Ziel, jede verfügbare Kalorie zu verwerten. Demgegenüber erklärt sich der letztere Effekt (lebenslange Schlankheit nach Mangelernährung in der Spätphase der Schwangerschaft) vielleicht durch den Umstand, dass während dieser Zeit der Organismus weniger Fettzellen ausbilden konnte und dieser Zustand ebenso für immer anhielt wie die erwähnte »Sparschaltung«. Vieles spricht zudem dafür, dass mütterliche Mangelernährung und in der Folge reduziertes Geburtsgewicht der Säuglinge das Risiko stark erhöht, später an Herzinfarkten und Schlaganfällen zu sterben (Forsen, Eriksson, Tuomilehto, Osmond & Barker, 1999), und zwar deshalb, weil diese Personen oftmals unter erhöhtem Blutdruck, Altersdiabetes, Störungen des Fettstoffwechsels, des Cholesterinspiegels und der Blutgerinnung leiden. Dafür mag verantwortlich sein, dass im Tierversuch eiweißarme Kost zu einem verringerten Abbau des Stresshormons Cortisol führte und die Föten deshalb zur Ausbildung hohen Blutdrucks neigten. Denkbar ist auch ein Mechanismus, wonach bei Mangelernährung die wenigen verfügbaren Kalorien zur vorrangigen Ausbildung des Gehirns herangezogen werden, darunter aber andere Organe nachhaltig Schaden nehmen, was sich in späteren Erkrankungen äußert (s. nachfolgenden Kasten).

Rahmengerüst für Hypothesen zum Zusammenhang zwischen fötaler Unterernährung und späteren Auffälligkeiten

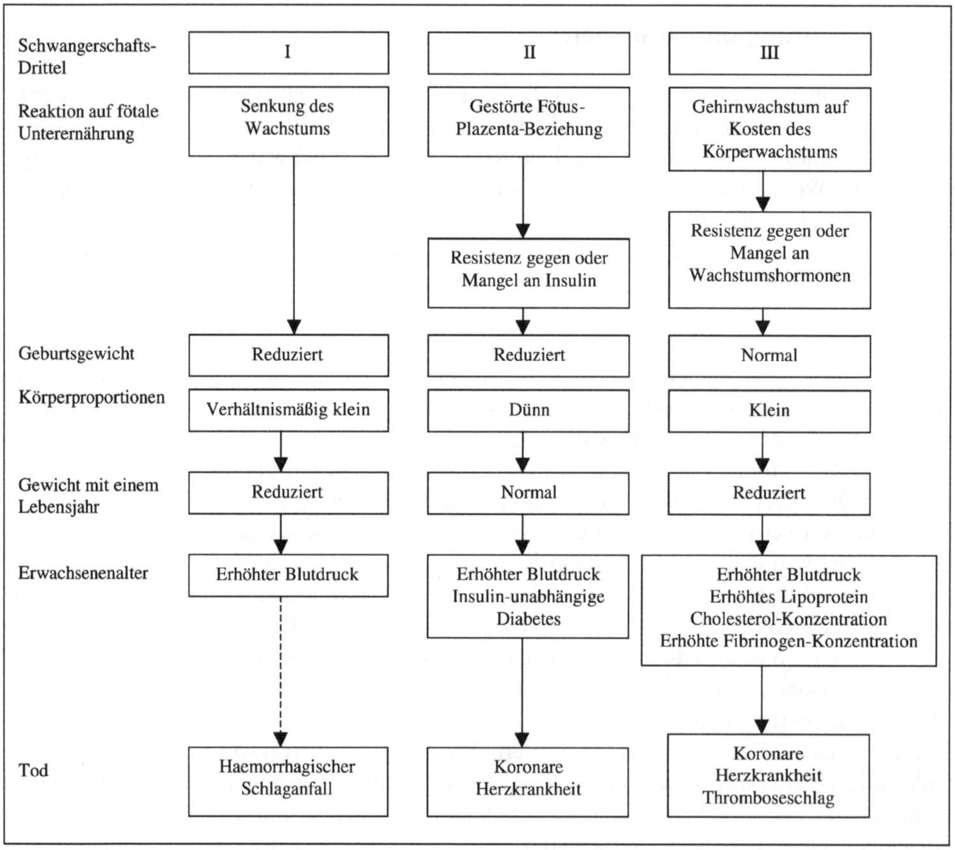

Untersuchungen liegen auch dazu vor, wenn Ernährungsmängel zumindest postnatal zu konstatieren sind. Winick, Meyer und Harris (1975) erhoben den IQ und die Schulleistungen von koreanischen Kindern, die im Alter von spätestens zwei Jahren zur Adoption in die USA gegeben und von der zuständigen Behörde seinerzeit als »mal-«, »moderately-« oder »well-nourished« klassifiziert worden waren. Die Gesamtgruppe zeigte überdurchschnittliche Leistungen, damit die Beobachtungen aus anderen Adoptionsstudien bestätigend, doch war auch später eine klare Binnendifferenzierung nach Maßgabe des früheren Ernährungszustandes registrierbar (positive Korrelation zwischen Ernährung und Leistung).

Bei aller vordergründigen Plausibilität eines solchen Effektes bleiben damit dennoch interpretative Fragen offen. Zum einen ist nicht geklärt, ob die postnatalen Ernährungsunterschiede auch mit solchen der pränatalen Phase einhergingen, zum anderen, ob die Ernährung ihrerseits mit elterlichen Sozial- und Leistungsvariablen konfundiert waren. Gerade deshalb werfen auch Untersuchungen aus Gebieten mit chronischer Mangelernährung kaum lösbare Interpretationsprobleme auf.

Viele der möglichen Fehlerquellen konnten in der Studie von Galler (1984) vermieden werden, bei der es sich um den bislang besten Beitrag zum Einfluss von postnataler Unterernährung handelt: In dieser Untersuchung wurden 129 schulpflichtige Kinder der Insel Barbados, die während ihres ersten Lebensjahres, also in einer für das Gehirnwachstum kritischen Phase, unter schwerem Proteinmangel gelitten hatten, mit einer gleich großen Gruppe von Klassenkameraden ähnlichen soziodemographischen Hintergrundes verglichen, in deren Biografie es keine Hinweise auf Unterernährung gab. Ungeachtet der späteren Ernährungsdefizite waren die Kinder aber ohne perinatale Komplikationen oder andere medizinische Besonderheiten geboren worden, die ggf. ihre Entwicklung hätten beeinträchtigen können. Aus ihrer desolaten Lage waren sie letztlich durch den Gesundheitsdienst und Ernährungsberater herausgeholt worden, die die Kinder bis zu ihrem 11. Lebensjahr überwachten. Infolge des frühkindlichen Proteinmangels lag der durchschnittliche IQ um 12 Punkte unter demjenigen der Kontrollgruppe. In der Schule traten zudem gehäuft kognitive und behaviorale Störungen auf, deren Wurzeln in Beeinträchtigungen der Konzentrationsfähigkeit, des Gedächtnisses und der schulischen Leistungen lagen, im Weiteren in einer erhöhten Ablenkbarkeit. Wie erneute Untersuchungen zu späteren Zeitpunkten zeigten, dauerten die Probleme in Konzentration und Ablenkbarkeit zumindest bis zum 18. Lebensjahr an; oftmaliges Scheitern an der Hürde zu weiterführenden Schulen und hohe Ausfallquoten waren die Folge. Für diese Auffälligkeiten waren Umweltfaktoren nicht verantwortlich zu machen; eingehendere Betrachtungen der Mikro-Umwelt während der Zeit nach der Unterernährungsphase ließen aber erkennen, dass die Mütter dieser Kinder häufiger Symptome von depressiven Verstimmungen und insbesondere Gefühle der Hoffnungslosigkeit aufwiesen. Diese Emotionen leisteten einen von den ernährungskorrelierten Faktoren unabhängigen, eigenständigen Beitrag zur Erklärung des schulischen Versagens.

In der Untersuchung von Wachs et al. (1993) an 153 ägyptischen Kleinkindern, stand das Erziehungsverhalten der Mütter in Wechselwirkung mit dem Kalorien- und Proteingehalt der Nahrung, d. h., die Höhe des kognitiven Niveaus und die Aktivität im Spielverhalten waren dann besonders gut vorherzusagen, wenn entsprechende Interaktions-Terme in den Modellen Berücksichtigung fanden.

Solche und weitere Befunde haben Überlegungen zu den Mechanismen von Fehl- und Mangelernährungen angestoßen. Einem der diesbezüglichen Modelle zufolge, das auch durch Tierversuche gestützt wird, ist das junge Individuum während der Zeit seiner Unterernährung inaktiv, apathisch und zurückgezogen (Barrett, 1986). Obwohl ein solches Verhaltensmuster dem Ziel dient, Energie einzusparen, mag es aber auch einer gewissen Isolierung von Anregungen und Erfahrungen Vorschub leisten, die für den sich entwickelnden Organismus unentbehrlich sind. Gerade unterernährte Kinder erfahren weniger stimulierende Interaktionen mit fürsorglichen Personen, sie verbringen mehr Zeit in dichtem Körperkontakt und weniger damit, ihre physische und soziale Umgebung zu explorieren. Derartige Effekte treten bereits vor einem Zeitpunkt auf, an dem die Unterernährung für sich gravierende Auswirkungen erkennen lässt. Auf diese Weise mag es das Verhalten der unterernährten Kinder sein, das zu den Defiziten in der sozialen und kognitiven Stimulation führt. Demgegenüber liegen aber auch Anhaltspunkte dafür vor, dass die Interaktionen zwischen Unterernährung und Umgebung ebenso gut in eine andere Richtung weisen. Etwa entspricht es einer auf kommunaler Ebene häufig gemachten Beobachtung, dass unterernährte Kinder überzufällig oft aus Familien mit sehr niedrigem sozioökonomischen Status kommen, wo also die Ressourcen an Einkommen, Wohnraum und mütterlicher Intelligenz gering sind. Zudem konnte gezeigt werden, dass in Familien, in denen Kinder später Anzeichen von Unterernährung aufwiesen, ein Mangel an sozialer Stimulation herrschte und die Mütter passiv sowie lethargisch waren (Cravioto & De Licardie, 1976). Beide Erklärungen schließen einander jedoch nicht aus und können gleichzeitig zutreffen, indem beispielsweise die Effekte aufseiten eines Kindes im Sinne von Rückzug und Apathie verstärkt werden in Familien mit unzureichender emotionaler, ökonomischer und intellektueller Kraft.

Die Auswirkungen von Unterernährung im Erwachsenenalter sind aus vielerlei Gründen noch sehr viel weniger intensiv beforscht. Erste Untersuchungen von Macht und Janke (1992) am Würzburger Institut vermitteln jedoch aufschlussreiche Einsichten in die vermittelnden Prozesse selbst kurzzeitiger Unterernährung: Während eines Tages erhielten die insgesamt N = 56 Probanden im Doppel-Blindversuch entweder Nahrung mit normalem oder vermindertem Energiegehalt (1700 bzw. 264 kcal). Bei reduzierter Kalorienzahl der Nahrung waren nicht nur das Hungergefühl und die Nahrungsappetenz höher, sondern auch physiologische Parameter wie Blutdruck und Temperatur verändert, wobei die beiden letzteren Variablen auf eine Art »Ruhigstellung« des Organismus hinzuweisen schienen (s. auch Macht & Janke, 1993).

Die einschlägige Literatur resümierend stellt Lozoff (1989) fest, dass nachträgliche Behandlungsprogramme die negativen Auswirkungen von Unterernährung in der Regel nicht vollständig zu kompensieren vermögen, weshalb zur Vermeidung der kognitiven und behavioralen Langzeit-Störungen frühestmöglich an den ungünstigen Umgebungsfaktoren angesetzt werden müsse – bei 40 bis 60 % von Kindern der Weltbevölkerung, die an leichten bis mittleren Formen der Unterernährung leiden, und bei 3 bis 7 % der Kinder, die in Teilen der Welt an schweren Formen der Unterernährung leiden, gewiss eine gewaltige Aufgabe.

Weiterführende Literatur:
Schmidt-Rathjens, 2000.

22.3.2 Stellung in der Geschwisterreihe

Einige Anhaltspunkte sprechen dafür, dass Erstgeborene in Intelligenztests besser abschneiden als später Geborene (s. Breland, 1973). So einfach sich eine solche Feststellung und das Design der Erhebungen, auf dem sie beruht, auch ausnehmen mögen, sind dabei doch einige Störgrößen zu bedenken, die vor allem in der Auswahl adäquater Kontrollgruppen liegen. Auch sind epochale Veränderungen in der durchschnittlichen Größe von Familien zu berücksichtigen, die die Effekte vonseiten der Geschwisterreihung überlagern könnten.

Um eine besonders sorgfältige Untersuchung handelt es sich bei derjenigen von Belmont, Stein und Susser (1975), da als Kontrollmerkmal die Körpergröße herangezogen wurde, die innerhalb ein- und desselben Geschlechts als nahezu ausschließlich genetisch determiniert angesehen werden kann. Das Rohmaterial zeigte, dass in zahlenmäßig kleinen Familien die Kinder sowohl größer als auch intelligenter sind. Die Trennung von Familiengröße und Geburtsabfolge gelingt dadurch, dass separat für Familien unterschiedlicher Kinderzahl die Effekte der Geburtenfolge betrachtet werden, wie dieses in Abbildung 22.8 für Körpergröße und IQ der Fall ist.

Wie ersichtlich, bestehen sowohl hinsichtlich Intelligenz als auch Körpergröße Mittelwertsunterschiede zuungunsten der Familien mit mehreren Kindern, die gleichermaßen unter genetischen wie umweltmäßigen Gesichtspunkten zu deuten sind. Nur am IQ zeigt sich indessen ein deutlicher Birth-Order-Effect. Als eine Besonderheit ist die besonders niedrige Leistung der zuletztgeborenen Kinder zu registrieren, bei denen die sich abschwächende Tendenz des Intelligenzrückgangs mit zunehmender Geburtenposition wieder verstärkt wird. In anderer Weise verletzen zudem Einzelkinder die Trenderwartung insofern, als sie nicht etwa die höchsten IQs besitzen, wie aus der negativen Korrelation IQ/Familiengröße zu schließen wäre, sondern nur mittlere. Zur Erklärung dieser Fakten haben Zajonc und Markus (1975; s. auch Zajonc, 1979) das sog. Konfluenz-Modell konzipiert, innerhalb dessen sich der Anregungsgehalt einer Familie für das Intelligenzwachstum nach dem Durchschnitt der abso-

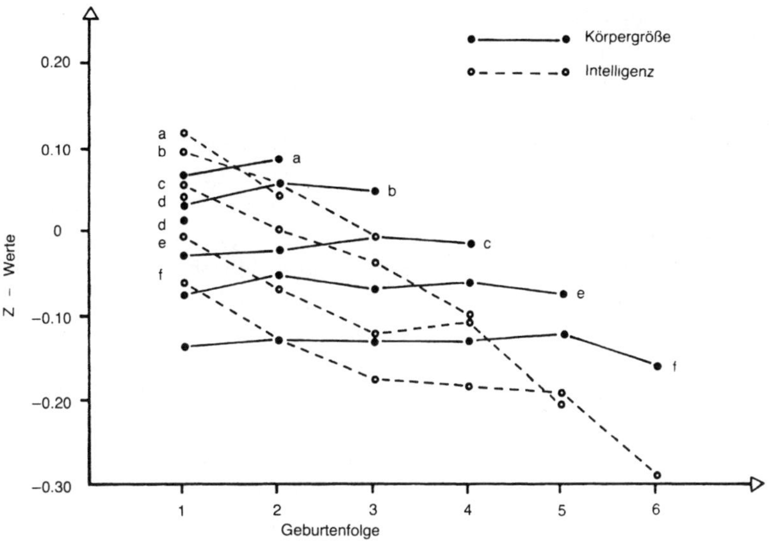

Abb. 22.8: Geschwisterreihungs-Effekte für Körpergröße und Intelligenz in Familien mit ein bis sechs Kindern. a = 2, b = 3, c = 4, d = Einzelkinder, e = 5 Kinder, f = 6 Kinder (nach Belmont et al., 1975).

luten Intelligenzwerte sämtlicher Familienmitglieder einschließlich der jeweils betrachteten Personen bemisst:

$$\text{Intelligenzniveau} = \frac{100 \cdot \text{Vater} + 100 \cdot \text{Mutter} + \sum_{i=1}^{n} G_i + N_0}{3+n}$$

G_i = Intelligenz-Punktwert des i-ten Geschwisters des Neugeborenen zum Zeitpunkt von dessen Geburt
N_o = (Null-) Intelligenz-Punktwert des Neugeborenen
n = Geschwister-Zahl des Neugeborenen

Zu dieser durchschnittlichen intellektuellen Umgebung, so die einfachste Annahme des Modells, tragen beide Elternteile mit zunächst willkürlich gewählten Einheiten (in der Gleichung: 100) gleich viel bei. Mit dem Grundgedanken der Theorie ist aber auch die differenzierte Bestimmung konkreter empirischer Werte für alle Familienmitglieder und deren Berücksichtigung bei der Ermittlung der intellektuellen Umgebung vereinbar.
Spätergeborene treten also in Familienumwelten ein, die gegenüber der Situation, wie sie Erstgeborene vorfinden, durch die Gegenwart der älteren Geschwister bereits an »Qualität« verloren hat. Ist der zeitliche Abstand zu älteren Geschwistern allerdings sehr groß, wird die Benachteiligung weniger gravierend ausfallen, da die Geschwister dann ihrerseits bereits erheblich gereift sind und auf diese Weise mehr zum Gesamtpotenzial der Familie beitragen. Die besonders niedrigen Leistungen der Letztgeborenen erklärt das Modell damit, dass diese »weniger Gelegenheit haben, in die Rolle eines ›Lehrers‹ zu schlüpfen« (Zajonc, 1979a, S. 34) und ihren jüngeren Geschwistern bestimmte Fertigkeiten beizubringen, was ihr eigenes Verständnis fördern könnte. Gleiches trifft zu für die ansonsten bevorteilten Einzelkinder – weshalb aus dieser Perspektive betrachtet und entgegen landläufiger Meinung das Einzelkind mehr einem zuletzt Geborenen und weniger einem Erstgeborenen ähnelt (s. auch Zajonc, Markus & Markus, 1979).

Darüber hinaus sind dem Modell zufolge die Unterschiede zwischen Geschwistern aufgrund der Geburtenposition auch abhängig vom Lebensalter der Kinder, wie der Vergleich einer Zwei-Kind- mit einer Ein-Kind-Familie verdeutlicht: In beiden Familien wächst das Erstgeborene zunächst in einer Umgebung mit gleichem Anregungsgehalt auf, bis dann in der Zwei-Kind-Familie das zweite Kind geboren wird. Dadurch erfährt das Erstgeborene dieser Familie gegenüber dem Einzelkind eine Verlangsamung seiner Intelligenzentwicklung, da das qualitative Niveau durch das Neugeborene insgesamt reduziert wird. Das Zweitgeborene ist zum Zeitpunkt seiner Geburt ebenfalls im Nachteil, da es in ein niedrigeres Niveau als sein älteres Geschwister und auch das Einzelkind hineingeboren wird. Dieser Nachteil kehrt sich später um, da es ab einem bestimmten Alter eine höherwertige »Intelligenz-Umgebung« erfährt als das Erstgeborene im selben Alter erfahren hat, wie das folgende Beispiel zeigt:

Das Erstgeborene sei 8 Jahre alt → Intelligenz-Niveau = (100 + 100 + 8 + 4) : 4 = 53.

Das Zweitgeborene sei 8 Jahre alt → Intelligenz-Niveau = (100 + 100 + 12 + 8) : 4 = 55.

Daraus folgt, dass das Zweitgeborene in einem bestimmten Altersabschnitt dem Erstgeborenen überlegen sein kann, bis dieses seine Lehrerfunktion nutzt und daraus einen Vorteil zieht, der unter günstigen Bedingungen sowohl zum Überholen des Zweitgeborenen als auch des Einzelkindes führen mag.

Untersuchungen verschiedener verbaler Funktionen (u. a. Wortschatz, Wortverständnis, Analogien und Sprichwörter) an einer sehr großen Stichprobe französischer Kinder belegen das Phänomen, wie Abbildung 22.9 zeigt.

Das Modell ist wertvoll in mehrerer Hinsicht. Einmal deckt es die zwischenzeitlich von Davis, Cahan und Bashi (1977) an verschiedenen ethnischen Gruppen in Israel erhobenen Befunde ab, jedenfalls diejenigen der Personen europäisch-amerikanischer Abstammung; hingegen musste für die Nachkommen afro-asiatischer Vorfahren eine weitere Differenzierung vorgenommen werden, da diese Gruppe, was die Elterngeneration angeht (aufgrund von

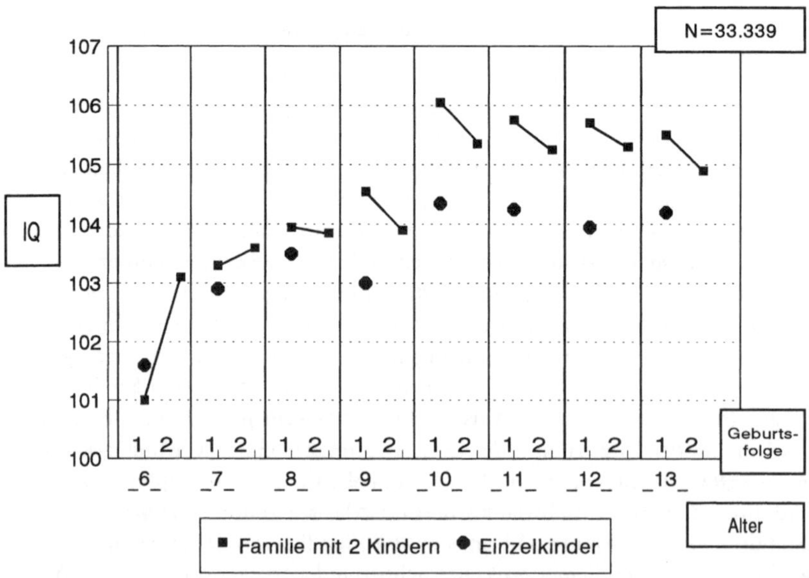

Abb. 22.9: IQs von Einzelkindern und von Kindern aus Familien mit zwei Kindern für unterschiedliche Altersstufen (aus Zajonc, 1979, S. 40).

mangelhaften Entwicklungsmöglichkeiten?), besonders mäßige Leistungen zeigte und Spätergeborene in sehr großen Familien umgekehrt einen positiven Geschwisterreihungs-Effekt erkennen ließen. Zum anderen wird das Modell auch den durchschnittlich verminderten Leistungen von solchen Kindern gerecht, die gegenüber ihren Geschwistern nur relativ geringe Altersunterschiede aufweisen (s. Nuttall & Nuttall, 1979; dort ebenso wie bei Howarth, 1980, auch Hinweise auf Persönlichkeitsunterschiede in Abhängigkeit von der Geschwisterabfolge). Ferner erklärt die Theorie die Minderleistungen von Zwillingen, die einen Extremfall rascher Geburtensukzession darstellen, sowie darüber hinaus den etwas höheren IQ allein aufwachsender Zwillingspartner (s. o. 22.2.1). Schließlich kommt das Modell auch in Bezug auf die Effekte allein stehender Elternteile zu Vorhersagen, die sich empirisch bestätigen lassen (s. Zajonc 1976; unschlüssige Resultate, gestützt auf eine kleinere Stichprobe, aber von Fowler & Richards, 1978), und erlaubt die Ableitung der bislang noch ungeprüften Hypothese, dass zusätzliche Erwachsene in einer Familie den Anregungsgehalt der Umgebung für die Zeit ihrer Präsenz erhöhen müssten. Damit nicht genug: Zajonc (1986) vermag zu zeigen, dass der Abfall der Punktwerte im Scholastic Aptitude Test (SAT), einem Verfahren, dem sich jährlich viele tausend Schülerinnen und Schüler unterziehen, zwischen den Jahren 1973 und 1980 sowie deren kontinuierlicher (Wieder-)Anstieg in den 80er Jahren durch zwei Faktoren erklärt werden können: zum einen gleichsinnige Veränderungen in der mittleren Geburtenabfolge durch zunächst größere, dann kleinere Kinderzahlen in den Familien, zum anderen die mittlere Quote von Probanden, die als Teil jeder Kohorte an dem Verfahren teilnehmen. Auf Grund dieser Variablen, die nicht weniger als 67 % der SAT-Variation über der Zeit erklären, ist ein weiterer Anstieg der Testwerte bis zum Jahr 2000 und danach ein erneuter Abfall vorherzusagen.

Letztlich bleiben aber auch Unsicherheiten bestehen: Zum einen haben Grotevant, Scarr und Weinberg (1977) an einer allerdings kleineren Stichprobe von 101 gemischtrassigen biologischen und Adoptivfamilien nur eine geringe Anpassung der empirischen an die Modelldaten gefunden, wenn anstelle der Populationsdaten solche aus einzelnen Familien herangezogen wurden.

Auch Kubinger und Gittler (1983) konnten an 24 Familien mit jeweils 4 Kindern, also unter Anwendung von Messwiederholung, im IST-Amthauer und einer Kurzform des Raven-Tests keine überzufälligen Unterschiede in Abhängigkeit von der Geschwisterfolge feststellen. Immerhin entsprachen die Werte des letzteren Verfahrens als demjenigen, auf das sich die meisten Ergebnisse der Literatur und insbesondere diejenigen von Belmont stützen, der Tendenz nach den Erwartungen. Betrachtet man allerdings die Stärke des Effektes, um den es hier geht, sind unter Verwendung von Stichproben mit weniger als etwa 1000 Personen kaum Signifikanzen zu erwarten, betrug doch beispielsweise die mittlere Differenz zwischen Erst- und Fünftgeborenen bei sechs Geschwistern insgesamt in der Arbeit von Belmont und Marolla (1973) nur ca. 1 Punkt im Raven-Test (dieses auch als Hinweis zur Interpretation der Effektstärken in Abbildung 22.8). Zahlreiche weitere Untersuchungen zum Konfluenz-Modell finden sich in tabellarischen Übersichten bei Fthenakis und Kunze (1983) sowie – noch umfassender, weil nicht auf eine bestimmte Theorie bezogen – bei Ernst und Angst (1983, S. 43, 44 und 48) zusammengestellt. In beiden Arbeiten erfolgt auch eine Auseinandersetzung mit einigen impliziten und expliziten Annahmen des Konfluenz-Modells, darunter etwa der Konzeptualisierung der intellektuellen Umwelt in einer extrem mechanistischen Weise; denn ausschlaggebend für die Vorhersagen des Modells ist nur die Gesamtsumme der Beiträge vonseiten der einzelnen Mitglieder des Familienverbandes, d. h., zwei Eltern mit den (fiktiven oder in Intelligenz-Punkten ausgedrückten) Werten von 125 und 75 müssten denselben Effekt ausüben wie drei andere Personen mit jeweils 100, drei ältere Geschwister mit je 50 tragen zur intellektuellen Umwelt in derselben Weise bei wie drei mit 63, 53 und 33

usw. Nicht minder unplausibel ist, dass die Aussicht, von beiden Eltern unterwiesen zu werden (wie es bei einem Einzelkind der Fall ist), mehr als neutralisiert werde durch die fehlende Gelegenheit, selbst für nachfolgende Geschwister ein »Lehrer« zu sein. Beide Sammeldarstellungen gelangen übereinstimmend zu der Bewertung, dass die Konfluenztheorie vielleicht für aggregierte, nicht aber individuelle Daten (das betrifft den Vergleich *zwischen* bzw. innerhalb einzelner Familien) angemessen sei (in diesem Sinne auch Galbraith, 1983). Letztlich sei der Abfall der intellektuellen Leistung mit zunehmender Geschwisterposition ein Artefakt des mit der Familiengröße konfundierten (niedrigeren) sozioökonomischen Status. Gerade gegen eine derartige Deutung wendet sich Zajonc (1983) mit einer neuerlichen ausführlichen Dokumentation, in der er im Übrigen auch zeigt, dass der Geschwister-Reihungseffekt nur bei Kindern über 13 Jahre auftritt. Unstreitig ist allerdings, dass es bislang entschieden an solchen Daten fehlt, die allein eine verlässliche Grundlage für die Beurteilung des Konfluenz-Modells liefern würden, nämlich solche aus individuellen Längsschnitten.
Ganz abgesehen davon ist zu fragen, ob nicht auch pränatale Umweltfaktoren für einen Teil der Unterschiede verantwortlich sind, denn Holley, Rosenbaum und Churchill (1969) konnten z. B. nachweisen, dass mit abnehmendem zeitlichen Abstand zwischen aufeinander folgenden Geburten auch das Geburtsgewicht der Neugeborenen zurückging, was negative Konsequenzen zumindest für die Werte eines Motorik-Tests, der Tendenz nach auch für jene des im Alter von 4 Jahren vorgegebenen Stanford-Binet hatte. Insofern scheint der weibliche Körper für die völlige Wiederherstellung optimaler Entwicklungsbedingungen eine längere Zeitspanne zu benötigen als sie durch den Wiedereintritt der Konzeptionsfähigkeit angezeigt wird.
Zudem lässt das von Foster und Archer (1979) zusammengestellte Material die alternative Erklärung zu, dass das Immunsystem der Mutter das Gehirn des Embryos schädigt und diese Effekte, in Wechselwirkungen mit den Antikörpern Erstgeborener, bei zukünftigen Schwangerschaften stärker werden.
Soweit ist nur die Entwicklung der intellektuellen Leistungsfähigkeit in Abhängigkeit von der Geschwister-Reihung erörtert worden, in Bezug auf die das Konfluenz-Modell in seiner provokativen Einfachheit (das Geschlecht der Geschwister bleibt ebenso unberücksichtigt wie genetische und weitere Umweltvariablen) ein ausgesprochenes Stimulans für die empirische Forschung darstellte.
Daneben gibt es seit Jahren eine Fülle von Arbeiten, die sich mit der Ausbildung von Persönlichkeitsmerkmalen im engeren Sinne bei Geschwistern in unterschiedlicher Position beschäftigen. In diesem Bereich fehlen allerdings kohärente Theorien, die es erlauben würden, die Befunde aus verschiedenen Temperaments-Dimensionen unter einer halbwegs einheitlichen Perspektive zu sehen. Stattdessen überwiegen ad hoc-Erklärungen, wie sie auch von Falbo (1981) vorgenommen wurden bei dem Versuch, Geschwister-Reihungseffekte in der schulischen Leistung, Kontrollüberzeugung, Selbstwertgefühl und Selbstbezogenheit durch drei Arten von Prozessen zu erklären, nämlich solche, die durch die Eltern, durch Interaktion mit Geschwistern und auch das Fehlen von Geschwistern verursacht werden. Nahe liegend sind Interpretationen etwa der Art, eine höhere Ängstlichkeit bei Erstgeborenen auf die Unerfahrenheit der Eltern oder deren übergroße Vorsicht im Umgang mit Kindern zurückzuführen, erhöhte Ängstlichkeit bei Spätergeborenen hingegen darauf, dass diese lange Zeit unter ihren stärkeren Geschwistern hätten leiden müssen. Tritt die besagte Merkmalsausprägung aber bei Kindern in einer Mittelposition auf, mag es an einer Vernachlässigung dieser weniger herausgehobenen Geschwister liegen.
Ernst und Angst (1983, S. XI), die sich in diesem Sinne äußern, haben deshalb zunächst unter Außerachtlassung theoretischer Strukturierungsversuche eine umfassende Literaturrecherche angestellt, um zu prüfen, ob überhaupt und ggf. welche Persönlichkeitsunterschiede in

Abhängigkeit von der Geschwisterposition konsistent über mehrere Arbeiten hinweg berichtet werden. Ganz allgemein macht ihre Analyse deutlich, dass in den meisten der dazu durchgeführten Arbeiten weder der sozioökonomische Status noch die Zahl der Geschwister insgesamt beim Vergleich verschiedener Geburtenpositionen kontrolliert wurde. Findet eine Berücksichtigung dieser Hintergrundvariablen statt, reduzieren sich beobachtete Effekte auf ein vernachlässigbares Ausmaß oder fallen inkonsistent aus. Entgegen landläufiger Meinung stellte sich ein größerer Geschwisterkreis als nachteilig für die Sozialisation heraus, da Befragungen von Eltern zufolge diese sich dann weniger um die Schule kümmern konnten, mehr mit Strafe reagierten und nicht in der Lage waren, ein befriedigendes Verhältnis zu den Kindern herzustellen. Entsprechend sollte die Interpretation von möglichen Persönlichkeitsunterschieden zwischen Geschwistern unterschiedlicher Geburtenposition an einer unterschiedlichen Sozialisation ansetzen. In der Tat erfahren Erstgeborene während der frühen Kindheit mehr Aufmerksamkeit und Zuwendung sowie eine intensivere sprachliche Stimulation als später Geborene, während ihnen im Vorschulalter mit stärkerer Kritik und weniger Gefühl begegnet wird. Die vielzitierte »Entthronung« als Folge der Geburt eines jüngeren Geschwisters stört die Beziehungen zur Mutter erheblich und führt während der ersten Monate zu einigen Verhaltensstörungen. Ob diese allerdings zwangsläufig zu bleibenden Auffälligkeiten führen, ist momentan nicht schlüssig zu beurteilen. Immerhin gibt es Hinweise auf eine Häufung von Zwangsneurosen unter Erstgeborenen, auch solche auf höhere Neurotizismus- und Ängstlichkeitswerte. Weiterhin identifizieren sich diese eher durchgängig mit ihren Eltern und akzeptieren deren Autorität eher, was bei ihnen, relativ zu den Spätergeborenen, zur Ausbildung geringerer sozialer Fertigkeiten führen mag, die sich an Eltern *und* älteren Geschwistern orientieren (s. die positiven Befunde dazu bei Ickes & Turner, 1983), werden schließlich von diesen auch im Vergleich zu Spätergeborenen als introvertierter, neurotischer und strebsamer beschrieben. Auch Ernst und Angst (1983), auf deren kritischer Monographie sich diese summarischen Aussagen stützen (vergl. die dortigen Seiten 240/241), fanden in ihrer eigenen Erhebung an einer repräsentativen Stichprobe von 6315 männlichen und 1381 weniger repräsentativ zusammengesetzten weiblichen Personen in der Schweiz insgesamt nur sehr schwache Effekte. Als Resümee der Literaturzusammenstellung und der eigenen Resultate stellen die Autoren fest, dass weder Geburtenabfolge noch Geschwisterzahl einen starken Einfluss auf die Persönlichkeit zu haben scheinen. Das verfügbare Material weist stattdessen auf unvollständige Familien, einen unfreundlichen Erziehungs-Stil und eine vorzeitige Unterbrechung der Beziehungen zu den Eltern als Begleitumstände von Neurotizismus hin, darüber hinaus auf gutes Einkommen und hohen Sozialstatus ebenso wie ein ungestörtes Heim als Korrelate von hoher Leistung (Ernst & Angst, 1983, S. 284).

22.3.3 Erziehungsverhalten der Eltern

Das elterliche Erziehungsverhalten wird nachfolgend exemplarisch als weitere Varianzquelle individuellen Verhaltens angesprochen, weil hier im Unterschied zu den vorgenannten Determinanten vor allem Persönlichkeitsmerkmale im engeren Sinne, weniger aber Leistungscharakteristika im Vordergrund des Interesses stehen.

Das Erziehungsverhalten ist nur ein Teilbereich aus dem großen Komplex der zahlreichen familiären Komponenten (z. B. Familiencharakter oder Syntalität, Familienstruktur als Interaktionsmuster verschiedener Rollen und Ränge, Familie als Verband von Personen mit interindividuellen Unterschieden usw.), denen man einen Einfluss auf die Sozialisation des he-

ranwachsenden Kindes ebenso wie der anderen Mitglieder des Verbandes zuschreiben kann. Das Gesamtfeld familiärer Komponenten ist deshalb so intensiv erforscht worden, weil man ihm einerseits große Wichtigkeit für die Persönlichkeit der Heranwachsenden zuschreibt, andererseits mit relativ geringem Aufwand vieles an Fragen beantwortbar erscheint.
Das letztere Argument ist offenkundig derart bestechend, dass viele Autoren ihm blind erlagen und häufig die Persönlichkeitsvariablen der Kinder als abhängige Variable auffassten und sie auf der Basis von korrelativen Zusammenhängen mit Merkmalen des elterlichen Erziehungsverhaltens durch eben diese kausal verursacht sahen. Es fehlt deshalb nicht an kritischen Stimmen gegenüber einer solche Vorgehensweise und dem gewöhnlich atheoretischen Ansatz (s. Herrmann, 1975). Nicht nur denkbar, sondern außerordentlich wahrscheinlich ist vielmehr, dass auch das Kind über seine spontanen und/oder reaktiven Verhaltensweisen diejenigen seiner Eltern mitbestimmt, diesen etwa die Erfahrung vermittelt, dass freundliches Bitten effektiver sein kann als nachdrückliches Befehlen usw. Idealerweise wären deshalb Längsschnittuntersuchungen mit mehreren Messzeitpunkten angezeigt, desgleichen nicht nur verbale Berichte der Eltern über ihr Erziehungsverhalten, sondern direkte Beobachtungen derselben (s. Schneewind, 1966). Untersuchungen, die diesen Kriterien genügen, stellen die absolute Ausnahme dar; häufig werden Merkmale des Erziehungsverhaltens sogar retrospektiv erfragt, wobei nur geringe Konkordanzen mit dem tatsächlichen Geschehen zu erwarten sind.
Die Fragebogenmethode ist freilich dort unverzichtbar, wo als ein Segment des elterlichen Erziehungsverhaltens die Einstellung oder Attitüden gegenüber ethischen und praktischen Problemen des Erziehungsgeschehens erfasst werden sollen, die gemeinhin zusammen mit den Erziehungspraktiken zu den Erziehungsstilen gezählt werden (s. Eyferth, 1966). Gleiches gilt für die bei den Erzogenen vorherrschenden Wahrnehmungen des elterlichen Erziehungsverhaltens – die von Autoren wie Ausubel (1958) für wichtiger als das tatsächliche, also von den Eltern realisierte oder von Außenstehenden beobachtete Geschehen erachtet werden – wie auch umgekehrt die Wahrnehmungen und Erwartungen der Eltern in Bezug auf die Kinder.
Gewöhnlich sind als faktorenanalytisch gewonnene Dimensionen des Erziehungsstils die orthogonalen Achsen »Autonomie vs. Kontrolle« und »Zuwendung (Wärme, Liebe) vs. Zurückweisung (Feindseligkeit)« gefunden worden (s. Herrmann, 1976, S. 388). Je nach Analysetechnik, theoretischem Ansatz und Itempool wurden aber auch zahlreiche andere Faktoren extrahiert. Elterliche Zurückweisung steht mit dem Auftreten psychischer Beeinträchtigungen aufseiten des Kindes in korrelativer Beziehung (s. Sears, Rau & Alpert, 1966); ein Teil der kindlichen Störungen und Schäden lässt sich also, im Sinne des in 7.6.5 zum Erklären in der Persönlichkeitspsychologie Ausgeführten, auf Unterschiede im Erziehungsstil zurückführen, solange nicht Beziehungen zu einer gemeinsamen Drittvariable aufgedeckt werden.
Im deutschsprachigen Raum sind besonders die Untersuchungen des Arbeitskreises um Herrmann (Herrmann, Schwitajewski & Ahrens, 1968; Stapf, Herrmann, Stapf & Stäcker, 1972) mit Hilfe eines Fragebogens bekannt geworden, der – getrennt für Vater und Mutter – das Ausmaß erfasst, in dem aus der Sichtweise des Kindes das Erziehungsverhalten durch Unterstützung (Hilfe und Förderung, z. B. »Meine Mutter spricht mit mir über meine Freunde und sagt mir, wen sie nett findet«) oder Strenge (Straf- und Verbotsneigung, z. B. »Wenn ich zu spät nach Hause komme, gibt es von meinem Vater ein Donnerwetter«) gekennzeichnet ist. Die dafür jeweils bestimmten Skalenteile interkorrelieren negativ in niedriger bis mittlerer Höhe. Zustimmung zu Appetenzreizen sowie höhere Zukunftserwartung, bessere Schulleistungen und verstärkte Konformitätsneigung einerseits gehen mit elterlicher Unterstützung, Ängstlichkeit und der Tendenz zur Zustimmung zu »Allerweltswahrheiten«

(z. B. »Stille Wasser sind tief«) andererseits einher. Des Weiteren unterschied sich eine Delinquentenstichprobe von Berufsschülern im Sinne einer größeren Verbotsorientiertheit. Gerade ein solches Resultat lässt die Frage von Ursache und Wirkung als besonders offen erscheinen. Herrmann (1976, S. 395) resümiert denn auch vorsichtig: »Insgesamt scheint die elterliche Strenge bzw. Strafneigung zu einer generalisierten ›Verbotsorientierung‹ des heranwachsenden Individuums zu führen, während elterliche Unterstützung eine verallgemeinerte ›Gebotsorientierung‹ nach sich zieht«.

Diese Beispiele aus einem Forschungsfeld, in dem emsige Aktivität herrscht (s. auch Lukesch, 1975, 1976; Schneewind & Herrmann 1977; Schneewind & Lukesch, 1978), innerhalb dessen Erziehungsstilvariablen auch als abhängige Variable von etwa Bildungsgrad, Geschwisterreihung und dergl. untersucht werden, mögen als Demonstration dafür genügen, wie versucht wird, Persönlichkeitsvariablen auf Sozialisationsfaktoren im weitesten Sinne zurückzuführen.

Dabei hat sich im Übrigen herauskristallisiert, dass die Persönlichkeitsmerkmale der Eltern und die in der Familie allgemein realisierte emotionale Atmosphäre von größerem Einfluss auf die Heranwachsenden zu sein scheinen als spezifische Erziehungspraktiken (s. Johnson & Medinnus, 1965; Forman & Forman, 1981).

Die Erklärungsproblematik stellt sich dort als weniger diffizil dar, wo quasi-experimentelle Anordnungen vorfindbar sind. Vorübergehende oder dauernde Abwesenheit eines der Elternteile im Vergleich zu permanenter Präsenz mag eine solche Voraussetzung darstellen. So ist gefunden worden, dass jene Studenten wesentlich niedrigere Mathematik- als Sprachleistungen aufwiesen, deren Väter zum Militärdienst einberufen worden waren zu einer Zeit, als ihre Kinder noch sehr jung waren (Carlsmith, 1964). Ähnliche Resultate wurden auch bei Schicht- und Nachtarbeit gefunden. Generell scheinen damit männliche Jugendliche bei längerer Abwesenheit des Vaters im kognitiven Bereich den weiblichen ähnlicher zu werden, da der mütterliche Einfluss, dem in unserer Gesellschaft ein größerer Wert für die sozialemotionalen als die numerisch-technischen Fertigkeiten zugeschrieben wird, zu dominieren beginnt (s. Biller, 1971). So überzeugend derartige Befunde die Wirkung von Umweltfaktoren widerzuspiegeln scheinen, bleibt die Repräsentativität von »Father-Absent-Families« für die Grundgesamtheit und damit die Interpretation der beobachteten Unterschiede ein Problem, das weiterer Bearbeitung bedarf (s. Shinn, 1978, und insbesondere die Übersichtsdarstellung von Thomas, 1980).

22.3.4 Übung, Training, Unterweisung

a) Definitionen und methodische Probleme

»Übung macht den Meister« lehrt ein altes Sprichwort, und in der Tat gibt es keine praktisch bedeutsame psychische Funktion von Leistungscharakter, die nicht durch direkte oder indirekte, intendierte oder inzidentelle Schulung effektiviert werden könnte. Nach allem, was über die Ausformung von Fertigkeiten durch das Ineinanderwirken genetischer und umweltmäßiger Faktoren gesagt wurde, kann eine solche Feststellung nicht überraschen: Übung in allgemeiner Form stellt insofern nur eine Massierung bestimmter Anregungsbedingungen dar.

Unter bestimmten Voraussetzungen lassen sich über der Replikation externer und internaler Faktoren bestimmte Verhaltensweisen direkt *wiederholen,* eine Methode, die augenscheinlich Vorteile aufweist bei einfachen kognitiven und motorischen Prozessen wie Kopfrechnen, Radfahren und dergl. In einem solchen Fall spricht man gewöhnlich von direkter Übung

oder Training. Stellt man fest, dass die Beschäftigung mit spezifischen Materialien oder Verhaltensweisen das Leistungsniveau in anderen, nicht unmittelbar geübten Funktionen positiv beeinflusst, wie dieses etwa für die Unterrichtung in Latein und die daraus erwarteten Leistungssteigerungen in Mathematik gelten soll, hat man es mit der sog. *Mitübung* zu tun. Schließlich ist an die verbale oder anschauliche Vermittlung sehr allgemeiner Prinzipien für unser kognitives und soziales Verhalten durch Vorgänge und Personen in Familie, Schule und Beruf zu denken; diesbezüglich spricht man gewöhnlich von *Erziehung* und *Bildung*. Die konkrete Ausprägung in Variablen wie Wortflüssigkeit, mechanisch-technischem Verständnis oder sozialer Intelligenz erklärt sich gewöhnlich als das Endprodukt eines im Nachhinein nicht mehr auflösbaren Wirkungsgeflechtes dieser Prinzipien und weiterer Faktoren wie Einsicht, Vergessen, Hemmungen und dergl.
Für die Differentielle Psychologie ergeben sich daraus mehrere Probleme: Die interpretative Einordnung einer individuellen Merkmalsausprägung ist immer dann faktisch unmöglich, wenn nicht zugleich Anhaltspunkte über den Grad der erfahrenen Vorübung gegeben sind. Je nachdem, zu welchen Zeitpunkten des individuellen Übungsverlaufes, der interindividuell (und über verschiedene Aufgaben hinweg auch intraindividuell) sehr verschieden aussehen kann, in der Regel jedoch mit zunehmender Übung die für die allgemeine Wachstumsfunktion typische Abflachung zeigt, Aussagen im Sinne der punktuellen Momentaufnahme einer Statusdiagnose gemacht werden, mögen die Aussagen über die relative Position zweier Probanden zueinander verschieden ausfallen (s. dazu Abb. 22.10).
Verbunden ist damit offenkundig eine gegenüber dem »Endzustand« der asymptotischen Abflachung ganz allgemein reduzierte Reliabilität individueller Messwerte und eine nur geringe Aussicht, angesichts der unterschiedlichen Steilheit und Höhe individueller Lernkurven das jeweilige Verhaltens»maximum« oder die Entwicklungsmöglichkeiten valide vorherzusagen (s. Volpert, Ulmer, Rittweger & Tisch, 1973) – einer der Gründe dafür, warum in den letzten Jahren zunehmend eine Prozess- anstelle der herkömmlichen Statusdiagnostik gefordert wurde (s. Pawlik, 1976).

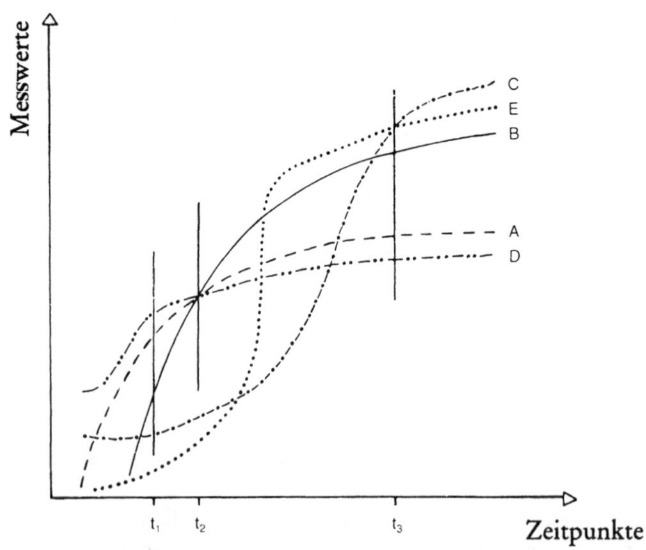

Abb. 22.10: Vergleich mehrerer Messwertträger A bis D in einer übungsabhängigen Funktion in verschiedenen Stadien ihrer individuellen Vorübung.

Darüber hinaus erscheint es fraglich, ob unter dem Einfluss von Übung und Training die untersuchte Funktion in ihrer psychologischen Bedeutung tatsächlich nur quantitative Veränderungen erfährt, etwa im Sinne der in Abb. 22.10 veranschaulichten Funktion, oder ob daneben nicht auch qualitative Modifikationen stattfinden. Anlass zu derartigem Zweifel lieferten erstmals die Trainingsversuche von Bryan und Harter (1899), in denen die Fertigkeit beim Erwerb und der Ausübung des Morsens untersucht wurde. Für sinnlose Texte zeigte sich eine negativ beschleunigte Funktion von nur geringer Steigung und Höhe. Im Falle der Verarbeitungsgeschwindigkeit für sinnvolle Texte hingegen kam es nach einer anfänglich dem sinnlosen Material ähnlichen Übungskurve mit einem längeren Plateau zu einem erneuten markanten Leistungsanstieg, sodass sich das Bild zweier aufeinander gestellter, seitlich verschobener Lernkurven ergab (s. Abb. 22.11):

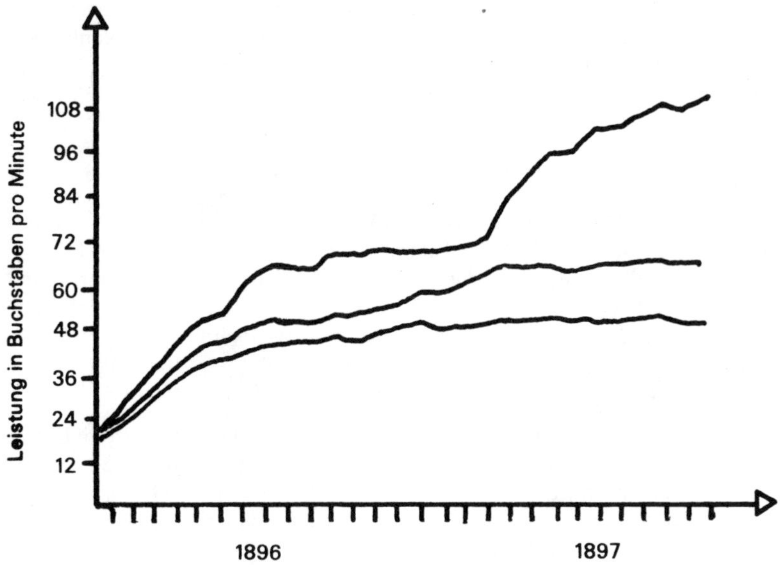

Abb. 22.11: Individuelle Leistung einer Versuchsperson in Buchstaben pro Minuten während aufeinander folgender Übungsabschnitte. Die oberste Linie bezeichnet die Morsegeschwindigkeit für sinnvollen Text, die mittlere für unverbundene Wörter, die untere für unverbundene Buchstaben (aus Bryan & Harter, 1899, S. 350).

Die damit für die Übermittlung sinnvoller Zusammenhänge realisierte wesentlich höhere Silbenzahl erklärt sich letztlich durch die nach einer gewissen Zeit vorgenommene interne Umstrukturierung der Bearbeitungsprozesse. Jedenfalls lässt der deutliche Leistungsanstieg am Ende des Plateaus derartige Vorgänge als wahrscheinlich vermuten. Verallgemeinert bedeutet dieses, dass in hochgeübtem Zustand andere Techniken oder die früher verwandten in anderer Kombination und Gewichtung zur Bewältigung von Anforderungen der Umwelt eingesetzt werden.
Erscheint somit die Kontrolle von Übungsfaktoren von besonderer Bedeutung für die Erklärung interindividueller Unterschiede, türmen sich hier praktisch unüberwindliche Schwierigkeiten auf:

(1) Definition der Übung
Die Übung kann als gleich gelten, wenn die Zahl der darauf verwendeten Durchgänge bzw. Wiederholungen oder aber die damit zugebrachte Zeit identisch ist. Geht man davon aus, dass die bereits zu Be-

ginn leistungsfähigeren Probanden in der Zeiteinheit mehr von einem Übungsangebot profitieren als die weniger leistungsfähigen, stellen fixierte Wiederholungszahlen für sie eher eine Benachteiligung, festgelegte Zeiten dagegen eine Bevorteilung dar.

(2) Festlegung des Übungsgewinns
In zahlreichen Leistungsbereichen wird das erzielte Niveau durch die Zahl der in gegebener Zeit gelösten Aufgaben ausgedrückt. Durch einfache Beispiele, die nur unterschiedliche Ausgangswerte der Probanden vorsehen müssen, ist leicht aufzeigbar, dass je nachdem, ob ein übungsbedingter Zuwachs an gelösten Aufgaben oder ein solcher an benötigter Zeit zugrunde gelegt wird, sich völlig verschiedene Aussagen ergeben.

(3) Interpretation von Variabilitätsmaßen
Im Zuge der allgemeinen Frage, inwieweit Übung die Unterschiedlichkeit der Individuen beeinflusst, ob diese im Sinne einer Vergrößerung oder Verringerung der Variabilität wirkt, entsteht gewöhnlich die Notwendigkeit, Varianzen miteinander zu vergleichen, die auf Messwerten mit unterschiedlichen Mittelwerten beruhen. Etwa könnte ein Kreativitätstraining die durchschnittlichen Punktwerte beträchtlich erhöht, aber auch die Varianzen vergrößert haben. Solange aber die Skalen keine Verhältnisqualität aufweisen, ist jeder Bezug auf die Mittelwerte und ein darauf aufbauender Vergleich der Varianzen letztlich wertlos.

(4) Ausschaltung der statistischen Regression
Erfahrungsgemäß zeigen Messwerte mit fehlender absoluter Zuverlässigkeit die Tendenz, bei Wiederholung der Messung zum Mittelwert der jeweiligen Verteilung zu regredieren, offensichtlich deshalb, weil die seltene Kombination von zufälligen Faktoren, die einen Messwert zusätzlich als extrem hoch oder extrem niedrig ausfallen lässt, im Wiederholungsfall nicht in derselben Weise auftritt (Postulat von der Zufallsverteilung von Fehlerfaktoren, s. 8.2.1). Bei Vor-Nachtest-Messungen mit interpolierten Übungstrials muss dadurch aber mit unterschiedlichen Mittelwertsdifferenzen der Randgruppen gerechnet werden.

(5) Ausgangswert-Gesetz
Schließlich stellt die in der Biologie und Stochastik bekannte Regel von der negativen Korrelation zwischen Ausgangswert und Zuwachs einen weiteren Faktor dar, der Kopfzerbrechen bereitet (Wilder, 1931, 1958; s. dazu Fahrenberg, 1967), handelt es sich doch dabei um ein Phänomen, dessen einzelne Komponenten (statistische Regression, mathematische Artefakte, biologische Homöostase u. Ä.) noch nicht für jeden Funktionsbereich bekannt sind.
Wenn nachfolgend einige Beispiele für die Auswirkung von Übung bzw. Training auf individuelle Differenzen gegeben werden, geschieht dieses ohne jeden Anspruch, dass im konkreten Fall die erwähnten Probleme überwunden worden wären.

Eine umfassende Übersicht über die im Rahmen gezielter Beeinflussung, also systematischen Trainings, zentralen Ansätze, Theorien und Ergebnisse gibt Klauer (1992).

b) Beeinflussung von Mittelwerten und Varianzen durch Übung

In kaum einer der Handanleitungen für die am meisten gebräuchlichen Leistungstests fehlen Hinweise auf den Effekt von Wiederholungen. Deren Ausmaß hängt gewöhnlich ab von der Länge des Retestungsintervalles und der Spezifität des Aufgabentypus. Allgemein gilt, dass der Zugewinn bei komplexen Items eher größer ist als bei einfachen. Intelligenztests zeigen bei erneuter Vorgabe innerhalb einer Woche Zuwächse von ungefähr einem Drittel ihrer Standardabweichung (s. z. B. Amthauer, 1957; Catron & Thompson, 1979). Auch bei sukzessiver Administration von Parallelformen liegen die Werte der später bearbeiteten Version gewöhnlich etwas höher, wenngleich nicht im selben Ausmaß wie bei direkter Wiederholung ein- und derselben Form: Terman und Merrill (1937) geben die Differenzen zwischen den in irgendeiner Reihung vorgegebenen Formen L und M mit ca. 2,5 IQ-Punkten an. Der Effekt

dürfte sich z. T. aus der Vertrautheit der Probanden mit den Aufgabentypen und Lösungsstrategien erklären.
Im Weiteren mögen auch Transfereffekte eine Rolle spielen sowie ein gestärktes Selbstvertrauen und eine verminderte Ängstlichkeit bei jenen Probanden, die in früheren Testungen Erfahrungen sammeln und Erfolge erzielen konnten. In solchen Fällen kann von der Entwicklung einer allgemeinen »Test-Sophistikation« ausgegangen werden.
Im anglo-amerikanischen Sprachraum hat sich für die Erfahrung in der Bearbeitung von Tests, für die Verwendung von Strategien, um unabhängig von der Kenntnis des Inhalts etwa in einem Leistungstest hohe Punktwerte zu erzielen, der Begriff »Test-Wiseness« eingebürgert (zur definitorischen Abgrenzung von anderen Termini und den verschiedenen Antwortstilen s. Nilsson & Wedman, 1976). Bei dieser »Eigenschaft« handelt es sich um einen Trait von nur geringer Breite (s. Diamond & Evans, 1972), der mit Leistungsmaßen in korrelativer Beziehung zu stehen scheint (Slakter, Koehler & Hampton, 1970a; negativ aber: Flynn & Anderson, 1977). Die Bemühungen konzentrieren sich darauf, die Wirksamkeit gezielter Programme zur Erhöhung der Test-Wiseness zu erkunden. Dabei ist die programmierte Unterweisung (Slakter, 1970b; Petty & Harrell, 1977) ebenso vertreten wie die allgemeine Vermittlung von grundlegenden Voraussetzungen (Oakland, 1972), der Hinweis auf spezifische Strategien wie z. B. Erhöhung des Risikos oder Ausnutzung der verfügbaren Zeit (Gross, 1977) ebenso gebräuchlich wie eine Kombination mit angstreduzierender Desensitisierung (Bajtelsmit, 1977). Insgesamt scheint es, als würde es keine Probleme bereiten, *kurzfristige* Besser-Leistungen und die Verminderung von Testangst (Dillard, Warrior-Benjamin & Perrin, 1977) zu erzielen; hingegen sind die Effekte nach mehreren Monaten z. T. nicht mehr nachweisbar (s. Oakland, 1972).
Im engeren Zusammenhang damit sind die Versuche zu sehen, die Leistung in Intelligenztests gezielt durch systematisches Training (»coaching«) zu erhöhen. Das gelingt dann umso eher, je ähnlicher das Schulungsmaterial dem Prüfmaterial ist, weil damit das Training zunehmend den Charakter einer direkten Wiederholung annimmt (s. dazu etwa die bereits erwähnte Studie von Plemons, Willis & Baltes, 1978). Des Weiteren scheinen davon in erster Linie Personen mit unbefriedigenden sozioökonomischen und pädagogischen Umfeldbedingungen zu profitieren (zu der gesamten Thematik s. Vernon, 1954, und die dort referierte Literatur). Schließlich liegt die Vermutung nahe, dass die Breite des Effektes abhängig ist von der Vermittlung möglichst allgemeiner Regeln und Prinzipien. Entscheidend ist auch die Dauerhaftigkeit der durch spezifische Förderungsprogramme erzielbaren Leistungssteigerungen in Intelligenz-Tests. So lange darüber keine Beobachtungen aus längerfristigen Studien vorliegen, kann aus einer momentan erkennbaren Erhöhung des IQ-Wertes nicht auf eine grundlegende Verbesserung in g geschlossen werden (s. Jensen, 1981, und dessen kritische Beurteilung der Versuche zur gezielten Anhebung der Intelligenz anhand der Arbeit von Ramey & Haskins, 1981).
Auch in dem sog. Milwaukee-Projekt, in dem die Intelligenzquotienten von Kindern, deren Mütter IQs von 75 und darunter aufwiesen, durch intensive psychologische Intervention gesteigert werden sollten, reduzierten sich die anfänglichen Gewinne von bis zu 30 IQ-Punkten gegenüber einer unbehandelten Kontrollgruppe im Laufe von 8 Jahren auf ungefähr 10 Punkte. Vor allem waren in den schulischen Leistungen auf dem insgesamt recht niedrigen Niveau der Kinder nur unbedeutende Differenzen zwischen experimenteller und Kontroll-Gruppe zu beobachten, was die Vermutung nahe legt, dass das Training vorwiegend die Beherrschung des Item-Inhalts der Tests verbesserte, ohne mit einer substantiellen Anhebung von *g* einherzugehen (s. Jensen, 1989).
Betrifft das besagte »Coaching« oder die Erhöhung der »Test-Wiseness« nur das Testverhalten, muss darunter zwangsläufig die Validität der jeweiligen Skala leiden, wenn sich an-

lässlich von Untersuchungen in der dann vorliegenden Stichprobe gleichermaßen trainierte und ungeübte Versuchspersonen befinden; denn einer trainingsbedingten Erhöhung der Testwerte entspräche dann nicht eine äquivalente Modifikation der Kriteriumsinformation – ein Problem, das etwa angesichts eines Einsatzes von Leistungstests bei der Vergabe von Studienplätzen in harten NC-Fächern und der wahrscheinlichen Etablierung von »Test-Trainings-Instituten« eine erhebliche praktische Bedeutung aufweist.

Andererseits ist auch vorstellbar, dass die Auswirkungen gezielter Unterweisung so generell ausfallen, dass davon sowohl das Test- als auch das Kriteriumsverhalten betroffen ist und darüber die Validität eines Verfahrens erhöht wird (s. Bajtelsmit, 1977). Im letzteren Sinne dürfte der Faktor »Sozioökonomischer Status« mit seinen unterschiedlichen Anregungs- und Bildungsmöglichkeiten wirken; durch Herauspartialisierung seines Einflusses ist eine erhebliche Schrumpfung der üblichen Validitätskoeffizienten zu befürchten (s. Noll, 1960).

Bemerkenswerterweise treten Mittelwertsdifferenzen auch bei der wiederholten Vorgabe einiger Persönlichkeitstests auf. Im Falle verschiedener projektiver Verfahren kann das nicht verwundern, weil die Probanden teils ihre zuerst gelieferten Deutungen erinnern und zusätzliche produzieren, teils vielleicht ganz andere Lösungen erarbeiten unter dem selbstauferlegten Zwang zur Variation. Anders dagegen bei Fragebogen: Bei den Konstruktionsarbeiten von Bastine (1969, S. 76) zeigte eine Gruppe von Testteilnehmern von der Erst- zur Zweituntersuchung in der »Direktivitäts«-Dimension eine Abnahme ihrer Werte. Ähnliches war in anderem Zusammenhang bei der zweimaligen Vorgabe von Interessenskalen an Schulkindern zu beobachten (Amelang & Bartussek, 1970). Hess und Neville (1977) fanden gar zwischen den in rascher Sukzession vorgegebenen Parallelformen des Personality Research Form (PRF) eine deutliche Veränderung der individuellen Testprofile. Solche Effekte sind natürlich nicht auf Übung in irgendeiner Form zurückzuführen; vielmehr spiegeln sie, wie in den beiden letztgenannten Studien wahrscheinlich gemacht wurde, die anlässlich der erneuten Bearbeitung des Verfahrens aufseiten der Probanden geänderten Einstellungen und Erwartungen bezüglich des Untersuchungszieles und der Gesamtsituation wider (s. auch Sieber, 1979).

Größere Schwierigkeiten als das Aufzeigen von Mittelwertsunterschieden zwischen Gruppen unterschiedlichen Übungs- und Vertrautheitsgrades bereitet die Frage, inwieweit Training die *Unterschiede* zwischen den Messwertträgern beeinflusst. Maßgeblich dafür ist, wie bereits erwähnt, die für eine solche Problemstellung gewöhnlich nicht hinreichende Skalenqualität der verfügbaren Verfahren, vor allem also das Kriterium der Gleichabständigkeit einzelner Skaleneinheiten auf verschiedenen Abschnitten der jeweiligen Dimension.

In einer bereits älteren Untersuchung hat Anastasi (1934) an einer Stichprobe von nicht weniger als N = 1000 Versuchspersonen zunächst diese Voraussetzungen für mehrere einfache Tests zu schaffen versucht und die Verfahren sodann gesonderten Stichproben in sukzessiven Übungsdurchgängen vorgegeben. Die Tests sahen das Ankreuzen von A's und das Unterstreichen aller 4-Buchstaben-Wörter in einem Text vor, des Weiteren die Zuordnung von Ziffern zu Symbolen sowie sinnfreien Silben zu anderen Silben nach Maßgabe eines vorgegebenen Schlüssels. Die Übungstrials bestanden aus zwei bzw. vier Minuten währenden Phasen. Mit Ausnahme des »Hidden-Words-»Tests, für den nur 15 aufeinander folgende Durchgänge vorgesehen waren, betrug die Zahl der Durchgänge jeweils 20. Einen Ausschnitt gibt die folgende Tabelle (22.6) wieder.

Neben dem zu erwartenden Anstieg der Mittelwerte, der im Großen und Ganzen das Bild der negativ beschleunigten Wachstumsfunktion zeigt, kommt es in allen Tests zu einer Vergrößerung der Standardabweichungen, d. h., die Probanden werden durch die erfahrene Übung einander unähnlicher. Aus den in der Tabelle ebenfalls mitgeteilten Korrelationskoeffizienten geht hervor, dass größere Rangplatzverschiebungen eher selten auftreten (Ausnahmen: Zahlen-Symbol-Test), vielmehr die zu Beginn bestehenden Unterschiede weiter

Tab. 22.6: Mittelwerte und Standardabweichungen von vier Tests in verschiedenen Übungsabschnitten (nach Anastasi, 1966).

Trial	Durchstreichen		Zahlen-Symbol		Silbenzuordnen		Worte unterstreichen	
	M	s	M	s	M	s	M	s
1	40,63	6,78	41,15	7,58	39,06	6,84	43,58	6,94
2	44,99	6,42	47,63	7,38	46,30	6,03	44,63	6,90
10	55,83	7,24	64,52	8,36	52,50	8,34	64,40	10,22
11	54,70	7,24	65,22	7,94	53,08	8,90	62,19	10,46
19	57,08	7,36	69,17	8,40	56,97	8,89		
20	59,60	7,88	70,07	9,98	59,28	8,87		
r 1/20	.67		.30		.51			
r 1/15							.82	

akzentuiert werden. Die anfänglich Besseren ziehen aus der zeit-definierten Übung also den größeren Nutzen – ein nicht unerwartetes Resultat, zu dem es Entsprechungen mit Befunden aus der Forschung zur Intelligenzentwicklung gibt (s. 12.5).
Die interindividuellen Differenzen nach exzessiver Übung etwa als Ausdruck genetischer Unterschiede interpretieren zu wollen, verbietet sich schon deshalb, weil bereits die zu Beginn bestehenden Leistungsunterschiede das kumulative Produkt des komplizierten Wechselspiels von Anlage- und Erfahrungsfaktoren darstellen, das durch die spätere Massierung bestimmter Umweltbedingungen nicht aufgelöst werden kann.

c) Beeinflussung von »Struktur«-Merkmalen durch Übung

Relativ schwierige Denkaufgaben, wie sie etwa im Denksport-Test von Lienert (1964) zusammengestellt sind, werden bei einer wiederholten gegenüber der ersten Vorgabe z. T. mit Hilfe ganz anderer psychischer Prozesse bearbeitet. Die originellen Lösungen bleiben im Gedächtnis haften und brauchen später, unter Umgehung der ursprünglich erforderlichen Operationen, nur abgerufen zu werden – ein Beispiel dafür, wie Vertrautheit mit Anforderungen nicht nur die Quantität der Leistung ansteigen lässt, sondern auch zu qualitativen Verschiebungen aufseiten der eingesetzten psychischen Funktionen führt. Ähnlich wird eine zeichnerische Vorlage zu einem mechanisch-technischen Problem bei solchen Probanden, denen Zahnräder und Transmissionsriemen kaum vertraut sind, andere Faktoren affizieren als bei Personen, die damit täglichen Umgang haben.
Unter Umständen wie den eben beschriebenen kann die Umstrukturierung der psychischen Prozesse eine mehr beiläufige Folge der situativen Bedingungen sein. Andererseits mag die Anwendung geänderter Bearbeitungsstrategien durch den Handelnden erst die Voraussetzung darstellen für einen nennenswerten Übungsfortschritt. Ein derartiger Fall liegt wohl in der bereits geschilderten Untersuchung von Bryan und Harter vor. Letztlich ist die Spezifität der Wirkungsrichtung allenfalls dort eindeutig, wo es gelingt, durch geeignete Anordnungen oder Instruktionen die Versuchspersonen zur Übernahme bestimmter Arbeitstechniken zu bewegen.
Wenngleich auch das *Kausalitäts*problem noch offen ist, so scheint es doch, als gingen *korrelativ* markante Änderungen im Einsatz der psychischen Funktionen mit besonders ausgeprägten Übungsfortschritten einher. Dafür sprechen jedenfalls die Befunde von Greene (1937), der in fortlaufenden Übungsdurchgängen neben den individuellen Leistungen über

Selbstbeobachtung und Fremdeinschätzungen den Arbeitsstil erfasste. In einfachen Aufgaben wie auditiver Diskrimination und Bewegungsschnelligkeit war kaum ein Leistungsanstieg zu registrieren, wohl aber in Labyrinth-, Mosaik- und ganz besonders in mechanisch-technischen Verständnisaufgaben, wo aus den Erfahrungen mit den Erstaufgaben allgemeine Regeln formuliert werden konnten und Übungsgewinne von mehr als 100% auftraten.

Anzeichen für die intraindividuelle Umstrukturierung liefern auch Experimente von Greene (1943), in denen eine psychomotorische Koordinationsaufgabe während aufeinander folgender Teilzeiten immer erneut ausgeführt werden musste. Die Leistungswerte der Versuchspersonen aus den einzelnen Durchgängen wurden miteinander korreliert; dabei zeigte die Korrelationsdreiecksmatrix eine Super-Diagonal-Struktur, d. h., in der Waagerechten nahmen die Koeffizienten monoton mit der Ordnungszahl der Trials ab, in der Senkrechten und den der Diagonalen benachbarten Feldern hingegen zu. Das bedeutet, dass mit zunehmender Zahl von Durchgängen die Prognose der Endleistung aus der jeweils erzielten Leistung zunehmend besser gelingt und mit wachsender Zahl von Trials benachbarte Durchgänge immer höher interkorrelieren, d. h., die individuellen Unterschiede treten immer reliabler in Erscheinung. Hingegen werden die Endleistungen den Ausgangsleistungen immer unähnlicher.

Die in Tabelle 22.7 wiedergegebenen Resultate der Untersuchung von Fleishman und Hempel (1954) veranschaulichen die geschilderten Prinzipien in hinreichender Weise.

Bei dem besagten Modell handelt es sich keineswegs nur um einen Sonderfall. Vielmehr hat Pawlik (1982a) aus der Literatur und dem eigenen Arbeitskreis 36 Datensätze zusammengestellt und anhand spezieller Prüfverfahren allgemein die Superdiagonalform von Lern- und Übungskorrelationen bestätigen können. Im Mittel aller Untersuchungen war festzustellen, dass sich die Korrelation zweier aufeinander folgender Übungsdurchgänge um .048 vermindert, wenn zwischen ihnen ein zusätzlicher Durchgang stattfindet. Dieser Wert variiert jedoch in Abhängigkeit vom Komplexitätsgrad der Übungsaufgabe und steigt von den

Tab. 22.7: Empirische Korrelationen zwischen acht Übungsdurchgängen im Complex Coordination-Test (nach Fleishman & Hempel, 1954, S. 243).

	Übungsdurchgänge							
	1	2	3	4	5	6	7	8
1		.75	.73	.66	.64	.57	.63	.59
2			.85	.85	.84	.79	.77	.79
3				.85	.83	.79	.81	.79
4					.90	.88	.86	.85
5						.90	.87	.86
6							.85	.86
7								.90
8								

Diagonaleffekt

Super-Diagonal-Effekt

einfachen über die komplexeren motorischen Aufgaben und kognitiv-verbalen Lernaufgaben zum Schul-Lernen hin an. Mit anderen Worten trägt jeder Übungsdurchgang in einer relativ konstanten Weise dazu bei, dass die Rangreihe der Messwerte in dem Übungsdurchgang derjenigen der Ausgangswerte immer unähnlicher wird, und dieser Effekt ist bei vergleichsweise komplexen Funktionen besonders ausgeprägt.
Interpretiert wird die Superdiagonal-Form von Korrelations-Matrizen für Übungsaufgaben mit dem so genannten Simplex-Modell nach Guttman (1954), unter dessen Heranziehung das Lernen als Prozess entweder zunehmender faktorieller Spezialisierung oder Vereinfachung beschrieben werden kann (Jones, 1962). In der bereits erwähnten Arbeit von Pawlik (1982a) fand dieser jedoch anhand eingehender Prüfungen, dass die Simplex-Theorie nur in ungefähr der Hälfte aller verfügbaren Datensätze eine hinreichende Erklärung liefert. In den anderen Fällen sei neben dem Simplex-Prozess der Differenzierung oder faktoriellen Auffächerung noch die Annahme eines Circumplex-Prozesses der qualitativen Umstrukturierung notwendig, d. h. »Lernen strukturiert neue Dimensionen individueller Unterschiede zum einen über einen ›Aufbauprozeß‹ (Simplex-Anteil ...) und gleichzeitig in einem zweiten Vorgang, der sich als ›Austauschprozeß‹ verstehen lässt (Circumplex-Anteil)« (Pawlik, 1982a, S. 142).
Die Implikationen solcher Beobachtungen für die Differentielle Psychologie und Psychologische Diagnostik können kaum überschätzt werden: Immer dann, wenn es um die Vorhersage eines terminalen Zustandes aus eigenschaftstheoretischen Ausgangsmaßen geht, muss damit gerechnet werden, dass diese Aufgabe umso aussichtsloser ist, je mehr im Zuge von Lern- und Ausbildungsprozessen zwischenzeitlich Übungsarbeit geleistet und damit eine Umstrukturierung der Messwertreihen geschaffen wird. Dies ist einer der Gründe dafür, warum dem Einsatz von Leistungstests für Zwecke der Beratung und Selektion relativ enge Grenzen gesetzt sind, wenn die Ausbildungs- oder Berufstätigkeit als mehr oder weniger direkte Übung der Testaufgabe selbst interindividuelle Varianz- und Kovarianz-Anteile produziert (s. z. B. die Einwände von Pawlik, 1979, gegen den Einsatz von so genannten Hochschulzulassungs-Tests, die andererseits inzwischen trotz hochgradig eingeschränkter Messwertestreuung und sehr unreliabler Kriterien eine längsschnittliche Validität von ca. .40 erkennen lassen; s. Bartussek, Raatz, Schneider & Stapf, 1984).
Verschiedene Autoren haben derartige Matrizen, in denen die Durchgänge sukzessiver Übungsversuche die Variablen bilden, im Sinne der T-Technik faktorenanalysiert. Etwa sind in dieser Weise die Teilzeitleistungen im Pauli-Rechentest behandelt worden (s. Kuraishi, Kato & Tsujioka, 1957). Auf einem wesentlich komplexeren Niveau hat Hofstätter (1954) das zu verschiedenen Zeitpunkten im Längsschnitt bestimmte Intelligenzalter als abhängige Variable benutzt und drei sinnvoll interpretierbare T-Faktoren erhalten. Aufgrund der strukturellen Besonderheiten der verwendeten Matrizen stützt sich Pawlik (1965, 1982b) bei der Analyse von Reaktionszeiten, Nachführ-Leistungen an einem Drehscheibengerät (Pursuit Rotor) und verbalen Aufgaben nicht auf die üblichen standardisierten Maße, sondern geht von den Rohwerten aus. Damit sollen nicht nur Prozess-Faktoren des Lerngeschehens ermittelt, sondern auch deren idealisierter Kurvenverlauf berechnet werden. So fanden sich in den motorischen Aufgaben Faktoren, die mit »Lernkomponente im engeren Sinne«, »primäre« und »sekundäre Hemmung« benannt wurden (s. Pawlik, 1982a, S. 88). Die Ladungszahlen waren bei der ersten Komponente relativ invariant über den Durchgängen, stiegen bei der »primären Hemmung« sehr steil vom negativen in den positiven Bereich, um bald auf die Abszisse zurückzufallen (charakteristisch also nur für den Beginn einer Tätigkeit, gleichzusetzen etwa mit Aufwärmeffekten) und zeigten bei der »sekundären Hemmung«, die sich im Sinne einer reaktiven Inhibition erst im Laufe des Versuches aufbaut und dabei ihre leistungsabträglichen Wirkungen entfaltet, einen allmählichen Anstieg. Die In-

terpretation dieser Faktoren orientierte sich an dem Vergleich der Lernkurven von Personen mit extremen Messwertverläufen, im Weiteren auch an der Korrelation mit externen Maßen wie Fragebogen-Skalen. Ohne Zweifel verspricht dieser Ansatz wie kaum eine andere Methode Einsicht in die Art und Ausprägung der bei Lern- und Übungsaufgaben auftretenden Prozesse. Die interindividuell unterschiedlichen Lernverläufe können hier als Ansatzpunkt einer Überprüfung von Konstrukten wie primärer und sekundärer Hemmung herangezogen werden, die aus der allgemeinen Psychologie her bekannt sind, wie umgekehrt diese Konstrukte Hinweise auf die Interpretation liefern mögen. Allerdings ist die Technik auch auf Kritik gestoßen (s. Fischer, 1967).

Weniger Probleme bereitet dagegen eine Weiterentwicklung der Analyse von Lernverläufen, wie sie auf Fleishman und Hempel (1954) zurückgeht. Diese Autoren korrelierten die Teilzeitleistungen sukzessiver Übungsdurchgänge in einer psychomotorischen Koordinationsaufgabe nicht untereinander, sondern jeweils mit den individuellen Punktwerten einer zuvor administrierten und als Referenz- oder Markiervariable dienenden Batterie von Leistungstests. Die Ergebnisse sind in Abbildung 22.12 wiedergegeben.

Wie ersichtlich, kommt es mit fortlaufender Übung zu einer Änderung der Faktorenstruktur der Koordinationsaufgabe im Sinne zunehmender Spezialisierung. Testspezifische Faktoren erklären im achten Versuchsdurchgang ca. 40% der Koordinationsvarianz gegenüber nur ca. 10% zu Beginn. Zusammen mit psychomotorischer Koordination und manueller Geschwindigkeit werden dadurch fast drei Viertel gegenüber ursprünglich nur einem Drittel

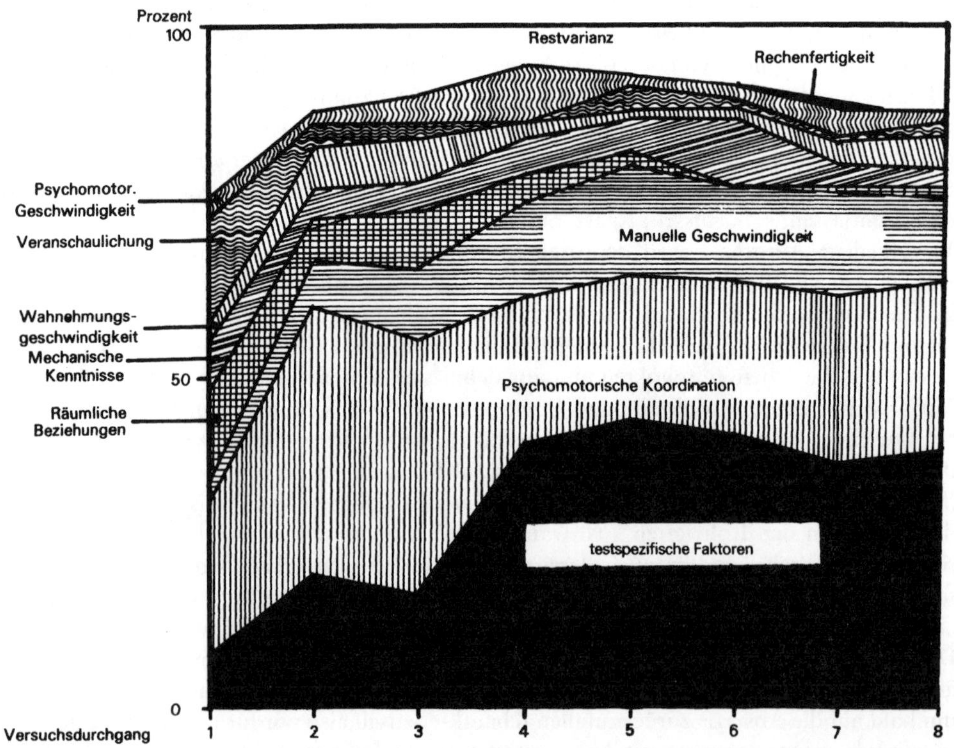

Abb. 22.12: Der Anteil der Varianz verschiedener Faktoren an der Leistung in einem Koordinationstest nach unterschiedlicher Einübung (nach Fleishman & Hempel, 1954).

der Testwertevarianz erfasst. Hingegen treten mechanische Kenntnisse und räumliche Beziehungen zunehmend in den Hintergrund. Dieses spricht dafür, dass die Versuchspersonen die ihnen ungewohnte Koordinationsaufgabe zunächst mehr unter Einsatz kognitiver Faktoren bewältigen, im Laufe fortschreitender Übung und steigender Fertigkeit dann aber bewegungsspezifische Komponenten an Gewicht gewinnen.
Analoge Resultate, die insgesamt Übung als einen Prozess der Umstrukturierung erkennen lassen, wurden auch bei der Analyse von Wahlreaktionszeiten (s. Fleishman & Hempel, 1955) und anderen motorischen Aufgaben (s. Janke, 1965) gefunden (s. auch Jones, 1962, 1970). Dunham, Guilford und Hoepfner (1968) benutzten die Technik, um die Rolle von Structure of Intellect-Faktoren beim Begriffserwerb zu untersuchen. Die Befunde dieser Studien lassen einheitlich erkennen, dass mit zunehmendem Übungsgrad andere Fähigkeitsfaktoren für die jeweils interessierende Leistung relevant werden (s. auch die Zusammenstellung bei Pawlik, 1982c).
Zumindest ein Teil der geschilderten Effekte mag allerdings darauf beruhen, dass bei einer *gemeinsamen* Faktorisierung von Übungs- und Referenztests schon die im Laufe der Übungsdurchgänge ansteigende Reliabilität der Übungswerte ein Anwachsen übungstestspezifischer Faktoren bewirkt. Auf diesen Umstand hat Goeters (1983) hingewiesen und zusätzlich gezeigt, dass in eigenen Untersuchungen nicht nur die Testvarianz im Übungsverlauf relativ homogen bleibt, sondern auch bei getrennten Faktorisierungen von Übungs- und Referenzaufgaben *keine* wesentlichen Umschichtungen auftraten. So unbestritten wertvoll diese methodenkritische Argumentation und alternative Auswertung sind, leidet die empirische Demonstration doch darunter, dass sich die gewählte Testbatterie zugleich in mehrerer Hinsicht von derjenigen Fleishmans und Hempels (1954) unterscheidet und deshalb die Arbeit keine generalisierungsfähigen Aussagen zu diesem Forschungsparadigma erlaubt (in diesem Sinne Pawlik, 1983) – ein Einwand, dem allerdings durch eine Übernahme der originalen Anordnung unschwer abgeholfen werden könnte. Zudem hat Goeters (1984), gestützt auf die originalen Fleishmans und Hempel-Daten, eine Reanalyse vorgenommen und bei der getrennten Faktorisierung nur unbedeutende Effekte gefunden, weshalb seiner Auffassung nach eine ganze Generation von Wissenschaftlern diese Ergebnisse nur teilweise richtig interpretiert hat.
Weniger unter methodenkritischen als mehr theoretischen Gesichtspunkten hat auch Ackerman (1987) die Fleischman und Hempel-Daten reanalysiert. Dieses geschah unter Zugrundelegung eines allgemeinen Modells für den Erwerb von Fertigkeiten, das geeignet scheint, jedweder Entwicklung von Novizen zu Experten gerecht zu werden. Das Modell sieht im Wesentlichen drei Abschnitte vor, die aus der Sichtweise des informationsverarbeitenden Ansatzes als *kognitiv* (Phase 1), *assoziativ* (Phase 2) und *autonom* (Phase 3) bezeichnet werden können. Aus lerntheoretischer Warte liegen demgegenüber Begriffe nahe wie deklarative Stufe (Erwerb deklarativen Wissens über den Gegenstandsbereich; die einzelnen Wissenselemente stehen noch unverknüpft nebeneinander), Wissenskompilierung (Verbindung der Elemente zu größeren Einheiten; Überführung des deklarativen Zustandes in einen prozeduralen; Ausbildung bereichsspezifischer, auf die typischen Anforderungen zugeschnittener Verhaltensweisen) und prozedurale Phase (Stadium der Automatisierung; zeitliche Optimierung und Effektivierung der zuvor erworbenen Fertigkeiten; »Fein-Tuning«).
Der Auffassung von Ackerman (1987) zufolge sind für die optimale Bewältigung der drei Stadien ganz unterschiedliche Fähigkeiten von Bedeutung, und zwar derart, dass vom Anfang bis zum Ende der Fertigkeitsausbildung eine Umschichtung entlang eines Kontinuums stattfindet, dessen Pole grob mit »Level« bzw. »Speed« gekennzeichnet werden können. Im Einzelnen komme für die erste Phase allgemeinen kognitiven Fähigkeiten eine vorrangige Rolle zu, während für Phase 2 vor allem Wahrnehmungsgeschwindigkeit und für Phase 3

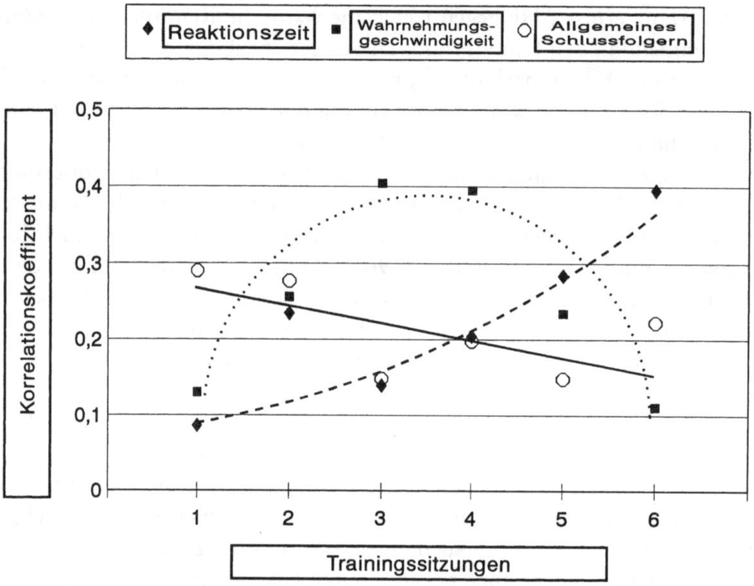

Abb. 22.13: Die Bedeutung von allgemeiner Intelligenz, Wahrnehmungsgeschwindigkeit und Reaktionszeit bei einer Fluglotsenaufgabe als Funktion des Trainingsgrades (nach Ackerman, 1988).

psychomotorische Leistungen wichtig seien oder – unter der Perspektive des Verlaufes – von Phase 1 über Phase 2 nach 3 gehe der Einfluss von allgemeiner Intelligenz zurück, während derjenige von Psychomotorik zunehme; die Bedeutung von Wahrnehmungsgeschwindigkeit nehme von Phase 1 zu 2 zu und gehe dann von 2 auf 3 wieder zurück.

Die Reanalysen der von Fleishman und Hempel erhobenen Daten durch Ackerman (1988) sprachen insoweit für diese theoretische Konzeption, als mit Zunahme der Übung die Korrelationen zwischen einigen Leistungsvariablen (Discrimination Reaction Time, Complex Coordination, Rotary Pursuit) und Wahrnehmungsschnelligkeit abnahmen, hingegen diejenigen mit psychomotorischem Geschick zunahmen. In einem gesonderten Experiment wurde die Generalisierungsfähigkeit dieser Beobachtungen auf eine Aufgabe von größerer Komplexität geprüft: An einem Bildschirm sitzend mussten die N = 56 Versuchspersonen fortlaufend Entscheidungen an einem Fluglotsen-Simulator treffen. Die während der verschiedenen Übungsstadien ermittelten Korrelationen der Leistung in dieser Aufgabe mit Referenztests sind in Abbildung 22.13 wiedergegeben.

Wie ersichtlich, wurden die Vorhersagen aus dem Modell überzeugend bestätigt, d. h. Äquivalenzen zwischen drei breiten Phasen von Fertigkeitserwerb und drei intellektuell-kognitiven Determinanten interindividueller Unterschiede nahe gelegt. Sicher gilt die Theorie in ihrer spezifischen Ausgestaltung nur für Probleme, in denen motorische Operationen stattfinden, also Tätigkeiten, wie sie im militärischen und industriellen Bereich häufig sind, viel weniger dagegen etwa für Anforderungen, wie sie etwa beim Schach bewältigt werden müssen, wo Intelligenz immer in starkem Maße gefordert ist. Auch kommt verschiedenen Merkmalen eine bedeutsame Moderatorfunktion zu; außer der Komplexität trifft das hauptsächlich zu auf die individuelle Motivation und vor allem die sog. Konsistenz der Aufgabe, also das Ausmaß, in dem überhaupt während überschaubarer Zeitabschnitte Übungs-

fortschritte auf Grund von Automatisierungen auftreten und schon zu Beginn ein hinreichendes Fertigkeitsniveau vorhanden ist.
In ihrer Gesamtheit sprechen die Befunde aber dafür, dass individuelle Leistungen, die inter- und/oder intraindividuell in unterschiedlichen Übungsstadien erbracht werden, auch differentiell zu interpretieren sind, d. h., in einem Fall mag eine spezifische Leistung vor allem durch Handgeschick, in einem anderen dieselbe vor allem durch kognitive Faktoren bedingt sein. Ein besonderes Problem ergibt sich dabei aus dem Umstand, dass ein bestimmter Punktwert für sich keine Aussagen über den jeweiligen Übungszustand enthält; darüber könnten allenfalls wiederholt durchgeführte Messungen etwas aussagen. Die hier gegebene Sachlage weist Ähnlichkeiten mit der Vermutung auf, dass extreme von mittleren Leistungen nicht nur in quantitativer, sondern darüber hinaus auch in qualitativer Hinsicht verschieden sind, d. h., dass auf verschiedenen Abschnitten der jeweiligen Skala andere Funktionen bei der Erbringung einer Leistung eingesetzt werden und das Zustandekommen dieser Leistung deshalb differentiell zu interpretieren ist. Ein IQ von 140 wäre demzufolge nicht mehr direkt mit einem solchen von 100 vergleichbar; Überlegungen, wie sie gestützt auf völlig andere Anhaltspunkte auch bei der Differenzierung der Intelligenz über dem Lebensalter und dem Begabungsniveau (s. Mandl & Zimmermann, 1976) diskutiert werden.
In der Konsequenz muss dieses eine gewisse Einschränkung der Gültigkeit des nomothetischen Ansatzes bedeuten, ohne dass damit bereits eine erfolgversprechende Alternative zu erkennen wäre. Unter 26 wird zu zeigen sein, dass eine gewisse Aktualisierung idiographischer Momente noch aus gänzlich anderen Gründen angezeigt ist.

Weiterführende Literatur:
Stumpf, 2000.

Fragen zu Kapitel 22:

1. Kann von einem gesicherten Nachweis des Einflusses prä- oder postnataler Unterernährung auf die Entwicklung der Intelligenz gesprochen werden?
2. Nennen Sie einige Befunde und theoretische Erklärungen für Intelligenzunterschiede in Abhängigkeit von der Stellung in der Geschwisterreihe!
3. Nennen Sie einige Probleme der Rückführung interindividueller Unterschiede auf das Erziehungsverhalten der Eltern!
4. Schildern Sie einige Effekte von Übung und Training auf die Höhe und Variabilität von Leistungen!

23 Geschlecht

Einige Beobachtungen zu herausragenden Leistungen

Seit altersher waren es, von wenigen Ausnahmen abgesehen, stets Männer, die die Geschicke von Staat und Gesellschaft bestimmten, die Wirtschaft lenkten, Kriege führten und neue Kontinente oder gar Planeten entdeckten. Nahezu alle bedeutenden Schöpfungen in wissenschaftlicher und künstlerischer, juristischer und technischer Hinsicht stammen von Männern. Aristoteles, Kopernikus und Goethe, Itkinos, Beethoven und Mozart, Hamurabi, Solon und Bismarck, Eupalinos, Koch, Röntgen, Daimler – fast beliebig ließe sich die Liste von herausragenden Personen fortführen, ohne dass darin in nennenswertem Umfang auch Frauen aufträten. Selbst in Bereichen wie Sozialwesen und Erziehung, Gastronomie und Hautecouture, in denen man eine gewisse Domäne des weiblichen Geschlechts zu vermuten geneigt ist, gehen die bedeutenderen Gedanken und Gestaltungen auf Männer zurück. Zwar drängen die Frauen im Produktionsprozess auf gleiche Entlohnung mit dem »starken Geschlecht«, doch käme andererseits wohl niemand auf den Gedanken, etwa in den klassischen olympischen Disziplinen gemischtgeschlechtliche Starterfelder zu fordern – die Frauen kämen dabei gewiss höchst selten aufs berühmte Siegertreppchen. Bei diesen offenkundigen Unterschieden zwischen den Geschlechtern kann es schließlich kaum auf Zufall beruhen, dass nicht nur E. A. Dölle als einer der namhaftesten Psychologen (s. Herrmann, 1974), sondern mehr noch alle Stifter und Götter großer Religionen männlichen Geschlechts sind, in der christlichen Lehre Gottes einziges Kind ein Sohn war.

Schlussfolgerungen und Interpretationen

Die obige, gewiss unsystematische Auflistung wurde absichtlich etwas provokativ gestaltet, um zum Nachdenken anzuregen; sie deutet auf ein nahezu durchgängig höheres Fähigkeits- und Fertigkeitsniveau des Mannes hin. Daraus wurden lange Zeit Ansprüche auf Herrschaft des männlichen Geschlechts über das weibliche abgeleitet. Aber: Zum einen erscheinen derartige Forderungen angesichts des arbeitsteiligen Sozialwesens und der philosophischen Grundüberzeugungen der Neuzeit als völlig abwegig; zum anderen gilt auch hier, dass einem Produkt (in diesem Fall: Dem Befund) nicht die Prozesse anzusehen sind, die ihn hervorgebracht haben. In Bezug auf die Geschlechtsunterschiede lagen und liegen die Ursachen für die auftretenden Verteilungsschiefen häufig genug in einer globalen Benachteiligung und Unterdrückung des weiblichen Geschlechts sowie einem selektiv restringierten Zugang zu Bildungs- und Berufschancen.

Die Differentielle Psychologie hat sich sehr frühzeitig um die Beschreibung und Erklärung der Geschlechtsunterschiede bemüht und alsbald eine Reihe von Beobachtungen sichern können, von deren Angemessenheit jedermann auch ohne wissenschaftliche Untermauerung überzeugt ist. So hat sich im Lichte neuerer Untersuchungen bestätigt, dass Männer aggressiver sind als Frauen (dieser Unterschied aber hauptsächlich auf physischen und sehr viel weniger auf verbalen Aggressionen beruht; s. Eagly & Steffen, 1986), in Fragebogen über eine geringere Ängstlichkeit berichten, mehr durch Eigenschaften wie Selbstbehauptung, Eigenständigkeit, Funktionalität, Herrschaft, Gewalt und libidinöse Sexualität zu kennzeichnen sind, wohingegen bei den Frauen soziale Interessen und Belange, Verbundenheit und Kooperation (die Konzepte »agency vs. communion« von Bakan, 1966) im Vordergrund stehen. Hinsichtlich allgemeiner Intelligenz bestehen im Mittel keine systematischen Unterschiede, weil bei der Konstruktion der entsprechenden Tests, worauf bereits hingewiesen wurde, geschlechtskorrelierende Items entweder völlig eliminiert oder nach dem Ausmaß und der Richtung, in dem sie eines der beiden Geschlechter bevorzugten, ausbalanciert wurden. Dagegen bestehen charakteristische Unterschiede in Teilbereichen kognitiver Funktionen, die pauschalierend auf den Nenner gebracht werden können, dass männliche Probanden häufig höhere Leistungen in numerischen und räumlichen (s. dazu Burnett, Lane & Dratt, 1979; Hyde, Fennerna & Lamon, 1990), weibliche solche in verbalen Aufgaben erzielen. Verschiedentlich wird auch von höheren Gedächtnisleistungen des weiblichen Geschlechts berichtet. All diese Unterschiede erreichen jedoch insgesamt nur sehr geringe Ausmaße (Hyde, 1990); zudem scheinen sie im Laufe der jüngeren Vergangenheit immer weiter abgenommen zu haben (Feingold, 1988).

Derartige Befunde und eine nicht mehr überschaubare Zahl von Abhandlungen über Detailprobleme füllen Sammeldarstellungen und gesonderte Bücher (s. vor allem Maccoby & Jacklin, 1974; Bierhoff-Alfermann, 1977; Merz, 1979; Degenhardt & Trautner, 1979; Sullerot, 1979; Janke, 1992; Giesen, 2000) – unmöglich und unnötig, hier auch nur Ausschnitte des vorliegenden Materials erneut zu referieren. Vielmehr genügt es, in einer resümierenden Zusammenfassung der Forschungen zu den Geschlechter-Unterschieden Folgendes festzuhalten (nach Deaux, 1984):

1) In Einheiten der aufgeklärten Varianz sind die beobachteten Differenzen zwischen Männern und Frauen in psychologischen Variablen relativ klein, sehr viel kleiner jedenfalls, als es weit verbreiteten Erwartungen entspricht (s. dazu (2)). Häufig interagieren die Haupteffekte zudem mit spezifischen Merkmalen von Aufgaben oder Situationen. Ein Beispiel dafür stellt etwa die Stressverarbeitung dar; je nachdem, ob kein, ein mittlerer, oder hoher Stress vorlag, waren in der Untersuchung von Süllwold (1988) die Frauen bei der Lösung komplexer Aufgaben den Männern unterlegen, gleichrangig oder überlegen. Auch das Alter spielt eine wichtige Rolle insofern, als mitunter Leistungs- und Persönlichkeitsunterschiede auf die schnelleren Reifungsprozesse bei den Mädchen zurückgeführt werden müssen (Cohn, 1991).
2) Die allermeisten solcher Untersuchungen stützen sich auf Situationen, in denen ermittelt wird, was Frauen und Männer tun *können,* nicht aber darauf, was sie in natürlicher Umgebung bei freier Wahlmöglichkeit tun *wollen.* Hier stellt man größere geschlechtstypische Verhaltens-Unterschiede fest. Obwohl etwa Frauen mehr und mehr am Arbeitsmarkt partizipieren, bekleiden sie weithin andere Positionen als Männer; man denke etwa an Modeboutiquen oder Reparaturwerkstätten für Fahrzeuge.
3) Recht gravierend sind die Differenzen, die unter der Perspektive von Geschlecht als einer *sozialen Kategorie* gefunden wurden. Hierbei lautet die Frage nicht, wie sich Männer und Frauen faktisch voneinander unterscheiden, sondern wie wir meinen oder *erwarten,* dass sie verschieden sind. In der Untersuchung von Deaux und Lewis (1983) schrieben z. B. die Versuchspersonen Männern andere physische Charakteristika zu als Frauen (tiefe Stimme: 73% / 30%; anmutig: 45% / 68%), andere Eigenschaften (Unabhängigkeit: 78% / 58%, Wettbewerbsorientierung: 82% / 64%, emotional: 56% / 84%) und ein anderes Rollenverhalten (Hauptverdiener: 83% / 47%; kümmert sich um die Kinder 50% / 85%; kocht Mahlzeiten: 42% / 83%). Schon Jugendliche unterscheiden sich in

ihren Selbsteinschätzungen der Intelligenz derart, dass Jungen ihre mathematische und räumliche Intelligenz, ihre Wahrnehmungsgeschwindigkeit sowie ihr logisches Denkvermögen als höher einschätzen im Vergleich zu Mädchen, während diese gegenüber Jungen ihre musikalische Intelligenz als höher ausgeprägt sehen (Rammstedt & Rammsayer, 2000). Namentlich in Bezug auf die Befunde zu solchen Selbsteinschätzungen stellt sich die Frage, ob die aufgetretenen Unterschiede eine Konsequenz von empirisch gesicherten Geschlechtsunterschieden in der psychometrischen Intelligenz darstellen oder ob es sich dabei um die Auswirkungen von frühzeitig ausgebildeten stereotypen Geschlechtsrollenvorstellungen handelt. Ganz allgemein haben Forschungen dieser Provenienz gezeigt, dass die Stereotype nicht nur außerordentlich weit reichen, sondern ihrerseits Verhalten reproduzieren und evozieren, das auf der Linie dieser Erwartungen liegt. Solche Erwartungen sind im Zusammenhang mit einer Aktivierung von geschlechtsbezogenen Selbst-Schemata und situativen Normierungs-Zwängen verantwortlich für das Auftreten von Unterschieden im sozialen Verhalten von Männern und Frauen (s. dazu Deaux & Major, 1987).

Neben diesem Abriss scheint eine knappe Erörterung jener Untersuchungsansätze und der damit gewonnenen Resultate nützlich zu sein, die Bezug nehmen auf die kritische Frage nach den Ursachen der Geschlechterdifferenzen; damit werden zumindest indirekt wichtige Determinanten individueller Differenzen angesprochen.
Ähnlich wie bei der Intelligenzentwicklung und den rassischen sowie sozioökonomischen Unterschieden spitzt sich auch hier das Problem auf eine Dichotomie in dem Sinne zu, wie viel im Ausmaß der Geschlechterunterschiede durch Vererbung einerseits, Umwelt- und Erziehungseinflüsse andererseits bedingt ist. Angesichts der bereits erläuterten Interaktionen zwischen den beiden Bereichen, im Weiteren deshalb, weil sich im Humanbereich aus nahe liegenden Gründen nur höchst begrenzt experimentieren lässt, ist eine verbindliche Antwort auf eine derartige Frage unmöglich, schon die Formulierung als inadäquat zurückzuweisen. Andererseits haben einige Anordnungen doch aufschlussreiche Erkenntnisse über die Wirksamkeit spezifischer Faktoren geliefert; deren Darstellung vermittelt eine Vorstellung von der Methodologie im fraglichen Forschungsfeld.

23.1 Biologische Grundlagen: Ausbildung des Geschlechts

23.1.1 Chromosomales Geschlecht und Geschlechterproportion

Bekanntlich gleichen sich die chromosomalen Strukturen der beiden Geschlechter insoweit, als jeweils 22 Chromosomen identisch sind. Lediglich in einem weiteren Chromosom bestehen Unterschiede derart, dass beim männlichen Geschlecht einem relativ großen, dem sog. X-Chromosom, ein wesentlich kleineres, das sog. Y-Chromosom, gegenüberliegt, während die weiblichen Körperzellen auch diesbezüglich Duplizität in Form zweier X-Chromosome zeigen. Die beiden Geschlechter haben auf diese Weise 45/46 des Chromosomenbestandes gemeinsam. Von daher werden von vornherein nur Unterschiede in einem begrenzten Ausmaß zu erwarten sein, auch wenn das X-Chromosom besonders groß ist und damit über relativ viele genetische Informationen verfügen dürfte.
Bei der Reduktionsteilung entstehen aufgrund der Homogenität der weiblichen Geschlechtschromosomen Gameten, die stets auch ein X-Chromosom aufweisen; hingegen be-

inhalten die Spermien zur Hälfte ein X-, zur anderen Hälfte ein Y-Chromosom. Demgemäß folgt der genetische Vorgang bei der Geschlechtsbestimmung demjenigen der Rückkreuzung eines mischerbigen Bastardes (= dem Mann) mit einem reinrassigen Elternteil (= der Frau). Auf der Grundlage eines solchen Modelles wäre in etwa eine Geschlechterverteilung von 50:50 zu erwarten. Tatsächlich beobachtet man zwar einerseits eine weitgehende Annäherung an diese Relation, andererseits aber doch eine systematische Abweichung der Sexualproportion zugunsten des Mannes, die von geographischen, rassischen und soziologischen Besonderheiten abzuhängen scheint (s. besonders die außerordentlich stimulierende Diskussion bei Wilson, 1975, der etwa auch die Korrelation der Sexualproportion mit dem sozioökonomischen Status – niedere Schichten produzieren mehr Mädchen, obere mehr Buben – in eine »Investment-Theorie« einordnet). In der Bundesrepublik Deutschland wurden in den siebziger Jahren zuletzt etwa 106 männliche auf 100 weibliche Säuglinge geboren (s. Degenhardt & Tholey, 1978).

Das besagte Verhältnis ergibt sich, obwohl Beobachtungen des Geschlechts an eingeleiteten Aborten, Fehl- und Frühgeburten für gänzlich andere Verteilungen sprechen: Mehrheitlich wird in der Literatur davon ausgegangen, daß mehr männliche als weibliche Keime angelegt werden (in diesem Sinne etwa Anastasi, 1966, S. 64; Hofstätter, 1977, S. 275/76; Willerman, 1979, S. 372); empirisch fundierter scheint die gegenteilige Ansicht zu sein (s. Ounstead & Taylor, 1972, S. 177–178; und Merz, 1979, S. 47, der sich darauf mit Nachdruck bezieht). Aufgrund einer besonders sorgfältigen Längsschnittuntersuchung an N=13 834 Schwangerschaften, in der an N=191 Aborten ein chromosomenanalytisch bestimmtes Geschlechterverhältnis von 91 männlichen zu 100 weiblichen gefunden wurde, gelangen Degenhardt und Tholey (1978) schließlich zu der Auffassung, dass das primäre Geschlechterverhältnis nahe 1 liegt und somit ein Überwiegen des einen oder anderen Geschlechts bei der Zeugung nicht nachgewiesen werden kann.
Als Erklärung für ein Geschlechtsverhältnis > 1 wurde meist eine größere Geschwindigkeit der leichteren, Y-tragenden Spermien oder deren größere Lebensfähigkeit im uterinen Raum angenommen. Obwohl das Geschlecht eines befruchteten Keimes erst mit neueren Methoden zuverlässig bestimmt werden kann (womit das Alter solcher Thesen deutlich kontrastiert), sprechen mehrere Indikatoren doch zumindest für eine größere Verletzlichkeit und Anfälligkeit des männlichen Geschlechts: Zum einen dauert bei Buben die Geburt etwa eine Stunde länger als bei Mädchen (s. Jacklin & Maccoby, 1982); zum anderen kommen Buben im Durchschnitt häufiger mit Missbildungen wie Makrocephalus, Rückgratschäden, Syndaktylien, zusätzlichen Brustwarzen oder Schäden am äußeren und inneren Ohr zur Welt (Myrianthopoulos & Chung, 1974). Im Weiteren erkranken sie während der ersten Lebensjahre häufiger als Mädchen am Kreislauf, den Atmungs- und Verdauungsorganen. Beginnend mit dem Säuglingsalter liegt ihre Mortalitätsrate jeweils über derjenigen der Mädchen. Als Grund dafür kommen zusätzlich zu solchen Faktoren die größere Unfallhäufigkeit bereits im Kleinkindalter in Betracht, die ihrerseits Folge der geringeren Widerstandskraft, stärkerer motorischer Aktivität und intensiverem Explorationsverhalten oder auch unterschiedlicher Supervision durch die Erziehungsberechtigten sein mag. Ferner ist an soziale Faktoren und den auf Männer einwirkenden stärkeren Stress durch Arbeit und Beruf zu denken. Andererseits aber hat Madigan (1957) auch an Priestern und Nonnen, bei denen ein Teil der soziokulturellen Belastungen weniger gravierend sein dürfte, einen Unterschied in der Lebenserwartung von 5 bis 6 Jahren zuungunsten der Männer gefunden, was ziemlich genau den Gegebenheiten in der Grundgesamtheit entspricht.
Schließlich leben auch bei vielen Säugetieren und namentlich den uns relativ nahe stehenden Primaten die Weibchen durchschnittlich länger als die Männchen.
Verantwortlich für die erhöhte Vulnerabilität und geringere Lebensfähigkeit des männlichen Geschlechts, das insofern etwas weltfremd als das »starke« bezeichnet wird, ist der Umstand gemacht worden, dass hier irgendwelche Defekte, die eines der X-Chromosome aufweisen könnte, nicht durch ein intaktes homologes Chromosom aufgefangen würden (Thompson & Grusec, 1970). Das Y-Chromosom bringe wegen seiner geringeren Größe für solche Kompensationsleistungen nicht die erforderlichen Voraussetzungen mit – offenkundig die Ursache dafür, dass sich unter Männern etwa die unterschiedlichen Formen der Farbenblindheit wesentlich häufiger finden als unter Frauen: Dem rezessiven

Gen im X-Chromosom steht dann kein »normales« Allel gegenüber. Diese Erklärung ist deshalb besonders stichhaltig, weil unabhängig von der Analyse unterschiedlicher Auftrittshäufigkeiten auch ein geschlechts-chromosomen-gebundener Erbgang für rezessive Defekte der erwähnten Art festgestellt wurde, d. h., das Symptom wird über die phänotypisch unauffälligen Töchter an die Enkel weitergegeben und zeigt sich dort bei 50% der männlichen Vertreter. Hingegen ist eine Vererbung über Söhne unmöglich.

Bis zum Zeitpunkt von ca. 7 Wochen nach der Konzeption verläuft die Entwicklung der chromosomal männlichen und weiblichen Embryonen absolut gleichsinnig. Erst danach kommt es unter dem Einfluss des Y-Chromosoms bzw. der darauf lokalisierten Gene zur Ausbildung von Hormonen in den Hoden, die einerseits in Form von Testosteron die Ausdifferenzierung der männlichen Geschlechtsorgane fördern, andererseits in Gestalt der »Müllerschen Hemmungs-Substanz« die Ausbildung der weiblichen Geschlechtsorgane unterdrücken.

Fehlt diese Trigger-Wirkung vonseiten des Y-Chromosoms, wird der Organismus als »Grundmuster« oder »Basisprogramm« weiblich. Dies gilt gleichermaßen für den Fall, dass das Y-Chromosom durch eine Störung während der Ausbildung der Gameten »verloren« gegangen (Ullrich-Turner-Syndrom) oder ein X neben dem Y gleich zweimal vorhanden ist (Klinefelter-Syndrom).

Belege für die Wirkung der männlichen Keimdrüsenhormone (Androgene) im Sinne des Umbiegens einer Entwicklung stammen aus zweierlei Quellen: Zum einen sind zweieiige Kuhkälber verschiedenen Geschlechts bekannt, von denen der eine Paarling als weibliches Tier verkümmerte Geschlechtsorgane aufweist, der andere aber ein normal entwickeltes Stierkalb darstellt. Die Missbildungen treten aber nur dann auf, wenn zwischen den beiden Plazenten blutgefäßige Verbindungen bestehen. Zum anderen kann man experimentell eine Unterfunktion der Genitalien oder gar Zwitter bei chromosomal weiblichen Tieren erzeugen, wenn während bestimmter Phasen der Embryonalzeit Androgene gespritzt werden.

Um ein männliches Individuum zu entwickeln, bedarf es somit einer permanenten Wirkung gegen das weibliche »Basisprogramm« (weitere Details s. 23.1.2), männliches Geschlecht bedeutet insoweit ständiger »Kampf während der Entwicklung« (Jost, 1979, S. 103); in diesem Umstand kann ein rascher »Verschleiß« und damit eine Ursache für die herabgesetzte Lebenserwartung gesehen werden.

23.1.2 Hormonale Prägung des Geschlechts

Neben den körperlichen Effekten von Hormonbehandlung gibt es Auswirkungen auf das Verhalten, die hier mehr interessieren. Eine Vielzahl von experimentellen Eingriffen hat gezeigt, dass im Sinne der klassischen Prägungsstudien während bestimmter prä- und postnataler Zeitabschnitte durch Injektion von Androgenen bei chromosomal weiblichen Tieren (meist Nager) diese zu einem späteren Zeitpunkt eindeutig azyklische Hormonproduktion und Ausbleiben der Ovulation zeigen, ungeachtet also ihres »eigentlichen«, des chromosomalen Geschlechts und des Umstandes, dass die artifizielle Hormonzufuhr längst wieder abgesetzt worden war.

Umgekehrt weisen kastrierte männliche Tiere, die wegen der Entfernung der Gonaden nicht unter dem Einfluss der von ihnen selbst produzierten Keimdrüsenhormone stehen, zyklische Hormonproduktion und weibliches Sexualverhalten auf. Wird ihnen jedoch während der kritischen Phase Testosteron zugeführt, ist das Sexualverhalten später ihrem chromosomalen Geschlecht adäquat.

Solche Versuche belegen, dass eine Art »Hirnprägung« (Neumann, Elger & Steinbeck, 1971) oder »Determination« (Merz, 1979, S. 54) stattfindet, d. h., die Zufuhr männlicher Keimdrüsenhormone während kritischer Phasen bewirkt später männliches, deren Entzug weibliches Verhalten.
Das gilt nicht nur für den Hormonzyklus und den sexuellen Bereich, sondern für jegliches Verhalten in sozialen Situationen. So zeigten weibliche Rhesusaffen nach einer pränatalen Prägung häufiger Aggressionen und ein im Sinne der Männchen verändertes Spielverhalten (Phoenix, 1974).
Den geschilderten Versuchen kommt deshalb eine besondere Bedeutung zu, weil es im Humanbereich vereinzelt zu Anomalien in der körperlichen Erscheinung und im Verhalten kommt, die den geschilderten Besonderheiten in gewissem Sinne entsprechen. An erster Stelle ist hierbei das sog. Adreno-genitale Syndrom (AGS) zu nennen, das auf die Überproduktion eines maskulinisierenden Hormons in den Nebennierenrinden zurückgeht. Im Falle von Buben kommt es zu einer Reihe von Entwicklungsstörungen, die hier nicht näher erörtert werden sollen; Mädchen mit der fraglichen Dysfunktion zeigen wegen der zeitlichen Verhältnisse im Auftritt der Störung innen weibliche, außen mehr oder weniger stark entwickelte männliche Genitalien. Durch chirurgische Eingriffe und längere Hormontherapien können die Betreffenden zu fruchtbaren Frauen heranwachsen.
Ähnlich dazu ist das Gestagen-induzierte Syndrom, bei dem weibliche Föten durch die – inzwischen nicht mehr übliche – Behandlung der Mutter mit Gestagen zur Verhinderung einer drohenden Fehlgeburt in Mitleidenschaft gezogen und mehr oder weniger stark maskulinisiert wurden.
Ehrhardt (1969; s. auch Ehrhardt & Money, 1967) hat Stichproben von AGS- und Gestagen-chromosomalen Mädchen mit einer Kontrollgruppe von Kindern verglichen, die nach einigen Hintergrundmerkmalen damit parallelisiert waren. Ihr zentraler Befund ging dahin, dass die Mädchen mit AGS- und Gestagen-Syndrom gegenüber den unauffälligen Probanden »wilder« waren, männliche Kleidung und als Spielzeug nicht Kleider und Puppen, sondern Autos usw. bevorzugten. Auch waren ihre Einstellungen in Bezug auf Mutterschaft und Ehe, das Interesse an Säuglingspflege weniger »weiblich« als bei den Kontrollpersonen (Bestätigung dieser Befunde durch die Erhebungen von Ehrhardt & Baker, 1974).
Selbst wenn es noch entschieden der Klärung von Vermittlungsgliedern bedarf, über die die frühe hormonale Prägung des Gehirns (Merz, 1979, spricht im Zusammenhang damit von »cerebralem Geschlecht«) zu den späteren, eher differenzierten Effekten im *Verhalten* führt, belegen die Beobachtungen doch eine wesentliche biologische Komponente bei der Entwicklung der Geschlechtsdifferenzen, denn Erziehungsfaktoren dürften für die erwähnten Besonderheiten kaum in Frage kommen.
Allerdings, und das schränkt die Bedeutung der Ergebnisse wieder ein, waren die Stichproben der Untersuchungen des Ehrhard-Arbeitskreises jeweils sehr klein, was zwar nicht die Signifikanzen, wohl aber die Frage der Generalisierungsfähigkeit betrifft. Zudem konnten McGuire, Ryan und Omenn (1975) die erwähnten Auffälligkeiten in einer sorgfältigen Studie an behandelten AGS-Patienten nicht replizieren.
Eine andere Fehlentwicklung betrifft chromosomal und gonadal männliche Personen, bei denen aber aufgrund eines Gendefektes die Körperzellen nicht auf das sezernierte Testosteron ansprechen. Die Entwicklung verläuft in diesen Fällen nach dem Grundmuster weiblich. Obwohl Hoden angelegt sind, kommt es zur Ausbildung primärer weiblicher Geschlechtsorgane, an denen orientiert die Erziehung auch als Mädchen erfolgt. Beobachtungen von Money und Ehrhardt (1972) zufolge unterscheiden sich diese Personen in ihrem Verhalten nicht von demjenigen chromosomal weiblicher Probanden. Da Äußeres, Erziehung und Verhalten hierbei nicht im Widerspruch zueinander stehen, ist über die determinierenden

Faktoren im Einzelnen nichts auszusagen. Wohl aber zeigen diese Fälle, dass das chromosomale Geschlecht unerheblich ist, wenn nicht zu einem späteren Zeitpunkt eine »Bestätigung« des Geschlechts in Form fetaler Hormone erfolgt.
Nur Weniges liegt zur Frage nach der Wirksamkeit weiblicher Keimdrüsenhormone vor. Yalom, Green und Fisk (1973) erfassten die männlichen Kinder solcher diabetischer Mütter, denen während ihrer Schwangerschaft zur Vermeidung einer Fehlgeburt Progesteron und Östrogen verabreicht worden waren. Die Ergebnisse lassen eine Tendenz zu verminderter Selbstbehauptung und Aggressivität gegenüber Kontrollpersonen erkennen, doch liefert gerade deren Zusammenstellung Anlass zu Kritik.
Ein von Money und Tucker (1975) berichteter Fall kommt den Bedingungen eines Experimentes mit N = 1 sehr nahe. Dem einen Paarling eines eineiigen Zwillingspaares war im Alter von 7 Monaten beim Versuch der Beschneidung versehentlich der Penis verstümmelt worden. Die Eltern entschlossen sich nach eingehender Beratung durch die Ärzte zu einer Kastration im Alter von 21 Monaten, der operativen Anlegung weiblicher Geschlechtsorgane, einer hormonalen Behandlung und anschließender Erziehung des Kindes als Mädchen. Bruce Reimer, so der Name des Kindes, wuchs jetzt als Brenda auf. Abgesehen von einer gewissen Dominanz gegenüber dem Bruder waren in der Tat alsbald deutliche Anzeichen einer Feminisierung zu erkennen (Spielverhalten, Imitation der Mutter u. dgl.). Allerdings ließen spätere Untersuchungen von unabhängigen Ärzten erkennen, dass das »Mädchen« im Alter von 13 Jahren erhebliche Probleme mit seiner Geschlechtsrolle hatte, eher männlich aussah, sehr unglücklich war und maskuline Tätigkeiten anstrebte (Diamond, 1982). Den ca. 20 Jahre später angestellten Recherchen eines Journalisten zufolge (Colapinto, 2000) weiteten sich diese Schwierigkeiten bis zu wiederholten Suizidversuchen aus; erst die bewusste Übernahme der durch die Chromosomen-Struktur nahe gelegten männlichen Geschlechtsrolle, begleitet von hormonalen und operativen Maßnahmen nunmehr in der zur frühen Kindheit »gegenteiligen« Richtung (darunter Rekonstruktion eines Penis), hat diesem Patienten dann (unter dem Namen David) schließlich zu einer halbwegs zufrieden stellenden Identität verholfen. Damit erwies sich die ursprünglich an diesen Fall geknüpfte »Sozialisations-Euphorie« als ebenso unbegründet wie die Vorstellung von der nahezu unbegrenzten Wirkung der Hormone.
Bei einer zusammenfassenden Würdigung der geschilderten Befunde scheint es doch so, als würde das männliche Geschlecht während verschiedener Entwicklungsschritte als Abweichung vom Grundmuster des weiblichen festgelegt. Die chromosomale Struktur mag dabei nur von unerheblichem Einfluss sein, wenn nicht männliche Keimdrüsenhormone zusätzlich wirksam werden. Die davon ausgehende Prägung oder Determination des Gehirns hat offenbar weitreichende Auswirkungen auf das spätere Erleben und Verhalten.

23.2 Zugeschriebenes und erlebtes Geschlecht, Erziehungsfaktoren

Trotz der geschilderten Wirksamkeit hormonaler Faktoren wäre es irrig, diesen eine ausschließliche oder irreversible Bedeutung zuzumessen; denn ganz ohne Zweifel spielen bei der Entwicklung des subjektiven, d. h. des selbst wahrgenommenen Geschlechtes und der Übernahme der jeweiligen Geschlechterrolle Faktoren der Umwelt und Erziehung eine maßgebliche Rolle.

Im Fall der o. a. Geschlechtsumwandlung und der Erziehung entgegen dem chromosomalen Geschlecht lässt sich die Effektivität der Sozialisationsfaktoren nicht eindeutig von den damit einhergehenden hormonalen Maßnahmen abheben bzw. erweist sich eher deren begrenzte Wirksamkeit. Allerdings sind auch Fälle mit ähnlicher Ursachenproblematik bekannt geworden, bei denen der Konflikt zwischen chromosomalem Geschlecht und anerzogener Geschlechterrolle weniger tragische Konsequenzen hatte (s. Colapinto, 2000).

In der Regel können Kinder »ihr«, d. h. das ihnen zugeschriebene und subjektiv erlebte Geschlecht mit Einsetzen der Sprachentwicklung schon richtig angeben. Dagegen dauert es wesentlich länger, bis sie aus vorliegenden Abbildungen nach Merkmalen wie Haartracht, Kleidung und besonders Beschaffenheit der Genitalien das Geschlecht anderer unzweideutig erkennen. Um das dritte Lebensjahr weisen Buben und Mädchen bereits typische Unterschiede in der Präferenz von Spielzeug (Autos gegenüber Puppen) und in der Wahrnehmung mehrdeutiger Figuren als Angehörige ihres eigenen Geschlechts auf (Fling & Manosevitz, 1972). Spätestens um diese Zeit treten auch verhaltensmäßige Differenzen im Sinne einer bei Buben größeren motorischen Aktivität auf; mehr als Mädchen machen sie von dem ihnen verfügbaren Raum Gebrauch (s. Maccoby & Jacklin, 1974). Im Zusammenhang damit kann auch das schon angesprochene erhöhte Risiko, einen Unfall zu erleiden, gesehen werden, desgleichen die stärkere Aggressivität, weil vielleicht häufiger Kontakte mit hemmenden Personen und Sachen entstehen, die »überwunden« werden müssen. Schließlich können vor dem Hintergrund der Aktivitätsrate sogar die stärkere Körperkraft und die daraus vielleicht indirekt resultierende erhöhte Selbstsicherheit und gesteigerte Dominanz gedeutet werden; entsprechende Unterschiede treten bereits frühzeitig auf und bleiben auch bestehen, wenn die für die Geschlechter unterschiedliche Körpergröße herauspartialisiert wird (s. auch Rüddel, Neus & Stumpf, 1982).

Die erwähnten Geschlechterunterschiede in Merkmalen wie Dominanz oder Aggressivität werden gewöhnlich als Folge spezifischer Sozialisationseinflüsse aufgefasst; Uneinigkeit besteht freilich in Bezug auf deren Vermittlung: Die Psychoanalyse und rollensoziologische Theorien gehen von einer Identifikation des Kindes mit dem gleichgeschlechtlichen Elternteil und dessen Verhalten bzw. Rolle aus. Die soziale Lerntheorie postuliert eine Imitation des geschlechtsspezifischen Modellverhaltens der Erwachsenen, begünstigt durch differentielle Verstärkungen entsprechender Verhaltensweisen vonseiten der Erziehungsberechtigten. Stärker kognitiv orientierten Ansätzen zufolge entwickelt sich bei den Kindern unter dem Einfluss von Bekräftigungen die Geschlechtsidentität als kognitives Konzept, aus dem nicht nur die adäquaten eigenen Verhaltensweisen, sondern auch Erwartungen über das geschlechtsspezifische Verhalten anderer Personen abgeleitet werden können (s. Kohlberg, 1966; Mischel, 1976).

So zentral der Stellenwert differentieller Bekräftigungen in den meisten Ansätzen ist, fehlt es doch im Falle der Aggressivität bislang an positiven Belegen dafür. Das vorliegende Material lässt zumindest für die frühen Jahre der Entwicklung eine relativ freizügige Haltung von Eltern und Kindergärtnerinnen erkennen. Wie diese bekräftigen anscheinend auch die Lehrer eher »feminine« Verhaltensweisen (Etaugh & Hughes, 1975) und tragen dadurch zu einer Nivellierung möglicher Unterschiede bei. Wenn diese nicht völlig verschwinden, so vielleicht deshalb, weil subtile Unterschiede im Bekräftigungsverhalten der Eltern doch bestehen, die sich bislang nur einer Quantifizierung entzogen (in diesem Sinne auch Perry & Bussey, 1979). Immerhin wären dann noch die Differenzen im Verbalen und der Raumvorstellung zu klären, für die es soweit keinerlei Anhaltspunkte einer Ausformung durch Bekräftigung gibt, nachdem auch die Persönlichkeit der Eltern und die Geschlechtsrollenpräferenz ihrer Kinder kaum substantielle Übereinstimmungen zeigen (Hetherington, 1965; Mussen & Rutherford, 1963).

Maccoby und Jacklin (1974, S. 242–243) kommen insgesamt nach der Sichtung der einschlägigen Befunde zu dem Resümee, dass das frühzeitige Auftreten von Aggressionsunterschieden, die Gleichsinnigkeit der Differenzen in den verschiedensten Kulturkreisen und auch bei den Primaten sowie die Beeinflussbarkeit ihrer Aggressionsrate durch Hormone zumindest auch eine biologische Größe wahrscheinlich machen.

In dieses Bild einer anscheinend nur begrenzten Anerziehung des geschlechtstypischen Verhaltens fügt sich gut eine Untersuchung von Nickel und Schmidt-Denter (1980); diese Autoren registrierten das Sozialverhalten von Kindern, die entweder die »traditionellen« Kindergärten oder die »progressiven« Kinderläden besuchten. Obwohl die Eltern, deren Sprösslinge den Kinder*garten* besuchten, stärkere Geschlechtsstereotypien aufwiesen, waren es gerade die Kinder aus den Kinder*läden*, die überraschend große geschlechtsbedingte Unterschiede im Sozialverhalten zeigten. Die absichtliche Zurückhaltung der Erzieher in Elterninitiativen ließ also geschlechtsspezifische Unterschiede deutlicher hervortreten. Allerdings teilen die Autoren eine solche Interpretation nicht und vermuten vielmehr, dass die Übernahme der männlichen Geschlechtsrolle mit einem Dominanzkonstrukt verbunden sei; möglicherweise würden die Kinder durch die offenkundigen Bemühungen ihrer Eltern, Unterschiede bei den Geschlechtsrollen abzubauen, noch zusätzlich für diese sensibilisiert. Dennoch bleibt bei einer solchen These die Frage im Raum, *warum* dann schließlich die Rolle des eigenen Geschlechts übernommen wurde.

Andererseits wiederum ist an die in Richtung auf weibliche Interessen und feminines Verhalten verschobene Entwicklung solcher Buben zu denken, deren Väter berufsbedingt oder durch Scheidung der Eltern länger abwesend sind (s. Biller, 1971), was den formenden Einfluss eines männlichen Vorbildes nachhaltig vor Augen führt. Anscheinend werden erst in der Interaktion verschiedengeschlechtlicher Erwachsener die geschlechtsbedingten Unterschiede dem Beobachter besonders deutlich.

Für die Ausbildung geschlechtstypischen Verhaltens spielt auch die Interaktion mit gleich- und gegengeschlechtlichen Geschwistern eine wesentliche Rolle. Buben mit älteren Brüdern sind in der Regel maskuliner als solche mit älteren Schwestern (Koch, 1956). In einer Untersuchung von Jacklin und Maccoby (1978) verhielten sich Mädchen in der Interaktion mit Jungen relativ passiv und zurückgezogen, wohingegen in gleichgeschlechtlichen Interaktionen Buben und Mädchen relativ ähnliche Verhaltensweisen zeigten. Das Zusammenleben mit gegengeschlechtlichen Geschwistern verhilft nach Toman (1971) zudem zu Persönlichkeitsmerkmalen und Verhaltensweisen, die sich positiv auf den Bestand einer späteren Ehe auswirken, und zwar umso mehr, je ähnlicher die Konstellation der Geschwister derjenigen der Ehepartner ist (günstige Voraussetzung also: Älterer Bruder von jüngerer Schwester heiratet jüngere Schwester von älterem Bruder). Birtchnell (1979) konnte anhand je 1000 glücklicher und unglücklicher Ehen diese »Duplikations«-These allerdings nicht bestätigen. Ernst und Angst (1983, S. 181) gelangen im Zuge ihrer umfassenden und außerordentlich sorgfältigen Literatur-Sichtung, die nicht nur das Verhältnis zwischen Ehepartnern, sondern auch dasjenige zwischen Freunden und unverheirateten Liebespaaren einschließt, zu derselben Feststellung. Schließlich sind auch die von Ickes und Turner (1983) berichteten Beobachtungen aus einer Interaktions-Situation mit Personen, die einander bis dahin völlig fremd waren, unvereinbar mit der »Familien-Konstellations-Hypothese« von Toman (s. auch 1973), d. h., bislang spricht nicht sehr viel dafür, dass die Lernerfahrungen aus der Interaktion mit gegengeschlechtlichen Geschwistern einer spezifischen Geschwister-Position auf die Interaktion außerhalb der Familie übertragen werden.

23.3 Abschließende Bemerkungen

Infolge des begrenzten Platzes können die angesprochenen Überlegungen und Befunde nur kleine Stichproben aus dem erreichbaren Material darstellen und lediglich mit einigen Grundprinzipien der Klärung geschlechtsspezifischer Differenzen vertraut machen. Für eine Vertiefung ist die Lektüre weiterführender Literatur unersetzlich (etwa in Form der von Böhm und Wundauer, 1992, herausgegebenen Beiträge), da beispielsweise auf den Faktor der unterschiedlichen Entwicklungsgeschwindigkeit für die Ausbildung von Geschlechterdifferenzen ebenso wenig eingegangen werden konnte wie etwa auf die verschiedenen Versuche, Maskulinität/Feminität mit Hilfe von eigens konzipierten Tests zu erfassen (s. Terman & Miles, 1936; Constantinople, 1973; Bem, 1977, 1981a, b; und das von dieser Autorin propagierte und kontrovers diskutierte Androgynie-Konzept; Cook, 1985; Bierhoff-Alfermann, 1989; Schneider-Düker & Kohler, 1988). Auch die notgedrungen knappe Darstellung hat jedoch erkennen lassen, dass die Materie größere Probleme beinhaltet, als es der jedermann geläufige Vergleich von männlich/weiblich vermuten ließe. Die Trennung biologischer und soziokultureller Faktoren gelingt durch die verfügbaren Anordnungen lediglich in einem Ausmaß, dass nur relativ allgemeine Aussagen über die Ursachen der Geschlechterdifferenzen möglich sind. Dennoch ist das Gebiet gegenüber den fünfziger Jahren wieder deutlich in Bewegung geraten, woran die Emanzipationsbestrebungen der Frauen und die geänderten Produktionsbedingungen unserer Gesellschaft Anteil haben mögen. Der noch zu erwartende Erkenntnisgewinn ist vermutlich größer für die Erklärung und Interpretation als für die Deskription, denn in Bezug auf die Beschreibung »bleibt festzuhalten, dass Geschlechterunterschiede des Verhaltens kleiner als solche des körperlichen Aussehens zu sein scheinen . . . Geschlechtsunterschiede (kann) man als groß oder klein erscheinen lassen, je nachdem, wie eng oder breit man die betrachteten Merkmale definiert« (Merz, 1979, S. 171). Auch die Merkmalsträger verdienen jedoch genauere Betrachtung: In der bereits erwähnten Untersuchung an Kindern aus Elterninitiativen und herkömmlichen Kindergärten konnten die meisten Jungen und Mädchen gleichen Verhaltensmustern zugeordnet werden (zu 63%). Lediglich in Bezug auf die Attribute aktiv/aggressiv bzw. abhängig/unsicher bestanden zwischen Buben und Mädchen Unterschiede. »Geschlechtstypisches Sozialverhalten . . . ist somit das Verhalten von Minderheiten, das zur Kennzeichnung der Gesamtgruppe herangezogen wird« (Nikel & Schmidt-Denter, 1978).

Frage zu Kapitel 23:

1. Nennen Sie einige entscheidende Faktoren für die Ausbildung der Geschlechter!

24 Physische Attraktivität

24.1 Sozialpsychologische Grundlagen

Die Mitmenschen, die uns umgeben, unterscheiden sich nicht nur hinsichtlich der Größe ihres Körpers und des Umfangs ihres Leibes, nicht nur in Bezug auf die Art des Körperbaus, sondern auch durch dessen Wohlgestalt, das Ausmaß, in dem ihre Erscheinung auf andere apart oder anmutig wirkt. Attraktives Äußeres verbessert zumindest beim weiblichen Geschlecht deutlich die Heiratschancen, häufig stellt es den Anlass für erste Kontaktnahmen vonseiten potentieller Freier dar. Auch im Berufsleben kann man sich verschiedentlich des Eindrucks nicht erwehren, dass eine wohlproportionierte Figur und ein hübsches Gesicht dem Fortkommen dienlicher sind als Leistung, Fleiß und Charaktermerkmale. Jedenfalls gibt es einige Arbeitsplätze, für die physische Attraktivität unabdingbare Voraussetzung ist. Welche morphologischen Merkmale wie ausgeprägt sein müssen, damit jemand als attraktiv erscheint, konnte bislang in keiner der in der Vergangenheit zunehmend zahlreicher erschienenen Arbeiten ermittelt werden. Allenfalls indirekt lassen sich Hinweise aus Untersuchungen mit Somatotypen der Sheldon'schen Art (Brodsky, 1954) sowie aus experimentellen Attraktivitätsmanipulationen durch Versuchsleiter gewinnen (Dion, 1974; Cash, Begley, McCown & Weise, 1975). Aus diesem Grunde begnügt man sich vorerst notgedrungen mit den Urteilen von Beobachtern über ein bestimmtes Objekt: »Physische Attraktivität ist eine der körperlichen Erscheinung durch intersubjektiv gültige Präferenzurteile zugeordnete Eigenschaft« (Köhler, 1978, S. 148).

Ein solcher Behelf ist deshalb vertretbar, weil die Beurteilerübereinstimmungen für Attraktivitätsschätzungen im Allgemeinen von ausreichender Höhe sind; hin und wieder wurden jedoch auch reiz- und beurteilerspezifische Differenzen sowie Kontexteffekte beobachtet (s. Morse, Reis, Gruzen & Wolff, 1974; Hassebrauck, 1993; Henss, 1993). So hängt das Ausmaß zuerkannter Attraktivität anscheinend vom Wissen über Bildungsgrad und Beruf des Beurteilten ab (Hickling, Noel & Yutzer, 1979). Pennebaker et al. (1979) fanden gar eine Zunahme in der Einschätzung der Fremdattraktivität mit Fortschreiten des Abends bzw. dem Herannahen der nächtlichen Schließung verschiedener Bars, was unschwer als Reaktanzphänomen zu deuten ist. Demgegenüber waren in der Studie von Sprecher et al. (1984) für die wahrgenommene physische Attraktivität von Barbesuchern nicht die drohende Sperrstunde und auch nicht der Alkoholkonsum verantwortlich, sondern das Interesse der Befragten, sich mit den anwesenden Personen des anderen Geschlechts zu treffen, wobei dieser Effekt allerdings nur für die Frauen galt. Persönlichkeitsmerkmale der Beurteiler scheinen für Urteilerdiskrepanzen hingegen nur von untergeordneter Bedeutung zu sein (Köhler, 1978).

Von besonderer Relevanz für die Persönlichkeitspsychologie ist nun die in sozialpsychologischen Untersuchungen angestellte Beobachtung, dass mit Attraktivitätsstereotypien bestimmte Eigenschaftsattribuierungen verbunden sind. So erwarteten die Beurteiler von Fotos in der Studie von Dion, Berscheid und Walster (1972), dass die Attraktiveren der Abgebildeten gegenüber den weniger Attraktiven eher über sozial erwünschte Eigenschaften wie bescheiden, freundlich, offen und sensibel verfügten – »What is beautiful is good«. Dieses Stereotyp ist, wie eine Vielzahl seitdem durchgeführter Untersuchungen mit ähnlichem Aufbau zeigt, besonders stark ausgeprägt für das Merkmal soziale Kompetenz, also Soziabilität und Popularität, weniger massiv für Einfluss, Anpassung und intellektuelle Kapazität und gar nicht von Belang für Integrität und Interesse an Anderen (Eagly, Ashwore, Makhijanil & Longo, 1991; s. auch Niketta, 1993).

In mehr wirklichkeitsnahen Situationen erachteten Beurteiler die Qualität der ihnen vorliegenden Aufsätze dann als höher, wenn die Schreiber aufgrund beiliegender Fotos attraktiv erschienen (Landy & Sigall, 1974). Grundschullehrer zeigten die Bereitschaft, eher unattraktive als attraktive Schüler in Sonderkurse einzuweisen (Ross & Salvia, 1975). Attraktive »Interviewer« konnten die Meinung der von ihnen angesprochenen Personen zu einem bestimmten Fragenkomplex stärker beeinflussen als unattraktive (Chaiken, 1979). In einer der von Köhler (1978) durchgeführten Untersuchungen schätzten 40 Therapeuten verschiedener »Schulen« den voraussichtlichen Erfolg bei der Behandlung einer ihnen vorgelegten Aggressionsproblematik als signifikant höher ein, wenn das der fingierten Fallgeschichte beigelegte Foto das Gesicht einer attraktiven, niedriger hingegen, wenn es dasjenige einer weniger attraktiven Klientin zeigte (analog auch Sigall & Ostrove, 1975; West & Brown, 1975).

Insgesamt scheint damit die Umwelt auf physische Attraktivität differentiell zu reagieren in einer Art und Richtung, die den vorwissenschaftlichen Vermutungen entspricht. Bei sonst gleichen Voraussetzungen eröffnen sich dadurch den attraktiveren Zeitgenossen größere Chancen und Vorteile als den weniger attraktiven (s. auch Schuler & Berger, 1979; insignifikante Differenzen dagegen bei Sparacino & Hansell, 1979), und zwar besonders bei der Partnerwahl (s. dazu Mikula & Stroebe, 1991).

24.2 Differentialpsychologische Implikationen

Für den Fall, dass die besagten Beurteilungen und die damit verbundenen Eigenschaftsinferenzen zeitlich stabil und intersituativ konsistent auftreten, dürften sie auch den davon betroffenen Beurteilten nicht verborgen bleiben. Auf die Dauer wäre damit die Ausbildung von Verhaltensunterschieden im Sinne der Erwartungen der Umwelt wahrscheinlich, wobei der Mechanismus dafür im Einzelfall sehr verschieden ausfallen könnte. Zum einen ist denkbar, dass die je spezifisch beurteilten Interaktionspartner deshalb in ganz verschiedene Situationen gebracht werden, zum anderen ihnen in unterschiedlicher Weise Gelegenheit geboten wird, bestimmte Verhaltensweisen zu erproben und zu trainieren, was wiederum zu unterschiedlichen Bekräftigungen führen würde. Wird jemand aufgrund seines ansprechenden Äußeren als »sozial« oder »gesellig« erachtet, wird er häufigere Einladungen zum Tanz, zu Partys, Ausflügen und dergl. erhalten, Situationen, die u. a. soziale Fertigkeiten erst einzuüben erlauben. Im Weiteren wird möglicherweise Mitmenschen, die aufgrund ihres Äußeren als »energisch« und »zielstrebig« gelten, weniger Widerstand bei konfligierender Interessenlage entgegengebracht usw. Vagt und Majert (1977) haben das in folgende These gekleidet: »Wenn an gut aussehende Menschen überwiegend positive Erwartungen herangetragen werden, wenn sie durchweg freundlicher behandelt werden und mehr positive Rückmeldungen erhalten, dann steht zu erwarten, daß sich hübschere Zeitgenossen auch insgesamt sozial besser akzeptiert fühlen. Damit steigt ihr Selbstwertgefühl, und sie können sich den Erwartungen gemäß verhalten.«

In der Tat fanden Jackson und Huston (1975), dass hochattraktive Frauen schneller auf eine experimentell manipulierte Unhöflichkeit eines Versuchsleiters reagierten als unattraktive. Köhler (1978) konnte mit einer ähnlichen Anordnung diesen Befund freilich nicht replizieren, was vermutlich z. T. an der unzureichenden Operationalisierung der Variable »Selbstvertrauen« gelegen hat.

Verhaltensunterschiede zwischen relativ attraktiven und unattraktiven Studenten beiderlei Geschlechts fanden auch Cash, Stack und Luna (1975). Das Ausmaß an »self disclosure« in Selbstbeschreibungen, die zufällig zugeordneten Interaktionspartnern übergeben werden mussten, korrelierte bei männlichen Versuchspersonen positiv, bei den weiblichen dagegen negativ mit physischer Attraktivität, eine Beobachtung, für die zumindest post hoc einigermaßen plausible Interpretationen möglich sind. In gemischtgeschlechtlichen Zweiergruppen, die einer Interviewsituation entsprechen sollten, beobachteten Pellegrin, Hicks und Meyers-Winston (1978) höheres »self-disclosure« bei unattraktiven relativ zu attraktiven Versuchspersonen; hingegen war die Preisgabe intimer Inhalte höher gerade gegenüber mehr attraktiven als unattraktiven Gesprächspartnern. Die Befunde wurden gedeutet vor den für Personen unterschiedlich ansprechenden Aussehens verschiedenen Interaktionsformen sowie der sozialen Stimulusfunktion eines netten Äußeren. Allgemein bessere soziale Fertigkeiten bzw. eine höhere Rate soziale Interaktionen der attraktiven gegenüber unattraktiven Probanden registrierten auch Goldman und Lewis (1977), Chaiken (1979) und Reis, Nezlek und Wheeler (1980).

Noch einen Schritt weiter gingen Mathes und Kahn (1975), die Studenten beiderlei Geschlechts während des Ausfüllens von Persönlichkeitsfragebogen von Kommilitonen hinsichtlich ihrer physischen Attraktivität beurteilen ließen. Zwar nicht bei den männlichen, wohl aber bei den weiblichen Versuchspersonen korrelierten die Attraktivitätsratings signifikant mit »happiness« (.37), »neuroticism« (-.22) und »self-esteem« (.24). Die Autoren interpretieren diese Ergebnisse wie folgt: »Results suggest that physical attractiveness ›buys‹ more for women than for men, and the most prominent outcomes obtained by physical attractiveness – friends and dates – are of greater value to women undergraduates than men. The superior outcome obtained by the attractive women made them more happy, psychological healthy, and proud to themselves.« Entsprechend zeigen physisch attraktive Frauen gegenüber weniger attraktiven eine höhere Erwartung auf Erfolg in sozialen Situationen (Abbott & Sebastian, 1981); hingegen waren in der Untersuchung von Cash und Smith (1982; dort auch weitere Literatur) Korrelationen der physischen Attraktivität mit Persönlichkeitsmerkmalen häufiger bei den männlichen als bei den weiblichen Personen.

Vagt und Majert (1977, 1979) sowie Köhler (1978) haben derartige Zusammenhänge nicht sichern können. Die Gründe dafür mögen zahlreich sein. Zum einen spielt physische Attraktivität möglicherweise in den USA eine größere Rolle als im europäischen Kulturraum. Zum anderen stützten sich die Urteile ihrer Rater nicht auf Beobachtungen in vivo, sondern lediglich auf Fotos. Dabei geht aber alles an Urteilsvarianz zugunsten dynamischer Merkmale verloren, weshalb solche Urteile nicht mehr mit jenen vergleichbar sind, die in natürlichen Lebenssituationen vorkommen und allein den postulierten Zusammenhang begründen. In der Tat korrelierten die Selbst- und Fremdurteile zur physischen Attraktivität bei Vagt und Majert (1979) zu null miteinander. Später berichtet Vagt (1979) folgerichtig über einige Zusammenhänge von Persönlichkeitsmerkmalen mit den *Selbst*einschätzungen der Attraktivität (s. auch Lasky, 1979; O'Grady, 1982; s. auch Major, Carrington & Carnevale, 1984).

Auch in einer von Praktikumsteilnehmern in Heidelberg unter Anleitung des Erstautors (1979) vorgenommenen Erhebung an N=88 Personen wesentlich höheren Lebensalters resultierte bei den weiblichen Probanden eine Korrelation zwischen FPI-Aggressivität und physischer Attraktivität von r = –.41; bei den männlichen Versuchspersonen ergab sich r = .00

(Differenz signifikant). Darüber hinaus waren in allen anderen vorgelegten Skalen die Koeffizienten für die weiblichen Versuchspersonen stets numerisch höher als diejenigen für die männlichen, was für sich selbst ebenfalls eine nicht übersehbare Regelhaftigkeit bedeutet. Möglicherweise ist die entscheidende Variable weder die Selbst- noch die Fremdeinschätzung allein, sondern deren Korrespondenz im individuellen Fall. Zwar bestanden in einer Untersuchung unter Verwendung von Video-Bändern bei hoher Beurteiler-Übereinstimmung insgesamt nur unbedeutende Beziehungen sowohl der selbst- als auch der fremdeingeschätzten physischen Attraktivität zu verschiedenen Persönlichkeitsmerkmalen (s. Amelang, Köhler & Gold, 1983); für die Untergruppe jener Personen aber, bei denen Selbst- und Fremdurteile, die für die Gesamtgruppe nur zu r = .15 interkorrelierten, relativ gut übereinstimmten, waren Korrelationen in mittlerer Höhe zugleich gegenüber mehreren Persönlichkeitsskalen beobachtbar (s. Köhler, 1984, S. 148). Darüber hinaus ergaben sich Anhaltspunkte dafür, dass in das Urteil über die physische Attraktivität anderer Personen auch dasjenige mit einfließt, was über deren Eigenschaften bereits bekannt ist. Insofern bilden Bekannte und Verwandte für ein Individuum eine sehr inkonsistente soziale Umwelt, was deren Einschätzung der physischen Attraktivität angeht.

24.3 Diskussion

Die Befundlage im hier behandelten Forschungsfeld ist noch sehr unübersichtlich, was zum Teil an der verschiedentlich unzureichenden Versuchsplanung liegen kann. Im Weiteren sind hier, viel stärker als bei traditionellen Forschungsgegenständen, die Grundlagen noch gar nicht aufbereitet. Dies beginnt häufig bei der Definition der physischen Attraktivität, für die den Versuchspersonen in der Instruktion meist keine präziseren Richtlinien an die Hand gegeben werden. Auch ist im Weiteren eine entscheidende Voraussetzung für das Auftreten von Verhaltens- und Persönlichkeitsunterschieden bei Individuen unterschiedlicher physischer Attraktivität noch ungeklärt, die Frage nämlich, ob das Merkmal physische Attraktivität über der Zeit von hinreichender Stabilität und im Querschnitt von genügender intersituativer Konsistenz ist (s. auch Köhler, 1979). Davon abgesehen eignet sich das Gebiet als Demonstrationsbeispiel dafür, wie ausgehend von körperlichen Merkmalen, die einer Beeinflussung vonseiten der Betroffenen nur in Grenzen zugänglich sind, über die Reaktionen der Umwelt darauf das Verhalten von Individuen und deren Persönlichkeit modelliert werden kann. Die selbsterfüllenden Implikationen des Attraktivitäts-Stereotyps, dem nicht nur junge Leute, sondern auch ältere Menschen folgen (Johnson & Pittenger, 1984), können dabei als bewiesen gelten (Snyder, Tanke & Berscheid, 1977), d. h., bei den Personen, die als attraktiv oder nicht attraktiv gelten, wird Verhalten evoziert, das dem Inhalt des Stereotyps entspricht. Die Frage, warum wir uns bei der Bewertung anderer an deren Attraktivität orientieren, ist Gegenstand gesonderter Forschungen; einer der dafür maßgeblichen Faktoren scheint der Glaube an eine gerechte Welt zu sein (Dion & Dion, 1987).

Weiterführende Literatur:
Vagt, 2000.

Frage zu Kapitel 24:

1. Nennen Sie einige Probleme aus dem Bereich der Erforschung von Zusammenhängen zwischen physischer Attraktivität und Persönlichkeitsmerkmalen!

Teil VI Auswirkungen interindividueller Differenzen

25 Aufklärung von Verhaltensvarianz, allgemeine Überlegungen und Abriss verschiedener Positionen

Wie die Alltagserfahrung lehrt, unterliegt unser Verhalten einer starken Kontrolle seitens situativer Bedingungen oder »äußerer« Faktoren. Dabei mag die Beeinflussung vorwiegend über Regeln der Konvention und gegenseitiger Vereinbarung erfolgen: Bestimmte Zeiten signalisieren Aufstehen und die Einnahme von Mahlzeiten, spezifische Anlässe und Umstände veranlassen uns zum Anlegen verschiedener Kleidung und zur Übernahme eines unterschiedlichen Rollenverhaltens. Jedermann weiß, dass während einer Konzertvorführung weniger Gelegenheit zur Unterhaltung besteht als anlässlich einer zwanglosen Party. Breite Straßen mit wenig Verkehr sind gewöhnlich Anlass zu zügiger Fahrweise, Regen und Nebel ein solcher zu erhöhter Vorsicht und reduzierter Geschwindigkeit. Das Überschreiten einer mehrspurigen Fahrbahn bereitet gewöhnlich mehr Angst, wenn der Verkehr sehr dicht, weniger Furcht, wenn kaum ein Fahrzeug zu sehen ist. Darüber hinaus stellt sich gewöhnlich Freude ein beim überraschenden Wiedersehen eines alten Freundes, der Nachricht über die gesundheitliche Genesung eines geschätzten Partners oder einen Lottogewinn, Trauer hingegen beim Ableben nahe stehender Personen. Solche und unzählige andere Fälle zeigen, wie unsere Gedanken und Gefühle, Motive und Verhaltensweisen in relativ uniformer Weise abhängen von Begebenheiten in der Umwelt, auf die wir in je spezifischer Weise »re«-agieren, auch wenn wir die Umstände selbst erst herbeigeführt, sie gestaltet oder aufgesucht haben: Manche Situationen induzieren mehr Angst als andere, sind Anlass zu Entspannung, Freude, Bitterkeit, Glück und Trauer.

Gleichwohl sind innerhalb einer solchen Feststellung Differenzierungen möglich und zweckmäßig, denn keineswegs weniger vertraut als die Situationsabhängigkeit des Verhaltens ist uns das Faktum der interindividuellen Unterschiede, die daneben bestehen: Der eine mag bei ungerechtem Tadel nur geringe Zeichen erhöhter Unruhe zeigen, wo ein anderer vor Zorn außer sich gerät; Sprechen vor einer größeren Menschenmenge bereitet manchem allenfalls eine gewisse Nervosität, führt bei vielen anderen dagegen zu panikartigen Reaktionen. Die Einsicht über ein persönliches Versagen im sozialen oder leistungsmäßigen Bereich lässt einige Mitmenschen in tiefe und lang anhaltende Depressionen versinken, wo sich andere in vergleichbarer Lage wesentlich schneller wieder fangen. All dieses sind geläufige Beobachtungen, die zusammengefasst werden können in der Feststellung, dass das konkrete Verhalten nicht nur vom situativen Kontext, sondern darüber hinaus von der Persönlichkeit des Einzelnen abhängt, persönliche und situative Merkmale bei der Gestaltung des Verhaltens zusammen wirksam sind. Oder: Das Verhalten und das Erleben eines Individuums ist eine »Funktion der Person und ihrer Umwelt«: V=f (P,U) (Lewin, 1963, S. 271; s. auch Stern, 1964).

Sollen auch nur halbwegs zutreffende Vorhersagen des Verhaltens angestellt werden, wird man zweckmäßigerweise die Informationen aus beiden Bereichen simultan berücksichtigen, wobei das Zueinander von P und U im Einzelfall näher bestimmt werden muss, denn ganz offenkundig bestehen zwischen P und U Abhängigkeiten in mehrfacher Hinsicht: Zum einen muss davon ausgegangen werden, dass in gewissen Grenzen sich jeder die ihm angenehmste

Umwelt aufsucht bzw. sie selbst schafft, zum anderen ist die Definition der Beschreibung der Umwelt losgelöst vom Individuum, das diese Umwelt nur gefiltert über seine Personenmerkmale wahrnimmt (Mischel, 1973), offensichtlich unzureichend. Stattdessen muss von einem wechselseitigen Bedingen im Sinne von U=f (P) und P=f (U) ausgegangen werden (s. Graumann, 1975). Namentlich Bowers (1973) hat diesen Gesichtspunkt unterstrichen und festgehalten, dass »Situationen ebenso gut eine Funktion der Person sind wie das Verhalten der Person eine Funktion der Situation ist«, die situativen Bedingungen bzw. deren Wahrnehmung nicht zu trennen seien von der Person des Wahrnehmenden, die Umwelt z. T. eine Funktion der subjektiven Strukturierung durch den Wahrnehmenden darstelle.

So evident eine solche Auffassung von der Interaktion von Personen- und Umweltfaktoren erscheint, bringt dabei die empirische Auflösung und Bearbeitung doch erhebliche Probleme mit sich; spezielle Vorkehrungen auf der Analysenebene wie der räumlich-zeitlichen Fraktionierung der interagierenden Prozesse müssen getroffen werden (s. dazu die Ausführungen von Pawlik, 1979), sodass einstweilen eine schlüssige Lösung noch aussteht.

Zu unterscheiden von der erwähnten spezifischen Sinngebung des Interaktionismus von Bowers (1973; s. auch Howard, 1979) ist der bekannte statistische Begriff der Interaktion (s. Darstellung unter 7.5.4), wie er häufig bei der Analyse von individualspezifischen Reaktionsmustern im situativen Kontext verwendet wird. Byrne (1964) etwa berichtet über ein Experiment, in dessen Verlauf Extremgruppen von »Repressers« und »Sensitizers« nach der Lektüre neutraler bzw. sexuell-thematischer Passagen aus Novellen ihre während der Lektüre erlebten Gefühle auf fünfstufigen Ratingskalen wiedergeben sollten. Auf der Skala für die empfundene Angst ergab sich das folgende Bild (s. Abb. 25.1).

Wie es die Theorie der Repression/Sensitization erwarten lässt, bemerkten die Represser keine Angstgefühle als Begleitumstände der sexuellen Erregung oder leugneten diese.

Weitere Beispiele solcher Interaktionen wurden bereits in Teil II und III gegeben. Im vorliegenden Fall belegen die Ergebnisse sowohl den Einfluss von Persönlichkeitsvariablen auf die

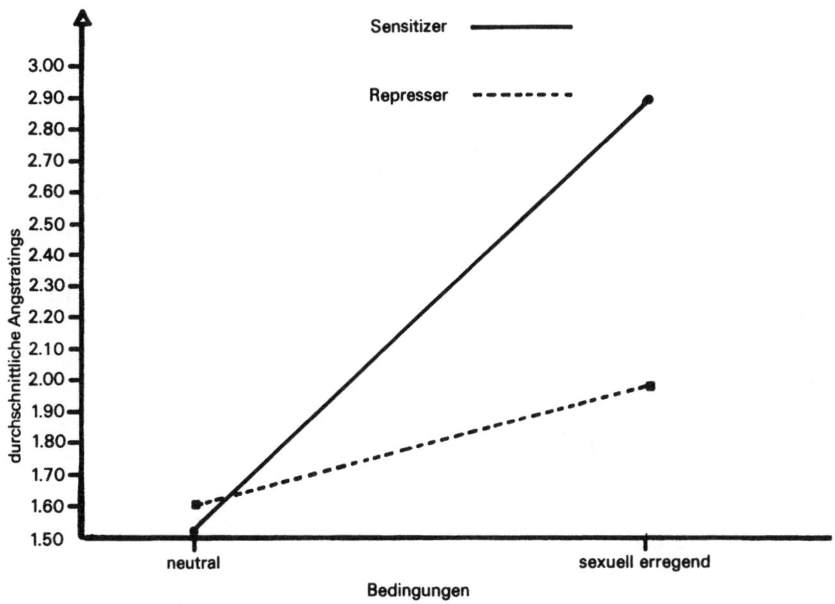

Abb. 25.1: Selbstratings für Angst nach der Lektüre neutraler und sexuell erregender Textpassagen (nach Byrne, 1964a).

abhängige Variable des Ratings (Represser zeigen bei einer Mittelung über die beiden Versuchsbedingungen im Durchschnitt niedrigere Angstwerte als Sensitizer) als auch eine Wirkung der experimentellen oder situativen Bedingungen, da nach der Lektüre sexuell einschlägiger Szenen die Angstratings im Durchschnitt höher waren als nach neutralen Passagen. Darüber hinaus weisen die Befunde aber eine Wechselwirkung zwischen den Faktoren »Repression/Sensitization« und »Situationsbeschaffenheit« auf: Nur unter der Sex-Arousal-Bedingung unterscheiden sich nämlich die beiden Persönlichkeitstypen voneinander. Für die Aufklärung und Vorhersage des Ängstlichkeitsgrades in der »neutralen« Situation wäre die Kenntnis der individuellen Unterschiede auf der R-S-Dimension, wie ersichtlich, von keinerlei Wert; wohl aber stellt das Persönlichkeitsmerkmal einen erheblichen Erklärungsfaktor oder Prädiktor für die Vorhersage der Angst in sexuell stimulierenden Situationen dar. Würde man im letzteren Fall auf die Information aus dem Persönlichkeitsbereich verzichten, wären Fehler großen Ausmaßes ebenso die Folge, als wenn umgekehrt auf die Kenntnis des Umstandes verzichtet würde, dass sexuelle Stimulation offensichtlich generell zu erhöhter Angst führt. Varianzanalytisch ausgedrückt erklärt zwar jeder der beiden unabhängigen Faktoren »Personen« und »Situationen« einen Teil der Gesamtvariation im Angstrating, doch geht ein wesentlicher zusätzlicher Anteil zu Lasten der Interaktion oder Nichtadditivität zwischen den Hauptfaktoren.

Jene Richtung innerhalb der differentialpsychologischen Forschung, die sich vor allem um das Aufzeigen solcher Wechselwirkungen bemüht, wird als *»Interaktionismus«* bezeichnet: V = f (P x S) (s. Endler & Magnusson, 1976, 1978; Ekehammar, 1974; Magnusson, 1980; Staats, 1980).

Bei aller Verschiedenheit der darin repräsentierten theoretischen und methodischen Konzepte ist damit eine gewisse Abhebung von der traditionellen Differentiellen Psychologie unverkennbar, der – wiederum bei aller Diversifität ihrer Strömungen – eine hauptsächliche Orientierung an den interindividuellen Unterschieden in den Eigenschaften oder Traits eigen ist, mit deren Hilfe Verhaltensunterschiede aufgeklärt und vorhergesagt werden sollen: V = f (P) (s. Allport, 1949; Alker, 1972). Dieser Ansatz wird als *»Personalismus«* oder »Dispositionismus« bezeichnet.

Daneben gibt es Forscher (z. B. Mischel, 1968, 1973; s. auch 19.3), die zumindest mit einem Teil ihrer Arbeiten bzw. den darin behandelten Konstrukten dem Lager des *»Situationismus«* zuzurechnen sind, weil ihrer Ansicht nach jegliches Verhalten vor allem durch Unterschiede der situativen Bedingungen erklärbar ist: V = f (S).

Auf die Gefahr hin, die Unterschiede zwischen den erwähnten »Ismen« zu überstrapazieren und die erhebliche Binnendifferenzierung der einzelnen Konzepte zu vernachlässigen, soll nachfolgend versucht werden, den Kern der jeweiligen Positionen nachzuzeichnen und damit ein Verständnis für die noch andauernde Auseinandersetzung und die darin vorherrschende Argumentationsweise zu schaffen.

25.1 »Personalismus«/»Dispositionismus«

25.1.1 Ansatz und Befunde

Die Aufklärung von Verhalten in Situationen des Labors, wie dies etwa Byrne (1964) in dem o. a. Beispiel gelang, und – mehr noch – in solchen der natürlichen Umwelt aufgrund verfügbarer individualspezifischer Daten ist ein Prüfstein jeder Persönlichkeitstheorie. Aufklärung

heißt Rückführung von individuellen Unterschieden in einem bestimmten Bereich des Verhaltens auf solche in einem anderen. Voraussetzung dafür ist, wie bereits unter 7.6.5 verdeutlicht wurde, der Nachweis von Korrelationen zwischen den beiden miteinander in Beziehung gebrachten Dimensionen, Konstrukten oder Verhaltensbereichen. Aufklärung bedeutet aber zugleich stets Vorhersagbarkeit dann, wenn mit einer hinlänglichen Konstanz aller Einflussgrößen über der Zeit gerechnet werden kann. Die Möglichkeit zu Voraussagen in diesem Sinne stellt den entscheidenden Fortschritt der empirischen Persönlichkeitspsychologie gegenüber der geisteswissenschaftlich betriebenen (»Arm-Chair«) Charakterkunde dar.
Letztlich beruhen Vorhersagen auf Verallgemeinerungen in längs- und querschnittlicher Hinsicht. Der Längsschnitt betrifft die *Stabilität in der zeitlichen Dimension,* der Querschnitt die Ähnlichkeit des Verhaltens oder dessen *Konsistenz in verschiedenen Situationen;* beide Gesichtspunkte werden mit Hilfe der Korrelationsmethode quantitativ erfasst. Konsistenz über verschiedene Situationen liefert die Grundlage für die Erschließung von Eigenschaften.
Ohne Generalisierungen der besagten Art sind Aussagen über die voraussichtliche Eignung oder Bewährung eines Kandidaten bzw. die Modifizierbarkeit seines Verhaltens kaum möglich (Status- gegenüber Prozessdiagnostik bei Selektions- bzw. Modifikationsstrategien, s. Pawlik, 1976). Immer dann, wenn wir davon sprechen, dass jemand »intelligent«, »faul«, »liebenswürdig«, »geizig« oder dergl. ist, stützen wir uns auf Beobachtungen aus mehreren Situationen zur selben Eigenschaft oder nehmen implizit solche Generalisierungsinferenzen vor, d. h., wir unterstellen, dass ein beobachtetes Verhalten, das als Indikator für ein hypothetisches Konstrukt gilt, sich in gleichem oder ähnlichem Kontext wiederholt oder durch eine Verhaltensweise von funktionaler Äquivalenz ersetzt wird. Insofern ist unsere vorwissenschaftliche Auffassung von der Organisation der Persönlichkeit und des Verhaltens eine personalistische, bereits das Vokabular eindeutig auf eine solche Denkweise ausgerichtet. In der Tat räumt Mischel (1984), der mit seinem Buch von 1968 den Personalismus nachhaltig in Frage gestellt hat, gestützt auf umfangreiche Untersuchungen aus seinem Arbeitskreis mittlerweile für Untergruppen verhaltensauffälliger Personen so genannte »specific (local) consistencies« (S. 538) ein, und zwar zumindest für Personen mit sehr nachteiligemVerhalten (Aggressionen, Rückzugstendenzen) und für solche Extremsituationen, in denen es kognitiver und selbststeuernder Kompetenzen bedarf, die die Möglichkeiten der Betreffenden übersteigen. Nicht grundsätzlich anders geht die traitorientierte Persönlichkeitspsychologie vor: Hier werden Verhaltensweisen aufgrund von theoretischen und messmethodischen Annahmen zu Klassen (= Dispositionen) zusammengefasst, innerhalb derer eine Quantifizierung nach der relativen Ausprägung des Merkmals angestrebt wird. Wer in diesem Sinne viele Denkprobleme zu lösen versteht, wird als »intelligent«, wer in großer Zahl Nützliches von neuartiger Beschaffenheit produziert, als »kreativ« bezeichnet usw.
Die Konstruktionsbemühungen sind insgesamt dann als erfolgreich und der dahinter stehende Ansatz als gerechtfertigt zu betrachten, wenn zunächst zeitliche *Stabilität,* im Weiteren aber auch *Übertragbarkeit der vorgenommenen Klassifikation auf verschiedene Stichproben von Items und Personen* nachgewiesen werden kann.
Das *Kriterium der Reliabilität* und damit die Möglichkeit einer Einkreisung des angenommenen »wahren« Wertes jedes Individuums auf der jeweiligen Dimension (s. 8.2.2) kann als weitgehend erfüllt gelten. Eine Vielzahl von z. T. bereits erwähnten Untersuchungen, über die in größerer Breite etwa die Sammeldarstellungen von Anastasi (1968), Cronbach (1970) oder Brickenkamp (1975) informieren, lässt eine akzeptable Zuverlässigkeit der gebräuchlichen Messinstrumente bzw. Merkmale selbst über längere Zeiträume hinweg erkennen (s. 12.5 und auch Leon, Gillum, Gillum & Gonze, 1979; Newcomb, Koenig, Flacks & Warwick, 1967; Costa & McCrae, 1978, 1988; Costa, McCrae & Arenberg, 1980; Schuerger,

Tait & Tavernelli, 1984). Conley (1984) berichtet über eine hohe Stabilität von Neurotizismus und Extraversion, im Weiteren aber auch von Impuls-Kontrolle und Verträglichkeit (»Agreeableness«) während eines Zeitraumes von 19 Jahren, und zwar unabhängig von bzw. robust gegenüber verschiedenen Erfassungs-Methoden.
Solche über Korrelationskoeffizienten definierten Stabilitäten sind im Übrigen durchaus mit Veränderungen der Mittelwerte vereinbar, worauf schon im Zusammenhang mit Intelligenz hingewiesen wurde. So etwa zeigen Helson und Moane (1987), wie sich bei einer Stichprobe von Frauen vom College zur Lebensmitte trotz der (Langzeit)-Stabilitäten um .40 die Testwerte im Sinne von mehr Dominanz, Unabhängigkeit und Beachtung psychologischer Prozesse sowie weniger Flexibilität und Femininität verschieben (zu weiteren Arbeiten über Langzeit-Veränderungen s. Brody, 1988).
Dem *Gesichtspunkt der Itemsubstitution* mag durch den Vergleich von Tests mit ähnlichem Gültigkeitsanspruch Rechnung getragen werden. Gewöhnlich sind, sofern die Itemformate nicht stark voneinander abweichen, hier zumindest mittlere, eher jedoch hohe Interkorrelationen beobachtet worden. Die Existenz solcher Korrelationen liefert die Voraussetzung für die sog. Binnenvalidierung, bei der die Tauglichkeit einer neuen Skala zu irgendeinem Verhaltensbereich daran gemessen wird, wie sehr sie mit bereits bewährten Instrumenten zum selben Bereich korrelativ übereinstimmt.
Schließlich kann, wie Untersuchungen an Gruppen von verschiedenem sozioökonomischem Status, Geschlecht und ethnischem Hintergrund ergeben haben, von einer weitgehenden *Invarianz* gebräuchlicher Leistungs- und Persönlichkeitsfaktoren *über verschiedene Populationen* ausgegangen werden (s. Vandenberg & Hakstian, 1978; Saklofske & Eysenck, 1978). Über eine interessante Ausnahme berichtet Goeters in Pawlik (1973), der an jemenitischen Probanden nur eine niedrige interne Konsistenz der übersetzten E-, nicht aber der N-Skala fand. Anscheinend weist im arabischen Kulturraum das Merkmal der Extraversion weniger einheitliche Sozialisationsbedingungen auf oder umfasst völlig andere Indikatoren.
Weniger positiv ist es um die zwei weiteren Prüfsteine eigenschaftsorientierter Persönlichkeitsforschung bestellt, nämlich die *Vorhersage von Verhalten* in einer Situation B aus der Kenntnis des Verhaltens in A sowie die Vorhersage des Verhaltens aus der Lokalisierung von Personen entlang ausgewählter Dimensionen, wie sie in herkömmlichen Tests vorgenommen wird.
Der erstere Aspekt wird gemeinhin als Konsistenz des Verhaltens, der letztere als Validität des Tests bezeichnet. Gewiss ist keine absolute Konsistenz zu fordern, sondern nur eine relative (Magnusson, 1976, S. 257). Vollständige Konsistenz läge etwa dann vor, wenn eine Gruppe von Personen sich bei jeder nur möglichen Gelegenheit die Hände wüsche, egal ob sie schmutzig sind oder nicht, während ein anderer Teil dieses niemals täte – ein solches Verhalten würde alsbald als auffällig gelten.

Wenngleich der Validitätsgesichtspunkt nicht als ein solcher der primären differentialpsychologischen Grundlagenforschung gilt, stellt er doch zumindest den wichtigsten Teil von deren Anwendung dar; insofern sich hier Defizite einstellen, müsste dies notwendigerweise Folgen für die theoretischen und methodischen Ansätze der Grundlagenforschung haben. Der Blick auf die zahlreichen Persönlichkeitstheorien zeigt denn auch, dass es dort an Versuchen nicht fehlt, die Abfolge der Probanden auf den jeweiligen Beschreibungsdimensionen, wie sie sich nach Maßgabe der Testwerte ergibt, auf korrelative Beziehungen mit externen Kriterien, also anderen Indikatoren für dasselbe Konstrukt, zu überprüfen. Dieses Bestreben ist unabhängig davon, ob intrapsychische oder genetische Ursachen für die Eigenschaften angenommen werden, diese als real existent oder nur als hypothetische Gebilde vorgestellt werden usw.

Wie im Einzelnen operiert wird, um Konsistenz zu überprüfen, mögen einige Beispiele aus der älteren Literatur illustrieren (s. Kasten). Weiteres Material mit tendenziell gleichsinnigen Resultaten findet sich in der bekannten Darstellung von Mischel (1968) und im Aufsatz von

Newcomb (1929) registrierte das Verhalten von 51 Buben in einem Sommerlager über mehrere Wochen hinweg. Grundlage waren 30 verschiedene Situationen. Die darin auftretenden spezifischen Verhaltensweisen wurden konzeptuell in 10 Traits kategorisiert, die etwa dem Niveau heutiger Primärfaktoren entsprachen (z. B. Dominanz/Submissivität, Beweglichkeit/Schwerfälligkeit) und ihrerseits die beiden Persönlichkeitstypen der Extravertierten und Introvertierten definieren sollten. Innerhalb der Traits interkorrelierten die Verhaltensweisen im Mittel zu r = .14. Die durchschnittliche Korrelation der Traits miteinander betrug r = .20. Daraus wurde nur eine geringe Konsistenz des Verhaltens bzw. niedrige Kohäsion der angenommenen Eigenschaft abgeleitet.
Ähnliches berichtet Dudycha (1936) zum Trait »Pünktlichkeit« . Bei mehr als 300 Studenten wurde registriert, ob sie rechtzeitig zu frühmorgendlichen Kursen, zu Verabredungen, Gemeinschaftsveranstaltungen u. Ä. eintrafen. Die mittlere Korrelation zwischen den einzelnen Indikatoren, interpretierbar auch als cross-situative Konsistenz, belief sich hier auf r = .19.
Die bekannteste Untersuchung, weil auf sie bei der anstehenden Problematik regelmäßig verwiesen wird, ist jene von Hartshorne und May (1928). Diese beiden Autoren registrierten an 850 Kindern in 23 Situationen aus dem Klassenzimmer, aus sportlichen Wettkämpfen, Partys und der häuslichen Umwelt, ob unter bestimmten Umständen, die die Möglichkeiten dazu boten, gelogen, betrogen und gestohlen wurde. Innerhalb der zu einer Kategorie gehörigen Tests waren die Interkorrelationen zwar von mittlerer Höhe (z. B. .44 für Betrügen bei Speed-Tests), doch fielen die Beziehungen zwischen den Situationen sehr niedrig aus. Das Mittel aller Koeffizienten betrug nur r = .13. Die interindividuelle Konsistenz war damit sehr niedrig. Der Umstand, ob ein Kind unehrlich ist oder nicht, hängt anscheinend, so mutmaßten die Autoren, im Wesentlichen von den Charakteristika der jeweiligen Situation, nicht aber von einer allgemeinen Eigenschaft der Ehrlichkeit ab.
Sears (1963) untersuchte anhand ausgedehnter Verhaltensbeobachtungen an Kindern deren »Abhängigkeitsverhalten«. Fünf Kategorien wurden vorab als relevant und zu dem untersuchten Trait gehörig erachtet, und zwar Negative Beachtung, z. B. Aufmerksamkeit und Zuwendung erheischen durch störende oder aggressive Aktivitäten; Positive Beachtung, z. B. das Bestreben, Lob zu erhalten; nichtaggressives Festhalten und Berühren; in der Nähe-Sein, z. B. einem Kind oder Erwachsenen folgen; Suche nach Rückversicherung und Bestätigung. Obwohl die Stabilität der Messungen bzw. die Beurteilerübereinstimmung der Beurteiler befriedigend ausfiel, waren die Korrelationen zwischen den Kategorien doch sehr niedrig (s. Tab. 25.1), und dieses, obwohl die betreffenden Verhaltensweisen alle zu ein und derselben Eigenschaft gehören sollten.

Tab. 25.1: Interkorrelationen zwischen fünf verschiedenen Maßen für Abhängigkeitsverhalten. Oberhalb der Diagonalen die Werte für N = 19 Mädchen, darunter diejenigen für N = 21 Jungen (nach Sears, 1963).

Maße		I	II	III	IV	V
negative Beachtung	I		.06	.10	.15	.37
Rückversicherung	II	–.24		.25	.19	.26
positive Beachtung	III	.23	–.11		.11	–.03
Berühren u. Festhalten	IV	.04	.14	–.16		.71
Nahsein	V	–.03	.12	–.14	.13	

Magnusson (1976). Beide Autoren ziehen daraus die Schlussfolgerung, dass Trait-Ansätze nicht länger haltbar seien, da der Rekurs auf Eigenschaften nur wenig zur Verhaltensvorhersage beitrage.

Hinsichtlich der Vorhersage von *Verhalten aus den Resultaten standardisierter Tests* muss offenbar differenziert werden zwischen dem Leistungsbereich einerseits und Persönlichkeitsmerkmalen im engeren Sinne andererseits. Wie die in Teil III dieses Buches mitgeteilten Befunde zur Intelligenz erkennen lassen, weist diese fast durchgängig substantielle Korrelationen mit Maßen des Berufs- und Ausbildungserfolges auf, und zwar nicht nur dann, wenn die jeweiligen Indikatoren simultan, sondern auch in solchen Fällen, wo diese prädiktiv längsschnittlich erhoben werden: McCall (1977) etwa konnte zeigen, dass der Bildungsgrad und die Qualität der Berufstätigkeit in einer Größenordnung um r=.50 aus dem IQ im Lebensalter von 7 bis 8 Jahren vorhersagbar sind und später erhobene Intelligenzwerte keine wesentliche Verbesserung der Prädiktion mehr bringen (s. Abb. 25.2).
Ein Teil der Übereinstimmungen dürfte allerdings durch die gemeinsame Drittvariable sozioökonomischer Status bedingt sein. Im Weiteren mögen Selektionsprozesse im Laufe der Ausbildung und Berufsfindung, die sich am IQ orientieren, eine Rolle spielen (s. 12.6.4).
Hingegen sind die Resultate aus dem Persönlichkeitsbereich weniger zufrieden stellend. Zahlreiche Beispiele für Beziehungen von Testergebnissen zu experimentellen Anordnungen, wie solchen zur Bestimmung von Schmerz- und Sedationsschwelle, dem Pursuit-Rotor und EEG-Maßen oder externen Beurteilungen wurden bereits im Teil III dieses Buches geliefert. Häufig handelt es sich bei den Effekten nur um solche von Extremgruppen, d. h., die Unterschiede oder Gemeinsamkeiten treten deutlicher hervor als in zufälligen Stichproben. Dort überschreiten die Koeffizienten die Größenordnung von r = .30 bis .35 nur selten, besonders dann, wenn man nur replizierte Beziehungen zugrunde legt (s. Mischel, 1968).

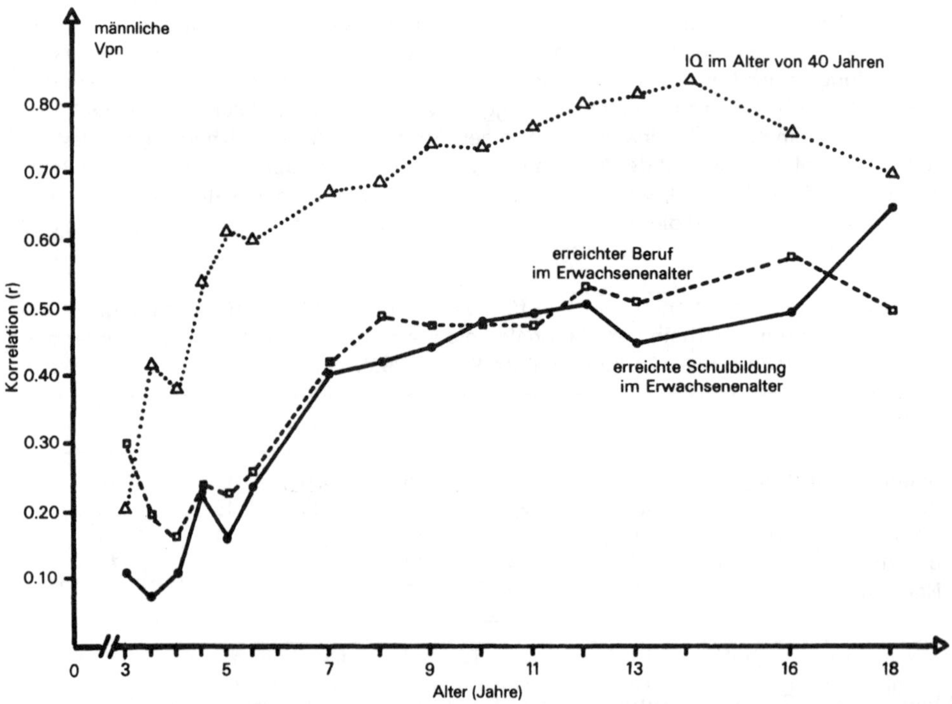

Abb. 25.2: Korrelation des auf verschiedenen Lebensalterstufen ermittelten IQ mit Bildungsgrad, Berufstätigkeit und Intelligenz im Erwachsenenalter (nach McCall, 1977).

Die höchsten Übereinstimmungen mit externen Kriterien erzielen Interessenskalen; dort spielen erfahrungsgemäß durch die wechselseitige Beeinflussung mit Fertigkeiten kognitive Elemente eine Rolle – für die, wie dargelegt, die Validitäten am höchsten sind.

25.1.2 Diskussion

Aufgrund der insgesamt niedrigen Koeffizienten zu Konsistenz und Validität jede eigenschaftsorientierte Persönlichkeitsforschung als »untauglich« oder »überholt« zu bezeichnen erscheint indessen abwegig, und zwar sowohl aus methodischen Gründen wie theoretischen Überlegungen:

So waren in der eine Schlüsselrolle einnehmenden Untersuchung von Hartshorne und May (1928) die untersuchten Kinder noch sehr jung, weshalb man noch nicht eine differenzierte Ausprägung der Eigenschaft Ehrlichkeit erwarten kann. Erst mit zunehmendem Alter setzt eine Vergegenwärtigung moralischer Normen mit Hilfe abstrakter Vorstellungen ein. In Einklang damit steht die Beobachtung, dass diejenigen Kinder, die über die verschiedenen Situationen hinweg immer in etwa gleich ehrlich oder unehrlich waren und als »integriert« bezeichnet wurden, älter waren und besonders häufig aus besserem sozialen Milieu stammten.
Zudem waren die realisierten Verhaltensproben größtenteils von fragwürdiger Reliabilität, was von vornherein die Aussicht auf Zusammenhänge mit anderen Maßen reduzieren musste. In einer Reanalyse der früheren Daten griff Burton (1963) nur jene Tests heraus, deren Reliabilität mindestens bei .70 lag. Eine Faktorisierung dieser Maße erbrachte einen »Ehrlichkeits»-Faktor, der bis zu 43% der Gesamtvarianz erklärte – ein gegenüber der ursprünglichen Arbeit deutlich positiveres Resultat (s. auch die Kritik von Maller, 1964, und MacKinnon, 1944). In Fortführung des Argumentes der unzureichenden Reliabilität hat Epstein (1979) zeigen können, dass den meisten der bisherigen Untersuchungen zur Vorhersage von Verhalten aus Testwerten oder (anderen) Verhaltensstichproben nur singuläre und punktuelle Verhaltensweisen zugrunde lagen, die notwendigerweise mit einer hohen Fehlervarianz behaftet sind. In mehreren aufeinander bezogenen Studien konnte er nachweisen, dass durch wiederholte Messungen die Stabilität des gemittelten selbst- wie fremdbeobachteten und auch objektiv registrierten Verhaltens stark zunimmt und im Zusammenhang damit die Vorhersagbarkeit deutlich ansteigt (s. auch Kapitel 26).

Die Prinzipien und Erkenntnisse einer solchen Aggregation von Daten erlauben auch eine völlige Neu-Bewertung der klassischen Arbeiten zu Extraversion, Pünktlichkeit und Abhängigkeit, die im vorstehenden Kasten zusammengestellt sind. Auf der Basis ihrer jeweiligen Ergebnisse waren alle dort aufgeführten Autoren zu der Überzeugung gelangt, für die untersuchten Gegenstände sei die Annahme von breit generalisierten Traits ungerechtfertigt. Aber eben diese Schlussfolgerung beruhte auf den Korrelationen zwischen einzelnen Items; wären nur Koeffizienten für die interne Konsistenz berechnet worden (nach Prinzipien, die den betreffenden Autoren gut bekannt waren, aber nicht angewendet wurden), hätten sich unzweideutige Belege für transsituativ breit generalisierte Verhaltensbereitschaften ergeben, d. h. die Möglichkeit einer hinlänglich präzisen Vorhersage von Item-Aggregaten aus (anderen) Aggregaten von Items. Im Hinblick auf die Bedeutung dieser Studien und deren Schlüsselfunktion für die Konsistenz-Diskussion kann diese Einsicht nicht nachdrücklich genug hervorgehoben werden (s. Epstein & O'Brien, 1985).

Ganz allgemein muss auch berücksichtigt werden, dass die Items der gebräuchlichen Leistungstests und Persönlichkeitsfragebogen ebenfalls nur Interkorrelationen in der Größenordnung um .20 (gleichwohl aber eine hohe Reliabilität des Gesamtwertes) zeigen. So berichten Eysenck und Eysenek (1968) für die E-Skala eine mittlere Iteminterkorrelation von r=.11, ohne daß aus einem solchen Kennwert eine hohe Situationsspezifität abgeleitet worden wäre (in diesem Sinne auch Bem, 1977).

Auf ganz andere Weise hat Allport (1959) den Ansatz der Hartshorne und May-Untersuchung in Frage gestellt und die Resultate als durchaus in Einklang mit dem Trait-Konzept dargestellt. Der zentrale Satz seiner Argumentationsfigur lautet: »Die niedrigen Korrelationen, die man zwischen den Tests gefunden hat, beweisen nur, dass Kinder nicht in der gleichen Weise konsistent sind, nicht aber, dass sie nicht mit sich selbst konsistent wären« (1959, S. 250). Es könne durchaus sein, dass Stehlen und Lügen jeweils integrale Bestandteile jeweils anderer, von Kind zu Kind allerdings verschiedener Eigenschaften darstellen (s. Abb. 25.3):

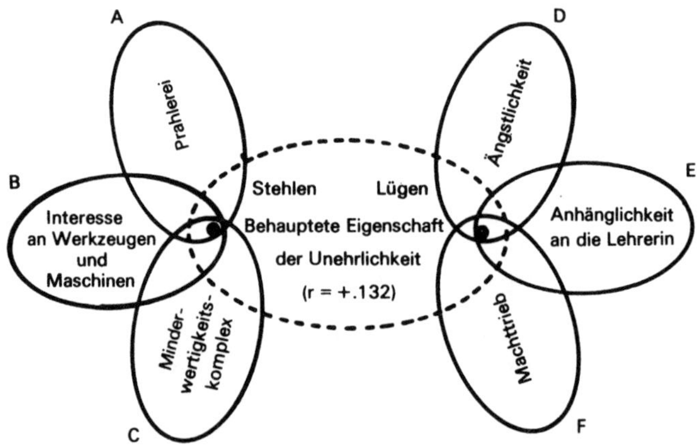

Abb. 25.3: Kritik eines statistischen Eigenschaftsbegriffs: Die gestrichelte Linie stellt die Eigenschaft dar, wie sie von Hartshorne und May erfasst wurde; die ausgezogenen Ellipsen bedeuten mögliche persönliche Eigenschaften, die diese Forscher übersahen (nach Allport, 1959, S. 251).

Der Proband A stehle Münzen, weil er konsistent prahlsüchtig sei; B, um seinem Interesse an Werkzeugen und Maschinen durch den Kauf neuer Teile nachgehen zu können usw.

Eine solche Auffassung aber, die eine individualtypisch-idiosynkratische Struktur der Traits postuliert, ist unvereinbar mit einer strikten Auslegung der Eigenschaftstheorie, die für alle Individuen eine Projizierung auf allgemeine, für alle Personen gleich verbindliche Merkmalsdimensionen vorsieht. Wir hatten allerdings bereits bei Guilford (s. oben 6.6) erfahren, dass dieser Traits nach den Attributen »generell (universell) vs. spezifisch« sowie »weit vs. eng« unterscheidet, womit eingeräumt wird, dass auch der nomothetische Ansatz in bestimmten Fällen einige Verhaltensmerkmale bzw. Merkmalsträger nicht klassifizieren kann. Später (s. unten Kapitel 26) wird zu zeigen sein, dass der idiographische Aspekt auch im Lichte neuerer Untersuchungen wieder verstärkt an Bedeutung gewonnen hat.

Blass (1977, S. 8–11) hat vier weitere Gesichtspunkte aufgelistet und diese als alternative Erklärungen gegenüber den Schlussfolgerungen Mischels (1968) aus den niedrigen Konsistenz- und Validitätskoeffizienten vorgetragen:

Zum einen habe der ökonomische Einsatz von Persönlichkeitstests in der Vergangenheit dazu geführt, dass diese stets und überall vorgegeben worden seien, also auch dort, wo Verhalten vorhergesagt werden sollte, das in keinerlei theoretischer Verbindung mit dem im Test Erfassten stünde. Die Arbeit habe sich oftmals zu stark an den Verfahren und deren Verbesserung orientiert, nicht aber an dem, was damit vorhergesagt werden könnte.

Zum anderen müsste auch vor einer Überstrapazierung des nomothetischen Ansatzes gewarnt werden. Einige Anhaltspunkte der Literatur sprächen nämlich dafür, dass externe Beurteiler in ihren Verhaltensratings eine nahezu absolute gegenüber einer sonst nur durchschnittlichen Übereinstimmung aufwiesen, wenn sie sich auf jene Probanden beschränken durften, bei denen das zu schätzende Merkmal, weil von Bedeutung für die Persönlichkeit des Beurteilten, mit Sicherheit auch auszumachen war (s. auch Kenrick & Stringfield, 1980).

Des Weiteren müsse auch an die möglicherweise unzureichende Operationalisierung der unabhängigen Variable »Test« zur Messung des zugrunde gelegten Persönlichkeitsmerkmals gedacht werden. In der Tat sind die herkömmlichen Persönlichkeitstests, meist Fragebogen, den Leistungstests in mancherlei Hinsicht unterlegen, was bereits unter 9.4.3 in Erwähnung der Antwortstile angesprochen wurde. Schon Fiske und Butler (1963) haben auf kritische Unterschiede zwischen beiden Testarten aufmerksam gemacht (s. Tab. 25.2; s. auch Bell, 1978):

Tab. 25.2: Unterschiede zwischen Fähigkeits- und Persönlichkeitstests.

	Fähigkeitsbereich	Persönlichkeitsbereich
Instruktionen	Den Probanden wird aufgetragen, ihr Bestes zu geben.	Die Probanden werden gebeten, aufrichtig zu sein.
Aufgaben	Gewöhnlich eindeutig.	Zwischen mehr- und eindeutig.
Antworten	Richtig und Falsch im logisch eindeutigen Sinn.	Kein Richtig oder Falsch im logisch eindeutigen Sinn; nur subjektive Stimmigkeit.
Einstellung	Die Probanden wissen, was von ihnen erwartet wird.	Die Probanden kennen häufig nicht die Erwartungen des Untersuchungsleiters.
Motivation der Probanden	Gewöhnlich hoch.	Große Unterschiede, je nach Untersuchungsbereich, Probandensituation und dergl.
Ziele	Der Untersuchungsleiter verlangt *maximale* Leistung der Probanden.	Der Untersuchungsleiter ist gewöhnlich interessiert am modalen oder *typischen* Verhalten der Probanden.

Eine Konsequenz daraus könnte sein, das Itemformat von Persönlichkeitstests mehr in Richtung auf Leistungscharakter zu verändern, wie es Willerman, Turner und Peterson (1976) erfolgreich bei einem Ärger-Ausdrucks-Test versucht haben. Dort mussten die Versuchspersonen sagen, was sie tun würden, wenn sie in höchstem Maße ärgerlich wären. Vergleichsbasis bildeten die Werte eines der herkömmlichen Verfahren, in denen angekreuzt wurde, was typischerweise in ärgerlichem Zustand getan wird. Die Selbsteinschätzung des maximalen Ärger-Ausdrucks korrelierte zu r= .59 mit dem Ausdruck maximalen und zu .48 mit demjenigen typischen Ärgers in einer Laborsituation. Hingegen beliefen sich die Korrelationen der Selbstratings zum typischen Ärger mit den erwähnten Maßen nur auf .32 und –.03. Ähnlich positive Resultate erzielten mit dem gleichen Ansatz Turner und Peterson (1977) unter Verwendung einer mehr kognitiv beeinflussten Variablen, nämlich der Dominanz. Die »Maximal-Performance«-Maße korrelierten mit Dominanzkriterien z. T. wesentlich höher als diejenigen des »Typical Performance«. Darüber hinaus waren die Validitäten von maximalen Self-Reports gegenüber maximalen Peer-Ratings besser als diejenigen von typischen Self-Reports gegenüber typischen Peer-Ratings (Klesges & McGinley, 1983).

Der letzte Punkt von Blass (1977, S. 11) gilt dem bisher unzureichenden Stand der Bestimmung von Ähnlichkeit zwischen Situationen (s. o. 22.1). Um die Resultate aus Laboratorien zu generalisieren, bedürfe es der Möglichkeit, Ähnlichkeiten mit natürlichen Settings abschätzen zu können. Auch Milgram (1965) habe eine »Theorie der Situationen« gefordert, in der von Definitionsmerkmalen über Typologien zur Bestimmung jener Charakteristika von Situationen gelangt werden könne, die Psychisches aufseiten des Individuums bewirkten.

Einen ganz anderen Gesichtspunkt stellten schließlich M. W. Eysenck und H. J. Eysenck (1980) heraus: Nur durch den unzulässigen Rekurs auf das behaviorale Niveau seien in der Zusammenschau von Mischel die »Persönlichkeitskoeffizienten« so niedrig ausgefallen; analysiere man hingegen – wie es dem Trait-Konzept allein angemessen sei – auf der Ebene von vermittelnden Variablen, ließen sich Konsistenzen und Validitäten in befriedigendem Ausmaß registrieren (s. dazu auch Kapitel 26).

25.2 »Situationismus« und »Interaktionismus«

25.2.1 Ansatz und Befunde

Angesichts der »magischen« Koeffizienten von durchschnittlich etwa .30 für Konsistenz und Validität, zwar signifikant, aber unbrauchbar für die Zwecke einer effizienten Vorhersage auf individueller Basis und häufig nicht in Kreuzvalidierungen nachzuweisen, kommt Mischel (1968) in seiner schon mehrfach erwähnten Analyse zu dem Resümee, Verhalten sei vorwiegend situationsspezifisch, interindividuelle Differenzierung im Wesentlichen das Resultat vorangegangener Lernbedingungen und Verstärkungspläne – die klassische behavioristische Position, die Stabilität durch hinreichende Kontingenzen von Reaktionen und Bekräftigungen erklärt und Konsistenz nach Maßgabe der Breite von Reiz- und Reaktionsgeneralisationsgradienten in solchen Situationen erwarten lässt, die denjenigen des Verhaltenserwerbs ausreichend ähnlich sind.
Im Kontrast mit dem empirischen Ausgangspunkt einer solchen Position, nämlich den niedrigen »Persönlichkeitskoeffizienten« auf behavioraler Ebene, befindet sich offenbar unser Glaube an intersituative Konsistenz oder doch zumindest eine augenfällige Tendenz zu starker, an wenigen Verhaltensinformationen ansetzender Generalisierung. Fremdeinschätzer attribuieren den von ihnen beobachteten Personen offensichtlich mehr transsituative Konsistenz als durch die objektiven Umstände gerechtfertigt ist, führen im Weiteren beobachtetes Verhalten mehr auf interne und stabile Dispositionen zurück, wohingegen die Beurteilten dasselbe Verhalten mit externen und situativen Einflüssen begründen (z. B. »Ich bestand die Prüfung nicht, weil ich mich an dem Tag nicht wohl fühlte vs. Ernie bestand die Prüfung nicht, weil er nicht klug genug ist«; »Actor-Observer Bias« nach Jones & Nisbett, 1971; Shweder, 1975; Saulnier & Perlman, 1981). Konsistenz bestünde demnach vornehmlich in den Wahrnehmungen und Urteilen der Beobachter (s. auch Fiske, 1974), weniger aber in den Handlungen der Beobachteten (zu den interindividuellen Differenzen in der Disposition zu Trait-Zuschreibungen s. Funder, 1980).
Eine ganze Reihe von möglichen Ursachen für diesen Beobachterbias sind zwischenzeitlich diskutiert worden. Etwa sollen mehr Begriffe zur Kategorisierung von Personen als von Situationen verfügbar sein, weshalb mehr auf personale als auf situative Attribute zurückgegriffen werde. Generell hat jedes Individuum über sein eigenes Verhalten mehr Informationen als über dasjenige der Mitmenschen und kann dieses Verhalten auch über längere Zeiträume und in mehr Situationen registrieren. Einer anderen Auffassung nach befindet sich der Beobachter immer in derselben Situation mit einer anderen Person, wenn er deren Verhalten in natürlicher Umgebung beobachtet; dadurch aber ist die Stichprobe von Beobachtungsdaten nicht notwendigerweise repräsentativ für den Beobachteten, und sei es nur in dem einen Punkt, dass die Anwesenheit des Beobachters ein konstantes Merkmal dieser Situationen ist.

Im Sinne eines solchen Situations-Stichproben-Modells haben Baxter und Goldberg (1988) zeigen können, dass der Actor-Observer Bias auch gilt, wenn Beobachter und Beobachtete wechselseitig gemäß der Ausprägung auf Trait-Dimensionen parallelisiert sind; in 72% von 60 untersuchten Eigenschaftsdimensionen beschrieben sich die meisten Beurteiler im Vergleich zu den Beobachteten als variabler. Ferner ist an »Primacy-Effekte« gedacht worden, die im Sinne einer Angleichung neuer Eindrücke an frühere wirken könnten.
Cantor und Mischel (1979) sprechen im Zusammenhang mit dem fraglichen Phänomen von »Prototypen in der Personen-Wahrnehmung«; sie fanden, dass Versuchspersonen dann Verhaltensbeschreibungen besser erinnern, wenn die vorgegebenen Informationen konsistent waren. Unter diesen Umständen verließen sich die Versuchspersonen aber auch besonders stark auf implizite Persönlichkeitstheorien, Informationen aus ihren kognitiven Strukturen oder solche in ihren »Köpfen«: »In this sense information in the head of the perceiver and in the world of the perceived interacted in the course of person perception« (S. 46; zu Detailfragen s. Ross, 1977; Shweder & D'Andrade, 1979; Shweder, 1980; Brockner & Eckenrode, 1979; White, 1980).
Eine wesentliche Rolle in der Zuschreibung von Konsistenz spielt offenbar auch die intersituative Konstanz des Äußeren, von der ausgehend anscheinend in unzulässiger Weise auf die Invarianz des Psychischen geschlossen wird. In Versuchen von Bowman (1979) wurden jedenfalls von externen Beurteilern dann eher Persönlichkeitsveränderungen bei beobachteten Personen registriert, wenn diese auch ihre äußere Erscheinung (Haartracht, Kleidung) geändert hatten.
Erfolgte der Schluss auf Situationsabhängigkeit von der geringen Höhe der sog. »Persönlichkeits-Koeffizienten« aus, sind mittlerweile zahlreiche Untersuchungen erschienen, in denen die Gesamtvariation der abhängigen Variablen varianzanalytisch in ihre einzelnen Komponenten zerlegt wurde. Eine der früheren Arbeiten stammt von Moos (1969, s. Kasten), Zusammenstellungen mehrerer gleich gelagerter Studien, vor allem auch solcher an psychisch unauffälligen Versuchspersonen, finden sich bei Bowers (1973), Magnusson (1976) sowie Sarason, Smith und Diener (1975); dort sind auch die Prozentanteile für die einzelnen Komponenten über die verschiedenen Untersuchungen gemittelt.
Der dabei durchgängig relativ hohe Anteil zu Lasten der Interaktions-Terms war der Anlass zur »Überwindung« des Situationismus (V = f (S)) und Proklamation des Interaktionismus (V = f (P x S)). Weder die Persönlichkeitsfaktoren noch die Situationsparameter allein, sondern das Zusammenspiel zwischen diesen beiden Größen entscheide hauptsächlich über die Verhaltensdifferenzierung. Je nach der Spezifität vorliegender Kontextbedingungen erweise sich der Einfluss von Persönlichkeitsmerkmalen als mehr oder weniger stark wie umgekehrt die individuelle Ausprägung eines Persönlichkeitsmerkmals dafür maßgeblich sei, ob situative Charakteristika einen wesentlichen oder unwesentlichen Einfluss ausübten. Je größer der entsprechende Wechselwirkungs-Varianzanteil ausfiel, umso eher schien dieses für die Richtigkeit der eingenommenen Position zu sprechen – ein in dieser Pointierung folgenschwerer Irrtum (s. unten: Diskussion).
Wichtig ist, den Gesichtspunkt unterschiedlicher Auswertung hervorzuheben: An Versuchsplänen, in denen über die einzelnen Situationen Messwiederholung stattfindet, interessiert den Dispositionstheoretiker vor allem die *Korrelation* zwischen den Bedingungen über die Versuchspersonen (Konsistenz), den Situationisten die Größe der *Mittelwertsdifferenz.* Ohne »Repeated Measurement« im besagten Sinne wäre das Design für den Personalisten unergiebig, da ohne relevante Information, während das Design auch mit unabhängigen Stichproben für den Situationisten bzw. Interaktionisten prinzipiell auswertbar bleibt.
Ausgehend von der offenkundigen Situationsspezifität des Verhaltens sensu Mittelwertsdifferenz nahm die Forschungsgruppe um Endler bald eine weitere Differenzierung vor: Beginnend mit Endler, Hunt und Rosenstein (1962) wurden sog. S(ituation)-R(esponse)-Tests

Moos (1969) ließ die Patienten einer psychiatrischen Anstalt in sechs verschiedenen Situationen (bei der Aufnahme, nach Individual- und Gruppentherapie, während des Mittagessens usw.) mehrere kurze Fragebogen zu ihrem Befinden bearbeiten. Außerdem wurden die Patienten in z. T. denselben Situationen von verschiedenen Beurteilern beobachtet und ihr Verhalten in mehrere Klassen kategorisiert. Die nachfolgende Tabelle gibt die Resultate der varianzanalytischen Aufbereitung wieder.

Tab. 25.3: Prozentsatz für Personen- und Situationsfaktoren sowie deren Wechselwirkungen, getrennt für einzelne Verhaltensklassen (nach Moos, 1969).

Kategorie	Quelle der Varianz			
	Personen	Situationen	P × S	Innerhalb
Hand- und Armbewegung	16.8	11.9	31.9	39.4
Fuß- und Beinbewegung	27.4	10.0	26.7	35.9
Kratzen, Reiben	30.7	13.1	24.5	31.6
Allgemeine Bewegung	17.3	1.4	47.1	34.1
Nicken	4.2	42.9	33.5	19.4
Lächeln	35.3	t3.6	35.4	25.6
Reden	10.5	68.3	13.9	7.4
Rauchen	41.9	7.1	20.7	30.2

Wie ersichtlich, erklären die Unterschiede zwischen den Personen über alle Situationen hinweg 23%, die Situationen aber bereits ca. 20% der Gesamtvarianz. Noch höher fällt der Anteil zugunsten der Interaktionen PxS mit durchschnittlich ca. 29% aus. Was eine solche Interaktion bedeutet, veranschaulicht Abbildung 25.4 anhand der Verhaltensdaten zweier Versuchspersonen zum Kratzen und Reiben von Körperteilen.
Selbstverständlich beschränken sich derartige Analysen nicht auf fremdbeobachtbare motorische Abläufe; vielmehr ist eine Durchführung anhand aller Verhaltens- und Erlebnisweisen möglich, sofern diese quantifizierbar sind. In der nachfolgenden Abbildung 25.5 ist das Ausmaß der von vier Versuchspersonen für sechs typische Situationen angegebenen Angst grafisch veranschaulicht. Die Situationen mussten sich die Probanden während der Bearbeitung eines Fragebogens vorstellen.
Situationen 1 und 4 waren neutral, Situationen 2 und 3 sollten physische Bedrohung, Situationen 5 und 6 sollten Ich-Bedrohung hervorrufen (aus Magnusson & Endler, 1977, S. 11).
Wie die Abbildung zeigt, können sich Individuen unterscheiden in Bezug auf die durchschnittlich über verschiedene Situationen erlebte Intensität von Angst (z. B. die Personen A und D), was auf eine stabile Differenz in dem Trait Ängstlichkeit (gegenüber der situationsspezifisch empfundenen Angst als State) hinweist. Darüber hinaus können Personen mit dem *gleichen* Mittelwert ein verschiedenes Muster ihrer State-Angst über die einzelnen Situationen zeigen (z. B. die Profilverläufe von C und D).

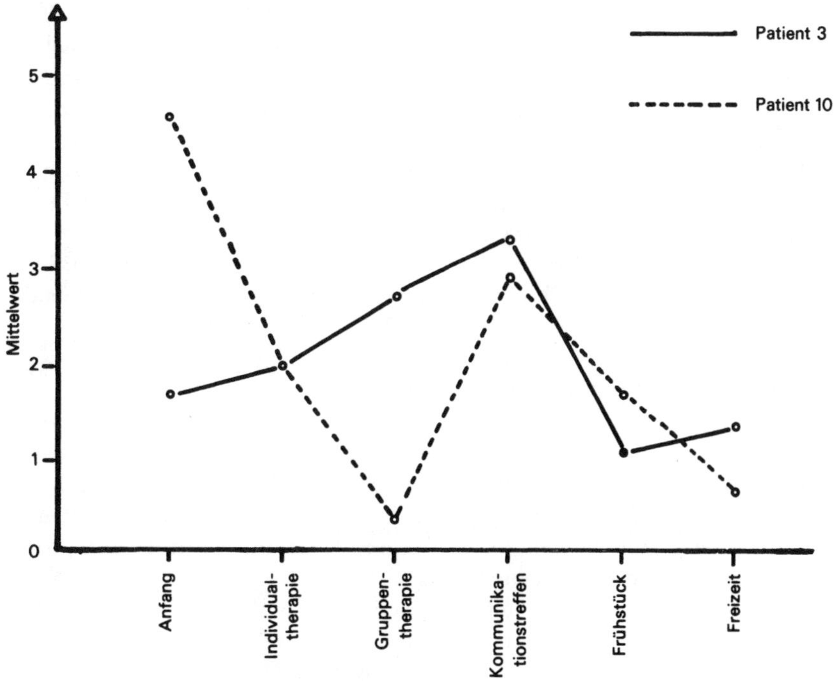

Abb. 25.4: Beispiel einer Person x Situation-Wechselwirkung für die Variable »Kratzen und Reiben von Körperteilen«.

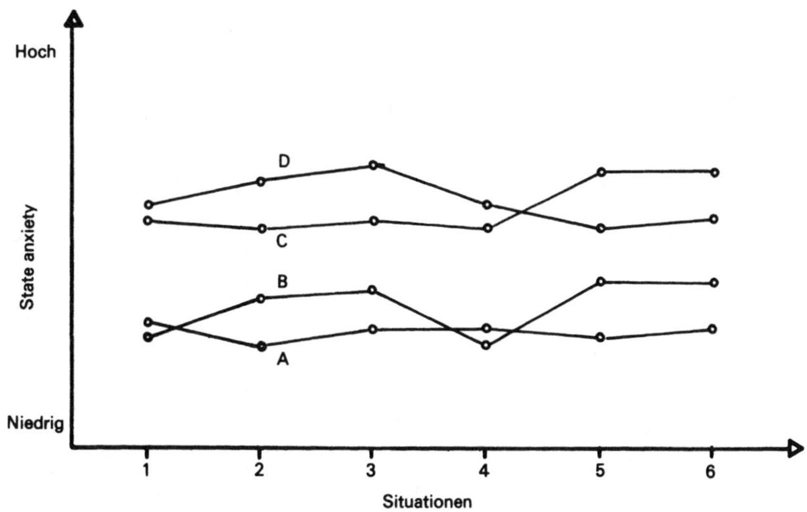

Abb. 25.5: Berichtete Angstintensität von vier Versuchspersonen (A, B, C, D) in 6 vorgestellten Situationen.

konzipiert, bei denen zu jeder der vorgegebenen Situationen die Versuchspersonen angeben müssen, wie stark sie darauf gewöhnlich mit jeder der ebenfalls aufgelisteten Reaktionen antworten würden (Situationen z. B.: »Man ist nachts allein im Wald«, »Man steht auf, um eine Rede vor einer großen Gruppe zu halten«, Reaktionen z. B.: »Herz schlägt schneller«, »Mund wird trocken« usw.). Derartige Skalen gibt es z. B. für Angst und Aggressivität (Endler & Hunt, 1968, 1969; s. auch Becker, Schneider & Schuhmann, 1975; Angleitner, Bierhoff & Rudinger, 1975; Magnusson & Stattin, 1978). Bei Dworkin (1979) finden sich bereits Hinweise auf die genetischen und umweltmäßigen Determinanten der PxS-Anteile, erschlossen aus Beobachtungen an Zwillingen.
In allen Arbeiten waren die Varianzanteile zugunsten der Wechselwirkungen Personen x Reaktionen sowie Situationen x Reaktionen und der höheren Interaktion beträchtlich.

25.2.2 Diskussion und Versuch einer Integration

Es ist das unbestrittene Verdienst der Situationismus- und Interaktionismus-»Bewegung«, die ihre Wurzeln in der Experimentellen Psychologie und der Verhaltensmodifikation hat, der Erforschung der Kontextbedingungen neue Impulse zugeführt zu haben. Offensichtlich bietet das überlieferte Trait-Modell nur eine begrenzte Grundlage für jegliche Vorhersage; Differenzierungen erscheinen dringend geboten.
Dennoch wäre es völlig irrig, behaupten zu wollen, der Interaktionismus, dessen Paradigma von Gergen und Gergen (1980) äußerst kritisch diskutiert wird, greife ein Problem auf, das als solches in der traditionellen Differentiellen Psychologie nicht gesehen oder auch nur vernachlässigt worden sei, da hier seit jeher die Bedingungen genau angegeben werden, für die Aussagen und Prognosen interindividueller Differenzen gemacht werden. Die Differentielle Psychologie beschäftigt sich nicht mit den Unterschieden zwischen Personen (zusammengezogen über Situationen) oder denjenigen zwischen Situationen (aufaddiert über alle Personen), sondern mit »genau jene(r) Varianz, die nicht allein aus Kenntnis der Situationsvarianz (...) erklärbar ist (...) – also die Person x Situation-Wechselwirkung!« (Pawlik, 1982, S. 45, der denn auch in Erinnerung ruft, dass »die Produktterme (...) der faktorenanalytischen Bestimmungsgleichung varianzanalytisch als linear-additive Aufspaltung einer Wechselwirkung von Person- und Situationseffekten zu verstehen sind«, d. h.: »Der statistische Interaktionismus schöpft *keine* im Vergleich zur so genannten ›traditionellen‹ Differentiellen Psychologie *neue Varianz* aus«, Pawlik, 1982, S. 44).
Zudem »bietet der statistische Interaktionismus keinen Ausweg aus dem ökologischen Dilemma der Differentiellen Psychologie« (Pawlik, 1979, S. 461), das dadurch entsteht, dass jede Person in jeder Situation des Versuchsplanes gleich häufig vorkommt und darin beobachtet wird. Die damit unterstellte Orthogonalität ist nicht repräsentativ für die Wirklichkeit, da im natürlichen Umfeld bestimmte Personen in einigen Situationen häufiger auftreten bzw. spezifische Personen-Situations-Kombinationen überrepräsentiert sind. Die Untersuchungen von Gormly (1983) sowie Snyder und Gangestad (1982) belegen exemplarisch für einige Persönlichkeitseigenschaften die traitabhängige und damit interindividuell unterschiedliche Vorliebe für ganz bestimmte Settings (s. auch Snyder, 1983, und insbesonders Emmons & Diener, 1986; Emmons, Diener & Larsen, 1986).
Auch die im Experiment realisierten Situationen selbst sind gewöhnlich nicht entfernt vergleichbar mit jenen des alltäglichen Lebens. Der Komplexitätsgrad von Kontextbedingungen außerhalb des Labors mit der Notwendigkeit, die Verhaltensweisen der Mitmenschen zu interpretieren, dürfte wesentlich höher sein. Auch tritt im Experiment üblicherweise ein Versuchsleiter auf, der sich unabhängig vom Verhalten der Versuchspersonen strikt an vorge-

gebene Regeln halten muss, um die Standardisierung nicht zu gefährden. Auf diese Weise wird aber den Versuchspersonen die Möglichkeit beschnitten, ihrerseits eine Situation erst zu gestalten, was rückwirkend die Konsistenz bewahren helfen könnte (Wachtel, 1973). In diesem Sinne ist etwa das Experiment von Magnusson, Heffler und Nyman (1968), in dem ein Team von Versuchspersonen absolut nach Zufall zusammengewürfelt wurde und zwei ausschließlich fremdbestimmte Aufgaben lösen musste, weit von der ökologischen Wirklichkeit entfernt; eher verwunderlich, dass bei Variation der Aufgabenstellung immerhin Konsistenzen zwischen .60 und .69 resultierten. Auch dieser Gesichtspunkt verweist wieder auf die Notwendigkeit einer Theorie der Situationen, um damit Anhaltspunkte über die Verteilung situativer Anregungsbedingungen in der Ökologie zu erhalten.

Vor allem führte die varianzanalytische Auswertung und der Versuch, die Unangemessenheit der Konsistenz-Hypothese über die Größe von Varianzanteilen zu beweisen, in die Irre. Olweus (1976) hat überzeugend dargelegt, dass beispielsweise auch ein sehr hoher Varianzanteil zugunsten des Situationsfaktors ohne weiteres vereinbar ist mit einem traittheoretischen Ansatz, da Letzterer nur Aussagen zur Rangreihe der Versuchspersonen zwischen den Bedingungen macht (s. dazu vor allem den von Golding, 1975, entwickelten Koeffizienten). Illustriert wird dieses, wenn etwa in einer zweidimensionalen Datenmatrix von Personen und Situationen innerhalb einer Spalte die Werte der abhängigen Variable durch Hinzufügen einer Konstanten oder Multiplikation mit einem Faktor erhöht werden. Damit vergrößert sich der relative Anteil des Situationsfaktors drastisch, ohne dass davon die Konsistenz-Hypothese auch nur tangiert ist. Zudem muss die Hinzunahme weiterer Faktoren, wie es bei Endler mit der Art der Reaktion oder dem Reaktionsmodus geschieht, den Anteil der Personenvarianz zwangsläufig reduzieren (s. Magnusson, 1976). In einer anhand der vorliegenden Untersuchungen zu den S-R-Fragebogen (s. o.: 11.2.2 und 17.3.3) geführten Kritik äußern deshalb auch Furnham und Jaspars (1983) die Ansicht, dass die varianzanalytische Komponenten-Technik mehr Verwirrung als Klärung gebracht hat.

Ein grundsätzliches Problem zum Schluss, das auch den Trait-Theoretikern einiges Kopfzerbrechen bereitet: Bislang ist die funktionale Verknüpfung von beobachtbarem Verhalten mit den Absichten der Betreffenden eher unzureichend. Freundlichkeit in der einen Situation mag ihren Ausdruck finden in offenem Lächeln, in einer anderen in lauten Verbalisationen, in einer Dritten gerade in zurückhaltendem Schweigen. Nur die Frau, die ständig neue bzw. immer andere Kleider trägt (= Inkonsistenz auf der Verhaltensebene), wird als modern (= Konsistenz auf dem Dispositionsniveau) gelten können. Da vermutlich große intraindividuelle Unterschiede bestehen in der individuellen Präferenz bestimmter Reaktionsformen bei verändertem situativen Kontext, ist von vornherein auf einer strikt verhaltensorientierten Ebene die Aussicht reduziert, Konsistenz zu bemerken; daher sollten weniger antezedente als mehr konsequente Bedingungen im Vordergrund der Forschungsbemühungen stehen (s. Alker, 1972). Häufig wird es zielführender sein, das Verhalten von Personen auf der Basis von deren Motivation und Absichten oder idiosynkratischen Situations-Verarbeitungen vorherzusagen als in Kenntnis dessen, was man bei ihnen auf mikro-behavioralem Niveau hat beobachten können oder von ihren »durchschnittlichen« Verhaltenstendenzen in Form von Eigenschaftsausprägungen weiß.

Der einfache trait-theoretische Ansatz gerät jedenfalls sehr rasch an seine Grenzen, wenn es darauf ankommt, *präzise* Aussagen darüber zu treffen, *wann, wo* und *mit wem* eine Person beispielsweise in freundlicher Weise umgeht. Um dieses zu illustrieren: Eine Person A mag sich häufig warmherzig und sympathisch gegenüber ihren Arbeitskollegen verhalten, aber eher kalt und distanziert im Umgang mit der Familie; demgegenüber sei es bei einer Person B genau umgekehrt. Gemittelt über die beiden Kontextbedingungen »Arbeitskollegen« und »Familienmitglieder« würden sich die beiden Personen kaum voneinander unterscheiden lassen, d. h., ansetzend etwa an Registrierungen des Verhaltens hier und dort käme man zu dem Schluss, die beiden Akteure seien (im Mittel der Situation) in etwa gleich freundlich (= übereinstimmende Ausprägung in der Eigenschaft Freundlichkeit). Dieser Mittelwert jedoch »unterschlägt« die *intra*individuell unterschiedliche Variation des Verhaltens beider Akteure über die Situationen, eine Variation, die sich in den o.g. varianzanalytischen Plänen in einer Person x Situationen-Interaktion niederschlägt.

Offenkundig ist es für das Verständnis einer Person und die Vorhersage ihres Verhaltens wichtig, diese je spezifische intraindividuelle Variation zu kennen und davon Gebrauch zu machen – freilich nur unter der Voraussetzung, dass es sich dabei um einen systematischen Effekt und nicht nur um Zufallsvarianz handelt.

Mit der Klärung dieser eminent wichtigen Frage beschäftigt sich die Arbeit von Shoda, Mischel und Wright (1994). Zentral darin ist die Konzeptualisierung von »Wenn-dann«-Verknüpfungen zwischen psychologischen Situationen und relevantem individuellem Verhalten. Diese Situationen waren von interpersoneller Art, und zwar aufgetreten in einem Ferienlager, wo das Verhalten einer Gruppe von Kindern eingehend beobachtet und registriert werden konnte. Unterschieden wurden die fünf Kategorien »Wenn ein Peer positiven Kontakt aufnimmt«, »Wenn ein Peer hänselt, provoziert oder droht«, »Wenn ein Erwachsener lobt« bzw. »warnt« bzw. »bestraft«. Solche Situationen traten auf während schulischer Unterweisung oder bei Freizeitaktivitäten, während der Essenszeit, beim Fernsehen oder Holzarbeiten usw. Das resultierende (jedenfalls so registrierte) Verhalten bestand in verbalen Aggressionen, körperlichen Aggressionen, Wimmern, Sichfügen und prosozialen Verbalisationen. Auf diese Weise war es möglich, für jede der Verhaltensweisen ein individuelles Profil über die fünf Situationsklassen zu ermitteln; gleichzeitig interessierte dessen Stabilität über der Zeit. Die Abbildungen 25.6a und b geben anhand verbaler Aggressionen das Profil zweier Probanden zu zwei verschiedenen Zeitpunkten wieder.

Wie ersichtlich haben die beiden Kinder sehr unterschiedliche Situations-Verhaltens-Profile, zudem mit unterschiedlicher Stabilität (Letztere berechnet als Korrelation zwischen den Messzeitpunkten über die Situationen).

Den Ergebnissen zufolge lagen im Mittel der Probanden die Retest-Stabilitäten für die Profilgestalt um $r = .50$ für verbale Aggressionen und Sichfügen, für prosoziale Verbalisationen und Wimmern um .30 (körperliche Aggressionen wegen fehlender Messwerte nicht prüfbar). Die intraindividuelle Variation über die interpersonalen Situationen erweist sich damit als ausreichend verlässliches, definitiv nicht nur durch Fehlerfaktoren geprägtes Phänomen, das als idiographisches Element zur Präzisierung von Vorhersagen herangezogen werden kann. In Übereinstimmung mit der Logik dieses Ansatzes (s. dazu Shoda et al., 1994, S. 681 und 684) waren die nach herkömmlich nomothetischer Weise berechneten Koeffizienten für transsituative Konsistenz mit Werten um $r = .35$ für den Vergleich *innerhalb* derselben interpersonalen Situation (und zwar durch Peer gehänselt, durch Erwachsenen gewarnt und durch Erwachsenen bestraft) bei Variation des Kontextes (Lageraktivitäten in Freizeit oder schulische Unterweisung) höher, als wenn die Konstistenz *zwischen* verschiedenen interpersonalen Situationen ermittelt wurde, ergaben sich beim letzteren Vergleich doch fast nur insignifikante Resultate.

Diese und weitere Ergebnisse der besagten Arbeit (s. dazu unten: 26, Punkt (3)) zeigen, dass die Situationsspezifität des Verhaltens und geringe transsituative Konsistenz faktisch zwei Aspekte intraindividueller Stabilität und Organisation der Persönlichkeit sind: »Die Kohärenz der Persönlichkeit wird weniger sichtbar anhand einer höheren transsituativen Verhaltenskonsistenz, nach der so lange gesucht wurde, sondern eher in Gestalt stabiler individueller Variation des Verhaltens über Situationen« (Shoda et al., 1994, S. 684; Übersetzung von den Verfassern).

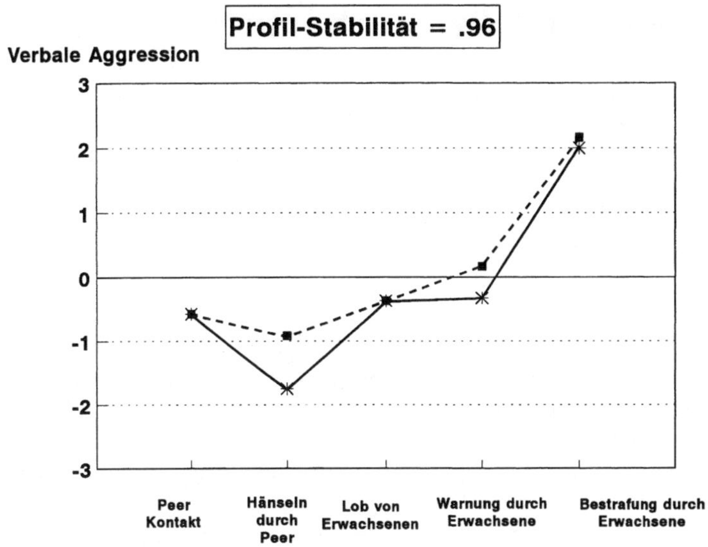

(a)

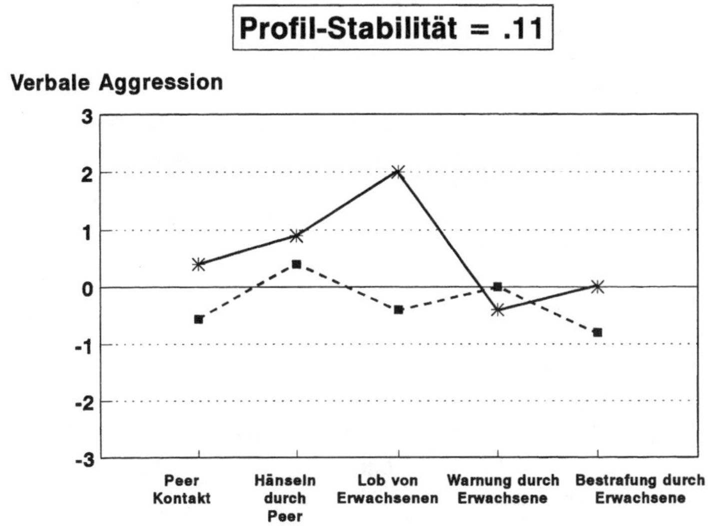

(b)

Abb. 25.6 (a, b): Verhaltensprofile (für verbale Aggressionen) zu verschiedenen Situationen zu zwei verschiedenen Zeitpunkten für zwei verschiedene Personen (aus Shoda et al., 1994, S. 678).

Fragen zu Kapitel 25:

1. Schildern Sie die wesentlichen Grundpositionen zur Vorhersage des Verhaltens.
2. Welche Einwände lassen sich gegen einen Großteil der Untersuchungen vorbringen, die häufig als Beleg gegen die Angemessenheit des Trait-Ansatzes verstanden werden?
3. Welche Einwände lassen sich gegen die varianzanalytischen Versuchspläne zum Interaktionismus vorbringen?

26 Verbesserung der Vorhersage

Die zunehmende Diskussion um situative und interaktive Einflüsse hat innerhalb der Persönlichkeitsforschung zu intensiven Überlegungen darüber geführt, wie unter Beibehaltung herkömmlicher, d. h. auf der Trait-Theorie fußender Tests die Vorhersage oder Varianzaufklärung von Verhaltensunterschieden verbessert werden kann. Diesbezüglich sind mehrere Forschungsansätze erkennbar, deren Ertrag und Kritikwürdigkeit bereits anderenorts ausführlich dargestellt wurde (s. z. B. einige Arbeiten in dem von West, 1983, unter der Überschrift »Personality and Prediction« herausgegebenen Sonderband des Journal of Personality; Page, 1983; Amelang & Borkenau, 1984a, b, 1986; Schmitt & Borkenau, 1992; Snyder & Ickes, 1984, die im Übrigen eine hervorragende Kritik von situativem und interaktivem Ansatz liefern). Hier können aus Platzgründen nur die Grundzüge herausgearbeitet werden; für eine detaillierte Beschäftigung mit dieser außerordentlich interessanten Thematik muss ausdrücklich auf die einschlägige Originalliteratur verwiesen werden.
Vorangestellt, weil dem gesamten Fragenkomplex vorgeordnet, sei die sich mehr und mehr durchsetzende Erkenntnis, dass die Konsistenzproblematik sich im Grunde genommen weniger dramatisch ausnimmt, als dieses Mischel in seinen verschiedenen Arbeiten (s. auch Mischel & Peake, 1982; Funder, 1983, und die Reaktion darauf von Bem, 1983) immer wieder darzulegen versucht. Zum einen sind die von Persönlichkeitspsychologen gewöhnlich erklärten Effekte von nicht geringerem Ausmaß als diejenigen in anderen Bereichen der Psychologie, wenn man entsprechende Meta-Analysen anstellt; zum anderen lassen sich bei einer sorgfältigen post-hoc-Strukturierung von Situationen und Personen unschwer sinnvolle Regeln für den Erhalt befriedigender bis hoher Korrelationen ableiten (West, 1983, S. 277–278). Darüber hinaus liegen in den meisten klassischen Arbeiten (s. Kasten unter 25.1.1) und derjenigen von Mischel und Peake (1982) die Konsistenz-Koeffizienten nur deshalb unverhältnismäßig niedrig, weil bei ihrer Berechnung im Unterschied zu den Reliabilitäten auf Korrekturen im Sinne der Spearman-Brown-Formel verzichtet wurde (Conley, 1984).
Davon abgesehen lassen sich Verbesserungen der Validität offenkundig nach folgenden Prinzipien erzielen, auf die sich die meisten Forschungsaktivitäten konzentrieren:

(1) Erhöhung der Stabilität des vorherzusagenden Verhaltens durch »Aggregation von Daten« (Epstein, 1980), z. B. durch Mittelung über mehrere Beobachtungsgelegenheiten und/oder experimentell realisierte Bedingungen.
In den Untersuchungen von Epstein (1979) lagen die Test-Kriteriums-Korrelationen wesentlich über den von Mischel (1968) zu Recht kritisierten Koeffizienten von durchschnittlich r = .30, nämlich bei einigen Skalen um r = .40 bis .50 und darüber; das war aber nur dann der Fall, wenn durch wiederholte Erhebung und Durchschnittsbildung das zu prognostizierende Verhalten (teils Selbsteinstufungen auf bipolaren Dimensionen, teils objektive Ereignisse wie Zahl der Sozialkontakte oder Häufigkeit von Kopfschmerz, die zwei Wochen lang täglich erhoben wurden) eine hinreichende Reliabilität aufwies (s. auch Epstein, 1983; Wittmann & Schmidt, 1983).

Damit aber lassen sich bereits durch Erhöhung der Kriteriumsreliabilität mittels einer Aggregation über »occassions« Gegebenheiten realisieren, unter denen »Mischel will fold up his tent and steal away« (Bem, 1972, S. 18).

(2) Bereitstellung bzw. Vorhersage von »Multiple«- anstelle von »Single act«-Kriterien. Betrifft die oben erwähnte Aggregation von Maßen vorwiegend ein- und dieselbe Verhaltensäußerung, deren wiederholte Messung die Bildung von zeitlich stabileren Maßen erlaubt, so besteht das Ziel von »Multiple-Act-Kriterien« (s. Fishbein & Ajzen, 1974) hauptsächlich in der Realisierung einer *breiteren* Verhaltens- und/oder Situationsstichprobe (mit der allerdings Erhöhungen der Reliabilität ebenfalls einhergehen). Jaccard (1974) ließ Versuchspersonen zunächst jene Verhaltensweisen aufschreiben, die ihrer Ansicht nach eine ihnen als dominant bekannte Person zeige; desgleichen musste das Verhalten einer nicht-dominanten Person geschildert werden. Aus den damit erhaltenen Angaben wurde eine »Multiple Act Criterion-Scale« für Dominanz zusammengestellt. Ein herkömmlicher Dominanz-Fragebogen korrelierte zwar mit jeder der einzelnen Verhaltensweisen nur um .20, mit dem Gesamtpunktwert des Inventars dagegen um .60. Über ähnlich drastische Effekte berichtet Moskowitz (1982) bei der Zusammenfassung von Verhaltensweisen wie Kommandieren, Nahelegen, Drohen etc. zu »multiple Referents« für Dominanz und Hilfe-Suchen, Berühren, Aufmerksamkeit-Heischen etc. für Abhängigkeit. Konzeptuell und empirisch stellt diese Aggregation über »modes«, die seit jeher bei der Konstruktion von Messinstrumenten Anwendung findet, etwas anderes dar als die unter (1) erwähnte Zusammenfassung prinzipiell gleicher, nur zu verschiedenen Zeitpunkten erhobener Verhaltensäußerungen. Schließlich kommt noch die Aggregation über Situationen in Betracht. Bei der Aggregierung von Verhaltensstichproben aus verschiedenen Situationen konnte Moskowitz (1982) die cross-situative Konsistenz der Maße für Dominanz beträchtlich erhöhen: »The strategy used in this study (provided) average predictions of modest accuracy for many people«, bemerkt Moskowitz (1982, S. 765) in Abwandlung des bekannten Titels der Arbeit von Bem und Allen (1974) (s. dazu unten: (6)). Wie Schwenkmezger (1984) feststellt, ist die Aggregation über Situationen nur sinnvoll, wenn das Durchschnittsverhalten in einer Klasse von ähnlichen Situationen interessiert; hier kann durch Reduktion des Messfehlers die Vorhersagegenauigkeit erhöht werden. Steht hingegen die Reaktion von Individuen in ganz spezifischen Situationen im Fokus des Interesses, verdeckt eine solche Aggregation eher die situationsspezifischen Varianzanteile. Auf die Arbeiten von Epstein (1984), Lösel, Köferl und Schmittpeter (1986), Moskowitz (1988), Steyer und Schmitt (1990) sowie Schmitt und Steyer (1990) kann hier nur verwiesen werden.
Hierher gehört auch der bereits unter 6.3.4 erwähnte »Act Frequency Approach« von Buss und Craik (1980, 1981) und namentlich die darin vorgesehene Einschätzung der behavioralen Indikatoren hinsichtlich ihrer »Prototypizität« für einen Trait. Wie mehrere Untersuchungen belegen, korrelieren Indizes für Verhaltenshäufigkeiten dann besonders hoch mit Punktwerten herkömmlicher Persönlichkeitstests, wenn es sich um sehr prototypische Verhaltensweisen handelt; hingegen liegen die Koeffizienten sehr niedrig bei Handlungen, die für einen Trait untypisch oder peripher sind (Buss & Craik, 1983a u. b, 1984).
Broughton (1984) hat das Niveau von Binnen-Analysen überwunden und Kriterien-Maße herangezogen, die diesen Namen verdienen, weil sie nicht von den Befragungspersonen, sondern unabhängigen Beurteilern stammen. Er kombinierte die Items einer Eigenschafts-Wörter-Liste nach mehreren Methoden zu Skalen (z. B. rational, faktorenanalytisch, nach Konsistenzgesichtspunkten) und fand dabei für eine Prototypen-Strategie besonders hohe Validitäten gegenüber den Fremd-Einschätzungen der Eigenschaftsdimensionen.
In den Untersuchungen von Amelang et al. (1989, 1991) übertraf die Validität von Verhaltens-Listen, die nach den Prinzipien des AFA für die Konstrukte »Soziale Intelligenz« bzw.

»Kreativität« generiert und hinsichtlich der Prototypizität zusammengestellt worden waren, diejenige von herkömmlichen Tests für dieselben Dimensionen. Generell wird im Rahmen solcher Formatierungen also die Fähigkeit von Personen erfragt, bestimmte soziale Verhaltensweisen auszuüben. Damit ist eine gewisse Verwandtschaft zu dem bereits geschilderten Ansatz einer Erhebung von »maximal performance« gegeben. In Abhebung davon schlagen Paulhus und Martin (1987) ein gesondertes und neues Konzept der Persönlichkeits-»Capability« vor als die *Leichtigkeit,* mit der ein vom situativen Kontext erfordertes Verhalten ausgeführt wird.

(3) Beschränkung der Vorhersage auf Situationen von persönlichkeitspsychologischer Relevanz.
Mischel (1977) selbst hat die Frage aufgeworfen »when individual differences make a difference« und darauf hingewiesen, dass bestimmte Situationen den Verhaltensspielraum in einem Maße einengen mögen, dass interindividuelle Unterschiede nahezu verschwinden – und damit der differentialpsychologische Ansatz sinnfrei wird, auf der Basis von Eigenschaftsmaßen Vorhersagen oder Varianzaufklärung vornehmen zu wollen. Etwa stellt Rotlicht bei Verkehrsampeln für alle Kraftfahrzeug-Lenker einen »starken« Stimulus mit hohem Uniformierungseffekt dar; ähnlich verhält es sich mit dem Erscheinen des Pfarrers in der Kirche oder dem Heben des Taktstocks durch den Dirigenten, die ja gewöhnlich alle Unterhaltungen binnen kurzem verstummen lassen. Schutte, Kenrick und Sadalla (1985) haben die Erwartungen von konformen Verhaltensweisen auf das Konzept von prototypischen *Situationen* ausgedehnt bzw. verallgemeinert. Von der Art, dass »situational pressure often overrules any inner-determined tendency toward action guided by a generalized trait« (Stagner, 1977) waren jedoch häufig die von Situationisten gewählten Anordnungen, um die Wirksamkeit des Faktors »Situationen« unter Beweis zu stellen, freilich mit der Konsequenz nur geringer individueller Variabilität und der dementsprechend verminderten Aussicht, diese aufzuklären.
Der eigenschaftstheoretische Ansatz verlangt hingegen zwingend solche Situationen, die eher schwach oder uneindeutig strukturiert sind und für verschiedene Individuen eine verschiedene Bedeutung aufweisen. Buss (1989, S. 1381) hat weitere Essentials formuliert und diese in der folgenden Übersicht zusammengestellt:

	Experimentelle Variationen relativ erklärungsmächtig	Traits relativ erklärungsmächtig
Kontext	neu, formell, öffentlich	vertraut, privat
Instruktionen	detailliert, vollständig	keine oder allgemein
Wahlmöglichkeiten	gering oder fehlend	beträchtlich
Dauer	kurz	ausgedehnt
Verhalten	eng	breit

Nur wenn die Bedingungen einer Erhebung den in der rechten Spalte aufgeführten Faktoren entsprechen, kann die Kenntnis der relativen Position von Merkmalsträgern auf Trait-Dimensionen von essentiellem Wert bei der Verhaltensvorhersage sein.
Monson, Hesley und Chernick (1982) sind diesem Aspekt gezielt nachgegangen. In zwei experimentell realisierten Bedingungen bestand für die Versuchspersonen ein hoher situativer Druck in Richtung auf extravertiertes bzw. introvertiertes Verhalten; eine dritte Situation

war diesbezüglich neutral. Mit der von unabhängigen Beurteilern eingeschätzten Gesprächigkeit der Versuchspersonen während der experimentellen Aufgabe korrelierten die präexperimentell erhobenen Extraversions-Werte nur unter jener Situation numerisch befriedigend und signifikant (r = .56 gegenüber .18 und .38), die für die Versuchspersonen unbestimmt und mehrdeutig war. Dieser Effekt stand, wie nicht anders zu erwarten, auch mit der Kriteriums-Messwerte-Streuung in Zusammenhang.

Den Untersuchungen von Moskowitz (1994) zufolge bestand in den Eigenschaften Dominanz, Submissivität, Verträglichkeit und Streitsucht mit Werten um r = .70 eine recht hohe Konsistenz über solche Situationen, in denen der Interaktionspartner vertraut und gleichrangig war (Freunde, Bekannte). Hingegen lagen die Konsistenzen niedriger in Situationen, wo Status und Macht der Interaktionspartner sehr unterschiedlich waren. Die niedrigsten Werte überhaupt zeigten sich für die verschiedenen Kontakte mit dem Liebespartner – Hinweise darauf, dass für bestimmte Klassen von Situationen höhere Konsistenzen im Verhalten zu gewärtigen sind als für andere.

Auch wenn diese Resultate im Nachhinein »verstehbar« sind, fehlte doch eine explizite a priori-Theorie zur Klassifikation der Situationen, wie sie etwa Shoda et al. (1994) in ihrer bereits erwähnten Arbeit (s. 25.2.2) formuliert haben. Dort wurden »wenn...dann«-Verknüpfungen zwischen interpersonalen Situationen und Verhalten hergestellt, wobei die interpersonalen Situationen nach der Art des Gegenübers (Peers vs. Erwachsene) und der Bewertung der Interaktion (positiv vs. negativ), also nach psychologischen Faktoren, klassifiziert werden konnten. Die Hypothese lag nahe, dass die transsituative Konsistenz mit dem Ausmaß zunimmt, in dem die miteinander verglichenen Situationen solche psychologischen Elemente gemeinsam haben. Wie Abbildung 26.1 zeigt, konnte diese Hypothese überzeugend bestätigt werden, auch wenn die Koeffizienten insgesamt nur eine geringe Höhe erreichen.

Ein anderer Ansatz, Situationen nach psychologisch sinnvollen Gesichtspunkten zu klassifizieren, geht dahin, die Art und Ähnlichkeit von Anforderungen an die Verhaltenskompetenz zu bestimmen (Shoda, Mischel & Wright, 1993) oder sich an internen Zuständen zu orien-

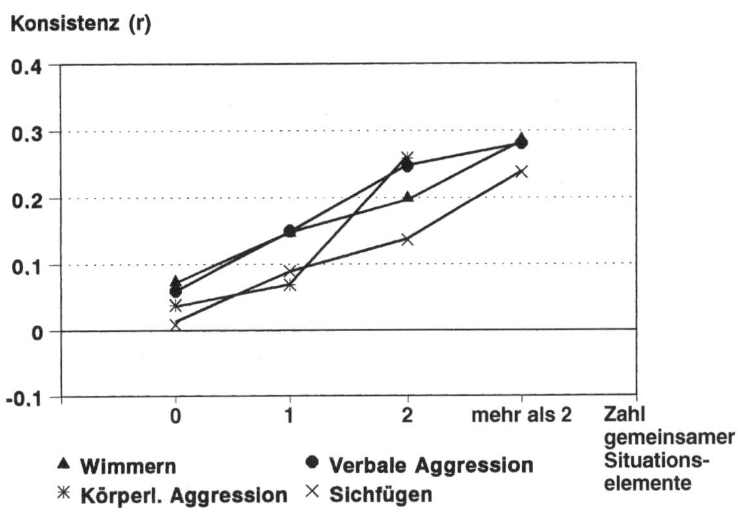

Abb. 26.1: Konsistenz vier verschiedener Verhaltensweisen als Funktion der Zahl gemeinsamer Elemente in verschiedenen Situationen (nach Shoda et al., 1994, S. 683).

tieren, die sich ergeben, wenn man gestresst, frustriert, ärgerlich, erfreut oder dergleichen ist. Auf die Konzeption von Bem (1972) zur psychologischen Klassifikation von Situationen wird unter Punkt 6 (s. unten) eingegangen.

(4) Erfassung der subjektiven Besonderheiten bei der Wahrnehmung und Verarbeitung der Information über die Beschaffenheit der Umwelt.
Gleiche Situationsbedingungen mögen interindividuell verschieden aufgenommen und interpretiert werden, wie umgekehrt Konsistenz durch die spezifische Deutung von externen Stimuli bedingt sein mag. Deshalb ist eine Berücksichtigung der als Mediatoren fungierenden individuellen Perzeptionen und Kognitionen notwendig (s. Mischel, 1977, mit dem Vorschlag, das individuelle Situations-Kategorisierungsverhalten der Personen festzuhalten, ferner die Erwartungen zu registrieren, die durch bestimmte Situationen geweckt und im Hinblick auf antizipierte Handlungsfolgen gehegt werden; s. auch Magnusson, 1980). Soweit hier für *Klassen* von Situationen allgemeinere Strategien ausfindig gemacht werden können, ist eine Operationalisierung vergleichbar derjenigen zu den generalisierten Erwartungshaltungen Rotters leicht möglich.

(5) Herstellung von Bedingungen, unter denen die Probanden bei der Bearbeitung von Persönlichkeitstests genügend über sich nachdenken, bevor sie über sich berichten.
Pryor, Gibbons, Wicklund, Fazio und Hood (1977) erhöhten das Ausmaß von selbstzentrierter Aufmerksamkeit dadurch, dass ein Teil der Probanden beim Ausfüllen von inhaltsvaliden Tests über Soziabilität einen Spiegel vor sich auf dem Tisch stehen hatte. Gegenüber einem zwei bis drei Tage später erhobenen Verhaltensmaß zur Soziabilität (Kombination aus Fremdrating und Zahl von Worten in einer Wartesituation) korrelierten die unter den üblichen Bedingungen gelieferten Fragebogenpunktwerte nur gering ($r = .16$); hingegen war die Korrelation hoch ($r = .62$; Differenz signifikant) für die Probanden, die während der ersten Sitzung mit einem Spiegel konfrontiert waren. »Die Induktion selbstzentrierter Aufmerksamkeit scheint also bei einem inhaltsvaliden Messverfahren ein Instrument zu sein, die Vorhersagevalidität eines Selbstberichtes zu erhöhen« (Wicklund, 1977, S. 402). Das Konstrukt der Selbstaufmerksamkeit hat sich auch in anderem Zusammenhang bereits bewährt (Scheier, Buss & Buss, 1978; Hull et al., 1988; zur Theorie: Hormuth, 1982). Inzwischen liegt eine ganze Reihe von Experimenten mit gleichsinnigen Resultaten auch zu weiteren Eigenschaftsdimensionen vor (s. Wicklund, 1982; Ewert, 1980). Solche Befunde nähren den Verdacht, dass die üblicherweise in Fragebogen gegebene Instruktion, bei der Beantwortung »nicht lange nachzudenken« einen folgenschweren Missgriff darstellt. Allerdings fanden Krämer und Schneider (1987) bei einer Variation der Instruktion (»Spontanes Antworten« vs. »Genaues Überlegen«) an freilich nur sehr kleinen Stichproben von je 24 Vpn keine Validitätsunterschiede.

(6) Identifikation von Personengruppen mit besonders hoher Vorhersagbarkeit innerhalb einer gegebenen Gesamtstichprobe.
Da dieser Ansatz eine ganze Reihe theoretischer und empirischer Implikationen aufweist, soll er nachfolgend detaillierter dargestellt werden.
Erstmals Ghiselli (1960) gelang es, ein gesondertes Testverfahren zu konstruieren, nach dessen Punktwert entschieden werden konnte, für welche Probanden in einer Stichprobe von Taxifahrern Vorhersagen hinsichtlich deren allgemeiner Fahrtauglichkeit aus Leistungstests möglich waren und für welche nicht. Der fragliche Test war deshalb einer zur individuellen Prognostizierbarkeit, weil er mit der *Differenz* zwischen den jeweils standardisierten Leistungspunkten und den Kriteriumswerten für Fahreignung oder, was dasselbe ist: mit dem Zusammenhang zwischen diesen beiden Messwertreihen korrelierte.

Seitdem hat es an Bemühungen zum Auffinden solcher Skalen, die eine Moderatorfunktion erfüllen, nicht gefehlt (s. vor allem Kogan & Wallach, 1964; Drösler & Ehlers, 1963; von Klebelsberg, 1969). Häufig waren die Befunde jedoch nicht replizierbar, was u. a. daran liegt, dass teils die Suche nach Moderatoren vorwiegend »blind»-analytisch vor sich ging, teils einige methodische Probleme bei der Verwendung von Moderatorvariablen außer Acht gelassen wurden (s. Zedeck, 1971). Einiges spricht dafür, dass positive Resultate dann zu erwarten sind, wenn theoriegeleitet vorab bestimmt würde, welche Variablen vermutlich geeignet wären, die empirische Vielfalt des Beobachtbaren in äquivalente Klassen aufzuteilen nach den Gesichtspunkten,

(1) welche Gruppen von Personen wohl ein konsistentes, eigenschaftsbestimmtes Verhalten aufweisen,
(2) welche Verhaltensweisen bei diesen Personen kovariieren und
(3) welche Situationen funktional äquivalent für die Betreffenden sind.

Bem (1972) hat diese Fragen herausgearbeitet und begründet, warum das Streben nach Anerkennung, Lob und Akzeptierung, gewöhnlich gemessen mit Skalen zur sozialen Erwünschtheit, den aufgeführten Kriterien entsprechen könnte. Personen mit hoher Ausprägung auf dieser Dimension würden sozial erwünschtes Verhalten immer in solchen Situationen an den Tag legen, wo Bewertungen des Verhaltens eine Rolle spielen. Sozial erwünschte Reaktionen oder Antworten bilden deshalb eine Klasse von äquivalenten Verhaltensweisen, das Vorhandensein zwischenmenschlicher Bewertungen eine Klasse äquivalenter Situationen. Demgegenüber mögen diese Verhaltensweisen und Situationen für Personen mit niedrigen SE-Werten nichts miteinander zu tun haben, eben weil für sie die Bewertungen nicht relevant sind, weshalb ihr Verhalten in der einen Situation nicht aus demjenigen in einer anderen vorhergesagt werden kann. Von daher könnte die SE-Skala im Sinne eines Moderators Aufschluss darüber liefern, welche Personen sich konsistent, also gemäß dem Eigenschaftsbegriff verhalten, und welche nicht. Diejenigen mit starker Tendenz im Sinne von SE kontrollieren nach Bem ihr Verhalten und richten es danach aus, in der einen wie der anderen Situation eine bestimmte Selbstdarstellung zu erreichen und ein fixiertes Image beizubehalten. Sie sind entweder unwillig oder unfähig, situative Veränderungen zu berücksichtigen.

Ganz auf der Linie dieser Überlegungen liegen Befunde von Amelang und Bartussek (1970), denen zufolge Probanden mit hohen SE-Werten höhere Retestreliabilitäten in mehreren Persönlichkeitstests aufwiesen als solche mit niedrigen (s. Abb. 26.2), offenbar deshalb, weil sie zu allen Zeiten bemüht sind, ihre Selbstdarstellung an dem existierenden Stereotyp der Sozialen Erwünschtheit zu orientieren und dieses Stereotyp reliabler ist als die unmittelbare Einschätzung ihres Persönlichkeitsstatus.

Das Modell von Bem (1972) mit dem postulierten »Selbstbild-Aufrechterhaltungs-Bestreben« hat auch Implikationen für die Konsistenz des Verhaltens über verschiedene Variablen bzw. Reaktionsmodi. Nur solche Verhaltensweisen können nämlich in den Dienst des Selbstbildes gestellt werden, deren Bedeutungen dem Handelnden jeweils bekannt sind (s. auch Bem, 1983, und den dort für diesen Ansatz geprägten Begriff der »*Triple Typology*«). Im Falle der erwähnten Untersuchung zur differentiellen Reliabilität war dieses etwa bei den Skalen »Intoleranz gegenüber Ambiguität« und »Dogmatismus« sehr viel weniger der Fall als bei Extraversion und Neurotizismus, was sich daran zeigt, dass in IA und DO die Mittelwertsdifferenzen zwischen Normal- und »Faking good«-Instruktion viel geringer ausfallen, die Versuchspersonen anscheinend nicht recht wissen, welches die sozial erwünschten Antworten sind. Entsprechend waren die Reliabilitätsunterschiede in den beiden Skalen IA und DO geringer (s. Abb. 26.3).

Schließlich können Bem (1972) zufolge nur solche Verhaltensweisen in den Dienst des Selbstbildes gestellt werden, die einer Kontrolle durch den Handelnden unterliegen. Letzteres dürfte etwa bei Ausdrucksbewegungen, Antworten in projektiven Tests und physiologischen Reaktionen weniger der Fall sein; solche verdeckten Reaktionen mögen deshalb noch auftreten, wo die »zugehörigen« offenen Verhaltensweisen kontrolliert, verändert oder unterdrückt sind. Damit aber ist bei Versuchspersonen mit hohen SE-Werten neben der Konsistenz über verschiedene Situationen gerade Inkonsistenz über diejenigen Verhaltensweisen wahrscheinlich, die in verschiedenem Ausmaß der internen Kontrolle unterliegen, und umgekehrt bei den übrigen Probanden cross-situative Inkonsistenz, aber cross-modale Konsistenz zu vermuten.

Für die These der cross-modalen Inkonsistenz bei Versuchspersonen mit hohen SE-Werten sprechen u. a. Befunde von Amelang und Bartussek (1971), wonach die MPI-Extraversion mit der Speichelreaktion beim Beträufeln der Zunge mittels Zitronensäure zu r = .19 bei den Versuchspersonen mit hohen, aber zu r = –.45 bei denjenigen mit niedrigen SE-Werten korrelierte (s. auch Amelang & Borkenau, 1984b).

Zwei weitere Arbeiten nehmen direkten Bezug auf die Vorstellungen Bems: Snyder und Monson (1975) griffen auf das sozialpsychologische Konstrukt des »Self-monitoring« zurück (zur Theorie der Selbstüberwachung und die im Zusammenhang damit erhaltenen Resultate s. Snyder, 1987). Personen mit hoher Ausprägung darin seien besonders sensitiv für den Ausdruck und die Selbstdarstellung anderer in sozialen Situationen und würden aus deren Verhalten Hinweise für die Gestaltung ihres eigenen Sozialverhaltens beziehen. Aus diesem Grunde müssten sie eine größere situativ-bedingte Verhaltensvariabilität zeigen als Per-

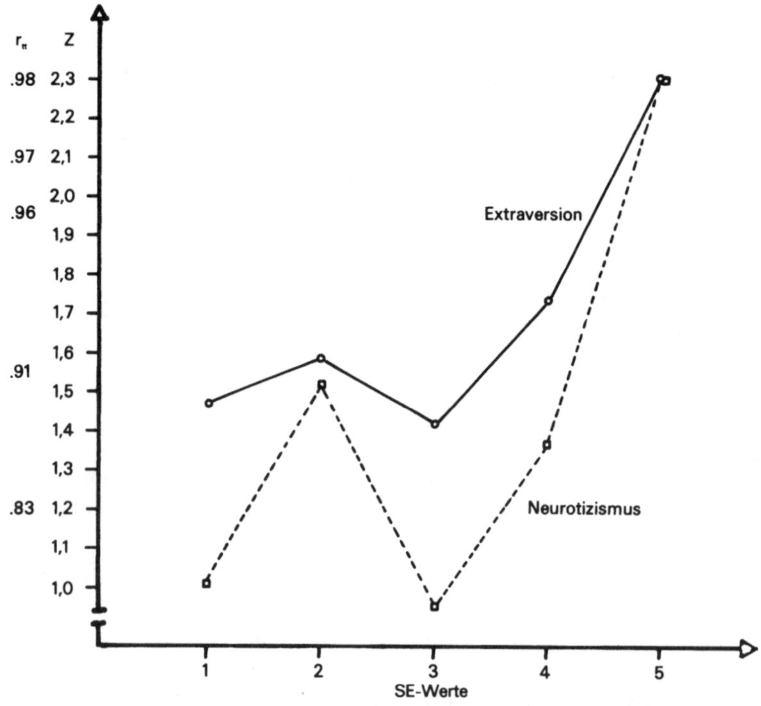

Abb. 26.2: Retest-Reliabilitäten in den Skalen Extraversion und Neurotizismus in Abhängigkeit von der Ausprägung sozialer Erwünschtheit (nach Amelang & Bartussek, 1970).

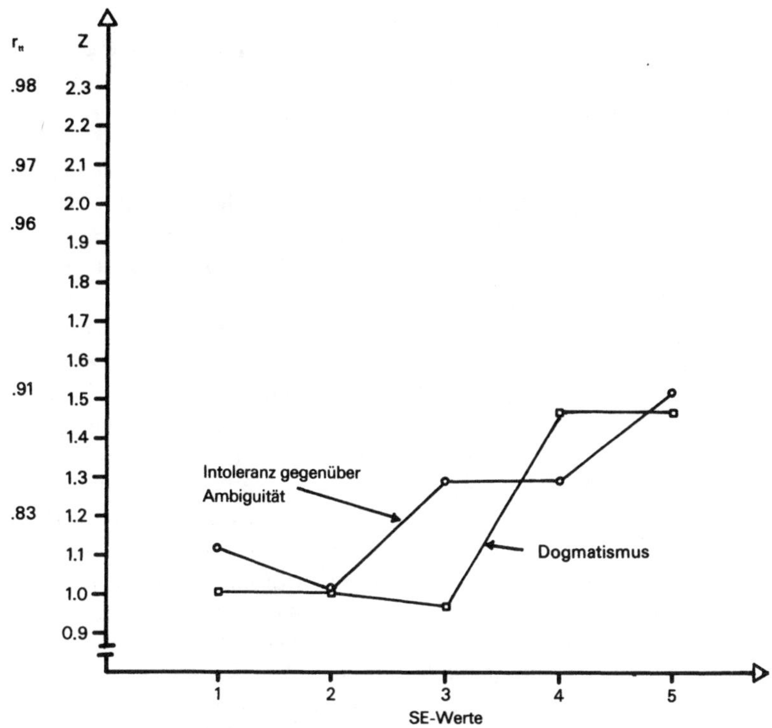

Abb. 26.3: Retest-Reliabilitäten in den Skalen Dogmatismus und Intoleranz gegenüber Ambiguität (nach Amelang & Bartussek, 1970).

sonen mit niedriger Selbstkontrolle. Mit Hilfe eines Fragebogens (z. B. »When I am uncertain how to act in a social situation, I look to the behavior of others for cues«, »I laugh more when I watch a comedy with others than when alone«) wurden die Versuchspersonen in drei Gruppen unterschiedlicher Merkmalsausprägung eingeteilt (in anderem Zusammenhang verfuhren ganz ähnlich Brockner & Eckenrode, 1979). Sowohl hinsichtlich sozialer Konformität als auch selbsteingeschätzter Verhaltensweisen in verschiedenem Kontext zeigten die »high monitoring« Versuchspersonen die höchsten Situationsvarianzen. Leider stützte sich die Auswertung ausschließlich auf solche varianzanalytischen Berechnungen. (Negative Resultate im Hinblick auf die Situationsvariabilität berichtet aber Tunnell, 1980; möglicherweise sind sie Folge einer unzureichenden Operationalisierung des »Monitoring«-Konstruktes in dem verfügbaren Fragebogen; s. Briggs & Cheek, 1986, 1988.) Eine deutschsprachige Bearbeitung, die ähnlich wie die Originalform zwei Subfaktoren von »Sozialer Fertigkeit« und »Inkonsistenz« auswies, haben Kammer und Nowack (1983) vorgenommen. Wie von der Theorie her zu erwarten, fanden auch Lippa und Mash (1981) eine geringere Übereinstimmung von Beurteilern, wenn diese die Ähnlichkeit von Personen mit hohen (relativ zu solchen mit niedrigen) Self-Monitoring-Punktwerten einschätzen sollten. Korrelationen berechnete demgegenüber Turner (1978), der die Konstrukte »Private-« bzw. »Public Self-Consciousness« als Moderatoren benutzte. Die erstere Dimension bezieht sich auf die Reflexion eigener Gedanken, Gefühle und Motive, die letztere gilt dem Bewusstsein von der eigenen Person als sozialem Objekt. Zur Erfassung der beiden Komponenten von Selbstaufmerksamkeit lagen Fragebogen vor (z. B. »Ich denke oft über meine Träume nach,

weil ich mich dadurch selbst besser kennen lerne« oder »Wenn ich mit Personen zusammen bin, die ich nicht gut kenne, mache ich mir Sorgen, dass ich mich ›daneben verhalte‹« als Beispiele für private bzw. öffentliche Selbstaufmerksamkeit). Gestützt auf die Theorie von Fenigstein, Scheier und Buss (1975) wurde erwartet, dass wegen der dauernden Evaluation eigener Haltungen und Gefühle die Selbstratings von Personen mit hohen Werten in »Private Self-Consciousness« valider seien als diejenigen von Personen mit niedriger Merkmalsausprägung; umgekehrt sollten die Validitäten für Personen mit hoher »Public Self-Consciousness« niedriger sein als für jene mit niedrigen Werten, weil diese Probanden stets nur an das sozial Erwünschte dächten und versuchten, sich so vorteilhaft wie möglich zu präsentieren. Anhand einiger Laboraufgaben wurden diese Vorhersagen weitgehend bestätigt.
Mit prinzipiell gleicher Anordnung fanden Scheier, Buss und Buss (1978) für Personen mit hohen Werten in der Skala »Private Self-Consciousness« eine Validität von $r_{tc} = .66$ für einen Aggressivitätsfragebogen gegenüber der »Aggressions-Maschine« (Applizierung von Elektroschocks in einem vermeintlichen Lernprogramm, s. 17.4); der entsprechende Koeffizient für die Probanden mit niedriger Selbstaufmerksamkeit war hingegen insignifikant ($r_{tc} = .09$). Schließlich fand Scheier (1980) innerhalb dieser Gruppe von Personen mit relativ stark ausgeprägter »Private Self-Consciousness« eine hinreichende Konsistenz ($r = .68$) zwischen zuvor gemessenen und später in einer Experimentalsituation ausgedrückten Meinungen bei jenen Pbn, die niedrig in »Public Self-Consciousness« scorten; gering war dagegen die Konsistenz ($r = .24$) bei Pbn mit hohen Werten in der letzteren Dimension. Über Erfahrungen mit einer deutschsprachigen Form der Skalen berichten Heinemann (1983) und insbesondere Holz-Ebeling und Metzger (1988), deren Resultate ein Sequenzmodell nahe legen mit emotionaler Tönung (positiv vs. negativ) als grundlegendem Klassifikationsprinzip, gefolgt von Betrachtungsaspekten (öffentlich vs. privat) an zweiter und Betrachtungsgegenstand (öffentlich vs. privat) an letzter Stelle. Einen elaborierten deutschsprachigen Fragebogen haben inzwischen Fillipp und Freudenberg (1989) vorgelegt. Die Untersuchungen zu Selbstüberwachungstendenz und Selbstbewusstheit als Moderatoren individueller Konsistenzunterschiede sind bei Schmitt (1992) zusammengefasst. Das Konstrukt und die Unterscheidung in zwei Sub-Komponenten ist im übrigen Gegenstand kontroverser Diskussionen (s. Fenigstein, 1987).
Dieser Ansatz wurde deshalb ausführlich referiert, weil daran zu erkennen ist, dass es theoretisch verankerter Aussagen bedarf, um zu schlüssigen Experimentalanordnungen zu gelangen. Diesbezüglich greifen offenkundig die Versuchspläne der Situations- und Interaktionstheoretiker zu kurz. Vor einer verbindlichen Bewertung bedarf es freilich weiterer Überprüfungen (s. Buse, 1976; Amelang & Borkenau, 1984b, mit nur teilweise unterstützenden Ergebnissen).
Noch direkter machten sich den Moderatorenansatz Bem und Allen (1974) in einer zwischenzeitlich berühmt gewordenen Arbeit zunutze: Die Autoren fragten ihre Versuchspersonen lediglich, ob sie hinsichtlich jedes der beiden Merkmale Freundlichkeit und Gewissenhaftigkeit eher gleich bleibend oder je nach den Umständen verschieden agieren würden. Diese Selbsteinschätzungen zur Konsistenz standen mit der (ipsativ bestimmten) Varianz situationsspezifisch definierten Verhaltens in Beziehung. Darüber hinaus und wichtiger waren für die Versuchspersonen, die sich als konsistent wahrnahmen, verschiedene Kriteriumswerte für Freundlichkeit aus den Werten der MPI-E-Skala wesentlich besser vorhersagbar als für die aufgrund des Selbstratings variablen, also »inkonsistenten« Versuchspersonen (s. Tab. 26.1).
Zu diesen Resultaten fügt sich erwartungskonform die Beobachtung ein, dass die Urteile von Fremdratern über solche Personen besser übereinstimmen, die sich selbst als transsituativ konsistent einschätzen (Woodruffe, 1985; Amelang, Kobelt & Frasch, 1985).

Tab. 26.1: Korrelationen zwischen den individuellen Punktwerten in der Skala E des MPI-Eysenck und sechs verschiedenen Kriterien für »Freundlichkeit«, getrennt für Gruppen von hoher bzw. niedriger selbsteingeschätzter Variabilität (aus Bem & Allen, 1974).

MPI-E	Variabilität	
	niedrig	hoch
Selbsteinschätzung	.77	.65
Einschätzung durch Mutter	.54	.37
Einschätzung durch Vater	.26	.24
Einschätzung durch Freund	.71	.41
Beobachtung einer Gruppen-Diskussion	.34	.18
Kontaktaufnahme mit einem Fremden in einer Wartesituation	.25	– .12
Mittelwert unter Fortlassung der Selbsteinschätzung	.44	.22

Mischel und Peake (1982) konnten zeigen, dass die Maße für selbsteingeschätzte transsituative Variabilität zwar nicht die auf behavioraler Ebene bestimmte Konsistenz moderieren, wohl aber die zeitliche Stabilität dieser Verhaltensweisen, und zwar nur der prototypischen. Die *Stabilität* der als »more prototypical« eingeschätzten Verhaltensweisen betrug bei den Versuchspersonen mit selbstwahrgenommener geringer cross-situativer Variabilität .71, bei denen mit hoher Variabilität-Tendenz nur .47. Die entsprechenden Koeffizienten für die »less prototypical« Verhaltensdaten lauteten .65 und .64, diejenigen für *Konsistenz* lagen allesamt in der Nähe von null, gleich, ob die Variabilitätsneigung hoch oder niedrig und die Verhaltensweisen prototypisch waren oder nicht. Solche Resultate erklären nach Mischel (1984) das Paradox, wonach Personen gern Konsistenz zugeschrieben wird (diese Konsistenz hingegen empirisch im Verhalten nur schwer zu objektivieren ist) mit der Tendenz der Befragten, bei der Einschätzung der cross-situativen Konsistenz von der beobachteten Stabilität einiger prototypischer Verhaltensweisen auszugehen; mithin wird diesbezüglich ein systematischer Irrtum unterstellt (zur Kritik dieser Arbeit s. allerdings Jackson & Paunonen, 1985; Cook & Matt, 1987).

Kenrick und Stringfield (1980) ließen aus einer Liste von 16 Traits jene Eigenschaften ankreuzen, in denen jeder der N = 98 Pbn glaubte, konsistent bzw. inkonsistent zu sein. Darüber hinaus mussten die Vpn angeben, inwieweit auf jeder Dimension ihr Verhalten von anderen auch beobachtbar wäre (»How publicly observable is your behavior on the . . . dimension?«). Für die als »konsistent« eingestuften Traits lagen die Korrelationen eines Selbstratings mit einer Fremdbeurteilung durch Eltern und Freunde über jenen der als »inkonsistent« bezeichneten. Innerhalb der »konsistenten« Traits waren die Validitäten im Allgemeinen noch einmal höher für die beobachtbaren Traits.

Lediglich in Bezug auf Intelligenz bestand eine Systematik im umgekehrten Sinne, was die Autoren z. T. auf die hohen psychometrischen Qualitäten herkömmlicher Intelligenztests zurückführen.

Buse (1980) hat »merkmalskonsistente« von »merkmalsinkonsistenten« Probanden (alles Schüler beiderlei Geschlechts im Alter von 17 und 18 Jahren) unterschieden nach dem Ausmaß der intraindividuellen Variabilität in vier fremdeingeschätzten Merkmalsskalen (»unbekümmert«, »gesellig«, »nichtängstlich« und »gesprächig«). Gegenüber diesem Außenkriterium korrelierte ein Extraversionsfragebogen höher für die konsistenten als die inkonsistenten Probanden. Darüber hinaus – und besonders wichtig im vorliegenden Zusammenhang

– sprachen einige Anhaltspunkte dafür, dass die ermittelten Validitätsunterschiede nicht eine Folge von entsprechenden Differenzen in der Reliabilität des Testverhaltens waren.
Bei Bem und Allen (1974) hatten sich zusätzlich zu den bereits wiedergegebenen Befunden Hinweise auf eine zwischen den beiden Gruppen unterschiedliche Strukturiertheit einzelner Konstruktindikatoren ergeben – für die Autoren der Anlass, einen Teil der in der Literatur berichteten Inkonsistenzen auf ein unterschiedliches Vorverständnis zwischen Versuchsleiter und Versuchspersonen zu dem Problem zurückzuführen, welches Verhalten zu welchem Trait gehöre. Damit wird

- eine Hinwendung zur idiographischen Betrachtung Allports vorgenommen (s. dazu die Würdigung von Borkenau, 1993, S. 248, der abschließend festhält: »I think Allport himself would have regarded Bem and Allen's work as a bastard child«),
- eine mehr personen- anstelle einer variablenzentrierten Forschung gefordert und
- die Ermittlung der individuell besonders zentralen anstelle der interindividuell vergleichbaren Disposition als wichtig erachtet.

Den ersten beiden Gesichtspunkten wurde seitdem häufiger entsprochen. Besonders hervorzuheben ist dabei die Arbeit von Shoda et al. (1994), die bereits ausführlich Erwähnung gefunden hat (s. oben: 25.2.2 und 26 (3)). Die Studie von Pelham (1993) ist ebenfalls wichtig. In einer Stichprobe von N = 639 Studierenden schätzte jede Person zunächst sich selbst auf 5 Skalen hinsichtlich Intelligenz, sozialer Kompetenz, künstlerischer Begabung, athletischer Fähigkeiten und physischer Attraktivität ein. In gleicher Weise lieferte je ein Freund »Fremd«-Einschätzungen. Die nomothetische Analyse sah Korrelationen nach der R-Technik (zwischen Variablen, über Pbn; s. Abb. 4.1) vor, die idiographische solche nach der Q-Technik (zwischen Selbst- und Fremdeinschätzer über die 5 Skalen). Im Mittel betrugen die Koeffizienten r = .35 bzw. r = .55. Unter Verwendung von 30 Items, die die »Big Five« (s.o.: Kapitel 15.4) treffen sollten, lauteten die an N = 189 anderen Personen ermittelten Durchschnittskoeffizienten r = .21 bzw. r = .48 – was eine deutliche Überlegenheit des idiographischen Zugangs belegt. Zudem konnte Pelham (1993) zeigen, dass die Übereinstimmungen auch davon abhängen, ob ein Proband seine relativen Stärken oder Schwächen als wichtig erachtet oder nicht. Analog dazu korrelierten in der Untersuchung von Diener und Fujita (1995) persönliche Ressourcen wie Assertivität, familiäre Unterstützung, Gesundheit, Intelligenz und anderes mit dem subjektiven Wohlbefinden dann höher, wenn ihr Wert für das Erreichen der individuell-idiographischen Ziele besonders hoch war. Die Empfehlung, idiographische mit nomothetischen Prinzipien zu kombinieren, führt aber nicht durchgängig zum Erfolg, wie verschiedene Arbeiten zeigen. Dazu zählt etwa diejenige von Asendorpf (1988), der an videographierten Interaktionen behaviorale Maße für Schüchternheit bestimmte (u. a. Dauer des Schweigens, Vermeidung von Blick-Kontakt usw.) und damit die Scores von Selbst- und Fremdeinschätzung in dieser Dimension vorhersagte. Die Hinzunahme des aus dem individuellen Verhaltensprofil am meisten herausragenden Indikators als einem idiographienahen Maß in ein Daten-Aggregat brachte an den N = 70 Probanden keinen Prädiktionsgewinn. Obgleich die Berücksichtigung von mehr idiographischen Elementen aus theoretischer Warte überzeugt, gelingt es offenkundig nicht immer, empirisch den Nachweis für den Nutzen einer solchen Strategie zu führen (s. auch Paunonen & Jackson, 1985).
Turner und Gilliland (1979) sind dem dritten der o. a. Gesichtspunkte gezielt nachgegangen und haben eine Gruppe von N = 180 Versuchspersonen gebeten, »to list the adjectives or traits that best describe yourself«. Die von den Versuchspersonen gelieferten Begriffe waren erwartungsgemäß äußerst verschieden; um eine gewisse Vergleichbarkeit herzustellen, wurden sie von den Autoren insgesamt 45 Kategorien allgemeiner Art zugeordnet (z. B. »Temperamental – Even Tempered«, »Anxious – Carefree« usw.). Die Besetzungshäufigkeit

innerhalb dieser Klassen variierte zwischen 0% (»simple – intricate«, »inarticulate – articulate«) und 72% (»reclusive – gregarious«). Von 62 Versuchspersonen lagen Verhaltensratings zum Dominanzverhalten in einer Laborsituation vor, in der ohne besondere Instruktion bzw. mit der Aufforderung zu maximaler Dominanz mit anderen Probanden ein Problem diskutiert worden war. Von den 62 Versuchspersonen bezeichneten sich im Selbstrating 19 als dominant und durchsetzungsbereit, 20 als zurückhaltend, schweigsam oder scheu. Die 23 übrigen Versuchspersonen benutzten zur Selbstbeschreibung keine Begriffe der Dominanz- oder Durchsetzungskategorie. Anhand der 6 Wochen später erhobenen Fremdratings unterschieden sich die drei Gruppen von »dominanten«, »trait-irrelevanten« und »zurückhaltenden« Versuchspersonen signifikant voneinander, und zwar gleichermaßen unter »Normal-« wie »Maximal»-Instruktion. Gezieltere Detailanalysen ergaben zudem Anhaltspunkte dafür, dass das Dominanzverhalten der »trait-irrelevanten« Gruppe mehr von den situativen Bedingungen abhing.

In kontinuierlich abgestufter Form und unter Berechnung von Validitätskoeffizienten sind Borkenau und Amelang (1985) dem Problem der interindividuell unterschiedlichen Angemessenheit von Traits nachgegangen. Den Hypothesen entsprechend waren die Übereinstimmungen von Selbst- mit Fremd-Einschätzungen in solchen Dimensionen signifikant höher, die von den Probanden als angemessen oder geeignet für eine Beschreibung ihrer Persönlichkeit bezeichnet wurden. Im Mittel aller Traits betrugen die Validitäten r = .35 für die vergleichsweise angemessenen und r = .25 für die relativ unangemessenen Dimensionen.

Zuckerman et al. (1988) untersuchten Relevanz im Sinne der Zentralität oder Wichtigkeit (»that is most influential in terms of how you behave«). An einer Stichprobe von nicht weniger als n = 472 Studierenden korrelierten die als wichtig erachteten Eigenschaftspolaritäten mit den zugeordneten Peer-Ratings im Mittel zu r = .40, die als weniger wichtig bezeichneten Traits dagegen nur zu r = .25. Ähnliche Resultate ergaben sich auch für selbsteingeschätzte Konsistenz (r = .38/.29) und Beobachtbarkeit (.38/.29), wenngleich hier die Einzelprüfungen nur selten signifikant ausfielen.

Bem und Funder (1978) haben zur Herausarbeitung der individuell besonders zentralen Dispositions-Situations-Kombinationen, wie unter 22.1 bereits erläutert, die Q-Sort-Technik angewendet. Diese Methode erlaubt es, die *intra*individuelle Konfiguration und relative Ausprägung anstelle der *inter*individuellen Struktur abzubilden. Nachdem in einem ersten Schritt die Umwelt beschrieben wurde in Begriffen des Verhaltens eines hypothetischen, idealtypischen Individuums, steht nunmehr folgerichtig die Spiegelung insofern an, als die Personen in Begriffen der Situationen beschrieben werden sollen. Dafür können etwa Charakteristika der Situationen vorgegeben werden (z. B. »charakterisiert durch die Gegenwart von Autoritätspersonen«, »unstrukturiert, schlecht organisiert«, »verlangt ›Unabhängigkeit‹« und dergl.) mit der Instruktion, einen Q-Sort für Situationen zu konstruieren, die in höchstem Maße anstrengend, Selbstvertrauen einflößend oder dergl. sind. Das Verhalten in einer neuen Situation wäre dann vorhersagbar, indem ihre verschiedenen individuellen Q-Sorts mit dem für diese Situationen mittleren verglichen und der damit ähnlichste bestimmt würde. Dasjenige Verhalten wäre am wahrscheinlichsten, das mit dem ähnlichsten Q-Sort korreliert (s. dazu auch die Anmerkungen von Green, 1980, und die alternative Mess-Konzeption von Lanning, 1988).

Die Konzepte von Konsistenz, Beobachtbarkeit, Angemessenheit und Relevanz sind inhaltlich insofern miteinander verwandt, als sie alle die interindividuell verschiedene »Passung« des trait-theoretischen Ansatzes berühren; Konsistenz etwa ist ein nachgerade konstitutives Element jedes Eigenschaftsmodells, Inkonsistenz darin gar nicht vorgesehen u. ä. In der Tat hat denn auch Paunonen (1988) empirisch z.T. mittelhohe Korrelationen zwischen den einzelnen Indizes ermittelt.

Baumeister und Tice (1988) sprechen angesichts dieser Umstände und in Fortführung der auf Bem und Allen (1974) zurückgehenden Unterscheidung von »trait-like«- und »trait-free-People« allgemein von »*Metatraits*«. Ein Metatrait besteht darin, einen Trait zu haben oder nicht (»having versus not having a trait«). Tellegen (1988, S. 624) umschreibt das Gleiche als »trait of being ›traited‹ versus ›untraited‹. Untraited persons would be those who literally lack the underlying trait structure.« Der Punktwert auf dem Metatrait wurde (ähnlich wie übrigens in einer gesonderten Auswertung bei Bem und Allen sowie dem Vorgehen von Buse) über die Interitem-Varianz für jede Versuchsperson in Skalen wie Kontrollüberzeugungen und Selbstwertgefühl ermittelt, d. h., ein über die Items eher konsistentes Antwortverhalten stand für »traitedness« und damit für den Umstand, ob die Befragungsperson über eine internale Repräsentation des jeweiligen Konstrukts verfügt. Die Korrelation mit Verhaltensmaßen unterschieden sich signifikant in erwarteter Richtung, d. h., die Personen ohne Metatrait waren schlechter prognostizierbar. In Fortführung dieses Ansatzes stützte sich Britt (1993) bei der Berechnung der Interitem-Variabilitäten nicht auf die Rohwerte, sondern auf die standardisierten Item-Beantwortungen. Zur Vermeidung der Konfundierung von Trait-Score und Variabilitäts-Index verwendete er zudem die multiple Regression. Für solche Personen, die in beiden miteinander korrelierten Eigenschaftsdimensionen »traited« waren, fielen die Korrelationskoeffizienten sehr viel höher aus, als wenn der Metatrait nur in einer oder keiner der beiden Skalen vorlag (s. Abbildung 26.4). Allerdings sollten weitere Erfahrungen zu diesem Ansatz abgewartet werden, denn die Anwendung der geschilderten Analyse-Technik auf verschiedene Daten-Sätze größeren Umfangs im Heidelberger Institut führte nur zu insignifikanten Resultaten.

So vielversprechend diese Ansätze zur Differenzierung des Eigenschaftsmodells sind, so zahlreich sind die damit verbundenen Probleme. Diese reichen von der Begründung der Er-

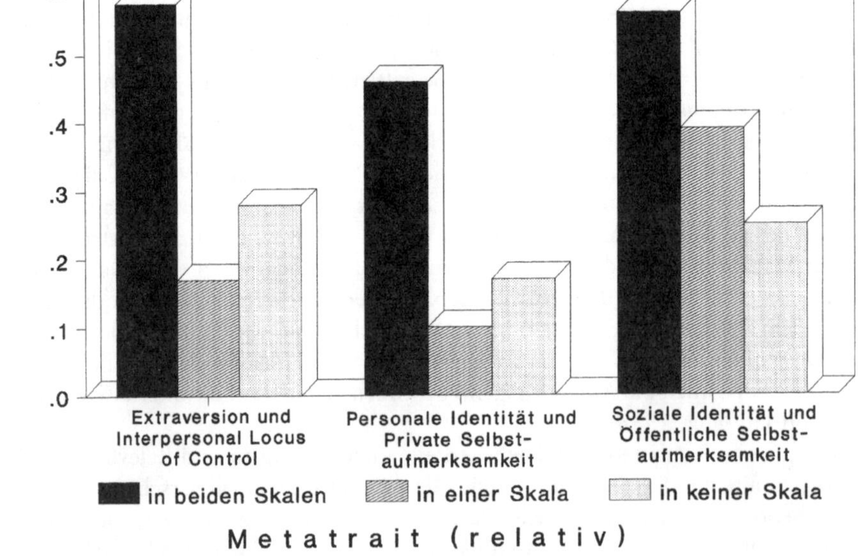

Abb. 26.4: Korrelationen zwischen Skalen als Funktion der Inter-Item-Varianzen in den Skalen (= Metatraits) (nach Britt, 1993, S. 557 und 559).

wartungen über solche der Operationalisierung und Validität der Variablen bis zu Gesichtspunkten der Auswertung und Interpretation (s. Amelang & Borkenau, 1984a; Chaplin, 1991). Die Moderator-Variablen (Konsistenz, Beobachtbarkeit, Zentralität, Angemessenheit etc.) korrelieren meist mit der Trait-Extremität oder, was das Gleiche ist, kurvilinear mit dem Punktwert im Prädiktor. Insbesondere aber waren einige frühe Befunde zur Moderatorwirkung von selbsteingestufter Konsistenz nicht replizierbar (s. Chaplin & Goldberg, 1984), wenngleich eine Meta-Analyse der vorliegenden Untersuchungen zur Variabilität, Wichtigkeit, Angemessenheit usw. von Traits einen gesicherten Moderatoreffekt in der erwarteten Richtung ausweist (s. Zuckerman, Bernieri, Koestner & Rosenthal, 1989). Möglicherweise lässt sich eine bessere Trennung von »trait-free-« und »trait-like«-Personen erzielen, wenn die Reliabilität der Moderatoren verbessert wird durch den Übergang zu Skalen anstelle der bisher üblichen Ein-Item-Messung (s. Amelang, 1987; Wolfe, Welch, Lennox & Cutler, 1985; s. allerdings die negativen Resultate von Schmitt, 1990, zu einem derartigen Ansatz im Bereich sozialer Einstellungen).
Nach einer sehr sorgfältigen Durchsicht der Literatur zur differentiellen Vorhersagbarkeit gelangt Brody (1988, S. 115) zur Überzeugung, dass die aufgezeigten Moderatoren nicht zu der Auffassung berechtigten, »that common traits are not in fact common«. Das Eigenschaftsmodell sei im Grunde nicht ernsthaft erschüttert, die referierten Ergebnisse würden es aber erlauben, die Vorhersage zu präzisieren und zu verbessern. Dafür sind somit Indikatoren vonnöten, die teils auf die Konsistenz, Zentralität u. Ä. abheben, teils aber auch auf dem Gegenpol der Dimensionen unterschiedlicher Vorhersagbarkeit die Art und Weise erfassen, wie Personen auf die Subtilitäten situativer Faktoren reagieren. Inwieweit derartige Maße über Klassen von Traits bzw. Situationen generalisieren und sich etwa Konsistenz selbst als Trait erweisen wird (in diesem Sinne etwa Schmitt, 1992), bleibt vorerst eine offene Frage. Auch wenn die Forschungsarbeiten innerhalb des Feldes weitere Erfolge zeitigen werden, wird wohl auf absehbare Zeit gelten, was Bem und Funder (1978) durchaus nicht resignativ festgehalten haben: Der Abschnitt »Predicting *all* of the people *all* of the time is still in preparation.«

Frage zu Kapitel 26:

1. Worin sehen Sie Möglichkeiten einer Verbesserung der Verhaltensvorhersage auf der Grundlage der herkömmlichen Eigenschaftstheorie?

Antworten auf die Fragen

Kapitel 3 Interindividuelle Differenzen in Vergangenheit und Gegenwart

1. Darwin formulierte die Evolutionstheorie. Innerhalb dieser Auffassung wurden interindividuelle Unterschiede nicht mehr, wie bis dahin üblich, als zufällig und bedeutungslos angesehen; vielmehr bildeten sie die Grundlage für die Fortentwicklung der Arten durch natürliche Selektion der an die jeweiligen Umweltgegebenheiten bestangepassten Individuen.
   Mendel lieferte durch seine Kreuzungsversuche ein Modell zur Erklärung interindividueller Unterschiede; diese wurden als Folge der zufälligen Kombination von Erbanlagen interpretiert. Galton wies in einem seiner Bücher mit Hilfe der Stammbaummethode die Ballung spezifischer Begabungen in ausgewählten Familien nach. Unter dem Einfluss des Gedankengutes von Locke entwickelte er zahlreiche Prüfverfahren zur Erfassung des Leistungsvermögens der Sinne, mit denen er die ersten Reihenuntersuchungen überhaupt vornahm.
   McKeen-Cattell prägte für Prüfverfahren der Galtonschen Art das Wort »Mental Tests« und gab den Anstoß zu zahlreichen Weiterentwicklungen. Aufgrund der Spezifität der Verfahren und ihrer starken Ausrichtung an Sinnesempfindungen korrelierten die Tests jedoch, wie sich bald zeigte, weder miteinander noch mit den Schulnoten in nennenswerter Weise.
   Binet und Simon schufen die ersten brauchbaren Intelligenztests durch Auswahl der Aufgaben nach dem durchschnittlichen Leistungsvermögen von verschiedenen Altersgruppen (= Staffelsystem). Von ihnen stammt der Begriff »Intelligenzalter« als Bezeichnung für Durchschnittsleistungen bestimmter Altersgruppen, mit denen die individuelle Leistung verglichen wurde.
   Stern relativierte zur Kennzeichnung von Leistungen das individuelle Intelligenzalter als Punktsumme gelöster Aufgaben, ausgedrückt in Monatsäquivalenzen, auf das Lebensalter (»Intelligenzquotient«).

Kapitel 4 Abgrenzung der Differentiellen Psychologie

1. Beschreibung der inter- und intraindividuellen Unterschiede in einzelnen Merkmalen. Analyse der Wechselbeziehungen, die zwischen den Unterschieden in mehreren Merkmalen bestehen. Erklärung der Unterschiede, d. h. Rückführung auf andere Faktoren und/oder gesicherte Gesetzmäßigkeiten.
   Schon Stern hat als methodische Zugänge Variations- und Korrelationsforschung, Psychographie und Komparationsforschung genannt. Innerhalb der Korrelationstechniken unterscheidet man inzwischen R-, Q-, O-, P-, S- und T-Analysen.
2. Die Allgemeine Psychologie untersucht vor allem die Auswirkungen experimentell variierter (»Stimulus«-) Faktoren (wie z. B. Art und Inhalt der Instruktion, Spezifität von Reizvorlagen, Dauer einer Beeinflussung u. Ä.) auf das Verhalten im Bestreben, nach Möglichkeit solche Gesetzmäßigkeiten aufzufinden, die für alle Individuen Geltung besitzen. Solche Aussagen betonen zwangsläufig die Gleichheit oder doch Ähnlichkeit des Verhaltens.
   Demgegenüber befasst sich die Differentielle Psychologie mit jenen Unterschieden im Ver-

halten von Personen oder Gruppen, die ohne jede externe Manipulation bzw. bei Konstanthaltung der Bedingungen (noch) bestehen.

Kapitel 5 Zentrale Begriffe

1. Unter Variablen versteht man allgemein »veränderliche Größen« oder Klassen von Merkmalen, die nach bestimmten Gesichtspunkten (z. B. Körpergröße, Alter, Geschlecht, Intelligenz usw.) geordnet sind. Die Bestimmung des spezifischen Ausprägungsgrades einer beobachtbaren Größe erfolgt im Vorgang des Messens (= Zuordnung von Zahlen zu empirischen Sachverhalten). Dabei sind verschiedene Zuordnungsvorschriften unterscheidbar. Je nach dem Ausmaß ihrer Restriktivität erhält man für die Abbildung der Variablen Skalen verschiedenen Niveaus (Nominal-, Ordinal-, Intervall- und Absolutskalen).
2. »Persönlichkeit« wird gewöhnlich nicht mit dem konkreten Verhalten in einer spezifischen Situation gleichgesetzt; vielmehr versteht die Mehrzahl von Forschern darunter ein bei jedem Menschen besonderes, relativ stabiles Verhaltenskorrelat. Insofern stellt »Persönlichkeit« ein Konstrukt dar, d. h. Theoretisches, Erdachtes, Konstruiertes, das aus empirischen Sachverhalten nur erschlossen wird. Sofern solche Konstrukte nicht vollständig auf die empirischen Sachverhalte rückführbar sind, weisen sie einen Bedeutungsüberschuss auf, der die Möglichkeit einer Ableitung von Hypothesen über (weitere, noch nicht geprüfte) Beobachtungsinhalte erlaubt (= hypothetico-deduktives Vorgehen innerhalb der empirischen Persönlichkeitsforschung).
3. Allgemein liefert die idiographische Methode eine detaillierte Beschreibung des einzelnen Beobachtungsobjektes, sie führt zu Regeln oder Gesetzen, die nur dafür Geltung besitzen. Demgegenüber sieht die nomothetische Methode von der Spezifität des einzelnen Beobachtungsobjektes ab und sucht nach Regeln von allgemeinerer Bedeutung. Sollen innerhalb der Persönlichkeitsforschung Aussagen über mehrere oder alle Individuen gemacht werden (= Zwang zur Generalisierbarkeit von Feststellungen als ein Kriterium der Wissenschaftlichkeit), muss von deren Einzigartigkeit abgesehen werden, weil nur darüber zu einer Vergleichbarkeit zu gelangen ist. Ein wesentliches Ziel nomothetisch betriebener Persönlichkeitsforschung stellt deshalb die Erarbeitung von Beschreibungssystemen und die Erklärung der interindividuellen Unterschiede dar.

Kapitel 6 Inhaltliche Konzepte der Differentiellen Psychologie

1. Spezifische Reaktionen, Handlungen oder Erlebnisse werden als Verhaltenseigenschaften bezeichnet, sofern sie der Beobachtung zugänglich sind. Von »Habits« oder »Gewohnheiten« als einem in der Regel übergeordneten Begriff spricht man in Bezug auf alle gelernten Verbindungen zwischen Reizen oder Reizmustern auf der einen und irgendwelchen Reaktionen des Organismus auf der anderen Seite. Sie sind u. a. klassifizierbar nach den Gesichtspunkten Intensität und Spezifität. Letzteres bezieht sich auf die Art der antezedenten Bedingungen und das Muster des (allein beobachtbaren) Verhaltens. Bei Dispositionseigenschaften handelt es sich um Handlungsbereitschaften, die aus konkret beobachtbarem Verhalten erschlossen werden und sich von Gewohnheiten hauptsächlich im Sinne einer größeren Generalität abheben. Ein wesentliches Kennzeichen von Dispositionseigenschaften (englisch: Traits) besteht in der Annahme, dass die Bereitschaft zu bestimmten Verhaltensweisen zeitlich stabil und intersituativ konsistent ist (Postulat der Reliabilität und Konsistenz von Traits).
2. Mit Hilfe der sog. rationalen Methode (z. B. Gruppierung von Eigenschaftsbegriffen in einander nicht überlappende Kategorien) oder nach analytisch-empirischen Gesichtspunkten (z. B. Bestimmung der korrelativen Beziehungen zwischen einzelnen Verhaltensweisen oder Traits und Zusammenfügung zu Gruppen, wenn Maße miteinander hoch korrelieren, gewöhnlich unter Verwendung der Faktorenanalyse).

3. Aufgrund rationaler und/oder analytischer Verfahren werden bestimmte Verhaltensweisen zu statistischen Klassen unterschiedlicher Breite (z. B. Intelligenz, Freundlichkeit, Hilfsbereitschaft gegenüber alten Menschen beim Überqueren von belebten Straßen) zusammengefasst. Zur Interpretation der vermuteten oder beobachteten Kovariationen der einzelnen Verhaltensweisen in längs- und querschnittlicher Hinsicht werden Eigenschaften postuliert. Das konkrete Verhalten hat dafür Index-Charakter. Nur wenige Autoren gehen hingegen soweit, eine Verursachung des Verhaltens durch die Traits zu behaupten.
4. Von zentraler Bedeutung innerhalb des Behaviorismus ist die Forderung nach Objektivität der Beobachtungsdaten. Die wichtigsten Elemente sind Reize in der Umgebung, Reaktionen des Organismus und Konsequenzen des Verhaltens. Der Variantenreichtum des Verhaltens ebenso wie überdauernde interindividuelle Unterschiede erklärt der Behaviorismus mit Lernvorgängen, vor allem solchen nach dem Prinzip der klassischen und operanten Konditionierung. Konstanz im Verhalten wird als Folge stabiler Lernbedingungen (oftmalige Wiederholung, zuverlässige Abfolge von Verhalten und Bekräftigung und dergl.), Konsistenz nach Maßgabe der Breite der Reiz-Generalisations-Gradienten verstanden.
5. Die in Traits zusammengefassten Verhaltens- und Erlebnisweisen sind gewöhnlich von relativ hoher zeitlicher Stabilität, wohingegen diejenigen von States gerade eine hohe Sensitivität gegenüber zeitlichen Einflüssen aufweisen. Skalen zur Erfassung von States sollten zweckmäßigerweise mit Hilfe von P-Analysen erstellt werden (Korrelation von Variablen über Zeitpunkte oder Situationen).
6. Unter den Begriff des Typus fallen Gruppen von Personen, denen gemeinsam sind
   (a) extreme Merkmalsausprägungen in einer Variablen (z. B. groß oder klein, extravertiert oder introvertiert usw.) oder
   (b) vergleichbare Merkmalsausprägungen in einem Satz von Variablen mit der Folge gesonderter Beschreibungsdimensionen für diese Gruppen oder
   (c) die Kombinationen von individuellen Ausprägungen bestimmter Merkmale mit der Folge qualitativ verschiedener Beschreibungsklassen.

Kapitel 7 Die Analyse empirischer Daten

1. Die Standardabweichung s_x als Maß für die Unterschiedlichkeit von Personen in einer Variable X ist im Zusammenhang mit der Annahme der Normalverteilung der Variable X anschaulich interpretierbar, zum Beispiel in folgender Form: Innerhalb der Grenzen $G_u = M_x - 2s_x$ und $G_o = M_x + 2s_x$ liegen ungefähr 95% aller Personen, nur ca. 2.5% haben kleinere Messwerte als G_u und 2.5% größere als G_o. Die Varianz s_x^2 ist zwar nicht anschaulich interpretierbar, wird aber deshalb neben der Standardabweichung s_x als Maßstab für die Unterschiedlichkeit (Variabilität) verwendet, weil sie in additive Anteile zerlegbar ist: Die Aussage, ein bestimmter Prozentsatz eines Merkmales X werde durch die Einflussgröße Y determiniert, bezieht sich auf den Varianzanteil an der Gesamtvarianz des Merkmales X, der durch Y erklärt werden kann (Beispiel Erbanteil).
2. Der Produktmomentkorrelationskoeffizient nimmt den Wert – 1.0 an, wenn ein maximaler negativer Zusammenhang zwischen zwei Variablen besteht, den Wert 0.0, wenn kein Zusammenhang besteht, und den Wert 1.0, wenn ein maximal positiver Zusammenhang besteht. Zwischenwerte bedeuten mehr oder weniger enge Zusammenhänge. Exakte formale Interpretationen von Produktmomentkorrelationen sind über die Konzepte des Standardschätzfehlers und des Determinationskoeffizienten möglich.
3. Die Faktorenanalyse erlaubt, eine Vielzahl von Variablen auf einige wenige abstraktere, hypothetische Variablen zurückzuführen, die als Faktoren die Gemeinsamkeiten zwischen den Variablen beschreiben: Variablen, die Ähnliches erfassen, zeigen Faktorladungen in ähnlicher Höhe auf denselben Faktoren. Die Anzahl resultierender Faktoren in einer Fakto-

renanalyse entspricht der Anzahl unabhängiger gemeinsamer Gesichtspunkte, die durch die Variablen erfasst werden. Bei orthogonaler Rotation der Faktoren zur Einfachstruktur bleibt diese Unabhängigkeit zwischen den Faktoren bestehen. Oft ist zur Erleichterung einer guten Einfachstruktur eine schiefwinklige Rotation der Faktoren nötig, die zu korrelierenden Faktoren führt und Faktorenanalysen höherer Ordnung ermöglicht.

4. Der LISREL-Ansatz bietet den Vorteil, einen Datensatz konfirmatorisch (d. h. hypothesenprüfend) zu untersuchen. Im Gegensatz zur traditionellen explorativen Faktorenanalyse werden etwa die Anzahl der Faktoren und die Ladungsmuster der manifesten Variablen auf den latenten Variablen, den Faktoren, a priori als Modell festgelegt. Die Überprüfung dieses Modells mit speziellen Computerprogrammen wie LISREL erlaubt eine Aussage darüber, wie gut das angenommene Modell zu den empirischen Daten passt.
5. »Ein Ergebnis ist statistisch signifikant« bedeutet, dass es nur mit einer vorher festgelegten geringen Wahrscheinlichkeit von $p = \alpha\%$ (meist als 5% oder 1% festgelegt) als zufälliges Ergebnis interpretiert werden könnte und man daher die Zufallshypothese verwirft, sich somit entscheidet, eine andere, inhaltlich-psychologische Hypothese als empirisch gestützt zu akzeptieren. Diese Entscheidung hat allerdings die Wahrscheinlichkeit von $p = \alpha\%$, falsch zu sein.
6. Von einer Wechselwirkung zweier unabhängiger Variablen spricht man, wenn eine kombinierte Wirkung der beiden unabhängigen Variablen auf die abhängige Variable vorliegt, die nicht aus den Einzelwirkungen der beiden getrennt betrachteten Variablen erklärt werden kann. In der grafischen Darstellung der Abhängigkeit einer (abhängigen) Variable von zwei unabhängigen Variablen äußert sich eine Wechselwirkung immer in der Nichtparallelität der Funktionen der abhängigen Variable von einer der beiden unabhängigen Variablen, wenn diese Funktionen für jede Stufe der anderen unabhängigen Variable getrennt dargestellt werden.
7. Externe und interne Validität. Ein Untersuchungsplan ist dann intern valide, wenn Unterschiede in der abhängigen Variable eindeutig auf Unterschiede in der unabhängigen Variable zurückgeführt werden können. Die externe Validität bezieht sich auf die verschiedenen Aspekte der Generalisierbarkeit eines Untersuchungsergebnisses.

Kapitel 8 Anforderungen an empirische Forschungsdaten

1. Empirische Forschungsdaten müssen objektiv, reliabel und valide sein. Objektivität ist dabei als Unabhängigkeit eines Beobachtungsergebnisses von der Person des Beobachters definiert und wird meist über ein Maß der Beobachterübereinstimmung quantifiziert. Die Reliabilität bezieht sich auf die Messfehlerfreiheit eines Messergebnisses und kann über den Retest-Reliabilitäts-, den Paralleltest-Reliabilitätskoeffizienten oder einen Koeffizienten der Internen Konsistenz geschätzt werden. Die Validität eines Messinstrumentes bezieht sich auf das Ausmaß, in dem dieses Messinstrument das erfasst, was es erfassen soll. Sie kann als Kriteriumsvalidität, als Inhaltsvalidität oder Konstruktvalidität konzipiert werden.
2. Der Grundgedanke des Raschmodells besteht darin, ein Messmodell für dichotome Ausgangsvariablen zu definieren, das im Gegensatz zur Klassischen Testtheorie nicht mehr auf der Ebene von Testscores, sondern auf der Ebene von Item-Antworten (item-responses) angewendet wird. Das Modell definiert, dass die Antwort einer Person auf ein Item nur abhängig ist von einer latenten, kontinuierlichen Personeneigenschaft x (z. B. Intelligenz) und einer Größe d, die die Schwierigkeit des Items angibt. Zwischen dem Personenparameter, der Itemschwierigkeit und der Wahrscheinlichkeit wird eine logistische Beziehung angenommen. Diese ist im Gegensatz zur Klassischen Testtheorie nicht mehr linear, sondern logistischer Natur und gestatttet es darüber hinaus, die Wahrscheinlichkeit anzugeben, mit der eine Person mit gegebenem Personenparameter ein Item mit gegebener Schwierigkeit löst.

3. Die Situationsabhängigkeit psychologischer Daten lässt sich berücksichtigen, indem der Ansatz der Klassischen Testtheorie erweitert wird. Diese Erweiterung ist beispielsweise in der Latent State-Trait (LST) Theorie von Steyer, Schmitt und Ferring (1992) realisiert: Eine Testvariable X_{ik} lässt sich in eine latente Zustands- (State-) Variable τ_k und eine Messfehlervariable ε_{ik} dekomponieren. Die latente Zustandsvariable lässt sich ihrerseits wieder additiv zerlegen in eine Variable, die den Einfluss messgelegenheitsspezifischer Bedingungen (situationale/interaktionale Effekte) erfasst und mit ζ_k bezeichnet wird, sowie eine Variable ξ, die den stabilen Teil der Person kennzeichnet, der nicht spezifisch für Messgelegenheit ist. Die Modelle der LST-Theorie implizieren spezielle Strukturgleichungsmodelle, welche im Computerprogrammen wie LISREL 8 (Jöreskog & Sörbom, 1993) getestet werden können. Das Verhältnis der Varianzen der Stateresidual-Variable ζ_k und Testwertvariable X_{ik} wird als Spezifitätskoeffizient bezeichnet, das Verhältnis der Varianz von ξ (Trait-Variable) zur Gesamtvarianz X_{ik} als Konsistenzkoeffizient. Beide Koeffizienten addieren sich zur Reliabilität. Insbesondere der Spezifitätskoeffizient dient der Abschätzung der Situationsabhänigkeit der Messung.

Kapitel 9 Die Gewinnung empirischer Daten zur Beschreibung individueller Unterschiede: Der Trait-theoretische Ansatz

1. Standardisierung der Bedingungen, Erreichung einer Differenzierung, Bezug auf theoretische Konzepte.
2. Rationale, kriterienorientierte und faktorenanalytische Methode. Beispiele sind der Wechsler-Test und die Manifest Anxiety-Scale von Taylor bzw. der Binet und MMPI bzw. die PMA-Thurstone und die Guilford-Leistungstests.
3. Vor allem Akquieszenz und die Tendenz zu Antworten in Richtung sozialer Erwünschtheit. Die Ja-Sage-Bereitschaft wird durch Spiegelung der Fragenformulierung und Einfügung schwieriger oder unlösbarer Sachfragen, die SE-Tendenz durch Verwendung sog. Lügenfragen (extrem hohe oder niedrige Verhaltenswahrscheinlichkeit bei gleichzeitig extrem niedriger bzw. hoher sozialer Erwünschtheit) zu kontrollieren versucht. Die Verwendung von Fragen in herkömmlichen Tests, die neutral sind gegenüber sozialer Erwünschtheit, hat sich nicht bewährt, weil ein Großteil des realen Verhaltens durch Normen kontrolliert wird, wodurch soziale Erwünschtheit zwangsläufig auch in den darauf bezogenen Tests, sollen diese valide sein, eine Rolle spielen muss.

Kapitel 10 Die Gewinnung empirischer Daten zur Beschreibung individueller Unterschiede: Psychodynamische Ansätze

1. Jegliches Verhalten wird verstanden als Folge von permanenten Konflikten zwischen den Instanzen Es, Ich und Über-Ich in den »Tiefen« der Persönlichkeit. Die dabei maßgeblichen Triebe und Motive finden über den nervösen und motorischen Apparat des Organismus nur einen indirekten Ausdruck. Aus diesem Grunde ist es besonders schwer, aus dem Verhalten, das deformiert und symbolisiert ist, auf das »Dahinterstehende«, »Zugrundeliegende« der Persönlichkeit zu schließen. Als Hilfsmittel für diesen Zweck wurden die Projektiven Tests konzipiert.
2. Projektive Tests bestehen gewöhnlich aus wenig strukturierten Reizvorlagen (z. B. angefangene Sätze, unscharfe Abbildungen und dergl.), die aufseiten der Probanden persönlichkeitsspezifische Reaktionen hervorrufen sollen, d. h., der Proband projiziert seine Triebimpulse, Emotionen und Einstellungen auf die Vorlage. Damit sollen die unbewussten Hindernisse und Maskierungen der zugrunde liegenden Konflikte überwunden werden. Besonders bekannt sind der Formdeute-Versuch von Rorschach (Vorgabe von Klecksbildern) und der Thematische Apperzeptions-Test von Murray.

Kapitel 11 Die Gewinnung empirischer Daten zur Beschreibung individueller Unterschiede: Verhaltenstheoretische Ansätze

1. Da innerhalb der behavoristisch beeinflussten Persönlichkeitstheorien aus dem beobachtbaren Verhalten nicht auf »dahinterliegende« Strukturen geschlossen wird, interessiert dort in erster Linie das konkrete Verhalten selbst. Aus Beobachtungen in realen oder vorgestellten Situationen soll nur das Verhalten in gleichen oder ähnlichen Situationen vorhergesagt werden. Aus diesem Grund bestehen entsprechende Verfahren in der Regel aus Miniatursituationen, in denen Stichproben des fraglichen Verhaltens erhoben werden (z. B. Rollenspiel, Vorstellung oder Realisierung angsterzeugender Situationen wie Aufenthalt in einem dunklen Raum, Sprung von einem Podest und Ähnliches).

Kapitel 12 Intelligenz

1. Intelligenz wird durch die Operationen definiert, die zu ihrer Messung vorgenommen werden. Ein solches Vorgehen gewährleistet eine eindeutige Kommunikation zwischen den am Untersuchungsfeld Interessierten, außerdem werden damit Probleme vermieden, die daraus resultieren können, dass ein und dieselben Probanden in Tests, die alle als Intelligenztests gelten, verschiedene Werte aufweisen.
2. Bei Staffeltests wird die erzielte Punktsumme (ausgedrückt als »Intelligenzalter« in Monatsäquivalenten) auf die von Gleichaltrigen im Durchschnitt erreichte Leistung (das »Lebensalter«, letztlich also ebenfalls eine Punktsumme) bezogen. Im Wechsler-Test stellt der IQ einen Abweichungsquotienten dar, d. h., die erzielte Leistung wird als Standardwert innerhalb der Punktwerte der Gleichaltrigen ausgedrückt. Dabei wird der erhaltene Testwert mit der aus dem Binet bekannten empirischen Standardabweichung von $s = 15$ multipliziert.
3. Hinsichtlich der Mittelwerte bestehen in Tests zur Erfassung der allgemeinen Intelligenz nur unbedeutende Unterschiede, da Items, die zwischen den Geschlechtern differenzierten, bei der Konstruktion eliminiert wurden. Die Leistungen männlicher Probanden scheinen jedoch stärker zu streuen als diejenigen von weiblichen.
4. In Querschnittuntersuchungen wurden häufig negativ beschleunigte Wachstumsfunktionen mit einem Kulminationspunkt bei ca. 20 bis 25 Jahren und einem stärkeren Altersabfall der sprachfreien als der sprachgebundenen Leistungen gefunden. In Längsschnittstudien war dagegen kein Abfall vor dem 6. Lebensjahrzehnt zu registrieren.
5. Die vorgestellten Modelle gliedern sich in hierarchische und nichthierarchische. Innerhalb der hierarchischen Modelle organisieren mit aufsteigendem Niveau immer weniger Faktoren von wachsendem Allgemeinheitsgrad eine zunehmende Zahl »untergeordneter« Faktoren. Bei den nichthierarchischen Modellen stehen die einzelnen Intelligenzfaktoren »gleichberechtigt« nebeneinander.
   Zu den hierarchischen Modellen zählen das General-Faktor-Modell oder auch die Zwei-Faktoren-Theorie von Spearman (= jede Testleistung beruht auf zwei Komponenten, nämlich einer zu Lasten von »General Intelligence« und einer weiteren, die spezifisch nur für den fraglichen Test ist), die Gruppen-Faktoren-Modelle von Burt und Vernon (= allgemeinere Faktoren organisieren jeweils Gruppen von Leistungen) und das Modell der fluiden/kristallisierten Intelligenz von Cattell (= ein erfahrungsunabhängiger und ein anderer Faktor, in dem sich die Effekte vorausgegangenen Lernens kristallisieren, münden auf der höchsten Ebene in einen gemeinsamen Generalfaktor).
   Zu den nichthierarchischen Modellen zählen das Modell mehrerer gemeinsamer (»Primär«-) Faktoren von Thurstone sowie das Structure of Intellect-Modell von Guilford.
6. Bei der Wahl der Stichproben von Personen und Variablen ergeben sich Limitierungen in praktischer und ökonomischer Hinsicht. Die Verfahren sind unterschiedlich reliabel, die

Entscheidung über die Art der Extraktion und Rotation der extrahierten Dimensionen zum Teil nicht objektiv.

7. Vorteile: Erstellung ökonomischer Beschreibungssysteme zur Klassifizierung intra- und individueller Unterschiede. Nachteile: Abhängigkeit von der jeweils herangezogenen Stichprobe der Probanden und Variablen; nur Aussagen über das Ergebnis von intellektuellen Vorgängen, nicht aber über deren Prozesscharakteristika.
8. IST-Amthauer und LPS- bzw. PSB-Horn orientieren sich am Modell mehrerer gemeinsamer Faktoren von Thurstone, der CFT-Weiss und Cattell am Modell der fluiden und kristallisierten Intelligenz von Cattell. Der Wechsler-Test erfasst hauptsächlich allgemeine Intelligenz (»g«).
9. Die gebräuchlichsten Intelligenztests weisen eine beträchtliche Retest-Reliabilität auf, d. h., die zu verschiedenen Zeitpunkten erhobenen Testwerte korrelieren sehr hoch miteinander, und zwar selbst dann, wenn das Intervall sehr lang ist (z. B. Kindheit/Erwachsenenalter). Generell ist mit wachsendem Lebensalter ein Anstieg dieser Reliabilität zu verzeichnen. Andererseits sind in Abhängigkeit von drastischen Veränderungen des familiären, beruflichen und sozioökonomischen Umfeldes z. T. erhebliche Mittelwertsveränderungen registrierbar; auf dieser Beobachtung fußen alle Programme zur gezielten Schulung der Intelligenz.
10. Intelligenztests differenzieren in vorhergesagter Richtung innerhalb und zwischen extremen Gruppen wie Hochbegabten und Schwachsinnigen. Im Mittelbereich korrelieren ihre Punktwerte mit unabhängigen Einschätzungen der Intelligenz und experimentell erhobenen Maßen für Lernfähigkeit. Des Weiteren bestehen enge korrelative Beziehungen zum Schulerfolg sowie dem Bildungs- und Berufsniveau. Eine Interpretation der letzteren Befunde ist allerdings durch den Umstand erschwert, dass mitunter die Leistungen in Intelligenztests mehr oder weniger als Selektionskriterien bei der Vergabe von Ausbildungs- und Arbeitsplätzen dienen. Terman hat in seinen berühmten Längsschnittuntersuchungen einen ganz allgemein höheren »Lebenserfolg« hochbegabter Personen festgestellt.
11. Den Versuch, etwas über die Vorgänge in Erfahrung zu bringen, die den intelligenten Produkten (= den Lösungen in Intelligenztests) zugrunde liegen. Gewöhnlich werden dabei die Zeiten gemessen, die für spezifische Aufgaben von experimentellem Charakter vonnöten sind. Zwei Forschungsstrategien lassen sich unterscheiden: Der Kognitive-Korrelate- und der Kognitive-Komponenten-Ansatz.
12. Untersucht wurden vergleichsweise häufig das Evozierte Potenzial (u.zw. dessen Latenz, »String-Length« und Amplituden-Unterschiede zwischen erwarteten und unerwarteten Reizen), im Weiteren die EEG-Kohärenz und der lokale Glukose-Metabolismus.
13. Die Definition von Emotionaler Intelligenz lautet: »subset of social intelligence that involves the ability to monitor one's own and others' feelings and emotions, to discriminate among them and to use this information to guide one's thinking and actions« (Salovey & Mayer, 1990, p. 189). Die Behauptung, wonach Emotionale gegenüber der Sozialen Intelligenz eine höhere diskriminante Validität in Hinblick auf die Allgemeine Intelligenz aufweisen soll, ist bislang nicht durch empirische Belege gestützt worden. Untersuchungsergebnissen zufolge luden Erhebungsinstrumente, die Emotionale Intelligenz über Selbstbericht erfassen, hoch auf den etablierten Persönlichkeitsdimensionen Extraversion, Psychotizismus und Neurotizismus. Dies spricht für die fehlende divergente Validität des Konstrukts im Sinne der Eigenständigkeit.

Kapitel 13 Kreativität

1. Fähigkeit zur Schaffung von originellen, nützlichen Produkten oder Lösungen. Daneben werden mitunter zusätzlich Problemsensitivität, intellektuelle Führerschaft, Scharfsinn

und Erfindergeist genannt. Wie in der Intelligenzforschung sind die wichtigeren Impulse jedoch weniger von definitorischen Abgrenzungen als mehr von der spezifischen Ausgestaltung entsprechender Verfahren (= Operationalisierung) ausgegangen.

2. Die entscheidende Frage geht dahin, ob es sinnvoll ist, ausgehend von der (idiographischen) Beobachtung einiger bei wenigen Personen herausragenden Leistung ein für alle Individuen verbindliches Kontinuum kontinuierlich abgestufter Kreativität anzunehmen (= nomothetischer Ansatz). Die Entscheidung darüber fällt letztlich anhand der mit Kreativitätstests ermittelten Forschungsbefunde.
3. Im Unterschied zu den meisten Intelligenztests liegt vorab nicht eine logisch richtige Lösung vor; auch müssen die Versuchspersonen nicht zwischen mehreren angebotenen Alternativen entscheiden. Vielmehr kommt es gewöhnlich darauf an, mehrere Lösungen selbst zu produzieren, deren Häufigkeit und/oder Qualität bewertet wird (= »divergente« im Unterschied zu »konvergenten« Tests). Ein klassisches Verfahren, das diesen Kriterien entspricht, ist etwa der Test »Ungewöhnliche Verwendungen« (eines Backsteines, Staubsaugers usw.). Neuerdings wird auch versucht, Kreativität mittels Fragebogen zu erfassen.
4. Die eingesetzten Verfahren sind nur von mäßiger Reliabilität und außerdem mehrdimensional. Es fehlt an Studien, in denen mit Hilfe von Tests das individuelle Ausmaß an Kreativität zunächst bestimmt und längsschnittlich ein Kriterium (etwa in Form von Produkten) erhoben wurde. Des Weiteren mangelt es an Arbeiten zum Konzept konvergenter/diskriminanter Validität im Rahmen der Kreativitätsforschung. Schließlich ist häufig der Einfluss von Intelligenz nicht herauspartialisiert worden. Das gilt namentlich im Hinblick auf Korrelationsuntersuchungen unter Einbezug von Schulleistungen und Persönlichkeitsmerkmalen.
5. Die Mehrzahl der Untersuchungen fand eine positive Korrelation um r gleich ungefähr .50, wobei häufig ein Schwellenmodell dergestalt unterstellt wird, dass hohe Intelligenz Voraussetzung für überdurchschnittliche Kreativität sein soll. Gemeinsame Faktorenanalysen weisen allerdings regelmäßig gesonderte Faktoren für Intelligenz und Kreativität aus.
6. Unterschieden werden Prozess- und Komponenten-Modelle. Innerhalb der Ersteren wird üblicherweise ein Verlauf im Sinne von Vorbereitung – Inkubation – Illumination – Verifikation angenommen, bei dem kreatives Denken im Wesentlichen nur eine Intensivierung der üblichen Problemlöseprozesse darstellt. Defokussierung der Aufmerksamkeit, rascher Wechsel zwischen fokussierender und defokussierender Aufmerksamkeit sowie »low arousal« sind offenbar wesentliche Prozessmerkmale. In den Komponenten-Modellen spielen Ressourcen, Fähigkeiten, Entwürfe und Evaluationen eine zentrale Rolle, des Weiteren Umweltfaktoren wie situativer Druck, positives Innovations-Klima, Berücksichtigung der intraindividuell (stabilen) Variation über Situationen.

Kapitel 14 Typologien

1. Die Konstitutionstypologie von Kretschmer gehört zur Kategorie der sog. Totaltypologien; ausgegangen wird von einem empirisch gesicherten Zusammenhang zwischen den Körperbautypen pyknisch, leptosom und athletisch auf der einen Seite und den Temperamentsformen zyklothym, schizothym und viskös auf der anderen.
2. Kretschmer stellte zunächst eine ungleiche Verteilung der drei Körperbauformen bei klinischen Gruppen von Manisch-Depressiven, Schizophrenen und endogenen Epileptikern fest. (Problem: Der Zusammenhang zwischen Körperbau und Charakter ist konfundiert durch die gemeinsame Drittvariable Alter in dem Sinne, dass mit höherem Alter eher pyknischer Habitus wie auch eine erhöhte Wahrscheinlichkeit für zirkuläre Psychosen einhergehen.) Sodann wurde das System überprüft am Vergleich historischer Abbildungen mit der Berufstätigkeit der Betreffenden. (Problem: Die Typendiagnose erfolgte in Kenntnis

der Berufstätigkeit und war somit nicht unabhängig davon.) Schließlich erfolgten Reihenuntersuchungen mit Tests an Personen des unauffälligen Normbereiches. (Problem: Ungenügende Kontrolle von Alter und sozioökonomischer Herkunft der Versuchspersonen, unzureichende signifikanzstatistische Absicherung der Effekte.)

3. Gemeinsame Drittvariablen (z. B. Hormone) können gleichermaßen körperliche Struktur- und Prozessmerkmale wie auch die Affektivität und Erregbarkeit beeinflussen. Im Weiteren zählen dazu auch differentielle Reaktionen der Umwelt auf die körperliche Erscheinung und die damit einhergehende Ausbildung von spezifischen Temperamentsfaktoren. Vorstellbar ist weiterhin eine Ausbildung psychischer Besonderheiten als Reaktion auf körperliche Merkmale wie umgekehrt eine Ausbildung körperlicher Merkmale als Folge psychischer Charakteristika.

Kapitel 15 Faktorenanalytisch begründete Gesamtsysteme der Persönlichkeit

Abschnitt 15.1: Guilford

1. Nach Guilford gehören zur Persönlichkeit alle Merkmale der Morphologie und Physiologie, der Motive, Eignungen und des Temperaments. Die wesentlichen Untersuchungen gelten nur den beiden letzteren Bereichen. Innerhalb des Temperamentes sieht die Theorie eine Hierarchie von Wesenszügen verschiedenen Allgemeinheitsgrades vor. Die einzelnen Ebenen lauten: Spezifische Verhaltensweisen – Hexes (diese entsprechen etwa den Gewohnheiten) – Primäre Traits – Syndromtypen. Als Methode zum Auffinden der höheren Ebenen fungiert die Faktorenanalyse.
2. Guilford stützt sich zur Erfassung der Temperamente ausschließlich auf Fragebogen. Items wurden zumeist nach der rationalen Methode zu Skalen zusammengefasst, die auf dem Hexes-Niveau differenzieren. Neben Reliabilitätsprüfungen und einigen Vergleichen mit externen Kriterien stand die Abklärung der faktoriellen Struktur der Skalen im Vordergrund.
3. Ungeklärt ist die Frage der Struktur in anderen Bereichen als dem der Temperamente. Die Identifikation der jeweiligen Ebene bereitet Probleme. Die Fragebogenskalen, obwohl häufig als Ausgangsbasis von Weiterentwicklungen anderer Autoren benutzt, wurden vergleichsweise selten für Prädiktionszwecke eingesetzt.

Abschnitt 15.2: Cattell

4. Wie bei Guilford handelt es sich auch bei der Theorie von Cattell um ein hierarchisches Modell – die Persönlichkeit im engeren Sinne gliedert sich in Temperament und Motivation oder Dynamik. Hier wie dort formieren konkret beobachtbare Verhaltensweisen, sofern Korrelationen zwischen ihnen bestehen, die sog. Surface-Traits. Aus den zwischen den Surface-Traits bestehenden Korrelationen ermittelt Cattell mit Hilfe der FA (schiefwinklige Rotation) die First-, Second- und Third-Stratum-Source-Traits als dispositionale Konstrukte. Den Ausgangspunkt des gesamten Systems bilden psycholexikalische Studien zum Auffinden von geeigneten Dispositionsattributen und darauf gestützte Verhaltensratings.
5. Cattell verankert wie kaum ein anderer Forscher seine Theorie in empirischen Daten verschiedener Herkunft. Grundlegend für sein System waren Verhaltensratings; daneben stützt er sich auf Fragebogen, sog. Objektive Tests und physiologische Daten. Auch Informationen über aktuelle Befunde (= States) spielen eine große Rolle.
6. Ein entscheidendes Problem liegt darin, die Übereinstimmung in der faktoriellen Struktur zwischen den verschiedenen Datenbereichen nachzuweisen. Sowohl der 16 PF-Test, dessen Skalen interindividuelle Unterschiede auf der Ebene der Primär-Faktoren abbilden, als auch die Objektiven Tests sind nur von geringer Reliabilität; auch andere psychometrische Qualitäten liegen z. T. unter den Standards, die Cattell selbst propagiert.

Abschnitt 15.3: Eysenck

7. Auch Eysencks Theorie zeigt einen hierarchischen Aufbau; mit aufsteigendem Niveau finden sich spezifische Verhaltensweisen – Gewohnheiten – Traits – Typen (= sekundäre Traits). Auch Eysenck stützt sich auf die Faktorenanalyse als Instrument zur Bestimmung der Beschreibungsdimensionen, berücksichtigt aber sehr viel stärker Erkenntnisse aus der Allgemeinen Psychologie, Physiologie und Neuroanatomie. Insoweit sind viele seiner Untersuchungen von mehr experimentell-hypothesentestendem Charakter. Der Ausgangspunkt der Theorie liegt im klinisch-psychiatrischen Feld und dort vorgenommenen Verhaltensratings. Zentral sind die Dimensionen N, E und P (Type-Niveau).
8. Zur Erfassung von E, N und P wurden von Eysenck verschiedene Fragebogenskalen entwickelt (vor allem E und N unter Verwendung von Guilford-Items), die weitgehend orthogonal und von hinreichender Reliabilität (aber z. T. unbefriedigender Konsistenz) sind. Darüber hinaus arbeitet die Gruppe um Eysenck mit Objektiven Tests und vor allem experimentellen Aufgaben (z. B. Lidschlagkonditionierung, Pursuit Rotor).
9. Über die Struktur und das Hierarchieniveau des E-Faktors dauern Meinungs- und Interpretationsunterschiede zwischen Eysenck und Guilford an. Zahlreiche der aus dem Eysenck'schen Arbeitskreis stammenden Befunde (z. B. zur Korrelation von E und Lidschlagkonditionierung) konnten von unabhängigen Forschergruppen nicht repliziert werden.

Abschnitt 15.4: Fünf-Faktoren-Modell der Persönlichkeit

10. Die fünf Faktoren sind »Neurotizismus«, »Extraversion«, »Liebenswürdigkeit«, »Gewissenhaftigkeit« und »Offenheit für Erfahrungen«. Charakterisieren lassen sie sich am besten durch die Persönlichkeitseigenschaften, mit denen die Fremdbeurteilungen durchgeführt wurden, wie etwa durch die zwanzig Eigenschaftspaare von Norman, zu denen lediglich im Faktor »Offenheit für Erfahrungen«, der Normans Faktor »Kultur« entspricht, leichte Unterschiede bestehen.
11. Zuckermans »Alternatives Fünf-Faktoren-Modell« setzt sich zusammen aus den Faktoren »Impulsiver Erlebnishunger« (Impulsive Sensation Seeking), »Aggression und Feindseligkeit« (Aggression-Hostility), »Aktivität« (activity), »Soziabilität« (sociability) und »Emotionale Labilität und Ängstlichkeit« (Neuroticism-Anxiety). Impulsiver Erlebnishunger bezeichnet die Disposition zu unüberlegt-impulsivem Verhalten und ungeplantem Handeln. Aggression und Feindseligkeit bezeichnet Tendenzen zu rüdem, unsozial-aggressivem Verhalten. Aktivität charakterisiert das allgemeine Aktivitätsniveau, Soziabilität die soziale Orientierung. Emotionale Labilität und Ängstlichkeit bezeichnen eine Disposition zu allgemeiner emotionaler Instabilität und genereller Ängstlichkeit. Für alle diese fünf Faktoren nimmt Zuckerman (im Gegensatz zum Fünf-Faktoren-Modell von Costa und McCrae) eine psychobiologische Basis an.
12. Die Zusammenhänge der beiden Fünf-Faktoren-Modelle mit dem Eysenck'schen Modell sind teilweise sehr eng: Extraversion und Neurotizismus auf dem Fünf-Faktoren-Modell von Costa und McCrae entsprechen weitgehend den gleichnamigen Faktoren im Eysenck'schen System. Die Ergebnisse neuerer Untersuchungen legen nahe, dass es sich bei Verträglichkeit (agreeableness) und Gewissenhaftigkeit (conscientiousness) um umgekehrt gepolte Facetten des Eysenck'schen Psychotizismus handelt, während Offenheit für Erfahrungen (openness) eine davon unabhängige Dimension darstellt, die im Eysenck'schen Modell nicht vorhanden ist.
    Die Faktoren Aktivität (activity) und Soziabilität (sociability) weisen sehr hohe Zusammenhänge zur Eysenck'schen Extraversion auf und können als Binnenkonstrukte verstanden werden. Emotionale Labilität und Ängstlichkeit (neuroticism-anxiety) finden ihre Entsprechung im Neurotizismus-Faktor. Aggression und Feindseligkeit (aggression-hostility) sowie

Impulsiver Erlebnishunger (impulsive sensation seeking) weisen sehr enge Zusammenhänge mit Eysencks Psychotizismus auf.

Kapitel 16 Biopsychologisch begründete Persönlichkeitsmerkmale

1. Sensation Seeker sind Personen, die stärker nach äußerer oder innerer Stimulation suchen, um ein optimales Aktivierungsniveau zu erreichen oder aufrecht zu erhalten. Vier Faktoren des Sensation Seeking wurden gefunden: »Thrill and Adventure Seeking«, »Experience Seeking«, »Disinhibition« und »Boredome Susceptibility«. Es dürfte eine biologische Basis für Sensation Seeking geben, die nach Zuckerman mit der Aktivität oder Empfindlichkeit des noradrenergen Systems im limbischen Gehirn zusammenhängen soll. Für Sensation Seeker ist dieses weniger aktiv oder unempfindlich.
2. Pawlow definierte »Stärke des Nervensystems (in Hinblick auf Erregung)«, »Balance« und »Mobilität«. Daraus resultierten für ihn vier Typen des Temperaments, wobei dem Melancholiker ein schwaches Nervensystem, dem Sanguiniker ein starkes, balanciertes und mobiles Nervensystem, dem Phlegmatiker ein starkes, balanciertes, langsames Nervensystem und dem Choleriker ein starkes, unbalanciertes Nervensystem zugeschrieben wurde.
3. Strelau führt vor allem die Temperamentseigenschaft »Reaktivität« ein und unterscheidet davon die Eigenschaft »Aktivität«. Reaktivität wird durch die PTS- (= STI-) Skala »Stärke der Exzitation« im umgekehrten Sinne gemessen.
4. *»Briskness«* (BR): Tendenz, schnell zu reagieren, bei der Ausübung von Aktivitäten ein hohes Tempo beizubehalten und leicht von einem Verhalten zu einem anderen zu wechseln (als Reaktion auf Veränderungen in der Umgebung); *»Perseverance« (PE)*: Tendenz, Verhalten zu wiederholen oder fortzusetzen (nach der Beendigung von Bedingungen, die dieses Verhalten hervorrufen); *»Sensory Sensitivity« (SS)*: Fähigkeit, auf schwache sensorische Reize zu reagieren; *»Emotional Reactivity« (ER)*: Tendenz, intensiv auf emotionale Reize zu reagieren; findet Ausdruck in hoher emotionaler Sensitivität und in geringer emotionaler Belastbarkeit; *»Endurance« (EN)*: Fähigkeit, in Situationen, die lang andauernde oder hoch stimulierende Aktivitäten erfordern, sowie unter intensiver externer Stimulation adäquat zu reagieren; *»Activity« (AC)*: Tendenz, stark stimulierende Aktivitäten auszuüben oder sich starke Stimulation von der Umgebung zu verschaffen.
5. Zumindest den Theorien nach müssten Extravertierte auch Sensation-Seeker, Augmenter im EKP und Personen mit niedriger Reaktivität bzw. mit hoher Stärke der Exzitation sein. Auf empirischer Ebene werden diese Beziehungen in einer Reihe von Untersuchungen gestützt, wobei sich weitere Zusammenhänge zeigen. Offenbar hat jedes der drei Konzepte aber auch einen jeweils spezifischen Anteil.
   Extraversion zeigt konsistent positive Korrelationen mit SE und M. Neurotizismus korreliert negativ mit allen drei Skalen des PTS (= STI). Psychotizismus weist einen negativen Zusammenhang nur mit SI auf.
   Die Persönlichkeitseigenschaften Extraversion und Neurotizismus zeigen teilweise recht hohe Zusammenhänge mit einzelnen FCB-TI-Skalen. So korreliert beispielsweise Neurotizismus hoch mit »Perseverance« und »Emotional Reactivity«; Extraversion hat einen starken Zusammenhang mit »Activity«.

Kapitel 17 Emotionspsychologische Persönlichkeitskonstrukte

Abschnitt 17.1: Die Psychoanalyse Freuds als Persönlichkeitstheorie

1. In der Psychoanalyse von Freud kann man strukturelle und dynamische Konstrukte der Persönlichkeit unterscheiden. Zu den strukturellen Konzepten wären das Es, das Ich und das Überich zu zählen. Das Es beinhaltet vor allem unbewusste und verdrängte Wünsche und Triebe, die impulsiv und irrational nach Erfüllung drängen. Das Ich hat diese Es-Impulse hin-

sichtlich ihrer Verträglichkeit mit der Realität und den moralischen Ansprüchen des Überich in Einklang zu bringen. Aus den Konflikten zwischen Es, Ich und Überich entstehen die Persönlichkeitsdynamik, deren wichtigster Aspekt die Angst ist, und die mit ihr verknüpften Abwehrmechanismen, wie vor allem der der Verdrängung.
2. Durch die Mechanismen der Fixierung oder der Regression zur Lösung von Konflikten werden für bestimmte Entwicklungsphasen typische Befriedigungstechniken für den Sexualtrieb beibehalten bzw. wieder angenommen. Auf diese Art entstehen Charaktertypen, die den Entwicklungsphasen der oralen, der analen oder der phallischen Phase zugeordnet und entsprechend benannt werden. Während der orale Charakter passiv, fordernd und sicherheitsbedürftig ist, wird der anale Charakter oft als zwanghaft, ordentlich und geizig beschrieben. Der phallische Charakter hingegen gilt als erfolgssüchtig und als mit einem übertriebenen Männlichkeitsbedürfnis versehen.
3. Neben der geringen Präzision der psychoanalytischen Begriffe, die nur schwer eindeutig in beobachtbaren Sachverhalten verankert werden können, entzieht sich so mancher Aspekt der Psychoanalyse auch deshalb einer experimentellen Überprüfung, weil oft keine eindeutigen Vorhersagen über Beobachtbares aus der Psychoanalyse ableitbar sind. Da fast jedes Ergebnis im Nachhinein psychoanalytisch interpretiert werden kann, ist die Psychoanalyse kaum falsifizierbar. Wie schwer zum Beispiel alleine das zentrale Konzept des Unbewussten empirisch zu untersuchen ist, wurde an Experimenten zu verschiedenen Sachverhalten (verbale Konditionierung, Hypnose, Verdrängung) illustriert. Auch klinische Berichte über psychoanalytische Therapieerfolge stellen keinen brauchbaren Beleg für die Richtigkeit der Psychoanalyse dar.

Abschnitt 17.2: Das Persönlichkeitsmerkmal »Repression versus Sensitization«

1. Bei Experimenten zum Phänomen der Wahrnehmungsabwehr zeigte sich, dass bei einem Teil der Versuchspersonen emotionale Wörter bereits bei kürzeren Expositionszeiten erkannt wurden als neutrale Wörter (Sensitization), während bei den anderen Versuchspersonen die emotionalen Wörter längere Expositionszeiten als die neutralen Wörter zur Erkennung benötigten (Repression). Zur Unterscheidung von Repressern und Sensitizern wurde ein Fragebogen (R-S-Skala) aus dem MMPI konstruiert, nachdem experimentelle Messmethoden sich als unreliabel erwiesen hatten.
2. Theoretisch werden Represser und Sensitizer als Personen mit unterschiedlichen Angstbewältigungsstrategien aufgefasst: Während Represser allgemein dazu neigen sollen, angstauslösende Situationen und Belastungen zu vermeiden (verdrängen), suchen Sensitizer mit solchen Situationen gezielt aktiv umzugehen, um durch ihre Aufmerksamkeitszuwendung mit diesen Situationen fertig zu werden. Verschiedene Verhaltensbereiche wurden mit dem R-S-Konstrukt in Verbindung gebracht, so beispielsweise die Reagibilität in physiologischen Maßen, Reaktionen auf sexuelle Reize und die Aufmerksamkeit gegenüber der eigenen Gesundheit. Der Zusammenhang mit allgemeinen Ängstlichkeits- oder Neurotizismusmaßen ist allerdings so hoch, dass die Frage aufgeworfen wurde, ob R-S und Neurotizismus (oder Ängstlichkeit) auf empirischer Ebene überhaupt unterschieden werden können.

Abschnitt 17.3: Ängstlichkeit

1. Mit Hilfe des Prinzips der *klassischen Konditionierung* können konditionierte Angstreaktionen auf ursprünglich neutrale Reize ausgebildet werden. Konditionierte Angstreaktionen *generalisieren* auf ähnliche Reize und Reizkonstellationen. Über *instrumentelle Konditionierungsprozesse* werden Vermeidungsreaktionen gelernt, die durch die Erfahrung der Angstreduktion bekräftigt und so aufrechterhalten werden. Angstreaktionen auf ursprünglich neutrale Reize können auch über *Modelllernen* erworben werden.

2. Nach Epstein lösen Hinweisreize auf eine Gefahr *Erwartungen* schädigender Ereignisse aus. Derartige Erwartungen haben einen Erregungsanstieg zur Folge, der mit dem Angsterlebnis einhergeht. Über verschiedene, zum Teil auch *kognitive Strategien der Erregungshemmung* (Angstkontrollsystem), kann eine Reduktion zu hoher Erregung erreicht werden. Das Angstkontrollsystem kann moduliert (aufgrund von Erfahrungen differenziert) sein oder unmoduliert (wie bei Unerfahrenen oder Neurotikern). Dass verschiedene *Beurteilungsprozesse* (primary and secondary appraisal) bezüglich angstauslösender Bedingungen sowie *Neubeurteilungen* (reappraisal) dieser Bedingungen im Zusammenhang mit innerpsychischen Prozessen der *Angstverarbeitung* (coping) bei der Entstehung und Kontrolle der Angst eine Rolle spielen, wird in der Theorie von Lazarus betont.
3. Hauptsächlich werden Fragebogenmaße der Ängstlichkeit wie die MAS verwendet oder die A-Trait Skala aus dem STAI. Die auf dem FQ II von Cattell ladenden Skalen des 16 PF-Tests, die mit dem FQ II korrelierenden Skalen von Guilford, die N-Skalen von Eysenck, die N-Skala aus dem NEO-PI-R mit seinen entsprechenden Facetten oder die N-Anx-Skala aus dem ZKPQ werden als empirische Indikatoren der Ängstlichkeit angesehen.
   Dass der Cattell'sche Faktor FQ II sowie der aus T-Daten resultierende Faktor U.I. 24 als Ängstlichkeitsfaktoren interpretiert werden können, wird über Expertenurteile (trait definition) sowie über Korrelationen mit Angstdiagnosen (type definition) nahe gelegt. Zusammenhänge von Ängstlichkeitstests und Leistungsvariablen mit situativen Angstwerten zum Beispiel aus dem STAI oder S-R-Inventory der Ängstlichkeit sowie mit klinisch-psychologischen Befunden verleihen dem Ängstlichkeitskonstrukt weitere Bedeutung.
4. Setzt man Ängstlichkeit mit Neurotizismus im Sinne H.J. Eysencks gleich (was nicht alle Autoren richtig finden), würde das limbische System im Großhirn die Grundlage sein: Ängstliche sollen darin eine niedrigere Schwelle haben und so stärkere autonome Reaktionen auf Angstreize zeigen. Psychophysiologisch konnte das aber bisher nicht bestätigt werden. Nach Gray haben Ängstliche, das sind nach ihm die introvertierten Personen mit hohen Neurotizismuswerten, eine niedrigere Schwelle im BIS (behavioral inhibition system) und daher eine höhere Empfänglichkeit für Bestrafungs- und frustrierende Nichtbelohnungsreize.
5. Heute werden im Unterschied zu den frühen triebtheoretischen Erklärungen von Taylor und Spence hauptsächlich kognitiv-theoretische Erklärungsversuche erforscht. Dies sind die kognitive Interferenz-Theorie von Sarason, die Informationsverarbeitungstheorie von Humphries und Revelle und die Theorie der Verarbeitungseffizienz von M. W. Eysenck. In allen diesen Theorien spielt die von Liebert und Morris hervorgehobene (kognitive) Besorgtheitskomponente der Angst eine Rolle, die Aufmerksamkeitsprozesse einschränken (kognitive Interferenz-Theorie), das Kurzzeitgedächtnis belasten (Informationsverarbeitungstheorie) oder sich auf die Verarbeitungseffizienz z. B. im Arbeitsgedächtnis negativ auswirken soll, was durch Anstrengung aber kompensiert werden und so die Leistungseffektivität unberührt lassen kann.
6. Große Bedeutung hat die Differenzierung von Angst (state-anxiety) und Ängstlichkeit (trait-anxiety) nach Cattell und Spielberger gewonnen. Darüber hinaus scheint sich eine Differenzierung des Ängstlichkeitskonstrukts in bereichsspezifische Angstneigungen durchzusetzen. In Zusammenhang mit dem Konzept der Zustandsangst (state-anxiety) erscheint eine Differenzierung in eine subjektive, eine physiologische und eine motorische Komponente sinnvoll.

Abschnitt 17.4: Aggression und Aggressivität

1. Aus der psychodynamischen Betrachtungsweise resultierte die Katharsis-Hypothese; die große Zahl dazu durchgeführter Untersuchungen lieferte jedoch sehr uneinheitliche Befunde. Vor dem Hintergrund des behavioralen Ansatzes konnte wahrscheinlich gemacht werden,

dass zahlreiche Aggressionen und die sie begleitenden Emotionen in Interaktionen außerhalb psychologischer Laboratorien durch verschiedene Lernprinzipien erworben werden. Die interindividuellen Unterschiede in der habituellen Aggressivitätstendenz korrelieren mit verschiedenen anderen Persönlichkeitsmerkmalen, physiologischen und Verhaltensmaßen.

Kapitel 18 Gesundheitsbezogene Persönlichkeitskonstrukte

1. Das Verhalten einer Typ A-Person soll im Wesentlichen durch Merkmale wie Ungeduld und Zeitdruck, ehrgeiziges Leistungsstreben, Feindseligkeit sowie berufliche Distanzierungsunfähigkeit gekennzeichnet sein. Die wichtigsten Erfassungsmethoden des Typ A-Verhaltens sind das Strukturierte Interview und der Jenkins Activity Survey. Ergebnisse aus groß angelegten Untersuchungen sprechen dafür, dass das Typ A-Konzept eine entscheidende Rolle bei der Entstehung von koronaren Herzerkrankungen (KHK) spielt. In jüngster Zeit nimmt jedoch die Zahl an inkonsistenten Befunden zu, sodass insgesamt gesehen die ätiologische Bedeutung von Typ A bei Herzerkrankungen zunehmend in Frage gestellt wird. Angesichts dieser und weiterer Probleme (u. a. methodischer Art) hat in den letzten Jahren zunehmend eine Abkehr vom globalen Typ A-Konzept hin zu den spezifischen Subkomponenten stattgefunden. Dabei hat sich das Forschungsinteresse insbesondere auf Feindseligkeit (Hostility) als Risikofaktor für KHK konzentriert.
2. Im Rahmen des salutogenetischen Ansatzes von Antonovsky nimmt Kohärenzsinn einen zentralen Stellenwert ein. Definiert wird Kohärenzsinn als »eine globale Orientierung, die zum Ausdruck bringt, in welchem Umfang man ein generalisiertes, überdauerndes und dynamisches Gefühl des Vertrauens besitzt, dass die eigene innere und äußere Umwelt vorhersagbar ist und dass mit großer Wahrscheinlichkeit die Dinge sich so entwickeln werden, wie man es vernünftigerweise erwarten kann«. Dabei lassen sich die folgenden drei Subkomponenten unterscheiden: »Verstehbarkeit«, »Handhabbarkeit« und »Bedeutsamkeit«. Eine Person mit einem hohen Ausmaß an Kohärenzsinn sieht ein lebensveränderndes Ereignis eher als verstehbar, beeinflussbar und bedeutsam an als jemand mit einer niedrigen Ausprägung. Ein individuell stark ausgeprägter Kohärenzsinn soll der Theorie gemäß vor dem Auftreten stressbedingter Krankheiten schützen, weil die Person dadurch befähigt ist, Ressourcen zu mobilisieren, um sowohl mit positiven als auch negativen Stressoren zurechtzukommen. In verschiedenen Untersuchungen konnten korrelative Beziehungen von SOC zu selbstberichteten und objektiv registrierten Gesundheitsmaßen nachgewiesen werden. Diese Befunde lassen sich allerdings aufgrund der querschnittlichen Erhebungsform nicht eindeutig im Sinne der theoretischen Annahmen interpretieren. Ein wesentliches konzeptionelles Problem stellt die hohe (negative) Korrelation zwischen Kohärenzsinn und Neurotizismus bzw. Maßen der »negative affectivity« dar.

Kapitel 19 Verhaltenstheoretische Persönlichkeitskonstrukte

1. In seiner strengsten Form fasst der Behaviorismus Persönlichkeitspsychologie als Teil der Allgemeinen Psychologie auf: Dispositionelle Konstrukte werden abgelehnt und das Verhalten durch situative Einflüsse geklärt. Interindividuelle Unterschiede werden als Konsequenz unterschiedlicher Lernerfahrungen aufgefasst, Verhaltenskonsistenzen innerhalb eines Individuums auf die Ähnlichkeiten der situativen Verhaltensbedingungen zurückgeführt und nicht auf Eigenschaften. Als persönlichkeitspsychologischer Beitrag wird ein Forschungsthema dann aufgefasst, wenn es in anderem Zusammenhang als Beitrag zur Persönlichkeitspsychologie verstanden wurde, wie beispielsweise die psychoanalytischen Themen des »Neurotischen Konfliktes«, der Verdrängung oder der Aggression. In der so genannten Sozialen Lerntheorie wird der behavioristische Standpunkt nicht mehr ganz so streng vertreten, stellenweise werden sogar Konzepte verwendet, die Eigenschaftskonstrukten sehr ähnlich sind, wie beispielsweise das Konzept der generalisierten Erwartung.

2. Nach Rotter ist das Verhaltenspotenzial VP_{x,s_1,v_a} als Wahrscheinlichkeit für das Auftreten einer Verhaltensweise x in einer Situation s_1, in der Aussicht auf eine Verstärkung v_a besteht, eine Funktion folgender beider Konstrukte: (1) der Erwartung $E_{x,v_a s_1}$, dass die Verhaltensweise x in der Situation s_1 zur Verstärkung v_a führt; und (2) des Verstärkungswertes VW_{a,s_1}, den die Verstärkung v_a in der Situation s_1 für das Individuum besitzt. Immer dann, wenn für eine Situation s_1 keine situationsspezifischen Erwartungen $E_{x,v_a s_1}$ bestehen, können generalisierte Erwartungen, die in einer Vielzahl von ähnlichen Situationen erworben wurden, zum Tragen kommen und das Verhalten steuern. Inhaltliche Beispiele für generalisierte Erwartungen, die vielseitig als Persönlichkeitskonstrukte erforscht werden, stellen »Kontrollüberzeugungen« und der »Interpersonal Trust« dar.
3. Hat eine Person die generalisierte Erwartung, dass die Konsequenzen ihres eigenen Handelns nicht von diesem Handeln selbst abhängen, sondern von Einflüssen, die die Person selbst nicht kontrollieren kann, wie vor allem von Zufällen, vom Glück oder von anderen als mächtiger erlebten Personen, so bezeichnet man diese ihre Erwartungshaltung als externe »Kontrollüberzeugung«. Als interne »Kontrollüberzeugung« würde man demgegenüber die Erwartung bezeichnen, dass das, was einem passiert, durch das eigene Handeln wesentlich beeinflusst wird. Die Wirkungen dieser unterschiedlichen Erwartungshaltungen auf beispielsweise die Vorhersage eigener Erfolge in speziellen Aufgaben wurde zunächst experimentell demonstriert. Später fasste man sie als Extreme einer als kontinuierlich gedachten Persönlichkeitsvariable auf, die über Fragebogen gemessen werden kann. Es zeigte sich, dass die Fragebogenmaße für »Kontrollüberzeugungen« mit einer Fülle von Verhaltenstendenzen in sinnvoller Weise korrelieren, wie beispielsweise mit sozialer Beeinflussbarkeit, Informationssuchverhalten, Attribuierungstendenzen, Leistungsverhalten oder auch der eigenen Gesundheitspflege. Von mehreren Autoren wurden Vorschläge zur Differenzierung des »Kontrollüberzeugungs«-Konzeptes gemacht.
4. Interpersonales Vertrauen ist ein Konstrukt innerhalb der sozialen Lerntheorie von Rotter. Es betrifft die generalisierte Erwartung, sich auf Worte und Versprechen anderer Personen verlassen zu können. Interpersonales Vertrauen wird gewöhnlich mit eigens dazu entwickelten Fragebogen erfasst. Die Punktwerte solcher Tests korrelieren mit elterlichem Vertrauen, der Stellung innerhalb der Geschwisterreihe, der Diskrepanz im religiösen Bekenntnis zwischen den Elternteilen, rassischer Zugehörigkeit sowie einer ganzen Reihe von Verhaltenskriterien innerhalb und außerhalb artifizieller Experimentalsituationen.
5. Belohnungsaufschub bezeichnet die interindividuell variierende Präferenzentscheidung zwischen weniger wertvollen, sofort verfügbaren und höherwertigen, aber erst später erhältlichen Objekten. Das Konstrukt ist sehr spezifisch, da es gleichzusetzen ist mit dem Verhalten in wenigen vorgestellten oder tatsächlichen Wahlsituationen. Bei fragwürdiger Reliabilität des jeweiligen Verhaltens ist eine hohe Sensibilität gegenüber Einflüssen vonseiten einschlägig agierender Modelle und bekräftigender Konsequenzen beobachtet worden. Darüber hinaus bestehen Zusammenhänge mit sozialer Verantwortung, Leistungsmotiviertheit, persönlicher Anpassung, Alter und Reife, Intelligenz und Bedachtsamkeit.

Kapitel 20 Kognitive Persönlichkeitskonstrukte

1. Die sog. kognitiven Persönlichkeitstheorien verstehen die Persönlichkeit als informationenverarbeitendes dynamisches System. Dabei kommt es weniger auf den Inhalt der Wahrnehmungs-, Kodierungs- und Speicherungsprozesse, als mehr auf deren Besonderheiten (= »Stil«) an. Ausgehend von den Stil- und/oder »Struktur«-Unterschieden in der Informationsverarbeitung, die meist mit nur einem Verfahren erfasst werden, wird nach Korrelaten im Trait- und/oder Verhaltensbereich gesucht. Ein gemeinsames Problem der kognitiven Persönlichkeitstheorien besteht darin, dass der Anspruch, die Verlaufscharakteristik der je-

weiligen Prozesse individualtypisch mit Hilfe der Tests zu erfassen und in einem Punktwert abzubilden, kaum eingelöst wird.

2. Der zuletzt formulierte Anspruch, dass es sich dabei um Unterschiede im Ausmaß autonomen Verhaltens gegenüber der Umwelt handele, scheint gegenüber der Operationalisierung stark überzogen. Im Grunde handelt es sich in der neueren Forschungspraxis meist um geringfügige Modifikationen Thurstone'scher Aufgaben zur Raumvorstellung. Der Einfluss dieses Intelligenzfaktors auf die verschiedenen Test- und Verhaltenskorrelate von Feldabhängigkeit/Feldunabhängigkeit wurde nicht ausreichend geprüft. Es fehlt an multivariaten Untersuchungen oder solchen, in denen Feldabhängigkeit sowie allgemeine Intelligenz herauspartialisiert wurden.
3. In Anlehnung an seine Theorie des »Mental Self-Government« unterscheidet Sternberg zwischen Funktionen, Formen, Ebenen, Ausrichtung und Haltungen. Diesen Kategorien ordnet er als Denkstile die folgenden Dimensionen zu: legislativ, exekutiv, judikativ; monarchisch, hierarchisch, oligarchisch und anarchisch; internal, external; global vs. lokal und liberal vs. konservativ. Der individuelle Denkstil wird durch das Merkmals-Profil in diesen Dimensionen beschrieben. Zusätzlich zu Intelligenz tragen die Denkstil-Dimensionen zur Aufklärung von Schulerfolg bei.

Kapitel 21 Genetische Faktoren

1. Erbe-Umwelt-Kovariation bezieht sich auf die Korrelation von genetischen und umweltmäßigen Faktoren bei der Ausbildung eines Merkmales. Sie entsteht etwa durch den Umstand, dass verschiedene Genotypen verschiedenen Umwelteinflüssen ausgesetzt werden.
   Erbe-Umwelt-Interaktionen liegen dann vor, wenn die Auswirkungen verschiedener Genotypen in verschiedenen Umgebungen verschieden sind.
2. Loehlin und Nichols verglichen EZ-Paarlinge danach, ob sie von ihren Eltern eher gleich oder ungleich behandelt wurden; die Intra-Paar-Differenzen zeigten keine Unterschiede in Abhängigkeit von den Behandlungsarten.
3. Im Mittel der dazu durchgeführten Untersuchungen wurde eine Korrelation von r = .74 zwischen EZ-Paarlingen gefunden. Die Zahl der Studien sowie der erfassten EZ-Paare ist allerdings sehr klein. Darüber hinaus geben die eingesetzten Testverfahren bzw. die Verrechnungstechniken Anlass zu Kritik. Besonders problematisch ist der Umstand, dass die Umwelten getrennter EZ-Paarlinge gar nicht unkorreliert waren. Die Übertragbarkeit der Befunde auf die Normalbevölkerung scheint nicht ohne weiteres möglich. Über Versuchsleitereffekte bei den Testungen der EZ-Paare wird weiterhin diskutiert.
4. Der mittlere IQ adoptierter Kinder liegt oberhalb demjenigen der leiblichen, aber noch unterhalb demjenigen der Adoptiveltern. Mehreren Untersuchungen zufolge korreliert die allgemeine Intelligenz adoptierter Kinder mit derjenigen der leiblichen Eltern etwa zu r = .35, mit derjenigen der Adoptiveltern zu r = .20. Ein erhebliches Problem bei der Interpretation derartiger Koeffizienten stellt die selektive Platzierung vonseiten der Adoptionsinstanzen dar.
5. Die Befunde sind insgesamt weniger einheitlich. Vor allem ist in mehreren Studien eine geringere Ähnlichkeit der EZ gegenüber den ZZ zu beobachten gewesen, was auf eine Rollendifferenzierung innerhalb der EZ-Paare hinweist.

Kapitel 22 Umwelteinflüsse

1. Kaum, da in den vorliegenden Untersuchungen weder die prä- und perinatale Mortalitätsrate noch Variablen des elterlichen Sozial- und Leistungsverhaltens ausreichend kontrolliert wurden.

2. Mehrfach wurde im Mittel ein Abfall der Intelligenz mit zunehmendem Rangplatz in der Geschwisterreihe beobachtet, wobei die Leistungen der Zuletztgeborenen besonders niedrig ausfielen. Der Trend scheint sich mit abnehmendem zeitlichem Abstand zwischen den Geburtsterminen zu verstärken. Die Erstgeborenen sind wesentlich weniger leistungsfähig als durch ihren Rangplatz zu erwarten. Zajonc hat zur Erklärung dieses Phänomens ein Modell vorgestellt, das den Anregungsgehalt der Umwelt für ein Neugeborenes als inverse Funktion der Zahl bereits vorhandener Kinder definiert, wobei allerdings die Möglichkeit, einem nachgeborenen Geschwister Kenntnisse zu vermitteln, sich positiv auf die Intelligenzentwicklung auswirkt. Als Alternative zu diesem Lern- und Übungsmodell wurden immunologisch-physiologische Faktoren postuliert.
3. Es fehlt an längsschnittlichen Untersuchungen, in denen etwa zusätzlich die Rückwirkungen des kindlichen Verhaltens auf den Erziehungsstil der Eltern erfasst werden. Auch quasiexperimentelle Untersuchungen nach Art der »Father-Absent-Studien« helfen kaum weiter, solange nicht die Repräsentativität solcher Familien für die Grundgesamtheit sichergestellt ist. Des Weiteren sind Studien selten, in denen das Erziehungsverhalten nicht nur verbal berichtet, sondern direkt beobachtet wurde. Häufig ist der Bezug auf theoretische Rahmenvorstellungen zu vermissen.
4. Im Allgemeinen zeigen Übungskurven den Verlauf negativ beschleunigter Entwicklungsfunktionen. Im Zuge dieses erst raschen, dann langsameren Leistungsanstieges mit zunehmender Übung kommt es zu einer allmählichen Umstrukturierung der Leistung im Sinne einer faktoriellen Spezifizierung. Die Reliabilitäten wachsen, d. h., interindividuelle Differenzen treten stärker hervor. Auch scheinen die Varianzen insgesamt anzusteigen, doch ist der letztere Punkt wegen der oft fehlenden Absolutskalen schwer überprüfbar.

Kapitel 23 Geschlecht

1. Festlegung des chromosomalen Geschlechts bei der Vereinigung von Samen- und Eizelle – Ausbildung der Geschlechtsorgane, die im Falle männlichen Geschlechts ihrerseits sekundär über die Aussonderung von Hormonen das Basisprogramm »weiblich« verändern – während bestimmter Phasen eine hormonale »Hirnprägung« oder »Determination« – Erziehungs- und Lernfaktoren.

Kapitel 24 Physische Attraktivität

1. Bislang liegen überhaupt nur wenige Untersuchungen vor. Nur Studien mit selbsteingeschätzter physischer Attraktivität oder solche, die fremde physische Attraktivität nicht aufgrund von Fotos, sondern agierender Modelle einschätzen ließen, konnten korrelative Zusammenhänge sichern. Voraussetzung einer indirekten Wirkung der physischen Attraktivität auf die Ausbildung von Persönlichkeitsmerkmalen ist deren zeitliche Stabilität und intersituative Konsistenz; beides ist noch ungeprüft. Des Weiteren fehlen Hinweise darauf, ob etwa Persönlichkeitsmerkmale ihrerseits die physische Attraktivität beeinflussen mögen. Auch kulturelle Unterschiede dürften eine große Rolle spielen.

Kapitel 25 Aufklärung von Verhaltensvarianz, allgemeine Überlegungen und Abriss verschiedener Positionen

1. V = f (P)
   V = f (S)
   V = f (P x S)
   Der Personalismus fußt gewöhnlich auf dem Nachweis von intersituativen Konsistenzen mit Hilfe von Korrelationen, wohingegen Situationismus und Interaktionismus die mittleren

Ausprägungen des Verhaltens in den Vordergrund rücken, letztlich also Mittelwertsunterschiede analysieren.

2. Auswahl und theoretische Begründung der Testverfahren; Zusammenstellung der Stichproben; Reliabilität und Repräsentativität des vorherzusagenden Kriterium-Verhaltens, Breite des angenommenen Trait-Konzeptes.
3. Irrepräsentativität der Versuchspersonen-Situations-Kombinationen, Wirklichkeitsferne der realisierten Situationen, Irrelevanz der varianzanalytischen Auswertung

Kapitel 26 Verbesserung der Vorhersage

1. Erhöhung der Stabilität des Kriterium-Verhaltens; Erfassung der subjektiven Besonderheiten der Informationsverarbeitung; Verbesserung der Bedingungen zur Realisierung von Selbstreflexion bei den Probanden; Identifikation von merkmalskonsistenten und merkmalsinkonsistenten Probanden.

Literaturverzeichnis

Abbott, A. R. & Sebastian, R. J. (1981). Physical attractiveness and expectations of success. *Personality and Social Psychology Bulletin, 7,* 481–486.

Abella, R. & Heslin, R. (1984). Health locus of control, values and the behaviour of familiy and friends. *Basic and Applied Social Psychology, 5,* 283–294.

Ackerman, P. L. (1987). Individual differences in skill learning: An integration of psychometric and information processing perspectives. *Psychological Bulletin, 102,* 3–27.

Ackerman, P. L. (1988). Determinants of individual differences skill acquisition: Cognitive abilities and information processing. *Journal of Experimental Psychology: General, 117,* 288–318.

Adams-Webber, J. R. (1979). *Personal construct theory: Concepts and applications.* Chichester, Wiley.

Adler, N. & Hogan, J. A. (1963). Classical conditioning and punishment of an instinctive response in betta splendens. *Animal Behavior, 11,* 351–354.

Affleck, G. & Joyce, P. (1979). Sex differences in the association of cerebral hemispheric specialization of spatial function with conservation task performance. *Journal of Genetic Psychology, 134,* 271–280.

Aggarwal, Y. P. & Verma, L. K. (1977). Internal-external control of high creative and low creative high school students of different levels of socio economic status. *Journal of Creative Behavior, 11,* 150.

Ahrens, H. J. (1988). Differentielle Psychologie. In R. Asanger & G. Wenninger (Hrsg.), *Handwörterbuch der Psychologie.* Weinheim: Beltz.

Ahrens, H. J. & Amelang, M. (Hrsg.) (1989). *Brennpunkte der Persönlichkeitsforschung, Band 2: Biologische Funktion individueller Differenzierung.* Göttingen: Hogrefe.

Ahrens, H. J. (1974). *Multidimensionale Skalierung.* Weinheim: Beltz.

Albert, R. S. (1975).Toward a behavioral definition of genius. *American Psychologist, 30,* 140–151.

Albonico, R. (1970). *Mensch, Menschen, Typen. Entwicklung und Stand der Typenforschung.* Basel: Birkenhäuser.

Alexander, C. (1945). Youth and progress. *Journal of Social Psychology, 22,* 209–213.

Alker, H. A. (1972). Is personality situationally specific or intrapsychically consistent? *Journal of Personality, 40,* 1–16.

Allen, B. P. & Potkay, Ch. R. (1981). On the arbitrary distinction between states and traits. *Journal of Personality and Social Psychology, 41,* 916–928.

Allen, G. (1970). Within and between group variation expected in human behavioral characters. *Behavioral Genetics, 1,* 175–194.

Allison, R. B. (1960). *Learning parameters and human abilities.* Princeton: Educational Testing Service.

Allport, G. W. (1961). *Pattern and growth in personality.* New York: Holt, Rinehart & Winston.

Allport, G. W. (1966). Traits revisited. *American Psychologist, 21,* 1–10.

Allport, G. W. (1977). *Personality. A psychological interpretation.* New York: Holt (deutsch: Persönlichkeit. Struktur, Entwicklung und Erfassung der menschlichen Eigenart. Meisenheim: Hain, 1959, 2. Aufl.).

Allport, G. W. & Odbert, H. S. (1936). Trait-names: A psychological study. *Psychological Monographs, 47*(1) Whole No. 211.

Allport, G. W. & Odbert, H. S. (1936). Trait names: A psycholexical study. *Psychological Monographs, 47,* 1, Whole No. 211.

Altrocchi, J., Parsons, O. A. & Dickoff, H. (1960). Changes in self-ideal discrepancy in repressors and sensitizers. *Journal of Abnormal and Social Psychology, 61,* 67–72.

Amabile, T. M. (1982). Social psychology of creativity: A consensual assessment technique. *Journal of Personality and Social Psychology, 43,* 997–1013.

Amabile, T. M. (1983). Social psychology of creativity: A componencial conceptualization. *Journal of Personality and Social Psychology, 45,* 357–376.

Amabile, T. M. (1993). What does a theory of creativity require? *Psychological Inquiry, 4,* 179–182.

Amabile, T. M., Goldfarb, Th. & Brackfield, S. C. (1990). Social influences on creativity: Evaluation, coaction, and surveillance. *Creativity Research Journal, 3,* 6–21.

Ambady, N. & Rosenthal, R. (1993). Half a minute: Predicting teacher evaluations from thin slices of nonverbal behavior and physical attractiveness. *Journal of Personality and Social Psychology, 64,* 431–441.

Amelang, M. (1967). Zum Vergleich des Begabungs-Test-Systems mit dem HAWIK und dem Stanford-Intelligenz-Test-Lückert. *Psychologische Beiträge, 9,* 525–535.

Amelang, M. (1975). *Validierung von Anforderungsprofilen für das Studium der Medizin, Zahnmedizin, Pharmazie und Psychologie.* Hamburg: Forschungsbericht für das Bundesministerium für Bildung und Wissenschaft. (Kurzfassung in: *Psychologie in Erziehung und Unterricht* 1976, 23, 259–273).

Amelang, M. (1977). *Zum Zusammenhang von Persönlichkeitsmerkmalen mit der Konzentration einiger Substanzen im Blut.* Heidelberg: Unveröffentlichtes Manuskript.

Amelang, M. (1978). Hochschulzugang. In K. J. Klauer (Hrsg.), *Handbuch der Pädagogischen Diagnostik* (S. 1013–1022). Düsseldorf: Schwann.

Amelang, M. (1985). Historische Bedingtheit der empirisch orientierten Persönlichkeitsforschung. In T. Herrmann & E. Lantermann (Hrsg.), *Persönlichkeitspsychologie. Ein Handbuch in Schlüsselbegriffen.* München: Urban & Schwarzenberg.

Amelang, M. (1986). *Sozial abweichendes Verhalten.* Heidelberg: Springer.

Amelang, M. (1987). Fragebogen-Tests und experimentalpsychologische Variablen als Korrelate der Persönlichkeitsdimensionen Extraversion/Introversion (E/I) und Neurotizismus (N). In M. Amelang (Hrsg.), *Bericht über den 35. Kongreß der Deutschen Gesellschaft für Psychologie in Heidelberg 1986, Band 2* (S. 403–416). Göttingen: Hogrefe.

Amelang, M. (1987). *Untersuchungen zur faktoriellen Struktur und externen Validität von Tests zur sozialen Intelligenz.* Heidelberg: Bericht aus dem Psychologischen Institut der Universität Nr. 59.

Amelang, M. (1996). Intelligenz. In M. Amelang (Hrsg.), *Enzyklopädie der Psychologie. Differentielle Psychologie und Persönlichkeitsforschung, Bd. 2: Verhaltens- und Leistungsunterschiede* (S. 245–328). Göttingen: Hogrefe.

Amelang, M. (2000). Anlage- (und Umwelt-)Faktoren bei Intelligenz- und Persönlichkeitsmerkmalen. In M. Amelang (Hrsg.): *Enzyklopädie der Psychologie. Differentielle Psychologie und Persönlichkeitsforschung, Band 4: Determinanten individueller Unterschiede* (S. 49–128). Göttingen: Hogrefe.

Amelang, M. & Ahrens, H. J. (1996). Ausmaß und Verteilung individueller Differenzen. In K. Pawlik (Hrsg.), *Enzyklopädie der Psychologie. Differentielle Psychologie und Persönlichkeitsforschung, Bd. 1: Grundlagen und Methoden der Differentiellen Psychologie* (S. 31–81). Göttingen: Hogrefe.

Amelang, M. & Bartussek, D. (1970). Untersuchungen zur Validität einer neuen Lügenskala. *Diagnostica, 16,* 103–122.

Amelang, M. & Bartussek, D. (1971). Zur differentiellen Validität von Fragebogen. *Diagnostica, 17,* 83–84.

Amelang, M. & Borkenau, P. (1981). Untersuchungen zur Validität von Kontroll-Skalen für Soziale Erwünschtheit und Akquieszenz. *Diagnostica, 27,* 295–312.

Amelang, M. & Borkenau, P. (1982). Über die faktorielle Struktur und externe Validität einiger Fragebogen-Skalen zur Erfassung von Dimensionen der Extraversion und emotionalen Labilität. *Zeitschrift für Differentielle und Diagnostische Psychologie, 3,* 119–146.

Amelang, M. & Borkenau, P. (1984a). Versuche einer Differenzierung des Eigenschaftskonzepts: Aspekte intraindividueller Variabilität und differentieller Vorhersagbarkeit. In M. Amelang & H. J. Ahrens (Hrsg.), *Brennpunkte der Persönlichkeitsforschung Band 1* (S. 89–107). Göttingen: Hogrefe.

Amelang, M. & Borkenau, P. (1984b). Constructing cross-situational consistency in behavior: Some tests on Bem's thoughts on social desirability as a moderator variable. In H. Bonarius, G. van Heck & N. Smid (Eds.), *Personality Psychology in Europe* (pp. 101–110). Lisse: Swets und Zeitlinger.

Amelang, M. & Borkenau, P. (1985). Individuelle Angemessenheit von Eigenschaftskonstrukten als Moderatorvariable für die Übereinstimmung zwischen Selbst- und Bekannten-Ratings. *Diagnostica, 31,* 105–118.

Amelang, M. & Borkenau, P. (1986a) The trait-concept: Current theoretical considerations, empirical facts and implications for personality inventory construction. In A. Angleitner & J. Wiggins (Eds.), *Personality assessment via questionnaires: Current issues in theory and measurement.* Heidelberg: Springer-Verlag.

Amelang, M. & Borkenau, P. (1986b). Zur faktorenanalytischen Kontrolle sozialer Erwünschtheitstendenzen. Eine Untersuchung anhand des Freiburger Persönlichkeitsinventars. *Zeitschrift für Differentielle und Diagnostische Psychologie, 7,* 17–28.

Amelang, M. & Breit, C. (1983). Extraversion and rapid tapping: Reactive inhibition or general cortical activation as determinants of performance differences. *Personality and Individual Differences, 4,* 103–105.

Amelang, M., Gold, A. & Külbel, E. (1984). Über einige Erfahrungen mit einer deutschsprachigen Skala zur Erfassung des zwischenmenschlichen Vertrauens (Interpersonal Trust). *Diagnostica, 30,* 198–215.

Amelang, M., Herboth, G. & Oefner, I. (1991). A prototype strategy for the construction of a creativity scale. *European Journal of Personality, 5,* 261–285.

Amelang, M. & Hoppensack, Th. (1977a). Persönlichkeitsstruktur und Hochschulbesuch I. Merkmalsveränderungen während des Studiums bei Studierenden verschiedener Fachrichtungen. *Psychologische Beiträge, 19,* 161–188.

Amelang, M. & Hoppensack, Th. (1977b). Persönlichkeitsstruktur und Hochschulbesuch II. Vorhersage des Studienerfolgs bei Studierenden verschiedener Fachrichtungen. *Psychologie in Erziehung und Unterricht, 24,* 193–204.

Amelang, M., Kobelt, C. & Frasch, A. (1985). Auf der Suche nach Personen mit Eigenschaften: Untersuchungen zur Restriktion des Eigenschaftsmodells auf Untergruppen von Personen, Verhaltensweisen und Situationen. In D. Albert (Hrsg.), *Bericht über den 34. Kongreß der Deutschen Gesellschaft für Psychologie in Wien 1984, Band 1* (S. 330–333). Göttingen: Hogrefe.

Amelang, M., Köhler, B. & Gold, A. (1983). Physische Attraktivität, Ausdrucksverhalten und Persönlichkeit: Über einige Zusammenhänge zwischen Selbst- und Fremdeinschätzungen. In G. Lüer (Hrsg.), *Bericht über den 33. Kongreß der Deutschen Gesellschaft für Psychologie in Mainz 1982, Band 2* (S. 583–586). Göttingen: Hogrefe.

Amelang, M. & Kühn, R. (1974). Ursachen für die bei Jungen und Mädchen unterschiedlichen Korrelationen zwischen Schulnoten und Leistungstests. In L. H. Eckensberger (Hrsg.), *Bericht über den 28. Kongreß der Deutschen Gesellschaft für Psychologie, Saarbrücken 1972, Band 5* (S. 87–95). Göttingen: Hogrefe.

Amelang, M. & Langer, I. (1968). Zur Kritik der Divergenzhypothese der Intelligenz. *Archiv für die gesamte Psychologie, 120,* 203–217.

Amelang, M. & Rodel, G. (1970). Persönlichkeits- und Einstellungskorrelate krimineller Verhaltensweisen. Eine Untersuchung zur Dunkelziffer strafbarer Handlungen. *Psychologische Rundschau, 21,* 157–179.

Amelang, M. & Schmidt-Rathjens, C. (2000). Kohärenzsinn als Prädiktor bei der Unterscheidung von Gesundheit und Krankheit. *Zeitschrift für Gesundheitspsychologie,* in Druck.

Amelang, M., Schwarz, G. & Wegemund, A. (1989). Soziale Intelligenz als Trait-Konstrukt und Test-Konzept bei der Analyse von Verhaltenshäufigkeiten. *Zeitschrift für Differentielle und Diagnostische Psychologie, 10,* 37–57.

Amelang, M., Sommer, E. & Bartussek, D. (1971). Persönlichkeitsstruktur und Studienrichtung. *Psychologische Beiträge, 13,* 7–25.

Amelang, M. & Ullwer, U. (1990). Untersuchungen zur experimentellen Bewährung von Eysencks Extraversionstheorie. *Zeitschrift für Differentielle und Diagnostische Psychologie, 11,* 127–148.

Amelang, M. & Ullwer, U. (1991a). Correlations between psychometric measures and psychophysical as well as experimental variables in studies on Extraversion and Neuroticism. In J. Strelau & A. Angleitner (Eds.), *Explorations in Temperament* (pp. 287–315). New York: Plenum Press.

Amelang, M. & Ullwer, U. (1991b). Ansatz und Ergebnisse einer (fast)umfassenden Überprüfung von Eysenck's Extraversionstheorie. *Psychologische Beiträge, 33,* 23–46.

Amelang, M. & Vagt, G. (1970). Warum sind die Schulnoten von Mädchen durch Leistungstests besser vorherzusagen als diejenigen von Jungen? *Zeitschrift für Entwicklungspsychologie und Pädagogische Psychologie, 2,* 210–220.

Amelang, M., Wendt, W. & Fründt, H. (1977). Zum Einfluß von Extraversion/Introversion auf Konsolidierungsprozesse beim Behalten verbalen Materials. *Zeitschrift für Experimentelle und Angewandte Psychologie, 24,* 525–545.

Amelang, M. & Zielinski, W. (1994). *Psychologische Diagnostik und Intervention.* Berlin: Springer.

Amelang, M. & Zielinski, W. (1997). *Psychologische Diagnostik und Intervention* (2. Auflage). Berlin: Springer.

American Psychological Association (1954). *Technical recommendations for psychological tests and diagnostic techniques.* Washington, D.C.

American Psychological Association (1966). *Standards for educational tests and manuals.* Washington, D.C.

Amison, R. N. (1980). Psychoticism, deviancy and perception of risk in normal children. *Personality and Individual Differences, 1,* 87–91.

Amthauer, R. (1953). *Intelligenz-Struktur-Test (IST).* Göttingen: Hogrefe.

Amthauer, R. (1957). Über die Prüfung der Zuverlässigkeit von Tests – erörtert am IST. *Psychologische Rundschau, 8,* 165–171.

Amthauer, R. (1973). *Intelligenz-Struktur-Test (IST 70).* Göttingen: Hogrefe.

Amthauer, R., Brocke, B., Liepmann, D. & Beauducel, A. (1999). Intelligenz-Struktur-Test 2000. IST 2000. Göttingen: Hogrefe.

Anastasi, A. (1934). Practice and variability. *Psychological Monographs, 45,* No. 5.

Anastasi, A. (1965). *Individual Differences.* New York: Wiley.

Anastasi, A. (1966). *Differential Psychology.* New York: McMillan.

Anastasi, A. (1968). *Psychological testing.* New York: McMillan.

Anastasi, A. (1976). *Differentielle Psychologie, Bd. I.* Weinheim: Beltz.

Anastasi, A. & Schaefer, C. E. (1969). Biographical correlates of artistic and literary creativity in adolescent girls. *Journal of Applied Psychology,* 53, 267–273.

Anderson, A. M. (1982). The great Japanese IQ increase. *Nature, 297,* 180–181.

Anderson, J. E. (1939). The limitation of infant and preschool tests in the measurement of intelligence. *Journal of Psychology, 8,* 351–379.

Andreasen, N. C., Flaum, M., Swayze, V., O'Leary, D. S., Alleger, R., Cohen, G., Erhardt, J. & Yuh, W. T. C. (1993). Intelligence and brain structure in normal individual. *American Journal of Psychiatry, 150,* 130–134.

Andresen, B. (1986). Experience seeking motives I: A psychometric reanalysis of Zuckerman's SSS-V within the context of the development of the MISAP II. *Zeitschrift für Differentielle und Diagnostische Psychologie, 7,* 177–203.

Andresen, B. & Stemmler, G. (1982). Eine Dimensionsanalyse von 61 Persönlichkeitsskalen unter besonderer Berücksichtigung des Extraversions- und des Emotionalitätskomplexes. *Diagnostica, 28,* 340–347.

Angleitner, A. (1976). *Methodische und theoretische Probleme bei Persönlichkeitsfragebogen mit einer ausführlichen Analyse deutschsprachiger Persönlichkeitsfragebogen.* Habilitationsschrift, Philosophische Fakultät der Universität Bonn.

Angleitner, A. (1980). *Einführung in die Persönlichkeitspsychologie, Band 1: Nichtfaktorielle Ansätze.* Bern usw.: Huber.

Angleitner, A., Bierhoff, H. W. & Rudinger, G. (1975). *Some research with German versions of SR-inventories of anxiousness (SR-GTA) and anxiousness and hostility (SR-AH-EP 68).* Bonn: Berichte aus dem Psychologischen Institut der Universität Bonn, Nr. 4.

Angleitner, A. & Demtröder, A. J. (1988). Acts and dispositions: A reconstruction of the act frequency approach (AFA). *European Journal of Personality, 2,* 121–141.

Angleitner, A., Ostendorf, F. & John, O. P. (1988). A taxonomy of German personality descriptive terms. European *Journal of Personality, 2,* 171–203.

Angleitner, A. & Ostendorf, F. (1989). *Personality factors via self- and peer-ratings based on a representative sample of German trait descriptive terms* (Paper prepared for the First European Congress of Psychology, Amsterdam, The Netherlands, July 2–7, 1989). [Unveröffentlichtes Manuskript.]

Angleitner, A., Ostendorf, F. & John, O. P. (1990). Towards a taxonomy of personality descriptors in German: A psycho-lexical study. *European Journal of Personality Psychology, 4,* 89–118.

Angleitner, A., Ruch, W., Jennings, D., Harrow, J. & Spinath, F. (1992). ZKPQ-III – Deutsche Bearbeitung. Bielefeld: unveröffentliche Version.

Angleitner, A., Stumpf, H. & Wieck, Th. (1976). Die »Personality Research Form« von Jackson: Konstruktion, bisheriger Forschungsstand und vorläufige Ergebnisse zur Äquivalenzprüfung einer deutschen Übersetzung. *Wehrpsychologische Untersuchungen, 11,* Heft 3.

Ankney, C. D. (1992). Sex differences in relative brain size: the mismeasure of woman, too? *Intelligence, 16,* 329–336.

Ansbacher, H. L. & Rowena, R. (Eds.) (1956). *The Individual-Psychology of Alfred Adler.* New York: Basic Books.

Antill, J. K. (1983). Sex role complementarity versus similarity in married couples. *Journal of Personality and Social Psychology, 45,* 145–155.

Antonovsky, A. (1987). *Unraveling the mystery of health.* San Francisco: Jossey-Bass.

Antonovsky, A. (1993). The structure and properties of the Sense of Coherence Scale. *Social Science and Medicine, 36,* 725–733.

Arasteh, A. R. & Arasteh, J. D. (1976). *Creativity in human development – an interpretative and annotated bibliography.* New York: Schenkman.

Archer, R. T. (1979). Relationships between Locus of Control, trait anxiety, and state anxiety: An interactionist perspective. *Journal of Personality, 47,* 305–316.

Argyle, M., Shimoda, K. & Little, B. (1978). Variance due to persons and situations in England and Japan. *British Journal of Social and Clinical Psychology, 17,* 335–337.

Arnold, W. (1962). *Person, Charakter, Persönlichkeit.* Göttingen: Hogrefe.

Arnold-Krüger, M.-A. (1971). *Beziehungen zwischen Rauchen, Unfallquote und Persönlichkeitsaspekten.* Unveröffentl. Diss., Universität Freiburg.

Arntz, A. & Schmidt, A. J. M. (1989). Percieved controll and the experience of pain. In E. Steptoe & A. Apples (Eds.), *Stress, personal control and health.* Chichester: Wiley.

Asch, S. E. (1958). The metaphor: A psychological inquiry. In R. Tagiuri & L. Petrulla (Eds.), *Person, perception and interpersonal behavior* (pp. 86–95). Stanford: Stanford University Press.

Asendorpf, J. B. (1988). Individual response profiles in the behavioral assessment of personality. *European Journal of Personality, 2,* 155–167.

Asendorpf, J. B. & Scherer, K. R. (1983). The discrepant repressor: Differentiation between low anxiety, high anxiety and repression of anxiety by autonomic-facial-verbal patterns of behavior. *Journal of Personality and Social Psychology, 45,* 1334–1346.

Asendorpf, J. B., Wallbott, H. G. & Scherer, K. R. (1983). Der verflixte Represser: Ein empirisch begründeter Vorschlag zu einer zweidimensionalen Operationalisierung von Repression-Sensitization. *Zeitschrift für Differentielle und Diagnostische Psychologie, 4,* 113–128.

Ausubel, D. P. (1958). *Theory and problems of child development.* New York: Grune and Stratton.

Avia, M. D., Sanz, J., Sanchez-Bernados, M. L. & Martinez-Arias, M. R. et Al. (1995). The five factor model II: Relations of the NEO-PI with other personality variables. *Personality and Individual Differences, 19,* 81–97.

Bachelor, P. & Michael, W. B. (1991). Higher-order factors of creativity within Guilford's Structure-of-Intellect Model: A re-analysis of a fifty-three variable data base. *Creativity Research Journal, 4,* 157–175.

Backhaus, K., Erichson, B., Plinke, W. & Weiber, R. (1994). *Multivariate Analysemethoden* (7. Aufl.). Berlin: Springer.

Backteman, G. & Magnusson, D. (1981). Longitudinal stability of personality characteristics. *Journal of Personality, 49,* 148–160.

Bahtia, C. M. (1976). The concept of intelligence: Its present status. *Indian Journal of Psychology, 51,* 202–211.

Bajema, C. J. (1963). Estimation of the direction and intensity of natural selection in relation to human intelligence by means of the intrinsic rate of natural increase. *Eugenics Quarterly, 10,* 175–187.

Bajema, C. J. (1966). Relation of fertility to educational attainment in a Kalamazoo public school population: A follow-up study. *Eugenics Quarterly, 13,* 306–315.

Bajtelsmit, J. W. (1977). Test-wiseness and systematic desensitization programs for increasing adult testtaking skills. *Journal of Educational Measurement, 14,* 335–341.

Bakan, D. (1966). *The duality of human existence.* Boston: Beacon Press.

Baker, L. A., Mack, W., Moffit, T. E. & Mednick, S. (1989). Sex differences in property crime in a Danish adoption cohort. *Behavior Genetics, 19,* 355–370.

Baker, N. J. & Wrightsman, L. S. (1974). The Zeitgeist and philosophies of human nature or where have all the idealistic, impertubable freshment gone? In L. S. Wrightsman (Ed.), *Assumptions about human nature: A social-physiological approach* (pp. 166–180). Monterey, Calif.: Brooks/Cole.

Baldwin, B. A. (1972). Autonomic stress resolution in repressors and sensitizers following microcounseling. *Psychological Reports, 31,* 743–749.

Ball, R. S. (1938). The predictability of occupational level from intelligence. *Journal of Consulting Psychology, 2,* 184–186.

Bally, G. (1961). *Einführung in die Psychoanalyse Sigmund Freuds – Mit Originaltexten Freuds.* Hamburg: Rowohlt.

Baltes, P. B. (1967). *Längsschnitt- und Querschnittsequenzen zur Erfassung von Alters- und Generationseffekten.* Unveröff. Diss., Universität Saarbrücken.

Baltes, P. B., Reese, H. W. & Nesselroade, J. R. (1977). *Life-span developmental psychology: Introduction to research methods.* Monterey: Brooks/Cole.

Baltes, P. B. & Schaie, K. W. (1976). On the plasticity of intelligence in adulthood and old age: Where Horn and Donaldson fail. *American Psychologist, 31,* 720–725.

Bandura, A. (1969). *Principles of behavior modification.* New York: Holt, Rinehart & Winston.

Bandura, A. (1971). *Social learning theory.* Morristown, NY: General Learning Press.

Bandura, A. (1973). *Aggression – A social learning analysis.* New York: McGraw Hill.

Bandura, A. (1977). *Social learning theory.* Engelwood Cliffs: Prentice Hall.

Bandura, A. & Mischel, W. (1965). Modification of self-imposed delay of reward through exposure to life and symbolic models. *Journal of Personality and Social Psychology, 2,* 698–705.

Bandura, A., Ross, D. & Ross, F. (1961). Transmission of aggression through imitation of aggressive models. *Journal of Abnormal and Social Psychology, 63,* 575–582.

Bandura, A. & Walters, R. H. (1963). *Social learning and personality development.* New York: Holt, Rinehart & Winston.

Bandura, A. & Walters, R. H. (1973). Social learning theory of aggression. In J. F. Knutson (Ed.), *The control of aggression* (pp. 201–250). Chicago: Aldine.

Bandura, A. (1976). *Lernen am Modell.* Stuttgart: Klett.

Barbaree, H. E. & Marshall, W. L. (1991). The role of manual sexual arousal in rape: Six models. *Journal of Consulting and Clinical Psychology, 59,* 621–630.

Barber, Th. X. (1969a). Invalid arguments, postmortem analyses and the experimenter bias effect. *Journal of Consulting and Clinical Psychology, 33,* 11–14.

Barber, Th. X. (1969b). *Hypnosis. A scientific approach.* Princeton, New Jersey: Van Nostrand-Reinhold.

Barber, Th. X. (1972). Pitfalls in research: Nine investigator and experimenter effects. In R. M. W. Travers (Ed.), *Handbook of Research on Teaching* (pp. 382–405). Chicago: Rand McNally.

Barber, Th. X. & Calverley, D. S. (1966). Toward a theory of »hypnotic behavior«. Experimental analysis of suggested amnesia. *Journal of Abnormal Psychology, 71,* 95–107.

Barber, Th. X. & Silver, M. J. (1968a). Fact, fiction, and the experimenter bias effect. *Psychological Bulletin Monographs, 70,* No. 6, Part 2, 1–29.

Barber, Th. X. & Silver, M. J. (1968b). Pitfalls in data analysis and interpretation: A reply to Rosenthal. *Psychological Bulletin Monographs, 70,* No. 6, Part 2, 48–62.

Barnes, G. E. (1975). Extraversion and pain. *British Journal of Social and Clinical Psychology, 14,* 303–308.

Baron, R. A. (1969). The effects of intertrial activity and locus of control orientation on verbal operant conditioning. *Psychonomic Science, 15,* 69–71.

Baron, R. A. (1973). Threatened retaliation from the victim as an inhibitor of physical aggression. *Journal of Research in Personality, 7,* 103–115.

Baron, R. M., Cowan, G., Ganz, R. L. & McDonald, M. (1974). Interaction of locus of control and type of performance feedback: Correlations of external validity. *Journal of Personality and Social Psychology, 30,* 285–292.

Baron, R. M. & Ganz, R. L. (1972). Effects of locus of control and type of feedback on the task performance of lower-class black children. *Journal of Personality and Social Psychology, 21,* 124–130.

Barrett, D. E. (1979). A naturalistic study of sex differences in children's aggression. *Merrill-Palmer Quarterly, 25,* 193–203.

Barrett, D. E. (1986). Nutrition and social behavior. In H. E. Fitzgerald, B. M. Lester & M. W. Yogman (Eds.), *Theory and research in behavioral pediatrics* (Vol. 3, pp. 147–198). New York: Plenum Press.

Barrett, P. & Eysenck, S. B. G. (1984). The assessment of personality factors across 25 countries. *Personality and Individual Differences, 5,* 615–632.

Barrett, P. & Kline, P. (1980). The localisation of super factors, P, E and N within an unexplored personality factor space. *Personality and Individual Differences, 1,* 239–247.

Barron, F. (1955). The disposition towards originality. *Journal of Abnormal and Social Psychology, 51,* 478–485.

Barron, F. (1965). The psychology of creativity. In T. M. Newcomb (Ed.), *New directions in psychology II.* New York: Rinehart.

Barron, F. (1969). *Creative person and creative processes.* New York: Rinehart.

Bartol, C. R. & Costello, N. (1976). Extraversion as a function of temporal duration of electrical shock: An exploratory study. *Perceptual and Motor Skills, 42,* 1174.

Bartussek, D. (1970). Eine Methode zur Bestimmung von Moderatoreffekten. *Diagnostica, 16,* 57–76.

Bartussek, D. (1971). *Moderatorfunktionen in Response-Set-Maßen in der Persönlichkeitsdiagnostik. Mehrere unabhängige Untersuchungen.* Hamburg: unveröffentlichtes Manuskript.

Bartussek, D. (1973). Zur Interpretation der Kernmatrix in der dreimodalen Faktorenanalyse von R. L. Tucker. *Psychologische Beiträge, 15,* 169–184.

Bartussek, D. (1974). Mitteilungen über Reliabilität und faktorielle Validität des deutschen 16 PF-Tests von Cattell. *Diagnostica, 20,* 49–55.

Bartussek, D. (1980). Die dreimodale Faktorenanalyse als Methode zur Bestimmung von EEG-Frequenzbändern. In S. Kubicki, W. M. Herrmann & G. Laudahn (Hrsg.), *Faktorenanalyse und Variablenbildung aus dem Elektroenzephalogramm* (S. 15–26). Stuttgart: Fischer.

Bartussek, D. (1984). Extraversion und EEG: Ein Forschungsparadigma in der Sackgasse? In M. Amelang & H. J. Ahrens (Hrsg.), *Brennpunkte der Persönlichkeitsforschung, Band 1* (S. 157–189). Göttingen: Hogrefe.

Bartussek, D. (1985). Extraversion-Introversion. In T. Herrmann & E.-D. Lantermann (Hrsg.), *Persönlichkeitspsychologie. Ein Handbuch in Schlüsselbegriffen* (S. 315–325). München: Urban & Schwarzenberg.

Bartussek, D. (1988). Beurteilung der deutschen Form des 16 PF-Testes. *Diagnostica, 34,* 367–379.

Bartussek, D. (1991). Sechzig Jahre faktorenanalytische Persönlichkeitsforschung: Ein Überblick über vier Gesamtsysteme der Persönlichkeit. *Trierer Psychologische Berichte, 18,* Heft 5 (42 Seiten).

Bartussek, D. (1996). Faktorenanalytische Gesamtsysteme der Persönlichkeit. In M. Amelang (Hrsg.), *Enzyklopädie der Psychologie. Differentielle Psychologie und Persönlichkeitsforschung. Bd. 3: Temperaments- und Persönlichkeitsunterschiede* (S. 51–105). Göttingen: Hogrefe.

Bartussek, D. & Amelang, M. (1971). *Dimensionen subjektiver Befindlichkeit in einer Eigenschaftswörterliste.* Hamburg: unveröffentlichtes Manuskript.

Bartussek, D. & Amelang, M. (1988). Verschränkungen der psychologischen Diagnostik mit der Differentiellen Psychologie. In R. S. Jäger (Hrsg.), *Lehrbuch der psychologischen Diagnostik* (S. 36–49). München: Psychologie-Verlags-Union.

Bartussek, D., Becker, G., Diedrich, O., Naumann, E. & Maier, S. (1996). Extraversion, neuroticism, and event-related brain potentials in response to emotional stimuli. *Personality and Individual Differences, 1996, 20* (3), 301–312.

Bartussek, D., Collet, W. & Naumann, E. (1983). *Der Einfluß von Gewinn und Verlust auf das evozierte EEG-Potential in Abhängigkeit von Extraversion und Neurotizismus.* Hamburg: Unveröffentlichter Vortrag auf der 25. Tagung experimentell arbeitender Psychologen (zusammengefasst dargestellt in Bartussek, 1984, 181–183).

Bartussek, D., Diedrich, O., Naumann, E. & Becker, G. (1994). Extraversion, neuroticism, and event-related brain potentials: An experiment comparing predictions from Eysenck's and Gray's theories of extraversion. In J. Bermudez, B. de Raad, J. de Vries, A. M. Perez-Garcia, A. Sanchez-Elvira, G. L. van Heck. *Personality psychology in Europe. Volume 6.* Selected papers from the Seventh European Conference of Personality held in Madrid, Spain, July 1994, Tilburg University Press, Tilburg, 1998, Seiten 186–193.

Bartussek, D., Diedrich, O., Naumann, E. & Collett, W. (1993). Introversion-Extraversion and event-related potential (ERP): A test of J. A. Gray's theory. *Personality and Individual Differences, 14,* 563–574.

Bartussek, D. & Gräser, H. (1980). Ergebnisse dreimodaler Faktorenanalysen von EEG-Frequenzspektren. In S. Kubicki, W. M. Herrmann & G. Laudahn (Hrsg.), *Faktorenanalyse und Variablenbildung aus dem Elektroenzephalogramm* (S. 79–87). Stuttgart: Fischer.

Bartussek, D. & Nüssgen, M.-L. (1975). Lernen und Behalten sinnarmer Silben in Abhängigkeit von Extraversion und Neurotizismus. In W. H. Tack (Hrsg.), *Bericht über den 29. Kongreß der Deutschen Gesellschaft für Psychologie in Salzburg 1974, Band I* (S. 67–69). Göttingen: Hogrefe.

Bartussek, D., Pawlik, K. & Rhenius, D. (1972). *Eine Dimensionsanalyse des digital frequenzanalysierten EEG und sein Zusammenhang mit Persönlichkeitsvariablen.* Graz: Vortrag auf der 13. Tagung experimentell arbeitender Psychologen.

Bartussek, D., Raatz, U., Schneider, B. & Stapf, K. H. (1984). *Die Evaluation des Tests für medizinische Studiengänge. Erster Zwischenbericht.* Bonn: Kultusminister-Konferenz der Länder.

Bartussek, D. & Schmitt, M. (1982). *Extraversion, Neurotizismus und evoziertes EEG-Potential – Ein Experiment zur Extraversionstheorie von J. A. Gray.* Universität Tier: Unveröffentlichtes Manuskript (zusammengefaßt dargestellt in Bartussek, 1984, S. 181).

Bartussek, D., Weise, G. & Heinze, B. (1972). *Reliabilität und faktorielle Validität des deutschen 16 PF-Tests von Cattell mit einer ausführlichen Analyse der Items.* (Arbeiten aus dem Psychologischen Institut der Universität Hamburg, Nr. 19). Hamburg: Universität.

Basler, H. B. (1978). Internale versus externale Kontrolle und Gesundheitsverhalten. *Medizinische Psychologie, 4,* 231–232.

Bastine, R. (1969). *Untersuchungen zur »Direktiven Einstellung« von Lehrern und Konstruktion eines Fragebogens.* Unveröff. Diss., Universität Hamburg.

Bates, T., Stough, C., Mangan, G. & Pellett, O. (1995). Intelligence and complexity of the averaged evoked potential: An attentional theory. *Intelligence, 20,* 27–39.

Batten, D. E. (1967). Recall of paired-associates as a function of arousal and recall interval. *Perceptual and Motor Skills, 24,* 1055–1058.

Bauer, F. (1957). *Das Verbrechen und die Gesellschaft.* München: Reinhardt.

Baumann, U. & Dittrich, A. (1975). Konstruktion einer deutschsprachigen Psychotizismusskala. *Zeitschrift für Experimentelle und Angewandte Psychologie, 22,* 421–443.

Baumann, U. & Rösler, F. (1981). Zur revidierten Psychotizismus-Skala nach Eysenck. *Diagnostica, 27,* 18–22.

Baumeister, R. F. & Tice, D. M. (1988). Metatraits. *Journal of Personality, 56,* 571–598.

Bavelas, J. B., Chan, A. S. & Guthrie, J. A. (1976). Reliability and validity of traits measured by Kelly's Repertory Grid. *Canadian Journal of Behavioral Science, 8,* 23–38.

Baxter, T. L. & Goldberg, L. R. (1988). Perceived behavioral consistency underlying trait attributions to oneself and another: An extention of the actor-observer effect. *Personality and Social Psychology Bulletin, 13,* 437–447.

Bayley, N. (1970). Development of mental abilities. In P. Mussen (Ed.), *Carmichael's manual of child psychology, Vol. 1* (pp. 1163–1209). New York: Wiley.

Becker, B. (1973). Individual differences among students who meet research subject requirement early versus later in the term as a source of sampling bias. *Social Behavior and Personality, 1,* 71–80.

Becker, P. (1975). *Das Angst-Struktur-Inventar (A-S-I) Konstruktion und erste Überprüfung der Reliabilität und Validität.* Saarbrücken: Universität des Saarlandes, Arbeiten der Fachrichtung Psychologie, Nr. 30.

Becker, P. (1980). *Studien zur Psychologie der Angst.* Weinheim: Beltz.

Becker, P. (1982a). *Der Interaktions-Angstfragebogen (I-A-F).* Testheft und Manual. Weinheim: Beltz.

Becker, P. (1982b). *Psychologie der seelischen Gesundheit: Theorien. Modelle, Diagnostik* (Bd. 1). Göttingen: Hofgrefe.

Becker, P. (1984). Angsttests. In R. Battegay, J. Glatzel, W. Poldinger & U. Rauchfleisch (Hrsg.), *Handwörterbuch der Psychiatrie* (S. 40–43). Stuttgart: Enke.

Becker, P. (1987). Verlaufsdiagnostik der emotionalen Befindlichkeit. *Trierer Psychologische Berichte, 14,* Heft 10.

Becker, P. (1988a). Ein Strukturmodell der emotionalen Befindlichkeit. *Psychologische Beiträge, 30,* 514–536.

Becker, P. (1988b). Seelische Gesundheit und Verhaltenskontrolle: Zwei replizierbare, varianzstarke Persönlichkeitsfaktoren. *Zeitschrift für Differentielle und Diagnostische Psychologie, 9,* 13–38.

Becker, P. (1995). *Seelische Gesundheit und Verhaltenskontrolle.* Göttingen: Hogrefe.

Becker, P., Krieger, W., Kamm, U. & Schoerer, S. (1989). Alltagskorrelate und -verläufe der emotionalen Befindlichkeit: Literaturüberblick sowie zeitreihenanalytische Studie an fünf Paaren über 100 Zeitpunkte. *Trierer Psychologische Berichte, 16,* Heft 3.

Becker, P., Schneider, J. & Schumann, C. (1975). Über die Bereichsspezifität der Angstneigung. Ein Beitrag zur situationsbezogenen Eigenschaftsmessung. *Psychologische Beiträge, 17,* 112–132.

Becker, W. C. (1960). The matching of behavior rating and questionnaire personality factors. *Psychological Bulletin, 57,* 201–212.

Becker, W. C. (1961). A comparison of the factor structure and other properties of the 16PF and the Guilford-Martin personality inventories. *Educational and Psychological Measurement, 21,* 393–403.

Bedersdorfer, H. W. (1988). *Angstverarbeitung von Schülern. Bewältigung von Schulangst und ihre Beeinflussung durch ein pädagogisches Interventionsprogramm.*Weinheim: Juventa.

Behrens, L. T. & Vernon, P. E. (1978). Personality correlates of over-achievement and under-achievement. British *Journal of Educational Psychology, 48,* 290–297.

Bell, P. A. & Byrne, D. (1978). Repression-Sensitization. In H. London & J. E. Exner (Eds.), *Dimensions of Personality* (pp. 449–485). New York: Wiley.

Bell, Ph. (1978). »Psychology is good«: True/False? *Australian Psychologist, 13,* 211–218.

Belmont, L. & Marolla, F. A. (1973). Birth order, family-size and intelligence. *Science, 182,* 1096–1101.

Belmont, L., Stein, Z. A. & Susser, M. W. (1975). Comparisons of association of birth order with intelligence test score and height. *Nature,* 54–56.

Bem, D. J. (1972). Constructing cross-situational consistencies in behavior: Some thoughts on Alker's critique of Mischel. *Journal of Personality, 40,* 17–26.

Bem, D. J. (1983). Constructing a theory of the triple typoloy. Some (second) thoughts on nomothetic and idiographic approaches to personality. *Journal of Personality, 51,* 566–577.

Bem, D. J. & Allen, A. (1974). On predicting some of the people some of the time: The search for cross-situational consistencies in behavior. *Psychological Review, 81,* 506–520.

Bem, D. J. & Funder, D. C. (1978). Predicting more of the people more of the time: Assessing the personality of situations. *Psychological Review, 85,* 485–501.

Bem, S. L. (1977). On the utility of alternative procedures for assessing psychological androgyny. *Journal of Consulting and Clinical Psychology, 45,* 196–205.

Bem, S. L. (1981a). Gender schema theory: A cognitive account of sex typing. *Psychological Review, 88*, 354–364.

Bem, S. L. (1981b). The BSRI and gender schema theory: A reply to Spence & Helmreich. *Psychological Review, 88*, 369–371.

Bendig, A. W. (1962). The factorial validity of the Guilford-Zimmerman-Temperament-Survey. *Journal of General Psychology, 67*, 309–317.

Bennett, S. N. (1973). Divergent thinking ability: A validation study. *British Journal of Educational Psychology, 43*, 1–7.

Bentler, P. (1989). *EQS- Structural equation program manual.* Los Angeles: BMDP Statistical Software.

Bentler, P. M., Jackson, D. N. & Messick, S. (1971). Identification of content and style: A two-dimensional interpretation of acquiescence. *Psychological Bulletin,* 186–204.

Bergeman, C. S., Chipuer, H. M., Plomin, R. & Pedersen, N. et Al. (1993). Genetic and environmental effects on openness to experience, agreeableness, and conciousness: An adoption/twin study. *Journal of Personality, 61*, 159–179.

Bergeman, C. S., Plomin, R., McClearn, G. E., Pedersen, N. L. & Friberg, L. (1988). Genotype – Environment. Interaction in personality development: Identical twins reared apart. *Psychology and Aging, 3*, 399–406.

Bergin, A. E. (1966). Some implications of psychotherapy research for therapeutic practice. *Journal of Abnormal Psychology,* 235–246.

Bergin, A. E. (1971). The evaluation of therapeutic outcome. In A. E. Bergin & S. L. Garfield (Eds.), *Handbook of psychotherapy and behavior change* (pp. 217–270). New York: Wiley.

Bergius, R. (1960). Behavioristische Konzeptionen zur Persönlichkeitstheorie. In Ph. Lersch & H. Thomae (Hrsg.), *Persönlichkeitsforschung und Persönlichkeitstheorie. Handbuch der Psychologie Band IV* (S. 475–541). Göttingen: Hogrefe.

Bergius, R. (1969). Werden Aggressionen nur gelernt? (Bedingungen aggressiven Verhaltens bei Kindern und Jugendlichen). *Die Schulwarte, 22*, 857–877.

Bergius, R. (1977). Verhaltenstheoretische Ansätze in der Persönlichkeitsforschung. In G. Strube (Hrsg.), *Binet und die Folgen. Die Psychologie des zwanzigsten Jahrhunderts, Band V* (S. 760–828). Zürich: Kindler.

Bergquist, W. H., Lewinsohn, P. M., Sue, D. W. & Flippo, J. R. (1968). Short and long term memory for various types of stimuli as a function of repression-sensitization. *Journal of Experimental Research in Personality, 3*, 28–38.

Berkowitz, L. (1962). *Aggression: A social psychological analysis.* New York: McGraw Hill.

Berkowitz, L. (1965). Some effects of observed aggression. *Journal of Personality and Social Psychology, 2*, 359–369.

Berkowitz, L. (1970). The contagion of violence: an S-R-mediational analysis of some effects of observed aggression. In W. J. Arnold & M. M. Page (Eds.), *Nebraska symposium on motivation* (pp. 95–135). Lincoln: University of Nebraska Press.

Berkowitz, L. & Geen, R. G. (1966). Film violence and the cue properties of available targets. *Journal of Personality and Social Psychology, 6*, 525–530.

Berkowitz, L. & Le Page, A. (1967). Weapons as aggression-eliciting stimuli. *Journal of Personality and Social Psychology, 7*, 202–207.

Berscheid, E. & Walster, E. (1974). Physical attractiveness. In L. Berkowitz (Ed.), *Advances in experimental social psychology, Vol. 7* (pp. 158–215). New York: Academic Press.

Berzins, J. I. (1973). *Locus of control in dimensional versus typological perspectives.* Vortrag auf dem Kongreß der American Psychological Association, Montreal, August 1973.

Bevan, W., Daves, W. F. & Levy, G. W. (1960). The relation of castration, androgen therapy, and pretest fighting experience to competitive aggression in male C57BL/10 mice. *Animal Behavior, 8*, 6–12.

Bewing, C. (1970). Family influences on creativity: A review and discussion. *Journal of Special Education, 4*, 399–404.

Bialer, I. (1961). Conceptualization of success and failure in mentally retarded and normal children. *Journal of Personality, 29*, 303–320.

Bickman, C. & Henchy, T. (1972). *Beyond the Laboratory: Field research in Social Psychology.* New York: MacGraw-Hill.

Bierhoff-Alfermann, D. (1977). *Psychologie der Geschlechterunterschiede.* Köln: Kiepenheuer & Witsch.

Bierhoff-Alfermann, D. (1989). *Androgynie.* Opladen: Westdeutscher Verlag.

Bieri, J. (1961). Complexity-simplicity as a personality variable in cognitive and preferential behavior. In D. W. Fiske & S. R. Maddi (Eds.), *Functions of varied experience* (pp. 355–379). Homewood: Dorsey.

Bieri, J. (1966). Cognitive complexity and personality development. In O. J. Harvey (Ed.), *Experience, structure, and adaptability* (pp. 13–38). New York: Springer.

Bieri, J. (1971). Cognitive structures in personality. In H. M. Schroder & P. Suedfeld (Eds.), *Personality theory and information processing* (pp. 178–208). New York: Ronald Press.

Bieri, J., Atkins, A. L., Briar, S., Leaman, R. L., Miller, H. & Tripodi, T. (1966). *Clinical and social judgement: The discrimination of behavioral information.* New York. Wiley.

Biller, H. B. (1971). *Father, child, and sex role.* Lexington/Mass.: Heath & Co.

Binet, A. & Henri, V. (1895). La psychologie individuelle. *Année Psychologique, 2,* 411–463.

Binet, A. & Simon, Th. (1905). Methodes nouvelles pour le diagnostique du niveau intellectuel des anormaux. *Année Psychologique, 11,* 191–244.

Biondo, J. & MacDonald, A. P. (1971). Internal-external locus of control and response to influence attempts. *Journal of Personality, 39,* 407–419.

Birbaumer, N. (1977b). Angst. In Th. Herrmann, P. R. Hofstätter, H. P. Huber & F. E. Weinert (Hrsg.), *Handbuch psychologischer Grundbegriffe* (S. 27–38). München: Kösel.

Birbaumer, N. (1975). *Physiologische Psychologie.* Berlin usw.: Springer.

Birbaumer, N. (Hrsg.) (1977a). *Psychophysiologie der Angst.* München: Urban & Schwarzenberg.

Birch, H. G. & Gussow, J. D. (1970). *Disadvantaged children: Health, nutrition, and schoolfailure.* New York: Harcourt, Brace & World.

Birkhill, W. R. & Schaie, K. W. (1975). The effect of differential reinforcement of cautiousness in intellectual performance among the elderly. *Journal of Gerontology, 30,* 578–583.

Birtchnell, J. (1979). A test of Toman's theory of mate selection. In M. Cook & G. Wilson (Eds.), *Love and attraction* (pp. 157–162). Oxford usw.: Pergamon.

Björk-Akesson, E. (1990). *Measuring sensation seeking.* Göteborg Studies in Educational Sciences, 75. Göteborg: Acta Universitatis Gothoburgensis.

Bjorkqvist, K., Lagerstedt, K. M. & Kaukiainen, A. (1992). Do girls manipulate and boys fight? Developmental trends in regard to direct and indirect aggression. *Aggressive Behavior, 18,* 117–127.

Black, S. L. & Bevan, S. (1992). At the movies with Buss and Durkee: A natural experiment on film violence. *Aggressive Bahavior, 18,* 37–45.

Blalock, H. M. (1961). *Causal inferences in nonexperimental research.* Chapel Hill, N. C.: University of North Carolina Press.

Blalock, H. M. Jr. (Ed.) (1971). *Causal models in the social sciences.* Chicago: Aldine.

Blankstein, K. R., Toner, B. B. & Flett, G. L. (1989). Test anxiety and the contents of conciousness: Thought-listening and endorsement measures. *Journal of Research in Personality, 23,* 269–286.

Blass, Th. (Ed.) (1977). *Personality variables in social behavior.* Hillsdale: Erlbaum.

Block, J. (1961). *The Q-Sort method in personality assessment and psychiatric research.* (Reprint Edition 1978). Palo Alto, CA: Consulting Psychologists Press.

Block, J. (1971). *Lives through times.* Berkeley, CA: Bancroft Books.

Block, J. (1981). Some enduring and consequential structures of personality. In A. J. Rabin, J. Arnoff, A. M. Barcley & R. A. Zucker (Eds.), *Further explorations in personality* (pp. 27–43). New York: Wiley.

Block, J. (1989). Critique of the act frequency approach to personality. *Journal of Personality and Social Psychology, 56,* 234–245.

Block, J., Weiss, D. S. & Thorne, A. (1979). How relevant is a semantic similarity interpretation of personality ratings? *Journal of Personality and Social Psychology, 37,* 1055–1074.

Bloom, B. S. (1971). *Stabilität und Veränderung.* Weinheim: Beltz.

Blum, G. S. (1949). A study of the psychoanalytic theory of psychosexual development. *Genetic Psychology Monographs, 39,* 3–99.

Blum, G. S. (1955). Perceptual defense revisited. *Journal of Abnormal and Social Psychology, 51*, 24-29.

Boddy, J., Carver, A. & Rowley, K. (1986). Effects of positive and negative verbal reinforcement as a function of extraversion-introversion: Some tests of a Gray's theory. *Personality and Individual Differences, 7*, 81-88.

Boersma, F. J. & Bryan, K. (1968). An investigation of the relationship between creativity and intelligence under two conditions of testing. *Journal of Personality, 36*, 341-348.

Boesch, E. E. & Eckensberger, L. H. (1969). Methodische Probleme des interkulturellen Vergleichs. In C. F. Graumann (Hrsg.), *Handbuch der Psychologie, Bd. 7, Sozialpsychologie, 1. Halbband* (S. 515-566). Göttingen: Hogrefe.

Bollen, K. & Long, J. S. (Eds.) (1993). *Testing structural equation models*. Newbury Park: Sage.

Bollinger, G. (1981). Kreativitätsmessung durch Tests zum divergenten Denken. *Zeitschrift für Differentielle und Diagnostische Psychologie, 2*, 87-106.

Bolton, Th. L. (1991/92). The growth of memory in school children. *American Journal of Psychology, 4*, 362-380.

Boltz, C. R. (1972). Types of personality. In R. M. Dreger (Ed.), *Multivariate personality research: Contributions to the understanding of personality in honor of Raymond B. Cattell* (pp. 161-260). Baton Rouge: Claitor.

Bonarius, A., Angleitner, A. & John, O. (1984). Die Psychologie der persönlichen Konstrukte: Eine kritische Bestandsaufnahme einer Persönlichkeitstheorie. In M. Amelang & H. J. Ahrens (Hrsg.), *Brennpunkte der Persönlichkeitsforschung Band 1* (S. 109-138). Göttingen usw.: Hogrefe.

Bonarius, J. C. J. (1965). Research in the personal construct theory of G. A. Kelly: Role construct repertory test and basic theory. In B. A. Maher (Ed.), *Progress in experimental personality research* (pp. 1-46). New York: Academic Press.

Bond, M. H. (1979). Dimensions used in perceiving peers: Cross-cultural comparisons of Hong Kong, Japanese, American and Filipino university students. *International Journal of Psychology, 14*, 47-56.

Bond, M. H., Nakazato, H. & Shiraishi, D. (1975). Universality and distinctiveness in dimensions of Japanese person perception. *Journal of Cross-Cultural Psychology, 6*, 346-375.

Booth-Butterfield, M. (1991). *Communication, cognition, and anxiety*. Newbury Park, CA: Sage.

Borgatta, E. F. (1964). The structure of personality characteristics. *Behavioral Science, 9*, 8-17.

Boring, E. G. (1923). Intelligence as the tests test it. *New Republic, 35*.

Boring, E. G. (1950). *A history of experimental psychology*. New York: Appleton-Century-Crofts.

Borisova, M. N. (1972). Concentration of nervous processes as an individual typological feature of higher nervous activity. In V. D. Nebylitsyn & J. A. Gray (Eds.), *Biological basis of individual behavior*. London: Academic Press.

Borisova, M. N. (1977). Concentration of nervous processes as a feature of higher nervous activity. In A. A. Smirnow (Ed.), *Psychology and psychophysiology of individual differences*. Moskau: Pedagogika (in Russisch).

Borkenau, P. (1986). Toward an understanding of trait interrelations: Acts as instances for several traits. *Journal of Personality and Social Psychology, 51*, 371-381.

Borkenau, P. (1989). Systematic distortion and systematic overlap in personality ratings. In G. van Heck, S. E. Hampson & J. Reykowski (Eds.), *Personality Psychology in Europe. Vol. 3*. Lisse: Swets & Zeitlinger.

Borkenau, P. (1993a). To predict some of the people more of the time. Individual traits and the prediction of behavior. In K. H. Craik, R. Hogan & R. N. Wolfe (Eds.), *Fifty years of Personality Psychology* (pp. 237-249). New York, London: Plenum.

Borkenau, P. (1993b). *Anlage und Umwelt. Eine Einführung in die Verhaltensgenetik*. Göttingen: Hogrefe.

Borkenau, P. & Amelang, M. (1983). Vorhersagen für einige Personen in einigen Dimensionen. Oder: Individuelle Angemessenheit von Eigenschaftskonstrukten und Differentielle Validität. In G. Lüer (Hrsg.), *Bericht über den 33. Kongreß der Deutschen Gesellschaft für Psychologie in Mainz 1982, Band 1* (S. 468-472). Göttingen usw.: Hogrefe.

Borkenau, P. & Amelang, M. (1985). The control of social desirability in personality inventories: An empirical study using the principle factor deletion technique. *Journal of Research in Personality, 19,* 44–53.

Borkenau, P. & Liebler, A. (1992a). Trait inferences: sources of validity at zero acquaintanceship. *Journal of Personality and Social Psychology, 62,* 645–657.

Borkenau, P. & Liebler, A. (1992b). The cross-modal consistency of personality: Inferring strangers' traits from visual or acoustic information. *Journal of Research in Personality, 26,* 183–202.

Borkenau, P. & Liebler, A. (1993). Consensus and self-other agreement for trait-inferrences from minimal information. *Journal of Personality, 61,* 477–496.

Borkenau, P. & Ostendorf, F. (1989). Untersuchungen zum Fünf-Faktoren-Modell der Persönlichkeit und seiner diagnostischen Erfassung. *Zeitschrift für Differentielle und Diagnostische Psychologie, 10,* 239–251.

Borkenau, P. & Ostendorf, F. (1987a). Untersuchungen zur faktoriellen Struktur restrospektiv geschätzter und on-line codierter Verhaltensfrequenzen: Eine Vergleichsstudie. *Zeitschrift für Differentielle und Diagnostische Psychologie, 8,* 259–274.

Borkenau, P. & Ostendorf, F. (1987b). Fact and fiction in implicit personality theory. *Journal of Personality, 55,* 415–443.

Borkenau, P. & Ostendorf, F. (1987c). Ein Versuch der Trennung deskriptiver und evaluativer Bedeutungskomponenten in eigenschafts-beschreibenden Begriffen. *Archiv für Psychologie, 139,* 189–207.

Borkenau, P. & Ostendorf, F. (1990). Comparing exploratory and confirmatory factor analysis: A study on the 5-factor model of personality. *Personality and Individual Differences, 11,* 515–52

Borkenau, P. & Ostendorf, F. (1991). Ein Fragebogen zur Erfassung fünf robuster Persönlichkeitsfaktoren. *Diagnostica, 37,* 29–41.

Borkenau, P. & Ostendorf, F. (1992). Social desirability scales as moderator and suppressor variables. European *Journal of Personality, 6,* 199–214.

Borkenau, P. & Ostendorf, F. (1993). *NEO-Fünf-Faktoren Inventar (NEO-FFI) nach Costa und McCrae, Handanweisung.* Göttingen: Hogrefe.

Borkowski, J. G. & Krause, A. (1983). Racial differences in intelligence: the importance of the executive system. *Intelligence, 7,* 179–395.

Borkowski, J. G., Krause, A. & Maxwell, S. (1985). On multiple determinants of racial differences in intelligence: a reply to Jensen. *Intelligence, 9,* 41–49.

Bornewasser, M. (1993). Geschlecht, soziale Rolle und aggressives Handeln: Sind Männer aufgrund ihrer physischen Ausstattung aggressiver als Frauen? *Zeitschrift für Sozialpsychologie, 24,* 51–65.

Bortz, J. (1977). Lehrbuch der Statistik. Berlin: Springer.

Bosinska, W. (1976). The relation of personality and memory in the light of Eysenck's extraversion-introversion theory. *Polish Psychology Bulletin, 7,* 137–145.

Bosse, M. A. (1979). Do creative children behave differently? *Journal of Creative Behavior, 13,* 119–126.

Bottinelli, S. B. & Weizmann, E. (1973). Task independence and locus of control orientation in children. *Journal of Personality Assessment, 37,* 375–381.

Botwin, M. D. & Buss, D. M. (1989). Structures of self-report data: Is the five factor model of personality recaptured? *Journal of Personality and Social Psychology, 56,* 988–1001.

Botwinick, J. (1967). *Cognitive processes in maturity and old age.* New York: Springer.

Botwinick, J. (1977). Does intelligence decline in old age. In J. E. Birren & K. W. Schaie (Eds.), *Handbook of the Psychology of Aging* (pp. 580–605). New York: Van Nostrand-Reinhold.

Bouchard, T. J. Jr. (1982). The intelligence controversy: A review of H. J. Eysenck and L. Kamin. *American Journal of Psychology, 95,* 346–349.

Bouchard, T. J. Jr. (1983). Do environmental similarities explain the similarity in intelligence of identical twins reared apart? *Intelligence, 7,* 175–184.

Bouchard, T. J. Jr. (1984). Twins reared apart and together: What they tell us about human individuality. In S. Fox (Ed.), *The chemical and biological bases of individuality.* New York: Plenum Publishing Corporation.

Bouchard, T. J. Jr. (1987). Diversity, development and determinism: A report on identical twins reared apart. In M. Amelang (Hrsg.), *Bericht über den 35. Kongreß der Deutschen Gesellschaft für Psychologie in Heidelberg, 1986, Bd. 2* (S. 417–432). Göttingen: Hogrefe.
Bouchard, T. J. Jr., Lykken, D. T., McGue, M., Segal, N. L. & Tellegen, A. (1990). Sources of human psychological differences: The Minnesota Study of twins reared apart. *Science, 250*, 223–228.
Bouchard, T. J. Jr., Lykken, D. T., Segal, N. L. & Wilcox, K. J. (1986). Development in twins reared apart: A test of the chronogenetic hypothesis. In A. Demirjian (Ed.), *Human growth: A multidisciplinary review.* London: Taylor & Francis.
Bouchard, T. J. Jr. & Propping, P. (1993) (Eds.) *Twins as a tool of behavioral genetics*. Chichester: John Wiley.
Bouchard, T. J. Jr. & Segal, N. L. (1985). Environment and IQ. In D. B. Wolman (Ed.), *Handbook of Intelligence* (pp. 391–464). N. J.: Wiley.
Boucsein, W. & Frye, M. (1974). Physiologische und psychische Wirkungen von Mißerfolgsstress unter Berücksichtigung des Merkmals Repression-Sensitization. *Zeitschrift für Experimentelle und Angewandte Psychologie, 21*, 339–366.
Bower, A. C. & Anderson, C. E. (1970). A study of the construct validity of the conceptual systems test. Canadian *Journal of Behavioral Science, 2*, 279–293.
Bowers, K. (1966). Hypnotic behavior: The differentiation of trance and demand characteristic variables. *Journal of Abnormal Psychology, 71*, 42–51.
Bowers, K. S. (1973). Situationism in psychology: An analysis and a critique. *Psychological Review, 80*, 307–330.
Bowman, B. J. (1996). Cross-cultural validation of Antonovsky's Sense of Coherence Scale. *Journal of Clinical Psychology, 52* (5), 547–549.
Bowman, P. C. (1979). Physical constancy and trait-attribution: Attenuation of the primacy effect. *Personality and Social Psychology Bulletin, 5*, 62–64.
Boxberg von, C. & Rüddel, H. (1995). Die Bedeutung von psychosozialen Faktoren als Risikofaktoren für die koronare Herzkrankheit: Ein Methodenproblem? *Zeitschrift für Gesundheitspsychologie, 3*, 195–208.
Bracken, H. v. (1939). Das Schreibtempo von Zwillingen und die sozialpsychologischen Fehlerquellen in der Zwillingsforschung. *Zeitschrift für menschliche Vererbungs- und Konstitutionslehre, 23*, 278–298.
Bracken, H. v. (1969). Humangenetische Psychologie. In T. Becker (Hrsg.), *Humangenetik, Band 1/2* (S. 409–561). Stuttgart: Thieme.
Bradley, R. & Caldwell, B. (1981). The HOME Inventory: A validation of the pre-school-scale for black children. *Child Development, 52*, 708–710.
Bradley, R. H., Caldwell, B. M. & Elardo, R. (1977). Home environment, social status and mental test performance. *Journal of Educational Psychology, 69*, 697–701.
Bradway, K. P., Thompson, C. W. & Cravens, R. B. (1958). Preschool IQ's after twenty-five years. *Journal of Educational Psychology, 50*, 278–281.
Bramel, D. (1969). Interpersonal attraction, hostility, and perception. In J. Mills (Ed.), *Experimental social psychology* (pp. 3–120). New York: MacMillan.
Brand, C. (1995). What is it to be high-K? *Personality and Individual Differences, 19*, 411–413.
Brandstätter, H. (1988). Sechzehn Persönlichkeits-Adjektiveskala (16 PA) als Forschungsinstrument anstelle des 16 PF. *Zeitschrift für Experimentelle und Angewandte Psychologie, 35*, 370–391.
Brandstätter, H., Schuler, H. & Stocker-Kreichgauer, G. (1974). *Psychologie der Person*. Stuttgart: Kohlhammer.
Brandt, U. & Köhler, B. (1972). Norm und Konformität. In C. F. Graumann (Hrsg.), *Sozialpsychologie, 2. Halbband: Forschungsbereiche* (S. 1710–1789). Göttingen: Hogrefe.
Brandtstädter, J. (1976). Soziale Schicht, Umwelt und Intelligenz: Eine Pfadanalyse der Korrelationsbefunde von Marjoribanks. *Psychologische Beiträge, 18*, 35–53.
Brannigan, G. G., Ash, Th. & Margolis, H. (1980). Impulsivity-reflectivity and children's intellectual performance. *Journal of Personality Assessment, 44*, 41–43.
Braucht, G. N., Brakarsh, D., Follingstad, D. & Berry, K. L. (1973). Deviant drug use in adolescence: A review of psychosocial correlates. *Psychological Bulletin, 79*, 92–106.

Bredenkamp, J. (1969). Experiment und Feldexperiment. In C. F. Graumann (Hrsg.), *Handbuch der Psychologie Bd. 7, Sozialpsychologie* (S. 332–374). Göttingen: Hogrefe.

Bredenkamp, J. (1972). *Der Signifikanztest in der psychologischen Forschung*. Frankfurt/Main: Akademische Verlagsanstalt.

Bredenkamp, J. (1980). *Theorie und Planung psychologischer Experimente*. Darmstadt: Steinkopff.

Bredenkamp, J. & Wippich, W. (1977). *Lern- und Gedächtnispsychologie, Band I und II*. Stuttgart: Kohlhammer.

Breland, H. M. (1973). Birth order effect: A reply to Schooler. *Psychological Bulletin, 80*, 210–212.

Brengelmann, J. C. (1952). Kretschmers zyklothyme und schizothyme Typen im Bereich der normalen Persönlichkeit. *Psychologische Rundschau, 3*, 31–38.

Brickenkamp, R. (1975). *Handbuch psychologischer und pädagogischer Tests*. Göttingen: Hogrefe.

Bridgman, P. W. (1938). Operational analysis. *Philosphical Science, 5*, 114–131.

Briggs, S. R. (1989). The optimal level of measurement for personality constructs. In D. M. Buss & N. Cantor (Eds.), *Personality Psychology – Recent Trends and Emerging Directions* (pp. 246–260). New York: Springer.

Briggs, S. R. & Cheek, J. M. (1986). The role of factor analysis in the development and evaluation of personality scales. *Journal of Personality, 54*, 106–148.

Briggs, S. R. & Cheek, J. M. (1988). On the nature of self-monitoring: Problems with assessment, problems with validity. *Journal of Personality and Social Psychology, 54*, 663–678.

Briggs, St., Cheek, H. M. & Buss, A. H. (1980). An analysis of the self-monitoring scale. *Journal of Personality and Social Psychology, 38*, 679–686.

Bringman, W. (1979). *The establishment of Wundt's Leipzig laboratory: An archival and documentary study*. Heidelberg: Vortrag auf dem Heidelberg Colloquium on Wilhelm Wundt.

Britt, T. W. (1993). Metatraits: Evidence relevant to the validity of the construct and its implications. *Journal of Personality and Social Psychology, 65*, 554–562.

Brocke, B. & Battmann, W. (1985). Die Aktivierungstheorie der Persönlichkeit. *Zeitschrift für Differentielle und Diagnostische Psychologie, 6*, 189–213.

Brocke, B. & Liepmann, D. (1985). Eysencks Theorie der situativen Erregung: einige Befunde zu einer interaktionistischen Ergänzung der Aktivierungstheorie der Persönlichkeit. *Zeitschrift für Differentielle und Diagnostische Psychologie, 6*, 19–38.

Brockner, J. & Eckenrode, J. (1979). Self-monitoring and the actor-observer bias. *Representative Research in Social Psychology, 9*, 81–88.

Brodsky, C. M. (1954). *A study of norms for body form-behavior relationship*. Washington, D. C.: Catholic University of America Press.

Brody, E. B. & Brody, N. (1976). *Intelligence. Nature, Determinants and Consequences*. New York: Academic Press.

Brody, N. (1972). *Personality. Research and theory*. New York und London: Academic Press.

Brody, N. (1988). *Personality: In Search of Individuality*. San Diego: Academic Press.

Brodzinsky, D. M. (1987). Looking at adoption through rose-coloured glasses: A critique of Marquis and Detweiler's »Does adoption mean different? An attributional analysis«. *Journal of Personality and Social Psychology, 52*, 394–398.

Brokken, F. B. (1978). *The language of personality*. Meppel, Holland: Krips.

Brothen, T. & Detzner, D. (1983). Perceived health and locus of control in the aged. Perceptual and Motor Skills, 56, 946.

Broughton, R. (1984). A prototype strategy for construction of personality scales. *Journal of Personality and Social Psychology, 47*, 1134–1346.

Broverman, D. M. (1961). Effects of score transformations in Q and R factor analysis techniques. *Psychological Review, 68*, 68–80.

Brown, A. S. (1973). An empirical verification of Mednick's associative theory of creativity. *Bulletin of the Psychonomic Society, 2*, 429–430.

Brown, J. C. & Strickland, B. R. (1972). Belief in internal-external control of reinforcement and participation in college activities. *Journal of Consulting and Clinical Psychology, 38*, 148.

Brown, W. P. (1961). Conceptions of perceptual defence. *British Journal of Psychology Monographs Suppl. No. 35*.

Brownmiller, S. (1978). *Gegen unseren Willen. Vergewaltigung und Männerherrschaft*. Frankfurt: Fischer.
Bruner, J. S. & Goodman, C. C. (1947). Value and need as organizing factors in perception. *Journal of Abnormal and Social Psychology, 42*, 33–44.
Bruner, J. S. & Postman, L. (1947a). Tension and tension release as organizing factors in perception. *Journal of Personality, 15*, 300–308.
Bruner, J. S. & Postman, L. (1947b). Emotional selectivity in perception and reaction. *Journal of Personality, 16*, 69–77.
Bryan, W. L. & Harter, N. (1899). Studies on the telegraphic language. The acquisition of a hierarchy of habits. *Psychological Review, 6*, 345–375.
Bryant, P. E. (1985). Tests of influence. *Nature 315*, 79.
Buchsbaum, M. S., Haier, R. J. & Johnson, J. (1983). Augmenting and reducing: individual differences in evoked potentials. In Gale & Edwards (Eds.), *Physiological Correlates of Human Behaviour, 3* (pp. 117–138). London: Academic Press.
Buchsbaum, M. S. & Silverman, J. (1968). Stimulus intensity control and the cortical evoked response. *Psychosomatic Medicine, 30*, 12–22.
Buck, E. & Bierhoff, H.-W. (1986). Verläßlichkeit und Vertrauenswürdigkeit: Skalen zur Erfassung des Vertrauens in eine konkrete Person. *Zeitschrift für Differentielle und Diagnostische Psychologie, 7*, 205–223.
Buikhuisen, W. & Hemmel, J. J. (1972). Crime and conditioning. *British Journal of Criminology, 12*, 147–157.
Bulheller, S. & Häcker, H. (1998). *Eysenck Personality Profiler EPP-D*. Manual. Frankfurt: Swets Test Services.
Burchard, E. M. L. (1936). Physique and psychosis: An analysis of the postulated relationship between bodily constitution and mental disease syndrome. *Comparative Psychological Monographs, 13* (No. 1).
Burdsal, C. A. & Vaughn, D. S. (1974). A contrast of the personality structure of college students found in the questionnaire medium by items as compared to parcels. *Journal of Genetic Psychology, 125*, 219–224.
Burgess, P. K. (1972). Eysenck's theory of criminology. A test of some objections to disconformity evidence. *The British Journal of Social and Clinical Psychology, 11*, 248–256.
Burisch, M. (1976). *Konstruktionsstrategien für multidimensionale Persönlichkeitsfragebogen*. Unveröffentl. Diss., Universität Hamburg.
Burisch, M. (1984). Approaches to personality inventory construction. A comparison of merits. *American Psychologist, 39*, 214–227.
Burks, B. S. (1928). The relative influence of nature and nurture upon mental development: A comparative study of foster parent-foster child resemblance and true parent-true child resemblance. 27. *Yearbook of the National Society for the Study of Education* (pp. 219–316). Bloomington: Public School Publishing.
Burks, B. S., Jensen, D. W. & Terman, L. M. (1930). *Genetic studies of genius. Vol. III*. Stanford: Stanford University Press.
Burks, B. S. & Rose, A. (1949). Studies of identical twins reared apart. *Psychological Monographs, 63*, 1–62.
Burnett, S., Lane, D. M. & Dratt, L. M. (1979). Spatial visualization and sex differences in quantitative ability. *Intelligence, 3*, 345–354.
Burns, N. R., Nettelbeck, T. & Cooper, C. J. (1996). The string measure of the event-related potential, IQ and inspection time. *Personality and Individual Differences, 21*, 563–572.
Burns, W. J. & Tylor, J. D. (1976). Appreciation of risque cartoon humor in male and female repressors and sensitizers. *Journal of Clinical Psychology, 32*, 315–321.
Buros, O. K. (1970). *Personality tests and reviews. Fifth mental measurement year book*. Highland Park: Gryphon.
Burt, C. (1909). Experimental tests of general intelligence. *British Journal of Psychology, 3*, 94–177.
Burt, C. (1917). *The distribution and relations of educational abilities*. London: King.

Burt, C. (1949). The structure of the mind: A review of the results of factor analysis. *British Journal of Educational Psychology, 19,* 176–199.

Burt, C. (1963). Is intelligence distributed normally? *The British Journal of Statistical Psychology, 16,* 175–190.

Burt, C. (1966). The genetic determination of differences in intelligence: A study of monocygotic twins reared together and apart. *British Journal of Psychology, 57,* 137–153.

Burt, C. (1949). Experimental tests of higher mental processes and their relation to general intelligence. *British Journal of Educational Psychology, 19,* 100–111.

Burton, R. V. (1963). Generality of honesty reconsidered. *Psychological Review, 70,* 481–499.

Buse, L. (1970). *Untersuchung zur Akquieszenz an einem Extraversions- und einem Neurotizismus-Fragebogen.* Unveröffentl. Zulassungsarbeit, Universität Hamburg.

Buse, L. (1976). Zur Interpretation einer Lügenskala. *Diagnostica, 22,* 34–43.

Buse, L. (1980a). Intraindividuelle Merkmalsvariation und Validität eines Extraversionsbogens. Eine Untersuchung zur Gültigkeit des Eigenschaftsbegriffs. *Zeitschrift für Differentielle und Diagnostische Psychologie, 1,* 35–42.

Buse, L. (1980b). Kritik am Moderatoransatz in der Akquieszenz-Forschung. *Psychologische Beiträge, 22,* 119–127.

Buse, L. & Pawlik, K. (1982). Integration faktorenanalytischer Untersuchungen zur Struktur der Intelligenz. In K. Pawlik (Hrsg.), *Multivariate Persönlichkeitsforschung* (S. 227–248). Bern usw.: Huber.

Bush, E. S. & Dweck, C. S. (1975). Reflection on conceptual tempo: Relationship between cognitive style and performance as a function of task characteristics. *Developmental Psychology, 11,* 567–574.

Buss, A. H. (1961). *The psychology of aggression.* New York: Wiley.

Buss, A. H. (1963). Physical aggression in relation to different frustrations. *Journal of Abnormal and Social Psychology, 67,* 1–7.

Buss, A. H. (1989). Personality as traits. *American Psychologist, 44,* 1378–1388.

Buss, A. H. & Durkee, A. (1957). An inventory of assessing different kinds of hostility. *Journal of Consulting Psychology, 21,* 343–348.

Buss, A. H. & Perry, M. (1992). The aggression questionnaire. *Journal of Personality and Social Psychology, 63,* 452–459.

Buss, A. R & Poley, W. (1976). *Individual Differences: Traits and factors.* New York: Gardner.

Buss, A. R. (1976). Galton and the birth of differential psychology and eugenics: Social, political, and economic factors. *Journal of the History of the Behavioral Sciences, 12,* 47–58.

Buss, A. R. (1977). On the relationship between the psychological environment and the development of individual differences in abilities. *Intelligence, 1,* 192–207.

Buss, D. M. & Craik, K. H. (1980). The frequency concept of disposition: Dominance and prototypically dominant acts. *Journal of Personality, 48,* 379–392.

Buss, D. M. & Craik, K. H. (1981). The act frequency analysis of interpersonal disposition: Aloofness, gregariousness, dominance and submissiveness. *Journal of Personality, 49,* 175–192.

Buss, D. M. & Craik, K. H. (1983a). The act frequency approach to personality. *Psychological Review, 90,* 105–126.

Buss, D. M. & Craik, K. H. (1983b). Act prediction and the conceptual analysis of personality scales: Indices of act density, by polarity and extensity. *Journal of Personality and Social Psychology, 45,* 1081–1095.

Buss, D. M. & Craik, K. H. (1984). Acts, dispositions, and personality. In B. A. Maher & W. B. Maher (Eds.), *Progress in Experimental Personality Research, Vol. 13.* New York: Academic Press.

Byrne, D. (1961). The repression-sensitization scale: Rationale, reliability, and validity. *Journal of Personality, 29,* 334–349.

Byrne, D. (1964a). Repression-sensitization as a dimension of personality. In B. A. Maher (Ed.), *Progress in experimental personality research, Vol. 1.* New York: Academic Press.

Byrne, D. (1964b). Childrearing antecedents of repression-sensitization. *Child Development, 35,* 1033–1039.

Byrne, D. (1972). *An introduction to personality, research, theory and applications.* Englewood Cliffs: Prentice Hall.

Byrne, D. (1974). *An Introduction to Personality: Research, Theory and Application* (2nd ed.). Cliffs: Prentice Hall.

Byrne, D., Barry, J. & Nelson, D. (1963). Relation of the revised Repression-Sensitization Scale to measures of self-description. *Psychological Reports, 13,* 323–334.

Byrne, D. & Holcomb, J. (1962). The reliability of a response measure: Differential recognition – threshold scores. *Psychological Bulletin, 59,* 70–73.

Byrne, D. & Lamberth, J. (1971). *The effect of erotic stimuli on sex arousal, evaluative responses, and subsequent behavior. Technical report of the Commission on Obscenity and Pornography (Vol. VIII.).* Washington, D. C.: U.S. Government Printing Office. (Zit. nach Bell & Byrne, 1977.)

Byrne, D. & Sheffield, J. (1965). Response to sexually arousing stimuli as a function of repressing and sensitizing defenses. *Journal of Abnormal Psychology, 70,* 114–118.

Byrne, D., Steinberg, M. A. & Schwartz, M. S. (1968). The relationship between repression-sensitization and physical illness. *Journal of Abnormal Psychology, 73,* 154–155.

Cabot, P. S. De Q. (1938). The relationship between characteristics of personality and physique in adolescents. *Genetic Psychology Monographs, 20,* 3–120.

Caesar, S.-G. (1981). Über Kreativitätsforschung. *Psychologische Rundschau, 32,* 83–102.

Callaway, J. W., Nowicki, St. & Duke, M. P. (1980). Overt expression of experimental expectancies, Interaction with subject expectancies and performance in a psychomotor task. *Journal of Research in Personality, 14,* 27–39.

Calvo, M. G., Alamo, L. & Ramos, P. M. (1990). Test anxiety, motor performance and learning: Attentional and somatic interference. *Personality and Individual Differences, 11,* 29–38.

Calvo, M. G. & Carreiras, M. (1993). Selective influence of test anxiety on reading processes. *British Journal of Psychology, 84,* 375–388.

Calvo, M. G., Eysenck, M. W., Ramos, P. M. & Jimenez, A. (1994). Compensatory reading strategies in test anxiety. Anxiety, Stress and Coping. *An International Journal, 7,* 99–116.

Calvo, M. G. & Ramos, P. M. (1989). Effects of test anxiety on motor learning: The processing efficiency hypothesis. *Anxiety Research, 2,* 45–55.

Campbell, D. T. (1957). Factors relevant to the validity of experiments in social settings. *Psychological Bulletin, 54,* 297–312.

Campbell, D. T. & Stanley, J. C. (1963, 7th ed. 1971). Experimental and quasi-experimental designs for research on teaching. In N. L. Gage (Ed.), *Handbook of research on teaching.* Chicago: Rand McNally.

Campbell, G. T. & Fiske, D. W. (1959). Convergent and discriminant validation by the multitrait-multimethod matrix. *Psychological Bulletin, 56,* 81–105.

Campbell, J. B. (1983). Differential relationships of extraversion, impulsivity, and sociability to study habits. *Journal of Research and Personality, 17,* 308–314.

Canter, S. (1973). Personality traits in twins. In G. Claridge, S. Canter & W. I. Hume (Eds.), *Personality differences and biological variations* (pp. 21–51). Oxford: Pergamon.

Cantor, N. & Mischel, W. (1979). Prototypes in person perception. In L. Berkowitz (Ed.), *Advances in experimental social psychology, Vol. 12* (pp. 3–52). New York usw.: Academic Press.

Caprara, G. V., Barbaranelli, C., Borgogni, L. & Perugini, M. (1993). The »Big Five Questionnaire«: A new questionnaire to assess the Five Factor Model. *Personality and Individual Differences, 15,* 281–288.

Carey, G. (1992). Twin imitation for antisocial behavior: Implications for genetic and family environment research. *Journal of Abnormal Psychology, 101,* 18–25.

Carlier, M. (1985). Factor analysis of Strelau's questionnaire and an attempt to validate some of the factors. In J. Strelau, F. H. Farley & A. Gale (Eds.), *The biological bases of personality and behavior, Volume 1: Theories, measurement techniques, and development* (pp. 145–160). Washington: Hemisphere.

Carlsmith, L. (1964). Effect of early father-absence on scholastic aptitude. *Harvard Educational Review, 34,* 3–21.

Carroll, D. (1972). Repression-sensitization and the verbal elaboration of experience. *Journal of Consulting and Clinical Psychology, 38,* 147.

Carroll, J. B. (1978). How shall we study individual differences in cognitive abilities? – Methodological and theoretical perspectives. *Educational Researcher, 10*, 11–21.
Carroll, J. B. (1981). Ability and task difficulty in cognitive psychology. *Intelligence, 2*, 87–115.
Carroll, J. B. & Maxwell, S. E. (1979). Individual differences in cognitive abilities. *Annual Review of Psychology, 30*, 603–640.
Cartwright, D. S. (1974). *Introduction to personality*. Chicago: Rand McNally.
Carver, Ch. S. (1979). A cybernetic model of self-attention processes. *Journal of Personality and Social Psychology, 37*, 1251–1281.
Carver, Ch. S. & Glass, D. C. (1978). Coronary-prone behavior pattern and interpersonal aggression. *Journal of Personality and Social Psychology, 36*, 361–366.
Carver, R. (1978). The case against statistical testing. *Harvard Educational Review, 48*, 378–399.
Case, R. & Globerson, T. (1974). Field independence and central computing space. *Child Development, 45*, 772–778.
Cash, T. F., Begley, P. J., McCown, D. A. & Weise, B. C. (1975). When counselors are heard but not seen. Initial impact of physical attractiveness. *Journal of Counseling Psychology, 22*, 273–279.
Cash, T. F. & Smith, E. (1981). Physical attractiveness and personality among American college students. *Journal of Psychology, 111*, 183–191.
Cash, T. F., Stack, J. J. & Luna, G. C. (1975). Convergent and discriminant behavioral aspects of interpersonal trust. *Psychological Report, 37*, 983–986.
Catron, D. W. (1978). Immediate test-retest changes in Wais scores among college males. *Psychological Reports, 43*, 279–290.
Catron, D. W. & Thompson, C. C. (1979). Test-retest gains in Wais scores after four retest intervalls. *Journal of Clinical Psychology, 35*, 352–357.
Cattell, J. McK. (1890). Mental tests and measurement. *Mind, 15*, 373–380.
Cattell, J. McK. & Farrand, L. (1896). Physical and mental measurements of the students of Columbia University. *Psychological Review, 3*, 618–684.
Cattell, R. B. (1943a). The description of personality: I. Foundations of trait measurement. *Psychological Review, 50*, 559–594.
Cattell, R. B. (1943b). The description of personality: basic traits resolved into clusters. *Journal of Abnormal and Social Psychology, 38*, 476–506.
Cattell, R. B. (1944). Interpretation of the twelve primary personality factors. *Character and Personality, 13*, 55–90.
Cattell, R. B. (1945). The description of personality: principles and findings in a factor analysis. *American Journal of Psychology, 58*, 69–90.
Cattell, R. B. (1946a). Personality structure and measurement: I. The operational determination of trait unities. *British Journal of Psychology, 36*, 88–103.
Cattell, R. B. (1946b). Personality structure and measurement: II. The determination and utility of trait modality. *British Journal of Psychology, 36*, 159–174.
Cattell, R. B. (1946c). *Description and measurement of personality*. Yonkers-on-Hudson, N. Y.: World Book.
Cattell, R. B. (1947). Confirmation and clarification of primary personality factors. *Psychometrika, 12*, 197–220.
Cattell, R. B. (1948). The primary personality factors in women compared with those in men. *British Journal of Psychology, 1*, 114–130.
Cattell, R. B. (1949). r_p and other coefficients of pattern similarity. *Psychometrika, 14*, 279–298.
Cattell, R. B. (1950). *Personality: A systematical theoretical and factual study*. New York: McGraw Hill.
Cattell, R. B. (1952). *Factor analysis*. New York: Harper.
Cattell, R. B. (1957). *Personality and motivation: Structure and measurement*. New York: World Book.
Cattell, R. B. (1960). The multiple abstract variance analysis equations and solutions for nature-nurture research on continuous variables. *Psychological Review, 67*, 343–372.
Cattell, R. B. (1963). Theory of fluid and crystallized intelligence: A critical experiment. *Journal of Educational Psychology, 54*, 1–22.

Cattell, R. B. (1963). The personality and motivation of the researcher from measurement of contem poraries and from biography. In C. W. Taylor & F. Barron (Eds.), *Scientific creativitiy: Its recognition and deve*lopment (pp. 119–131). New York: Wiley.

Cattell, R. B. (1965). *The scientific analysis of personality*. Harmondsworth: Penguin (deutsch: Die empirische Erforschung der Persönlichkeit, Weinheim: Beltz, 1973).

Cattell, R. B. (Ed.) (1966). *Handbook of multivariate experimental psychology*. Chicago: Rand McNally.

Cattell, R. B. (1966a). The scree test for the number of factors. *Multivariate Behavioral Research, 1*, 245–276.

Cattell, R. B. (1966b). Anxiety and Motivation: Theory and crucial experiments. In C. D. Spielberger (Ed.), *Anxiety and behavior* (pp. 23–62). New York: Academic Press.

Cattell, R. B. (1968). Trait view theory of perturbations in ratings and self-ratings (L(BR)-and Q-data): its application to obtaining pure trait score estimates in questionnaire. *Psychological Review, 75*, 96–113.

Cattell, R. B. (1971). *Abilities – their structure, growth, and action*. Boston: Haughton Mifflin.

Cattell, R. B. (1972). The 16PF and basic personality structures: a reply to Eysenck! *Journal of Behavioral Science, 1*, 169–187.

Cattell, R. B. (1973). *Personality and mood by questionnaire*. San Francisco: Jossey-Bass.

Cattell, R. B. (1974). How good is the modern questionnaire? General principles for evaluation. *Journal of Personality Assessment, 38*, 115–129.

Cattell, R. B. & Birkett, H. (1980). The known personality structurers found aligned between first orders I-Data and second order R-Data Factors with new evidence on the inhibitory control, independence and regression traits. *Personality and Individual Differences, 1*, 229–238.

Cattell, R. B. & Butcher, H. J. (1968). *The prediction of achievement and creativity*. New York: Bobs-Merrill.

Cattell, R. B. & Child, D. (1975). *Motivation and dynamic structure*. London: Holt, Rinehart & Winston.

Cattell, R. B., Coulter, M. A. & Tsujioka, B. (1966). The taxonometric recognition of types and functional emergents. In R. B. Cattell (Ed.), *Handbook of multivariate experimental psychology* (pp. 288–329). Chicago, Ill.: Rand McNally.

Cattell, R. B. & Dreger, M. (Eds.) (1977). *Handbook of modern personality theory*. New York: Wiley.

Cattell, R. B. & Drevdahl, J. E. (1955). A comparison of the personality profile (16 PF) of eminent researchers with that of eminent teachers and administrators, and of the general population. *British Journal of Psychology, 46*, 248–261.

Cattell, R. B., Eber, H. W. & Tatsuoka, M. M. (1970). *Handbook for the Sixteen Personality Factor Questionnaire (16 PF) in clinical, educational, industrial and research psychology, 1970 edition.* Champaign, Ill.: Institute for Personality and Ability Testing.

Cattell, R. B. & Horn, J. L. (1963). An integrating study of the factor structure of adult attitude-interests. *Genetic Psychology Monographs, 3*, 67, 89–149.

Cattell, R. B., Horn, J. L., Sweny, A. B. & Radcliffe, J. A. (1964). *The Motivation Analysis Test (MAT)*. Champaign: IPAT.

Cattell, R. B. & Kline, P. (1977). *The scientific analysis of personality and motivation*. London: Academic Press.

Cattell, R. B. & Nesselroade, J. R. (1965). Untersuchung der interkulturellen Konstanz der Persönlichkeitsfaktoren im 16 PF-Test. *Psychologische Beiträge, 8*, 502–525.

Cattell, R. B. & Nesselroade, J. R. (1967). Likeness and completeness theories examined by the 16 PF measures on stably and unstably married couples. *Journal of Personality and Social Psychology, 7*, 351–361.

Cattell, R. B., Pierson, G. & Finkbeiner, C. (1976). Alignment of personality source trait factors from questionnaires and observer ratings: the theory of instrument-free patterns. *Multivariate Experimental Clinical Research, 2*, 63–88.

Cattell, R. B. & Radcliffe, J. R. (1962). Reliabilities and validities of simple and extended weighted and buffered unifactor scales. *British Journal of Statistical Psychology, 15*, 113–128.

Cattell, R. B. & Saunders, D. R. (1950). Inter-relation and matching of personality factors from behavior rating, questionnaire and objective test data. *Journal of Social Psychology, 31*, 243–260.

Cattell, R. B., Saunders, D. R. & Stice, G. F. (1957). *Sixteen Personality Factor Questionnaire*. Champaign, Ill.: Institute of Personality and Ability Testing.

Cattell, R. B. & Saunders, D. S. (1954). Beiträge zur Faktorenanalyse der Persönlichkeit. *Zeitschrift für Experimentelle und Angewandte Psychologie, 2*, 325–357.

Cattell, R. B. & Scheier, I. H. (1961). *The meaning and measurement of neuroticism and anxiety*. New York: Ronald.

Cattell, R. B., Schroeder, G. & Wagner, A. (1969). Verification of the structure of the 16PF Questionnaire in German. *Psychologische Forschung, 32*, 369–386.

Cattell, R. B. & Warburton, F. W. (1967). *Objective personality and motivation tests*. Urbana: University of Illinois Press.

Cave, R. L. (1970). A combined factor analysis of creativity and intelligence. *Multivariate Behavioral Research, 5*, 177–191.

Cegalis, J. A. & Ursino, A. (1979). Cognitive style and recognition memory in young adults. *Journal of Research in Personality, 13*, 119–126.

Cegas, J. (1976). A validation study of tests from the divergent production plane of the Guilford-Structure-of-Intellect-Model. *Journal of Behavior, 10*, 170–188.

Chaiken, S. (1979). Communicator physical attractiveness and persuasion. *Journal of Personality and Social Psychology, 37*, 1387–1397.

Chamove, A. S., Eysenck, H. J. & Harlow, H. F. (1972). Personality in monkeys: Factor analysis of rhesus social behavior. *Quarterly Journal of Experimental Psychology, 24*, 496–504.

Chance, J. E. (1972). Academic correlates and maternal antecedents of children's belief in external. In J. B. Rotter, J. E. Chance & E. J. Phares (Eds.), *Applications of a social learning theory of personality* (pp. 168–180). New York: Holt, Rinehart &: Winston.

Chapin, F. S. (1942). Preliminary standardizations of a social insight scale. *American Psychological Review, 7*, 214–228.

Chaplin, W. F. (1991). The next generation of moderator research in Personality Psychology. *Journal of Personality, 59*, 143–178.

Chaplin, W. F. & Buckner, K. E. (1988). Self-Ratings of Personality: A naturalistic comparison of normative, ipsative, and idiothetic standards. *Journal of Personality, 56*, 509–530.

Chaplin, W. F. & Goldberg, L. R. (1984). A failure to replicate the Bem & Allen-Study of individual differences in cross-situational consistency. *Journal of Personality and Social Psychology, 47*, 1074–1090.

Charlesworth, W. R. (1976). Intelligence as adaptation: An aetiological approach: In L. Resnick (Ed.), *The nature of intelligence*. Hillsdale, N. J.: Erlbaum.

Charms, R. de (1968). *Personal causation: The internal affective determinants of behavior*. New York: Academic Press.

Cheek, J. M. & Buss, A. H. (1981). Shyness and sociability. *Journal of Personality and Social Psychology, 41*, 330–339.

Christie, R. (1965). Some implications for research trends in social psychology. In O. Klineberg & R. Christie (Eds.), *Perspectives in social psychology* (pp. 141–153). New York: Holt, Rinehart & Winston.

Christie, R. & Geis, F. L. (1970). *Studies in machiavellianism*. New York: Academic Press.

Christie, R., Havel, J. & Seidenberg, B. (1958). Is the F scale irreversible? *Journal of Abnormal and Social Psychology, 56*, 143–159.

Chun, K. & Campbell, J. B. (1974). Dimensionality of the Rotter Interpersonal Trust Scale. *Psychological Reports, 35*, 1059–1070.

Cicirelli, V. G. (1965). Form of the relationship between creativity, IQ, and academic achievement. *Journal of Educational Psychology, 56*, 303–308.

Clark, K. E. (1957). *America's psychologists*. Washington: American Psychological Association.

Clark, P. M. & Albino, R. O. (1975). Extraversion, attention and eyeblink conditioning. *Journal of Behavioral Science, 2*, 183–191.

Clarke, A. M. & Clarke, A. D. B. (1974). Genetic-environmental interactions in cognitive development. In A. M. Clarke & A. D. B. Clarke (Eds.), *Mental deficiency, the changing outlook* (pp. 164–205). London: Methuen.

Clarke, A. M. & Clarke, A. D. B. (1976). *Early experience: Myth and evidence*. New York: The Free Press.

Clauss, G. (1972). Zur Methodik der Schätzskalen in der empirischen Forschung. In H. Breuer, E. Gorny, G. Kittler, H. Krüger & K. Lüning (Hrsg.), *Psychologische Studientexte* (S. 136–151). Berlin: Volk und Wissen.

Closs, C. & Amelang, M. (1972). *Eine faktorenanalytische Untersuchung geometrisch-optischer Täuschungsphänomene in Zusammenhang mit Tests visuell-perzeptiver und kognitiver Leistungen.* Hamburg: Unveröffentl. Manuskript.

Coan, R. W. (1973). Personality variables associated with cigarette smoking. *Journal of Personality and Social Psychology, 26*, 86–104.

Coe, R. M., Romeis, J. C. & Hall, M. M. (1998). Sense of coherence and survival in the chronically ill elderly: A five-year follow-up. In H. I. McCubbin, H., E. A. Thompson, A. I. Thompson, J. E. Fromer (Eds.), *Stress, coping, and health in families: Sense of coherence and resiliency. Resiliency in families series, Vol. 1* (pp. 265–275). Thousand Oaks, Ca.: Sage Publications.

Cogan, N. & Pankove, E. (1974). Long-term predictive validity of divergent-thinking tests: Some negative evidents. *Journal of Educational Psychology, 66*, 802–810.

Cohen, J. (1977). *Statistical Power Analysis for the behavioral Sciences (2nd Edition)*. New York: Academic Press.

Cohen, R. (1969). *Systematische Tendenzen bei Persönlichkeitsbeurteilungen*. Bern: Huber.

Cohen, R. (1971). *Zum Begriff der Angst in der Differentiellen Psychologie*. Konstanz: Universitätsverlag.

Cohn, L. D. (1991). Sex differences in the course of personality development: A meta-analysis. *Psychological Bulletin, 109*, 252–266.

Colapinto, J. (2000). *As nature made him – The boy who was raised as a girl*. New York: Harper Collins.

Collins, B. E. (1974). Four components of the Rotter Internal-External scale: Belief in a difficult world, a just world, a predictable world, and a politically responsive world. *Journal of Personality and Social Psychology, 29*, 381–391.

Colvin, C. R. (1993). »Judgeable« people: Personality, behavior, and competing explanations. *Journal of Personality and Social Psychology, 64*, 861–873.

Colvin, C. R. & Funder, D. C. (1991). Predicting personality and behavior: A boundary on the acquaintanceship effect. *Journal of Personality and Social Psychology, 60*, 884–894.

Como, P. G., Simons, R. & Zuckerman, M. (1984). Psychophysiological indices of sensation seeking as a function of stimulus intensity. *Psychophysiology, 21*, 572–573.

Conley, J. J. (1984). The hierachy of consistency: A review and model of longitudinal findings on adult individual differences in intelligence, personality and self opinion. *Personality and Individual Differences, 5*, 11–26.

Conley, J. J. (1985). Longitudinal stability of personality traits: A multitrait-multimethod-multioccasion analysis. *Journal of Personality and Social Psychology, 49*, 1266–1282.

Constantinople, A. (1973). Masculinity-femininity: An exception to a famous dictum. *Psychological Bulletin, 80*, 389–407.

Cook, E. P. (1985). *Psychological Androgyny*. New York: Pergamon Press.

Cook, T. D. & Campbell, D. T. (1976). The design and conduct of quasi-experiments and true experiments in field settings. In M. D. Dunnette (Ed.), *Handbook of industrial and organizational research* (pp. 223–326). Chicago: Rand McNally.

Cook, T. D. & Matt, G. E. (1987). Kritischer Multiplismus und die Interaktionismusdebatte. In M. Amelang (Hrsg.), *Bericht über den 35. Kongreß der Deutschen Gesellschaft für Psychologie in Heidelberg 1986, Band 2* (S. 301–332). Göttingen: Hogrefe.

Coombs, C. H. (1964). *A theory of data*. New York: Wiley.

Coombs, W. N. & Schroeder, H. E. (1988). Generalized Locus of Control: an analysis of factor analytic data. *Personality and Individual Differences, 9*, 79–85.

Cooper, C. (1981). The utility of a general anxiety trait: Some methodological considerations. *British Journal of Social Psychology, 20,* 135–139.

Cooper, C. & McConville, C. (1990). Interpreting mood scores: Clinical implications of individual differences in mood variability. *British Journal of Medical Psychology, 63,* 215–225.

Cooper, J. B. & Richmond, B. O. (1975). Intelligence, creativity, and performance abilities of EMR pupils. *Psychology in the Schools, 12,* 304–309.

Cooper, R. & Zubek, J. (1958). Effects of enriched and restricted early environments on the learning ability of bright and dull rats. *Canadian Journal of Psychology, 12,* 159–164.

Cooper, S. & Peterson, Ch. (1980). Machiavellianism and spontaneous cheating in competition. *Journal of Research in Personality, 14,* 70–75.

Correll, W. (1976). *Persönlichkeitspsychologie. Eine Einführung in die Persönlichkeitssysteme von Freud bis Skinner.* Donauwörth: Ludwig Auer.

Corulla, W. J. (1989). The relationship between the Strelau temperament Inventory, Sensation Seeking and Eysenck's dimensional system of personality. *Personality and Individual Differences, 10,* 161–173.

Costa, P. T. & McCrae, R. R. (1989). Personality continuity and the changes of adult life. In: M. Storandt & G.R. VandenBos (Eds). *The adult years: Continuity and change. The Master lectures, Vol. 8.* (pp. 41–77). Washington, DC, USA: American Psychological Association.

Costa, P. T. & McCrae, R. R. (1994). Stability and change in personality from adolescence through adulthood. In: C. F. Jr. Halverson & G. A. Kohnstamm (Eds.). *The developing structure of temperament and personality from infancy to adulthood.* (pp. 139–150). Hillsdale, NJ, USA: Lawrence Erlbaum Associates.

Costa, P. T. Jr., Busch, C. M., Zonderman, A. B. & McCrae, R. R. (1986). Correlations of MMPI factor scales with measures of the five factor model of personality. *Journal of Personality Assessment, 50,* 640–650.

Costa, P. T. Jr. & McCrae, R. R. (1978). Objective personality assessment. In M. Storandt, I. C. Sugler & M. F. Elias (Eds.), *The clinical psychology of aging* (pp. 119–143). New York: Plenum Press.

Costa, P. T. Jr. & McCrae, R. R. (1980). Still stable after all these years: Personality as a key to some issues in adulthood and old age. In P. B. Baltes & O. G. Brim Jr. (Eds.), *Life span development and behavior* (Vol. 3) (pp. 65–102). New York: Academic Press.

Costa, P. T. Jr. & McCrae, R. R. (1985). *The NEO Personality Inventory Manual.* Odessa: Psychological Assessment Resources.

Costa, P. T. Jr. & McCrae, R. R. (1985b). *The NEO Personality Inventory Manual.* Odessa, FL: Psychological Assessment Resources.

Costa, P. T. Jr. & McCrae, R. R. (1988). Personality in adulthood: A six-year longitudinal study of self-reports and spouse-ratings on the NEO personality inventory. *Journal of Personality and Social Psychology, 54,* 853–863.

Costa, P. T. Jr. & McCrae, R. R. (1989). *NEO PI/FFI Manual Supplement.* Odessa, Fl.: Psychological Assessment Resources.

Costa, P. T. Jr. & McCrae, R. R. (1992a). Four ways five factors are basic. *Personality and Individual Differences, 13,* 653–665.

Costa, P. T. Jr. & McCrae, R. R. (1992b). Reply to Eysenck. *Personality and Individual Differences, 13,* 861–865.

Costa, P. T. Jr. & McCrae, R. R. (1992c). *Revised NEO Personality Inventory and NEO Five Factor Inventory Professional Manual.* Odessa, FL: Psychological Assessment Resources.

Costa, P. T. Jr. & McCrae, R. R. (1995). Primary traits in Eysenck's P-E-N system: Three- and five-factor solutions. *Journal of Personality and Social Psychology, 69,* 308–317.

Costa, P. T. Jr., McCrae, R. R. & Arenberg, D. (1980). Enduring dispositions in adult males. *Journal of Personality and Social Psychology, 38,* 793–800.

Costa, P. T. Jr., McCrae, R. R. & Dye, D. (1991). Facet scales for agreeableness and conscientiousness: A revision of the NEO personality inventory. *Personality and Individual Differences, 12,* 887–898.

Costa, P. T. Jr., Zonderman, A. B., McCrae, R. R. & Williams, R. B. (1985a). Content and comprehensiveness in the MMPI: An item factor analysis in a normal adult sample. *Journal of Personality and Social Psychology, 48,* 925–933.

Couch, A. & Keniston, K. (1960). Yea sayers and nay sayers: Agreeing response set as a personality variable. *Journal of Abnormal and Social Psychology, 60*, 151–174.

Cox, C. M. (1926). *The early mental traits of 300 geniuses*. Stanford, Calif.: Stanford University Press.

Craik, K. H. (1971). The assessment of places. In P. McReynolds (Ed.), *Advances in psychological assessment, Vol. II* (pp. 40–62). Palo Alto: Science and Behavior Books.

Craik, K. H. (1976). The personality research paradigm in environmental psychology. In S. Wapner, S. B. Cohen & B. Kaplan (Eds.), *Experiencing the environment* (pp. 55–80). New York: Plenum.

Crandall, V. C. (1973). *Differences in parental antecedents of internal-external control in children and young adulthood*. Vortrag auf dem Kongreß der American Psychological Association, Montreal, August 1973. (Zitiert nach Strickland, 1977.)

Crandall, V. C., Katkovsky, W. & Crandall, V. J. (1965). Children's belief in their own control of reinforcements in intellectual-academic achievement situations. *Child Development, 36*, 91–109.

Crano, W. D., Kenny, J. & Campbell, D. T. (1972). Does intelligence cause achievement? A cross-lagged panel analysis. *Journal of Educational Psychology, 63*, 258–275.

Cravioto, J. & Licardie, E. R. De (1976). Microenvironmental factors in severe protein-energy malnutrition. In N. S. Scrimshaw & M. Behar (Eds.), *Nutrition and agriculture development: Significance and potential for the tropics* (pp. 25–35). New York: Plenum Press.

Crawford, Ch. E. (1974). Fluid and crystallized intelligence, creativity, and achievement in elementary school children. *Journal of Behavioral Science, 2*, 43–48.

Crawford, Ch. E. & Nirmal, B. (1976). A multivariate study of measures of creativity, achievement motivation, and intelligence in secondary school students. *Canadian Journal of Behavioural Science, 8*, 189–201.

Crawford, J. & Stankov, L. (1983). Fluid and crystallized intelligence and primacy/recency components of short-term memory. *Intelligence, 7*, 227–252.

Cromwell, R. L. (1963). A social learning approach to mental retardation. In N. R. Ellis (Ed.), *Handbook of mental deficiency*. New York: McGraw-Hill.

Cronbach, L. J. (1957). The two disciplines of scientific psychology. *American Psychologist, 12*, 671–684.

Cronbach, L. J. (1970). *Essentials of psychological testing*. New York: Harper & Row.

Cronbach, L. J. (1971). Test validation. In E. L. Thorndike (Ed.), *Educational measurement* (pp. 443–508). Washington, D. C.: American Council on Education.

Cronbach, L. J. (1975). Beyond the two disciplines of scientific psychology. *American Psychologist, 30*, 116–127.

Crooks, R. C. (1977). Magnitude of reward and preference in a delayed-reward situation. *Psychological Reports, 40*, 1215–1219.

Cropley, A. J. (1966). Creativity and intelligence. *British Journal of Educational Psychology, 36*, 259–266.

Cropley, A. J. (1995). Kreativität. In M. Amelang (Hrsg.), *Enzyklopädie der Psychologie. Differentielle Psychologie, Band 2* (S. 329–373). Göttingen: Hogrefe.

Crowne, D. P. (1979). *The experimental study of personality*. Hillsdale: Erlbaum.

Crowne, D. P. & Liverant, S. (1963). Conformity under varying conditions of personal commitment. *Journal of Abnormal and Social Psychology, 66*, 545–547.

Crowne, D. P. & Marlowe, D. (1960). A new scale of social desirability, independent of Psychopathology. *Journal of Consulting Psychology, 24*, 349–354.

Crowne, D. P. & Marlowe, D. (1964). *The approval motive. Studies in evaluative dependence*. New York: Wiley.

Curran, J. P. & Cattell, R. B. (1975). *Eight State Questionnaire*. Champaign, Ill.: Institute for Personality and Ability Testing.

Dabbs, J. M. & Kirscht, J. P. (1971). »Internal Control« and the taking of influenza shots. *Psychological Reports, 28*, 959–962.

Dacey, J. S. (1989). Peak periods of creative growth across lifespan. *Journal of Creative Behavior, 23*, 224–247.

Dahl, G. (1965). Zur Bestimmung des psychologischen Intelligenzabbaus in HAWIE mit Hilfe des Abbauquotienten. *Psychologische Forschung, 28*, 476–490.

Dahlstrom, W. G. & Welsh, B. S. (1960). *MMPI handbook: A guide to use in clinical research and practice*. Minneapolis: University of Minnesota Press.

Dalton, K. (1968). Ante-natal progesterone and intelligence. *British Journal of Psychiatry, 114*, 1377–1382.

Daniels, D. & Plomin, R. (1985). Differential experience of siblings in the same family. *Developmental Psychology, 21*, 747–760.

Dann, H.-D. (1967). Genetische Aspekte aggressiven Verhaltens. *Zeitschrift für Erziehungswissenschaftliche Forschung, 1*, 3–37.

Dann, H.-D. (1971). Müssen Aggressionen ausgelebt werden? In A. Schmidt-Mummendey & H.-D. Schmidt (Hrsg.), *Aggressives Verhalten* (S. 59–86). München: Juventa.

Dann, H.-D. (1972). *Aggression und Leistung*. Stuttgart: Klett.

Daum, I., Hehl, F. J. & Schugens, M. (1988). Construct validity and personality correlates of the Strelau Temperament Inventory. *European Journal of Personality, 2*, 205–216.

Davies, M., Stankov, L. & Roberts, R. D. (1998). Emotional intelligence: In search of an elusive construct. *Journal of Personality and Social Psychology, 75*, 989–1015.

Davis, D. J., Cahan, S. & Bashi, J. (1977). Birth order and intellectual development. The confluence model in the light of cross-cultural evidence. *Science, 196*, 1470–1471.

Davis, H. (1974). What does the P scale measure? *British Journal of Psychiatry, 125*, 161–167.

Davis, P. J. (1987). Repression and the inaccessibility of affective memories. *Journal of Personality and Social Psychology, 53*, 585–593.

Davis, W. L. & Davis, D. E. (1972). Internal-external control and attribution of responsibility for success and failure. *Journal of Personality, 40*, 123–135.

Davis, W. L. & Phares, E. J. (1969). Parental antecedents of internal-external control of reinforcement. *Psychological Reports, 24*, 427–436.

Deakin, J. F. & Exley, K. A. (1979). Personality and male-female influences on the EEG alpha rythm. *Biological Psychology, 8*, 285–290.

Deary, I. J., Ramsey, H., Wilson, J. A. & Riad, M. (1988). Stimulated salivation: Correlations with personality and time of day effects. *Personality and Individual Differences, 9*, 903–909.

Deaux, K. (1984). From individual differences to social categories. Analysis of decade's research on gender. *American Psychologist, 39*, 105–116.

Deaux, K. & Lewis, L. L. (1983). Assessment of gender stereotype: Methodology and components. *Psychological Documents, 13*, 25.

Deaux, K. & Major, B. (1987). Putting gender into context: an interactive model of a gender-related behavior. *Psychological Review, 94*, 369–389.

DeFries, J. C. & Plomin, R. (1978). Behavioral genetics. *Annual Review of Psychology, 29*, 473–515.

Degenhardt, A. & Tholey, P. (1978). Schätzung des primären Geschlechtsverhältnisses aufgrund der intrauterinen Sterblichkeit weiblicher und männlicher Föten. *Zeitschrift für Entwicklungspsychologie und Pädagogische Psychologie, 10*, 229–233.

Degenhardt, A. & Trautner, H. M. (Hrsg.) (1979). *Geschlechtertypisches Verhalten – Mann und Frau in psychologischer Sicht*. München: Beck.

Deinzer, R., Steyer, R., Eid, M. & Notz, P. et al. (1995). Situational effects in trait assessment: The FPI, NEOFFI, and EPI questionnaires. *European Journal of Personality, 9*, 1–23.

Dellas, M. & Gaier, E. S. (1970). Identification of creativity: The individual. *Psychological Bulletin, 73*, 55–73.

DeLongis, A., Folkman, S. & Lazarus, R. S. (1988). The impact of daily stress on health and mood: Psychological and social resources as mediators. *Journal of Personality and Social Psychology, 54*, 486–495.

Dengerink, H. A. (1976). Personality variables as indicators of attack-instigated aggression. In R. G. Geen & E. C. O'Neal (Eds.), *Perspectives on aggression* (pp. 61–98). New York usw.: Academic Press.

DeNike, L. D. (1964). The temporal relationship between awareness and performance in verbal conditioning. *Journal of Experimental Psychology, 68*, 521–529.

Dennis, W. & Najarian, P. (1957). Infant development under environmental handicap. *Psychological Monographs, 7*, whole number 463.

Detterman, D. K. (1994). Toward an intelligent view of intelligence. *Psychological Inquiry, 5,* 201–203.

Deutsche Gesellschaft für Psychologie (Hrsg.). (1992). Klinische Psychologie/Psychotherapie [Themenheft]. *Psychologische Rundschau, 43* (3).

Diamond, J. J. & Evans, W. J. (1972). An investigation of the cognitive correlates of test-wiseness. *Journal of Educational Measurement, 9,* 145–150.

Diamond, M. (1982). Sexual identity, monocygotic twins reared in discordant sex roles and a BBC followup. *Archives of Sexual Behavior, 11,* 181–186.

Diener, E. & Fujita, F. (1995). Resources, personal strivings, and subjective well-being: A nomothetic and idiographic approach. *Journal of Personality and Social Psychology, 68,* 926–935.

Digman, J. M. (1972). The structure of child personality as seen in behavioral ratings. In R. M. Dreger (Ed), *Multivariate personality research* (pp. 587–611). Baton Rouge: Claitors Publishing.

Digman, J. M. (1989). Five robust trait dimensions: Development, stability, and utility. *Journal of Personality, 57,* 195–214.

Digman, J. M. (1990). Personality structure: Emergence of the five-factor model. *Annual Review of Psychology, 41,* 417–440.

Digman, J. M. & Inouye, J. (1986). Further specification of the five robust factors of personality. *Journal of Personality and Social Psychology, 50,* 116–123.

Digman, J. M. & Takemoto-Chock, N. K. (1981). Factors in the natural language of personality: Reanalysis, comparison, and interpretation of six major studies. *Multivariate Behavioral Research, 16,* 149–170.

Dijl, H. Van (1978). The A/B typology according to Friedman and Rosenman and an effort to test some of the characteristics by means of a psychological test. *Journal of Psychosomatic Research, 22,* 101–109.

Dillard, J. M., Warrior-Benjamin, J. & Perrin, D. V. (1977). Efficacy of test-wiseness on test anxiety and reading achievement among black youth. *Psychological Reports, 41,* 1135–1140.

Dimond, S. & Beaumont, J. G. (Eds.) (1974). *Hemisphere function in the human brain.* London: Paul Elek.

Dion, K. K. (1974). Children's physical attractiveness and sex as determinants of adult's punitiveness. *Developmental Psychology, 10,* 772–778.

Dion, K. K., Berscheid, E. & Walster, E. (1972). What is beautiful is good. *Journal of Personality and Social Psychology, 24,* 285–290.

Dion, K. L. & Dion, K. K. (1987). Belief in a just world and physical attractiveness stereotyping. *Journal of Personality and Social Psychology, 52,* 775–780.

Dipboeye, R. L., Fromkins, H. L. & Wiback, K. (1975). Relative importance of applicant sex attractiveness, and scholastic standing in evaluation of job applicant résumés. *Journal of Applied Psychology, 60,* 39–43.

Dixon, N. F. (1981). *Preconscious Processing.* Chichester: Wiley.

Dixon, P. W. & Oakes, W. F. (1965). Effect of intertrial activity on the relationship between awareness and verbal operant conditioning. *Journal of Experimental Psychology, 69,* 152–157.

Doctor, R. M. (1971). Locus of control of reinforcement and responsiveness to social influence. *Journal of Personality, 39,* 542–551.

Dollard, J. & Miller, N. E. (1950). *Personality and psychotherapy: An analysis in terms of learning, thinking and culture.* New York: McGraw-Hill.

Domino, G. (1994). Assessment of creativity with the ACL: An empirical comparison of four scales. *Creativity Research Journal, 7,* 21–33.

Donham, G. W., Ludenia, U., Sands, M. & Holzer, P. D. (1983). Personality correlates of health locus of control. *Psychological Reports, 52,* 659–666.

Dönhoff, K. & Itzfeld, I. (1976). Eine Analyse der zahlenmäßigen Verhältnisse von Jungen und Mädchen in Schulen für Lernbehinderte. *Zeitschrift für Heilpädagogik, 27,* 215–225.

Dorfman, D. E. (1978). The Cyril Burt-question: New findings. *Science, 201,* 1177–1186.

Dörner, D. (1974). *Die kognitive Organisation beim Problemlösen.* Stuttgart: Huber.

Dörner, D. (1976). *Problemlösen als Informationsverarbeitung.* Stuttgart: Kohlhammer.

Dörner, D. (1986). Diagnostik der operativen Intelligenz. *Diagnostica, 32,* 290–308.

Dörner, D. & Kreuzig, H. W. (1983a). Problemlösefähigkeit und Intelligenz. *Psychologische Rundschau, 34,* 185–192.

Dörner, D., Kreuzig, H. W., Reither, F. & Stäudel, T. (1983). *Lohhausen: Vom Umgang mit Unbestimmtheit und Komplexität.* Bern: Huber.

Dornic, S. (1977). Mental load, effort and individual differences. *Reports from the Department of Psychology,* No. 509. University of Stockholm.

Dornic, S. (1980). Efficiency vs. effectiveness in mental work: The differential effect of stress. *Reports from the Department of Psychology,* No. 509. University of Stockholm.

Doster, J. T. & Chance, J. (1976). Interpersonal trust and trust worthiness at preadolescents. *Journal of Psychology, 93,* 71–79.

Draguns, J. G. (1979). Culture and personality. In A. Marsella, R. G. Tharp & Th. J. Cibrowski (Eds.), *Perspectives on cross-cultural psychology* (pp. 179–207). New York: Academic Press.

Dragutinovich, S. (1987). Stimulus intensity reducers: Are they Sensation Seekers, Extraverts and Strong Nervous Types? *Personality and Individual Differences, 5,* 693–704.

Drake, D. M. (1970). Perceptual correlates of impulsive and reflective behavior. *Developmental Psychology, 5,* 202–214.

Draycott, S. G. & Kline, P. (1995). The big three and the big five – the EPQ-R vs. the NEO-PI: A research note, replication and elaboration. *Personality and Individual Differences, 18,* 801–804.

Drevdahl, J. E. (1956). Factors of importance for creativity. *Journal of Clinical Psychology, 12,* 21–26.

Drevdahl, J. E. & Cattell, R. B. (1958). Personality and creativity in artists and writers. *Journal of Clinical Psychology, 14,* 108–111.

Drory, Y. & Florian, V. (1998). Sense of coherence and mental health profile in first myocardial infarction patients. *Megamot, 39 (1–2),* 116–127.

Drösler, J. & Ehlers, Th. (1963). *Untersuchungen der tatsächlichen Wirksamkeit alter und neuer psychologischer und physiologischer Verfahren sowie eines neuen Verfahrenssystems für die Unfallverhütung durch Personalauslese.* Marburg: Dokument 4010; Rahmenprogramm menschliche Faktoren, Hohe Behörde der Europäischen Gemeinschaft für Kohle und Stahl.

Dubois, P. H. (1966). A test-dominated society: China, 115 B. C. – 1905 A. D. In A. Anastasi (Ed.), *Testing problems in perspective* (pp. 29–36). Washington: American Council of Education.

Dudek, F. J. (1979). The continuing misinterpretation of the standard error of measurement. *Psychological Bulletin, 86,* 335–337.

Dudycha, G. J. (1936). An objective study of punctuality in relation to personality and achievement. *Archives of Psychology, 29,* 1–53.

Duncan, C. P. (1949). The retroactive effect of electroshock on learning. *Journal of Comparative Physiological Psychology, 42,* 32–44.

Duncan, J. & Dreger, R. M. (1978). Behavioral analysis and identification of gifted children. *Journal of Genetic Psychology, 133,* 43–57.

Duncan, J. A. & Vernon, P. E. (1978). Personality correlates of over-achievement and under-achievement. *British Journal of Educational Psychology, 48,* 290–297.

Duncan, O. D., Featherman, D. L. & Duncan, B. (1972). *Socioeconomic background and achievement.* New York: Seminar Press.

Dunham, J. L., Guilford, J. P. & Hoepfner, P. (1968). Multivariate approaches to discovering the intellectual components of concept learning. *Psychological Review, 75,* 206–221.

Dunn, J. F., Plomin, R. & Daniels, D. (1986). Consistency and change in mothers' behavior towards young siblings. *Child Development, 57,* 348–356.

Dunn, J. F., Plomin, R. & Nettles, M. (1985). Consistency of mothers' behavior towards infant siblings. *Development Psychology, 21,* 1188–1195.

Dusen, K. T. van, Mednick, S. A., Gabrielli, W. F. & Hutchings, B. (1983). Social class and crime: Genetics and environment. In K. T. van Dusen & S. A. Mednick (Eds.), *Prospective studies of crime and delinquency* (pp. 57–71). Boston: Kluwer-Nijhoff.

Dusen, K. T. van, Mednick, S. A., Gabrielli, W. F. & Hutchings, B. (1983). Social class and crime in an adoption cohort. *Journal of Criminal Law and Criminology, 74,* 249–269.

Dworkin, R. H. (1979). Genetic and environmental influences on person-situation-interaction. *Journal of Research in Personality, 13,* 279–293.

Dyer, J. L. & Miller, L. B. (1974). Note on Crano, Kenny, and Campbell's »Does intelligence cause achievement?« *Journal of Educational Psychology, 66*, 49–51.

Eagly, A. H., Ashmore, R. D., Makijani, M. G. & Longo, M. C. (1991). What is beautiful is good, but...: A meta-analytic review of research on the physical attractiveness stereotype. *Psychological Bulletin, 110*, 109–128.

Eagly, A. H. & Steffen, V. J. (1986). Gender and aggressive behavior: A meta-analytic review of the social psychology literature. *Psychological Bulletin, 107*, 139–155.

Early, C. E. & Kleinknecht, R. A. (1978). The Palmar Sweat Index as a function of repression-sensitization and fear of dentistry. *Journal of Consulting and Clinical Psychology, 46*, 184–185.

Eaves, L. J. & Eysenck, H. J. (1977). A genotype environmental model for psychoticism. *Advances in Behavior Research and Therapy, 1*, 5–26.

Eaves, L. J. & Young, P. A. (1981). Genetical theory and personality differences. In R. Lynn (Ed.), *Dimensions of Personality*. Oxford: Pergamon.

Ebbinghaus, H. (1897). Über eine neue Methode zur Prüfung geistiger Fähigkeiten und ihre Anwendung bei Schulkindern. *Zeitschrift für Psychologie, 13*, 401–459.

Eckert, J., Schwartz, H.-J. & Bastine, R. (1971). Die Saat der Gewalt: Nachlese. In A. Schmidt-Mummendey & H. D. Schmidt (Hrsg.), *Aggressives Verhalten* (S. 147–160). München: Juventa.

Edwards, A. J. (1971). *Individual mental testing: Part I. History and theories*. San Francisco: Index Educational Publishers.

Edwards, A. L. (1953). The relationship between the judged desirabilities of a trait and the probability that the trait will be endorsed. *Journal of Applied Psychology, 37*, 90–93.

Edwards, A. L. (1961). Social desirability or acquiescence in the MMPI? A case study with the S-D scale. *Journal of Abnormal and Social Psychology, 63*, 351–359.

Edwards, A. L. (1968). *Experimental design in psychological research*. New York: Holt, Rinehart & Winston.

Edwards, A. L. (1971). *Versuchsplanung in der psychologischen Forschung*. Weinheim: Beltz.

Edwards, D. A. (1968). Mice: fighting by neo natally androgenized females. *Science, 161*, 1027–1028.

Egeland, B. & Weinberg, R. A. (1976). The Matching-Familiar-Figures-Test: A look at its psychometric credibility. *Child Development, 47*, 483–491.

Egeren, L. Van (1968). Repression and sensitization. Sensitivity and recognition criteria. *Journal of Experimental Research in Personality, 3*, 1–8.

Eggert, D. (1971). Untersuchungen zur psychometrischen Eignung eines neuen Fragebogens der neurotischen Tendenz und der Extraversion von Eysenck (EPI). In E. Duhm (Hrsg.), *Fortschritte in der Klinischen Psychologie* (S. 30–62). Göttingen: Hogrefe.

Eggert, D. (1972). Variable. In W. Arnold, H. J. Eysenck & R. Meili (Hrsg.), *Lexikon der Psychologie, Band 3*. Freiburg usw.: Herder.

Eggert, D. (1974). *Eysenck-Persönlichkeits-Inventar*. Göttingen: Hogrefe.

Ehlers, Th. & Merz, F. (1966). *Erfahrungen mit einem Fragebogen zur Erfassung der Leistungsmotiviertheit*. Marburg: Berichte aus dem Institut für Psychologie der Universität Marburg, Nr. 5.

Ehrhardt, A. (1969). *Zur Wirkung fötaler Hormone auf Intelligenz und geschlecht-spezifisches Verhalten*. Unveröffentl. Diss., Universität Düsseldorf.

Ehrhardt, A. & Baker, S. W. (1974). Fetal androgens, human central nervous system differentiation, and behavior sex differences. In R. C. Friedman, R. M. Richart, R. L. Van de Wiele & L. O. Stern (Eds.), *Sex differences in behavior* (pp. 33–53). New York: Wiley.

Ehrhardt, A. & Money, J. (1967). Progestin-induced hermaphroditism: IQ and psychosexual identity in a study of ten girls. *Journal of Sex Research, 3*, 83–100.

Eid, M. (1995). *Modelle der Messung von Personen in Situationen*. Weinheim: Beltz.

Eid, M., Emmermann, A. & Schwenkmezger, P. (1996). Sind Ärgererleben und Ärgerausdruck universelle Konstrukte? Ergebnisse einer Analyse des State-Trait-Ärger-Inventars mit logistischen Mischverteilungsmodellen. *Diagnostica, 42*, 3–26.

Eid, M., Klusemann, J. & Schwenkmezger, P. (1996). Motivation zum Sonnenschutz: Ein Experiment zu den Auswirkungen von Aufklärungsbotschaften auf die Intention zum Sonnenschutz und das Sonnenschutzverhalten. *Zeitschrift für Gesundheitspsychologie, 4*, 270–289.

Eid, M., Notz, P., Steyer, R. & Schwenkmezger, P. (1994).Validating scales for the assessment of mood level and variability by latent state-trait analysis. *Personality and Individual Differences, 16*, 63–76.

Eisdorfer, C. & Wilkie, F. (1973). Intellectual changes with advancing age. In L. F. Jarvik, C. Eisdorfer & J. E. Blum (Eds.), *Intellectual functioning in adults* (pp. 21–29). New York: Springer.

Eisenberger, R. & Selbst, M. (1994). Does reward increase or decrease creativity? *Journal of Personality and Social Psychology, 66*, 1116–1127.

Eisenman, R. (1968). Personality and demography in complexity-simplicity. *Journal of Consulting and Clinical Psychology, 32*, 140–143.

Eisenman, R. & Platt, J. (1968). Birth order and sex differences in academic achievement and internal-external control. *Journal of General Psychology, 78*, 278–285.

Eisenson, J. (1965). Speech disorders. In B. B. Wolman (Ed.), *Handbook of Clinical Psychology* (pp. 765–784). New York: McGraw Hill.

Ekehammar, B. (1974). Interactionism in psychology from a historical perspective. *Psychological Bulletin, 81*, 1026–1048.

Ekehammar, B., Schalling, D. & Magnusson, D. (1975). Dimensions of stressful situations: A comparison between a response analytical and a stimulus analytical approach. *Multivariate Behavioural Research, 10*, 155–163.

Ekman, G. (1951). On typological and dimensional systems of reference in describing personality. *Acta Psychologica, 8*, 1–24.

Elardo, R. & Bradley, R. (1981). The home observation for measurement for the environment (HOME) Scale. A Review of Research. *Developmental Review, 1*, 113–145.

Ellis, N. R. (Ed.) (1963). *Handbook of mental deficiency*. New York: McGraw-Hill.

Elston, R. C. & Boklage, C. E. (1978). An examination of fundamental assumptions of the twin method. In W. E. Nance (Ed.), *Twin research: Psychology and methodology* (pp. 189–199). New York: Alan R. Liss.

Emmons, R. A. & Diener, E. (1986). A goal-effect analysis of everyday situational choices. *Journal of Research and Personality, 20*, 309–326.

Emmons, R. A., Diener, E. & Larsen, R. J. (1986). Choice and avoidance of everyday situations and affect congruence: Two models of reciprocal interactionism. *Journal of Personality and Social Psychology, 51*, 815–826.

Endler, N. S. (1975). A person-situation interaction model for anxiety. In C. D. Spielberger & I. G. Sarason (Eds.), *Stress and anxiety. Vol.1.* (pp. 145–164). Washington, D. C.: Hemisphere.

Endler, N. S., Edwards, J. M. & Vitelli, R. (1991). *Endler Multidimensional Anxiety Scales (EMAS): Manual.* Los Angeles, CA: Werten Psychological Services.

Endler, N. S. & Hunt, J. McV. (1968). S-R-inventories of hostility and comparisons of the proportions of variance from person responses, and situations for hostility and anxiousness. *Journal of Personality and Social Psychology, 9*, 309–315.

Endler, N. S. & Hunt, J. McV. (1969). Generalizability of contributions from sources of variance in the S-R-inventories of anxiousness. *Journal of Personality, 37*, 1–24.

Endler, N. S., Hunt, J. McV. & Rosenstein, A. J. (1962). An S-R-inventory of anxiousness. *Psychological Monographs, 76*, No. 17.

Endler, N. S. & Magnusson, D. (Eds.) (1976a). *Interactional psychology and personality*. Washington, D. C.: Hemisphere Publishing Corp.

Endler, N. S. & Magnusson, D. (1976b). Toward an interactional psychology of personality. *Psychological Bulletin, 83*, 956–974.

Endler, N. S. & Magnusson, D. (1978). But interactionists do believe in people! Response to Krauskopf. *Psychological Bulletin, 85*, 590–592.

Endler, N. S. & Okada, M. (1975). A multidimensional measure of trait anxiety: The S-R Inventory of General Trait Anxiousness. *Journal of Consulting and Clinical Psychology, 43*, 319–329.

Endler, N. S. & Summerfeldt, L. J. (1995). Intelligence, personality, psychopathology, and adjustment. In D. H. Saklofske & M. Zeidner (Eds.), *International handbook of personality and intelligence* (pp. 249–284). New York: Plenum Press.

Eppel, H. (1974). Förderung von Intelligenz und sprachlichem Ausdruck bei Vorschulkindern. *Zeitschrift für Entwicklungspsychologie und Pädagogische Psychologie, 6*, 109–123.

Epstein, R. & Komorita, S. S. (1970). Self-esteem, success-failure, and locus of control in Negro children. *Developmental Psychology, 4*, 2–8.

Epstein, S. (1967). Towards a unified theory of anxiety. In B. A. Maher (Ed.), *Progress in experimental personality research, Vol. 2* (pp. 2–90). New York: Academic Press.

Epstein, S. (1972). The nature of anxiety with emphasis upon its relationship to expectancy. In C. D. Spielberger (Ed.), *Anxiety: Current trends in theory and research, Vol. 2* (pp. 292–338). New York: Academic Press.

Epstein, S. (1979). The stability of behavior: I. On predicting most of the people much of the time. *Journal of Personality and Social Psychology, 37*, 1097–1126.

Epstein, S. (1980). The stability of behavior: II. Implications for psychological research. *American Psychologist, 35*, 790–806.

Epstein, S. (1983). Aggregation and beyond: Some basic issues in the prediction of behavior. *Journal of Personality, 51*, 360–392.

Epstein, S. (1984). The stability of behavior across time and situations. In R. A. Zucker, J. Aronoff & A. I. Rabin (Eds.), *Personality and the prediction of behavior* (pp. 209–268). Orlando: Academic Press.

Epstein, S. & Fenz, W. D. (1967). The detection of areas of stress through variations in perceptual threshold physiological arousal, and cognitive deficit. *Journal of Experimental Research in Personality, 2*, 191–199.

Epstein, S. & O'Brien, E. J. (1985). The person-situation debate in historical and current perspective. *Psychological Bulletin, 98*, 513–537.

Eriksen, C. W. (1950). *Perceptual defense as a function of unacceptable needs.* Unpublished doctoral dissertation, Stanford University, California. (Zitiert nach Byrne, 1964.)

Eriksen, C. W. (1954a). The case for perceptual defense. *Psychological Review, 61*, 175–181.

Eriksen, C. W. (1954b). Psychological defenses and »ego strength« in the recall of completed and incompleted tasks. *Journal of Abnormal and Social Psychology, 49*, 45–50.

Eriksen, C. W. (1960). Discrimination and learning without awareness: a methodological survey and evaluation. *Psychological Review, 67*, 279–300.

Erikson, E. (1963). *Childhood and society.* New York: Norton.

Erikson, E. (1968). *Identity: Youth and crisis.* New York: Norton.

Erikson, R. V. & Roberts, A. H. (1971). Some ego functions associated with delay of gratification in male delinquents. *Journal of Consulting and Clinical Psychology, 36*, 378–382.

Erlenmeyer-Kimling, L. & Jarvik, L. F. (1963). Genetics and intelligence: A review. *Science, 142*, 1477–1479.

Ernst, C. & Angst, J. (1983). *Birth order.* Berlin usw.: Springer Verlag.

Eron, L. N. (1980). Prescription for reduction of aggression. *American Psychologist, 35*, 244–252.

Eron, L. N. (1987). The development of aggressive behavior from the perspective of a developing behaviorism. *American Psychologist, 42*, 435–442.

Eron, L. N., Walder, L. O., Huesmann, L. R. & Lefkowitz, M. M. (1978). The convergence of laboratory and field studies of the development of aggression. In W. W. Hartup & J. De Witt (Eds.), *Origins of aggression* (pp. 213–246). The Hague: Mouton.

Ertel, S. (1966). Ein differentialmethodischer Versuch zum Intelligenzproblem. *Psychologische Forschung, 30*, 151–199.

Ertel, S. & Schindler, U. (1969). Intelligenzleistungen und Testverhaltensdifferential. *Diagnostica, 15*, 103–117.

Etaugh, C. & Hughes, V. (1975). Teachers' evaluations of sex-typed behaviors in children. The role of teacher sex and school setting. *Developmental Psychology, 11*, 394–395.

Etzioni, A. (1967). The Kennedy experiment. *Western Political Quarterly, 20*, 361–380.

Ewert, O. (1980). *Korrelate und Effekte selbstzentrierter Aufmerksamkeit.* In: Abstracts des 32. Kongreß der Deutschen Gesellschaft für Psychologie in Zürich 1980.

Exner, J. E., Armbruster, G. L. & Viglione, D. (1978). The temporal stability of some Rorschach features. *Journal of Personality Assessment, 42*, 474–482.

Eye, A. v. & Krampen, G. (1979). Zu den teststatistischen Eigenschaften der deutschsprachigen Version des Eysenck-Persönlichkeits-Inventars EPI. *Diagnostica, 25*, 327–328.

Eyferth, K. (1961). Leistungen verschiedener Gruppen von Besatzungskindern im Hamburg-Wechsler-Intelligenztest für Kinder (HAWIK). *Archiv für die Gesamte Psychologie, 113*, 222–241.
Eyferth, K. (1966). Methoden zur Erfassung von Erziehungsstilen. In Th. Herrmann (Hrsg.), *Psychologie der Erziehungsstile* (S. 17–31). Göttingen: Hogrefe.
Eyferth, K., Schömann, M. & Widowski, D. (1986). Der Umgang von Psychologen mit Komplexität. *Sprache und Kognition, 5*, 11–26.
Eysenck, H. J. (1944). Types of personality – a factorial study of 700 neurotics. *Journal of Mental Science, 90*, 851–861.
Eysenck, H. J. (1947). *Dimensions of personality*. London: Routledge & Kegan Paul.
Eysenck, H. J. (1952a). *The scientific study of personality*. London: Routledge.
Eysenck, H. J. (1952b). The effects of psychotherapy: An evaluation. *Journal of Consulting Psychology, 16*, 319–324.
Eysenck, H. J. (1953a). *The structure of human personality*. London: Methuen.
Eysenck, H. J. (1953b). *The structure of personality*. New York: Wiley.
Eysenck, H. J. (1953c). Fragebogen als Meßmittel der Persönlichkeit. *Zeitschrift für Experimentelle und Angewandte Psychologie, 1*, 291–335.
Eysenck, H. J. (1954). *The psychology of politics*. London: Routledge.
Eysenck, H. J. (1956a). The questionnaire measurement of neuroticism and extraversion. *Revista di Psicologica, 4*, 113–140.
Eysenck, H. J. (1956b). Reminiscence, drive and personality theory. *Journal of Abnormal and Social Psychology, 53*, 328–333.
Eysenck, H. J. (1956c). The inheritance of Extraversion-Introversion. *Acta Psychologica, 12*, 95–110.
Eysenck, H. J. (1957). *The dynamics of anxiety and hysteria*. London: Routledge.
Eysenck, H. J. (1959a). *A manual for the Maudsley Personality Inventory*. London: University of London Press.
Eysenck, H. J. (1959b). Der Maudsley-Personality-Inventory als Bestimmer der neurotischen Tendenz und Extraversion. *Zeitschrift für Experimentelle und Angewandte Psychologie, 6*, 167–190.
Eysenck, H. J. (1960). *MPI-Test*. Göttingen: Hogrefe.
Eysenck, H. J. (Ed.) (1961). *Handbook of abnormal psychology*. New York: Basic Books.
Eysenck, H. J. (1961). The effects of psychotherapy. In H. J. Eysenck (Ed.), *Handbook of abnormal psychology. An experimental approach*. (pp. 697–725). New York: Basic Books.
Eysenck, H. J. (1963). *Experiments with drugs*. New York: Pergamon.
Eysenck, H. J. (1965a). Persönlichkeitstheorie und psychodiagnostische Tests. *Diagnostica, 11*, 3–27.
Eysenck, H. J. (1965b). Extraversion and the acquisition of eyeblink and GSR conditioned responses. *Psychological Bulletin, 63*, 258–270.
Eysenck, H. J. (1966a). Neurose, Konstitution und Persönlichkeit. *Zeitschrift für Psychologie, 172*, 145–181.
Eysenck, H. J. (1966b). On the dual function of consolidation. *Perceptual Motor Skills, 22*, 273–274.
Eysenck, H. J. (1967). *The biological basis of personality. Springfield*, Ill.: Ch. Thomas.
Eysenck, H. J. (1970). Review on the Rorschach. In O. K. Buros (Ed.), *Personality tests and reviews. Fifth mental measurement year book* (pp. 897–899). Highland Park: Gryphon.
Eysenck, H. J. (1970a). *Readings in Extraversion. Theoretical and methodological issues*. London: Staples Press.
Eysenck, H. J. (1971). Social attitudes and social class. *British Journal of Social and Clinical Psychology, 10*, 201–212.
Eysenck, H. J. (1971a). *Readings on extraversion. Fields of application*. London: Staples Press.
Eysenck, H. J. (1971b). *Readings on extraversion. Bearings on basic psychological processes*. London: Staples Press.
Eysenck, H. J. (1972). Primaries or second order factors: A critical consideration of Cattell's 16 PF-Battery. *British Journal of Social and Clinical Psychology, 11*, 265–269.
Eysenck, H. J. (1973). *Eysenck on extraversion*. London: Crosby Lockwood Staples.
Eysenck, H. J. (1973). Personality, learning and »anxiety«. In H. J. Eysenck (Ed.), *Handbook of abnormal psychology*. London: Pitman.

Eysenck, H. J. (1975). *Die Ungleichheit der Menschen*. München: List.

Eysenck, H. J. (1975). Genetic factors in personality development. In A. R. Kaplan (Ed.), *Human behaviour genetics* (pp. 198–229). Springfield, Ill.: Thomas.

Eysenck, H. J. (1976a). *The measurement of personality*. Lancaster: MTP Press.

Eysenck, H. J. (1976b). *Crime and personality*. London: Paladin.

Eysenck, H. J. (1977). Neurotizismusforschung. In L. J. Pongratz & K.-H. Wewetzer (Eds.), *Handbuch der Psychologie, Bd. 8, 1. Halbband* (S. 565–598). Göttingen: Hogrefe.

Eysenck, H. J. (1977a). *Sexualität und Persönlichkeit*. Wien: Europa-Verlag.

Eysenck, H. J. (1977b). Personality and factor analysis: A reply to Guilford. *Psychological Bulletin, 84*, 405–411.

Eysenck, H. J. (1978). Super factors P, E and N in a comprehensive factor space. *Multivariate Behavioral Research, 13*, 475–481.

Eysenck, H. J. (1979). *The structure and measurement of intelligence*. Berlin usw.: Springer.

Eysenck, H. J. (1981). General features of the model. In H. J. Eysenck (Ed.), *A model for personality* (pp. 1-37). Berlin: Springer.

Eysenck, H. J. (1983a). A biometrical-genetical analysis of impulsive and sensation seeking behavior. In M. Zuckerman (Hrsg.), *Biological bases of sensation seeking, impulsivity, and anxiety* (pp. 1–36). Hillsdale, NJ: Erlbaum.

Eysenck, H. J. (1983b). Is there a paradigm in personality research? *Journal of Research in Personality, 17*, 369-397.

Eysenck, H. J. (1985a). Niedergang und Ende der Psychoanalyse. München: List.

Eysenck, H. J. (1985b). Personality, cancer and cardiovascular disease: A causal analysis. *Personality and Individual Differences, 6*, 535–556.

Eysenck, H. J. (1986). Smoking and Health. In R. D. Tollison (Ed.), *Smoking and Society* (pp. 17–88). Lexington Mass.: D. C. Heath.

Eysenck, H. J. (1987). The place of anxiety and impulsivity in a dimensional framework. *Journal of Research in Personality, 21*, 489–492.

Eysenck, H. J. (1987a). Persönlichkeit, Streß und Krankheit: Eine kausale Theorie. In M. Amelang (Hrsg.), *Bericht über den 35. Kongreß der Deutschen Gesellschaft für Psychologie in Heidelberg 1986, Band 2*, (S. 387–401). Göttingen: Hogrefe.

Eysenck, H. J. (1987b). Personality as a predictor of cancer and cardiovascular disease, and the application of behavior therapy in prophylaxis. *European Journal of Psychiatry, 1*, 29–41.

Eysenck, H. J. (1991). Dimensions of personality: 16, 5 or 3? – Criteria for a taxonomic paradigm. *Personality and Individual Differences, 12*, 773–790.

Eysenck, H. J. (1992a). Four ways five factors are not basic. *Personality and Individual Differences, 13*, 667–673.

Eysenck, H. J. (1992b). A reply to Costa and McCrae. P or A and C – the role of theory. *Personality and Individual Differences, 13*, 867–868.

Eysenck, H. J. (1993). Creativity and personality: suggestions for a theory. *Psychological Inquiry, 4*, 147–179.

Eysenck, H. J. (1994a). Personality: Biological Foundations. In P. A. Vernon (Ed.). *The Neuropsychology of Individual Differences* (pp. 151–207). San Diego: Academic Press.

Eysenck, H. J. (1994b). Cancer, personality and stress: Prediction and prevention. *Advances in Behaviour Research and Therapy, 16*, 167–215.

Eysenck, H. J. & Eysenck, M. W. (1985). *Personality and Individual Differences*. New York: Plenum Press.

Eysenck, H. J. & Eysenck, M. W. (1987). *Persönlichkeit und Individualität*. München-Weinheim: Psychologie Verlags Union.

Eysenck, H. J. & Eysenck, S. B. G. (1968). *The manual to the Eysenck-Personality Inventory*. San Diego: Educational and Industrial Testing Service.

Eysenck, H. J. & Eysenck, S. B. G. (1969). *Personality structure and measurement*. London: Routledge & Kegan Paul.

Eysenck, H. J. & Eysenck, S. B. G (1975). *Manual of the Eysenck Personality Questionnaire*. London: Hodder & Stoughton.

Eysenck, H. J. & Eysenck, S. B. G. (1976). *Psychoticism as a dimension of personality*. London: Hodder & Stoughton.
Eysenck, H. J. & Frith, C. D. (1977). *Reminiscence, motivation, and personality*. New York: Plenum Press.
Eysenck, H. J. & Fulker, D. (1983). The components of type A behaviour and its genetic determinants. *Personality and Individual Differences, 4*, 499–505.
Eysenck, H. J. & Levey, A. (1967). Konditionierung, Introversion-Extraversion und die Stärke des Nervensystems. *Zeitschrift für Psychologie, 174*, 96–106.
Eysenck, H. J. & Rachman, S. (1968). *Neurosen – Ursachen und Heilmethoden*. Berlin: VEB Deutscher Verlag der Wissenschaften.
Eysenck, H. J. & Slater, P. (1958). Effects of practice and rest on fluctuation in the Müller-Lyer-illusion. British *Journal of Psychology, 49*, 246–256.
Eysenck, H. J. & Wilson, G. D. (1973). *The experimental study of Freudian theories*. London: Methuen.
Eysenck, H. J. & Wilson, G. D. (1991). *The Eysenck Personality Profiler*. London: Corporated Assessment Network Ltd.
Eysenck, M. W. (1976). Arousal, learning, and memory. *Psychological Bulletin, 83*, 389–404.
Eysenck, M. W. (1977). *Human memory. Theory, research, and individual differences*. Oxford: Pergamon Press.
Eysenck, M. W. (1979). Anxiety, learning, and memory: A reconceptualization. *Journal of Research in Personality, 13*, 363–385.
Eysenck, M. W. (1981). Learning, memory and personality. In H. J. Eysenck (Ed.), *A model for personality* (pp. 169–209). Berlin usw.: Springer.
Eysenck, M. W. (1982). *Attention and arousal: Cognition and performance*. Berlin: Springer.
Eysenck, M. W. (1989). Stress, anxiety, and intelligent performance. In D. Vickers & P. L. Smith (Eds.), *Human Information Processing: Measures, Mechanics and Models. Amsterdam: North Holland*. (In Eysenck (1992a) als Eysenck, M.W. (1989b) zitiert)
Eysenck, M. W. (1992a). *Anxiety: The Cognitive Perspective. Hove* (UK): Lawrence Erlmaum.
Eysenck, M. W. (1992b). The nature of anxiety. In A. Gale & M. W. Eysenck (Eds.), *Handbook of Individual Differences* (pp. 157–178). New York: Wiley.
Eysenck, M. W. (1997). *Anxiety and Cognition: A unified theory*. Hove: Psychology Press.
Eysenck, M. W. & Calvo, M. G. (1992). Anxiety and performance: The processing efficiency theory. *Cognition and Emotion, 6*,409–434.
Eysenck, M. W. & Derakshan, N. (1997). Interpretive Biasis for One's Own Behavior and Physiology in High-Trait-Anxious Individuals and Repressors. *Journal of Personality and Social Psychology, 73 (4)*, 816–825.
Eysenck, M. W. & Eysenck, H. J. (1980). Mischel and the concept of personality. *British Journal of Psychology, 71*, 191–204.
Eysenck, M. W. & Eysenck, M. C. (1979). Memory scanning, introversion-extraversion, and levels of processing. *Journal of Research in Personality, 13*, 305–315.
Eysenck, M. W., MacLeod, C. & Mathews, A. (1987). Cognitive functioning and anxiety. *Psychological Research, 49*, 189–195.
Eysenck, S. B. G. (1982). A cross-cultural study of personality: Germany and England. *Zeitschrift für Differentielle und Diagnostische Psychologie, 3*, 293–300.
Eysenck, S. B. G. & Eysenck, H. J. (1968). The measurement of psychoticism: a study of factor stability and reliability. *British Journal of Social and Clinical Psychology, 7*, 286–294.
Eysenck, S. B. G. & Eysenck, H. J. (1970). Crime and personality: An empirical study of the three-factor theory. *British Journal of Criminology, 10*, 225–239.
Eysenck, S. B. G. & Eysenck, H. J. (1971). Crime and personality: item analysis of questionnaire responses. British *Journal of Criminology, 11*, 49–62.
Eysenck, S. B. G. & Eysenck, H. J. (1972). The questionnaire measurement of psychoticism. *Psychological Medicine, 2*, 50–55.
Eysenck, S. B. G. & Eysenck, H. J. (1974). Personality and recidivism in borstal boys. *British Journal of Criminology, 14*, 385–387.

Eysenck, S. B. G. & Eysenck, H. J. (1977). Personality differences between prisoners and controls. *Psychological Reports, 40*, 1023–1028.

Eysenck, S. B. G., Eysenck, H. J. & Barrett, P. (1985). A revised version of the psychoticism scale. *Personality and Individual Differences, 6*, 21–29.

Eysenck, S. B. G. & Zuckerman, M. (1978). The relationship between sensation seeking and Eysenck's dimensions of personality. *British Journal of Psychology, 69*, 483–487.

Fahrenberg, J. (1964). Objektive Tests. In R. Heiss (Hrsg.), *Handbuch der Psychologie in 12 Bänden, Band 6, Psychologische Diagnostik* (S. 488–532). Göttingen: Hogrefe.

Fahrenberg, J. (1967). *Physiologische Persönlichkeitsforschung*. Göttingen: Hogrefe.

Fahrenberg, J. (1975). Die Freiburger Beschwerdenliste FBL. *Zeitschrift für Klinische Psychologie, 7*, 79–100.

Fahrenberg, J. (1979). Psychophysiology. *German Journal of Psychology, 3*, 321–343.

Fahrenberg, J. (1987). Concepts of activation and arousal in the theory of emotionality (neuroticism). A multivariate conceptualization. In J. Strelau & H. J. Eysenck (Eds.), *Personality Dimensions and Arousal* (pp. 99–120). New York: Plenum.

Fahrenberg, J. (1992). Psychophysiology of Neuroticism and Anxiety. In A. Gale & M. W. Eysenck (Eds.), *Handbook of Individual Differences* (pp. 179–226). New York: Wiley.

Fahrenberg, J. & Selg, H. (1970). *Das Freiburger Persönlichkeitsinventar FPI. Handanweisung*. Göttingen: Hogrefe.

Falbo, T. (1981). Relationships between birth category, achievement and interpersonal orientation. *Journal of Personality and Social Psychology, 41*, 121–131.

Falconer, D. S. (1960). *Introduction to quantitative genetics*. Edinburgh: Oliver & Boyd.

Farber, S. L. (1981). *Identical twins reared apart: A reanalysis*. New York: Basic Books.

Feather, N. T. (1961). The relationship of persistence at a task to expectation of success and achievement related motives. *Journal of Anormal and Social Psychology, 63*, 552–561.

Feingold, A. (1988). Cognitive gender differences are disappearing. *American Psychologist, 43*, 95–103.

Feldt, T. (1997). The role of sense of coherence in well-being at work: Analysis of main and moderator effects. *Work and Stress, 11 (2)*, 134–147.

Felson, R. B. (1992). »Kick'em when they're down«: Explanations between stress and interpersonal aggression and violence. *Sociological Quaterly, 33*, 1–16.

Fenigstein, A. (1987). On the nature of public and private self-consciousness. *Journal of Personality, 55*, 543–554.

Fenigstein, A., Scheier, M. F. & Buss, A. H. (1975). Public and private self-consciousness: Assessment and theory. *Journal of Consulting and Clinical Psychology, 43*, 522–527.

Ferguson, L. E. (1952). *Personality measurement*. New York: McGraw Hill.

Feshbach, S. (1955). The drive-reducing function of fantasy behavior. *Journal of Abnormal and Social Psychology, 50*, 3–11.

Feshbach, S. & Singer, R. B. (1971). *Television and aggression: An experimental field study*. San Francisco: Josey-Bass.

Fiedler, F. E. (1973). The effects of leadership training and experience: A contingency modelinterpretation. *Administrative Science Quarterly, 18*, 453–570.

Field, D. & Millsap, R. E. (1989). *Personality in advanced old age: Continuity or change?* [Unveröffentlichtes Manuskript]. Institute of Human Development: University of California at Berkeley, Berkeley (zitiert in John, 1990a).

Field, H. A. (1934). The limits of learning ability in rhesus monkeys. *Genetic Psychology Monographs, 15*, 369–537.

Filipp, S.-H. & Freudenberg, E. (1989). *Der Fragebogen zur Erfassung dispositionaler Selbstaufmerksamkeit (SAM-Fragebogen)*. Göttingen: Hogrefe.

Findlay, C. S. & Lumsden, C. J. (1988). The creative mind: Toward an evolutionary theory of discovery and innovation. *Journal of Social and Biological Structures, 11*, 3–55.

Findley, M. J. & Cooper, H. M. (1983). Locus of control and academic achievment: A literature review. *Journal of Personality and Social Psychology, 44*, 419–427.

Fiorentino, L. M. & Pomazal, R. J. (1998). Sense of coherence and the stress-illness relationship among employees: A prospective study. In H. I. McCubbin, E. A. Thompson, A. I. Thompson, J. E. Fromer (Eds.), *Stress, coping, and health in families: Sense of coherence and resiliency. Resiliency in families series, Vol. 1* (pp. 91–106). Thousand Oaks, CA: Sage Publications.

Fischbein, S. (1980). IQ and social class. *Intelligence, 4*, 51–63.

Fischer, G. H. (1967). Zum Problem der Interpretation faktorenanalytischer Ergebnisse. *Psychologische Beiträge, 10,* 122–135.

Fischer, G. H. (1968). *Psychologische Testtheorie.* Bern: Huber.

Fischer, G. H. (1972). *Conditional maximum-likelihood estimation of item parameters for a linear logistic test model.* Research Bulletin 9, Psychologisches Institut der Universität Wien.

Fischer, G. H. (1973). The linear logistic test model as an instrument in educational research. *Acta Psychologica, 37*, 359–374.

Fischer, G. H. (1974). *Einführung in die Theorie psychologischer Tests.* Bern: Huber.

Fischer, G. H. (1988). Spezifische Objektivität. In K. D. Kubinger (Hrsg.), *Moderne Testtheorie* (S. 87–111). Weinheim: Beltz.

Fischer, G. H. & Formann, A. K. (1981). Zur Schätzung der Erblichkeit quantitativer Merkmale. *Zeitschrift für Differentielle und Diagnostische Psychologie, 2,* 189–197.

Fischer, H. (1958). Ein Vergleich zwischen dem IST von Amthauer und dem PMA von Thurstone. *Diagnostica, 4*, 25–32.

Fischer, M. & Wiedl, K.-H. (1973). Variationsmotivation. *Psychologische Beiträge, 65*, 478–521.

Fishbein, M. & Ajzen, I. (1974). Attitudes towards objects as predictors of single and multiple behavioral criteria. *Psychological Review, 81*, 59–74.

Fiske, D. W. (1949). Consistency of the factorial structures of personality ratings from different sources. *Journal of Abnormal and Social Psychology, 44*, 329–344.

Fiske, D. W. (1974). The limits for the conventional science of personality. *Journal of Personality, 42,* 1–11.

Fiske, D. W. & Butler, J. M. (1963). The experimental conditions for measuring individual differences. *Educational and Psychological Measurement, 23*, 249–266.

Fitz, R. J. (1971). The differential effect of praise and censure on serial learning as dependent on locus of control and field depending. *Dissertation Abstracts International, 31*, 3703–3704.

Flanagan, J. C. (1954). The critical incident technique. *Psychological Bulletin, 51*, 327–358.

Fleishman, E. A. & Hempel, W. P. (1954). Changes in factor structure of a complex psychomotor test as a function of practice. *Psychometrika, 19*, 239–252.

Fleishman, E. A. & Hempel, W. P. (1955). The relation between abilities and improvement with practice in a visual discrimination reaction task. *Journal of Experimental Psychology, 49*, 301–312.

Fletcher, R. F. (1990). The Burt Affair. *The Salisbur Review*, March 1990, 39–41.

Fling, S. & Manosevitz, M. (1972). Sex typing in nursery school children's play interest. *Developmental Psychology, 7*, 146–152.

Floderus-Myrhed, B., Pederson, N. & Rasmusson, S. (1980). Assessment of heritability for personality based on a short form of the Eysenck-Personality Inventory. *Behavior Genetics, 10,* 153–162.

Flynn, J. R. (1984). The mean IQ of Americans: Massive Gains 1932 to 1978. *Psychological Bulletin, 95*, 29–51.

Flynn, J. T. & Anderson, B. E. (1977). The effects of item use sensitivity on IQ and achievement test performance. *Educational Research Quarterly, 2*, 32–39.

Folkins, C. H. (1970). Temporal factors and the cognitive mediators of stress reactions. *Journal of Personality and Social Psychology, 14*, 173–184.

Fontaine, G. & Lubow, C. (1977). Causal attribution to other people and expected performance: The mediational role of interpersonal trust. *Psychological Reports, 40*, 763–766.

Fontenot, N. A. (1993). Effects of training in creativity and creative problem finding upon business people. *Journal of Social Psychology, 133*, 11–22.

Foppa, K. (1965). *Lernen, Gedächtnis, Verhalten.* Köln und Berlin: Kiepenheuer.

Ford, M. E. & Tisak, M. S. (1983). A Further Search for Social Intelligence. *Journal of Educational Psychology, 75*, 196–206.

Fordyce, W. E. & Rozynko, V. (1957). *The correlation between the SD-scale and the subtle and obvious scales of the MMPI.* Personal communications with Edwards, zitiert nach: Edwards, A. L. (1957). The social desirability variable in personality assessment and research. New York: Dryden Press.

Forman, S. G. & Forman, B. D. (1981). Family environment and its relation to adolescent personality factors. *Journal of Personality Assessment, 45*, 163–167.

Formann, A. (1973). *Die Konstruktion eines neuen Matrizentests und die Untersuchung des Lösungsverhaltens mit Hilfe des linearen logistischen Testmodells.* Unveröffentl. Diss., Psychologisches Institut der Universität Wien.

Formann, A. K. & Fischer, G. H. (1982). Stellungnahme zu Stelzls Entgegnung: Verfehlte Einwände gegen Erblichkeitsschätzungen. Kritische Bemerkungen zu einigen Argumenten von Seidler (1981) und Fischer & Formann (1981). *Zeitschrift für Differentielle und Diagnostische Psychologie, 3,* 61–67.

Forsen, T., Eriksson, J. G., Tuomilehto, J., Osmond, C. & Barker, D. J. P. (1999). Growth in utero and during childhood among women who develop coronary heart diesease: longitudinal study. *British Medical Journal, 319*, 1403–1407

Foss, R. (1973). Personality, social influence, and cigarette smoking. *Journal of Health and Social Behavior, 14*, 279–286.

Foster, J. W. & Archer, S. J. (1979). Birth order and intelligence: An immunological interpretation. *Perceptual and Motor Skills, 48*, 79–93.

Fotopoulos, S. (1971). Internal versus external control: Increase of heart rate by thinking unter feedback and no-feedback conditions. *Dissertation Abstracts International, 31*, 3703–3704.

Foulkes, D., Pivik, T., Ahrens, J. B. & Swanson, E. M. (1968). Effects of »dream deprivation« on dream content: An attempted cross-night replication. *Journal of Abnormal Psychology, 73*, 403–415.

Fowler, P. C. & Richards, H. C. (1978). Father absence, educational preparedness, and academic achievement: A test of the confluence model. *Journal of Educational Psychology, 70*, 595–601.

Frank, K., Heller, S., Kornfeld, D., Sporn, A. & Weiss, M. (1978): Type-A-behavoir and coronary heart disease: Angiografic confirmation. *JAMA, 24,* 761–763.

Frank, L. K. (1939). Projective methods for the study of personality. *Journal of Psychology, 8*, 383–413.

Frank, L. K. (1948). *Projective methods.* Springfield, Ill.: C. C. Thomas.

Franks, C. M. (1956). Conditioning and personality: A study of normal and neurotic subjects. *Journal of Abnormal and Social Psychology, 52*, 143–150.

Franks, C. M. (1963). Personality and eyeblink conditioning seven years later. *Acta Psychologica, 21*, 295–312.

Fransella, F. & Bannister, D. (1977). *A manual for repertory grid technique.* London: Academic Press.

Frederiksen, N. (1966). Validation of a simulation technique. *Organizational Behavior and Human Performance, 1,* 87–109.

Frederiksen, N. (1972). Toward a taxonomy of situations. *American Psychologist, 27,* 114–125.

Frederiksen, N. (1986). Toward a broader conception of human intelligence. *American Psychologist, 41*, 445–452.

Frederiksen, N., Carlson, S. & Ward, W. C. (1984). The place of social intelligence in a taxonomy of cognitive abilities. *Intelligence, 8*, 315–337.

Freedman, J. L. (1984). Effect of television violence on aggressiveness. *Psychological Bulletin, 96*, 227–246.

Freeman, J. (1983). Environment and high IQ – a consideration of fluid and crystallized intelligence. *Personality and Individual Differences, 4*, 307–313.

French, J. W. (1940). Individual differences in paramecium. *Journal of Comparative and Psychological Psychology, 30*, 451–456.

French, J. W. (1951). The description of apitude and achievement tests in terms of rotated factors. *Psychometric Monographs*, No. 5.

French, J. W. (1973). *Toward the establishment of noncognitive factors through literature search and interpretation.* Princeton: Educational Testing Service.

Frenz, A. W., Carey, M. P. & Jorgensen, R. S. (1993). Psychometric evaluation of Antonovsky's sense of coherence scale. *Psychological Assessment, 5*, 145–153.

Freud, S. (1940, Erstveröffentlichung 1923). Das Ich und das Es. In S. Freud, *Gesammelte Werke, XIII* (S. 237–289). Frankfurt: Fischer.

Freud, S. (1940, Erstveröffentlichung 1926). Hemmung, Symptom und Angst. In S. Freud, *Gesammelte Werke, XIV* (S. 111–205). London: Imago.

Freud, S. (1940, Erstveröffentlichung 1933). Neue Folge der Vorlesungen zur Einführung in die Psychoanalyse. In S. Freud, *Gesammelte Werke, XV* (S. 3–197). Frankfurt: Fischer.

Freud, S. (1940, Erstveröffentlichung 1917). Vorlesungen zur Einführung in die Psychoanalyse. In S. Freud, *Gesammelte Werke, XI* (S. 3–482). Frankfurt: Fischer.

Freud, S. (1941, Erstveröffentlichung 1938). Abriß der Psychoanalyse. In S. Freud, *Gesammelte Werke, XVII* (S. 74–135). Frankfurt: Fischer.

Freud, S. (1941, Erstveröffentlichung 1904). Zur Psychopathologie des Alltagslebens. In S. Freud, *Gesammelte Werke, IV* (S. 5–310). Frankfurt: Fischer.

Freud, S. (1942, Erstveröffentlichung 1900). Die Traumdeutung. In S. Freud, *Gesammelte Werke, II/III-VII-XV* (S. 1–626). Frankfurt: Fischer.

Freud, S. (1948, Erstveröffentlichung 1926). Hemmung, Symptom und Angst. In S. Freud, *Gesammelte Werke, XIV* (S. 113–205). Frankfurt: Fischer.

Freud, S. (1952, Erstveröffentlichung 1895). Über die Berechtigung von der Neurasthenie einen bestimmten Symptomenkomplex als Angstneurose abzutrennen. In S. Freud, *Gesammelte Werke, I* (S. 315–342). Frankfurt: Fischer.

Freud, S. (1952–1968). *Gesammelte Werke, 18 Bände.* Frankfurt: Fischer.

Freund-Braier, I. (2000). Persönlichkeitsmerkmale. In D. H. Rost (Hrsg.): *Hochbegabte und hochleistende Jugendliche.* Münster: Waxmann.

Frey, D. & Maas, A. (1985). Persönlichkeit und Gesundheit und Krankheit. In T. Hermann & E. D. Lantermann (Hrsg.), *Persönlichkeitspsychologie – Ein Handbuch in Schlüsselbegriffen.* München: Urban & Schwarzenberg.

Fricke, R. (1972). *Über Meßmodelle in der Schulleistungsdiagnostik.* Düsseldorf: Schwann.

Friedman, H. S. & Booth-Kewley, S. (1987a). The »disease-prone personality«. *American Psychologist, 42,* 539–555.

Friedman, H. S. & Booth-Kewley, S. (1987b). Personality, Type A behaviour, and coronary heart disease: The role of emotional expression. *Journal of Personality and Social Psychology, 53,* 783–792.

Friedman, M. & Rosenman, R. (1959). Association of specific overt behavior pattern with blood and cardiovascular findings: Blood cholesterol level, blood clotting time, incidence of arcus senilis and clinical coronary artery disease. *JAMA, 169,* 1286–1296.

Friedman, M. & Rosenman, R. (1974). *Type A behavior and your heart.* New York: Knopf.

Frierson, E. C. (1969). The gifted. *Review of Educational Research, 39,* 25–37 (deutsch in: Mühle, G. & Schell, Ch. (1970). Kreativität und Schule. München: Piper).

Frodi, A., Macaulay, J. & Thome, P. R. (1977). Are men more aggressive than women? A review of the experimental literature. *Psychological Bulletin, 84,* 634–660.

Fröhlich, W. D. (1965). Angst und Furcht. In H. Thomae (Hrsg.), *Handbuch der Psychologie, Bd. 2, Allgemeine Psychologie: 2. Motivation* (S. 513–568). Göttingen: Hogrefe.

Fröhlich, W. D. & Becker, J. (1971). *Forschungsstatistik.* Bonn: Bouvier Verlag Herbert Grundmann.

Fromm, E. (1941). *Escape from freedom.* New York: Rinehart.

Fromm, E. (1947). *Man for himself.* New York: Rinehart.

Frommberger, U., Stieglitz, R. D., Straub, S., Nyberg, E., Schlickewei, W., Kuner, E. & Berger, M. (1999). The concept of »sense of coherence« and the development of posttraumatic stress disorder in traffic accident victims. *Journal of Psychosomatic Research, 46 (4),* 343–348.

Fruchter, B. (1954). *Introduction to factor analysis.* Princeton, N. J.: Van Nostrand Reinhold.

Fthenakis, W. E. & Kunze, H.-R. (1983). Das Konfluenz-Modell von Zajonc und Markus. *Psychologische Beiträge, 25,* 142–165.

Fulker, D. W., Eysenck, H. J. & Zuckerman, M. (1980). A genetic and environmental analysis of sensation seeking. *Journal of Research in Personality, 14,* 261–281.

Fuller, J. L. & Thompson, W. R. (1960). *Behavior genetics.* New York: Wiley.

Funder, D. C. (1980). The »Trait« of ascribing traits: Individual differences in the tendency of trait ascription. *Journal of Research in Personality, 14*, 376–385.

Funder, D. C. (1983). Three issues in predicting more of the people: A reply to Mischel & Peake. *Psychological Review, 90*, 283–289.

Funder, D. C. (1998). On the pros and cons of delay of gratification. *Psychological Inquiry, 9*, 211–212.

Funder, D. C. & Block, J. (1989). The role of ego-control, ego-resiliency, and IQ in delay of gratification in adolescence. *Journal of Personality and Social Psychology, 57*, 1041–1050.

Funder, D. C., Block, J. H. & Block, J. (1983). Delay of gratification: Some longitudinal personality correlates. *Journal of Personality and Social Psychology, 44*, 1198–1213.

Funder, D. C. & Colvin, C. R. (1988). Friends and strangers: Acquaintanceship, Agreement, and the Accuracy of Personality Judgment. *Journal of Personality and Social Psychology, 55*, 149–158.

Funder, D. T. & Dobroth, K. M. (1987). Differences between traits: Properties associated with interjudge agreement. *Journal of Personality and Social Psychology, 52*, 409–418.

Funke, J. (1983). Einige Bemerkungen zu Problemen der Problemlöseforschung oder: Ist Testintelligenz doch ein Prädiktor? *Diagnostica, 29*, 283–302.

Funke, J. (1984). Diagnose der westdeutschen Problemlöseforschung in Form einiger Thesen. *Sprache und Kognition, 3*, 159–172.

Funke, J. (1984). Alles bestätigt? Anmerkungen zum Kommentar von Wiebke Putz-Osterloh (1983). *Diagnostica, 30*, 104–110.

Furnham, A. (1981). Personality and activity preference. *British Journal of Social Psychology, 20*, 57–68.

Furnham, A. & Jaspars, J. (1983). The evidence for interactionism in psychology. A critical analysis of the situation-response inventories. *Personality and Individual Differences, 4*, 627–644.

Gacsaly, S. A. & Borges, C. A. (1979). The male physique and behavioral expectancies. *Journal of Psychology, 101*, 97–102.

Gaensslen, H. & Mandl, H. (1974). Zur Stabilität von Persönlichkeitszügen und Einstellungen bei Meßwiederholungen nach 15 Monaten. *Zeitschrift für Experimentelle und Angewandte Psychologie, 21*, 367–377.

Gagné, R. M. (1965). *Conditions of learning*. New York: Holt.

Gagné, R. M. (1967). *Learning and individual differences*. Columbus: Merrill.

Gainotti, G., Caltagirone, C. & Miceli, G. (1977). Poor performance of right braindamaged patients on Raven's coloured matrices: Deranged of general intelligence or of specific abilities? *Neuropsychologia, 15*, 675–680.

Gakhar, S., Joshi, J. N. & Passi, B. K. (1973). Massed versus spaced learning in relation to intelligence, anxiety, introversion/extroversion among adolescent girls. *Journal of Psychological Researches, 17*, 68–73.

Gakhar, S. & Luthra, S. (1973). The effect of intelligence, neuroticism, extraversion and meaningfulness on paired-associate learning. *Indian Journal of Psychology, 48*, 57–68.

Galbraith, G. G. & Lieberman, H. (1972). Associative responses to double-entendre words as a function of repression-sensitization and sexual stimulation. *Journal of Consulting and Clinical Psychology, 39*, 322–327.

Galbraith, G. G. & Wynkoop, R. H. (1976). Latencies of restricted associations to double-entendre sexual words as a function of personality variables. *Perceptual and Motor Skills, 43*, 1187–1197.

Galbraith, R. C. (1983). Individual differences in intelligence: A reappraisal of the confluence model. *Intelligence, 7*, 185–194.

Gale, A. (1973). The psychophysiology of individual differences: Studies of extraversion and the EEG. In P. Kline (Ed.), *New approaches in psychological measurement* (pp. 211–256). London: Wiley.

Gale, A. (1981). EEG-studies of extraversion-introversion. In R. Lynn (Ed.), *Dimensions of personality* (pp. 181–207). Oxford: Pergamon.

Gale, A. (1983). Electroencephalographic studies of extraversion-introversion: A case study in the psychophysiology of individual differences. *Personality and Individual Differences, 4*, 371–380.

Galler, J. (1984). The behavioral consequences of malnutrition in early life. In J. Galler (Ed.), *Nutrition and behavior*. New York: Plenum Press.

Galton, F. (1869). *Hereditary genius*. New York: MacMillan.

Galton, F. (1883). *Inquiries into human faculty and its development*. London: MacMillan.

Ganellen, R. & Blaney, P. (1984). Hardiness and social support as moderators of the effects of life stress. *Journal of Personality and Social Psychology, 47*, 156–163.

Garcia-Sevilla, J. (1984). Extraversion and neuroticism in rats. *Personality and Individual Differences, 5*, 511–532.

Gardner, R. W., Holzman, P. S., Klein, G. S., Linton, H. & Spence, D. S. (1959). Cognitive control: A study of individual consistencies in cognitive behavior. *Psychological Issues, 1*, whole number 4.

Gardner, R. W., Jackson, D. N. & Messick, S. J. (1960). Personality organization in cognitive controls and intellectual abilities. *Psychological Issues, 2*, whole N. 8.

Garfinkel, R. & Thorndike, R. L. (1976). Binet item difficulty then and now. *Child Development, 47*, 959–965.

Garnett, J. C. M. (1919). On certain independent factors in mental measurement. *Proceedings of the Royal Society, Serie A, 96*, 91–111.

Garske, J. P. (1976). Personality and generalized expectancies for interpersonal trust. *Psychological Reports, 39*, 649–650.

Gatchel, R. J. & Mears, F. G. (1982). *Personality. Theory, assessment and research*. New York: St. Martins Press.

Gaudreau, J., Lavoie, G. & Delmore, A. (1963). La perception des illusions de Mueller-Lyer et d'Oppelkundt chez les déficients mentaux. *Canadian Journal of Psychology, 17*, 259–263.

Gaudry, E. & Spielberger, C. D. (1971). *Anxiety and educational achievement*. New York: John Wiley.

Gauquelin, M., Gauquelin, F. & Eysenck, S. B. G. (1979). Personality and position of the planet of birth: An empirical study. *British Journal of Social and Clinical Psychology, 18*, 71–75.

Geen, R. G. (1976). Observing violence in the mass media: Implications of basic research. In R. G. Geen & E. C. O'Neal (Eds.), *Perspectives on aggression* (pp. 193–224). New York usw.: Academic Press.

Geen, R. G. (1983). Aggression and television violence. In R. G. Geen & E. I. Donnerstein (Hrsg.). *Aggression: Theoretical and empirical Reviews*. (Vol. 2, S. 103–125). New York: Academic Press.

Geen, R. G. (1984). Preferred stimulation levels in introverts and extraverts effect on arousal and performance. *Journal of Personality and Social Psychology, 46*, 1303–1312.

Geen, R. G. & Pigg, R. (1970). Acquisition of an aggressive response and its generalization to verbal behavior. *Journal of Personality and Social Psychology, 15*, 165–170.

Geer, J. H. (1965). The development of a scale to measure fear. *Behavior Research and Therapy, 3*, 45–53.

Geier, F. M., Levin, M. & Tolman, E. C. (1941). Individual differences in emotionality, hypothesis formation, vicarious trial and error and visual discrimination learning in rats. *Comparative Psychological Monographs, 17*, No. 3, 20–57.

Genser, B., Häfele, A. & Häfele, M. (1978). Reflexivität-Impulsivität: Fähigkeit oder kognitiver Stil? *Zeitschrift für Entwicklungspsychologie und Pädagogische Psychologie, 10*, 114–123.

Gentry, W. D. (1970). Effects of frustration, attack, and prior aggressive training on overt aggression and vascular processes. *Journal of Personality and Social Psychology, 16*, 718–725.

Gergen, K. & Gergen, M. M. (1980). *The interactionist paradigm reconsidered*. XXIInd International Congress of Psychology, Leipzig 1980, Abstract Guide, S. 384.

Gerlach, V. S., Schutz, R. E., Baker, R. L. & Mazer, D. E. (1964). Effects of variations in test directions on originality test response. *Journal of Educational Psychology, 55*, 79–83.

Getter, H. A. (1966). A personality determinant of verbal conditioning. *Journal of Personality, 34*, 397–405.

Getzels, J. W. & Csikszentmihalyi, M. (1976). *The creative vision: A longitudinal study of problem finding in art*. New York: Wiley.

Getzels, J. W. & Jackson, P. E. (1962). *Creativity and intelligence: explorations with gifted students*. New York: Wiley.

Geyer, S. (1997). Some conceptual considerations on the sense of coherence. *Social Science and Medicine, 44 (12)*, 1771–1779.

Ghiselli, E. (1966). *The validity of occupational aptitude tests*. New York: Wiley.

Ghiselli, E. E. (1960). Differentiation of tests in terms of the accuracy with which they predict for a given individual. *Educational and Psychological Measurement, 20*, 674–684.

Ghiselli, E. E. (1963). Moderating effects and differential reliability and validity. *Journal of Applied Psychology, 47*, 81–86.

Gibson, L. M. & Cook, M. J. (1996). Neuroticism and sense of coherence. *Psychological Reports, 79 (1)*, 343–349.

Giesen, H. (2000). Geschlechtsunterschiede. In M. Amelang (Hrsg.). *Enzyklopädie der Psychologie. Differentielle Psychologie und Persönlichkeitsforschung, Band 4: Determinanten individueller Unterschiede* (S. 539–593). Göttingen: Hogrefe.

Gilardi, R. von, Holling, A. von & Schmidt, J. U. (1983). Zur Invarianz der Cattellschen Intelligenzfaktoren Fluid und Crystallized Intelligence. In G. Lüer (Hrsg.), *Bericht über den 33. Kongreß der Deutschen Gesellschaft für Psychologie 1982, Band 1* (S. 375–378). Göttingen usw.: Hogrefe.

Gilmore, T. N. & Minton, H. L. (1974). Internal versus external attribution of task performance as a function of locus of control, initial confidence, and success-failure outcome. *Journal of Personality, 42*, 159–174.

Ginsburg, G. P. & Whittemore, R. G. (1968). Creativity and verbal ability: A direct examination of their relationship. *British Journal of Educational Psychology, 38*, 133–139.

Gjesme, T. (1979). Future time orientation as a function of achievement motives, ability, delay and sex. *Journal of Psychology, 101*, 173–188.

Glanzman, P. G. (1989). Methoden zur Messung von Angst und Ängstlichkeit. In H. G. Sergl & H. Müller-Fahlbusch (Hrsg.), *Angst und Angstabbau in der Zahnmedizin* (S. 17–28). Berlin: Quintessenz.

Glaser, R. & Pellegrino, J. W. (1978). Uniting cognitive process theory and differential psychology: Back home from the wars. *Intelligence, 2*, 305–319.

Glow, R. A., Lange, R. H., Glow, P. H. & Barnett, J. A. (1983). Cognitive and self-reported impulsiveness: Comparison of Kagan's MFFT and Eysenck's EPQ-Impulsiveness Measures. *Personality and Individual Differences, 4*, 179–187.

Glucksberg, S. & King, L. J. (1967). Motivated forgetting mediated by implicit verbal chaining: A laboratory analogue of repression. *Science, 27*, 517–519.

Gniech, G. (1976). *Störeffekte in psychologischen Experimenten.* Stuttgart: Kohlhammer.

Goeters, K.-M. (1983). Faktorielle Änderungen im Lernprozeß: Das Fleishman-Paradigma als Artefakt-Bildner? *Zeitschrift für Differentielle und Diagnostische Psychologie, 4*, 301–318.

Goeters, K.-M. (1984). Die Neuanalyse der Daten von Fleishman & Hempel (1954): Eine Stellungnahme zu den Anmerkungen von Pawlik (1983) über eine Arbeit zum Fleishman-Paradigma. *Zeitschrift für Differentielle und Diagnostische Psychologie, 5*, 213–220.

Goldberg, L. R. (1971). A historical survey of personality scales and inventories. In P. McReynolds (Ed.), *Advances in Psychological Assessment* (Vol. 2) (pp. 293–336). Palo Alto, Cal.: Science and Behavior Books.

Goldberg, L. R. (1980). *Some ruminations about the structure of individual differences: Developing a common lexicon for the major characteristics of human personality* (A contribution to the symposion »Personality: Beyond and beneath the Factors«, May 1980). Honolulu, Hawaii (zitiert in John, 1990a, 1990b).

Goldberg, L. R. (1981a). Developing a taxonomy of trait-descriptive terms. In D. Fiske (Ed.), *New directions for methodology of social and behavioral science: Problems with language impression, No. 9* (pp. 43–65). San Francisco: Jossey-Bass.

Goldberg, L. R. (1981b). Language and individual differences: the search for universals in personality lexicons. *Review of Personality and Social Psychology, 2*, 141–165.

Goldberg, L. R. (1982). From ace to zombie? Some explorations in the language of personality. In C. D. Spielberger & J. N. Butcher (Eds.), *Advances in Personality Assessment* (Vol. 1). Hillsdale N. J.: Erlbaum.

Goldberg, L. R. (1989). *Standard markers of the Big-Five factor structure (Paper presented to the Invited Workshop on Personality Language.* Groningen 26.-30. Juni 1989). Unveröffentlicht (zitiert in Ostendorf, 1990).

Goldberg, L. R. (1990). An alternative »description of personality«: The Big-Five factor structure. *Journal of Personality and Social Psychology, 59*, 1216–1229.
Goldfried, M. R. & Kent, R. N. (1976). Herkömmliche gegenüber verhaltenstheoretischer Persönlichkeitsdiagnostik: Ein Vergleich methodischer und theoretischer Voraussetzungen. In D. Schulte (Hrsg.), *Diagnostik in der Verhaltenstherapie* (S. 3–23). München: Urban & Schwarzenberg.
Goldfried, M. R. & Linehan, M. M. (1977). Basic issues in behavioral assessment. In A. R. Ciminero, K. S. Calhoun & H. E. Adams (Eds.), *Handbook of behavioral assessment*. New York: Wiley.
Goldfried, M. R. & Sprafkin, J. N. (1974). *Behavioral personality assessment*. Morristown: General Learning Press.
Goldiamond, I. (1958). Indicators of perception: I. Subliminal perception, subception, unconscious perception: An analysis in terms of psychophysical indicator methodology. *Psychological Bulletin, 55*, 373–411.
Golding, S. L. (1975). Flies in the ointment: Methodological problems in the analysis of the percentage of variance due to persons and situations. *Psychological Bulletin, 82*, 278–288.
Goldman, W. & Lewis, P. (1977). Beautiful is good: Evidence that the physically attractive are more socially skillful. *Journal of Experimental Social Psychology, 13*, 125–130.
Goldman-Eisler, F. (1948). Breastfeeding and character formation. In C. Kluckhohn, H. A. Murray & D. M. Schneider (Eds.), *Personality in nature society, and culture* (pp. 146–184). New York: Knopf.
Goldsmith, H. H. (1983). Genetic influences on personality from infancy to adulthood. *Child Development, 54*, 331–355.
Goldstein, K. (1939). *The organism, a holistic approach to biology*. New York: American Book.
Goleman, D. (1995). What's your EQ? *The Utne Lens, Utne Reader* [On-line]. Available: http://www.utne.com/lens/bms/eq.html/.
Goleman, D. (1997). *EQ – Emotionale Intelligenz* (2. Aufl.). München: dtv.
Golubewa, E. A. (1980). Individual properties of human memory (psychophysiological investigation). *Pedagogika* (in Russisch).
Goodenough, D. R. (1978). Field dependence. In H. London & J. E. Exner (Eds.), *Dimensions of personality* (pp. 165–216). New York: Wiley.
Goodenough, D. R. & Karp, S. A. (1961). Field dependence and intellectual functioning. *Journal of Abnormal and Social Psychology, 63*, 241–246.
Goodenough, F. L. (1949). *Mental testing*. New York: Rinehart.
Goodman, J. F. (1977). Aging and intelligence in young retarded adults: A cross-sectional study of fluid abilities in three samples. *Psychological Reports, 41*, 255–273.
Göppinger, H. (1973). *Kriminologie*. München: Beck.
Gordon, J. E. (1957). Interpersonal prediction of repressors and sensitizers. *Journal of Personality, 25*, 686–698.
Gordon, R. A. (1995). The great disturbance about intelligence. *Planning for Higher Education, 23*, 19–28.
Gorey, K. M. & Cryns, A. G. (1995). Lack of racial differences in behavior. A quantitive replication of Rushton's (1988) review and an independent meta-analysis. *Personality and Individual Differences, 19*, 345–353.
Gormly, J. (1983). Predicting behavior from personality trait-scores. *Personality and Social Psychology Bulletin, 9*, 267–270.
Gorsuch, R. L. & Cattell, R. B. (1967). Second-stratum personality factors defined in the questionnaire realm by the 16 P. F. *Multivariate Behavioral Research, 2*, 211–224.
Gough, H. G. (1962). Imagination – undeveloped resource. In S. J. Parness & H. F. Harding (Eds.), *A source book for creative thinking* (pp. 217–229). New York: Charles Scribner's Sons.
Gough, H. G. (1969). *Manual for the California Psychological Inventory*. Palo Alto: Consulting Psychologists Press.
Gough, H. G. (1976). What happens to creative medical students? *Journal of Medical Education, 51*, 461–467.
Gough, H. G. (1979). A creative personality scale for the adjective check list. *Journal of Personality and Social Psychology, 37*, 1389–1405.

Gough, H. G. (1993). The assessment piece of the creativity pie. *Psychological Inquiry, 4*, 196–200.
Gough, H. G. & Heilbrunn, A. B. Jr. (1983). *The adjective check list manual* (rev. ed.). Palo Alto, CA: Consulting Psychologists Press.
Gourlay, N. (1979). Heridity versus environment: An integrative analysis. *Psychological Bulletin, 86*, 596–615.
Gowan, J. C. (1979). The production of creativity through right hemisphere imagery. *Journal of Creative Behavior, 13*, 39–51.
Gozali, H., Cleary, T. A., Walster, G. W. & Gozali, J. (1973). Relationship between the internal-external control construct and achievement. *Journal of Educational Psychology, 64*, 9–14.
Granzberg, G. (1977). Further evidence of situational factors in delay of gratification. *Journal of Psychology, 95*, 7–8.
Gräser, H. (1979). Überprüfung der faktoriellen Struktur einer deutschsprachigen Version des »Eight State Questionnaire« mittels Ketten-P-Technik. *Diagnostica, 25*, 49–58.
Graumann, C. F. (1960). Eigenschaften als Problem der Persönlichkeitsforschung. In Ph. Lersch & H. Thomae (Hrsg.), *Persönlichkeitsforschung und Persönlichkeitstheorie. Handbuch der Psychologie Band IV* (S. 87–154). Göttingen: Hogrefe.
Graumann, C. F. (1966). Nichtsinnliche Bedingungen der Wahrnehmung. In W. Metzger (Hrsg.), *Handbuch der Psychologie Band 1, 1. Halbband: Wahrnehmung und Erkennen* (S. 1031–1096). Göttingen Hogrefe.
Graumann, C. F. (1975). Person und Situation. In U. Lehr & F. Weinert (Hrsg.), *Entwicklung und Persönlichkeit* (S. 15–24). Stuttgart: Kohlhammer.
Grawe, K., Donati, R. & Bernauer, F. (1994). *Psychotherapie im Wandel: Von der Konfession zur Profession* (3. Aufl.). Göttingen: Hogrefe.
Gray, J. A. (1964). *Pavlov's typology*. Oxford: Pergamon Press.
Gray, J. A. (1971). *Angst und Streß. Entstehung und Überwindung von Neurosen und Frustrationen.* München: Kindler.
Gray, J. A. (1973). Causal theories of personality and how to test them. In J. R. Royce (Ed.), *Multivariate analysis and psychological theory* (pp. 409–462). New York: Academic Press.
Gray, J. A. (1976). The behavioural inhibition system: A possible substrate for anxiety. In M. P. Feldman & A. Broadhurst (Eds.), *Theoretical and experimental bases of the behaviour therapies*. London: Wiley.
Gray, J. A. (1978). The neuropsychology of anxiety. *British Journal of Psychology, 69*, 417–434.
Gray, J. A. (1981a). A critique of Eysenck's theory of personality. In H. J. Eysenck (Ed.), *A model for personality* (pp. 246–276). Berlin: Springer.
Gray, J. A. (1981b). The psychophysiology of anxiety. In R. Lynn (Ed.), *Dimensions of personality – papers in honour of H. J. Eysenck* (pp. 233–252). Oxford: Pergamon.
Gray, J. A. (1982). *The neuropsychology of anxiety*. Oxford: Clarendon.
Gray, J. A. (1983). Where should we search for biologically based dimensions of personality? *Zeitschrift für Differentielle und Diagnostische Psychologie, 4*, 165–176.
Gray, J. A. (1987). Perspectives on anxiety and impulsivity: A commentary. *Journal of Research in Personality, 21*, 493–509.
Gray, J. A. & Nicholson, J. N. (1974). Behavioural measures of susceptibility to frustration in children: relation to neuroticism and introversion. *Studia Psychologica, 16*, 21–39.
Green, B. F. (1980). A note on Bem and Funder's scheme for sorting Q sorts. *Psychological Review, 87*, 212–214.
Green, B. F. (1992). Expose or Smear? The Burt Affair. *The Psychological Science, 3*, 328–331.
Green, D. E. & Walkey, F. H. (1980). A nonmetric analysis of Eysenck's Personality Inventory. *Multivariate Behavioral Research, 2*, 157–163.
Greene, E. B. (1937). Practice effect on various types of standard tests. *American Journal of Psychology, 49*, 67–75.
Greene, E. B. (1943). An analysis of random and systematic changes with practice. *Psychometrika, 8*, 37–52.
Greenspoon, J. (1955). The reinforcing effect of two spoken words on the frequency of two responses. *American Journal of Psychology, 68*, 409–416.

Greif, S. (1970). Untersuchungen zur deutschen Übersetzung des 16 PF-Fragebogens. *Psychologische Beiträge, 2*, 186–213.

Greif, S. & Seiler, Th. B. (1973). Testinstrumente zur Erfassung der kognitiven Strukturiertheit. In Th. B. Seiler (Hrsg.), *Kognitive Strukturiertheit* (S. 70–83). Stuttgart usw.: Kohlhammer.

Grewe, W. & Krampen, G. (1991). Gesundheitsbezogene Kontrollüberzeugungen und Gesundheitsverhalten. In J. Haisch & H. P. Zeitler (Hrsg.), *Gesundheitspsychologie – Zur Sozialpsychologie der Prävention und Krankheitsbewältigung* (S. 223–241). Asanger.

Grigorenko, E. L. & Sternberg, R. J. (1996). *Styles of thinking, abilities, and academic performance.* Manuskript, zur Veröffentlichung eingereicht.

Grimm, K. H. & Meyer, W. U. (1976). Impulsivität-Reflexivität: Ein korrekturbedürftiges Konzept. *Zeitschrift für Entwicklungspsychologie und Pädagogische Psychologie, 8*, 235–244.

Groffmann, K. J. (1964). Die Entwicklung der Intelligenzmessung. In R. Heiss (Hrsg.), *Handbuch der Psychologie in 12 Bänden, Band 6: Psychologische Diagnostik* (S. 148–199). Göttingen: Hogrefe.

Groffmann, K. J., Zschintzsch, A. & Kornfeld, U. (1978). Der Mannheimer Prüfungsangstfragebogen (MPF). Itemkonstruktion und Normierung. *Diagnostica, 24*, 113–123.

Gross, L. J. (1977). The effect of test-wiseness on standardized test performance. *Scandinavian Journal of Educational Research, 21*, 97–111.

Grote, J., Hajek, G., Henning, U., Hoff, E.-U., Koch, A., Roeder, P. M., Schoppen, C., Sievers, H. & Treumann, K. (1969). Untersuchungen zur Kreativität. *Zeitschrift für Pädagogik, 15*, 135–171.

Grotevant, H. D., Scarr, S. & Weinberg, R. A. (1977). Intellectual development in family constellations, with adopted and natural children: A test of the Zajonc and Markus Model. *Child Development, 48*, 1699–1703.

Gruen, G. E., Korte, J. R. & Baum, J. F. (1974). Group measure of locus of control. *Developmental Psychology, 10*, 683–686.

Grünbaum, A. (1984). *The foundations of psychoanalysis: A philosophical critique.* University of California Press.

Grünbaum, A. (1986). Precis of the foundations of psychoanalysis: A philosophical critique. *The Behavioral and Brain Sciences, 9*, 217–284.

Grusec, J. E. (1968). Waiting for rewards and punishment: Effects of reinforcement value on choice. *Journal of Personality and Social Psychology, 9*, 85–89.

Guhl, A. M., Craig, J. V. & Mueller, C. D. (1960). Selective breeding for aggressiveness in chickens. *Poultry Science, 39*, 970–980.

Guilford, J. P. (1950). Creativity. *American Psychologist, 5*, 444–454.

Guilford, J. P. (1954). *Psychometric methods.* New York: McGraw Hill.

Guilford, J. P. (1956). *Fundamental statistics in experimental design.* New York: McGraw Hill.

Guilford, J. P. (1956). The structure of intellect. *Psychological Bulletin, 53*, 267–293.

Guilford, J. P. (1959). *Personality.* New York: McGraw Hill.

Guilford, J. P. (1966). Intelligence: 1965 model. *American Psychologist, 21*, 20–26.

Guilford, J. P. (1967). *The nature of human intelligence.* New York: MacGraw Hill.

Guilford, J. P. (1974). *Persönlichkeitspsychologie* (4. Aufl.). Weinheim: Beltz.

Guilford, J. P. (1975). Factors and factors of personality. *Psychological Bulletin, 82*, 802–814.

Guilford, J. P. (1976). Aptitude for creative thinking: One or many? *Journal of Creative Behavior, 10*, 165–169.

Guilford, J. P. (1977). Will the real factor of extraversion-introversion please stand up? A reply to Eysenck. *Psychological Bulletin, 84*, 412–416.

Guilford, J. P. (1979). Some incubated thoughts on incubation. *Journal of Creative Behavior, 13*, 1–8.

Guilford, J. P. (1981). Higher-order structure of intellect abilities. *Multivariate Behavioral Research, 16*, 411–435.

Guilford, J. P. & Hoepfner, R. (1971). The analysis of intelligence. New York: McGraw Hill.

Guilford, J. P. & Zimmerman, W. S. (1956). Fourteen dimensions of temperament. *Psychological Monographs, 70* (10, whole No. 417).

Guilford, J. S., Zimmerman, W. S. & Guilford, J. P. (1976). *The Guilford-Zimmerman temperament survey handbook.* San Diego, Cal.: Edits Publ.

Gulliksen, H. (1950). *Theory of mental tests.* New York: Wiley.

Gundlach, R. H. & Gesell, G. P. (1979). Extent of psychological differentiation and creativity. *Perceptual and Motor Skills, 48*, 319–333.

Gurin, P., Gurin, G., Lao, R. & Beattie, M. (1969). Internal-external control in the motivational dynamics of Negro youth. *Journal of Social Issues, 25*, 29–53.

Gurtman, M. B. & Lion, C. (1982). Interpersonal trust and perceptual vigilance for trustworthiness descriptors. *Journal of Research and Personality, 16,* 108–117.

Gustafsson, J.-E. (1984). A unifying model for the structure of intellectual abilities. *Intelligence, 8,* 179–203.

Guthrie, G. M. & Bennett Jr., A. B. (1971). Cultural differences in implicit personality theory. *International Journal of Psychology, 6,* 305–312.

Gutjahr, W. (1971). *Die Messung psychischer Eigenschaften.* Berlin: VEB Deutscher Verlag der Wissenschaften.

Gutjahr, W. (1974). Die Bestimmung von Meßwerten durch »Logik«. In W. Gutjahr (Hrsg.), *Die Messung psychischer Eigenschaften* (S. 221–256). Berlin: VEB Deutscher Verlag der Wissenschaften.

Gutkin, T. B., Robbins, J. R. & Andrews, L. (1985). The health locus of control scale: Psychometric Properties. *Educational and Psychological Measurement, 45*, 407–409.

Guttman, L. (1954). A new approach to factor analysis: The radex. In P. F. Lazarsfeld (Ed.), *Mathematical thinking in the social sciences* (pp. 216–257). Glencoe/Ill.: Free Press.

Haagen, K. & Oberhofer, W. (1977). Kritische Bemerkungen zu einem Aufsatz von K. T. Kalveram »Über Faktorenanalyse. Kritik eines theoretischen Konzepts und seine mathematische Neuformulierung«. *Archiv für Psychologie, 129 (3),* 187–194.

Haan, N. (1963). Proposed model of ego functioning: Coping and defense mechanism in relationship to IQ-change. *Psychological Monographs, 77 (8),* 1–23.

Häcker, H., Schmidt, L. R., Schwenkmezger, P. & Utz, H. E. (1975). *Objektive Testbatterie O-A-T-B A5. Manual und Testheft.* Weinheim: Beltz.

Häcker, H., Schwenkmezger, P. & Utz, H. (1979). Über die Verfälschbarkeit von Persönlichkeitsfragebogen und Objektiven Persönlichkeitstests unter SD-Instruktion und in einer Auslesesituation. *Diagnostica, 25,* 7–23.

Haddon, F. A. & Lytton, H. (1970). Teaching approach and divergent thinking abilities. In P. E. Vernon (Ed.), *Creativity* (pp. 371–385). Middlesex: Penguin.

Hager, W. (1987). Grundlagen einer Versuchsplanung zur Prüfung empirischer Hypothesen der Psychologie. In G. Lüer (Hrsg.), *Allgemeine experimentelle Psychologie* (S. 43–264). Stuttgart: Gustav Fischer.

Haier, R. J., Chueh, D., Touchette, P., Lott, I. & Buchsbaum, M. S. et al. (1995). Brain size and cerebral glucose metabolic rate in nonspecific mental retardation and Down syndrome. *Intelligence, 20,* 191–210.

Haier, R. J., Robinson, D. L., Braden, W. & Williams, D. (1983). Electrical potentials of the cerebral cortex and psychometric intelligence. *Personality and Individual Differences, 4*, 591–599.

Haier, R. J., Siegel, D. V. & Nuechterlein, K. H. et Al. (1988). Cortical glucose metabolic rate correlates of abstract reasoning and attention studied with positron emission tomography. *Intelligence, 12,* 199–218.

Hakstian, A. R. & Vandenberg, S. G. (1979). The cross-cultural generalizability of a higher-order cognitive structure model. *Intelligence, 3*, 73–103.

Haley, G. A. (1974). Eye movement responses of repressors and sensitizers to a stressful film. *Journal of Research in Personality, 8*, 88–94.

Hall, C. S. (1951). Individual differences. In C. P. Stone (Ed.), *Comparative Psychology* (3.ed., pp. 363–387). New York: Prentice-Hall.

Hall, C. S. & Lindzey, G. (1970). *Theories of personality* (2nd ed.). New York: Wiley.

Hall, G. C. N. & Hirschman, R. (1991). Toward a theory of sexual aggression: A quartry partite model. *Journal of Consulting and Clinical Psychology, 59,* 662–669.

Hall, V. & Russel, W. (1974). Multitrait-multimethod analysis of conceptual tempo. *Journal of Educational Psychology, 66,* 932–939.

Hambleton, R. K., Swaminathan, H. & Rogers, H. J. (1991). *Fundamentals of item response theory.* Newbury Park: Sage.

Hammond, S. M. (1987). The item structure of the Eysenck Personality Questionnaire across method and culture. *Personality and Individual Differences, 8*, 541–549.

Hammond, S. M. & Lienert, G. A. (1995). Modified phi correlation coefficients for the multivariate analysis of ordinally scaled variables. *Educational and Psychological Measurement, 55 (2)*, 225–236.

Hampel, R. (1977). Adjektiv-Skalen zur Einschätzung der Stimmung (SES). *Diagnostica, 23*, 43–60.

Hampel, R. & Klinkhammer, F. (1978). Verfälschungstendenzen beim Freiburger Persönlichkeits-Inventar in einer Bewerbungssituation. *Psychologie und Praxis, 22*, 58–69.

Hamsher, J. H., Geller, J. D. & Rotter, J. B. (1968). Interpersonal trust, internal-external control and the Warren Commission Report. *Journal of Personality and Social Psychology, 9*, 210–215.

Hany, E. A. (1993). Kreativitätstraining: Positionen, Probleme, Perspektiven. In K. J. Klauer (Hrsg.), *Kognitives Training* (S. 189–216). Göttingen: Hogrefe.

Hardesty, F. P. & Priester, H. J. (1963). *Hamburg Wechsler Intelligenz Test für Kinder HAWIK*. Bern und Stuttgart: Huber.

Hare, R. D. (1966). Denial of threat and emotional response to impending painful stimulation. *Journal of Consulting Psychology, 30*, 359–361.

Harlow, H. F. (1958). The nature of love. *American Psychologist, 13*, 673–685.

Harman, H. H. (1968). Modern factor analysis. Chicago, Ill.: University of Chicago Press.

Harmon, L. R. (1961). The highschool background of science doctorates. *Science, 133*, 678–688.

Harnatt, J. (1975). Der statistische Signifikanztest in kritischer Betrachtung. *Psychologische Beiträge, 17*, 595–612.

Härnquist, K. (1968a). Relative changes in intelligence from 13–18. I. Background and methodology. *Scandinavian Journal of Psychology, 9*, 50–64.

Härnquist, K. (1968b). Relative changes in intelligence from 13–18. II. Results. *Scandinavian Journal of Psychology, 9*, 65–82.

Harpaz, I. (1990). Asymmetry of hemispheric functions and creativity: An empirical examination. *Journal of Creative Behavior, 24*, 161–170.

Harrell, T. W. & Harrell, M. S. (1945). Army General Classification Test scores for civilian occupations. *Educational and Psychological Measurement, 5*, 229–239.

Harrington, D. M. (1975). Effects of explicit instructions to »Be Creative« on the psychological meaning of divergent thinking test scores. *Journal of Personality, 43*, 434–454.

Harrington, D. M., Block, J. & Block, J. H. (1983). Predicting creativity in preadolescence from divergent thinking in early childhood. *Journal of Personality and Social Psychology, 45*, 609–623.

Harris, M. B. (1991). Effects of sex of aggressor, sex of target, and relationship on evaluations of physical aggression. *Journal of Interpersonal Violence, 6*, 174–186.

Harris, M. B. (1992). Television viewing, aggression, and ethnicity. *Psychological Reports, 70*, 137–138.

Hartmann, H., Kris, E. & Loewenstein, R. M. (1947). Comments on the formation of psychic structure. In A. Freud et al. (Eds.), *The psychoanalytic study of the child, Vol. 2* (pp. 11–38). New York: International University Press.

Hartshorne, H. & May, M. A. (1928). *Studies in the nature of character: Studies in a deceit, Vol. 1*. New York: McMillan.

Hartup, W. W. & Witt, J. De (1978). The development of aggression: Problems and perspective. In W. W. Hartup & J. De Witt (Eds.), *Origins of aggression* (pp. 279–304). The Hague usw.: Mouton.

Harvey, O. J. (Ed.) (1963). *Motivation and social interaction*. New York: Ronald.

Harvey, O. J. (Ed.) (1966). *Experience, structure, and adaptibility*. New York: Springer.

Harvey, O. J., Hunt, D. E. & Schroder, H. M. (1961). *Conceptual systems and personality organization*. New York: Wiley.

Hasan, P. & Butcher, H. J. (1966). Creativity and intelligence: a partial replication with Scottish children of Getzel's & Jackson's study. *British Journal of Psychology, 57*, 129–135.

Hasan, P. & Khan, S. R. (1976). Creativity, intelligence, and temperament: a study of interrelationship. *Psychologia: An international Journal of Psychology in the Orient, 19*, 193–199.

Hasemann, K. (1964). Verhaltensbeobachtung. In R. Heiss (Hrsg.), *Handbuch der Psychologie in 12 Bänden, Band 6: Psychologische Diagnostik* (S. 807–836). Göttingen: Hogrefe.

Hassebrauck, M. (1993). Die Beurteilung der physischen Attraktivität. In M. Hassebrauck & R. Nicketta (Hrsg.), *Physische Attraktivität* (S. 29–59). Göttingen: Hogrefe.

Hassebrauck, M. & Niketta, R. (1993). *Physische Attraktivität.* Göttingen usw.: Hogrefe.

Hathaway, S. R. & McKinley, J. C. (1951). *The Minnesota Multiphasic Personality Inventory Manual Revised.* New York: The Psychological Corporation.

Hattie, J. A. (1977). Conditions for administering creativity tests. *Psychological Bulletin, 84*, 1249–1260.

Hayduck, L. (1987). *Structural equation with LISREL. Essentials and advances.* Baltimore: John Hopkins University Press.

Haynes, S. G., Levine, S., Scotch, N., Feinleib, M. & Kannel, W. B. (1978). The relationship of psychosocial factors to coronary heart disease in the Framingham study. I. Methods and risk factors. *American Journal of Epidemiology, 107,* 362–383.

Heather, N. (1979). The structure of delinquent values: A repertory grid investigation. *British Journal of Social and Clinical Psychology, 18,* 263–275.

Hebb, D. O. (1949). Temperament in chimpanzees: 1. Methode of analysis. *Journal of Comparative and Physiological Psychology, 42,* 192–206.

Hebb, D. O. (1955). Drives and the C. N. S. (conceptual nervous system). *Psychological Review, 62,* 243–254.

Heber, R., Garber, H., Harrington, S., Hoffman, C. & Falender, C. (1972). *Rehabilitation of families and risk for mental retardation. Progress report of the rehabilitation research and training center in mental retardation*, University of Wisconsin and Madison.

Heckhausen, H. (1966). Einflüsse der Erziehung auf die Motivationsgenese. In Th. Herrmann (Hrsg.), *Psychologie der Erziehungsstile* (S. 131–169). Göttingen: Hogrefe.

Heckhausen, H. (1978). Vorbemerkungen des Herausgebers. In H. Zumkley (Hrsg.), *Aggression und Katharsis* (S. 5–6). Göttingen: Hogrefe.

Heckhausen, H. (1980). *Motivation und Handeln.* Berlin usw.: Springer.

Hehl, F.-J. & Hehl, R. (1975). *Persönlichkeitsskalen System 25, PSS 25.* Weinheim: Beltz.

Heider, F. (1958). *The psychology of interpersonal relations.* New York: Wiley.

Heilbrun, A. B. (1964). Social learning theory, social desirability, and the MMPI. *Psychological Bulletin, 61,* 377–387.

Heinemann, W. (1983). *Die Erfassung dispositioneller Selbstaufmerksamkeit mit einer deutschen Version der Self-Consciousness-Scale (SCS).* Universität Marburg, Bielefelder Arbeiten zur Sozialpsychologie, Nr. 106.

Heller, K. (1973). Intelligenzmessung. Villingen: Neckar Verlag.

Heller, K. (1992). Zur Rolle der Kreativität in Wissenschaft und Technik. *Psychologie in Erziehung und Unterricht, 39,* 161–181.

Hellige, J. B. & Grant, D. A. (1974). Response rate and development of response topography in eyelid conditioning under different conditions of reinforcement. *Journal of Experimental Psychology, 103*, 574–582.

Helms, J. E. (1992). Why is there no study of cultural equivalence in standardized cognitive ability testing? *American Psychologist 47*, 1083–1101.

Helson, R. & Mitchell, V. (1978). Personality. *Annual Review of Psychology, 29, 555–585.*

Helson, R. & Moane, G. (1987). Personality change in women from College to midlife. *Journal of Personality and Social Psychology, 53*, 176–186.

Hendrickson, A. E. (1982a). The biological basis of intelligence. Part I: Theory. In H. J. Eysenck (Ed.), *A model of intelligence* (pp. 151–196). Berlin: Springer.

Hendrickson, D. E. (1982b). The biological basis of intelligence. Part II: Measurement. In H. J. Eysenck (Ed.), *A model of intelligence* (pp. 197–230). Berlin: Springer.

Hendriks, A. A. J., Hofstee, W. K. B., Raad, B. De & Angleitner, A. (1999). *The Five Factor Personality Inventory (FFPI).* Groningen, Niederlande.

Hennig, J. & Netter, P. (1997). The psychobiological significance of secretory immunoglobulin as a marker for personality. In J. Bermúdez, B. De Raad, J. DeVries, A. M. Pérez-Garcia, A. Sánchez-Elvira & G. L. Van Heck (Eds.). *Personality Psychology in Europe,* Vol. 6 (pp. 144–158). Tillburg: University Press.

Hennig, J., Pössel, P. & Netter, P. (1996). Sensitivity to disgust as indicator of neuroticism: A psychobiological approach. *Personality and Individual Differences, 20,* 589–596.
Hennig, W. (1967). Über die Errechnung des Abbauquotienten nach Wechsler. In F. Merz (Hrsg.), *Bericht über den 25. Kongreß der Deutschen Gesellschaft für Psychologie in Münster* (S. 690–695). Göttingen: Hogrefe.
Henss, R. (1992). *Spieglein, Spieglein an der Wand.* Weinheim: PVU.
Henss, R. (1993). Kontexteffekte bei der Beurteilung der physischen Attraktivität. M. Hassebrauck & R. Nicketta (Hrsg.), *Physische Attraktivität* (S. 61–94). Göttingen: Hogrefe.
Hentschel, U. (1977). Pain tolerance and its predictability through ratings and psychological tests. *Archiv für Psychologie, 129,* 39–54.
Hepburn, L. & Eysenck, M. W. (1989). Personality, average mood and mood variability. *Personality and Individual Differences, 10,* 965–983.
Herrmann, Th. (1973). *Persönlichkeitsmerkmale.* Stuttgart: Kohlhammer.
Herrmann, Th. (Hrsg.) (1974). *Dichotomie und Duplizität. Grundfragen psychologischer Erkenntnis. Ernst August Dölle zum Gedächtnis.* Stuttgart: Huber.
Herrmann, Th. (1975). Datensammeln ohne Ende. Anmerkungen zur Erziehungsstilforschung. *Psychologische Rundschau, 26,* 176–182.
Herrmann, Th. (1976). *Lehrbuch der empirischen Persönlichkeitsforschung* (3. Aufl.). Göttingen: Hogrefe.
Herrmann, Th. (1980). Die Eigenschaftenkonzeption als Heterostereotyp. Kritik eines persönlichkeitspsychologischen Geschichtsklischees. *Zeitschrift für Differentielle und Diagnostische Psychologie, 1,* 7–16.
Herrmann, Th., Hofstätter, P. R., Huber, H. P. & Weinert, F. E. (1977). *Handbuch psychologischer Grundbegriffe.* München: Kösel.
Herrmann, Th., Schwitajewski, E. & Ahrens, H. J. (1968). Untersuchungen zum elterlichen Erziehungsstil: Strenge und Unterstützung. *Archiv für die Gesamte Psychologie, 120,* 74–105.
Herrmann, Th. & Stapf, A. (1968). *Erziehungsstil und Reaktionseinstellung.* Universität Marburg, Berichte aus dem Institut für Psychologie Nr. 19.
Herrnstein, R. & Murray, C. (1994) *The Bell curve: Intelligence and class structure in American life.* New York: The Free Press.
Herrnstein, R. J. (1973). *IQ in the meritocracy.* Boston: Little Brown.
Hersch, P. D. & Scheibe, K. E. (1967). On the reliability and validity of internal-external control as a personality dimension. *Journal of Consulting Psychology, 31,* 609–613.
Hertzog, C. (1989). Influences of cognitive slowing on age differences in intelligence. *Developmental Psychology, 25,* 636–651.
Hess, A. & Neville, D. (1977). Testwiseness: Some evidence for the effect of personality testing on subsequent test results. *Journal of Personality Assessment, 41,* 170–177.
Hess, W. R. (1954). *Das Zwischenhirn. Syndrome, Lokalisationen, Funktionen.* Basel: Schwabe.
Hetherington, E. M. (1965). A developmental study of the effects of sex of the dominant parent on sexrole preference, identification, and imitation in children. *Journal of Personality and Social Psychology, 2,* 188–194.
Heuer, H. (1991). Der Zusammenhang zwischen Dickköpfigkeit und Weitblick. *Psychologische Beiträge, 33,* 236–245.
Heymans, G. & Wiersma, E. (1906). Beiträge zur speziellen Psychologie auf Grund einer Massenuntersuchung. *Zeitschrift für Psychologie, 42,* 81–127.
Hickling, E. J., Noel, R. C. & Yutzler, F. G. (1979). Attractiveness and occupational status. *Journal of Psychology, 102,* 71–76.
Higbee, K. L. & Wells, M. G. (1972). Some research trends in social psychology during the 1960s. *American Psychologist, 27,* 963–966.
Higgins, J., Reed, F. & Reed, E. (1962). Intelligence and family size: A paradox resolved. *Eugenics Quarterly, 9,* 84–90.
Hildreth, G. H. (1954). Three gifted children: A developmental study. *Journal of Genetical Psychology, 85,* 232–264.

Hilke, R. (1977). Wie aggressiv sind Versuchspersonen wirklich? *Zeitschrift für Sozialpsychologie, 8,* 137–155.

Hilke, R. (1980). Zu den impliziten »anthropologischen« Voraussetzungen der klassischen Testtheorie. *Diagnostica, 26,* 99–111.

Hilke, R. & Kempf, W. (1976). Zur Rechtfertigung der Aggressions-Maschine. *Zeitschrift für Sozialpsychologie, 7,* 47–58.

Hill, D. W. & Smith, J. C. (1991). Effect of time of day on the relationship between mood state, unaerobic power, and capacity. *Perceptual and Motor Skills, 72,* 83–87.

Hill, R. A., Chapman, M. L. & Wuertzer, V. J. (1974). *Achievement competence training: A report. Part X: Locus of Control. A study of the correlates.* Philadelphia: Research for Better Schools.

Hiltmann, H. (1964). Wortassoziation und verbale Ergänzungsverfahren. In R. Heiss (Hrsg.), *Handbuch der Psychologie. Bd. 6: Psychologische Diagnostik* (S. 533–555). Göttingen: Hogrefe.

Hiltmann, H. (1966). *Kompendium der psychodiagnostischen Tests* (2. Aufl.). Bern: Huber.

Himmelfarb, S. & Lickteig, C. (1982). Social desirability and the Randomized Response Technique. *Journal of Personality and Social Psychology, 43,* 710–717.

Hindley, C. B. & Owen, C. F. (1979). An analysis of individual patterns of DQ and IQ curves from 6 months to 17 years. *British Journal of Psychology, 70,* 273–293.

Hirsch, J. (1959). Studies in experimental behavior genetics: II. Individual differences in geotaxis as a function of chromosome variations in synthesized drosophila populations. *Journal of Comperative and Physiological Psychology, 52,* 304–308.

Hirsch, J. (1962). Individual differences in behavior and their genetic basis. In E. L. Bliss (Ed.), *Roots of behavior* (pp. 3–23). New York: Hoeber-Harper.

Hitpass, J. (1978). Hochschulzugang – Besonderer Auswahltest Zahnmedizin (BATZ). *Zeitschrift für Experimentelle und Angewandte Psychologie, 25,* 75–96.

Hjelle, L. A. (1970). Internal-external control as determinant of academic achievement. Psychological Reports, 26, 326.

Hocevar, D. (1980). Intelligence, divergent thinking, and creativity. *Intelligence, 4,* 25–40.

Hocevar, D. (1981). Measurement of creativity: Review and critique. *Journal of Personality and Assessment, 45,* 450–464.

Hochreich, D. J. (1972). Internal-external control and reaction to the My Lai court materials. *Journal of Applied Social Psychology, 2,* 319–325.

Hochreich, D. J. & Rotter, J. B. (1970). Have college students become less trusting? *Journal of Personality and Social Psychology, 15,* 211–214.

Hodapp, V. (1982). Causal interference from nonexperimental research on anxiety and educational achievement. In H. W. Krohne & L. Laux (Eds.), *Achievement, stress, and anxiety* (pp. 355–372). Washington, D.C.: Hemisphere.

Hodapp, V. (1984). *Analyse linearer Kausalmodelle.* Bern: Huber.

Hodapp, V., Bongard, S., Heinrichs, A. & Oltmanns, K. (1993). Theorie und Messung der Ärger-Emotion: Ein experimenteller Ansatz. In V. Hodapp & P. Schwenkmezger (Hrsg), *Ärger und Ärgerausdruck* (S. 11–33). Bern: Huber.

Hodapp, V., Laux, L. & Spielberger, C. D. (1982). Theorie und Messung der emotionalen und kognitiven Komponente der Prüfungsangst. *Zeitschrift für Differentielle und Diagnostische Psychologie, 3,* 169–184.

Hodges, W. F. (1973). *Anxiety and the learning of conflict-relevant materials. Paper presented at the American Psychological Association Convention, Montreal.* (Zitiert nach Lamb, 1978).

Hoeth, F., Büttel, R. & Feyerabend, H. (1967). Experimentelle Untersuchungen zur Validität von Persönlichkeitsfragebögen. *Psychologische Rundschau, 18,* 169–184.

Hofstätter, P. R. (1948). *Einführung in die Tiefenpsychologie.* Wien: Braunmüller.

Hofstätter, P. R. (1954). The changing composition of intelligence: A study in T-technique. *Journal of Genetical Psychology, 35,* 159–164.

Hofstätter, P. R. (1957). *Psychologie.* Frankfurt: Fischer-Lexikon.

Hofstätter, P. R. (1966). Zum Begriff der Intelligenz. *Psychologische Rundschau, 17,* 229–248.

Hofstätter, P. R. (1973). *Einführung in die Sozialpsychologie* (5. Aufl.). Stuttgart: Kröner.

Hofstätter, P. R. (1977). *Persönlichkeitsforschung* (2. Aufl.). Stuttgart: Kröner.

Hofstätter, P. R. & Wendt, D. (1974). *Quantitative Methoden der Psychologie* (1. Aufl. 1966). Frankfurt/Main: Barth.

Hofstee, W. K. B., Raad, B. De & Goldberg, L. R. (1992). Integration of the Big Five and circumplex approaches to trait structure. *Journal of Personality and Social Psychology, 63*, 146–163.

Hogan, R. (1983). Socioanalytic theory of personality. In M. M. Page (Ed.), *1982 Nebraska Symposium on Motivation: Personality – current theory and research* (pp. 55–89). Lincoln: University of Nebraska Press.

Hogan, R. (1986). *Hogan Personality Inventory manual.* Minneapolis, MN: National Computer Systems.

Hogan, R. & Nicholson, R. A. (1988). The meaning of personality test scores. *American Psychologist, 43*, 621–626.

Hogan, R., Soto, C. De & Solano, C. (1977). Traits, tests, and personality research. *American Psychologist, 32*, 255–264.

Hogden, L. (1939). *Nature and nurture*. London: Allen & Unwin.

Hoge, M. A. (1915). The influence of temperature on the development of a mendelian character. *Journal of Experimental Zoology, 18*, 241–285.

Höger, D. (1964). Analyse der Intelligenzcharaktere bei männlichen Gymnasiasten der Klassen 6–9 (Untersekunda-Oberprima). Eine Untersuchung über die Beziehung zwischen Schulnoten und dem IST von Amthauer. *Psychologische Forschung, 27*, 419–474.

Holden, K. B. & Rotter, J. B. (1962). A nonverbal measure of extinction in skill and chance situations. *Journal of Experimental Psychology, 63*, 519–520.

Holland, H. C. (1960). Measures of perceptual functions. In H. Eysenck (Ed.), *Experiments in personality, Vol. 2* (pp. 193–233). London: Routledge & Kogan Paul.

Holland, J. L. & Richards, J. M. (1965). Academic and non-academic accomplishment: Correlated or uncorrelated. *Journal of Educational Psychology, 56*, 165–174.

Holley, W., Rosenbaum, A. & Churchill, J. (1969). *Effects of rapid succession of pregnancy.* Washington: Pan American Health Organization Science Publications.

Hollingworth, L. S. (1922). Differential action upon the sexes of forces which tend to segregate the feebleminded. *Journal of Abnormal Psychology, 17*, 35–57.

Hollingworth, L. S. (1942). *Children above 180 IQ*. New York: Wordbook Company.

Hollon, C. J. & Gemmill, G. R. (1977). Interpersonal trust and personal effectiveness in the work environment. *Psychological Reports, 40*, 454.

Holmes, D. S. (1967). Pupillary response, conditioning, and personality. *Journal of Personality and Social Psychology, 5*, 98–103.

Holmes, D. S. (1972). Repression or interference: A further investigation. *Journal of Personality and Social Psychology, 22*, 163–170.

Holmes, D. S. (1974). Investigations of repression: Differential recall of material experimentally or naturally associated with ego threat. *Psychological Bulletin, 81*, 632–653.

Holmes, D. S. (1976). A questionnaire measure of the creative personality. *Journal of Creative Behavior, 10*, 183–188.

Holmes, D. S. & Jorgensen, B. W. (1971). Do personality and social psychologists study men more than women? *Representative Research in Social Psychology, 2*, 71–76.

Holmes, E. & Yost, M. (1966). »Behavioral« studies in the sensitive plant. *Worm Runner's Digest, 8*, 38–40.

Holst, E. von & Saint Paul, U. von (1960). Vom Wirkungsgefüge der Triebe. *Die Naturwissenschaften, 47*, 409–422.

Holt, R. R. (1962). Individuality and generalization in the psychology of personality. *Journal of Personality, 30*, 377–404.

Holz-Ebeling, F. & Metzger, A. (1988). Analyse von Komponenten der Selbstaufmerksamkeit. *Zeitschrift für Differentielle und Diagnostische Psychologie, 9*, 279–294.

Holzberg, J. D. (1977). Reliability re-examined. In M. A. Rickers-Ovsiankina (Ed.), *Rorschach Psychology* (pp. 361–379). Huntington: Krieger.

Holzinger, R. J. (1929). The relative effect of nature and nurture influences on twin differences. *Journal of Educational Psychology, 20*, 241–248.

Honzik, M. P. (1957). Development studies of parent-child resemblance in intelligence. *Child Development, 28*, 215–228.

Hook, S. (Ed.) (1959). *Psychoanalysis, scientific method, and philosophy*. New York: University Press.

Hoppe, C. M. & Singer, R. D. (1977). Interpersonal violence and its relationship to some personality measures. *Aggressive Behavior, 3*, 261–270.

Hörmann, H. (1960). *Konflikt und Entscheidung. Experimentelle Untersuchungen über das Interferenzphänomen*. Göttingen: Hogrefe.

Hörmann, H. (1964). Theoretische Grundlagen der Projektiven Tests. In R. Heiss (Hrsg.), *Handbuch der Psychologie in 12 Bänden, Band 6: Psychologische Diagnostik* (S. 71–112). Göttingen: Hogrefe.

Hörmann, H.-J. & Thomas, M. (1987). Zum Zusammenhang zwischen Intelligenz und komplexem Problemlösen. In D. Liepmann, G. Mohr & R. Schwarzer (Hrsg.), *Arbeitsberichte des Instituts für Psychologie, Nr. 8*. Berlin: Freie Universität.

Hormuth, S. E. (1982). Self-awareness and drive theory: Comparing internal standards and dominant responses. *European Journal of Social Psychology, 12*, 31–45.

Horn, J. L. (1968). Organization of abilities and the development of intelligence. *Psychological Review, 75*, 242–259.

Horn, J. L. (1979). Some correctable defects in research on intelligence. *Intelligence, 3*, 307–322.

Horn, J. L. & Cattell, R. B. (1966). Refinement and test of the theory of fluid and crystallized ability intelligence. *Journal of Educational Psychology, 57*, 253–270.

Horn, J. L. & Cattell, R. B. (1967). Age differences in fluid and crystallized intelligence. *Acta Psychologica, 26*, 107–129.

Horn, J. L., Loehlin, J. C. & Willerman, L. (1975). *The Texas Adoption Project. Paper presented at the meeting of the Behavior Genetic Association, Austin, Texas.* (Zitiert nach: Munsinger, H., The adopted child's IQ: A critical review. Psychological Bulletin 1975, 82, 623–659.)

Horn, J. L., Loehlin, J. C. & Willerman, L. (1979). Intellectual resemblance among adoptive and biological relatives: The Texas Adoption Project. *Behavior Genetics, 9*, 177–207.

Horn, J. M. (1983). The Texas adoption project: Adopted children and their intellectual resemblance to biological and adoptive parents. *Child Development, 54*, 268–275.

Horn, W. (1962). *Leistungs-Prüf-System*. Göttingen: Hogrefe.

Horn, W. (zusammen mit Aurin, K.) (1969). *Prüfsystem für Schul- und Bildungsberatung (PSB)*. Göttingen: Hogrefe.

Hornberger, R. H. (1959). *The differential reduction of aggressive responses as a function of interpolated activities.* Paper presented at APA-Meeting, Cincinatti, Ohio, Sept. 1959.

Horvath, P. & Zuckerman, M. (1993). Sensation seeking, risk appraisal, and risky behavior. *Personality and Individual Differences, 14*, 41–52.

Houtz, J. C. & Frankel, A. D. (1992). Effects of incubation and imagery training on creativity. *Creativity Research Journal, 5*, 183–189.

Howard, J. A. (1979). Person-situation interaction models. *Personality and Social Psychology Bulletin, 5*, 191–195.

Howarth, E. (1972). A factor analysis of selected markers for objective personality factors. *Multivariate Behavioral Research, 7*, 451–476.

Howarth, E. (1973). A hierarchical oblique factor analysis of Eysenck's rating study of 700 neurotics. *Social Behavior and Personality, 1*, 81–87.

Howarth, E. (1976). Were Cattell's »Personality Sphere« factors correctly identified in the first instance? *British Journal of Psychology, 67*, 213–230.

Howarth, E. (1976). A psychometric investigation of Eysenck's Personality Inventory. *Journal of Personality Assessment, 40*, 173–185.

Howarth, E. (1980). Birth order, family structure and personality variables. *Journal of Personality Assessment, 44*, 299–301.

Howarth, E. & Browne, J. A. (1971). An item-factor-analysis of the 16 PF. Personality: *An International Journal, 2*, 117–139.

Howarth, E. & Browne, J. A. (1972). An item-factor-analysis of the EPI. *British Journal of Social and Clinical Psychology, 11*, 162–174.

Howarth, E., Browne, J. A. & Marceau, R. (1972). An item analysis of Cattell's 16 PF. *Canadian Journal of Behavioral Science, 4*, 85–90.
Howarth, E. & Eysenck, H. J. (1968). Extraversion, arousal, and paired-associate learning. *Journal of Experimental Research of Person, 3*, 114–116.
Howarth, E. & Schokman-Gates, K.-L. (1981). Self-report multiple mood instruments. *British Journal of Psychology, 72*, 421–441.
Howarth, E. & Young, P. D. (1986). Patterns of mood change. *Personality and Individual Differences, 7*, 275–281.
Huber, H. (1973). *Psychometrische Einzelfalldiagnostik*. Weinheim: Beltz.
Hudson, L. (1970). The question of creativity. In P. E. Vernon (Ed.), *Creativity* (pp. 217–234). Middlesex: Penguin.
Huesmann, L. R., Eron, L. D. & Yarmel, P. W. (1987). Intellectual functioning and aggression. *Journal of Personality and Social Psychology, 52*, 232–240.
Hughes, O. L. (1983). A comparison of error based and time based learning measures as predictors of general intelligence. *Journal of Research in Personality, 17*, 9–26.
Hull, C. L. (1928). *Aptitude testing*. Yonkers-on-Hudson: World Book.
Hull, C. L. (1940). *Mathematico-deductive theory of rote learning. A study in scientific methodology*. New Haven: Yale University Press.
Hull, C. L. (1943). *Principles of behavior*. New York: Appleton.
Hull, C. L. (1952). *A behavior system*. New Haven: Yale University Press.
Hull, J., Van Treuren, R. & Virnelli, S. (1987). Hardiness and health: A critique and alternative approach. *Journal of Personality and Social Psychology, 53*, 518–530.
Hull, J. G., Treuren, R. R. v., Ashford, S. J., Propsom, P. & Andros, B. W. (1988). Selfconsciousness and the processing of self-relevant information. *Journal of Personality and Social Psychology, 54*, 452–465.
Humphreys, L. G. (1967). Critique of Cattell: Theory of fluid and crystallized intelligence: A critical experiment. *Journal of Educational Psychology, 58*, 120–136.
Humphreys, L. G. (1978). Relevance of a genotype and its environmental counterpart to the theory, interpretation, and nomenclature of ability measures. *Intelligence, 2*, 181–193.
Humphreys, L. G. (1994). Intelligence from the standpoint of a (pragmatic) Behaviorist. *Psychological Inquiry, 5*, 179–192.
Humphries, M. S. & Revelle, W. (1984). Personality, motivation, and performance: A theory of the relationship between individual differences and information processing. *Psychological Review, 91*, 153–184.
Hundal, P. F. & Singh, M. (1971). A factor analytical study of intellectual and non-intellectual characteristics. *Multivariate Behavioral Research, 6*, 503–514.
Hundleby, J., Pawlik, K. & Cattell, R. B. (1965). *Personality factors in objective test devices*. San Diego: Knapp.
Hunt, E. B. (1978). Mechanics of verbal ability. *Psychological Review, 85*, 129–144.
Hunt, E. B., Lunneborg, C. & Lewis, J. (1975). What does it mean to be high verbal? *Cognitive Psychology, 7*, 194–227.
Hunt, J. McV. (Ed.) (1944). *Personality and the behavior disorders*. New York: Ronald Press.
Hürsch, L. (1973). Schulängstlichkeit und Faktorenstruktur von Intelligenzleistungen. *Zeitschrift für Experimentelle und Angewandte Psychologie, 20*, 54–67.
Hussy, W. (1984). *Lehrbuch der Denkpsychologie*, Band 1. Stuttgart: Kohlhammer.
Hussy, W. (1985). Komplexes Problemlösen – eine Sackgasse? *Zeitschrift für Experimentelle und Angewandte Psychologie, 32*, 55–74.
Hussy, W. & Scheller, R. (1977). Der Prädiktionswert verschiedener Intelligenzvariablen für den Informationsverarbeitungsprozeß. In W. H. Tack (Hrsg.), *Bericht über den 30. Kongreß der Deutschen Gesellschaft für Psychologie in Regensburg 1976, Band 1* (S. 90–92). Göttingen: Hogrefe.
Husén, L. (1960). Abilities of twins. *Scandinavian Journal of Psychology, 1*, 125–135.
Hutt, L. D. (1965). *An experimental investigation of perceptual defense and vigilance: prediction from the Byrne scale of repression-sensitization*. Paper presented at the meeting of the Southwestern Psychological Association, Oklahoma City, April 1965. (Zit. nach Bell & Byrne, 1977).

Hyde, J. S. (1990). Meta-analysis and the psychology of gender differences. *Signs, 16*, 55–73.

Hyde, J. S., Fennera, E. & Lamon, S. I. (1990). Gender differences in mathematics performance: A meta-analysis. *Psychological Bulletin, 107*, 139–155.

Ickes, W. & Turner, M. (1983). On the social advantages of having an older opposite-sex sibling: Birth order influences in mixed sex dyades. *Journal of Personality and Social Psychology, 45*, 210–222.

Ingenkamp, K. (1962). *Die deutschen Schulleistungstests*. Weinheim: Beltz.

Ingenkamp, K. (1964). *Psychologische Tests für die Hand des Lehrers*. Weinheim: Beltz.

Ingenkamp, K. (1974). Möglichkeiten und Grenzen des Lehrerurteils und der Schultests. In H. Roth (Hrsg.), *Begabung und Lernen* (S. 407–431). Stuttgart: Klett.

Ingrisch, M. (1991). Aggression in Familienserien: Sind unsere Fernseh-Familien wirklich so harmlos? *Report Psychologie, 16*, 22–27.

Insel, P. M. & Moos, R. H. (1974). Psychological environments: Expanding the scope of human ecology. *American Psychologist, 29*, 179–188.

Irfani, S. (1978). Extraversion, neuroticism, and psychoticism in Iranian students. *International Journal of Psychology, 13*, 343–349.

Ironson, G. H. & Davis, G. A. (1979). Faking high or low creativity scores on the adjective check list. *Journal of Creative Behavior, 13*, 139–145.

Irvine, M. J. & Gendreau, P. (1974). Detection of the fakes »good« and »bad« response on the Sixteen Personality Factor Inventory in prisoners and college students. *Journal of Consulting and Clinical Psychology, 42*, 465–466.

Isaksen, S. G. & Kaufmann, G. (1990). Adaptors and Innovators. Different perceptions of the psychological climate for creativity. *Studia Psychologica, 32*, 129–141.

Jaccard, J. J. (1974). Predicting social behavior for personality traits. *Journal of Research in Personality, 1*, 358–367.

Jacklin, C. N. & Maccoby, E. E. (1978). Social behavior at 33 months in same-sex and mixed-sex dyads. *Child Development, 49*, 557–569.

Jacklin, C. N. & Maccoby, E. E. (1982). Length of labor and sex of offspring. *Journal of Pediatric Psychology, 7*, 355–360.

Jackson, D. H. & Huston, T. L. (1975). Physical attractiveness and assertiveness. *Journal of Social Psychology, 96*, 79–84.

Jackson, D. N. (1967). Acquiescence response styles: Problems of identification and control. In I. A. Berg (Ed.), *Response set in personality assessment* (pp. 71–115). Chicago: Aldine.

Jackson, D. N. (1974). *Manual for the Personality Research Form*. Goshen: Research Psychologists Press.

Jackson, D. N. & Helmes, E. (1979). Personality structure and the circumplex. *Journal of Personality and Social Psychology, 37*, 2278–2285.

Jackson, D. N. & Messick, S. (1967). Response Styles and the Assessment of Psychopathology. In D. N. Jackson & S. Messick (Eds.), *Problems in Human Assessment* (pp. 541–555). New York: McGraw-Hill.

Jackson, D. N. & Paunonen, S. V. (1985). Construct validity and the predictability of behavior. *Journal of Personality and Social Psychology, 49*, 554–570.

Jackson, MacD. P. (1979). Extroversion, neuroticism, and date of birth: A southern hemisphere study. *Journal of Psychology, 101*, 197–198.

Jacobi, J. (1962). *Die Psychologie von C. G. Jung. Eine Einführung in das Gesamtwerk*. Zürich: Rascher.

Jacobs, S. S. & Shin, S. H. (1975). Interrelationships among intelligence, product dimension of Guilford's model and multi-level measure of cognitive functioning. *Psychological Reports, 37*, 903–910.

Jäger, A. O. (1973). *Dimensionen der Intelligenz* (3. Aufl.). Göttingen: Hogrefe.

Jäger, A. O. (1982). Mehrmodale Klassifikationen von Intelligenzleistungen: Experimentell kontrollierte Weiterentwicklung eines deskriptiven Intelligenzstrukturmodells. *Diagnostica, 28*, 195–225.

Jäger, A. O. (1983). Intelligenzstrukturforschung: Konkurrierende Modelle, neue Entwicklungen, Perspektiven. In G. Lüer (Hrsg.), *Bericht über den 33. Kongreß der Deutschen Gesellschaft für Psychologie in Mainz, 1982, Band* 1 (S. 339–353). Göttingen usw.: Hogrefe.

Jäger, A. O. (1984). Intelligenzstrukturforschung: Konkurrierende Modelle, neue Entwicklungen, Perspektiven. *Psychologische Rundschau, 35*, 21–35.

Jäger, A. O. (1986). Validität von Intelligenztests. *Diagnostica, 32*, 272–289.

Jäger, A. O. & Sitarek, E. (1986). Implizite Fähigkeitskonzepte in der Kognition von Laien. Zeischrift für Differentielle und Diagnostische Psychologie, 7, 1-16.

Jäger, A. O. & Tesch-Römer, C. (1988). Replikation des Berliner Intelligenzstrukturmodells (BIS) in den »Kit of reference tests for cognitive factors« nach French, Ekstrom & Price (1963). *Zeitschrift für Differentielle und Diagnostische Psychologie, 9*, 77–96.

Jäger, R. S. & Petermann, F. (Hrsg.) (1992). *Psychologische Diagnostik* (2. Aufl.). Weinheim: Beltz.

Jakob, W. D. (1984). *Phänomene der Feinmotorik in Abhängigkeit von Extraversion*. Unveröff. Dipl.Arbeit, Ruprecht-Karls-Universität Heidelberg.

James, W. H. (1957). *Internal versus external control of reinforcement as a basic variable in learning theory*. Unveröff. Diss., Ohio State University. (Zitiert nach Strickland, 1977.)

James, W. H. & Rotter, J. B. (1958). Partial and 100 percent reinforcement under chance and skill conditions. *Journal of Experimental Psychology, 55*, 397–403.

James, W. H., Woodruff, A. B. & Werner, W. (1965). Effect of internal and external control upon changes in smoking behavior. *Journal of Consulting Psychology, 29*, 184–186.

Jamison, R. N. (1980). Psychoticism, deviancy and perception of risk in normal children. *Personality and Individual Differences, 1*, 87–91.

Janke, W. (1964). *Experimentelle Untersuchungen zur Abhängigkeit der Wirkung psychotroper Substanzen von Persönlichkeitsmerkmalen*. Frankfurt: Akademische Verlagsgesellschaft.

Janke, W. (1965). Veränderungen einfacher psychomotorischer Leistungen durch Übung. *Psychologische Beiträge, 8*, 314–342.

Janke, W. & Debus, K. (1978). *Die Eigenschaftswörter-Liste (EWL)*. Göttingen: Hogrefe.

Janke, W. & Hüppe, M. (1991). Emotionalität. In W. D. Oswald, W. M. Herrmann, S. Kanowski, U. Lehr & H. Thomae (Hrsg.), *Gerontologie* (2. Aufl., S. 88–124). Stuttgart: Kohlhammer.

Janssen, J. P. (1979). Studenten: die typischen Versuchspersonen psychologischer Experimente – Gedanken zur Forschungspraxis. *Psychologische Rundschau, 30*, 99–109.

Janssen, J. P. & Mommer, I. (1975). Motivation Analysis Test (MAT) ein nicht verfälschbarer Test? *Zeitschrift für Experimentelle und Angewandte Psychologie, 22*, 218–240.

Jarman, R. F. (1980). Comments on John B. Carroll's »How shall we study individual differences in cognitive ability?« – Methodological and theoretical perspectives. *Intelligence, 4*, 73–82.

Jarvik, L. F., Eisdorfer, C. & Blum, J. E. (1973). *Intellectual functioning in adults*. New York: Springer.

Jastrow, J. (1891/92). Some anthropometric and psychologic tests on college students. – A preliminary survey. Studies from the laboratory of experimental psychology of the University of Wisconsin II. *American Journal of Psychology, 4*, 420–428.

Javierto, S. S. (1971). Verbal conditioning, awareness, and intelligence. *Philippine Journal of Psychology, 4*, 88–96.

Jencks, C. H., Smith, M., Alland, H., Bane, M. J., Cohen, D., Gintis, H., Heyns, B. & Michelson, S. (1972). *Inequality – a reassessment of the effect of family and schooling in America*. New York usw.: Basic Books.

Jenkins, C. D., Zyzanski, S. J. & Rosenman, R. H. (1979). Progress toward validation of a computer-scored test for the Type A coronary-prone behavior pattern. *Psychosomatic Medicine, 33*, 193–202.

Jenkins, J. J. & Paterson, D. G. (1961). *Studies in individual differences*. New York: Appleton-Century-Crofts.

Jenkinson, J. C. (1983). Is speed of information processing related to fluid or to crystallized intelligence? *Intelligence, 7*, 91–106.

Jensen, A. R. (1962). Extraversion, neuroticism and serial learning. *Acta Psychologica, 20*, 69–77.

Jensen, A. R. (1969). How much can we boost IQ and scholastic achievement? *Harvard Educational Review, 39*, 1–123. Abdruck auch in Jensen, A. R. (Ed.) (1972). Genetics and Education (pp. 69–203). London: Methuen. Deutsch in Skowronek, H. (Hrsg.) (1973). *Umwelt und Begabung* (S. 63–155). Stuttgart: Klett.

Jensen, A. R. (1970). IQs of identical twins reared apart. *Behavior Genetics, 1*, 133–147.

Jensen, A. R. (1971). Note on why genetic correlations are not squared. *Psychological Bulletin, 75.*

Jensen, A. R. (1972). *Genetics and Education.* New York: Harper & Row.

Jensen, A. R. (1973a). *Educability and group differences.* New York: Harper & Row.

Jensen, A. R. (1973b). Let's understand Skodak and Skeels, finally. *Educational Psychologist, 10,* 30–35.

Jensen, A. R. (1974). Interaction of level I and level II abilities with race and sociooeconomic status. *Journal of Educational Psychology, 66,* 99–111.

Jensen, A. R. (1974). Kinship correlations recorded by Sir Cyril Burt. *Behavior Genetics, 4,* 1–28.

Jensen, A. R. (1975). Es gibt Unterschiede zwischen Schwarzen und Weißen. *Psychologie Heute, 2,* 63–75.

Jensen, A. R. (1977). Cumulative deficit in IQ of blacks in the rural South. *Developmental Psychology, 13,* 184–191.

Jensen, A. R. (1978). A genetic and behavioral effect of non-random mating. In R. T. Osborne, C. E. Nobel & N. Weyl (Eds.), *Human variation: Biopsychology of age, race, and sex* (pp. 71–105). New York: Academic Press.

Jensen, A. R. (1981). Raising the IQ: The Ramey and Haskins Study. *Intelligence, 5,* 29–40.

Jensen, A. R. (1982). The chronometry of intelligence. In R. J. Sternberg (Ed.), *Advances in the psychology of human intelligence* (Vol. 1). Hillsdale, N. J.: Erlbaum.

Jensen, A. R. (1985). The nature of the black-white difference on various psychometric tests: Spearman's hypothesis. *Behavioral and Brain Sciences, 8,* 193–219.

Jensen, A. R. (1986). Methodological and statistical techniques for the chronometric study of mental abilities. In C. R. Reynolds & V. L. Wilson (Eds.), *Methodological and statistical advances in the study of individual differences* (pp. 51–116). New York Plenum Press.

Jensen, A. R. (1987). Individual differences in the HICK paradigm. In P. A. Vernon (Ed.), *Speed of information processing and intelligence* (pp. 101–175). Norwood, N. J.: Ablex.

Jensen, A. R. (1987). Psychometric g as a focus of concerted research efforts. *Intelligence, 11,* 193–198.

Jensen, A. R. (1989). Raising IQ without increasing g. *Developmental Review, 9,* 234–258.

Jensen, A. R. & Johnson, F. W. (1994). Race and sex differences in head size and IQ. *Intelligence, 18,* 309–333.

Jensen, A. R., Schafer, E. W. P. & Crinella, F. M. (1981). Reaction time, evoked brain potentials and psychometric g in the severely retarded. *Intelligence, 5,* 179–197.

Jinks, J. L. & Fulker, D. W. (1970). Comparison of the biometrical genetical, MAVA and classical approaches to the analysis of human behavior. *Psychological Bulletin, 73,* 311–349.

Joe, V. C. (1971). Review of the internal-external control construct as a personality variable. *Psychological Reports, 28,* 619–640.

John, O. P. (1989). Towards a Taxonomy of Personality Descriptors. In D. M. Buss & N. Cantor (Eds.), *Personality Psychology – Recent Trends and Emerging Directions* (pp. 261–271). New York: Springer.

John, O. P. (1990a). The »Big Five« factor taxonomy: Dimensions of personality in the natural language and in questionnaires. In L. Pervin (Ed.), *Handbook of personality: Theory and research* (pp. 66–100). New York: Guilford.

John, O. P. (1990b). The search for basic dimensions of personality: A review and critique. In P. McReynolds, J. C. Rosen & G. J. Chelune (Eds.), *Advances in Psychological Assessment* (Vol.7) (pp. 1–37). New York: Plenum Press.

John, O. P., Angleitner, A. & Ostendorf, F. (1988). The lexical approach to personality: a historical review of trait taxonomy research. *European Journal of Personality, 2,* 171–203.

John, O. P., Goldberg, L. R. & Angleitner, A. (1984). Better than the alphabet: Taxonomies of personality descriptive terms in English, Dutch, and German. In H. Bonarius, G. van Heck & N. Smid (Eds.), *Personality Psychology in Europe: Theoretical and empirical developments* (pp. 83–100). Lisse: Swets & Zeitlinger.

John, O. P. & Robins, R. W. (1993). Determinants of interjudge agreement on personality traits: The big five domains, observability, evaluativeness, and the unique perspective of the self. *Journal of Personality, 61,* 521–551.

Johnson, D. F. & Pittenger, J. B. (1984). Attribution, the attractiveness stereotype, and the elderly. *Developmental Psychology, 20,* 1168–1172.

Johnson, D. M. (1972). *Systematic introduction to the psychology of thinking*. New York: Harper & Row.

Johnson, D. M. & Vogel, M. L. (1974). Creative aptitudes in a high intelligence population. *Journal of General Psychology, 91*, 93–104.

Johnson, J. A. & Ostendorf, F. (1993). Clarification of the Five-Factor Model With the Abridged Big Five Dimensional Circumplex. *Journal of Personality and Social Psychology, 65*, 563–576.

Johnson, J. H. & Saranson, I. G. (1978). Life stress, depression and anxiety: Internal - external control as moderator variable. *Journal of Psychosomatic Research, 22*, 205–208.

Johnson, R. C. & Medinnus, G. R. (1965). *Child psychology*. New York: Wiley.

Johnson, R. K. & Meyer, R. G. (1974). The locus of control construct in EEG alpha rhythm feedback. *Journal of Consulting and Clinical Psychology, 42*, 913.

Johnson, R. N. (1972). *Aggression in man and animals*. Philadelphia usw.: Saunders.

Jones, E. (1953/55/57). *The life and work of Sigmund Freud* (Vol. 1–3). New York: Basic Books. Deutsch: Bern: Huber, 1960.

Jones, E. E. & Gerard, H. B. (1967). *Foundations of social psychology*. New York: Wiley.

Jones, E. E. & Nisbett, R. E. (1971). *The actor and observer: Divergent perceptions of the causes of behavior*. New York: General Learning Press.

Jones, G. (1971). Gewohnheit. In W. Arnold, H. J. Eysenck & R. Meili (Hrsg.), *Lexikon der Psychologie, 1. Band* (S. 787–795). Freiburg: Herder.

Jones, H. E. (1954). The environment and mental development. In L. Carmichael (Ed.), *Manual of Child Psychology* (2nd ed., pp. 631–696). New York: Wiley.

Jones, M. B. (1962). Practice as a process of simplification. *Psychological Review, 69*, 274–294.

Jones, M. B. (1970). The two-process theory of individual differences in motor learning. *Psychological Review, 77*, 353–360.

Jones, M. C. (1924). A behavior study of fear: The case of Peter. *Journal of Genetic Psychology, 31*, 508–515.

Jöreskog, K. (1993). Testing structural equation models. In K. Bollen & J. S. Long (Eds.), *Testing structural equation models* (pp. 294–316). Newbury Park: Sage.

Jöreskog, K. & Sörbom, D. (1989) *PRELIS: A guide to the program and ist application*. Chicago, IL: SPSS Inc.

Jöreskog, K. & Sörbom, D. (1993) *LISREL 8: A guide to the program and ist application*. Chicago, IL: SPSS Inc.

Jöreskog, K. G. (1969). A general approach to confirmatory maximum likelihood factor analysis. *Psychometrica, 34*, 182–202.

Jöreskog, K. G. (1978). Structural analysis of covariance and correlation matrices. *Psychometrica, 43*, 443–477.

Jöreskog, K. G. (1990). New developments in LISREL: Analysis of ordinal variables by using polychoric correlations and weighted least squares. *Quality and Quantity, 24*, 387–404.

Jöreskog, K. G. & Sörbom, D. (1979). *Advances in factor analysis and structural equation models*. Cambridge, Mass.: Abt Books.

Jost, A. (1979). Die pränatale geschlechtliche Entwicklung. In E. Sullerot (Hrsg.), *Die Wirklichkeit der Frau* (S. 100–108). München: Steinhausen.

Joynson, R. B. (1989). *The Burt Affair*. London: Routledge.

Joynson, R. B. (1994). Fallible judgments. *Society, 31*, 45–53.

Juel-Nielsen, N. (1965). Individual and environment: A psychiatric-psychological investigation of monocygous twins reared apart. *Acta Psychiatrica Scandinavica Supplement*, No. 183.

Julian, J. W. & Katz, S. B. (1968). Internal versus external control and the value of reinforcement. *Journal of Personality and Social Psychology, 8*, 89–94.

Jung, C. G. (1923). *Psychological types*. New York: Harcourt Brace.

Jüttemann, G. (1978). Eine Prädikationsanalyse des Aggressionsbegriffs. Die Auflösung einer Definitionsproblematik durch die Untersuchung des Wortgebrauchs. *Zeitschrift für Sozialpsychologie, 9*, 299–312.

Jüttemann, G. (1979). Antwort auf die Anmerkungen von A. Mummendey. *Zeitschrift für Sozialpsychologie, 10*, 378–379.

Kadlac, J. A. & Grant, D. A. (1977). Eyelid response topography in different interstimulus interval conditioning. *Journal of Experimental Psychology: Human Learning and Memory, 3*, 345–355.

Kagan, J. (1965). Impulsive and reflective children: Significance of conceptual tempo. In J. Krumboltz (Ed.), *Learning and the educational process* (pp. 133–161). Chicago: Rand McNally.

Kagan, J. (1966). Body build and conceptual impulsivity in children. *Journal of Personality, 34*, 118–128.

Kagan, J. & Kagan, N. (1970). Individual variations in cognition processes. In P. H. Mussen (Ed.), *Carmichaels manual of child psychology* (Vol.3, pp. 1273–1365). New York: Wiley.

Kagan, J., Moss, H. A. & Sigel, I. E. (1963). Psychological significance of styles of conceptualization. In J. C. Wright & J. Kagan (Eds.), *Basic cognitive processes in children. Monographs of the society for research in child development, 28*, 73–112.

Kagan, J., Rosman, B. L., Bay, D., Albert, I. & Phillips, W. (1964). Information processing in the child: Significances of analytic and reflective aptitudes. *Psychological Monographs, 78*, 1–37.

Kahl, Th. N., Buchmann, M. & Witte, E. H. (1977). Ein Fragebogen zur Schülerwahrnehmung unterrichtlicher Lernsituationen. *Zeitschrift für Entwicklungspsychologie und Pädagogische Psychologie, 9*, 277–285.

Kahn, J., Reed, F., Bates, M., Coates, T. & Everitt, B. (1976). A survey of y-chromosome variants and personality in 436 borstal lads and 254 controls. *British Journal of Criminology, 16*, 233–244.

Kail, R. & Pellegrino, J. W. (1985). *Human intelligence. Perspectives and Prospects*. New York: Freemann.

Kail, R. & Pellegrino, J. W. (1988). *Menschliche Intelligenz*. Heidelberg: Spektrum der Wissenschaft.

Kallenbach, K. (1976). Zusammenhänge zwischen Labyrinthlernen und Intelligenz- bzw. Gedächtnisleistungen. *Psychologische Beiträge, 18*, 600–609.

Kallina, H. (1967). Das Unbehagen in der Faktorenanalyse. *Psychologische Beiträge, 10*, 80–86.

Kalveram, K. Th. (1965). Die Veränderung von Faktorenstrukturen durch simultane Überlagerung. *Archiv für die gesamte Psychologie, 117*, 296–305.

Kalveram, K. Th. (1969). Kompensatorische Kovarianz als Beispiel für einen Selektionseffekt oder: Wie man aus positiven Korrelationskoeffizienten negative macht. *Archiv für die gesamte Psychologie, 121*, 255–265.

Kalveram, K. Th. (1970a). Über Faktorenanalyse. Kritik eines theoretischen Konzepts und seine mathematische Neuformulierung. *Archiv für Psychologie, 122*, 92–118.

Kalveram, K. Th. (1970b). Probleme der Selektion in der Faktorenanalyse. *Archiv für Psychologie, 122*, 199–230.

Kamin, L. J. (1974). *The science and politics of IQ*. Potomac: Lawrence Erlbaum.

Kammer, D. & Nowack, W. (1983). Self-monitoring: Construction and validation of a German 2-factor-scale. *Bielefelder Arbeiten zur Sozialpsychologie, 104*.

Kanekar, S. (1977). Academic performance in relation to anxiety and intelligence. *Journal of Social Psychology, 101*, 153–154.

Kanfer, F. H. & Saslow, G. (1976). Verhaltenstheoretische Diagnostik. In D. Schulte (Hrsg.), *Diagnostik in der Verhaltenstherapie* (S. 24–59). München: Urban & Schwarzenberg.

Kant, E. (1912). *Anthropologie in pragmatischer Hinsicht, herausgegeben mit Sachregistern von K. Vorländer*. Leipzig: Meiner.

Kaplan, A. (1964). *The conduct of inquiry: Methodology for behavioral science*. San Francisco: Chandler.

Kaprio, J., Koskenvuo, M. & Rose, R. J. (1990). A change in cohabitation and intrapair similarity of monozygotic (mz) cotwins for alcohol use, extraversion, and neuroticism. *Behavior Genetics, 20*, 265–276.

Karniol, R. & Miller, D. T. (1983). Why not wait?: A cognitive model of self-imposed delay termination. *Journal of Personality and Social Psychology, 45*, 935–942.

Karp, S. A. (1977). Psychological differentiation. In Th. Blass (Ed.), *Personality variables in social behavior* (pp. 135–178). Hillsdale: Erlbaum.

Karson, S. & O'Dell, K. W. (1974). Is the 16 PF factorially valid? *Journal of Personality Assessment, 38*, 104–114.

Katkovsky, W., Crandall, V. C. & Good, S. (1967). Parental antecedents of children's belief in internal-external control of reinforcement in intellectual achievement situations. *Child Development, 38*, 765–776.

Katz, A. N. & Poag, J. R. (1979). Sex differences in instructions to »be creative« on divergent and nondivergent test scores. *Journal of Personality, 47*, 518–530.

Katz, D. & Toll, A. (1923). Die Messung von Charakter- und Begabungsunterschieden bei Tieren (Versuche mit Hühnern). *Zeitschrift für Psychologie, 93*, 287–311.

Katz, H. A. & Rotter, J. B. (1969). Interpersonal trust scores of collegestudents and their parents. *Child Development, 40*, 657–661.

Keating, D. P. (1978). A search for social intelligence. *Journal of Educational Psychology, 70*, 218–223.

Keidel, W. D. (1971). *Sinnesphysiologie*. Berlin usw.: Springer.

Kelderman, H., Mellenbergh, G. J. & Elshout, J. J. (1981). Guilford's facet theory of intelligence: An empirical comparison of models. *Multivariate Behavioral Research, 16*, 37–62.

Kellaghan, Th. (1973). Intelligence and achievement in a disadvantaged population: A crosslagged panel analysis. *Irish Journal of Education, 7*, 23–28.

Kellaghan, Th. (1977). Relationships between home environment and scholastic behavior in a disadvantaged population. *Journal of Educational Psychology, 69*, 754–760.

Kelly, G. A. (1955). *The psychology of personal construct*. New York: Norton.

Kelmann, H. C. (1967). Human use of human subjects: The problem of deception in social psychological experiments. *Psychological Bulletin, 67*, 1–11.

Kelmer, O. & Stein, A. (1975). Im Schußfeld des Bildschirms. *Psychologie Heute, 2*, 18–21 u. 55–57.

Kemmler, L. (1969). Neue Untersuchung zum Schöpferischen Denken (Creativity). *Psychologische Rundschau, 20*, 103–114.

Kemmler, L. (1978). *Schulerfolg und Schulversagen*. Bern: Huber.

Kemmler, L. & Langheinrich, D. (1967). Eine deutsche Fassung der Primary Mental Abilities für acht- bis zehnjährige Kinder. In F. Merz (Hrsg.), *Bericht über den 25. Kongreß der Deutschen Gesellschaft für Psychologie in Münster* (S. 669–673). Göttingen: Hogrefe.

Kempf, W. (1978). *Konfliktlösung und Aggression*. Bern usw.: Huber.

Kempf, W. F. (1972). Zur Bewertung der Faktorenanalyse als psychologische Methode. *Psychologische Beiträge, 14*, 610–625.

Kendall, P. C., Hooke, J. F., Rymer, R. & Finch, A. I. (1980). Cognitive style in adults: Task alternatives, task strategy, and time estimation. *Journal of Personality Assessment, 44*, 175–181.

Kenny, D. A. (1979). *Correlation and causality*. New York: Wiley.

Kenrick, D. T. & Stringfield, D. O. (1980). Personality traits and the eye of the beholder: Crossing some traditional philosophical boundaries in the search for consistency in all of the people. *Psychological Review, 87*, 88–104.

Kerkhoff, W. (1980). Behinderte in Sonderschulen: Ein statistischer Überblick. *Sonderpädagogik, 10*, 20–33.

Kerlinger, F. N. (1973). *Foundations of behavioral research* (2nd ed.) London: Holt, Rinehart & Winston.

Kershner, J. R. & Ledger, G. J. (1985). Effect of sex, intelligence, and style of thinking on creativity: a comparison of gifted and average IQ children. *Journal of Personality and Social Psychology, 48*, 1033–1040.

Kessler, F. & Moos, R. H. (1970). The XYY karyotype and criminality: A review. *Journal of Psychiatry Research, 7*, 153–170.

Kiehlbauch, J. B. (1967). *Selected changes over time in internal-external control of expectancies in a reformatory population*. Unpubl. Diss., Kansas State University.

Kiener, F. (1978). Empirische Kontrolle psychoanalytischer Thesen. In L. J. Pongratz (Hrsg.), *Klinische Psychologie. Handbuch der Psychologie in 12 Bänden, Band 8, 2. Halbband* (S. 1200–1241). Göttingen: Hogrefe.

Kiesler, D. J. (1966). Some myths of psychotherapy research and the search for a paradigm. *Psychological Bulletin, 65*, 110–136.

Kirby, R. & Radford, J. (1976). *Individual Differences*. London: Methuen.

Kirmayer, L. J., Robbins, J. M. & Paris, J. (1994). Somatoform disorders: personality and the social matrix of somatic distress. *Journal of Abnormal Psychology, 103,* 125–136.

Kirton, M. J. (1976). Adaptores and innovators: A description and measure. *Journal of Applied Psychology, 61,* 622–629.

Kirton, M. J. (1987). *Kirton adaption-innovation inventory (KAI). Manual* (2nd ed.). Hatfield, Herts: Occupational Research Centre.

Klages, L. (1926). *Die Grundlagen der Charakterkunde.* Leipzig: Bart.

Klauer, K. J. (1975). *Intelligenztraining im Kindesalter.* Weinheim: Beltz.

Klauer, K. J. (Hrsg.) (1978). *Handbuch der Pädagogischen Diagnostik, Band 3.* Düsseldorf: Schwann.

Klebelsberg, D. v. (1969). *Risikoverhalten als Persönlichkeitsmerkmal.* Bern, Stuttgart: Huber.

Klein, G. S. & Schlesinger, H. J. (1949). Where is the perceiver in perceptual theory? *Journal of Personality, 18,* 32–47.

Kleine, D. & Jäger, A. O. (1987b). Kriteriumsvalidität eines neuartigen Tests zum Berliner Intelligenzstrukturmodell. Eine Untersuchung an brasilianischen Schülern und Studenten. In D. Liepmann, G. Mohr & R. Schwarzer (Hrsg.), *Arbeitsberichte des Instituts für Psychologie, Nr. 8,* Berlin: Freie Universität.

Kleine, D. & Jäger, A. O. (1987a). Replikation des Berliner Intelligenzstrukturmodells (BIS) bei brasilianischen Schülern und Studenten. *Diagnostica, 33,* 14–29.

Kleinmuntz, B. (1967). *Personality measurement.* Homewood, Ill.: Dorsey Press.

Kleinsmith, L. J. & Kaplan, S. (1963). Paired associate learning as a function of arousal and interpolated interval. *Journal of Experimental Psychology, 19,* 115–116.

Kleinsmith, L. J. & Kaplan, S. (1964). Interaction of arousal and recall interval in nonsense syllable paired-associate learning. *Journal of Experimental Psychology, 67,* 124–126.

Klesges, R. C. & McGinley, H. (1983). Typical vs. maximal measures of personological variables. *Journal of Personality Assessment, 47,* 640–647.

Kline, P. (1972). *Fact and fantasy in Freudian theory.* London: Methuen.

Kline, P. (1987). Factor analysis and personality theory. *European Journal of Personality, 1,* 21–36.

Kline, P. & Barrett, P. (1983). The factors in personality questionnaires among normal subjects. *Advances in Behaviour Research and Therapy, 5,* 141–202.

Kline, P. & Barrett, P. (1994). Studies with the PPQ and the Five Factor Model of Personality. *European Review of Applied Psychology, 44,* 35–42.

Kline, P. & Lapham, S. L. (1990). *The PPQ.* London: Psychometric Systems.

Kline, V. B., Richards, J. M. & Needham, W. E. (1963). Creativity tests and achievement in high school science. *Journal of Applied Psychology, 47,* 184–189.

Klineberg, O., Asch, F. E. & Block, H. (1934). An experimental study of constitutional types. *Genetic Psychology Monographs, 16,* 114–221.

Klingemann, H. D. & Pappi, F. U. (1972). *Politischer Radikalismus.* München u. Wien: Oldenburg.

Klix, F. (1971). *Information und Verhalten.* Bern: Huber.

Klix, F. & Kause, B. (1969). Zur Definition des Begriffs »Struktur«, seiner Eigenschaften und Darstellungsmöglichkeiten in der Experimentalpsychologie. *Zeitschrift für Psychologie, 176,* 22–54.

Knieling, J., Weiss, H., Faller, H., Lang, H., Schalke, B. & Toyka, K. (1998). Krankheitsverlauf bei Mysthenia gravis: Ergebnisse einer Längsschnittstudie zur Bedeutung psychosozialer Risikofaktoren. *Der Nervenarzt, 69,* 137–144.

Knight, G. P., Johnson, L. G., Carlo, G. & Eisenberg, N. (1994). A multiplicative model of the dispositional antecedents of a prosocial behavior: Predicting more of the people more of the time. *Journal of Personality and Social Psychology, 66,* 178–183.

Knight, R. G. & Shelton, E. J. (1983). Tables for evaluating predicted retest changes in Wechsler Adult Intelligence Scale Scores. *British Journal of Clinical Psychology, 22,* 77–81.

Knorring, L. v., Knorring, A.-L. v., Mörnstad, H. & Nordlund, A. (1987). The risk of dental caries in extraverts. *Personality and Individual Differences, 8,* 343–346.

Knussmann, R. (1979). *Vererbung und menschliche Intelligenz.* Erlangen: Manuskript für das Fernstudium im Medienverbund.

Kobasa, S. C. (1979a). Stressful life events, personality, and health: An inquiry into hardiness. *Journal of Personality and Social Psychology, 37,* 1–11.

Kobasa, S. C. (1979b). Personality and resistance to illness. *American Journal of Community Psychology, 7*, 413–424.

Kobasa, S. C., Maddi, S. R. & Courington, S. (1981). Personality and constitution as mediators in the stress-illness relationship. *Journal of Health and Social Behavior, 22*, 368–378.

Kobasa, S. C., Maddi, S. R. & Kahn, S. (1982). Hardiness and health: A prospective study. *Journal of Personality and Social Psychology, 42*, 168–177.

Koch, H. L. (1956). Sissiness and tomboyishness in relations to sibling characteristic. *Journal of Genetic Psychology, 88*, 231–244.

Koch, M. B. & Meyer, D. R. (1959). A relationship of mental age to learning-set formation in the preschool child. *Journal of Comparative and Physiological Psychology, 52*, 387–389.

Kogan, N. (1967). *Context effect in the assessment of creative ability in young children.* Vortrag auf dem Internationalen Workshop on Possibilities and Limitations of Educational Testing, Pädagogisches Zentrum, Berlin.

Kogan, N. & Wallach, M. A. (1964). *Risk taking: A study in cognition and personality.* New York: Holt, Rinehart & Winston.

Koh, K. B. (1998). Emotion and immunity. *Journal of Psychosomatic Research, 45*, 107–115.

Kohlberg, L. (1966). A cognitive-developmental analysis of children's sex-role concepts and attitudes. In E. E. Maccoby (Ed.), *The development of sex differences* (pp. 82–173). Stanford: Stanford University Press.

Köhler, B. (1978). *Sozialpsychologie der körperlichen Erscheinung.* Unveröffentl. Habilitationsschrift, Heidelberg.

Köhler, B. (1979). Zur aktuellen Bedeutung der körperlichen Erscheinung in der sozialpsychologischen Forschung. In L. H. Eckensberger (Hrsg.), *Bericht über den 31. Kongreß der Deutschen Gesellschaft für Psychologie in Mannheim 1978, Band 1: Grundlagen und Methoden der Psychologie* (S. 383–388). Göttingen: Hogrefe.

Köhler, B. (1984). Physische Attraktivität und Persönlichkeitsmerkmale. In M. Amelang & Ahrens H. J. (Hrsg.), *Brennpunkte der Persönlichkeitsforschung, Band 1* (S. 139–153). Göttingen usw.: Hogrefe.

Köhler, T. (1979). Teststatistische Anforderungen an ein State-Meßinstrument. *Diagnostica, 25*, 64–75.

Köhler, W. (1921). *Intelligenzprüfungen an Menschenaffen.* Berlin: Springer.

Kohlmann, C.-W. (1993). Development of the repression-sensitization construct: With special reference to the discrepancy between subjective and physiological stress reactions. In U. Hentschel, G. Smith, W. Elers & J. Draguns (Eds.), *The concept of defense mechanisms in contemporary psychology: Theoretical, research and clinical perspectives* (pp. 184–204). New York: Springer.

König, F. & Schrell, D. (1973). Kognitive Strukturiertheit, Persönlichkeit, Kreativität, Alter und Geschlecht. In Th. B. Seiler (Hrsg.), *Kognitive Strukturiertheit* (S. 104–134). Stuttgart usw.: Kohlhammer.

König, F. J. W. (1981). *Kreativität als Grunddimension intelligenten Verhaltens.* Unveröff. Diss., Fachbereich Erziehungs- und Unterrichtswissenschaften der FU Berlin.

Korchin, S. J. (1976). *Modern clinical psychology: Principles of intervention in the clinic and community.* New York: Basic Books.

Koriat, A. & Misan, M. (1977). The nature of the conflict in delay of gratification. *Journal of Genetic Psychology, 131*, 195–205.

Kornadt, H.-J. (1966). Einflüsse der Erziehung auf die Aggressivitätsgenese. In Th. Herrmann (Hrsg.), *Psychologie der Erziehungsstile* (S. 170–180). Göttingen: Hogrefe.

Kornadt, H.-J. (1974). Toward a motivation theory of aggression and aggression inhibition: Some considerations about an aggression motive and their application to TAT and catharsis. In J. De Witt & W. Hartup (Eds.), *Determinance and origins of aggressive behavior* (pp. 567–577). Paris: Mouton.

Kornadt, H.-J. (1981) (Hrsg.). *Aggression und Frustration als psychologisches Problem. Band 1.* Stuttgart: Wissenschaftliche Buchgesellschaft. Bern: Huber.

Kornadt, H.-J. (1992) (Hrsg.). *Aggression und Frustration als psychologisches Problem. Band 2.* Darmstadt: Wissenschaftliche Buchgesellschaft.

Köstlin-Gloger, G. (1974). *Sozialisation und kognitive Stile*. Weinheim: Beltz.
Köstlin-Gloger, G. (1978). Kognitive Stile im Entwicklungsverlauf. *Zeitschrift für Entwicklungspsychologie und Pädagogische Psychologie, 10*, 52–74.
Köstlin-Gloger, G. & Rottmair, I. (1979). Sind reflexive Kinder kognitiv höher strukturiert? *Zeitschrift für Entwicklungspsychologie und Pädagogische Psychologie, 11*, 12–15.
Kraepelin, E. (1895). Der psychologische Versuch in der Psychiatrie. *Psychologische Arbeiten, 1*, 1–91.
Krämer, H.-G. & Schneider, J. F. (1987). Validität von Fragebogendaten in Abhängigkeit von Antwort-Zeit-Instruktion und der intraindividuellen Variabilität der Probanden. *Psychologische Beiträge, 29*, 458–468.
Krampen, G. (1979). Differenzierungen des Konstruktes der Kontrollüberzeugungen. *Zeitschrift für Experimentelle und Angewandte Psychologie, 26*, 573–595.
Krampen, G. (1980). Machiavellismus und Kontrollüberzeugungen als Konstrukte der generalisierten Instrumentalitätserwartungen. Ein Beitrag zur Konstruktbildung. *Psychologische Beiträge, 22*, 128–144.
Krampen, G. (1981). *IPC-Fragebogen zu Kontrollüberzeugungen*. Göttingen: Hogrefe.
Krampen, G. (1982). *Differentialpsychologie der Kontrollüberzeugungen (»Locus of Control«)*. Göttingen: Hogrefe.
Krampen, G. (1987). *Handlungstheoretische Persönlichkeitspsychologie*. Göttingen: Hogrefe.
Krampen, G. (1989). Diagnostik von Attributionen und Kontrollüberzeugungen: Theorien, Geschichte, Probleme. In G. Krampen (Hrsg.), *Diagnostik von Attributionen und Kontrollüberzeugungen* (S. 3–22). Göttingen: Hogrefe.
Krampen, G. (Hrsg.) (1989a). *Diagnostik von Attributionen und Kontrollüberzeugungen*. Göttingen: Hogrefe.
Krampen, G. (1989b). Mehrdimensionale Erfassung generalisierter und bereichsspezifischer Kontrollüberzeugungen. In G. Kampen (Hrsg.), *Diagnostik von Attributionen und Kontrollüberzeugungen* (S. 100–106). Göttingen: Hogrefe.
Krampen, G. (1991). *Der Fragebogen zu Kompetenz- und Kontrollüberzeugungen (FKK)*. Göttingen: Hogrefe.
Krampen, G. (1993). Diagnostik der Kreativität. In G. Trost, K. Ingenkamp & R. S. Jäger (Hrsg.), *Tests und Trends. 10. Jahrbuch der Pädagogischen Diagnostik* (S. 11–39). Weinheim: Beltz.
Krampen, G., Fiebig, J. & Walter, W. (1982). Entwicklung einer Skala zur Erfassung dreier Aspekte von sozialem Vertrauen. *Diagnostica, 28*, 242–247.
Krause, B. (1977). Skalierungsmodelle in der Psychodiagnostik. *Zeitschrift für Psychologie, 185*, 257–287.
Krause, B. & Metzler, P. (1978). Zur Anwendung der Inferenzstatistik in der psychologischen Forschung. *Zeitschrift für Psychologie, 186*, 244–267.
Krause, R. (1972). *Kreativität – Untersuchungen zu einem problematischen Konzept*. München: Goldmann.
Krauth, J. (1995). *Testkonstruktion und Testtheorie*. Weinheim: Psychologie Verlags Union.
Krebs, D. (1973). Wirkungen von Gewaltdarstellungen in Massenmedien – Katharsis oder Stimulation? *Zeitschrift für Sozialpsychologie, 4*, 318–332.
Kreppner, K. (1975). *Zur Problematik des Messens in den Sozialwissenschaften*. Stuttgart: Klett.
Kretschmer, E. (1921). *Körperbau und Charakter* (23. Aufl. 1961). Berlin: Springer.
Kreuzig, H. W. (1979). Gütekriterien für die kognitiven Prozesse bei Entscheidungssituationen in sehr komplexen Realitätsbereichen und ihr Zusammenhang mit Persönlichkeitsmerkmalen. In H. Ueckert & D. Rhenius (Hrsg.), *Komplexe menschliche Informationsverarbeitung* (S. 196–209). Bern u. Stuttgart: Huber.
Kris, E. (1952). *Psychoanalytic explorations in art*. New York: International Universities Press.
Kristof, W. (1958). Statistische Prüfverfahren zur Beurteilung von Testprofilen. *Zeitschrift für Experimentelle und Angewandte Psychologie, 5*, 520–533.
Kristof, W. (1961). Über die Einordnung geometrisch-optischer Täuschungen in die Gesetzmäßigkeiten der visuellen Wahrnehmung. *Archiv für die Gesamte Psychologie, 113*, 1–48 u. 127–150.
Kristof, W. (1964). Die faktorielle Struktur einiger geometrisch-optischer Täuschungen. *Zeitschrift für Experimentelle und Angewandte Psychologie, 11*, 71–94.

Kroger, R. O. & Turnbull, W. (1975). Invalidity of validity scales: The case of the MMPI. *Journal of Consulting and Clinical Psychology, 43*, 48–55.

Kroh-Püschel, E. & Wender, I. (1978). Modifikation der Bereitschaft zum Belohnungsaufschub durch Lernen an multiplen Modellen. *Zeitschrift für Entwicklungspsychologie und Pädagogische Psychologie, 10*, 305–314.

Krohne, H. W. (1971). *Der Einfluß von Umweltkomplexität, Angstabwehr und konzeptuellem Niveau auf die Informationsverarbeitung.* Unveröff. Diss., Universität Marburg.

Krohne, H. W. (1974). Untersuchungen mit einer deutschen Form der Repression-Sensitization-Skala. *Zeitschrift für Klinische Psychologie, 3*, 238–260.

Krohne, H. W. (1975). *Angst und Angstverarbeitung.* Stuttgart: Kohlhammer.

Krohne, H. W. (1976). *Theorien zur Angst.* Stuttgart: Kohlhammer.

Krohne, H. W. (1977). Persönlichkeitstheorie. In Th. Herrmann, P. R. Hofstätter, H. P. Huber & F. E. Weinert (Hrsg.), *Handbuch psychologischer Grundbegriffe* (S. 341–355). München: Kösel.

Krohne, H. W. (1978). Individual differences in coping with stress and anxiety. In C. D. Spielberger & I. G. Sarason (Eds.), *Stress and anxiety* (Vol. 5) (pp. 233–260). Washington, D. C.: Hemisphere.

Krohne, H. W. (1980). Angsttheorie: Vom mechanistischen zum kognitiven Ansatz. *Psychologische Rundschau, 31*, 12–29.

Krohne, H. W. (1985a). *Angstbewältigung in Leistungssituationen.* Weinheim: Edition Psychologie.

Krohne, H. W. (1985b). Das Konzept der Angstbewältigung. In H. W. Krohne (Hrsg.), *Angstbewältigung in Leistungssituationen* (S. 45–62). Weinheim: VCH Verlagsgesellschaft.

Krohne, H. W. (1986). Coping with stress. Dispositions, strategies and the problem of measurement. In M. H. Appley & R. Trumbull (Eds.), *Dynamics of stress. Physiological, psychological, and social perspectives.* New York: Plenum Press.

Krohne, H. W. (1988). Coping research: Current theoretical and methodological developments. *The German Journal of Psychology, 12*, 1–30.

Krohne, H. W. (1989). The concept of coping modes: Relating cognitive person variables to actual coping behavior. *Advances in Behaviour Research and Therapy, 11*, 235–248.

Krohne, H. W. (1993). Vigilance and cognitive avoidance as concepts in coping research. In H. W. Krohne (Ed.), *Attention and avoidance. Strategies in coping with aversiveness* (pp. 19–50). Seattle: Hogrefe & Huber.

Krohne, H. W. (1996a). Individual Differences in Coping. In M. Zeidner & N. S. Endler (Eds.), *Handbook of Coping* (pp. 381–409). New York: John Wiley & Sons, inc.

Krohne, H. W. (1996b). Repression-Sensitization. In M. Amelang (Hrsg.). *Temperaments- und Persönlichkeitsunterschiede. Enzyklopädie der Psychologie, Differentielle Psychologie und Persönlichkeitsforschung, Band 3* (S. 153–184). Göttingen: Hogrefe.

Krohne, H. W. (1996c). *Angst und Angstbewältigung.* Stuttgart: Kohlhammer.

Krohne, H. W. & Hindel, C. (1988). Trait anxiety, state anxiety, and coping behavior as predictors of athletic performance. *Anxiety Research, 1*, 225–234.

Krohne, H. W., Kleemann, P. P., Hardt, J. & Theisen, A. (1988). *Beziehungen zwischen Bewältigungsstrategien und präoperativen Streßreaktionen.* Mainzer Berichte zur Persönlichkeitsforschung, Nr. 20. Mainz: Universität, Psychologisches Institut, Abt. Persönlichkeitspsychologie.

Krohne, H. W. & Kohlmann, C. W. (1989). Persönlichkeit und Emotion. In K. R. Scherer (Hrsg.), *Enzyklopädie der Psychologie, Serie Motivation und Emotion. Band 3: Psychologie der Emotion.* Göttingen: Hogrefe.

Krohne, H. W., Kürsten, F. & Hübel, M. (1987). *Die Messung von Angstbewältigungs-Dispositionen: II. Das Angstbewältigungs-Inventar (ABI). Erste empirische Befunde.* Mainzer Berichte zur Persönlichkeitsforschung, Nr. 13. Mainz: Universität, Psychologisches Institut, Abt. Persönlichkeitspsychologie.

Krohne, H. W. & Laux, L. (Eds.) (1982). *Achievement, stress and anxiety.* Washington: Hemisphere.

Krohne, H. W. & Rogner, J. (1982). Repression-sensitization as a central construct in coping research. In H. W. Krohne & L. Laux (Eds.), *Achievement, stress, and anxiety* (pp. 167–193). Washington: Hemisphere.

Krohne, H. W. & Rogner, J. (1985). Mehrvariablen-Diagnostik in der Bewältigungsforschung. In H. W. Krohne (Hrsg.), *Angstbewältigung in Leistungssituationen* (S. 45–62). Weinheim: VCH Verlagsgesellschaft.

Krohne, H. W., Rösch, W. & Kürsten, F. (1989). Die Erfassung von Angstbewältigung in physisch bedrohlichen Situationen. *Zeitschrift für Klinische Psychologie, 18*, 230–242.

Krohne, H. W., Wigand, A. & Kiehl, G. E. (1985). Konstruktion eines multidimensionalen Instruments zur Erfassung von Angstbewältigungs-Tendenzen. In H. W. Krohne (Hrsg.), *Angstbewältigung in Leistungssituationen* (S. 45–62). Weinheim: VCH Verlagsgesellschaft.

Krovetz, M. L. (1974). Explaining success or failure as a function of one's locus of control. *Journal of Personality, 42,* 175–189.

Krueger, F. & Spearman, Ch. (1906). Die Korrelation zwischen verschiedenen geistigen Leistungsfähigkeiten. *Zeitschrift für Psychologie, 44*, 50–114.

Kruse, L. (1980). *Privatheit als Gegenstand und Problem der Psychologie*. Bern usw.: Huber.

Kruse, L. (1983). Nähe und Distanz: Ethische Probleme der Psychologie. In G. Lüer (Hrsg.), *Bericht über den 33. Kongreß der Deutschen Gesellschaft für Psychologie in Mainz, 1982, Band I* (S. 81–94). Göttingen: Hogrefe.

Kruse, L., Amelang, M. & Ingenkamp, K. (1980). Datenbedarf in der Empirischen Psychologie und Erziehungswissenschaft. In M. Kaase, H.-J., Krupp, M., Pflanz, E. K. Scheuch & S. Sinitis (Hrsg.), *Datenzugang und Datenschutz. Konsequenz für die Forschung* (S. 19–22). Bad Homburg: Athenäum.

Kruse, L. & Kumpf, M. (Hrsg.) (1981). *Psychologische Grundlagenforschung: Ethik und Recht*. Bern: Huber.

Kubinger, K. D. (1995). *Einführung in die psychologische Diagnostik*. Weinheim: Beltz.

Kubinger, K. D. & Gittler, G. (1983). Der Zusammenhang von Geschwister-Konstellation und Intelligenz in kritischer Sicht. *Sprache & Kognition, 4*, 254–263.

Kubinger, K. D. & Wurst, E. (1985). *Adaptives Intelligenzdiagnostikum*. Weinheim: Beltz.

Kuhlmei, E. (1991). *Ansatz einer kognitionspsychologischen Erklärung zu Einflüssen von Umweltfaktoren auf kreative Leistungen*. Unveröffentl. Diss., mathematisch-naturwissenschaftlicher Fachbereich, Universität Göttingen.

Kühn, A. (1961). *Grundriß der Vererbungslehre*. Heidelberg: Quelle & Meyer.

Kuhn, M. (1972). *Entwicklung einer Testbatterie für psychophysiologische Längsschnittstudien*. Unveröffentl. Diss., Universität Freiburg.

Kühn, R. (1977). *Zur differentiellen Vorhersagbarkeit von Schulerfolg: Eine Erkundungsstudie zur Auffindung von Moderatoreffekten*. Frankfurt a. M.: Deutsches Institut für Internationale Forschung.

Kühn, R. (1983). Bedingungen für Schulerfolg. Göttingen: Hogrefe.

Kulessa, C. H. E., Blohmke, M., Jagschitz, P., Stelzer, O., Cooper, C. L. & Eysenck, H. J. (1989). Psychosocial personality traits and cigarette smoking among bronchial carcinoma patients. *Stress Medicine, 5,* 37–46.

Kulik, B. (1974). *Erfahrungen mit Zeitreihen. Eine psychophysiologische Zeitreihe an 20 Vpn über 9 Wochen*. Unveröffentl. Diss., Universität Freiburg.

Kuraishi, S., Kato, M. & Tsujioka, B. (1957). Development of the »Uchida-Kraepelin Psychodiagnostik Test« in Japan. *Psychologia, 1,* 104–109.

Labs, S. M. & Wurtele, S. K. (1986). Fetal locus of control scale: Development and Validation. *Journal of Consulting and Clinical Psychology, 54*, 814–819.

Lamb, D. H. (1973). The effects of two stressors on state anxiety for students who differ in trait anxiety. *Journal of Research in Personality, 7,* 116–126.

Lamb, D. H. (1976). Usefulness of situation-specific trait and state measures of anxiety. *Psychological Reports, 38*, 188–190.

Lamb, D. H. (1978). Anxiety. In H. London & J. E. Exner (Eds.), *Dimensions of Personality* (pp. 37–83). New York: John Wiley.

Lamiell, J. T. (1981). Toward an idiothetic psychology of personality. *American Psychologist, 36*, 276–289.

Lamiell, J. T. (1982). The case for an idiothetic psychology of personality: A conceptual and empirical foundation. In B. A. Maher (Ed.), *Progress in experimental personality research,* 11, 1–64.

Lamiell, J. T., Foss, M. A., Larsen, R. J. & Hempel, A. N. (1983). Studies in intuitive personology from an idiothetic point of view: Implications for personality theory. *Journal of Personality, 51*, 438–467.

Lamnek, S. (1977). *Kriminalitätstheorien – kritisch: Anomie u. Labeling im Vergleich*. München: Fink.

Landau, E. (1969). *Psychologie der Kreativität*. München: Reinhardt.

Landy, D. & Sigall, H. (1974). Beauty is talent: Task evaluation as a function of the performer's physical attractiveness. *Journal of Personality and Social Psychology, 29*, 299–304.

Langenheder, W. (1978). Abschied vom IQ. *Psychologie Heute, 4*, 28–36.

Langer, E. & Schulz von Thun, F. (1974). *Messung komplexer Merkmale in Psychologie und Pädagogik – Ratingverfahren*. München: Reinhardt.

Lanning, K. (1988). Individual differences in scalability: An alternative conception of consistency for personality theory and measurement. *Journal of Personality and Social Psychology, 55*, 142–148.

Lantermann, E. D. (1979). *Interaktionen*. München: Urban & Schwarzenberg.

Lanyon, R. I. & Goodstein, L. D. (1971). *Personality assessment*. New York: Wiley.

Lao, R. C. (1970). Internal-external control and competent and innovative behaviors among Negro college students. *Journal of Personality and Social Psychology, 14*, 263–270.

Larssen, R. J. & Kasimatis, M. (1990). Individual differences in entrainment of mood to the weekly calendar. *Journal of Personality and Social Psycholgy, 58*, 164–171.

Larssen, R. J. & Kasimatis, M. (1991). Day-to-day physical symptoms: Individual differences in the occurrence, duration, and emotional concomitance of minor daily illnesses. Special issue: Personality and daily experience. *Journal of Personality, 59*, 387–423.

Larsson, G. & Kallenberg, K. (1999). Dimensional analysis of sense of coherence using structural equation modelling. *European Journal of Personality, 13 (1)*, 51–61.

Larsson, G. & Setterlind, S. (1990). Work load/work control and health: Moderating effects of heredity, self-image, coping and health behavior. *International Journal of Health Science, 1*, 79–88.

Lasagna, L. (1972). The impact of scientific models on clinical psychopharmacology: A pharmacologist's view. *Seminars in Psychiatry, 4*, 271–282.

Lasky, E. (1979). Physical attractiveness and its relationship to self-esteem: Preliminary findings. In M. Cook & G. Wilson (Eds.), *Love and attraction* (pp. 37–41). Oxford usw.: Pergamon.

Lasogga, F. (1977). *Zusammenhänge zwischen Persönlichkeitsdimensionen und Zigarettenkonsum von Jugendlichen – Quer- und Längsschnittuntersuchungen*. Unveröff. Diss., Universität Hamburg.

Laucht, M. & Krohne, H. W. (1978). Studies on the validity of the role construct repertory test as a measure of cognitive complexity. *Archiv für Psychologie, 130*, 212–235.

Laux, L. (1983). Neuere Eigenschaftskonzeptionen in der Angst- und Streßforschung. In J. P. Janssen & E. Hahn (Hrsg.), *Aktivierung, Motivation, Handlung und Coaching im Sport. 3. Internationales Symposium der Arbeitsgemeinschaft für Sportpsychologie (ASP)* (S. 69–76). Schorndorf: Hoffmann.

Laux, L. & Glanzmann, P. (1985). General versus situation-specific traits as related to anxiety in egothreatening situations. In C. D. Spielberger, I. G. Sarason & P. B. Defares (Eds.), *Stress and anxiety* (Volume 9, pp. 121–128). Washington: Hemisphere/Wiley.

Laux, L., Glanzmann, P., Schaffner, P. & Spielberger, C. D. (1981). *Fragebogen zur Erfassung von State- und Trait-Angst (STAI-G)*. Weinheim: Beltz.

Laux, L. & Glanzmann, P. G. (1996). Angst und Ängstlichkeit. In M. Amelang (Hrsg.), *Enzyklopädie der Psychologie. Differentielle Psychologie und Persönlichkeitsforschung. Bd. 3: Temperaments- und Persönlichkeitsunterschiede* (S. 107–149). Göttingen: Hogrefe.

Laux, L. & Vossel, G. (1981). Paradigms in stress research: Laboratory versus field and traits versus processes. In L. Goldberger & S. Breznitz (Eds.), *Handbook of stress: Theoretical and clinical aspects* (pp. 203–211). New York: The Free Press.

Lavin, B. E. (1965). *The prediction of academic performance: A theoretical analysis and review of research*. New York: Russell Sage Foundation.

Lay, Th. & Jackson, D. N. (1969). Analysis of the generality of trait-inferential relationship. *Journal of Personality and Social Psychology, 12*, 12–21.

Layzer, D. (1974). Heritability analyses of IQ scores: Science or numerology? *Science, 183*, 1259–1266.

Lazarus, R. S. (1966). *Psychological stress and the coping process*. New York: McGraw-Hill.

Lazarus, R. S. (1967). Cognitive and personality factors underlying threat and coping. In M. H. Appley & R. Trumbull (Eds.), *Psychological stress*. New York: Appleton-Century-Crofts.

Lazarus, R. S. (1969). *Patterns of adjustment and human effectiveness*. New York: McGraw-Hill.

Lazarus, R. S. (1991). *Emotion and adaption*. New York: The Oxford Press.

Lazarus, R. S. & Alfert, E. (1964). Short-circuiting of threat by experimentally altering cognitive appraisal. *Journal of Abnormal and Social Psychology, 69*, 195–205.

Lazarus, R. S. & Averill, J. R. (1972). Emotion and cognition: With special reference to anxiety. In C. D. Spielberger (Ed.), *Anxiety: Current trends in theory and research, Vol. 2* (pp. 241–283). New York: Academic Press.

Lazarus, R. S., Averill, J. R. & Opton, E. M. (1969). *The psychology of coping: Issues of research and assessment. Paper presented at the Conference on Coping and Adaptation*, Palo Alto, Cal.

Lazarus, R. S., Averill, J. R. & Opton, E. M. (1970). Toward a cognitive theory of emotion. In A. Magda (Ed.), *Third international symposium on feelings and emotions*. New York: Academic Press.

Lazarus, R. S. & Opton, E. M. (1966). The study of psychological stress: A summary of theoretical formulation and experimental findings. In C. D. Spiegelberger (Ed.), *Anxiety and behavior* (pp. 225–262). New York: Academic Press.

Lazarus-Mainka, G. (1985). Ängstlichkeit – auch ein Sprachstil ? *Diagnostica, 31*, 210–220.

Lazarus-Mainka, G., Bähr, M. & Opitz, B. (1981). Ängstlichkeit, die S-R-Dimension und das Bewerten von Bildinhalten. *Zeitschrift für Experimentelle und Angewandte Psychologie, 28*, 637–650.

Lazarus-Mainka, G. & Rose, A. (1980). Die Wahrnehmung von Wörtern eines Wortfeldes »Angst«. *Archiv für Psychologie, 132*, 221–235.

Leahy, A. M. (1935). Nature-nurture and intelligence. *Genetic Psychology Monographs, 17*, 236–308.

Lebo, M. A. & Nesselroade, J. R. (1978). Intraindividual differences in dimensions of mood change during pregnancy identified in five P-technique factor analyses. *Journal of Research in Personality, 12*, 205–224.

Lee, E. S. (1951). Negro intelligence and selective migration: a Philadelphia Test of the Klineberg hypothesis. *American Sociological Review, 16*, 227–233.

Lee, K.-A., Hicks, G. & Nino-Murcia, G. (1991). Validity and reliability of a scale to assess fatigue. *Psychiatry Research, 36*, 291–298.

Lefcourt, H. M. (1966). Internal versus external control of reinforcement: A review. *Psychological Bulletin, 65*, 206–220.

Lefcourt, H. M. (1972). Recent developments in the study of locus of control. In B. A. Maher (Ed.), *Progress in experimental personality research* (Vol. 6) (pp. 1–39). New York: Academic Press.

Lefcourt, H. M. (1976). *Locus of control: current trends in theory and research*. Hillsdale, N.Y.: Lawrence Erlbaum Assoc.

Lefcourt, H. M., Hogg, E. & Sordoni, C. (1975). Locus of control, field dependence, and cognitions arousing objective versus subjective self-awareness. *Journal of Research and Personality, 9*, 21–36. (Zitiert nach Lefcourt, 1976.)

Lefcourt, H. M., Hogg, E., Struthers, S. & Holmes, C. (1975). Causal attributions as a function of locus of control, initial confidence, and performance outcomes. *Journal of Personality and Social Psychology, 32*, 391–397.

Lefcourt, H. M., Lewis, L. & Silverman, I. W. (1968). Internal versus external control of reinforcement and alteration in a decision making task. *Journal of Personality, 36*, 663–682.

Lefcourt, H. M., Miller, R. S., Ware, E. E. & Shark, D. (1981). Locus of control as a modifier of the relationship between stressors and moods. *Journal of Personality and Social Psychology, 42*, 357–369.

Legewie, H. (1968). *Persönlichkeitstheorie und Psychopharmaka. Kritische Untersuchungen zu Eysencks Drogenpostulat*. Meisenheim: Hain.

Lehman, H. C. (1953). *Age and achievement*. Princeton: Princeton University Press.

Lehman, H. C. (1958). The chemist's most creative years. *Science, 127*, 1213–1222.

Lehrke, R. G. (1978). Sex & linkage: A biological basis for greater male variability in intelligence. In R. T. Osborne, C. E. Nobel & N. Weyl (Eds.), *Human variation – The biopsychology of age, race and sex* (pp. 171–198). New York: Academic Press.

Leino, A. L. (1972). *English school achievements and some student characteristics: I. On the relationship of personality and intelligence variables to English school achievements* (Research Bulletin Nr. 33). Helsinki: University of Helsinki, Institute of Education.

Leon, G. R., Gillum, B., Gillum, R. & Gouze, M. (1979). Personality, ability and change over a thirty-year period – middle age to old age. *Journal of Consulting and Clinical Psychology, 47*, 517–524.
Leontev, A. N. (1978). *Activity, consciousness and personality*. Englewood Cliffs, NJ: Prentice-Hall.
Lermer, S. (1979). Ein Verstärker-Fragebogen: Entwicklung einer deutschsprachigen Form eines Reinforcement-Survey-Schedule (RSS) nach Cautela & Kastenbaum und Ermittlung von Kennwerten. *Diagnostica, 25*, 71–79.
Lerner, R. M. & Korn, S. J. (1972). The development of body build stereotypes in males. *Child Development, 43*, 908–920.
Lesgold, A. (1989). Problem solving. In R. J. Sternberg & E. E. Smith (Eds.), *Psychology of human thought* (pp. 188–213). Cambridge: Cambridge University Press.
Levenson, H. (1972). Distinctions within the concept of internal-external control. *Proceedings of the 80th Annual Convention of the American Psychological Association, 7*, 261–262.
Levenson, H. (1973). Perceived parental antecedents of internal, powerful others, and chance locus of control orientations. *Developmental Psychology, 9*, 260–265.
Levenson, H. & Miller, J. (1976). Multidimensional locus of control in sociopolitical of conservative and liberal ideologies. *Journal of Personality and Social Psychology, 33*, 199–208.
Levenson, R. W. (1983). Personality research and psycho-physiology: General consideration. *Journal of Research and Personality, 17*, 1–21.
Levey, A. B. & Martin, I. (1968). Shape of the conditioned eyelid response. *Psychological Review, 75*, 398–408.
Levey, A. B. & Martin, I. (1974). Sequence of response development in human eyelid conditioning. *Journal of Experimental Psychology, 102*, 678–686.
Levey, A. B. & Martin, I. (1981). Personality and Conditioning. In H. J. Eysenck (Ed.), *A model for personality* (pp. 123–168). Berlin usw.: Springer-Verlag.
Levi-Agresti, J. & Sperry, R. W. (1968). Differential perceptual capacities in major and minor hemispheres. *Proceeding of the National Academy of Science (USA), 61*, 1151.
Levin, M. (1994). Comment on the Minnesota transracial adoption study. *Intelligence, 19*, 13–20.
Levy, L. H. (1970). *Conceptions of personality*: Theories and research. New York: Random House.
Lewin, K. (1927). *Gesetz und Experiment in der Psychologie*. Berlin-Schlachtensee: Weltkreis-Verlag.
Lewin, K. (1963). *Feldtheorie in den Sozialwissenschaften*. Bern: Huber.
Lewinsohn, P. M. & Libet, J. (1972). Pleasant events, activity schedules and depressions. *Journal of Abnormal Psychology, 79*, 291–295.
Lewontin, R. (1970). Race and intelligence. *Bulletin of the Atomic Scientists, 26*, 2–8.
Lichtenstein, E. & Crain, W. (1969). The importance of subjective evaluation of reinforcement in verbal conditioning. *Journal of Experimental Research in Personality, 3*, 214–220.
Liddell, H. S. (1944). Experimental eurosis. In J. McV. Hunt (Ed.), *Personality and the behavior disorders* (pp. 389–412). New York: Ronald Press.
Liebert, R. M. & Morris, L. W. (1967). Cognitive and emotional components of anxiety testing: A distinction and some initial data. *Psychological Reports, 20*, 975–978.
Lienert, G. A. (1961). Überprüfung und genetische Interpretation der Divergenzhypothese von Wewetzer. *Vita Humana, 4*, 112–124.
Lienert, G. A. (1963). Die Faktorenstruktur der Intelligenz als Funktion des Neurotizismus. *Zeitschrift für Experimentelle und Angewandte Psychologie, 10*, 140–159.
Lienert, G. A. (1964). *Denksport-Test*. Göttingen: Hogrefe.
Lienert, G. A. & Raatz, U. (1994). *Testaufbau und Testanalyse* (5. Aufl.). Weinheim: Beltz.
Lienert, G. A. & Raatz, U. (1998). *Testaufbau und Testanalyse* (6. Aufl.). Weinheim: Beltz.
Lindauer, M. S. (1993). The span of creativity among long-lived historical artists. *Creativity Research Journal, 6*, 221–239.
Lindemann, N. G. & Fullagar, C. J. (1975). Creativity and intelligence in South African adolescents. *Journal of Behavioural Science, 2*, 179–182.
Linden, W., Paulhus, D. L. & Dobson, K. S. (1986). Effects of response styles on the report of psychological and somatic distress. *Journal of Consulting and Clinical Psychology, 54*, 309–313.
Lippa, R. & Mash, M. (1981). The effects of self-monitoring and self-reported consistency on the consistency of personality judgments made by strangers and intimates. *Journal of Research and Personality, 15*, 172–181.

Lippert, E., Schneider, P. & Wakenhut, R. (1977). Zur Stabilität probabilistischer Skalierungsverfahren. *Psychologische Beiträge, 19*, 588–599.

Lippert, E., Schneider, P. & Wakenhut, R. (1978). Die Verwendung der Skalierungsverfahren von Mokken und Rasch zur Überprüfung und Revision von Einstellungsskalen. *Diagnostica, 24*, 252–274.

Lischke, G. (1972). Psychophysiologie der Aggression. In H. Selg (Hrsg.), *Zur Aggression verdammt?* (S. 91–118). Stuttgart usw.: Kohlhammer.

Lischke, G. (1973). *Aggression und Aggressionsbewältigung*. Freiburg u. München: Alber.

Lissmann, U. & Mainberger, U. (1977). Experimentelle Untersuchung der Effektivität eines Kreativitätstrainingsprogrammes. *Psychologie in Erziehung und Unterricht, 24*, 326–334.

Llorente, M. (1986). Neuroticism, extraversion and the Type A behavior pattern. *Personality and Individual Differences, 7*, 427–429.

Lloyd-Bostock, S. M. A. (1979). Convergent-divergent thinking and arts-science orientation. *British Journal of Psychology, 70*, 155–163.

Loehlin, J. C. (1965). Some methodological problems in Cattell's multiple abstract variance analysis. *Psychological Review, 72*, 156–161.

Loehlin, J. C. (1968). *Computer models of personality*. New York: Random House.

Loehlin, J. C. (1978). Identical twins reared apart and other routes to the same destination. In W. E. Nance (Ed.), *Twin research psychology and methodology* (pp. 69–77). New York: Alan Liss.

Loehlin, J. C. (1989). Partioning environmental and genetic contributions to behavioral development. *American Psychologist, 44*, 1285–1292.

Loehlin, J. C. (1992). *Genes and environment in personality development*. Newbury Park, CA: Sage.

Loehlin, J. C., Horn, J. M. & Willerman, L. (1981). Personality resemblance in adoptive families. *Behavior Genetics, 11*, 309–330.

Loehlin, J. C., Lindzey, G. & Spuhler, J. N. (1975). *Race differences in intelligence*. San Francisco: Freeman.

Loehlin, J. C. & Nichols, R. C. (1976). *Heridity, environment, and personality*. Austin: University of Texas Press.

Loehlin, J. C. & Vandenberg, S. G. (1968). Genetic and environmental components in the covariation of cognitive abilities: An additive model. In S. G. Vandenberg (Ed.), *Progress in human behavior genetics* (pp. 261–285). Baltimore: Johns Hopkins Press.

Loehlin, J. C., Vandenberg, S. G. & Osborne, R. T. (1973). Blood group genes and negro-white ability differences. *Behavior Genetics, 3*, 263–270.

Loehlin, J. C., Willerman, L. & Horn, J. M. (1985). Personality resemblance in adoptive families when the children are late-adolescent or adult. *Journal of Personality and Social Psychology, 48*, 376–392.

Loehlin, J. C., Willerman, L. & Horn, J. M. (1987). Personality resemblance in adoptive families: A 10-year follow-up. *Journal of Personality and Social Psychology, 53*, 961–969.

Loehlin, J. C., Willerman, L. & Horn, J. M. (1988). Human Behavior Genetics. *Annual Review of Psychology, 39*, 101–133.

Loevinger, J. (1957). Objective tests as instruments of psychological theory. *Psychological Reports, 3*, 635–694.

Lohaus, A. (1992). Kontrollüberzeugungen zu Gesundheit und Krankheit. *Zeitschrift für Klinische Psychologie, 21*, 76–87.

Lohaus, A., Gaidatzi, C. & Hagenbrock, M. (1988). Kontrollüberzeugungen und AIDS-Prophylaxe. *Zeitschrift für Klinische Psychologie, 17*, 106–118.

Lohaus, A. & Schmitt, G. M. (1989). Kontrollüberzeugungen zu Gesundheit und Krankheit (KKG): Bericht über die Entwicklung eines Testverfahrens. *Diagnostica, 35*, 59–72.

Lohmann, J. & Brandtstädter, J. (1976). Temperamentskorrelate von Kreativitäts- und Intelligenzfaktoren. *Zeitschrift für Entwicklungspsychologie und Pädagogische Psychologie, 8*, 81–90.

Lojk, L., Eysenck, S. B. G. & Eysenck, H. J. (1979). National differences in personality: Yugoslavia and England. *British Journal of Psychology, 70*, 381–387.

London, H. & Exner, J. E. (Eds.) (1978). *Dimensions of personality*. New York: Wiley.

Long, J. S. (1983). *Confirmatory factor analysis*. Newbury Park: Sage.

Long, J. S. (1984). *Structural equation modelling: An introduction to LISREL*. Newbury Park: Sage.

Lopez, L. C., Clark, Ch. M. & Winer, G. A. (1979). The relationship of two cognitive styles to reading speed and comprehension. *Journal of Genetic Psychology, 135*, 229–235.

Lorr, M. & More, W. W. (1980). Four dimensions of assertiveness. *Multivariate Behavioral Research, 15*, 127–138.

Lösel, F., Köferl, P. & Schmittpeter, C. (1986). Zur Aggregation von Daten bei der Untersuchung von Persönlichkeitseigenschaften. In M. Amelang (Hrsg.), *Bericht über den 35. Kongreß der Deutschen Gesellschaft für Psychologie in Heidelberg, Band 1* (S. 244). Göttingen: Hogrefe.

Lösel, F. & Wüstendörfer, W. (1976). Persönlichkeitskorrelate delinquenten Verhaltens oder offizieller Delinquenz? *Zeitschrift für Sozialpsychologie, 7*, 177–191.

Lotsof, I. J. & Grot, J. F. (1973). Interpersonal trust, I-E-control and the Walker Report on the Democratic Convention disorders. *Psychological Reports, 32*, 747–752.

Lotzoff, B. (1989). Nutrition and behavior. *American Psychologist, 44*, 231–236.

Lövaas, I. O. (1961). Effect of exposure to symbolic aggression on aggressive behavior. *Child Development, 32*, 37–44.

Luborsky, L. & Spence, D. P. (1978). Quantitative research on psychoanalytic therapy. In A. E. Bergin & S. L. Garfield (Eds.), *Handbook of psychotherapy and behavior change*. New York: Academic Press.

Lück, H. E. (1971). Entwicklung eines Fragebogens zur Messung der Angst in sozialen Situationen (SAP). *Diagnostica, 17*, 53–59.

Lück, H. E. & Timaeus, E. (1969). Skalen zur Messung Manifester Angst (MAS) und sozialer Wünschbarkeit (SDS-E und SDS-CM). *Diagnostica, 15*, 134–141.

Lückert, H. R. (1957). *Stanford-Intelligenz-Test*. Göttingen: Hogrefe.

Ludwigsen, K. & Rollins, H. (1972). *Recognition of random forms as a function of source of cue, preceived locus of control, and socioeconomic level*. Vortrag gehalten auf dem Kongreß der Southern Psychological Association, Atlanta, April 1972. (Zitiert nach Strickland, 1977).

Luhmann, N. (1973). *Vertrauen: Ein Mechanismus der Reduktion sozialer Komplexität* (2., erw. Aufl.). Stuttgart: Enke.

Lukas, J. H. (1987). Visual evoked potentials augmenting-reducing and personality: The vertex augmenter ist as sensation seeker. *Personality and Individual Differences, 8*, 385–395.

Lukesch, H. (1975). *Erziehungsstile. Pädagogische und psychologische Konzepte*. Stuttgart: Kohlhammer.

Lukesch, H. (1976). *Elterliche Erziehungsstile. Psychologische und soziologische Bedingungen*. Stuttgart: Kohlhammer.

Lukesch, H. (1989). Videoviolence and aggression. *German Journal of Psychology, 13*, 293–300.

Lukesch, H. & Kleiter, G. D. (1974). Die Anwendung der Faktorenanalyse. Darstellung und Kritik der Praxis einer Methode. *Archiv für Psychologie, 126 (4)*, 265–307.

Lundin, R. W. (1961). *Personality: an experimental approach*. New York: MacMillan.

Lushene, R. E. (1970). *The effects of physical and psychological threat on the autonomic, motoric and ideational components of state anxiety*. Unpubl. doctoral diss., Florida State University. (Zitiert nach Lamb, 1978).

Lykken, D. T. (1968). Neurophysiology and psychophysiology in personality research. In E. Borgatta & W. Lambert (Eds.), *Handbook of personality theory and research* (pp. 4713–509). Chicago: Rand McNally.

Lykken, D. T. (1978). The diagnosis of zygosity in twins. *Behavior Genetics, 8*, 437–473.

Lykken, D. T. & Bouchard, T. J. Jr. (1983/84). Genetische Aspekte menschlicher Individualität. Untersuchungen an getrennt aufgewachsenen eineiigen Zwillingen. In H. v. Ditfurth (Hrsg.), *Mannheimer Forum* (S. 79–117). Hamburg: Hoffmann & Campe-Verlag.

Lykken, D. T., McGue, M., Bouchard, T. J. Jr. & Tellegen, A. (1990). Does contact lead to similarity or similarity to contact? *Behavior Genetics, 20*, 547–561.

Lykken, D. T., McGue, M. & Tellegen, A. (1987). Recruitment bias in twin research: The rule of twothirds reconsidered. *Behavior Genetics, 17*, 343–362.

Lynn, R. (1960). Extroversion, reminiscence and satiation effects. *British Journal of Psychology, 51*, 319–324.

Lynn, R. (1973). National differences in anxiety and the consumption of coffeine. *British Journal of Social and Clinical Psychology, 12*, 92–93.

Lynn, R. (1979). The social ecology of intelligence in the British isles. *British Journal of Social and Clinical Psychology, 18*, 1–12.

Lynn, R. (1982). National differences in anxiety and extraversion. *Progress in Experimental Personality Research, 11*, 213–258.

Lynn, R. (1994). Some reinterpretations of the Minnesota transracial adoption study. *Intelligence, 19*, 21–27.

Lynn, R. & Hampson, S. L. (1975). National differences in extraversion and neuroticism. *British Journal of Social and Clinical Psychology, 14*, 223–240.

Lynn, R. & Hampson, S. L. (1977). Fluctuations in national levels of neuroticism and extraversion 1935–1970. *British Journal of Social and Clinical Psychology, 16*, 131–137.

Lytton, H., Watts, D. & Dunn, B. E. (1987). Twin-singleton differences in verbal ability: where do they stem from? *Intelligence, 11*, 359–369.

Mabe, P. A. & West, S. G. (1982). Validity of self-evaluation of ability: A review and meta-analysis. *Journal of Applied Psychology, 67*, 280–296.

Mac Donald, A. P. (1970). Internal-external locus of control and the practice of birth control. *Psychological Reports, 27*, 206.

Mac Donald, A. P. (1971). Internal-external locus of control: Parental antecedents. *Journal of Consulting and Clinical Psychology, 37*, 141–147.

Mac Donald, A. P. (1973). Internal-external locus of control. In J. P. Robinson & P. R. Shaver (Eds.), *Measures of social psychological attitudes* (pp. 169–243). Ann Arbor, Mich.: University of Michigan, Institute for Social Research.

Mac Donald, A. P. & Hall, J. (1971). Internal-external locus of control and perception of disability. *Journal of Consulting and Clinical Psychology, 36*, 338–343.

Mac Donald, A. P., Kessel, V. S. & Fuller, J. B. (1972). Self-disclosure and two kinds of trust. *Psychological Reports, 30*, 143–148.

Macbeth, L. (1974). The ability to delayed gratification: A trait – or not a trait. *Multivariate Behavioral Research, 9*, 3–19.

Maccoby, E. E. & Jacklin, C. N. (1974). *The psychology of sex differences*. Stanford: Stanford University Press.

Macht, M. & Janke, W. (1993). Effects of short-term energy deprivation on stress reactions in humans. In H. Lehnert, R. Murison, H. Weiner, D. Hellhammer & J. Beyer (Eds.), *Endocrine and nutritional control of basic biological functions* (pp. 275–280). Seattle: Hogrefe.

Macioszek, G. (1982). Multivariate Untersuchung zur Beziehung zwischen Intelligenz, Kreativität und Persönlichkeit. In K. Pawlik (Hrsg.), *Multivariate Persönlichkeitsforschung* (S. 174–200). Bern usw.: Huber.

Mack, B. & Schröder, G. (1977). Entwicklung ökonomischer Angst-Symptom-Listen für die klinische Diagnostik. *Psychologische Beiträge, 19*, 426–445.

MacKinnon, D. W. (1944). The structure of personality. In J. Mc.V. Hunt (Ed.), *Personality and the behavior disorders, Vol. l* (pp. 3–48). New York: Ronald Press.

MacKinnon, D. W. (1962). The personality correlates of creativity: a study of American architects. In G. S. Nielsen (Ed.), *Personality research. Proceedings of the XIV International Congress of Applied Psychology, Vol. 2* (pp. 11–39). Copenhagen: Munkstaard.

MacKinnon, D. W. (1962). The nature and nurture of creative talent. *American Psychologist, 17*, 484–495.

MacKinnon, D. W. (1964). The creativity of architects. In C. W. Taylor (Ed.), *Widening horizons in creativity* (pp. 359–378). New York: Wiley.

MacPhillamy, D. J. & Lewinsohn, P. M. (1972). Measuring reinforcing events. In American Psychological Association (Eds.), *Proceedings of 80th annual convention.*

Madigan, F. C. (1957). Are sex mortality differences biological caused? *Millbank Memorial Fund Quarterly, 35*, 202–223.

Magnusson, D. (1969). *Testtheorie*. Wien: Franz Deuticke.

Magnusson, D. (1971). An analysis of situational dimensions. *Perceptual and Motor Skills, 32,* 851–867.

Magnusson, D. (1976). The person and the situation in an interactional model of behavior. *Scandinavian Journal of Psychology, 17,* 253–271.

Magnusson, D. (1980). Personality in an interactional paradigm of research. *Zeitschrift für Differentielle und Diagnostische Psychologie, 1,* 17–34.

Magnusson, D. & Backteman, G. (1979). Longitudinal stability of person characteristics: Intelligence and creativity. *Applied Psychological Measurement, 2,* 481–490.

Magnusson, D. & Ekehammar, B. (1975). Perceptions of and reactions to stressful situations. *Journal of Personality and Social Psychology, 31,* 1147–1154.

Magnusson, D. & Endler, N. S. (Eds.) (1977a). *Personality at the crossroads: Current issues in interactional psychology.* New York: Wiley.

Magnusson, D. & Endler, N. S. (1977b). Interactional Psychology: Present Status and Future Prospects. In D. Magnusson & N. S. Endler (Eds.), *Personality at the crossroads* (pp. 3–31). New York: Wiley.

Magnusson, D., Heffler, B. & Nyman, B. (1968). The generality of behavioral data. II. Replication of an experiment on generalization from observations on one occasion. *Multivariate Behavioral Research, 3,* 415–422.

Magnusson, D. & Stattin, H. (1978). A cross-cultural comparison of anxiety responses in an interactional frame of reference. *International Journal of Psychology, 13,* 317–332.

Maher, B. A. (1972). *Progress in experimental personality research.* New York: Academic Press.

Major, B., Carrington, P. I. & Carnevale, P. J. D. (1984). Physical attractiveness and self-esteem: Attributions for praise from another-sex evaluator. *Personality and Social Psychology, 10,* 43–50.

Malamuth, N. M., Sockloskie, R. J., Koss, M. P. & Tanaka, J. S. (1991). Characteristics of aggressors against women: Testing a model using a national sample of College Students. *Journal of Consulting and Clinical Psychology, 59,* 670–681.

Malan, D. H. (1973). Therapeutic factors in analytical oriented brief psychotherapy. In R. Gosling (Ed.), *Support, Innovation and Autonomy. Tavistock Clinic Golden Jubilee Papers.* London: Tavistock.

Maller, J. B. (1933). Mental ability and its relation to physical health and social economic status. *Psychological Clinic, 22,* 101–107.

Maller, J. B. (1944). Personality tests. In J. McV. Hunt (Ed.), *Personality and the behavior disorders. Vol. 1* (pp. 170–213). New York: Ronald Press.

Mandl, H. & Huber, G. L. (Hrsg.) (1978). *Kognitive Komplexität.* Göttingen: Hogrefe.

Mandl, H. & Zimmermann, A. (1976). *Intelligenzdifferenzierung.* Stuttgart: Kohlhammer.

Mandler, G. (1972). Helplessness: Theory and research in anxiety. In C. D. Spielberger (Ed.), *Anxiety: Current trends in theory and research, Vol. 2* (pp. 359–374). New York: Academic Press.

Mandler, G. & Watson, D. L. (1966). Anxiety and the interruption of behavior. In C. D. Spielberger (Ed.), *Anxiety and behavior* (pp. 263–288). New York: Academic Press.

Marjoribanks, K. (1979). Family and school environmental correlates of intelligence, personality, and school related affective characteristics. *Genetic Psychology Monographs, 99,* 165–183.

Markowitz, A. (1969). Influence of the repression-sensitization dimension, affect value, and ego threat on incidental learning. *Journal of Personality and Social Psychology, 11,* 374–380.

Markwell, E. D. Jr., Wheeler, W. M. & Kitzinger, H. (1953). Changes in Wechsler-Bellevue test performance following prefrontal lobotomy. *Journal of Consulting Psychology, 17,* 229–231.

Marsh, R. W. (1980). The significance for intelligence of differences in birth-weight and health within monozygotic twin pairs. *British Journal of Psychology, 71,* 63–67.

Marshall, E. (1980). Psychotherapy works, but for whom? *Science, 207,* 506–508.

Martindale, C. (1989). Personality, situation, and creativity. In J. A. Glover, R. R. Ronning & C. R. Reynolds (Eds.), *Handbook of creativity* (pp. 211–232). New York: Plenum.

Marx, M. H. (1963). The general nature of theory construction. In M. H. Marx (Ed.), *Theories in contemporary Psychology* (2nd ed., pp. 4–47). New York: McGraw Hill.

Masling, J. (Ed.) (1983). *Empirical studies of psychoanalytical theories, Volume 1.* Hillsdale: Erlbaum.

Massari, D. J. & Rosenblum, D. J. (1972). Locus of control, interpersonal trust and academic achievement. *Psychological Reports, 31*, 355–360.

Matarazzo, J. (1972). *Wechsler's measurement and appraisal of adult intelligence.* New York: Oxford University Press.

Mathes, E. W. & Kahn, A. (1975). Physical attractiveness, happiness, neuroticism and self-esteem. *Journal of Psychology, 90*, 27–30.

Mathews, M., Amelang, M., Yousfi, S., Schmidt-Rathjens, C. & Feldt, K. (2000). Personality variable differences between diseases clusters. Manuscript submitted for publication.

Matt, G. E. (1987). Behandlungseffekte und Studienmerkmale: Eine metaanalytische Untersuchung zur Praxis der Psychotherapie-Effektforschung. *Gruppendynamik, 18*, 345–360.

Matthews, G. (1987). Personality and multidimensional arousal: A study of two dimensions of extraversion. *Personality and Individual Differences, 8*, 9–16.

Matthews, G. & Amelang, M. (1993). Extraversion, arousal theory and performance: A study of individual differences in the EEG. *Personality and Individual Differences, 14*, 347–363.

Matthews, G. & Dorn, L. (1995). Cognitive and attentional processes in personality and intelligence. In: D. H. Saklofske & M. Zeidner (Eds.), *International handbook of personality and intelligence* (pp. 367–396). New York: Plenum Press.

May, R. (1950). *The meaning of anxiety.* New York: Ronald Press.

Mayer, J. D. & Salovey, P. (1993). The intelligence of emotional intelligence. *Intelligence, 17*, 433–442.

Mayer, J. D. & Salovey, P. (1995). Emotional intelligence and the construction and regulation of feelings. *Applied and Preventive Psychology, 4*, 197–208.

Mayo, E. (1933). *The human problem of industrial civilisation.* Boston.

Mayo, H., White, O. & Eysenck, H. J. (1978). An empirical study of the relation between astrological factors and personality. *Journal of Social Psychology, 105*, 229–236.

McAdams, D. P. (1992). The Five-Factor-Model in personality: A critical appraisal. *Journal of Personality, 60*, 329–362.

McCall, R. B. (1977). Childhood IQ's as predictors of adult educational and occupational status. *Science, 197*, 482–483.

McCall, R. B. (1983). Environmental effects and intelligence: The forgotten realm of discontinuous nonshared within-family factors. *Child Development, 54*, 408–415.

McClelland, D. C. (1953). The measurement of human motivation. An experimental approach. *Educ. Test. Serv., 41–51.*

McClelland, D. C. (1959). Auf dem Wege zu einer Naturwissenschaft der Persönlichkeitspsychologie. In H. von Bracken & H. D. David (Hrsg.), *Perspektiven der Persönlichkeitstheorie* (S. 270–280). Bern u. Stuttgart: Huber.

McClelland, D. C. (1973). Testing for competence rather than for »intelligence«. *American Psychologist, 28*, 1–14.

McCord, R. R. & Wakefield, J. A. (1981). Arithmetic achievement as a function of introversion-extraversion and teacher – presented reward and punishment. *Personality and Individual Differences, 2*, 145–152.

McCrae, R., Zonderman, A., Costa, P. & Bond, M. (1996). Evaluating replicability of factors in the Revised NEO Personality Inventory: Confirmatory factor analysis versus Procrustes rotation. *Journal of Personality and Social Psychology, 70*, 552–566.

McCrae, R. R. (1987). Creativity, divergent thinking, and openness to experience. *Journal of Personality and Social Psychology, 52*, 1258–1265.

McCrae, R. R. (1989). Why I Advocate the Five-Factor-Model: Factor Analyses of the NEO-PI with other instruments. In D. M. Buss & N. Cantor (Eds.), *Personality Psychology – Recent trends and emerging directions* (pp. 237–245). New York: Springer.

McCrae, R. R., Costa, P. T., Lima, M. P. de, Simoes, A., Ostendorf, F., Angleitner, A., Marusic, I., Bratko, D., Caprara, G. V., Barbaranelli, C., Chae, J. H. & Piedmont, R. L. (1999). Age differences in personality across the adult life span: Parallels in five cultures. *Developmental Psychology, 35*, 466–477.

McCrae, R. R. & Costa, P. T. Jr. (1983a). Joint factors in self-reports and ratings: neuroticism, extraversion, and openness to experience. *Personality and Individual Differences, 4*, 245–255.

McCrae, R. R. & Costa, P. T. Jr. (1983b). Social desirability scales: More substance than style. *Journal of Consulting and Clinical Psychology, 51*, 882–888.
McCrae, R. R. & Costa, P. T. Jr. (1985). Updating Norman's »Adequate Taxonomy«: Intelligence and personality dimensions in natural language and in questionnaires. *Journal of Personality and Social Psychology, 49*, 710–721.
McCrae, R. R. & Costa, P. T. Jr. (1987). Validation of the five-factor model of personality across instruments and observers. *Journal of Personality and Social Psychology, 52*, 81–90.
McCrae, R. R. & Costa, P. T. Jr. (1989). A different point of view: Self-Reports and ratings in the assessment of personality. In J. P. Forgas & M. J. Innes (Eds.), *Proceedings of the 24th International Congress of Psychology: Vol. 1: Social Psychology.* Amsterdam: Elsevier Science Publishing.
McCrae, R. R., Costa, P. T. Jr. & Busch, C. M. (1986). Evaluating comprehensiveness in personality systems: The California Q-Set and the five-factor model. *Journal of Personality, 54*, 430–446.
McCrae, R. R. & John, O. P. (1992). An introduction to the Five-Factor Model and its applications. *Journal of Personality, 60*, 175–215.
McCreary, Ch. P. (1977). Trait and type differences among male and female assaultive and nonassaultive offenders. *Journal of Personality Assessment, 40*, 617–621.
McDonald, R. P. (1962). A general approach to nonlinear factor analysis. Psychometrika, 27, 397–415.
McFatter, R. M. (1994). Interactions in predicting mood from extraversion and neuroticism. *Journal of Personality and Social Psychology, 66*, 570–578.
McGhee, P. E. & Crandall, V. C. (1968). Belief in internal-external control of reinforcements and academic performance. *Child Development, 39*, 91–102.
McGinnies, E. (1949). Emotionality and perceptual defence. *Psychological Review, 56*, 244–251.
McGuire, L. S., Ryan, K. O. & Omenn, G. S. (1975). Congential adrenal hyperplasia, II: Cognitive and behavioral studies. *Behavior Genetics, 5*, 175–188.
McGuire, W. J. (1969). The nature of attitudes and attitude change. In G. Lindzey & E. Aronson (Eds.), *Handbook of Social Psychology, Vol. 3. Reading*, Mass.: Addison-Wesley.
McKay, H., Sinisterra, L., McKay, A., Gomez, H. & Lloreda, P. (1978). Improving cognitive ability in chronically deprived children. *Science, 200*, 270–278.
McKinney, J. P. (1980). Engagement style (agent vs. patient) in childhood and adolescence. *Human Development, 23*, 192–209.
McKusick, V. A. (1968). *Mendelian inheritance in man.* Baltimore: Johns Hopkins Press.
McLain, E. W. (1968). Sixteen Personality Factor Questionnaire scores and success in counseling. *Journal of Counseling Psychology, 15*, 492–496.
McLean, P. D. (1969). Induced arousal and time of recall as determinants of paired-associate recall. *British Journal of Psychology, 60*, 57–62.
McNemar, Q. (1942). *The revision of the Stanford-Binet Scale: An analysis of the standardization data.* Boston: Houghton Mifflin.
McNemar, Q. (1964). Lost: Our Intelligence? Why? *American Psychologist, 19*, 871–882.
Mears, F. G. & Gatchel, R. J. (1979). *Fundamentals of abnormal psychology.* Chicago: Rand McNally.
Mednick, M. P. & Andrews, S. M. (1967). Creative thinking and level of intelligence. *Journal of Creative Behavior, 1*, 428–431.
Mednick, S. A. (1962). The associative basis of the creative process. *Psychological Review, 69*, 220–232.
Mednick, S. A., Gabrielli, W. F. & Hutchings, P. (1983). Genetic influence in criminal behavior: Evidence from an adoption cohort: In K. T. van Dusen & S. A. Mednick (Eds.), *Prespective studies of crime and delinquency* (pp. 39–56). Boston: Kluwer-Nijhoff.
Mednick, S. A., Pollio, H. R. & Loftus, E. (1975). *Psychologie des Lernens.* München: Juventa.
Meer, B. & Stein, M. I. (1955). Measures of intelligence and creativity. *Journal of Personality, 39*, 117–126.
Mehlhorn, G. & Mehlhorn, H. G. (1977). *Zur Kritik der bürgerlichen Kreativitätsforschung.* Berlin: Deutscher Verlag der Wissenschaften.
Mehrbaum, M. & Kazaoka, K. (1967). Reports of emotional experience by sensitizers and repressors during an interview transaction. *Journal of Abnormal Psychology, 72*, 101–105.

Meili, R. (1957). *Analytischer Intelligenztest (AIT)*. Bern usw.: Huber.
Meili, R. (1961). *Lehrbuch der psychologischen Diagnostik* (4. Aufl.). Bern u. Stuttgart: Huber.
Meili, R. (1968). Das psychologische Experiment. In R. Meili & H. Rohracher (Hrsg.), *Lehrbuch der experimentellen Psychologie* (S. 1–18). Bern: Huber.
Meili, R., Aebi, H. J., Heizmann, M.-L. & Schoefer, E. (1977). Intelligenz und Schulleistungen in höheren Mittelschulen der deutschen Schweiz. *Schweizerische Zeitschrift für Psychologie und ihre Anwendungen, 36*, 77–99.
Mellstrom, M., Cicala, G. A. & Zuckermann, M. (1976). General versus specific trait anxiety measures in the prediction of fear of snakes, heights, and darkness. *Journal of Consulting and Clinical Psychology, 44*, 83–91.
Mellstrom, M., Zuckermann, M. & Cicala, G. A. (1978). General versus specific tests in the assessment of anxiety. *Journal of Consulting and Clinical Psychology, 46*, 423–431.
Mendelsohn, G. A. (1976). Associative and attentional processes in creative performance. *Journal of Personality, 44*, 341–369.
Merlin, V. S. (Ed.) (1973). *Outline of the theory of temperament*. Perm: Permskye knizhnoye izdatelstvo.
Mershon, B. & Gorsuch, R. L. (1988). Number of factors in the personality sphere: Does increase in factors increase predictability of real-life-criteria? *Journal of Personality and Social Psychology, 55*, 675–680.
Mertens, W. (1975). *Sozialpsychologie des Experiments. Das Experiment als soziale Interaktion*. Hamburg: Hoffmann und Campe.
Merz, F. (1965). Aggression und Aggressionstrieb. In H. Thomae (Hrsg.), *Handbuch der Psychologie in 12 Bänden, Band 2 II: Motivation* (S. 565–601). Göttingen: Hogrefe.
Merz, F. (1967). Über den Einfluß von Bekenntnisschulen auf die Werthaltung Jugendlicher. *Zeitschrift für Experimentelle und Angewandte Psychologie, 14*, 262–275.
Merz, F. (1979). *Geschlechterunterschiede und ihre Entwicklung*. Göttingen: Hogrefe, 1979.
Merz, F. (1979). *Mündliche Mitteilung*.
Merz, F. (1984). Die biologische Funktion individueller Differenzen. In M. Amelang & H. J. Ahrens (Hrsg.), *Brennpunkte der Persönlichkeitsforschung, Band 1* (S. 191–209). Göttingen usw.: Hogrefe.
Merz, F. & Kalveram, K. Th. (1965). Kritik der Differenzierungshypothese der Intelligenz. *Archiv für die Gesamte Psychologie, 117*, 287–295.
Merz, F. & Stelzl, I. (1973). Modellvorstellungen über die Entwicklung der Intelligenz in Kindheit und Jugend. *Zeitschrift für Entwicklungs- und Pädagogische Psychologie, 5*, 153–166.
Merz, F. & Stelzl, I. (1977). Einführung in die Erbpsychologie. Stuttgart usw.: Kohlhammer.
Messer, S. B. (1976). Reflection-impulsivity: A review. *Psychological Bulletin, 83*, 1026–1052.
Messick, S. (1980). Test validity and the ethics of assessment. *American Psychologist, 35*, 1012–1027.
Messick, S. (1984). The nature of cognitive styles: Problems and promises in educational practice. *Educational Psychologist, 19*, 59–74.
Metraux, A. (1980). Wilhelm Wundt und die Institutionalisierung der Psychologie. *Psychologische Rundschau, 31*, 84–98.
Metz-Göckel, H., Preiser, S. & Wannenmacher, W. (1977). *Differentielle Psychologie 1*. Erlangen-Nürnberg: Modellkapitel im FIM Psychologie.
Metzger, W. (1952). Das Experiment in der Psychologie. *Studium Generale, 5*, 142–163.
Metzger, W. (1971). Ganzheit Gestalt – Struktur. In W. Arnold, H. J. Eysenck & R. Meili (Hrsg.), *Lexikon der Psychologie* (S. 675–682). Freiburg: Herder.
Meyer, A. E., Arnold, M.-A., Freitag, D. E. & Balck, F. (1977). Cattells Test-Konstruktions-Strategie, beurteilt an der Eppendorf-Übersetzung seines 16 Persönlichkeits-Faktoren (16 PF) Fragebogens. *Diagnostica, 23*, 97–118.
Meyers, C. R. (1970). Journal citations and scientific eminence in contemporary psychology. *American Psychologist, 25*, 1041–1048.
Meyers, L. S. & Wong, D. T. (1988). Validation of a new test of Locus of Control: The Internal Control Index. *Educational and Psychological Measurement, 48*, 753–761.
Michaelis, W. (1976). *Verhalten ohne Aggression?* Köln: Kiepenheuer & Witsch.

Michel, L. (1977). *Hochschuleingangstest für das Studienfeld Medizin.* Bonn: Kultusministerkonferenz.
Mielke, R. (1979). Entwicklung einer deutschen Form des Fragebogens zur Erfassung internaler vs. externaler Kontrolle von Levenson. *Bielefelder Arbeiten zur Sozialpsychologie, 46.*
Mielke, R. (Hrsg.) (1982). *Interne/externe Kontrollüberzeugung. Theoretische und empirische Arbeiten zum Locus of Control-Konstrukt.* Berlin: Huber.
Mikula, D. (1975). *Testkennwerte einer deutschen Fassung der »Internal-External-Control« Skala von Rotter (1966).* Unveröffentlichtes Arbeitspapier, Universität Graz.
Mikula, G. & Stroebe, W. (1991). Theorien und Determinanten der zwischenmenschlichen Anziehung. In M. Amelang, H. J. Ahrens & H. W. Bierhoff (Hrsg.), *Attraktion und Liebe* (S. 61–104). Göttingen: Hogrefe.
Milanesi, L. C., Colby, B. N., Cesario, T. C., Mishra, S. I. & Kennedy, S. Y. S. (1998). Sense of coherence, health, and immunoglobulin M among older Anglo-American and Japanese-American women: An exploratory study. In H. I. McCubbin, E. A. Thompson, A. I. Thompson, J. E. Fromer (Eds.), *Stress, coping, and health in families: Sense of coherence and resiliency, Resiliency in families series, Vol 1* (pp. 293–306). Thousand Oaks, Ca: Sage Publications.
Milgram, R. M. & Milgram, N. A. (1976). Self-concept as a function of intelligence and creativity in gifted Israeli children. *Psychology in the Schools, 13*, 91–96.
Milgram, S. (1965). Some conditions of obedience and disobedience to authority. *Human Relations, 18*, 57–76.
Milgram, S. & Shotland, R. L. (1973). *Television and antisocial behavior*. New York: Academic Press.
Miller, A. (1991). Personality types, learning styles and educational goals. *Educational Psychology, 11*, 217–238.
Miller, B. (1962). A study of creativity in college students and teaching method types. *Psychological Review, 68*, 228. (Zitiert nach S. A. Mednick, 1960. The associative basis of the creative process).
Miller, D. T. (1978). Locus of control and the ability to tolerate gratification delay: When it is better to be an external. *Journal of Research in Personality, 1978, 12*, 49–56.
Miller, D. T. & Karniol, R. (1976). Coping strategies and attentional mechanism in self-imposed and externally imposed delay situations. *Journal of Personality and Social Psychology, 34*, 310–316.
Miller, G. A. (1956). The magical number seven plus or minus two: Some limits in our capacity for processing informations. *Psychological Review, 63*, 81–87.
Miller, L. B. & Dyer, J. L. (1975). Four preschool programs: their dimensions and effects. *Monographs of the Society for Research in Child Development, 40,* Nos. 5 and 6.
Miller, N. E. (1944). Experimental studies of conflict. In J. McV. Hunt (Ed.), *Personality and the behavior disorders* (pp. 431–465). New York: Ronald Press.
Miller, N. E. (1948). Studies of fear as an acquirable drive. Fear as motivation and fear-reduction as reinforcement in the learning of new responses. *Journal of Experimental Psychology, 38*, 89–101.
Miller, S. M. (1989). Cognitive informational styles in the process of coping with threat and frustration. *Advances in Behaviour Research and Therapy, 11*, 223–234.
Miller, S. M., Combs, C. & Kruus, L. (1993). Tuning in and tuning out: Confronting the effects of confrontation. In H. W. Krohne (Ed.), *Attention and avoidance. Strategies in coping with aversiveness* (pp. 51–69). Seattle: Hogrefe & Huber.
Miller, T. Q., Heath, L., Molcan, J. R. & Dugoni, B. L. (1991). Imitative violence in the real world: A reanalysis of homicide rates following championship prize fights. *Aggressive Behavior, 17*, 121–134.
Millham, J. & Jacobson, L. I. (1978). Social desirability and need for approval. In H. London & J. Exner (Eds.), *Dimensions of personality* (pp. 365–390). New York: Wiley.
Minard, O. G. & Mooney, W. (1969). Psychological differentiation and perceptual defense: Studies in the separation of perception from emotion. *Journal of Abnormal Psychology, 74*, 131–139.
Mineka, S. & Kelly, K. A. (Eds.). (1989). The relationship beween anxiety, lack of control and loss of control. In A. Stepeo & A. Apples (Eds.), *Stress, personal control and health* (pp. 108–126). Chichester: Wiley.
Miner, J. B. (1957). *Intelligence in the United States.* New York: Springer.
Mirels, H. L. (1970). Dimensions of internal versus external control. *Journal of Consulting and Clinical Psychology, 36*, 40–44.

Mirels, H. L. (1982a). The illusory nature of implicit personality theory. Logical and empirical considerations. *Journal of Personality, 50*, 203–222.

Mirels, H. L. (1982b). Tenacious inferential illusions: Experimental facts vs. critical fancy. *Journal of Personality, 50*, 245–250.

Miron, M. (1975). A study of cross-cultural factorial structure of intelligence. *Psychologia: An International Journal of Psychology in the Orient, 18*, 92–94.

Mischel, W. (1958). Preference for delayed reinforcement: An experimental study of a cultural observation. *Journal of Abnormal and Social Psychology, 56*, 57–61.

Mischel, W. (1961). Preference for delayed reinforcement and social responsibility. *Journal of Abnormal and Social Psychology, 62*, 1–7.

Mischel, W. (1968). *Personality and assessment.* New York: Wiley.

Mischel, W. (1970). Sex typing and socialization. In P. H. Mussen (Ed.), *Carmichael's manual of child psychology* (pp. 1–72). New York: Wiley.

Mischel, W. (1971). *Introduction to Personality.* New York usw.: Holt, Rinehart & Winston.

Mischel, W. (1973). Toward a cognitive social learning reconceptualization of personality. *Psychological Review, 80*, 252–283.

Mischel, W. (1974). Processes in delay of gratification. In L. Berkowitz (Ed.), *Advances in experimental social psychology* (pp. 249–292). New York: Academic Press.

Mischel, W. (1976). *Introduction to personality* (2nd ed.). New York: Holt, Rinehart & Winston.

Mischel, W. (1977). The interaction of person and situation. In D. Magnusson & N. S. Endler (Eds.), *Personality at the crossroads: Current issues in interactional psychology* (pp. 333–352). Hillsdale: Erlbaum.

Mischel, W. (1984). Convergences and Challenges in the Search for Consistency. *American Psychologist, 39*, 351–364.

Mischel, W. & Baker, N. (1975). Cognitive appraisals as transformations in delay behavior. *Journal of Personality and Social Psychology, 31*, 254–261.

Mischel, W. & Grusec, J. E. (1967). Waiting for rewards and punishment: Effects of time and probability on choice. *Journal of Personality and Social Psychology, 5*, 24–31.

Mischel, W. & Metzner, R. (1962). Preference for delayed reward as a function of age, intelligence, and length of delay interval. *Journal of Abnormal and Social Psychology, 64*, 425–431.

Mischel, W. & Peake, P. K. (1982). Beyond déjà vu. In the search for cross-situational consistency. *Psychological Review, 89*, 730–755.

Mischel, W. & Peake, P. K. (1983). Some facets of consistency: Replies to Epstein, Funder & Bem. *Psychological Review, 90*, 394–402.

Mischel, W., Shoda, Y. & Peake, P. K. (1988). The nature of adolescent competencies predicted by preschool delay of gratification. *Journal of Personality and Social Psychology, 54*, 687–696.

Mischel, W., Zeiss, R. & Zeiss, A. (1974). Internal-external control and persistance: Validations and implications of the Stanford pre-school internal-external scale. *Journal of Personality and Social Psychology, 29*, 265–278.

Missler, R. A. (1986). Analytic and synthetic cognitive functioning: A critical review of evidence bearing on field dependence. *Journal of Research in Personality, 20*, 1–33.

Mittag, O. (1999). Feindseligkeit als koronarer Risikofaktor: Zum gegenwärtigen Forschungsstand. *Zeitschrift für Gesundheitspsychologie, 7*, 53–66.

Mlonzi, E. N. & Struempfer, D. J. W. (1998). Antonovsky's Sense of Coherence Scale and 16PF second-order factors. *Social Behavior and Personality, 26 (1)*, 39–50.

Möbus, C. (1978). Zur Fairness psychologischer Intelligenztests: Ein unlösbares Trilemma zwischen den Zielen von Gruppen, Individuen und Institutionen? *Diagnostica, 24*, 191–234.

Mohan, V. & Dharmani, I. (1976). The effect of intelligence and personality on verbal conditioning. *Psychologica Belgica, 16*, 223–232.

Monat, A., Averill, J. R. & Lazarus, R. S. (1972). Anticipatory stress and coping reactions under various conditions of uncertainty. *Journal of Personality and Social Psychology, 24*, 237–253. (Zitiert nach Lazarus & Averill, 1972).

Money, J. & Ehrhardt, A. (1972). *Man & woman, boy & girl. The differentiation and dimorphism of gender identity from conception to maturity.* Baltimore and London: Johns Hopkins University Press.

Money, J. & Tucker, C. (1975). *Sexual signatures.* Boston und Toronto: Little, Brown and Comp.
Monson, Th. C., Hesley, J. W. & Chernick, L. (1982). Specifying when personality traits can and cannot predict behavior: An alternative to abandoning the attempt to predict single-act criteria. *Journal of Personality and Social Psychology, 43,* 385–399.
Montada, L. (Hrsg.) (1979). *Brennpunkte der Entwicklungspsychologie.* Stuttgart: Kohlhammer.
Moore, B., Mischel, W. & Zeiss, A. (1976). Comparative effects of the reward stimulus and its cognitive representation in voluntary delay. *Journal of Personality and Social Psychology, 34,* 419–424.
Moore, B. S., Clyburn, A. & Underwood, B. (1976). The role of affect in delay of gratification. *Child Development, 47,* 273–276.
Moos, R. H. (1969). Sources of variance in responses to questionnaires and in behavior. *Journal of Abnormal Psychology, 74,* 405–412.
Moos, R. H. (1973). Conceptualizations of human environments. *American Psychologist, 28,* 652–665.
Moosbrugger, H. (1981). Zur differentiellen Validität bei nichtlinearen Test-Kriterium-Zusammenhängen. *Zeitschrift für Differentielle und Diagnostische Psychologie, 2,* 219–234.
Moosbrugger, H. (1982). Dimensionalitätsuntersuchungen von FPI-Skalen mit dem klassischen latentadditiven Testmodell (KLA-Modell). *Zeitschrift für Differentielle und Diagnostische Psychologie, 3,* 241–264.
Moosbrugger, H. (1983). Modelle zur Beschreibung statistischer Zusammenhänge in der psychologischen Forschung. In J. Bredenkamp & H. Feger (Hrsg.), *Enzyklopädie der Psychologie. Serie: Forschungsmethoden der Psychologie, Band 4* (S. 154–205). Göttingen: Hogrefe.
Moosbrugger, H. (1984). Konzeptuelle Probleme und praktische Brauchbarkeit von Modellen zur Erfassung von Persönlichkeitsmerkmalen. In M. Amelang & H. J. Ahrens (Hrsg.), *Brennpunkte der Persönlichkeitsforschung, Band 1* (S. 67–86). Göttingen: Hogrefe.
Moosbrugger, H. (1994). *Lineare Modelle. Regressions- und Varianzanalysen. Methoden der Psychologie, Band 14.* Bern, Göttingen: Hans Huber.
Moosbrugger, H. (1997). Item-Response-Theorie (IRT). In M. Amelang & W. Zielinski. *Psychologische Diagnostik und Intervention.* 2. Auflage. Unter Mitarbeit von Th. Fydrich & H. Moosbrugger. (S. 65–89). Berlin, Heidelberg, New York: Springer.
Moosbrugger, H., Fishbach, A. & Schermellen-Engel, K. (1999). On the construct validity of the EPP-D. *Arbeiten aus dem Institut für Psychologie der Johann Wolfgang Goethe-Universität Frankfurt am Main, Heft 4.*
Moosbrugger, H. & Müller, H. (1981). Ein klassisches latent-additives Testmodell (KLA-Modell). In W. Michaelis (Hrsg.), *Bericht über den 32. Kongreß der Deutschen Gesellschaft für Psychologie in Zürich, 1980* (S. 483–486). Göttingen: Hogrefe.
Moosbrugger, H. & Müller, H. (1982). A classical latent additive test model (CLA-Model). *The German Journal of Psychology, 6,* 145–149.
Moosbrugger, H., Schermellen-Engel, K. & Klein, A. (1997). Methodological problems of estimating latent interaction effects. *Methods of Psychological Research Online, 2 (2),* 95–111 (Internet: http://www.pabst-publishers.de/mpr/).
Morris, L. W. (1979). *Extraversion and introversion.* Washington: Hemisphere.
Morris, L. W., Davis, M. A. & Hutchings, C. H. (1981). Cognitive and emotional components of anxiety: Literature review and a revised worry-emotionality-scale. *Journal of Educational Psychology, 73,* 541–555.
Morris, L. W. & Liebert, R. M. (1973). Effects of negative feedback, threat of shock, and level of trait anxiety on the arousal of two components of anxiety. *Journal of Counseling Psychology, 20,* 321–326.
Morris, L. W., Spiegler, M. D. & Liebert, R. M. (1974). Effects of a therapeutic modeling film on cognitive and emotional components of anxiety. *Journal of Clinical Psychology, 30,* 210–223.
Morse, G., Reis, H. T., Gruzen, G. & Wolff, E. (1974). The »eye of the beholder«: Determinants of physical attractiveness in the U. S. and South Africa. *Journal of Personality, 42,* 528–542.
Moskowitz, D. S. (1982). Coherence and cross-situational generality in personality: A new analysis of old problems. *Journal of Personality and Social Psychology, 43,* 754–768.
Moskowitz, D. S. (1988). Cross-situational generality in the laboratory: Dominance and friendliness. *Journal of Personality and Social Psychology, 54,* 829–839.

Moskowitz, D. S. (1994). Cross-situational generality and the interpersonal complex. *Journal of Personality and Social Psychology, 66*, 921–933.

Mowrer, O. H. (1939). A stimulus-response analysis of anxiety and its role as a reinforcing agent. *Psychological Review, 46*, 553–556.

Mowrer, O. H. (1950). *Learning theory and personality dynamics.* New York: Ronald Press.

Mowrer, O. H. (1960). *Learning theory and behavior.* New York: John Wiley.

Mühle, G. (1969). Definitions- und Methodenprobleme der Begabtenforschung. In H. Roth (Hrsg.), *Begabung und Lernen* (S. 69–97). Stuttgart: Klett.

Mührer, H., Moog, W. & Amelang, M. (1973). Interpolierte Reaktionen während kurzer Behaltensvorgänge. *Zeitschrift für Experimentelle und Angewandte Psychologie, 20*, 614–629.

Müller, G. E. & Pilzecker, A. (1900). Experimentelle Beiträge zur Lehre vom Gedächtnis. *Zeitschrift für Psychologie,* Erg. Band 1.

Müller-Lyer, F. (1896). Zur Lehre von den optischen Täuschungen. Kontrast und Konfluxion. *Zeitschrift für Psychologie, 9*, 1–16.

Mumford, L. (1961). The condition of man. London: Mercury Books.

Mumford, M. D. & Gustafson, S. B. (1988). Creativity syndrome: integration, application, and innovation. *Psychological Bulletin, 103*, 27–43.

Mummendey, A. (1979). Anmerkungen zur »Prädikationsanalyse des Aggressionsbegriffs« von Jüttemann. *Zeitschrift für Sozialpsychologie, 10*, 375–377.

Mummendey, H. D. (1981). Soziale Erwünschtheit als Problem psychologischer Forschung. In W. Michaelis (Hrsg.), *Bericht über den 32. Kongreß der Deutschen Gesellschaft für Psychologie in Zürich 1980, Band 2* (S. 499–507). Göttingen usw.: Hogrefe.

Mummendey, H. D., Bolten, H.-G. & Isermann-Gerke, M. (1983). Experimentelle Überprüfung des Bogus-Pipeline-Paradigmas: Urteile von Deutschen über Türken, Holländer und Deutsche. In G. Lüer (Hrsg.), *Bericht über den 33. Kongreß der Deutschen Gesellschaft für Psychologie in Mainz 1982, Band 2* (S. 620–623). Göttingen usw.: Hogrefe.

Munsinger, H. (1975). The adopted child's IQ: A critical review. *Psychological Bulletin, 82*, 623–659.

Münsterberg, H. (1891). Zur Individualpsychologie. *Centralblatt für Nervenheilkunde und Psychiatrie, 14*, 196–198.

Murstein, B. (1963). *Theory and research in projective techniques (emphasizing the TAT).* New York: Wiley.

Musahl, H.-P. (1976). *Untersuchungen zum Konzept der sog. Feldabhängigkeit (Witkin): Eine experimentelle Grundlagenstudie.* Opladen: Westdeutscher Verlag.

Mussen, P. H. & Rutherford, E. (1963). Parents-child relations and parental personality in relation to young children's sex-role preferences. *Child Development, 34*, 589–607.

Muthén, B. (1988). *LISCOMP: Analysis of linear structural equation with a comprehensive measurement model (2nd ed.).* Mooresville, IN: Scientific Software.

Myrianthopoulos, N. C. & Chung, C. S. (1974). *Congenital malformations in singletons. The National Foundation March of Dines.* Miami: Symposia Specialists.

Myrianthopoulos, N. C., Nichols, P. L., Broman, F. H. & Anderson, V. E. (1971). Intellectual development of a prospectively studied population of twins and comparison with singletons. *In Proceedings of the Fourth International Congress of Human Genetics* (pp. 244–257). Amsterdam: Excerpta Medica.

Myrtek, M. (1998). Metaanalysen zur Psychophysiologischen Persönlichkeitsforschung. In F. Roesler (Hrsg.), *Enzyklopädie der Psychologie: Themenbereich C Theorie und Forschung, Serie I Biologische Psychologie, Band 5 Ergebnisse und Anwendungen der Psychophysiologie* (S. 285–344). Göttingen: Hogrefe.

Nährer, W. (1971). *Modellkontrollen bei der Anwendung des linearen logistischen Testmodells in der Psychologie.* Unveröffentl. Dissertation, Universität Wien.

Nährer, W. (1980). Zur Analyse von Matrizenaufgaben mit dem linearen logistischen Testmodell. *Zeitschrift für Experimentelle und Angewandte Psychology, 27*, 553–564.

Nebylitsyn, F. D. (1972). *Fundamental properties of the human nervous system.* New York: Plenum Press.

Neisser, U. (1976). General, academic, and artificial intelligence. In L. Resnick (Ed.), *The nature of intelligence.* Hillsdale, N. J.: Erlbaum.

Netter, P., Müller, M. J., Hennig, J. & Rohrmann, S. (1999). Individuelle Differenzen endokrinologischer und immunologischer Meßgrößen. In C. Kirschbaum & D. Hellhammer (Hrsg.). *Enzyklopädie der Psychologie: Themenbereich C Theorie und Forschung, Serie I Biologische Psychologie, Band 3 Psychoendokrinologie und Psychoimmunologie* (S. 361–433). Göttingen: Hogrefe.

Neubauer, A. (1995). Physiologische Ansätze der menschlichen Intelligenz. In K. Pawlik (Hrsg.), *Bericht über den 39. Kongreß der Deutschen Gesellschaft für Psychologie in Hamburg 1994* (S. 383–388). Göttingen: Hogrefe.

Neubauer, A. (1993). Intelligenz und Geschwindigkeit der Informationsverarbeitung: Stand der Forschung und Perspektiven. *Psychologische Rundschau, 44,* 90–105.

Neumann, F., Elger, W. & Steinbeck, H. (1971). Die Bedeutung der Androgene für die »Prägung des Gehirns«. *Journal of Neuro-Visceral Relations, Supplement X,* 296–312.

Neuthard, B. (1973). Zur Beziehung zwischen kognitiver Strukturiertheit und Autonomie in der Beurteilung sozialer Normen und Werte. In Th. B. Seiler (Hrsg.), *Kognitive Strukturiertheit* (S. 134–145). Stuttgart usw.: Kohlhammer.

Newcomb, T. M. (1929). *Consistency of certain extrovert-introvert behavior patterns in 51 problem boys.* New York: Columbia University.

Newcomb, T. M., Koenig, K. E., Flacks, R. & Warwick, D. P. (1967). *Persistence and change.* New York: Wiley.

Newman, H. H., Freeman, F. N. & Holzinger, K. J. (1937). *Twins: A study of heridity and environment.* Chicago: Chicago University Press.

Newman, J. P. (1987). Reaction to punishment in extraverts and psychopaths. Implications for the impulsive behavior of disinhibited individuals. *Journal of Research in Personality, 21,* 464–480.

Nicholls, J. G. (1972). Creativity in the person who never will produce anything original and useful: The concept of creativity as a normally distributed trait. *American Psychologist, 27,* 717–727.

Nichols, R. C. (1978). Twins studies of ability, personality and interests. *Homo, 29,* 158–173.

Nichols, S. L. & Newman, J. P. (1986). Effect of punishment on response latency in extraverts. *Journal of Personality and Social Psychology, 50,* 624–630.

Nickel, H. (1972). *Entwicklungspsychologie des Kindes- und Jugendalters.* Band I. Bern: Huber .

Nickel, H. (1975). *Entwicklungspsychologie des Kindes- und Jugendalters.* Band II. Bern: Huber.

Nickel, H. & Schmidt-Denter, U. (1980). *Sozialverhalten von Vorschulkindern.* München: Reinhardt.

Nicketta, R. (1993). Das Stereotyp der physischen Attraktivität. In M. Hassebrauck & R. Niketta (Hrsg.), *Physische Attraktivität* (S. 163–200). Göttingen: Hogrefe.

Nietzel, M. T. (1979). *Crime and its modification.* New York: Pergamon.

Nijsse, M. (1973). Creativity and its measurement among children: A review of the literature. *Nederlands Tijdschrift voor de Psychologie en Haar Grensgebieden, 28,* 477–503.

Nijsse, M. (1975). Creativity and its relationship with intelligence and personality variables among children approximately 12 years old. *Nederlands Tijdschrift voor de Psychologie en Haar Grensgebieden, 30,* 657–676.

Nilsson, I. & Wedman, I. (1976). On test-wiseness and some related constructs. *Scandinavian Journal of Educational Research, 20,* 25–40.

Nissen, H. W. (1956). Individuality in the behavior of chimpanzees. *American Anthropologist, 58,* 407–413.

Noll, V. H. (1960). Relation of scores on Davis-Eclls Games to socio-economic status, intelligence test results and school achievement. *Educational Psychological Monographs, 20,* 119–130.

Norman, W. T. (1963). Toward an adequate taxonomy of personality attributes: Replicated factor structure in peer nomination personality ratings. *Journal of Abnormal and Social Psychology, 66,* 574–583.

Norman, W. T. (1967). *2800 personality trait descriptors: Normative operating characteristics for a university population.* Department of Psychology, University of Michigan (zitiert in Ostendorf, 1990).

Norman, W. T. (1969). To see ourselfness as others see us: Relations among self-perception, peer perceptions, and expected peerperceptions of personality attributes. *Multivariate Behavioral Research, 4,* 417–443.

Nowicki, S. & Duke, M. P. (1974). A locus of control scale for college as well as non college adults. *Journal of Personality Assessment, 38*, 136–137.

Nowicki, S. & Segal, W. (1974). Perceived parental characteristics, locus of control orientation, and behavioral correlates of locus of control. *Developmental Psychology, 10*, 33–37.

Nowicki, S. & Strickland, B. R. (1973). A locus of control scale for children. *Journal of Consulting Psychology, 40*, 148–155.

Nuttall, E. V. & Nuttall, R. L. (1979). Child-spacing effect on intelligence, personality, and social competence. *Journal of Psychology, 102*, 3–12.

O'Connor, J. (1970). *Personal Communication.* Stack, Exner & London, 1970.

O'Connor, J. (1978) zitiert nach Stack, L. C., 1978, S. 69.

O'Connor, K. P. & Blowers, G. H. (1980). Cognitive style, set and sorting strategy. *British Journal of Psychology, 71*, 17–22.

O'Dell, J. W. (1980). A re-examination of Finney's oral and anal characters. *Journal of General Psychology, 102*, 143–146.

O'Grady, K. E. (1982). Sex, physical attractiveness, and perceived risk for mental illness. *Journal of Personality and Social Psychology, 43*, 1064–1071.

Oakland, Th. (1972). The effect of test-wiseness materials on standardized test performance of preschool disadvantaged children. *Journal of School Psychology, 10*, 355–360.

Oden, M. H. (1968). The fulfillment of promise: 40-year-follow-up of the Terman gifted groups. *Gentic Psychology Monographs, 77*, 3–93.

Oehrn, A. (1895). Experimentelle Studien zur Individualpsychologie. *Psychologische Arbeiten, 1*, 92–151.

Okey, J. L. (1992). Human aggression: The ideology of individual differences. *Journal of Humanistic Psychology, 32*, 51–64.

Olton, R. M. (1979). Experimental studies of incubation: Searching for the elusive. *Journal of Creative Behavior, 13*, 9–22.

Olweus, D. (1976). Der »moderne« Interaktionismus von Person und Situation und seine varianzanalytische Sackgasse. *Zeitschrift für Entwicklungspsychologie und Pädagogische Psychologie, 8*, 171–186.

Olweus, D. (1978). Personality factors and aggression: With special reference to violence within the peer group. In W. W. Hartup & J. De Witt (Eds.), *Origins of aggression* (pp. 247–277). The Hague usw.: Mouton.

Opp, K. D. (1968). *Kriminalität und Gesellschaftsstruktur.* Neuwied und Berlin: Luchterhand.

Opp, K. D. & Schmidt, P. (1976). *Einführung in die Mehrvariablen-Analysen.* Rheinbek: Rowohlt.

Orlik, P. (1967). Das Dilemma der Faktorenanalyse – Zeichen einer Aufbaukrise in der modernen Psychologie. *Psychologische Beiträge, 10*, 87–89.

Orlik, P. (1978). Soziale Intelligenz. In K. J. Klauer (Hrsg.), *Handbuch der Pädagogischen Diagnostik* (S. 341–354). Düsseldorf: Schwann.

Orlik, P. (1974). Probleme der Operationalisierung sozialer Intelligenz. In L. H. Eckensberger & U. S. Eckensberger (Hrsg.), *Bericht über den 28. Kongreß der Deutschen Gesellschaft für Psychologie, Band 3*, Göttingen: Hogrefe.

Orne, M. T. (1962). On the social psychology of the psychological experiment: with particular reference to demand characteristics and their implication. *American Psychologist, 17*, 776–783.

Orne, M. T. (1969). Demand characteristics and the concept of quasi-controls. In R. Rosenthal & R. L. Rosnow (Eds.), *Artifact in behavioral research.* New York: Academic Press.

Orne, M. T. & Evans, F. J. (1965). Social control in the psychological experiment: Antisocial behavior and hypnosis. *Journal of Personality and Social Psychology, 1*, 189–200.

Orne, M. T., Sheehan, P. W. & Evans, F. J. (1968). Occurrence of posthypnotic behavior outside the experimental setting. *Journal of Personality and Social Psychology, 9*, 189–196.

Orth, B. (1979). *Rating-Verfahren und Größenschätz-Methode: Skalenniveau und funktionale Zusammenhänge zwischen Skalen.* Unveröffentl. Diss., Universität Kiel.

Osgood, C. E. (1960). A case for graduated unilateral disarmament. *Bulletin of Atomic Scientists, 16*, 127–139.

Osgood, C. E. & Suci, G. (1952). A measure of relations determined by both means difference and profile information. *Psychological Bulletin, 49*, 251–262.

Osler, S. F. & Fivel, M. W. (1961). Concept attainment: I. The role of age and intelligence in concept attainment by induction. *Journal of Experimental Psychology, 62*, 1–8.

Ostendorf, F. (1990). *Sprache und Persönlichkeitsstruktur. Zur Validität des Fünf-Faktoren-Modells der Persönlichkeit.* Regensburg: Roderer.

Ostendorf, F. & Angleitner, A. (1994a). The five-factor taxonomy: Robust dimensions of personality description. *Psychologica Belgica, 34*, 175–194.

Ostendorf, F. & Angleitner, A. (1994b). *Psychometric properties of the German translation of the NEO Personality Inventory (NEO-PI-R).* Unveröffentlichtes Manuskript.

Ostendorf, F., Angleitner, A. & Ruch, W. (1986). *Die multitrait-multimethod Analyse. Konvergente und diskriminante Validität der Personality Research Form.* Göttingen: Hogrefe.

Oswald, M. (1978). Überlegungen zur Erklärungskraft von Eysencks Persönlichkeitstheorie. – Zur Rolle der Konditionierungshypothese und der These von der Unabhängigkeit der Persönlichkeitsdimensionen in Eysencks theoretischen Ansätzen. *Psychologische Beiträge, 20*, 14–34.

Oswald, M. E. (1993a). *Vertrauen – eine bislang vernachlässigte Dimension der kognitiven Sozialpsychologie.* Habilitationsvortrag, Fakultät für Philosophie, Psychologie und Erziehungswissenschaften, Universität Mannheim.

Oswald, M. E. (1993b). Vertrauen – eine Analyse aus psychologischer Sicht. In L. Weingart, H. Kummer & H. Hof (Hrsg.), *Verhaltensgrundlagen des Rechts.* Opladen: Westdeutscher Verlag.

Oswald, W. D. (1975). Informationsverarbeitungsgeschwindigkeit in Trail Making Tests und Intelligenz. In W. H. Tack (Hrsg.), *Bericht über den 29. Kongreß der Deutschen Gesellschaft für Psychologie in Saarbrücken* (S. 188–190). Göttingen: Hogrefe.

Oswald, W. D. (1977). Zusammenhänge zwischen subjektiv skalierter reaktiver Anspannung und binärkodierten Wahlreaktionszeiten. Ein Beitrag zur Intelligenzforschung. In W. H. Tack (Hrsg.), *Bericht über den 30. Kongreß der Deutschen Gesellschaft für Psychologie in Regensburg 1976, Band 1* (S. 93–95). Göttingen: Hogrefe.

Oswald, W. D. (1980). Zur Operationalisierung von »State«-Angst, »Trait«-Angst und Anspannung mit Hilfe individueller Ankersituationen. *Diagnostica, 24*, 21–31.

Oswald, W. D. & Seus, R. (1975). Zusammenhänge zwischen Intelligenz, Informationsgeschwindigkeit und evozierten Potentialen. In W. H. Tack (Hrsg.), *Bericht über den 29. Kongreß der Deutschen Gesellschaft für Psychologie in Saarbrücken* (S. 200–202).Göttingen: Hogrefe.

Otten, H. (1993). Beziehungen von Ärgerausdruck zu kardiovaskulärer Reaktivität und Blutdruck bei Männern. In V. Hodapp & P. Schwenkmezger (Hrsg.), Ärger und Ärgerausdruck (S. 193–215). Bern: Huber.

Otto, J. & Bösel, R. (1978). Angstverarbeitung und Diskrepanz zwischen Selfreport und physiologischem Streßindikator: Eine gelungene Replikation der Weinstein-Analyse. *Schweizerische Zeitschrift für Psychologie und ihre Anwendungen, 37*, 321–330.

Ounsted, C. & Taylor, D. C. (Eds.) (1972). *Gender differences: their ontogeny and significance.* Edinburgh and London: Churchill Livingstone.

Owens, W. A. (1963). Age and mental abilities: A longitudinal study. *Genetic Psychology Monographs, 48*, 3–54.

Owens, W. A. (1966). Age and mental abilities: A scored adult follow up. *Journal of Educational Psychology, 57*, 311–325.

Ozer, D. J. (1985). Correlation and the coefficient of determination. *Psychological Bulletin, 97*, 307–315.

Ozer, D. J. (1987). Personality, intelligence, and spatial visualization: correlates of mental rotations test performance. *Journal of Personality and Social Psychology, 53*, 129–134.

Pagano, D. F. (1973). Effects of task familiarity on stress responses of repressors and sensitizers. *Journal of Consulting and Clinical Psychology, 40*, 22–26.

Page, E. B. (1972). Miracle in Milwaukee: raising the IQ. *Educational Researcher, 1*, 8–16.

Page, M. M. (Ed.) (1983). *Personality – current theory and research. Nebraska Symposion on motivation, 1982.* Lincoln and London: University of Nebraska Press.

Panek, P. E., Wagner, E. E. & Suen, H. (1979). Hand test indices of violent and destructive behavior for institutionalized mental retardates. *Journal of Personality Assessment, 43,* 376–378.

Panter, A. T., Tanaka, J. S. & Hoyle, R. H. (1994). Structural models for multimode designs in personality and temperament research. In: Ch. Halverson & G. Kohnstamm (Eds). (1994). *The developing structure of temperament and personality from infancy to adulthood.* (pp. 111–138). Hillsdale, NJ, USA: Lawrence Erlbaum Associates, Inc.

Paramesh, C. R. & Narayanan, S. (1976). Creativity, intelligence and vocational interests. *Indian Journal of Psychology, 51,* 221–224.

Parker, J., Bagby, R. M. & Summerfeldt, L. J. (1993). Confirmatory factor analysis of the revised NEO Personality Inventory. *Personality and Individual Differences, 15,* 463–466.

Parkinson, B. (1994). Emotion. In A. M. Colman (Ed.), *Companion encyclopaedia of psychology* (Vol. 2). London: Routledge.

Parkinson, B. (1995). *Ideas and realities of emotion. London*: Routledge.

Parnes, S. J. & Meadow, A. (1960). Evaluation of persistence of effects produced by a creative problemsolving course. *Psychological Reports, 7,* 357–361.

Parnes, S. J. & Meadow, A. (1964). Development of individual creative talent. In C. W. Taylor & F. Barron (Eds.), *Scientific creativity: Its recognition and development* (pp. 311–320). New York: Wiley.

Parsons, O. A., Fulgenzi, L. B. & Edelberg, R. (1969). Aggressiveness and psychophysiological responsivity in groups of repressors and sensitizers. *Journal of Personality and Social Psychology, 12,* 235–244.

Pasewark, R. A., Fitzgerald, B., Sawyer, R. & Fossey, J. (1973). Validity of Rotter's Interpersonal Trust Scale: A study of paranoid schizophrenics. *Psychological Reports, 32,* 982.

Passi, B. K. & Ialitha, M. S. (1975). A factorial study of creativity, intelligence, and self-concept of adolescents. *Psychological Studies, 20,* 50–58.

Passi, B. K. & Singh, R. (1972). Effect of intelligence and anxiety upon serial learning in relation to associational and difficulty level of learning task. *Indian Journal of Psychometry and Education, 3,* 1–8.

Passini, F. T. & Norman, W. T. (1966). A universal conception of personality structure? *Journal of Personality and Social Psychology, 4,* 44–49.

Patsula, P. J. (1969). *Felt powerlessness as related to perceived parental behavior.* Unpubl. Diss., University of Alberta. (Zitiert nach Strickland, 1977).

Paul, G. (1966). *Insight versus desensitization in psychotherapy.* Stanford: Stanford University Press.

Paulhus, D. L. (1981). Control of social desirability in personality inventories: Principle factor deletion. *Journal of Research and Personality, 15,* 383–388.

Paulhus, D. L. (1986). Self-Deception and impression management in test responses. In A. Angleitner & J. S. Wiggins (Eds.), *Personality assessment via questionnaires* (pp. 143–165). Berlin: Springer.

Paulhus, D. L. & Bruce, M. N. (1992). The effect of acquaintanceship on the validity of personality impressions: a longitudinal study. *Journal of Personality and Social Psychology, 63,* 816–824.

Paulhus, D. L. & Martin, C. L. (1987). The structure of personality capabilities. *Journal of Personality and Social Psychology, 52,* 354–365.

Paunonen, S. V. (1988). Trait relevance and the differential predictability of behavior. *Journal of Personality, 56,* 599–619.

Paunonen, S. V. & Jackson, D. N. (1985). Idiographic measurement strategies for personality and prediction: Some unredeemed promissory notes. *Psychological Review, 92,* 486–511.

Paunonen, S. V. & Jackson, D. N. (1986a). Nomothetic and idiothetic measurement in personality. *Journal of Personality, 54,* 447–459.

Paunonen, S. V. & Jackson, D. N. (1986b). Idiothetic inquiry and the toil of sisyphus. *Journal of Personality, 54,* 470–477.

Pawlik, K. (1965). Elementarfunktionen (»Faktoren«) einfacher Lernverläufe. In H. Heckhausen (Hrsg.), *Bericht über den 24. Kongreß der Deutschen Gesellschaft für Psychologie in Wien 1964* (S. 349–356). Göttingen: Hogrefe.

Pawlik, K. (1966). Concepts in human cognition and aptitudes. In R. B. Cattell (Ed.), *Handbook of multivariate experimental psychology* (pp. 535–553). Chicago: Rand McNally.

Pawlik, K. (1968). *Dimensionen des Verhaltens.* Bern: Huber.
Pawlik, K. (1973). *Zur Frage der psychologischen Interpretation von Persönlichkeitsfaktoren.* Arbeiten aus dem Psychologischen Institut der Universität Hamburg Nr. 22.
Pawlik, K. (1976). Modell- und Praxisdimensionen psychologischer Diagnostik. In K. Pawlik (Hrsg.), *Diagnose der Diagnostik* (S. 13–43). Stuttgart: Klett.
Pawlik, K. (1979). Hochschulzulassungstests: Kritische Anmerkungen zu einer Untersuchung von Hitpass und zum diagnostischen Ansatz. *Psychologische Rundschau, 30,* 19–33.
Pawlik, K. (1979). Der »Interaktionismus« aus verhaltenswissenschaftlicher Sicht. In L. H. Eckensberger (Hrsg.), *Bericht über den 31. Kongreß der Deutschen Gesellschaft für Psychologie in Mannheim 1978, Band 1: Grundlagen und Methoden der Psychologie* (S. 460–463). Göttingen: Hogrefe.
Pawlik, K. (1982). Multivariate Persönlichkeitsforschung: Zur Einführung in Fragestellung und Methodik. In K. Pawlik (Hrsg.), *Multivariate Persönlichkeitsforschung* (S. 17–54). Bern usw.: Huber.
Pawlik, K. (1982a). Untersuchungen zum Simplex-Modell der Übung. In K. Pawlik (Hrsg.), *Multivariate Persönlichkeitsforschung* (S. 114–143). Bern usw.: Huber.
Pawlik, K. (1982b). Rohwert-Faktorenanalysen von Übungsmatrizen nach der T-Technik. In K. Pawlik (Hrsg.), *Multivariate Persönlichkeitsforschung* (S. 73–113). Bern usw.: Huber.
Pawlik, K. (1982c). Individuelle Unterschiede in Lernen und Übung: Methodische Grundlagen und erste Ergebnisse: In K. Pawlik (Hrsg.), Multivariate Persönlichkeitsforschung (S. 56–72). Bern usw.: Huber.
Pawlik, K. (1983). Individuelle Unterschiede im Lernen: Anmerkungen zu einem Aufsatz von Klaus Martin Goeters. *Zeitschrift für Differentielle und Diagnostische Psychologie, 4,* 319–322.
Pawlik, K., Amelang, M., Heinze, B. & Beyer, W. (1973). Zur Abhängigkeit graphometrischer Variablen von Merkmalen der Anatomie und Psychomotorik. *Zeitschrift für Experimentelle und Angewandte Psychologie, 20,* 630–652.
Pawlik, K., Bartussek, D. & Rhenius, D. (1972). *Eine Dimensionsanalyse des digital frequenzanalysierten EEG und sein Zusammenhang mit Persönlichkeitsfaktoren.* Vortrag auf der 14. Tagung experimentell arbeitender Psychologen in Regensburg.
Pawlik, K. & Buse, L. (1979). Selbstattribuierung als differentiell-psychologische Moderatorvariable: Nachprüfung und Erklärung von Eysencks Astrologie-Persönlichkeits-Korrelationen. *Zeitschrift für Sozialpsychologie, 10,* 54–69.
Pawlik, K. & Cattell, R. B. (1964). Third order factors in objective personality tests. *British Journal of Psychology, 55,* 1–18.
Pawlik, K. (1976). Modell- und Praxisdimensionen psychologischer Diagnostik. In K. Pawlik (Hrsg.), *Diagnose der Diagnostik* (S. 13–43). Stuttgart: Klett.
Pawlow, I. P. (1927). *Conditioned reflexes.* London: Oxford University Press.
Pawlow, I. P. (1953a). *Zwanzigjährige Erfahrungen mit dem objektiven Studium der höheren Nerventätigkeit (des Verhaltens) der Tiere. Sämtliche Werke, Band III.* Berlin: Akademie.
Pawlow, I. P. (1953b). *Vorlesungen über die Arbeit der Großhirnhemisphäre.* Sämtliche Werke, Band IV. Berlin: Akademie.
Peabody, D. (1967). Trait inferences: Evaluative and descriptive aspects. *Journal of Personality and Social Psychology Monographs, Whole No. 664.*
Peabody, D. (1987). Selecting representative trait adjectives. *Journal of Personality and Social Psychology, 52,* 59–71.
Peabody, D. & Goldberg, L. R. (1989). Some Determinants of Factor Structures From Personality-Trait Descriptors. *Journal of Personality and Social Psychology, 57,* 552–567.
Pearson, K. (1924). *The life, letters and labours of Francis Galton* (Vol.II). Cambridge: Cambridge University Press.
Pedersen, N. L., McClearn, G. E., Plomin, R. & Friberg, L. (1985). Separated fraternal twins: resemblance for cognitive abilities. *Behavior Genetics, 15,* 407–419.
Pedersen, N. L., McClearn, G. E., Plomin, R., Nesselroade, J., Berg, S. & DeFaire, U. (1991). The Swedish adoption/twin study of aging: A update. *Acta of Geneticae Medicae et Gemellologiae Twin Research, 40,* 7–20.
Pedersen, N. L., Plomin, R., Nesselroade, J., McClearn, G. E. & Friberg, L. (1988). Neuroticism, extraversion and related traits in adult twins reared apart and reared together. *Journal of Personality and Social Psychology, 55,* 950–957.

Pelham, B. W. (1993). The idiographic nature of human person: Examples of the idiographic self-concept. *Journal of Personality and Social Psychology, 64*, 665–677.

Pellegrin, R. J., Hicks, R. A., Meyers-Winston, S. & Antal, B. G. (1978). Physical attractiveness and self disclosure in mixed-sex dyads. *Psychological Reports, 28*, 509–516.

Pellegrino, J. W. & Glaser, R. (1979). Cognitive correlates and components in the analyses of individual differences. *Intelligence, 3*, 187–214.

Pennebaker, J. W., Burman, M., Schaeffer, M. A. & Harper, D. (1977). Lack of control as a determinant of percieved physical symptoms. *Journal of Personality and Social Psychology, 35*, 167–174.

Pennebaker, J. W., Gyer, M. A., Caulkins, R. S., Litowitz, D. L., Ackreman, Ph. L., Anderson, D. B. & McGraw, K. M. (1979). Don't the girls get prettier at closing time: A country and Western application to psychology. *Personality and Social Psychology Bulletin, 5*, 122–125.

Perrez, M. (1972). *Ist die Psychoanalyse eine Wissenschaft?* Bern: Huber.

Perry, D. G. & Bussey, K. (1979). The social learning theory of sex differences: Imitation is alive and well. *Journal of Personality and Social Psychology, 37*, 1699–1712.

Pervin, L. A. (1970). *Personality: Theory, assessment, and research*. New York: Wiley.

Pervin, L. A. (1978). Definitions, measurements, and classifications of stimuli, situations, and environments. *Human Ecology, 6*, 71–105.

Pervin, L. A. (1994). A Critical Analysis of Current Trait Theory. *Psychological Inquiry, 5*, 103–113.

Petermann, F., Neocker, M. & Bode, U. (1987). *Psychologie chronischer Krankheiten im Kindes- und Jugendalter*. München: PVU.

Peters, W. (1925). *Die Vererbung geistiger Eigenschaften und die psychische Konstitution*. Jena: Fischer.

Peterson, C. & Seligman, M. E. (1987). Explanatory style and illness. Special issue: Personality and physical health. *Journal of Personality, 55*, 237–265.

Peterson, D. R. (1965). Scope and generality of verbally defined personality factors. *Psychological Review, 72*, 48–59.

Petrie, A. (1960). Some psychological aspects of pain and the relief of suffering. *Annals of the New York Academy of Sciences, 86*, 13–27.

Petty, N. & Harrell, E. H. (1977). Effect of programmed instructions related to motivation, anxiety, and test-wiseness on group-IQ test performance. *Journal of Educational Psychology, 69*, 630–635.

Petzold, M. (1985). Kognitive Stile. *Psychologie in Erziehung und Unterricht, 32*, 161–177.

Peuckert, R. (1973). Zur Generalisierbarkeit experimenteller Ergebnisse. Die Erforschung konformen Verhaltens als Beispiel. *Soziale Welt, 24*, 394–408.

Pfeifer, A. & Schmidt, P. (1987). *Die Analyse komplexer linearer Strukturgleichungsmodelle*. Stuttgart: Fischer.

Pfrang, H. (1989). Diagnostik von Kontrollüberzeugungen im Rahmen der Sozialen Lerntheorie Rotters: Unipolare and bipolare Ansätze. In G. Krampen (Hrsg.), *Diagnostik von Attributionen und Kontrollüberzeugungen* (S. 93–99). Göttingen: Hogrefe.

Pfungst, O. (1907). *Das Pferd des Herrn von Osten*. Leipzig: Barth (New York: Holt, 1965).

Phares, E. J. (1957). Expectancy changes in skill and change situations. *Journal of Abnormal and Social Psychology, 54*, 339–342.

Phares, E. J. (1973). *Locus of control: A personality determinant of behavior*. Morristown, N.Y.: General Learning Press.

Phares, E. J. (1976). *Locus of control in personality*. Morristown, N. Y.: General Learning Press.

Phares, E. J. (1978). Locus of control. In H. London & J. E. Exner (Eds.), *Dimensions of personality* (pp. 263-303). New York: Wiley.

Phares, E. J. & Wilson, K. G. (1972). Responsibility attribution: Role of outcome severity, situational ambiguity, and internal-external control. *Journal of Personality, 40*, 392–406.

Phoenix, C. H. (1974). Prenatal testosterone in the nonhuman primate and its consequences for behavior. In R. C. Friedman, R. M. Richart, R. L. Van de Wiele & L. O. Stern (Eds.), *Sex differences in behavior* (pp. 19–32). New York usw.: Wiley.

Pickel, G. & Walz, D. (1996). Abnehmendes politisches Institutionenvertrauen in Deutschland: Sozialstruktur und jüngere Entwicklung. *Zeitschrift für Politische Psychologie, 4*, 353–363.

Piedmont, R. L., McCrae, R. R., Riemann, R. & Angleitner, A. (2000). On the invalidity of Validity Scales: Evidence from self reports and observer ratings. *Journal of Personality and Social Psychology, 78*, 582–593.

Pines, H. A. & Julian, J. W. (1972). Effects of task and social demands on locus of control differences in information processing. *Journal of Personality, 40*, 407–416.

Pinneau, S. R. (1961). *Changes in intelligence quotient from infancy to maturity*. Boston: Houghton Mifflin.

Piontkowski, U. (1989). Erfahrungen mit einer deutschen Form des ROT-IE: Befunde und Normwerte. In G. Krampen (Hrsg.), *Diagnostik von Attributionen und Kontrollüberzeugungen* (S. 71–79). Göttingen: Hogrefe.

Piotrowski, C. (1984). The status of projective techniques: Or, »wishing won't make it go away«. *Journal of Clinical Psychology, 40*, 1495–1502.

Pisano, S. P. & Taylor, S. P. (1971). Reduction of physical aggression: the effect of four strategies. *Journal of Personality and Social Psychology, 19*, 237–242.

Pivik, T. & Foulkes, D. (1966). »Dream deprivation«: Effects of dream content. *Science, 153*, 1282–1284.

Pivik, T. & Foulkes, D. (1968). NREM mentation: Relation to personality, orientation time, and time of night. *Journal of Consulting and Clinical Psychology, 32*, 144–151.

Platt, E. S. (1977). *Internal external control and changes in expected utility as predictions of the change in cigarette smoking following role playing*. Vortrag auf dem Kongreß der Eastern Psychological Association, Philadelphia April 1969 (zitiert nach Strickland, 1977).

Plemons, J. K., Willis, S. L. & Baltes, P. B. (1978). Modifiability of fluid intelligence in aging: A short-term longitudinal training approach. *Journal of Gerontology, 33*, 224–231.

Plomin, R. (1986). Behavioral genetic methods. *Journal of Personality, 54*, 226–261.

Plomin, R. (1991). Why children in the same family are so different from one another. *Behavioral and Brain Science, 14*, 336–338.

Plomin, R. (1994). *Genetics and experience: The interplay between nature and nurture*. Berkley: Sage.

Plomin, R. & Daniels, D. (1987). Why are children in the same family so different from one another? *Behavioral and Brain Sciences, 10*, 1–16.

Plomin, R. & DeFries, J. C. (1980). Genetics and intelligence: Recent data. *Intelligence, 4*, 15–24.

Plomin, R., DeFries, J. C. & Loehlin, J. C. (1977). Genotype-environment interaction and correlation in the analysis of human behavior. *Psychological Bulletin, 84*, 309–322.

Plomin, R., Foch, T. T. & Rowe, D. C. (1981). Bobo-Clown-Aggression in childhood. Environment: No Genes. *Journal of Research and Personality, 15*, 331–342.

Plomin, R. & Rende, R. (1991). Human behavioral genetics. *Annual Review of Psychology, 42*, 161–190.

Plutchik, R. (1968). *Foundations of experimental research*. New York: Harper & Row.

Polivy, J. (1998). The effects of behavioral inhibition: Integrating internal cues, cognition, behavior, and affect. *Psychological Inquiry, 9*, 181–204.

Pongratz, L. J. (1973). *Lehrbuch der Klinischen Psychologie*. Göttingen: Hogrefe.

Popescu-Neveanu, P. & Facaoru, C. (1972). On the relation between intelligence and creativity: creativity as the dimension of personality. *Revista de Psihologie, 18*, 301–314.

Popper, K. (1994). *Logik der Forschung* (10. Aufl.). Tübingen: Mohr.

Popper, K. R. (1963). The demarcation between science and metaphysics. In K. R. Popper (Ed.), *Conjectures and refutations*. London.

Postman, L., Bruner, J. S. & McGinnies, E. (1948). Personal values as selective factors in perception. *Journal of Abnormal and Social Psychology, 43*, 142–154.

Powell, G. E. (1979). *Brain and personality*. Westmead: Saxon House.

Preiser, S. (1977). Die experimentelle Methode. In G. Strube (Hrsg.), *Die Psychologie des 20. Jahrhunderts. Bd. 5. Binet und die Folgen* (S. 102–150). Zürich: Kindler.

Prentky, R. A. & Knight, R. A. (1991). Identifying critical dimensions for discriminating among rapists. *Journal of Consulting and Clinical Psychology, 59*, 643–661.

Price, J. S. (1969), zitiert nach Shields, J. (1973). Heredity and psychological abnormality. In H. J. Eysenck (Ed.), *Handbook of abnormal psychology* (pp. 540–603). San Diego: Knapp.

Price, R. A., Vandenberg, S. G., Iyer, H. & Williams, J. S. (1982). Components of variation in normal personality. *Journal of Personality and Social Psychology, 43*, 328–340.

Price-Williams, G. R. & Ramirez, M. (1974). Ethnic differences in delay of gratification. *Journal of Social Psychology, 93*, 23–30.

Priester, H. J. & Kukulka, R. (1958). Vergleichsuntersuchungen zum Hamburg-Wechsler-Intelligenztest für Kinder (HAWIK) und Binet Bobertag und zum HAWIK und dem Hamburg-Wechsler-Intelligenztest für Erwachsene (HAWIE) in bezug auf die Intelligenzquotienten und die Benutzung dieser Tests als Paralleltests. *Diagnostica, 4*, 6–16.

Probst, P. (1975). Eine empirische Untersuchung zum Konstrukt der sozialen Intelligenz. *Diagnostica, 21*, 24–47.

Probst, P. (1982). Empirische Untersuchung zum Konstrukt der »Sozialen« Intelligenz. In K. Pawlik (Hrsg.), *Multivariate Persönlichkeitsforschung* (S. 201–226). Bern usw.: Huber.

Prociuk, T. J. & Breen, L. J. (1974). Locus of control, study habits and attitudes, and college academic performance. *Journal of Psychology, 88*, 91–95.

Prociuk, T. J. & Breen, L. J. (1975). Defensive externality and its relation to academic performance. *Journal of Personality and Social Psychology, 31*, 549–556.

Prociuk, T. J. & Lussier, R. J. (1975). Internal external locus of control: An analysis and bibliography of two years of research (1973–1974). *Psychological Reports, 37*, 1323–1337.

Pryor, J. B., Gibbons, F. X., Wicklund, R. A., Fazio, R. H. & Hood, R. (1977). Self-focused attention and self-report validity. *Journal of Personality, 45*, 513–527.

Pulheim, P., Karman, P. & Seidenstücker, B. (1978). Determinanten des Belohnungsaufschubs bei Vorschulkindern. *Zeitschrift für Experimentelle und Angewandte Psychologie, 25*, 136–152.

Putz-Osterloh, W. (1981). Über die Beziehung zwischen Testintelligenz und Problemlöseerfolg. *Zeitschrift für Psychologie, 189*, 79–100.

Putz-Osterloh, W. (1983). Kommentare zu dem Aufsatz von J. Funke: Einige Bemerkungen zu Problemen der Problemlöseforschung. Oder: Ist Testintelligenz doch ein Prädiktor? *Diagnostica, 29*, 303–309.

Putz-Osterloh, W. (1986). *Gibt es Experten für komplexe Probleme?* Bericht aus dem Institut für Psychologie der RWTH Aachen.

Putz-Osterloh, W., Huber, B. & Köster, K. (1989). *Ein computergestütztes Verfahren zur Diagnose komplexer Organisations- und Entscheidungsstrategien: Abschätzung der Reliabilität und Validität.* Forschungsbericht InSan I-1188-V-9089 der Universität Bayreuth.

Putz-Osterloh, W. & Lüer, G. (1981). Über die Vorhersagbarkeit komplexer Problemlöseleistungen durch Ergebnisse in einem Intelligenztest. *Zeitschrift für Experimentelle und Angewandte Psychologie, 38*, 309–334.

Quanty, M. B. (1976). Aggression catharsis: Experimental investigations and implications. In R. G. Geen & E. C. O'Neal (Eds.), *Perspectives on aggression* (pp. 99–132). New York usw.: Academic Press.

Raad, B. De (1992). The replicability of the big five personality dimensions in three word-classes of the Dutch language. *European Journal of Personality, 6*, 15–29.

Raad, B. De & Heck, G. L. Van (Eds.) (1994). The fifth of the big five [Special Issue]. *European Journal of Personality, 8* (4)

Raad, B. De, Hendriks, A. A. J. & Hofstee, W. K. B. (1992). Towards a refined structure of personality traits. *European Journal of Personality, 6*, 301–319.

Raad, B. De, Mulder, E., Kloosterman, K. & Hofstee, W. K. B. (1988). Personality descriptors verbs. Special issue: Personality measurement. *European Journal of Personality, 2*, 81–96.

Raaheim, K., Kaufmann, G. & Kaufmann, A. (1979). Attempts to predict intelligence behavior. I. The Categorizing Test. *Scandinavian Journal of Psychology, 20*, 77–80.

Rachman, S. (1974). *Wirkungen der Psychotherapie.* Darmstadt Steinkopff.

Rachman, S. (1976).The passing of the two-stage theory of fear and avoidance: fresh possibilities. *Behavior Research and Therapy, 4*, 125–134.

Rachman, S. (1977). The conditioning theory of fear-acquisition: a critical examination. *Behavior Research and Therapy, 15*, 375–387.

Rachman, S. & Wilson, G. T. (1980). *The effects of psychological therapy.* London: Pergamon Press.

Radmacher, H. (1978). *Extraversion, Neurotizismus und Stimulus-Hunger.* Unveröffentl. Diplomarbeit, Universität Hamburg.

Ragland, D. R. & Brand, R. J. (1988a). Coronary heart disease mortality in Western Collaborative Group S. *American Journal of Epidemiology, 127,* 462–475.

Ragland, D. R. & Brand, R. J. (1988b). Type A behavior and mortality from coronary heart disease. *The New England Journal of Medicine, 318, 65–69.*

Raine, A. & Venables, P. H. (1981). Classical conditioning and socialization – a bio-social interaction. *Personality and Individual Differences,* 2, 273–283.

Ramey, C. T. & Haskins, R. (1981). The modification of intelligence through early experience. *Intelligence, 5,* 5–19.

Rammsayer, T., Netter, P. & Vogel, W. H. (1993). A neurochemical model underlying differences in reaction times between introverts and extraverts. *Personality and Individual Differences, 14,* 701–712.

Rammsayer, T. (1997). Neurotransmitter-Forschung und Persönlichkeit: Ein neurochemisches Modell als biologische Basis der Extraversion. In H. Mandl (Hrsg.): *Bericht über den 40. Kongress der Deutschen Gesellschaft für Psychologie in München 1996* (S. 825–830). Göttingen: Hogrefe.

Rammsayer, T. H. (1998). Extraversion and Dopamine. *European Psychologist, 3,* 37–50.

Rammstedt, B. & Rammsayer, T. H. (2000). Geschlechtsunterschiede bei der Einschätzung der eigenen Intelligenz im Kindes- und Jugendalter. *Zeitschrift für Pädagogische Psychologie* (in Druck).

Rapaport, D. (Ed.) (1951). *Organization and pathology of thought. Selected sources.* New York: Columbia University Press.

Rapaport, D. (1951). The autonomy of the ego. *Bulletin of the Menninger Clinic, 15,* 113–123.

Rapaport, D. (1957). Cognitive structures. In J. Bruner, E. Brunswik, L. Festinger, F. Heider, K. F. Muenzinger, C. E. Osgood & D. Rapaport (Eds.), *Contemporary approaches to cognition* (pp. 157–200). Cambridge: Harvard University Press.

Rapaport, D. (1959a). *Die Struktur der psychoanalytischen Theorie* (2. Aufl. 1970). Stuttgart: Klett.

Rapaport, D. (1959b). The structure of the psychoanalytic theory: A systematizing attempt. In S. Koch (Ed.), *Psychology: A study of a science, Vol. 3* (pp. 55–183). New York: McGraw-Hill.

Rasch, G. (1960, 1980). *Probabilistic models for some intelligence and attainment tests.* Kopenhagen: The Danish Institute for Educational Research.

Rasch, G. (1966). An item analysis which takes individual differences into account. *British Journal of Mathematical and Statistical Psychology, 19,* 49–57.

Rasch, G. (1980). *Probabilistic models for some intelligence and attainment tests.* Chicago: The University of Chicago Press.

Rathus, S. A. & Nenid, J. S. (1977). *Behavior therapy. Strategies of solving problems in living.* Bergenfield, N. J.: New American Library.

Rausch, E. (1937). Über Summativität und Nichtsummativität. *Psychologische Forschung, 21.*

Rausch, E. (1966). Probleme der Metrik (geometrisch-optische Täuschungen). In W. Metzger (Hrsg.), *Allgemeine Psychologie I. Der Aufbau des Erkennens. l. Halbband: Wahrnehmung und Bewußtsein* (S. 776–865). Göttingen: Hogrefe.

Ray, J. J. & Najman, J. M. (1985). The generalizability of deferment of gratification. *Journal of Social Psychology, 126,* 117–119.

Ray, W. J. (1974). The relationship of locus of control, self-report measures, and feedback to the voluntary control of heart rate. *Psychophysiology, 11,* 527–534.

Record, R. G., McKeown, T. & Edwards, J. H. (1970). An investigation of the difference in measured intelligence between twins and single births. *Annals of Human Genetics, 34,* 11–20.

Reid, D. W. & Ware, E. E. (1973). Multidimensionality of internal-external control: Implications for past and future research. *Canadian Journal of Behavioral Science, 5,* 264–271.

Reimanis, G. & Green, R. F. (1971). Imminence of death and intellectual decrement in the aging. *Development Psychology, 5,* 270–272.

Rein, H. & Schneider, M. (1966). *Einführung in die Physiologie des Menschen* (15. Aufl.). Berlin usw.: Springer.

Reinert, G., Baltes, P. & Schmidt, L. R. (1965). Faktorenanalytische Untersuchungen zur Differenzierungshypothese der Intelligenz: Die Leistungsdifferenzierungshypothese. *Psychologische Forschung, 28,* 246–300.

Reinert, G., Baltes, P. B. & Schmidt, L. R. (1966). Kritik einer Kritik der Differenzierungshypothese der Intelligenz. *Zeitschrift für Experimentelle und Angewandte Psychologie, 13,* 602–610.

Reis, H. T., Nezlek, J. & Wheeler, L. (1980). Physical attractiveness in social interaction. *Journal of Personality and Social Psychology, 38*, 604–617.

Revenstorf, D. (1976). *Lehrbuch der Faktorenanalyse.* Stuttgart: Kohlhammer.

Revenstorf, D. (1978). Vom unsinnigen Aufwand. *Archiv für Psychologie, 130*, 1–36.

Revenstorf, D. (1980). *Faktorenanalyse.* Stuttgart: Kohlhammer.

Reynolds, C. R. & Gutkin, T. B. (1981). A multivariate comparison of the intellectual performance of black and white children matched on four demographic variables. *Personality and Individual Differences, 2*, 175–180.

Rhipple, R. E. & May, F. B. (1962). Caution in comparing creativity and IQ. *Psychological Reports, 10*, 229–230.

Richards, M. (1986). Relationships between the Eysenck Personality Questionnaire, Strelau Temperament Inventory and Freiburger Beschwerdeliste Gesamtform. *Personality and Individual Differences, 7*, 587–589.

Richards, R., Kinney, D. K., Dennet, M. & Merzel, A. B. C. (1988). Assessing everyday creativity: characteristics of the life-time creativity scales and validation with three large samples. *Journal of Personality and Social Psychology, 54*, 476–485.

Richardson, L. F. (1960). *Statistics of deadly quarrels.* Pittsburgh: Boxwood.

Rickers-Ovsiankina, M. A. (1976). *Rorschach Psychology.* New York: Krieger.

Rieger, C. (1988). *Beschreibung der Intelligenzstörung in Folge einer Hirnverletzung nebst einem Entwurf zu einer allgemein anwendbaren Methode der Intelligenzprüfung.* Würzburg: Verlag der phys.-medizinischen Gesellschaft, Neue Folge 22.

Riemann, R., Angleitner, A. & Strelau, J. (1997). Genetic and Environmental Influences on Personality: A Study of Twins Reared Together Using the Self- and Peer Report NEO-FFI Scales. *Journal of Personality, 65* (3), 449–475.

Ritchie, E. & Phares, E. J. (1969). Attitude change as a function of internal-external control and communicator status. *Journal of Personality, 37*, 429–443.

Rizley, R. & Reppucci, N. (1974). Pavlovian conditioned inhibitory processes in behavior. In B. Maher (Ed.), *Progress in experimental personality research.* New York: Academic Press.

Roberts, J. A. F. (1952). The genetics of mental deficiency. *Eugenics Review, 44*, 71–83.

Robinson, D. L. (1982). Properties of the diffuse thalamocortical system and human personality: A direct test of Pavlovian/Eysenckian theory. *Personality and Individual Differences, 3*, 1–16.

Robinson, D. L. (1986). On the biological determination of personality structure. *Personality and Individual Differences, 7*, 435–438.

Robinson, J. P. & Shaver, P. R. (Eds.) (1973). *Measures of social psychological attitudes.* Ann Arbor, Mich.: Institute for Social Research, University of Michigan.

Roethlisberger, F. J. & Dickson, W. J. (1939). *Management and the worker.* Cambridge, Mass.

Roff, J. D. (1992). Childhood aggression, peer status and social class as predictors of delinquency. *Psychological Reports, 70*, 31–34.

Roff, M. I. (1941). A statistical study of the development of intelligence test performance. *Journal of Psychology, 11*, 371–386.

Rogers, C. R. (1951). *Client-centered therapy.* Boston: Houghton-Mifflin.

Rohracher, H. (1958). *Einführung in die Psychologie* (6. Aufl.). Wien, Innsbruck: Urban & Schwarzenberg.

Rohracher, H. (1965). *Kleine Charakterkunde* (11. Aufl.). Wien: Urban & Schwarzenberg.

Rohracher, H. (1975). *Charakterkunde* (13. Aufl.). München: Urban & Schwarzenberg.

Rokeach, M. (1960). *The open and closed mind: Investigations into the nature of belief systems and personality systems.* New York: Basic Books.

Romanczyk, R. E., Kent, R. N., Diament, C. F. & O'Leary, K. B. (1973). Measuring the reliability of observational data: a reactive process. *Journal of Applied Behavioral Analysis, 6*, 175–184.

Roos, J. & Grewe, W. (1996). *Der Untergang des Ödipuskomplexes.* Bern: Huber.

Rorer, L. D. (1965). The great response-style myth. *Psychological Bulletin, 63*, 129–156.

Rorer, L. D. & Goldberg, L. R. (1965). Acquiescence in the MMPI? *Educational and Psychological Measurement, 25*, 801–817.

Rorer, L. G. & Widiger, T. A. (1983). Personality structure and assessment. *Annual Review of Psychology, 34*, 431–463.

Rorschach, H. (1921). *Psychodiagnostik*. Leipzig: Bucher.
Rose, R. J. (1988). Genetic and environmental variance. Content dimensions of the MMPI. *Journal of Personality and Social Psychology, 55*, 302–311.
Rose, R. J., Koskenvuo, M., Kaprio, J., Scarna, S. & Langinvainio, H. (1988). Shared genes, shared experiences, and similarity of personality: Data From 13288 Adult Finnish Co-Twins. *Journal of Personality and Social Psychology, 54*, 161–171.
Rosenman, R. H. (1978). The interview method of assessment of the coronary-prone behavior pattern. In T. M. Dembrowski, S. M. Weiss, J. L. Shields, S. G. Haynes & M. Feinleib (Eds.), *Coronary-prone behavior* (pp. 55–69). New York: Springer.
Rosenman, R. H. (1996). Personality, behavior patterns, and heart disease. In C. L. Cooper (Ed.), *Handbook of stress, medicine and health* (pp. 218–231). Boca Raton, FL: CRC Press.
Rosenman, R. H., Brand, R. J., Jenkins, C. D., Friedman, M., Straus, R. & Wurm, M. (1975). Coronary heart disease in the Western Collaborative Group Study: Final follow-up of 8½ years. *JAMA, 233*, 872–877.
Rosenstiel, L. v. & Schuler, H. (1975). A wie Arnold, B wie Bender ... Zur Sozialdynamik der akademischen Karriere. *Psychologische Rundschau, 26*, 183–190.
Rosenthal, R. (1966). *Experimenter effects in behavioral research*. New York: Appelton-Century-Crofts.
Rosenthal, R. (1967a). Unintended communication of interpersonal expectations. *American Behavioral Scientist, 10*, 24–26.
Rosenthal, R. (1967b). Covert communication in the Psychological Experiment. *Psychological Bulletin, 67*, 356–367.
Rosenthal, R. (1968). Experimenter expectancy and the reassuring nature of the nullhypothesis decision procedure. *Psychological Bulletin Monographs, 70*, No. 6, Part. 2, 30–47.
Rosenthal, R. (1969a). Interpersonal expectations: Effects of the experimenter's hypothesis. In R. Rosenthal & R. L. Rosnow (Eds.), *Artifact in behavioral research*. New York: Academic Press.
Rosenthal, R. (1969b). On not so replicated experiments and not so null results. *Journal of Consulting and Clinical Psychology, 33*, 7–10.
Rosenthal, R. & Fode, K. L. (1963a). The effect of experimenter bias on the performance of the albino rat. *Behavioral Science, 8*, 183–189.
Rosenthal, R. & Fode, K. L. (1963b). Psychology of the scientist: V. Three experiments in experimenter bias. *Psychological Reports, 12*, 491–511.
Rosenthal, R. & Rosnow, R. L. (1975a). *The volunteer subject*. New York: Wiley.
Rosenthal, R. & Rosnow, R. L. (1975b). *Primer of methods for the behavioral sciences*. New York: Wiley.
Rosenzweig, S. (1941). Need-persistive and ego-defensive reactions to frustration as demonstrated by an experiment on repression. *Psychological Review, 48*, 347–349.
Rosenzweig, S. (1954). A trans-valuation of psychotherapy: reply to Hans Eysenck. *Journal of Abnormal and Social Psychology, 49*, 298–304.
Rösler, F. (1975). Die Abhängigkeit des Elektroencephalogramms von den Persönlichkeitsdimensionen E und N sensu Eysenck und unterschiedlichen aktivierenden Situationen. *Zeitschrift für Experimentelle und Angewandte Psychologie, 22*, 630–667.
Rösler, F. (1983). Physiologisch orientierte Forschungsstrategien in der Differentiellen und Diagnostischen Psychologie: I. Zur Konzeption des psychophysiologischen Untersuchungsansatzes. *Zeitschrift für Differentielle und Diagnostische Psychologie, 4*, 283–299.
Rösler, F. (1984). Physiologisch orientierte Forschungsstrategien in der Differentiellen und Diagnostischen Psychologie: II. Zur Systematisierung psychophysiologischer Untersuchungen. *Zeitschrift für Differentielle und Diagnostische Psychologie, 5*, 7–36.
Ross, A. O. (1958). Brain injury and intellectual performance. *Journal of Consulting Psychology, 22*, 151–152.
Ross, J. (1962). Factor analysis and levels of measurement in psychology. In S. Messick & J. Ross (Eds.), *Measurement in personality and cognition* (pp. 69–81). New York u. London: Wiley.
Ross, L. (1977). The intuitive psychologist and his shortcomings: Distortions in the attribution process. In L. Berkowitz (Ed.), *Advances in experimental social psychology, 10*, 174–220.

Ross, M. B. & Salvia, J. (1975). Attractiveness as a biasing factor in teacher judgment. *American Journal of Mental Deficiency, 80,* 90–98.

Rossman, B. B. & Gollob, H. F. (1975). Comparison of social judgement of creativity and intelligence. *Journal of Personality and Social Psychology, 31,* 271–281.

Rost, D. H. (Hrsg.) (2000). *Hochbegabte und hochleistende Jugendliche.* Münster: Waxmann.

Rost, D. H. & Schermer, F. J. (1987). Auf dem Weg zu einer differentiellen Diagnostik der Leistungsangst. *Psychologische Rundschau, 38,* 14–36.

Rost, D. H. & Schermer, F. J. (1989a). DAI – MAN: Differentielles Angstinventar – Manifestationen.

Rost, D. H. & Schermer, F. J. (1989b). »Reaktionsweisen gegenüber Tests« (RTT) und »Manifestationen von Leistungsangst« (DAI-MAN): Una eademque res?. *Zeitschrift für Differentielle und Diagnostische Psychologie, 10* (3), 169–179.

Rost, J. (1988). *Quantitative und qualitative probabilistische Testtheorie.* Bern: Huber.

Rost, J. (1990). Rasch models in latent classes: An integration of two approaches to item analysis. *Applied Psychological Measurement, 14,* 271–282.

Rost, J. (1996). *Lehrbuch Testtheorie, Testkonstruktion.* Bern: Huber.

Rost, J. & Langeheine, R. (1997). *Applications of latent trait and latent class models in the social sciences.* Münster: Waxmann.

Rost, J. & Spada, H. (1977). Probabilistische Testtheorie. In K. J. Klauer (Hrsg.), *Handbuch der pädagogischen Diagnostik, 1* (S. 59–97). Düsseldorf: Schwann.

Rost-Schaude, E., Kumpf, M. & Frey, D. (1975). Untersuchungen zu einer deutschen Fassung der »Internal-external control«-Skala von Rotter. In W. H. Tack (Hrsg.*), Bericht über den 29. Kongreß der Deutschen Gesellschaft für Psychologie in Salzburg, 1974, Bd.* 2 (S. 327–329). Göttingen: Hogrefe.

Roth, E. (1964). Die Geschwindigkeit der Verarbeitung von Information und ihr Zusammenhang mit Intelligenz. *Zeitschrift für Experimentelle und Angewandte Psychologie, 11,* 616–622.

Roth, E. (1974). *Persönlichkeitspsychologie* (4. Aufl.). Stuttgart: Kohlhammer.

Roth, E., Oswald, W. D. & Daumenlang, K. (1972). *Intelligenz.* Stuttgart: Kohlhammer.

Rothenberg, A. (1993). Creativity: complex and healthy. *Psychological Inquiry, 4,* 212–217.

Rother, M. (1970). Persönlichkeitsstruktur, Qualität von Sanktionen und abweichendes Verhalten. Ein Test des Erklärungsversuches von H.-J. Eysenck. *Kriminologisches Journal,* 2, 165–183.

Rotter, J . B. (1971). Generalized expectancy for interpersonal trust. *American Psychologist, 26,* 443–452.

Rotter, J. B. (1954). *Social learning and clinical psychology.* Englewood Cliffs, N.Y.: Prentice-Hall.

Rotter, J. B. (1966). Generalized expectancies for internal versus external control of reinforcement. *Psychological Monographs, 80,* 1, Whole No. 609.

Rotter, J. B. (1967). A new scale for the measurement of interpersonal trust. *Journal of Personality, 35,* 651–665.

Rotter, J. B. (1975). Some problems and misconceptions related to the construct of internal versus external control of reinforcement. *Journal of Consulting and Clinical Psychology, 43,* 56–67.

Rotter, J. B. (1978). Generalized expectancies for problem solving and psychotherapy. *Cognitive Therapy and Research, 2,* 1–10.

Rotter, J. B. (1980). Interpersonal trust, trustworthiness and gullibility. *American Psychologist, 35,* 1–7.

Rotter, J. B. & Hochreich, D. J. (1979). *Persönlichkeit. Theorien, Messung, Forschung.* Berlin: Springer.

Rotter, J. B., Liverant, S. & Crowne, D. P. (1961). The growth and extinction of expectancies in chance controlled and skill tasks. *Journal of Psychology, 52,* 161–177.

Rotter, J. B. & Mulry, R. C. (1965). Internal versus external control of reinforcement and decision time. *Journal of Personality and Social Psychology, 2,* 598–604.

Rowe, D. C. (1981). Environmental and genetic influences on dimensions of perceived parenting: A twin study. *Developmental Psychology, 17,* 203–269.

Rowe, D. C. (1983). A biometrical analyses of perceptions of family environment: A study of twin and singleton siblings kinships. *Child Development, 54,* 416–423.

Rowe, D. C. & Plomin, R. (1981). The importance of nonshared (EI) environmental influences in behavioral developments. *Developmental Psychology, 17,* 517–531.

Rowe, D. C., Vazsonyi, A. T. & Flannery, D. J. (1994). No more than skin deep: Ethnic and racial similarity in developmental process. *Psychological Review, 101,* 396–413.

Royce, J. R. (1977). On the construct validity of open field measures. *Psychological Bulletin, 84,* 1098–1106.

Rozek, F., Wessman, A. E. & Gorman, B. S. (1977). Temporal span and delay of gratification as a function of age and cognitive development. *Journal of Genetic Psychology, 131,* 37–40.

Roznowski, M. (1993). Measures of cognitive processes: Their stability and other psychometric and measurement porperties. *Intelligence, 17,* 361–388.

Rubenson, D. L. & Runco, M. A. (1992). The psychoeconomic approach to creativity. *New Ideas in Psychology, 10,* 131–147.

Ruch, F. L. & Zimbardo, P. G. (1974). Lehrbuch der Psychologie. Berlin: Springer.

Ruch, W., Angleitner, A. & Strelau, J. (1991). The Strelau Temperament Inventory-Revised (STI-R): Validity studies. *European Journal of Personality, 5,* 287–308.

Ruckstuhl, U. (1981). *Schizophrenieforschung. Die theoretischen und empirischen Beiträge der experimentellen Psychologie.* Weinheim und Basel: Beltz.

Rüddel, H., Neus, H. & Stumpf, H. (1982). Altersgruppen- und geschlechtsspezifische Unterschiede von Indikatorenwerten für Persönlichkeitsmerkmale (im Sinne der Personologie Murrays) in einer deutschen Mittelstadt. *Zeitschrift für Entwicklungspsychologie und Pädagogische Psychologie, 14,* 253–261.

Rudinger, G. (1987). Intelligenzentwicklung unter unterschiedlichen sozialen Bedingungen. In U. Lehr & H. Thomae (Hrsg.), *Formen seelischen Alterns. Ergebnisse der Bonner Gerontologischen Längsschnittstudie* (BOLSA) (S. 57–65). Stuttgart: Enke.

Rule, B. G. (1978). The hostile and instrumental function of human aggression. In W. W. Hartup & J. DeWitt (Eds.), *Origins of Aggression* (pp. 121–141).The Hague: Mouton.

Rüppell, H. (1977). Bayes-Statistik: Eine Alternative zur klassischen Statistik. *Archiv für Psychologie, 129,* 175–186.

Rushton, J. P. (1985). Differential K theory and race differences in E and N. *Personality and Individual Differences, 6,* 769–770.

Rushton, J. P. (1988). Race differences in behavior: A review and evolutionary analysis. *Personality and Individual Differences, 9,* 1009–1024.

Rushton, J. P. (1990). Why we should study race differences. *Psychologische Beiträge, 32,* 128–142.

Rushton, J. P. (1993). Corrections to a paper on race and sex differences in brain size and intelligence. *Personality and Individual Differences, 15,* 229–231.

Rushton, J. P. (1994). The equalitarian dogma revised. *Intelligence, 19,* 263–280.

Rushton, J. P. (1995). Construct validity, censorship, and the genetics of race. *American Psychologist, 50,* 40–41.

Rushton, J. P., Brainert, C. J. & Presley, M. (1983). Behavioral development and construct validity: The principle of aggregation. *Psychological Bulletin, 94,* 18–38.

Rushton, J. P., Fulker, D. W., Neale, M. C., Nias, D. K. B. & Eysenck, H. J. (1986). Altruism and aggression: The heritability of individual differences. *Journal of Personality and Social Psychology, 50,* 1192–1198.

Rushton, J. P. & Osborne, R. T. (1995). Genetic and environmental contributions to cranial capacity in Black and White adolescents. *Intelligence, 20,* 1–13.

Russell, G. W. (1993). Violent sports entertainment and the promise of catharsis. *Medienpsychologie, 5,* 101–105.

Russell, J. & Wagstaff, G. F. (1983). Extraversion, neuroticism and time of birth. *British Journal of Social Psychology, 22,* 27–31.

Rützel, E. (1970). Die Brauchbarkeit des MMQ im deutschen Sprachraum; Auswertungs- und Interpretationshilfen. *Psychologie und Praxis, 14,* 64–78.

Ryckman, R. M., Rodda, W. C. & Sherman, M. F. (1972). Locus of control and expertise relevance as determinants of changes in opinion about students activism. *Journal of Social Psychology, 88,* 107–114.

Ryhammar, L. & Brolin, C. (1991). Creativity in the University – is there a need for research? *Scandinavian Journal of Educational Research, 35*, 269–285.

Ryland, E. & Greenfeld, S. (1991). Work stress and well being: An investigation of Antonovsky's sense of coherence model. *Journal of Social Behavior and Personality, 6*, 39–54.

Sader, M. (1969). Rollentheorie. In *Handbuch der Psychologie, 7. Band: Sozialpsychologie* (S. 204–231). Göttingen: Hogrefe.

Saklofske, D. H. & Eysenck, S. B. G. (1978). Cross-cultural comparison of personality: New Zealand children and English children. *Psychological Reports, 42*, 1011–1116.

Saklofske, D. H. & Zeidner, M. (1995) (Eds.). *International handbook of personality and intelligence.* New York: Plenum Press.

Salovey, P. & Mayer, J. D. (1990). Emotional intelligence. *Imagination, Cognition and Personality, 9*, 185–211.

Salovey, P. & Mayer, J. D. (1993). The intelligence of emotional intelligence. *Intelligence, 17*, 433–442

Saltz, E. & Hamilton, H. (1969). Do lower IQ children attain concepts more slowly than children of higher IQ? *Psychonomic Science, 17*, 210–211.

Salzer, E. B. (1978). Locus of control and intention to lose weight. *Health Education Monographs, 6*, 118–128.

Sanderman, R. & Ranchor, A. V. (1997). The predictor status of personality variables: Etiological significance and their role in the course of disease. *European Journal of Personality, 11*, 359–382.

Sanger, S. P. & Alker, H. A. (1972). Dimensions of internal-external locus of control and the women's liberation movement. *Journal of Social Issues, 28* (4), 115–129.

Sarason, I. G. (1966). *Personality: An objective approach.* New York: Wiley.

Sarason, I. G. (1967). Anxious words. *Contemporary Psychology, 12*, 601–602.

Sarason, I. G. (1972). Experimental approaches to test anxiety: Attention and the uses of information. In C. D. Spielberger (Ed.), *Anxiety, current trends in theory and research, Vol. 2* (pp. 381–403). New York: Academic Press.

Sarason, I. G. (1978). The test anxiety scale: concept and research. In C. D. Spielberger & I. G. Sarason (Eds.), *Stress and anxiety, Volume 5* (pp. 193–216). Washington: Hemisphere/Wiley.

Sarason, I. G. (1984). Stress, anxiety, and cognitive interference: Reactions to tests. *Journal of Personality and Social Psychology, 46*, 929–938.

Sarason, I. G. (1988). Anxiety, self-reoccupation and attention. *Anxiety Research, 1*, 3–7.

Sarason, I. G., Smith, R. E. & Diener, E. (1975). Personality research: Components of a variance attributable to the person and the situation. *Journal of Personality and Social Psychology, 32*, 199–204.

Sarason, I. G. & Spielberger, C. D. (Eds.) (1975). *Stress and anxiety, Vol. 2.* Washington, D. C.: John Wiley.

Sarnoff, I. & Corwin, S. M. (1959). Castration anxiety and the fear of death. *Journal of Personality, 27*, 374–385.

Sarris, V. (1968). Zum Problem der Kausalität in der Psychologie: Ein Diskussionsbeitrag. *Psychologische Beiträge, 10*, 172–186.

Satterly, D. J. (1979). Covariation of cognitive styles, intelligence and achievement. *British Journal of Educational Psychology, 49*, 179–181.

Saulnier, K. & Perlman, D. (1981). The Actor-Observer bias is alive and well in prison: A sequel to Wells. *Personality and Social Psychology Bulletin, 7*, 559–564.

Saville, P. & Blinkhorn, S. (1981). Reliability, homogeneity and the construct validity of Cattell's 16-PF. *Personality and Individual Differences, 2*, 325–333.

Sawin, D. B. & Sawin, L. (1978). Origins of aggressive behavior: A selected biography. In W. W. Hartup & J. De Witt (Eds.), *Origins of aggression* (pp. 305–354). The Hague usw: Mouton.

Scarpetti, W. L. (1973). The repression-sensitization dimension in relation to impending painful stimulation. *Journal of Consulting and Clinical Psychology, 40*, 377–382.

Scarr, S. (1969). Environmental bias in twin studies. In M. Manosevitz, G. Lindzey & D. D. Thiessen (Eds.), *Behavioral genetics* (pp. 597–605). New York: Appleton.

Scarr, S. (1978). From evolution to Larry P., or what shall we do about IQ tests? *Intelligence, 2*, 325–342.

Scarr, S. (1995). Inheritance, Intelligence, and Achievement. *Planning for Higher Education, 23*, 1–9.

Scarr, S. & Barker, W. B. (1978). The effect of family background: A study of cognitive differences between black and white twins. In S. Scarr (Ed.), *IQ: Race, social class, and individual differences* (pp. 161–182). Hillsdale: Erlbaum.

Scarr, S., Pakstis, A. J., Katz, S. H. & Barker, W. B. (1977). Absence of a relationship between degree of white ancestry and intellectual skills within a black population. *Human Genetics, 39*, 69–86.

Scarr, S., Webber, P. L., Weinberg, R. A. & Wittig, M. A. (1981). Personality resemblance among adolescence and their parents in biological-related and adoptive families. *Journal of Personality and Social Psychology, 40*, 885–898.

Scarr, S. & Weinberg, R. A. (1976). IQ test performance of Black children adopted by White families. *American Psychologist, 31*, 726–739.

Scarr, S. & Weinberg, R. A. (1979a). Nature and nurture strike (out) again. *Intelligence, 3*, 31–39.

Scarr, S. & Weinberg, R. A. (1979b). Intellectual similarities in adoptive and biologically related families of adolescents. In L. Willerman & R. B. Turner (Eds.), *Readings about individual and group differences* (pp. 61–73). San Francisco: Freeman.

Scarr, S. & Weinberg, R. A. (1983). The Minnesota adoption studies: Genetic differences and malleability. *Child Development, 54*, 260–267.

Schachter, S. & Latane, B. (1964). Crime, cognition, and the autonomic nervous system. In D. Levine (Ed.), *Nebraska Symposium on Motivation*. Lincoln: University of Nebraska Press.

Schachter, S. & Singer, J. E. (1962). Cognitive, social, and physiological determinant of emotional state. *Psychological Review, 69*, 379–399.

Schaedeli, R. (1961). Untersuchungen zur Verifikation von Meilis Intelligenzverfahren. *Zeitschrift für Experimentelle und Angewandte Psychologie, 8*, 211–264.

Schaefer, C. E. & Anastasi, A. (1968). A biographical inventory for identifying creativity in adolescent boys. *Journal of Applied Psychology, 52*, 42–48.

Schaie, K. W. (1962). On the equivalence of questionnaire and rating data. *Psychological Reports, 10*, 521–522.

Schaie, K. W. (1965). A general development model for the study of development problem. *Psychological Bulletins, 64*, 92–107.

Schaie, K. W. & Strother, C. R. (1968). The effect of time- and cohort differences on the interpretation of age changes in cognitive behavior. *Multivariate Behavioral Research, 3*, 259–294.

Schank, R. (1988). *The creative attitude: Learning to ask and answer the right questions*. New York: MacMillan.

Scheiblechner, H. (1972). Das Lernen und Lösen komplexer Denkaufgaben. *Zeitschrift für Experimentelle und Angewandte Psychologie, 19*, 476–506.

Scheier, M. F. (1980). Effects of public and private self-consciousness on the public expression on personal beliefs. *Journal of Personality and Social Psychology, 39*, 514–521.

Scheier, M. F., Buss, A. H. & Buss, B. M. (1978). Self-consciousness, self-report of aggressiveness, and aggression. *Journal of Research in Personality, 12*, 133–140.

Scherer, K. R. (1978). Personality inference from voice quality: The loud voice of extroversion. *European Journal of Social Psychology, 8*, 467–487.

Scheungrab, M. (1991). Die Abbildung von Beziehungen zwischen Medienkonsum und Delinquenz im Rahmen kausalanalytischer Modelle. *Archiv für Psychologie, 142*, 295–322.

Schiavo, R. S. (1973). Locus of control and judgement about another's accident. *Psychological Reports, 32*, 483–488.

Schildkraut, J. J. (1970). *Neuropsychopharmacology and the addictive disorders*. Boston: Little, Brown.

Schill, T. & Althoff, M. (1968). Auditory perceptual thresholds for sensitizers, defensive and nondefensive repressors. *Perceptual and Motor Skills, 27*, 935–938.

Schiottz-Christensen, E. & Bruhn, P. (1973). Intelligence, behavior and scholastic achievement subsequent to febrile convulsions: An analysis of a discordant twin-pair. *Development Medicine and Child Neurology, 15*, 565–575.

Schjelderup-Ebbe, Eh. (1922). Beiträge zur Sozialpsychologie des Haushuhns. *Zeitschrift für Psychologie, 88*, 225–252.

Schlenker, B. R., Helm, B. & Tedeschi, J. T. (1973). The effects of personality and situational variables on behavioral trust. *Journal of Personality and Social Psychology, 25*, 419–427.

Schmidt, F. L. & Crano, W. D. (1974). A test of the theory of fluid and crystallized intelligence in middle and low socioeconomic-status children: A cross-lagged panel analysis. *Journal of Educational Psychology, 66*, 255–261.

Schmidt, H. D. & Schmidt-Mummendey, A. (1974). Waffen als aggressionsbahnende Hinweisreize: Eine kritische Betrachtung experimenteller Ergebnisse. *Zeitschrift für Sozialpsychologie, 5*, 201–218.

Schmidt, J. U. (1984). Simultane Überprüfung der Zweimodalität im Berliner Intelligenzstrukturmodell. *Diagnostica, 30*, 93–103.

Schmidt, J. U., Brocke, B., Jäger, A. O., Doll, J. & Könie, F. (1986). *Entwicklung eines Tests für das Berliner Intelligenzstrukturmodell.* Arbeitsbericht 4 aus dem Forschungsschwerpunkt Produktives Denken - Intelligentes Verhalten. Freie Universität Berlin.

Schmidt, L. R. (1975). *Objektive Persönlichkeitsmessung in diagnostischer und klinischer Psychologie.* Weinheim: Beltz.

Schmidt, L. R. (1998). Zur Dimensionalität von Gesundheit (und Krankheit). *Zeitschrift für Gesundheitspsychologie, 6*, 161–178.

Schmidt, L. R., Häcker, H. & Schwenkmezger, P. (1985). Differentialdiagnostische Untersuchungen mit Objektiven Persönlichkeitstests und Fragebogen im psychiatrischen Bereich. *Diagnostica, 31*, 22–37.

Schmidt, L. R. & Schwenkmezger, P. (1994). Objektive Persönlichkeitstests: Perspektiven für die Diagnostik. In D. Bartussek & M. Amelang (Hrsg.), *Fortschritte der Differentiellen Psychologie und Psychologischen Diagnostik* (S. 229–239). Göttingen: Hogrefe.

Schmidt-Henrich, E. (1990). Intelligenz und Kreativität. Erste Ergebnisse der Konstruktion von Kreativitätsaufgaben zur Vorgabe während einer EEG-Untersuchung. *Psychologie in Österreich, 10*, 21–23.

Schmidt-Mummendey, A. (1972). *Bedingungen aggressiven Verhaltens.* Bern: Huber.

Schmidt-Rathjens, C. (2000). Ernährung. In M. Amelang (Hrsg.). *Enzyklopädie der Psychologie. Differentielle Psychologie und Persönlichkeitsforschung. Band 4: Determinanten individueller Unterschiede* (S. 205–247). Göttingen: Hogrefe.

Schmidt-Rathjens, C., Benz, D., van Damme, D. Feldt, K. & Amelang, M. (1997). Über zwiespältige Erfahrungen mit Fragebögen zum Kohärenzsinn sensu Anotonovsky. *Diagnostica, 43*, 327–346.

Schmidtke, A. & Häfner, H. (1986). Gibt es differentielle Imitationseffekte bei suizidalem Verhalten? In M. Amelang (Hrsg.), *Bericht über den 35. Kongreß der Deutschen Gesellschaft für Psychologie in Heidelberg 1986, Band 1* (S. 467). Göttingen: Hogrefe.

Schmidtke, H. (Hrsg.) (1967). Münchner Symposion über Faktorenanalyse. *Psychologische Beiträge, 10*, 81–160.

Schmitt, G. M., Lohaus, A. & Salewski, C. (1989). Kontrollüberzeugungen und Patienten-Compliance: Eine emprirische Untersuchung am Beispiel von Jugendlichen mit Diabetis mellitus, Asthma bronchiale und Alopecia areata. *Psychotherapie, Psychosomatik, Medizinische Psychologie, 39*, 33–40.

Schmitt, M. (1990a). Zur (mangelnden) Konstruktvalidität von Konsistenz-Selbsteinschätzungen. *Zeitschrift für Differentielle und Diagnostische Psychologie, 11*, 149–166.

Schmitt, M. (1990b). *Konsistenz als Persönlichkeitseigenschaft? Moderatorvariablen in der Persönlichkeits- und Einstellungsforschung.* Berlin usw.: Springer.

Schmitt, M. (1992). Interindividuelle Konsistenzunterschiede als Herausforderung für die Differentielle Psychologie. *Psychologische Rundschau, 43*, 30–45.

Schmitt, M. & Borkenau, P. (1992). The consistency of personality. In G.-V. Caprara & G. L. Van Heck (Eds.), *Modern personality psychology. Critical reviews and new directions* (pp. 29–55). New York usw.: Harvester, Wheatsheaf.

Schmitt, M. J. & Steyer, R. (1990). Beyond intuition and classical test theory: A reply to Epstein. *Methodica, 4*, 101–107.

Schneewind, K. A. (1966). Systematische Retrospektion als Datenquelle zur Erfassung des Erziehungsverhaltens. In Th. Herrmann (Hrsg.), *Psychologie der Erziehungsstile* (S. 44–49). Göttingen: Hogrefe.

Schneewind, K. A. (1973). *Entwicklung eines Fragebogens zur Erfassung internaler vs. externaler Bekräftigungsüberzeugung bei Kindern.* Arbeitsbericht 5 aus dem EKB-Projekt, Universität Trier.

Schneewind, K. A. (1974). Mitteilung über die Konstruktion eines Fragebogens zur Erfassung internaler versus externaler Bekräftigungsüberzeugung für Kinder. *Diagnostica, 21,* 47–49.

Schneewind, K. A. (1976). *Entwicklung eines Fragebogens zur Erfassung internaler vs. externaler Kontrollüberzeugungen bei Erwachsenen (LOC-E).* Arbeitsbericht 15 aus dem EKB-Projekt, Universität Trier.

Schneewind, K. A. (1977). Entwicklung einer deutschsprachigen Version des 16 PF-Tests von Cattell. *Diagnostica, 23,* 188–191.

Schneewind, K. A. (1979). *Methoden des Denkens in der Psychologie.* Stuttgart: Kohlhammer.

Schneewind, K. A. (1982). *Persönlichkeitstheorien I.* Darmstadt: Wissenschaftliche Buchgesellschaft.

Schneewind, K. A. (1984). Forschungsleitende Konzepte der Persönlichkeitspsychologie. In M. Amelang & H. J. Ahrens (Hrsg.), *Brennpunkte der Persönlichkeitsforschung* (S. 11–29). Göttingen: Hogrefe.

Schneewind, K. A. (1988). Eindimensionale Skalen zur Erfassung von Kontrollüberzeugungen bei Erwachsenen und Kindern. In G. Krampen (Hrsg.), *Diagnostik von Attributionen und Kontrollüberzeugungen* (S. 80–92). Göttingen: Hogrefe.

Schneewind, K. A. & Herrmann, Th. (Hrsg.) (1977). *Erziehungsstilforschung.* Göttingen: Hogrefe.

Schneewind, K. A. & Lukesch, H. (Hrsg.) (1978). *Familiäre Sozialisation.* Stuttgart: Klett/Cotta.

Schneewind, K. A., Schröder, G. & Cattell, R. B. (1986). *Der 16-Persönlichkeits-Faktoren-Test. Testmanual.* 2. Aufl. Bern: Huber.

Schneider, K. & Schmalt, H.-D. (1981). *Motivation.* Stuttgart: Kohlhammer.

Schneider-Düker, M. & Kohler, A. (1988). Die Erfassung von Geschlechtsrollen – Ergebnisse zur deutschen Neukonstruktion des BEM Sex-Role-Inventory. *Diagnostica, 34,* 256–270.

Schneider-Düker, M. & Schneider, J. F. (1977). Untersuchungen zum Beantwortungsprozeß bei psychodiagnostischen Fragebogen. *Zeitschrift für Experimentelle und Angewandte Psychologie, 24,* 282–302.

Schön-Gaedike, A.-K. (1978). *Intelligenz und Intelligenzdiagnostik.* Weinheim: Beltz.

Schönemann, P. H. (1997). Famous artefacts: Spearman's hypothesis. *Cahiers de Psychologie Cognitive, 16,* 665–693.

Schorr, A. (1988). Der kleine Albert. *Report Psychologie, 13* (8), 32–33.

Schroder, H. M., Driver, M. J. & Streufert, S. (1967). *Human information processing.* New York: Holt, Rinehart & Winston.

Schuerger, J. M. & Cattell, R. B. (1971). *The HSOA Battery.* Champaign: IPAT.

Schuerger, J. M., Feo, A. F. & Nowak, M. J. (1981). Personality matches across media in a large High-School sample. *Multivariate Behavioral Research, 16,* 373–378.

Schuerger, J. M., Tait, E. & Tavernelli, M. (1982). Temporal stability of personality by questionnaire. *Journal of Personality and Social Psychology, 43,* 176–182.

Schuler, H. & Berger, W. (1979). Physische Attraktivität als Determinante von Beurteilung und Einstellungsempfehlung. *Psychologie und Praxis, 23,* 59–70.

Schulte, D. (1974). *Feldabhängigkeit in der Wahrnehmung – Ein methodenkritischer Beitrag zur Differentiellen Psychologie.* Meisenheim: Hain.

Schulte, D. (Hrsg.) (1976). *Diagnostik in der Verhaltenstherapie.* München: Urban & Schwarzenberg.

Schultz, D. P. (1969). The human subject in psychological research. *Psychological Bulletin, 72,* 214–228.

Schultz-Hencke, H. (1947). *Der gehemmte Mensch.* Stuttgart: Thieme.

Schutte, N. S., Kenrick, D. T. & Sadalla, E. K. (1985). The search for predictable settings: situational prototypes, constraint, and behavioral variation. *Journal of Personality and Social Psychology, 49,* 121–128.

Schwartz, M. S., Krupp, N. E. & Byrne, D. (1971). Repression-sensitization and medical diagnosis. *Journal of Abnormal Psychology, 78,* 286–291.

Schwartz, S. & Dalgleish, L. (1982). Statistical inference in personality research. *Journal of Research and Personality, 16,* 290–302.

Schwarz, E. (1970). Experimentelle und quasi-experimentelle Anordnungen in der Unterrichtsforschung. In K. Ingenkamp (Hrsg.), *Handbuch der Unterrichtsforschung, Teil I. Theoretische und methodologische Grundlegung* (S. 444–631). Weinheim: Beltz.
Schwarz, J. C. & Pollack, P. R. (1977). Affect and delay of gratification. *Journal of Research in Personality, 11*, 147–164.
Schwarzer, R. (1983). Angst und Furcht. In H. A. Euler & H. Mandl (Hrsg.), *Emotionspsychologie – Ein Handbuch in Schlüsselbegriffen* (S. 147–156). München: Urban & Schwarzenberg.
Schwarzer, R. (1987). *Streß, Angst und Hilflosigkeit* (2. Aufl.). Stuttgart: Kohlhammer.
Schweer, M. (1997). Eine differentielle Theorie interpersonalen Vertrauens. *Psychologie in Erziehung und Unterricht, 44*, 2–12.
Schweer, M. K.-W. (Hrsg.) (1997a). *Interpersonales Vertrauen*. Opladen: Westdeutscher Verlag.
Schweer, M. K.-W. (Hrsg.) (1997b). *Vertrauen und soziales Handeln*. Neuwied: Luchterhand.
Schweer, M. K.-W. (1998). *Vertrauen. Eine bibliographische Auswahl*. Landau: Verlag Empirische Pädagogik.
Schweizer, K. (1995). Hypothesen zu den biologischen und kognitiven Grundlagen der allgemeinen Intelligenz. *Zeitschrift für Differentielle und Diagnostische Psychologie, 16*, 67–81.
Schwenkmezger, P. (1984). Kann durch das Prinzip der Aggregation von Daten die Konsistenzannahme von Eigenschaften beibehalten werden? *Zeitschrift für Differentielle und Diagnostische Psychologie, 5*, 251–272.
Schwenkmezger, P. (1985). *Modelle der Eigenschafts- und Zustandsangst: Theoretische Analysen und Untersuchungen zur Angsttheorie von Spielberger*. Göttingen: Hogrefe.
Schwenkmezger, P. (1994). Gesundheitspsychologie: Die persönlichkeitspsychologische Perspektive. In P. Schwenkmezger & L. R. Schmidt (Hrsg.), *Lehrbuch der Gesundheitspsychologie* (S. 46–64). Stuttgart: Enke.
Schwenkmezger, P. & Hank, P. (1995). Ärger, Ärgerausdruck und Blutdruckverhalten: Ergebnisse einer kombinierten experimentellen und feldexperimentellen Untersuchung. *Zeitschrift für Gesundheitspsychologie, 3*, 39–58.
Schwenkmezger, P., Hodapp, V. & Spielberger, C. B. (1992). *Das State-Trait-Ärgerausdrucks-Inventar (STAXI)*. Bern: Huber.
Schwenkmezger, P., Schmidt, L. R. & Stephan-Hembach, G. (1994). Angst, Ärger und Ärgerausdruck bei psychiatrischen und psychosomatischen Patientengruppen: Objektive Persönlichkeitstests und Fragebogenverfahren. *Zeitschrift für Klinische Psychologie 23*, 63–177.
Searle, L. V. (1949). The organization of hereditary maze-brightness and maze-dullness. *Genetic Psychology Monographs, 39*, 279–325.
Sears, R. R. (1961). Relation of early socialization experiences to aggression in middle childhood. *Journal of Abnormal Social Psychology, 63*, 466–492.
Sears, R. R. (1963). Dependency motivation. In M. R. Jones (Ed.), *Nebraska symposium on motivation* (pp. 25–64). Lincoln: University of Nebraska.
Sears, R. R. (1984). The Terman gifted children study. In S. A. Mednick, M. Hanway & K. M. Finello (Eds.), *Handbook of longitudinal research, Vol. 1: Birth and childhood cohorts*. New York: Praeger.
Sears, R. R., Rau, L. & Alpert, R. (1966). *Idenfication and child-rearing*. London: Tavistock.
Sedlmayr, E. (1980). The development of scales for measuring motor, cognitive and physiological anxiety reactions in phobic anxiety states. *Behavioral Analysis and Modifikation, 4*, 141–151.
Seeman, M. (1963). Alienation and social learning in a reformatory. *American Journal of Sociology, 69*, 270–284.
Seeman, M. & Evans, J. W. (1962). Alienation and learning in a hospital setting. *American Sociological Review, 27*, 772–783.
Seeman, M. & Seeman, T. E. (1983). Health behavior and personal autonomy: A longitudinal study of the sense of control in illness. *Journal of Health and Social Behavior, 24*, 144–160.
Segal, N. (1993). Twin sibling, and adoption methods: Tests of evolutionary hypotheses. *American Psychologist, 48*, 943–956.
Segall, M. H., Campbell, D. T. & Herskovits, M. J. (1966). *The influence of culture on visual perception*. New York: Bobbs-Merrill.
Seidenstücker, G. & Weinberger, L. (1978). Entwicklung einer Angstliste. *Diagnostica, 24*, 78–88.

Seiffert, H. (1969). *Einführung in die Wissenschaftstheorie 1*. München: Beck.
Seiffge-Krenke, I. (1974). *Probleme und Ergebnisse der Kreativitätsforschung*. Bern usw.: Huber.
Seiler, Th. B. (1973). *Kognitive Strukturiertheit. Theorien, Analysen, Befunde*. Stuttgart: Kohlhammer.
Seiler, Th. B. (1979). Genetische Kognitionstherapie. Persönlichkeit und Therapie. In N. Hoffmann (Hrsg.), *Grundlagen kognitiver Therapie* (S. 25–66). Bern usw.: Huber.
Seipp, B. & Schwarzer, C. (1991). Angst und Leistung: Eine Metaanalyse empirischer Befunde. Zeitschrift für *Pädagogische Psychologie, 5*, 85–97.
Selg, H. (1968). *Diagnostik der Aggression*. Göttingen: Hogrefe.
Selg, H. (1975). *Einführung in die experimentelle Psychologie* (4. Aufl.). Stuttgart: Kohlhammer.
Seligman, M. E. & Johnston, J. (1973). A cognitive theory of avoidance learning. In F. J. McGuigan & B. Lumsden (Eds.), *Contemporary approaches to conditioning and learning* (pp. 69–100). New York: Wiley.
Sells, S. B., Demaree, R. G. & Will, D. P. (1971). Dimensions of personality: II. Separate factor structures in Guilford and Cattell trait markers. *Multivariate Behavioral Research, 6*, 136–165.
Semeonoff, B. (1976). *Projective techniques*. New York: Wiley.
Shagass, C. & Naiman, J. (1956). The sedation threshold as an objective index of manifest anxiety in psychoneurosis. *Journal of Psychosomatic Research, 1*, 49–57.
Shakow, D. (1969). Psychoanalysis. In D. L. Krantz (Ed.), *Schools of psychology: A symposium*. New York: Appleton-Century-Crofts.
Shapiro, R. J. (1970). The criterion problem. In P. E. Vernon (Ed.), *Creativity* (pp. 257–269). Middlesex: Penguin.
Sharma, K. N. (1974). Creativity as a function of intelligence, fine arts, interest, and culture. *Indian Journal of Psychology, 49*, 313–319.
Sharp, S. E. (1898/99). Individual psychology: a study in psychological method. *American Journal of Psychology, 10*, 329–391.
Shepard, R. N. & Metzler, J. (1971). Mental rotation of three-dimensional objects. *Science, 171*, 701–703.
Sherman, M. (1979). Personality. New York: Pergamon.
Sherman, S. J. (1973). Internal-external control and its relationship to attitude change under different social influence techniques. *Journal of Personality and Social Psychology, 23*, 23–29.
Shields, J. (1962). *Monozygotic twins brought up apart and brought up together*. London: Oxford University Press.
Shields, J. (1978). MZA twins: Their use and abuse. In E. W. Nance (Ed.), *Twin research psychology and methodology* (pp. 79–93). New York: Alan R. Liss.
Shinn, M. (1978). Father absence and children's cognitive development. *Psychological Bulletin, 85*, 295–324.
Shipstone, K. & Burt, S. L. (1973). Twenty-five years on: A replication of Flugel's (1947) work on lay »Popular views of intelligence and related topics«. *British Journal of Educational Psychology, 43*, 183–187.
Shoda, Y., Mischel, W. & Wright, J. C. (1993). The role of situational demands and cognitive competencies in behavior organization and personality coherence. *Journal of Personality and Social Psychology, 66*, 1023–1035.
Shoda, Y., Mischel, W. & Wright, J. C. (1994). Intraindividual stability in the organization and patterning of behavior: Incorporating psychological situations into idiographic analysis of personality. *Journal of Personality and Social Psychology, 67*, 674–688.
Shores, R. E. (1968). Motivated determinants and performance of learning disabled and normal children from differing social classes. *Dissertation Abstracts, 28*, 4494.
Shuey, A. M. (1966). *The testing of negro intelligence*. New York: Social Science.
Shulman, L. S. (1966). Review of Wallach & Kogan's modes of thinking in young children. *American Educational Research Journal, 3*, 305–309.
Shweder, R. A. (1975). How relevant is an individual difference theory of personality? *Journal of Personality, 43*, 455–484.
Shweder, R. A. (1980). Factors and fictions in person perception: a reply to Lamiell, Foss, and Cavenee. *Journal of Personality, 48*, 74–81.

Shweder, R. A. (1982). Fact and artifact in trait-perception: The systematic distortion hypothesis. In B. A. Maher (Ed.), *Progress in experimental personality research, 1982, 11*, 65–100.

Shweder, R. A. & D'Andrade, R. G. (1979). Accurate reflections or systematic distortion? A reply to Block, Weiss, and Thorne. *Journal of Personality and Social Psychology, 37*, 1075–1084.

Shweder, R. A. & D'Andrade, R. G. (1980). The systematic distortion hypothesis. In R. A. Shweder (Ed.), *Fallible judgment in behavioral research. New directions for methodology of social and behavioral science, No. 4*. San Francisco: Jossy-Bass.

Sieber, M. (1979). Retest-Untersuchung zur Stabilität beim Persönlichkeitsfragebogen FPI. *Diagnostica, 25*, 181–190.

Sigall, H. & Ostrove, N. (1975). Beautiful but dangerous: Effects of offender attractiveness and nature of the crime on juridic judgment. *Journal of Personality and Social Psychology, 31*, 410–414.

Sigel, I. E., Jarman, P. & Hanesian, H. (1967). Styles of categorization and their intellectual and personality correlates in young children. *Human Development, 10*, 1–17.

Silver, M. J. (1968). Experimenter modeling: A critique. *Journal of Experimental Research in Personality and Social Psychology, 3*, 172–178.

Simal, F. J. & Herr, V. V. (1970). Autonomic responses to threatening stimuli in relation to the repression-sensitization dimension. *Journal of Abnormal Psychology, 76*, 106–109.

Simon, L. M. & Levitt, E. A. (1950). The relation between a Wechsler-Bellevue IQ Scores and occupational area. *Occupations, 29*, 23–25.

Simons, H. & Möbus, C. (1976). Untersuchungen zur Fairness von Intelligenztests. *Zeitschrift für Entwicklungspsychologie und Pädagogische Psychologie, 8*, 1–12.

Simonton, D. K. (1975). Sociocultural context of individual creativity: A transhistorical time-series analysis. *Journal of Personality and Social Psychology, 32*, 1119–1133.

Simonton, D. K. (1977). Creative productivity, age, and stress. A biographical time-series analysis of 10 classical composers. *Journal of Personality and Social Psychology, 35*, 791–804.

Simonton, D. K. (1988). *Scientific genius: A psychology of science*. Cambridge: Cambridge University Press.

Simonton, D. K. (1989). The swan-song phenomenon: Last works effects for 172 classical composers. *Psychology and Aging, 4*, 42–47.

Simonton, D. K. (1990). Political pathology and societal creativity. Special issue: Creativity and health. *Creativity Research Journal, 3*, 85–99.

Simonton, D. K. (1992). Psychoeconomic creativity – how psychological? How economic? How creative: A response to Rubenson & Runco. *New Ideas in Psychology, 10*, 167–171.

Simpson, R. H. (1944). The specific meanings of certain terms indicating differing degree of frequency. Quarterly *Journal of Speech, 30*, 328–330.

Simrall, D. (1947). Intelligence and the ability to learn. *Journal of Psychology, 23*, 27–43.

Sincoff, J. B. & Sternberg, R. J. (1987). Two faces of verbal ability. *Intelligence, 11*, 263–276.

Sixtl, F. (1967). *Meßmethoden der Psychologie*. Weinheim: Beltz.

Sixtl, F. (1972). Gedanken über die Verzahnung von Allgemeiner und Differentieller Psychologie. *Archiv für Psychologie, 124*, 145–157.

Skanes, G. R., Sullivan, A. M. & Rowe, E. J. (1974). Intelligence and transfer: Aptitude by treatment interactions. *Journal of Educational Psychology, 66*, 563–568.

Skinner, B. F. (1953). *Science and human behavior.* New York: McMillan.

Skodak, M. & Skeels, H. M. (1949). A final follow-up study of 100 adopted children. *Journal of Genetic Psychology, 75*, 85–125.

Skowronek, I. H. (1973). *Umwelt und Begabung*. Stuttgart: Klett.

Slakter, M. J., Koehler, R. A. & Hampton, S. H. (1970a). Grade level, sex, and selection aspects of testwiseness. *Journal of Educational Measurement, 7*, 119–122.

Slakter, M. J., Koehler, R. A. & Hampton, S. H. (1970b). Learning test-wiseness by programmed texts. *Journal of Educational Measurement, 7*, 247–254.

Sloane, R. B., Staples, F. R., Yorkston, W., Cristol, A. & Whipple, K. (1974). *Behavior therapy versus psychotherapy*. Cambridge, Mass.: Harvard University Press.

Smart, R. G. (1966). Subject selection bias in psychological research. *Canadian Psychologist, 7*(2), 115–121.

Smith, C.-S., Reilly, C. & Midkiff, K. (1989). Evaluation of three rhythm questionnaires with suggestions for an improved measure of morningness. *Journal of Applied Psychology, 74,* 728–738.

Smith, D. I. & Kirkham, R. W. (1981). Relationship between some personality characteristics and driving record. *British Journal of Social Psychology, 20,* 229–231.

Smith, G. M. (1967). Usefulness of peer ratings of personality in educational research. *Educational and Psychological Measurement, 27,* 967–984.

Smith, R. M. (1968). Characteristics of creativity research. *Perceptual and Motor Skills, 26,* 698.

Smith, W. J., Albright, L. E., Glennon, J. R. & Owens, W. A. (1961). The prediction of research competence and creativity from personal history. *Journal of Applied Psychology, 45,* 59–62.

Snortum, J. R. & Wilding, F. W. (1971). Temporal estimation and heart rate as a function of repression-sensitization score and probability of shock. *Journal of Consulting and Clinical Psychology, 37,* 417–422.

Snyder, M. (1983). The influence of individuals on situations: Implications for understanding links between personality and social behavior. *Journal of Personality, 51,* 497–516.

Snyder, M. (1987). *Public appearances/private realities: the psychology of self-monitoring.* San Francisco: Freemann.

Snyder, M. & Gangestad, S. (1982). Choosing social situations: Two investigations of self-monitoring processes. *Journal of Personality and Social Psychology, 43,* 123–135.

Snyder, M. & Ickes, W. (1984). Personality and social behavior. In G. Lindzey & E. Aronson (Eds.), *Handbook of social psychology* (pp. 883–948). Reading/Mass.: Addison-Wesley.

Snyder, M. & Monson, Th. C. (1975). Persons, situations, and the control of social behavior. *Journal of Personality and Social Psychology, 32,* 637–644.

Snyder, M., Tanke, E. D. & Berscheid, E. (1977). Social perception and interpersonal behavior: On the self-fulfilling nature of social stereotypes. *Journal of Personality and Social Psychology, 35,* 656–666.

Snyderman, M. & Rothman, S. (1986). Science, politics, and the IQ controversy. *The Public Interest, 83,* 79–97.

Sobel, R. S. (1974). The effects of success, failure, and locus of control of postperformance attribution of causality. *Journal of General Psychology, 91,* 29–34.

Sokolov, E. N. (1960). Neuronal models and the orienting reflex. In M. A. Brazier (Ed.), *The central nervous system and behavior.* New York: Moon.

Solomon, D., Houlihan, K. A., Busse, T. & Parelius, R. J. (1971). Parent behavior and child academic achievement, achievement striving and related personality characteristics. *Genetic Psychology Monographs, 83,* 173–273.

Sommer, R. & Sommer, B. A. (1983). Early intervention, IQ, and Psychology testbooks. *American Psychologist, 38,* 982–985.

Sonstroem, R. J. & Walker, M. I. (1973). Relationship of attitudes and locus of control to exercise and physical fitness. *Perceptual and Motor Skills, 36,* 1031–1034.

Sontag, L. W., Baker, C. T. & Nelson, V. L. (1958). Mental growth and personality development: A longitudinal study. *Monographs of the Society for Research in Child Development, 23,* 1–143.

Sosis, R. H. (1974). Internal-external control and the perception of responsibility of another for an accident. *Journal of Personality and Social Psychology, 30,* 393–399.

Spada, H. F. (1969a). *Grundlagenforschung zur Intelligenzdiagnostik.* Unveröffentl. Dissertation, Universität Wien.

Spada, H. F. (1969b). Invariante Intelligenzdimensionen als Basis für Selektion und Klassifikation. In M. Irle (Hrsg.), *Bericht über den 26. Kongreß der Deutschen Gesellschaft für Psychologie in Tübingen 1968* (S. 166–176). Göttingen: Hogrefe.

Spada, H. F. (1970). Intelligenztheorie und Intelligenzmessung. *Psychologische Beiträge, 12,* 83–96.

Sparacino, J. & Hansell, St. (1979). Physical attractiveness and academic performance: Beauty is not always talent. *Journal of Personality, 47,* 449–469.

Spearman, Ch. (1904a). The proof and measurement of association between two things. *American Journal of Psychology, 15,* 72–101.

Spearman, Ch. (1904b). »General intelligence«, objectively determined and measured. *American Journal of Psychology, 15,* 201–293.

Spearman, Ch. (1910). Correlation calculated from faulty data. *British Journal of Psychology, 3*, 281 ff.

Spearman, Ch. (1927). *The abilities of man.* London: Mac Millan.

Spearman, Ch. (1930). *»G« and after – a school to end schools. In Psychologies of 1930* (pp. 339–366). Worcester, Mass.: Clark University Press.

Spearman, Ch. (1930). Disturbers of tetrad differences. Scales. *Journal of Educational Psychology, 21*, 559–573.

Spearman, Ch. (1931a). The theory of »two factors« and that of »sampling«. *British Journal of Educational Psychology, 1*, 140–161.

Spearman, Ch. (1931b). Sampling error of tetrad differences. *Journal of Educational Psychology, 22*, 388.

Spearman, Ch. & Holzinger, K. J. (1924). The sampling error in the theory of two factors. *British Journal of Psychology, 15*, 17–19.

Spearman, Ch. & Holzinger, K. J. (1925). Note on the sampling error of tetrad differences. *British Journal of Psychology, 16*, 86–88.

Spence, J. T. & Spence, K. W. (1966). The motivational components of manifest anxiety: Drive and drive stimuli. In C. D. Spielberger (Ed.), *Anxiety and behavior* (pp. 291–326). New York: Academic Press.

Spence, K. W. (1956). *Behavior theory and conditioning.* New Haven: Yale University Press.

Spence, K. W. (1958). A theory of emotionally based drive (D) and its relation to performance in simple learning situations. *American Psychologist, 13*, 131–141.

Spence, K. W. (1964). Anxiety (drive) level and performance in eyelid conditioning. *Psychological Bulletin, 61*, 124–139.

Spence, K. W. & Townsend, S. (1930). A comparative study of groups of high and low intelligence in learning a maze. *Journal of General Psychology, 3*, 113–130.

Sperber, W. (1982). *Zum Forschungsstand im Bereich praktischer Intelligenz.* Arbeitsbericht 7 aus dem Forschungsschwerpunkt Produktives Denken – Intelligentes Verhalten, Freie Universität Berlin.

Sperber, W., Wörpel, S., Jäger, A. O. & Pfister, R. (1985). *Praktische Intelligenz. Untersuchungsbericht und erste Ergebnisse.* Arbeitsbericht 5 aus dem Forschungsschwerpunkt Produktives Denken – Intelligentes Verhalten, Freie Universität Berlin.

Spielberger, C. D. (Ed.) (1966a). *Anxiety and Behavior.* New York: Academic Press.

Spielberger, C. D. (1966b). Theory and research on anxiety. In C. D. Spielberger (Ed.), *Anxiety and Behavior* (pp. 3–20). New York: Academic Press.

Spielberger, C. D. (Ed.) (1972a). *Anxiety: Current trends in theory and research, Vol. 1.* New York: Academic Press.

Spielberger, C. D. (Ed.) (1972b). *Anxiety: Current trends in theory and research, Vol. 2.* New York: Academic Press.

Spielberger, C. D. (1972c). Anxiety as an emotional state. In C. D. Spielberger (Ed.), *Anxiety: Current trends in theory and research, Vol.1* (pp. 23–49). New York: Academic Press.

Spielberger, C. D. (1977). State-trait anxiety and interactional psychology. In D. Magnusson & N. S. Endler (Eds.), *Personality at the crossroads: Current issues in interactional psychology* (pp. 173–183). Hillsdale, N. J.: Erlbaum.

Spielberger, C. D. (1980). *Test anxiety inventory (»Test attitude inventory«).* Palo Alto, Calif.: Consulting Psychologists Press.

Spielberger, C. D. (1983). *Manual for the Stat-Trait Anxiety Inventory (Form V).* Palo Alto, CA: Psychologists Press.

Spielberger, C. D. (1985). Anxiety, cognition, and affect: A state-trait perspective. In: A. H. Tuma & J. D. Maser (Eds.), *Anxiety and the anxiety disorders* (pp. 171–182). Hillsdale, NJ: Erlbaum.

Spielberger, C. D. & DeNike, L. D. (1966). Descriptive behaviorism versus cognitive theory in verbal operant conditioning. *Psychological Review, 73*, 306–326.

Spielberger, C. D. & Diaz-Guerrero, R. (Eds.) (1976). *Cross-cultural-anxiety.* Washington: Hemisphere Publishing Corporation.

Spielberger, C. D., Gorsuch, R. L. & Lushene, R. E. (1970). *Manual for the state-trait anxiety inventory.* Palo Alto, Cal.: Consulting Psychologists Press.

Spielberger, C. D. & Jacobs, G. A. (1982). Personality and smoking behavior. *Journal of Personality Assessment, 46*, 396–403.
Spielberger, C. D., Lushene, R. E. & McAdoo, W. G. (1977). Theory and measurement of anxiety states. In R. B. Cattell & R. M. Dreger (Eds.), *Handbook of modern personality theory* (pp. 239–253). Washington, D. C.: Hemisphere.
Spielberger, C. D. & Sarason, I. G. (Eds.) (1975). *Stress and anxiety, Vol. 1*. Washington, D. C.: John Wiley.
Spoont, M. R., Depue, R. A. & Krauss, S. S. (1991). Dimensional measurement of seasonal variation in mood and behavior. *Psychiatry Research, 39*, 269–284.
Sprecher, S., Lamater, J. De, Newman, N., Newman, M., Kahn, P., Orbuch, D. & McKinney, K. (1984). Asking questions in bars: The girls (and boys) may not get prettier at closing time and other interesting results. *Personality and Social Psychology Bulletin, 10*, 483–488.
Sprecher, Th. B. (1959). A study of engineer's criteria for creativity. *Journal of Applied Psychology, 43*, 141–148.
Sprecher, Th. B. (1964a). A proposal for identifying the meaning of creativity. In C. W. Taylor & F. Barron (Eds.), *Scientific creativity: Its recognition and development* (pp. 77–88). New York: Wiley.
Sprecher, Th. B. (1964b). Creativity and individual differences in criteria. In C. W. Taylor (Ed.), *Widening horizons in creativity* (pp. 336–350). New York: Wiley.
Spreen, O. (1961). Konstruktion einer Skala zur Messung der manifesten Angst in experimentellen Situationen. *Psychologische Forschung, 26*, 205–223.
Spreen, O. (1963). *MMPI Saarbrücken. Handbuch*. Bern: Huber.
Spuhler, J. N. (1968). Sociocultural and biological inheritance in man. In C. D. Glass (Ed.), *Biology and behavior genetics* (pp. 102–110). New York: Rockefeller University Press.
Staats, A. W. (1980). Behavioral interaction and interactional psychology theories of personality: Similarities, differences, and the need for unification. *British Journal of Psychology, 71*, 205–220.
Stack, L. C. (1978). Trust. In H. London & J. E. Exner (Eds.), *Dimensions of personality* (pp. 561–599). New York usw.: Wiley.
Stäcker, K. H. (1977). *Frustration*. Stuttgart: Kohlhammer.
Stagner, R. (1977). On the reality and relevance of traits. *The Journal of General Psychology, 96*, 185–207.
Stapf, K. H., Herrmann, Th., Stapf, A. & Stäcker, K. H. (1972). *Psychologie des elterlichen Erziehungsstiles*. Stuttgart: Klett.
Staples, F. R., Sloane, R. B., Whipple, K., Cristol, A. & Yorkston, W. (1976). Process and outcome in psychotherapy and behavior. *Journal of Consulting and Clinical Psychology, 44*, 340–350.
Start, K. B. (1966). The relation of teaching ability to measures of personality. *British Journal of Educational Psychology, 36*, 158–165.
Stegmüller, W. (1969). *Hauptströmungen der Gegenwartsphilosophie* 1 (4. Aufl.). Stuttgart: Kröner.
Stein, M. I. (1953). Creativity and culture. Journal of Psychology, 36, 311–322. (Deutsch: Kreativität und Kultur. In G. Ulmann (Hrsg.), *Kreativitätsforschung* (S. 65–75). Köln: Kiepenheuer & Witsch.)
Stein, S. H. (1971). Arousal level in repressors and sensitizers as a function of response context. *Journal of Consulting and Clinical Psychology, 36*, 386–394.
Stein, Z. A., Susser, M. W., Saenger, G. & Marolla, F. A. (1972). Nutrition and mental performance. *Science, 181*, 708–713.
Stein-Hilbers, M. (1977). Kriminalität im Fernsehen. Stuttgart: Enke.
Stelmack, R. M. (1985). A factor analysis of the Eysenck Personality Inventory and the Strelau Temperament Inventory. *Personality and Individual Differences, 6*, 657–659.
Stelzl, I. (1972). Was bringt das Rasch-Modell für die Praxis? *Psychologische Beiträge, 14*, 299–310.
Stelzl, I. (1982). Verfehlte Einwände gegen Erblichkeitsschätzungen. Kritische Bemerkungen zu einigen Argumenten von Seidler (1981) und Fischer & Formann (1981). *Zeitschrift für Differentielle und Diagnostische Psychologie, 3*, 55–59.
Stelzl, I. (1982). *Fehler und Fallen der Statistik*. Bern: Huber.
Stenberg, G., Risberg, J., Warkentin, S. & Rosen, I. (1990). Regional patterns of cortical blood flow distinguish extraverts form introverts. *Personality and Individual Differences, 11*, 663–673.

Stenberg, G., Rosen, I. & Risberg, J. (1988). Personality and augmenting/reducing in visual and auditory evoked potentials. *Personality and Individual Differences, 9*, 571–579.

Stephens, M. W. (1971). *Cognitive and cultural determinants of early IE development.* Vortrag gehalten auf dem Kongreß der American Psychological Association, Washington, September 1971. (Zitiert nach Strickland, 1977.)

Stephens, M. W. (1972). *Locus of control as mediator of cognitive development.* Vortrag gehalten auf dem Kongreß der American Psychological Association, Honolulu, September 1972. (Zitiert nach Strickland, 1977.)

Stephens, M. W. (1973). *Dimension of locus of control: Impact of early educational experiences.* Vortrag gehalten auf dem Kongreß der American Psychological Association, Montreal, August 1973. (Zitiert nach Strickland, 1977.)

Stephens, M. W. & Delys, P. A. (1973). A locus of control measure for preschool children. *Developmental Psychology, 9*, 55–65.

Stern, G. G. (1964). B = f(P, E). *Journal of Personality Assessment, 28*, 161–168.

Stern, W. (1900). *Über die Psychologie der individuellen Differenzen.* Leipzig: Barth.

Stern, W. (1911). *Intelligenzproblem und Schule.* Leipzig: Teubner.

Stern, W. (1912). *Die psychologischen Methoden der Intelligenzprüfung und deren Anwendung an Schulkindern.* 5. Kongreß der Experimentellen Psychologie, Berlin.

Stern, W. (1921). *Die Differentielle Psychologie in ihren methodischen Grundlagen.* Leipzig: Barth.

Stern, W. (1950). *Allgemeine Psychologie auf personalistischer Grundlage.* Den Haag: Mouton.

Sternberg, R. J. (1977). *Intelligence, information processing, and analogical reasoning.* Hillsdale, N. J.: Lawrence Erlbaum.

Sternberg, R. J. (1985a). *Beyond IQ.* New York: Cambridge University Press.

Sternberg, R. J. (1985b). Human intelligence: The model is the message. *Science, 230*, 1111–1118.

Sternberg, R. J. (1988a). Intelligence. In R. J. Sternberg & E. E. Smith (Eds.), *The Psychology of human thought* (pp. 267–308). Cambridge: University Press.

Sternberg, R. J. (Ed.) (1988b). *The nature of creativity.* Cambridge: Cambridge University Press.

Sternberg, R. J. (1988c). The black-white differences and Spearman's g: Old wine in new bottles that still doesn't taste good. *Behavioral and Brain Sciences, 8*, 244.

Sternberg, R. J. (1988d). Mental self-government: A theory of intellectual styles and their development. Human Development, 31, 197–224.

Sternberg, R. J. (1994a). Allowing for thinking styles. *Educational Leadership, 52*, 36–39.

Sternberg, R. J. (1994b). Thinking styles: Theory and assessment at the interface between intelligence and personality. In R. J. Sternberg & P. Ruzgis (Eds.), *Intelligence and personality* (pp. 169–187). New York: Cambridge University Press.

Sternberg, R. J. (1998). *Erfolgsintelligenz. Warum wir mehr brauchen als IQ und EQ.* München: Lichtenberg.

Sternberg, R. J., Conway, B. E., Bernstein, M. & Ketron, J. C. (1981). People's Conceptualisations of Intelligence. *Journal of Personality and Social Psychology, 41*, 37–55.

Sternberg, R. J. & Detterman, D. K. (Eds.) (1979). *Human Intelligence.* Norwood: Ablex.

Sternberg, R. J. & Detterman, D. K. (Eds.) (1986). *What is Intelligence?* Norwood, N. J.: Ablex Publishing Corporation.

Sternberg, R. J. & Lubart, T. I. (1991). An investment theory of creativity and its development. *Human Development, 34*, 1–31.

Sternberg, R. J. & Lubart, T. I. (1992). Buy low and sell high: An investment approach to creativity. *Current Directions in Psychological Science, 1*, 1–5.

Stewart, N. (1947). AGCT-Scores of army personell grouped by occupation. *Occupations, 26*, 5–41.

Steyer, R. (1987). Konsistenz und Spezifität: Definition zweier zentraler Begriffe der Differentiellen Psychologie und ein einfaches Modell zur ihrer Identifikation. *Zeitschrift für Differentielle und Diagnostische Psychologie, 8*, 245–258.

Steyer, R. (1992). *Theorie kausaler Regressionsmodelle.* Stuttgart: Fischer.

Steyer, R. & Eid, M. (1993). *Messen und Testen – Ein Lehrbuch.* Berlin: Springer

Steyer, R., Schmitt, M. & Eid, M. (1999). Latent state-trait theory and research in personality and individual differences. *European Journal of Personality, 13*, 389–408.

Steyer, R. & Schmitt, M. J. (1990). The effects of aggregation. Across and within occasions on consistency, specificity and reliability. *Methodica, 4*, 58–94.

Steyer, R., Schmitt, M. J. & Ferring, D. (1992). States and Trates in psychological assessment. *European Journal of Psychological Assessment, 8*, 79–98.

Stone, S. V., Costa, P. T. Jr. (1990). Disease-prone personality or distress-prone personality? In H. S. Friedman (Ed.), *Personality and disease* (pp. 178–200). New York, NY: Wiley.

Straits, B. & Sechrest, L. (1963). Further support of some findings about the characteristics of smokers and non-smokers. *Journal of Consulting Psychology, 27*, 282.

Strelau, J. (1972). A diagnosis of temperament by nonexperimental techniques. *Polish Psychological Bulletin, 3*, 97–105.

Strelau, J. (1974). Temperament as an expression of energy level and temporal features of behavior. *Polish Psychological Bulletin, 5*, 119–127.

Strelau, J. (1982). Biologically determined dimensions of personality of temperament? *Personality and Individual Differences, 3*, 355–360.

Strelau, J. (1983). *Temperament – personality – activity*. London: Academic Press.

Strelau, J. (Ed.) (1985). *Temperamental bases of behavior: Warsaw studies on individual differences*. Lisse: Swets & Zeitlinger.

Strelau, J. (1986). Zur biologischen Determination von Persönlichkeitsdimensionen. In V. Sarris (Hrsg.), *Die Zukunft der experimentellen Psychologie*. Weinheim: Beltz.

Strelau, J. (1989). The regulative theory of temperament as a result of East-West influences. In G. A. Kohnstamm, J. E. Bates, & M. K. Rothbart (Eds.), *Temperament in childhood* (pp. 35–48). Chichester: Wiley.

Strelau, J. (1993). The location of the Regulative Theory of Temperament (RTT) among other temperament theories. In J. Hettema & I. J. Deary (Eds.), *Foundations of Personality*(pp. 113–132). Dordrecht: Kluwer Academic Publishers.

Strelau, J. (1996). The regulative theory of temperament: current status. *Personality and Individual Differences, 20*, 131–142.

Strelau, J. (1999). *Temperament: A psychological perspective*. New York and London: Plenum Press

Strelau, J. & Angleitner, A. (1994). Cross-cultural studies on temperament: Theoretical considerations and empirical studies based on the Pavlovian Temperament Survey (PTS). *Personality and Individual Differences, 16*, 331–342.

Strelau, J., Angleitner, A., Bantelmann, J. & Ruch, W. (1990). The Strelau Temperament Inventory-Revised (STI-R): Theoretical considerations and scale development. *European Journal of Personality, 4*, 209–235.

Strelau, J. & Eysenck, H. J. (1987). *Personality dimensions and arousal*. New York: Plenum Press.

Strelau, J. & Plomin, R. (1992). A tale of two theories of temperament. In G. V. Caprara & G. L. Van Heck (Eds.), *Modern personality psychology: Critical reviews and new directions*. New York: Harvester Wheatsheaf.

Strelau, J. & Zawadzki, B. (1993). The Formal Characteristics of Behavior-Temperament Inventory (FCB-TI): Theoretical assumptions and scale construction. *European Journal of Personality, 7*, 313–336.

Strelau, J. & Zawadzki, B. (1995). The Formal Characteristics of Behavior-Temperament Inventory (FCB-TI): Validity studies. *European Journal of Personality, 9*, 1–23.

Stricker, L. J., Jacobs, P. I. & Kogan, N. (1974). Trait interrelation and implicit personality theories and questionnaire data. *Journal of Personality and Social Psychology, 30*, 198–207.

Strickland, B. R. (1965). The prediction of social action from a dimension of internal-external control. *Journal of Social Psychology, 66*, 353–358.

Strickland, B. R. (1970). Individual differences in verbal conditioning, extinction and awareness. *Journal of Personality, 38*, 364–378.

Strickland, B. R. (1973a). Delay of gratification and internal locus of control in children. *Journal of Consulting and Clinical Psychology, 40*, 338.

Strickland, B. R. (1973b). *Locus of control: Where have we been and where are we going?* Vortrag gehalten auf dem Kongreß der American Psychological Association, Montreal, August 1973. (Zitiert nach Strickland, 1977.)

Strickland, B. R. (1977). Internal-external control of reinforcement. In Th. Blass (Ed.), *Personality variables in social behavior* (pp. 219–279). Hillsdale: Erlbaum.

Strickland, B. R. (1978). Internal-external expectancies and health-related behaviours. *Journal of Consulting and Clinical Psychology, 46,* 1192–1211.

Strickland, B. R. (1972). Delay of gratification as a function of race of the experimenter. *Journal of Personality and Social Psychology, 22,* 108–112.

Stringer, P. & Bannister, D. (1979). *Constructs of sociality and individuality.* London usw.: Academic Press.

Strube, G. (Hrsg.) (1977). *Binet und die Folgen. Die Psychologie des zwanzigsten Jahrhunderts, Band V.* Zürich: Kindler.

Struempfer, D. J. W. (1997). Sense of coherence, negative affectivity, and general health in farm supervisors. *Psycholocial Reports, 80,* 963–966.

Struempfer, D. J. W., Gouws, J. F. & Viviers, M. R. (1998). Antonovky's Sense of Coherence Scale related to negative and positive affectivity. *European Journal of Personality, 12 (6),* 457–480.

Strupp, H. H., Hadley, W. & Gomes-Schwartz, B. (1977). *Psychotherapy for better or worse: the problem of negative effects.* New York: Aronson.

Stumpf, H. (1978). Validierungsuntersuchung zur revidierten deutschen Übersetzung der Personality-Research-Form: Ein empirischer Beitrag zum Problem der Anwendung faktorenanalytischer Techniken auf Multitrait-Multimethod-Matrizen. *Wehrpsychologische Untersuchungen, 13,* 1–370.

Stumpf, H. (2000). Training und Übung. In M. Amelang (Hrsg.), *Enzyklopädie der Psychologie. Differentielle Psychologie und Persönlichkeitsforschung. Band 4: Determinanten individueller Unterschiede* (S. 487–538). Göttingen: Hogrefe.

Stumpf, H. & Angleitner, A. (1977). Äquivalenz und Gütekriterien einer revidierten Übersetzung der »Personality Research Form« von Jackson. *Wehrpsychologische Untersuchungen, 12,* Heft 3.

Stumpf, H., Angleitner, A. & Steege, F. W. (1978). Ergebnisse zur Äquivalenzprüfung der Personality-Research-Form (PRF) von Jackson. *Diagnostica, 24,* 162–174.

Subotnik, R. F., Karp, D. E. & Morgan, E. R. (1989). High IQ-children at midlife: An investigation to the generalizability of Terman's genetic studies of genius. *Roeper Review, 11,* 139–144.

Suedfeld, C. (1971). Information processing as a personality model. In H. M. Schroder & O. Suedfeld (Eds.), *Personality theory and information processing* (pp. 3–14). New York: Ronald.

Suler, J. R. (1980). Primary process thinking and creativity. *Psychological Bulletin, 88,* 144–165.

Sullerot, E. (Hrsg.) (1979). *Die Wirklichkeit der Frau.* München: Steinhausen.

Sullivan, H. S. (1953). *The interpersonal theory of psychiatry* New York: Norton.

Süllwold, F. (1987). Implizite Intelligenztheorien. *Zeitschrift für Experimentelle und Angewandte Psychologie, 34,* 101–119.

Süllwold, F. (1988). *Geschlechtsunterschiede in der Streßverarbeitung.* Forschung Frankfurt, Wissenschaftsmagazin der Johann Wolfgang Goethe-Universität, 30–34.

Sure, G. E. le (1977). Relationship between intelligence and preferences to work for delayed rewards. *Psychological Reports, 40,* 493–494.

Sylvia, W. H., Clark, Ph. M. & Monroe, L. J. (1978). Dream reports of subjects high and low in creative ability. *Journal of General Psychology, 99,* 205–211.

Tack, W. H. (1980). Zur Theorie psychometrischer Verfahren: Formalisierung der Erfassung von Situationsabhängigkeit und Veränderung. *Zeitschrift für Differentielle und Diagnostische Psychologie, 1,* 87–106.

Tack, W. H. (1986). Reliabilitäts- und Effektfunktionen: Ein Ansatz zur Zuverlässigkeit von Meßwertänderungen. *Diagnostica, 32,* 48–63.

Taj Al Deen, H., Mehl, J. & Wolfram, H. (1974). Die Validierung eines Furchtfragebogens für Neurotiker. In J. Helm, E. Kasielke & J. Mehl (Hrsg.), *Neurosendiagnostik* (S. 131–152). Berlin: VEB Deutscher Verlag der Wissenschaften.

Tausch, R. (1962). Empirische Untersuchungen im Hinblick auf Ganzheits- und Gestalt-psychologische Wahrnehmungserklärungen. *Zeitschrift für Psychologie, 166,* 26–61.

Taylor, C. W. (1958). Variables related to creativity and productivity among men in two research laboratories. In C. W. Taylor (Ed.), *The second (1957) University of Utah Research conference on the identification of creative scientific talent* (pp. 20–54). Salt Lake City: University of Utah Press (auch in C. W. Taylor & F. Barron (Eds.), *Scientific creativity: Its recognition and development* (pp. 228–250). New York: Wiley.

Taylor, C. W. (Ed.) (1964). *Widening horizons in creativity.* New York: Wiley.

Taylor, C. W. & Barron, F. (Eds.) (1963). *Scientific creativity: Its recognition and development.* New York: Wiley.

Taylor, C. W. & Ellison, R. L. (1964). Predicting creative performances from multiple measures. In C. W. Taylor (Ed.), *Widening horizons in creativity* (pp. 227–260). New York: Wiley (auch in P. E. Vernon (Ed.) (1970), Creativity (pp. 327–340). Middlesex: Penguin.

Taylor, C. W. & Holland, J. (1964). Predictors of creative performance. In C. W. Taylor (Ed.), *Creativity: progress and potential* (pp. 16–48). New York: MacGraw Hill.

Taylor, C. W., Smith, W. R. & Ghiselli, B. (1964). The creative and other contributions of one sample of research scientists. In C. W. Taylor & F. Barron (Eds.), *Scientific creativity: Its recognition and development* (pp. 53–76). New York: Wiley.

Taylor, J. A. (1953). A personality scale of manifest anxiety. *Journal of Abnormal and Social Psychology, 48*, 285–290.

Taylor, J. A. (1956). Drive theory and manifest anxiety. *Psychological Bulletin, 53*, 303–320.

Taylor, J. A. (1958). The effects of anxiety level and psychological stress on verbal learning. *Journal of Abnormal and Social Psychology, 57*, 55–60.

Taylor, S. (1979). Hospital patient behaviour: Reactance, helplessness, or control? *Journal of Social Issues, 35*, 156–184.

Taylor, S. P. & Pisano, R. (1971). Physical aggression as a function of frustration and physical attack. *Journal of Social Psychology, 84*, 261–267.

Tedeschi, J. T., Smith, R. B. & Brown, R. C. (1974). A reinterpretation of research on aggression. *Psychological Bulletin, 81*, 540–562.

Telfer, M. A., Baker, D., Clark, G. R. & Richardson, C. E. (1968). Incidence of gross chromosomal errors among tall criminal American males. *Science, 159*, 1249–1250.

Tellegen, A. (1982). *Brief manual for the Differential Personality Questionnaire.* Unpublished Manuscript, University of Minnesota, Minneapolis.

Tellegen, A. (1988). The analysis of consistency in personality assessment. *Journal of Personality, 56*, 621–663.

Tellegen, A., Lykken, D. T., Bouchard, T. J. Jr., Wilcox, K. J., Rich, S. & Segal, N. L. (1988). Personality similarity in twins reared apart and together. *Journal of Personality and Social Psychology, 54*, 1031–1039.

Tellegen, A. & Waller, N. G. (1987). *Re-examining basic dimensions of natural language trait descriptors.* Paper presented at the 95th annual convention of the American Psychological Association. New York, August 28 – September 1, 1987 (zitiert in Ostendorf & Angleitner, 1994).

Temoshok, L. (1985). Biopsychological studies on cutaneous malignant melanoma: Psychosocial factors associated with prognostic indicators, progression, psychophysiology and tumor-host response. *Social Science and Medicine, 20*, 833–840.

Temoshok, L. (1987). Personality, coping, style, emotion and cancer: Towards an integrative model. *Cancer Surveys, 6*, 545–567.

Temoshok, L. & Fox, B. H. (1984). Coping styles and other psychosocial factors related to medical status and to prognosis in patients with cutaneous malignant melanoma. In B. H. Fox & B. H. Newberry (Eds.), *Impact of psychoendocrine systems in cancer and immunity* (pp. 258–287). Lewiston, N. Y.: Hogrefe.

Tempone, V. J. (1964a). Some clinical correlates of repression-sensitization. *Journal of Clinical Psychology, 20*, 440–442.

Tempone, V. J. (1964b). Extension of the repression-sensitization hypothesis to success and failure experience. *Psychological Reports, 15*, 39–45.

Teplow, B. M. (1972). The Problems of types of human higher nervous activity and methods of determining them. In V. D. Nebylitsyn & J. A. Gray (Eds.), *Biological bases of individual behavior.* New York: Academic Press.

Terman, L. M. (1916). *The measurement of intelligence.* Boston: Houghton Mifflin.

Terman, L. M. (1917). The intelligence quotient of Francis Galton in childhood. *American Journal of Psychology, 28*, 209–215.
Terman, L. M. (Ed.) (1925). *Genetic studies of genious. Volume I. Mental and physical traits of a thousand gifted children.* Stanford: Stanford University Press.
Terman, L. M. (1954). Scientists and non-scientists in a group of 800 gifted men. *Psychological Monographs, 68*, No. 378.
Terman, L. M. & Merrill, M. A. (1937). *Measuring intelligence.* Boston: Houghton Mifflin.
Terman, L. M. & Miles, C. C. (1936). *Sex and personality: Studies in masculinity and femininity.* New York: McGrawHill.
Terman, L. M. & Oden, M. (1947). *The gifted child grows up.* Stanford: Stanford University Press.
Terman, L. M. & Oden, M. (1959). *The gifted group at mid-life.* Stanford: Stanford University Press.
Thayer, R. E. (1989). *The psychobiology of mood and arousal.* Oxford: Pergamon.
Thieß, F. (1937). *Stürmischer Frühling.* Wien: Zsolnay.
Tholey, P. (1981/82). Signifikanztest und Bayessche Hypothesenprüfung. *Archiv für Psychologie, 134*, 319–342.
Thomae, H. (1960). Das Problem der Konstanz und Variabilität der Eigenschaften. In Ph. Lersch & H. Thomae (Hrsg.), *Persönlichkeitsforschung und Persönlichkeitstheorien. Handbuch der Psychologie 4* (S. 281–357). Göttingen: Hogrefe.
Thomae, H. (1968). *Das Individuum und seine Welt. Eine Persönlichkeitstheorie.* Göttingen: Hogrefe.
Thomae, H. & Feger, H. (1969). *Hauptströmungen der neueren Psychologie.* Frankfurt/M.: Akademische Verlagsgesellschaft.
Thomas, A. (1980). Untersuchungen zum Problem der vaterlosen Erziehung in ihrem Einfluß auf die psychosoziale Entwicklung des Kindes. *Psychologische Beiträge, 22*, 27–48.
Thompson, T. I. & Sturm, T. (1965). Visual reinforcer color and operant behavior in the Siamese fighting fish. *Journal of Experimental Analysis of Behavior, 8*, 341–344.
Thompson, W. R. & Grusec, J. (1970). Studies of early experience. In P. H. Mussen (Ed.), *Carmichael's manual of child psychology* (pp. 556–654). New York: Wiley.
Thomson, G. H. (1916). A hierarchy without a general factor. *British Journal of Psychology, 8*, 271–281.
Thomson, G. H. (1934). On measuring g and s by tests which break the g-hierarchy. *British Journal of Psychology, 25*, 204–210.
Thomson, G. H. (1935). The definition and measurement of g. *Journal of Educational Psychology, 26*, 241–262.
Thorndike, E. L. (1898). Animal intelligence. *Psychological Review Monographs Supplement, 2*, No. 8.
Thorndike, E. L. (1920). Intelligence and its uses. *Harpers Magazine, 40*, 227–235.
Thorndike, R. L. (1966). Some methodological issues in the study of creativity. In A. Anastasi (Ed.), *Testing problems in perspective* (pp. 436–448). Washington: American Council on Education.
Thornton, G. C. & Gierasch, P. F. (1980). Fakability of an empirically derived selection instrument. *Journal of Personality Assessment, 44*, 48–51.
Throop, W. F. & Mac Donald, A. P. (1971). Internal-external locus of control: A bibliography. *Psychological Reports, 28*, 175–190.
Thurstone, L. L. (1928). The absolute zero in intelligence measurement. *Psychological Review, 35*, l 75–197.
Thurstone, L. L. (1931a). Multiple factor analysis. *Psychological Review, 38*, 406–427.
Thurstone, L. L. (1931b). The measurement of social attitudes. *Journal of Abnormal and Social Psychology, 26*, 249–269.
Thurstone, L. L. (1938). *Primary and mental abilities.* Chicago: The University of Chicago Press.
Thurstone, L. L. (1947). *Multiple factor analysis* (2nd ed. 1950). Chicago: University of Chicago Press.
Thurstone, L. L. (1951). The dimensions of temperament. *Psychometrika, 16*, 11–20.
Thurstone, L. L. (1954). An analytical method for simple structure. *Psychometrika, 19*, 173–182.
Thurstone, L. L. & Thurstone, Th. G. (1941). *Factorial studies of intelligence.* Chicago, Ill.: The University of Chicago Press.

Tiedemann, J. (1983). Der Kognitive Stil Impulsivität-Reflexivität: Eine kritische Bestandsaufnahme. *Zeitschrift für Entwicklungspsychologie und Pädagogische Psychologie, 15*, 66–74.

Tiedemann, J. (1984). Feldabhängigkeit - Feldunabhängigkeit. Kompetenz statt Präferenz. *Zeitschrift für Entwicklungspsychologie und Pädagogische Psychologie, 16*, 162–171.

Tiedemann, J. (1988). Zur Diagnostik Kognitiver Stile. *Diagnostica, 34*, 289–300.

Tiedemann, J. (1996). Kognitive Stile. In M. Amelang (Hrsg.) *Temperaments- und Persönlichkeitsunterschiede. Enzyklopädie der Psychologie, Differentielle Psychologie und Persönlichkeitsforschung, Band 3* (S. 507–533). Göttingen: Hogrefe.

Timaeus, E. (1974). *Experiment und Psychologie. Zur Sozialpsychologie psychologischen Experimentierens*. Göttingen: Verlag für Psychologie.

Timaeus, E. & Schwebke, A. (1970). Die Leistungen des »Klugen Hans« und ihre Folgen: Ein experimenteller Beitrag zur Psychologie der Versuchsperson. *Zeitschrift für Sozialpsychologie, 1*, 237–252.

Timm, O. (1968). Reliabilität und Faktorenstruktur von Cattells 16 PF-Test bei einer deutschen Stichprobe. *Zeitschrift für Experimentelle und Angewandte Psychologie, 15*, 354–373.

Tolor, A. (1967). An evaluation of the Maryland Parent Attitude Survey. *Journal of Psychology, 67*, 69–74.

Tolor, A. (1978). Some antecendents and personality correlates of health locus of control. *Psychological Reports, 43*, 1159–1165.

Tolor, A. & Jalowiec, J. E. (1968). Body boundary, parental attitudes, and internal-external expectancy. *Journal of Consulting and Clinical Psychology, 32*, 206–209.

Toman, W. (1971). The duplication theorem of social relationships as tested in the general population. *Psychological Review, 78*, 380–390.

Toman, W. (1973). *Familienkonstellationen und ihre Störungen*. Stuttgart: Enke.

Tomlinson-Keasy, C. & Little, T. D. (1990). Predicting educational attainment, occupational achievement, intellectual skills, and personal adjustment among gifted men and women. *Journal of Educational Psychology, 82*, 442–455.

Toner, I. J. & Smith, R. A. (1977). Age and overt verbalisation in delayed-maintenance behavior in children. *Journal of Experimental Child Psychology, 24*, 123–128.

Topsch, W. (1976). *Grundschulversagen und Lernbehinderung*. Essen: Verlag deutsche Schule.

Torrance, E. P. (1962a). Testing and creative talents. *Educational Leadership, 20*, 7–10.

Torrance, E. P. (1962b). Developing creative thinking through school experiences. In S. J. Parnes & H. F. Harding (Eds.), *A source book for creative thinking* (pp. 31–47). New York: Charles Scribners's Sons.

Torrance, E. P. (1964). *Educations and the creative potential*. Minneapolis: University of Minnesota Press.

Torrance, E. P. (1967). The Minnesota studies of creative behaviour: National and international extensions. *Journal of Creative Behavior, 1*, 137–154.

Torrance, E. P. (1968). Neue Item-Arten zur Erfassung kreativer Denkfähigkeit. In K. Ingenkamp & Th. Marsolek (Hrsg.), *Möglichkeiten und Grenzen der Testanwendung in der Schule*. Weinheim: Beltz.

Trautner, H. M. (1977). Verhaltensmerkmale bei Straffälligen und Nichtstraffälligen und ihre Beziehung zu Extraversion, Neurotizismus und Extraversion. In W. H. Tack (Hrsg.), *Bericht über den 30. Kongreß der Deutschen Gesellschaft für Psychologie in Regensburg 1976, Band 2* (S. 392–394). Göttingen: Hogrefe.

Trautner, H. M. (1978). *Lehrbuch der Entwicklungspsychologie. Band 1*. Göttingen: Hogrefe.

Traxel, W. (1964). *Einführung in die Methodik der Psychologie*. Bern: Huber.

Treadwell, E. (1960). The effects of depressant drugs on vigilance and psychomotor performance. In H. J. Eysenck (Ed.), *Experiments in personality* (pp. 159–196). New York: Prager.

Trost, G. (1975). *Vorhersage des Studienerfolges*. Braunschweig: Westermann.

Trost, G. & Bickel, H. (1979). *Studierfähigkeit und Studienerfolg*. München: Minerva Publikation.

Trotman, F. K. (1977). Race, IQ, and the middle class. *Journal of Educational Psychology, 69*, 266–273.

Tryon, R. C. (1929). The genetics of learning ability in rats: Preliminary report. *University of California Publications, Psychology, 4*, 71–89.

Tryon, R. C. (1940). Genetic differences in maze-learning ability in rats. *39th Yearbook National Society of Studies in Education, Part I,* 111–119.

Tseng, M. F. (1970). Locus of Control as a determinant of job proficiency, employability and training satisfaction of vocational rehabilitation clients. *Journal of Counseling Psychology, 17*, 487–491.

Tsujioka, B. & Cattell, R. B. (1965). A cross-cultural comparison of secondstratum questionnaire personality factore structures anxiety and extroversion in America and Japan. *Journal of Social Psychology, 65*, 205–219.

Tucker, L. R. (1964). The extension of factor analysis to three-dimensional matrices. In N. N. Fredericksen & H. Gulliksen (Eds.), *Contributions to mathematical psychology* (pp. 129–140). New York: Holt, Rinehart & Winston.

Tucker, L. R. (1966). Some mathematical notes on three-mode factor analysis. *Psychometrika, 31*, 279–311.

Tucker, L. R. & Messick, S. (1963). An individual differences model for multidimensional scaling. *Psychometrika, 28,* 333–367.

Tuddenham, R. D. (1962). The nature and measurement of intelligence. In L. Postman (Ed.), *Psychology in the making* (pp. 469–525). New York: Knopf.

Tuddenham, R. D. (1978). Soldier intelligence in World War I and II. *American Psychologist, 3*, 54–56.

Tunnell, G. (1980). Intraindividual consistency in personality assessment. The effect of self-monitoring. *Journal of Personality, 48*, 220–232.

Tunner, W. (1975). *Lernpsychologische Analyse des Vermeidens.* Habilitationsschrift, Universität München.

Tunner, W. (1978). Angst, Angstabwehr und ihre therapeutische Veränderung. In L. J. Pongratz (Ed.), *Handbuch der Psychologie. Bd. 8, Klinische Psychologie, 2. Handbuch* (S. 2231–2268). Göttingen: Hogrefe.

Tupes, E. C. & Christal, R. C. (1958). *Stability of personality trait rating factors obtained under diverse conditions* (Research Report). Lackland Air Force Base, Texas: U. S. Air Force.

Tupes, E. C. & Christal, R. C. (1961). *Recurrent personality factors based on trait ratings* (Tech. Rep. No. ASD-TR-61-97). Lackland Air Force Base, Texas: U. S. Air Force.

Tupes, E. C. & Christal, R. C. (1992). Recurrent personality factors based on trait ratings. *Journal of Personality, 60, 225–252.*

Turner, M. B. (1967). *Philosophy and the science of behavior.* New York: Appleton-Century-Crofts.

Turner, R. B. (1978). Consistency, self-conciousness, and the predictive validity of typical and maximal personality measures. *Journal of Research in Personality, 12,* 117–132.

Turner, R. B. & Gilliland, L. (1979). The comparative relevance and predictive validity of subject generated trait description. *Journal of Personality, 47*, 230–244.

Turner, R. B. & Horn, J. M. (1977). Personality scale and item correlates of WAIS abilities. *Intelligence, 1,* 281–297.

Turner, R. B. & Peterson, M. (1977). Public and private self-conciousness and the emotional expressivity. *Journal of Consulting and Clinical Psychology, 45*, 490–491.

Überla, K. (1968). *Faktorenanalyse* (2. Aufl. 1971). Berlin: Springer.

Ueckert, H. & Rhenius, D. (Hrsg.) (1979). *Komplexe menschliche Informationsverarbeitung.* Bern u. Stuttgart: Huber.

Uexküll, T. von (1996). *Psychosomatische Medizin.* München: Urban & Schwarzenberg.

Ullmann, L. P. (1962). An empirically derived MMPI scale which measures facilitation, inhibition of recognition of threatening stimuli. *Journal of Clinical Psychology, 18*, 127–132.

Ullrich, R. & Ullrich de Muynck, R. (Hrsg.) (1978). *Soziale Kompetenz. Experimentelle Ergebnisse zum Assertiveness-Training-Programm ATP. Band 1. Meßmittel und Grundlagen.* München: Pfeiffer.

Ulmann, G. (1968). *Kreativität.* Weinheim: Beltz.

Ulmann, G. (1973). *Kreativitätsforschung.* Köln: Kiepenheuer & Witsch.

Ulrich, R. (1966). Pain as a cause of aggression. *American Zoologist, 6*, 643–662.

Undheim, J. O. (1976). Ability structure in 10–11-year-old children and the theory of fluid and crystallized intelligence. *Journal of Educational Psychology, 68*, 411–423.

Undheim, J. O. (1979). Capitalization on chance: The case of Guilford's memory abilities. *Scandinavian Journal of Psychology, 20*, 71–76.

Undheim, J. O. (1981). On intelligence IV: Toward a restoration of general intelligence. *Scandinavian Journal of Psychology, 22*, 251–265.

Undheim, J. O. & Horn, J. L. (1977). Critical evaluation of Guilford's Structure-of-Intelligence-Theory. *Intelligence, 1*, 65–81.

United States Army (1945). The adjutant general's office, personnel research section: The Army General Classification Test. *Psychological Bulletin, 42*, 760–768.

Unnewehr, S. & Basler, H. D. (1989). Kontrollüberzeugungen und Kontrollambitionen bei Patientinnen mit Anorexia und Bulimia nervosa. *Zeitschrift für Klinische Psychologie, 18*, 303–318.

Urban, K. K. (1993). Neuere Aspekte in der Kreativitätsforschung. *Psychologie in Erziehung und Unterricht, 39*, 133–148.

Utz, H. E. (1979). *Empirische Untersuchungen zum Belohnungsaufschub*. München: Minerva.

Vagt, G. (1979). Zum Zusammenhang zwischen Aussehen und Persönlichkeit: Es kommt eher darauf an, daß man sich selbst für schön hält. *Zeitschrift für Experimentelle und Angewandte Psychologie, 26*, 355–363.

Vagt, G. (2000). Äußere Erscheinung: Physische Attraktivität, Konstitution, Körpergröße. In M. Amelang (Hrsg.), *Enzyklopädie der Psychologie. Differentielle Psychologie und Persönlichkeitsforschung, Band 4: Determinanten individueller Unterschiede* (S. 595–666). Göttingen: Hogrefe.

Vagt, G. & Majert, W. (1977). Schöne Menschen haben's auch nicht leichter. *Psychologie Heute, 9*, 36–38.

Vagt, G. & Majert, W. (1979). Wer schön ist, ist auch gut? Überprüfung eines Vorurteils. *Psychologische Beiträge, 21*, 49–61.

Vagt, G. & Wendt, W. (1978). Akquieszenz und die Validität von Fragebogenskalen. *Psychologische Beiträge, 20*, 428–439.

Vaitl, D. (1978). Psychophysiologische Meßmethoden. In L. R. Schmidt (Ed.), *Lehrbuch der Klinischen Psychologie* (S. 276–307). Stuttgart: Enke.

Valins, S. (1967). Emotionality and autonomic reactivity. *Journal of Experimental Research in Personality, 2*, 41–48.

Vandenberg, S. G. (1965). Innate abilities, one or many? A new method and some results. *Acta Geneticae Medicae et Gemellologiae, 14*, 41–47.

Vandenberg, S. G. (1966). Contributions of twin research to psychology. *Psychological Bulletin, 66*, 327–352.

Vandenberg, S. G. (1967). Hereditary factors in normal personality traits (as measured by inventories). In J. Worth (Ed.), *Recent advances in biological psychiatry* (pp. 65–104). New York: Plenum.

Vandenberg, S. G. (1969). Human behavior genetics: Present status and suggestions for future research. *Merrill-Palmer Quarterly of Behavior and Development, 15*, 121–154.

Vandenberg, S. G. (1972). Assortative Mating, or who marries whom? *Behavior Genetics, 2*, 127–157.

Vandenberg, S. G. & Hakstian, A. R. (1978). Cultural influences on cognition: A reanalysis of Vernon's data. *International Journal of Psychology, 13*, 251–279.

Vandenberg, S. G. & Kuse, A. R. (1978). Temperaments in twins. In W. E. Nance (Ed.), *Twin research psychology and methodology* (pp. 25–31). New York: Alan R. Liss.

Vando, A. (1970). A personality dimension related to pain tolerance. *Dissertation Abstracts International, 31*, 2292B-2293B.

Vannoy, J. S. (1965). Generality of cognitive complexity-simplicity as a personality construct. *Journal of Personality and Social Psychology, 2*, 385–396.

Vassend, O. & Skrondal, A. (1995). Factor analytic studies of the NEO Personality Inventory and the five-factor model: The problem of high structural complexity and conceptual indeterminacy. *Personality and Individual Differences, 19*, 135–147.

Vassend, O. & Skrondal, A. (1997). Validation of the NEO Personality Inventory and the five-factor model. Can findings from exploratory and confirmatory factor analysis be reconciled? *European Journal of Personality, 11*, 147–166.

Veno, A. & Pamment, P. (1979). Astrological factors and personality. A southern hemisphere replication. *Journal of Psychology, 101*, 73–77.

Verma, P. & Nijhawan, H. K. (1976). The effect of anxiety reinforcement and intelligence on the learning of a difficult task. *Journal of Experimental Child Psychology, 22*, 302–308.
Vernon, P. E. (1950). *The structure of human abilities*. London: Methuen.
Vernon, P. E. (1954). Symposium on the effects of coaching and practice in intelligence tests: V. Conclusions. *British Journal of Educational Psychology, 24*, 57–63.
Vernon, P. E. (1964). *Personality assessment. A critical survey*. London: Methuen.
Vernon, P. E. (1965). Ability factors and environmental influences. *American Psychologist, 20*, 723–733.
Vernon, P. E. (1969). *Intelligence and cultural environment*. London: Methuen.
Vernon, Ph. A. (1983). Speed of information processing and general intelligence. *Intelligence, 7*, 52–70.
Vernon, W. & Ulrich, R. (1966). Classical conditioning of painelicited aggression. *Science, 152*, 668–669.
Vestewig, R. (1978). Cross-response mode consistency in risk taking as a function of self-reported strategy and self-perceived consistency. *Journal of Research in Personality, 12*, 152–163.
Vögele, C. & Steptoe, A. (1993). Ärger, Feindseligkeit und kardiovaskuläre Reaktivität: Implikationen für essentielle Hypertonie und koronare Herzkrankheit. In V. Hodapp & P. Schwenkmezger (Hrsg.), *Ärger und Ärgerausdruck* (S. 169–191). Bern: Huber.
Voigt, K. H. & Fehm, H. L. (1986). Psychoendokrinologie. In Th. v. Uexküll (Hrsg.), *Lehrbuch der psychosomatischen Medizin*. Urban & Schwarzenberg.
Volpert, W., Ulmer, H.-V., Rittweger, H. & Tisch, H. (1973). Anfangsleistung und Übungserfolg im Langzeitversuch. In *Bericht über den III. Europäischen Kongreß für Sportpsychologie* (S. 125–130). Schorndorf: Hofmann.
Vygotsky, L. S. (1962). *Thought and language*. New York: Wiley.
Wachs, T. D. (1983). The use and abuse of environment in behavior-genetic research. *Child Development, 54*, 396–407.
Wachs, T. D., Moussa, W., Bishry, Z. & Yunis, F. et Al. (1993). Relations between nutritions and cognitive performance in Egyptian toodlers. *Intelligence, 17*, 151–172.
Wachtel, P. L. (1973). Psychodynamics, behavior therapy, and the implacable experimenter: An inquiry into the consistency of personality. *Journal of Abnormal Psychology, 82*, 324–334.
Wachter, P. (1939). Über den Zusammenhang der typischen Formen des Gestalterlebens mit den Temperamentskreisen Kretschmers. *Archiv für die Gesamte Psychologie, 104*, 1–47.
Wade, T. C., Baker, T. B., Morton, T. L. & Baker, L. J. (1978). The status of psychological testing in clinical psychology: Relationships between test use and professional activities and orientations. *Journal of Personality Assessment, 42*, 3–10.
Wagner, I. & Cimiotti, E. (1975). Impulsive und reflexive Kinder prüfen Hypothesen: Strategien beim Problemlösen, aufgezeigt an Blickbewegungen. *Zeitschrift für Entwicklungspsychologie und Pädagogische Psychologie, 7*, 1–15.
Wagner, R. K. (1987). Tacit knowledge in everyday intelligent behavior. *Journal of Personality and Social Psychology, 52*, 1236–1347.
Wagner, R. K. & Sternberg, R. J. (1985). Practical intelligence in real-word pursuits: The role of tacit knowledge. *Journal of Personality and Social Psychology, 48*, 436–458.
Wagner, R. K. & Sternberg, R. J. (1986). Tacit knowledge and intelligence in the everyday word. In R. J. Sternberg & R. K. Wagner (Eds.), *Practical Intelligence. Nature and origins of competence in the everyday word*. Cambridge: Cambridge University Press.
Wakenhut, R. (1974). *Messung gesellschaftlich-politischer Einstellungen mit Hilfe der Rasch-Skalierung*. Bern usw.: Huber.
Waldman, I. D., Weinberg, R. A. & Scarr, S. (1994). Racial-group differences in IQ in the Minnesota transracial adoption study: A reply to Levin and Lynn. *Intelligence, 19*, 29–44.
Walk, S. & Hardy, R. C. (1975). The identifiability and consistency of the factor structure of locus of control. *Journal of Psychology, 89*, 149–158.
Walker, E. L. (1959). Action decrement and its relation to learning. *Psychological Review, 65*, 129–149.
Walker, E. L. & Tarte, R. D. (1963). Memory storage as a function of arousal and time with homogeneous and heterogeneous lists. *Journal of Verbal Learning and Verbal Behavior, 2*, 113–118.

Wallach, M. A. & Kogan, N. (1965). *Modes of thinking in young children.* New York: Holt, Rinehart & Winston.

Wallach, M. A. & Wing, C. W. (1969). *The talented student: a validation of the creativity-intelligence distinction.* New York: Holt, Rinehart & Winston.

Wallen, N. E. & Stevenson, G. M. (1960). Stability and correlates of judged creativity in fifth grade writings. *Journal of Educational Psychology, 51*, 273–276.

Waller, N. G., Bouchard, T. J. Jr., Lykken, D. T., Tellegen, A. & Blackes, D. M. (1993). Creativity, heritability, familiativity: Where to start? *Psychological Inquiry, 4*, 235–237.

Walls, R. T. & Miller, J. J. (1970). Perception of disability by welfare and rehabilitation clients. *Perceptual and Motor Skills, 31,* 793–794.

Walls, R. T. & Smith, T. S. (1970). Development of preference for delayed reinforcement in disadvantaged children. *Journal of Educational Psychology, 71*, 118–123.

Wallston, B. S. & Wallston, K. A. (1978). Locus of control and health: A review of the literature. *Health Education Monographs, 6*, 107–117.

Wallston, K. A., Maides, S. & Wallston, B. S. (1976). Health-related information seeking as function of health locus of control and health value. *Journal of Research in Personality, 10*, 215–222.

Wallston, K. A., Smith, R. A., King, J. E., Forsberg, P. R. & Wallston, B. S. N. (1983). Expectancies about control over health: Relationship to desire for control over health care. *Personality and Social Psychology Bulletin, 9*, 377–385.

Wallston, K. A. & Wallston, B. S. (1982). Who is responsible for your help? – The construct of health locus of control. In G. S. Sander & J. Suls (Eds.), *Social psychology of health and illness.* Hillsdale, N. J.: Erlbaum.

Walschburger, P. (1981). Die Diskrepanz zwischen subjektiven und physiologischen Belastungsreaktionen: Ein informativer Indikator des individuellen Bewältigungsstils? *Schweizerische Zeitschrift für Psychologie und ihre Anwendungen, 40,* 55–67.

Walsh, J. A. (1972). A review of the CPI. In O. K. Buros (Ed.), *Seventh mental measurement yearbook, Vol. I.* Highland Park: Gryphon Press.

Walz, D. (1996). Vertrauen in Institutionen in Deutschland zwischen 1991 und 1995. *ZUMA-Nachrichten, 38*, 70–89.

Wang, H. S. (1973). Cerebral correlates of intellectual function in senescence. In L. F. Jarvik, C. Eisdorfer & J. E. Blum (Eds.), *Intellectual functioning in adults* (pp. 95–106). New York: Springer.

Wankowski, J. A. (1973). *Temperament, motivation and academic achievement.* Educational Surveys: University of Birmingham.

Wareheim, R. G. (1972). Generalized expectancies for locus of control and academic performance. *Psychological Reports, 30*, 314.

Warren, J. (1977). Found: Long-term gains from early intervention. *APA Monitor*, S. 8.

Waters, D. (1972). *Differential effects of skill and chance instructions on persistence times and attention breaks as a function of locus of control in elementary school children.* Unpubl. Diss., Emory University. (Zitiert nach Strickland, 1977).

Watson, D. (1988). Intraindividual and interindividual analyses of positive and negative affects: Their relations to health complaints, perceived stress, and daily activities. *Journal of Personality and Social Psychology, 54*, 1020–1030.

Watson, D. & Clark, L. A. (1984). Negative affectivity: The disposition to experience aversive emotional states. *Psychological Bulletin, 96*, 465–490.

Watson, D., Clark, L. A. & Tellegen, A. (1984). Cross-cultural converence in the structure of mood: A Japanese replication and a comparison with U.S. findings. *Journal of Personality and Social Psychology, 47,* 127–144.

Watson, J. B. (1913). Psychology as the behaviorist views it. *Psychological Review, 20*, 158–177.

Watson, J. B. (1919). *Psychology from the standpoint of a behaviorist.* Philadelphia: Lippincott.

Watson, J. B. (1930). *Behaviorism.* Chicago: University of Chicago Press.

Watson, J. B. & Rayner, R. (1920). Conditioned emotional reactions. *Journal of Experimental Psychology, 3*, 1–14.

Watson, M., Greer, S., Rowden, L., Gorman, C., Robertson, B., Bliss, J. M. & Tunmore, R. (1991). Relationships between emotional control, adjustment to cancer and depression and anxiety in breast cancer patients. *Psychological Medicine, 21,* 51–57.

Weber, H. (1994). Veränderung gesundheitsbezogener Kognitionen. In P. Schwenkmezger & L. R. Schmidt (Hrsg.), *Lehrbuch der Gesundheitspsychologie* (S. 188–206). Stuttgart: Enke.

Wechsler, D. (1944). The measurement of adult intelligence. Baltimore: Williams & Wilkins. (Deutsch: (1964). *Die Messung der Intelligenz Erwachsener* (3. Aufl). Bern usw.: Huber.)

Wechsler, D. (1952). *The range of human capacities*. Baltimore: Williams & Wilkins.

Wechsler, D. (1958). *The measurement and appraisal of adult intelligence*. Baltimore: Williams & Wilkins.

Wechsler, D. (1975). Intelligence defined and undefined: A relativistic appraisal. *American Psychologist, 30*, 135–139.

Weikart, D. P. (1972). Relationship of curriculum, teaching, and learning in preschool education. In J. C. Stanley (Ed.), *Preschool programs for the disadvantaged* (pp. 22–66). Baltimore: John Hopkins University Press.

Weinberg, R., Scarr, S. & Waldman, I. (1992). The Minnesota transracial adoption study: A Follow-up of IQ test performance at adolescence. *Intelligence, 16*, 117–135.

Weinberg, R. S. & Hunt, V. (1976). The interrelationship between anxiety, motor performance and electromyography. *Journal of Motor Behavior, 8*, 219–224.

Weinberger, D. A. & Schwartz, G. E. (1990). Distress and restraint as superordinate dimensions of self-reported adjustment: A typological perspective. *Journal of Personality, 58*, 381–417.

Weinberger, D. A., Schwartz, G. E. & Davidson, R. J. (1979). Low-anxious, high-anxious, and repressive coping styles: Psychometric patterns and behavioral and physiological responses to stress. *Journal of Abnormal Psychology, 88*, 369–380.

Weinert, F. E. (1991). Kreativität – Fakten und Mythen. *Psychologie Heute, 18*, 30–37.

Weininger, O. (1977). Some thoughts on creativity and the classroom. *Journal of Creative Behavior, 11*, 109–118.

Weinstein, J., Averill, J. R., Opton, E. M. & Lazarus, R. S. (1968). Defensive style and discrepancy between self-report and psychological indexes of stress. *Journal of Personality and Social Psychology, 10*, 406–413.

Weinstein, S. & Teuber, H. L. (1957). Effects of penetrating brain injury on intelligence test scores. *Science, 125*, 1036–1037.

Weinstock, A. R. (1967). Family environment and the development of defense and coping mechanisms. *Journal of Personality and Social Psychology, 5*, 67–75.

Weiß, R. H. (1971). *Grundintelligenztest CFT-3, Skala 1*. Braunschweig: Westermann.

Weisberg, R. W. (1986). *Creativity. Genius and other myths*. New York: Freeman.

Weise, G. (1975). *Psychologische Leistungstests. Band 1*. Göttingen: Hogrefe.

Weiss, W. (1969). Effect of mass media on communication. In G. Lindzey & E. Aronson (Eds.), *Handbook of Social Psychology*, *Vol. 5* (pp. 77–195). Boston: Addison-Wesley.

Weller, L. (1977). Delayed gratification, motoric ability and school success in the early grades. *Perceptual and Motor Skills, 45*, 155–160.

Weller, L. & Berkowitz, E. (1975). Parental discipline and delayed gratification. *Social Behavior and Personality, 3*, 229–232.

Wendeler, J. (1968). Eine Aufgabenanalyse anhand des Testmodells von Rasch. *Archiv für die Gesamte Psychologie, 120*, 218–230.

Wendeler, J. (1970). Vergleich einiger Faktorenanalysen muttersprachlicher Leistungen. *Diagnostica, 16*, 76–94.

Wenderlein, J. M. (1982). Klinischer Verlauf nach Brustkrebs-Therapie durch Persönlichkeits-Faktoren mitbestimmt? Psychometrische Studie an 137 Frauen nach Mastektomie. *Praxis der Psychotherapie und Psychosomatik, 27*, 143–145.

Wenger, M. A. & Ellington, M. (1943). The measurement of autonomic balance in children: method and normative data. *Psychosomatic Medicine, 5*, 241–253.

Wenzl, A. (1957). *Theorie der Begabung. Entwurf einer Intelligenzkunde* (2. Aufl.). Heidelberg: Quelle & Meyer.

Werbik, H. (1971). Das Problem der Definition »aggressiver« Verhaltensweisen. *Zeitschrift für Sozialpsychologie, 2*, 233–247.

Werbik, H. & Munzert, R. (1978). Kann Aggression handlungstheoretisch erklärt werden? *Psychologische Rundschau, 29,* 195–208.

Werner, J. (1972). *Kognitive Komplexität: Ein multivariates Konzept?* Unveröffentl. Diss., Universität Mannheim.

Wernimont, P. F. & Campbell, J. P. (1968). Signs, samples, and criteria. *Journal of Applied Psychology, 52,* 372–376.

Wertheimer, M. (1925). *Drei Abhandlungen zur Gestalttheorie.* Erlangen: Palm & Enke.

West, S. G. (1983). Personality and prediction: An introduction. *Journal of Personality, 51,* 275–285.

West, S. G. & Brown, T. J. (1975). Physical attractiveness, the severity of the emergency and helping: A field experiment and interpersonal simulation. *Journal of Experimental and Social Psychology, 11,* 531–538.

Westhoff, K. & Sorembe, V. (1979). Zur Brauchbarkeit des Eysenck-Persönlichkeits-Inventars (Form A) als Individual-Diagnostikum. *Diagnostica, 25,* 314–326.

Westphal, K. (1931). Körperbau und Charakter der Epileptiker. *Nervenarzt, 4,* 96–99.

Wewetzer, K. H. (1957). Zur Differenzierung der Leistungsstrukturen bei verschiedenen Intelligenzgraden. In A. Wellek (Ed.), *Bericht über den 21. Kongreß der Deutschen Gesellschaft für Psychologie Bonn, 1957* (S. 246–246). Göttingen: Hogrefe.

Weyer, G. & Hodapp, V. (1977). Persönlichkeitseigenschaften bei essentiellen Hypertonikern. *Zeitschrift für Klinische Psychologie, 6,* 70–78.

Wheeler, L. R. A. (1942). A comparative study of the intelligence of East Tennessee mountain children. *Journal of Educational Psychology, 33,* 321–334.

White, M. D. & Wilkins, W. (1973). Bogus physiological feedback and response thresholds of repressors and sensitizers. *Journal of Research in Personality, 7,* 78–87.

White, P. (1980). Limitations on verbal reports of internal events: A refutation of Nisbett and Wilson and of Bem. *Psychological Review, 87,* 105–112.

Wichern, F. & Nowicki, S. (1976). Independence training practices and locus of control orientation in children and adolescents. *Developmental Psychology, 12,* 77.

Wickett, J. C., Vernon, P. A. & Lee, D. H. (1994). In vivo brain size, head perimeter, and intelligence in a sample of healthy adult females. *Personality and Individual Differences, 16,* 831–838.

Wicklund, R. A. (1977). Selbstzentrierte Aufmerksamkeit, Selbstkonsistenz und Moralität. In L. Montada (Hrsg.), *Brennpunkt der Entwicklungspsychologie* (S. 399–407). Stuttgart: Kohlhammer.

Wicklund, R. A. (1982). Self-focused attention and the validity of self-reports. In M. P. Zanna, E. T. Higgins, C. P. Herman (Eds.), *Consistency in social behavior: The Ontario Symposion, Vol. 2.* Hillsdale: Earlbaum.

Wieczerkowski, W., Nickel, H., Janowski, A., Fittkau, B. & Rauer, W. (1975). *Angstfragebogen für Schüler (AFS). Handanweisung.* Braunschweig: Westermann.

Wieczerkowski, W. & Schümann, M. (1977). Klassische Testtheorie. In K. J. Klauer (Hrsg.), *Handbuch der pädagogischen Diagnostik, 1* (S. 41–58). Düsseldorf: Schwann.

Wiedebusch, S., Volle, B., Lohaus, A. & Schmitt, G. M. (1989). *Kontrollüberzeugungen bei Erkrankungen des rheumatischen Formenkreises: Bezüge zu Art, Dauer und Schwere der Erkrankung.* Universität Münster: Unveröffentlichtes Manuskript.

Wiedl, K. H. & Herrig, B. (1978). Ökologische Validität und Schulerfolgsprognose im Lern- und Intelligenztest: Eine exemplarische Studie. *Diagnostica, 24,* 175–186.

Wiegman, O., Kuttschreuter, M. & Baarda, B. (1992). A longitudinal study of the effect of television viewing on aggressive and prosocial behaviours. *British Journal of Social Psychology, 31,* 147–164.

Wieland-Eckelmann, R., Bösel, R. & Badorrek, W. (1988). Dispositionelle Angstbewältigungsstile: Diagnostik, vorgestellte und reale Leistungsprüfung. *Zeitschrift für Differentielle und Diagnostische Psychologie, 9,* 121–139.

Wiener, B. R. (1948). Subtle and obvious keys for the MMPI. *Journal of Consulting Psychology, 12,* 164–170.

Wigdor, A. K. & Garner, W. R. (Eds.) (1982). *Ability testing: Uses, consequences, and controversies.* Washington, D. C.: National Academic Press.

Wiggins, J. S. & Trapnell, P. D. (1997). Personality structure: The return of the big five. In S. R. Briggs, R. Hogan & W. H. Jones (Eds.), *Handbook of personality psychology.* Orlando, FL: Academic Press.

Wilde, G. J. S. (1964). Inheritance of personality traits. *Acta Psychologica, 22*, 37–51.

Wilde, G. J. S. (1977). Trait description and measurement by personality questionnaires. In R. B. Cattell & R. M. Dreger (Eds.), Handbook of modern personality theory (pp. 69–103). Washington: Hemisphere.

Wilder, J. (1931). Das »Ausgangswert Gesetz«, ein unbeachtetes biologisches Gesetz und seine Bedeutung für Forschung und Praxis. *Zeitschrift für Neurologie, 137*, 317–338.

Wilder, J. (1958). Zur Kritik des Ausgangswert-Gesetzes. *Klinische Wochenschrift, 36*, 148–151.

Wilkie, F. L. & Eisdorfer, C. (1973). Systematic disease and behavioral correlates. In L. F. Jarvik, C. Eisdorfer & J. E. Blum (Eds.), *Intellectual functioning in adults* (pp. 83–93). New York: Springer.

Willerman, L. (1979). *The psychology of individual and group differences*. San Francisco: Freeman.

Willerman, L., Schultz, R., Rutledge, J. N. & Bigler, E. D. (1991). In vivo brain size and intelligence. *Intelligence, 15*, 223–228.

Willerman, L., Turner, R. B. & Peterson, M. (1976). A comparison of the predictive validity of typical and maximal personality measures. *Journal of Research in Personality, 10*, 482–492.

Williams, A. F. (1972a). Factors associated with seat belt use in families. *Journal of Safety Research, 4* (3), 133–138.

Williams, A. F. (1972b). Personality characteristics associated with preventive dental health practice. *Journal of American College of Dentists, 39*, 225–234.

Williams, A. F. (1973). Personality and other characteristics associated with cigarette smoking among young teenagers. *Journal of Health and Social Behavior, 14*, 374–380.

Williams, R. J. (1956). *Biochemical individuality*. New York: Wiley.

Williams, R. J. (1961). *The long revolution*. London: Chatto & Windas.

Williams, R. L. (1975). Der leise Betrug an der schwarzen Bevölkerung. *Psychologie Heute, 2*, 62.

Williams, S. J. (1990). The relationship among stress, hardiness, sense of coherence, and illness in critical care nurses. *Medical Psychotherapy, 3*, 171–186.

Wilson, E. O. (1975). *Sociobiology*. Cambridge/Mass. u. London: Harvard University Press.

Wilson, G. D. (1981). Personality and social behaviour. In H. J. Eysenck (Ed.), *A Model for Personality* (pp. 210–245). Berlin usw.: Springer.

Wilson, R. S. (1983). The Louisville twin study: Developmental synchronies in behavior. *Child Development, 54*, 298–316.

Wilson, R. S. & Matheny, A. P. (1983). Mental development: Family environment and genetic influences. *Intelligence, 7*, 195–215.

Winick, M., Meyer, K. K. & Harris, R. C. (1975). Malnutrition and environmental enrichment by early adoption. *Science, 190*, 1173–1175.

Wiseman, S. (1964). *Education and environment*. Manchester: Manchester University Press.

Wiseman, S. (1966). Environmental and innate factors in educational attainments. In J. E. Meade & A. S. Parkes (Eds.), *Genetic and environmental factors in human ability* (pp. 64–80). New York: Plenum.

Wissler, C. (1901). The correlation of mental and physical traits. *Psychological Monographs, 3*, No. 16.

Witkin, H. A., Cox, P. W. & Friedman, F. (1976). *Supplement number 2, Field-dependence independence and psychological differentiation: Bibliography with index. Research Bulletin 76/28*. Princeton: Educational Testing Service.

Witkin, H. A., Dyk, R. B., Faterson, H. F., Goodenough, D. R. & Karp, S. A. (1962). *Psychological differentiation* (2nd ed. 1972). Potomac: Erlbaum.

Witkin, H. A., Goodenough, D. R. & Oltman, Ph. K. (1979). Psychological differentiation: Current status. *Journal of Personality and Social Psychology, 37*, 1127–1145.

Witkin, H. A., Lewis, H. B., Hertzman, M., Machover, K., Meissner, P. B. & Wapner, S. (1954). *Personality through perception*. Westport: Greenwood Press.

Witte, E. H. (1973). Ein Konstruktionsprinzip für Profilähnlichkeitskoeffizienten mit einer Zufallswertzentrierung und einem inferenzstatistischen Bezug. *Diagnostica, 19*, 131–139.

Witte, E. H. (1977). Zur Logik und Anwendung der Inferenzstatistik. *Psychologische Beiträge, 19*, 290–303.

Witte, E. H. (1980). Signifikanztests and statistische Inferenz. Stuttgart: Enke.

Witte, L. L. de (1970). *Parental antecedents of adolescent beliefs in internal-external control of reinforcement.* Unveröffentl. Masters'-Arbeit, University of Cincinnati. (Zitiert nach Strickland, 1977.)

Witte, W. (1966). Haptik. In W. Metzger (Hrsg.), *Allgemeine Psychologie I. Der Aufbau des Erkennens, 1. Halbband: Wahrnehmung und Bewußtsein* (S. 498–567). Göttingen: Hogrefe.

Wittmann, W. W. (1984). *Intelligente Mißverständnisse der Intelligenz? Oder: Intelligenz schützt vor »Torheiten« nicht? Kritische Anmerkungen zu Dörner & Kreuzig 1983.* Unveröffentlichtes Manuskript, Universität Freiburg.

Wittmann, W. W. & Schmidt, J. (1983). *Die Vorhersagbarkeit des Verhaltens aus Trait-Inventaren. Theoretische Grundlagen und empirische Ergebnisse mit dem Freiburger Persönlichkeitsinventar (FPI).* Forschungsberichte des Psychologischen Instituts der Albert-Ludwig-Universität Freiburg i. Br. Nr. 10.

Wohlwill, J. F. (1970). The emerging discipline of environmental psychology. *American Psychologist, 25,* 303–312.

Wohlwill, J. F. (1984). What are sensation seekers seeking? *Behavioral and Brain Sciences, 7,* 453.

Wolf, R. (1966). The measurement of environments. In A. Anastasi (Ed.), *Testing problems in perspective* (pp. 491–504). Washington: American Council on Education.

Wolf, W. & Reicherts, M. (1986). Psychische Gesundheit bei Jugendlichen. In A. Schorr (Hrsg.), *Bericht über den 13. Kongreß für angewandte Psychologie* (S. 440–447, Band II). Bonn: Deutscher Psychologie Verlag.

Wolfe, R. N. (1972). Perceived locus of control and prediction of own academic performance. *Journal of Consulting and Clinical Psychology, 29,* 90–101.

Wolfe, R. N., Welch, L. K., Lennox, R. D. & Cutler, B. L. (1985). Concern for appropriateness as a moderator variable in the statistical explanation of self-reported use of alcohol and marihuana. *Journal of Personality, 53,* 1–16.

Wolff, J. L. (1979). Selective migration among southern blacks: a reinterpretation of Lee (1951). *Intelligence, 3,* 139–148.

Wolpe, J. & Lang, P. J. (1964). A Fear Survey Schedule for use in behavior therapy. *Behavior Research and Therapy, 2,* 27–30.

Wölwer, W. (1993). *Verhaltensunterschiede zwischen Hoch- und Niedrigängstlichen und deren Modifikation durch Alkohol. Humanexperimentelle Untersuchungen zur neuropsychologischen Angsttheorie von J. A. Gray.* Frankfurt a. M.: Lang.

Wölwer, W. & Erdmann, G.(1989). *Humanpharmakologische Untersuchungen zur Grayschen Angstkonzeption.* Forschungsbericht Nr. 1989/2: Freie Universität Berlin, Institut für Psychologie.

Wood, W., Wong, F. Y. & Chachere, J. G. (1991). Effects of media violence on viewer's aggression in unconstrained social interaction. *Psychological Bulletin, 109,* 371–383.

Wood, W. D. & Letak, J. K. (1982). A mental-health locus of control scale. *Personality and Individual Differences, 3,* 84–87.

Woodruffe, C. (1985). Consensual validation of personality traits: Additional evidence and individual differences. *Journal of Personality and Social Psychology, 48,* 1240–1252.

Woodworth, R. S. (1941). Heridity and environment: A critical survey of recently published material on twins and foster children. *Social Sciences Research Council Bulletin, 47,* 1–96.

Wosinska, W. (1976). The relation of personality and memory in the light of Eysenck's extraversion – introversion. *Polish Psychological Bulletin, 7,* 137–145.

Wottawa, H. (1974). *Ein Verfahren zur Selektion homogener Itemgruppen als Alternative zur Faktorenanalyse.* Mitteilungen und Nachrichten des DIPF 1974, 73/74.

Wottawa, H. & Amelang, M. (1980). Einige Probleme der »Testfairness« und ihre Implikationen für Hochschulzulassungsverfahren. *Diagnostica, 26,* 199–221.

Wright, L. (1988). The Type A behavior pattern and coronary artery disease. *American Psychologist, 43,* 2–14.

Wright, Th. L. & Tedeschi, R. G. (1975). Factor analysis of the interpersonal trust scale. *Journal of Consulting and Clinical Psychology, 43,* 470–477.

Wrightsman, L. S. (1964). Measurement of philosophies of human nature. *Psychological Reports, 14,* 743–751.

Wrightsman, L. S. (1974). *Assumptions about human nature: A social-psychological approach*. Monterey, Calif.: Brooks/Cole.

Wrightsman, L. S. (1991). Interpersonal trust and attitudes toward human nature. In J. P. Robinson, P. R. Shaver & L. S. Wrightsman (Eds.), *Measures of personality and social psychology attitudes* (pp. 373–412). San Diego: Academic Press.

Wundt, W. (1903). *Grundzüge der physiologischen Psychologie*, Band 3. Leipzig: Barth.

Wundt, W. (1908). *Grundzüge der physiologischen Psychologie* (6. Aufl.).Leipzig: Engelmann.

Wundt, W. (1914). *Völkerpsychologie. Die Sprache, 1. Teil.* Stuttgart: Körner.

Yalom, I. D., Green, R. & Fisk, N. (1973). Prenatal exposure to female hormones. *Archives of General Psychiatry, 28*, 554–561.

Yamamoto, K. (1964). The role of creative thinking and intelligence in high school achievement. *Psychological Reports, 14*, 783–789.

Yates, G. C. (1974). Influence of televised modelling and verbalization on children's delay of gratification. *Journal of Experimental Child Psychology, 18*, 333–339.

Yoakum, C. S. & Yerkes, R. M. (Eds.) (1970). *Army Mental Test.* New York: Holt.

Younkin, S. L. & Betz, N. E. (1996). Psychological Hardiness: A reconceptualization and measurement. In T. W. Miller (Ed.), *Theory and assessment of stressful life events* (pp. 161–178). Madison, Ct: International Universities Press.

Zajano, M. J. & Grant, D. A. (1974). Response topography and acquisition of differential eyelid conditioning. *Journal of Experimental Psychology, 103*, 1115–1123.

Zajonc, R. B. (1976). Familiy configuration and intelligence. Variations in scholastic aptitude scores parallel trends in family size and the spacing of children. *Science, 192*, 227–236.

Zajonc, R. B. (1979). Die verblüffende Beziehung zwischen Intelligenz und Geburtenposition. In L. H. Eckensberger (Hrsg.), *Bericht über den 31. Kongreß der Deutschen Gesellschaft für Psychologie in Mannheim 1978, Band 1: Grundlagen und Methoden der Psychologie* (S. 25–45). Göttingen: Hogrefe.

Zajonc, R. B. (1983). Validating the confluence model. *Psychological Bulletin, 93*, 457–480.

Zajonc, R. B. (1986). The decline and rise of Scholastic Apitude Scores. A prediction derived from the Confluence Model. *American Psychologist, 41*, 862–867.

Zajonc, R. B. & Markus, G. B. (1975). Birth order. An intellectual development. *Psychological Review, 82*, 74–88.

Zajonc, R. B., Markus, H. & Markus, G. B. (1979). The birth order puzzle. *Journal of Personality and Social Psychology, 37*, 1325–1341.

Zazzo, R. (1978). Genesis and pecularities of the personality of twins. In W. Nance (Ed.), *Twin research, Part A: Psychology and methodology* (pp. 1–11). New York: Alan Liss.

Zedeck, S. (1971). Problems with the use of »moderator« variables. *Psychological Bulletin, 76*, 295–310.

Zelniker, T., Bentler, P. M. & Renan, A. (1977). Speed versus accuracy as a measure of cognitive style: Internal consistency and factor analysis. *Child Development, 48*, 301–309.

Zelniker, T. & Jeffrey, W. E. (1976). Reflective and impulsive children: Strategy of information processing underlying differences in problem solving. *Monographs of the Society for Research in Child Development, 41*, No. 5.

Zigler, E. (1963). Measure in search of a theory. *Contemporary Psychology, 8*, 133–135.

Zillmann, D. (1979). *Hostility and agression.* Hillsdale: Lawrence Erlbaum.

Zimmermann, E. (1972). *Das Experiment in den Sozialwissenschaften.* Stuttgart: Teubner.

Zimmermann, P. (1979). Zur Zeitreihenanalyse von Stimmungsskalen. *Diagnostica, 25*, 24–48.

Zoch, H. D. (1974). Untersuchungen über Kriterien von Tests zur Messung der sozialen Intelligenz. *Diagnostica, 20*, 95–106.

Zubin, J., Eron, L. D. & Schumer, F. (1965). *An experimental approach to projective techniques.* New York: Wiley.

Zuckerman, M. (1976). General and situation-specific traits and states: New approaches to assessment of anxiety and other constructs. In M. Zuckermann & C. D. Spielberger (Eds.), *Emotions and anxiety. New concepts, methods, and applications* (pp. 133–174). Hillsdale, N. J.: Erlbaum.

Zuckerman, M. (1977). Development of a situation specific trait-state test for the prediction and measurement of affective responses. *Journal of Consulting and Clinical Psychology, 45*, 513–523.
Zuckerman, M. (1979). Traits, states, situations, and uncertainty. *Journal of Behavioral Assessment, 1*, 43–54.
Zuckerman, M. (1979b). *Sensation seeking: Beyond the optimal level of arousal.* Hillsdale: Erlbaum.
Zuckerman, M. (1984). Sensation Seeking: A comparative approach to a human trait. *Behavioral and Brain Sciences, 7,* 413–473.
Zuckerman, M. (1991). *Psychobiology of Personality.* Cambridge: University Press.
Zuckerman, M. (1994). *Behavioral Expressions and Biosocial Bases of Sensation Seeking.* Cambridge: University Press.
Zuckerman, M., Bernieri, F., Koestner, R. & Rosenthal, R. (1989). To predict some of the people some of the time: In search of moderatos. *Journal of Personality and Social Psychology, 57,* 279–293.
Zuckerman, M. & Brody, N. (1988). Oysters, rabbits and people: A critique of »Race differences in behavior« by J. P. Rushton. *Personality and Individual Differences, 9,* 1025–1033.
Zuckerman, M., Eysenck, S. & Eysenck, H. J. (1978). Sensation seeking in England and America: Crosscultural, age and sex comparisons. *Journal of Consulting and Clinical Psychology, 36,* 139–149.
Zuckerman, M., Koestner, R., DeBoy, T., Garcia, T., Maresca, D. C. & Sartoris, J. M. (1988). To predict some of the people some of the time: A reexamination of the moderator variable approach in personality theory. *Journal of Personality and Social Psychology, 54,* 1006–1019.
Zuckerman, M., Kolin, I., Price, L. & Zoob, I. (1964). Development of a sensation seeking scale. *Journal of Consulting Psychology, 28,* 477–482.
Zuckerman, M., Kuhlman, D. M. & Camac, C. (1988). What lies beyond E and N? Factor analysis of scales believed to measure basic dimensions of personality. *Journal of Personality and Social Psychology, 54,* 96–107.
Zuckerman, M., Kuhlman, D. M., Thornquist, M. & Kiers, H. (1991). Five (or three) robust questionaire scale factors of personality without culture. *Personality and Individual Differences, 12,* 929–941.
Zuckerman, M., Kuhlmann, D. M., Joireman, J., Teta, P. & Kraft, M. (1993). A comparison of three structural models for personality: The big three, the big five and the alternative five. *Journal of Personality and Social Psychology, 65,* 757–768.
Zumkley, H. (1978). *Aggression und Katharsis.* Göttingen: Hogrefe.
Zumkley, H. (1996). Aggression und Aggressivität. In M. Amelang (Hrsg.), *Temperaments- und Persönlichkeitsunterschiede. Enzyklopädie der Psychologie, Differentielle Psychologie und Persönlichkeitsforschung, Band 3* (S. 337–375). Göttingen: Hogrefe.
Zumkley-Münkel, C. (1976). *Imitationslernen.* Düsseldorf: Schwann.
Zytkoskee, A., Strickland, B. R. & Watson, J. (1971). Delay of gratification and internal vs. external control among adolescents of low socioeconomic status. *Developmental Psychology, 4,* 93–98.

Sachwortregister

Namenregister

KOHLHAMMER STANDARDS PSYCHOLOGIE
(Hrsg. von T. W. Herrmann / W. H. Tack / F. E. Weinert)

Amelang/Bartussek, Differentielle Psychologie
und Persönlichkeitsforschung, 5. Aufl.
Bastine, Klinische Psychologie I, 3. Aufl.
Bastine, Klinische Psychologie II
Friederici, Neuropsychologie der Sprache
Gebert/Rosenstiel, Organisationspsychologie, 5. Aufl. in Vorbereitung
Keller/Meyer, Psychologie der frühesten Kindheit
Schneider/Schmalt, Motivation, 3. Aufl.
Toman, Tiefenpsychologie
Upmeyer, Soziale Urteilsbildung
Zielinski, Lernschwierigkeiten, 3. Aufl.

LEHRBÜCHER IM W. KOHLHAMMER VERLAG

Alfermann, Geschlechterrollen und geschlechtstypisches Verhalten
Bierhoff, Sozialpsychologie, 5. Aufl.
Dörner/Selg, Psychologie, 2. Aufl.
Guski, Wahrnehmen – ein Lehrbuch
Hamburger, Entwicklung der Sprache
Köhler, Psychosomatische Krankheiten, 3. Aufl.
Krohne, Angst und Angstbewältigung
Laux/Weber, Emotionsbewältigung und Selbstdarstellung
Mertens, Psychoanalyse, 5. Aufl.
Miller, Umweltpsychologie. Eine Einführung
Saup, Alter und Umwelt
Schmidt-Atzert, Lehrbuch der Emotionspsychologie
Schmidtchen, Allgemeine Psychotherapie für Kinder,
Jugendliche und Familien
Schneewind, Familienpsychologie, 2. Aufl.
Schwarzer, Streß, Angst und Handlungsregulation, 4. Aufl.
Spieß/Winterstein, Verhalten in Organisationen. Eine Einführung
Tyson/Tyson, Lehrbuch der psychoanalytischen Entwicklungspsychologie
Waller, Gesundheitswissenschaft, 2. Aufl.
Wendt, Allgemeine Psychologie
Wendt, Entwicklungspsychologie
Winterhoff-Spurk, Medienpsychologie. Eine Einführung